Adolph Diesterweg

Siegen 1790
Berlin 1866

ADOLPH DIESTERWEG

Wissen im Aufbruch

Katalog zur Ausstellung zum 200. Geburtstag

Deutscher Studien Verlag · Weinheim 1990

Ausstellung und Katalog

Arbeitsgruppe Diesterweg:
Henning Schüler
Alexander Hesse
Stephan Schrage
Bernd Plaum
Hilde Hegener-Spierling

Ausstellungsgestaltung:
Friedhelm Misiejuk

Veranstalter und Herausgeber

Universität-Gesamthochschule-Siegen

in Zusammenarbeit mit
dem Kreis Siegen-Wittgenstein
und der Stadt Siegen

mit Unterstützung durch
den Minister für Wissenschaft und Forschung des
Landes Nordrhein-Westfalen
den Innenminister des Landes Nordrhein-Westfalen
den Bundesminister für Bildung und Wissenschaft
die Bundesanstalt für Arbeit, Arbeitsamt Siegen

Satz: Satz- und Reprotechnik GmbH, 6944 Hemsbach
Reproduktion der Abbildungen: Druckhaus Beltz, 6944 Hemsbach
Druck: Druckhaus Beltz, 6944 Hemsbach
Umschlaggestaltung: Friedhelm Misiejuk,
Art-Decorateur, 4130 Moers
Buchbinderische Verarbeitung:
Großbuchbinderei Spinner, 7583 Ottersweier
Printed in Germany

ISBN 3 89271 243 3

Vorwort der Ministerin für Wissenschaft und Forschung des Landes Nordrhein-Westfalen

In Nordrhein-Westfalen erinnern zwei Bronzebüsten an Adolph Diesterweg. Die eine steht im westfälischen Siegen, wo Diesterweg geboren wurde und bis zum 18. Lebensjahr zur Schule ging; die andere steht im rheinischen Moers, wo er zwölf Jahre als Seminardirektor wirkte, bevor er die Leitung des neugegründeten Seminars für Stadtschullehrer in der preußischen Hauptstadt Berlin übernahm.

Zwischen Siegen und Moers lagen für Diesterweg zwei berufliche Stationen, die sein Leben prägen sollten. In Frankfurt gründete er mit Gleichgesinnten die Polytechnische Gesellschaft, deren Ziel es war, „nützliche Kenntnisse und deren Hülfswissenschaften" zu befördern und zu verbreiten. Voller Optimusmus hoffte der junge Mathematiker und Physiker auf eine Zukunft, die allgemeine Wohlfahrt durch technischen Fortschritt versprach. In Elberfeld erschütterte ihn dann die Kehrseite der beginnenden Industrialisierung – Massenelend und Kinderarbeit. Unter diesem Eindruck fand Diesterweg sein lebensbestimmendes Thema: Volksbildung als allgemeine Menschenbildung.

Die umfangreiche Ausstellung, mit der das Land Nordrhein-Westfalen an Adolph Diesterweg anläßlich dessen 200. Geburtstag erinnert, ist mehr als eine bloße Lebensbeschreibung des großen Pädagogen, Publizisten, Sozialreformers und Politikers. Sie ist auch eine Rückbesinnung auf eine Epoche, in der ein Anspruch mühsam erstritten werden mußte, der heute selbstverständlich scheint: Bildung für alle.

Wie kein Zeitgenosse steht Adolph Diesterweg für diesen Kampf um eine breite, auch naturwissenschaftlich orientierte Grundbildung, für die Durchsetzung der Schulpflicht, für die Befreiung der Schule aus der Kirchenaufsicht, für eine wissenschaftliche Ausbildung der Lehrer.

Technischer und sozialer Fortschritt, Industrialisierung und Demokratisierung brauchen den wissenden Bürger. Dafür hat Diesterweg mit Mut, Beharrlichkeit und Weitsicht gestritten. In seinem Amt ist er darüber gescheitert; doch die Geschichte hat ihn bestätigt.

Die Siegener Universität hat die Inititative ergriffen, um gemeinsam mit dem Kreis Siegen-Wittgenstein und der Stadt Siegen Adolph Diesterweg aus Anlaß seines 200. Geburtstages zu würdigen. Das Land Nordrhein-Westfalen hat diese Initiative gern aufgegriffen und unterstützt. Ich sehe in der Ausstellung einen weiteren eindrucksvollen Beleg für die erfolgreiche Zusammenarbeit zwischen dem Kreis Siegen-Wittgenstein, der Stadt Siegen und der Universität-Gesamthochschule-Siegen.

Anke Brunn

Vorwort des Bundesministers für Bildung und Wissenschaft

Der 200. Geburtstag Adolph Diesterwegs fällt in eine bewegte Zeit. Zwei deutsche Staaten auf dem Weg in eine gemeinsame Zukunft. Dabei trifft manches aufeinander, was im bisherigen deutsch-deutschen Nebeneinander ohne Beziehung blieb und das nun als Verbindendes neu entdeckt und interpretiert werden kann.

Die DDR hat Diesterweg früh und entschieden für die eigene Traditionsbildung in Anspruch genommen. Anläßlich seines 100. Todestages erschien 1966 eine Dokumentation mit dem selbstbewußten Titel „Diesterweg und wir". Darin wurde der Vorwurf erhoben, die Bundesrepublik wisse mit dem fortschrittlichsten bürgerlich-liberalen Pädagogen des 19. Jahrhunderts nichts anzufangen. Die Kritik war nicht ganz unberechtigt, auch wenn sie wohl eher verstärkte, was sie zu überwinden forderte. Diesterweg war staatlich geteilt.

So begannen die Vorbereitungen anläßlich des 200. Geburtstages für zwei getrennte Feiern. Hier wie dort wurde eine Sonderbriefmarke in Auftrag gegeben, ein internationales Symposion vorbereitet, eine Ausstellung konzipiert.

Mitten in die Vorbereitungen platzte der Deutsche Herbst 1989. Doch die Briefmarken waren bereits gedruckt, die Festschriften verfaßt, die Einladungen geschrieben. Die Chance zur Einheit kam so überraschend, daß für die Ausrichtung einer gemeinsamen Geburtstagsfeier keine Zeit mehr blieb.

Um so mehr begrüße ich es, daß die in Diesterwegs Geburtsstadt Siegen konzipierte Ausstellung nachfolgend auch in Ostdeutschland gezeigt werden kann. So werden zwei getrennte Geburtstagsfeiern doch noch zu einem gemeinsamen Anfang, für den es nur hilfreich sein kann, sich des gemeinsamen Erbes zu vergewissern.

Die 1989 zugleich in beiden deutschen Staaten erschienene Sonderausgabe ausgewählter Schriften Diesterwegs wurde von Wissenschaftlern der DDR besorgt und trägt im Titel das Diesterweg'sche Postulat „Volksbildung als allgemeine Menschenbildung". Dieser Anspruch wird auch zukünftig Gültigkeit haben – zumal die Siegener Ausstellung deutlich macht, was Diesterweg damit verband: „Volksbildung ist Volksbefreiung im weitesten Sinne des Wortes".

Jürgen W. Möllemann

Inhaltsverzeichnis

Ulrich Herrmann

Diesterweg in seiner Zeit Wissen auf dem Weg ins Volk

Des 200. Geburtstags eines Schulmeisters wird gedacht: mit einer Ausstellung und einem umfangreichen Katalog, mit einem wissenschaftlichen Kongreß an der Universtität seiner Heimatstadt, mit Darstellungen und Würdigungen seines Denkens und Wirkens, die einen stattlichen Sammelband füllen, ja sogar mit einer Sonderbriefmarke der Deutschen Bundespost – das ist ganz und gar ungewöhnlich. Schon 1890 wurde sein 100. Geburtstag von 4000 Lehrern auf dem VIII. Berliner Lehrertag gefeiert. Im Jahre 1847 seiner entschiedenen liberalen, republikanischen, unorthodoxen und sozialkritischen Haltung wegen aus seinem Amt als Direktor des Seminars für Stadtschullehrer in Berlin entfernt, zählte er – Ironie der Geschichte? – zum „fortschrittlichen nationalen Erbe" ausgerechnet in jener damals stalinistischen DDR, wo man ihn bei Lebzeiten ebensowenig in Amt und Würden geduldet hätte wie im weiland reaktionären Preußen. Heute rechnet man ihn in Ost und West zu den deutschen Klassikern der Pädagogik: Friedrich Adolph Wilhelm Diesterweg aus Siegen – ein ungewöhnlicher Mann in einer historischen Epoche ungewöhnlicher Herausforderungen.

Als Diesterweg 1790 geboren wurde, trug man in Frankreich das Ancien Régime zu Grabe. In seinem Todesjahr 1866 führte Bismarck erfolgreich Krieg gegen Österreich und den Deutschen Bund und ebnete damit seinen Weg für die Reichsgründung von 1871. In Diesterwegs Jugendzeit fiel die Umgestaltung Europas durch Napoleon und 1806 das Ende des Heiligen Römischen Reiches Deutscher Nation. In seine Studienzeit – von 1808 bis 1811 in Herborn, Heidelberg und Tübingen – fiel die preußische Reformzeit unter Stein und Hardenberg, und in seinen ersten Berufsjahren als Lehrer erlebte er den Wiener Kongreß, die Gründung des Deutschen Bundes, das Wartburgfest, aber auch den Beginn der politischen Reaktion mit den Karlsbader Beschlüssen unter dem Metternich'schen System, das einen unversöhnlichen Gegensatz bildete zu den liberalen und revolutionären Bewegungen und Bestrebungen der Zeit. Die Epoche des deutschen Vormärz – vor der Märzrevolution von 1848 – war politisch dadurch gekennzeichnet, daß durch Konservatismus und Nationalismus, Liberalismus und Radikalismus das Feld zwischen Staat und Gesellschaft zunehmend spannungsvoller wurde. Verfassungsversprechungen wurden zurückgenommen; politisches Leben in Vereinen, Versammlungen und öffentlichen Kundgebungen konnte sich nur zögernd, gegen massive obrigkeitliche Kontrolle und Unterdrükkung ausbilden. Die französische Juli-Revolution von 1830 vermehrte in zahlreichen Bundesstaaten die Unruhe: 1832 signalisierten das Hambacher Fest und 1833 der Frankfurter Wachensturm, daß die Zeichen der Zeit auf Sturm standen. „Friede den Hütten! Krieg den Palästen!" verkündete im Juli 1834 Büchners und Weidigs *Hessischer Landbote*. 1835/36 setzte sich Diesterweg in seinen Abhandlungen über „Die Lebensfragen der Civilisation" mit den „Krankheiten der Zeit" auseinander: vorindustrielle Massenarmut, Ausbeutung in den Manufakturen, Kinder- und Frauenarbeit; körperliche Verkrüppelung, geistige Verödung, sittliche Verwahrlosung der Unterschichten. Der Pauperismus und die Soziale Frage wurden ein für Diesterwegs Denken und Wirken bestimmendes Problem. Am Ende des 18. Jahrhunderts war Deutschland in die Manufakturperiode eingetreten; in den 1820er Jahren sah Diesterweg im Wuppertal die schrecklichen Auswirkungen der frühkapitalistischen Produktionsverhältnisse; in den 1850er Jahren war die Industrielle Revolution in vollem Gange.

1 A. Gertner
Diesterweg's Gedächtnißfeier in seiner Vaterstadt Siegen. Zum Besten der für Deutschlands Volksschullehrer begründeten Diesterweg-Stiftung. Siegen 1867
Kiedrich, Privatbesitz

2 Sonderpostwertzeichen mit Ersttagsstempel (Diesterwegs Familienwappen), Deutsche Bundespost Berlin 1990
Entwurf: Bernd Görs, Stich: Wolfgang Mauer
32,8 x 27,5 mm

3 Sechs Konkurrenzentwürfe zur Diesterweg-Briefmarke der Deutschen Bundespost, 1990

In Diesterwegs Lebensspanne fiel aber auch in der Literatur die hohe Zeit der deutschen Klassik und Romantik, des Jungen Deutschland und des Realismus. In der Philosophie herrschten der Idealismus und Hegelianismus; in der evangelischen Theologie überragte Schleiermacher alle Denker seiner Zeit; in der Pädagogik wirkten Pestalozzi und Herbart, Niemeyer und Schwarz. Und vor allem: der im ausgehenden 18. Jahrhundert begonnene Prozeß der Volksaufklärung und Volksbildung setzte sich mit Hilfe eines expandierenden Schulsystems und entsprechender Ausweitung der Lehrerausbildung ungebrochen fort. Zu den drei Revolutionen, die die Epoche charakterisierten – die aufklärerisch-rationalistische, die technisch-industrielle und die soziale –, trat eine vierte hinzu: die pädagogische. Wissen war auf dem Weg ins Volk. Dies belegen eindrücklich die folgenden Zahlen für Preußen: Im Jahre 1816 besuchten 1,17 Millionen Kinder (gut 50% der Schulpflichtigen) 20.345 Elementarschulen und wurden von 21.766 Lehrern unterrichtet. 1846 waren es 2,43 Millionen Kinder (78%) auf 24.044 Schulen mit 27.770 Lehrern. Für die Elementarlehrer-Ausbildung gab es 1806 11 Seminare, 1825 waren es bereits 25 mit 1.380 Seminaristen, 1840 38 Seminare mit 2.500 und im Jahre 1848 42 Seminare mit 2.200 Seminaristen. Die Zahlen für das höhere Schulwesen sind nicht minder beeindruckend: im Jahre 1815 besuchten 21.000 Gymnasiasten 91 Schulen; 1820 wurden 935 Abiturienten gezählt; 1864 gab es 145 Gymnasien mit 68.000 Schülern und 1.983 Abiturienten.

Gleichwohl: im Bereich der Volksschule hielt der Ausbau mit dem Steigen der Schülerzahlen nicht Schritt. Von 1816 bis 1846 stieg die Zahl der Schulen um 18%, die der Lehrer um 40%, aber die der Schüler um 108%. In den einklassigen Landschulen kamen in den 1860er Jahren zwischen 80 und 90 Schüler auf einen Lehrer. Und dieser Lehrer war in der Regel schlecht ausgebildet und noch schlechter bezahlt: auf dem Lande lag sein Verdienst nur wenig über dem des Tagelöhners. Der Lehrer war auf Nebeneinkünfte angewiesen; in der Stadt mußte er Privatunterricht geben, auf dem Land konnte er ohne eine eigene kleine Landwirtschaft seine Familie nicht ernähren. Man redete ihn mit Du an; ein wohlhabender Bauer hätte wohl kaum die Einwilligung zur Ehe mit einer seiner Töchter gegeben – kurzum: der soziale Status und das gesellschaftliche Ansehen der Volksschullehrer waren miserabel. Sie waren, schreibt der Münchner Historiker Thomas Nipperdey in seiner „Deutschen Geschichte", *„staatliche kontrolliert und diszipliniert, aber ohne die Privilegien der Beamten, Aufsteiger ohne gesellschaftliche Integration, Anwälte einer neuen Bildung, aber der Aufsicht und Traditionsmacht der Kirche unterstellt, zwischen armem Volk und Staat"*. Das disponierte sie zur Unzufriedenheit und zur Politisierung, zur Selbstorganisierung für die Vertretung ihrer Standesinteressen, zur Artikulierung ihrer politischen Ziele: Emanzipation von der Kirche! Mehr noch: *„die Volksschule, wie unvollkommen sie auch war, hat das Bewußtsein der Massen verändert. Der Lehrer wurde im Dorf eine neue Autorität, neben dem Pfarrer und gegen ihn, neben und gegen die Tradition. Die Konkurrenz von Weltinterpretationen und Verhaltensformen förderte eine traditionskritische Haltung, die auf die politischen und sozialen Institutionen übergreifen konnte. Zudem setzte die Schule schon durch das Lesen das Konkret-Gegebene mit dem Zeitgeist und der Öffentlichkeit in Beziehung, sie mobilisierte – jenseits aller Schulpolitik – Einstellungen und Gedanken. Auch die mangelhafte Schule war ein revolutionierender, modernisierender Faktor, solange jedenfalls sie nicht in eine neue Gesellschaft, etwa über den Nationalismus, intergriert war oder ihre Wirkungen anders neutralisiert waren."*

Die Volksschullehrerschaft war im Vormärz, vor und während der Revolution von 1848, ein Element der Unruhe und der Opposition. Ihre Petitionen, ihre Aktivitäten in politischen Organisationen und dann besonders auch in der Paulskirchen-Versammlung, zeigten das Ausmaß ihres politischen Engagements und ihrer politischen Aktionsfähigkeit. Das war besorgniserregend, jedenfalls aus der Sicht der weltlichen und geistlichen Obrigkeit. Als die Revolution gescheitert war, verlautbarte im Jahre 1849 das Königlich-evangelische Konsistorium zu Stuttgart – das mit Hilfe der Dekanatsämter die Aufsicht über die Lehrer führte –, besonders die jüngeren Lehrer träfe der Vorwurf, sie hätten *„sich mit besonderem Eifer den Wühlereien einer auf den Umsturz hinzielenden Partei angeschlossen"*. Sie müßten jedoch daran erinnert werden, *„daß sie in ihren politischen Urtheilen und Handlungen innerhalb derjenigen Grenzen der Besonnenheit und Mäßigung, der Sitte und des Anstandes sich halten, welche ihr nächster Beruf der Jugendbildung und die bei ihrem Amtsantritt übernommene heilige Verpflichtung in sich schließt. Sie sollen pflanzen und bauen, nicht zerstören und niederreißen;... nicht aber im Dünkel ihrer Weisheit sich zu Weltverbesserern aufwerfen, und das Volk, wohl gar die unreife und unerfahrene Jugend, wie es schon geschehen, gegen das Bestehende aufreizen. Schon das leidenschaftliche politische Parteitreiben, auch wenn es nicht gegen die bestehende Staatsverfassung gerichtet ist, hat für den Lehrer seine großen Nachtheile und Gefahren. Es bringt ihn in der Regel zu einem Theil der Gemeinde in eine schiefe Stellung, raubt ihm die Achtung und das Vertrauen von Seiten mancher Eltern und mittelbar der Kinder, und erzeugt in ihm selbst, statt ihn zu seinem Berufe zu erfrischen und zu beleben, vielmehr eine schädliche Aufregung und Gereiztheit, eine die Lehrkraft lähmende Zerrissenheit und Unzufriedenheit,... wenn Schullehrer sich an die Spitze von der Regierung gehässigen Clubbs stellen und wohl gar dieselben im Schullocal bis in die tiefe Nacht um sich versammeln; wenn der politische Fanatismus zur Rohheit und Brutalität wird, und allen Begriffen von Recht und Wahrheit, Treue, Zucht und Sinne Hohn spricht,... dann werden die Lehrer statt der Bildner und Erzieher – die Verderber des Volks."* Der preußische König Friedrich Wilhelm IV. donnerte im Februar 1849 die versammelten Seminardirektoren und -lehrer mit den Worten an: *„All' das Elend, das im verflossenen Jahre über Preußen hereingebrochen, ist Ihre, einzig Ihre Schuld, die Schuld der Afterbildung, der irreligiösen Menschenweisheit, die Sie als echte Weisheit verbreiten, mit der Sie den Glauben und die Treue in dem Gemüthe Meiner Unterthanen ausgerottet und deren Herzen von Mir abgewandt haben."* Seine Majestät fürchteten nicht *„den Pöbel"*, wohl *„aber die unheiligen Lehren einer modernen frivolen Weltweisheit"*. Und damit hatte er nicht einmal unrecht: „den Pöbel" konnte er im Zweifelsfall zusammenschießen lassen – aber welches Kraut wäre gegen „moderne Weltweisheit" gewachsen?!

Wie also – der Sproß einer Siegener Honoratiorenfamilie ein „Wühler" und Umstürzler? Ein dünkelhafter Weltverbesserer? Ein Verderber der Jugend und ihrer Lehrer? Für Diesterweg selber waren diese Vorwürfe, Denunziationen und Herabsetzungen seit der Verschärfung des politischen Klimas in den 1830er und 40er Jahren nichts Ungewöhnliches, und hätte nicht der liberale Minister Altenstein seine schützende Hand über ihn gehalten, er wäre nicht erst im Jahre 1847 aus dem Amt entfernt worden. Berufsverbot nennt man das heute. Übrigens hatte rechtliches Denken damals im konservativ-reaktionären Preußen noch andere Qualität: Da Diesterwegs Haltung bereits bei seiner Berufung zum Direktor des Lehrerbildungsseminars für die Lehrer an den Berliner Stadtschulen bekannt gewesen war, bot man ihm erst einen anderen Posten in der Provinz an, und erst als Diesterweg die Übernahme ablehnte, stellte man ihn mit vollen Bezügen „zur Disposition" – die Pensionierung erfolgte erst drei Jahre später – und legte noch ein Reisestipendium oben drauf. Diesterweg scheute einen Prozeß gegen seinen Dienstherrn, bei dem er – wie das Beispiel seines Freundes Wilhelm Wander zeigte – höchstwahrscheinlich obsiegt hätte!

Als Diesterweg nach zwölfjähriger Tätigkeit sein Amt als Seminardirektor in Moers aufgab, um seine neue Position in Berlin zu über-

4 Sonderpostwertzeichen, DDR 1990

5 Adolph Diesterweg
Büste, Gips
80 x 80 x 60 cm
Siegen, Diesterweg-Schule
Die Gipsbüste wurde 1989 auf dem Dachboden der Diesterweg-Schule in Siegen wiederentdeckt.
Das Original der Büste goß 1890 der Bildhauer Professor Friedrich Reusch in Bronze für das Diesterweg-Denkmal in Siegen. Das Denkmal wurde auf dem XIV.Westfälischen Lehrertag feierlich eingeweiht. In Zeitungsanzeigen wurden die Siegener Bürger freundlichst gebeten, „doch für die Festtage am zweiten Ostern und Osterdinstag die Fahnen herausshangen zu wollen, damit die Fremden sehen, wie die Stadt Siegen die Lehrer ehrt und wie sie vor allen Dingen das Andenken Diesterwegs, ihres großen Mitbürgers, dem das Denkmal gilt, zu würdigen weiß" (Siegener Zeitung, 1.4.1890).
Das Diesterweg-Denkmal steht heute neben der Martinikirche.

nehmen, beschenkten ihn seine ehemaligen Schüler mit einer Uhr, deren Zifferblatt die Aufschrift trug: „Was fordert die Zeit?" Diese Frage markiert sehr treffend den Gesichtspunkt, der für die Würdigung Diesterwegs ausschlaggebend sein muß: nicht Projekte und Wunschvorstellungen, Hoffnungen und Pläne charakterisieren sein Wirken und seine Publizistik, sondern die Auseinandersetzung mit praktischen Anforderungen und konkreten Aufgaben, die Klärung akuter praktisch-politischer Probleme, das Engagement für die Anliegen derer, denen hier und jetzt geholfen werden muß und kann. Diesterweg verfügte über Herz und Verstand, um die „Zeichen der Zeit" zu verstehen. Und wenn dann „die Glocke geschlagen hatte", war er um eine Antwort nicht verlegen auf die Frage: „Was fordert die Zeit?" Das bedeutete in den verschiedenen Etappen seines Wirkens unter den wechselnden politischen Bedingungen der zeitgenössischen Umstände konkret folgendes:

- Diesterweg war ein unermüdlicher Streiter für die Sache der Schule – um der Kinder willen! Wenn man sie in die Schulen holen konnte, dann hatte man ihnen die Fabrikarbeit erspart, und dann bestand eine Chance, daß man ihnen für ihr späteres Leben etwas mitgeben konnte.
- Diesterweg war ein unermüdlicher Streiter für die Sache der Schule – um der Lehrer willen! Eine gut ausgestattete Schule und ein materiell gesicherter Lehrer sind entscheidende Voraussetzungen für eine gelingende schulische Unterrichts- und Erziehungsarbeit. Erfolgreich können Unterricht und Erziehung in der Schule nur sein, wenn der Lehrer eine gute Ausbildung erfahren hat und sich weiterbildet. *„Der Lehrer ist die Schule."*
- Diesterweg war ein unermüdlicher Streiter für die Sache der Schule – gegen kirchliche und administrative Bevormundung! Gewiß, die Schule sollte nach seinem Willen verstaatlicht werden – staatlich finanziert und kontrolliert, mit beamteten Lehrern –, aber nur unter fachmännischer Aufsicht stehen und freigehalten werden von kirchlich-konfessioneller Indoktrination, parteipolitischer Beeinflussung und verwaltungsmäßig obrigkeitlicher Gängelung. Diesterweg unterschied scharf die „Schule der Kirchenlehre" von der modernen „Schule der Pädagogik":

„Die alte Schule war Kirchſchule;	die neue Schule iſt Staatsſchule.
Die alte Schule lehrte den (Partei-)Glauben und den Kultus;	die neue Schule lehrt ſelbſt ſehen, ſelbſt denken, beten und arbeiten.
Die alte Schule lehrte Worte und Begriffe;	die neue Schule lehrt anſchauliches Erkennen.
Die alte Schule übte das Wortgedächtnis;	die neue Schule denkt auf die Entwicklung des ganzen Menſchen.
Die alte Schule wirkte von außen nach innen;	die neue Schule wirkt von innen heraus.
Die alte Schule unterdrückte die Vernunft;	die neue Schule entwickelt die Vernunft.
Die alte Schule dachte nur an die ewige Seligkeit;	die neue Schule bildet allſeitig die Menſchenkraft.
Die alte Schule... richtete Kinder zu jungen Lutheranern, Calviniſten, Katholiken, Herrnhutern usw. ab;	die neue Schule bildet Menſchen.
Die alte Schule war eine Lernſchule;	die neue Schule iſt eine Schule der Tat.

Die alte Schule wurde gehandhabt von Kirchendienern, Glaubenslehrern und Schulhaltern;	die neue Schule verlangt Lehrer und Erzieher.
Die alte Schule knechtete die Schüler durch den herrschenden Lern- und disziplinarischen Despotismus;	die neue Schule beabsichtigt die Entwickelung der Menschennatur nach Naturgesetzen und in Gehorsam und strenger Zucht die Ausbildung des Charakters."

– Diesterweg war ein unermüdlicher Streiter für Freiheit und Toleranz, Liberalität und Selbstverantwortlichkeit – gegen Unterdrükkung, Bevormundung, Unduldsamkeit. *„Alle Menschen..., welche die allgemeine und individuelle Freiheit lieben und nach allgemeiner Bildung streben, trachten nach der Möglichkeit und Wirklichkeit frei-persönlicher Entwicklung in jeder Richtung menschlicher Tätigkeit, im einzelnen wesentlich:*
statt des Religionszwanges nach religiöser und kirchlicher Freiheit;
statt des absoluten Regiments nach verfassungsmäßiger Freiheit;
statt der bürokratischen Verwaltung nach Selbstregierung;
statt des Innungszwanges nach Gewerbefreiheit;...
statt der Abhängigkeit der Schule von Priestergewalt nach der Leitung der Schulerziehung durch pädagogische Prinzipien im Streben nach individuell-freier Entwicklung."

– Diesterweg war ein unermüdlicher Streiter für eine moderne, kindgerechte Pädagogik, die den Erfordernissen des Lebens in der Gegenwart und der Zukunft Rechnung trägt. Ihre Prinzipien sind: *„Sie will die Kraft des Geistes entwickeln, den jungen Menschen zur Selbstthätigkeit und dadurch späterhin zur Selbständigkeit erziehen; darum sucht sie ihn auf alle mögliche Weise zu wecken, zu erregen; die Methode ist Erregungskunst... (Sie) wendet sich... mehr an die Denkkraft; schleift den Verstand; übt die Urteilskraft; und sucht den Zögling zu befähigen, alle Stoffe, die zu den gegebenen und zu den zu gebenden gehören, geistig zu verdauen und sie zu beherrschen... Sie lehrt die Schüler denken, prüfen, forschen; sie eignet ihnen die Fertigkeit an, sich ihres geistigen Besitztums mit Gewandtheit zu bedienen und Neues zu produzieren; sie macht verständig, geschickt, gewandt."*

– Diesterweg war ein unermüdlicher Streiter für den Gedanken der Entwicklung, der Evolution, der fortschreitenden Verbesserung der menschlichen gesellschaftlichen Lebensverhältnisse, für Fortschritt und Vervollkommnung – gegen Revolution und Umsturz. Er wußte und wollte, daß seine Pädagogik und seine Schule die Menschen und die Gesellschaft verändern wollten und sollten, weil das Beharren auf dem Überkommenen und Bestehenden auf die Dauer Verkrustung und Rückständigkeit bewirken müßte. Es galt – und gilt – die historische Erfahrung, daß die Hemmung der geschichtlichen Bewegung nicht nur nicht Reformen verhindert, sondern gewaltsame Revolutionen hervorbringt.

– Diesterweg war ein unermüdlicher Streiter für Religiosität und Humanität, gegen Konfessionalismus und Menschenverachtung, für soziale Gerechtigkeit und politische Gleichberechtigung – besonders auch der jüdischen Mitbürger –, gegen Ausbeutung und Hoffnungslosigkeit, gegen veraltete Hierarchien und gegen die Kräfte, die die Befreiungs- und Emanzipationsbewegungen der Zeit zu hindern trachten.

„Was fordert die Zeit" von uns als Menschen? Im Frühjahr 1848 antwortete Diesterweg auf diese Frage: *„Verbrüderung mit der ganzen Menschheit, Wohlwollen gegen alle, Mitwirkung zum allgemeinen Wohl, soweit eines jeden Kraft reicht, Anerkennung der ewigen Rechte*

6 Diesterweg-Medaille
Auszeichnung der Deutschen Demokratischen Republik für „Verdiente Lehrer des Volkes"
5,0 x 3,5 cm
Berlin (DDR), Schulmuseum der Akademie der Pädagogischen Wissenschaften

eines jeden Menschen, Verwirklichung der herrlichen Ideen des Evangeliums, zu dem man sich, seitdem kein Buchstabenglaube an Dogmen und historische Versteinerungen mehr als Eigenschaft des Christen gefordert wird, wieder mit Freuden bekennen kann... (Wir sollen) alles engherzige Pfahl- und Spießbürgertum von uns abtun; daß wir keine Art der Eifersucht und Zwietracht in uns aufkommen lassen; daß wir das methodisch bisher unterdrückte politische Bewußtsein in uns entwickeln und es verbreiten helfen: das fordert die Zeit. Folglich auch...politische Lektüre... Kenntnis der Hauptereignisse: Eindringen in ihre Ursachen, Quellen, Konsequenzen; Beurteilung derselben nach dem Maßstabe, ob sie zur freien Entwicklung beitragen oder sie hemmen." Für diese Ziele reformierte Diesterweg die Volksschule und die Lehrerbildung, war er unermüdlich in seinen eigenen Zeitschriften – in den *Rheinischen Blättern für Erziehung und Unterricht* und in den *Jahrbüchern für Lehrer und Schulfreunde* – publizistisch engagiert. Hier scheute er keine Konflikte und ertrug er keine Kompromisse, lieber ließ er sich aus dem Amt entfernen. Ohne diese Amtsrücksichten engagierte er sich von 1848 bis zu seinem Tode offen parteipolitisch bei den Liberalen: er war der Mitbegründer ihrer Zeitung in Berlin, der *National-Zeitung* – die es zu einem Rekord an Zensurverboten brachte. Er wurde Mitglied in der Berliner Bürgerschaft und im preußischen Abgeordnetenhaus.

Was konnten nun – nach Diesterwegs Auffassung – Schule und Unterricht zur Erfüllung dieser Forderungen der Zeit beitragen? *Zugleich* recht wenig *und* sehr viel. *„Unmittelbar von der Thätigkeit der Volksschullehrer und den Leistungen der Volksschule die Abstellung gesellschaftlicher Übel und Gebrechen, socialer Verrenkungen, schiefer Stellungen erwarten – es ist Chimäre, ist Wahn.*" Politische und soziale Verhältnisse ändert man nur mit Hilfe der Politik und der Umgestaltung des gesellschaftlichen Lebens und seiner Institutionen. *„Es kann daher keine größere Verkennung des ganzen Standpunktes des Schullehrers geben, als wenn man ihn durch sein Amt für berufen hält, unmittelbar für die Verbesserung der Weltzustände zu wirken.*" Diesterweg vertrat 1839 genau jenen Standpunkt, den 1849 das eingangs zitierte württembergische Konsistorium auch eingenommen hat. Aber während das Konsistorium daraus den Schluß zog, Schule und Lehrer politisch scharf zu kontrollieren, zeigte Diesterweg, wo die *eigentliche*, nämlich *mittelbare* politische Wirkung der Schule und des Unterrichts liegt und wie sie *pädagogisch* zustande kommt. Die politischen Wirkungen beziehen sich auf Sitten und Gewohnheiten, Grundsätze und Strebungen, die der erziehende Unterricht zu vermitteln vermag. Er verändert die Menschen in ihrem Innern, in ihrer Denkungsart, ohne allerdings angeben zu können, welche unmittelbaren Konsequenzen dies für ihr Tun und Unterlassen ist. Aber der langsame, allmähliche, stetige, unausbleibliche Fortschritt kann nur dort stattfinden, *„wo Schulen blühen"*. Demzufolge kann die Bildungsarbeit der Schulen und der Lehrer und die durch sie bewirkten Umgestaltungen des kulturellen, gesellschaftlichen und politischen Lebens gar nicht hoch genug veranschlagt werden: *„Einsichten sind Macht."*

Die Denkungsart der heranwachsenden Generation aber wird im Unterricht nur erreicht und verändert, wenn dieser den Prinzipien der Anschaulichkeit und der Erlebnisfähigkeit folgt: nur wenn die äußere und innere Erfahrung zusammenkommen, kann im schulischen Unterricht ein „Gegenstand" zum Anknüpfungspunkt für Interesse, Verständnis und selbständige geistige Tätigkeit werden; andernfalls bleibt er toter Memorier-„Stoff". Dieser Unterricht lehrt denken, prüfen, forschen; mit anderen Worten: all jene intellektuellen Operationen und jene geistige Haltung, die die Gegenwart erfordert. *„Wer nicht mit eigenen Augen sehen, wahrnehmen, überlegen und aus den Erfahrungen Schlüsse ziehen kann, ist Verlusten, wo nicht der Gefahr des Schiffbruchs ausgesetzt.*" Die Bestrebungen der Zeit gingen auf ein lebendigeres, inhaltsvolleres und selbsttätigeres Leben, es war eine Zeit der Emanzipation vom Überkommenen und Gewohnten auf allen Gebieten der menschlichen Lebenspraxis und zugleich eine Zeit tiefgreifender gesellschaftlicher, ökonomischer und politischer Umbrüche. Diesen Umständen haben Schule und Unterricht – damals wie heute – Rechnung zu tragen und mitzuhelfen, die jungen Menschen für das Bestehen einer ungewissen und offenen Zukunft auszustatten.

7 Postkarte mit Diesterweg-Denkmal in Siegen, Anfang 20.Jh.
9 x 14 cm
Niederaula, Privatbesitz

Im Herbst seiner Lebens war Diesterweg entmutigt und zufrieden zugleich. Seine schulpolitischen und standespolitischen Ziele waren nicht verwirklicht worden; dies geschah erst in der Verfassung der Weimarer Republik. Enttäuschend war für ihn auch die schwankende politische Haltung vieler Lehrer, die nicht entschiedener für Liberalisierung und Demokratisierung eingetreten waren. Gleichwohl mußte er mit Genugtuung feststellen, daß es nicht zuletzt seinem Wirken zuzuschreiben gewesen war, daß binnen einer Generation aus der geringgeachteten, unorganisierten und „sprachlosen" Gruppe der Schulmeister ein politisch einflußreicher Berufsstand geworden war. In den Schulen und in den Arbeiterbildungsvereinen hatte sich Wissen auf den Weg ins Volk gemacht. Seit der Mitte des 19. Jahrhunderts war dieses Wissen ein bestimmender Faktor der kulturellen und politischen Entwicklung geworden: der Schulmeister und spätere Berliner Seminardirektor Diesterweg aus Siegen war einer der wenigen wirklich bedeutenden deutschen Volkserzieher an der Schwelle unserer Gegenwart. „Einsichten sind Macht."

Jürgen H. Schawacht

Siegen um 1800

Drei Jahrzehnte Stadtgeschichte

„Es war am 1. Januar des Jahres 1788, als man in der alten nassau-oranischen Stadt Siegen einen feierlichen Bet-, Dank- und Freudentag beging, welcher der Wiederherstellung des Hauses Nassau-Oranien in den Niederlanden galt. Ein starkes preußisches Heer hatte im September 1787 Amsterdam besetzt, den gegen die Oranier gerichteten Aufstand der niederländischen Patrioten unterdrückt und die Herrschaft Wilhelms V. wiederhergestellt. Die oranisch Gesinnten feierten in den Niederlanden dieses Ereignis, und auch in den Stammlanden wollte man nicht zurückstehen. Die Stadt Siegen, einst das ‚Auge und die Zier der Nassau' genannt, entfaltete an diesem Tage, der hart an der Schwelle einer neuen Zeit stand, noch einmal das ganze wunderbare Gebilde mittelalterlichen Bürgertums und Bürgerstolzes. Laut dröhnte der Donner der schweren Böller,...in das Land hinein, feierlich klangen die Glocken von St. Nicolai, St. Martini und St. Mariä, und in langem, würdigem Zuge zog die Bürgerschaft, nach ihren Zünften geordnet und geführt von den Herren des Stadtrates, in langen, schwarzen Mänteln, mit schwarzen Dreimastern auf dem Haupte, zur Kirche, während die junge Mannschaft der Stadt, mit Oranienkokarden, Federbüschen und Schärpen geziert, Spalier bildete. Drei Tage feierte man; auf dem Rathause und in den Zunftstuben gab es Festessen und Festbälle, auf Kosten der Stadt wurden die Armen gespeist und getränkt, und in den Straßen ertönte immer wieder das ‚Oranien boven'."[1]

Die folgenden rund drei Jahrzehnte, die auch die Geburt und die Jugendjahre Friedrich Adolph Wilhelm Diesterwegs umschließen, waren in mehrerlei Hinsicht für Siegen von außerordentlicher Bedeutung. Aber machen wir uns zunächst mit einigen frühen Daten und Fakten zur Geschichte der Stadt und ihres Umlandes vertraut.

Jüngsten Grabungsergebnissen (1989) zufolge wurde das Quellgebiet der Sieg um 600 v.Chr. besiedelt. Als Grund für das Eindringen von Menschen in ein für die damalige Zeit vergleichsweise siedlungsunfreundliches Gebiet werden oberflächennahe Erze – insbesondere Eisenerze – angesehen. Eine ausgedehnte Verhüttungstätigkeit bis zum Beginn unserer Zeitrechnung ist durch Bodenfunde belegt. Über mehrere Jahrhunderte nach Christi Geburt hinweg bietet die Forschung mangels datierbarer Bodenfunde kein einheitliches Bild. Wegen des relativ späten Einsetzens schriftlicher Quellen bleibt, mit Blick auf die Anfänge der Stadt Siegen (1224), ein vergleichsweise breiter Interpretationsspielraum.

Wenngleich heute davon ausgegangen werden kann, daß der Ursprung des nassauischen Grafenhauses in Siegen liegt, Residenzstadt war Diesterwegs Geburtsort nicht mehr. Von der Burg auf dem Siegberg, dem heutigen Oberen Schloß, wurde seit 1607 zwar wieder die kleine, etwa 9.000-10.000 Einwohner beheimatende Grafschaft Nassau-Siegen (seit 1652 Fürstentum) verwaltet, aber die Spaltung in eine katholische und eine reformierte Linie Nassau-Siegen, die die Stadt gemeinsam regieren sollten, führte in eine „kleinstaatliche Sondertümelei"[2], wie sie sonst wohl nirgends mehr zu finden war.

Nach dem Aussterben der katholischen Linie 1743 – die reformierte Linie hatte neun Jahre zuvor geendet – fiel das Fürstentum Nassau-Siegen an die von allen Nassauer Teillinien allein noch bestehende Linie Nassau-Diez. Diese regierte seit 1702 auch die oranischen Erblande (=die niederländischen Generalstaaten), so daß das Fürstentum Nassau-Siegen nun von Den Haag aus verwaltet wurde. Siegen war seitdem lediglich Sitz eines Unterdirektoriums der Dillenburger Landesverwaltung, dem ein leitender Beamter sowie ein Sekretär und

Kanzlist angehörten. Weitere fürstliche Behörden unterer Instanz (Justizverwaltung, Polizei, Bergverhör) erfuhren 1775 eine Neuorganisation. Im Siegerland waren von da an die vier Ämter Freudenberg, Hilchenbach, Netphen und Siegen jeweils mit zwei rechtsgelehrten Personen besetzt. Beim Amt Siegen wurde 1795 Carl Friedrich Diesterweg, der Vater Adolphs, als Aktuar genannt, spätestens 1801 war er Amtmann.

Das äußere Bild Siegens am Ende des 18. Jahrhunderts ist am leichtesten zu erschließen mit Hilfe einer der vielen existierenden älteren Stadtansichten.[3] Vom unteren zum oberen Siegberg sich erstreckend war Siegen umgeben von einer Stadtmauer mit ursprünglich wohl 21 Türmen[4], alle wurden überragt vom Nikolaikirchtum mit dem Wahrzeichen der Stadt, der vom Fürsten Johann Moritz 1658 gestifteten schmiedeeisernen und vergoldeten Krone. An der höchsten Stelle der Stadt, aber außerhalb – von eigenen Mauern umgeben –, liegt die alte nassauische Stammburg, nun das Obere Schloß genannt. Hangabwärts sind dann der schon erwähnte Turm der Nikolaikirche (13. Jh.) und nah dabei der Turm der zu Anfang des 18. Jahrhunderts erbauten Marienkirche zu sehen. Am unteren Ende des Siegberges fallen zum einen die wuchtigen Mauern des nach dem großen Stadtbrand von 1695 erbauten Unteren Schlosses auf und gleich daneben die unterhalb davon gelegene Martinikirche, das älteste Gotteshaus innerhalb der Stadtmauern (9. Jh.).

Der Fremde, der in die Stadt wollte, war auf eines der drei mehrfach gesicherten Stadttore angewiesen, das Kölner Tor am unteren, das Marburger Tor am oberen Ende der Stadt und das Löhrtor (Wetzlarer Pforte) an der der Sieg abgewandten Seite des Siegberges. Waren diese drei Stadttore ausgerichtet auf ältere Handelsstraßen und -orte im Westen, Osten und Süden, so führte seit 1780, aus nördlicher Richtung kommend, auf Siegen die erste befestigte Straße Westdeutschlands zu, die sogenannte Kunststraße Hagen-Siegen-Frankfurt, wel-

8 Wilhelm V. (1718-1806)
Fürst von Oranien-Nassau
Ölgemälde
103 x 82 cm
Siegen, Siegerlandmuseum

9 Siegener Marktplatz mit Nikolaikirche, um 1830
Aquarell von Wilhelm Scheiner, 1922
71,0 x 98,5 cm
Siegen, Siegerlandmuseum

che unterhalb des Siegberges in Richtung auf Dillenburg hin ins Weißtal abbog.[5] Ursprünglich zur Beförderung des Handels gedacht, erleichterte die Straße in den folgenden Jahren allerdings auch militärische Truppenbewegungen.

Seit dem Mittelalter waren Siegens und des Siegerlandes „vornehmste Nahrung" der Eisenhandel. Basierend auf den manganhaltigen Eisenerzen gab es ein lebhaftes und qualitativ hochstehendes Eisengewerbe. Die Produktion erfolgte in zwei Verarbeitungsstufen. Auf den Hüttenwerken wurden im Hochofen aus Erz Roheisen und -stahl, auch Gußeisen gewonnen. Auf den Hammerwerken wurden Roheisen und -stahl zu Schmiedeeisen und Schmiedestahl weiterverarbeitet.

10 Siegen von Nordwesten
Lithographie, 1834 (?), nachträglich in Bleistift
25,6 x 37,0 cm
Siegen, Siegerlandmuseum
11 Hammerwerk, um 1850
Lithographie von Jakob Scheiner (?)
28 x 23 cm
Siegen, Siegerlandmuseum

Die Nutzung der Wasserkraft als Energielieferant für die ledernen Blasebälge an den 6-8 m großen Hochöfen und zum Anheben der zentnerschweren Schmiedehämmer bestimmten den Standort der Hütten- und Hammerwerke an den Fluß- und Bachläufen des Siegerlandes. Die weitere, unumgänglich notwendige Energie, die Holzkohle, lieferte der Wald, der als vielfach genutzter Niederwald in Form der sogenannten Siegerländer Hauberge bewirtschaftet wurde. Der Betrieb der Hütten und Hämmer erfolgte genossenschaftlich. Wie erfolgreich das Siegerländer Eisengewerbe am Ende des Mittelalters und in der Frühen Neuzeit auch gewesen ist, 1804 urteilt ein preußischer Fachmann: *„Uebrigens scheint es mir, als ob die Siegensche Hüttenwirthschaft überhaupt noch einer großen Vervollkommnung unterzogen werden könnte, wenn die gewerkschaftliche Verfassung auf einen andern Fuß gesetzt und ihr mehr Einheit in der Direktion gegeben würde. Jeder Hüttentags-Berechtigter verfolgt nur seinen Privat-Vortheil, seinen, auf den sich vorgesetzten Zweck berechneten Willen, der noch dazu gar oft durch Mangel an eigentlicher hüttenmännischer Kenntniß beschränkt ist. Es liegt in dem Gange das Schwerfällige einer Maschine, die aus einer Menge einzelner Räder besteht, von denen zwar jedes sich um seine Axe dreht, und die zusammen auch eine gemeinschaftliche Bewegung hervorbringen, aber nicht die große Wirkung, wozu ihre vereinigte Kraft fähig seyn würde. Dazu kommt noch der Rost des Alters, der ohne einen gemeinschaftlichen Willen, oder durch eine an dessen Stelle tretende höhere Impulsion, nicht weggebracht werden kann. Vernünftige Gewerken fühlen dies selbst; andere sind der Meinung, daß das Siegensche Hüttenwesen über alle Vergleichung mit jedem andern sey."*[6]

Die bisher gegebene Beschreibung der Stadt Siegen ist insofern noch unvollständig, als zur Stadt – innerhalb ihrer Gemarkung gelegen – drei Hüttenvororte gehörten: Hainer Hütte, Hammerhütte und Sieghütte. In Hainer Hütte, dem kleinsten der drei Vororte, an der Weiß, einem linken Nebenfluß der Sieg, gelegen, gab es eine Eisenhütte und ein Hammerwerk. Nördlich der Stadt, siegaufwärts, war die größte der drei Ansiedlungen, Sieghütte, ebenfalls mit je einem Hütten- und Hammerwerk. Siegabwärts unterhalb der Stadt lag Hammerhütte, mit einem Hammerwerk.

12 Karte des Fürstentums Nassau-Siegen
Von Ludwig Adolph Schenck, um 1770
43,5 x 54,5 cm
Berlin, Deutsche Staatsbibliothek
13 „Plan vom Stadt siegenschen Territorio", um 1809
Farbige Zeichnung von Adolph Wintersbach
30,9 x 36,3 cm
Siegen, Stadtarchiv
14 Grundriß der Stadt Siegen
Farbige Zeichnung von Adolph Wintersbach, 1809
33,0 x 49,5 cm
Siegen, Stadtarchiv
15 Bevölkerungs-Tabelle der Municipalität Siegen, Juli/August 1810
46 x 56 cm
Siegen, Stadtarchiv

Reges gewerbliches Leben gab es auch beim Mühlenweiher. Seine etwa 500 x 60 m große Wasserfläche breitete sich vom Kölner Tor an zwischen Stadtmauer und Sieg aus. Neben den Eisenwerken – hier ist noch ein privater Reckhammer zu erwähnen – nutzten innerhalb der Siegener Gemarkung noch je eine Mahl- und Holzschneidemühle, je zwei Walk- und Lohmahlmühlen sowie fünf Lohstoßmühlen und etwa seit der Jahrhundertwende auch eine Spinnmaschine die Kraft des Wassers. Sonst war das Landschaftsbild bestimmt durch stadtnahe Gärten, Wiesen und Niederwald.

1815 zählte man innerhalb der Stadtmauer 565 Häuser. In der Regel waren sie in Fachwerkbauweise errichtet und vor allem an der Marburger und der Kölner Straße mehrere Stockwerke hoch. Wohl erst im 17. und 18. Jahrhundert hatte man begonnen, die Wohnhäuser zu verschiefern, was dem Stadtbild einen ernsten, ja düsteren Charakter gab; gleichwohl gelang es, diesen Eindruck durch eine kunstvolle Schieferarchitektur ein wenig zu mildern. Nur wenige der 565 Häuser besaßen Scheunen. In der Regel wurden Heu und Grummet auf den Giebelspeichern gelagert.

Neben den schon genannten drei Kirchen und den beiden Schlössern ist noch das von Stein erbaute, einzeln stehende Wohnhaus mit Garten des Siegener Amtmannes erwähnenswert, das sogenannte „Rote Haus". Als „eine Merkwürdigkeit" wurde in Siegen selbst das in den 80er Jahren des 18. Jahrhunderts in unmittelbarer Nähe der Nikolaikirche erweiterte Rathaus angesehen. *„Dies Gebäude ist 144 Fuß lang, 51 Fuß breit und 41 Fuß hoch und mit einem Schieferdach versehen und hat über 30.000 Rtlr. gekostet. In demselben befinden sich viele alte auf die vormaligen Gerechtsame der Stadt Siegen Bezug habende Urkunden und Gerichts-Akten, und halten in demselben das Stadtgericht, das Bürgermeisteramt und Waageverwaltung ihre Sitzungen, auch dient dasselbe der Bürgerwache zum Aufenthalt, und befinden sich darin zwei Säle, 12 Stuben und ein großer Behälter zu Aufbewahrung der Feuer-Gerätschaften."*[7]

Die Verwaltung der Stadt lag seit alters her beim „Schöffenstuhl" und dem Magistrat. Daneben gab es einen vom Landesherrn ernannten Stadtschultheiß. Er saß den städtischen Gerichten vor und nahm wesentlichen Anteil an der Verwaltung des Schöffenstuhls. Dieser Schöffenstuhl war die wichtigste städtische Körperschaft, der eigentliche Gemeindevorstand. Ihm gehörten die beiden jährlich neu gewählten „regierenden" Bürgermeister sowie zehn weitere Ratsherren an. In bestimmten Angelegenheiten war der um bis zu zwanzig Ratsmitglieder erweiterte Schöffenstuhl – der Magistrat – zuständig. Mitglied dieses Magistrats konnte nur werden, wer von diesem Gremium vorgeschlagen wurde. Die 1807 getroffene Feststellung, „daß fast alle Honoratioren der Stadt mehr oder weniger miteinander verwandt waren", kann so kaum verwundern.

16 Prunklanzen mit nassauischem Wappen, 2.Hälfte 18.Jh.
Holz, Eisen
L. 190 cm
Siegen, Siegerlandmuseum

17 Sonnenuhr-Stein mit nassauischem Allianzwappen
60 x 50 cm
Dillenburg, Oranien-Nassauisches Museum
18 Ofenplatte
„ORA ET LABORA" (Bete und arbeite!)
Gußeisen
80,5 x 87,0 cm
Siegen, Siegerlandmuseum
19 Zwei Hausgeleuchte, 19.Jh.
Messing, Glas
46,5 × 11,5 × 20,0 cm
15 x 10 x 8 cm
Siegen, Siegerlandmuseum

20 Ansicht von Müsen, um 1850
Farblithographie
Gezeichnet und lithographiert von Jakob Scheiner
Lithographische Anstalt J. Scheiner & Comp., Siegen
30,2 x 42,5 cm
Siegen, Siegerlandmuseum

Demgegenüber stand die „gemeine Bürgerschaft", das heißt der „normale" Bürger Siegens konnte kommunale Rechte nur in seiner Eigenschaft als Zunftmitglied wahrnehmen. Aufgrund eines Regierungserlasses vom April 1789 bestand Zwangsmitgliedschaft. Alle bis dahin zunftfreien Handwerker und sonstigen „Professionisten" wurden zu Mitgliedern der Kleinschmiedezunft. Advokaten, Ärzte und

Beamte, kurz alle Bürger, die kein Handwerk ausübten, gehörten nun der Stahlschmiedezunft an. Diese hatte, nachdem seit dem 16. Jahrhundert das Stahlschmiedegewerbe in der Stadt Siegen handwerksmäßig nicht mehr betrieben wurde, ohnehin ihre Bedeutung verloren. 1795 hatten die seit Ende des Mittelalters urkundlich belegten acht Siegener Zünfte 514 Mitglieder: die Schuhmacher 119, Stahlschmiede 70, Kleinschmiede 69, Wollenweber 130, Bäcker 30, Schneider 12, Metzger 13 und die Bergzunft 71. Wohl wegen der Mitgliedschaft der Gerber war die Schuhmacherzunft die vornehmste. Ihr sogenannter alter Meister war bei versammeltem Magistrat Wortführer der „gemeinen Bürgerschaft", also sämtlicher Zünfte und Bürger.

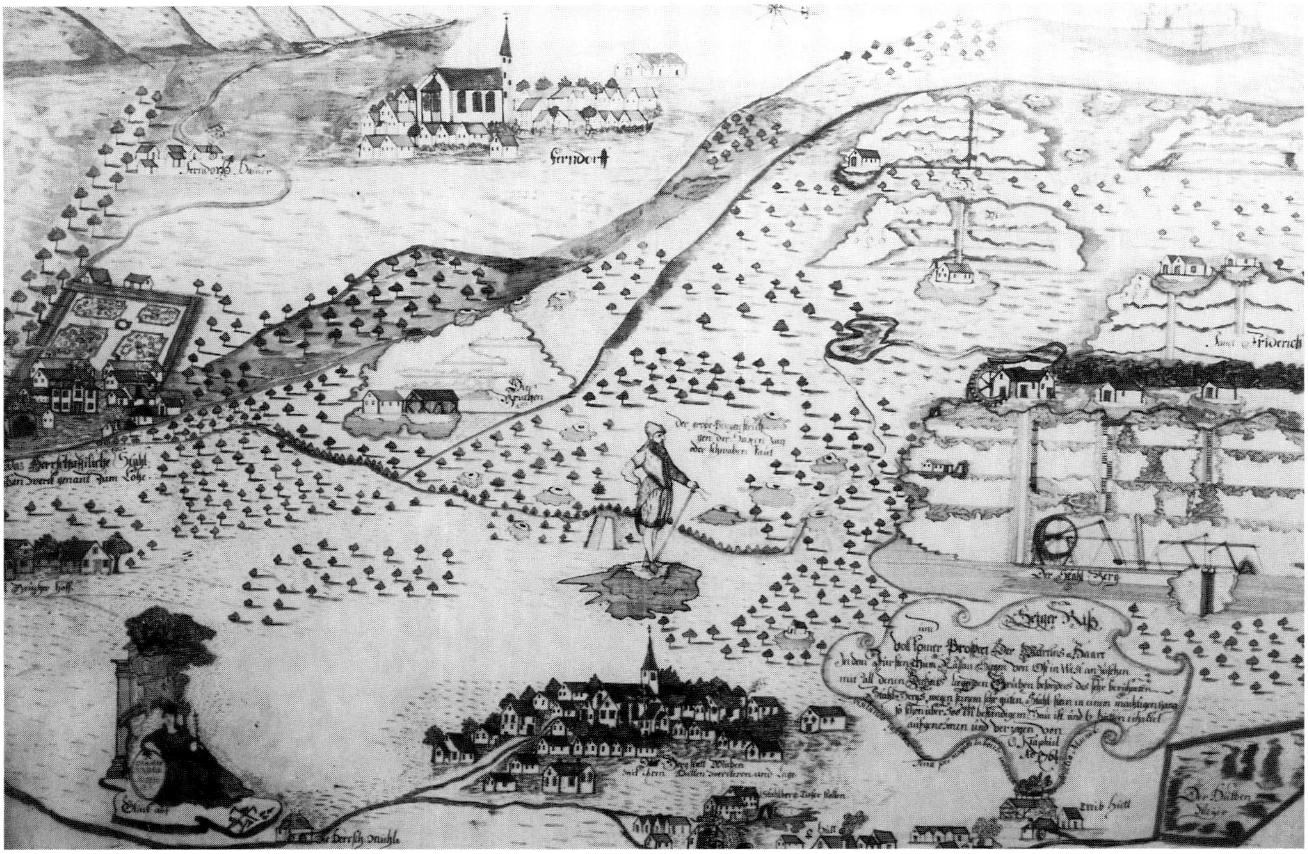

Einwohner ohne Bürgerrecht und damit auch ohne Zunftmitgliedschaft, also vor allem die „Beisassen", waren den Siegener Vollbürgern, wie sie sich selbst in Abgrenzung zu den Bewohnern der drei Hüttenvororte nannten, *„ein Stein des Anstoßes"*, die *„dem gemeinen Wesen und der löblichen Bürgerschaft durch Vertheuerung der Lebensmittel und Wohnungen, durch Betteln, Gartendiebstähle, Belastung des Armenfonds und Verunreinigung des ächten Bürgerblutes (!) Schaden und Nachtheil bringen."*[8] Die Zunftmeister schlossen daher zum Beispiel im Juni 1790 einen „unwiderruflichen Verein", um zukünftig Beisassen aus der Stadt zu weisen.

Vorzugsweise in finanziellen Angelegenheiten – die Einnahmen aus der Stadtwaage waren der größte Finanzposten – mußten die Zünfte beteiligt werden. Ihre jeweils beiden Zunftmeister hatten dann, in schwarze Bürgermäntel gekleidet, stehend die Verhandlungen anzuhören, das Ergebnis in den folgenden Tagen mit ihren Zunftgenossen zu beraten und die dabei gefaßten Beschlüsse einige Tage später vorzutragen. *„Aeußerlich schien hiernach eine große und demüthige Unterwürfigkeit der Zünfte gegenüber dem Magistrat zu bestehen... Andererseits ist aber gewiß, daß während der oranischen Regierungszeit die Zünfte nicht nur nahezu jeden wichtigen Magistratsbeschluß bekämpften, sondern auch die allmälige Erschütterung der alten Grundlage der Magistratsverfassung herbeiführten."*

21 „Seiger Riß und voll kommener Prospect der Martins Haart", 1764
Kolorierte Handzeichnung von C. Kraphiel
Reproduktion
60 x 90 cm
Hilchenbach-Müsen, Stahlberg-Museum

Einen Erfolg der Zünfte – eine Ausdehnung ihrer Befugnisse gegenüber dem Magistrat – verbriefte etwa die „Unwiderrufliche Vergleichsakte zwischen dem löblichen Stadtmagistrate zu Siegen an einem und der löbl. Bürgerschaft daselbst in pcto verschiedener des städtischen Finanz-Wesens wegen entstandener Mißhelligkeiten" vom Dezember 1795. Unter anderem wurde eine Reihe von städtischen Ausgaben aufgehoben. *„Dahin gehörte das Hochzeitsgeschenk von 4 Thlrn., welches bei der Heirath der Söhne und Töchter der Bürgermeister und Schöffen von der Stadt gemacht zu werden pflegte. Ebenso wurden die städtischen Mahlzeiten beseitigt und der Verkauf des Tafelzeugs der Stadt beschlossen. In Zukunft sollten weder Mahlzeiten nach dem Umgang zur Feuerbesichtigung, noch nach dem Probiren der Feuerspritzen, bei dem jährlich auf Pfingstdienstag stattfindenden Bürgeraufzug, bei der Bürgermeisterwahl oder am Martini-Abend stattfinden. Schon früher hatte die Landesregierung der s.g. Lieferungs-Mahlzeit, der Sieghütter-Mahlzeit, dem s.g. Fastnachtsbraten ‚als ebensowenig den Sitten der heutigen Zeiten, als dem Besten der unter einer so drückenden Last von Schulden seufzenden Stadt angemessen' ein Ende gemacht."* Einerseits ist die Haltung der Zünfte wohl aus den nicht mehr zeitgemäßen, eingeschränkten Mitwirkungsmöglichkeiten bei städtischen Angelegenheiten gegenüber einem ebenso traditionsreichen wie traditionsbewußten Magistrat zu verstehen. Andererseits war die Organisationsform der gemeinen Bürgerschaft Siegens ebenfalls überholt, was sich in zahlreichen Streitigkeiten zwischen den Zünften und innerhalb derselben dokumentiert.

Seit März 1793 war Siegen von Truppendurchmärschen und Einquartierungen im Zuge der Koalitionskriege betroffen. Österreicher und Preußen nahmen keine Rücksicht mehr auf die von der Stadt reklamierte Befreiung von solchen Lasten. Und mit dem Zurückweichen der Österreicher vor den 1794 bis an den Rhein vordringenden Franzosen war es mit der behäbigen Ruhe und eigensüchtigen Beschaulichkeit erst einmal vorbei. Vom Herbst 1794 bis zum Sommer 1795 verlegten die Österreicher ihr Truppenlazarett ins Untere Schloß. Die Martinikirche diente als Fouragemagazin. 2.000 Verwundete und Kranke wurden ständig betreut. Fälle von roter Ruhr und Faulfieber traten auf. Ungefähr 1.500 Menschen starben *„und wurden ohne Sang und Klang in Stroh gewickelt auf Karren zu dem s.g. Schafhause an der Sieg – der Hammerhütte gegenüber – hinaus gefahren und dort Schichtenweise in viereckige Gruben geworfen". Im Frühjahr 1795 klagten die Bewohner der Hammerhütte: „Hier ragt eine Hand, dort ein Fuß aus dem Grabe hervor, und lange wird's nicht mehr dauern, daß die Hunde ganze Körper wieder herausreißen."*

Mit den sich zurückziehenden österreichischen Truppen kamen französische und brabanter Emigranten. Wohnungen waren jetzt nicht mehr zu finden. Wer eine heizbare Stube oder ein Kämmerchen hatte, vermietete diese gegen hohe wöchentliche Bezahlung. Alle Wirtshäuser waren überfüllt. Im kleinen Saal des Rathauses wurde ein Café eröffnet. Die Vergnügungssucht der Flüchtlinge stand in krassem Gegensatz zu Not und Leiden im Lazarett. Im großen Saal des Rathauses gab es jeden Sonntagabend ein Konzert und anschließend einen Ball. Spieltische wurden aufgestellt. Infolge der Verlegung des Reichs-Oberpostamtes von Köln nach Siegen hörte man täglich die neuesten Nachrichten. Zeitungen aus nah und fern konnten gelesen werden. Geld war im Überfluß vorhanden, die Teuerung der Waren deshalb zunächst kaum spürbar, wenngleich der Warenverkehr mit den Niederlanden völlig abbrach. 20.000 österreichische Soldaten zogen allein im September 1795 durchs Siegerland. Die Mannschaften lagerten auf dem Giersberg, die Offiziere wohnten in Siegen. *„Von 10 Uhr Morgens bis 3 Uhr Nachmittags wurden ununterbrochen Kanonen, Pulverwagen, Pontons usw. durch die Stadt gefahren. Die Artillerie nahm auf der Chaussee bis hinter Wilnsdorf Stand."*

Den Österreichern folgten die Franzosen. Vom 4. bis 15. Juni 1796 hörte man in Siegen Kanonendonner. „Unerschwingliche" Requisitio-

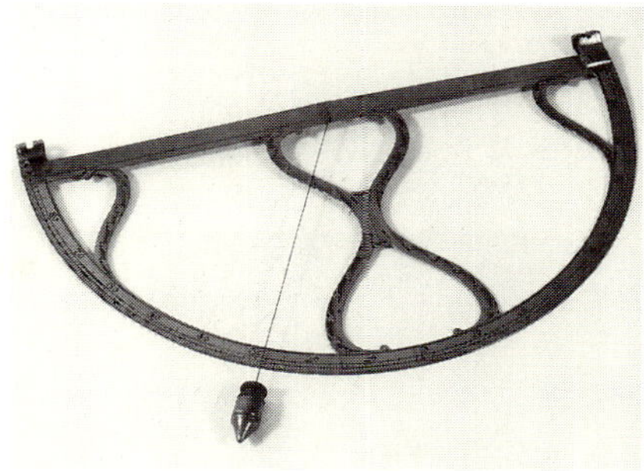

22 Gradbogen, um 1800
Messing
Dm. 21,5 cm
Dortmund, Museum für Kunst und Kulturgeschichte

23 Bussole (Stativkompaß), 1754
Messing
Nachlaß des Oberbergmeisters Johann Henrich Jung
H. 103,5 cm, B. 55,0 cm
Siegen, Siegerlandmuseum
24 Markscheidegerät für Stollenvermessung, 19.Jh.
Holz, Metall
160 x 50 x 10 cm
Hilchenbach-Müsen, Stahlberg-Museum
25 „Frosch"-Lampe, 19.Jh.
Metall
H. 20 cm, Dm. 12 cm
Hilchenbach-Müsen, Stahlberg-Museum
26 „Hund", Grubenwagen, um 1800
Holz, Eisen
75 x 101 x 43 cm
Siegen, Siegerlandmuseum
27 Modell eines historischen Eisenhammers, 1946
202 x 168 x 163 cm
Siegen, Siegerlandmuseum
28 Schürze eines Hammerschmieds
Leder
160 x 60 cm
Siegen, Siegerlandmuseum
29 Siegerländer „Luppenkarre", 2.Hälfte 19.Jh.
Gußeisen
265 x 80 x 83 cm
Siegen, Siegerlandmuseum
30 Luppenzange
Holz, Metall, Leder
L. 130 cm
Siegen, Siegerlandmuseum
31 Gewichtssatz in Holzetui
10 x 19 cm
Siegen, Siegerlandmuseum
„Diese ächte Waagen und Gewichte bey Gebr. RYS & Comp. auf der Fickenhütte bei Siegen"

nen wurden mit massivem Druck erpreßt, Plünderungen beklagt. Im Herbst kehrten kaiserliche Truppen zurück. Während ihres Winterquartiers in Siegen gab es wieder allsonntäglich Konzerte und Bälle. Im Frühjahr hatte Siegen erneut eine französische Besatzung. „Viele Familien" flüchteten aus Furcht vor einer Beschießung ihrer Stadt nach Marburg. Die Verlagerung des Kriegsschauplatzes in den Süden Europas brachte insofern eine gewisse Erleichterung, als Einquartierungen und Durchmärsche bis 1799 mehr und mehr abnahmen.

„Die mit schweren Schulden belastete, gänzlich ausgepreßte Stadt" machte schon im folgenden Jahr mit einer Aufsehen erregenden „Rebellion" wieder von sich reden. Im Kern bezeugt dieser Streit einen unduldsamen und egoistischen Geist und damit auch den inneren Zerfall der im Grunde schon längst überholten mittelalterlichen Zunftordnungen, zugleich aber auch den Kampf des Siegener Magistrats um althergebrachte Rechte gegenüber der Landesregierung einerseits und seinen Selbstbehauptungswillen und Vertretungsanspruch gegenüber der Bürgerschaft andererseits.

Die Sache, um die es ging, war eigentlich nicht neu. Schon früher hatte es zwischen den Metzgern und den drei Hutegemeinden der Stadt Siegen Streit um die Weidegerechtigkeit des Rindviehs gegeben. Jetzt, 1800, pfändeten die Hutegemeinden den Metzgern wegen angeblich nicht berechtigten Weidens wiederholt Hämmel und veräußerten sie zum Besten der Armen. Ein Regulativ, welches auch die Zustimmung des fürstlichen Unterdirektoriums fand, wurde erlassen mit dem Ziel einer Regelung bis zur endgültigen Rechtsprechung. Die vorgeschlagene Regelung akzeptierten aber weder die Metzger noch die Hutegemeinden. Und auch nachdem Amtmann Diesterweg sie im folgenden Jahr noch einmal in Erinnerung gerufen hatte, blieb sie unbeachtet. Daraufhin sah sich das fürstliche Amt genötigt, zwei Kühe zu pfänden. Die Folge war eine Zusammenrottung von Bürgern „mit Sensen, Mistgabeln und andern gefährlichen Instrumenten". Man holte die beiden Kühe gewaltsam zurück und sie wurden „an den Hörnern mit Bändern geziert und unter Musikbegleitung den Eigenthümern im Triumphe wieder zugeführt", nicht ohne zuvor am Amtshause „mit Beschimpfung des Beamten" vorbeizuziehen.

32 Keramikteller, um 1812
Dm. 24,5 cm
Siegen, Siegerlandmuseum
„Dieser Deller ist hibs (hübsch) und fein wann er wird gehalten rein"
33 Französischer Infanterietschako, Anfang 19.Jh.
H. 25 cm, Dm. 27 cm
Herborn, Stadtmuseum
34 Brustküraß, Anfang 19.Jh.
Eisen
45 x 40 x 30 cm
Herborn, Stadtmuseum

35 Infanteriesäbel, Anfang 19.Jh.
Leder, Metall
L. 105 cm
Herborn, Stadtmuseum

Die Landesregierung ordnete eine Untersuchung an, die Abführung der Anstifter scheint indessen gewaltsam verhindert worden zu sein. Die „rebellische" Art und Weise, in der sich die Bürger dabei verhielten, stand mit den überkommenen Privilegien der Stadt insofern in Einklang, als nur dem Schöffenstuhl die Verhaftung und Einkerkerung zustanden. Aber die Landesregierung fürchtete wohl eine ihr Hoheitsrecht gefährdende Empörung und drohte, mit Truppen in Siegen einzurücken. Jetzt war es am Magistrat festzustellen, daß nicht die Stadt und nicht die Bürgerschaft insgesamt an den Vorgängen beteiligt waren. Ein Teil der Metzger hatte auch schon eine gütliche Einigung mit den Hutegemeinden erreicht. *„Wegen des Vorgehens Einzelner könnten nicht die sämmtlichen Bewohner der Stadt für Unruhestifter, Empörer, Rebellen und Revolutionärs ausgeschrien und betrachtet werden."*

Der weitere Gang der Auseinandersetzung ist nicht dokumentiert. Ende August, Anfang September 1802 wurden – nachdem das Untere Schloß hergerichtet worden war – die fürstlichen Familien mit großer Begeisterung in Siegen empfangen. Der Streit um das Weiderecht ging allerdings weiter.

Vom Januar bis Oktober 1806 lagen wieder französische Truppen in der Stadt. Mit der Schaffung des Großherzogtums Berg und der Einführung des französischen Rechts war für die Siegener die alte Herrlichkeit vorbei. An die Stelle des Magistrats trat der Municipalrat, an die Stelle des Bürgermeisters der Maire, obwohl – die Zahl der für ein solches Amt tauglichen Subjekte war nicht groß. Allerdings wurde jetzt keine Rücksicht mehr auf die Religionszugehörigkeit genommen, auch Lutheraner waren damit amtsfähig. Und als sich in Siegen niemand fand, der den Posten des Maire ausfüllen wollte, bestellte die Regierung kurzer Hand einen vom Land, aus Weidenau.

Die Gewerbefreiheit machte den Zünften den Garaus. Neue Steuern wurden erhoben, alle selbständigen Einnahmequellen der Stadt ge-

36 Musterbuch eines Webers
34 x 22 cm
Siegen, Siegerlandmuseum

37 Musterbuch eines Tuchhändlers
31 x 23 cm
Siegen, Siegerlandmuseum

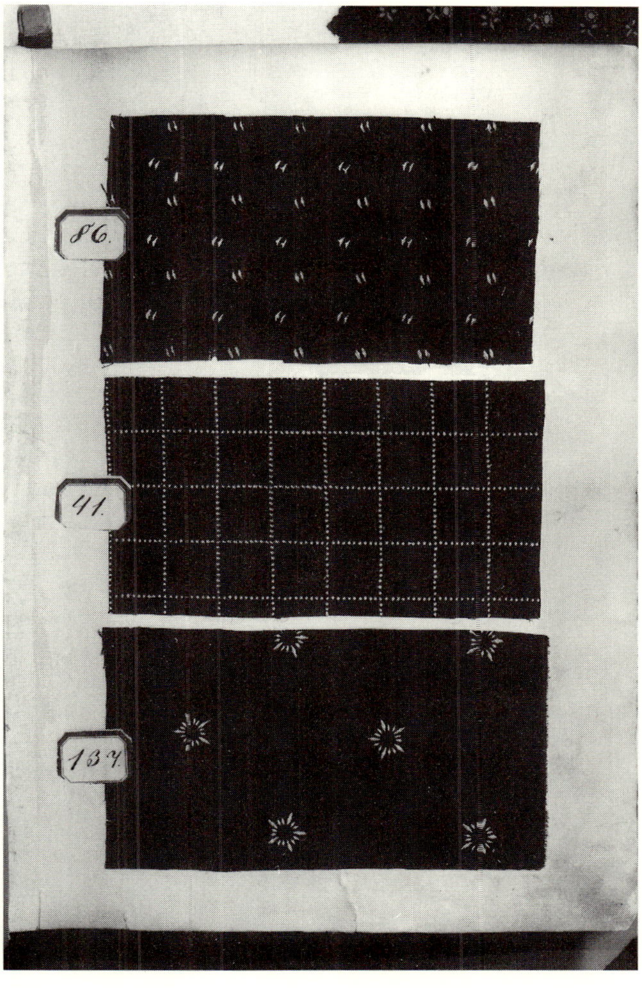

38 Hutschachtel, 19.Jh.
„Ein gut's Glas Bier/Das schmecket mir"
Holz, bemalt
17,4 x 43,0 x 26,0 cm
Siegen, Siegerlandmuseum

39 Hutschachtel, 19.Jh.
„Wenn du in dem Sturm des Unglücks mastlos und entsegelt fährst/zage nicht! noch ist zu hoffen/plötzlich steht ein Wirtshaus offen/wo du dich den Durst entwehrst"
Holz, bemalt
20 x 48 x 30 cm
Siegen, Siegerlandmuseum

40 Sammelbüchse der Wollweber, 1698
Holz, Leder
30,0 x 15,0 x 2,5 cm
Siegen, Siegerlandmuseum
Weberschiffchen und Wollkamm als Zunftzeichen sind umrahmt von Palmzweigen.

nommen. Der Handel war durch hohe Zölle erschwert. *„Die Einwohner konnten bei solchen Preisen sich des Kaffees meist nicht bedienen und tranken Wasser und Milch."* Das Textil- und Gerbereigewerbe, die Baumwolle und amerikanische Häute verarbeiteten, ging zurück. Die Eisenhämmer standen 1813 ganz still.

Ungerecht, hart und drückend empfand man auch die zwangsweise Aushebung junger Männer zum Militärdienst. Was nützte es, darauf zu verweisen, daß *„nicht einmal der deutsche Kaiser es vermocht habe, im Jahre 1801 die Siegerländer zur Verteidigung des linken Rheinufers zu bewegen."*

„Im Mai 1810 ließ die Municipalität die auf den Bollwerken von altersher gestandenen städtischen Kanonen als altes Eisen verkaufen." „Thore, Thürme und Mauern, einst der Stolz und die Zierde der Stadt, gingen wegen mangelnder Unterhaltung dem schleunigen Verfall entgegen." „Einzelne Mauertheile wurden...verkauft." Auch der städtische Pranger, ein Eisengerüst, sowie der Galgen an den drei Pfosten wurden 1812 auf Abbruch verkauft. Das Scharfrichterhaus wurde öffentlich versteigert. Die während der vorherigen Einquartierungen angehäuften Schulden der Stadt wurden dadurch nicht geringer, die „almälige Verarmung" der Bürger schritt voran.

Trotzdem, die Bälle, mit denen die Siege Napoleons gefeiert wurden, verliefen „immer recht vergnügt". Man verkündete die Ereignisse, läutete die Glocken, böllerte und illuminierte die Stadt und „der Pöbel auf der Straße" jubelte sehr. 1808 war der Zulauf ins Komödienhaus aus Stadt und Land trotz vielfach geäußerter religiöser und sittlicher Bedenken „sehr stark".

Ende des Jahres 1813 war das ganze Großherzogtum Berg wieder in Händen der Verbündeten, die Franzosenherrschaft beendet. Die Siegener plünderten das Salz- und Tabakmagazin. Der oranische Souverän Wilhelm I. Friedrich nahm die Stammlande wieder in Besitz, hob die französischen Gesetze auf und erneuerte die alten Einrichtungen. Allerdings, die erhoffte Wiederherstellung der uralten städtischen Privilegien fand nicht statt. Ihre Gerichtsbarkeit erhielt die Stadt nicht zurück, die alte Magistratsverfassung wurde nicht wieder eingeführt und die Zünfte blieben aufgehoben. Wegen der veränderten Steuererhebung war die Wiedererlangung der Stadtwaagegerechtigkeit nur noch von geringer Bedeutung.

Erneut belasteten Truppendurchmärsche den städtischen Haushalt. Nun richteten die Russen im Unteren Schloß ein Lazarett ein. Die Stadt war zeitweilig nicht in der Lage, ihren finanziellen Verpflichtun-

41 Siegelstempel des Seilerhandwerks, 18.Jh.
Holz, Metall
H. 12 cm, Dm. 4 cm
Siegen, Siegerlandmuseum
In der Mitte ein Herz, hinter diesem ein senkrecht stehender Rechen, zwei schräggekreuzte Seilerknebel und ein waagerecht gelegter Pfeil, unten zwei gekreuzte Palmzweige, oben eine Krone, von der zwei Schnüre herabflattern mit der Aufschrift: „DES LÖBL: SEILER HANDW: SIEGEL STADT SIEGEN".

42 Siegelstempel des Rotgerberhandwerks, 18.Jh.
Holz, Metall
H. 5,0 cm, Dm. 3,5 cm
Siegen, Siegerlandmuseum
Auf einer Standfläche, die unten von einer Doppelranke begrenzt wird, ein senkrecht gestelltes Falzeisen, davor zwei schräg gekreuzte Schabeisen, die von zwei Löwen gehalten werden. Umschrift: „DAS ROTHGERBER HANDWERCKS ZU NASSAU SIEGE".

gen nachzukommen. Eine diskutierte Einquartierung oranischer Truppen lehnte der neugewählte Bürgermeister unter anderem mit folgenden Worten ab: *„Wenn ich erwäge, daß der hiesige Bürger lieber nimmt wie gibt…und alle Anstalten, die vorhin nicht vorhanden waren für ungerecht hält… Bei den mehrsten hiesigen Bürgern fehlt der gute Wille."*

Die Verhandlungen auf dem Wiener Kongreß zur Neuordnung Europas führten zum Verzicht Wilhelms I. Friedrich auf die nassauischen Stammlande. Also wechselte 1815 die Landesherrschaft erneut. Preußen hatte nicht zuletzt aus wirtschaftlichen Gründen ein erhebliches Interesse am Siegerland. Und das, obwohl Siegen – der Hauptort der Region – von allen rheinisch-westfälischen Gemeinden Preußens die größte Schuldenlast aufwies. Ihre alten Vorrechte erlangten die Stadt und ihre 4.309 Bürger, davon 682 in den drei Hüttenvororten, nicht mehr zurück.

Es heißt, der Jubel der Siegerländer, daß sie nicht nassauisch werden mußten, sei unbeschreiblich gewesen. *„Da wir nicht mehr oranisch bleiben konnten, war preußisch zu werden unser einziger Wunsch."*

1 Kruse, H.: Das Siegerland unter preußischer Herrschaft 1815-1915. Festschrift aus Anlaß der hundertjährigen Vereinigung des oranischen Fürstentums Nassau-Siegen mit Preußen. Siegen 1915, S. 1.
2 Ebenda, S. 9.
3 Vgl. Roedig, B.: Segena Famosum Oppidum – Das historische Stadtbild von Dilich bis Scheiner. In: Siegerland Jg. 51, 1974, S. 3-21.
4 Siebel, G.: Siegens Stadttürme im Blick. Wanderung nach dem Urkataster von 1825. In: Siegerland Jg. 66, 1989, S. 77-82.
5 Mosel, G.: Das Siegerland und seine Kunststraße vom Ende des 18. Jahrhunderts. Siegen 1969.
6 Eversmann, F.A.A.: Übersicht der Eisen- und Stahlerzeugung auf Wasserwerken in den Ländern zwischen Lahn und Lippe. Dortmund 1804. Nachdr. Kreuztal 1982, S. 40f.
7 Trainer, F.C.: Die Stadt Siegen im Jahre 1815. In. Siegerland Jg. 34, 1957, S. 71-81.
8 Dazu u. zum folgenden vgl. v.a. Achenbach, H.v.: Geschichte der Stadt Siegen. Bd. 2. Siegen 1894. Nachdr. Kreuztal 1980.

43 Pokal der Hammerschmiedezunft, 1708
Silbergetrieben, vergoldet
H. 37,5 cm, Dm. 13,0 cm
Siegen, Siegerlandmuseum
„Wer uns getreu in dieser Zunft, den geht auch dieser Becher an, der Pflichtvergessene nimmermehr sich dieser Gnade rühmen kann"
In je einem Medaillon sind das Monogramm „FWA" (Fürst Friedrich Wilhelm Adolf von Nassau-Siegen, 1691-1722) und sein Wappen zu sehen.

Imbke Behnken

Diesterwegs Elternhaus in Siegen

Bildungsbürgerliches Familienleben I

1. Tod einer Mutter im Familienkreis
Ein religiöses Lehrstück

„1798. d. 10. Sept. erlebte ich den traurigsten Tag in meinem ganzen Leben. Es gefiel nämlich dem Allgütigen Gott mir und seinen noch lebenden 8 Kindern meine zärtlich geliebte Ehehälfte mit der ich seit dem 11. Sept. 1778 mithin 20 Jahre in der Vergnügtesten Ehe gelebt hatte, an den Folgen der vorher theils nach ihrer letzten Entbindung ausgestandenen Fieberkrankheit und selbst nach ihrer Genesung 5 Tage Vorher wieder eingetretenen hitzig Gallen Fieber des Abends zwischen 11 u. 12 Uhr mithin in der letzten Stunde unseres 20. Ehejahres ab – und an einem sanften Tod zu sich in die frohe Ewigkeit zu nehmen. Sie hat ihre Krankheit mit äusserst Christl. Gedult ausgestanden, und die letzte Stunde ihres Lebens, welches sie vom 12. May 1759 an auf 39 Jahre und 4 Monate weniger 2 Tage gebracht hat, war für mich und meine Kinder neben unserem schmerzhaften Gefühl dennoch äusserst erbaulich und lehrreich. Sie ging dem Tod mit bewundernswürdiger Geduld entgegen. Sie emphal ihren Kindern – von denen sie einen rührenden Abschied nahm – Tugend und Religion und Folgsamkeit ihres Vaters und sonstige Verwandte und Lehrer. Sie erinnerte besonders meinen 3. Sohn Fritz beser zu folgen als er manchmal bisher gethan hat. – Sie betete zunächst ferner. Wir bäteten mit ihr. Sie emphal laut ihre gute und fromme unsterbliche Seele in die Hände ihres und unsers Erlösers Jesu Christi. – Sie tröstete mich und ihre Kinder mit der süssen Hoffnung des Wiedersehens in der frohen Ewigkeit. – Sie bätete nochmals laut, emphal wiederholt ihre Seele ihrem Heiland und nach ausgesprochenen Worten: ‚Der letzte Stoß ist da. Könnt ich doch meine 2 Kleinste Kinder mitnehmen. Es ist vollbracht. Gute Nacht – Gute Nacht Ihr lieben alle. Amen.

44 Carl Friedrich Diesterweg (1754-1812)
Vater Adolph Diesterwegs
Pastellgemälde
31,4 x 23,6 cm
Waiblingen, Privatbesitz

45 Catharina Charlotte Diesterweg, geborene Dresler (1759-1798)
Mutter Adolph Diesterwegs
Pastellgemälde
31,4 x 23,6 cm
Waiblingen, Privatbesitz

46 Hochzeitskleid von Catharina Charlotte Diesterweg, 1778
L. vorn 144 cm, L. hinten 162 cm
Stuttgart, Württembergisches Landesmuseum
Sowohl das Hochzeitskleid als auch die Weste sind Beispiele dafür, daß sich das gehobene Bürgertum ausgangs des 18. Jh. im modischen Stil des Adels kleidete.

Amen.' starb sie da meine Hände und Ihre Hände zusammen geschlungen waren, sanft und ruhig und Donnerstags den 13. ward sie beerdigt.

Gott unser Heiland erquicke sie in der frohen Ewigkeit. Er regiere mich und meine lieben Kinder durch seinen heiligen guten Geist, – auf dass wir mit gleichem standhaften Muth dem Tod entgegen gehen können und sonägst mit der Seeligen Gott zusammen loben und preisen Von Ewigkeit zu Ewigkeit. Amen. Amen."[1]

Diese Eintragung des Vaters von Adolph Diesterweg findet sich auf dem leeren Innendeckel des Predigtbuches der Familie. Autor des Buches ist ein Geistlicher der Evangelisch-Reformierten Gemeinde in Nürnberg. Das Erscheinungsjahr (1778) deutet darauf hin, daß die Eltern das Werk anläßlich ihrer Vermählung am 11. September 1778 als Hochzeitsgabe erhalten haben.[2]

Eine bedeutungsvolle Momentaufnahme aus der Kindheit Adolphs: Der Achtjährige steht zusammen mit dem Vater und im Kreis der Geschwister am Sterbebett der Mutter. Diese ist, wie wir erfahren, erst 39 Jahre alt, ihre Krankheit Folge der letzten Entbindung, die ein halbes Jahr zurückliegt. Adolph hat zahlreiche, zumeist ältere Geschwister, das älteste ist 18 Jahre alt; er selbst ist das siebte von ursprünglich zehn Kindern.

Das Dokument erlaubt uns Einblicke in die Mentalität und damit den historischen Standort der Elternfamilie. Der Vater schildert die Sterbeszene als Genrebild aus einem christlichen – evangelisch-reformierten – Familienleben. Die Sterbestunde der Mutter stellt sich als „äusserst erbaulich und lehrreich" dar, wird zum Lehrstück für ein

47 Linke Hälfte der Herrenweste von Carl Friedrich Diesterweg, 1778
L. 82 cm, Saumweite 44 cm
Stuttgart, Württembergisches Landesmuseum
Bestickter, weißer Seidenatlas, hell- und dunkelblaue Seidenfäden, Chenille- und Metallfäden

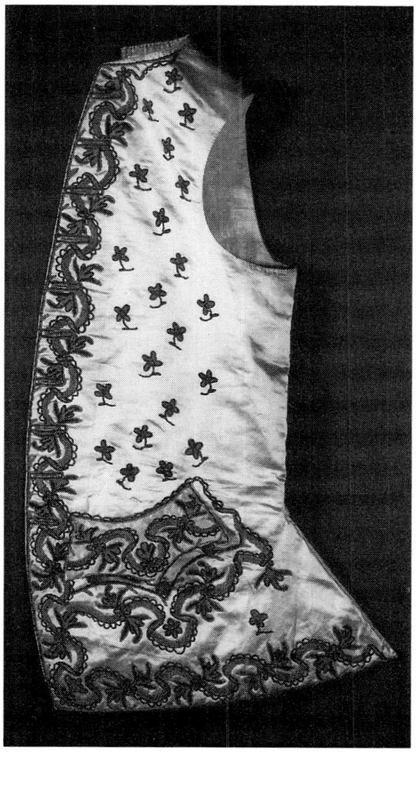

48 Hieronymus Christoph Diesterweg (1723-1770)
Großvater Adolph Diesterwegs
Pastellgemälde
38 x 30 cm
Nettetal, Privatbesitz
49 Anna Charlotte Diesterweg, geborene Trainer (1727-1808)
Großmutter Adolph Diesterwegs
Pastellgemälde
38 x 30 cm
Nettetal, Privatbesitz

tugendsames Leben. Die Mutter erträgt die tödliche Krankheit mit „christlicher Geduld“ und „standhaftem Muth“. Ihre letzten Gedanken gelten den beiden jüngsten Kindern, der dreijährigen Arnoldine und dem sechs Monate alten Franz, die sie aus Sorge, und um den Vater zu entlasten, mit in den Tod nehmen möchte. Den Älteren erteilt sie moralische Ratschläge und Mahnungen, „Tugend und Religion und Folgsamkeit“ betreffend. Vorbildhaft geht sie auch mit den eigenen Gefühlen und denen ihrer Familie um. Sie tröstet, gefaßt und ruhig, die Zurückbleibenden und leitet die Gebete an.

Wir sehen: Sterben gestaltet sich in der Form einer Andacht. Mutter wie Vater suchen das persönliche, „von Herzen“ kommende Gebet. Worte wie „Es ist vollbracht“ weisen darauf hin, daß das Sterben in der persönlichen Nachfolge Christi geschieht. Das Ritual des christlichen Abschiednehmens vereint die Familie. Die Kinder sind nicht von der Erfahrung des Sterbens ausgeschlossen. Sie ist Teil ihrer moralischen Erziehung. Exemplarisch für die Gefühlsverbundenheit und das persönliche Treueverhältnis der Gatten ist die liebende Geste, in der sie sich voneinander verabschieden. Die „zärtlich geliebte“ Frau, „mit der er 20 Jahre in der Vergnügtesten Ehe gelebt hatte“, stirbt, „da meine Hände und Ihre Hände zusammen geschlungen waren“, wie der Vater ausdrücklich notiert.

50 Corpus Constitutionum Nassovicarum. 4 Bde. Dillenburg 1796 ff.
Siegen, Stadtarchiv
Das „CCN“ ist eine „Sammlung der Gesetze, Verordnungen, Vorschriften und Ausschreiben, welche von den ältesten bis in die neuere Zeiten in die Naussauische Lande Ottoischer Linie ergangen sind.“

51 Nassau-Catzenelnbogische Polizey-Ordnung. 2.Auflage Wetzlar 1711

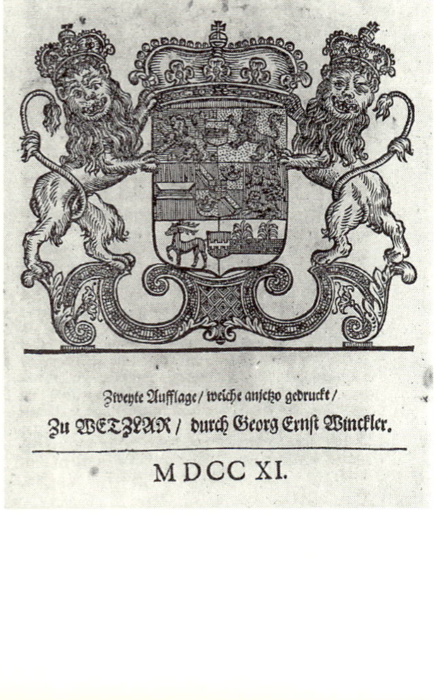
Nassau-Catzenelnbogische Policey-Ordnung.
Zweyte Aufflage/ welche anjetzo gedruckt/
Zu WETZLAR/ durch Georg Ernst Winckler.
MDCC XI.

2. Die Eltern: Gesellschaftliche Herkunft und soziale Stellung

Wer sind die Eltern Adolph Diesterwegs?[3] Der Vater Carl Friedrich stammt aus einer alteingesessenen Siegener Juristenfamilie, die 1687 das Bürgerrecht in der Stadt erwarb. Wie schon der Großvater und der Urgroßvater wurde auch er nach einem juristischen Studium fürstlicher Beamter im Rang eines nassau-oranischen Justizamtmannes. In dieser Funktion verwalteten die Diesterwegs Justiz und Polizei in verschiedenen Ämtern des Fürstentums Siegen.[4] Der außerordentlich hohe Grad sozialer Berufsvererbung in der männlichen Linie wird daran deutlich, daß auch in der vierten Generation zwei der älteren Brüder Adolphs Juristen werden. *„Leider“*, so schrieb er am 29. Dezember 1844 an seinen Freund und Mitstreiter Friedrich Wilhelm Wander, *„fließt in mir keine poetische Ader, alle meine Vorfahren waren Juristen.“*[5] Damit gehörte die Familie Diesterweg zur schmalen Schicht des deutschen Bildungsbürgertums im 18. Jahrhundert, in der die akademisch gebildeten Beamten die zahlenmäßig bedeutendste Gruppe darstellten.[6] Das ständische Selbstbewußtsein der Diesterwegs spiegelt sich im bürgerlichen Familienwappen, mit dem auch noch Adolph Diesterweg seine Briefe versiegelte.[7]

Die Mutter, Tochter des Siegener Stadtschultheißen Johann Engelbert Dresler, repräsentiert eher die Tradition des Siegerländer Wirtschaftsbürgertums in seiner frühindustriellen Phase. Unter ihren Verwandten und Vorfahren finden sich Besitzer von Bergwerken, Baumwollmanufakturen und Spinnereien. Die Ehe von Carl Friedrich Diesterweg mit Catharina Charlotte Dresler läßt sich als eine Verbindung von Bildungs- und Wirtschaftsbürgertum kennzeichnen, die in der Diesterweg-Linie ihre Tradition hat, auf nationaler Ebene für die Zeit aber eher untypisch ist. Innerhalb der Siegener Ortsgesellschaft zählt die elterliche Familie zu den Honoratioren.

Als Ältestem kam dem Vater eine besondere Stellung in der Familienhierarchie zu. Er erhielt das großväterliche Haus in Siegen zugesprochen. Ihm fiel aber auch die Aufgabe zu – wie generell den erstgeborenen männlichen Nachfahren –, die Berufstradition der Familie fortzuführen. Die Geschwister, die in dem benachbarten Flecken Freudenberg im Haushalt der Großeltern lebten, besuchten ihn häufiger in Siegen.[8] Es wird von ihm berichtet: *„Was seine Geschwister sind, sind sie fast allein durch ihn geworden. Sein Haus und sein Beutel waren auch ihr Haus und ihr Geld."*[9] Nach dem Tod seiner Frau übernahm eine Schwester, die „hilfreiche Muhme" Charlotte Diesterweg, die Haushaltsführung.

Amtmann zu sein bedeutete praktisch, einer Ein-Mann-Behörde vorzustehen. Der weite Aufgabenbereich brachte es mit sich, daß der Vater häufig zu Pferd über Land reiten mußte. Wie der Moerser Seminarist, Lehrer und spätere Schriftsteller Eduard Langenberg zu berichten weiß, nahm er seinen Sohn Adolph schon im siebten Lebensjahr auf die Dienstritte mit. Dieser erlebte bei solchen Gelegenheiten, mit welcher Strenge sein Vater als Amtmann mit Gruppen von Zigeunern umging, die sich in den umliegenden Wäldern von Siegen aufhielten. Ein zweiter Chronist schildert die Eindrücke, die Zeitgenossen vom dienststrengen Amtmann Diesterweg hatten, wie folgt: *„Derselbe war als strenger rechtlicher und allgemein beliebter Mann und als ein tüchtiger Jurist, namentlich Criminalist geschildert, feurigen Geistes, geselligen Freuden zugethan, jedoch nicht frei von Exaltation. (Einem überführten Kirchendieb liess er auf dem Chor der Nicoleikirche zu Siegen im Beisein des geistl. Consistoriums 50 aufzählen und berichtete dieses brev. m. nach Dillenburg, von wo er einen derben Verweis bekam.)"*[10]

Nach dem Tod der Mutter, als die älteren Brüder bereits aus dem Haus waren, entwickelte sich eine starke emotionale Bindung zwischen Adolph und seinem Vater, den einzigen Männern inmitten der weiblichen Haushaltsmitglieder. Die biographischen Beschreibungen legen die Deutung nahe, daß der jüngste noch lebende Sohn dem Vater ein stückweit die verlorene Fürsorglichkeit der Mutter ersetzte und damit eine weibliche Rolle einnahm. *„Die hervorstechendste Tugend des Knaben war seine Anhänglichkeit an den geliebten Vater. Die Aufmerksamkeit erstreckte sich bis auf die geringste Kleinigkeit. Kam der Vater von seinen Amtsgeschäften spät nach Hause – ein Amtmann verwaltete die Justiz und Polizei eines ländlichen Bezirks – so war es immer unser Diesterweg, der im Winter oft in dem kalten Zimmer bei seinem fast erlöschenden Oellämpchen arbeitend, auf des Vaters Ankunft wartete. Sowie er aber des bekannten Pferdes Huftritt vernahm, sprang er auf und eilte dem kommenden Vater, ihn herzlich willkommen heißend, entgegen. Das Pferd wurde in Empfang genommen und in den Stall gebracht. Dann aber ging's schnell zurück ins Haus, um den guten Vater zur Ruhe zu begleiten. Wie die besorgte Mutter mehrere Male zum Bette der geliebten Kinder zurückkehrt, um sich davon zu überzeugen, daß ihre Liebe es gut gebettet habe, mit solcher wahrhaft kindlichen, innigen Liebe brachte Diesterweg seinen Vater zur Ruhe: Darauf kehrte er in den Stall zurück, um das Pferd zu füttern, und ihm ein Strohlager zu bereiten, und so ward es oft Mitternacht,*

52 Prangertafel, um 1800
Holz
53 x 53 x 4 cm
Siegen, Siegerlandmuseum
„Landmann Henrich Herrmann von Lindenberg, ist wegen freiwilliger Tödtung seines Bruders zur lebenslänglicher Zwangsarbeit Brandmark und Pranger verurteilt"

53 Oranien-Nassauischer Hof-, Staats- und Bergwerkskalender, 1794
Siegen, Stadtarchiv
Carl Friedrich Diesterweg ist als Amtsadjunct (=Amtsverweser) (seit 1791) für den greisen Amtmann Johann Friedrich Trainer sowie als Advokat aufgeführt (S. 55).
Engelbert Dresler, der Großvater Adolph Diesterwegs mütterlicherseits, ist zu dieser Zeit als Stadtschultheiß (=fürstlicher Beamter) Mitglied des „Stadt-Verhör(s) und Stadt-Gericht(s) zu Siegen" (S. 57).

54 Oranien-Nassauischer Hof-, Staats- und Bergwerkskalender, 1804
Siegen, Stadtarchiv
Nachweis Carl Friedrich Diesterwegs als Amtmann im Amt Siegen (S. 52). Diese Tätigkeit übte er seit 1801 aus.

55 Uniform eines nassauischen Amtmanns, 1.Hälfte 19.Jh.
Wiesbaden, Museum Wiesbaden
Die nassauische Amtmannsuniform bestand aus weißer Hose, weißer Weste, dunkelblauem Rock mit Goldbrokattressen an Ärmeln und Kragen, schwarzem Zweispitzhut, farbig-gestreifter Schärpe und Degen.
Amtmann Goedecke in Hachenburg trug diese Uniform noch Mitte des 19.Jh.

56 Acht Geschäftsbücher des Advokaten Carl Friedrich Diesterweg über seine Anwaltsgebühren und deren Abrechnung, 1775-1792
Siegen, Stadtarchiv

57 Diesterwegs Geburtshaus in Siegen, vor 1870
Zeitungsausschnitt, undatiert
11,7 x 9,0 cm
Siegen, Siegerlandmuseum
58 Der Brand in der oberen Kölner Straße am 7.Juni 1870
Photographie
24 x 18 cm
Siegen, Siegerlandmuseum
Das erste nicht durch den Brand beschädigte Haus in der Häuserzeile ist das Geburtshaus Adolph Diesterwegs.
59 Diesterwegs Geburtshaus
Photographie, um 1920/30
24 x 18 cm
Siegen, Siegerlandmuseum

ehe er sich zu Bette legte. Und wer war am anderen Morgen der Erste wieder, der das Pferd putzte und fütterte, wenn die Andern schliefen? – Das war wieder unser Diesterweg!"[11]

Auf der anderen Seite durfte der Sohn auch an „männlichen Vergnügungen" des Vaters teilnehmen, wenn auch nur in der Rolle des dienstbaren Geistes. Adolph Diesterweg berichtet als 65jähriger einem ehemaligen Schüler über sich und jene weinseligen Gesellschaften, die allem Anschein nach von dem verwitweten Hausherrn gepflegt wurden. *„Der Amtmann Diesterweg kam mit einigen Freunden häufig zusammen. War es in seinem Hause, so lag das Weinfäßchen in einer Ecke des Zimmers, und unser Pädagoge figurierte neben dem selben sitzend als Mundschenk. Er füllte die Krüge denen zu reichlich zugesprochen wurde. Zu dem Weine wurde trockenes Franzenbrod genossen. Die Unterhaltung geschah in einem Küchenlatein, für welche dem kleinen Ganymed gar bald das Verständnis aufging und wurde so lebhaft geführt, dass die Schwester des Amtmanns glaubte, die Zecher seien sich uneins. Ausdrücke wie ‚tu puer' hielt sie für Schimpfwörter (Du Bur! = Bauer!).*"[12] Bemerkenswert ist, daß die Unterhaltung auf lateinisch erfolgte. Mit der Gelehrtensprache unterstrichen die gebildeten Männer ihre herausgehobene soziale Stellung und schlossen zugleich Frauen, Kinder und Dienstboten als Zuhörende aus ihren Gesprächen aus.

Es gibt Hinweise darauf, daß der Vater in seinen letzten Jahren unter Einsamkeit litt und zu Depressionen neigte. Gewiß fällt der Ausbruch seiner „Gemüthskrankheit" nicht zufällig mit dem Weggang seines Lieblingssohnes Adolph – des letzten, der noch im Haus verblieben war – zusammen. *„Vier Jahre war er gemüthskrank und soll in dieser Verfassung sein Haus anzuzünden versucht haben. Auf ärztlichen Rath nach Ems reisend, fiel er beim Umsturze des Wagens auf den Kopf. Unmittelbar darauf äusserte er: ‚Nun bin ich wieder klar…' Der Amtmann Carl Diesterweg starb zu Siegen am 5. November 1812, Morgens 6 1/2Uhr, an der Auszehrung. (Hier noch lebende Altersgenossen lassen ihn gefesselt sterben und behaupten, seine Gemüthskrankheit sei in Tobsucht ausgeartet.)*"

60 Beiträge der Familien Dresler und Diesterweg zur Brand-Versicherungs-Gesellschaft, geschätzt nach dem Wert ihrer Wohn- und Wirtschaftshäuser
Hebe-Register für den Beitrag zu der Brand-Versicherungs-Gesellschaft, welchen die Stadt Siegen nebst dazugehörigen 3 Hütten wegen des Ruderdorfers und einiger vorherigen geringeren Brandschäden dermalen zu leisten hat. 1790
33,5 x 10,5 cm
Siegen, Stadtarchiv

3. Das Familienleben: Haushalten in Siegen zur Zeit der Koalitionskriege

Die finanzielle Lage der Familie war in den 1790er Jahren, also während der Kinderjahre Adolphs, gleichwohl angespannt.[13] Die Besoldung des Vaters, der zunächst nur aushilfsweise die Geschäfte eines

Amtmanns wahrnahm, war knapp bemessen. Wiederholt richtete er Gesuche um ausreichende und gerechte Besoldung an die fürstliche Regierung in Dillenburg. Hinzu kamen Belastungen zur Zeit der Koalitionskriege. Mitte der 90er Jahre nahmen wiederholt französische und österreichische Truppen ihren Weg durch Siegen oder wurden dort einquartiert. Die fürstlichen Beamten mußten vor den französischen Truppen auf preußisches Territorium ausweichen; die Kosten für Reise und Aufenthalt waren selbst zu tragen. Als weitere Erschwernis kamen Teuerungen als Folge des Krieges hinzu. Das bedeutete, daß das Vermögen des Vaters und die Mitgift der Mutter bald aufgezehrt waren und die Familie sich verschuldete. So gelang es dem Vater zeitweilig nicht, den Preis für ein Reitpferd aufzubringen, das für seine Dienstritte über Land unentbehrlich war. Diese bedrückende Situation veranlaßte ihn im März 1795 zu einer Eintragung in das Predigtbuch der Familie:

„Zur Zeit der Geburt dieses Kindes durchmarschierten in den jetzigen Traurig Kriegszeiten 24 000 K. Preussische und 18 000 Kaiserliche Truppen. Die Theuerung war unerhört gross. Das Maass Korn kostete 3 und stieg biss 5 10 Ass an. Die Maaß Bier Kostete 8 Und die Karte Holz 11 biss 12 Kopfstück. und im gleichen Verheltniss stunden andere Lebensbedürfnisse. Diese Theuerung ist hauptsächlich durch den unglückl. zwischen den teutschen Mächten und den Franzosen geführten Krieg entstanden, und der Mangel wurde besonders durch die Winter-Quartiere und häufigste Durchmärsche ausserordentlich gros besonders da in dem Verflossenen ausserordentl. anhaltenden kalten Winter der grösste Teil Kartoffeln im Lande erfroren waren."

61 Die Martinshardt mit Müsen/Siebente Etage/Bruchbau, um 1836
Lithographie von Fr. Schenck, Lithographische Anstalt von Vorländer, Siegen
29,0 x 34,2 cm
Siegen, Siegerlandmuseum

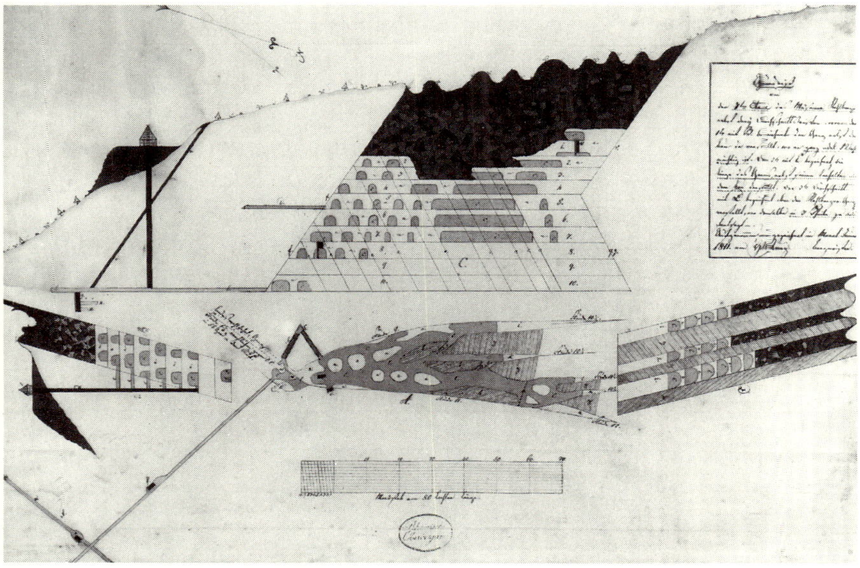

62 Grundriß von der 7ten Etage des Müsener Stahlbergs
Kolorierte Handzeichnung von Bergmeister H.W. Jung, Januar 1811
50 x 70 cm
Hilchenbach-Müsen, Stahlberg-Museum
Der Großvater von Adolph Diesterweg mütterlicherseits besaß Anteile am Müsener Bergwerk.

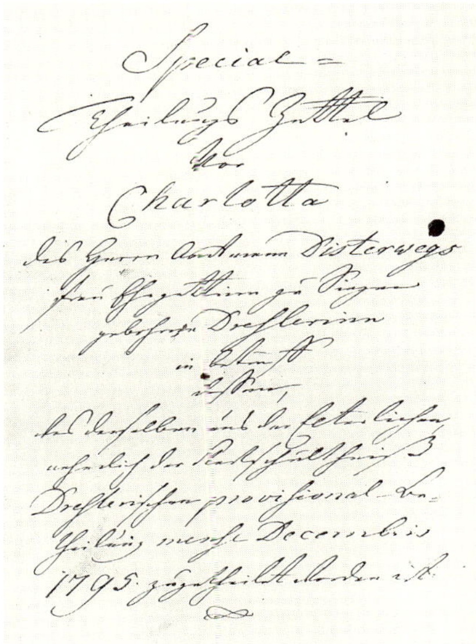
Special =
Charlotta

63 „Special-Theilungs Zettel vor Charlotte des Amtmann Diesterwegs Frau Ehegattin zu Siegen gebohrene Dreslerin", 1795
33 x 21 cm
Siegen, Stadtarchiv
Aus der Erbschaftsmasse ihres Vaters Engelbert Dresler erhielt Charlotte Diesterweg Anteile an Berg-, Hütten- und Hammerwerken.

Der unterschiedliche Reichtum der beiden Familienzweige wird in den Wohnhäusern sichtbar. Das Haus des Stadtschultheißen Dresler, in dem die Mutter ihre Kindheit verlebte, repräsentierte mit seinen fünf Stockwerken den Wohlstand ihres Besitzers. Das Haus der Diesterwegs, vom Großvater auf den ältesten Sohn vererbt, in dem Adolph und seine Geschwister aufwuchsen, stellte sich demgegenüber als schmaler dreistöckiger Bau dar.[14] Da wir weder über einen Grundriß des im Dezember 1944 durch Bombenangriffen zerstörten Hauses noch über eine Beschreibung des Familienhaushaltes verfügen, sei der Rückgriff auf eine zeitgenössische Quelle gestattet. Diese stammt von Karl Friedrich Schenck, einem mit den Diesterwegs über Patenschaft verbundenen Amtmann. Er charakterisiert die Siegener Bauweise in seiner 1820 veröffentlichten „Statistik des vormaligen Fürstenthums Siegen" in folgender Weise:

„Die Gebäude in der Stadt sind nach alter Bauart eingerichtet. Die schmalen Vorderwände der Häuser stoßen auf die Hauptstraßen, die

64 Henriette Anna Charlotte Diesterweg (1766-1840)
Tante Adolph Diesterwegs, verheiratet mit Johann Henrich Daub
Pastellgemälde
38 x 30 cm
Nettetal, Privatbesitz

65 Johann Henrich Daub (1764-1831)
Handelsmann, Stadtrezeptor (Rentmeister), 1809 Stadtrat zu Siegen
Pastellgemälde
38 x 30 cm
Nettetal, Privatbesitz

langen Seitenwände an die benachbarten Häuser, die Hinterwände aber auf die Nebengassen. Die Höhe der Häuser beträgt 5 auch 6 Stockwerke, die Länge 40 bis 50 Schu, die Breite aber nur 10 bis 30 Schu. Wegen dieses Mißverhältnisses der Höhe und Breite zur Länge sind dann die Küchen, Gänge und Treppen, gewöhnlich in der Mitte der Gebäuden angebracht, eng, dunkel und nur durch Thür-Fenstern erhellt. Die Zimmer selbst sind lang und schmal, liegen selten neben, sondern meist gegeneinander, im vorderen und hinteren Theile des Hauses, bis zum vierten Stockwerk hin. Fehlt es in den Häusern auch nicht an Raum, so geht ihnen doch die Bequemlichkeit ab. Unter dem Dache sind die Speichern, worauf fast durchgängig Holz, Stroh und Futter aufbewahrt werden. Scheuern sind nur wenige in der Stadt Siegen. Die Stallungen sind theils in den Nebengassen einzeln aufgebaut, theils den hinteren Theilen der Häuser angehangen. Sämmtliche Gebäude sind durchgängig von Holz gebaut, mit Leimen beworfen und sowohl oben als auf den freien Seiten mit Schiefer-Steinen zugedeckt. Ziegeldächer findet man gar nicht."[15]

Durchschittlich bewohnten 1817 sechs Personen ein Haus. Der spätmittelalterliche Zuschnitt der Stadtarchitektur und der Lebensweise wird auch anhand folgender Angaben sichtbar. Den 693 Häusern sind 288 Ställe oder Scheunen zugeordnet. Fast so zahlreich wie die Wohnhäuser sind die in der Stadt gehaltenen Kühe.[16]

Der Tageslauf der Familien orientierte sich am Tageslicht. So lesen wir über die Essensgewohnheiten: „*Morgens früh um 6 bis 7 Uhr wird mit Kaffe und Butterbrod angefangen, gegen 9 Uhr ein Glas Branntwein mit Brod, Vormittags zwischen 11 und 12 Uhr, Suppe und Gemüße, von dem Gewerbetreiber auch Fleisch genossen, gegen 3 Uhr Kaffe getrunken, zwischen 6 und 7 Uhr endlich mit dem Nachtessen geschlossen.*"

Rind- oder Schweinefleisch ist eine Sache für Begüterte. Man „*schlachtet gewöhnlich schon zu Anfang des Winters einige Schweine und ein Stück Rindvieh, salzt das Fleisch ein, räuchert es, und verspeist es dann das Jahr hindurch*". Wir können davon ausgehen, daß die Haushaltung der Familie Diesterweg an diesem Privileg teilhatte. Die rund 50 Zug- und Reitpferde in der Stadt waren ebenfalls den wohlhabenden Familien vorbehalten. Wie wir wissen, war es für den Vater Diesterweg als Amtmann durchaus nicht selbstverständlich, jederzeit über ein Reitpferd verfügen zu können.

Ein weiteres, öffentlich sichtbares Erkennungszeichen für Standesunterschiede war die Kleidung. Modische Neuheiten, bunte Stoffe und feine Tuche sind den Wohlhabenden vorbehalten.

„*Von dem männlichen Geschlecht kleidet sich die reichere Classe, nach der Mode, in Leib- und Überröcke, lange Hosen von feinem Tuche, buntige Westen und Stiefel. Die mittlere Classe trägt gewöhnlich*

66 Johann Friedrich Diesterweg (1755-1831)
Onkel Adolph Diesterwegs
Schattenriß
Tusche, Papier
11,3 x 9,5 cm
Siegen, Siegerlandmuseum

Rock und Weste nach altem Schnitte von dunkelblauem Tuche, kurze lederne oder tucherne Hosen, weiße wollne Strümpfe, Schuh mit Schnallen, einen breiten runden, oder auch zweiseitig aufgeschlagenen Hut. Die geringere Classe erscheint gewöhnlich in einem blauen Kittel von leinen Tuch, runden Hut, langen leinenen oder auch kurzen tuchenen Hosen mit Kamaschen...

Das weibliche Geschlecht aus der reicheren Classe kleidet sich nach der Mode, in feine Stoffe von Seide, Mouselin, Cattun, Siamoise. Die mittlere Classe trägt auf Sonn- und Feyertagen lange Kleider von Cattun, Zitz, Siamoise, weiße runde Hauben mit Spitzen und farbigen Bändern geschmückt, weiße oder buntige Schürtzen und Halztücher, auf Werktage aber Leibchen von Tuch, Cattun, Zitz, Röcke von buntigem Flanell, gedrucktem Leinen, farbige Hauben ohne Spitzen, Schürzen von weißer Leinewand.

Die geringere Classe trägt auf Sonntagen die Werktags-Kleidung der mittleren Classe, auf Werktagen selbst aber die älteren abgetragenen Kleider.“[17]

Die öffentlich sichtbare Kleiderordnung der Siegener prägte sich dem Schüler Adolph Diesterweg unverwechselbar ein. Als „junger Herr“ hatte er mit Heidelberg, Tübingen, Worms und Frankfurt stärker bildungsbürgerlich bestimmte und an weltlichen Moden orientierte Städte kennengelernt. In Auseinandersetzung mit diesen Erfahrungen entwickelte er als Erwachsener ein idealisiertes Bild der Siegerländer Heimat, die ihm zum Inbegriff einfacher, aufrechter und religiöser Lebensweise wurde. Symbol dafür waren für ihn die ständischen Kleidungsgebräuche der „mittleren“ und „geringeren Classen“. In seinem Tagebucheintrag über einen Pfingstgottesdienst, dem er während eines Kurzbesuches in Siegen als 28jähriger junger Familienvater beiwohnte, kommen sowohl die nostalgisch verklärte Sicht wie auch die soziale Distanz zum Ausdruck, die er als Sohn einer städtischen Honoratiorenfamilie gegenüber Handwerkern und Unterschichten einnahm:

„Siegen, am 1. Pfingsttag 1818

Wie freue ich mich der einfach (blau) gekleideten Leute von den Hütten, der reinlich schönen Kleidung der Frauen und ihres Feiertagsschmuckes, die doch gewiß in der Woche in härenem Gewande schwitzen! Wie diese biederen Siegener zur Kirche festlich wallen und auf den Straßen sehnsuchtsvoll der Eröffnung des Tempels entgegen sehen – wie sie kräftig, lebendig und tapfer singen und andächtig still und fromm zuhören. Heil Euch, Ihr meine biederen, frommen Landsleute, wie beschämt ihr manchen auf der Rathsbank, der in jeder Pause mit den Nachbarn schmuset, Scherze macht und Klatschereien anbringt. O, in Euch, Ihr braven Landleute, ist ein frommer, religiöser Sinn, den Euch Gott erhalten, der Euch ehrwürdige Prediger geben möge! Wie ergriff mich der Anblick der Kirche, in der ich so oft mich erbaute, in der ich manch Lob-Lied mitsingen half!“[18]

67 Christina Charlotte Henriette Diesterweg (1760-1819)
Tante Adolph Diesterwegs
Pastellgemälde
38 x 30 cm
Waiblingen, Privatbesitz

68 Jacob Henrich Diesterweg (1756-1836)
Onkel Adolph Diesterwegs, Amtmann in Ebersbach
Pastellgemälde
38 x 30 cm
Nettetal, Privatbesitz

4. Geschwister: Kinderzahl und Kindersterblichkeit

Kennzeichnend für die Diesterwegs ist die große Zahl der Kinder. Das gilt für das Elternhaus Adolphs ebenso wie für die Familie der Großeltern väterlicherseits und für den später gegründeten eigenen Haushalt. Die Großmutter brachte neun Kinder zur Welt, die Mutter gebar zehn Kinder, Diesterwegs Frau Sabine wiederum neun. Wir können daraus ersehen, daß auch in der schmalen Schicht des Bildungsbürgertums jener Epoche keine bewußte Geburtenregelung betrieben wurde.[19] In dieser Hinsicht sind die Diesterwegs typisch für ihre Zeit und Schicht; allerdings ist die Zahl der Kinder auch für damalige Verhältnisse, für die die historische Demographie durchschnittlich sechs Geburten ermittelt hat, außergewöhnlich hoch. Offenkundig hängt das damit zusammen, daß die Mütter vergleichsweise jung heirateten: Die Großmutter war bei ihrer Vermählung 24, Diesterwegs

69 Arnoldine Isabella Reichmuth Diesterweg (1768-1849)
Tante Adolph Diesterwegs
Pastellgemälde
38 x 30 cm
Nettetal, Privatbesitz
70 Arnoldine und Jacob Henrich Diesterweg
Altersbildnis
Schattenriß
8,9 x 12,6 cm
Siegen, Siegerlandmuseum

Mutter 19 und seine eigene Frau 21 Jahre alt. Sie konnten zwei Jahrzehnte für das Gebären von Kindern ausschöpfen. So war die Mutter bei der Geburt ihres ältesten Sohnes 20 Jahre, bei der des jüngsten 38. Allerdings folgten die Geburten, auch dies ist zeittypisch, in gewissen Abständen; verantwortlich waren dafür nicht zuletzt die ausgedehnten Stillzeiten, die empfängsnisverhütend wirkten. Ein Blick auf die Geburtsdaten Adolphs und seiner Geschwister zeigt eine Altersfolge von durchschnittlich zwei Jahren, wobei die Abstände in der frühen Ehezeit geringer, in der späteren Jahren größer waren.[20]

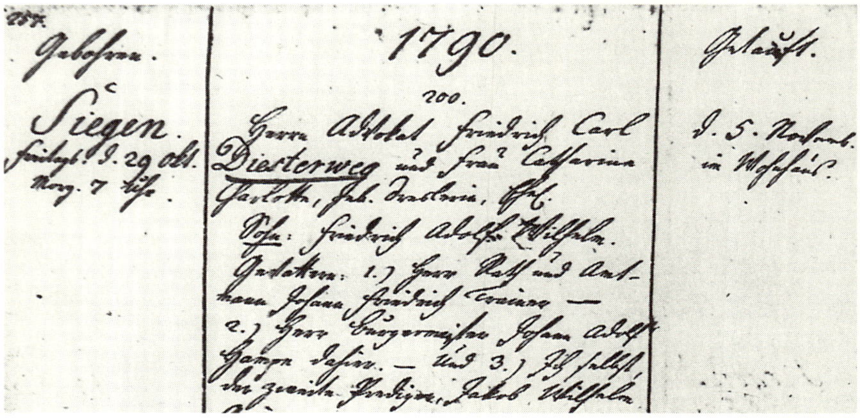
1790.
Siegen.

71 Taufbuch der evangelischen Kirchengemeinde Siegen (1785-1795)
Mit Eintrag der Geburt Adolph Diesterwegs
34 x 21 cm
Siegen, Archiv der Evangelischen Kirchengemeinde

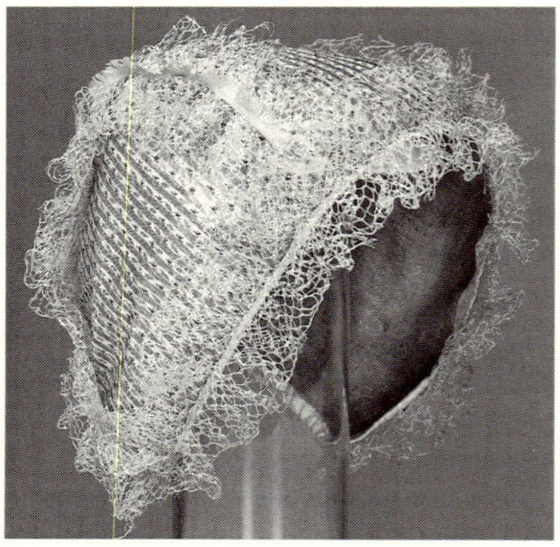

72 Kinderhäubchen, Ende 18.Jh.
Nachlaß der Familie Diesterweg
Seide, Leinen, Klöppelborde
Stuttgart, Württembergisches Landesmuseum

Wir dürfen daraus allerdings nicht schließen, daß Adolph Diesterweg gemeinsam mit einer ganzen Schar von Geschwistern aufwuchs. Die Abstände zwischen den Geburten und die Tatsache, daß die Kinder teilweise recht früh aus dem Haus gingen, verringerte die Anzahl der tatsächlich zusammenlebenden Geschwister. Die drei älteren Brüder Adolphs verließen jeweils 18jährig das Elternhaus, um zu studieren. So kam es, daß er seit seinem 14. Lebensjahr nur noch mit einer jüngeren und einer älteren Schwester im Elternhaus zurückblieb.

Um uns die Geschwistersituation vorzustellen, müssen wir vor allem die hohe Kindersterblichkeit jener Epoche, die auch die privilegierten Schichten betraf, berücksichtigen. In der Regel starben zwei bis drei von zehn Säuglingen vor Vollendung des ersten Lebensjahres.[21] In der Familie Diesterweg war dies nicht anders. Zwei Schwestern starben im Alter von fünf Tagen und 16 Monaten, der jüngste Bruder nach einem Jahr. Als Todesursachen wurden Röteln, Masern und „schleimichtes Faul Fieber" angegeben. Adolph erlebte den Geschwistertod zweimal mit, einmal als Vier-, einmal als Neunjähriger. Der Vater trug die Todesnachrichten, eingebunden in Gebete, in das Predigtbuch ein:

„1794 Mittwochs den 2. Jul. Nachmittags um 21/4 Uhr hat es dem Allgütigen gefallen, unser letzt geborenes Kind Henriette Franziska Amalie (geboren am 18.01.1793, I.B.), welches an den Folgen der Rödeln neml. einem schleimichten Faul Fieber 3 Wochen lang krank gewesen durch einen sanften Tod zu sich in die frohe Ewigkeit abzufordern. Wir preisen hierbei die gütige Vorsehung und hoffen auf das künftige Wiedersehen."

„1799 Samstags d. 6. April ist der Wunsch meiner ewig geliebten seel. Ehefrau – den sie kurz vor ihrem absterben äusserte, zum Theil in Erfüllung gegangen. Denn heut des Nachmittags zwischen 4 und 5 Uhr hat es dem allgütig Gott gefallen, mein jüngstes Kind Henrich Frantz Carl Friedrich nach einer 5tägig. Krankheit an den Masern oder Rötteln durch einen sanften Tod zu sich in die frohe Ewigkeit zu nehmen. Der Nahme des Herrn sey gepriesen Von Ewigkeit zu Ewigkeit. Amen."

In der Abfolge der Geschwister zeigt sich eine gewisse Hierarchie. Am Beispiel des Vaters Carl Friedrich Diesterweg wurde das bereits verdeutlicht. Die älteren Söhne, besonders der Erstgeborene, waren dazu bestimmt, den sozialen Stand des Vaters einzunehmen. In der

73 F.J. Bertuch
Bilderbuch für Kinder enthaltend eine angenehme Sammlung von Thieren, Pflanzen, Blumen, Früchten, Insecten, Trachten ...; alle nach den besten Originalen gewählt, gestochen und mit einer kurzen wissenschaftlichen, und den Verstandes-Kräften eines Kindes angemessenen Erklärung begleitet. 5 Bde.
Weimar, Gotha (1790-) 1805
74 G. Ch. Raff
Naturgeschichte für Kinder. Mit elf Kupfer-Tafeln. 2., vermehrte und verbesserte Auflage Frankfurt, Leipzig 1780
75 Kinder-Spiele
Nürnberg, Ende 18.Jh.
Kupferstich
36,5 x 53,0 cm
Frankfurt, Historisches Museum

76 Charlotte Christina Diesterweg (1784-1856)
Schwester Adolph Diesterwegs, Kindheitsbild
Pastellgemälde
38 x 30 cm
Waiblingen, Privatbesitz

77 Henrich Carl Diesterweg (1789-1813)
Bruder Adolph Diesterwegs, später Gerichtsassessor in Kirberg
Pastellgemälde
38 x 30 cm
Waiblingen, Privatbesitz

78 Schreiben Carl Friedrich Diesterwegs an die Landesregierung mit der Bitte um ein Stipendium für seinen Sohn Henrich Carl, 12.10.1798
Siegen, Stadtarchiv

familiären Binnenbeziehung oblagen ihnen gewisse Fürsorgepflichten gegenüber den jüngeren Geschwistern. Der junge Adolph war nach dem Tod des Vaters, schon als Student, vor allem aber zu Beginn seiner beruflichen Laufbahn, wiederholt Nutznießer der Hilfe seines älteren Bruders und Mentors Wilhelm. Als 21jähriger wohnte Adolph im Haus des gerade verheirateten 30jährigen Gymnasialprofessors in Mannheim; später, als seine Ernennung zum Direktor des Moerser Lehrerseminars zu scheitern drohte, verwandte sich Wilhelm in einem Empfehlungsschreiben an den Berliner Unterrichtsminister Altenstein recht eindrücklich für den Jüngeren.[22]

Wie die Familiennachrichten ausweisen, gilt diese Rangfolge auch bei der Wahl der Taufpaten und -patinnen. Für die Erstgeborenen sind die Großeltern zuständig, wobei der väterlichen Linie der Vorrang gegeben wird. Es folgen Onkel und Tanten, paarweise aus den väterlichen und mütterlichen Familien. Die jüngeren Kinder müssen mit Verwandten zweiten Grades und Bekannten der Familie, auch ferner wohnenden, vorlieb nehmen. Für Söhne sind männliche und für Töchter weibliche Paten zuständig.[23] Für Adolph, den Siebtgeborenen, wurde als Taufpate Pastor Jakob Wilhelm Grimm, ein guter Freund des Vaters, gewählt, der später, inzwischen Professor in Herborn, den jungen Studenten in sein Haus aufnahm. Hier wie an vielen anderen Beispielen wird deutlich, daß die planmäßig betriebene Integration der Familie in Verwandtschafts- und Bekanntschaftsnetze des Bildungs- und Wirtschaftsbürgertums einen wichtigen Stellenwert besaß bei der Ausbildung und beruflichen Laufbahn der Söhne und bei der vorteilhaften Verheiratung der Töchter.

1 Zit. n. Gertner, A.: Zur Biographie Dr. Friedr. Adolph Wilh. Diesterwegs. Zusgest. n. Kirchenbüchern, Familienpapieren und mündlichen Nachrichten. Mskr. o.O., o.J., S. 9f. (Stadtarchiv Siegen).
2 David Jakob Elisäus Schmitthenners „Predigten über ausgesuchte Sprüche heiliger Schrift auf alle Sonn- und Feyertage des ganzen Jahres“, Schwalbach, gedruckt und verlegt von Joh. Gottlieb Mizler, Hochfürstl. privil. Buchdrucker. 1778. Der Verbleib des Predigtbuches mit der handschriftlichen Familienchronik ist ungeklärt. Die Beschreibung orientiert sich an Gertner, A.: a.a.O.
3 Vgl. Bloth, H.G.: Adolph Diesterweg. Sein Leben und Wirken für Pädagogik und Schule. Heidelberg 1966, S. 26ff.
4 Zur Funktion des Amtmannes und der Bezirksämter vgl. Schenck, K.F.: Statistik des vormaligen Fürstenthums Siegen. Siegen 1820. Neudr. Siegen 1981, S. 57ff.
5 Abgedr. in: Bloth, H.G.: a.a.O., S. 220.
6 Vgl. Schlumbohm, J.: Kinderstuben. Wie Kinder zu Bauern, Bürgern, Aristokraten wurden. 1700 – 1850. München 1983, S. 302ff.
7 Vgl. Bloth, H.G.: a.a.O., S. 28, u. Langenberg, E.: Adolph Diesterweg. Sein Leben und seine Schriften. Th. 1: Diesterweg am Rhein. Frankfurt a.M. 1867, S. 159.
8 Der Sohn des Amtsdieners, der bei Großvater Hieronymus Diesterweg in Diensten stand, erinnert sich in seiner Autobiographie an den sozialen Umgang unter den Geschwistern: „Der Amtmann Diesterweg hatte sein Haus in Siegen seinem ältesten Sohn, einem Advokaten, übertragen. Dieser reiste öfters nach Freudenberg, und seine dortigen Geschwister besuchten ihn in Siegen. Durch diese geschwisterliche Verbindung hatte ich das Vergnügen, daß ich des Herrn Amtmanns Pferd, einen netten Fuchs, oft nach Freudenberg ritt oder mit herüber nach Siegen brachte.“ Langer, M.: Selbstbiographie und Gedichte von Matthias Langer zu Montabaur, gewidmet seinen Freunden zum Andenken. Hadamar 1821. Neudr. Siegen 1985, S. 201.
9 Langenberg, E.: a.a.O., S.2.
10 Gertner, A.: a.a.O., S. 2.
11 Langenberg, E.: a.a.O., S. 7f.
12 Gertner, A.: a.a.O., S. 2f. Das folg. Zitat S. 3.
13 Vgl. Bloth, H.G.: a.a.O., S. 28f.
14 Der Familienbesitz befand sich in der Kölner Straße 124 unterhalb des Marktes und wurde von alten Siegenern „das rothe Haus auf dem Kohlbett“ genannt.
15 Schenck, K.F.: a.a.O., S. 45f.
16 Zu diesen und den folgenden Angaben vgl. ebenda, a.a.O., S. 22, 49, 52, 133ff.
17 Ebenda, S. 33f.
18 Langenberg, E.: a.a.O., S. 4f.
19 Vgl. Schlumbohm, J.: a.a.O., S. 23ff.
20 17 Monate nach der Vermählung der Eltern Adolph Diesterwegs wurde das erste Kind geboren; die Abstände zu den folgenden Kinder betrugen: 21, 12, 17, 24, 25, 29, 27, 26 und 37 Monate. Ganz ähnliche Abstände zwischen den Geburten lassen sich in Diesterwegs eigener Familie ermitteln.
21 Für Siegen 1815/16 läßt sich die Kindersterblichkeit nach den statistischen Angaben von K.F. Schenck: a.a.O., S.24ff., einschätzen. Danach starben von jeweils 1000 Neugeborenen 192 Kinder vor dem 1. Lebensjahr, 287 Kinder bis zum 5. Lebensjahr, 308 Kinder bis zum 10. Lebensjahr und 324 Kinder bis zum 15. Lebensjahr. Mit diesen Sterbeziffern liegt Siegen im städtischen Vergleich eher günstig, gegenüber ländlichen Gemeinden dieser Zeit teils über, teils unterhalb des Durchschnitts. Vgl. Schlumbohm, J.: a.a.O., S. 25ff.
22 Vgl. Bloth, H.G.: a.a.O., S. 26ff., 47, 53.
23 1. Kind (Sohn): Großvater, väterliche Linie; 2. Kind (Tochter): Großmutter, mütterliche Linie; 3. Kind (Sohn): Großvater, mütterliche Linie; 4. Kind (Tochter). Großmutter, väterliche Linie.

Jürgen Zinnecker

Adolph Diesterweg als Familienvater
Bildungsbürgerliches Familienleben II

1. Religion, Askese und rationale Lebensführung

Adolph Diesterweg wurde nach eigener Aussage „in den Grundsätzen der Reformierten Kirche“ erzogen.[1] Beide Eltern pflegten religiöse Traditionen, allerdings eher im Geist eines aufgeklärten Rationalismus des 18. Jahrhunderts.[2] Zum Verständnis der religiösen Familientradition muß man sich vergegenwärtigen, daß das Siegerland schon früh eine calvinistische Prägung erhielt. 1582 wurde die reformierte Kirchenverfassung nach niederrheinischem und niederländischem Muster eingeführt. Allerdings hatte eine Erbteilung im Herrscherhaus der Grafschaft Nassau-Siegen zur Folge, daß Anfang des 17. Jahrhunderts die Gegenreformation im Siegerland Fuß fassen konnte und sich neben der calvinistischen Mehrheit eine katholische Minderheit im nachmaligen Fürstentum Siegen einrichtete.[3] In Diesterwegs Jugendzeit kamen hier wie in der Stadt Siegen auf vier reformierte ein katholischer Bürger.

Diesterwegs religiöse Erziehung verlief nicht konfliktfrei. Er durchlitt als Schüler und Konfirmand Gewissensqualen, da er die von den erwachsenen Autoritäten vertretene kirchliche Sündenlehre – und hier insbesondere die Lehre von der Erbsünde, der angeborenen Sündhaftigkeit des Menschen – insgeheim ablehnte.[4] Zum Inbegriff des gebetesmühlenhaften Einerleis, das die religiöse Gefühle abtötete, wurde ihm der überlieferte Heidelberger Katechismus. Andererseits befand er sich während seiner Siegener Kinder- und Jugendjahre, wohl nicht ohne Einfluß des Elternhauses, „auf engherzig konfessionellem Standpunkt“[5]; und es fiel ihm, wie er später einmal gestand, nicht leicht, sich von diesem konfessionell beschränkten Blick freizumachen.

Uns interessiert das religiöse Familienmilieu, in dem der junge Adolph groß wurde, als Prägestätte für den späteren Pädagogen und Aufklärer Diesterweg. Folgen wir dem Religionssoziologen Max Weber (1864-1920), so läßt sich die religiöse Ethik des Calvinismus und der Reformierten Kirche als Teil jenes „asketischen Protestantismus“ ausmachen, auf dessen Grundlage die „praktisch-rationale Lebensführung“ und die „ökonomische Rationalität“ der modernen industriekapitalistischen Gesellschaft maßgeblich basiert.[6] Wir finden jene innerweltliche Askese auf frappierende Weise in der privaten Lebensführung und der Erziehungspraxis von Adolph Diesterweg als Vater von neun Kindern wieder, die uns sein Biograph Eduard Langenberg „unter Mitwirkung der Familie“ getreulich überliefert hat.[7] Langenberg, ein vormaliger Schüler Diesterwegs in Moers, teilte offenkundig die beschriebenen Prinzipien der Lebens- und Familienführung seines Lehrers und war bemüht, anhand detaillierter Szenen eine glaubhafte Übereinstimmung zwischen Erziehungsprogramm des Schriftstellers und Alltagspraxis des Privatmannes Diesterweg herzustellen. Über das Familienleben des gestrengen Seminardirektors, während seiner Moerser Zeit zwischen 30 und 42 Jahre alt, schreibt er:

„Sein Hauptaugenmerk richtete er darauf, die Kinder frühe an stetige Thätigkeit zu gewöhnen, denn er kannte nur zwei Zustände: Schlafen und Wachen, nicht aber gedankenlos Hinträumen. Er verlangte daher, daß während die Hände mit Arbeiten im Garten oder Hause oder mit weiblichen Geschicklichkeiten beschäftigt waren, auch der Geist etwas vornehme, und so mußten die Töchter nebenbei französische Vokabeln und schöne Stellen aus deutschen Classikern auswendig lernen, und vor dem Schlafengehen ließ er sich von ihnen

79 Ring mit Diesterweg'schem Familienwappen
Caneol, Gold, 2.Hälfte 19.Jh.
Niederaula, Privatbesitz

80 Sabine Diesterweg, um 1860
Photographie, koloriert
30,5 x 24,8 cm
Dresden, Privatbesitz
81 Adolph Diesterweg
Ölgemälde von Gustav Hertz, 1853
65 x 60 cm
Siegen, Siegerlandmuseum
Im Motiv identische Ölgemälde befinden sich in Privatbesitz in Niederaula und Nürnberg.

ein Kapitel aus Rotteck's Weltgeschichte oder aus Herder's Ideen zur Philosophie der Geschichte vorlesen."

„Bei Tische hielt er auf strenge Ordnung. Jeder mußte gerade sitzen und von allen Speisen essen, die aufgetragen wurden; Auswählereien duldete er nie."

„Ein Hauptgrundsatz war ihm die Ueberzeugung, daß eine gesunde Seele nur in einem gesunden Körper wohnen könne, und daß daher für Ausbildung und Kräftigung des letzteren gesorgt werden müsse. Er weckte daher in eigener Person die Kinder am frühen Morgen und hielt sie an, sich sofort anzukleiden, und obgleich er sich selbst und seine Familienglieder mit höchster Einfachheit kleidete, so war er doch ein Freund der Reinlichkeit und Gefälligkeit der Formen in jeder Weise."

Über das Familienleben in Berlin – Diesterweg trat sein dortiges Amt mit 42 Jahren an – erfahren wir:

„Die Thätigkeit im Hause war nach der Uhr geregelt, und es mußte das Lieblingssprichwort der Eltern: ‚Arbeit macht das Leben süß', bei Groß und Klein zur Wahrheit werden. Da Diesterweg selbst fast jeden Morgen schon um 5 Uhr am Schreibtisch saß – nachdem er sich durch ein kaltes Bad erquickt hatte – so weckte er auch zeitig die erwachsenen Glieder der Familie, und wies jede Entschuldigung, daß man zu etwas Nützlichem keine Zeit habe, mit der Aufforderung zurück, alsdann doch eine Stunde früher aufzustehen. Auch hatte jedes Glied der Familie seinen streng begrenzten Wirkungskreis, von dem es Rechenschaft ablegen mußte. Nach der Arbeit wurde auch für die Erholung eines Jeden gesorgt. Die kleineren Kinder spielten auf dem Seminarhofe, die größeren mußten täglich einen Ausgang machen. Sonntags aber hielt der in der Woche so viel beschäftigte Vater es für seine Pflicht, die ganze Familie, wie es weiland in Mörs geschah, hinaus in's Freie zu führen."

„Das Leben in der Familie blieb auch in Berlin ein einfaches; die Sparsamkeit herrschte in allen denjenigen Dingen, welche jeder Tag auf's Neue erfordert, während zu Wichtigem, wenn es z.B. die Ausbildung der Kinder, die thätige Mithülfe für bedürftige und gemeinnützige Zwecke galt, mit freigebiger Hand gespendet wurde. Die

82 Moritz Diesterweg (1834-1906)
Neuntes und jüngstes Kind des Ehepaares Diesterweg, um 1845/50
Kohle, Kreide
24 x 20 cm
Dresden, Privatbesitz

83 Brief Diesterwegs an seine Frau und Kinder, Bad Liebenstein, 6.6.1853
Berlin (DDR), Archiv der Akademie der Pädagogischen Wissenschaften
„Kommt Moritz, so fährt er am ersten Tage nach Eisenach, übernachtet im Rautenkranz und marschirt am folgenden Morgen über die Hohe Sonne, Wilhelmsthal hierher. Regnet es, so bleibt er bis Mittag in Eisenach, besucht die Wartburg, läßt sich alles Innere zeigen und fährt Mittags, nachdem er vorher bei Zeiten einen Sitz im Postwagen belegt hat, hierher. Eine Paßkarte muß er bei sich haben. Macht es ihm, wie ich meine, keine Mühe, so steckt er seine Geige in einen Sack, hängt sie in Eisenach um und kommt als fahrender Scholar hierher. Ich wünsche dies deswegen, damit ich ihn hier in einzelnen Stunden spielen höre und damit er in einem Concerte, das Frau Katz hier zum Besten des Kindergartens arrangiren will, mitspiele."

Kinder hatten zwar manchen Verkehr, aber nur mit solchen Kindern, deren Eltern und häusliche Verhältnisse Vater und Mutter bekannt waren; doch wurde auch dieses Vergnügen, wie jedes andere, in Schranken gehalten, und meistens nur Sonntags erlaubt auszugehen oder Kinder einzuladen.“

Die asketischen Momente der Lebensführung, die der Vater für sich selbst praktiziert, die er aber auch für Frau und Kinder und später für die unverheiratete erwachsene Tochter Hermine im Haus verbindlich macht, springen ins Auge: diszipliniertes, frühes Aufstehen, Abhärtung und Übung des Körpers, kontrolliertes Essen und Trinken, sparsame und einfache Kleidung und Haushaltung. Ebenso deutlich ist, daß die Askese zweckgerichtet, instrumentell erfolgt: Es geht um erhöhte Rationalität zugunsten der Lebensarbeit. Für diesen Zweck wird die verfügbare Zeit optimiert. Körperliche Tätigkeiten, Nahrungsaufnahme wie Bewegung, dienen dazu, die Arbeitsfähigkeit sicherzustellen und zu verbessern. Arbeitsfreie Zeiten, kulturelle Vergnügen oder soziale Kontakte sind Belohnungen für zuvor erfüllte Pflichten – können also nur in Abhängigkeit von der Arbeit und auch hier nur in Maßen genossen werden und werden „in Schranken gehalten“. Integriert in das vernunftbetonte Askesesystem ist eine allgegenwärtige Selbstkontrolle. Bereits die Kinder sollen lernen, sich regelmäßig Rechenschaft über ihre Lebensführung abzulegen.

Viele der ethischen Grundsätze, denen Adolph Diesterweg als Vater folgt, finden sich in komprimierter Form in einem erhaltenen Brief an den Sohn Julius (1821-1897), der 21jährig in Bonn ein Studium der Medizin aufgenommen hatte.[8]

„Berlin, 7. Juni 1843.

Endlich, lieber Julius sind Nachrichten von Dir aus Bonn angekommen. Daß wir in Verlegenheit sein mußten, weil Du bis zum 7. Juni nicht einmal geschrieben: ich bin da, glücklich da, wirst Du begreifen. So darfst Du es nicht wieder machen. Ist man im Hafen, so giebt man Nachricht u. zwar gleich.

Nun, ich freue mich Deines Wohlseins u. Deines frischen Sinnes. Kraft und Mut, wozu auch gehört, daß man keinen krummen Buckel macht, mit dem behaftet ich Dich unmöglich mir vorstelle, ist Nro. 1. Dann findet sich auch die Studirwuth. Ich sage Wuth. Ohne die wird auch nichts aus einem Menschen. Wie ein Wolf muß man sich, vom Innern getrieben, auf die Natur werfen, um das Wesen der Dinge in sich aufzunehmen. Zuerst muß man sie nur sehen u. empfinden, gar nicht denken wollen, was sich schon findet. Darum vermisse ich ein wesentliches Stück in Deinen Bemerkungen über Dein Studiren: Die Angabe, wie Du Pflanzen u. Thiere betrachtest u. handhabst, ob Du sie analysirst u. microscopirst u. besonders ob Du im Laboratorium arbeitest. Nicht einen Pfifferling gebe ich um Dein Wissen, wenn Du hörst u. nicht siehst, nachsprichst u. nichts machen kannst. Diese Schmach des Nachschreibens u. Nachbetens mußt Du Dir u. mir nicht anthun. Um jeden Preis mußt Du überall mit Hand anlegen. Dies zur praktischen Bildung eines Mannes N. 2, in Betreff der wissenschaftl. Grundlage N.1. In wiefern Du thatsächlich diesen Ansichten nachkommst, darüber erwarte ich ehestens Deine bestimmten Nachweisungen...

Außerdem weißt Du, l. J.! wie viel ich auf mündliche Fertigkeiten halte. Schließ Dich überall an geübtere, geistgewandte (sittlich brave, versteht sich von selbst) Studenten an u. sprich mit ihnen alles Neue durch! Daß Du dankbar Dich gegen Professoren bezeigst, die sich Deiner human annehmen, zähle ich zu den Dingen, die sich von selbst verstehen...

Denke auf Sparsamkeit u. führe Rechnung über alle Ausgaben! – Daß Du bei meinem Bruder zu Mittag issest, dagegen habe ich zweierlei Bedenken: 1) es kostet Dich zu viel Zeit; 2) mein Bruder führt einen zu guten Tisch. Eine allzureichliche Nahrung ist Dir schädlich, u. wenn Du häufig Wein trinkst, so ist das verderblich. Beruhige mich in dieser Beziehung! Leibesübungen sind nothwendig: Laufen, Schwimmen u. Fechten.

Bei Deiner Natur mußt Du gegen zu viele Bekanntschaften auf Deiner Hut sein. Einsames, stilles Studiren ist nicht zu entbehren. Doch Du kennst meine Grundsätze. Ich will Dich nicht beengen, wünsche u. gönne Dir fröhliche Entwicklung: aber strenge Sittlichkeit u. reife Besonnenheit müssen den Jüngling wie den Mann regieren. In Bonn soll viel rüdes u. liederliches Wesen vorkommen. Du wisrt das Schlechte nicht nachmachen.

In Deinem Nächsten erwarte ich nun eine Nachweisung der Hauptausgaben, die Du gehabt hast, auf einem besondern Blatte. Voran gehe die Bemerkung, wie viel Geld Dich die Reise gekostet, mit wie viel Du dort hauszuhalten angefangen, u. wie es jetzt ist. Alles übersichtlich und geordnet! Ich habe Dir einen Jahreswechsel von 300 Thl. ausgesetzt, womit Du auszureichen suchen mußt. Vor nichts muß man sich mehr hüten als vor Schulden. Ich habe nie in meinem Leben Schulden gehabt. Wenn Du bei dem Onkel fort issest, was ich aber nur unter Umständen billigen kann, so wirst Du mit jener Summe reichlich auskommen. Über das Alles erwarte ich Deine Erfahrungen.

Endlich (für heute) theile mir genaue Rechenschaft über die Vorlesungen mit, mit summarischer Angabe der Kapitel, u. mit specieller Andeutung des Neuen u. Interessanten, u. mit beigehenden wissenschaftl. Bemerkungen von Deiner Seite.

Was ich Dir noch weiter zu sagen habe, verschiebe ich bis morgen oder übermorgen.

Dein tr. Vater."

Wir heben einige Elemente rechtschaffener Lebensführung und innerweltlicher Askese hervor, die den Ermahnungen des besorgten Vaters zugrundeliegen. Ein vorrangiges Prinzip lautet: Du sollst Rechenschaft ablegen – gegenüber dem Vater und Pädagogen wie dir selbst gegenüber: „darüber erwarte ich...Deine bestimmten Nachweisungen", „führe Rechnung über alle Ausgaben!". Die Rechenschaft bezieht sich auf die Ökonomie des Lernens wie auf die alltägliche Sparsamkeit im Umgang mit dem knapp bemessenen Studiengeld. Verbunden damit sind Motive der Körperaskese: „allzureichliche Nahrung ist Dir schädlich", „Leibesübungen sind nothwendig" sowie der Zeitökonomie: beim Onkel zu essen, „kostet Dich zu viel Zeit".

84 Auguste Diesterweg (1837-1911) mit ihren Kindern
Ehefrau Moritz Diesterwegs
Photographie, um 1872
20,2 x 16,4 cm
Dresden, Privatbesitz

85 Pferd auf Räderbrett, 18.Jh.
Holz, geschnitzt, farbig gefaßt, Ledersattel und Zaumzeug
H. 54 cm
Frankfurt, Historisches Museum

2. Das Modell der Erziehungsfamilie

Die Erziehung in der Familie Diesterweg ist fester Bestandteil der rationalen, asketischen Lebensführung. Der Hausherr und Vater – die Mutter soll, so Diesterweg, dem Ehegatten darin nach Kräften folgen – kontrolliert sein Verhalten gegenüber den Kindern in der Weise, daß jede Äußerung, jeder Kontakt zu den Kindern sich nach Maßgabe einer pädagogisch bedeutsamen Intervention gestaltet. Der Umgang mit den Kindern wird pädagogisiert; das heißt, alle Kommunikation ist instrumentell ausgerichtet, dient einem „höheren", nämlich erzieherischen Zweck; was im Umkehrschluß bedeutet, daß sie von allen Alltäglichkeiten und die Erziehung störenden Elementen bereinigt ist. Darüber hinaus wird die Kinderstube zur innerfamilalen Schulstube umgestaltet, der Vater zum Hauslehrer des Nachwuchses erhoben, der „unterrichtet", „beaufsichtigt", „anleitet" und die gelernten Aufgaben abhört. Auch und gerade die gemeinsamen Unternehmungen in der Erholungszeit geraten zu Lektionen. Der Spaziergang in die Natur wird zur naturkundlichen Belehrung, die Nachbereitung des gemeinsamen Theaterbesuches dient dem Einüben freien Sprechens und Nacherzählens.

Die angestrebte – und im Fall einer erfolgreichen Erziehung wohl auch eingelöste – Konsequenz: Das solcherart pädagogisierte Familienleben zwingt die Kinder in eine frühe Nachfolge rationaler Lebensführung hinein. Im Wechselspiel mit dem Vater entwickeln sie ein

Modellverhalten, in dem jede Äußerung, jeder Kontakt zur Erziehungsautorität sich „vernünftig" und nach Maßgabe eines bedeutsamen Lernaktes gestaltet. Letztendlich erlangen sie einen inneren Gütemaßstab, nach dem sich ihre Identität am allmählichen Fortschritt ihres Weltverständnisses und an der Stetigkeit ihrer Arbeit an sich selbst bemißt. Wir dürfen unterstellen, daß die elterliche Betonung der Kinder-Vernunft zu einer beschleunigten Entwicklung entsprechender Kompetenzen bei den Jüngeren beitrug – wenn auch Diesterweg, wie alle Pädagogen der Aufklärung, der „Verfrühung" des kindlichen Entwicklungsprozesses den Kampf angesagt hatte.

Über den sozialisatorischen Konsequenzen für die Kinder dürfen die Momente der Selbsterziehung des Vaters – und der Mutter – nicht vergessen werden. Das Familienleben als pädagogische Anstalt, dies zwingt dem Vater ein hohes Maß an Selbstdisziplin ab; er geht gleichsam durch eine Schule der Elternliebe. Deren oberstes Gebot lautet, sich nicht spontan den Gefühlen der Kinderliebe hinzugeben, sondern stets das notwendige Maß an sozialer Distanz zu wahren, um rational über das erzieherische Wohl des Kindes entscheiden zu können. Zur Verdeutlichung einige Schlüsselstellen aus der Langenberg'schen Biographie, in der es über den jungen Familienvater heißt:[9]

86 Die Kinderstube
Kolorierter Kupferstich von Johann Michael Voltz
20 x 27 cm
Zwoelf Blaetter Kinder-Bilder zur Unterhaltung und mündlichen Belehrung. Ein Heft für Mädchen. Nürnberg o.J. (um 1823)

87 Das Spielzimmer
Kolorierter Kupferstich von Johann Michael Voltz
20 x 27 cm
Zwoelf Blaetter Kinder-Bilder zur Unterhaltung und mündlichen Belehrung. Ein Heft für Knaben. Nürnberg o.J. (um 1823)

„...für seine Kinder hatte er immer Zeit. Er weckte sie früh Morgens, er nahm sie mit auf allen Spaziergängen, er unterrichtete sie, er beaufsichtigte ihr Verhalten bei Tische, er leitete sie zum Gartenbau an, er spielte mit ihnen, er sang und tanzte mit ihnen und Abends mußten sie ihm vor Schlafengehen noch vortragen, was sie während des Tages gelernt hatten."

„Bei Tische...fiel es den Kindern nie ein, Privatunterhaltungen mit einander zu pflegen, denn der Vater forderte stets eines seiner Kinder auf, ihm etwas zu erzählen, was es in der Schule gelernt, oder im Garten u.s.w. beobachtet habe. Daran knüpfte er dann Mittheilungen aus jedem Gebiete menschlichen Wissens, wie er denn überhaupt stets vom Einzelnen zum Allgemeinen überging. Aber er docierte nicht, sondern fragte nur und gönnte den Kindern die Freude, selbst die erwünschten Aufschlüsse zu finden. Nie sagte er: das verstehst du nicht! sondern er leitete das Kind nur auf den rechten Weg, und hielt keine Aufgabe für dasselbe zu schwer, wenn er glaubte, es sei im Stande, sie zu lösen."

„Später besuchten sie den Confirmationsunterricht bei dem Prediger Bornemann, dessen geistreiche Predigten Diesterweg bekanntlich nie versäumte. Text und Gang des Vortrags mußten die Kinder jedesmal dem Vater nachträglich erzählen. Jedes Wort der Unterhaltung mit den Kindern war, ihnen zwar unbewußt, ein erzieherisches, und Alltäglichkeiten ihm erzählen, wäre Keinem von ihnen eingefallen."

„Ging er mit den Kindern spazieren, was sehr häufig, regelmäßig aber an jedem Sonntag-Nachmittage zu jeder Jahreszeit, bei der jeder Witterung geschah, so mußte Alles mit, was laufen konnte. Die Jün-

geren nahm er an die Hand, mit den Aelteren unterhielt er sich. Da wurde nach dem Namen jeder Pflanze, ihrem Wachsthum, ihrem Gebrauche gefragt; jeder Stein, jedes Thier und namentlich jeder Vogel beobachtet; von Winden und Himmelsgegenden, Völkern und ihrer Entwickelung, der Lage ihres Landes u.s.w. gesprochen, so daß der Gang nach einer Windmühle mit nur noch einem Flügel, den die Wandernden jedesmal durch einförmige Felder machten, so interessant und lehrreich für die Kinder wurde, wie es wohl für Manche ihre Reisen durch die schönsten Gegenden nicht sind."

„War Diesterweg verreist, so schrieb er mit der zärtlichsten Sorgfalt an seine Frau über jedes einzelne Kind, was er von jedem erwarte, was bei ihm besonders beobachtet werden müsse, und wie er sich darauf freue, sie wiederzusehen."

„Mit den Kleinen spielte er täglich; die Jüngsten nahm er auf den Schooß und ließ ihnen die goldene Uhr repetiren, die er beim Abschiede von Frankfurt von den Schülern und Schülerinnen der dortigen Musterschule erhalten hatte."

„Sonntags und nach Tisch hielt er musikalische Revue bei den Kindern; eins nach dem andern mußte ihm vorspielen, was es im Laufe der Woche gelernt; dann mußten sie gemeinschaftlich Schullieder singen."

Die Familienschule setzt sich auch bei den älteren Kindern und in der Berliner Zeit fort: *„Die älteren Kinder durften in Begleitung von Vater oder Mutter in das Theater gehen, wenn ein für das jugendliche Alter passendes Stück gegeben wurde, z.B. Wilhelm Tell, Joseph in Egypten, Ferdinand Cortez, Jungfrau von Orleans u.s.w. Diese Theaterbesuche machten einen gewaltigen Eindruck auf die Kinder, und da später über den Inhalt des Gesehenen ein zusammenhängender Vortrag geliefert werden mußte, so war die stete Aufmerksamkeit um so größer. Natürlich geschah dieses selten, und auch darin lag ein Reiz, daß solche Fahrten nur dann unternommen wurden, wenn die Kinder Alles zur Zufriedenheit der Eltern und Lehrer gemacht hatten."*

Die innere Verschulung des Familienlebens teilt und ordnet den Tages- und Wochenverlauf der Kinder nach außen und nach seiner Binnenseite hin, dem inneren Erleben. So enthält etwa das Ritual des Zubettgehens ein Resumee über die täglichen Lernfortschritte des Kindes. Das Kind berichtet sich und dem Vater, was es „während des Tages gelernt" hat. Indem Kind und pädagogische Autorität sich die aktuellen Lernfortschritte gemeinsam vor Augen halten und darüber abrechnen, stellt sich der Seelenfrieden für beide ein. Das Kind erhält die Absolution für diesen Tag und kann beruhigt einschlafen. Der Vater stellt ebenso beruhigt fest, daß sein Nachwuchs sich auf dem rechten Lernweg befindet und er seinen Pflichten genüge getan hat.

Die Einschlaf-Szene ist geeignet, historisch ältere von modernisierten Formen moralischer Erziehung im asketischen Protestantismus abzugrenzen. Die ältere Form der täglichen Gewissenserforschung bezieht sich maßgeblich auf die negative Seite des Tages, auf sündiges Handeln, Schuldbekenntnis und innere Reinigung von dieser Schuld. Die Moral des aufgeklärten, rationalistischen Glaubens indes ist zukunftsgerichtet und optimistisch. Der Seelenfrieden stellt sich nach Maßgabe guter Lern-Taten ein. Gereinigt und gerechtfertigt ist der, der an seinem Charakter und an seiner Welterfahrung, also der inneren wie der äußeren Naturaneignung, gearbeitet hat. Während der junge Adolph Diesterweg, seiner noch ungewiß, sich besonders an der (Erb-)Sündenlehre der alten Reformierten Kirche reibt, stellt der erwachsene Pädagoge Diesterweg den überlieferten kirchlichen Pessimismus vor das Gericht des mit Rousseau und Pestalozzi selbstbewußt gewordenen pädagogischen Optimismus.

Er steht damit stellvertretend für die Wandlung des Familienlebens in eine „pädagogische Provinz", wie es sich allenthalben in der schmalen Schicht des Bildungsbürgertums seit dem 18. Jahrhundert beob-

88 Abschiedsworte von Diesterwegs Tochter Hermine, die sich am 20.10.1858 in der Havel ertränkte
Brief von Diesterwegs Tochter Bertha Thilo an ihren Schwager Dr. med. Heinrich Köhler, Berlin, 23.10.1858
München, Privatbesitz
„Liebe Eltern u. Geschwister! So ist nun endlich der Zeitpunkt gekommen, wo ich das thun muß, was ich für nothwendig halte, um Euer Leben nicht ferner zu betrüben u. meinem namenlosen Leiden ein Ziel zu setzen. Möge Gott mir Kraft geben, seinen Willen noch heute zu erfüllen. Ich gehe von Berlin fort, um den theuren Eltern ihren Wohnort nicht zu verleiden, deßhalb sucht meine Leiche nicht, in den Wellen der Havel werdet Ihr sie finden."

89 „Zur Erinnerung an den 28 u. 29ten März 1843"
Gepreßte Blumen und ein Lorbeerblatt mit der Aufschrift: „Dem Freund der Menschheit, den 29. März 1843"
Geschenk Julie Diesterwegs an ihren Verlobten Heinrich Köhler
4,5 x 9,5 cm
München, Privatbesitz

90 Blättchen mit gepreßten Blumen
Inschrift: „für J. Die Blätter sind von der kleinen Laube, wo ich oft mit Dir geweilt. Die anderen Blümchen aus unserem Garten; Gruß und Kuß! Deine M."
Geschenk Marie Diesterwegs an ihre Schwester Julie.
8,5 x 8,5 cm
München, Privatbesitz

achten läßt. Ziehen wir eine Verbindungslinie zur Gegenwart, so erweist sich ein solcher Lebensstil der Familie als äußerst erfolgreich und wird – je weiter wir im 20. Jahrhundert voranschreiten – von einer zunehmend größer werdenden Zahl von Elterngruppen für sich adaptiert. Die Familie als Erziehungsanstalt spiegelt die wachsende Bedeutung wider, die dem individuellen Erwerb „kulturellen Kapitals" und legitimer „Bildungstitel" für die Weitergabe der eigenen sozialen Positionierung an die nachfolgende Generation zufällt.[10]

Die Beamtenfamilien des frühen Bildungsbürgertums waren insofern modern, als sie die erste soziale Gruppe bildeten, die ihren Kindern, damals: ihren Söhnen, statt sozialer Berufs- und Statusvererbung vor allem eines mit auf den Lebensweg gab: Zeit und Gelegenheit für individuelle Bildungs-Leistungen, die durch Diplome sozial legitimiert waren. In diesem Milieu setzt sich der Glaube an Leistung und Konkurrenz als verbindende Gesellschafts- und Erziehungs-Ideologie historisch zuallererst fest. Von diesen und für diese Elterngruppen geht die Propagierung einer bewußten Kindererziehung, popularisiert in einer Unzahl moralischer Wochenschriften, aus.[11]

Wir dürfen allerdings nicht unterschlagen, daß das frühe Bildungsbürgertum in einer ständischen Gesellschaftsverfassung lebte.[12] Zwar setzte die Übernahme der Berufsposition als Geistlicher, Richter, Verwaltungsbeamter, Lehrer an einer höherern oder Hochschule den Erwerb eines Bildungstitels voraus. In der Regel aber wurden diese Titel, ebenso wie die Ämter, noch nach ständischem Vorbild von den Vätern auf die – ältesten oder älteren – Söhne sozial vererbt. Beispielhaft läßt sich das Modell an der Geschichte der Juristenfamilie Diesterweg ablesen. Über drei Generationen besuchten die männlichen Nachkommen unterschiedslos die Lateinschule in Siegen, um sich anschließend an der Hohen Schule in Herborn, einer Hochburg des Calvinismus nicht nur im Nassauischen, für das Jurastudium einzuschreiben. Jeweils die Ältesten – im Bedarfsfalle die Nächstgeborenen – waren prädestiniert, die Nachfolge ihrer Väter als Amtmänner und fürstliche Beamte anzutreten. All dies spielt sich nahezu stationär, im engen sozialgeographischen Rahmen des nassau-oranischen Fürstentums ab.

Weist dieses Muster eher in die Vergangenheit, so repräsentiert die bildungsbürgerliche Erziehungsfamilie, die Adolph Diesterweg selbst gründet, bereits eine modernisierte Form. Die Familie ist räumlich mobil. Von Berlin aus läßt Diesterweg zwei seiner Söhne, Julius und Carl, in Bonn und Prag Medizin studieren. Das Motiv der Studienwahl ist nicht mehr partikular auf die Nachfolge des Vaterberufes fixiert, sondern hat sich generalisiert: Das Studium gilt dem sozialen Statuserhalt als Akademiker, nicht mehr der Berufsvererbung im eigentlichen Sinn – eine Verallgemeinerung, die sich bereits in der Jugend Adolph Diesterwegs abzeichnete: sein älterer Bruder Wilhelm und er wandten sich in Heidelberg und Tübingen der Mathematik und den Naturwissenschaften zu.

91 Julie Diesterweg (1820-1875)
Viertes Kind des Ehepaares Diesterweg, um 1845
Lithographie, unsigniert
21 x 17 cm
München, Privatbesitz

92 Elfteiliges Geschirr der Königlich Preußischen Porzellanmanufaktur, vor 1844
Mit Blumenmotiven bemaltes Geschenk von Julie Diesterweg an ihren Verlobten Heinrich Köhler
München, Privatbesitz

Der entscheidende Wandel betrifft die interne „Professionalisierung" der väterlichen Erziehung. Das gesamte Familienleben wird im Sinne einer pädagogischen Provinz modelliert und erzieherischen und Lehrzwecken untergeordnet. Dabei übernimmt der Vater – in der Form unbezahlter „Schattenarbeit" – die häusliche Unterrichtung der Kinder. Modell steht die Tätigkeit des Hauslehrers, eines Übergangsberufes für junge Akademikersöhne, dem auch Diesterweg nach dem Studium für kurze Zeit in Mannheim nachging, daneben der reformierte schulische Unterricht, wie Diesterweg ihn selbst den Junglehrern seiner Seminare vermittelte. Das heißt, professionelle Formen pädagogischer Lehrtätigkeit werden in die private Vaterrolle einbezogen, ja zu deren Mittelpunkt gemacht.[13]

3. Vom Hausherrn zur väterlichen Autorität Wandlungen des Patriarchats

„Unsre Eltern standen in ihrer göttlichen Autorität vor uns, und die Pietät belebte unsere Herzen."[14] Eben diese Verberuflichung der elterlichen Tätigkeit mutet aus heutiger Sicht „modern" und fortschrittlich an. Es gibt allerdings auch einige – aus heutiger Sicht – befremdliche und „unzeitgemäße" Aspekte. Zum einen irritiert den heutigen Leser, wie unumschränkt väterliche Autorität um 1800 wirksam war. Da ist zum anderen der Umstand, daß gerade der Vater zum Träger dieses Ideals wurde. In der modernen Familie der Gegenwart ist diese Rolle in erster Linie der Mutter zugedacht. Und schließlich widerspricht die offenkundige Bevorzugung der Söhne der gegenwärtigen Betonung der Egalität zwischen den Geschlechtern, gerade was Fragen des Bildungserwerbs angeht.

In der bildungsbürgerlichen Familie um 1800 herrscht nicht nur bei den Diesterwegs „eine streng monarchische Verfassung", wo „der Vater...der unbeschränkte Selbstherrscher in seinem Haus" ist.[15] Diesterweg als Vater macht hierin keine Ausnahme. Wie sein Biograph Langenberg hervorhebt, verlangte er unbedingten Gehorsam und Ehrfurcht sowohl für sich wie für andere Autoritäten.

„Ja, nicht selten stand er Nachts aus dem Bette auf, um die Kleinen zuzudecken. Nichtsdestoweniger war er ein strenger Vater, und kein Kind hätte es gewagt, gegen seine Anordnungen auch den leisesten Protest zu erheben; aber Alle liebten ihn schwärmerisch, Alle verehrten ihn aus tiefster Seele, Alle wußten, daß sie keinen wärmeren Freund auf der ganzen Welt hatten, als ihn, daß er zu jeder Aufopferung bereit und erbötig sei, wenn es zu ihrem Wohl gereiche. Von ihm lernten sie, was wahre Religiosität, Reinheit des Charakters, stetes Streben nach innerer Veredlung sei."

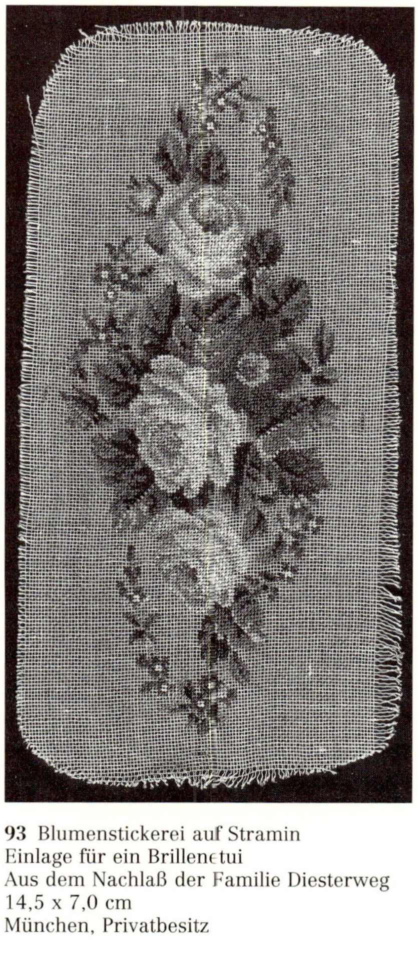

93 Blumenstickerei auf Stramin
Einlage für ein Brillenetui
Aus dem Nachlaß der Familie Diesterweg
14,5 x 7,0 cm
München, Privatbesitz

94 Julie Diesterweg (1856-1894)
Enkelin Adolph Diesterwegs
Gouache, unsigniert, um 1865
55 x 45 cm
Niederaula, Privatbesitz

95 Zwei Perlenarmbänder aus dem Nachlaß der Familie Diesterweg
Gold-grau-schwarz, mit Verschluß
15 x 5 cm
Weißgrundig mit Rosenblättermotiv und Verschlußschlaufen
19,0 x 3,3 cm
München, Privatbesitz

„...und noch weniger duldete er absprechende Urtheile über erwachsene Personen. Entfuhr den Kindern je ein Mal ein solches Wort, so zeigte des Vaters Miene und abwehrende Handbewegung genugsam an, wie sehr es ihn verletzte, und da die Mutter hierin ganz mit ihm übereinstimmte, so wurde die Pietät gegen ältere Personen, namentlich gegen Lehrer, von früh auf in ihnen genährt...“[16]

Die Zitate verdeutlichen den Charakter der väterlichen Autorität. Sie basiert auf Liebe und Strenge. Die Unterwerfung unter die Herrschaft ist nicht äußerlich, sondern geschieht in freiwilliger Zustimmung, begründet auf der Macht des Gefühls. In sozialgeschichtlicher Perspektive können wir davon sprechen, daß sich mit dem Bildungsbürgertum die äußere Macht des „Hausherren“ zur verinnerlichten „väterlichen Autorität“ wandelt, deren Grundlage ein persönliches Erziehungsverhältnis bildet.

Entsprechend dem bildungsbürgerlichen Erziehungs- und Familienmodell harmonieren beide Eltern bei der Etablierung von Erziehungsautorität gegenüber den Kindern. Hierbei nehmen sie polar aufeinander bezogene Rollen ein: Der Vater steht eher für Strenge und Konsequenz, die Mutter eher für den liebenden Aspekt. Wichtig für diese Komplementarität ist, daß Liebe und Strenge beiden Personen eigen ist, eben nur in unterschiedlicher Ausprägung. *„Frau Diesterweg, scheinbar verschieden von ihrem Manne, war ihm selbst doch in den Grundzügen ihres Wesens gleich; sie besaß denselben hohen milden Ernst, den rastlosen, aufopfernden Fleiß und die reinste umfassende Menschenliebe und Duldsamkeit. Die Kinder blickten daher zu dem Elternpaar mit hohem Respekt und ehrfurchtsvoller Liebe empor...“*[17]

Diesterweg sah die Mutter als Gehilfin des Vaters. In dem Lehrstück über richtige und falsche Muttererziehung, der „pädagogischen Skizze“ „August und Wilhelm, die ungleichen Nachbarskinder“[18], kontrastiert er zwei unterschiedliche Charaktere bürgerlicher Mütter und das ungleiche Resultat ihrer Erziehung. Die gebildete, reiche, selbstbewußte und in den „neuesten Erziehungstheorien“ bewanderte Mutter, die „selbst den Erziehungs- und Lectionsplan vom Morgen bis zum Abend jedes Tages“ aufstellt, versagt in der Erziehung ihres Wilhelm. Sie „verzärtelt“ den Sohn, hält ihn als „Schoßhündchen“ und „überfüttert“ ihn mit wechselnden Hauserziehern. Das Resultat: ein affektierter, oberflächlicher und lebensuntüchtiger Salonlöwe.

Welche Charakterzüge schreibt Diesterweg der Mutter von August zu, der „ein besserer Mensch wurde“, das heißt ein Mensch voller asketischer Arbeitstugend, den auch Schicksalsschläge nicht zu bezwingen mochten? *„Luise, August's Mutter, war eine Hausfrau im guten und eingeschränkten Sinne. Sie war nothdürftig unterrichtet worden, hatte in ihrem Leben kein Buch über Erziehung gelesen, kannte keines dem Namen nach, und es fiel ihr nicht ein, daß es eine Kunst der Erziehung geben könne. Dafür aber hatte sie Gott mit einem Herzen voll Liebe und einem zarten, weiblichen Gemüth und so viel Verstand ausgestattet, als man bedarf, daß die Liebe zu den Kindern nicht in thierische Affenliebe ausarte und durch Schwäche das verdorben werde, was durch die Liebe selbst angefacht wird... Strenge überhaupt behandelte Eschenbach (der Vater, J.Z.) seinen Sohn, und Luise war klug genug, den bessern Einsichten des Vaters beizustimmen, obgleich ihr zartes Herz eine solche Consequenz ihr nicht erlaubt hätte.“*

Das Lehrstück von den beiden ungleichen Müttern verdeutlicht, daß Diesterweg die Mütter von der Verberuflichung familialer Erziehungsarbeit ausschließen wollte. Das Kapital, das sie in die Erziehung einbringen sollten, war ihre naturwüchsige Herzensbildung und eine Portion gesunden Menschenverstands. Gebildete Mütter repräsentieren für ihn ein Zerrbild von Bürgerlichkeit, die Nachahmung adliger Eitelkeit, Hoffart und Arroganz durch den Besitzbürger.

Das Pendant zur Zweitrangigkeit der Mutter ist die Nachrangigkeit der Töchter. Mit den Müttern hatten sie gemeinsam, daß das spezifische Motiv der Familienerziehung im Bildungsbürgertum, nämlich die Reproduktion der sozialen Stellung über eine akademische Berufslaufbahn, entfiel. Erst ein Jahrhundert später stellte sich die Notwendigkeit, Bildungstitel zu erwerben, um sich im beruflichen Konkurrenzkampf zu behaupten, in dieser Sozialgruppe auch für die Mädchen. Um 1800 ist die Gedankenwelt bildungsbürgerlicher Erziehung noch ganz von der Polarisierung der Geschlechterrollen und einer auseinanderweisenden Erziehung von Jungen und Mädchen beherrscht. In den Worten Diesterwegs:

„Der Mann ist für das Leben und das Wirken unter Menschen geschaffen; er gehört auch dem Staate an, denn er ist ein Glied desselben; mit seinem tapferen Arme soll er ihn, wenn Gefahren kommen, beschützen; – deßwegen gehört der Knabe frühe in die Welt, in seine Welt, das heißt, in die öffentliche Schule, in den muntern Kreis seiner Gespielen...selbst die Gassenbildung ist nicht so schlimm als die Stubenbildung...“[19]

Wir finden die Nachrangigkeit der Töchtererziehung in Diesterwegs theoretischen Schriften, wie auch in seiner Erziehungspraxis bestätigt. Sein Entwicklungsmodell von Kindheit beschränkt sich fast ausschließlich auf die männlichen Nachkommen. Charakteristisch ist etwa die folgende Überschrift: *„2. Der Knabe (das Mädchen) a) Der Knabe will spielen“*.[20] Als Vater pflegte er besonders „die Gesellschaft und den steten Verkehr mit den Söhnen“ und vermißte ihn, als die Söhne aus dem Hause waren.

Inhaltlich vertritt Diesterweg eine ausgesprochene Männlichkeitserziehung, in der kämpferische Elemente dominieren. So gehört es zu seinem Bild des Studenten, sich „mit Kraft und Mut“ und „Studirwuth“ auf die Arbeit zu stürzen. Dazu gehört auch die zupackende Beherrschung des Neuen und Unbekannten als männlicher Habitus: *„Wie ein Wolf muß man sich, vom Innern getrieben, auf die Natur werfen...“* Als probate Vorbereitung empfiehlt er, dem kindlichen Forscherdrang frühzeitig die Zügel zu lassen. *„Der Knabe gehört in die freie Natur, auf die Wiese, in den Wald, auf Hügel und Berge; im Sommer übe er seine Kräfte im Wasser, im Winter auf dem Wasser. Das ist seine Lust und sein Bedürfnis. Dahin treibt ihn die Natur. Daß ihm keiner diese Lust verbittre!“*[21] Zur Männlichkeitserziehung gehört ferner, sich nicht in den mütterlichen Haushalt einbinden zu lassen. Deshalb betont Diesterweg wiederholt die Bedeutung der Erziehung auf der Straße als Gegengewicht und notwendiges Übungsfeld für ein konflikthaftes öffentliches Leben des Mannes. *„Nicht hinter dem Ofen, nicht am Spinnrocken, nicht unter den Weibern wird man ein Mann.“*[22]

Die akzentuierte Männlichkeitserziehung, deren gelegentliche mütter- und frauenfeindliche Nebentöne unüberhörbar sind, hat bei Diesterweg auch biographische Motive. Er wuchs zeitlebens in männlicher Gesellschaft auf. Nach dem frühen Tod der Mutter orientierte sich der Junge auffallend am Vater, an einem der älteren Brüder oder an seinem Paten. Männlich waren seine Mitstreiter im politisch-pädagogischen Kampf, seine Schüler während der Seminarzeit, seine Vorgesetzten.[23] Er ist nicht zu Unrecht als Protagonist väterlich-männlicher Pädagogik im Vergleich zu den auch weiblich-mütterlich identifizierten Pädagogen Pestalozzi und Fröbel in die Geschichte der Erziehung eingegangen.

1 Aus seinem Lebenslauf von 1820. Zit. n. Meinel, A.: Diesterwegs geistige Entwicklung bis zum Jahre 1820. Phil. Diss. Leipzig 1927, S. 17.
2 Vgl. ebenda, S. 17, 26f.
3 Vgl. Achenbach, H. v.: Geschichte der Stadt Siegen. Bd. 2. Siegen 1894. Neudr. Kreuztal 1980, S. 497ff.
4 Vgl. Bloth, H.G.: Adolph Diesterweg. Sein Leben und Wirken für Pädagogik und Schule. Heidelberg 1966, S. 35ff.
5 Zit. n. Meinel, A.: a.a.O., S. 17. Vgl. S. 16f., 27f.
6 Vgl. Weber, M.: Gesammelte Aufsätze zur Religionssoziologie. 3 Bde. Tübingen 1920. Darin: Die protestantische Ethik und der Geist des Kapitalismus. Unter dem Aspekt einer „Sozialgeschichte des Aufwachsens“ neuerdings Fend, H.: Sozialgeschichte des Aufwachsens. Bedingungen des Aufwachsens und Jugendgestalten im zwanzigsten Jahrhundert. Frankfurt a.M. 1988.
7 Vgl. Langenberg, E.: Adolph Diesterweg. Sein Leben und seine Schriften. Th. 1: Diesterweg am Rhein. Frankfurt a.M. 1867, insbes. S. 111-116: Diesterweg als Familienvater in Moers. Daneben Th. 2: Diesterweg in Berlin. Frankfurt a.M. 1868, S. 117-124: Das Familienleben in Berlin. 1832-1847.
8 Rebhuhn, A. (Hrsg.): Briefe Adolf Diesterwegs, im Auftrage des Vorstandes des Deutschen Schulmuseums mit Anmerkungen herausgegeben. Leipzig 1907, S. 2ff.
9 Die folgenden Zitate in Langenberg, E.: a.a.O., Th. 1, S. 111ff., Th. 2, S. 120ff.
10 Vgl. die bildungssoziologischen und reproduktionstheoretischen Arbeiten von P. Bourdieu, z.B.: Die feinen Unterschiede. Frankfurt a.M. 1982.
11 Vgl. Schlumbohm, J.: Kinderstuben. Wie Kinder zu Bauern, Bürgern, Aristokraten wurden. 1700 – 1850. München 1983, S. 302ff.
12 Vgl. Wehler, H.-U.: Deutsche Gesellschaftsgeschichte. Bd. I: Vom Feudalismus des Alten Reiches bis zur Defensiven Modernisierung der Reformära. 1700-1815. München 1987, S. 210ff., 607f.
13 Um die Art des Familienunterrichts zu charakterisieren, den Diesterweg erteilte, ist die Zahl seiner neun Kinder in Rechnung zu stellen. Eine solche Gruppengröße macht eine andere Unterrichtsmethode als den heute vorwaltenden familialen Einzelunterricht erforderlich. So verlangt die Unterweisung bei Tisch eine besondere Rede- und Schweige-Disziplin, vergleichbar dem öffentlichen Unterricht.
14 Diesterweg, F.A.W.: Freundschaftlicher Briefwechsel über streitige Fragen in der jetzigen Erziehungs- und Schulwelt. Antwort an W. Harnisch (1832). In: Ders.: Sämtliche Werke. Bd. II. Berlin 1957, S. 478 (DSW).
15 Vgl. Schlumbohm; J.: a.a.O., S. 415ff.
16 Langenberg, E.: a.a.O., Th. 1, S. 112, Th. 2, S. 124.
17 Langenberg, E.: a.a.O., Th. 1, S. 116.
18 Diesterweg, F.A.W.: August und Wilhelm, die ungleichen Nachbarskinder. Eine pädagogische Skizze. In: Ders.: Schulreden und pädagogischen Abhandlungen. Ein Nachlaß von seinem Wirken an dem Lehrer-Seminar in Mörs, für Freunde zum Druck befördert. Crefeld 1932, S. 198-234.
19 Ebenda, S. 214.
20 Diesterweg, F.A.W.: Fortgesetzte Betrachtungen und Folgen des Prinzips der Naturgemäßheit (1831). In: DSW Bd. II, S. 290.
21 Ebenda, S. 285.
22 Diesterweg, F.A.W.: Schulreden und pädagogische Abhandlungen. A.a.O., S. 89.
23 Die Lebensgeschichte Diesterwegs ist durch wiederholte Rebellion gegen seine jeweiligen männlichen Vorgesetzten gekennzeichnet. Vgl. Bloth, H.G.: a.a.O., S. 65ff.

Edgar Reimers

Lernen unterm Kirchendach
Siegener Schulen um 1800

1. Veränderungen im Schulwesen

In keiner Epoche der deutschen Schulgeschichte hat sich die Schule so entscheidend verändert wie zu Lebzeiten Adolph Diesterwegs. Diese Behauptung trifft ebenso für die Elementarschule wie für die höhere Schule zu: Die *Elementarschule* hat sich erst in dieser Zeit zu einer leistungsfähigen und effektiv arbeitenden Schule herausgebildet. Hatte man in den Elementarschulen des 18. Jahrhunderts in den meisten Fällen eher notdürftig Lesen und Schreiben, den Katechismus und Singen, hin und wieder auch etwas Rechnen gelernt, so differenzierte und steigerte sich jetzt das Lehrangebot; war der Schulbesuch bis dahin höchst unregelmäßig und oft lediglich auf die Wintermonate beschränkt, so setzte sich jetzt ein regelmäßiger Schulbesuch durch; hatten bis dahin die Lehrer keinerlei Ausbildung für ihren Beruf erhalten und war es mehr oder weniger dem Zufall überlassen, welche Qualität ihr Unterricht besaß, so bildete sich im 19. Jahrhundert ein Lehrerstand mit staatlich garantierter Ausbildung und neuem Selbstbewußtsein heraus. Die *höhere Schule,* die bis dahin als „Lateinschule" vor allem die Kenntnis des Lateinischen als Sprache des akademischen Unterrichts und damit als Voraussetzung zum Studium vermitteln sollte, wurde zur Schule der höheren „Bildung". Der Aufgabe, ihren Schülern „Bildung" zu vermitteln, dienten nicht nur die Gymnasien, die sich am antiken Weltbild und Lebensideal orientierten, sondern auch die nach und nach entstehenden „Realanstalten" – zunächst als Höhere Bürgerschulen, später als Realgymnasien und Oberrealschulen –, die sich an den Bedürfnissen der modernen Gesellschaft orientierten. Auch hier entwickelte sich ein eigener Lehrerstand: An die Stelle der Theologen, die an der Lateinschule unterrichtet hatten, traten Lehrer, die durch ein Studium und eine entsprechende Prüfung eigens für ihren Beruf qualifiziert waren.

Diesterweg hat in seiner Schulzeit in Siegen noch die Schule des 18. Jahrhunderts erlebt. Gerade weil er in seinem lebenslangen Kampf für die Erneuerung und Verbesserung der Schule immer wieder die „neue" der „alten Schule" gegenüberstellte, ist es von Interesse zu erfahren, was man über jene Schulen weiß, die Diesterweg in Siegen besuchte.

2. Die Siegener Schulen zur Zeit Diesterwegs

Es gibt in den Schulakten, die sich auf die Siegener Elementarschule und auf die höhere Schule – das Siegener „Pädagogium" – beziehen, keinen direkten Beleg dafür, daß Diesterweg diese Schulen besucht hat. Wir sind also auf autobiographische Hinweise von Diesterweg selbst angewiesen sowie auf andere Quellen, aus denen sich ein Bild gewinnen läßt.

In der damaligen Zeit gab es in Siegen eine evangelische Knabenschule mit zwei Lehrern, eine einklassige evangelische Mädchenschule und eine einklassige katholische Schule sowie eine ehrwürdige, schon 1536 gegründete Lateinschule mit drei Lehrerstellen – das „Pädagogium". Daß Diesterweg sowohl die Elementarschule als auch das Pädagogium seiner Vaterstadt besucht hat, darauf hat er selbst öfters hingewiesen.[1]

Bei der genauen Datierung seiner Schulzeit stößt man jedoch schon auf gewisse Schwierigkeiten. Das Ende muß im Frühjahr 1808 liegen,

96 Klubb und Nikolaikirche, vor 1869
Aquarell von Wilhelm Scheiner, 1921
70 x 102 cm
Siegen, Siegerlandmuseum

da Diesterweg im April des Jahres sein Studium an der Hohen Schule in Herborn aufnahm. Der Beginn wird im Jahre 1797 anzusetzen sein – einen festen Einschulungstermin kannte man damals nicht, wohl aber die Festlegung, daß alle Kinder mit dem siebenten Lebensjahr schulpflichtig wurden;[2] dies wird von Carl Friedrich Diesterweg, Adolphs Vater, als Siegener Amtmann gewiß beachtet worden sein. Weniger eindeutig ist das Datum des Übertritts ins Pädagogium, wahrscheinlich erfolgte er im Jahr 1799 oder 1800.[3]

97 Siegen um 1850
Siegbrücke, Martinikirche und Unteres Schloß
Aquarell von Jakob Scheiner, 1899
58,5 x 73,5 cm
Siegen, Siegerlandmuseum

3. „Schullokal“ und Lehrer

Wenn vom „Lernen unterm Kirchendach“ die Rede ist, so meint dies zunächst, daß sich sowohl die Elementar- als auch die höhere Schule in Deutschland unter der Obhut der Kirche entwickelten und noch zu Diesterwegs Zeiten unter kirchlichem Einfluß standen. Im Falle Siegens ist damit aber auch auf die Unterbringung der Schule hingewiesen: Sowohl die Elementarschule für Knaben als auch das Pädagogium „residierten“ unter dem Dach der Nikolaikirche – „auf dem Gewölbe“.

Schon im 17. Jahrhundert waren durch einen Umbau der Kirche unter Johann Moritz Fürst zu Nassau-Siegen (1604-1679) die Schulstuben entstanden: Vier Räume über dem Mittelbau mit Fenstern nach Süden hin für das Pädagogium, zwei Räume über dem Chorraum, also nach Osten, für die Knabenschule. Man erreichte sie über die 52 Stufen der Wendeltreppe eines im Nordosten angebauten Turmes.[4] Sie blieben in den 200 Jahren ihrer Nutzung fast unverändert, notwendige Instandsetzungen wurden versäumt, und um 1800 mehrten sich die Klagen über ihren schlechten Zustand. Einige Jahre nach dem Abgang Diesterwegs vom Pädagogium verschwanden dann durch einen größeren Umbau sowohl die Klassenräume als auch der Stiegenturm, so daß es heute schwer fällt, sich ein treffendes Bild des beengten und beengenden Schulquartiers zu machen. In der Mitte der damals noch recht überschaubaren Stadt Siegen lagen Nikolaikirche und Rathaus dicht beisammen, wobei die Kirche sowohl das Rathaus als auch die umstehenden Gebäude weit überragte. Die gesamte männliche Schuljugend – über 200 Schüler – versammelte sich täglich unter dem Dach der Kirche: gleichsam ein Symbol für den engen Zusammenhang von Kirche und Schule.

Dieser Zusammenhang zeigt sich auch im Blick auf die Lehrer. Die „Schulmeister“ der Elementarschule wurden vom Ortsgeistlichen vorgeschlagen, und an die Stelle eines Ausbildungsnachweises trat in vielen Fällen die Empfehlung des Gemeindepfarrers gemäß des „sittlichen Lebenwandels“. Sie wurden vom geistlichen Inspektor oder vom Konsistorium geprüft, sie wurden in ihrer Arbeit vom Geistlichen beaufsichtigt, und in allen persönlichen wie schulischen Angelegenheiten waren sie auf die Fürsprache und Unterstützung des Klerus angewiesen. Es liegt auf der Hand, daß sich eine beklemmende Abhängigkeit der Lehrer von der Geistlichkeit entwickelte und sich allein dadurch eine zwangsläufig starke Betonung kirchlicher Inhalte des Unterrichts – Katechismus, Kirchenlieder, Biblische Geschichte – ergab. Es liegt ebenso auf der Hand, daß eine reflektierte Debatte über Unterrichtsziele und -methoden in der Lehrerschaft – so sehr sie wünschenswert und im Gefolge der Aufklärung auch möglich gewesen wäre – nur zögernd unter den Lehrern in Gang kam.

98 Nikolaikirche von Osten, vor dem Umbau in den 1820er Jahren
Bleistiftzeichnung, um 1900
42,2 x 32,3 cm
Siegen, Archiv der Evangelischen Kirchengemeinde
99 Nikolaikirche um 1800
Modell von Werner Irle, 1990
Holz, Metall, Maßstab 1:50
120 x 125 x 80 cm

Noch eindeutiger ist die Verflechtung von Schule und Kirche an den Lehrern des Pädagogiums abzulesen: Durch ihr Theologiestudium für den kirchlichen Dienst ausgebildet, übernahmen sie nach dem Abschluß des Examens eine Lehrerstelle, um in der Regel nach ein paar Jahren, sobald sich eine passende – und besser bezahlte! – Pfarrerstelle bot, den Schuldienst zugunsten des kirchlichen Dienstes wieder aufzugeben. So findet man die beiden Rektoren, die Diesterweg am Siegener Pädagogium erlebt hat, später als Pfarrer im Kirchenkreis Siegen wieder: Friedrich Philipp Hampé, Rektor bis 1803, in Netphen, Heinrich Adolph Achenbach, Rektor von 1804-1816, in Ferndorf.[5] Ohne Ausbildung für den Lehrerberuf konnten diese studierten Theologen im Unterricht nur aus ihrer Schul- und Allgemeinbildung schöpfen. So kann es nicht verwundern, daß von ihnen, die selbst einem Geistlichen, dem Siegener Geistlichen Inspektor, unterstanden und deren nächstliegende und wichtigste Gesprächspartner ihre künftigen Pfarrkollegen waren, keine Reform des Siegener Pädagogiums im Geiste von Philanthropismus oder Neuhumanismus ausgegangen ist.

4. Die Elementarschulen

Der geschilderte Zusammenhang von Kirche und Schule galt nicht nur für Siegen und nicht einmal in besonderem Maße für diese Stadt, sondern generell für die Zeit um 1800. Wenn auch die pädagogische Lebendigkeit und die Möglichkeit zur Verbesserung des Schulwesens eingeschränkt waren, so wäre doch ganz falsch, die Siegener Verhältnisse für besonders rückständig zu halten. Es gibt Hinweise für das Gegenteil.

In der Knabenelementarschule saßen und lernten die Schüler nicht etwa nach Altersstufen getrennt, auch nicht getrennt nach Fächern, vielmehr wurden sie vom Schuleintritt bis zur Entlassung von jeweils einem Lehrer unterrichtet. Die insgesamt etwa 170 Knaben[6] verteilten sich gewissermaßen auf zwei einklassige Schulen unter einem Dach. Erst 1822 hob man diese Regelung, die einem zügigen Lernfortschritt nicht förderlich sein konnte, auf.[7] Für die Schüler bedeutete sie, daß sie einzeln oder in Gruppen nacheinander vom Lehrer „herangenommen“ wurden und die übrige Zeit des Tages mit „Stillarbeit“ ausgefüllt war. Dabei stellte sich rasch Langeweile, Leerlauf, Unruhe und Schulunlust ein. Insofern bezweifelten die Eltern, die ihre Kinder lieber im eigenen Hause oder als Lohnarbeiter in den Fabriken sahen, nicht ganz zu Unrecht Sinn und Nutzen des täglichen Schulgangs: Schulversäumnisse waren an der Tagesordnung.

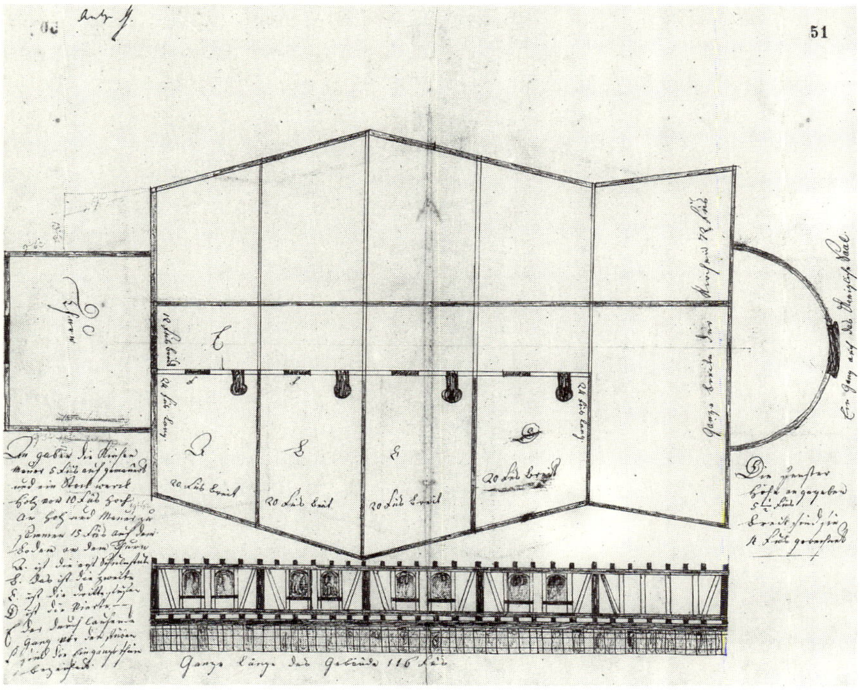

100 Grundriß des Dachgeschosses der Nikolaikirche, vor 1820
Bleistiftzeichnung
30 x 40 cm
Münster, Nordrhein-Westfälisches Staatsarchiv

101 Schulglocke der Lateinschule, 1700
Bronze
H. 70 cm, Dm. 40 cm
Siegen, Siegerlandmuseum

Zur Ehre der Siegener Schulmeister sei festgestellt, daß sie sich mit diesem Mißstand nicht abfanden, sondern schon im Jahre 1785 beim Presbyterium, dem Kirchenvorstand, „die allzu großen Versäumnisse der Schulkinder betreffend“ vorstellig wurden. Die Eingabe führte zu einer Reihe von Vorschlägen und Maßnahmen, die zwar keine Besserung herbeiführten, aber doch ein erhellendes Licht auf die schulischen Verhältnisse werfen.[8] Zunächst wurde eine bestehende und im Grundsatz genehmigte Praxis bestätigt, Kinder, die zur Arbeit fähig waren, vom öffentlichen Unterricht abzumelden und, damit wenigstens das bis dahin Gelernte nicht sogleich vergessen wurde, ersatzweise bis zu einer Stunde täglich privat unterrichten zu lassen. Strittig war nur die Frage des Alters. Während die einschlägige Bestimmung von 13 Jahren ausging, wurde in dem seinerzeit geführten Schriftwechsel berichtet, daß in Wirklichkeit bereits Kinder von acht Jahren aus der Schule genommen wurden. Der damalige Schulinspektor Winkel schlug daher als Kompromiß vor, das Mindestalter zur möglichen Entlassung aus der öffentlichen Schule auf 11 Jahre festzusetzen, soweit die Kinder bis dahin „das Hinlängliche schon gelernt“ hätten. Eine anspruchsvolle Vorstellung davon, was in der Elementarschule erreicht werden sollte, scheint diesem Vorschlag nicht zugrundezuliegen! Trotz dieses Nachgebens gegenüber den Elternwünschen und trotz des Bemühens, durch strenges Durchgreifen die Schulversäumnisse einzudämmen, blieb es bei einem höchst unregelmäßigen Schulbesuch. Schließlich unterbreitete das Siegener Presbyterium 1786 einen weiteren, vom Konsistorium genehmigten Vor-

102 Heinrich Adolph Achenbach (1765-1819)
Rektor der Lateinschule 1803-1818

103 Jacob Wilhelm Grimm (1742-1824)
Taufpate und Lehrer Adolph Diesterwegs in Herborn

104 Johann Hermann Grimm (1704-1782)
Lehrer an der Lateinschule und späterer Pfarrer und Konsistorialrat in Siegen

105 Heinrich Adolf Grimm (1754-1813)
Magister und Rektor der Lateinschule, Professor in Duisburg
H. Kruse: Geschichte des höheren Schulwesens in Siegen, 1536-1936. Siegen 1936

schlag in dieser Sache: Es wurden nicht mehr alle Kinder gleichzeitig unterrichtet oder beschäftigt, sondern jede Klasse in drei Gruppen geteilt, deren Schulbesuch nacheinander erfolgte, so daß sich für die einzelnen Gruppen eine wöchentliche Stundenzahl von nur neun Stunden ergab. Man versprach sich so einen effektiveren Unterricht, in dem die Kinder *„in einer einzigen Stunde ebenso viel und noch mehr lernen, auch mit größerer Lust und mehrerem Verstand lernen, als sonst in einem halben oder ganzen Tage"*. Obgleich auch dieser Vorschlag den Eltern, die sich genötigt sahen, ihre Kinder zwecks Hebung des Familieneinkommens zur Arbeit zu schicken, weit entgegenkam, setzte er sich nicht durch: Es gäbe Lernwillige, die nicht zu ihrem Recht kämen, und die Kinder, die nicht zur Arbeit gebraucht würden, lägen zu lange auf der Straße! Damit blieb alles beim alten. Die Initiative der Lehrer und die Beschlüsse von Presbyterium und Konsistorium stießen ins Leere. Ein Grundübel der Elementarschule aber wird hier deutlich: ein undifferenzierter Unterricht vieler Schüler unterschiedlichen Alters und die weit verbreitete Kinderarbeit stellten selbst das, was die schlecht oder gar nicht ausgebildeten Lehrer der Zeit hätten leisten können, in Frage.

Ein weiterer Grund für die mangelhaften Leistungen der Elementarschulen war die generelle Armut des Siegerlandes, verstärkt durch die Lasten der wechselnden Besetzung, der Einquartierung und der Abgaben an die durchziehenden preußischen, österreichischen und französischen Truppen während der Revolutionskriege.

Den Schulkindern fehlte es im Winter an warmer Kleidung und ordentlichem Schuhwerk; es wurde nicht ausreichend geheizt. Es fehlten Schulbücher für die Hand der Kinder, überhaupt waren Bücher wenig verbreitet, die das Beherrschen des Lesens für die Schulkinder erst hätten erstrebenswert erscheinen lassen. Auch hier wurden die Siegener Elementarschullehrer initiativ: Sie riefen 1791 in den *Dillenburger Intelligenz-Nachrichten* zu einer Geld- und Bücherspende zwecks Errichtung einer Schulbibliothek auf.[9] Dieser Aufruf war so erfolgreich, daß die Bibliothek noch 25 Jahre später 130 Bücher umfaßte.[10] Friedrich Eberhard von Rochows „Kinderfreund" und Rudolf Zacharias Beckers „Noth- und Hülfs-Büchlein", Lesebücher der pädagogischen Aufklärung, daneben Jakob Friedrich Feddersens „Bibliche Geschichte", Joachim Heinrich Campes „Robinson", sein „Sittenbüchlein" und Georg Christian Raffs „Naturgeschichte für Kinder" zählten zu den Büchern, die angeschafft wurden. Man darf annehmen, daß diese Bücher den Unterricht befruchteten. Jedenfalls galt die Aussage Matthias Langers[11], daß in der Siegener Elementarschule in den 70er Jahren des 18. Jahrhunderts nicht mehr geschah als das Lesen in Bibel und Gesangbuch, das Auswendiglernen des Katechismus und ein wenig Schreiben, für die Zeit Diesterwegs nicht mehr. Der aufgeweckte Knabe wird davon gewiß profitiert haben.

5. Das Pädagogium

Auch die „lateinische Schule" war denkbar einfach strukturiert: Die Schüler wurden in drei Klassen unterrichtet – jeweils in allen Fächern vom selben Lehrer. In der ersten, der obersten Klasse unterrichtete der Rektor, in der zweiten der Konrektor, in der dritten der Magister; die erste und die zweite Klasse waren – vor allem für den Sprachunterricht – in zwei Abteilungen getrennt. Dennoch darf man sich nicht vorstellen, daß eine jährliche Versetzung stattfand. Je nach schulischer Leistung verbrachten die Schüler längere oder kürzere Zeit in einer Klasse. Insbesondere war es üblich, mehrere Jahre am Unterricht der beiden oberen Klassen teilzunehmen. Diesterweg muß die „lateinischen Schule" bei nur zwei Lehrern durchlaufen haben: zunächst bei dem Magister Heinrich Adolph Achenbach (1774-1838), dann bei Konrektor Heinrich Ludwig Marquard Weidenbach (1770-1809) und schließlich in der ersten Klasse erneut bei Achenbach, der inzwischen die Stelle des Rektors einnahm. Die untere Klasse wurde von einer großen Zahl von Schülern besucht, auch von solchen, deren Ziel es nicht war, später ein Studium aufzunehmen. Die Schülerzahl der oberen Klassen war – gerade zu Diesterwegs Schulzeit – so gering, daß sie zwar nicht den Fortbestand der Schule, aber die dritte Lehrerstelle gefährdete.[12]

Das eigentliche Dilemma dieser relativ kleinen Schule war, daß sie – wie manch andere – zwei Aufgaben zugleich gerecht werden sollte: Sie blieb in ihrer Zielsetzung und in ihrem Selbstverständnis „Lateinschule", eine Schule, die auf den Universitätsbesuch vorbereiten sollte. Sie mußte zugleich die Funktion einer höheren Stadtschule erfüllen, die jenen Schülern genüge tat, die – ohne alle Studienabsicht – mehr lernen wollten, als dies in einer Elementarschule möglich gewesen wäre.

Schon der Siegener Rektor Heinrich Adolph Grimm (1754-1813) hatte mit seiner 1775 erschienenen Schrift auf diese doppelte Aufgabe hingewiesen. Als einen Aspekt formulierte er: *„Der Umfang der Wissenschaften hat sich gegen die vorigen Zeiten sehr erweitert."* Dies mußte Auswirkungen auf die Unterrichtsinhalte haben. Der andere Aspekt war der, daß die Pädagogien nicht nur der Vorbereitung auf das Studium dienten, sondern „vorzüglich deswegen" bestanden, „daß der künftige Bürger darin unterrichtet und sorgfältig für den Staat gebildet werde". Denn die späteren Akademiker „sind doch fast allzeit die wenigsten" unter den Schülern; für die übrigen aber galt: *„Die Sprachen, die man insgemein auf Schulen lehret, sind am entbehrlichsten für den Bürger, der bei seiner künftigen Lebensart wenig oder gar keinen Gebrauch davon machen kann. Aber die Kenntnis der Welt und der Dinge, die ihm bei seiner künftigen Lebensart nützlich sein können, gehören unter seine wichtigsten und nützlichsten Kenntnisse. Diese muß er auf Schulen erhalten."* Neben die Ausrichtung der Schule auf die Sprachen und die Anfangsgründe der Wissenschaften trat also ganz im Interesse des Bürgers die Ausrichtung auf die Welt und die Bedürfnisse des täglichen Lebens.[13]

Das Bewußtsein dieser doppelten Aufgabe der höheren Schule bestimmt auch den „Lektionsplan für die reformierten lateinischen Schulen der Fürstlich Oranien-Nassauischen Lande"[14], der 1792 in Kraft gesetzt wurde und zu Diesterwegs Schulzeit für das Siegener Pädagogium Gültigkeit besaß. In diesem von dem Herborner Professor Ernst Wisseler – früher Magister in Siegen, dann Rektor in Dillenburg – ausgearbeiteten Plan wurde allerdings die traditionelle Aufgabe der Lateinschule wieder stärker in den Vordergrund gerückt.

„Hauptzweck der lateinischen Schule der hiesigen Lande ist, junge Leute zur Benutzung des academischen Unterrichts vorzubereiten." „Das Studium der alten Sprachen wird daher immer einen ansehnlichen Teil der öffentlichen Unterweisung einnehmen." Andererseits sollte der Schulunterricht auch dem künftigen Bürger eine Perspektive eröffnen. In seinem Interesse wird betont, daß die *„Kenntnisse von anerkannter Brauchbarkeit, wohin außer der deutschen Sprache, besonders historische, geographische, mathematische und physicalische gehören, nicht außer acht gelassen werden"* dürften. Sie sollten jedoch nicht *„zum Nachteile der griechischen und lateinischen Sprache zu weit ausgedehnt werden, sondern sind nach einer bedächtigen Auswahl mit den Sprachstudien zu verknüpfen"*. Im Blick auf die Mehrheit der Schüler, die ohne die Absicht, später zu studieren, die Schule besuchten, heißt es dann: *„Man gewinnt überdies durch das Einflechten solcher Lehrgegenstände in den pädagogischen Unterricht den Vorteil, daß er gemeinnütziger wird und nicht nur künftige Gelehrte daran teilnehmen können, sondern auch andere junge Leute."* Neu an diesem Lektionsplan ist die Hervorhebung des muttersprachlichen Unterrichts als Grundlage allen Sprachunterrichts. Die Bedeutung des Deutschen wird sogar gegen das Lateinische hervorgehoben: *„Die Fertigkeit sich im Deutschen wenigstens rein und*

106 Steinadler
Stopfpräparat, Ende 19. Jh.
95 x 80 x 80 cm
Bad Dürkheim, Pfalzmuseum für Naturkunde

„Meine Vaterstadt liegt in geognostischer und geologischer Beziehung in einer der lehrreichsten und interessantesten Gegenden von Deutschland. Wir Knaben trieben uns auch in allen Jahreszeiten in derselben umher. Wir suchten nicht nur Vogelnester, kletterten auf die höchsten Bäume, um zu sehen, wie die Falken und Adler nisten, sondern wir stiegen auch in die Gruben und drangen in verlassene Stollen ein. Aber wenn es doch ein einziges mal einem unserer Lehrer auch nur eingefallen wäre, uns auf die vor unseren Augen liegenden Merkwürdigkeiten aufmerksam zu machen! Nicht einem. Wenn ich daran denke, so muß ich mich zusammennehmen, um nicht impertinent zu werden. Daß die Posaunen die Mauern Jerichos umgeblasen, erzählte man uns; aber wie die Steinmauern der Gegend aufgerichtet worden, davon redeten sie nicht. Bileams Esel ließen sie sprechen; aber die Sprache der Natur lehrten sie nicht. Daß der Weltschöpfer einst in der Kühle des Abends eine Promenade gemacht, ließen sie uns anstaunen, wo möglich bewundern, aber mit uns einmal einen lehrreichen Spaziergang zu machen, fiel ihnen nicht ein."
Adolph Diesterweg in Rheinische Blätter, 1855

richtig auszudrücken, ist bey der Wendung, welche die Wissenschaften zum augenscheinlichen Vorteil der Nation gewonnen haben, heutigen Tages weit unentbehrlicher und gemeinnütziger als eine noch so große Stärke im lateinischen Style." Zugleich werden Geschichte, Geographie, Arithmethik und Geometrie genannt, sowie die Kenntnis der Erd- und Himmelskugel. Außerdem war bereits während Diesterwegs Schulzeit das Französische und das Singen eingeführt.[15] Dennoch besaßen die alten Sprachen weiterhin ein erdrückendes Übergewicht, ja die Lektüre der antiken Schriftsteller – Eutropius, Justinus, Cornelius Nepos, Phaedrus, Ovid, Caesar, Cicero, Livius, Sallust, Terenz, Virgil und Horaz, Xenophon, Plato und Homer – wurde im Vergleich zu früheren Anforderungen noch erweitert. Der Unterricht im Griechischen und Lateinischen sollte nicht mehr nur Kenntnisse und Fertigkeiten vermitteln, sondern die Bildung des Geschmacks und die „Schärfung der Empfindung des Schönen" befördern. Der Lektionsplan forderte insgesamt eine Erhöhung wie eine Differenzierung der Leistung: sowohl auf Seiten der altsprachlichen Fächer als auch im Deutschen, in der Mathematik und bei den „Realien". Er versuchte, beiden Gruppen von Schülern gerecht zu werden, den künftigen Gelehrten wie den künftigen Bürgern!

Man wird also nicht behaupten dürfen, das Siegener Pädagogium wäre von den Veränderungen und Erneuerungsbestrebungen der Zeit völlig unberührt geblieben. Aber offensichtlich hatte die alte Lateinschule mit ihren drei – für ihr Amt nicht ausgebildeten – Lehrern nicht die Kraft, den neuen Aufgaben gerecht zu werden. Folgerichtig ging die Zeit des Pädagogiums in der ersten Hälfte des 19. Jahrhunderts zu Ende, und die Schule wurde 1836 eine „Höhere Bürgerschule".

6. Die alte und die neue Schule

Diesterweg selbst ist der beste Zeuge dafür, daß die Überlegungen Grimms und Wisselers, die die Schule verbessern sollten, keinen spürbaren Niederschlag im Unterricht des Pädagogiums fanden. Sowohl das Pädagogium als auch die Siegener Elementarschulen galten ihm Zeit seines Lebens als Inbegriff der „alten Schule". Er berichtet nicht von eigenen Schwierigkeiten, den Anforderungen dieser Schulen zu genügen, ebensowenig aber von angenehmen, der Erinnerung würdigen schulischen Erfahrungen, von Anregungen durch den Unterricht oder gar davon, daß die Schule ihm geholfen habe, seinen Wissensdurst zu stillen und geistige Selbständigkeit zu gewinnen. Indem er immer wieder von der „alten Schule", die er erlebt und durchlitten habe, spricht, malt er ein negatives Bild, vor dem er seine Vision einer „neuen Schule" umso besser deutlich machen kann.

Die alte Schule war für Diesterweg eine Schule des mechanischen „Katechisierens", des Erzwungenen, des Auswendiglernens; die neue Schule sollte eine Schule der Lebendigkeit, der Freiwilligkeit und der freien Geistes- und Verstandestätigkeit sein. Die alte Schule war eine Schule der Lebensferne; die neue Schule sollte Aufschluß geben über die Probleme des täglichen Lebens, sie sollte nicht auf die Vergangenheit, sondern auf die Gegenwart und Zukunft gerichtet sein. Die alte Schule war eine Schule der Vorschriften und unverstandenen Regeln; die neue sollte eine Schule des mitvollziehenden und selbstentdeckenden Lernens sein. Schließlich war die alte Schule eine Schule, in der die Schüler dazu erzogen wurden, sich fremden Autoritäten zu unterwerfen; Diesterweg dagegen wollte eine Schule der Wahrheitssuche, in der die Schüler Urteilsfähigkeit und eigenes Denken lernten.[16]

Selbst wenn Diesterweg in solchen Gegenüberstellungen das Bild sowohl der alten als auch der neuen Schule überzeichnet haben sollte, um deutlich zu machen, worum es ihm ging, so kann man doch davon ausgehen, daß sein Bild der alten Schule auf seinen Erfahrungen in den Siegener Schulen beruht.

1 Vgl. z.B. Diesterweg, F.A.W.: Sämtliche Werke. Bd. VI. Berlin 1963, S. 353 (DSW). Daneben Meinel, A.: Diesterwegs geistige Entwicklung bis zum Jahre 1820. Phil. Diss. Leipzig 1927, S. 29.

2 Vgl. Achenbach, H.v.: Aus des Siegerlandes Vergangenheit. Siegen 1895. Erg. Nachdr. Kreuztal 1981. Bd. I, S. 409f.

3 Meinels Datierung der Diesterweg'schen Aufnahme ins Pädagogium auf das Jahr 1802 ist fragwürdig. Vgl. Meinel. A.: a.a.O., S. 32. Er stützt sich auf eine Aussage Kruses, man könne generell von einem fünf- bis sechsjährigen Besuch des Pädagogiums ausgehen. Da die Schülerlisten für die betreffenden Jahre nicht überliefert sind, scheint eine Orientierung an den verfügbaren Siegener Angaben aus früherer Zeit (1780) oder an den Angaben für das Pädagogium in Dillenburg 1799-1802 sinnvoll. Vgl. Kruse, H.: Geschichte des höheren Schulwesens in Siegen. Siegen 1936, Anhang S. 60-63, u. Becker, E.: Die Dillenburger Lateinschule in der nassauischen Zeit. Bd. II. Dillenburg 1939, S. 172ff. Beide Quellen ergeben eine durchschnittliche Schulverweildauer am Pädagogium von acht Jahren.

4 Zu den baulichen Gegebenheiten vgl. Achenbach, G.: Die Nicolai-Kirche in Siegen. Siegen 1903. Daneben das Schreiben des damaligen Bauinspektors an den Kgl. Landrat v.Schenck v. 30.5.1818. Staatsarchiv Münster: Bauinspektion Siegen, Nr. 60 (StAM).

5 Vgl. dazu wie zum folg. Kruse, H.: a.a.O., insbes. Anhang S. 83.

6 Die genaue Zahl von 170 Schülern ist allerdings erst für das Jahr 1817 überliefert. Da sich aber schulorganisatorisch in der Zwischenzeit keine Verschiebungen ergeben haben, kann man annehmen, daß sich die Zahl nicht wesentlich veränderte. Vgl. Wied, W.: Die Volksschulen des Kreises Siegen und ihre Lehrer im Jahre 1817. In: Siegerland Jg. 46, 1969, S. 80ff.

7 Vgl. den Summarischen Jahresbericht des Vorsitzenden der städtischen Schulkommission, Superintendent Bender, für 1822. StAM: Regierung Arnsberg, II A, Nr. 127.

8 StAM: Fürstentum Oranien-Nassau, I C, Nr. 23.

9 Dillenburger Intelligenz-Nachrichten 1791, Nr. LII, S. 829, u. 1792, Nr. I, S. 4.

10 Bericht der beiden Knabenpräzeptoren Johann August Brücher u. Ludwig Pötz v. 2.3.1816. Archiv der Ev. Kirchengemeinde Siegen: G 3, Fsz. 2.

11 Aus der Lebensgeschichte des aus Siegen stammenden Matthias Langer (1765-1821). In: Schicksale und Abenteuer um 1800. Wahrheitsgemäße Wiedergabe von Erlebnissen in Friedens- und Kriegszeiten im Siegerland Ende des 18. und Anfang des 19. Jahrhunderts. Siegen 1975, S. 183.

12 Vgl. das Schreiben des Siegener Magistrats v. 18.6.1803. StAM: Großherzogtum Berg, A 4, Nr. 23. Daneben Goebel, F.: Mitteilungen zur Geschichte des ehemaligen Pädagogiums zu Siegen. Siegen 1873.

13 Grimm, H.A.: Etwas vom Nutzen einer Schulbibliothek. Gießen 1775, insbes. S. 7-9.

14 Kruse, H.: a.a.O., S. 86 f., sowie Becker, E.: a.a.O., Bd. I, S. 54f. Da das Original des Lektionsplanes nicht aufzufinden war, wurde nach der Schrift Beckers zitiert.

15 Vgl. Kruse, H.: a.a.O., S. 86f.

16 Vgl. Diesterweg. A.: Die alten und die neuen Schulen. In: Rheinisch-Westfälische Monatschrift für Erziehung und Volksunterricht Jg. 3, Bd. 5, 1826, S. 1-13, u. Ders.: Ueber den Unterricht in der Geometrie. In: Neue Bibliothek für Pädagogik, Schulwesen und die gesammte pädagogische Literatur Deutschlands 1814/15, S. 289-310. Daneben folg. Textstellen in DSW: Bd. I, S. 360, Bd. II, S. 179, Bd. VII, S. 453, Bd. VIII, S. 354, Bd. XII, S. 78.

Hans Haering

Student der „philosophischen Disciplinen"

Diesterweg in Herborn

Im Frühjahr 1808 reiste der Siegener Amtmann Carl Friedrich Diesterweg mit seinem jüngsten Sohn Friedrich Adolph Wilhelm nach Herborn. In sein Tagebuch schrieb er: *„Im frühjahr, ohngefähr 14 tage nach ostern, tratte derselbe unter anwünschung meines väterlichen segens seine academische laufbahn an. Ich begleitete ihn nach Herborn, wo er den anfang machte."*[1]

Als sich die beiden auf der Pappelallee von Dillenburg her dem Städtchen näherten, dürften sie ein idyllisches Bild vor Augen gehabt haben: Umgeben von den ersten Höhen des Westerwaldes auf der einen Seite und von den bewaldeten Ausläufern des Schelderwaldes auf der anderen, lagerten einige hundert Bürgerhäuser hinter der alten Ringmauer mit ihren Türmen, überragt von der evangelischen Stadtkirche und von dem Schloß, das die Nassauer Grafen im 13. Jahrhundert als Vogts- und Amtssitz errichten ließen.[2] Auf ihrem Weg durch das Obertor zum Quartier des künftigen Studenten durchquerten die beiden die damalige Obergasse mit ihren stattlichen, oft reich geschmückten Bürgerhäusern, die allerdings ihr barockes Aussehen gerade in diesen Jahren durch neu verschieferte oder verputzte Frontseiten verloren hatten. Standort des Herborner Großgewerbes war die parallel verlaufende Mühlgasse. Hier fanden sich in enger Nachbarschaft zwei Getreidemühlen, eine Säge- und eine Walkmühle, drei Brauhäuser, eine Gerberei und eine Färberei.[3] Bevor die Diesterwegs zur Wohnung des Professors Jacob Wilhelm Grimm – des Vaters besten Freund – in den Hof der Hohen Schule einbogen, konnte der 17jährige noch einen Blick auf das prachtvolle, 1589 errichtete Rathaus werfen, vor dem der Löwe auf dem Marktbrunnen thronte.

Obwohl Adolph Diesterweg nur etwa ein Jahr in Herborn wohnte, wird er bald erfahren haben, daß der schmucke Ort mit seinen damals etwa 2.000 Einwohnern auch seine Schattenseiten hatte, die sich von denen anderer deutscher Landstädte nicht unterschieden. Die Straßen waren kaum gepflastert, und eine Straßenbeleuchtung existierte erst in den Anfängen. Die Bürger und Studenten mußten noch wenige Jahrzehnte vorher im nächtlichen Dunkel durch die bei Regenwetter tief verschmutzten, engen Straßen und die für Herborn typischen schmalen „Winkel" ihren Heimweg suchen, wenn sie in der „Rose", im „Löwen" oder im „Weißen Roß" über die Zeit verweilt hatten. Manchem konnte dabei noch ein verirrtes Schwein über den Weg laufen, denn viele Bürger betrieben inmitten der Stadt ihre „Nebenerwerbslandwirtschaft". Und von den Dungstätten blieb ebenso wie von den Lohgerbereien und den Gossen, in die man die Aborte einleitete, manch übler Gestank in der Luft zwischen den hochgezogenen Bürgerhäusern hängen. Noch 1803 war allen Herbornern befohlen worden, ihre Dungstätten endlich mit einem schützenden Bretterzaun zu umgeben.[4]

Dies also war um 1800 eine deutsche Universitätstadt, wenn auch „mit der bescheidensten aller deutschen Hochschulen", wie der Professorensohn Carl Alexander Pagenstecher später schrieb.[5] Noch zwei Jahrhunderte vorher konnte dies in deutschen Landen niemand behaupten: Die 1584 vom Grafen Johann VI. von Nassau-Dillenburg, dem Bruder Wilhelms von Oranien, gegründete „Hohe Schule" besaß für die folgenden etwa 50 Jahre ihrer Blütezeit einen europäischen Ruf als geistiges Zentrum des Calvinismus und als bedeutende Bildungsstätte, die zeitweilig mehr als 300 Studenten, Adelige und Bürgerkinder, aus vielen Ländern anzog.[6] Geistiger und organisatorischer „Vater" der „Johannea" wurde der Theologe Caspar Olevian.

Nach seinem Tod übernahm der Theologe Johann Piscator, Verfasser einer bedeutenden Bibelübersetzung, die führende Rolle in der Akademie. Ihm zur Seite standen so bedeutende Wissenschaftler und Lehrer wie der Staatsrechtler Johann Althusius, der Philosoph und Theologe Johann Heinrich Alsted, der Kirchenrechtler Wilhelm Zepper und der Altphilologe Georg Pasor.

107 Ansicht von Herborn
Aquarell von G.F.W. Frensdorff, 1796
24 x 18 cm
Herborn, Stadtmuseum
108 Herborn um 1800
Historisierende Federzeichnung, unsigniert, um 1900
37 x 56 cm
Herborn, Stadtmuseum

Aufgabe der Hohen Schule – als Überbau der im Lande bestehenden Volks- und besonders der Lateinschulen oder Pädagogien in Siegen, Dillenburg und Herborn – war, die Verbreitung der reformierten Theologie zu befördern und die Ausbildung einer genügenden Zahl nassauischer Geistlicher, Beamter und Lehrer zu sichern. Sie bestand aus vier Abteilungen, der philosophischen oder Artisten-, der medizinischen, juristischen und – an der Spitze – der theologischen Fakultät. Lehrplan und Verhaltenskodex der „Schüler" waren in den Schulgesetzen festgelegt, die der Herborner Ausbildung noch lange Zeit den Ruf von Strenge und Disziplin gaben. Mit ihren führenden Organen, dem beschließenden Senat und dem ausführenden Rektor, besaß die Hohe Schule eine Selbstverwaltung mit eigener Gerichtsbarkeit, die ihr eine relative Unabhängigkeit von den kommunalen Behörden verschaffte – beschränkt lediglich durch Eingriffe des Landesherrn. Ihr angegliedert waren die sogenannten „Schulverwandten", zu denen unter anderen die akademischen Drucker – berühmt geworden ist der Drucker Corvinus –, die Buchbinder, Sprachmeister und die Hohe-Schul-Apotheker gehörten. Soziales Herzstück war lange Zeit die „Communität", eine Vorform der Mensa, die mit ihren Freitischen gerade den Kindern aus weniger begüterten Elternhäusern das Studium erst ermöglichte. Infolge von Pest, Krieg und Differenzen mit der Herborner Bürgerschaft – man werde „übel gekocht und tractiert"[7] –, aber auch wegen dynastischer Streitigkeiten siedelte die Akademie zweimal, 1594-1599 und 1607-1609, nach Siegen über, kehrte dann aber endgültig nach Herborn zurück, ohne allerdings nach dem 30jährigen Krieg ihren alten Ruf wiederzuerlangen. Hinzu kam, daß es nicht gelang, in Wien die Anerkennung als Volluniversität zu erreichen. Das lag einmal an den für das kleine Land kaum erschwinglichen Gebühren, aber auch am fehlenden Nachdruck der Landesherren. Immerhin behielt die Hohe Schule bis zu ihrem Ende 1817 ihre Bedeutung und Funktion für die Heranbildung heimischer Pfarrer und Beamter, wobei lediglich die Theologen – nach Durchlaufen der Anfangssemester an der Artistenfakultät – ihr Fachstudium abschließen konnten, während alle anderen Studenten die Johannea nur „auf kleine Zeit" besuchten.[8]

Daß unter diesen Bedingungen die Hörerzahlen rapide sanken, läßt sich denken. 1808 waren es nur noch 30 junge Männer, darunter 18

Theologen, die hier studierten.[9] Doch dürften letztlich neben der drükkenden, immer weiter anwachsenden Finanznot der Schule die Kriegswirren und das Wechselspiel politischer Macht den Niedergang der Hohen Schule herbeigeführt haben. Bereits während des Siebenjährigen Krieges (1756-1763) durchzogen Truppen mehrfach „das kleine Wiedchen", wie der Schriftsteller und Revolutionär Gottfried Kinkel die Stadt seiner Väter genannt hat.[10] Und während der Koalitionskriege gegen das revolutionäre Frankreich wechselten des öfteren die Besatzer, so daß die Studenten mehr und mehr die Flucht – meist nach dem attraktiveren Marburg – ergriffen.

Seit 1742 wurde das Fürstentum Nassau-Oranien mit seinen Zentren Siegen, Dillenburg, Herborn, Diez und Hadamar in Personalunion von den oranischen Statthaltern der Niederlande regiert. Da sie im Krieg gegen Napoleon auf der Seite seiner Feinde, besonders Preußens, standen, verloren sie 1806 auch ihren deutschen Besitz. Der französische Kaiser gründete das Großherzogtum Berg mit der Hauptstadt Düsseldorf, das er zuerst durch seinen Schwager Joachim Murat regieren ließ und seit 1808 als Vormund eines unmündigen Neffen selbst beherrschte. Die zentralistische Politik der Franzosen führte die Beamten, besonders die Bürgermeister, aber auch Geistliche und Lehrer, am kurzen Zügel. Dillenburg wurde Sitz des Sieg-Departements und zugleich – neben Siegen – Sitz eines Arrondissements. Außerdem plante Napoleon 1811 die Gründung einer eigenen Landesuniversität in Düsseldorf, zugunsten derer er die benachbarte Universität in Duisburg ebenso wie die Herborner Akademie aufzulösen gedachte.[11] Die Bevölkerung verarmte unter Abgaben und Konfiskationen, Einquartierungen und indirekten Steuern der neuen Herren, und die Aushebung von Militärpflichtigen beunruhigte die Bürger ebenso wie die Verfolgung von Fahnenflüchtigen. Die Professoren der Hohen Schule litten nicht nur unter den vom Fiskus veranlaßten Preissteigerungen und – infolge der sinkenden Studentenzahlen – unter dem Rückgang der Hörergelder; sie waren auch „in Angst und Sorge niedergedrückt" wegen des gefährdeten Bestandes ihrer Anstalt, wie der Chronist Herborns und der Hohen Schule, Johann Steubing, berichtet.[12] 1804 und 1806 wurden die freiwerdenden Lehrstühle der Jurisprudenz nicht wieder besetzt; seit 1812 blieb auch die dritte theologische Professur vakant. Es erschienen zuletzt weder Vorlesungsverzeichnisse, noch ernannte die Regierung einen Prorektor als wissenschaftlichen Leiter der Akademie. Die Tradition, ein Mitglied der Hocharistokratie als „Rektor Magnificentissimus" einzusetzen, hatte schon zuvor ein Ende gefunden.

109 Mensurszene
Farbige Tuschzeichnung
Stammbuch, 1725-1730
9,8 x 16,5 cm
Siegen, Stadtarchiv

110 Disputation in der Hohen Schule
111 Studentisches Festgelage
112 Musizierende und zechende Studenten
Farbige Tuschzeichnungen
Stammbuch von Johann Heinrich Achenbach (1731-1812) mit Eintragungen aus Siegen und Herborn, 1750-1762
12,4 x 18,5 cm
Siegen, Stadtarchiv

Es war also für Stadt und Schule eine recht düstere Zeit, als Adolph Diesterweg in Herborn sein Studium antrat. Dennoch schien es für seinen Vater selbstverständlich gewesen zu sein, nach seinen 1798, 1804 und 1805 immatrikulierten Söhnen Henrich Carl, Johann Friedrich Ludwig und Wilhelm Adolph auch den Jüngsten das Studium in Herborn beginnen zu lassen. Schon der Ururgroßvater, Johann Henrich Sorg, wurde 1612 an der Hohen Schule eingeschrieben; zu seinen Kommilitonen zählte der später berühmt gewordene Pädagoge Johann Amos Comenius. Dem Urgroßvater Johann Henrich Diesterweg (1707) und dem Großvater Carl Hieronymus (1740) folgten 1769

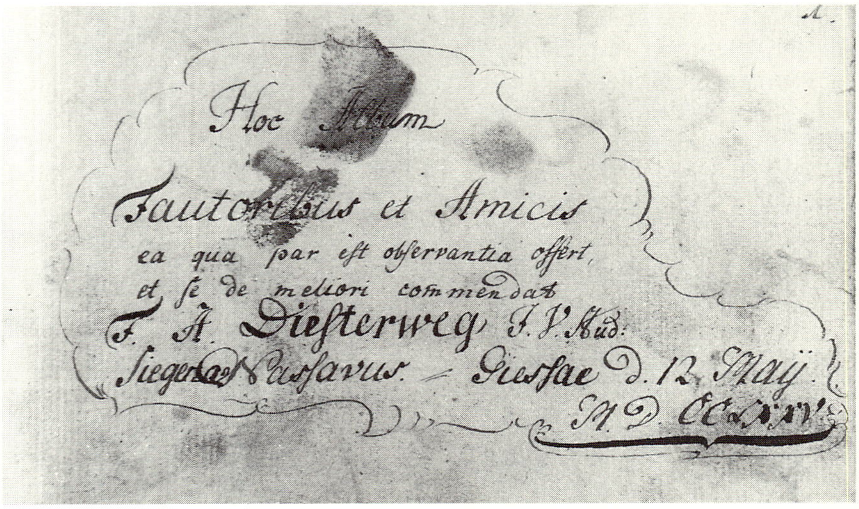

113 Stammbuch von Johann Friedrich Adolph Diesterweg (1755-1831), Onkel Adolph Diesterwegs, 1775-1783
9,2 x 15,4 cm
Siegen, Stadtarchiv

Diesterwegs Vater und 1773 und 1782 dessen Brüder Friedrich Adolph und Johann Henrich, die als Kandidaten der Rechte und spätere Amtmänner in Siegen, Hilchenbach und Ewersbach die über Generationen währende Juristen- und Beamtentradition der Familie fortsetzten.[13]

Bereits mit acht Jahren verlor Adolph Diesterweg seine Mutter, fortan band ihn eine besonders innige Zuneigung an seinen Vater. So mußte ihn der Tod des 58jährigen 1812 hart treffen. Schon einige Jahre zuvor litt der Siegener Amtmann an einer sich stetig verschlimmernden Gemütskrankheit. Um so mehr vertraute sich der 17jährige Herborner Student seinem Taufpaten und „Hausvater", dem Theologen Jacob Wilhelm Grimm (1752-1824), an. Diesterweg lebte wie ein Sohn im Hause Grimms; daß ein Familienanschluß gleichwohl nicht im buchstäblichen Sinne zustandekam, verhinderte Grimms Tochter Charlotte. Nach dem Bericht seines Kommilitonen und späteren Siegener Lateinschulrektors Christian Wilhelm Lorsbach, Sohn des Orientalisten und Beraters Johann Wolfgang von Goethes, Georg Wilhelm Lorsbach, war Diesterweg in Leidenschaft zu dem Mädchen verfallen und hatte sich, von ihr zurückgewiesen, in die Dill stürzen wollen. Als er aber, eben auf dem Wege dorthin, mit dem Kopf an das vorspringende Fensterbrett eines Bäckerladens stieß, soll er zu der Einsicht gelangt sein, daß zu leben besser sei. Lorsbach berichtet auch, daß der Freund den „Quintilian" mit Leichtigkeit gelesen und sich ebenso gewandt auf dem Fechtboden bewegt habe. Von Diesterwegs Neffen Carl Kreutz erfahren wir außerdem, daß er im Hause des Medizinprofessors Fritze Privatstunden erteilt habe[14], wahrscheinlich da ihm des Vaters Geldzuwendungen nicht genügten.

Bereits in der Mitte des 17. Jahrhunderts mußte die Communität aus finanziellen Gründen aufgelöst werden. Seither waren die Herborner Studenten nicht nur – wie Diesterweg – Untermieter ihrer Professoren oder anderer Bürger, sondern auch deren Mittagsgäste, soweit sie sich nicht mittels elterlicher Naturalien selbst versorgten. Das Verhältnis zwischen Studenten und Professoren scheint nicht zuletzt aus diesem Grunde meist eng, ja freundschaftlich gewesen zu sein, wiewohl die oft recht jugendlichen, fast kindlichen Akademiker – manche erst 14 oder 15 Jahre alt – ihren Lehrern, aber auch den Bürgern manchen Streich spielten. Nicht selten ist es zu blutigen Auseinandersetzungen zwischen „Philistern" und Studenten, später auch zwischen Soldaten und Studenten gekommen. Die Beschwerden des für die Belange Herborns zuständigen Oberschultheißen in Dillenburg, seine Forderung nach strenger Bestrafung hat der Senat der Hohen Schule, wo er konnte, unter Hinweis auf die akademische Gerichtsbarkeit abzuwehren versucht. Auch hier täuschte der idyllische Schein über die trügerische Wirklichkeit hinweg. Wenn ein studentisches Stammbuchblatt noch 1751 den Eindruck zu erwecken trachtete, als lebe der Herborner Student nicht „purschikos und fröhlich"

114 Student im Karzer
Farbige Tuschzeichnung
Stammbuch mit Eintragungen aus Siegen und Herborn, 1807-1812
8,8 x 15,2 cm
Siegen, Stadtarchiv

wie in Marburg, Gießen oder Rinteln, sondern stünde unter höchsten Leistungs- und Prüfungsansprüchen, so war der gute Ruf der Johannea im ausgehenden 18. Jahrhundert kaum noch gerechtfertigt. Vielfach sah sich der Senat genötigt, Rügen und Strafen auszusprechen wegen Kegelns, Kartenspielens, Rauchens und unberechtigten Waffentragens.[15] Wenn Diesterweg dennoch das Fechten erlernte, so, weil diese „Kunst“, unterrichtet von einem angestellten Fechtmeister, zur „Grundausbildung“ der Studenten zählte – nicht aber, weil er einer studentischen Vereinigung angehörte. Ein organisiertes Verbindungswesen ist in Herborn bisher nicht nachzuweisen.

Im Jahre 1808 enthält das Sommer-Semesterverzeichnis der Hohen Schule den Eintrag: *„Friedrich Adolph Wilhelm Diesterweg, geboren in Siegen. Alt: 17 Jahr. Studienfach: Im allgemeinen Sinne so genannt philosophische Disciplinen. Immatriculiert den 8 May 1808.“*[16] Welchen besonderen Studien sich der 17jährige unterzog, ist nicht eindeutig belegt. In seiner Bewerbung um das Direktorenamt des Lehrerseminars in Moers aus dem Jahre 1820 schrieb er, er habe in Herborn, Heidelberg und Tübingen studiert. *„Die Fächer, denen ich mich widmete, waren außer den gewöhnlich vorbereitenden philosophischen und philologischen Studien Pädagogik, Mathematik und Naturkunde.“*[17] Sein Biograph und Schüler Eduard Langenberg gibt des weiteren Geschichte an[18], und der Neffe Kreutz behauptet, sein Onkel habe mit Gewißheit auch Theologie studiert.[19] Allein das Interesse an der Mathematik entsprach dem ursprünglichen Berufswunsch Diesterwegs, nämlich Ingenieur und Geometer zu werden. Daß er selbst die Pädagogik erwähnte, lag sicher an dem Bemühen, sich als angehender Lehrerbildner ins rechte Licht zu rücken. Trotzdem ist nicht auszuschließen, daß er sich bereits in Herborn mit den pädagogischen Strömungen seiner Zeit vertraut machte. Die Aufklärungspädagogik fand schon früh in den Literaturanzeigen der *Dillenburgischen Intelligenz-Nachrichten* ihren Niederschlag. Professor Grimm gab seinem Sohn und dem seines Kollegen Pagenstecher Privatunterricht anhand belehrender Texte Christian Salzmanns (1744-1811) und Johann Bernhard Basedows (1724-1790). Und Pagenstecher selbst „pädagogisierte“ mit seinem Sohn „mehr spielend nach dem Rousseauschen System“.[20] 1808 las er außerdem „über eine recht bewährte Methode der Erziehung und Unterrichtung der Jugend“[21]. So könnten dem jungen Diesterweg schon in Herborn jene großen Namen begegnet sein, die er später immer wieder als „Helden am Himmel des Geistes der Pädagogik“ pries.

Daß Geschichte, Pädagogik und Philosophie zu jenen Pflichtfächern zählten, denen sich kein Student entziehen konnte, erklärt sich aus der Tradition der Universität. Es dominierte – in vielerlei Disziplinen tätig – der enzyklopädisch gebildete Professor, der Vorlesungen hielt, kompendienhaftes Wissen weiterreichte, weniger selbst forschte, schrieb und publizierte. Gerade der philosophischen oder Artistenfakultät oblag es, grundlegende Kenntnisse zu vermitteln, die fehlende gymnasiale Vorbildung „nachzuliefern“, die das Studium der übrigen Fakultäten – Medizin, Juristerei, Theologie – erst ermöglichte. Nach den Herborner Vorlesungsverzeichnissen von 1808 waren die philosophischen Ordinarien der Hohen Schule Ernst Wisseler und Johann Franz Beyer, die Extraordinarien Ernst Gerhard Pagenstecher und Johann Caspar Doerr.[22] Wisseler las über Stereometrie, Algebra, Physik und Logik, war Bibliothekar, Leiter des angeschlossenen Pädagogiums und Prorektor der Akademie. Über ihn und sein durchaus zeittypisches Lehrprinzip, das auf formelhaftes Memorieren, nicht auf entdeckendes Verstehen abzielte, vermerkte Diesterweg 1840 in den *Rheinischen Blättern: „Als ich meinem seligen Vater klagte, daß ich die ‚Elemente‘ des Euklid nicht verstehen könne, ließ er mich bei dem Professor, einem Manne von Renommee, ein Privatissimum nehmen. Es ging mir darin nicht besser. Ich konnte mir, zu eifrig, um nichts zu wissen, nicht anders helfen als dadurch, daß ich die Sätze und ihre Beweise mit unendlicher Mühe dem Gedächtnis imprimierte. Der ge-*

115 Gasthausschild „Zum weißen Roß“
Eisen, geschmiedet
74 x 59 cm
Herborn, Stadtmuseum

INDEX PRAELECTIONVM,
QVAE. IUVANTE DEO.
IN ACADEMIA HERBORNENSI,
ab autumnalibus inde vsque ad vernales anni infantis cIɔIɔcccIx. ferias,
VIGEBVNT.
PRORECTORE
IO. ERNESTO WISSELER,
Philos. D. eiusd. P. P. O. Academiae a cura Biblioth. et Paedag.

116 Vorlesungsverzeichnisse der Hohen Schule, Sommer- und Winterhalbjahr 1808/1809
39,5 x 33,5 cm
Wiesbaden, Hessisches Hauptstaatsarchiv

117 Vertrag zwischen dem Senat der Hohen Schule und dem Magistrat der Stadt Herborn über die Steuerpflicht der Mitglieder der „Johannea“, 10.12.1803
34 x 21 cm
Herborn, Stadtmuseum

118 Siegel der Philosophischen Fakultät der Hohen Schule, 1730
L. 11,5 cm, Dm. 4,5 cm
Herborn, Stadtmuseum

lehrte Mann war mit dem Resultat vollkommen zufrieden und entließ mich, wenn ich mein Pensum hergebetet hatte, mit den Lobsprüchen: bene, optime. Das war der Unterricht auf einer Hochschule nach der noch nicht ausgestorbenen Methode: Wie man die Schüler dumm macht.“[23] Dabei war Wisseler kein unbedeutender Mann. Er schrieb eine analytische Geometrie, die sein Schüler Wilhelm Diesterweg, Adolphs älterer Bruder, als späterer Professor in Bonn zur Grundlage eines eigenen Werkes machte. Daneben veröffentlichte er 1817 in Frankfurt eine Abhandlung über den Weltuntergang, ein Thema, über das zwischen seinen ehemaligen Herborner Schülern Wilhelm Heinrich Seel und Adolph Diesterweg ein heftiger Disput entbrannte.

119 Planetarium der Hohen Schule Herborn, um 1800
H. 30 cm, Dm. 70 cm
Herborn, Stadtmuseum

Wenn Diesterweg in Herborn auch theologische Einsichten sammelte und zu einem eigenen religiösen Standpunkt finden konnte, so verdankte er dies seinem väterlichen Paten Jacob Wilhelm Grimm, mit dem er auch später persönlich eng verbunden blieb. Grimm wirkte ursprünglich als Pfarrer und Hofprediger in Siegen. Später wurde er Professor und Prorektor der Hohen Schule, zugleich für die „Schulsachen“ zuständiger Konsistorialrat, schließlich Oranien-Nassauischer Generalsuperintendent in Dillenburg.[24] Seine 1820 in Elberfeld erschienene Schrift „Ueber Erziehung im Allgemeinen und Schul-Erziehung im Besonderen“ hat Diesterweg dem verehrten Lehrer gewidmet mit den Worten: *„Verehrter Mann! Ihr Haus war seit einer langen Reihe von Jahren die Stätte, wo viele Lehrer an Kirchen und Schulen in allen Lagen von Bedrängnis Hülfe suchten und fanden...*

Nicht ohne Erhebung gedenke ich des treuliebenden Verhältnisses, in welchem sie zu unserem sel. Vater standen... Doch solch inniger Freundschafts-Bund hinderte sie nicht, ihrer liebenden Theilnahme und väterlichen Fürsorge einen weiten Kreis zu ziehen. Auch ich blieb von demselben nicht ausgeschlossen, und mit dankbarer Rührung bekenne ich es, daß die wohlwollenden Gesinnungen des christlichen Paten den zur Pflege früh Empfohlenen bis in die Tage seines männlichen Alters begleitet haben."[25] In seiner Bewerbung um das Rektorat des Moerser Lehrerseminars nannte er Grimm neben seinem Elberfelder Vorbild und Lehrmeister Johann Friedrich Wilberg als den Mann, der ihn am besten kenne und beurteilen könne.[26]

So verband Diesterweg durchaus angenehme Erinnerungen mit seiner Herborner Studienzeit und mit einzelnen seiner akademischen Lehrer. „*Was für herrliche Bande*", so schrieb er 1836 in der Abhandlung „Die Lebensfrage der Civilisation. Oder: Ueber das Verderben auf den deutschen Universitäten", „*umschlossen ehemals den Meister und seine Jünger, damals als jeder hochbegabte eine Schule bildete; gegenseitige Liebe, die väterliche von oben, die auf Hochachtung begründete von unten – die Pietät. Der Jünger zehrte lebenslang daran, und sie war das Hochgefühl seines Alters.*"[27] Freilich überwog seine Kritik an der weltfremden akademischen Gelehrsamkeit. Vielleicht hat gerade das veraltete Lehrsystem der späten, vor ihrem Ableben stehenden Johannea dazu den Anstoß gegeben. Gleichwohl – Adolph Diesterweg ist nach Herborn, an die Stätte seiner frühen Studien, nicht mehr zurückgekehrt.

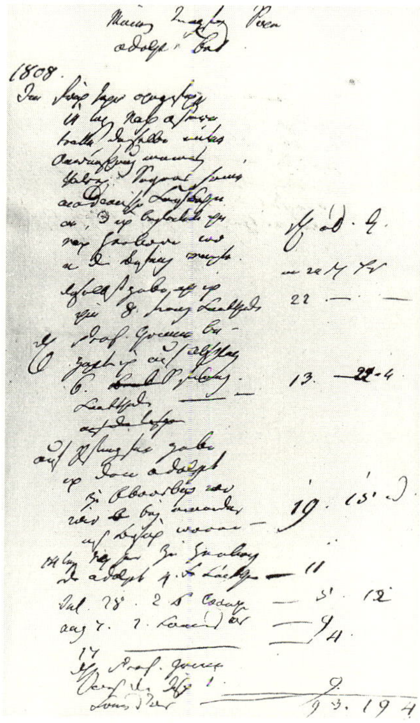

120 Ausgaben, „meinen jüngsten Sohn Adolph betreffend"
Notizbuch des Advokaten und Amtmannes Carl Friedrich Diesterweg über Amtseinkünfte, Gebühren und Ausgaben, 1792-1808
Siegen, Stadtarchiv

1 Diesterweg, C.F.: Notizbuch. Stadtarchiv Siegen: Nachlaß Kreutz.
2 Heiler, C.: Der Herborner Student 1584-1817. In: Nassauische Annalen Jg. 75, 1935, S. 13.
3 Vgl. Störkel, R.: Stadtgeschichte in Bauten. In: Hessische Heimat. Sonderheft Herborn. Marburg 1984, S. 79ff., u. ders.: Die Namen der Straßen, Plätze und Winkel im Bereich des Herborner Siedlungsgebietes. In: Mitteilungsblatt des Geschichtsvereins Herborn e.V. Jg. 35, 1987, S. 22ff. (MGH).
4 Vgl. Heiler, C.: a.a.O., S. 14.
5 Pagenstecher, K. (Hrsg.): Jugenderinnerungen des Dr. med. Heinr. Karl Alexander Pagenstecher (1799-1868). In: Nassauische Annalen Jg. 75, 1935, S. 115.
6 Grundlegend Menk, G.: Die Hohe Schule Herborn in ihrer Frühzeit (1584-1660). Wiesbaden 1981. Vgl. ders.: Die Blütezeit der Hohen Schule Herborn. In: Hessische Heimat. A.a.O., S. 94ff.
7 Heiler, C.: a.a.O., S. 35.
8 Steubing, J.H.: Geschichte der Hohen Schule. Hadamar 1823. Neudr. Kreuztal 1983, S. 236 f.
9 Störkel, R.: Die Entwicklung der Hohen Schule Herborn in der späteren Zeit. In: J. Wienecke (Hrsg.): Von der Hohen Schule zum Theologischen Seminar 1584-1984. Herborn 1984, S. 74.
10 Kinkel, G.: Selbstbiographie 1838-1848. Hrsg. v. R. Sander. Bonn 1931, S. 57.
11 Vgl. dazu die Arbeiten d. Verf. über die Professoren Jacob Wilhelm Grimm und Georg Wilhelm Lorsbach. In: MGH Jg. 35, 1987, S. 2f., Jg. 36, 1988, S. 3f., u. Jg. 37, 1989, S. 1.
12 Steubing, J.H.: a.a.O., S. 237.
13 Vgl. Irle, L.: Siegerländer Persönlichkeiten- und Geschlechterlexikon. Siegen 1974, S. 67f., u. Heiler, C.: Die Matrikel der Hohen Schule zu Herborn (1725-1817). In: Nassauische Annalen Jg. 35, 1935, S. 154.
14 Gertner, A.: Zur Biographie Dr. Friedr. Adolph Wilh. Diesterwegs. Zusgest. n. Kirchenbüchern, Familienpapieren und mündlichen Nachrichten. Mskr. o.O., o.J., S. 13 (Stadtarchiv Siegen).
15 Heiler, C.: Der Herborner Student. A.a.O., S. 18ff.
16 Verzeichniß der im gegenwärtigen Sommer-Semester auf der hohen Schule zu Herborn studirenden Jünglinge. Hauptstaatsarchiv Wiesbaden: Abt. 95, Nr. 539 (HStAW).
17 Meinel, A.: Diesterwegs geistige Entwicklung bis zum Jahre 1820. Phil. Diss. Leipzig 1927, S. 43.
18 Langenberg, E.: Adolph Diesterweg. Sein Leben und seine Schriften. Th. 1: Diesterweg am Rhein. Frankfurt a.M. 1867, S. 8.
19 Gertner, A.: a.a.O., S. 13.
20 Pagenstecher, K. (Hrsg.): a.a.O., S 119 u. 123.
21 HStAW: Abt. 95, Nr. 1750.2.
22 Ebenda.
23 Diesterweg, F.A.W.: Sämtliche Werke. Bd. V. Berlin 1961, S. 47.
24 Vgl. Haering, H.: Jacob Wilhelm Grimm. In: MGH Jg. 35, 1987, S. 1f.
25 Diesterweg, F.A.W.: Ueber Erziehung im Allgemeinen und Schul-Erziehung im Besonderen. Elberfeld 1820, Vorw., unpag.
26 Meinel, A.: a.a.O., S. 50.
27 Deiters, H. (Hrsg.): Adolf Diesterweg. Schriften und Reden. Bd. I. Berlin, Leipzig 1950, S. 246.

Lutz Geldsetzer

Jakob Friedrich Fries
Der philosophische Lehrer Diesterwegs

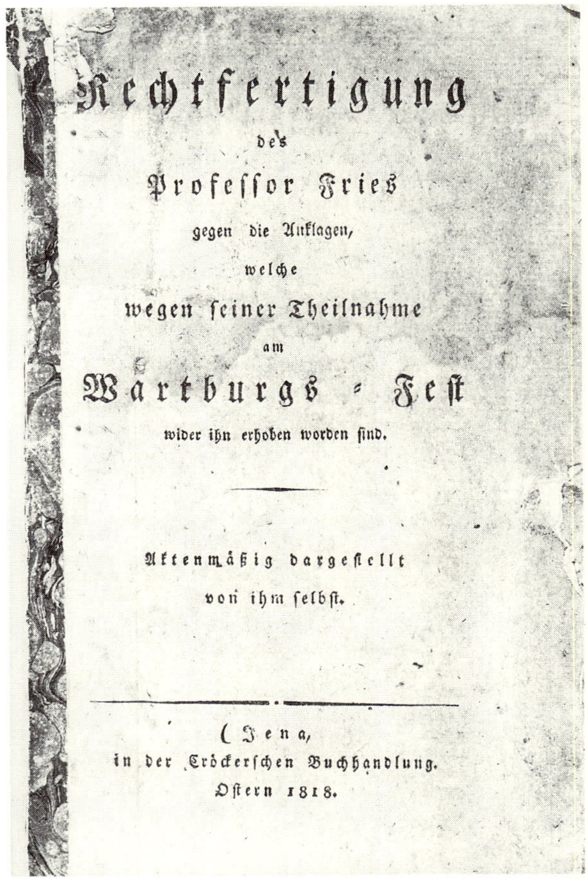

Rechtfertigung
des
Professor Fries
gegen die Anklagen,
welche
wegen seiner Theilnahme
am
Wartburgs - Fest
wider ihn erhoben worden sind.

Aktenmäßig dargestellt
von ihm selbst.

(Jena,
in der Cröckerschen Buchhandlung.
Ostern 1818.

121 Jakob Friedrich Fries
Unsignierte Lithographie nach H. Müller, 1830
49,9 x 35,2 cm
Heidelberg, Kurpfälzisches Museum

122 Rechtfertigung des Professor Fries gegen die Anklagen, welche wegen seiner Theilnahme am Wartburgs-Fest wider ihn erhoben worden sind. Aktenmäßig dargestellt von ihm selbst. Jena 1818
Verteidigungsschrift J.H. Fries'

123 Selbstvertheidigung des Hofraths Fries über die ihm öffentlich gemachten Beschuldigungen in Rücksicht der Theilnahme an der auf der Wartburg in und bey Eisenach begangenen Feier des 18.Octobers 1817. Mit kleinen Bemerkungen von einem seiner großen Verehrer. O.O., 1818
Anti-Fries, anonyme Spottschrift

Am 26. April 1809 erreichte Adolph Diesterweg – auf den Spuren seines Bruders Wilhelm – Heidelberg. Doch dieser verließ zu eben jenem Zeitpunkt, am 28. April, unmittelbar vor Beginn des Sommersemesters, die „Ruperto-Carolina“, um eine einträglichere Stellung als Gymnasiallehrer in Mannheim anzutreten. Erst im Januar des Jahres hatte er seine Tätigkeit als Privatdozent für Mathematik an der philosophischen Fakultät der Universität aufgenommen. Da Diesterweg nun seinen Mentor entbehren mußte, zugleich der Mathematiker Claß am 18. Januar gestorben war und sein Fachkollege Johann Christian Zimmermann zu Ostern die Fakultät verließ, das „mathematische Fach“ also verwaist war und nur noch wenig Attraktivität bot, hielt es ihn in Heidelberg nur ein Semester; schon im Herbst 1809 immatrikulierte er sich in Tübingen. Daß ihm der Sommer in „dieser begeisternden, in mancher Hinsicht einzigen Universitätsstadt“[1] gleichwohl nicht als verlorene Zeit erschien, verdankte er – vor allen anderen bedeutenden Gelehrten, die in Heidelberg, einer der führenden Hochschulen jener Jahre, lasen – dem „Philosophen der Naturforscher“ Jakob Friedrich Fries (1773–1843).

Wie andere Universitäten, so war auch Heidelberg seit der Jahrhundertwende geprägt von der romantischen Naturphilosophie Friedrich Wilhelm Joseph Schellings (1775-1854). Sie verstand sich selbst als eine Fortführung der Transzendentalphilosophie Immanuel Kants (1724-1804), hatte aber nicht mehr, wie die Kantische Naturphilosophie, ein wie immer geartetes totes „Ding an sich“ und dessen physikalische „Erscheinungen“ zum Gegenstand, sondern die lebendige Natur selbst. Ihre offensichtliche Stärke war, daß sie Geist und materielle Natur im Begriff des „Organismus“ zu einer Einheit verschmolz und so alles Körperliche und Materielle aus Geistigem, umgekehrt aber auch das Geistige und Psychische aus Materiellem zu erklären unternahm. Gemäß ihrem metaphysischen Ausgangspunkt deutete sie aber nicht nur die Natur vom Atom über die chemischen und biologischen Erscheinungen bis hin zum Gesamtkosmos als „organisch“, sondern bezog darüber hinaus auch Kultur und Geschichte in diese Deutung ein. Die Kulturen, ihre Entstehung und ihr Wandel, wurden denselben Gesichtspunkten der Interpretation unterworfen wie die lebendigen Organismen. Dieser Teil der Schelling'schen „Identitätsphilosophie“ faszinierte zumal die Philologen und Historiker, da er ihnen umgreifende Kategorien für die Analyse kultureller Phänomene lieferte.[2]

Die große Schwäche der Schelling'schen Natur- und Kulturphilosophie aber war ihre „spekulative“ Methodologie. Sie bestand darin, Natur und Kultur zu hierarchisieren und auf jeder Stufe dieser Hierarchie „polare“ Gegensätze zu konstruieren, die in ihrem wechselseitigen Durchdringen die Gestalten einer höheren Stufe organisch hervorbringen sollten. So wurde jedes polare Verhältnis zur Analogie für alle anderen, und das Erklären der Phänomene beschränkte sich darauf, jeweils das eine im metaphorischen Bilde eines anderen zu schildern. Man kann nicht übersehen, daß sich manches dabei als heuristisch fruchtbar erwies, wie etwa die spätere Entdeckung des inneren Zusammenhanges von Magnetismus und Elektrizität durch Hans Christian Oersted (1777-1851), aber das meiste artete in phantastische und insofern dichterische Erbaulichkeit aus, die den Kontakt mit der empirischen Forschung verloren hatte und dies gerade als Tugend eines „höheren Standpunktes“ ausgab.

Dieser „romantische“ Geist des Schellingianismus war in Heidelberg schon vertreten, als Fries 1805 eintraf. Er wurde indes verstärkt durch den etwa gleichzeitigen Zuzug Clemens Brentanos (1778-1842), Achim von Arnims (1781-1831) und Johann Joseph Görres' (1776-1848), die sich hier für einige Zeit niederließen und sogleich ihre überaus wirksame literarische und politische Schriftsteller- und Editorentätigkeit entfalteten. So entstand in diesen Jahren – Inbegriff der „Heidelberger Romantik“ – ihre gemeinsame Volksliedsammlung „Des Knaben Wunderhorn“. Görres hielt bis 1808 in Heidelberg „mit großem Zulauf“ Privatvorlesungen und zog damit zahlungskräftige Studenten vom universitären Lehrbetrieb ab.

Fries hatte Schellings Anfänge in Jena noch erlebt und wußte sich mit ihm zunächst einig in dem Bemühen um die Ausweitung und Anwendung der Kantischen Transzendentalphilosophie auf den gesamten Bereich der Natur, insbesondere auf die von Kant vernachlässigten Bereiche der Chemie und Biologie. Aber in Ausführung und Methodologie trennten sich ihre Wege, und Fries wurde zum entschiedenen Kritiker der romantischen Naturphilosophie. Er selbst schrieb darüber: Schellings Ideen zur Philosophie der Natur *„ließ(en) mich das Talent und die gewandte Darstellung ihres Verfassers sehr anerkennen, wiewohl sie durch ihre phantastische Auffassung und die Vernachlässigung der Mathematik wissenschaftlich für mich keine Bedeutung gewinnen konnte. Ich sagte mir und meinen Freunden sogleich, Schelling ist mir zuvorgekommen und sein Talent wird mir einen schweren Stand bereiten. Ja, aus einer gewissen Zuneigung zu diesem seinem Versuch habe ich mich später verleiten lassen, Ansichten der mathematischen Naturphilosophie seinen phantastischen Vergleichungen mehr anzunähern, als gut war. Schelling selbst wurde sich übrigens in der Fortbildung der Lehre ganz untreu, indem sich seine Ausführungen in leeren Formelkram der spekulativen Physik und in willkürliche mystische Träume teilten.“*[3]

Nach einem einjährigen Rechtsstudium in Leipzig 1795/96 hatte sich Fries in Jena in der Philosophischen Fakultät besonders auf das Studium der Mathematik und Naturwissenschaften konzentriert und bereits eine Reihe einschlägiger Abhandlungen veröffentlicht. Zwei

124 Heidelberger Schloß von der Ostseite
Farbige Tuschzeichnung
Stammbuch des Medizinstudenten Wilhelm Diesterweg (1807-1884), Vetter Adolph Diesterwegs, um 1825/30
9,8 x 16,0 cm
Siegen Stadtarchiv

125 Heidelberg vom Ziegelhäuser Ufer, um 1820
Kolorierte Lithographie, unsigniert
24,8 x 43,9 cm
Heidelberg, Kurpfälzisches Museum

126 Zwei Pfeifenköpfe mit Ansichten Heidelbergs
Porzellan, 1839/40
L. 14,5 cm, Dm. 3,5 cm
Würzburg, Institut für Hochschulkunde
Tübingen, Universitätsarchiv

127 Universitätsgebäude
Begebenheit auf dem Heidelberger Universitätsplatz am 14.7.1804
Radierung von Friedrich Rottmann, 1806
22,4 x 27,6 cm
Heidelberg, Kurpfälzisches Museum

Schriften, beide 1803 veröffentlicht, erlangten besondere Bedeutung, einerseits die „Regulative für die Therapeutik nach heuristischen Grundsätzen der Naturphilosophie aufgestellt“, mit der er sich den Medizinern anempfahl – er wurde 1812 von der Medizinischen Fakultät der Universität Marburg mit der Ehrendoktorwürde ausgezeichnet –, andererseits der „Sonnenklare Beweis, daß in Professor Schellings Naturphilosophie nur die vom Hofrat und Professor Voigt in Jena schon längst vorgetragenen Grundsätze der Physik wiederholt werden“. 1805, im Jahre der Berufung nach Heidelberg, hatte er seinen Standpunkt auch zu den revidierten Positionen Schellings klargelegt in der Schrift „Fichtes und Schellings neueste Lehren von Gott und der Welt“, die seine Kritik aus der umfangreichen „polemischen“ Schrift „Reinhold, Fichte und Schelling“ von 1803 weiterführte.[4] So konnte in Heidelberg kein Zweifel darüber bestehen, wie Fries zu der am Ort so populären romantischen Naturphilosophie und zur Schelling'schen Kultur- und Geschichtsphilosophie stand. Er selbst entwikkelte einen zwar verwandten „ganzheitlichen“ Ansatz, unterstrich aber zeitlebens die Nähe zur naturwissenschaftlichen Forschung und exakten mathematischen Methodologie. Gewiß schätzte Fries seine Position ganz richtig ein, wenn er 1807 schrieb: *„Nun sind wir jetzt schon wieder ziemlich beim Popularisieren, z. B. bei dem leeren Klang schöner Worte in Schelling's neuer Rede über das Verhältnis der bildenden Kunst zur Natur. Darauf könnte denn auch wieder einmal nach Wissenschaft gefragt werden, und dann, möchte ich sagen, bin ich jetzt in Deutschland der einzige der antwortet.“*[5]

Was Fries als „Wissenschaft“ der Schelling'schen Unwissenschaftlichkeit gegenüberstellte und was sein Gesamtwerk auszeichnet, ist zunächst die konsequente Weiterentwicklung des Galilei-Newton'schen Paradigmas einer mathematischen Naturwissenschaft, stets mit Rücksicht auf die apriorische, aller Erfahrung vorausgehenden, Begründung des Naturbegriffes und der mathematischen Methoden. Er dürfte damals der einzige deutsche Philosoph gewesen sein, der zugleich den letzten Stand der exakten Naturwissenschaften und der Mathematik übersah und beherrschte; dies trug ihm nicht nur von Seiten des Mathematikers Carl Friedrich Gauß (1777-1855) und des Naturforschers und Geographen Alexander von Humboldt (1769-1859) höchstes Lob ein. Was die Weiterführung der Kantischen Transzendentalphilosophie betraf, so hielt Fries mit Kant daran fest, daß alles wissenschaftliche Wissen seine apriorischen Grundlagen besitze; und er nahm diese über Kant hinaus auch für den Glauben und die „Ahndung“ in Anspruch. Aber die Aufdeckung und Klärung dessen, was das Apriorische selber sei, das Kant für die Transzendentalphilosophie als wesentlich ansah, war für Fries eine Angelegenheit psychologischer und anthropologischer Forschung, die er von der eigentlichen Transzendentalphilosophie streng unterschieden wissen wollte. Daß man Fries nachmals – und zuweilen noch heute – zusammen mit Johann Friedrich Herbart (1776-1841) und Friedrich Eduard Beneke (1798-1854) für einen Psychologisten gehalten hat, der die Transzendentalphilosophie in Psychologie aufgelöst habe[6], zeigt aber, daß diese Unterscheidung nicht immer deutlich wurde. Das mag daran liegen, daß Fries' früheste Arbeiten eine Reihe von Untersuchungen zur empirischen Psychologie waren, so der „Abriß der Metaphysik der inneren Natur“ und die „Allgemeine Übersicht der empirischen Erkenntnisse des Gemütes“, auch die „Propädeutik einer allgemeinen empirischen Psychologie“, veröffentlicht im *Psychologischen Magazin* von 1798; sie machten ihn zunächst als Psychologen bekannt.[7] Noch mehr dürfte zu diesem Mißverständnis beigetragen haben, daß Fries' umfangreichste Schriften, seine dreibändige „Neue Kritik der Vernunft“ von 1807 – der er in zweiter Auflage 1828-1831 den treffenderen Titel „Neue oder anthropologische Kritik der Vernunft“ gab – und sein zweibändiges „Handbuch der Psychischen Anthropologie und der Lehre von der Natur des menschlichen Geistes“ von 1820/21, erschienen in verbesserter Auflage 1837-1839, zu

128 Anzeige der Vorlesungen, welche im Sommerhalbjahr 1809 auf der Großherzoglich Badischen Ruprecht-Karolinischen Universität zu Heidelberg gehalten werden sollen
Heidelberg, Universitätsbibliothek, Handschriftenabteilung
129 Enzyklopädie der philosophischen Wissenschaften von J.F. Fries
Vorlesungsnachschrift des Studenten Karl Albert Leopold Benedikt Wintzer (1812-1890), Jena 1834/35
26,5 x 20,5 cm
Düsseldorf, Fries-Archiv
130 Über den magnetischen Somnambulismus, 1798
Lob der wissenschaftlichen Trockenheit, um 1840
Handschriftliche Vortragsmanuskripte von J.F. Fries
Jeweils 22,0 x 17,5 cm
Düsseldorf, Fries-Archiv
131 J.F. Fries
Populäre Vorlesungen über die Sternkunde. Gehalten zu Heidelberg im Winter 1811 auf 1812. Heidelberg 1813
Entwurf des Systems der theoretischen Physik. Zum Gebrauche bey seinen Vorlesungen. Heidelberg 1813
Düsseldorf, Fries-Archiv
132 J.F. Fries
Neue Kritik der Vernunft. 3 Bde. Heidelberg 1807
Düsseldorf, Fries-Archiv

den klassischen Werken der Psychologie zählten.[8] Die erste Schrift, die die drei Kantischen Kritiken kritisch paraphrasiert, bemüht sich, den Nachweis zu führen, daß Kants eigene Untersuchungen weithin psychologischer Natur sind, wenn auch lückenhaft und gelegentlich fehlerhaft. Aber sie macht auch unmißverständlich klar, daß man bei solcher empirisch-psychologischer Selbstbeobachtung und Selbstreflexion auf die in der Vernunft selbst liegenden apriorischen Bedingungen stößt, die die transzendentale Wahrheitsgarantie für die Sicherheit des wissenschaftlichen Wissens, des praktischen Glaubens und des religiös-ästhetischen „Ahndens" abgeben. Solche Gedanken finden sich schon in seinem 1804 veröffentlichten „System der Philosophie als evidente Wissenschaft aufgestellt" sowie in der populär gehaltenen Schrift „Wissen, Glaube und Ahndung" von 1805.[9]

133 Studentenversammlung im Wirtshaus zu Neuenheim bei Heidelberg, 1814
Kolorierte Lithographie nach einem Federaquarell von Karl Philipp Fohr (1795-1818)
15,9 x 23,4 cm
Würzburg, Institut für Hochschulkunde, Sammlung Verband Alter Corpsstudenten

Unter dem Aspekt ihrer propädeutischen Dienlichkeit für die Medizin war diese „philosophische Anthropologie" ein wesentlicher Fortschritt, dem die Schellingianer nichts entgegenzusetzen hatten. Dies galt weniger für die somatische Medizin als für die Psychiatrie, die die Geisteskrankheiten noch oft auf theologische Kategorien von Schuld, Sündhaftigkeit und „Besessenheit" durch Geister und Dämonen gründete. Fries hingegen führte sie auf eine pathologische Verselbständigung des „unteren Gedankenlaufes" zurück, der sich so der Kontrolle und Steuerung des „oberen Gedankenlaufes" und der Willenskraft entzog. Dies war eine bahnbrechende Leistung, die spätere psychiatrische Einsichten um ein halbes Jahrhundert vorwegnahm.[10] Auch späterhin hat Fries zu speziellen Fragen der Medizin Stellung genommen, in einer Rezension von Johann Christian August Heinroths „System der psychisch-gerichtlichen Medizin" von 1829 sowie in einer Abhandlung „Über den optischen Mittelpunkt im menschlichen Auge nebst allgemeinen Bemerkungen über die Theorie des Sehens" von 1839.[11]

134 Die Höhle von Salamanca
Sepiazeichnung von Carl Sandhaas, um 1817
27,4 x 44,4 cm
Würzburg, Institut für Hochschulkunde, Sammlung Verband Alter Corpsstudenten
Jenenser Studenten lauschen einem dozierenden Teufel. Das Großherzogtum Sachsen-Weimar-Eisenach wurde durch eine 1816 gewährte Verfassung zum „freyesten Boden der Deutschen" (Fries). Die politische Liberalisierung zog, trotz schlechter Bezahlung, viele freiheitlich gesinnte Professoren an die Universität Jena. Sie galt seither als „Jakobinernest" und Zentrum der studentischen Bewegung.

135 Heidelberger Studenten
Farbige Lithographie von Louis Marvy (1815-1850), undatiert
26,5 x 17,0 cm
Heidelberg, Kurpfälzisches Museum

Betrachtet man die Philosophie in Deutschland am Beginn des 19. Jahrhunderts insgesamt, so wird ersichtlich, daß die Heidelberger Universität mit Fries einen Universalgelehrten von Leibniz'schem Format, vielleicht den letzten seiner Art, für sich gewonnen hatte. Fries' Philosophie ist in ihren wesentlichen Teilen eine Antwort auf die Herausforderungen, die sich aus den Problemen und Fragen der klassischen „höheren" Fakultäten Theologie, Jurisprudenz und Medizin ergaben. Seine Antwort stellt sich dar als Weiterentwicklung der Kantischen Transzendentalphilosophie, orientiert an den drei Kritiken Kants. Kant hatte in der „Kritik der reinen Vernunft" die Natur und die Voraussetzungen des wissenschaftlichen Wissens zum zentralen Thema der theoretischen Philosophie erhoben. Er beschränkte dabei jenes Wissen auf die gesetzesförmige Erkenntnis der Naturerscheinungen, was zugleich ein Wissen um die Dinge an sich „hinter den Erscheinungen" ausschloß. Wissen und Erkenntnis selbst sollten dabei aus der Strukturierung eines in der sinnlichen Affektion gegebenen Materials durch die apriorischen Anschauungs- und Begriffsformen im Bewußtsein zustandekommen. In der „Kritik der praktischen Vernunft“ postulierte er analog dazu den „kategorischen Imperativ“ als apriorisches Grundgesetz jeder Sitten- und Rechtsordnung, durch welchen das „Material“ der sinnlichen Antriebe und Willensstrebungen zu sittlichen Handlungen geformt und als solches beurteilt werden könne. In der „Kritik der Urteilskraft“ schließlich, eigentlich eine Kritik der Gefühle, interpretierte Kant, wieder analog zu den übrigen Kritiken, die Prinzipien der teleologischen Beurteilung als apriorische Formen der gefühlsmäßigen Einstellung zum Schönen in Natur und Kunst. Wie das Schöne am Kunstwerk auf den genialen Künstler deute,so lasse die Schönheit der Natur auf einen göttlichen Schöpfer schließen; gleichwohl sah er darin keinen „wissenschaftlichen“ Beweis für die Existenz Gottes. Dadurch wurde die Kantische Kunstlehre zugleich zur Grundlage einer ästhetischen Theologie und Religionsphilosophie.

Die drei Kritiken waren Fries' erste philosophische Lektüre schon während seiner Schulzeit an der Erziehungsanstalt der Herrnhuter Brüdergemeinde in seiner Geburtsstadt Barby, 1789-1793. Von ihnen ausgehend, entwickelte er in jahrelanger Gedankenarbeit seine eigenen Antworten. Seine Philosophie ging von einer „realistischen“ Interpretation der Kantischen Ding-an-sich-Problematik aus. Aber er verschärfte die Kantische These, daß man vom Ding an sich, also von einer eigentlichen Realität „hinter den Erscheinungen“, nichts wissen könne, zu der These, daß die unbestreitbare Überzeugung von einer solchen Realität nur auf einem „Glauben“ an die „Realität der Außenwelt“ beruhen könne. Mit dieser These näherte er sich dem „Glaubensphilosophen“ Friedrich Heinrich Jacobi (1743-1819), für den er auch sonst in einigen Rezensionen, besonders in der Schrift „Von deutscher Philosophie Art und Kunst. Ein Votum für Friedrich Heinrich Jacobi gegen F.W.J. Schelling“, erschienen 1812, eintrat.[12] Dadurch beschränkte Fries zugleich eigentliches Wissen und Wissenschaft auf den Bereich der „inneren Erfahrung“. Dieser teilte sich in seinen Augen auf in die empirische Psychologie oder „Psychische Anthropologie“ und die rationale apriorische Transzendentalphilosophie. Ersichtlich knüpfte er dabei an die vorkantische Unterscheidung Christian Wolffs (1679-1754) zwischen einer empirischen und rationalen („apriorischen“) Seelenlehre an. Zu betonen ist, daß damit auch die empirische Psychologie, für die Fries so Entscheidendes leistete, ihre apriorischen Grundlagen erhielt, was den so oft erhobenen Vorwurf des „Psychologismus“ widerlegt.

Auf dieser gedanklichen Grundlage entwickelte Fries eine Wissens- bzw. Wissenschaftslehre. Für die Naturwissenschaften und die Mathematik hat er sie im „Entwurf des Systems der theoretischen Physik“ von 1813 und vor allem in „Die mathematische Naturphilosophie nach philosophischer Methode bearbeitet“ von 1822 vorgetragen.[13] Da er in Heidelberg seit 1812 auch den Lehrstuhl für Physik innehatte und in Jena nach den Wartburgereignissen zunächst 1819-1824 suspendiert und dann mit einem philosophischem Lehrverbot bestraft wurde, wohl aber Mathematik und Physik weiter lehren durfte, hat Fries diese Themen besonders umfangreich bearbeitet. Er zeigte, daß das Wissen aus dem Zusammenspiel von sinnlicher Anschauung und theoretisch-synthetischer Tätigkeit des Verstandes entsteht und dabei grundsätzlich der Innensphäre des Bewußtseins angehört, selbst wenn bezüglich der Anschauung vom „äußeren Sinn“ und bezüglich des naturwissenschaftlichen Wissens von einem Wissen über die „äußere Natur“ gesprochen wird. Denn es bleibt die Grundvoraussetzung bestehen, daß der Bezug der Inhalte der „äußeren“ Anschauung auf eine äußere Natur an sich niemals selbst wissenschaftlich demonstriert, sondern nur geglaubt werden kann. Was Kant noch unter der Formel vom „empirischen Realismus“ zu fassen versuchte, ist bei Fries wissenschaftstheoretisch in den Bereich des „transzendentalen Idealismus“ einbezogen.

Für die noch nicht der Philosophie entwachsenen Disziplinen, die man später als „Geisteswissenschaften“ bezeichnet, wird entsprechend die „innere Natur“ zum Gegenstand. Für die innere Beobachtung beruft sich Fries, analog zum äußeren, auf einen „inneren Sinn“, aus dessen Zusammenspiel mit der theoretischen „Selbstreflexion“ das Wissen über diese innere Natur entstehen soll.[14] Aber dieses Wissen um die innere Natur, das „Seelenleben“, kann im Gegensatz zum Wissen um die äußere Natur nicht in mathematische Formen gebracht werden. Von allen mathematischen Kategorien ist darauf nur diejenige der Stetigkeit der Phänomene anwendbar. Hier bleibt für die Strukturierung des Wissens die Logik und zumal die logische Begriffsbildung die grundlegende Methode. Fries legt dabei so etwas wie ein Drei-Stadien-Gesetz historischer Entwicklung zur „gesunden Logik“ in den Wissenschaften, besonders der Philosophie selber, zugrunde: die Stadien Tradition, Mystizismus und Logik.[15] Am Anfang jeder wissenschaftlichen Entwicklung stehen sprachliche und kulturelle Traditionen altüberkommener lebenspraktischer oder religiöser Ansichten. An ihnen übt sich das formale logische Vermögen der „Spekulation“, das noch nicht genau zwischen den Anteilen der sinnlichen Anschauung und Intuition und den apriorisch-formalen Schemata abstrakter Begriffe zu unterscheiden weiß. So kommt es zur Ausbildung des Mystizismus, der beliebige Anschauungen mit richtigen Abstraktionen verwechselt. Mystische Systeme sind aber nicht nur frühe Phasen der Entwicklung menschlichen Denkens, sondern sie sind auch die ständige Gefahr eines logisch unfähigen fortgeschrittenen Bewußtseins. So ist es gerade der Mystizismus, nämlich die logisch falsche Hypostasierung beliebiger sinnlicher Gegebenheiten, die Fries Schelling und den meisten seiner berühmten philosophischen Zeitgenossen in seiner „Geschichte der Philosophie“ von 1838-1840 als „neuere große Rückschritte“ vorwirft.[16]

Wie steht es, von hier aus gesehen, mit dem Wissenschaftscharakter der hermeneutisch verfahrenden Geisteswissenschaften und insbesondere mit dem der dogmatischen Jurisprudenz und Theologie? Fries macht einen Unterschied zwischen „profaner“ und „sanktionierter“ Auslegung. Erstere unterliegt ganz und gar den geschilderten logischen Anforderungen und ist nur forschend darauf gerichtet: „Was hat der Mann hier sagen wollen?“ Die sanktionierte Auslegung, die es mit den historisch überkommenen und mit einer Autorität ausgestatteten Texten zu tun hat, „daß das Gesagte wahr und das Beste seiner Art sei“, verfällt dagegen ganz seinem Verdikt der Unwissenschaftlichkeit. Er formuliert in einem hübschen Bilde: *„Die Gelehrten sind eine Art Korallenwürmer, die nicht über sich bauen nach Luft und Licht, sondern großenteils unter sich ins Finstere, so daß jede Zeit das ganze Papier der Vorzeit zu tragen bekommt. Alte Worte gelten uns mehr als neue Gedanken, selbst in der Philosophie soll es der Mühe lohnen, Antiquitäten zu sammeln, ja dies Sammeln gilt sogar mehr als Suchen nach der Wahrheit. So legen sich Korallenfelsen des verstei-*

136 Die Burschenfahrt auf die Wartburg, 18.10.1817
Anonymer Kupferstich, um 1817
19 x 27 cm
Würzburg, Institut für Hochschulkunde, Sammlung Verband Alter Corpsstudenten
Zum Andenken an die religiöse Befreiung durch die Thesen Martin Luthers 1517 und an das Ende der Fremdherrschaft nach der Niederlage Napoleons in der „Völkerschlacht“ bei Leipzig 1813 zogen etwa 500 Studenten und einige Professoren aus dreizehn Universitäten in altdeutscher Tracht, bekränzt mit Eichenlaub, auf die Wartburg. Am Abend der Feier kam es zu einem Eklat, als einige Teilnehmer, in Anlehnung an Luthers Verbrennung der päpstlichen Bannbulle (1520), Schriften wie August von Kotzebues „Geschichte des deutschen Reiches“ und, als Symbole politischer Knechtschaft, einen Militärzopf, einen Ulanenschnürleib und einen Korporalsstock verbrannten.

137 Die Wartburgfeier
Stahlstich von W. Poduba, um 1818
9,0 x 11,7 cm
Würzburg, Institut für Hochschulkunde, Sammlung Deutsche Gesellschaft für Hochschulkunde
Verbrennung von Büchern, die in den Augen der Studenten „unwürdig und verderblich“ waren für die Zukunft Deutschlands.

nerten Lebens der Vorzeit unserem Volk auf die Schultern." Insbesondere von der dogmatischen Theologie heißt es dabei: „So brauchen manche zum Prinzip ihrer biblischen Auslegung jene Gefangennehmung der Vernunft unter den Glauben, über welche die Logik kein Urteil hat, weil sie im Streite selbst Partei ist." Von der dogmatischen Jurisprudenz heißt es bündig: „Die Sanktion des Corpus Juris macht überhaupt unser juristisches Urteil sehr borniert durch die Beschränkung auf römische Begriffe und Ansichten."[17]

Man kann daraus entnehmen, daß Fries der Theologie und Jurisprudenz soviel an Wissenschaftlichkeit zubilligt, wie logisch einwandfreie philologisch-historische Forschung in ihnen zum Tragen gelangt. Freilich dürfte er dabei die heuristische und technische Bedeutung der „dogmatischen" Auslegung, die er hier „sanktionierte" nennt, sehr unterschätzen. Viel wichtiger und folgenreicher ist aber, daß er die Jurisprudenz und Theologie auf ganz neue Grundlagen der praktischen Philosophie und Ästhetik stellt.

Die praktische Philosophie, welche die Grundlagen für die Ethik und das (Natur-)Recht klarzustellen hat, ist eine Disziplin von den Willenszielen und Zwecksetzungen des Menschen, die als Werte gegenüber den Unwerten ausgezeichnet werden können. Ihre logischen Mittel sind – im Gegensatz zur theoretischen Philosophie, die es mit Erkenntnisurteilen zu tun hat – Werturteile, die solche Werte anerkennen. Wie man sieht, wird dadurch die Kantische formale Ethik und Rechtsphilosophie des kategorischen Imperativs zu einer inhaltlich-materialen Wertethik und einem Werterecht umgestaltet. An die Stelle des kategorischen Imperativs tritt bei Fries ein oberster Wert, von dem alle anderen sittlichen und rechtlichen Werte abgeleitet werden: Es ist der absolute Wert der menschlichen Person, der sich im Begriff der Würde der Person ausdrücken läßt. Es ist viel zu wenig beachtet worden, daß Fries damit den Anstoß für eine Entwicklung gegeben hat, die die unantastbare Würde des Menschen zu einer Grundnorm fast aller modernen Verfassungen gemacht hat.

Die Ausarbeitung der ethischen Implikationen dieser Lehre findet man am übersichtlichsten in seinem „Handbuch der praktischen Philosophie oder der philosophischen Zwecklehre. Erster Teil: Ethik, oder die Lehren der Lebensweisheit" von 1818 dargestellt.[18] Die rechtlichen und politischen Gesichtspunkte bilden zugleich den Inhalt einer Reihe von Gelegenheitsschriften, durch die Fries in das öffentliche Geschehen seiner Zeit eingriff.[19] Durch sie wurde er, ein glühender Patriot, zum Wortführer der damaligen Studentenbewegung, die im Wartburgfest der deutschen Burschenschaft vom Oktober 1817 kulminierte. Sein Eintreten für Verfassung, nationale Erneuerung, Sozialgesetzgebung zur Sicherung gerechter und auskömmlicher Arbeitseinkommen und Fürsorge für die Arbeitsunfähigen sowie seine harsche Kritik an der Kolonialpolitik der Großmächte, am aufkommenden Kapitalismus, an der Proletarisierung der Arbeiterschaft machten ihn bei der jungen Generation ebenso beliebt wie bei den deutschen Regierungen verhaßt. Fries schadete zudem, daß einer seiner Schüler, der Theologiestudent Carl Ludwig Sand (1795-1820), den Dramatiker August von Kotzebue, der in seinem *Literarischen Wochenblatt* die liberalen Ideen und vaterländischen Ideale der Burschenschaft ironisierte, als Vertreter der Reaktion, als Feind der deutschen Einheit und Freiheit und als russischen Agenten verdächtigte und ihn am 23. März 1819 in Mannheim ermordete. In Jena, dem Zentrum des aufkeimenden studentischen Selbstbewußtseins, wohin er 1816 berufen worden war, wurde Fries so von 1819 bis 1824 mit einem Lehrverbot, wenn auch unter Belassung seines Gehaltes, belegt; und auch danach beschränkte man seine Lehrbefugnis zunächst auf Physik und Mathematik. Das hat kurzfristig seiner Wirksamkeit und besonders einer Schulbildung, wie sie vergleichbaren Kollegen gelang, geschadet. Seine politischen Ideen blieben jedoch bis in das 20. Jahrhundert virulent. Die neufriesische Schule um den Göttinger Philosophen und Sozialisten Leonard Nelson (1882-1927) machte sie

138 Er sei „ihr als stiller Mensch bekannt geworden" und habe „beim Abschied viel Religiosität geäußert".
Zeugnis der Amtsschreiberwitwe Kegelen, Sands Tübinger Wirtin 1814/15, 29.3.1819
Akten betreffend die Untersuchung gegen den Studenten Sand wegen Ermordung des Staatsrats von Kotzebue, Tübingen
Tübingen, Universitätsarchiv

139 Pfeifenkopf mit eingekerbten Studentennamen, darunter „C. Sand"
Holz, um 1815
L. 9,2 cm, Dm. 4,4 cm
Tübingen, Universitätsarchiv

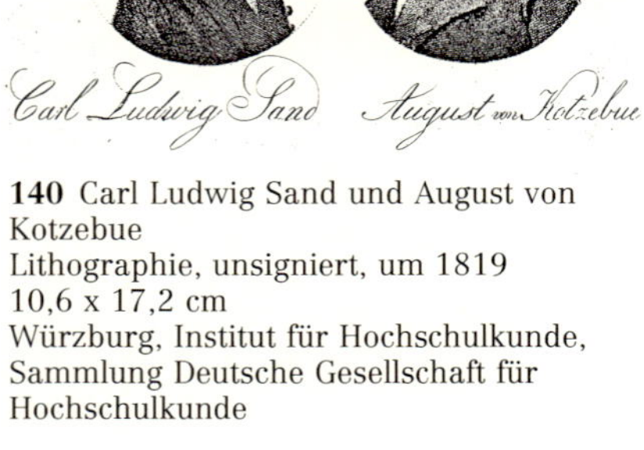

140 Carl Ludwig Sand und August von Kotzebue
Lithographie, unsigniert, um 1819
10,6 x 17,2 cm
Würzburg, Institut für Hochschulkunde, Sammlung Deutsche Gesellschaft für Hochschulkunde

zur Grundlage des Internationalen Sozialistischen Kampfbundes[20], der von den Nationalsozialisten aufgelöst und dessen Mitglieder verfolgt und teils umgebracht, teils ins Exil getrieben wurden. Die Nationalsozialisten ihrerseits nahmen Fries als „völkischen" Denker in Anspruch.[21] Dabei spielte eine bedeutende Rolle, daß er sich in einer Flugschrift „über die Gefährdung des Wohlstandes und Charakters der Deutschen durch die Juden" von 1816 – einem Sonderdruck dreier Rezensionen von Büchern zur Judenfrage – für die „Liquidierung der Judenschaft" als einer „Mäkler- und Trödlerkaste", aber auch für ihre rechtliche Anerkennung als Religionsgemeinschaft ausgesprochen hatte.[22] In jüdischer Sicht gilt er daher als einer der ideologischen Wegbereiter des Holocaust.[23] Seine Verfassungsideen fanden im liberalen Rechtsdenken stets breite Resonanz, und zusammen mit seinen sozialen Ideen haben sie durch die Mitglieder der Philosophisch-Politischen Akademie des ehemaligen Nelsonkreises nach dem Kriege großen Einfluß auf die Programmatik der westdeutschen Gewerkschaften und der Sozialdemokratie gehabt. Auch in der DDR hat man seinen Beitrag zum „sozialistischen Kulturerbe" stets gewürdigt. So wurde auch sein Jenenser Denkmal restauriert und mit der erinnernden Aufschrift versehen, daß er es war, der einst Karl Marx' Promotion zum Doktor der Philosophie befürwortete.

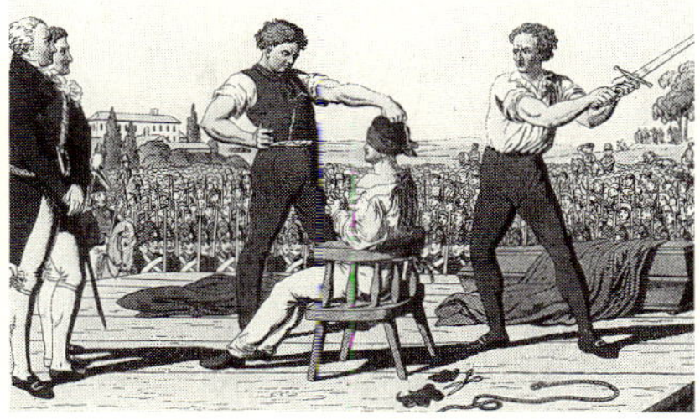

141 Kotzebues Ermordung
142 Kotzebues Tod
143 Sand, der Gefangene
144 Sands Abführung zum Richtplatz
145 Sand auf dem Blutgerüst
146 Sands Ende
Karl Ludwig Sands Attentat auf August von Kotzebue und seine Hinrichtung in Mannheim
Sechs kolorierte Kupferstiche von Johann Michael Voltz, um 1820
Jeweils ca. 18 x 25 cm
Tübingen, Universitätsbibliothek, Bildersammlung

Angesichts der Gediegenheit und der langfristigen Nachwirkung seines Werkes wird man Fries in der nachkantischen Zeit eine ebenbürtige Stellung neben Fichte, Schelling, Hegel und Schopenhauer einräumen müssen. Gelten diese als die großen Vertreter des Idealismus, so führt Fries die lange Reihe der „deutschen Realisten" an. Aber wie sich die Impulse seines Werkes wesentlich auf die Klärung und Förderung der philosophischen Grundlagen der Einzelwissenschaften richteten, so waren auch seine bedeutendsten Schüler zunächst Einzelwissenschaftler, insbesondere Mathematiker und Naturwissenschaftler: so der Mathematiker und spätere Leiter des Realschulwesens im sächsischen Kultusministerium Oskar Schlömilch (1823-1901), Ernst Friedrich Apelt (1815-1859), Matthias Jakob Schleiden (1804-1864), der Entdecker der Pflanzenzelle, Ernst Sigismund Mirbt (1799-1847) und Heinrich Johann Theodor Schmid (1799-1836). Apelt, Schleiden, Schlömilch und Schmid gaben von 1847 bis 1849 „Abhandlungen der Friesschen Schule" heraus, die von 1904 bis 1937 mit einigen Unterbrechungen von Leonard Nelson und anderen fortgesetzt wurden und ihrerseits in der Zeitschrift *Ratio* eine Nachfolge fanden.

Aber neben denen, die sich in ihren Schriften auf Fries beriefen, stehen andere, die ihn ebenfalls in seinen Vorlesungen erlebt und nachhaltige Einflüsse von ihm erfahren haben, ohne dies nach außen sichtbar zu machen. Dazu gehörte auch Adolph Diesterweg. Fries selbst hielt sich für einen schlechten Redner und Lehrer und hat wiederholt die mangelnde Resonanz unter seinen Hörern beklagt. Doch mag solche Skepsis der Selbsttäuschung eines Hochschullehrers entspringen, der wenig darüber erfährt, wie sehr seine Studenten von seinem Denken für das weitere Leben geprägt werden. So manche Nachschrift seiner Vorlesungen im Düsseldorfer Fries-Archiv, und erst recht seine Vorlesungsmanuskripte zeigen deutlich, mit welcher Sorgfalt und Gründlichkeit sie ausgearbeitet und aufgenommen wurden. Überdies: auch außerhalb des Hörsaals konversierte er gern mit seinen Studenten, indem er sie zu Spaziergängen oder zu sich nach Hause einlud. Ob auch Diesterweg zu diesem Zirkel Auserwählter gehörte, wissen wir nicht. Wohl aber kannte er viele von denen, die von Fries in den Bann geschlagen wurden und voller Hochachtung von ihm sprachen.

Die Bedeutung der Fries'schen Lehren für seine eigenen Überzeugungen hat Diesterweg nie verleugnet. Was er von Fries lernen konnte, das hat er aufgenommen, festgehalten und in seinem pädagogischen Wirken in die Tat umgesetzt: eine philosophische Anthropologie, die das „Selbstvertrauen der Vernunft“ in jedem Menschen zu wecken und zu stärken lehrt und damit jeder pädagogischen Bemühung die Richtung weist; und die Einsicht, daß die „handwerklichen“ Gewerbe im beginnenden Industriezeitalter nur zu heben und zu verbessern sind, wenn sie auf die solide Grundlage der mathematischen Naturwissenschaften gestellt werden.

Sein Heidelberger Studiensemester hingegen hat er später weitgehend verschwiegen. Zwar führte er es in seiner Bewerbung um das Direktorat des neu gegründeten Lehrerseminars in Moers auf[24], die er am 2. Februar 1820, nur wenige Monate nach dem folgenschweren Attentat auf Kotzebue und vor der Hinrichtung Sands am 20. Mai 1820 in Mannheim, an den preußischen Unterrichtsminister von Altenstein richtete. Als sich aber die endgültige Bestätigung im Amt immer mehr hinauszögerte, bat sein Bruder Wilhelm den Minister am 9. August 1823 dringend, eine rasche Entscheidung zugunsten seines Schützlings herbeizuführen. Dieser habe seine Studien in Tübingen *„in reinster Unschuld und den Wissenschaften ergeben“* zugebracht, so argumentierte er; Herborn und Heidelberg ließ er unerwähnt; *„...eine nie zu vergebende Sünde würde begehen, wer auf ihn den Verdacht demagogischer Umtriebe werfen wollte.“*[25] Wie Wilhelm, so vermied auch Adolph Diesterweg selbst nach den „Karlsbader Beschlüssen“ und den politischen Verfolgungen der Zeit, seinen Aufenthalt in jener Stadt öffentlich zu machen, die dem Sand'schen Tatort so nahe lag und die als Hochburg liberalen Denkens bald allen preußischen Landeskindern, die studieren wollten, verboten wurde.

1 Zit. n. Meinel, A.: Diesterwegs geistige Entwicklung bis zum Jahre 1820. Phil. Diss. Leipzig 1927, S. 52.
2 Vgl. Vorländer, K.: Geschichte der Philosophie. Bd. 3/1: Die Philosophie in der ersten Hälfte des 19. Jahrhunderts. Neu bearb. v. L. Geldsetzer. Hamburg 1975, bes. S. 81-103.
3 Zit. n. Henke, E.L.Th.: Jakob Friedrich Fries. Aus seinem handschriftlichen Nachlaß dargestellt. 2. Aufl. Berlin 1937, S. 49.
4 Fries, J.F.: Sämtliche Schriften. Bd. 17. Aalen 1975, S. 259-408. Bd. 24. Aalen 1978, S. 479-532, 31-359 u. 533-622 (FSS).
5 Brief an Beaulieu v. Dez. 1807. Zit. n. Henke, E.L.Th.: a.a.O., S. 119.
6 Vgl. dazu Kraft, H.: Jakob Friedrich Fries (1773-1843) im Urteil der Philosophiegeschichtsschreibung. Phil. Diss. Düsseldorf 1980.
7 FSS Bd. 2. Aalen 1982, S. 249-497.
8 Ebenda. Bd. 4-6 u. Bd. 1-2. Aalen 1967 bzw. 1982.
9 Ebenda. Bd. 3. Aalen 1968, S. 7-410 u. 413-755.
10 Vgl. Fries' Ausführungen „Von den Geisteskrankheiten“ in Bd. 2 seines Handbuches der Psychischen Anthropologie, S. 105-173. Zur Würdigung vgl. die Vorbemerkungen der Herausgeber in FSS Bd. 2.
11 Allg. Literatur-Zeitung, Jg. 45, 1829, Erg.-Bl. Bd. 1, Nr. 9-10, Sp. 65-80. FSS Bd. 17. Aalen 1975, S. 409-491.
12 FSS Bd. 24. Aalen 1978, S. 623-727. Rezension v. Jacobi, F.H.: Von den göttlichen Dingen und ihrer Offenbarung, u. Schelling, F.W.J.: Denkmal der Schrift von den göttlichen Dingen usw. des Herrn F.H. Jacobi und der ihm in derselben gemachten Beschuldigung eines absichtlich täuschenden, Lüge redenden Atheismus. In: Heidelberger Jahrbücher der Literatur Jg. 5, 1812, Nr. 8, S. 113-124, bzw. Nr. 22, S. 337-346.
13 FSS Bd. 14. Aalen 1974, S. 257-400, u. Bd. 13. Aalen 1979. Vgl. auch sein Lehrbuch der Naturlehre. Zum Gebrauch bei akademischen Vorlesungen. 1. Teil: Experimentalphysik. Jena 1826. FSS Bd. 15. Aalen 1973, sowie Populäre Vorlesungen über die Sternkunde, gehalten zu Heidelberg im Winter 1811 und 1812. Heidelberg 1813. 2. verb. Aufl. Heidelberg 1833. FSS Bd. 16. Aalen 1973.
14 Vgl. Bloching, K.-H.: J.F. Fries' Philosophie als Theorie der Subjektivität. Münster 1969.
15 Tradition, Mystizismus und gesunde Logik, oder über die Geschichte der Philosophie. In: Studien. Hrsg. v. C. Daub u. F. Creuzer. Bd. 6, 1811. FSS Bd. 20. Aalen 1969, S. 1-191.
16 FSS Bd. 18 u. 19. Aalen 1969. Vgl. Bd. 2, Anhang: „Polemische Bemerkungen über neuere große Rückschritte“, S. 633-733.
17 System der Logik. 3. Aufl. 1837, S. 407f. FSS Bd. 7. Aalen 1971, S. 575f.
18 FSS Bd. 10. Aalen 1970.
19 Philosophische Rechtslehre und Kritik aller positiven Gesetzgebung mit Beleuchtung der gewöhnlichen Fehler in der Bearbeitung des Naturrechts. Jena 1803. Vom deutschen Bund und Deutscher Staatsverfassung. Allgemeine staatsrechtliche Ansichten. Heidelberg 1816. 2. Aufl. u.d.T.: Die Verfassung und Verwaltung deutscher Staaten nach staatsrechtlichen Ansichten historisch-philosophisch dargestellt und geprüft. Heidelberg 1831. FSS Bd. 9. Aalen 1979, S. 1-206 u. 207-532. Politik oder philosophische Staatslehre. Handbuch der praktischen Philosophie, Bd. 2. Aus dem Nachlaß hrsg. v. E.F. Apelt. Jena 1848. FSS Bd. 11. Aalen 1970. Dazu auch sein populärer Roman: Julius und Evagoras oder: Die neue Republik. Heidelberg 1814. 2. Aufl. in 2 Bdn. u.d.T.: Julius und Evagoras oder: Die Schönheit der Seele. Ein philosophischer Roman. Heidelberg 1822. FSS Bd. 21 u. 22. Aalen 1973.
20 Vgl. Link, W.: Die Geschichte des Internationalen Jugendbundes (IJB) und des Internationalen Kampf-Bundes (ISK). Ein Beitrag zur Geschichte der Arbeiterbewegung in der Weimarer Republik und im Dritten Reich. Meisenheim 1964.
21 Vgl. etwa Wundt, M.: Der Philosoph J.F. Fries als Vorkämpfer des völkischen Gedankens. In: Göttinger Tageblatt Nr. 149 v. 28.6.1925, S. 2f.
22 Rezension v. Rühs, F.: Über die Ansprüche der Juden an das deutsche Bürgerrecht. Deutschlands Forderungen an den deutschen Bund. Die Juden und ihre Gegner. Ein Wort zur Beherzigung für Wahrheitsfreunde, gegen Fanatiker. Wir haben beide uns unser Volk nicht auserlesen. Nathan der Weise. Sämtl. in: Heidelbergische Jahrbücher der Literatur Jg. 9, 1816, Nr. 16-17, S. 241-264. Dazu Fries in seinen Aufzeichnungen: „Als ich eifrig gegen das Judentum als eine verderbliche gesellige Ausbildung im deutschen Volksleben sprach, die vorzüglich durch die schlechte Polizei der Reichsritter und allerlei Nachlässigkeiten in unseren kleinen Staaten so schädlich gewirkt hatte, so sagten mir die Leute nach, ich hasse die Juden und wolle ihr Verderben. Ich aber wollte, daß man das Judentum reformieren und als Handelskaste aufheben solle, damit die Juden als vollberechtigte Bürger in den Staat eintreten könnten, ohne ihre Nachbarn widerrechtlich zu übervorteilen.“ Zit. n. Henke, E.L.Th.: a.a.O., S. 157f.
23 Vgl. Kraft, H.: a.a.O., S. 24-26.
24 Meinel, A.: a.a.O., S. 43.
25 Zit. n. Bloth, H.G.: Adolph Diesterweg. Sein Leben und Wirken für Pädagogik und Schule. Heidelberg 1966, S. 47.

Wilfried Setzler

„Du bist Orplid, mein Land, Das ferne leuchtet“

Tübingen um 1810

„Da sind wir denn in Tübingen! Spät abends, bei vollem Mondschein, der die Berge und ihre vom Herbst wunderkräftig gebräunte Waldung schön beleuchtete, fuhren wir munter hier ein, und haben in den ersten Tagen die Stadt und Gegend, die Anstalten und zum Theil auch die Menschen, schon zur Genüge angesehen. Ob wir recht gethan, hierherzureisen?

Der Eindruck von manchem Einzelnen war gut, die Gegend ist schön, das Volk unterhaltend, die Männer, die uns anzogen, sind ihres Rufes werth; aber das Ganze wirkt auf uns gräßlich niederschlagend!... Wir finden die Stadt mit ihren Straßen und Häusern abscheulich, ein schmutziges Nest, schwarz, klein, baufällig; die Stuben, die man uns anbietet, sehen schrecklich aus, mittelalterige Fensterchen, schiefe Fußböden, klapprige Thüren; zwei Stühle, ein Tisch, ein Bett, und einige Nägel, um Kleider oder auch sich selbst daran aufzuhängen, sind die Möbel. Was man verlangt, ist nicht zu haben, fremd, vom Hörensagen bekannt; man schämt sich, man scheint sich frech, so viele Ansprüche zu machen. Dagegen ist die Landschaft prächtig, das Neckarthal und das Ammerthal laden zu den schönsten Spaziergängen ein, die Hügel bieten die reichsten Aussichten, die ganze Gegend hat einen lieblich schwermütigen Karakter.“[1]

147 Tübingen
Spazierende und reitende Studenten
Kolorierter Kupferstich, gedruckt von O. Ebner, um 1810
7 x 12 cm
Tübingen, Corps Rhenania

148 Studententrachten
Kolorierter Kupferstich, unsigniert, um 1820
12,2 x 16,3 cm
Würzburg, Institut für Hochschulkunde, Sammlung Verband Alter Corpsstudenten

149 Der Student
Zehn Bilder aus dem Studentenleben
Kolorierte Zinkographie von Lechner nach Gumbmann, Nürnberg, um 1830
28,0 x 22,5 cm
Würzburg, Institut für Hochschulkunde, Sammlung Verband Alter Corpsstudenten

So beschreibt der Medizinstudent und spätere Offizier, Diplomat und Schriftsteller Karl August Varnhagen von Ense (1785-1858) in seinen „Denkwürdigkeiten“ seine ersten Eindrücke von Tübingen im Wintersemester 1808/09.

Manches hat er dann beim zweiten Hinschauen revidiert. Über die Freundschaft mit Justinus Kerner, die Bekanntschaft mit dem Verleger Cotta, mit Ludwig Uhland, mit Johann Ferdinand Autenrieth, dem Medizinprofessor und späteren Universitätskanzler, entdeckte er die „innere Größe“ der äußerlich so „schmutzigen und engen“ Stadt – so daß er schließlich Monate später nur schwer Abschied nahm: *„Als ich draußen auf die Stadt zurückblickte, fühlte ich deutlich, daß der Ort mir doch schon liebgeworden, daß ich den Aufenthalt, den ich hier gemacht, und alle Zweifel und Schmerzen, die ich hier durchgekämpft, doch nicht entbehren möchte in meinem Leben.“*[2]

So, wie Varnhagen erging es in jenen Jahren vielen Tübinger Besuchern. *„In die schöne Harmonie der Natur bringt diese Stadt den unangenehmsten Mißklang. Mit dem größten Eigensinne, wüste Häuser und wüste, schlechte Straßen zu bauen, kann man es kaum weiter treiben als hier geschehen ist. Die Stadtmauer, die hier vom Neckar bespült wird, ist mit dicht aufeinanderstehenden Häusern besetzt. Wo der kleinste Zwischenraum zwischen den Dächern derselben gelassen ist, schaut ein anderes Haus hervor. Das ganze stellt einen verworrenen Haufen von den unangenehmsten Gestalten vor"*, notierte der Tübinger Student und spätere Kieler Professor für Physik und Chemie Christoph Heinrich Pfaff (1773-1852).[3]

150 Tübinger Marktplatz mit Rathaus
Aquarell von H. Doll, um 1830
31 x 38 cm
Tübingen, Universitätsbibliothek, Bildersammlung
151 Blick auf Tübingen
Gouache, unsigniert, um 1810/20
50,5 x 61,5 cm
Würzburg, Institut für Hochschulkunde, Sammlung Deutsche Gesellschaft für Hochschulkunde

Was heute ein Anziehungspunkt vieler Touristen und Besucher ist, Tübingens Neckarfront und das mittelalterliche Straßenbild, galt Diesterwegs Zeitgenossen als abstoßend. Der nostalgisch schwelgende, die einstige Wirklichkeit romantisierende Blick vergißt, daß Tübingen zur Zeit des Aufenthalts von Adolph Diesterweg noch kein Straßenlicht kannte, daß Hühner und Gänse, Katzen und Hunde frei auf den Straßen liefen, daß auch in der „oberen Stadt", dem Sitz der Musen, dem Wohnort der Professoren, dem Universitätsviertel, Misthaufen zum Straßenbild gehörten. Tübingen war zwar Stadt, aber auch Dorf, Universitätsdorf, von Provinzialität ebenso geprägt wie von Universalität.

Enge und Weite stoßen in Tübingen um 1810 allenthalben zusammen – und dies bleibt in der Folgezeit bis heute eines der treffendsten Charakteristika der Stadt. Augenfällig wird dieser Gegensatz am Beispiel des Verlegers Johann Friedrich Cotta (1764-1832): *„Ich glaubte meinen Augen nicht, als ich nach der Cotta'schen Buchhandlung fragte, und man mich in ein Lädchen wies, wo ich mich fast schämte einzutreten; so winzig, eng und schmucklos hab ich neue Bücher noch nie wohnen sehen"*[4], schreibt Varnhagen. Und doch war dies der Ort, in dem „die Schiller und Goethe recht eigentlich zu Hause sind, von wo sie ausgehen." Und wenn manche Besucher des Verlegers ihn eher süffisant auf den noblen Buchladen seines Kollegen Perthes in Hamburg mit seiner „schönen Einrichtung und weiten Räumen" hinwiesen, so bereitete das Cotta eher „süßes Behagen, daß man hier solchen Glanz nicht nötig habe und in der geringsten Einrichtung sich behelfe."[5] Im übrigen konnte Cotta mit Stolz anmerken, daß er die größten Honorare bezahle und in seinen Geschäften alles bestens gehe.

Tübingen um 1810, das war vor allem eine Stadt im Umbruch, im Aufbruch, eine sich dem neuen Zeitalter aufschließende Stätte auf dem Weg vom Mittelalter zur Moderne. Sogar ihr Äußeres begann die Stadt gerade zu verändern, zögernd noch und kaum merklich, doch

152 Drei Pfeifenköpfe mit Ansichten von Tübingen: Neckarbrücke, Neckarhalde, Schloß
Porzellan, um 1820/30
Jeweils L. 14,5 cm, Dm. 3,5 cm
Würzburg, Institut für Hochschulkunde
Tübingen, Universitätsarchiv
153 Pfeifenkopf mit Ansicht von Niedernau, Bad und beliebter studentischer Ausflugsort bei Rottenburg
Porzellan, um 1820
L. 9,8 cm, Dm. 2,9 cm
Tübingen, Universitätsarchiv

die Diskussionen über das Stadtbild, den Abbruch der Tore und Mauern begann. 1804 schon war das Neckartor abgetragen worden. Mit dem Umbau der alten Burse zum Klinikum, der zwischen 1803 und 1805 erfolgte, war der Abriß einiger Häuser an der Stadtmauer verbunden. Man erhoffte sich durch die „Entfernung des düsteren Anblickes der hohen schwarzen Thürme und Mauern“ eine „Beförderung des gesundheitspolizeilichen Zweckes mittels Herstellung eines freieren Luftzuges.“[6] 1809 wurde der neue Botanische Garten vor der Stadtmauer im Ammertal eröffnet.

Weit mehr aber als das äußere Gesicht begann sich das Leben in der etwa 6.000 Einwohner zählenden Stadt zu wandeln. Die Universität, noch vor wenigen Jahren geprägt von Nepotismus, gekennzeichnet von der Abwehr alles Neuen, erhielt nach der Auflösung der Hohen Karlsschule in Stuttgart und dank der „napoleonischen Flurbereinigung“ neue Professoren, neue Fächer, neue Studenten und neue Statuten.[7] Zum 1. Januar 1806 war Württemberg Königreich geworden, hatte sein Staatsgebiet und -volk verdoppelt. Mit einem Federstrich gewissermaßen waren die vielen hundert Klein- und Kleinststaaten des deutschen Südwestens – Ritterschaften, Reichsstädte, Klosterstaaten, Grafschaften – aufgelöst, jahrhundertealte Traditionen beseitigt worden. Nutznießer dieser beispiellosen Aktion waren schließlich nur das zum Großherzogtum erhobene Baden, die Fürstentümer Hohenzollern und eben Württemberg. Beseitigt wurden im Rahmen der „Flurbereinigung“ aber auch viele Privilegien und Sonderstellungen. Aus der autonomen Tübinger alma mater wurde eine staatliche Lehranstalt. Natürlich hatte dies gewaltige Spannungen in der Bevölkerung zur Folge.

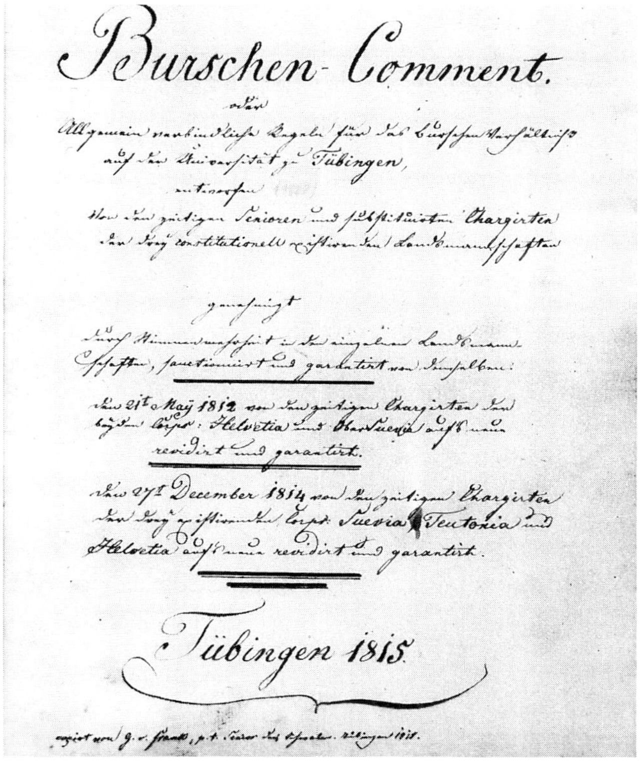
Burschen-Comment.

Tübingen,

Helvetia

December 1814

Suevia, Teutonia

Tübingen 1815.

154 Burschen-Comment oder Allgemein verbindliche Regeln für das Burschenverhältnis auf der Universität Tübingen, entworfen von den zeitigen Senioren und substituirten Chargisten der drey konstitutionell existirenden Landsmannschaften (Corps Suevia, Teutonia, Helvetia)
Handschrift, Tübingen 1815
Tübingen, Corps Rhenania

155 Tasse und Untertasse mit Darstellung verschiedener Studententrachten
Porzellan, um 1835
H. 8,8 cm, Dm. 8,2 und 13,1 cm
Würzburg, Institut für Hochschulkunde, Sammlung Deutsche Gesellschaft für Hochschulkunde

Um 1810: das waren an der Universität und in der Stadt Jahre der sich jagenden Gerüchte, der unbewältigten Veränderungen und der sich ankündigenden Umwälzungen. Der württembergische König Friedrich I. (1754-1816) hatte 1806 die Stände entmachtet, regierte wie ein absoluter Monarch. Ein Hauptaugenmerk legte er auf die Universität Tübingen, war und blieb sie doch die einzige Hochschule Württembergs. Trotz aller Proteste, Einwände, gelehrter Schriftsätze und zahlloser Bittbriefe entmachtete er den Senat. 1809/10 wurde eine neue Universitätsverfassung vorbereitet, die schließlich als Organisationsgesetz die Stellung der Universität und ihrer Angehörigen

in Staat und Gesellschaft neu ordnete.[8] Vor dem Gesetz wurden nun alle gleich: Professoren, Studenten und Bürger. Die Professoren der württembergischen Landesuniversität, von Friedrich gemeinhin nur für „Schreiber, Schulmeister und Barbiere" gehalten, durften keinen Ruf ins Ausland annehmen. Dies alles geschähe, ließ der König mitteilen, um der *„Universität unseres Reiches in all ihren Einrichtungen einen höheren Grad der Vollkommenheit zu geben, wodurch den Forderungen des Zeitalters und dem Zweck einer gründlichen wissenschaftlichen Bildung der Studierenden entsprochen wird."*[9] War es Spott oder Trost? 1811 erhielt Tübingen den Titel „die gute Stadt".

Rücksichtslos setzte sich der König – „siehe, ich mache alles neu", war sein Lieblingsspruch – auch über das alte Recht hinweg, das die Studenten vom Militärdienst befreite. Die Umwälzungen in Europa, das Bündnis Württembergs mit Napoleon erzwangen die Aufstellung riesiger Truppenkontingente. In der „Militärkonskriptions-Ordnung" von 1809 wurde die Verpflichtung zur Verteidigung des Vaterlandes für jeden im Königreich geborenen Untertanen festgeschrieben. Da richteten auch alle Schreiben des Senats nichts aus, der nachdrücklich darauf hinwies, daß sich schon auf das Gerücht hin, Studenten würden wirklich und noch während ihres Studiums einberufen, eine „Muthlosigkeit und eine Gleichgültigkeit gegen alles Studiren" ausbreite.[10] Friedrich enthob daraufhin in einem barschen Reskript vom 18. Januar 1811 den Rektor seines Amtes. Viele württembergische Studenten kehrten aus dem Rußlandfeldzug Napoleons 1812 nicht zurück.

Von den Veränderungen waren also auch die Studenten betroffen, ergriffen, bewegt. Auch bei ihnen gärte es: die akademische Jugend war bereit, wie es einmal formuliert wurde, in den Gang der deutschen Geschichte einzutreten.

Zu lasch gehe die Universität mit ihren Studenten um, wer sich „Gewalttätigkeiten und Unordnungen zu Schulden kommen lasse", solle künftig „sofort daselbst arretiert und von der Orts-Obrigkeit", also nicht von der Universität, bestraft werden. Besonders beachtet, ja argwöhnisch bewacht werden müßten alle Formen studentischer Zusammenschlüsse. Veranlaßt zu solchen Äußerungen sah sich König Friedrich, nachdem unter anderem 1808 eine „geheime Gesellschaft" von 14 jungen Leuten, großteils Studenten, aufgedeckt worden war, die wegen des politischen Klimas das Land verlassen und nach „Otheiti" (Tahiti) auswandern wollten, um „dort ein demokratisches Gemeinwesen auf der Grundlage des Tauschhandels" zu begründen.[11]

Weit weniger utopisch waren die Ziele der übrigen Studentenzusammenschlüsse, gegen die sich von nun an die Regierungsorder richtete. Zu den alten traditionellen landsmannschaftlichen Verbindungen waren im Gefolge der napoleonischen Gebietsreform neue getreten: zur Suevia der Altwürttemberger die Obersuevia und die Franconia der Neuwürttemberger – alle auch für „ausländische" Studenten offenstehend. Kameradschaft und Geselligkeit, Tabakrauchen und Biertrinken, und immer wieder Gespräche und Diskussionen um die Neugestaltung des politischen und gesellschaftlichen Lebens standen im Mittelpunkt dieser Gemeinschaften. Doch allzu oft war ihr öffentliches Auftreten eher von Großmannssucht und Prahlerei, von Rüpelei und Provokation, von Händelsucht und Völlerei geprägt. Die Klagen der städtischen Bevölkerung und die Protokolle des Senats, die sich mit studentischen Exzessen beschäftigen, sind Legion: Ehr-Händel und Duelle bestimmten trotz aller Verbote den studentischen Alltag. Mit Vorliebe wurden – natürlich ohne Einladung – Hochzeiten besucht; „Freudenbezeugungen" beim Rektoratswechsel endeten im Chaos. Hinter solchen Aktionen allerdings standen neben der Lust am Krakelen und Krawall auch politische Motive. Dies vor allem veranlaßte wiederum die Regierung, mit stets neuen Verboten einzugreifen und das studentische Leben bis in die kleinsten Kleinigkeiten zu reglementieren. Drakonische Bestimmungen sorgten für „Grabesruhe",

156 Burschengarderobe
Stammbuchblatt, um 1810
8,0 x 12,5 cm
Tübingen, Corps Rhenania

157 Mensur der Tübinger Burschenschaft contra Corps Franconia
Porzellanpfeifenkopf, um 1826
L. 12,5 cm, Dm. 3,6 cm
Tübingen, Universitätsarchiv
158 Deckelglas mit Ansicht von Tübingen
Glas, Zinn, Porzellan, 1858
H. 13 cm, Dm. 9 cm
Tübingen, Universitätsarchiv
159 Schwarzrotgoldene Mütze der Burschenschaft Germania
Samt, Lederschirm, Mitte 19.Jh.
Dm. 28 cm
Tübingen, Universitätsarchiv
160 Studentischer Stoßdegen
Stahl, schwarzrotgold koloriertes Stichblatt, um 1820
L. 97,5 cm, Dm. Stichblatt 12,0 cm
Würzburg, Institut für Hochschulkunde, Sammlung Stadt Würzburg
161 Neues deutsches allgemeines Commers- und Liederbuch. 3., vermehrte und verbesserte Auflage Tübingen 1820 (1815)
Würzburg, Institut für Hochschulkunde, Sammlung Deutsche Gesellschaft für Hochschulkunde

die Disziplin- und Kreditgesetze wurden verschärft, alles, war nur entfernt mit Aufruhr in Verbindung gebracht werden konnte, wurde untersagt. Den Studenten waren so die „vivat-Rufe“ ebenso verboten wie jedes Musikvergnügen; so wurde das Tragen von „Cordons“, also jener schmalen Borten, Tressen und Litzen, die von den Studenten als Kennzeichen ihrer Zugehörigkeit zu den Landsmannschaften am Rock befestigt wurden, ebenso untersagt wie das Tragen von „Seitengewehren“, Degen oder Säbeln.[12]

162 Studentische Mensur: Tübinger Burschenschaft contra Corps Franconia
Aquarell, unsigniert, um 1822
13,7 x 20,3 cm
Würzburg, Institut für Hochschulkunde, Sammlung Stadt Würzburg

Alles in allem, in jenen Jahren um 1810 standen die Studenten zwar an der Schwelle der Politisierung, doch noch mündete die Bewegung als Antwort auf Umsturz, Krieg, Bespitzelung und Unterdrückung mehrheitlich in eher friedliche, friedfertig-freundliche Aktionen, brach sich eher Bahn in poetisch-literarischer Form. 1809 schrieb Ludwig Uhland sein Gedicht vom „guten Kameraden“, begann Gustav Schwab sein Theologiestudium in Tübingen, fand Wilhelm Hauff Aufnahme in der schola anatolica, in der Tübinger Lateinschule, waren Justinus Kerner, Ludwig Uhland und Karl Mayer dabei, „gegen die letzten Verfechter des alten Zopfregiments in der vaterländischen Literatur gewaltige deutsche Hiebe“ zu führen. Mit ihrer Tafelrunde „Ritter des Geistes“, ihrer „Schwäbischen Dichterschule“, inbesondere mit ihrem „Sonntagsblatt für gebildete Stände“ mischten sie sich – wie Justinus Kerner dem Verleger Cotta spöttisch mitteilte – „wie Frösche unter die Lerchen und Nachtigallen“.[13]

Tübingen um 1810, das ist die Stadt der Dichter, der schwäbischen Romantiker, deren Gedichte, deren Werke noch handschriftlich kursierten, aber bald Berühmtheit und einen Bekanntheitsgrad, der weit über Tübingen und Schwaben hinausging, erlangen sollten. Und unten im Turm am Neckar – für Stefan George „Gruft und Tempel zugleich“ – lebte seit 1807 der „edle Dichter des Hyperion und so manchen herrlichen Liedes voll Sehnsucht und Heldenmut“, der kranke Hölderlin,[14] liebevoll versorgt von einem Tübinger Schreinermeister: *„Er raset nicht, aber spricht unaufhörlich aus einen Einbildungen, glaubt sich von huldigenden Besuchern umgeben, streitet mit ihnen, horcht auf ihre Einwendungen, widerlegt sie mit größter Lebhaftigkeit, erwähnt großer Werke, die er geschrieben habe, anderer, die er jetzt schreibe, und all sein Wissen, seine Sprachkenntniß, seine Vertrautheit mit den Alten, stehen ihm hierbei zu Gebot.“*[15]

Das Bild von der engen, dreckigen Stadt gilt noch, beginnt aber um 1810, sich romantisch zu wenden. Die Straßen sind nun nicht mehr

163 Mensur auf einer Studentenbude
Kolorierter Kupferstich von M.G. Prestel, um 1809
32,5 x 51,0 cm
Tübingen, Universitätsarchiv

164 Kneipe der Tübinger Burschenschaft
Aquarellierte Zeichnung von Johann Carl Philipp Reimold, um 1820
15,2 x 22,0 cm
Tübingen, Universitätsarchiv

165 Universitätspedell auf seinem Kontrollgang durch die Tübinger Wirtshäuser
Karikatur
Teilkolorierte Federzeichnung eines Studenten, um 1825/30
12,3 x 15,6 cm
Tübingen, Universitätsarchiv

166 Untersuchung des Akademischen Senats der Universität Tübingen, unter anderem gegen Adolph Diesterweg, nach Tätlichkeiten zwischen Studenten und Tübinger Bürgern am 16.11.1809: Bericht des Universitätspedells Friedrich Payer, der auf einem Patrouillengang um 9 Uhr abends an den Ort des „Tumultes" gerufen wurde

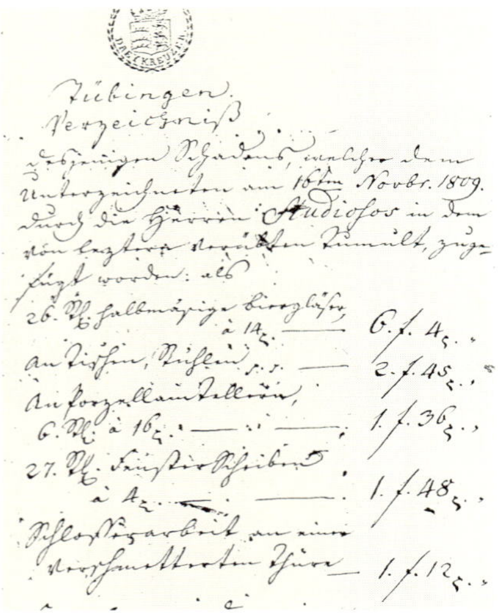
Tübingen.
Verzeichniß
16ten Novbr. 1809.
Studiosos
6. f. 4
2. f. 45
1. f. 36
1. f. 48
1. f. 12

167 Verzeichnis des von den Studenten angerichteten Schadens
an Tischen und Stühlen, zerschlagenen Biergläsern, Porzellantellern und Fensterscheiben, vorgelegt von Karl Elias Schott, Bierwirt, 27.11.1809

168 Strafurteil des Akademischen Senats, 7.12.1809
Unter den zahlreichen Beschuldigten wird Diesterweg zu einer vergleichsweise milden Geldstrafe von einem Taler verurteilt.
Protokollbuch des Akademischen Senats 1808-1812
Tübingen, Universitätsarchiv

bucklig, sondern „steilgässig, wie für einen rechten Ritter". Die Studenten, allen voran die Nichtwürttemberger, begannen zudem, die Umgebung der Stadt zu entdecken. Sie zog es nun hinaus auf das Land. Die nassen, häufig überschwemmten Neckarwiesen vor der Stadtmauer wurden zu „sanften, unendlich verschleierten Auen", die steilen und steinigen Weinberge samt ihren sauren Trauben im Ammertal zu „Rebengärten gleich wie im Altertum, purpurschwellend wie die Falernertraub". Zum Elysium wird jedes Waldtal. Briefe belegen, daß das „Wandeln schmerzlich-selig" erlebt wurde.[16] Die Studenten und nach ihnen das Bürgertum entdeckten den Zauber der Natur und der Stadt. Ausflüge zu Pferd oder mit dem Wagen gehörten zum studentischen Leben wie der Wein zum Essen. 38 Kutscher zählte man 1810 in Tübingen. Sie lebten, wie die Wirte, Lithographen, Stammbuchmaler, fast ausschließlich von den Studenten. 38 Kutscher bei etwa 350 Studenten, das stellte eine enorme „Kutscherdichte" vor, macht aber auch deutlich, wie sehr Geselligkeit, Ausfahrten, Vergnügungen den studentischen Alltag bestimmten. Die uns überkommenen Stammbuchbilder, Blätter der Erinnerung, Pfeifenköpfe und Kaffeetassen jener Zeit zeigen die Studenten reitend, fechtend, rauchend, trinkend und mit „sanften Mädchen im Arm" im Ringelreihen auf Bläsibad, im Reigentanz in Bad Niedernau oder wandelnd durch die „empfindlichen und gesegneten Fluren, die so verschieden geschlungenen lieben Wege".[17]

Doch nicht nur die Kutscher lebten von den Studenten. Die halbe Stadt lebte von ihnen. Selbst Professoren verschafften sich über Zimmervermietungen und Kosttische ein Zubrot. Die Preise für die Zimmer „sind sehr verschieden, ohne Bett von etlich und 20 bis etlich und 30 Gulden jährlich, kommt noch das Bett hinzu, so macht es ungefähr 10 Gulden mehr", teilte 1809 Ludwig Uhland einem Freund mit.[18] Die Zimmer waren im übrigen einfach ausgestattet, „ohne Sopha", denn „Studenten und Professoren haben solche schwelgerische Gewohnheiten nicht". Kein Luxus also in Tübingen. Aber hofiert wurde den „Herren". Und vieles wurde hingenommen: Raufereien, Saufereien, Spuks und Narreteien. Der Karzer gehörte zum studentischen Leben.

Zum geistigen Klima der Stadt beigetragen hat sicher auch jenes Spannungsverhältnis von oberer und unterer Stadt. Auf dem Hügel oben zwischen Stiftskirche und Schloß, auf der Neckarseite, war die „Kulturwelt" angesiedelt. Hier wohnten die Professoren, waren die akademischen Institute, alle „mit dem Ausblick auf den zwischen Wiesen und Weiden sanft dahinwallenden Fluß, den baumreichen Wöhrd und im Hintergrund stachelförmig aufsteigend die blaue Schwabenalb." Und unten „hauste" der Tübinger „Ureinwohner", Weingärtner, Feldbauer, Viehhalter, ein „Geschlecht, von der Kultur unbeleckt, trotz der vielhundertjährigen Nachbarschaft der Musen".[19] In jener

Zeit galt der Tübinger Unterstadtbewohner, der Tübinger Weingärtner als ein „gens sui generis": *„von ausnehmend hartem, zähem Stoffe, leistet er in der Arbeit Außergewöhnliches und repräsentiert nahezu eine mittlere Pferdskraft, ermangelt aber dafür alle jener Gefühle, welche man unter dem Begriff Pietät zusammenfaßt. Stoff und Form seines Daseins wußte er gegen den Schliff der Zeit mit solchem Erfolg zu wahren, daß man oft glauben möchte, es sei zwischen seinem Wohnsitz, der unteren Stadt, und dem Musensitz in der oberen nicht etwa eine chinesische Mauer, sondern ein breites Hochgebirge herübergepflanzt.*"[20] Professoren und Studenten, Weingärtner, Handwerker und Bauern, auf engem Raum zusammenlebend, auch dies bezeugt ein besonderes, fruchtbares Spannungsverhältnis, trägt bei zu dem unverwechselbaren genius loci Tübingens.

Tübingen um 1810 ist also ein brodelnder Ort, voll Unterdrückung und Aufbegehren, eine Stätte, wo die Vorstellungswelten hart aufeinanderprallen, eine Stadt, deren geistiges Klima herausfordert, ein Gemeinwesen voller sozialer und politischer Spannungen. Tübingen ist aber auch ein Hauch von Poesie, oder, wie es eine Generation später Eduard Mörike ausdrückt: *„Du bist Orplid, mein Land, Das ferne leuchtet..."*[21]

169 Zehn Tübinger Burschenschafter
Federzeichnung von Johann Carl Philipp Reimold, um 1820
12,8 x 17,0 cm
Tübingen, Universitätsarchiv

170 Disciplinarische Vorschriften für die Studierenden, 17.5.1811
Sammlung der württembergischen Schul-Gesetze, Dritte Abtheilung, enthaltend die Universitäts-Gesetze bis zum Jahre 1843. Von Th. Eisenlohr. Tübingen 1843
Tübingen, Universitätsbibliothek

171 Untersuchung des Akademischen Senats der Universität Tübingen gegen den Theologiestudenten Johann Meyer aus Georgenau bei Urach und gegen Maria Veronika Sauberschwarz, Tochter des Schuhmachers Johann Martin Sauberschwarz zu Tübingen und Dienstmagd bei Professor Gaab, wegen Unzucht, 26.4.1809
Tübingen, Universitätsarchiv

172 Verfügung König Friedrichs an den Rektor der Universität Tübingen, 7.2.1809
Verweis der Studenten Christian Gottlieb Friedrich von Reuß und Friedrich Christoph Samuel Schmid vor der Universität wegen „Unordnungen" auf einem Ball in Rottenburg am 24.1.1808. Zugleich, bei Androhung von Festungsstrafe, Erneuerung und Verschärfung des Verbots für alle Studierenden, Seitengewehren zu tragen und sich zu duellieren.
Tübingen, Universitätsarchiv

1 Varnhagen von Ense, K.A.: Denkwürdigkeiten und vermischte Schriften. Bd. 3. Mannheim 1838, S. 87, 92.
2 Ebenda, S. 124. Ob übrigens Varnhagen Diesterweg aus seiner Tübinger Studienzeit kannte, ist nicht verbürgt. Am 28. Mai 1846 jedenfalls besuchte er den „Seminardirektor Diesterweg" in Berlin und notiert: „...der Mann hat etwas Festes, Selbstständiges, Praktisches, was mir sehr gefällt..." Tagebücher von K.A. Varnhagen von Ense. Bd. 3. Leipzig 1862. Nachdr. Bern 1972, S. 351f.
3 (Pfaff, Ch.H.:) Phantasien und botanische Bemerkungen auf einer Fußreise durch die schwäbische Alpe. Von einem Weltbürger und Freunde der Naturwissenschaft. Neuausg. Halle a. Kocher o.J. (1798).
4 Varnhagen von Ense, K.A.: a.a.O., S. 89.
5 Ebenda, S. 90f.
6 Sydow, J.: Tübingen. Bilder zur Geschichte der Stadt. Tübingen 1980, S. 59.
7 Zur Geschichte der Universität Tübingen im hier behandelten Zeitraum siehe v.a.: Müth, R.: Studentische Emanzipation und staatliche Repression. Die politische Bewegung der Tübinger Studenten im Vormärz. Tübingen 1977. Wandel, u.J.: Verdacht von Democratismus? Studien zur Geschichte von Stadt und Universität Tübingen im Zeitalter der Französischen Revolution. Tübingen 1981. Jens, W.: Eine deutsche Universität. 500 Jahre Tübinger Gelehrtenrepublik. München 1977. Decker-Hauff, H., Setzler, W.: Die Universität Tübingen von 1477 bis 1977 in Bildern und Dokumenten. Tübingen 1977.
8 Angerbauer, W.: Das Kanzleramt an der Universität Tübingen und seine Inhaber 1590-1817. Tübingen 1972, S. 140-153.
9 Ebenda, S. 146.
10 Ebenda.
11 Wandel, U.J.: Die Otaheiti-Verschwörung, in: „...helfen zu graben den Brunnen des Lebens". Ausstellungskatalog der Universität Tübingen Nr. 8. Tübingen 1977, S. 174-176.
12 Ebenda, S. 171.
13 Kerner. Uhland. Mörike. Schwäbische Dichtung im 19. Jahrhundert. Marbacher Kataloge Nr. 34. Deutsche Schillergesellschaft Marbach 1980, S. 17.
14 Siehe: Volke, W.: Hölderlin in Tübingen. Marbacher Magazin. Sonderheft 11, 1978.
15 Ebenda, S. 42f.
16 Decker-Hauff, H., Setzler, W.: a.a.O., S. 198f.
17 Ebenda.
18 Hartmann, J.: Uhlands Briefwechsel. 1. Teil. Stuttgart, Berlin 1911, S. 139.
19 Karl Gerok. Zit. n. Huber, R.: Tübingen. Antlitz einer schwäbischen Stadt. 2. Aufl. Tübingen 1960, S. 10.
20 Beschreibung des Oberamts Tübingen. Stuttgart 1867, S. 116.
21 Mörike, E.: Gesang Waylas. Gedichthandschrift. Deutsches Literaturarchiv Marbach.

Gerhard Betsch

„Fleiß: fleißig, Betragen: still und sittsam"
Diesterweg und seine Tübinger Lehrer

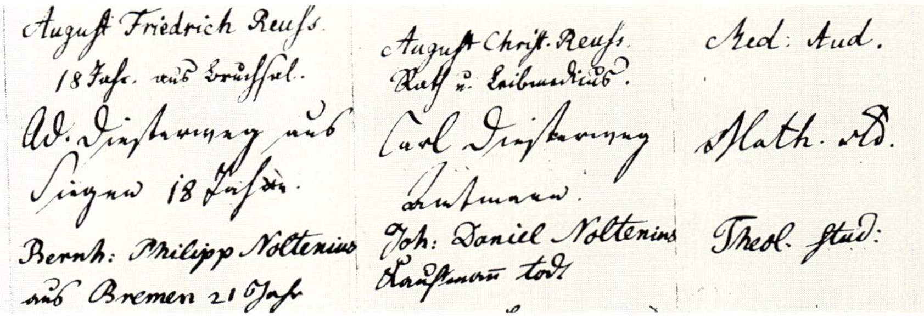

173 Matrikeleintrag Adolph Diesterwegs, 26.10.1809
Matricula Universitatis 1801-1833
Tübingen, Universitätsarchiv

Am 26. Oktober 1808 kam Adolph Diesterweg nach Tübingen. Nach den offiziellen Verzeichnissen der Eberhard-Karls-Universität, die damals weniger als 300 ordentliche Studierende zählte, war er dort im Wintersemester 1809/10 und im Sommersemester 1810 als Hörer der Mathematik eingeschrieben. Zu dieser Zeit vertraten Christoph Friedrich Pfleiderer (1736-1821), dessen Schüler Jahre zuvor schon Diesterwegs älterer Bruder Wilhelm war, die Mathematik und Physik und Johann Gottlieb Friedrich Bohnenberger (1765-1831) die Disziplinen Mathematik, Physik und Astronomie.

Pfleiderer stammte aus Kirchheim unter Teck am Fuß der Schwäbischen Alb; er wurde dort am 20. Oktober 1736 geboren als Sohn des Chirurgus juratus Johann Christoph Pfleiderer und seiner Frau Maria Regina geb. Greiner. Seine Schulbildung erhielt er anfangs in Kirchheim, anschließend in den „niederen Seminaren" Blaubeuren und Bebenhausen. Seit 1753 war Pfleiderer in Tübingen immatrikuliert; 1755 wurde er in das berühmte Tübinger Stift aufgenommen. Dem Herkommen gemäß studierte er zunächst die „Artes Liberales", wobei er sich besonders der Mathematik und Physik zuwandte. 1757 erwarb er, wie damals alle Stiftler, die Magisterwürde der Philosophischen Fakultät. Unter dem Vorsitz seines verehrten Lehrers, des Professors der Physik und Mathematik Johann Kies (1713-1781), verteidigte Pfleiderer eine – wie damals üblich, in lateinischer Sprache abgefaßte – Dissertation „De ratione ponderum in superficiebus solis et planetarum": Über das Verhältnis der Gewichte an den Oberflächen von Sonne und Planeten. Ein theologisches Studium schloß sich an. Danach war er Vikar in Frickenhausen bei Nürtingen und Hauslehrer bei dem Tübinger Professor der Rechte Eberhard Christoph Canz; seine Studien konnte er daneben fortsetzen.

174 Christoph Friedrich Pfleiderer
Tuschsilhouette
12,5 x 9,7 cm
Tübingen, Universitätsarchiv

1763-1766 hielt sich Pfleiderer als Mitarbeiter des Mathematikers Georges-Louis Lesage (1724-1803) in Genf auf. Hier arbeitete er an der von Lesage begonnenen Übersetzung des „Novum Organon" von Johann Heinrich Lambert (1728-1777). Auf Lesages Empfehlung wurde Pfleiderer 1766 als Professor für Mathematik und Physik an die 1765 gegründete Königliche Militär-Kadetten-Akademie in Warschau berufen. Seit 1772 stand er dieser Schule als wissenschaftlicher Generaldirektor vor. Pfleiderer erwarb sich während seiner Tätigkeit in Polen große Verdienste um die Neugestaltung des mathematisch-physikalischen Unterrichts. Er war Mitglied einer Kommission zur Entwicklung von Elementarlehrbüchern und Mitglied der Warschauer Wissenschaftlichen Gesellschaft.

Die Universität Tübingen berief Pfleiderer 1781 zum Ordinarius für Mathematik und Physik, als Nachfolger des verstorbenen Johann Kies. Auf eigenen Wunsch übernahm Pfleiderer zugleich die Professur am Collegium Illustre, der Tübinger Ritterakademie. 1782 traf Pfleiderer in Tübingen ein. Seine Antrittsvorlesung vom 16. April 1782 handelte „de Cautelis quibusdam generalioribus in legibus naturae investigandis": Über gewisse allgemeinere Vorsichtsmaßnahmen bei der Erforschung der Naturgesetze.[1] Am 10. Oktober 1782 heiratete Pfleiderer die wesentlich jüngere Johanna Friederike Gaum (1756-1822), Tochter des Tübinger Wundarztes und Universitätsoperateurs Ernst Bernhard Gaum.

Pfleiderer blieb der Tübinger Universität bis zu seinem Tod im Jahr 1821 als Forscher und Lehrer verbunden. Der König von Württemberg verlieh ihm den persönlichen Adel. Noch für das Wintersemester 1821/22 ließ der fast 85jährige ankündigen: *„Theoretische Physik lehrt Prof. v. Pfleiderer, so weit es seine Gesundheit und Kräften zu lassen, von 9-10 Uhr."* Zu dieser Vorlesung kam es jedoch nicht mehr. Pfleiderer starb am 27. September 1821 in Tübingen.

Als Forscher war Christoph Friedrich von Pfleiderer hauptsächlich Euklid-Interpret und Mathematik-Historiker. Dieser wissenschaftlichen Ausrichtung entsprachen Pfleiderers bibliophile Neigungen und Interessen. Seine erstaunliche Büchersammlung wurde 1822 für die Universitätsbibliothek angekauft.[2]

Die Schwerpunkte seiner Lehrtätigkeit waren Theoretische (= erklärende) Physik, Trigonometrie und Elementarmathematik. Es mag daher die weise Einsicht in die Grenzen des eigenen Könnens gewesen sein, die Pfleiderer veranlaßte, schon bald den jungen Bohnenberger zu astronomischen Beobachtungen heranzuziehen, ihn fachlich und beruflich zu fördern und ihm später die Vorlesungen über Experimentalphysik gänzlich zu überlassen.

Johann Gottlieb Friedrich Bohnenberger war – wie sein Lehrer und späterer Kollege Pfleiderer – Stiftler und begann seine Berufstätigkeit als Vikar. Doch muß sein Interesse für Physik früh geweckt worden sein. Denn sein Vater, der Pfarrer Gottlieb Christian Bohnenberger (1732-1807) war ein höchst kompetenter Amateur-Physiker, der mit Veröffentlichungen zur Elektrizitätslehre hervortrat. Dies war damals ein ausgesprochen aktuelles Forschungsgebiet. Nachdem der Vater Bohnenberger 1762 Pfarrer in Simmozheim bei Weil der Stadt geworden war, „richtete er sich eine mechanische Werkstätte ein, um physikalische Instrumente...zu konstruieren." Sohn Johann Gottlieb Friedrich wurde am 5. Juni 1765 in Simmozheim geboren. Während seiner Tübinger Studienzeit 1783-1789 war er Schüler Pfleiderers. Seine erste astronomische Untersuchung, eine Beobachtung des Merkurdurchgangs vom 7. Juni 1786, konnte Bohnenberger bereits als Student durchführen. 1789 wurde er Vikar bei seinem Vater, der seit 1784 als Pfarrer in Altburg bei Calw tätig war. In dieser Stellung konnte er seine astronomischen Studien fortsetzen. Zunächst konstruierte er einen hölzernen Quadranten, den er für seine Beobachtungen benötigte. Danach arbeitete er an seinem Buch mit dem Titel „Anleitung zur geographischen Ortsbestimmung vorzüglich vermittels des Spiegelsextanten"; das Werk erschien 1795 im Druck und machte seinen Verfasser in der wissenschaftlichen Welt bekannt.

Teils um sein Buch zu fördern, teils um sich in der praktischen Astronomie weiterzubilden, trat Bohnenberger 1793 eine wissenschaftliche Reise an. Herzog Carl Eugen von Württemberg bewilligte ihm dazu ein Reisestipendium, nachdem er durch das Manuskript „Beiträge zur Verfertigung einer Karte von Württemberg" auf den jungen Naturforscher aufmerksam geworden war. Bohnenberger begab sich zunächst zur Sternwarte auf dem Seeberg bei Gotha, die unter der Leitung des bedeutenden Astronomen Franz Xaver Freiherr von Zach (1754-1832) stand und allgemein als das beste Observatorium in Deutschland galt. Nach eingehenden Studien reiste Bohnenberger weiter nach Göttingen, zur Drucklegung seines Buches und um Verbindung zu den Göttinger Professoren Abraham Gotthelf Kästner (1719-1800) und Georg Christoph Lichtenberg (1744-1799) anzuknüpfen. 1796 wurde Bohnenberger auf Pfleiderers Wunsch zum Adjunkten (Observator) an der Tübinger Sternwarte berufen.

175 Zwei Hörerlisten Pfleiderers für die Vorlesungen „Theoretische Physik" und „Geometrische Analysis", Sommerhalbjahr 1809
Tübingen, Universitätsarchiv
In allen vier Zuhörer-Verzeichnissen vermerkt Pfleiderer, jeweils nacheinander aufgeführt, die Namen „Adam (!) Diesterweg von Siegen" und „Wilhelm Heeser von Siegen" und fügt für beide hinzu: „fleißig", „still und sittsam".

176 Hörerliste Pfleiderers für seine beiden Vorlesungen über „Theoretische Physik" und „Elementare Mathematik", Winterhalbjahr 1809/10
Tübingen, Universitätsarchiv

177 Johann Gottlieb Friedrich Bohnenberger
Tuschsilhouette
11,6 x 10,1 cm
Tübingen, Universitätsarchiv

178 Hörerliste Bohnenbergers für seine Vorlesung über „Experimentalphysik", Sommerhalbjahr 1810
Tübingen, Universitätsarchiv

Damit begann eine lange, produktive Wirksamkeit an der Tübinger Universität, die bis zu Bohnenbergers Tod im Jahre 1831 dauerte. 1798 wurde er außerordentlicher, 1803 ordentlicher Professor für Astronomie und Physik; er hielt aber auch Vorlesungen über Mathematik.

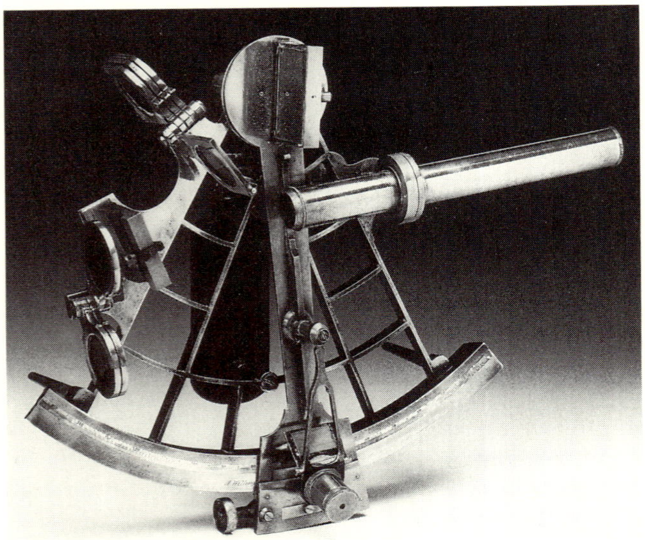

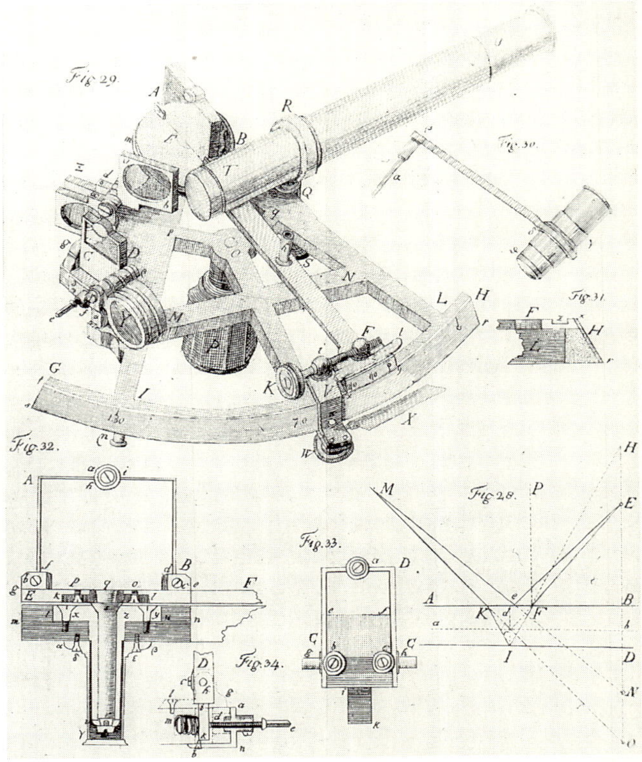

179 Sextant, 19.Jh.
A. Willings & Co., West Hartlepool, England
Messing, ohne Okular
Radius 20 cm
Dortmund, Museum für Kunst und Kulturgeschichte

180 J.G.F. Bohnenberger
Anleitung zur geographischen Ortsbestimmung vorzüglich mittelst des Spiegelsextanten. Göttingen 1795

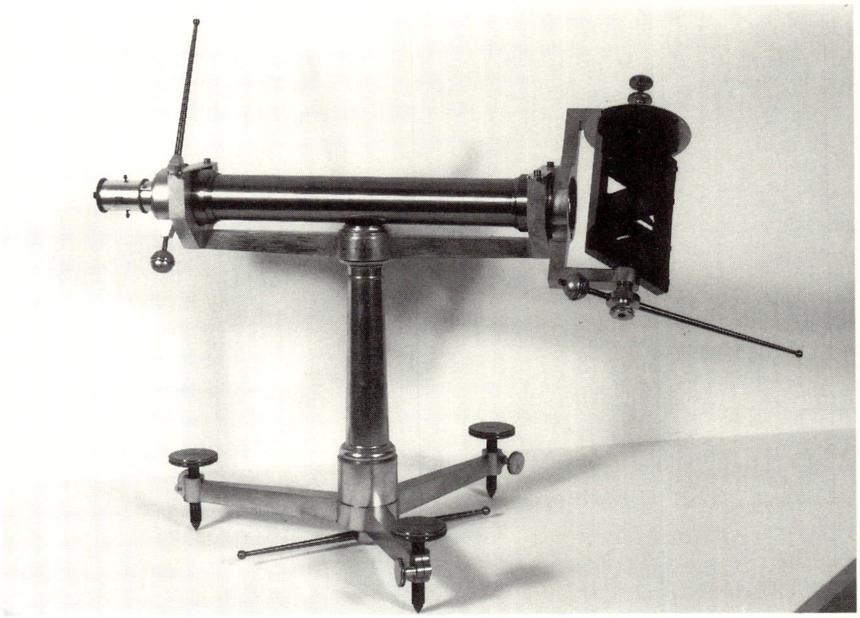

181 Heliotrop, um 1830
F.W. Breithaupt, Kassel
Messing
H. 28 cm
Dortmund, Museum für Kunst und Kulturgeschichte, Geodätisches Institut der Universität Bonn
Von Karl Friedrich Gauss 1820 erfundenes Peilgerät zur optischen Signalisierung eines Zielpunktes durch Reflexion des Sonnenlichts. Seit 1824 in Tübingen unter Mitwirkung Bohnenbergers hergestellt.

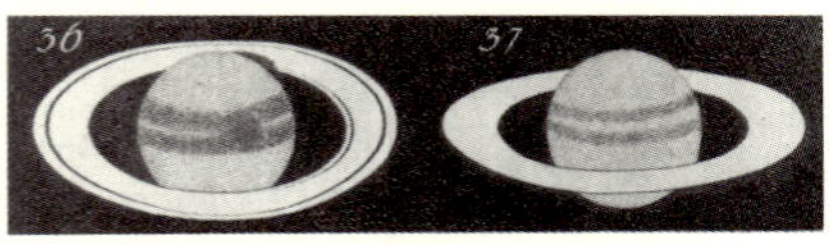

182 J.G.F. Bohnenberger
Astronomie. Tübingen 1811

Die Tübinger Sternwarte wurde 1752 gegründet und war bis 1950 in einem Turm des Tübinger Schlosses untergebracht. In einem Bericht aus dem Jahre 1889 schreibt der Astronom Karl Waitz: Bohnenberger brachte *„durch seine Thätigkeit...die Sternwarte zu ihrer größten Bedeutung. Er erhielt 1800 unmittelbar unter dem Observatorium ein Zimmer zu Beobachtungen und ganz in der Nähe desselben in dem östlichen Teil des Schlosses eine Wohnung. Nach dem hierdurch veranlassten Umbau war Bohnenberger im stande, einen grossen Teil seiner eifrigen Thätigkeit der Astronomie und ihren Anwendungen zu widmen. Die vielfach abgängigen Instrumente ersetzte er und fügte eine Menge neuer wertvoller Erwerbungen hinzu. Die großartigste von diesen ist ein Universalinstrument von Reichenbach und Ertel in München, das er...in einem eigenen Häuschen mit drehbarem*

Dache im Schlossgarten aufstellen liess. Dies für seine Zeit vorzügliche Instrument...zeigt Sterne der zweiten und dritten Grösse am hellen Tage... Die grösste Wichtigkeit erhielt aber unter ihm, Bohnenberger, die Sternwarte dadurch, dass von ihr aus als Anfangspunkt die württembergische Landesvermessung in's Werk gesetzt wurde. Schon gleich bei Beginn seiner Tübinger Thätigkeit hatte Bohnenberger die geographische Lage des Observatoriums möglichst genau bestimmt, im Ammerthal eine Basis von 16398.77 par. Fuss gemessen und eine Triangulation daran geschlossen, nach der er einen Teil der Karte von Schwaben 1798 herausgab, die allgemein als mustergültig anerkannt wurde und Erzherzog Karl so entzückte, dass er dem Autor eine Majorsstelle in seinem Generalstab anbot. Als dann im Jahre 1818 die Landesvermessung begonnen werden sollte, berief man Bohnenberger zu einem ihrer Leiter. Er unterrichtete die zu dem Geschäft nach Tübingen gesandten Feldmesser und Offiziere und nahm mit ihnen eine Probemessung in der Umgebung der Stadt vor. Bei der endgültigen Ausführung der Vermessung wurde dann die Sternwarte als Anfangspunkt des Koordinatensystems gewählt, und einen grossen Teil der Triangulation besorgte Bohnenberger dabei selbst."[3]

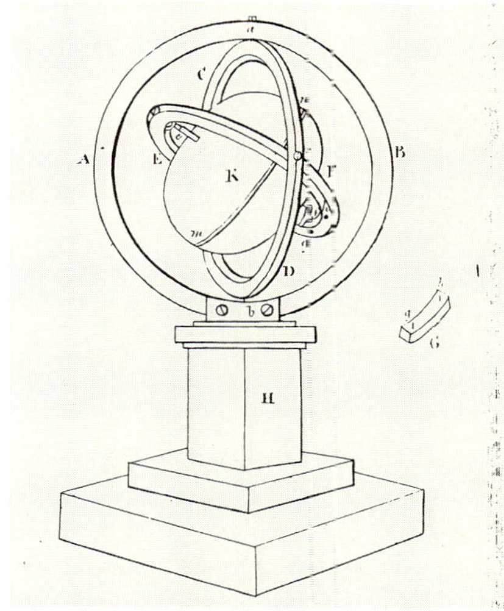

183 J.G.F. Bohnenberger
Beschreibung einer Maschine zur Erläuterung der Geseze der Umdrehung der Erde um ihre Axe, und der Veränderung der Lage der lezteren.
Tübinger Blätter für Naturwissenschaften und Arzneykunde Bd.III, 1817
Zur Veranschaulichung der Erdbewegung konstruierte Bohnenberger ein Präzisionsmaschinchen, das auf Veranlassung des Mathematikers und Astronomen Pierre-Simon de Laplace in den Lyzeen Frankreichs als Lehrmittel eingeführt wurde.

Bohnenberger war bestrebt, durch theoretische Analyse instrumentelle Meßfehler zu beheben.[4] Er entwickelte dabei das Reversionspendel, das schon in seiner „Astronomie" von 1811 beschrieben wird.[5] Mit dem Reversionspendel ist es möglich, die Schwerebeschleunigung sehr genau zu bestimmen.

Insgesamt behandelte Bohnenberger in seinen physikalischen Arbeiten ein breites Spektrum von Themen: Versuche über das Gewicht des Wassers, barometrische Höhenmessung, Vergleich von Aräometerskalen, Prüfung und Berichtigung von Thermometern, achromatische Linsen und anderes mehr. Ferner erfand Bohnenberger ein hochempfindliches Elektroskop und konstruierte ein sehr lehrreiches Modell zur Veranschaulichung des Verhaltens der Erdachse bei der Bewegung der Erde. Dieses sogenannte „Präzessionsmaschinchen" machte den Namen seines Erfinders besonders in Frankreich bekannt; dort wurde es auf Veranlassung des berühmten Mathematikers und Astronomen Pierre Simon de Laplace (1749-1827) als Lehrmittel in Schulen eingeführt.

Im Unterschied zu Pfleiderer war Bohnenberger ein glänzender Experimentator und Meßtechniker. Theoretische Überlegungen standen bei ihm in der Regel in direkter Verbindung mit der Konstruktion von Apparaten oder der Beseitigung von Meßfehlern. Die Probleme der reinen Mathematik scheinen ihn weniger gereizt zu haben. Immerhin schrieb er ein Buch über die „Anfangsgründe der höheren Analysis", das 1811 in Tübingen erschien.

Bohnenberger war verheiratet mit Johanna Christine Philippine Luz, der Tochter eines Försters in Naislach, einem kleinen Filialort von Altburg. Der Ehe entstammen zwei Söhne und zwei Töchter. Eine Tochter heiratete den Professor der Chemie Christian Gmelin. Auch Bohnenberger wurde der persönliche Adel verliehen. Er starb am 19. April 1831 in Tübingen.

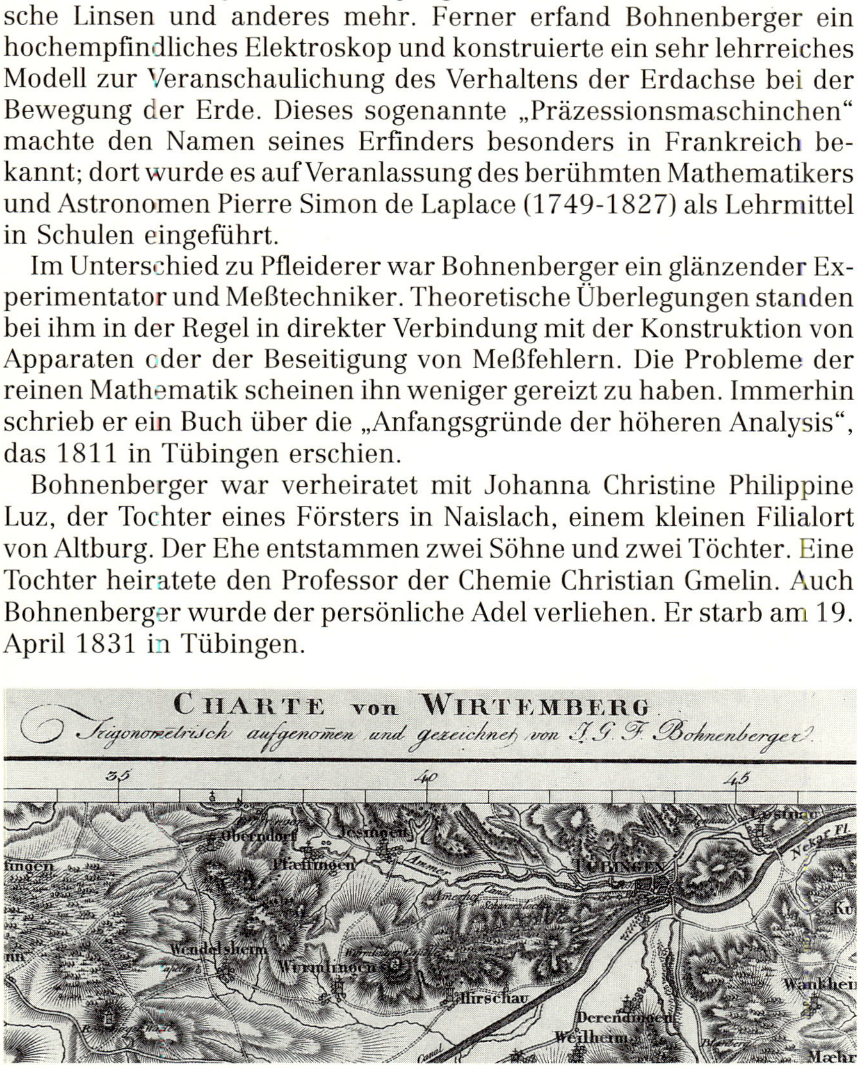

184 Tübingen und Schwäbische Alb
Trigonometrisch aufgenommen und gezeichnet von J.G.F. Bohnenberger
Karte von Schwaben 1:86000 Bl. 22, Tübingen 1800
Kupferstich, handkoloriert
Reproduktion
47,4 x 41,0 cm
Stuttgart, Landesvermessungsamt Baden-Württemberg

185 „Dencke an den alten Pfleiderer und trinke auf seine Gesundheit. Tübingen, den 12.Sept.1810. Von Deinem Freunde W. Heeser"
Stammbuchblatt mit Ansicht Tübingens von Wilhelm Jacob Heeser
Kolorierte Bleistiftzeichnung
9,3 x 16,5 cm
Stammbuch Adolph Diesterwegs mit Eintragungen aus Herborn und Tübingen, 1808-1810
München, Privatbesitz

186 „In Deiner Brust sind Deines Schicksals Sterne. Tübingen, im Septbr. 1810"
Stammbuchblatt Adolph Diesterwegs an seinen „unwandelbaren Freund und Bruder", den Theologie-Studenten Karl Friedrich Ludwig Geßler
8,0 x 13,5 cm
Tübingen, Corps Franconia

187 Statuten des Schwäbischen Corps
Handschrift, Tübingen 1813
Tübingen, Corps Rhenania

188 Paukszene der Niedersuevia, um 1810
Farbdruck nach einer verschollenen Lithographie
7 x 12 cm
Kassel, Privatbesitz

Beide Professoren, Pfleiderer ebenso wie Bohnenberger, kündigten in jenen beiden Semestern, während derer Diesterweg in Tübingen weilte, jeweils zwei Lehrveranstaltungen an: eine öffentliche, die in der Aula oder im nicht recht beheizbaren Experimentierhörsaal im Tübinger Schloß stattfand, und eine private, die sie in kleiner Runde im eigenen Hause abhielten. Der bereits 73jährige Pfeiderer las im Winter 1809/10 Theoretische Physik, erster Teil, und „Elementare Mathesis", im Sommer 1810 Theoretische Physik, zweiter Teil, und „Geometrische Analysis"; der 44 Jahre alte Bohnenberger gab Astronomie und „Differential- und Integral-Calcul", sodann Algebra und Experimentalphysik.

Nach den erhaltenen Zuhörer-Verzeichnissen[6] besuchte „Adam Diesterweg", wie Pfleiderer irrtümlich notierte, alle Vorlesungen seines greisen Lehrers; dieser vermerkte über ihn und andere besonders interessierte Studenten: *„Fleiß: fleißig, Betragen: still und sittsam."* Ebenso regelmäßig lauschte Diesterweg den Vorträgen Bohnenbergers – in seiner Begleitung gelegentlich Heinrich Karl Ludwig Susewind „aus Nassau-Siegen, Großherzogtum Berg", immatrikuliert seit Mai 1810, und stets sein „Freund und Bruder", der 22jährige Wilhelm Jacob Heeser, ebenfalls aus Siegen, der mit Diesterweg im November 1809 nach Tübingen kam. In Bohnenbergers Vorlesung über die Algebra fanden sich beide im Kreise von fünf weiteren Studenten ein. Der Professor verzeichnete am Ende des Sommerhalbjahres zufrieden: *„Sämtliche Zuhörer haben diese Vorlesungen fleißig besucht, und in ihrem Betragen ist mir nichts unanständiges vorgekommen."*

Freilich war das Niveau der Lehre bescheiden; die Vorlesungen führten keineswegs in die Nähe der damals aktuellen Forschung. Die Mathematik als Lehrfach der Philosophischen Fakultät zählte zum „propädeutischen", allgemeinbildenden Grundstudium, das, von allen Studierenden pflichtgemäß zu durchlaufen, auf den Besuch der „höheren" Fakultäten Medizin, Jurisprudenz und Theologie vorbereitete. Nur wenige Hörer betrieben ihre mathematischen Studien mit ähnlicher Intensität wie Diesterweg und Heeser, zumal die Berufsaussichten für Mathematiker, Physiker und Astronomen zu jener Zeit leidlich schlecht waren. Kaum jemand konnte es sich erlauben, diese Fächer gründlich zu studieren. Folglich waren die Kenntnisse der Studenten beschränkt; zugleich, darauf Rücksicht nehmend, reichten die fachlichen Anforderungen, die sich den Professoren stellten, über die Wiedergabe elementaren Wissen nicht hinaus; es wurde in der Regel aus Lehrbüchern, häufig eigenen Werken, „vorgelesen". Man habe wenig „an wahrer Geistesbildung" gewinnen können, kritisiert Diesterweg später.[7]

189 Tübinger Mensur, 1819
Corps Suevia contra Burschenschaft
Aquarellierte Zeichnung, unsigniert
8,2 x 13,0 cm
Tübingen, Universitätsarchiv

Typisch für das Bild der akademischen Ausbildung sind Bemerkungen Bohnenbergers, die er jeweils an den Schluß seiner Hörerlisten schrieb; sie stammen freilich aus der Zeit unmittelbar nach Diesterwegs Tübinger Studien.

Differential- und Integral-Rechnung im Winterhalbjahr 1810/11:
„Ich muß in Beziehung auf diese Vorlesung bemerken, daß einige der Zuhörer nicht die nöthigen Vorkenntnisse hatten, und ich es daher

keinem Mangel an Fleiß zuschreiben kann, wenn diese nicht bis an das Ende der Vorlesungen ausgehalten haben. Gerber, Wurm, Kammerer, Heeser, Angelin, Ergenzinger haben die Vorlesungen von Anfang bis zu Ende fleißig besucht. In dem Betragen sämtlicher Zuhörer ist mir nichts unanständiges vorgekommen."

Praktische Geometrie – gemeint ist Niedere Geodäsie, also elementare Vermessungslehre – im Sommerhalbjahr 1811:

„...Da die wirklichen Vermessungen viele Übung erfordern, so konnte ich bey den auf dem Felde angestellten Prüfungen keine große Fertigkeit und Genauigkeit erwarten. Indessen waren sämtlichen Zuhörern wenigstens die verschiedenen Messungsmethoden bekannt. Durch Vorkenntniße zeichneten sich aus Eisenbach, Erchinger, Heeser, Wurm, Osiander, Ergenzinger, Hochstetter, Wächter."

Algebra im Sommerhalbjahr 1811:

„...Die Prüfungen haben gezeigt, daß diese Zuhörer die Aufgaben vom ersten und zweyten Grad mit einer oder mehreren unbekannten Größen aufzulösen im Stande waren."

Astronomie im Winterhalbjahr 1811/12:

„...Die übrigen Zuhörer haben die Vorlesungen fleißig besucht, und schienen die ersten Gründe der Astronomie, so weit es ohne tiefere mathematische Kenntnisse möglich ist, gefaßt zu haben. Gmelin und Ergenzinger, welche die erforderlichen Vorkenntnisse mitbrachten, haben sich ausgezeichnet."

Andererseits: das Studium war ungebunden, überschaubar, ohne Lehrplan und Prüfungsordnung; vor allem: es war kurz; daß man es 20jährig mit der leicht zu bestehenden Promotion abschloß, war keine Ausnahme. Was man bis dahin an Kenntnissen sammelte, genügte gewöhnlich für einen akademischen Beruf. So war dem Studenten die Wahl gelassen, eher seinem Wissensdurst nachzugehen oder einer sorglosen Vergnügungslust zu frönen. Eine Minderheit, die früh eine universitäre Karriere erstrebte, erlag der Anziehungskraft der Wissenschaft. Die Mehrheit nahm das Studium weniger ernst, zog Paukboden und Gasthof Hörsaal und Studierstube vor und konnte jahrelang Zeit vergeuden – in der Gewißheit, schließlich ohne viel intellektuelle Mühe doch ans Ziel zu gelangen.

Wenn er auch den angenehmen Seiten des Studentenlebens nicht abgeneigt war und als Mitglied der Landsmannschaft „Niedersuevia" den „Löwen" und die „Krone", zwei beliebte studentische Treffpunkte,

190 Wappen der Landsmannschaft Obersuevia Tübingen, 1810/11
Kolorierte Tuschzeichnung von Johann Michael Gruber, Porzellanmaler
16 x 20 cm
Würzburg, Institut für Hochschulkunde, Sammlung Verband Alter Corpsstudenten

191 Wappen des Corps Suevia Tübingen, 1816
Kolorierte Tuschzeichnung von Johann Michael Gruber, Porzellanmaler
12,8 x 18,4 cm
Würzburg, Institut für Hochschulkunde, Sammlung Verband Alter Corpsstudenten

192 Pfeifenkopf mit Suevia-Bundeszeichen, 1813
Porzellan
L. 12,5 cm, Dm. 2,5 cm
Tübingen, Corps Rhenania

193 Pfeifenkopf mit Suevia-Bundeszeichen, 1819
Porzellan
L. 13,0 cm, Dm. 3,5 cm
Würzburg, Institut für Hochschulkunde

194 Schwarzweißroter Tabaksbeutel des Tübinger Corps Suevia, um 1820
Baumwolle, gehäkelt
Tübingen, Universitätsarchiv

195 Kneipe der Landsmannschaft Suevia, Tübingen
Kolorierte Zeichnung, unsigniert, um 1815
12 x 14 cm
Würzburg, Institut für Hochschulkunde, Sammlung Verband Alter Corpsstudenten

196 Pfeifenkopf Niedersuevia mit sechs Studenten in Studententrachten
Porzellan, 1807
L. 17,4 cm, Dm. 4,4 cm, L. mit Wassersack 24,5 cm
Tübingen, Universitätsarchiv

frequentierte, so war Diesterweg doch ein strebsamer und gewissenhafter Hochschüler – auch wenn er im Alter, wie sein Schüler und Biograph Eduard Langenberg (1807-1891) berichtet, zu sagen pflegte: *„Von meiner Ignoranz, als ich die Universität verließ, habt ihr keine Vorstellung…“*[8] Es scheint vielmehr glaubwürdig, daß er sich selbst im Grundsatz an jene Maxime hielt, die er als Familienvater seinem Sohn Julius, Student der Medizin in Bonn, mahnend auf den Weg gab: *„Kraft und Muth…, das ist Nro. 1. Dann findet sich auch die Studierwuth. Ich sage Wuth. Ohne die wird nichts aus den Menschen. Wie ein Wolf muß man sich, vom Innern getrieben, auf die Natur werfen, um das Wesen der Dinge in sich aufzunehmen.“*[9]

Eine Prüfung als Abschluß seines Studiums legte Diesterweg in Tübingen nicht ab. Geprägt durch seine akademischen Lehrer, begab er sich im Dezember 1811 zu Fuß von Mannheim, wo er bei seinem Bruder Wilhelm ein Unterkommen gefunden hatte, nach Düsseldorf, um sich dort dem Ingenieurexamen zu unterziehen. *„Ich wollte“*, so erinnert er sich 1847, *„an der geographischen Vermessung des Herzogtums Westfalen teilnehmen, an die Schulmeisterei dacht' ich nicht, obgleich ich mich in Mannheim zuerst als Hauslehrer, dann durch Privatunterricht erhalten hatte.“*[10] Doch sein Versuch scheiterte. Er kam zu spät, die Prüfungskommission bestand bei seinem Eintreffen wegen des bevorstehenden Krieges Napoleons gegen Rußland nicht mehr.

Am 20. Februar 1817 dann wurde Adolph Diesterweg, nach insgesamt nur fünfsemestriger Hörerzeit, unterdessen vier Jahre in Frankfurt tätig, in Tübingen zum Doktor der Philosophie promoviert. Man darf vermuten, daß er den „ehrwürdigen Pfleiderer“[11] als Doktorvater wählte. Ob er seinen neu errungenen Titel freilich einer mathematischen Dissertation oder der Streitschrift gegen seinen Vorgesetzten an der Frankfurter „Musterschule“, „Vom Weltuntergange, nebst einer freimüthigen Widerlegung der Theorie des Herrn Dr. Wilh. Heinrich Seel vom Weltuntergange, und anderen in die Geschichte der Erde einschlagenden Bemerkungen“, verdankte, ist ungewiß.[12] Die Promotionsurkunde schweigt darüber.[13]

Q. D. B. V.
CLEMENTISSIME INDULGENTE
POTENTISSIMO REGE AC DOMINO
DOMINO
GUILIELMO
REGE WÜRTEMBERGIAE, DUCE SUPREMO IN SUEVIA, TECCIAE REL. REL.
VENIAM LARGIENTE
REVERENDISSIMO UNIVERSITATIS CANCELLARIO
CHRISTIANO FRIDERICO DE SCHNURRER
ORDINIS REG. MERIT. CIVIL. EQUITE
THEOLOGIAE DOCTORE ET PROF. PRIMARIO, PRAELATO, ET ECCLESIAE TUBINGENSIS PRAEPOSITO, INSTITUTI TERTIAE CLASSI ADSCRIPTO, SOC. REG. SCIENT. GOETTING. ET ACAD. REG. BOICAE SOD.
DECANUS
ET
COLLEGIUM FACULTATIS PHILOSOPHICÆ
IN UNIVERSITATE TUBINGENSI
DOMINUM
ADOLPHUM DIESTERWEG
NASSOVIO-SIEGENSEM
POST OBLATUM ERUDITIONIS SPECIMEN
PHILOSOPHIÆ DOCTOREM ET ARTIUM LIBERALIUM
MAGISTRUM
CREAT
HOCQUE DIPLOMATE RENUNCIAT
TUBINGÆ DIE XX FEBR. MDCCCXVII.

LITTERIS SCHRAMMIANIS.

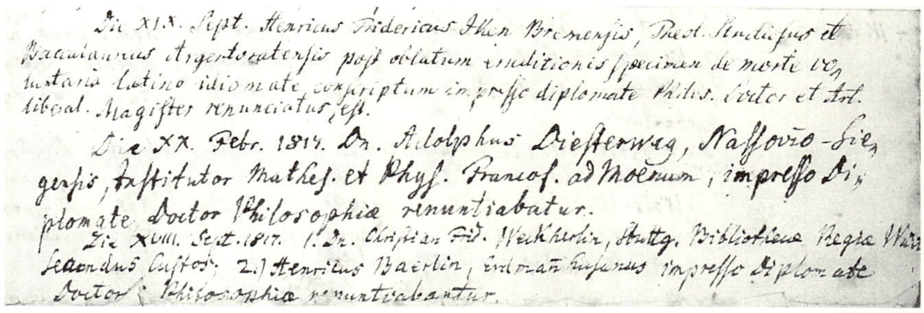

Die XIX. Sept. Henricus Fridericus Iken Bremensis, Theol. Studiosus et Baccalaureus Argentoratensis post oblatum eruditionis specimen de morte voluntaria latino idiomate conscriptum impresso diplomate Philos. Doctor et Art. liberal. Magister renunciatus est.

Die XX. Febr. 1817. Dn. Adolphus Diesterweg, Nassovio-Siegensis, Institutor Mathes. et Phys. Francof. ad Moenum, impresso Diplomate Doctor Philosophiae renuntiabatur.

Die XVIII. Sept. 1817. 1. Dn. Christian Frid. Weckherlin, Stuttg. Bibliothecae Regiae Wir[illegible] secundus Custos; 2.) Henricus Baerlin, [illegible] impresso Diplomate Doctores Philosophiae renuntiabantur.

197 Promotionsurkunde Adolph Diesterwegs, 20.2.1817
39,8 x 33,4 cm
Tübingen, Universitätsarchiv
198 Eintrag über die Promotion Diesterwegs zum Doktor der Philosophie, 20.2.1817
Album Facultatis Philosophicae Tübingensis 1749-1958
Tübingen, Universitätsarchiv

1 Lateinische Antrittsrede von Chr. F. Pfleiderer vor dem akademischen Senat der Universität Tübingen, 1782. Universitätsbibliothek Tübingen: L XV 8° fol.
2 Vgl. Lagler, W.: Ein bibliophiler Mathematiker. Christoph Friedrich von Pfleiderer (1736-1821) und die Erwerbung seiner Bibliothek durch die Universitätsbibliothek Tübingen. In: Bausteine zur Tübinger Universitätsgeschichte. Folge 3. Tübingen 1987, S. 59-70.
3 Waitz, K.: Die Sternwarte. In: Festgabe zum fünfundzwanzigjährigen Regierungs-Jubiläum Seiner Majestät des Königs Karl von Württemberg. Tübingen 1889, S. 7-12.
4 Vgl. Schramm, M.: Zur Geschichte der Physik an der Universität Tübingen. In: Merkblatt der Fakultät für Physik der Universität Tübingen. Tübingen o.J., S. 5-10.
5 Bohnenberger, J.G.F.: Astronomie. Tübingen 1811, S. 448.
6 Zuhörer-Verzeichnisse des Prof. Dr. Bohnenberger. Universitätsarchiv Tübingen: 51/48 (UAT). Zuhörer-Verzeichnisse Pfleiderer, Christoph Friedrich, 1808/9-1815/6. UAT: 51/498a.
7 Langenberg, E.: Adolph Diesterweg. Sein Leben und seine Schriften. Th. 1: Diesterweg am Rhein. Frankfurt a.M. 1867, S. 8.
8 Ebenda.
9 Brief v. 7.6.1843. Abgedr. in: Bloth, H.G.: Adolph Diesterweg. Sein Leben und Wirken für Pädagogik und Schule. Heidelberg 1966, S. 213.
10 Diesterweg, F.A.W.: Johann Friedrich Wilberg, als „Meister an dem Rhein“ (1847). In: Ders.: Sämtliche Werke. Bd. VII. Berlin 1964, S. 189-204. Zitat S. 191.
11 Diesterweg, A.: Ueber den Unterricht in der Geometrie. In: Neue Bibliothek für Pädagogik, Schulwesen und die gesammte pädagogische Literatur Deutschlands 1814/15, S. 289-310. Zitat S. 299.
12 Vgl. Langenberg, E.: a.a.O., S. 8f., u. Bloth, H.G.: a.a.O., S. 49.
13 UAT: 132/61-1817,1.

Gert Schubring

Wilhelm Diesterweg

Ein Elementarmathematiker in der entstehenden Forschungsuniversität

199 Bonn
Stahlstich von J. Tanner, erschienen bei Victor von Zabern, Mainz, um 1835
20,2 x 26,4 cm
Würzburg, Institut für Hochschulkunde, Sammlung Deutsche Gesellschaft für Hochschulkunde

Neuorganisation der Universitäten in Preußen

Die Mathematik hatte traditionell in den Universitäten, jedenfalls in den protestantischen, eine durchaus nicht zu vernachlässigende Funktion wahrgenommen: Als eines der Lehrfächer der Philosophischen Fakultät gehörte es zum allgemeinbildenden Studium, das die Studenten zu absolvieren hatten, bevor sie sich dem Fachstudium in einer der „höheren" Fakultäten – Theologie, Medizin, Jurisprudenz – zuwandten. Allerdings bedeutete das zugleich, daß das Niveau dieser allgemeinbildenden Vorlesungen nicht hoch war, daß die Studenten – bis auf wenige Interessierte – nur kurze Zeit an den Kursen teilnahmen und daß schließlich auch die fachlichen Anforderungen an die Professoren nicht über die Wiedergabe des hergebrachten Kanons der Elementarmathematik hinausgingen.

Eine wesentliche Änderung brachten erst nach 1810 die preußischen Universitätsreformen: der größte Teil der Allgemeinbildungsfunktionen der Philosophischen Fakultät wurde den als Gymnasien reorganisierten Gelehrtenschulen übertragen; die Fakultät selbst behielt nur einen kleinen Teil „höherer" Allgemeinbildung für die Hörer anderer Fakultäten. Sie erhielt dafür als neue Aufgabe, Studenten für den Beruf des Lehrers an den höheren Schulen auszubilden. Parallel dazu veränderten sich die Funktionen der Professoren: Unter dem Leitbild des „Forschungsimperativs" sollten sie nun selbst die Wissenschaft weiterentwickeln *und* die Studenten an das Neue in der Wissenschaft heranführen. Natürlich standen in praktisch allen Disziplinen solche in der Forschung qualifizierte Professoren nicht sofort bereit; erst in einem längeren Übergangsprozeß konnte das Ministerium der Geistlichen, Unterrichts- und Medizinalangelegenheiten diese neue Konzeption realisieren. Das galt auch für die Mathematik: Um 1810 gab es in Deutschland nur *einen* in der Forschung ausgewiesenen Fachvertreter, Carl Friedrich Gauß (1777-1855). Seine Abneigung gegen die akademische Lehre ließ ihn aber alle Rufe nach Preußen ablehnen. Erst in der zweiten Hälfte der 1820er Jahre konnten zwei junge Professoren berufen werden, die sich autodidaktisch hatten an die Forschungsspitze bringen können und die die universitäre Lehre in Preußen forschungsmäßig umgestalteten: Carl Gustav Jacob Jacobi (1804-1851) in Königsberg und Peter Gustav Lejeune Dirichlet (1805-1859) in Berlin. Die Mehrzahl der Mathematik-Professoren zwischen 1810 und 1840 sind dagegen charakteristisch für den Übergang von der allgemeinbildenden Funktion der Mathematik zur spezialistischen Ausbildung. *Wilhelm* Adolph Diesterweg, Professor für Mathematik in Bonn, repräsentiert in typischer Weise den Übergangsprozeß.

Ausbildung und Studium

Über Wilhelm Diesterwegs Ausbildungsgang ist nur wenig bekannt. Am 27. November 1782 in Siegen geboren, ist er ein älterer Bruder des Pädagogen. Ende Oktober 1800 begann er seine Universitätsstudien: er immatrikulierte sich in Marburg für Theologie; daneben widmete er sich dem Studium der Mathematik. Hauptvertreter der Mathematik in Marburg war damals Johann Karl Friedrich Hauff (1766-1846), der als Forscher zu Grundlagenproblemen – wie dem Beweis des Parallelenpostulats – und als Bearbeiter von Euklids „Elementen der Geometrie" bekannt wurde. Im April 1804 wechselte Diesterweg an die Universität Tübingen, wo er bei Christoph Friedrich Pfleiderer (1736-1821), der in seiner Arbeit ebenfalls auf Elementarmathematik und Grundlagenfragen konzentriert war, studierte.

200 „Erinnere dich hierbey an deinen Freund und Bruder F. Heusler. Phil. Stud. aus Dillenburg. Herborn den 25ten März 1803."
Romantisches Mühlenmotiv
Stammbuchblatt, Tuschzeichnung
Stammbuch Wilhelm Diesterwegs mit Eintragungen aus Siegen, Marburg, Herborn, Tübingen, Heidelberg, Mannheim
1801-1811
11,6 x 19,3 cm
München, Privatbesitz

1805 wechselte er erneut die Hochschule: In Herborn, wo er am 6.2.1807 sein Theologie-Studium mit einem Examen abschloß[1], hat er sich offenbar weiterhin mit Mathematik beschäftigt; denn 1823 gab er nach dem Tod des letzten Herborner Mathematik-Professors Ernst Wisseler dessen Lehrbuch der ebenen und sphärischen Trigonometrie aus dem Nachlaß heraus. Unklar ist, warum Diesterweg an die – mit kaum mehr als zehn Studenten – im Niedergang befindliche Hohe Schule in Herborn ging. Vielleicht wollte er der Vorschrift genügen, ein

Jahr an der Landesuniversität seines Heimatstaates Oranien-Nassau zu studieren, um sich angesichts seiner reformierten Konfession dort Zugang zu einem Beruf zu verschaffen. Eine solche Absicht wurde freilich illusorisch nach der Territorialneuordnung in Deutschland 1806. Wohl aus diesem Grunde war Diesterweg nach dem Studienabschluß zunächst als Hauslehrer tätig, im nassauischen Dillenburg, dann 1808 als Privatlehrer in Heidelberg.

Da Herborn kein Promotionsrecht besaß, erwarb Diesterweg den Grad des Dr. phil. „in absentia" in Tübingen, am 2.2.1806, nach Vorlage eines, allerdings nicht publizierten, „mathematischen specimen".[2] Es ist nicht bekannt, wer ihn veranlaßt hat, danach eine akademische Laufbahn einzuschlagen. Ende 1808 bewarb sich Diesterweg bei der Universität Heidelberg um Annahme als Privatdozent für Mathematik. Das Badische Ministerium genehmigte den Antrag am 6.1.1809 mit der Auflage, sich zu habilitieren. Diesterweg hat dafür eine lateinische Abhandlung fertiggestellt über eine didaktische Frage der Elementarmathematik: „De Methodo Tractandi Genera Arithmeticis Practica Specimen". Allerdings fürchtete er Schwierigkeiten mit dem statutenmäßig vorgesehenen zweiten Teil der Habilitation, einer Disputation in lateinischer Sprache, und beantragte, diese in eine lateinische Rede umzuwandeln. Die gefundene Lösung, daß nur ein oder zwei direkte Fachkollegen die übliche Opposition in seiner Disputation übernehmen sollten, wurde nicht mehr realisiert, da Diesterweg im April 1809, noch vor dem Abschluß des Verfahrens und vor Beginn der von ihm bereits angekündigten Vorlesungen, eben als sein Bruder Adolph sich immatrikulierte, Heidelberg verließ.[3]

Er hatte die mit 800 Gulden dotierte Stelle eines ordentlichen Lehrers am ebenfalls im Großherzogtum Baden gelegenen Lyceum in Mannheim übernommen, und zwar als Professor für Mathematik und Physik. Dieses Lyceum war 1807, also in der Reformzeit der napoleonischen Rheinbundära, gegründet worden; es war nicht nur erstmals eine gemischt-konfessionelle Schule, es sah auch – gemäß der Struktur der französischen lycées – eine wesentliche Funktion für die Mathematik vor, als Beitrag zur allseitigen Ausbildung der Denkfähigkeit. Das Lyceum bereitete als „Mittelschule" zur Universität vor, übernahm aber im Gegensatz zu den teilweise parallelen Gymnasien mit der Philosophie auch einige Aufgaben des universitären Grundstudiums. Diesterweg wird in der Schulgeschichte als einer der besten Lehrer der Anstalt und überhaupt als idealer Lehrer gerühmt. Die Freude an seiner Tätigkeit wird aber nicht ungetrübt gewesen sein: Er hatte bis zu 28 Wochenstunden zu unterrichten, in allen sechs Klassen, und zwar ein breites Spektrum an Fächern: Religion, Orthographie, Geographie, Rechnen, Mathematik und Physik, zeitweise auch Latein.[4]

Ein Anzeichen für seine beginnende Unzufriedenheit ist, daß er 1812 in Frankfurt am Main zum Mathematiklehrer an die „Musterschule" berufen wurde – eine Wahl, die nicht völlig ohne sein Zutun und seine Kenntnis erfolgt sein konnte. Er entschied sich aber schließlich dafür, in Mannheim zu bleiben, und benutzte die Gelegenheit – wie später noch mehrfach –, seinen jüngeren Bruder Adolph zu unterstützen: er schlug ihn statt seiner für diese Lehrerstelle vor. Tatsächlich wurde nun der Bruder berufen, der das Amt an der Musterschule im Februar 1813 antrat.[5]

Versuche, Baden zu verlassen

Das Ende der Ära Napoleons bewirkte in allen bisherigen Rheinbund-Staaten starke Veränderungen in der zuvor etablierten Struktur des Bildungswesens: Die höheren Schulen erhielten wieder stärker die Rolle der früheren altsprachlichen Gelehrtenschulen, die Mathematik und die Naturwissenschaften wurden in Umfang und Funktion reduziert. Da Preußen gleichzeitig in seinem ab 1815 stark vergrößerten

Staatsgebiet energisch den Süvern'schen Lehrplan mit seinem hohen Anteil dieser Fächer verwirklichte und durch kräftige Finanzspritzen eine umfassende Schulreform einleitete, setzte ein wahrer Exodus von Mathematiklehrern aus den süddeutschen Staaten ein.

Auch Wilhelm Diesterweg bemühte sich spätestens seit Ende 1815 um eine Stelle in Preußen. Symptomatisch für den Konflikt zwischen der traditionellen elementaren Wissenskonzeption und der modernen neu-humanistischen Wissenschaftskonzeption sind die Vorgänge um seine Bewerbung für die Mathematiklehrerstelle am bedeutenden katholischen Gymnasium in Köln. Die Stelle war zunächst nur provisorisch besetzt, mit Hauff, Diesterwegs ehemaligem Marburger Lehrer. Anfang Februar 1816 legte die Kölner Schulbehörde dem Ministerium in Berlin eine Dreierliste zur definitiven Besetzung vor: an zweiter Stelle nannten sie Diesterweg, an dritter Stelle seinen jüngeren Bruder. Diesterwegs Plazierung waren Kontakte mit ihm vorausgegangen, denn der Vorschlag enthielt neben rühmenden Worten über seine 1815 verfaßte Abhandlung mit dem Titel „Etwas über geometrische Analysis" auch die Aussage, er werde die Stelle ohne Vorbedingungen annehmen. Das Ministerium genehmigte bald darauf seine Einstellung, zog diese Zusage aber kurz danach zurück: Diesterweg hatte seiner formellen Bewerbung seine Schriften von 1809 und 1815 beigelegt. Das Ministerium seinerseits übermittelte diese, entsprechend seiner Praxis, seinem Hauptgutachter in mathematischen Fragen, Johann Georg Tralles (1763-1822), dem Ordinarius an der Berliner Universität, und forderte ein Gutachten über deren wissenschaftlichen Wert an – ohne zu erwähnen, daß es um eine Stelle an einem Gymnasium ging. Tralles antwortete im Mai 1816 über den Diesterweg'schen Text von 1809, daß er *„nicht das geringste Merkwürdige enthalte, und es würde sich nicht leicht einer entschließen, einen solchen Aufsatz drucken zu lassen"*; die zweite Schrift erklärte er als *„zu unbedeutend, um für den Verfasser zu zeugen"*.

Da es dem Ministerium jedoch nicht gelang, einen eigenen Kandidaten zu finden, kam es nach mehreren Wochen aber doch wieder auf Diesterweg zurück: Auch wenn aus seinen Schriften „keine Tiefe und kein Reichtum mathematischen Wissens" gefolgert werden könne, so könne er doch „ein geschickter Lehrer sein". Als ihm nun die Stelle definitiv angeboten wurde, lehnte er sie freilich ab mit der Begründung, daß seine Einkünfte in Mannheim höher seien. Wieder verwies Wilhelm Diesterweg auf seinen jüngeren Bruder, doch diesmal erhielt dieser den Ruf nicht.[6]

Damit waren aber weder das Interesse des Ministeriums an Diesterweg noch dessen Interesse an einer Stelle in Preußen erloschen. So empfahl das Ministerium im Mai 1818 den Schulbehörden in Koblenz Diesterweg für eine vakante Stelle am Gymnasium in Trier. Diese Chance realisierte sich aber nicht, da für diesen Posten ein Philologe und nicht ein Mathematiker benötigt wurde.[7]

Die Berufung an die Universität Bonn

Die Universität Bonn als Hochschule für die neuen westlichen Provinzen Preußens wurde im Oktober 1818 eröffnet. Doch schon seit der Bekanntgabe der beabsichtigten Neugründung im Jahre 1815 hatten zahlreiche Gelehrte ihre Bewerbung um einen der Lehrstühle angemeldet und ihre Verbindungen zu führenden Persönlichkeiten im Rheinland und in Berlin eingesetzt. Auch für die Mathematik gab es zahlreiche Bewerber. Sehr bald wurde klar, daß zwei Professuren geplant waren: eine für reine Mathematik und ein zweite für die Anwendungen, insbesondere die Astronomie.

Diesterweg gehörte keineswegs zu den Favoriten. Zudem war das vorrangige Ziel des Ministeriums, für die Mathematik einen Professor zu finden, der die geplante Sternwarte aufbauen konnte. Zu dem dafür in Aussicht genommenen Karl Dieterich von Münchow (1778-1836) aus Jena äußerten sich aber die beiden vom Ministerium befragten Gutachter gegensätzlich: Während Tralles ihn empfahl, gab der Berliner Astronom Johann Elert Bode (1747-1826) dagegen vor, diesen Bewerber kaum zu kennen, und setzte sich Anfang September 1818 für die vorrangige Besetzung des Lehrstuhls für reine Mathematik ein. Bode brachte als erster den Namen Wilhelm Diesterweg für diese Bonner Professur ins Spiel. Unmittelbar darauf, am 16.9.1818, richtete Minister Altenstein ein Berufungsschreiben an Diesterweg, in dem er ihm die Fächer Mathematik und Physik und ein Jahresgehalt von 1.000 Talern anbot. Es ist nicht bekannt, warum gerade ein Astronom sich für Diesterweg einsetzte und welche persönlichen Beziehungen dabei eine Rolle spielten. Ebenso ist unklar, warum jene Bedenken gegen das Niveau seiner Publikationen, die noch zwei Jahre zuvor erhoben wurden, nun unberücksichtigt blieben, zumal in der Zwischenzeit keine weiteren Schriften von ihm erschienen waren. Vielleicht war für das Ministerium von Bedeutung, daß nur noch wenig Zeit blieb bis zur geplanten Eröffnung der Universität. Diesterweg nahm den Ruf umgehend an, mit einem Brief vom 28.9.1818. Ende 1818 erhielt er die Entlassung aus dem badischen Staatsdienst, verließ Mannheim und nahm seine Vorlesungstätigkeit in Bonn im Mai 1819 auf. Münchow konnte über Beziehungen zum Staatskanzler Hardenberg erreichen, daß er im Januar 1819 doch noch zum Professor für angewandte Mathematik und Astronomie berufen wurde, so daß er zusammen mit Diesterweg in Bonn die Mathematik vertrat.[8]

Publikationen in der Bonner Zeit

Diesterweg, der bislang sehr wenig publiziert hatte, begann jetzt in Bonn, eine größere Anzahl mathematischer Schriften zu veröffentlichen. Er folgte damit zwar der Anforderung, die in Preußen an Professoren gestellt wurde; doch seine Schriften beinhalteten keine mathematischen Forschungsergebnisse. Die modernen mathematischen Richtungen wie Differential- und Integralrechnung und Zahlentheorie blieben ihm fremd. Als Dirichlet sich 1826 um eine Promotion in Bonn bemühte, mußte daher von Münchow die Begutachtung seiner bahnbrechenden zahlentheoretischen Arbeiten übernehmen. Diesterweg beschränkte sich auf das traditionelle Gebiet der elementaren Geometrie. In seinen Arbeiten entwickelte er überwiegend keine eigene Methode, sondern übertrug die Methoden der Philologie, die in der Zeit der Universitätsreformen die *Leit*-Disziplin bildete, auf die Edition klassisch-griechischer Texte, und zwar überwiegend der geometrischen Schriften des Apollonius von Perga (ca. 260-170 v. Chr.). Zunächst bearbeitete er Texte, zu denen bereits moderne Vorlagen bestanden: „de sectione determinata" (1822) und „de inclinationibus" (1823). Die Bücher „de sectione spatii" (1827) bildeten dann eine ganz eigenständige Bearbeitung. Daneben verfaßte Diesterweg eine Reihe von Lehrbüchern: „Trigonometrische Formeln" (1822), „Lehrbuch der ebenen und sphärischen Trigonometrie" (1824), „Geometrische Aufgaben, nach der Methode der Griechen bearbeitet" (1826), „Zur geometrischen Analysis: Vorwort, Leitsätze und Aufgaben" (1834). Sie waren sämtlich an Lehrer der höheren Schulen und ihre Schüler gerichtet. Unter seinen Büchern hebt sich eines von 1831 hervor:

201 Bonn vom Kreuzberge, Ruine Rolandseck, Ruine Drachenfels (Ausschnitt)
Briefkopf, farbige Lithographie von Henry & Cohen, Bonn
6,0 x 19,2 cm
202 Bonn: Universitätsgebäude, Godesburg, Drachenfels mit Kloster Nonnenwerth
Briefkopf, farbige Lithographie von Henry & Cohen, Bonn
9,0 x 19,8 cm

203 Bonn von Beul aus
Briefkopf, farbige Lithographie von Henry & Cohen, Bonn
7,4 x 14,7 cm
Bonn, Universitätsarchiv
Die drei Briefköpfe entstammen Schreiben des Bonner Studenten und späteren Marburger und Bonner Orientalisten Johann Gustav Gildemeister (1812-1890) vom 29.4., 25.5. und 11.6.1834.

204 W.A. Diesterweg
Geometrische Aufgaben, nach der Methode der Griechen bearbeitet. Elberfeld 1828
205 W.A. Diesterweg
Zur geometrischen Analysis. Bonn 1834

„Beiträge zu der Lehre von den positiven und negativen Größen". Diesterweg hat darin einen produktiven Beitrag zu den Grundlagen der Mathematik geleistet: Der französische Mathematiker, Ingenieur und Politiker Lazare Nicolas Carnot (1753-1823) hatte 1803 in seiner „Géométrie de Position" negative Zahlen ganz aus der Mathematik verbannen wollen und generell eine über die Geometrie hinausgehende Verallgemeinerungskraft der Algebra strikt zurückgewiesen. Diesterwegs Schrift bildet die ausführlichste Auseinandersetzung mit Carnots Argumenten. Sie hat das Verdienst, nicht beim Prinzipiellen des Gegensatzes zwischen Algebra und Geometrie stehenzubleiben, sondern konkret auf Carnots eigenem Gebiet, der Geometrie, seine Argumente detailliert zu diskutieren und die These der Nicht-Anwendbarkeit der Algebra („Analysis") auf die Geometrie zu entkräften.

206 Rheinische Friedrich-Wilhelms-Universität
Lithographie und Verlag von A. Henry, Bonn, um 1845
36,6 x 28,3 cm
Würzburg, Institut für Hochschulkunde, Sammlung Stadt Würzburg

Das preußische Ministerium für Unterrichtsangelegenheiten ist lange gegenüber Diesterwegs Publikationen zurückhaltend geblieben. Diesterweg hatte, wie damals üblich, jeweils mit der Übersendung seiner Schriften um Gehaltserhöhungen gebeten. Entsprechend seiner Praxis bat das Ministerium stets Fachkollegen um Gutachten über den wissenschaftlichen Wert der Arbeiten. Die im ganzen zwar positiven, aber nicht überschwenglichen Urteile bewirkten, daß das Ministerium nur gelegentlich begrenzte Zulagen bewilligte. Erst 1831 wurde das Gehalt um 200 Taler erhöht. Dies war der Zeitpunkt, zu dem der als Gutachter einflußreiche Mathematiker August Leopold Crelle (1780-1855) mit der Kritik an Carnot erstmals einem Buch Diesterwegs einen „wirklich wissenschaftlichen Werth" attestierte.

Typisch jedoch für die widersprüchliche Rolle Diesterwegs in der Entwicklung der Mathematik zwischen höherer Schule und Universität ist Crelles Gutachten über seine letzte Schrift zur „geometrischen Analysis“ von 1834: Es sei zwar für die „Geometrie der Alten“ von „unstreitig wissenschaftlichem Werth“, aber zugleich warnte Crelle davor, in der Schule nicht zu viel die Geometrie der Alten zu behandeln – es sei nötig, auch die neuere Geometrie zu lehren.[9]

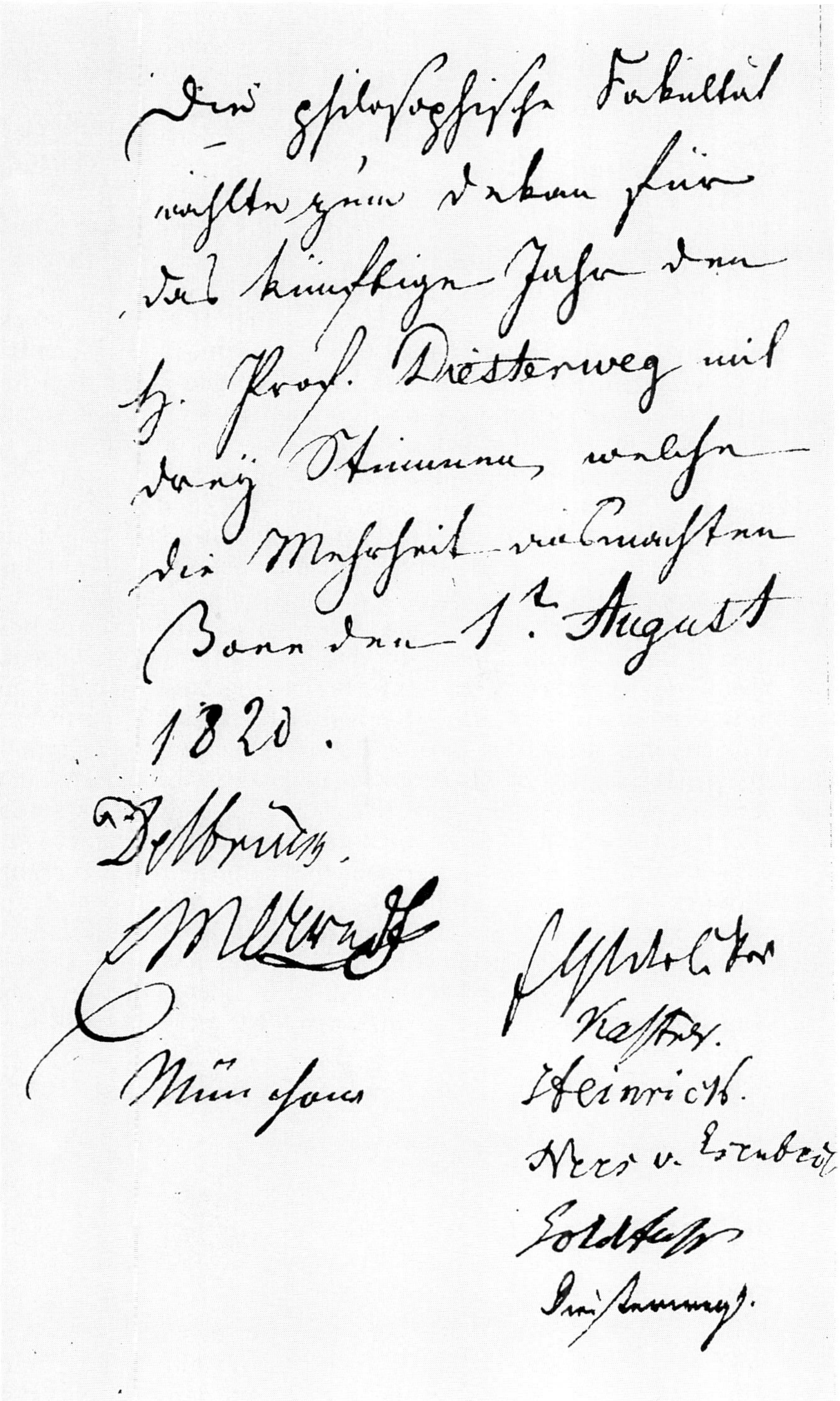

Die philosophische Fakultät wählten zum Dekan für das künftige Jahr den H. Prof. Diesterweg mit [illegible] Stimmen, welche die Mehrheit ausmachten. Bonn den 1t. August 1820.

Delbrück.

Kastner.

Heinrich.

Nees v. Esenbeck

Goldfuss

207 Wahl Wilhelm Diesterwegs zum Dekan der Philosophischen Fakultät für das akademische Jahr 1820/21
Wahlprotokoll, 1.8.1820
Personalakt der Philosophischen Fakultät: Prof. Diesterweg
35,7 x 23,4 cm
Bonn, Universitätsarchiv

Elementarische Lehre

Der Konflikt zwischen dem Kanon der traditionellen, vornehmlich geometrischen Elementarmathematik und den modernen algebraisch-analytischen Forschungsrichtungen, die – zunächst in Frankreich entwickelt – zunehmend auch an den preußischen Universitäten aufgegriffen wurden, manifestierte sich vorrangig in Diesterwegs

Lehre. In seinen Vorlesungen konzentrierte er sich auf „reine Elementarmathematik“, elementare Algebra, ebene Geometrie und Trigonometrie. Die Kegelschnitte bildeten faktisch das höchste Niveau. Dabei war schon damals umstritten, ob sie nur zur universitären Lehre oder bereits zum Schulstoff gehörten. Gelegentlich las er über einzelne Gebiete der angewandten Mathematik und der Physik, etwa der Optik. Themen wie Differential- und Integralrechnung oder neuere Geometrie überließ er von Münchow oder einzelnen Privatdozenten.

Diese Gegensätze führten Diesterweg zunehmend in die Isolation: Die im wesentlichen gleichbleibenden Themen seiner Vorlesungen trafen auf eine sich verändernde Studentenschaft. Aufgrund der Etablierung der Mathematik als Hauptfach an den preußischen Gymnasien nach 1815 waren die Studenten zunehmend bereits mit der Elementarmathematik bekannt: die Hörer der anderen Fakultäten blieben daher allmählich aus, da sie diesen Teil der Allgemeinbildung bereits absolviert hatten; und stärker an der Mathematik selbst Interessierte verlangten nach spezielleren Lehrveranstaltungen. Diesterweg mußte daher einen massiven Rückgang seiner Studenten erfahren und, da deren Anzahl sich direkt in den Hörergeldern als Bestandteil seines Einkommens ausdrückte, einschneidende Gehaltseinbußen erleiden. Der Universitätskurator richtete schließlich im Januar 1831 einen dringenden Appell an das Berliner Ministerium, um durch Gehaltserhöhungen den Einnahmeverlust auszugleichen. Dem Antrag wurde eine hochinteressante Übersicht mit den Hörergeldern Diesterwegs in den zehn Semestern vom Sommer 1826 bis zum Winter 1830/31 beigefügt: Von den insgesamt 2.200 Talern an Hörergeldern, die er in dieser Zeit bezog, entfielen allein 310 auf das Sommersemester 1826. Danach ist ein fast ständiger Rückgang ablesbar – auf zuletzt nur noch 82 Taler. Noch aufschlußreicher ist der Kommentar des Kurators: Die starke Abnahme des Honorars liege in für Diesterweg eigentlich positiven Gründen: Die Studenten kämen jetzt mit mehr Kenntnissen „in der Elementar-Mathematik“ als früher an die Universität, so daß sie „seiner Vorlesungen daher weniger bedürften“. Diese verbesserte Vorbildung sei erreicht worden durch die von ihm ausgebildeten Mathematiklehrer und deren damit besseren Unterricht. Andere Gründe seien nicht denkbar, da er in gutem Verhältnis zu den anderen Professoren stehe und keine neue Konkurrenz an Lehrenden eingetreten sei. Im übrigen müßten die Studenten eigentlich eher zu ihm strömen, da er als Direktor der wissenschaftlichen Prüfungs-Kommission für zukünftige Lehrer fungierte. Dieses Prüfungs-Amt sei ja in der Regel eine Funktion, „die man häufig als *Mittel* zur Füllung der Auditorien anklagen hört“.[10]

208 Wahl Wilhelm Diesterwegs zum Rektor der Universität Bonn für das akademische Jahr 1831/32
Protokoll der Professoren-Versammlung, 1.8.1831
Bonn, Universitätsarchiv

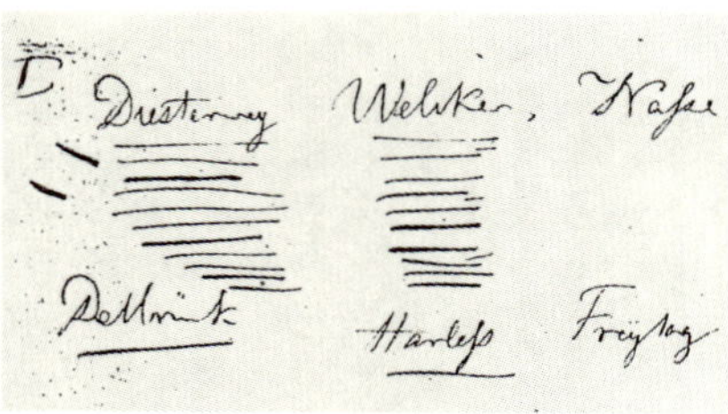

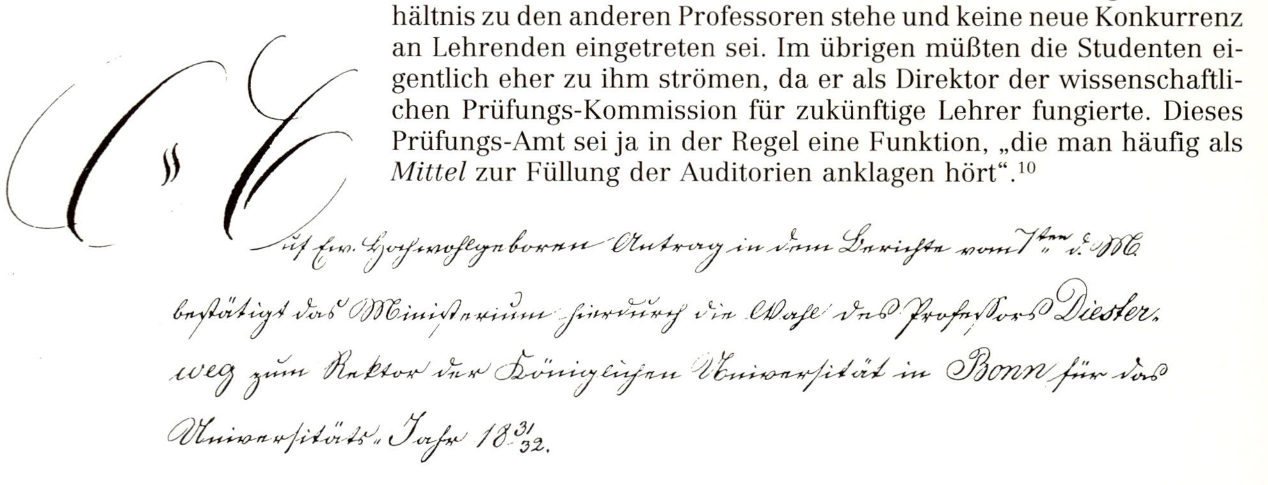
Auf Ew. Hochwohlgeboren Antrag in dem Berichte vom 7ten d. M. bestätigt das Ministerium hierdurch die Wahl des Professors Diesterweg zum Rektor der Königlichen Universität in Bonn für das Universitäts-Jahr 18 31/32.

209 Bestätigung der Wahl Wilhelm Diesterwegs zum Rektor der Universität Bonn durch das Preußische Unterrichtsministerium
Schreiben an den Kgl. Regierungsbevollmächtigten für die Rheinische Universität, Berlin, 27.8.1831
Bonn, Universitätsarchiv

In der Tat war Diesterweg seit 1819 Prüfer für Mathematik und Physik und mehrfach auch Vorsitzender der Kommission – was mit weiteren Einnahmen verbunden war. Er hat sich in dieser bedeutenden Funktion für die Lehrerbildung allerdings nicht als stark genug erwiesen, um gegen die in Bonn besonders energischen Philologen jene Vorschriften durchzusetzen, wonach die Mathematik kein Spezialfach, sondern Teil der für alle Lehrer verbindlichen Allgemeinbildung war. Schon 1821 hieß es bei neun der zwölf Geprüften zur Mathematik: „hierin lehnte er die Prüfung ab“. Danach besserte sich die Situation zunächst; als es aber 1828 bei 15 der 20 Geprüften „ohne Kenntniß (in Mathematik)“ hieß, griff das Ministerium ein: Es kritisierte, daß die Studenten der klassischen Philologie sich dem Studium der Mathematik ganz versagt hätten, und forderte die Philologie-Professoren auf, dieser Vernachlässigung entgegenzuwirken. Als 1829 trotzdem von 14 Geprüften zwölf nicht einmal die elementarsten mathematischen Kenntnisse besaßen, entfernte das Ministerium einen besonders militanten Philologen, Karl Friedrich Heinrich (1774-1838), aus der Kommission. Diesterweg wurde 1834 abgelöst und durch von Münchow ersetzt.[11]

In bezug auf seine Auffassung von Elementarmathematik und deren vorrangiger Bildungswirkung hatte Diesterweg dagegen keine Hemmungen, sie in recht massiver Weise zur Geltung zu bringen. Dazu bot ihm gerade seine Funktion in der Prüfungskommission gute Eingriffsmöglichkeiten, vorrangig bei den Lehrerprüfungen selbst: Symptomatisch ist das Prüfungszeugnis für den Studenten Carl Franz Hartmann vom 5.9.1833, in dem deutlich kritisiert wird, daß der Kandidat – der offenbar nicht bei Diesterweg studiert hatte – zwar die „Analysis der Neueren“, aber kaum die „reine Geometrie“ und Diesterwegs Lieblingsgebiet, die „geometrische Analysis“, beherrsche. Er erhielt daher im Fach Mathematik nicht die volle Lehrbefähigung.[12]

Darüber hinaus besaßen die Mitglieder der Prüfungskommission weitreichende Einflußmöglichkeiten auf die Unterrichtspraxis in ihrer Provinz: über die Nach-Begutachtung der Abiturarbeiten an jedem Gymnasium und über von offizieller Seite angeforderte Gutachten zu Lehrplanfragen. Diesterweg hat sich bei diesen Gelegenheiten intensiv für die synthetisch-geometrische und gegen die analytische Methode ausgesprochen. So kritisierte er 1825 am Mathematik-Lehrplan für das Gymnasium Trier, der von einem dortigen, in Frankreich modern ausgebildeten Lehrer erarbeitet worden war: *„Nur wünschen wir, daß in den beiden obersten Klassen der rein geometrischen Construktion eine wenigstens eben so große Wichtigkeit beigelegt, und eben so viele Zeit angewiesen werde, als der Berechnung bey geometrischen Aufgaben.“*[13]

Diesterwegs Schüler und Wirkung

Zweifellos hat Diesterweg einen umfangreichen Beitrag dazu geleistet, daß die Schulmathematik sich in den preußischen Gymnasien und Realschulen stabilisieren und die Form der für das weitere 19. Jahrhundert dominant bleibenden, geometrisch ausgerichteten Elementarmathematik annehmen konnte. Sicherlich hat er mit dieser Konzeption auch seinen jüngeren Bruder beeinflußt. Vor allem haben aber die von ihm ausgebildeten und vorwiegend im Rheinland und in Westfalen tätigen Mathematiklehrer seine Vorstellungen verbreitet und weiterentwickelt. Sie haben nicht nur ihre Schüler im Geiste der „Geometrie der Alten“ unterrichtet und so eine Verbindung mit dem Unterricht in den klassischen Sprachen hergestellt, sie haben auch entsprechend ausgerichtete Lehrbücher und Aufgabensammlungen publiziert – so etwa Franz Luke (1803-1854), Lehrer des später führenden Mathematikers Karl Weierstraß (1815-1897) in Paderborn. Und mehrere von ihnen haben das von Diesterweg bearbeitete Grundlagenproblem der mathematischen Interpretation negativer Zahlen aufgegriffen und in einer Reihe von Anwendungsbereichen der Zahlenlehre untersucht, insbesondere im Bereich der Trigonometrie – so von Franz Funck in Recklinghausen und Kulm und Franz Rump in Coesfeld.

Diesterweg hat vor allem in seiner Bonner Zeit durch glückliche Käufe eine umfangreiche Bibliothek wertvoller alter Mathematikbücher aufgebaut. Nach seinem Tode wurde diese Sammlung auf Initiative der Witwe vom preußischen Staat aufgekauft und zum Teil Gymnasialbibliotheken, zum Teil der Universitätsbibliothek zur Verfügung gestellt. Ein großer Teil dieser Sammlung ist heute in der Universitätsbibliothek Bonn vorhanden und erleichtert so den Zugang zu den Werken der alten Mathematiker.

1 Personalakte Diesterwegs. Generallandesarchiv Karlsruhe: 76/1562 (GLAK).
2 Universitätsarchiv Tübingen: Fakultätsalbum, UAT 15/13a, Bl. 234.
3 Universitätsarchiv Heidelberg: A-156/4, fol. 2; A-158/2, fol. 61v/62r, 63v/64r, 74v/75r u. 95v/96r; H-IV-102/4, fol. 6. Daneben GLAK: 205/200.
4 Vgl. Schulprogramm vom September 1819 (Lehrgegenstände des Grossherzoglichen Vereinigten Lyceum in Mannheim), S. VIII-IX, u. generell die Lektionsverzeichnisse in den Schulprogrammen. Daneben Behaghel, J.P.: Geschichte und Statistik des Lyceums zu Mannheim, Schulprogramm 1857. Müller, K.-A. (Hrsg.): 300 Jahre Karl-Friedrich-Gymnasium. Mannheim 1972.
5 Bloth, H.G.: Adolph Diesterweg. Sein Leben und Wirken für Pädagogik und Schule. Heidelberg. 1969, S. 60f.
6 Vgl. Schnippenkötter, J.: Ohm in Köln. In: Georg Simon Ohm als Forscher und Lehrer in Köln. Festschrift zur 150. Wiederkehr seines Geburtstages. Hrsg.: Kölnischer Geschichtsverein. Köln 1939, S. 63-172 u. 313-320, hier: S. 81-87.
7 Landeshauptarchiv Koblenz: Bestand 405, Nr. 279.
8 Renger, Ch.: Die Gründung und Einrichtung der Universität Bonn. Bonn 1982, S. 190-193. Großherzogl. Badisches Regierungsblatt v. 6.1.1819, S. 3. Universitätsarchiv Bonn: Tabellen der tatsächlich stattgefundenen Vorlesungen.
9 Vgl.: Zentrales Staatsarchiv Merseburg: Rep. 76, V f, Lit. D, Nr. 1.
10 Ebenda, fol. 81-84.
11 Vgl.: Schubring, G.: Die Entstehung des Mathematiklehrerberufs im 19. Jahrhundert. Studien und Materialien zum Prozeß der Professionalisierung in Preußen (1810-1870). Weinheim, Basel 1983, S. 129ff.
12 Vgl. ebenda, S. 298-300.
13 Zit. ebenda, S. 190.

Heinz Stübig

Durchs Los zum Aktivdienst bestimmt
Militärdienst und Remplaçantentum

Am 17. März 1811 schrieb Adolph Diesterweg an seinen Bruder Henrich Carl: *„Das Loos in der Conscription hat mich zum Activdienst bestimmt. Auch dieses kostet wieder 300 fl.“*[1] Die Mitteilung besagte, daß Diesterweg im großherzoglich-bergischen Kontingent, das Teil der napoleonischen Streitmacht war, dienen sollte und daß er beabsichtigte, sich durch eine Zahlung von 300 Gulden vom Militärdienst loszukaufen.

Dieser Tatbestand wirft mehrere Probleme auf, die im folgenden erörtert werden sollen. Zunächst ist zu klären, wodurch Diesterwegs Wohnort Siegen in den napoleonischen Herrschaftsbereich geriet, sodann ist es notwendig, auf den Modus der Rekrutierung und die Möglichkeit der Befreiung vom Wehrdienst einzugehen, und schließlich soll gefragt werden, warum Diesterweg die Dienstpflicht umgehen wollte.

Als Folge der Revolutionskriege und der napoleonischen Feldzüge kam es in großen Teilen Deutschlands im Übergang vom 18. zum 19. Jahrhundert zu einschneidenden territorialen Veränderungen. Teil dieses Prozesses waren die gegenseitigen Gebietsabtretungen, die Frankreich und Preußen nach Abschluß des dritten Koalitionskrieges im Vertrag zu Schönbrunn (12.12.1805) vereinbarten. Preußen trat Wesel, Neuenburg, Ansbach und Bayreuth ab und erhielt dafür das Kurfürstentum Hannover, das Frankreich seit dem Reichsdeputationshauptschluß (1803) besetzt hatte, versprochen. Hinter dieser Politik stand die Absicht Napoleons, das durch seine Insellage geschützte England über dessen Festlandsbesitzungen zu treffen. Außerdem nutzte er die ehemals preußischen Gebiete für die Bildung seines ersten Vasallenstaates: das rechtsrheinische Kleve wurde mit dem von Bayern im Tausch gegen Ansbach gewonnenen Herzogtum Berg vereinigt und im März 1806 der Regierung seines Schwagers Joachim Murat unterstellt.[2]

Anläßlich der Errichtung des Rheinbundes (12.7.1806) wurde Murat zum Großherzog von Berg ernannt. Gleichzeitig konnte er das Gebiet seines Territoriums beträchtlich erweitern, unter anderem im Süden durch die oranien-nassauischen Stammlande. Auf diese Weise fiel auch Diesterwegs Geburts- und Wohnort Siegen an den neu eingerichteten Staat; seinen Gesetzen war damit auch Diesterweg unterworfen.

Durch den Tilsiter Frieden (9.7.1807), der den preußisch-französischen Krieg beendete, konnte sich das Großherzogtum noch weiter ausdehnen: Es bekam die preußischen Westgebiete Mark, Münster, Tecklenburg, Rheda sowie Lingen und nahm nun die ganze westliche Hälfte des Raumes zwischen Rhein und Weser ein.

Seine endgültige Gestalt bis zur Auflösung nach den Befreiungskriegen erhielt das Großherzogtum Berg im Dezember 1810, als die gesamte deutsche Nordseeküste an Frankreich angegliedert wurde. Dadurch verlor der neue Staat seine nördlichen Distrikte. Er bestand nunmehr aus den drei Departements Ruhr (Arrondissements: Hamm, Hagen und Dortmund), Sieg (Arrondissements: Siegen und Dillenburg) und Rhein (Arrondissements: Mühlheim, Essen, Düsseldorf und Elberfeld) mit Düsseldorf als Hauptstadt.

Von Anfang an war das Großherzogtum Berg – wie auch der zweite napoleonische Modellstaat: das Königreich Westfalen – politisch, wirtschaftlich und militärisch eng an Frankreich gebunden.[3] Das galt bereits für die Regierungszeit Murats und verstärkte sich noch mehr, als dieser 1808 das Großherzogtum gegen das Königreich Neapel eintauschte. Daraufhin wurde das Land interimistisch von Napoleon

selbst verwaltet. Aus dieser Übergangslösung entwickelte sich ein dauernder Zustand, als der Kaiser 1809 den vierjährigen Sohn seines Bruders Louis zum neuen bergischen Herrscher proklamierte; denn bis zu dessen Volljährigkeit wurden die Entscheidungen durch das bergische Staatssekretariat in Paris getroffen. Die örtliche Verwaltung lag in den Händen eines kaiserlichen Kommissars. Faktisch war das Großherzogtum damit zu einem „französischen Mandatsgebiet“ (von Raumer) geworden.

Die innere Struktur des Staates war weitgehend durch die Statuten des Rheinbundes festgelegt.[4] Wenngleich die Mitglieder dieses Staatenbundes formal unabhängig waren, so war ihre Souveränität durch die herausgehobene Stellung des Bundesprotektors, also Napoleons, in der Realität erheblich eingeschränkt. Das kam etwa darin zum Ausdruck, daß die Rheinbundstaaten nicht das Recht hatten, über ihre Außenpolitik und damit über Krieg und Frieden selbständig zu entscheiden oder das Kommando über ihre Truppen unabhängig auszuüben.

Im Kern stellte die „Confédération du Rhin“ ein militärisches Offensiv- und Defensivbündnis dar, wobei die Pflichten der Mitglieder durch die Rheinbundakte und die Akzessionsverträge definiert wurden. Mit diesem Vertragswerk hatte Napoleon seine politische und militärische Vormachtstellung in Deutschland besiegelt und sich darüber hinaus ein beträchtliches Rekrutenreservoir gesichert.

Diesem Ziel diente auch die innere Verwaltung der Mitgliedsstaaten, im militärischen Bereich die Einführung der allgemeinen Wehrpflicht mit der Möglichkeit der Stellvertretung („Remplacement“).

Bei der Gründung des Rheinbundes 1806 war die Zahl der Soldaten, die das Großherzogtum im Falle eines Krieges stellen mußte, auf 5.000 Mann festgelegt worden. Die Kontingentstärke lag damit zunächst unter 1% der Bevölkerung und war niedriger als in früheren Zeiten. Jedoch wurde bei kürzerer Dienstzeit ein größerer Personen-

210 Rekruten-Musterung in Darmstadt
Federzeichnung von Karl Philipp Fohr, um 1815
14,6 x 20,0 cm
Darmstadt, Hessisches Landesmuseum

kreis erfaßt, und angesichts der steigenden Verlustzahlen infolge der ununterbrochenen Kriegszüge mußten die Truppen relativ schnell wieder ergänzt werden. Bergische Soldaten kämpften im Verband der französischen Armee gegen Preußen (1806/07), später in Spanien (1808-1813), dann gegen Österreich (1809), schließlich gegen Rußland (1812) und die Koalition (1813).

Die Truppenaushebung selbst wurde durch die „Instruction zum Recrutirungsgeschäft für das Großherzogthum Berg" vom 9. Juni 1807 geregelt.[5] Darin war festgelegt, daß alle Männer im Alter zwischen 20 und 24 Jahren, einschließlich der Juden und Ausländer, die im Großherzogtum lebten, wehrpflichtig waren. Ausgenommen davon waren der landtagsfähige Adel, die höheren Staatsbeamten, die Angehörigen des geistlichen Standes, das landesherrliche Dienstpersonal sowie die öffentlich geprüften und angestellten Schullehrer.

Darüber hinaus konnten vom Militärdienst befreit werden: der einzige Sohn einer Witwe bzw. eines über 70 Jahre alten Vaters, sofern diese unvermögend waren, der älteste von drei Waisen sowie ausgezeichnete Künstler und aus dringenden wirtschaftlichen Gründen unabkömmliche Fabrikanten, schließlich diejenigen, die vor dem 1. Oktober 1806 geheiratet hatten. Die Dauer der Dienstzeit wurde auf acht Jahre festgesetzt; abgeleistet wurden normalerweise zwei Jahre.

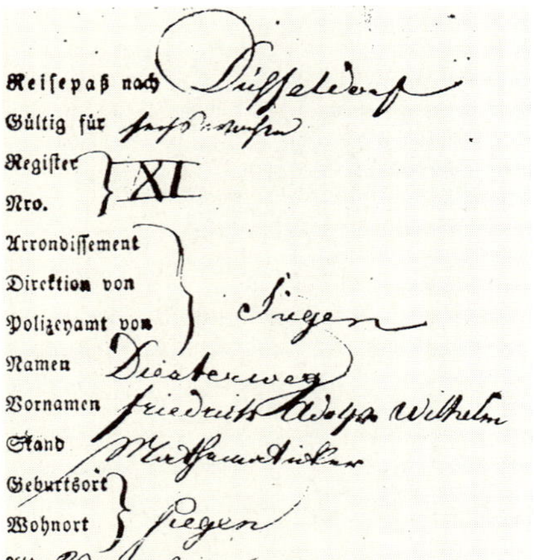
Reisepaß nach Düsseldorf
Gültig für
Register
Nro. XI
Arrondissement
Direction von
Polizeyamt von Siegen
Namen Diesterweg
Vornamen Friedrich Adolph Wilhelm
Stand
Geburtsort
Wohnort Siegen
Alt 23 Jahr
Größe Fünf Schuh
Zoll
Haare blond
Stirne
Augbraunen blond
Augen
Nase
Mund
Bart blond
Kinn
Gesicht
Gesichtsfarbe
Besondere Zeichen
Ausgefertigt
Unterschrift des Reisenden
Ad. Diesterweg

211 Adolph Diesterwegs Reisepaß nach Düsseldorf, Hauptstadt des napoleonischen Großherzogtums Berg, ausgestellt in Siegen, 20.1.1812
Siegen, Stadtarchiv
„Dieser Paß ist blos gültig, zu einer Reise von hier nach Düsseldorf, wo sich der Inhaber einen Existenzschein seines Remplacanten bey dem Verwaltungs-Rath des Artillerie Corps zu Düsseldorf auswirken will und sodann auf geradem Wege wieder hierher zurück zu reisen."

Der Vorgang der Rekrutierung vollzog sich so, daß aus der Gruppe der Konskribierten die auf jeden Rekrutierungsbezirk entfallende Zahl der Militärpflichtigen durch das Los bestimmt wurde. Dabei wurden die Männer, die niedrige Nummern gezogen hatten, zur Aktivarmee eingezogen, diejenigen mit höheren Nummern kamen zur Reserve und die mit den höchsten Nummern waren von der Ableistung des Militärdienstes befreit.

Grundsätzlich wurden zur Reserve doppelt soviel Mannschaften ausgelost wie zum aktiven Dienst. Diese Maßnahme sollte garantieren, daß in den Fällen, in denen sich am Einberufungstage nicht alle Aktiven vollzählig einfanden, die fehlenden Rekruten aus der Reserve ergänzt werden konnten.

Allerdings konnte derjenige, der für den Militärdienst ausgelost worden war, sich als „Remplacierter" gegen eine entsprechende finanzielle Entschädigung von einem „Remplaçanten" vertreten lassen. Dieses Verfahren hatte Napoleon bereits während seines Konsulats durch das Gesetz vom 17 Ventôse VIII (8.3.1800) in Frankreich eingeführt und damit die aus der revolutionären Praxis der levée en masse erwachsene allgemeine Wehrpflicht teilweise wieder aufgehoben.[6] Mit dieser Maßnahme wollte er das besitzende Bürgertum in seine Politik einbinden, denn nur dieser Teil der Bevölkerung, der kein Interesse daran hatte, daß seine Söhne für längere Zeit dem Handel, der Industrie oder den Wissenschaften entzogen wurden, verfügte über die bedeutenden Geldmittel, die ein Stellvertreter kostete.

Im Großherzogtum Berg galten für die Stellvertretung folgende Grundsätze[7]: Der Stellvertreter mußte aus demselben Departement stammen, in dem auch der Konskribierte zu Hause war. Er mußte ebenso lange dienen, wie der Remplacierte hätte dienen müssen. Ferner mußte der Stellvertreter dem Konskriptionsgesetz genüge geleistet haben: Entweder mußte er zu den sog. „Freigelosten" gehören oder über 25 bis 30 Jahre alt sein, das heißt seine Dienstpflicht abgeleistet haben, was für die Armee insofern von Vorteil war, als sie auf diese Weise einen großen Stamm langgedienter Soldaten erhielt. Als Stellvertreter konnten sich übrigens auch solche Männer melden, die aufgrund ihres Familienstatus eine Befreiung vom Militärdienst beantragen konnten.

Generell mußten die Stellvertreter mindestens 5 Fuß und 1 Zoll (1,60 m) groß sein, über eine gute körperliche Verfassung verfügen und einen moralisch einwandfreien Lebenswandel nachweisen können. Damit waren alle diejenigen ausgeschlossen, die straffällig und verurteilt worden waren.

Die Stellvertretung selbst vollzog sich folgendermaßen: Ein Konskribierter, der eine niedrige Losnummer gezogen hatte und daher dienen mußte, tauschte sein Los gegen das eines anderen mit einer hohen Nummer ein und erwarb dadurch die Voraussetzung, vom Militärdienst befreit zu werden. Die Geldsumme, die der Remplaçant dafür erhielt, daß er an Stelle eines Ausgelosten dessen Dienstpflicht ableistete, wurde zwischen den beiden Parteien frei ausgehandelt. Der im folgenden wiedergegebene Vertrag, den der Schönfärber Henrich Georg Spruth für seinen Bruder, den Handlungskommis Wilhelm Henrich Spruth, mit dem Erdengeschirrhändler David Pauschert am 17. März 1812 in Siegen abschloß, illustriert diesen Vorgang.

„Auf Ersuchen begab ich, Carl Samuel Winter, Notar des Cantons Siegen in der Stadt Siegen wohnhaft, mich in die Behausung des Herrn Stadtschöffen und Wirths Franz Rettig in hiesiger Stadt. Daselbst erschien vor mir der Erdengeschirrhändler David Pauschert von Bottenberg, in der Mairie Freudenberg, dem Canton und Bezirk Siegen, von der einen und der Schönfärber Henrich Georg Spruth dahier, in der Stadt Siegen wohnhaft, von der anderen Seite und schlossen in meiner und der zugezogenen Zeugen des Tuchbereiters Bernhard Zöller und Tuchmachers Joseph Geisbe, beide in hiesiger Stadt wohnhaft, Gegenwart, folgenden Tauschcontract ab: Es vertauschet nämlich ersterer, David Pauschert, welcher ein Conscriptionspflichtiger des gegenwärtigen Jahres achtzehnhundert und zwoelf ist, seine bey der geschehenen Verlosung erhaltene Nummer ein hundert sieben und sechzig, letzterem Herrn Schönfärber Henrich Georg Spruth, für die seinem Bruder dem Handlungs Comis Wilhelm Henrich Spruth von hier dermalen zu Augspurg sich aufhaltend und welcher ebenwohl zu den Conscriptionspflichtigen des gegenwärtigen Jahres gehört, bey der gehaltenen Verlosung zugefallenen Nummer neun und vierzig mit dem Versprechen ganz an dessen Stelle zu treten und seine Dienstzeit für ihn getreu und ehrlich auszudienen.

Dagegen verspricht letzterer Herr Färber Spruth ersterem David Pauschert:

Erstlich ein Handgeld von tausend Gulden im hiesigen Handelskurs die Krone zu ein hundert sechszehn Stüber oder neunzehn hundert und zwoelf Franken, und zwar so und dergestalt, daß derselbe von dieser Summe die Hälfte mit fünf hundert Gulden oder neun hundert sechs und fünfzig Franken sogleich baar erhalten, die andere Hälfte aber als Capital gegen fünf Prozent jährliche an dessen Ehefrau zu bezahlende Zinsen bis zu behörig ausgehaltener Dienstzeit stehen bleiben soll.

Zweytens eine vollständige Montur bestehend in leinenen Hosen, Camaschen, einem Camisölchen, einer Kappe, neuen Strümpfen und Schuhen.

Drittens Zwey silberne Sackuhren.

Viertens Dreyßig Gulden oder sechs und fünfzig Franken zum Trinken.

Letztere Stücke, die Montur, silberne Sackuhren und das versprochene Trinkgeld hat der David Pauschert übrigens sogleich zu empfangen.

So geschehen zu Siegen in der oben angegebenen Behausung am sechszehnten Merz im Jahre ein tausend acht hundert und zwoelf und ist diese Urkunde nach geschehener Vorlesung und Genehmigung und nachdem der David Pauschert erklärt hatte, daß er zu schreiben nicht verstehe, auf nachfolgende Weise

Henrich Georg Spruth
Bernhardus Zöller
Joseph Geisbe

von dem Herrn Färber Henrich Georg Spruth den oben genannten Zeugen dieser Handlung und mir eigenhändig unterschrieben, auch solche in Urschrift von mir zurückbehalten worden.

Carl Samuel Winter.

212 Betrunkene Rekruten
Gouache von Karl Philipp Fohr, um 1814
11,6 x 15,8 cm
Darmstadt, Hessisches Landesmuseum

213 Karabiner und Steinschloßpistole der Kavallerie des Großherzogtums Berg, 1806-1813
L. 107,7 cm
L. 40,0 cm
Rastatt, Wehrgeschichtliches Museum

Für gleichlautende Ausfertigung ausgehändigt auf Ansuchen des Herrn Färber Henrich Georg Spruth dahier nach behörig geschehener Einregistrierung der urschriftlichen Urkunde.
Siegen, am siebzehnten Merz eintausend acht hundert und zwoelf.
Carl Samuel Winter,
Notar."[8]

Der Betrag, der im vorliegenden Fall für die Stellvertretung bezahlt wurde, war mit 1.000 Gulden (1.912 Franken) sowie den zusätzlich vereinbarten Leistungen außerordentlich hoch und entsprach beispielsweise dreieinhalb Jahresgehältern des Siegener Polizeidieners bzw. sieben Jahresgehältern eines Torschreibers in der Stadt.

Wie aus den erhalten gebliebenen Akten hervorgeht, diente Pauschert seine Militärzeit vollständig ab und erhielt am 12. Oktober 1814 den letzten Rest der ausgehandelten Summe.

Neben den finanziellen Aufwendungen für den Stellvertreter mußte von dem Remplacierten noch eine Verwaltungsgebühr von 100 Franken bezahlt werden.[9] Sofern der Stellvertreter desertierte, mußte derjenige, der ursprünglich dienen sollte, entweder einen neuen Stellvertreter präsentieren oder selbst dienen. In dem Fall, in dem ein neuer Stellvertreter beigebracht wurde, mußte die Verwaltungsgebühr erneut entrichtet werden.

In der Tat war die Zahl der sog. „Refraktärs", das heißt derjenigen, die sich bei ihrer Einberufung zum Militärdienst nicht meldeten, sowie der Deserteure, die nach ihrer Einberufung aus den Kasernen entflohen, recht groß. Das Ausmaß dieses Problems zeigte sich auch an den immer wieder durchgeführten Amnestien, die eine straffreie Wiedereingliederung der Fahnenflüchtigen in die Armee bezweckten, jedoch insgesamt wenig Erfolg hatten. Zwischen 1809 und 1812 desertierten 600 bergische Soldaten, im Jahr 1813 waren es sogar über 500.[10]

Bei der Bekämpfung der Desertionen verfolgte die Regierung des Großherzogtums eine Doppelstrategie: einerseits versuchte sie durch Aufrufe an die Bevölkerung gegen die Deserteure Stimmung zu machen („Hohe Nummern müssen zum Dienst aufgefordert werden, um die Ungehorsamen und Treulosen zu ersetzen.")[11], andererseits wurden ergriffene Deserteure hart bestraft, um potentielle Fahnenflüchtige von vornherein abzuschrecken. Bereits 1808 hatte man im Großherzogtum mit dem Aufbau einer Gendarmerietruppe begonnen, die von einem elsässischen Offizier befehligt wurde und hauptsächlich gegen Deserteure und fahnenflüchtige Aufständische eingesetzt wurde.

Sogar die Väter der entflohenen Soldaten nahm man gefangen und drohte, sie ins Gefängnis zu stecken. Dies führte dazu, daß sich die Eltern öffentlich an ihre entflohenen Söhne wandten. So hieß es beispielsweise in einer im Sommer 1813 im *Münsterischen Intelligenzblatt* von neun Vätern veröffentlichten Anzeige:

„*Unterschriebene Aeltern fordern ihre von den Großherzoglich Bergischen Truppen von der Conscription 1812 und 1813 desertirte Söhne auf, baldigst zu ihrer Pflicht zurückzukehren und sich wieder zu stellen, indem sie ihretwegen und bis zu ihrer Rückkehr mit schwerer Strafe belegt werden sollen. Auch wird jeder Menschenfreund ersucht, welcher von den Aufenthalt derselben etwas weiß, uns gegen Erstattung der Kosten davon zu benachrichtigen.*"[12]

Eine wesentliche Ursache für den Anstieg der Desertionen lag darin, daß die Kontingente, die das Großherzogtum für die napoleonische Armee stellen mußte, im Laufe der Zeit ständig erhöht wurden. Gegenüber den 1806 vereinbarten 5.000 Mann fixierte ein Geheimvertrag vom Januar 1808 die jährliche Stärke der bergischen Truppen auf 7.000 Mann. Drei Jahre später, im Jahr 1811, wurde sie erneut angehoben und auf 9.400 Mann festgelegt.[13]

Auf dem Hintergrund dieser Entwicklung, die sich durch die Kriegsvorbereitungen gegen Rußland noch weiter verschärfte, ist auch

Adolph Diesterwegs Einstellung gegenüber dem Militär zu sehen. Wie aus seinem Tagebuch hervorgeht, hatte Diesterweg insgesamt keine großen Sympathien für die „Handhaber der Gewalt" – im Gegenteil: angesichts der Uniformen der nassauischen Lehrer sprach er davon, daß die Fürsten „gern alle Staatsdiener sklavisch und knechtisch, nach dem despotisch-willkürlichen Wink des Vormannes sich bewegen sehen" möchten.[14] Um so weniger drängte es ihn, den Militärdienst in einer Besatzungsarmee abzuleisten und möglicherweise gegen das eigene Vaterland kämpfen zu müssen. Seiner Braut und späteren Ehefrau, Sabine Enslin, vertraute er in einem Brief an, daß er in diesem Fall entschlossen sei, aus dem französischen Einflußbereich zu fliehen. Allerdings findet sich in diesem Brief aus dem Jahr 1812 auch der Hinweis, daß er mit Freuden käme, sofern ihn das Vaterland – darunter verstand er Nassau – rufen würde, denn „ein Schuft, der seiner Pflicht vergessen wollte!"[15]

Möglicherweise wurde die politische Grundhaltung Diesterwegs, die sich in diesen Äußerungen dokumentiert, durch seinen Umgang noch verstärkt; denn 1811, während seines Aufenthalts in Mannheim, hatte er sich sein Kostgeld durch Privatstunden im Hause des Freiherrn von Venningen verdient und dabei auch die Kinder des damals flüchtigen preußischen Oberst von Dörnberg unterrichtet, der durch seinen Aufstandsversuch im Königreich Westfalen überall in Deutschland bekannt geworden war.[16]

Im selben Jahr, als Zwanzigjähriger, mußte sich Diesterweg der Konskription unterwerfen. Über das Ergebnis schrieb er an seinen Bruder den eingangs zitierten Satz. Er hatte also eine Losnummer gezogen, die ihn unmittelbar zum Militärdienst bestimmte, sobald sein Jahrgang in die Kasernen einrücken mußte. Um der Dienstpflicht zu entgehen, entschied sich Diesterweg für die Stellvertretung, wofür er 300 Gulden als Kosten ansetzte. Verglichen mit dem an Pauschert gezahlten Betrag war das eine relativ geringe Summe, dennoch war sie für Diesterweg, der für seine Hauslehrertätigkeit insgesamt nur 30 Louis d'or – das waren etwa 690 Franken oder 360 Gulden – erhielt und überdies seinen Vater unterstützte, nicht unbeträchtlich.[17] Seine finanzielle Situation besserte sich erst, als er Ende 1812 als Lehrer an die sog. „Musterschule" in Frankfurt am Main berufen wurde, wo sein jährliches Gehalt insgesamt über 800 Gulden betrug.[18]

Wie aus dem erhaltenen Reisepaß hervorgeht, wollte Diesterweg seine Militärangelegenheiten zu Beginn des Jahres 1812 in der Hauptstadt Düsseldorf endgültig regeln. Das Dokument trägt den Vermerk: „Dieser Paß ist blos gültig, zu einer Reiße von hier nach Düsseldorf, wo sich der Inhaber einen Existenz Schein seines Remplacants bey dem Verwaltungs Rath des Artillerie Corps zu Düsseldorf auswirken will und sodann auf geradem Wege wieder hierher zurück zu reißen."[19]

Als Diesterwegs Geburts- und Wohnort ist in dem Papier Siegen, als sein Stand Mathematiker eingetragen. Neben Angaben zu seinem Alter und zu seiner Größe (5 Schuh und 2 1/2 Zoll, also 1,64 m) enhält der Paß auch eine genaue Beschreibung seiner Physiognomie, einschließlich des Hinweises, daß besondere Kennzeichen fehlen.

Wie Diesterweg das Problem seiner Stellvertretung im einzelnen gelöst hat, wer sein Remplaçant war und wieviel Geld er schließlich dafür bezahlen mußte, wissen wir nicht. Da er jedoch nicht Soldat war, können wir davon ausgehen, daß er dieses Vorhaben realisieren konnte. Mit seiner Entscheidung folgte Diesterweg nach dem Abschluß seines Studiums einem gängigen bürgerlichen Verhaltensmuster, das dem eigenen beruflichen Aufstieg bewußt den Vorrang vor der „ungeliebten" Verpflichtung gegenüber dem Staat einräumte. Dabei profitierte er von einer Regelung, die das Bürgertum insgesamt begünstigte und zur Folge hatte, daß die Militärpflicht überwiegend von der bäuerlichen Bevölkerung und den städtischen Unterschichten abgeleistet wurde.

1 Bloth, H.G.: Neuentdeckte Briefe Diesterwegs an seine Braut und Gattin. In: Zeitschrift für Pädagogik Jg. 13, 1967, S. 457.
2 Zur napoleonischen Deutschlandpolitik vgl.: Berding, H.: Napoleonische Herrschafts- und Gesellschaftspolitik im Königreich Westfalen 1807-1813. Göttingen 1973. Raumer, K.v., Botzenhart, M.: Deutsche Geschichte im 19. Jahrhundert. Deutschland um 1800: Krise und Neugestaltung. Von 1789 bis 1815. Wiesbaden 1980, bes. S. 120-350. Lahrkamp, M.: Die französische Zeit. In: Westfälische Geschichte. Hrsg. v. W. Kohl. Bd. 2: Das 19. und das 20. Jahrhundert. Politik und Kultur. Düsseldorf 1983, S. 1-43.
3 Zur Entwicklung des Großherzogtums Berg vgl.: Goecke, R.: Das Grossherzogthum Berg unter Joachim Murat, Napoleon I. und Louis Napoleon 1806-1813. Ein Beitrag zur Geschichte der französischen Fremdherrschaft auf dem rechten Rheinufer. Köln 1877. Schmidt, C.: Le Grand-Duché de Berg (1806-1813). Etude sur la domination française en Allemagne sous Napoléon Ier. Paris 1905. Junk, H.-K.: Das Großherzogtum Berg. Zur Territorialgeschichte des Rheinlandes und Westfalens in napoleonischer Zeit. In: Westfälische Forschungen Jg. 33, 1983, S. 29-83.
4 Zur Struktur des Rheinbundes und zu den Bündnisverpflichtungen vgl.: Huber, E.R.: Deutsche Verfassungsgeschichte seit 1789. Bd. 1: Reform und Restauration 1789 bis 1830. 2., verb. Aufl. Stuttgart 1967, S. 75-91.
5 Zum folgenden vgl. v.a. die Artikel I und IV der „Instruction zum Recrutirungsgeschäft für das Großherzogthum Berg" vom 9. Juni 1807.
6 Vgl. Wohlfeil, R.: Vom Stehenden Heer des Absolutismus zur Allgemeinen Wehrpflicht (1798-1814). In: Handbuch zur deutschen Militärgeschichte 1648-1939. Hrsg. v. Militärgeschichtlichen Forschungsamt. Bd. 1/II. München 1979, S. 46ff.
7 Vgl. den Artikel VII der „Instruction zum Recrutirungsgeschäft für das Großherzogthum Berg". Daneben: Irle, A.: Der Ersatzmann. In: Heimatland Jg. 6, 1931, S. 44-45. Jung, R.: Der Ersatzmann. In: Heimatland Jg. 6, 1931, S. 118-120.
8 Unter den Konskribierten. In: Heimatland Jg. 2, 1927, S. 34f.
9 Vgl. Jung, R.: a.a.O., S. 119.
10 Vgl. Hashagen, J., u.a.: Bergische Geschichte. Remscheid-Lennep 1958, S. 238.
11 Westfälische Geschichte. Hrsg. v. W. Kohl. Bild- und Dokumentenband. Düsseldorf 1982, Nr. 82.
12 Ebenda, Nr. 89.
13 Vgl. Schmidt, C.: a.a.O., S. 60, 152.
14 Aus Adolph Diesterwegs Tagebuch 1818 bis 1822. Neuhrsg. v.H.G. Bluth. Frankfurt a.M., Berlin, Bonn 1956, S. 4.
15 Langenberg, E.: Adolph Diesterweg. Sein Leben und seine Schriften. Th. 1: Diesterweg am Rhein. Frankfurt a.M. 1867, S. 13.
16 Vgl. Bloth, H.G.: Adolph Diesterweg. Sein Leben und Wirken für Pädagogik und Schule. Heidelberg 1966, S. 54.
17 Vgl. Bloth, H.G.: Neuentdeckte Briefe Diesterwegs an seine Braut und Gattin. A.a.O., S. 457.
18 Vgl. Langenberg, E.: a a.O., S. 163.
19 Das Original des Reisepasses befindet sich im Stadtarchiv Siegen.

Burkhard Dietz

Berufsziel Vermessungsingenieur

Adolph Diesterweg, Johann Friedrich Benzenberg und die verpaßte Prüfung zum Landmesser

Die Frage „Was werden mit dem, was ich weiß?" hat sich Adolph Diesterweg als Student gewiß schon früh, mit Nachdruck spätestens im Alter von 20 oder 21 Jahren gestellt, doch leicht oder gar eindeutig zugunsten einer pädagogischen Tätigkeit hat er sie zu diesem Zeitpunkt offenbar nicht beantworten können. Eine Entscheidung über seinen beruflichen Werdegang und die existentielle Sicherung der Zukunft mußte um 1811 jedoch relativ bald getroffen werden, denn bereits die Studienjahre in Herborn, Heidelberg und Tübingen (1808-1810) waren von der schweren Krankheit des Vaters, der 1812 starb, und von einer recht angespannten finanziellen Situation überschattet. Angesichts der materiell prekären Verhältnisse war es jedoch selbstverständlich, daß Diesterweg schon als Student zur Aufbesserung seines Einkommens Privatstunden erteilte und sich auch nach Abschluß seines Studiums – wie viele Gelehrte bürgerlichen Standes, die gewissermaßen aus der eigenen Not eine Tugend zu machen versuchten – als Hauslehrer verdingte. Das war im Jahre 1811, als er zu seinem älteren Bruder nach Mannheim zog. Dort, im Hause des Mathematikers und Theologen Dr. Wilhelm Diesterweg, der kurze Zeit als Privatdozent an der Universität Heidelberg gelehrt hatte und seit 1809 in Mannheim eine recht vorteilhafte Stellung am Gymnasium bekleidete, fand Adolph Diesterweg fürs erste eine Unterkunft, während er sich sein Kostgeld als Hauslehrer verdienen mußte.

Zweifellos betrachtete er diese Tätigkeit zunächst nur als Broterwerb und Übergangslösung, doch wird Adolph Diesterweg andererseits auch die Chancen nicht verkannt haben, die mit der zeitlich nicht übermäßig aufwendigen pädagogischen Beschäftigung verbunden waren: Nebenher konnte er nämlich seine mathematischen Studien unter der Anleitung seines Bruders vervollständigen und vertiefen und sich darüber hinaus autodidaktisch auf sein eigentliches Berufsziel vorbereiten, auf das Examen zum Vermessungsingenieur bei dem seinerzeit berühmten Professor Johann Friedrich Benzenberg (1777-1846) in Düsseldorf.

Diesterweg selbst hat seinen ursprünglichen Berufswunsch nur äußerst nüchtern und ohne Angabe von Motiven in einer kurzen autobiographischen Textpassage überliefert: *„Mit dem Tornister auf dem Rücken"*, schrieb er 1847, *„wanderte ich im Dezember 1811 von Mannheim über Siegen durch das Oberbergische und Elberfeld nach Düsseldorf, mich zum Ingenieurexamen bei Benzenberg zu stellen. Ich wollte an der geographischen Vermessung des Herzogtums Westfalen teilnehmen, an die Schulmeisterei dacht' ich nicht, obgleich ich mich in Mannheim zuerst als Hauslehrer, dann durch Privatunterricht erhalten hatte. Der Weg über Olpe, Meinerzhagen und Wipperfürth war sehr beschwerlich, hoch liegender Schnee machte ihm zum Teil ganz unsichtbar; es war sogar gefährlich, in der Dunkelheit zu wandern. Eine Stunde nach meiner Ankunft in Elberfeld, gegen neun Uhr abends, suchte ich das Wilbergsche Haus auf... Die Prüfungskommission war leider in Düsseldorf nicht mehr beisammen, der bevorstehende Krieg hatte den Kulturbestrebungen des Gouvernements ein Ende gemacht; ohne meinen Zweck bei Benzenberg erreicht zu haben, kehrte ich auf direktem Wege nach Mannheim zurück, wurde ganz contre coeur Lehrer..."*[1]

Das Eingeständnis des 57jährigen Diesterweg, daß er eigentlich ganz gegen seine innerste Überzeugung und emotionale Grundein-

214 Johann Friedrich Benzenberg (1777-1846)
Lithographie von Wilhelm Severin, Düsseldorf, um 1830
51 x 36 cm
Düsseldorf, Archiv der Bilker Heimatfreunde

stellung Pädagoge geworden sei, unterstreicht die Annahme, daß es sich bei seinem allerersten Berufswunsch und dem oben beschriebenen Versuch der Realisierung nicht nur um eine jugendliche Episode gehandelt haben kann. Ganz im Gegenteil: Da die Erinnerung an die ursprünglichen Ideale selbst im fortgeschrittenen Alter ungebrochen war und die Vorstellungen von einst zudem in keiner Weise heruntergespielt oder als jugendliche Illusionen dargestellt werden, verdienen sie im biographischen Gesamtzusammenhang besondere Beachtung.

Diesterwegs Faszination für die Landmesserei resultierte einerseits aus einigen persönlichen Bekanntschaften mit naturwissenschaftlich gebildeten Gelehrten, die er zum größten Teil während seines Studiums kennenlernte und die seitdem seine Vorbilder waren. Zu ihnen zählten neben seinem bereits erwähnten Bruder Wilhelm – später Professor für Mathematik und Rektor der Universität Bonn – der Heidelberger Naturphilosoph und Mathematiker Jakob Friedrich Fries, der Tübinger Mathematiker und Physiker Christoph Friedrich Pfleiderer und nicht zuletzt der in besonderer Weise verehrte Tübinger Astronom, Geodät, Physiker und Mathematiker Johann Gottlieb Friedrich Bohnenberger, später wissenschaftlicher Leiter der ersten württembergischen Landesvermessung. Persönlichkeiten wie diese beeinflußten nachhaltig das wissenschaftliche Interesse und die berufliche Orientierung des jungen Diesterweg.

215 Düsseldorf
Topographische Karte der Rheinlande von J.J. Tranchot, 1802-1814, Bl 44, Maßstab 1:20000
42 x 49 cm
Berlin, Staatsarchiv Preußischer Kulturbesitz, Kartenabteilung

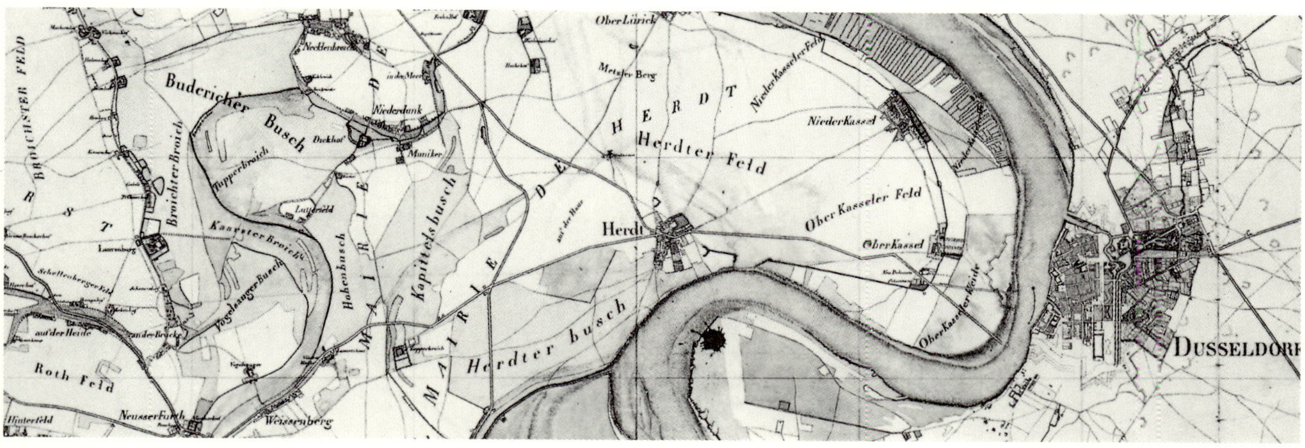

Andererseits war seine Begeisterung für die Landmesserei jedoch auch Resultat seiner religiös begründeten Einstellung zur Natur als Schöpfung Gottes, die es – auch zu dieser Zeit noch ganz im Sinne der „Physikotheologie" Isaac Newtons – zwar zu lobpreisen, aber auch naturwissenschaftlich zu entzaubern galt. Der Beruf des Vermessungsingenieurs, der gewissermaßen im Schnittpunkt dieser historischen Denk- und Vorstellungskategorien zu verorten ist, erschien Adolph Diesterweg, wie manch anderem Zeitgenossen mit gleichgelagerten Interessen, als geradezu ideale Möglichkeit zur Realisierung einer Tätigkeit, die größtenteils unter freiem Himmel ausgeübt wurde und bei der ein Teil der göttlichen Schöpfung mittels moderner mathematisch-technischer Methoden für die vielfältigen, meist fiskalischen und juristischen Bedürfnisse der modernen territorialstaatlichen Verwaltungsapparate sowie für militärische Zwecke in praktikablem Maßstab erfaßt und abgebildet wurde. Als Landmesser war man somit in der beneidenswerten Lage, sowohl naturverbunden und landschaftlich abwechslungsreich arbeiten als auch die im Studium erworbenen mathematischen Kenntnisse praktisch und für übergeordnete Instanzen nutzbringend anwenden zu können. Während man in diesem Beruf also eine naturphilosophisch-religiöse Sinnstiftung erfahren konnte, erfüllte man zugleich durch die als objektiv eingeschätzten Verfahren und durch den öffentlichen Auftrag den von Francis Bacon formulierten Grundsatz jeden (natur-)wissenschaftlichen Arbeitens: die Einheit von „Wahrheit" und „Nützlichkeit".[2]

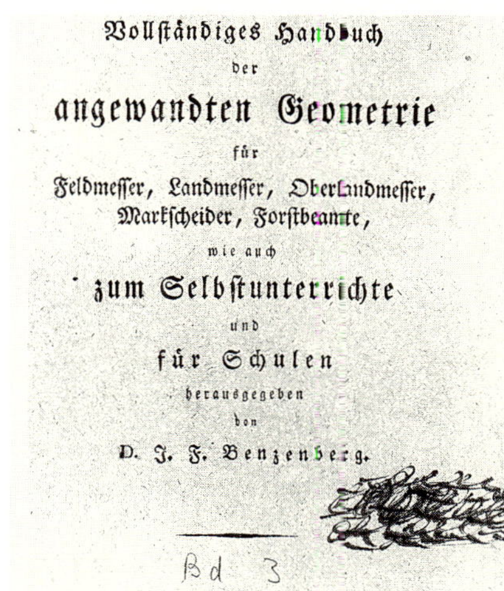
Vollständiges Handbuch der angewandten Geometrie für Feldmesser, Landmesser, Oberlandmesser, Markscheider, Forstbeamte, wie auch zum Selbstunterrichte und für Schulen herausgegeben von D. J. F. Benzenberg.

Bd 3

Mit 12 Kupfern und 239 Holzschnitten.

Düsseldorf, bei J. H. C. Schreiner. 1813.

216 J.F. Benzenberg
Vollständiges Handbuch der angewandten Geometrie für Feldmesser, Landmesser, Oberlandmesser, Markscheider, Forstbeamte, wie auch zum Selbstunterrichte für Schulen. Düsseldorf 1813

Dieses und anderes machte den Beruf des Vermessungsingenieurs in den gebildeten Kreisen des aufstrebenden Bürgertums attraktiv, zumal als Alternative zu jenen traditionellen Tätigkeiten, die den studierten Söhnen des Bürgertums schon immer als berufliche Nischen zur Verfügung standen, als Alternative etwa zum Dasein als Hauslehrer und Reisebegleiter, als Pfarrer, Arzt oder Advokat. Die sich auf breiter Basis durchsetzenden Auffassungen der Aufklärung und die allmählich in Gang kommende Industrialisierung trugen außerdem dazu bei, daß das Ansehen der Natur- und Ingenieurwissenschaften in der Öffentlichkeit nachhaltig stieg.[3] Dementsprechend positiv war das Image des Vermessungsingenieurs, dem trotz der altertümlich klingenden Berufsbezeichnung „Landmesser", die noch aus den dilettierenden Anfängen der vergangenen drei Jahrhunderte stammte, ein Hauch von Fortschrittsoptimismus und Modernität anhaftete. Schließlich eigneten sich die mathematischen Verfahren und die in gleicher Weise kompliziert anmutenden mechanisch-optischen Instrumente, mit denen der Geodät arbeitete, durchaus dazu, als weitere Symbole der unübersehbar angebrochenen neuen Zeit, der modernen Welt, angesehen zu werden. Es war also keineswegs abwegig, daß Adolph Diesterweg in seiner speziellen Lage und bei seinen naturwissenschaftlichen Interessen auf die Idee verfiel, das Berufsziel des Vermessungsingenieurs anzustreben.

217 Feldmesser der württembergischen Landesvermessung 1818-1840
Reproduktion nach einer verschollenen Lithographie von Joseph A. von Gasser
47,3 x 61,8 cm
Stuttgart, Landesvermessungsamt Baden-Württemberg
Der Geometer steht an einem Meßtisch, der über einen Meßpunkt gestellt ist, und peilt im Gelände aufgestellte Meßlatten an. Die Messung erfolgt mittels einer „Kippregel".

Doch kehren wir noch einmal zu Diesterwegs eigener Schilderung zurück, insbesondere zu seiner Absicht, sich im Dezember 1811 in Düsseldorf „zum Ingenieurexamen bei Benzenberg zu stellen", um anschließend „an der geographischen Vermessung des Herzogtums Westfalen teilnehmen" zu können. Wer war dieser Benzenberg und was hat man sich unter der Vermessung des Herzogtums Westfalen vorzustellen?

Das Herzogtum Westfalen war ein zu diesem Zeitpunkt de facto schon nicht mehr existierendes geistliches Territorium, das bis zum Reichsdeputationshauptschluß von 1803 zum Kurfürstentum Köln gehört hatte, dann der Landgrafschaft Hessen-Darmstadt zugeschlagen und 1806 im neu geschaffenen Großherzogtum Hessen aufgegangen war. In diesem Gebiet – das eingekeilt zwischen dem ehemaligen Fürstbistum Paderborn und dem Fürstentum Waldeck im Osten, den vormaligen Territorien Grafschaft Mark und Herzogtum Berg im Westen sowie dem Siegen-Wittgensteiner Land im Süden lag, während es im Norden weit hinauf, bis zur Lippe, reichte – wurde seit 1809 im Auftrag der großherzoglichen Regierung eine umfassende Dreiecksmessung für eine Katasteraufnahme durchgeführt. Das Projekt, das wegen seiner Dimension in die Geschichte der großräumigen Triangulationen Nordwestdeutschlands im 19. Jahrhundert einging, stand unter der Leitung des beamteten und von seinem Arnsberger Katasterbüro aus agierenden Geographen und Astronomen Christian Leonhard Philipp Eckhardt (1784-1866). Der Plan Adolph Diesterwegs, sich ab 1812 an diesem Vermessungsunternehmen zu beteiligen, war aus zwei Gründen durchaus realistisch: Erstens reichte bei allen Vorhaben dieser Art die Anzahl von mathematisch hinreichend versierten Mitarbeitern grundsätzlich nicht aus, so daß Diesterweg nach einem bestandenen Ingenieurexamen dort gewiß Arbeit gefunden hätte; und zweitens war im Jahre 1812 die Grundlage der künftigen Vermessungsarbeiten im ehemaligen Herzogtum Westfalen, ein Dreiecksnetz erster Ordnung, nur vorläufig geschaffen, so daß im unmittelbaren Anschluß daran mit großer Energie die Messungen für ein Dreiecksnetz zweiter Ordnung vorangetrieben wurden. Zweifellos waren gerade zu diesem Zeitpunkt neue und einschlägig vorgebildete Mitarbeiter als Führungskräfte höchst willkommen, vor allem solche, die die Handhabung des Theodoliten – verwendet wurde der zwölfzöllige Rößlersche Multiplikationstheodolit – und die Berechnung der geographischen Koordinaten – sie wurde nach Formeln von Diesterwegs Lehrer Bohnenberger vorgenommen – souverän beherrschten.[4]

218 Graphometer, um 1790
Lenoir, Paris
Messing
L. 30 cm
Dortmund, Museum für Kunst und Kulturgeschichte
Winkelmeßgerät mit zwei neigbaren Fernrohren zur Bestimmung von Horizontalwinkeln

219 Kippregel, 19.Jh.
Joh. von Orelli, Zürich
Messing, Teilkreis Silber
H. 20 cm, L. 48 cm, Radius 12 cm
Dortmund, Museum für Kunst und Kulturgeschichte
Instrument zur Aufnahme und unmittelbaren Kartierung. Hauptbestandteile sind ein Untersatz mit Kartiereinrichtung, ein damit verbundener Fernrohrträger und ein um eine Kippachse drehbares Fernrohr.

220 Meßtisch, um 1850
58 x 58 x 140 cm
München, Deutsches Museum
221 Diopterlineal, um 1800
Bauden, Mons, Belgien
Messing mit Zaponierung, Diopter einklappbar
H. 17 cm, L. 45 cm
Dortmund, Museum für Kunst und Kulturgeschichte
Lineal, das mit einem Sucher („Diopter") als Zieleinrichtung verbunden ist. Es dient dazu, bei einfachsten Meßtisch-Aufnahmen die angepeilte Richtung in einen Plan einzutragen.
222 Anlegebussole, um 1850
21,7 x 10,5 x 3,0 cm
München, Deutsches Museum
223 Aufnahmebussole, 1 Hälfte 19.Jh.
E. Petitpierre, Berlin
L. 43 cm
München, Deutsches Museum

Daß Diesterweg diese Qualifikationen erfüllt hätte, kann mit einiger Sicherheit angenommen werden, wenn auch darüber keine konkreten Hinweise überliefert sind. Er hatte immerhin genug Zeit, um sich auf die vorgesehene Prüfung zum Vermessungsingenieur ordentlich vorzubereiten, und er wird gewiß genaue Informationen darüber eingeholt haben, welche Anforderungen Professor Benzenberg an ihn stellen würde.

Benzenberg, der in Herborn und Marburg Theologie, anschließend in Göttingen bei Georg Christoph Lichtenberg (1742-1799) Naturwissenschaften studierte und 1800 in Duisburg mit einer Arbeit „Über die Bestimmung der geographischen Länge durch Sternschnuppen"[5] promoviert wurde, leitete 1805 bis ungefähr 1810 als landesherrlicher Beamter die Vermessung des Herzogtums Berg. Diese Tätigkeit wurde jedoch schon bald mehrfach unterbrochen, als das Territorium 1806 unter französische Herrschaft kam und im neugeschaffenen napoleonischen Satellitenstaat Großherzogtum Berg aufging. Zwar wurde Benzenberg zunächst übernommen, doch erklärte der Kaiserliche

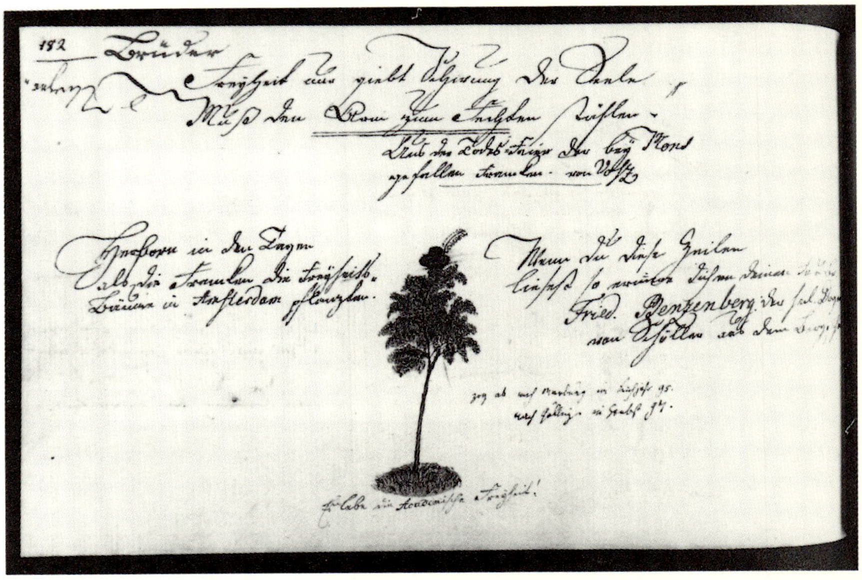

224 Eintrag von J.F. Benzenberg in das Stammbuch des aus Siegen gebürtigen Studenten Karl Andreas Achenbach (1775-1809), Herborn, um 1795
11,3 x 18,5 cm
Siegen, Stadtarchiv
„Freyheit nur gibt Schwung der Seele./Muß den Arm zum Fechten stählen!" Der Vers stammt aus der „Todes Feier der bei Mons gefallenen Franken", ein Gedicht, das auf den Sieg der französischen Revolutionsarmee über die Österreicher 1792 bei Jenappes verfaßt wurde. Die Datierung: „Herborn, in den Tagen, als die Franken die Freyheitsbäume in Amsterdam pflanzten", bezieht sich auf die Eroberung der Vereinigten Niederlande und die Gründung der Batavischen Republik im Januar 1795. Benzenberg schmückte seinen Eintrag mit der Zeichnung eines Freiheitsbaums mit ausladender Krone, den ein Freiheitshut krönt. Darunter die Parole: „Es lebe die Academische Freiheit."

Kommissar Beugnot, der von Napoleon als Verwalter der Regierungsgeschäfte eingesetzt worden war, im Jahre 1808 „das Kataster für ein überflüssiges Unternehmen und hob die Landesvermessung auf".[6] Trotzdem hatte Benzenberg bis dahin schon einiges leisten können, um die in Aussicht genommene Katasteraufnahme auf eine solide Grundlage zu stellen, obwohl er neben seinem Hauptamt zeitweise Mathematik, Physik und Astronomie am Düsseldorfer Lyzeum unterrichtete.

Zunächst entwarf er einen detaillierten Generalplan für die Landesvermessung, dann begann er mit der Triangulierung eines Netzes erster und zweiter Ordnung auf der Basis zweier Standlinien und mit Hilfe eines fünfzölligen Spiegelsextanten von Troughton aus London. Während diese Hauptarbeiten bereits 1806 bzw. 1808 abgeschlossen werden konnten, kamen die nächsten Vorhaben auf Grund der genannten politischen Veränderungen schon bald ins Stocken und schließlich zum Erliegen. Benzenberg konnte sich deshalb einstweilen auf die Beseitigung eines Mißstandes stürzen, der ihm bei den bisherigen Vermessungsarbeiten äußerst unangenehm aufgefallen war. Er hatte nämlich feststellen müssen, daß *„von 60 vorhandenen Landmessern nur ein Teil brauchbar war, und unter diesen sich keine 6 befanden, welche ein Dreieck ordnungsgemäß berechnen konnten"*.[7] Es liegt auf der Hand, welche fatalen Folgen die Mitarbeit von Personal dieser Qualifikationsstufe haben konnte. Benzenberg machte sich daher Gedanken über die dringend erforderliche Verbesserung und Standardisierung der Ausbildung von angehenden Landmessern und begann im Herbst 1806 mit 20 Schülern in der Plankammer den Unterricht, der insgesamt auf drei Jahre veranschlagt war. Nach einer zweimonatigen Unterweisung in Zeichnen, Rechnen und Geometrie wurden je nach Begabung und Können zwei Klassen gebildet, eine für Feld-, die andere für Landmesser; beide Gruppen erhielten täglich zwei Stunden Mathematik- und sechs Stunden Zeichenunterricht. Als Abschlüsse konnten vorerst nur Prüfungen zum Feldmesser, Landmesser und Oberlandmesser abgelegt werden.

Das Examen zum Vermessungsingenieur, das Adolph Diesterweg bestehen wollte, kam also in der damaligen Prüfungsordnung noch gar nicht vor, es war lediglich – ebenso wie ein entsprechendes Lehrbuch – von Benzenberg geplant und umfaßte fürs erste das Gebiet der Kartenprojektion, das der zukünftige Ingenieur-Geograph beherrschen sollte, das Gebiet der Haupttriangulierung mit dem Wiederholungskreis, die astronomischen Arbeiten, die Berechnung der geographischen Koordinaten und die Ableitung von Figur und Größe der Erde. Darüber hinaus mußten Ingenieur-Geographen – so lautete der von Benzenberg festgelegte zeitgenössische Titel, der nach der Prüfung verliehen werden sollte – selbstverständlich auch dazu befähigt

225 J.F. Benzenberg
Anfangsgründe der Rechenkunst und Geometrie für die Feldmesser des Großherzogthums Berg. Düsseldorf 1810
226 Trigonometrischer Stein aus der Vermessung Westfalens durch Eckhard und Emmerich, Arnsberg, um 1816
60 x 15 x 15 cm
Dortmund, Museum für Kunst und Kulturgeschichte

sein, bei Bedarf die Führungsaufgaben von Oberlandmessern vor Ort wahrzunehmen. Diese wiederum sollten in der Lage sein, für einen gesamten Distrikt die Triangulierung dritter Ordnung und die Aufsicht und Leitung der Gemeindevermessungen zu übernehmen, das heißt, sie sollten den Geometern die trigonometrischen Grundlagen liefern, die sie mit Hilfe ihres Sextanten und des für Höhenmessungen benötigten Quecksilberbarometers erstellten.

All diese Fähigkeiten und Kenntnisse muß Diesterweg, wenn wir seinen eigenen Worten Glauben schenken wollen, besessen haben, als er sich im Dezember 1811 auf den beschwerlichen Fußmarsch von Mannheim über Siegen nach Düsseldorf begab. Es ist daher auch anzunehmen, daß er Benzenbergs Schriften zu vermessungstechnischen Problemen kannte, vor allem seine beiden Bücher „Anfangsgründe der Rechenkunst und Geometrie für Feldmesser des Großherzogtums Berg" von 1810 und „Die Rechenkunst und Geometrie für die Geometer des Großherzogtums Berg" aus dem Jahr 1811. Für Diesterweg waren diese Bücher zweifellos interessante, wenn auch gewiß nicht unentbehrliche Hilfsmittel für die Vorbereitung auf die bevorstehende Prüfung, denn ihre Inhalte und Übungen waren auf die spezifischen Bedürfnisse der beiden untersten Gruppen in der Hierarchie der Landmesserausbildung ausgerichtet; als Orientierungshilfen dürften sie aber selbst für den durch sein Studium mathematisch versierten Diesterweg durchaus von Nutzen gewesen sein, vermittelten sie doch recht eindrucksvoll, welches Prüfungsniveau in Düsseldorf herrschte und welche Qualifikationen den angehenden Landmessern abverlangt wurden.

227 Theodolit, 1834
F.U. Breithaupt & Sohn, Kassel
Messing
50 x 40 x 40 cm
Dortmund, Museum für Kunst und Kulturgeschichte
Winkelmeßgerät mit je einem Teilkreis für das Messen von Horizontal- und Vertikalwinkeln. Das Fernrohr ist um eine lotrechte und eine waagerechte Achse drehbar, so daß jeder Punkt im Raum angezielt werden kann.

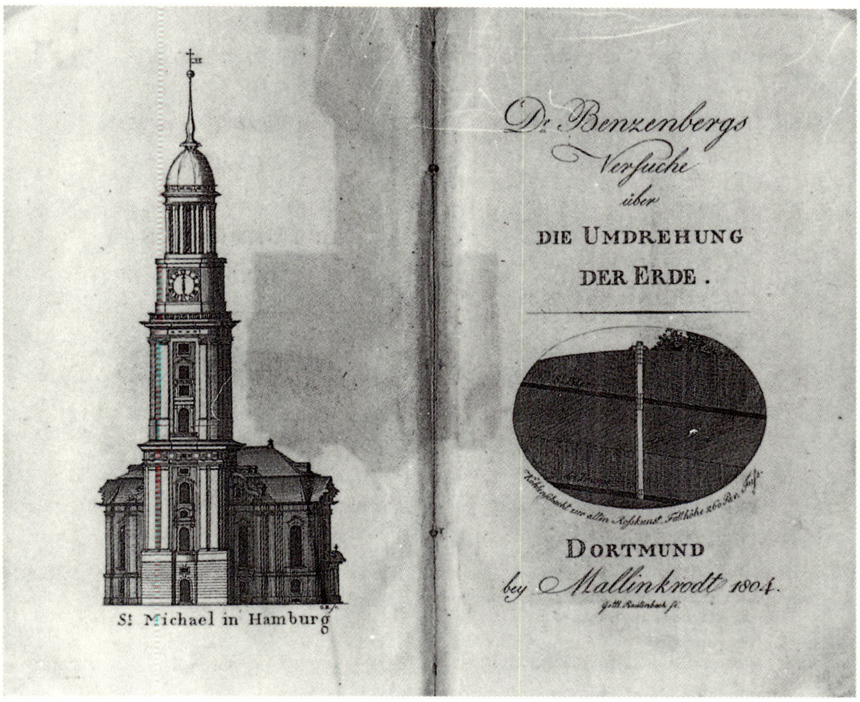

228 J.F. Benzenberg
Versuche über die Umdrehung der Erde.
Dortmund 1804
Düsseldorf, Archiv der Bilker Heimatfreunde

Wie gründlich und gewissenhaft Diesterweg sich auch immer auf das Ingenieurexamen vorbereitet haben mag, alle Anstrengungen, die er zur Verwirklichung seines Berufswunsches wahrscheinlich nur allzugern auf sich genommen hatte, waren vergebens, nicht zuletzt die Strapazen der langen und auf Grund der widrigen Witterungsverhältnisse um so beschwerlicheren Wanderung von Mannheim nach Düsseldorf. Benzenberg, dessen Dienstverhältnis schon um 1808/09 mit der administrativen Beendigung der Landesvermessung im Großherzogtum Berg allmählich ausgelaufen sein dürfte, war 1810 aus gesundheitlichen Gründen in die Schweiz gereist und lebte seit seiner Rückkehr als Privatier in Düsseldorf. Zwar wurde in Regierungskreisen noch einmal erwogen, die Katastervermessungen wieder aufzunehmen, denn kein Geringerer als Napoleon selbst hatte sich bei

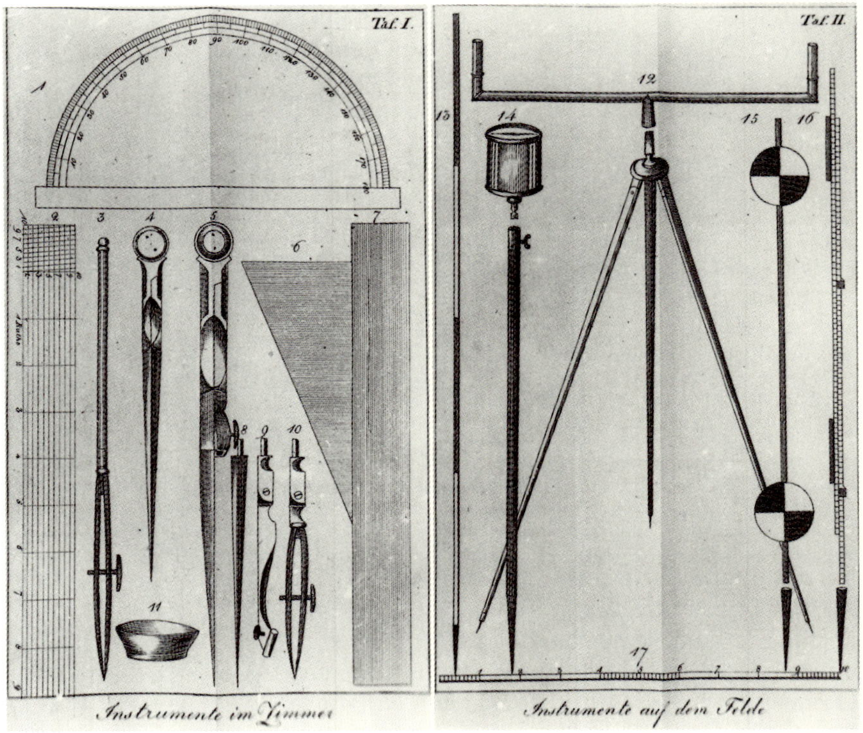

229 J.F. Benzenberg
Anfangsgründe der Rechenkunst und Geometrie für Landschulen. Düsseldorf 1810

230 Schildpattfassung mit sechs farbigen Gläsern und drei Lupen zum Betrachten der Gestirne, 1.Hälfte 19.Jh.
Aus dem Privatbesitz von J.F. Benzenberg
11 x 20 x 3 cm
Düsseldorf, Archiv der Bilker Heimatfreunde

231 Fraunhofersches Fernrohr auf Stativ, 1826
150 x 120 x 50 cm
Düsseldorf, Archiv der Bilker Heimatfreunde
Das Fernrohr hat Benzenberg für seine kleine Sternwarte auf dem Dach des ehemaligen Jesuitenklosters in der Mühlenstraße in Düsseldorf angeschafft.

seinem Besuch der bergischen Gewerbeausstellung in Düsseldorf im November 1811 nach den Fortschritten des Katasters und den Berechnungsgrundlagen für die Grundsteuer erkundigt; doch schließlich wurde mit Benzenberg noch nicht einmal über eine Fortsetzung seiner früheren Arbeiten verhandelt. Er widmete sich in dieser Zeit ausschließlich seinen umfangreichen publizistischen Interessen, der Veröffentlichung neuer vermessungstechnischer Aufsätze und Bücher sowie der Niederschrift seiner Schweizer Reiseerlebnisse in zwei Bänden. Als Diesterweg im Dezember 1811 in Düsseldorf eintraf, fand er daher die einstigen Amtsräume Benzenbergs und die Plankammer verlassen vor. Unverrichteter Dinge kehrte er auf direktem Weg nach Mannheim zurück, wurde ganz gegen seine innere Überzeugung Pädagoge und behielt vor allem seine erste Begegnung mit Johann Friedrich Wilberg in bleibender Erinnerung, den er auf der Hinreise nach Düsseldorf in Elberfeld besucht hatte.

1 Diesterweg, F.A.W.: Johann Friedrich Wilberg als „Meister an dem Rhein“ (1847). In: Ders.: Sämtliche Werke. Bd. VII. Berlin 1964, S. 191. Für die ersten vier Abschnitte dieses Beitrags vgl. insbes. Bloth, H.G.: Adolph Diesterweg. Sein Leben und Wirken für Pädagogik und Schule. Heidelberg 1966.
2 Vgl. Weingart, P.: Wissensproduktion und soziale Struktur. Frankfurt a.M. 1976, S. 101f.
3 Fabian, B.: Der Naturwissenschaftler als Originalgenie. In: Europäische Aufklärung. Herbert Dieckmann zum 60. Geburtstag. Hrsg. v. H. Friedrich u. F. Schalk. München 1967, S. 47-68. Mason, St.F.: Geschichte der Naturwissenschaft in der Entwicklung ihrer Denkweisen. Stuttgart 1961, S. 333-344.
4 Schmidt, R.: Die Triangulationen in Nordrhein-Westfalen. Bad Godesberg 1960, S. 53-70.
5 Hamburg 1802.
6 Heyderhoff, J.: Johann Friedrich Benzenberg, der erste rheinische Liberale. Düsseldorf 1909, S. 29. Zu Benzenberg vgl. ferner Gollwitzer, H.: Art. Benzenberg. In: Neue Deutsche Biographie Bd. 2, 1955, S. 60, sowie die dort angegebene Literatur.
7 Vgl. hierzu und zum folgenden Reinhertz, C.: J.F. Benzenberg als Geodät. In: Zeitschrift für Vermessungswesen Jg. 32, 1903, S. 17-25, 52-57, 65-92 (Zit. S. 80), sowie Schmidt, R.: a.a.O., S. 43-46.

232 Brief Adolph Diesterwegs an seine spätere Ehefrau Sabine Enslin, Worms, 6.1.1813
Leipzig, Privatbesitz
„In diesem Jahr werden mit mir mancherley Veränderungen vorgehen. Nachdem ich wegen dem langen Schweigen von H. Seel in Frankf. die Sache als aufgegeben betrachtet hatte, (welches mir im Grunde angenehm war, weil ich mehr für Worms als Frankfurt war) erhielt ich am 2ten Januar einen Brief von Seel u. mit demselben zugleich den förmlichen Beruf. Anfangs war ich unschlüssig; allein bald nachher erklärte ich Mayer, daß ich fest und unabänderlich entschlossen sey, den Antrag nach Frankfurt auszuschlagen, ich wollte sagen anzunehmen. Er konnte meine Gründe nicht mißbilligen, und stimmte bald, wenn auch sehr ungern, mit mir überein. Man dringt in Frankfurt sehr auf meine baldige Ankunft und die Vorkehrungen dazu sind schon getroffen."

234 Gymnasium zu Worms
Photographie, 1920
Worms, Stadtarchiv
An diesem Gymnasium unterrichtete Diesterweg 1812 Mathematik und Geographie.

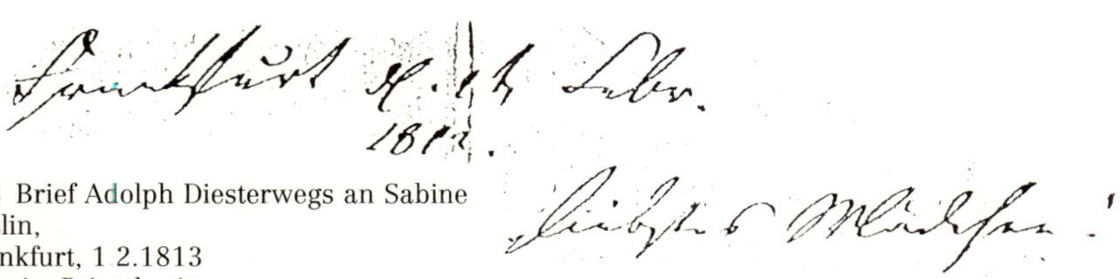

233 Brief Adolph Diesterwegs an Sabine Enslin,
Frankfurt, 1 2.1813
Leipzig, Privatbesitz
„Liebes Mädchen!
Vor Allem ein Glück-Auf von hier!
Seit vorgestern bin ich hier; jetzt ist die erste Minute, welche ich frey bin; ich versäume sie nicht, um Dich herzlich zu grüssen. – Von Worms bin ich desertiert, ohne einem Menschen etwas davon zu sagen. Morgen melde ich dort hin, daß ich nicht wieder komme … Stets der deinige."

235 Brief des Bürgermeisters der Stadt Worms an den Unterpräfekten, 3.2.1813
Registres de Correspondance de la Mairie de Worms
34 x 42 cm
Worms, Stadtarchiv
Der Bürgermeister beklagt, Diesterweg habe ohne behördliche Erlaubnis seine Position als zweiter Leiter des Gymnasiums in Worms verlassen, um eine Stelle in Frankfurt anzutreten. Er soll – notfalls mit Gewalt – dazu veranlaßt werden, nach Worms zurückzukehren, um seine Entlassung ordnungsgemäß zu vollziehen.

236 Brief des Bürgermeisters der Stadt Worms an den Rektor der Mainzer Akademie, Butenschoen, 23.2.1813
Registres de Correspondance de la Mairie de Worms
34 x 42 cm
Worms, Stadtarchiv
Der Schulverwaltung der Stadt Frankfurt wird darin vorgeworfen, für Diesterwegs Weggang aus Worms verantwortlich zu sein. Butenschoen wird gebeten, den Frankfurter Behörden entsprechende Vorhaltungen zu machen.

Am Beginn einer neuen Zeit

Inge Schlotzhauer

„Begeisterung durch die Zeitereignisse“ Frankfurt am Main 1813-1818

„Begeisterung durch die Zeitereignisse“: mit diesen Worten kennzeichnete Adolph Diesterweg rückblickend in einer 1820 geschriebenen Tagebuchnotiz seine Frankfurter Jahre zwischen 1813 und 1818.[1] Hier in Frankfurt hatte er wie kaum an einem anderen Ort des Reiches die politischen Umwälzungen der Zeit hautnah erleben können. Als er zu Beginn des Jahres 1813 nach Frankfurt kam, war die Stadt Teil des unter napoleonischer Herrschaft stehenden Großherzogtums Frankfurt. Als Diesterweg fünf Jahre später nach Elberfeld ging, verließ er ein Frankfurt, das nun Freie Stadt des Deutschen Bundes war.[2]

Die alte Reichsstadt Frankfurt, die Wahl- und Krönungsstadt der römisch-deutschen Könige und Kaiser, gehörte seit der Auflösung des Heiligen Römischen Reiches Deutscher Nation im Jahre 1806 zu dem unter französischem Protektorat stehenden Rheinbund. Napoleon hatte die Stadt dem letzten Kurfürsten von Mainz und Kurerzkanzler, Karl Theodor Freiherr von Dalberg[3], zugesprochen. Dieser aufgeklärte, mit den französischen Reformen sympathisierende katholische Fürst übernahm die Herrschaft in der seit Jahrhunderten von lutherischen Patrizierfamilien selbstverwalteten Stadt. Frankfurt wurde zu einer Fürstenstadt. Nahm Fürstprimas Dalberg in den ersten Jahren seiner Regentschaft weitgehend Rücksicht auf die überkommene Verfassung, so änderte sich dies 1810, als der Stadtstaat zum Großherzogtum Frankfurt erweitert wurde. Das Großherzogtum Frankfurt setzte sich aus dem Gebiet der alten Reichsstadt sowie den Fürstentümern Fulda und Hanau zusammen. Frankfurt war die Hauptstadt des Großherzogtums. Der nunmehrige Großherzog Dalberg gab dem neuen Staatsgebilde im August 1810 eine eigene Verfassung und führte als Zivilgesetzbuch den Code Napoléon mit seinem Gleichheitsgrundsatz für alle Einwohner ein.

Die territoriale Erweiterung und die Verfassungsänderung traf in Frankfurt nicht auf Zustimmung. Von der reichsstädtischen Ordnung war nicht mehr viel zu spüren, zum Leidwesen vieler Frankfurter Bürger, die ihrer früheren politischen Selbständigkeit nachtrauerten. So stand man in Frankfurt in weiten Kreisen der Bevölkerung der französischen Herrschaft ablehnend gegenüber und es verwundert nicht, daß die Begeisterung groß war, als der Widerstand gegen Napoleon sich zu organisieren begann. Das antinapoleonische Bündnis von Preußen und Rußland, besonders aber der Aufruf „An mein Volk“ des preußischen Königs Friedrich Wilhelm III. im Frühjahr 1813, wurden in Frankfurt voller Hoffnung aufgenommen – wenn auch der ungewisse Ausgang des Krieges manche Befürchtungen aufkommen ließ.

Diese Stimmung des Jahres 1813 in Frankfurt am Main war noch Jahre später einem Bekannten Diesterwegs vor Augen, als er seine Erinnerungen verfaßte. Gerd Eilers, der als Privatlehrer ungefähr zur selben Zeit wie Diesterweg nach Frankfurt kam, schrieb in seiner „Wanderung durchs Leben“: *„Als ich im Frühling 1813 nach Frankfurt kam, fand ich das Leben der Kreise, mit denen ich geselligen Verkehr hatte, ungewöhnlich erregt und bewegt. Wünsche, Hoffnungen und Befürchtungen, die sich theils auf das Vaterland, theils auf die Grundbedingungen der eigenen bürgerlichen Stellung bezogen, hatten eine eigenthümliche Gährung in den Gemüthern hervorgebracht... Sie theilten daher die patriotische Begeisterung, welche durch den Aufruf des Königs von Preußen ‚An mein Volk‘ im ganzen* *nördlichen Deutschland mehr oder weniger hervorgerufen worden war, und begleiteten die Jünglinge, welche von allen Seiten her zu den Waffen strömten, mit ihren herzlichsten Wünschen.*“[4] Viele hofften auf die Befreiung Deutschlands von der Fremdherrschaft und auf eine nationale Erneuerung. Bis in die Mode tat sich die patriotische Gesinnung, verbunden mit einer neuerwachten Religiosität, kund. Die Männer trugen Hosen und Jacken nach sogenannter altdeutscher Art: weite Kniebundhosen, Wams, Schultermantel und Barett oder Federhut. Die Frauen gingen sonntags in schwarzen Samtröcken zur Kirche, das Gesangbuch mit einem Kreuz geschmückt. Selbst die Diamanten, die am Hals funkelten, waren in Kreuzform gefaßt.[5]

Im Herbst 1813 fand das Intermezzo der Fürstenstadt unter französischem Einfluß sein Ende. Das Schicksal Frankfurts entschied sich auf den Schlachtfeldern. In der Völkerschlacht bei Leipzig vom 16.-19. Oktober 1813 besiegten die verbündeten russischen, preußischen und österreichischen Armeen das napoleonische Heer. Die Nachricht vom Ausgang der Leipziger Schlacht wurde von der Frankfurter Bevölkerung mit Jubel begrüßt. Aber noch war der Krieg nicht beendet und Frankfurt selbst sollte in den nächsten Wochen und Monaten unter seinen Folgen zu leiden haben.

237 Brief Adolph Diesterwegs an Sabine Enslin, Frankfurt, 30.10.1813
Leipzig, Privatbesitz
„Seit mehreren Tagen hatten die Franzosen die hiesige Mainbrücke verschanzt, die Thore waren geschlossen, u. ängstlich erwartete man jeden Augenblick einen Angriff der Baiern. Doch die Furcht war unbegründet. Es kam eine Convention zu Stande, vermöge der die Franzosen vergangene Nacht in größter Ordnung die Stadt geräumt haben. Mit Tagesanbruch setzte sich sämtliches Bürgermilitär in Bewegung, in allen Straßen wirbelten die Trommeln, alle Straßen waren gedrängt voll von Menschen. Um 9 Uhr zogen die ersten Baiern ein, begleitet von einer unübersehbaren Menschenmenge unter einem unaufhörlichen Vivatrufen. Viele konnten die Thränen nicht zurückhalten über die Freude eines Tages, nach dem man sich 21 Jahre gesehnt hatte. Die Frauenzimmer winkten den Truppen mit Sacktüchern Beifall zu.“

238 Die Schlacht bei Hanau, den 30.Oktober 1813
Kolorierter Stich von F. Campe, Nürnberg 1813
18,2 x 24,0 cm
Frankfurt, Historisches Museum
239 Napoleon vor dem Haus des Bankiers von Bethmann
Aquarell, unsigniert, 1813
25,6 x 33,3 cm
Frankfurt, Historisches Museum

Der Einzug bayerischer Truppen unter General Rechberg am 30. Oktober wurde mit Begeisterung aufgenommen. Das *Frankfurter Journal* feierte in seinen Artikeln bereits die endgültige Befreiung Deutschlands von der napoleonischen Vorherrschaft. Um so größer war das Erschrecken, als Napoleon mit seinen Truppen auf dem Rückzug von Leipzig einen Tag später vor den Toren der Stadt stand. Man befürchtete Plünderungen und erbitterte Kämpfe um die Stadt, denn General Rechberg hatte sich nur über den Main nach Sachsenhausen zurückgezogen. Glücklicherweise kam es nicht dazu. Napoleon wollte sich und seine Soldaten vor seinen nachrückenden Feinden in Sicherung bringen. Er verbrachte nur eine Nacht, seine letzte auf linksrheinischem Gebiet, in dem vor dem Friedberger Tor gelegenen Hause des Bankiers Simon Moritz von Bethmann.[6] Das völlig erschöpfte Heer campierte vor der Stadt. Schon am nächsten Tag verließ Napoleon Frankfurt, um bei Mainz den Rhein zu überqueren.

Ein besonderes Schauspiel wurde den Frankfurtern in den nächsten Tagen geboten. Unmittelbar nach Napoleon erschienen die siegreichen Armeen. Am 4. November traf der Gesamtoberbefehlshaber des alliierten Heeres, Fürst Schwarzenberg, in Frankfurt ein und kurz danach die drei verbündeten Monarchen. Am eindrucksvollsten verlief der Einzug Zar Alexanders von Rußland am 5. November: *„Alle Fenster an der Zeile waren mit geputzten Damen besetzt. Alexander verstand es, die Gunst der Frauen zu gewinnen. Er saß schön und majestätisch zu Pferde, grüßte freundlichst nach allen Seiten hin und warf den Damen Küsse zu.*“[7] Weniger prunkvoll als der Einzug des Zaren, wie er von Gerd Eilers beschrieben wurde, war die Ankunft von

240 Triumph des Jahres 1813. Den Deutschen zum Neuenjahr 1814.
Karikatur, kolorierte Lithographie, unsigniert
11 x 9 cm
Würzburg, Institut für Hochschulkunde, Archiv des Coburger Convents

241 Vorstellung der versammelten Schul- und Waisenkinder, um mit Musik Danklieder abzusingen, den 18.Oktober 1814
Aquarell von C.J. Scheinplug
61 x 51 cm
Frankfurt, Historisches Museum
Der Jahrestag der „Völkerschlacht" bei Leipzig (1813) wurde in Deutschland vielfach als nationales Fest, als Ende der napoleonischen Fremdherrschaft gefeiert.

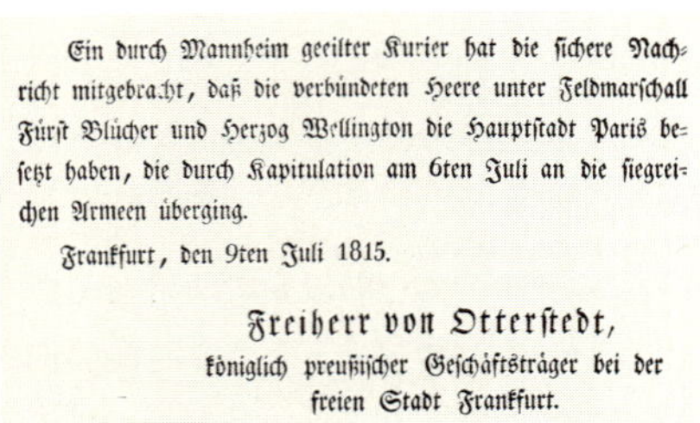

Ein durch Mannheim geeilter Kurier hat die sichere Nachricht mitgebracht, daß die verbündeten Heere unter Feldmarschall Fürst Blücher und Herzog Wellington die Hauptstadt Paris besetzt haben, die durch Kapitulation am 6ten Juli an die siegreichen Armeen überging.

Frankfurt, den 9ten Juli 1815.

Freiherr von Otterstedt,
königlich preußischer Geschäftsträger bei der freien Stadt Frankfurt.

242 Meldung der Besetzung von Paris, 9.7.1815
Textplakat
18 x 22 cm
Frankfurt, Historisches Museum

Kaiser Franz von Österreich am folgenden Tag und des preußischen Königs Friedrich Wilhelm III. wenig später: *„Der Einzug des Kaisers Franz...war nicht so glänzend und nicht so interessant für die Damen; aber die alte Liebe der Frankfurter zum Kaiserhause offenbarte sich inniger und tiefer. Keine Dame rief: „Ein schöner Mann!' aber vielen traten Thränen in die Augen. Die ernste Haltung des Königs von Preußen, der später eintraf, flößte Ehrfurcht ein."*[8] Mit den drei Herrschern kamen Soldaten und ein unüberschaubarer Troß militärischer und ziviler Begleitpersonen.

Frankfurt wurde für die nächsten Wochen zum Hauptquartier der verbündeten Fürsten. Militär- und Zivilverwaltung organisierten von Frankfurt aus den weiteren Kampf gegen Napoleon und die Rückgliederung der wiedereroberten Gebiete. Hier hatte die Zentralverwaltung für die besetzten Gebiete unter der Leitung des Freiherrn vom Stein seit November 1813 ihren Sitz. Unter den Beamten, die Freiherr vom Stein mitbrachte, befanden sich auch einige aus den Freiheitskriegen bekannte Männer. Neben dem Schriftsteller Ernst Moritz Arndt, der durch seine antifranzösischen Schriften und vor allem durch sein Lied „Was ist des Deutschen Vaterland?" populär war, kam „Turnvater" Friedrich Ludwig Jahn nach Frankfurt. Die Stadt war, mit den Worten Diesterwegs, „damals angefüllt von den interessantesten Persönlichkeiten".[9]

Sie alle wollten untergebracht werden. Frankfurt mit seinen rund 45.000 Einwohner beherbergte nun ganze Heerscharen von Menschen. Nach einer Zusammenstellung des Frankfurter Pfarrers Anton Kirchner hielten sich zeitweise zwischen 30. und 40.000 Fremde in der Stadt auf.[10] Man quartierte sie in öffentlichen Gebäuden und Privathäusern ein. Schulen mußten bis zum Frühjahr 1814 geschlossen werden, da durch die Einquartierungen kein geregelter Unterricht möglich war. Die Musterschule etwa war mit Kosaken der kaiserlich-russischen Garde belegt. Die Einquartierten wollten verpflegt sein, was bei ihrer großen Zahl schnell zu einem Mangel an Nahrungsmitteln führte. Und es galt, die Verwundeten zu versorgen. Schon beim Rückzug Napoleons waren verletzte, marschunfähige Franzosen in Frankfurt zurückgeblieben, die man in Lazaretten unterbrachte. Danach kamen die verwundeten Soldaten der Verbündeten. Mehr als 10.000 Kranke und Verletzte sollen insgesamt in Frankfurt aufgenommen worden sein. Als sei dies für die überbelegte Stadt noch nicht Belastung genug, traten Seuchen auf. In den Lazaretten brach Typhus aus, der sich rasch über die Stadt und die umliegenden Dörfer ausbreitete. Frankfurt stand am Rande des Zusammenbruchs. Erst mit dem Frühjahr 1814 und dem Ende der Befreiungskriege normalisierte sich langsam die Lage.

Nach dem Sieg über Napoleon trafen sich von November 1814 bis Juni 1815 die europäischen Monarchen und Diplomaten auf dem Wiener Kongreß. Sie berieten über die Neuordnung Europas und über die Zukunft der aus französischer Herrschaft befreiten Gebiete. An die Stelle des Heiligen Römischen Reiches Deutscher Nation trat der Deutsche Bund, zu dem 35 souveräne Fürstentümer und vier Freie Städte gehörten. Frankfurt erhielt den Status einer Freien Stadt. Von Juni 1815 an war Frankfurt selbständig. Mit diesem Privileg ausgestattet, konnte sie souverän ihre Interessen im Deutschen Bund wahrnehmen. Der Deutsche Bundestag, die ständige Versammlung von Abgesandten der fürstlichen Regierungen und Freien Städte und die einzige Zentralinstitution Deutschlands, nahm seinen Sitz in Frankfurt.

Und die Stadt selbst? Welches Bild bot die Stadt, in der Diesterweg fünf Jahre seines Lebens zubrachte?

Frankfurt war eine traditionale bürgerliche Handelsstadt ohne aristokratisches Gepräge. Um 1815 hatte die Stadt über 45.000 Einwohner. Politisch und gesellschaftlich führend waren Bankiers- und Kaufmannsfamilien protestantischer Konfession, die es mit ihren seit Generationen in Familienbesitz befindlichen Handelskontoren und Banken zu beachtlichem Vermögen gebracht hatten.

243 Frankfurter Bürger beim Schleifen der Stadtmauern
Kolorierter Stich von J.C. Berndt, um 1805
23 x 36 cm
Frankfurt, Historisches Museum

Schon äußerlich vermittelte die Stadt ein Bild des Wohlstandes. 1805 hatte man begonnen, die Festungswälle abzutragen und zu Gartenanlagen und Spazierwegen umzuwandeln. Adele Schopenhauer, die Schwester des Philosophen Arthur Schopenhauer, machte 1816 auf einer Reise Station in Frankfurt. In ihrem Tagebuch notierte sie: *„Frankfurt macht durch seine feenhaften Gartenhäuschen, die in einem wahren Rosen- und Blumenkranze liegen, einen angenehmen Eindruck. Die Stadt selbst ist meistens sehr schön gebaut, die Häuser wahre Paläste. Wo noch aus alter Zeit ein schwarzes Gebäude hervorsieht, bemerkt man schon den Willen, es zu verschönern.“*[11]

Auch Goethe bewunderte damals bei einem seiner letzten Besuche in Frankfurt die rasche Entwicklung der Stadt seit Ende der Befreiungskriege: *„Unter so vieler Jahre Kriegsdruck und Dulden hat sich diese Stadt auf das prächtigste und heiterste hervorgebaut. Ein Fremder, wenn er sie lange nicht besucht hat, erstaunt, und Einheimische bewundern täglich das längst Bekannte.“* Aber Goethe vermerkte auch Kritisches. Seine Kritik richtete sich gegen den herrschenden politischen Geist der Stadt und die Uneinigkeit der Bürger über die zukünftige Gestaltung des Gemeinwesens: Die einer fruchtbaren Fortentwicklung *„entgegenstehenden Schwierigkeiten sind nicht unbekannt; es läßt sich ihnen aber mit einem Wort begegnen: daß einer*

244 Carl Theodor von Dalberg (1744-1817)
Großherzog von Frankfurt, Fürstprimas des Rheinbundes
Stich von Konrad Westermayr nach einer Zeichnung von Charteret, um 1810
25,7 x 21,0 cm
Frankfurt, Historisches Museum

freien Stadt ein freier Sinn gezieme und daß man bei einem erneuten Dasein, um die Spuren ungeheurer Übel auszulöschen, sich vor allen Dingen von veralteten Vorurteilen zu befreien habe. Es geziemt Frankfurt, von allen Seiten zu glänzen und nach allen Seiten hin tätig zu sein."[12]

Im Hinblick auf innerstädtische Probleme konnte davon im Jahre 1815 keine Rede sein. Seit 1813 erschütterten die Stadt heftige Auseinandersetzungen um ihre Verfassung. Unter Dalberg war die reichsstädtische Verfassung mit ihrer unterschiedlichen Privilegierung der verschiedenen Einwohnergruppen von einer neuen abgelöst wurden. Diese basierte auf dem Grundsatz der Rechtsgleichheit aller Einwohner. Kaum war die französische Herrschaft beendet, hob man die Dalbergsche Verfassung wieder auf. Bereits am 14. Dezember 1813 beschlossen die verbündeten Mächte, daß die Stadt in ihre „vormalige Munizipalverfassung zurücktrete".[13]

245 Der Anti-Zeitgeist
Karikatur, kolorierter Kupferstich von Johann Michael Voltz, 1819
25,8 x 18,5 cm
Würzburg, Institut für Hochschulkunde, Sammlung Deutsche Gesellschaft für Hochschulkunde

Aus mehreren Gründen war es aber nicht möglich, die alte Ordnung ohne Veränderung wieder einzuführen. Die politischen Kräfte hatten sich seit dem 17. Jahrhundert, als die Grundsätze der Verfassung festgelegt worden waren, verschoben. Die verfassungsmäßig garantierte Vorherrschaft des Rats, in dem Patrizierfamilien dominierten, in allen wesentlichen Angelegenheiten der Stadt war schon vor 1806 nicht mehr kritiklos hingenommen worden. Auch konnten die Veränderungen, die sich als Folge der rechtlichen Gleichstellung verschiedener Einwohnergruppen unter Dalberg ergeben hatten, nicht völlig unberücksichtigt bleiben. Schließlich war die einseitige Bevorzugung der Protestanten in der alten Verfassung nicht mehr zeitgemäß. Sie zu übernehmen, war der Stadt schon in der Selbständigkeitsakte des Wiener Kongresses untersagt worden. Verfassungsänderungen waren unumgänglich, aber wie sie aussehen sollten, darüber konnte lange keine Einigung erzielt werden. Es kam zwischen den städtischen Gremien, Rat und Bürgerkolleg, und Teilen der Bürgerschaft zu langanhaltenden Kontroversen. Vor allem der patrizische Rat wollte an seiner Vorherrschaft festhalten, während die wirtschaftlich führenden bürgerlichen Gruppen auf mehr Mitbestimmung drangen. Die ersten Jahre nach 1815 waren mit diesen Verfassungskämpfen ausgefüllt. Erst 1816 wurde mit der „Konstitutionsergänzungsakte" eine neue Verfassung angenommen[14]. Mit dem sogenannten „Gesetzgebenden Körper", dessen Mitglieder von der Bürgerschaft gewählt wurden, wurde zwar ein Gegengewicht zum Rat geschaffen, aber dieses demokratische Verfahren entsprach nicht dem Charakter des Verfassungswerkes insgesamt. Man hielt, wo es nur ging, an der traditionalen, überkommenen Ordnung fest und konnte dabei auf die Zustimmung der Mehrheit der Frankfurter Bürger zählen. An der ständischen Ordnung mit ihren unterschiedlichen Privilegierungen wurde nicht gerüttelt, ebensowenig an dem Prinzip des Nahrungsschutzes, das heißt an der Garantie ausreichender Einkünfte für die hier ansässigen und das Bürgerrecht besitzenden Gewerbetreibenden. Die Gewerbefreiheit wurde wieder eingeschränkt, statt dessen regelten Zünfte in rigider Weise den Zugang zu Handwerk und Handel. Im Vollbesitz aller Rechte und Pflichten waren nur die Bürger der Stadt Frankfurt.

Nach Verabschiedung der Konstitutionsergänzungsakte setzte sich die Frankfurter Bevölkerung wie vor 1806 aus verschiedenen Einwohnergruppen mit jeweils unterschiedlichem Rechtsstatus zusammen.[15] Welchen Anteil diese prozentual an der Gesamtbevölkerung hatten, läßt sich für 1817 zeigen. Aus diesem Jahr liegen genaue Zahlen vor: Von den insgesamt 47.850 Einwohnern war nur jeder Zehnte Vollbürger, hinzu kamen Familienangehörige und das Hausgesinde. Diese Gruppe bestand aus 17.670 Personen. Die übrigen 30.000 Einwohner teilten sich auf in „Beisassen": christliche Schutzverwandte mit einem minderen Rechtsstatus, „Permissionisten": Personen, die einen Aufenthalts- und Erwerbsschein besaßen, Fremde, zu denen Gesellen und Dienstpersonal zählten, sowie Juden und leibeigene

Landbewohner. Auch Diesterweg besaß in Frankfurt kein Bürgerrecht, das er auch nicht so einfach hätte erwerben können. Er hätte eine Bürgerin heiraten oder ein ansehnliches Vermögen von 5.000 Gulden vorweisen müssen. Das Recht zum Aufenthalt in der Stadt und zum Broterwerb hatte er als „Permissionist“.

Der immer wieder konstatierte Wohlstand Frankfurts beruhte auf dem Großhandel und den Bankgeschäften.[16] Die umfangreiche Tätigkeit der Frankfurter Fernhändler erstreckte sich von Polen über Rußland bis in die Türkei. Im Westen trieb man Handel mit Holland und mit England. Die wichtigsten Waren, die über Frankfurt umgeschlagen wurden, waren Textilien und Holz. Besonders rege war der Handel mit Wein. Frankfurter Großhändler wie Mumm, Feist, Sarasin-Manskopf besaßen große Weinlager in den Kellern ihrer Frankfurter Häuser.

Auch als Finanzplatz war Frankfurt zu Anfang des 19. Jahrhunderts bedeutend. An der Börse, die sich im Haus Braunfels am Liebfrauenberg befand, wurde mit Staatsanleihen und Effekten gehandelt. Frankfurter Privatbanken hatten weit über die Stadt hinaus einen ausgezeichneten Ruf. Ihre Eigentümer, die Familien Gontard, Brentano, Metzler und Willemer, um nur einige zu nennen, machten gutgehende Geschäfte. Zu den führenden europäischen Bankhäusern, die sich an internationalen Finanzoperationen beteiligten, zählten die Institute der Gebrüder Bethmann und M.A. Rothschild & Söhne.

246 Kaffeetasse mit Ansicht Frankfurts von Süden
Porzellan
H. 10 cm
Frankfurt, Historisches Museum

247 Ansicht des Römerbergs von Norden, um 1830
Aquarell von Carl Theodor Reiffenstein, 1875
10,3 x 14,8 cm
Frankfurt, Historisches Museum

248 Simon Moritz von Bethmann (1768-1826)
Gouache, unsigniert, um 1820
Dm. Medaillon 13,5 cm
Frankfurt, Historisches Museum

Ihre Kapitalkraft verdankte die Stadt nicht zuletzt auch ihren zweimal jährlich stattfindenden Messen. Für jeweils drei Wochen im Frühjahr und Herbst bestimmte das Messegeschehen den Alltag der Stadt. Auf dem Römer, auf dem Liebfrauenberg, im Haus Braunfels, überall, wo es nur möglich war, wurden Stände und Buden aufgeschlagen, um die Waren zur Schau zu stellen. Exotische Tiere wurden gezeigt, Theatergruppen, Gaukler und Musiker trugen in den Straßen der Stadt zur Unterhaltung der Messegäste bei. In Scharen strömten Händler und Besucher nach Frankfurt, was zugleich ein gutes Geschäft für die zahlreichen Gasthöfe bedeutete: für den Weidenbusch, den Römischen Kaiser, den Russischen Hof, für den Weißen Schwan, den Goldene Löwen und wie sie alle hießen.

Andere Fremde, die in der Freien Stadt weilten, waren die Gesandten des im November 1816 eröffneten Bundestags. Seinen Sitz nahm der Bundestag im Palais Thurn und Taxis in der Großen Eschenheimer Gasse. In diesem aus der ersten Hälfte des 18. Jahrhunderts stammenden Gebäude hatte von 1806 bis 1813 Freiherr von Dalberg residiert, danach war hier die Zentralverwaltung unter Freiherr vom

249 Ariadne auf dem Panther
Stich von F.L. Neubauer, nach einer Plastik von Theodor Dannecker, 1816
35,5 x 28,0 cm
Frankfurt, Historisches Museum

Stein untergebracht. Bis 1866 tagte dann der Bundestag in dem Palais. Mit dem Bundestag kamen die Gesandtschaften der 39 zum Deutschen Bund gehörenden Fürstentümer und Städte. Die ständige Anwesenheit dieser überwiegend adligen Diplomaten wirkte sich auf das gesellige Leben der Stadt aus. Aristokratische Lebensformen zogen in die bürgerliche Stadt ein, mit denen die reichen Frankfurter Familien zu wetteifern suchten.

Über den Geschäften und dem gesellschaftlichen Leben vergaß das wohlhabende Bürgertum Frankfurts nicht seine soziale Verantwortung. Zahlreiche Stiftungen halfen, die Not ärmerer Bevölkerungskreise zu lindern. Neben das karitative Engagement trat die Förderung von Erziehung und Bildung. Stiftungen zum kostenlosen Besuch von Schulen für arme Kinder entstanden ebenso wie wissenschaftliche und kulturelle Vereine. Zwei Kunststiftungen reicher Frankfurter Bürger aus der Zeit unmittelbar nach den Befreiungskriegen sind hier erwähnenswert.

Der Bankier Simon Moritz von Bethmann erwarb 1816 bei dem Stuttgarter Bildhauer Johann Heinrich Dannecker die Statue „Ariadne auf dem Panther". Diese im klassischen Stil geschaffene Figur stellte Bethmann auf seine Kosten öffentlich aus. Das sogenannte Ariadneum lag beim Landhaus der Familie am Friedberger Tor. Die „Ariadne" wurde zu einer Sehenswürdigkeit der Stadt, und nach Frankfurt reisende Fremde kamen, um sie zu bestaunen. Victor Hugo begeisterte sich 1840 über die Statue: *„O Schlange im Paradies, warum hast du uns so die weibliche Schönheit zerstört, daß wir nirgend mehr eine Ariadne finden, als im Garten des Herrn von Bethmann!"*[17]

Die Anfänge des bedeutenden Frankfurter Kunstmuseums „Städel", oder genauer: des „Städelschen Kunstinstituts", reichen ebenfalls in diese Zeit zurück. Der 1816 verstorbene Kaufmann Johann Friedrich Städel vermachte der Stadt seine Kunstsammlung und sein Vermögen zur Stiftung eines seinen Namen führenden Kunstinstituts. Sein Haus am Roßmarkt mit der darin untergebrachten umfangreichen Gemäldesammlung wurde 1817 dem Publikum zugänglich gemacht. Diese Bilder stellten den Grundstock für die späteren Sammlungen des Museums.[18]

Überhaupt waren die Jahre um 1815 eine Zeit bürgerlicher Stiftungen und Vereinsgründungen. Neben kulturellen und geselligen Organisationen entstanden auch die ersten wissenschaftlichen Vereine: 1816 wurde die „Gesellschaft zur Beförderung nützlicher Künste und deren Hülfswissenschaften", die spätere „Polytechnische Gesellschaft", gegründet und ein Jahre später die „Senckenbergische Naturforschende Gesellschaft", die die Grundlage für das noch heute bestehende Senckenberg-Museum legte. In diesen Vereinen wurde über neue technische und naturwissenschaftliche Erkenntnisse debattiert und ihre praktische Anwendbarkeit geprüft.

Insgesamt aber war Frankfurt eine vormoderne bürgerliche Stadt und sollte es auch die nächsten Jahrzehnte bleiben. Weder wurde die Verfassung in der 1. Hälfte des 19. Jahrhunderts grundlegend reformiert, noch rüttelte man an der längst überholten Zunftordnung. Trotz der heraufziehenden Industriegesellschaft setzte man weiter auf Handel und Handwerk. Die Ansiedlung von Fabriken suchte man zu verhindern. In sozialer Hinsicht hielt die Stadt an den Strukturen der vorindustriellen bürgerlichen Gesellschaft mit ihren verschiedenen Rechtsgemeinschaften fest. Grundsätzlichen Wandel brachte erst die preußische Besetzung im Jahre 1866, die das Ende der Freien Stadt und die Integration in den preußischen Staat bedeutete.

1 Aus Adolph Diesterwegs Tagebuch 1818 bis 1822. Neuhrsg. v. H.G. Bluth. Frankfurt a.M., Berlin, Bonn 1956, S. 27.
2 Grundlegend zur Entwicklung der Stadt in diesem Zeitraum: Bothe, F.: Geschichte der Stadt Frankfurt am Main. Frankfurt a.M. 1913. Darmstaedter, P.: Das Großherzogtum Frankfurt. Ein Kulturbild aus der Rheinbundzeit. Frankfurt a.M. 1901. Schwemer, R.: Geschichte der Freien Stadt Frankfurt a.M. (1814-1866). 3 Bde. Frankfurt a.M. 1910-1918. Stricker, W.: Neuere Geschichte von Frankfurt am Main 1806-1866. Frankfurt a.M. 1881.
3 Vgl. Freyh, A.: Karl Theodor von Dalberg. Ein Beitrag zum Verhältnis von politischer Theorie und Regierungspraxis in der Endphase des aufgeklärten Absolutismus. Frankfurt a.M., Bern, Las Vegas 1978.
4 Eilers, G.: Meine Wanderung durchs Leben. Ein Beitrag zur inneren Geschichte der ersten Hälfte des 19. Jahrhunderts. 1. Theil. Leipzig 1856, S. 211-213.
5 Ebenda, S. 263.
6 Zu seiner Biographie vgl. Forstmann, W.: Simon Moritz von Bethmann 1768-1826. Bankier, Diplomat und politischer Beobachter. Frankfurt a.M. 1973.
7 Eilers, G.: a.a.O., S. 232.
8 Ebenda, S. 232f.
9 Zit. n. Meinel, A.: Diesterwegs geistige Entwicklung bis zum Jahre 1820. Phil. Diss. Leipzig 1927, S. 84.
10 Kirchner, A.: Ansichten von Frankfurt am Main und seiner Umgegend. Bd. 1, Frankfurt a.M. 1982. Neudr. d. Ausg. Frankfurt 1818. S. 170f.
11 Tagebücher der Adele Schopenhauer. Hrsg. v. K. Wolff. Bd. 1. Leipzig 1909, S. 16.
12 Zit. n.: Frankfurt am Main. Augenblick und Ewigkeit. Gemälde und Schriften. Ausgew. v. W. Kramer. Frankfurt a.M. 1970, S. 160.
13 Erlaß des Freiherrn vom Stein. Abgedr. in: Schwemer, R.: a.a.O., Bd. 1, S. 27.
14 Vgl. Koch, R.: Grundlagen bürgerlicher Herrschaft. Verfassungs- und sozialgeschichtliche Studien zur bürgerlichen Gesellschaft in Frankfurt a.M. (1612-1866). Wiesbaden 1983. Ders.: Ständische Repräsentation oder liberale Repräsentationsverfassung? Die Constitutions-Ergänzungs-Acte der freien Stadt Frankfurt als historischer Kompromiß. In: Zeitschrift für historische Forschung Jg. 5, 1978, S. 187-214.
15 Vgl. Koch, R.: Lebens- und Rechtsgemeinschaften in der traditionalen bürgerlichen Gesellschaft. In: „Frankfurt aber ist der Nabel dieser Erde": das Schicksal einer Generation der Goethezeit. Hrsg. v. Ch. Jamme u. O. Pöggeler. Stuttgart 1983, S. 21-41.
16 Vgl. Dietz, A.: Frankfurter Handelsgeschichte. 4 Bde. Frankfurt a.M. 1910-1925.
17 Zit. n.: Frankfurt Chronik. Hrsg. v. W. Kramer. 3., erw. Auflage Frankfurt a.M. 1987, S. 276.
18 Vgl. Ziemke, H.-J.: Das Städelsche Kunstinstitut – die Geschichte einer Stiftung. Frankfurt a.M. 1980.

Franz Lerner

Zum Wohle des Vaterlandes

Die Frankfurter „Gesellschaft zur Beförderung der nützlichen Künste“

Unter den 22 Männern, die am 25. August 1816 zusammentraten, um eine Vereinigung Gleichgesinnter ins Leben zu rufen, waren nur einige im Besitz des Bürgerrechtes der Freien Stadt Frankfurt. Die Mehrzahl der Gründer gehörten zu den Fremden, denen nicht nur der Zugang zum Bürgerverband, sondern auch zu der tonangebenden Schicht der alten Familien der Kaufleute, Bankiers oder gar des Patriziats verschlossen war. Überdies verdankten einige von ihnen ihre Stellung dem gerade abgetretenen Regime unter dem Fürstprimas des Rheinbundes, Theodor Freiherr von Dalberg, und waren der nun sich mächtig regenden Reaktion unerwünscht. Was diese Männer einte, war im Grunde die liberale Idee eines modernen Deutschland. Die Frankfurter aber wollten zur alten reichsstädtischen Tradition mit Zunftherrschaft für die Kleinbürger und Cliquenwirtschaft für die wolhhabende Oberschicht zurückkehren. Gemessen daran gehörte die Mehrheit jener 22 Versammelten zu den Außenseitern. Zudem verband sie das gemeinsame Interesse an den Naturwissenschaften und technischen Neuerungen, genau an jenen Dingen, die die Alteingesessenen mit Mißtrauen betrachteten.

Verzeichniß der Ordentlichen Herren Mitglieder der im JAHRE 1816 gestifteten Gesellschaft zur Beförderung nützlicher Künste und deren Hülfswissenschaften geordnet nach dem Tage des Eintritts.

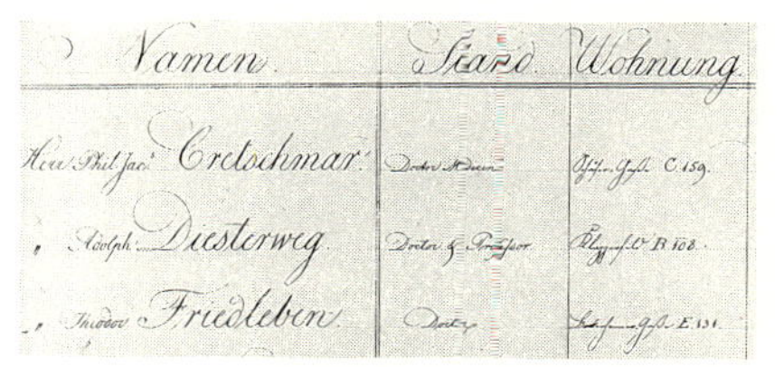

250 Verzeichnis der Ordentlichen Herren Mitglieder der im Jahre 1816 gestifteten Gesellschaft zur Beförderung nützlicher Künste und deren Hülfswissenschaften, geordnet nach dem Tage des Eintritts
34,0 x 33,5 cm
Frankfurt, Polytechnische Gesellschaft
251 Eintrag im Mitgliederverzeichnis (S.2): Adolph Diesterweg, Doctor und Professor, Stifter der Gesellschaft

Die Gruppe der liberalen Außenseiter aber war voller Tatendrang. Aufgeschlossen für alles Neue, wollten sie als echte Philanthropen ihren Mitmenschen als Anreger und Helfer für eine Verbesserung ihrer Existenz dienen. Einige von ihnen gehörten ähnlichen Initiativen in anderen Städten an oder standen mit ihnen in Verbindung. Die Frankfurter Gründung war also ein Nachzügler. Nicht nur die fünf Pädagogen gehörten zudem zu den überzeugten Anhängern Heinrich Pestalozzis. Auch der mit 26 Jahren Jüngste im Kreise der 22 war – seit gerade drei Jahren – an der im Pestalozzi'schen Geiste gegründeten „Musterschule“ tätig und unterschrieb in der ersten Reihe der Beteiligten den an jenem Tag vorbereiteten Gründungsaufruf für die „Polytechnische Gesellschaft“ mit: *„Diesterweg, Lehrer der Mathematik“.*

Von dem damals anrüchigen Wort „Polytechnik“ kamen die Gründer bald ab und nannten ihr Unternehmen fortan zwar umständli-

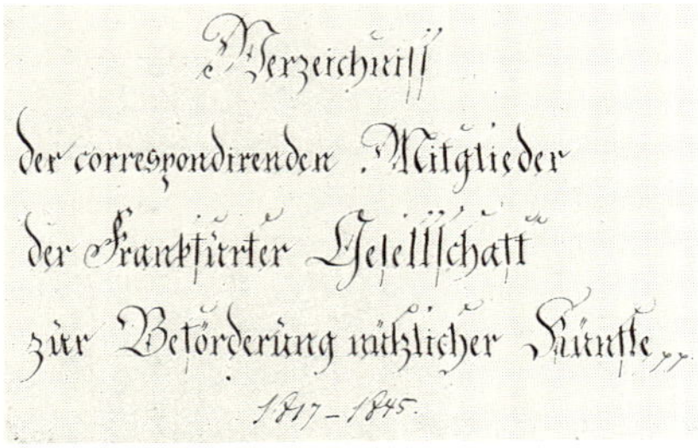

252 Verzeichnis der korrespondierenden Mitglieder der Frankfurter Gesellschaft zur Beförderung nützlicher Künste, 1817-1845
20 x 25 cm
Frankfurt, Polytechnische Gesellschaft
Neben anderen werden folgende Personen aufgeführt: Carl Friedrich Freiherr von Drais, Forstmeister aus Mannheim (S.2), Johann Wolfgang von Goethe, Geheimer Rath aus Weymar (S.10), (Wilhelm) Diesterweg, Doctor und Professor der Mathematik aus Mannheim und Bonn (S.12), Friedrich Adolph Diesterweg, der jüngere, Doctor und Director eines Lehrerseminars aus Elberfeld und Moers (S.12), Johann Heinrich Moritz Poppe, Professor aus Tübingen, Ehrenmitglied, (S.13), Johann Gottfried Dingler, Doctor aus Augsburg (Herausgeber des Polytechnischen Journals) (S.18), Justus Liebig, Doctor und Professor (der Chemie) aus Gießen, Ehrenmitglied (S.37), Friedrich Wöhler, Doctor und Professor (der Chemie) aus Göttingen, Ehrenmitglied (S.37), Friedrich Adolph Wilhelm Diesterweg, Director des Lehrerseminars aus Berlin, Ehrenmitglied (S.37).

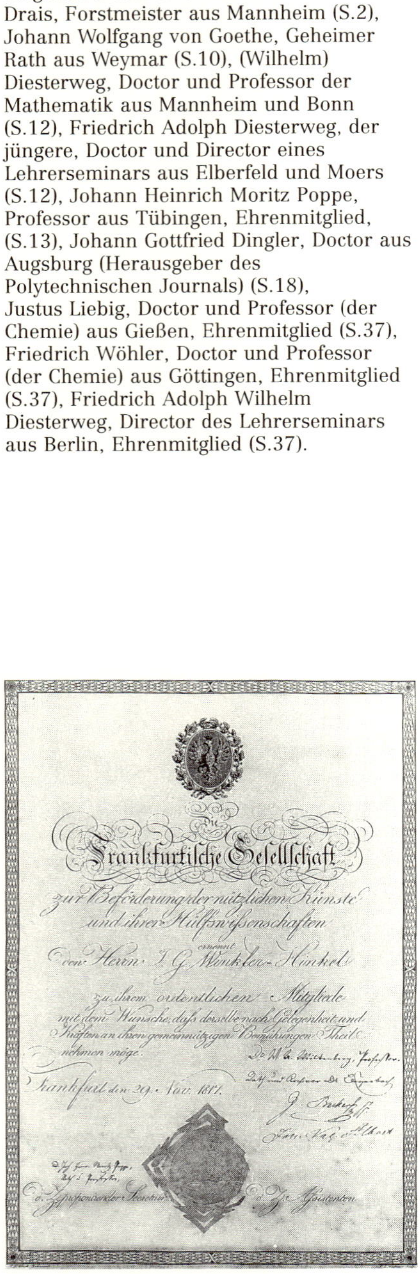

253 Ernennungsurkunde von I.G. Winkler-Hinkel zum ordentlichen Mitglied der Polytechnischen Gesellschaft, 29.11.1817
52,5 x 40,5 cm
Frankfurt, Polytechnische Gesellschaft

cher, aber harmloser „Frankfurtische Gesellschaft zur Beförderung der nützlichen Künste und deren Hülfswissenschaften". Erst 1946 kehrte man zu der seit 1860 in Klammern geführten ursprünglichen Bezeichnung zurück. Im Sinne ihres Namens begann die Neugründung sofort, eine rege Tätigkeit zu entfalten. Ihre Mitglieder kamen allwöchentlich zu Aussprache- und Vortragsabenden zusammen. Eine für jene Zeit ungewöhnliche Werbung – die Beilage ihres Gründungsaufrufes zur *Postamtszeitung* – vermehrte die Zahl ihrer Mitglieder rasch. Dazu gewann sie den Retter der Frankfurter Souveränität, Karl Freiherr vom und zum Stein, und Johann Wolfgang Goethe als Ehrenmitglieder, beide für die Reaktionäre keine Empfehlung. Man korrespondierte lebhaft mit den verwandten Gesellschaften und griff alle Vorschläge, Ideen und Erfindungen auf, die aus nah und fern an sie herangetragen wurden. Leider ist das Konvolut der Korrespondenzen und Gutachten aus dem Kreis der Mitglieder 1944 im Frankfurter Stadtarchiv dem Luftkrieg zum Opfer gefallen. Bekannt ist nur, daß auch der Freiherr von Drais ihr seine Erfindung, die später zum Fahrrad führte, anbot. Die Mitglieder beschäftigten sich sehr sorgsam mit all den Zuschriften und setzten zur Beratung ihnen wichtig erscheinender Eingaben besondere Kommissionen ein, die in den regelmäßigen Sitzungen ihr Urteil vortrugen. Im wesentlichen mußte sich die Gesellschaft freilich auf die Ermunterung der Antragsteller, bestenfalls auf die Befürwortung ihrer Vorschläge bei anderen Stellen beschränken. Zu mehr Hilfe fehlten ihr die Mittel und wohl auch die Kraft.

Schließlich gehörten diese liberalen Philanthropen in ihrer Mehrzahl zu den Intellektuellen und besaßen kaum die nötigen Vorkenntnisse, um alle technischen Innovationen fachkundig zu begutachten. Einzige Ausnahme war ihr „proponierender Sekretär", wie man den Vorsitzenden und Geschäftsführer der Gesellschaft nannte, doch Hofrat und Professor Johann Heinrich Moritz Poppe (1776-1854) verließ Frankfurt schon 1818, um einem Ruf auf den neugeschaffenen Lehrstuhl für Technologie an der Universität Tübingen zu folgen. Die kaum überschaubare Vielzahl der Probleme, denen man sich zuwandte, führte zur ersten Krise in der Geschichte der Gesellschaft. Die hauptsächlich an den Naturwissenschaften interessierten Mitglieder, unter denen auch einige Sammler von Naturalien waren, empfanden die Entwicklung als unerfreulich und schieden schon 1817 aus, um die „Senckenbergische Naturforschende Gesellschaft", die also einer Abspaltung ihre Entstehung verdankt, ins Leben zu rufen.

Auf Vorschlag der verbleibenden Mitglieder griff die junge Gesellschaft manchen Gedanken auf, der ihr zukunftsträchtig schien. So nahm sie sich 1817 der Frage des ausländischen Konkurrenzdruckes auf die entstehenden deutschen Fabriken an. Sie veranstaltete dazu eine Enquête unter den Unternehmern im Gebiet des Deutschen Bundes, fand jedoch mit dieser Initiative zum Schutz der National-Industrie wenig Gegenliebe. Als sich dann der wortgewaltige Friedrich List 1819 zum Werber dieser Idee machte, war sie vollends als liberale „Agitation" abgestempelt und verlief ziemlich rasch im Sande. Ebenso eilte ein anderes Projekt, das ebenfalls 1817 von den Frankfurter Philanthropen aufgegriffen und mit wissenschaftlicher Gründlichkeit sowie beträchtlichen Kosten betrieben wurde, den Möglichkeiten der Zeit voraus. Dabei ging es um die Erzeugung von Leuchtgas aus Steinkohlen. Die Befürworter und Mitglieder der dafür von der Gesellschaft eingesetzten Kommission besaßen durchaus einschlägige Sachkenntnisse und auch Beziehungen zu Kohlebergwerken an der Ruhr und Saar. Man zeigte in einem praktischen Experiment und dann sogar auf einem Teilstück der Großen Eschenheimer Straße die Vorzüge der Gasbeleuchtung, scheiterte aber an der Kostenfrage, zumal schon der Versuch die Mittel der Gesellschaft weit überstieg und die Ausgaben trotz einer erfolgreichen Spendensammlung schließlich nur durch einen Zuschuß aus städtischen Mitteln gedeckt werden konnten. So blieb es in Frankfurt zunächst noch bei den traditionellen Rübölfun-

Erfindung

254 Verbesserte Schnupftabaksmühle
Polytechnisches Journal, Bd.14
Im Polytechnischen Journal, von J.G. Dingler 1820-1826 herausgegeben, wurden vorwiegend englische Erfindungen aus allen Gebieten der Naturwissenschaft und Technik bis hin zu Geräten und Werkzeugen des täglichen Lebens vorgestellt. Das Journal erschien bis 1921.

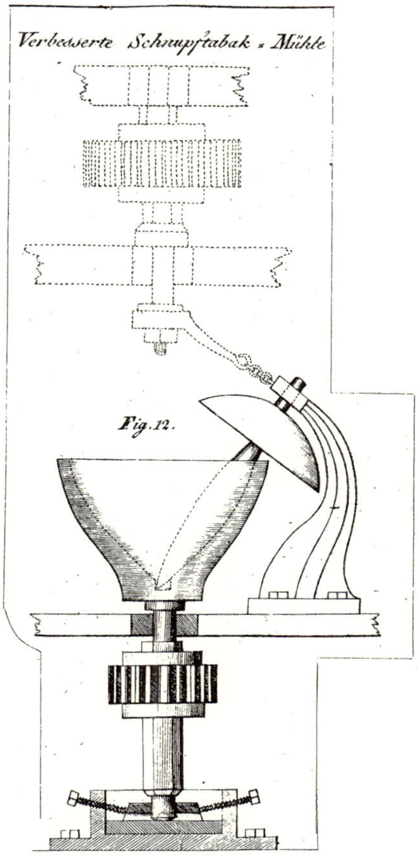

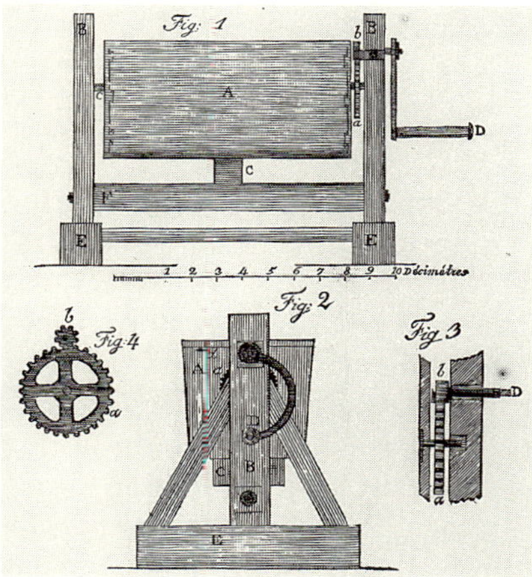

255 Abbildung der neuerfundenen Knetmaschine des Herrn Bäckermeister Lambert zu Paris
Gedruckte Beilage der Gemeinnützigen Blätter für das Großherzogtum Frankfurt, 18.3.1812
27 x 23 cm
Frankfurt, Polytechnische Gesellschaft

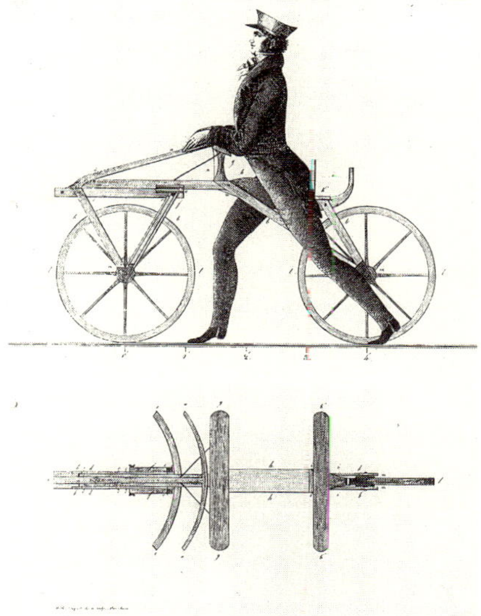

258 Der Freiherr von Drais und seine Laufmaschine
Kupferstich von Wilhelm Siegrist, um 1820
27 x 20 cm
Frankfurt, Polytechnische Gesellschaft

259 Protokoll der Polytechnischen Gesellschaft über den Besuch von Drais und die Vorführung seiner Laufmaschine
33,0 x 20,5 cm
Frankfurt, Polytechnische Gesellschaft
Freiherr Karl Friedrich Drais von Sauerbronn (1785-1851) erfand 1817 ein Laufrad, das nach ihm „Draisine“ benannt wurde. Am 8.4.1818 führte er diese Erfindung der Polytechnischen Gesellschaft vor.

256 Dinglers Dampfkochapparat
Polytechnisches Journal, Bd.5

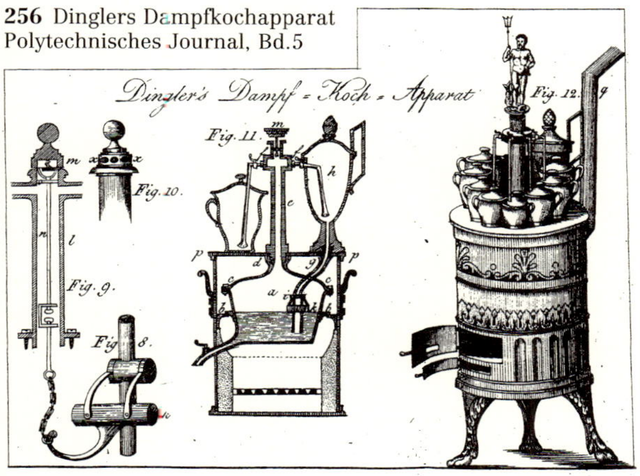

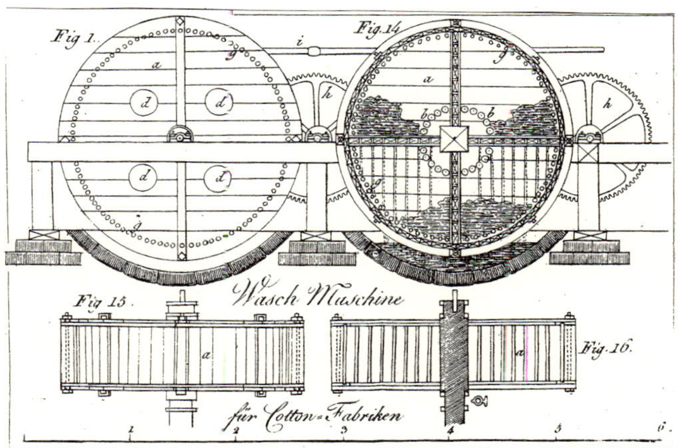

260 Waschmaschine für Baumwollfabriken
Polytechnisches Journal, Bd.5

257 Shands künstliche Beine und Füße
Polytechnisches Journal, Bd.4

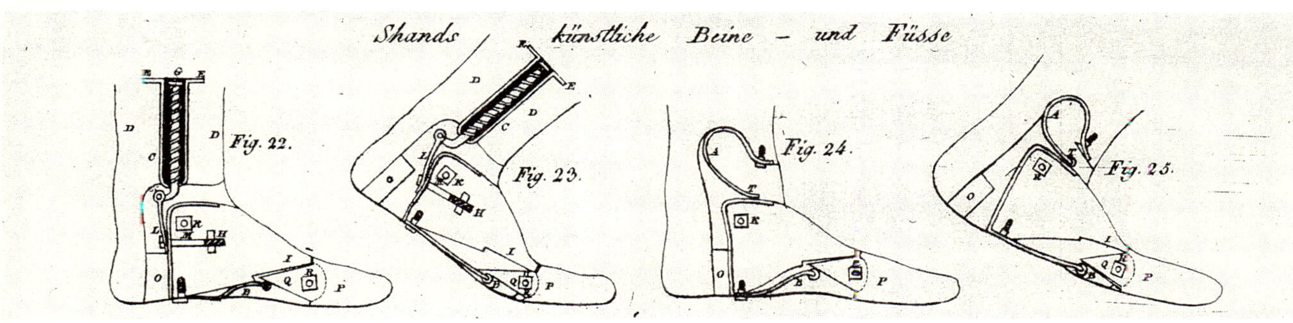

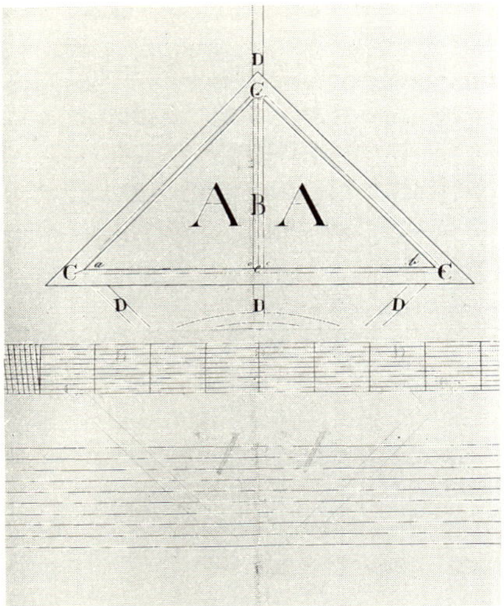

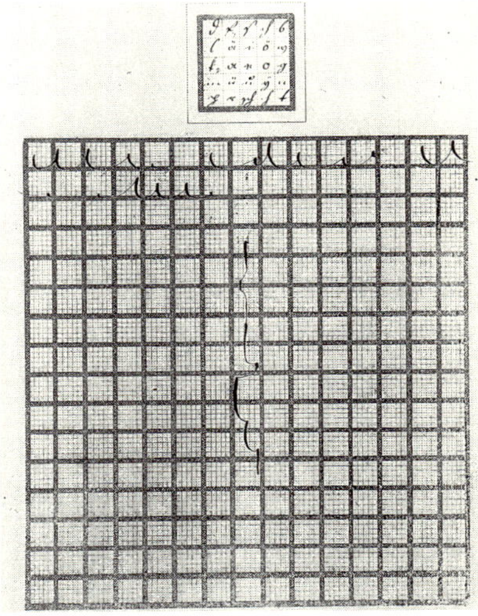

266 Der Freiherr von Drais. Erfinder der Schnellaufmaschine. Bekannter Schnell- und Scharfdenker
Kolorierte Lithographie von Hoffmeister, um 1820
20,0 x 18,5 cm
Mannheim, Reiß-Museum

267 Erfindung für eine Methode des schnellen Schreibens von C.V.D.
Handschriftliche Beschreibung und Zeichnung, undatiert
22 x 18 cm; 21,4 x 16,5 cm
Frankfurt, Polytechnische Gesellschaft

261 Verwandlungsmaschine zum Ersatz des schnellsten Rechnens bei dem Feldmessen, erfunden von Karl Freiherr von Drais
Gedruckte Beschreibung und Zeichnung, Karlsruhe 1816
33 x 21 cm; 35,0 x 22,3 cm
Frankfurt, Polytechnische Gesellschaft

262 Frankfurtische Gesellschaft zur Beförderung der nützlichen Künste und der sie veredelnden Wissenschaften. Aufforderung zur Teilnahme.
Frankfurt a.M. 1816
Zeitungsbeilage, Broschüre
18 x 16 cm
Frankfurt, Polytechnische Gesellschaft

zeln; erst ein Jahrzehnt später erhielt die Stadt durch die Hilfe privater Investoren den Anschluß an den in England längst erreichten Fortschritt in der Beleuchtungstechnik.

Inzwischen hatte jedoch im gleichen Jahre 1817 eine andere Anregung zu ersten, vielversprechenden Erfolgen geführt. Sie kam vom jüngsten Mitglied der Gesellschaftsgründer, Adolph Diesterweg, dessen Tatendrang offenbar durch seine Amtspflichten als Lehrer der Musterschule nicht befriedigt wurde. Schon 1815 war er an den Senat der Freien Stadt mit der Bitte herangetreten, ihm das Abhalten einer privaten Vorlesung über Experimentalphysik zu gestatten. Leider ist diese Supplikation nicht erhalten und der Erfolg seiner Veranstaltung unbekannt; die Genehmigung freilich wurde erteilt.[1] Nun schlug er seinen Freunden vor, eine längst anderweits erprobte Einrichtung zur Fortbildung junger Handwerker auch in Frankfurt aufzunehmen. Die damit ins Leben gerufene Sonntagsschule führte zum ersten dauerhaften Institut der Frankfurter Gesellschaft und gereichte in den Jahrzehnten seines Ausbaues vielen Tausenden junger Leute, überwiegend Nichtfrankfurtern, zum Segen.

Es ist jedoch für die Geschichte der heutigen Polytechnischen Gesellschaft bezeichnend, daß sie nicht bei einer einmal begonnenen Aufgabe stehenblieb, sondern stets neuen Anregungen offenstand und deren Realisierung mit allen ihr zu Gebote stehenden Mitteln vorantrieb, sobald sie sich von ihrem Nutzen für die Wohlfahrt der Mitbürger überzeugt hatte. Gerade die soziale Komponente, die beim Aufbau der Sonntagsschule eine so entscheidende Rolle gespielt hatte, führte auch zu einem weiteren Vorhaben. Es war ein Buchbindermeister, ein um die Gesellschaft auch sonst hochverdienter Mann, der ihr Augenmerk auf die ebenfalls schon anderweit erprobte Einrichtung einer Sparkasse für Minderbemittelte lenkte. Was da 1822 in Frankfurt gegründet wurde, war zunächst und für einige Jahre eine Wohltätigkeitseinrichtung, die vom rein ökonomischen Standpunkt ein Zuschußgeschäft darstellte. Nur Philanthropen, die sich aus Idealismus und ohne Entgelt in den Dienst dieser Sache stellten, konnten ein solches Institut entwickeln. Für Bankiers und Kaufleute war das Sammeln und Verwalten kleinster Beträge zunächst unvorstellbar. Wohltätig gesonnene Mitbürger fanden sich jedoch bereit, sich für den Beginn an einem Garantiefonds zu beteiligen, um die Einleger vor den möglichen Risiken zu bewahren. In den 20er Jahren des 19. Jahrhunderts, die der Wirtschaft in Deutschland eine langandauernde Konjunkturkrise brachten, war solche Fürsorge durchaus vonnöten. Daß sie sich jedoch schon bald als unbegründet erwies und das neue Institut auch in der Krisenzeit rasch florierte, verdankte es dem uneigennützigen Einsatz seiner Gründer. Was aus dem mit bescheidensten Mitteln aufgebauten und aus kleinsten Anfängen entwickelten Institut schließlich im Lauf der Jahrzehnte wurde: eine Frankfurter Großbank, konnten die Initiatoren bei noch so großer Phantasie nicht

263 Vier Spardosen der Sparkasse von 1822
Silber, Bronze
H. 8-12 cm
264 Spardose in Buchform
Metall, 1927
2 x 12 x 7 cm
265 Zwei Stempel der Sparkasse von 1822
Metall, 1.Drittel 19.Jh.
Dm. 4 cm
Frankfurt, Frankfurter Sparkasse von 1822

ahnen, ja man darf sogar daran zweifeln, ob dies das Ziel ihrer guten Absicht war.

Jedenfalls gab es schon nach zwei Jahren Meinungsunterschiede zwischen den Kaufleuten, die die Sparkasse rasch zu einem erfolgreichen Institut entwickelt hatten, das rentabel arbeitete und den Einlegern ihre Rendite brachte, und den reichen Philanthropen, die helfen und erziehen wollten. So kam es 1824 zur Errichtung einer besonderen Ersparnisanstalt, die keine Mindesteinlage forderte, sondern die geringsten Einzahlungen annahm und für deren Mehrung warb, aber sie unter Verzicht auf Gewinn nur verwaltete. Dieses wohltätige Institut fand jedoch zunächst wenig Beifall und kam nur langsam voran – sehr zur Enttäuschung seiner Befürworter. Und dennoch hat es ebenso wie die Sparkasse im Laufe der Zeit zur Kapitalbildung des Mittelstandes wie zur Existenzsicherung der unselbständig Erwerbenden beigetragen. Die Gesellschaft zur Beförderung der nützlichen Künste unterstützte beide Anstalten durch die Präsentation von Arbeiten Frankfurter Handwerker und ihres Nachwuchses sowie durch Benefizkonzerte und Spendensammlungen.

Eine Anregung Goethes aufgreifend, veranstaltete die Gesellschaft zur Herbstmesse 1827 im ehemaligen Katharinenkloster eine große Ausstellung von Gemälden Frankfurter Künstler aus dem Besitz ihrer Mitbürger. Damit wurden bisher nur dem privaten Genuß vorbehaltene Schätze erstmals einer breiten Öffentlichkeit zugänglich gemacht. Das Ziel dieser mit viel Mühe verbundenen Ausstellung, zu der sogar ein kleiner Katalog erschien, war ein doppeltes: einmal sollte das Verständnis und Interesse für die bildende Kunst geweckt werden, zum anderen wollte man die Sammler ermuntern und die Künstler fördern.

Pädagogische wie humanitäre Ideen veranlaßten die Mitglieder der Gesellschaft, immer wieder tätig zu werden. Als im Winter 1829/30 strenge Kälte das Elend der ärmsten Mitbürger offenbar werden ließ, wurde im Katharinenkloster – nunmehr Sitz der Gesellschaft – eine Wärmestube eingerichtet und nach dem Vorbild des in München wirkenden Grafen Rumford eine Suppenküche eröffnet. Während dies nur vorübergehende Maßnahmen zur Linderung akuter Not waren, wurde ein anderer Vorschlag aus dem Kreise der Mitglieder zu einer in langen Jahren geübten und von den Beteiligten hochgeschätzten Einrichtung: die öffentliche Ehrung von treuen Dienstboten und Mitarbeitern.

Die schon seit Jahren bewährte Prämierung besonders eifriger Sonntagsschüler durch die feierliche Verleihung von Denkmünzen wurde seit 1832 auch für die große Schar der in den Häusern wie Kontoren der Frankfurter Oberschicht in vielen Jahren treubewährt Tätigen ausgedehnt. Daß man diese stillen, bescheidenen Menschen nun zu Arbeitsjubiläen ehrte, ihre Namen wie die ihrer Arbeitgeber laut nannte und in der Zeitung lesen konnte, gefiel Dienstboten wie Herrschaften gleichermaßen und veranlaßte viele der so bekannt gemachten Arbeitgeber, ihre Hausmädchen, Köchinnen oder Diener, ihre Auslaufer, Packer und Boten – eben die Ungelernten und sonst bestenfalls hie und da mit einem Trinkgeld Anerkannten – durch Geschenke oder kleine Feiern zu ehren. Das entsprach ganz der patriarchalisch-behäbigen, im Grunde gutmütigen Art des Biedermeiers in einer noch überschaubaren Stadt. Die Einrichtung hat sich in vielen Jahrzehnten als eine Form sozialer Verbundenheit bis ins 20. Jahrhundert hinein erhalten. Nur dem Zeitgeschmack entsprach dagegen die seit 1835 gewählte Bezeichnung dieser Einrichtung als „Institut zur Beförderung der Sittlichkeit und des Wohlverhaltens der dienenden Klasse".

Selbstverständlich griff die Gesellschaft auch alle jeweils aktuellen Fragen auf und versuchte, sie mit ihren Mitteln zu fördern. Als um 1830 die Anpflanzung von Maulbeerbäumen zur Versorgung der Seidenindustrie empfohlen wurde, unternahm sie sofort einen konkreten Versuch, der freilich mit einem Fehlschlag endete. Doch die damit

268 Medaille der Polytechnischen Gesellschaft, für treue Dienste verliehen
Silbermünze als Anhänger, vermutlich 1907
Dm. 5 cm
Frankfurt, Polytechnische Gesellschaft
Die Vorderseite zeigt eine Frankfurter Stadtansicht mit Dienstmädchen, Kind und Hund, die Rückseite einen Bienenkorb und einen Apfelbaum.

269 Medaille der Polytechnischen Gesellschaft
Goldmünze
Dm. 3,5 cm
Frankfurt, Polytechnische Gesellschaft
Die Vorderseite der Münze zeigt einen Bienenkorb, die Rückseite einen Weinstock. Untertitel: „Für selbstlose Arbeit".

270 Medaille der Polytechnischen Gesellschaft
Silbermünze
Dm. 6,5 cm
Frankfurt, Polytechnische Gesellschaft

271 Medaille der Polytechnischen Gesellschaft
Bronzemünze
Dm. 7 cm
Frankfurt, Polytechnische Gesellschaft

272 Ambrosiuskette
Silber, 17.Jh.
L. 32 cm
Frankfurt, Polytechnische Gesellschaft
Zunftkette der Imker, deren Schutzpatron der heilige Ambrosius ist.

angeregte Beschäftigung mit dem in der Frankfurter Gemarkung seit Jahrhunderten betriebenen feldmäßigen Gartenbau führte zur Aufnahme von alljährlichen Blumen- und Pflanzen-Ausstellungen, die seit 1835 mit großen Erfolg durchgeführt wurden. Wieder kam er zwei Seiten zugute: den Blumenliebhabern als Freude und den zahlreichen Berufsgärtnern durch die Mehrung ihrer Umsätze.

Die Förderung des Gewerbes, das in Frankfurt durch den engherzig bis 1864 aufrechterhaltenen Zunftzwang die Entfaltung aufstrebender Kräfte hemmte, lag den Philanthropen und den von den Idealen des Liberalismus beflügelten Mitgliedern der Gesellschaft stets besonders am Herzen. Die Erfahrungen mit der großen Kunst- und Gewerbe-Ausstellung von 1827 veranlaßten sie jedoch, die Trägerschaft dem dafür gegründeten Gewerbeverein als eigenem Institut zu überlassen. Die Muttergesellschaft übernahm seit 1835 die Verlosung der ausgestellten Arbeiten und die Auszeichnung der besten von ihnen mit eigenen, in weiten Kreisen der Bevölkerung hoch geschätzten Preismedaillen, die ihre Inhaber wie Orden am Sonntagsstaat trugen. Der Gewerbeverein, zunächst als Institut der Gesellschaft organisiert, löste sich im Laufe der Zeit von dieser Bindung an das Prinzip der Gemeinnützigkeit und wandelte sich zu einer Wirtschaftsorganisation. Solche Trennungen lagen durchaus im Sinne der gerade im Vormärz sehr florierenden Gesellschaft. Ihren Mitgliedern genügte es, Anstöße zu geben, Wege zu ebnen und initiativ zu sein. Was so einmal auf den Weg gebracht war, sich als gut und lebensfähig erwies, entließ man bereitwillig in eine eigenständige Entwicklung. Die Gesellschaft aber wandte sich gern neuen Aufgaben zu.

Beispielhaft war ihr Einsatz für die Nutzbarmachung der Heilquelle auf dem Gebiet der Freien Stadt. Diese seit Jahrhunderten wegen ihres heilkräftigen Wassers in der Mundart der Bürger etwas derb „Grindbrunnen“ genannte Quelle war durch langjährige Vernachlässigung 1835 so heruntergekommen, daß sie kaum noch genutzt werden konnte. Die in der Gesellschaft vereinten Menschenfreunde nahmen sich dieser Sache an, sorgten für eine wissenschaftliche Analyse des Wassers und eine Neufassung der Quelle. In zweijähriger Arbeit wurden dafür beträchtliche Mittel aufgewandt und gesammelt. Erst die Großstadt hat im Ausgang des 19. Jahrhunderts diese den bekannten Schwefelbädern ebenbürtige Heilquelle – nunmehr mitten in der Stadt gelegen – immer mehr in Vergessenheit geraten lassen, bis sie schließlich durch die in ihrer Nachbarschaft ausgeführten Hoch- und Tiefbauten versiegte.

Die Gesellschaft hatte 1836 bereits ein neues Aufgabenfeld gefunden. Wieder war es der schon erwähnte Buchbindermeister Hildebrand, der die Aufmerksamkeit der Mitglieder auf die hilflose Lage der Blinden lenkte. Ein Sachverständigengremium arbeitete in kurzer Zeit ein Projekt aus, das auch Erfahrungen aus Zürich und Wien verwertete. Zudem fand man unweit vom Katharinenkloster ein ehemaliges Schulgebäude, das sich für die Neugründung eignete. Zunächst ging es um die Förderung blinder Kinder. Schon am 18. Mai 1837 wurde die Blindenanstalt eröffnet. Aus kleinsten Anfängen entwikkelte sich dieses Institut zu einer segensreichen Einrichtung, die nicht nur Frankfurtern zugutekam. Im Laufe von nun über 150 Jahren, immer wieder den Zeiterfordernissen angepaßt, hat sich dieses Institut bis heute als ebenso lebensfähige wie unersetzliche Einrichtung bewährt.

Im Kranze blühender Institute beging die Gesellschaft zur Beförderung der nützlichen Künste 1841 ihr 25jähriges Bestehen. Längst war sie in die Rolle einer Repräsentantin des Frankfurter Bürgersinnes hineingewachsen und erfreute sich nicht nur des Wohlwollens des Senates der Freien Stadt, sondern auch einer weit über ihre Mauern hinausreichenden Wertschätzung. Damals kam es nach langen Diskussionen zu einer Änderung der Sparkassensatzung. Das inzwischen kräftig entwickelte Institut hatte einen stattlichen Reservefonds angesammelt, dessen Zinsen künftig – unter gewissen Vorbehalten – für

die gemeinnützigen Zwecke der Gesellschaft verwandt werden sollten. Seitdem trug dieses erfolgreichste Tochterinstitut alljährlich zu den Arbeiten seiner Mutter bei und ermöglichte ihr damit die weitere Entfaltung.

Fast selbstverständlich nahmen sich die Philanthropen der Auswirkungen der Kartoffelkrankheit an, die 1846/47 in weiten Teilen Europas Not und Elend zur Folge hatte. Dagegen lehnten sie das Projekt einer Volksbibliothek, das ihnen damals bereits fertig ausgearbeitet vorgelegt wurde, rundweg ab, weil ihre Mitglieder bei der Gestaltung selbst nicht mitwirken konnten und zudem weder eigene Räume noch Betriebsmittel vorhanden waren. Umso eifriger beschäftigten sich die Mitglieder mit allen Fragen der Gewerbeförderung. Neben ihren Schulanstalten nutzte man jede Möglichkeit, um junge Unternehmer zu unterstützen. Darum wagte man im Frühjahr 1846 erneut eine große Ausstellung der Erzeugnisse des heimischen Gewerbefleißes. Sie brachte für die Teilnehmer einen großen Erfolg an Umsätzen wie Aufträgen. Der daraufhin laut gewordene Wunsch nach einer ständigen Gewerbeschau überstieg allerdings die Kräfte der Gesellschaft. Immerhin war es ihr gelungen, den ersten Manufakturen und Industrien nicht nur allgemeine Beachtung zu verschaffen, sondern auch beim Absatz ihrer Produkte zu helfen. In der damals gerade in Frankfurt von einflußreichen Kreisen der Handelskammer vertretenen Fa-

273 Innenansicht des Junghofs
Aquarell von W. Stricker, um 1826
28,0 x 33,4 cm
Frankfurt, Historisches Museum
Im Junghof mietete die neugegründete Polytechnische Gesellschaft 1816 zwei Vereinsräume an. Er wurde 1860 abgerissen.

274 Der Junghof von 1842
Aquarell von Carl Theodor Reiffenstein, 1862
15,3 x 33,3 cm
Frankfurt, Historisches Museum

275 Gebäude der Polytechnischen Gesellschaft an der Junghofstraße, 1861-1862 errichtet
Lithographie, Druck von C. Adelmann, undatiert
22,0 x 29,3 cm
Frankfurt, Historisches Museum

brikscheu, der Ablehnung aller das geruhsame Leben der Mitbürger störenden Betriebe, kam dieser Einsatz der Gesellschaft für die neuen Technologien einer Pioniertat gleich.

Ende Dezember 1845 vollendete der Mann, der mit unermüdlichem Einsatz alle Initiativen der Mitglieder und auch manche eigene vorangetrieben hatte, das 25. Jahr an der Spitze der Gesellschaft. Es entsprach durchaus der Grundeinstellung von Dr. August Wöhler (1771-1850), daß aus diesem Anlaß mit einem stattlichen Grundbetrag eine Stiftung zur Weiterbildung technisch besonders befähigter Söhne der Stadt errichtet wurde. Diese „Wöhler-Stiftung" hat ebenfalls die Zeiten überdauert und wirkt heute noch als – freilich nicht mehr selbständige – Einrichtung, längst auf Stipendien für den Besuch technischer Hochschulen umgestellt, im Sinne ihrer Gründer weiter.

Nach der Unterbrechung der Gesellschaftsarbeit in den aufgeregten Jahren 1848/49 wandten sich die nach den Hoffnungen der Revolution enttäuschten Mitglieder dem Ausbau ihrer Institute zu, schufen eine Zuflucht und Stellenvermittlung für Dienstboten und unterstützten die Ziele volkswirtschaftlicher Reforminitiativen. Vor allem aber widmeten sie ihre Kräfte der Errichtung eines eigenen Gesellschaftshauses, das 1862 eingeweiht wurde. Sogar der Plan einer Handels-Akademie wurde in ihrem Kreise lebhaft diskutiert. Dann aber kam mit dem Ende der Freien Stadt 1866 die rasch sich ausbreitende Industrialisierung des Rhein-Main-Gebietes und damit eine Zäsur im Leben der Gesellschaft.

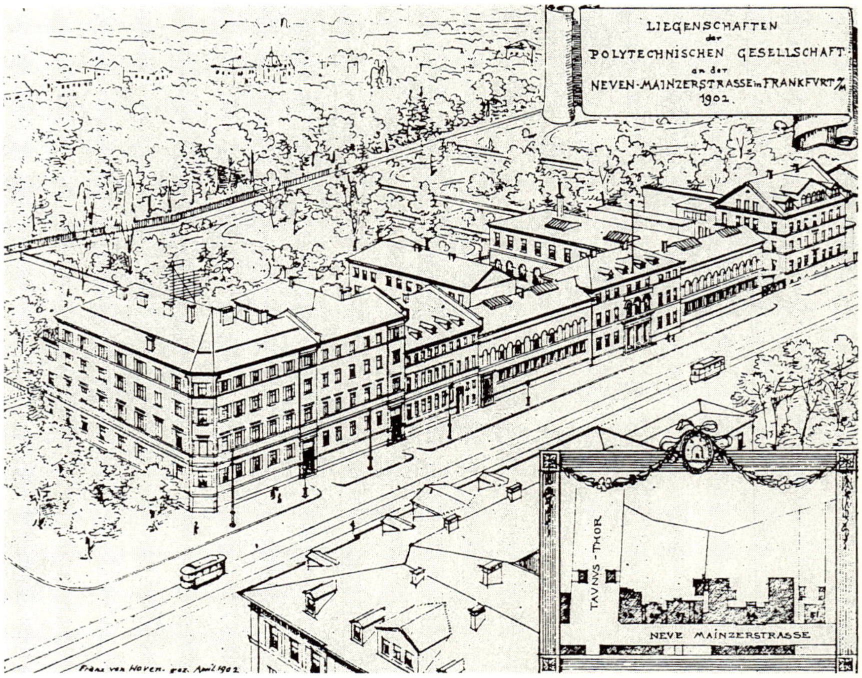

276 Liegenschaften der Polytechnischen Gesellschaft an der Neuen Mainzerstraße 43-51
Nach einer Bauzeichnung von Franz von Hoven, anonym, 1902
Frankfurt, Stadtarchiv

Trotz sich wandelnder Aufgaben, ihre Existenz war damit nicht gefährdet. Noch 1990, an der Schwelle ihres 175jährigen Bestehens, stellt die heutige Frankfurter „Polytechnische Gesellschaft" ganz im Sinne ihrer Gründungsväter eine gemeinnützige Einrichtung zum Wohle ihrer Mitbürger dar, die ihresgleichen im In- und Ausland sucht.[2]

1 Stadtarchiv Frankfurt a.M.: Senatssupplik. 1815/II, Nr. 2430 v. 31.8.1815.
2 Vgl. insges. Lerner, F.: Bürgersinn und Bürgertat. Geschichte der Frankfurter Polytechnischen Gesellschaft 1816-1966. Frankfurt a.M. 1966.

Wilfried Lagler

Johann Heinrich Moritz von Poppe
Von der Mathematik zur Technologie

Im Jahre 1817 wurde an der württembergischen Eberhard-Karls-Universität Tübingen die erste Staatswirtschaftliche Fakultät in Deutschland eingerichtet, die heute noch am gleichen Ort als „Wirtschaftswissenschaftliche Fakultät" besteht. Zu dieser Fakultät gehörte auch ein neuer Lehrstuhl für Technologie, auf den Johann Heinrich Moritz von Poppe berufen wurde. Die Wertschätzung seiner Fakultätskollegen ihm gegenüber hielt sich jedoch in Grenzen. Verachtung gar hegte der Staatsrechtler und Politiker Robert von Mohl (1799-1875), der sich in seinen Lebenserinnerungen überaus abschätzig über Poppe äußerte: *„Poppe, der Technolog, war wissenschaftlich eine Null, von Hause aus Uhrmacher; hatte keine Ahnung von der Bedeutung der Gewerbe und Gewerbekunde für den Staat und für die künftigen Beamten, dagegen den unbeneidenswerten Ruf, der entsetzlichste Vielschreiber in Deutschland zu sein; und stand im Leben wegen niedriger Neigungen und naiver Schlemmerei in sehr mittelmäßiger Achtung, obwohl wegen unverwüstlicher Gutmütigkeit geduldet."*[1] *Daher forderte Mohl in einem Brief vom 23. Mai 1827, „...das alte Gerümpel von unbrauchbaren Eseln, als da ist...Poppe...usw.; gleich zum Teufel (zu) jagen"*.[2]

Zwar war Mohl für seine bissige Kritik an seinen akademischen Zeitgenossen bekannt und berüchtigt, doch haben sich auch andere Kollegen, angefangen bei seinem Nachfolger Wilhelm Ludwig von Volz (1799-1855), recht kritisch über Poppe geäußert. So schrieb Karl Karmasch 1872 in seiner „Geschichte der Technologie seit der Mitte des achtzehnten Jahrhunderts": *„Es tritt...deutlich hervor, daß Poppe den eigentlichen Kern der Gewerbsbetriebe nicht aus eigener gründlicher Anschauung kannte und auch des Sinnes dafür entbehrte. Seine Thätigkeit war rein literarisch; und wohin das in einem mit der Praxis so innig verwachsenen Wissenschaftsfache führen muß, ist leicht zu erachten."* Poppe habe *„mehr als viele Andere zu grenzenloser Verflachung und zur Herabsetzung der Wissenschaft in den Augen praktischer Techniker beigetragen"*.[3]

Gewiß verstand Poppe viel vom Uhrmacherhandwerk und ein Vielschreiber war er in der Tat, aber war er wirklich eine wissenschaftliche Null, ein „unbrauchbarer Esel" der Technologie?

Johann Heinrich Moritz von Poppe wurde am 16. Januar 1776 als Sohn eines Universitätsmechanikus und Uhrmachers in Göttingen geboren.[4] Schon als Schüler am Lyzeum interessierte er sich besonders für Mathematik, half aber auch frühzeitig in der väterlichen Werkstatt. Bedingt durch eine Krankheit des Vaters übernahm er einige Zeit lang die Werkstattgeschäfte, um den Unterhalt für die vielköpfige Familie sicherzustellen. Um der Rekrutierung zur hannoverschen Armee zu entgehen, immatrikulierte sich Poppe 1794 an der Georg-August-Universität in Göttingen und studierte vornehmlich Mathematik und Physik bei den großen Gelehrten Abraham Gotthelf Kästner (1719-1800) und Georg Christoph Lichtenberg (1742-1799) sowie Technologie und Staatswirtschaft bei Johann Beckmann (1739-1811). Beckmann hatte um 1772 die Technologie als eigenständiges Wissenschaftsgebiet begründet. Er verstand darunter „die Kenntniß der Handwerke, Fabriken und Manufacturen, vornehmlich derer, die mit der Landwirtschaft, Polizey und Cameralwissenschaft in nächster Verbindung stehn".[5] Es war also eine Art von praktischer Gewerbelehre, zu der auch die Kenntnis der Erfindungen gehörte.

Neben dem Studium half Poppe weiterhin in der Werkstatt des Vaters aus. Zugleich begann er bereits als 18jähriger zu publizieren,

277 Johann Heinrich Moritz Poppe
Hofrath und ordentlicher Professor der Technologie auf der Universität zu Tübingen
Lithographie von Meno Haas 1826
17,1 x 10,6 cm
Tübingen, Universitätsbibliothek, Bildersammlung

278 Robert von Mohl (1799-1875)
Lithographie von B. Weiß, gedruckt von G. Küstner, 1845
26,2 x 29,6 cm
Tübingen, Universitätsbibliothek, Bildersammlung

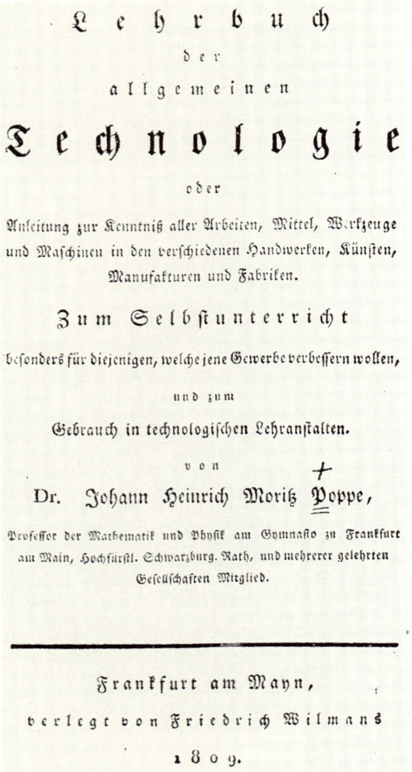
Lehrbuch
der
allgemeinen
Technologie
oder
Anleitung zur Kenntniß aller Arbeiten, Mittel, Werkzeuge und Maschinen in den verschiedenen Handwerken, Künsten, Manufakturen und Fabriken.
Zum Selbstunterricht
besonders für diejenigen, welche jene Gewerbe verbessern wollen,
und zum
Gebrauch in technologischen Lehranstalten.
von
Dr. Johann Heinrich Moritz Poppe,
Professor der Mathematik und Physik am Gymnasio zu Frankfurt am Main, Hochfürstl. Schwarzburg. Rath, und mehrerer gelehrten Gesellschaften Mitglied.
Frankfurt am Mayn,
verlegt von Friedrich Wilmans
1809.

279 J.H.M. Poppe
Lehrbuch der allgemeinen Technologie oder Anleitung zur Kenntniß aller Arbeiten, Mittel, Werkzeuge und Maschinen in den verschiedenen Handwerken, Künsten, Manufakturen und Fabriken. Zum Selbstunterricht besonders für diejenigen, welche jene Gewerbe verbessern wollen, und zum Gebrauch in technologischen Lehranstalten. Frankfurt a.M. 1809

280 Johann Heinrich Moritz Poppe
Ölgemälde nach einer Lithographie von Meno Haas, 1826
43,0 x 33,2 cm
Frankfurt, Frankfurter Sparkasse von 1822

nicht zuletzt auch, um zum Lebensunterhalt der Familie beizutragen. Der Titel seines ersten Aufsatzes hieß „Über die Stellung und Regulirung der Uhren", 1797 folgte sein „Versuch einer Geschichte der Uhren", 1799/1800 ein „Wörterbuch der Uhrmacherkunst". Seine Feder sollte von nun an bis zu seinem Lebensende nicht mehr zur Ruhe kommen. 1800 gewann er einen von der Philosophischen Fakultät der Universität Göttingen ausgesetzten mathematischen Preis. Die Preisschrift, eine „Ausführliche Geschichte der Anwendung aller krummen Linien in den mechanischen Künsten und in der Architektur", die Karl Theodor von Dalberg (1744-1817), Bischof von Konstanz, Kurfürst von Mainz, seit 1806 Fürstprimas des Rheinbundes in Frankfurt am Main, gewidmet war, verschaffte ihm den Titel eines Hofrates im Fürstentum Schwarzburg-Sondershausen. Weitere Preise folgten.

1803 wurde Poppe in Göttingen zum Doktor der Philosophie promoviert und hielt als Privatdozent Vorlesungen über mathematische Geographie. Zwei Jahre später, im Winter 1804/1805, erhielt er einen Ruf als Lehrer für Mathematik und Physik an das Gymnasium Francofurtanum, im Herbst 1805 die Ernennung zum Professor. Zur gleichen Zeit heiratete er die Göttingerin Christiane Mentzer (1789-1861).[6]

In die Zeit seines Frankfurter Wirkens fällt die Beziehung zu Adolph Diesterweg, der seit 1813 an der Frankfurter Musterschule unterrichtete. Beide trugen entscheidend zur Gründung des Polytechnischen Vereins in Frankfurt bei, der sich bald darauf „Gesellschaft zur Beförderung der nützlichen Künste und der sie veredelnden Wissenschaften" und 1817 „Frankfurter Gesellschaft zur Beförderung nützlicher Künste und deren Hülfswissenschaften" nannte. Den Gründungsaufruf vom 25. August 1816 hatten neben Poppe und Diesterweg noch zwanzig andere Frankfurter Persönlichkeiten unterzeichnet. Poppe wurde zum „proponirenden Sekretär", zum Präsidenten der Gesellschaft gewählt, die bereits Vorbilder in anderen Städten hatte. Poppe und Diesterweg wirkten neben anderen als engagierte und erfolgreiche Lehrer an der 1817 von der Gesellschaft begründeten Sonntagsschule für junge Handwerker, gewissermaßen einem Vorläufer der heutigen Berufsschule.

Diesterweg hatte der Gesellschaft im Juni 1817 eine kleine Schrift: „Vorschläge die Errichtung einer Sonntagsschule für Handwerks-Lehrlinge und Gesellen in Frankfurt am Mayn betreffend" vorgelegt. Als zu bekämpfendes Hauptübel kennzeichnete er darin *„Schlendrian, verjährtes Vorurtheil, die Trägheit der Natur, Dummheit, und vor Allem – Mangel an Kenntnissen zur gehörigen Würdigung der neuen Erfindungen". Die Sonntagsschule sollte „Lehrlinge und Handwerksgesellen durch einen zweckmäßigen, sonntäglichen Unterricht zur Betreibung ihres bürgerlichen ehrbaren Gewerbes fähiger...machen".*[7] Der Unterricht erfolgte unentgeltlich.

Ziel der Gesellschaft, der Sonntagsschule und überhaupt des schriftstellerischen Wirkens Poppes war es, Deutschland den Anschluß an die technologischen Neuerungen im Ausland durch Verbesserung der beruflichen Ausbildung zu sichern und damit die Industrialisierung, die während der Befreiungskriege ins Stocken geraten war, zu fördern. Poppes, Diesterwegs und Theodor Friedlebens programmatische Denkschrift im Zusammenhang mit der Gründung der Sonntagsschule, die seit 1987 als Nachdruck[8] wieder zugänglich ist, legt hiervon ein beredtes Zeugnis ab. Anläßlich der Eröffnung der Sonntagsschule am 9. November 1817 sprach Poppe „Ueber den Nutzen der Sonntagsschulen für Handwerker und Künstler". Darin heißt es: *„Ein geschickter über den gemeinen Schlendrian erhabener, auch mit wissenschaftlichen Kenntnissen ausgerüsteter, in jeder Hinsicht gebildeter Handwerker oder Künstler ist nicht bloß dem Staat und seinen Nebenmenschen zum Nutzen und zur Ehre, sondern sichert auch sich selbst in seinem Lebenslaufe große Vortheile zu."*[9]

Einen Ruf als Professor und Vorsteher des dortigen technologischen Kabinetts an die Polytechnische Schule in Wien, neben der Ecole Polytechnique in Paris die gewiß fortschrittlichste Bildungseinrichtung ihrer Art, lehnte Poppe ab, akzeptierte aber, als man ihm 1818 den ersten in Deutschland geschaffenen Lehrstuhl für Technologie an der Universität Tübingen, dem vormaligen Studienort Diesterwegs, anbot. In Tübingen begann Poppe alsbald mit dem Aufbau eines Technologischen Kabinetts, das Geräte und Modelle als Anschauungsmaterial für den akademischen Unterricht enthielt; es wurde von seinem Nachfolger Volz weiter ausgebaut, jedoch 1905/1906 aufgelöst. Poppe las in immer wiederkehrender Folge über die Themen: Elemente der reinen Mathematik – dies nur am Anfang seiner Lehrtätigkeit –, Allgemeine und spezielle Technologie, Maschinenlehre und Geschichte der Erfindungen.

281 Alte Aula, Universitätshaus, 1822
282 Der Bibliothekssaal zu Tübingen
H.F. Eisenbach: Beschreibung und Geschichte der Stadt und Universität Tübingen. Tübingen 1822

Seine umfangreiche literarische Tätigkeit setzte er daneben mit unverminderter Intensität fort. Poppe beteiligte sich zudem an der akademischen Selbstverwaltung; so war er 1822 Rektor der Universität. Er gehörte 15 gelehrten Gesellschaften und Vereinen als Mitglied an und beriet, wie er in seiner Autobiographie berichtet, von Zeit zu Zeit den württembergischen König in technischen und landwirtschaftlichen Fragen. 1836 wurde ihm der Personaladel verliehen. 1841 trat Poppe in den Ruhestand; am 21. Februar 1854 verstarb er in Tübingen. Die Universitätsbibliothek erwarb seine Privatbibliothek. Nach dem Tode von Poppes Nachfolger Volz (1855) wurde der Lehrstuhl für Technologie nicht mehr besetzt.

Poppe fand zu Lebzeiten und auch danach viele Leser. So kannte Karl Marx seine „Geschichte der Technologie" (1807-1811) und exzerpierte daraus umfänglich. Zitate aus diesem Werk finden sich in den „Grundrissen der Kritik der politischen Ökonomie" und im dritten Band des „Kapitals".[10] Doch schon Poppes frühe Arbeiten lassen deutlich werden, daß es sich weniger um originelle eigene Forschungsergebnisse handelte als um Zusammenfassungen der vorhandenen Literatur, die er allerdings in erstaunlicher Schnelligkeit zu verarbeiten vermochte. Dennoch wurden manche seiner in rascher Folge, zum Teil in mehreren Auflagen erschienenen Arbeiten in fremde Sprachen übersetzt. Seine „Geschichte aller Erfindungen und Entdeckungen", 1847 in zweiter Auflage publiziert, erschien 1972 als Reprint.[11] Poppe schrieb weniger für ein Publikum, das sich aus Studenten und Fachgenossen zusammensetzte, sondern eher für breite Leserkreise. Die von ihm verfaßten Lehrbücher, so etwa das „Lehrbuch der reinen und angewandten Mathematik" von 1814, waren von geringem akademischen Niveau, und auch die populären Schriften ließen in dem Maße an Qualität nach, wie sich die Zeit, in der sie verfaßt wurden, verkürzte.

283 Johann Heinrich Moritz Poppe
Lithographie und Druck von L. Kelvig, 1836
22,6 x 14,6 cm
Tübingen, Universitätsbibliothek, Bildersammlung

Als Professor hatte Poppe in Tübingen einen schweren Stand. Dies hing nicht zuletzt mit der Art und Weise zusammen, mit der die Gründung der Staatswirtschaftlichen Fakultät betrieben wurde. In der Absicht, die Ausbildung der Staatsbeamten zu verbessern, zwangen

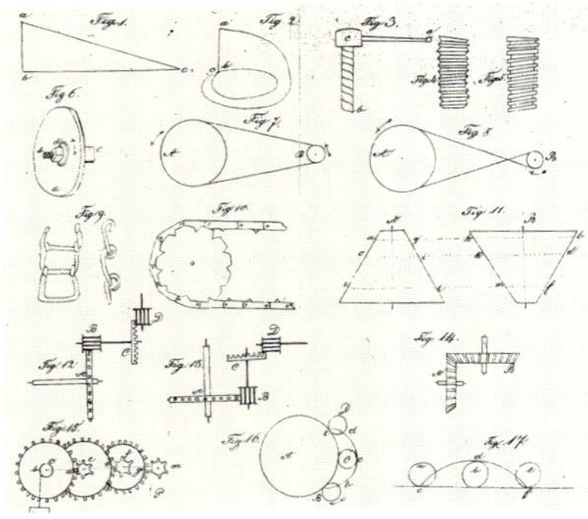

284 Zahnräder, Zeichnung
J.H.M. Poppe: Populäres Handbuch der Mechanik, in durchaus praktischer Beziehung. Sowohl zum Selbstunterricht für Gewerbetreibende und Liebhaber jener Wissenschaft, als auch insbesondere zum Gebrauch für Realschulen, Handwerkerschulen und polytechnische Lehranstalten überhaupt. Tübingen 1829

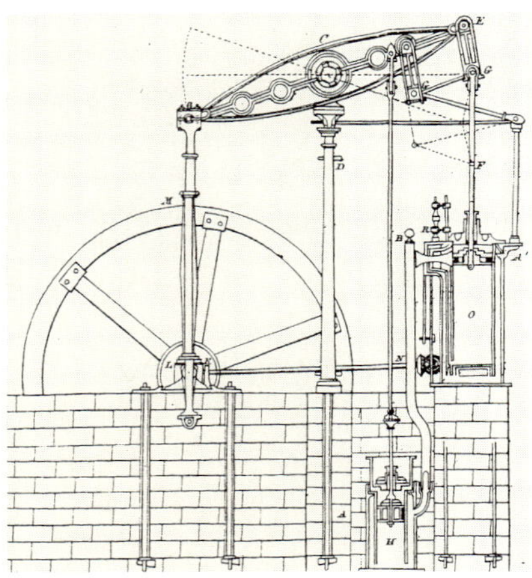

285 Dampfmaschine, Zeichnung
J.H.M. Poppe: Populärer Unterricht über Dampfmaschinen, über die Anwendung derselben zum Treiben anderer Maschinen, insbesondere über Dampfschiffe und Dampfwagen; nebst einer Geschichte des gesamten Dampfmaschinenwesens. Zur Belehrung für Jedermann auf das Faßlichste dargestellt. Tübingen 1826

ein Reskript König Wilhelms I. vom 17. Oktober 1817 und ein nachfolgender Erlaß des Ministers für das Kirchen- und Schulwesen der Universität die neue Abteilung geradezu auf. Mißstimmungen gab es bei der Besetzung fast aller neugeschaffenen Lehrstühle. So erhielt der junge Friedrich List (1789-1846) ohne Beteiligung des Senats eine Professur für Verwaltungspraxis. Die Universität sah ihre akademische Autonomie gefährdet. Entsprechend negativ war die Haltung der alteingesessenen Professoren, die die neu berufenen Kollegen als nicht ausreichend vorgebildet und unstandesgemäß mieden. Man trat ihnen mit eisiger Ablehnung gegenüber und machte, wo immer sich die Gelegenheit bot, deutlich, daß in einer traditionsbestimmten Universität wie Tübingen die neuen Fächer Technologie oder Land- und Forstwirtschaft nicht unbedingt als den klassischen Fächern ebenbürtig galten.[12]

Die aus heutiger Sicht eher geringe Zahl der Studenten an der neuen Fakultät – ihre Zahl betrug 1818 46, 1820 109 und 1841, bei seiner Zurruhesetzung, 96 – bot Poppe keinen übermäßig großen Wirkungskreis; freilich war die Gesamtzahl der Studierenden in Tübingen überaus bescheiden, 1819 etwa waren 678 junge Akademiker immatrikuliert. Die kleine württembergische Landesuniversität war zudem nicht der günstigste Ort für eine Technologieprofessur, ergab sich doch für Poppe kaum eine Gelegenheit, die rasche Fortentwicklung der Technik in der Praxis zu beobachten und diese Erkenntnisse in den Unterricht und seine schriftstellerische Arbeit einzubeziehen. So blieb seine Bedeutung als Wissenschaftler begrenzt. Jedoch darf sein Wirken beim Aufbau der Polytechnischen Gesellschaft in Frankfurt und seine Leistungen als „Pionier des technischen Katastrophen-Hilfsdienstes“[13] bei der Beurteilung seiner Persönlichkeit nicht außer Acht gelassen werden. Poppes unbestreitbare Verdienste liegen in der damals wie heute wichtigen Verbreitung und Popularisierung technischen Wissens.

1 Mohl, R.v.: Lebenserinnerungen 1799-1875. Bd. 1. Stuttgart 1902, S. 166.
2 Zit. n.: Angermann, E.: Robert von Mohl. Neuwied 1962, S. 41, Anm. 5.
3 München 1872, S. 876.
4 Zur Biographie Poppes vgl.: Eisenbach, H.F.: Beschreibung und Geschichte der Stadt und Universität Tübingen. Tübingen 1822. Klüpfel, K.: Geschichte und Beschreibung der Universität Tübingen. Tübingen 1849. Volz, W.L.v.: Johann Heinrich Moritz von Poppe. In: Zeitschrift für die gesammte Staatswissenschaft Jg. 10, 1854, S. 373-395. Wegweiser durch Tübingen, seine Umgebung, seine Geschichte, seine wissenschaftlichen und insbesondere naturwissenschaftlichen und medicinischen Institute. Tübingen 1853. Poppe, J.H.M.v.: Autobiographie. In: Heyden, E.: Gallerie berühmter und merkwürdiger Frankfurter. Frankfurt a.M. 1861. Oelsner, L.: Historischer Überblick über die Bestrebungen der Gesellschaft. In: Die Entwicklung der Gesellschaft zur Beförderung nützlicher Künste und deren Hülfswissenschaften (Polytechnische Gesellschaft) in Frankfurt am Main. Zwei Vorträge. Frankfurt a.M. 1879. Allgemeine Deutsche Biographie. Bd. 26. Leipzig 1888 (Art. Poppe). Timm, A.: Kleine Geschichte der Technologie. Stuttgart 1964. Lerner, F.: Bürgersinn und Bürgertat. Geschichte der Frankfurter Polytechnischen Gesellschaft 1816-1966. Frankfurt a.M. 1966. Born, K.E.: Geschichte der Wirtschaftswissenschaften an der Universität Tübingen 1817-1967. Tübingen 1967. Wandel, U.J., Schäfer, V. (Bearb.): Familienarchiv Autenrieth 1760-1917. Tübingen 1975. Ferner: Universitätsarchiv Tübingen (UAT 167/257: Poppe'sche Bibliothek). Vorlesungsverzeichnisse der Universität Tübingen.
5 Das Zitat entstammt dem Titel einer von Beckmann um diese Zeit veröffentlichten Schrift.
6 Von seinen vier Kindern sei hier sein Sohn Dr. Adolph Poppe (1814-1894) genannt, der später wie sein Vater als Lehrer für Mathematik und Physik am Städtischen Gymnasium in Frankfurt, als Gründer einer privaten polytechnischen Vorschule und von 1854 bis 1871 als Direktor der höheren Gewerbeschule wirkte. Eine der drei Töchter Poppes, Marie Poppe (1816-1905), heiratete den Sohn des Tübinger Universitätskanzlers und Hölderlinarztes Professor Johann Heinrich Ferdinand Autenrieth (1772-1835).
7 Frankfurt a.M. 1817. Zitate: S. 8, 11.
8 Enthalten in: Kunze, A. (Hrsg.): Die Arbeiterjugend und die schulische Arbeiterausbildung zur Zeit der frühen Industrialisierung. Sechs Schriften 1803-1842. Vaduz 1987.
9 Frankfurt a.M. 1817, S. 34.
10 Marx, K.: Grundrisse der Kritik der politischen Ökonomie (Rohentwurf) 1857-1858. Frankfurt a.M. o.J., S. 739. Marx, K., Engels, F.: Werke. Bd. 25. Berlin 1973, S. 348. Vgl. Timm, A.: a.a.O., S. 60.
11 Georg Olms Verlag, Hildesheim.
12 Vgl. Gemeinhardt, H.A.: Universitätsprofessor in Tübingen. In: Friedrich List und seine Zeit. Katalog und Ausstellung zum 200. Geburtstag. Reutlingen 1989, S. 54-71, und Born, K.E.: Friedrich List und die Tübinger Staatswissenschaftliche Fakultät. In: Besters, H. (Hrsg.): Die Bedeutung Friedrich Lists in Vergangenheit und Gegenwart. Baden-Baden 1990, S. 70-88.
13 Lerner, F.: a.a.O., S. 98. Poppe machte sich u.a. Gedanken über die Unfallverhütung am Arbeitsplatz und die Stationierung eines Rettungsbootes auf dem Main.

Rolf Seubert

Freie Sonntagsschule für Handwerker
Die Anfänge der gewerblichen Bildung

„Zu den Wohlthaten Gottes, welche mir zu Theil wurden, zähle ich besonders meine Aufnahme in die Frankfurter Sonntagsschule. Leer an Kenntnissen, und doch sehnsuchtsvoll nach Erlernung derselben, kam ich in diese Stadt, tief fühlend deren Mangel und die Nothwendigkeit, noch Vieles lernen zu müssen, um als Mitglied der bürgerlichen Gesellschaft nützlich seyn zu können." (Rede des Schneidergesellen Johann Philipp Göbel aus Panrode im Herzogtum Nassau auf der Prüfungsfeier der Frankfurter Sonntagsschule am 31. März 1822)

„Das Motiv zur Errichtung einer solchen Schule zu Frankfurt war die Betrachtung: Daß der Unterricht der gewöhnlichen Landschule nicht von der Art ist, um als eine technologische Vorbereitung angesehen werden zu können und daß überhaupt der Mangel an Vorbereitungsanstalten für deutschen Professionisten die Mitursache sei, warum die Künste und Handwerke Deutschlands im allgemeinen noch weit hinter den anderen Ländern zurückstehen." (Königin Catharina von Württemberg an das königl. Cultusministerium am 13. Januar 1818)

1. Die polytechnische Herausforderung

In der ersten Juliwoche des Jahres 1816 erschien in dem ehrwürdigen *Frankfurter Staats-Ristretto* eine ungewöhnliche Artikelserie. Wurde der lesende Bürger in diesem Blatt üblicherweise über europäische Haupt- und Staatsaktionen informiert, so mutete ihm der ungenannte Autor eine detaillierte Abhandlung „über Dampfmaschinen und Dampfböte" zu. Die sachlich-exakte Beschreibung ihrer naturwissenschaftlichen Grundlagen und technischen Wirkungsweise wurde geschickt eingeleitet: „In einem Augenblicke, wo so viel von Dampfmaschinen und Dampfböten gesprochen wird, möchte eine faßliche und leichtverständliche Beschreibung der Dampfmaschine und deren Verbindung mit Schiffen, mit Berg-, Hütten-, Fabrik- und anderen Maschinen nicht unangenehm sein."[1] In England würden diese mechanischen Wunderwerke bereits in fast allen Gewerben als Antriebskraft eingesetzt. Es mache die Produktion von kreatürlichen Launen wie von der Unzuverlässigkeit der Naturkräfte unabhängig. Allerdings: „Es braucht zur Aufsicht einen eigenen Maschinenmeister oder einen geschickten, mit Mechanik vertrauten Mann." Dies sei auch der Grund, warum die Dampfmaschinen in Deutschland „noch nicht in allgemeinen Gebrauch gekommen" seien. Gleichwohl war die Frage nicht allein, wer solche Ungetüme bedienen konnte, sondern welche Konstrukteure, Meister und Mechaniker sie zu bauen vermochten. Der Aufsatz endet mit einer überraschenden Ankündigung: *„Der politechnische Verein, so sich hier jezt bildet"*, werde *„so manches Nützliche an den Tag fördern"* und neue Erfindungen bekannt machen. Das technische Detailwissen des Autors läßt als Verfasser den damals 40jährigen Professor für Mathematik und Physik am Gymnasium Francofurtanum und späteren Sekretär des polytechnischen Vereins, Johann Heinrich Moritz Poppe, vermuten. Den bekannten Herausgeber einer vielbeachteten „Enzyclopädie des gesammten Maschinenwesens" verband mit Teilen des aufgeklärten Frankfurter Bürgertums ein großes Interesse an den neuen naturwissenschaftlichen Erkenntnissen und deren praktischer Anwendung.

Deutschland
auf der
höchst möglichen Stufe
seines
Kunstfleißes
und
seiner Industrie überhaupt.
Vorschläge, Wünsche und Hoffnungen
zur Vermehrung des deutschen Wohlstandes.
Von
Dr. Johann Heinrich Moritz Poppe,
Rath und Professor zu Frankfurt am Main, der Lamburgischen Societat zur Beforderung der Kunste und nutzlichen Gewerbe Associirten, und mehrerer anderer gelehrten Gesellschaften theils ordentlichem, theils Ehren-Mitgliede.
Frankfurt am Mein,
in der Hermannschen Buchhandlung
1816.

286 J.H.M. Poppe
Deutschland auf der höchst möglichen Stufe seines Kunstfleißes und seiner Industrie überhaupt. Vorschläge, Wünsche und Hoffnungen zur Vermehrung des deutschen Wohlstandes. Frankfurt a.M. 1816

Mit dem Begriff der Polytechnik, entlehnt aus der französischen

287 Modell einer Dampfanlage mit Windantrieb
Holz, gedrechselt, Ende 18.Jh.
98 x 85 x 64 cm
Augsburg, Städtische Kunstsammlungen

288 Modell einer Maschine mit Mühlrad mit oberschichtiger Kanalzuführung
Holz, Eisen, Messing, 1819
54 x 67 x 42 cm
Augsburg, Städtische Kunstsammlungen
Pumpwerk der Augsburger Wasserwerke, mit deren Modernisierung der Mathematiker und Mechaniker Georg Friedrich von Reichenbach (1771-1825) 1819 beauftragt wurde.

289 Modell der Watt'schen Dampfpumpmaschine
Holz, Metall, 1792
102 x 31 x 103 cm
München, Deutsches Museum
Das Modell der 1792 in England für die Saline Reichenhall bestellten Watt'schen Dampfpumpmaschine gehört zu den ältesten Belegen für den Import neuartiger Technologie aus England.

290 Modell einer Kiesreinigungs- und Steinschlagmaschine
Holz, Eisen, Messing, um 1800
50 x 39 x 140 cm
Augsburg, Städtische Kunstsammlungen

291 Modell einer Schiffsdampfmaschine von Wilhelm Haevel
Messing, Eisen, um 1831
49,0 x 72,0 x 51,5 cm
Augsburg, Städtische Kunstsammlungen

Staats- und Kameralwissenschaft, war ein umfassendes Programm der Gewerbeförderung angedeutet. Das noch an den Folgen der napoleonischen Kriege leidende Deutschland sollte möglichst bald auf die „höchstmögliche Stufe seines Kunstfleißes und seiner Industrie" – so Poppe – gebracht werden. Dabei dachte man an die „Belebung der Industrie" durch Schutz vor der englischen Konkurrenz wie auch an die Verbesserung eigener Produkte. Sollte der Aufbau einer „Nationalindustrie" erfolgreich sein, so mußten vor allem die Bildungsvoraussetzungen auf breiter Basis verbessert werden. *„Da dachte man"*, so beschrieb Poppe 1817 die Gründungsmotive des polytechnischen Vereins, *„an die Errichtung einer Sonntagsschule oder einer solchen den Handwerkern nützlichen Lehranstalt"*[2]. Polytechnik implizierte also den Aufbau einer beruflich orientierten schulischen Bildung für Handwerksgesellen und Lehrlinge.

Die Forderung nach einer gewerblichen Sonntagsschule war für Frankfurt nicht nur völlig neu. Sie bedeutete auch eine Herausforderung an die herkömmliche Handwerkslehre. Bisher erwarb der Lehrling seine Kenntnisse und Fertigkeiten bei einem Zunftmeister. Nach der Freisprechung schrieb sich der junge Geselle in die sog. „Muthjahre" ein und wurde auf langjährige Wanderschaft geschickt, um sein Handwerk zu vervollkommnen. Anschließend konnte er sich, wenn überhaupt, nur unter schikanösen Bedingungen als selbständiger Meister niederlassen. Im Beharren der Zünfte auf ihren herkömmlichen Privilegien sahen die „Polytechniker" die Hauptursache für den nur zögerlichen wirtschaftlichen Fortschritt: „Als Institute zur Erhaltung, Verbreitung und Erweiterung von mechanischen Kenntnissen auf gewerblichem Gebiete waren nach allgemeinem Urteil die Zünfte durchaus ungeeignet geworden."[3] Gegen den unzureichenden Kenntnisstand der Handwerker setzte man auf schulisches Lernen mit zunftunabhängigen Lehrern, beruflich orientierten Lehrinhalten und aufklärerischen Erziehungsvorstellungen.

In Frankfurt, dem Sitz des sich konstituierenden Deutschen Bundes, war die allgemeine Stimmung gegenüber nationalen Vorhaben, wie sie Poppe und seinen Mitstreitern vorschwebten, nicht günstig. Die Freie Stadt Frankfurt kämpfte, wie die anderen deutschen Kleinstaaten auch, auf dem Wiener Kongreß um die Wiedereinsetzung ihrer alten Verfassung; ihre Zünfte wehrten sich gegen gewerbefreiheitliche Regelungen, wie sie gerade in Preußen eingeführt worden waren, und beharrten auf ihren angestammten politischen Rechten und verstaubten Zunftverfassungen. Diesen politisch reaktionären Kräften standen jedoch Teile des liberalen Bürgertums gegenüber, die für moderne, zukunftsweisende Ideen durchaus aufgeschlossen waren. Die uralte Messe- und Handelsstadt griff rasch alles Neue auf. Gerade nach England besaß man gute Kontakte, und Nachrichten über die dortigen Entwicklungen waren für die Frankfurter Kaufleute allemal interessant. So staunten die Frankfurter, als Poppes Artikelserie über die englischen Erfindungen erschien, über die „Englische Gasbeleuchtung", die den Roßmarkt, den größten Platz der Stadt, für zwei Abende illuminierte.[4] Man bewunderte einen komplizierten mechanischen Globus, der die Fachwelt in Erstaunen versetzte und die Laien verzückte. Man interessierte sich für jene Modelle von Dampfmaschinen, die der Mechanikus und Kunsthändler Valentin Albert am Liebfrauenberg mittels Kerzen in Gang setzte.[5]

Aber was dem Publikum zur kurzweiligen Unterhaltung diente, war für einige einflußreiche, aufgeklärte und wissenschaftlich interessierte Bürger das Fanal einer neuen Zeit. In ihren Salons verkehrte jener Physikus Poppe, der diese Maschinen so gut zu erklären verstand. Er faszinierte aber auch einige, den neuen „Realien" aufgeschlossene Lehrer der Naturwissenschaften an der „Musterschule". Darunter war auch der junge Mathematiker und Physiker Adolph Diesterweg.

292 Die Schlosserwerkstatt
Holzstich aus den Esslinger Gewerbeblättern, 1835
31 x 38 cm
Rüsselsheim, Stadtmuseum

2. Die Freie Sonntagsschule: Diesterwegs Schulplan

Als am 25. August 1816 zur Gründung des „Polytechnischen Vereins" aufgerufen wurde, stand der Name Adolph Diesterweg in einer Reihe mit Namen wohlbekannter honoriger Bürger Frankfurts. Der „Ausländer" Diesterweg, nicht einmal im Besitz des Frankfurter Bürgerrechts, wurde Mitbegründer einer *„patriotischen Verbindung von Männern, denen das Wohl ihres Vaterlandes am Herzen liegt"*, wie es im Gründungsaufruf hieß.[6] Ende November 1816 konstituierte sich die Polytechnische Gesellschaft; Poppe wurde ihr erster „proponirender Sekretär". Ihm wurde ein vierköpfiger „Engerer Ausschuß", bestehend aus überzeugten Polytechnikern, zur Seite gestellt. Einer von ihnen war Adolph Diesterweg. Er scheint die neue Aufgabe sehr ernst genommen zu haben. Trotz der großen Belastungen, die ihm durch die Gründungsgeschäfte, durch seine Lehrtätigkeit an der Musterschule wie auch durch zusätzlichen Privatunterricht erwuchsen, fand er noch die Zeit zur Konkretisierung der zentralen Gründungsidee: den

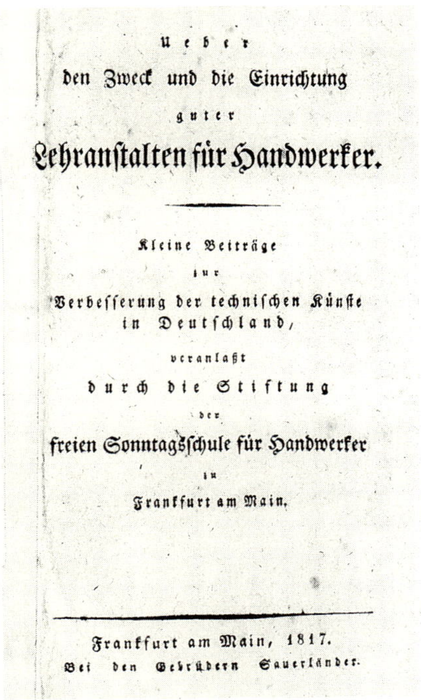
Ueber
den Zweck und die Einrichtung
guter
Lehranstalten für Handwerker.

Kleine Beiträge
zur
Verbesserung der technischen Künste
in Deutschland,
veranlaßt
durch die Stiftung
der
freien Sonntagsschule für Handwerker
in
Frankfurt am Main.

Frankfurt am Main, 1817.
Bei den Gebrüdern Sauerländer.

293 J.H.M. Poppe, Th. Friedleben, A. Diesterweg
Ueber den Zweck und die Einrichtung guter Lehranstalten. Kleine Beiträge zur Verbesserung der technischen Künste in Deutschland, veranlaßt durch die Stiftung der freien Sonntagsschule für Handwerker zu Frankfurt am Main. Frankfurt a.M. 1817
Mit folgenden Aufsätzen:
A. Diesterweg: Vorschläge die Errichtung einer Sonntagsschule für Handwerks-Lehrlinge und Gesellen betreffend, entworfen und der frankfurtischen Gesellschaft zur Beförderung der nützlichen Künste und ihrer Hülfswissenschaften in der General-Versammlung am 5.6.1817 vorgelegt.
Th. Friedleben: Entwurf zur Bildung einer Sonntagsschule für Handwerker. Vorgelegt in der Generalversammlung am 2.7.1817.
J.H.M. Poppe: Über den Nutzen der Sonntagsschulen für Handwerker und Künstler. Vorgetragen bei der Eröffnung der neuen Sonntagsschule zu Frankfurt am Mayn, den 9.11.1817.
Th. Friedleben: Winke und Ermahnungen. Gesprochen bei der Eröffnung der Sonntagsschule für Handwerker am 9.11.1817.

Aufbau einer von der Polytechnischen Gesellschaft getragenen Lehrlings- und Handwerkerschule.

Am 7. Mai 1817 trat Diesterweg mit einem ausführlich begründeten Plan vor die Generalversammlung der „Gesellschaft zur Beförderung der nützlichen Künste und ihrer Hülfswissenschaften“, wie sich die Gesellschaft nun nannte. Das Protokoll dieser Sitzung vermerkt: *„Herr Dr. Diesterweg schloß seinen Vortrag mit einer Vorlesung über eine für Frankfurt wünschenswerthe, von unserer Gesellschaft ausgehende Anlegung einer sogenannten Sonntagsschule für angehende Künstler, Fabrikanten und Handwerker.“*[7]

Die von Diesterweg in dieser Sitzung unterbreiteten „Vorschläge der Errichtung einer Sonntagsschule für Handwerks-Lehrlinge und Gesellen in Frankfurt am Mayn betreffend“ sind erhalten geblieben.[8] Der eben zum Doktor der Philosophie Promovierte, der zur gleichen Zeit in einer Abhandlung über den Weltuntergang öffentlich gegen die seines Schulleiters Seel polemisierte, erwies sich auch in diesem Vortrag als zündender Rhetoriker, der seine Zuhörer in den Bann zu schlagen wußte. Er wollte die Frankfurter Bürger überzeugen, daß es einer Vielzahl von Ideen bedurfte, „um den deutschen Gewerbfleiß zu bethätigen und anzufeuern“. Der Boden müsse bereitet werden, „in welchem die deutsche Industrie tiefe Wurzeln schlagen kann“. Voraussetzung sei ein „wohl unterrichteter Bürger- und Handwerksstand, sind die Zünfte und Innungen, welche fähig seyn müssen, die neu angepriesenen Erfindungen zu beurteilen, zu prüfen und ins Leben einzuführen“. Diese aber sah er gekennzeichnet „von verjährtem Vorurtheil und Schlendrian, von grasser Dummheit und entehrendem Aberglauben...und durch allgemeinen Widerwillen gegen Alles Neue“. Nach dieser barschen Kritik schlug er der Versammlung unter Verweis auf ähnliche Einrichtungen in anderen deutschen Städten vor, „auf die Errichtung einer Sonntagsschule für Frankfurt ernstlich bedacht zu sein“: *„Der Zweck einer solchen Sonntagsschule ist kurz ausgesprochen der: Lehrlinge und Handwerksgesellen durch einen zweckmäßigen, sonntäglichen Unterricht zur Betreibung ihres bürgerlichen, ehrbaren Gewerbes fähiger zu machen.“ Denn, so fuhr er fort, „die beste Einrichtung einer Volks- und Bürgerschule erlaubt es nicht, viel Zeit auf die Erlernung der Naturlehre, der Grundsätze der Maschinenlehre, Technologie und Landwirthschaft zu verwenden“.* Dann ließ Diesterweg die neue Schule vor seinem geistigen Auge entstehen:

„Denken Sie sich, meine Herren! unsere klein beginnende Sonntagsschule hätte, wie das fast nicht zu bezweifeln ist, eines guten Fortganges sich zu erfreuen; man gäbe ihr allmählig eine größere Ausdehnung, man erweiterte die nothwendigsten Gegenstände des Unterrichts, welche wohl Anfangs auf Schreib- Rechen- Zeichen- Meßkunst und allgemeine Naturkenntnisse sich beschränken möchten; man wäre durch großmüthige Unterstützung in den Stand gesetzt, für Lehrlinge und Gesellen (und Meister) Vorträge über Gegenstände der Physik, Chemie, der allgemeinen Technolgie oder einzelner Abschnitte derselben daran zu knüpfen, indem man sich bald über die mechanischen Arbeiten des Tischlers, Drehers, Zimmermanns und den Gebrauch ihrer Werkzeuge – bald über die chemischen Arbeiten der Metallarbeiter, Seifensieder, Rothgerber und Materialisten – bald über Gegenstände der Landwirthschaftskunde – einmal über die Gefahren bei manchen Gewerben und deren Verhütung, ein andermal über die zweckmäßige Leitung der Feuerlöschanstalten, die Belebung von Scheintodten weitläufig ausließ, man wäre im Stande die Einrichtung und Wirkung der Maschinen an Modellen nachzuweisen u.s.w.: würde eine solche Anstalt, selbst bei beschränkter Ausdehnung und geringen Hülfsmitteln, nicht nützlich, segenreich und gut seyn?“[9]

Es ist erstaunlich, mit welcher Deutlichkeit Diesterweg bereits hier ein Schultyp vor Augen stand, der sich im Deutschen Reich erst sehr viel später durchsetzen sollte. Mehr noch: Diese Frühform einer beruflichen Fortbildungsschule wurde nicht allein mit ökonomischen Argumenten begründet. Diesterweg schlug sich als guter Lehrer auf die Seite seiner künftigen Schüler. Diese verließen viel zu früh die Schule und kämen in der Lehre „nicht selten unter die Fuchtel des despotischen Gebieters". Sie befänden sich „in dem kläglichen Zustande eines unglücklichen Sclavenjungen, sich Arbeiten preisgegeben zu sehen, die wahrhaft nicht geeignet sind, verständiges Nachdenken und vernünftige Überlegung zu wecken und zu beleben". Diesterwegs hier bereits sehr deutliches soziales Engagement bezog auch die Kinder der Tagelöhner ein. Solche Eltern müßten „ihre Kinder ohne allen Schulunterricht aufwachsen lassen". Diese müßten zum „Ziehen und Bessern" als Lehrlinge untergebracht werden.

Hier sprach der „Pestalozzianer", der auf die formende Macht der Erziehung vertraute. Als deren Hauptzweck hatte er bereits 1814 in einer ersten pädagogischen Schrift den „nützlichen und brauchbaren Staatsbürger" erkannt, der gleichermaßen „ein aufgeklärter, sittlich gebildeter, vollkommener Mensch" sein sollte.[10] Und was für die Schüler der Musterschule galt, sollte auch Zweck der Sonntagsschule sein, nämlich „dem verborgenen Genie ein Mittel an die Hand (zu) geben, sich zu entfalten und auszubilden". Was damals galt, galt auch heute: „Wozu der Mensch fähig gemacht ist, wozu er Geschick hat, dazu hat er auch Lust; wo beides fehlt, da ist Hopfen und Malz verloren."[11]

Am 2. Juli 1817 tat die Gesellschaft einen weiteren Schritt zur Realisierung der Schulgründung. Sie verabschiedete in ihrer Generalversammlung einen „Entwurf zur Bildung einer Sonntagsschule für Handwerker". Vorgestellt hatte ihn der Mathematiklehrer Theodor Friedleben. Ausdrücklich wies der Vortragende darauf hin, daß der Entwurf als Konkretisierung des Diesterweg'schen Schulplans zu verstehen sei. Er habe ihn gemeinsam mit seinem Freund und Kollegen Diesterweg ausgearbeitet. Es scheint keine einfache Aufgabe gewesen zu sein, den Entwurf so abzufassen, daß er in der von Richtungskämpfen bedrohten Gesellschaft konsensfähig wurde. Friedleben deutete an, ein „Mangel an innerer Festigkeit" hätte der Sonntagsschule bis jetzt noch Schranken gesetzt. Bei der Aufzählung der „Unterrichtsgegenstände", das heißt der Fächer, wird deutlich, daß Abstriche an der Zielsetzung eines beruflich-technologischen Ergänzungsunterrichts, wie er Poppe vorschwebte, vorgenommen worden waren. Hauptzweck der Schule sollte nun die Vermittlung jener „Vorkenntnisse" sein, die für den künftigen Beruf unentbehrlich schienen:

„1. *Schreibkunst.*
2. *Anleitung zur Buchführung und Rechnungsstellung für Handwerker.*
3. *Freie Handzeichnung.*
4. *Rechnungskunst und diejenigen Theile der Geometrie, die dem Handwerker wesentlich nöthig und nützlich sind.*
5. *Gemeinnützige Kenntnisse aus dem Gebiete der Geographie, Naturkunde und anderer Wissenschaften, in spezieller Beziehung auf den Handwerkerstand.*"[12]

Die neue Schule sollte jedem offenstehen, „ohne Rücksicht, ob er ein Auswärtiger oder ein Eingebohrner ist"; und sie sollte unentgeltlich sein, die Unkosten übernahm die Gesellschaft. Lehrlinge und Gesellen mußten lediglich „Zeugnisse ihrer Sittlichkeit" vorlegen. Der Unterricht sollte, außer an hohen Festtagen, Sonntags von 11 bis 12 und von 14 bis 17 Uhr stattfinden. Vier Lehrer, – sie kamen, bis auf Friedleben, alle von der Musterschule – hatten sich bereits unentgeltlich zur Verfügung gestellt. „In den gemeinnützigen Kenntnissen", so hieß es im Schulplan, stehe „Herr Dr. Diesterweg" bereit.

Am 2. September 1817 wurde der Antrag auf Schulgründung im Rat der Stadt verhandelt und positiv beschieden. So erschien am 16. Oktober 1817 im *Staats-Ristretto* ein Aufruf von Sekretär Poppe: *„Die hiesige, von der Frankfurtischen Gesellschaft zur Beförderung der nützlichen Künste etc. gegründete und von der preißwürdigen Obrig-*

294 Senckenbergisches Stiftshaus
Lichtdruck von C. Fay nach einer älteren Photographie, um 1910
36,3 x 28,4 cm
Frankfurt, Historisches Museum
In diesem Gebäude befanden sich die ersten Unterrichtsräume der Handwerkerschule.

keit bestätigte Sonntagsschule, worin junge angehende Handwerker einen unentgeltlichen Unterricht in den ihnen nützlichen Wissenschaften empfangen sollen, wird den 9. November feierlich eröffnet.“[13] An diesem Tag, einem Sonntag, wurde die Schule der Öffentlichkeit mit einer Feierstunde übergeben. 25 Schüler drängten sich im engen Vereinslokal. Der Andrang war wohl größer gewesen, jedoch ließen die beengten Räumlichkeiten der Gesellschaft nicht mehr Schüler zu. Poppe hielt seinen Festvortrag „Über den Nutzen der Sonntagsschulen für Handwerker und Künstler“. Friedleben gab den Schülern moralische „Winke und Ermahnungen“: Sie sollten sich bei ihrer künftigen Vervollkommnung mittels Bildung vor allem durch „Rechtschaffenheit, sittlichen Lebenswandel, anständiges Betragen, Höflichkeit und Bescheidenheit“ nicht nur gegenüber Lehrern und Stiftern auszeichnen; solche Tugenden zu pflegen, sei oberste Pflicht gegenüber der bürgerlich verfaßten Gesellschaft.[14]

Poppe dagegen ging stärker auf die hohe Bedeutung beruflich-fachlichen Könnens ein. Hauptzweck des neugeschaffenen Instituts werde „ein geschickter, über den gemeinen Schlendrian erhabener, auch mit wissenschaftlichen Kenntnissen ausgerüsteter, in jeder Hinsicht *gebildeter* Handwerker oder Künstler“ sein. Er betonte noch einmal das Gewicht der Handwerkerbildung für die Entfaltung der National-Industrie. Indem er vor allem die Mechanik, das Zeichnen und die allgemeine Technologie hervorhob, gab er der Sonntagsschule die von Anfang an gewünschte Richtung: sie sollte einen Handwerker mit „vielseitigen Kenntnissen der verschiedenen Arbeiten, Mittel und Werkzeuge“ hervorbringen; einen, der zweckrational und vernünftig zu handeln vermöge, „manches Neue erfindet, oder neue, von andern vorgeschlagene Mittel gehörig prüft und würdigt“.[15] Mit diesen Vorstellungen eilte Poppe den deutschen Verhältnissen weit voraus. Kaum ein Lehrer genügte seinen Ansprüchen. So war es ebenso konsequent wie notwendig, daß er im ersten Halbjahr die im Schulplan ursprünglich gar nicht vorgesehenen Fächer Mechanik und Technologie selbst übernahm.

3. Anfangsschwierigkeiten der Sonntagsschule

Das Winterhalbjahr 1817/18 war für die neue Schule zwar erfolgreich, aber bereits in ihrem zweiten Jahr geriet sie in eine Zerreißprobe. Zunächst verließ Adolph Diesterweg im April 1818 Frankfurt. Poppe ging wenig später. Die beiden wichtigsten Förderer der polytechnischen Erziehung in Frankfurt zogen in räumlich wie geistig entfernte Welten. Während es Diesterweg nach dem Zerwürfnis mit seinem Schulleiter Seel in das Kernland des sich anbahnenden Industrialismus mit seiner explosiven sozialen Dynamik verschlug, zog es Poppe auf die erste Professur für Polytechnik in die beschaulich-provinzielle Universitätsstadt Tübingen.

Die Lücke, die damit aufbrach, war in der Sonntagsschule schwer zu schließen. Unterricht fiel aus; die hochgesteckten Ziele des Gründungsprogramms wurden den beschränkten Bedürfnissen des konventionellen Frankfurter Zunfthandwerks angepaßt. Im Rückblick auf diese Zeit urteilte ein späteres Mitglied der Polytechnischen Gesellschaft: die Gewerbliche Sonntagsschule habe damals „den Charakter einer blossen Elementarschule angenommen“.[16] Zugleich zog die Schule innerhalb der Polytechnischen Gesellschaft Mißstimmungen auf sich. Für das neue Schuljahr 1818/19 waren bereits 60 Schüler angenommen worden. Nun beschwerten sich einzelne Mitglieder über die Zweckentfremdung ihres Clubraums. Der Antrag wurde gestellt, „daß in keinem Fall erlaubt würde, daß die Sonntagsschule in dem Zimmer gehalten würde, in welchem sich die Mitglieder der Gesellschaft zu versammeln pflegten und Bücher und Zeitschriften ausgelegt seien“.[17] Diesem Wunsch mußte nicht mehr stattgegeben werden, denn bis auf den Schreiblehrer Müller hatten alle anderen

295 Die Weißfrauenschule von Osten
Photographie, 1908
13 x 18 cm
Frankfurt, Historisches Museum
Im Sommer 1820 zog die Handwerkerschule in das Gebäude der Weißfrauenschule um.

den Unterricht bereits eingestellt. Zwar gelang es, neue Lehrer zu finden, aber die Raumfrage blieb weiterhin ungeklärt. Im März 1820 wurde über das weitere Schicksal der Schule beraten. Die Idee, einen Antrag auf Übernahme durch die Stadt zu beantragen, wurde verworfen. Diese war der Meinung, für den Unterricht der jungen Mitbürger sei durch allgemeine Schulen bereits hinreichend Sorge getragen; für fremde Schüler, die ebenso freien Zugang hätten, wollte man „keine Opfer bringen".

Eine Auflösung der Schule hätte wohl das Ende der Gesellschaft bedeutet. So setzte der neu ernannte Sekretär Dr. August Wöhler, zugleich Leiter der Sonntagsschule, seine ganze Energie ein, um das existenzbedrohende Raumproblem zu lösen. Der 50jährige Tierarzt und Landwirt war als städtischer Stallmeister ein allseits geachteter und diplomatisch geschickter Mann; und er war von der Notwendigkeit der gewerblichen Sonntagsschule fest überzeugt. Seine Bemühungen waren von Erfolg gekrönt. Unter Mithilfe eines einflußreichen Mitglieds, des Konsistorialrats Dr. Anton Kirchner, gelang es, die Weißfrauenschule als neues Domizil zu gewinnen. Am 13. Juli 1820 fand der feierliche Umzug mit bereits 100 Schülern statt. Ihre Zahl sollte sich in kurzer Zeit verdreifachen. Neue Schüler strömten ihr zu: jeder Interessent wurde ohne Ansehen der Religion, seines sozialen Standes und der nationalen Herkunft aufgenommen. Lehrlinge saßen neben Gesellen, Norddeutsche neben Süddeutschen; die Schüler kamen sogar aus Dänemark, Österreich und Italien – nur etwa ein Drittel waren Söhne der Stadt.[18]

Die Schüler wurden durchgehend jeden ersten Sonntag im Monat aufgenommen und nach einem ersten Gespräch einer Vorbereitungsklasse zugewiesen. Sie erhielten kostenlos Schreibmaterial und Zeichenunterlagen. Der Unterricht bestand am Vormittag aus zwei Stunden Schönschreiben; Fortgeschrittenen wurde Rechtschreibung erteilt. Der Nachmittag war – ebenfalls in zwei Klassen – mit künstlerischem Freihandzeichnen und architektonischem Zeichnen ausgefüllt. Den Abschluß des Tages bildete die Rechenstunde; eine Klasse in den erweiterten Grundrechenarten, eine weitere in „höherer Rechenkunst". Für das Zeichnen hatte man einen Tier- und einen Landschaftsmaler sowie einen Architekten gewonnen. Somit blieb der Zeichenunterricht thematisch im üblichen Rahmen der Zeit. Die Schüler kopierten Vorlageblätter mit dem Ziel, wie Poppe schrieb, daß „die Zeichenkunst" den Handwerkern „hübsche Formen anzugeben lehrt und überhaupt seinen Geschmack bildet".[19] Das war noch weit vom modernen Verständnis technischen Zeichnens entfernt, wie es sich in den Polytechnischen Akademien einiger europäischer Hauptstädte zu entwickeln begann.

4. Die gewerbliche Sonntagsschule: Eine Bildungstätte mit Zukunft

Am 4. März 1821 hielt man die erste feierliche öffentliche Prüfung. Der Widerhall dieses Ereignisses in der Stadt war enorm. Von allen Seiten strömten der Schule neue Schüler, aber auch neue Förderer zu. Ein Jahr später, am 31. März 1822 wurde die zweite, noch aufwendiger gestaltete Prüfung abgehalten. Nach einstimmendem frommem Gesang, begrüßte Pfarrer Kirchner für die Polytechnische Gesellschaft wie auch für die städtische Schulaufsicht die „geliebten Zöglinge der Sonntagsschule" als „Kampfgenossen gegen einen gemeinschaftlichen Feind: Unwissenheit heißt dieser gefährlichste Feind unseres Geschlechts". Für diesen weltoffenen, aufgeklärten Theologen gab es dagegen nur ein probates Mittel: „Hängt also *Alles, Alles* von dem Unterricht ab, oh, dann laßt uns, Freunde, mit Eifer jede Gelegenheit ergreifen, wo wir lernen können."[20] Nach dieser mit großem Pathos, aber mit unüberhörbaren politischen Anspielungen vorgetragenen Rede schritt man zur Prüfung im Rechnen, Schreiben und Zeichnen.

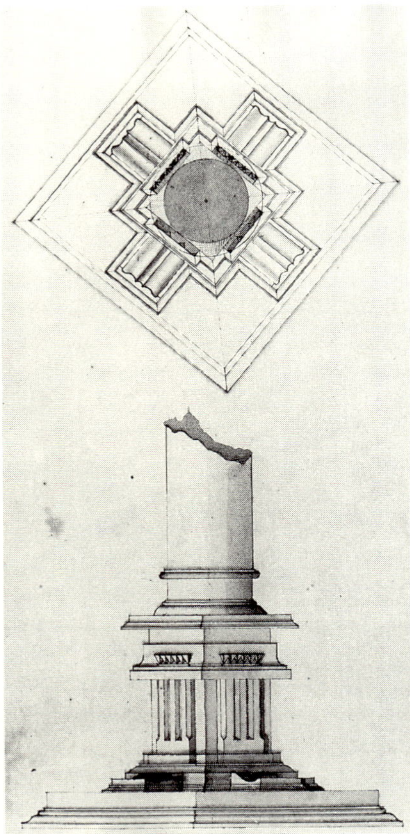

296 Architektonische Studie
Aquarellierte Beistiftzeichnung, Ende 18.Jh.
41,3 x 20,8 cm
Frankfurt, Historisches Museum

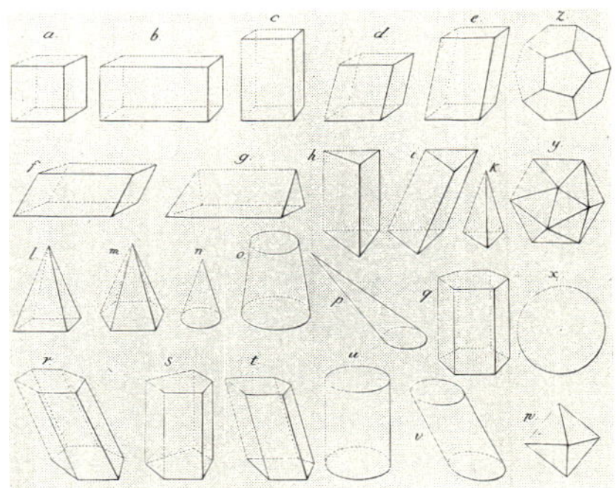

297 Geometrische Zeichnungen
P. Schmid: Formenlehre mit Anwendung auf Naturgegenstände für den Schulunterricht. Berlin 1833

298 Technische Zeichnung
M. Hachette: Traité élémentaire des machines. 2.Auflage Paris 1819
25 x 20 cm (Buch), 35 x 22 cm (Tafel)

299 Tierstudie: Vögel
Kolorierte Bleistiftzeichnung, 1840
42 x 27 cm
Hanau, Staatliche Zeichenakademie

300 Stilleben
Rötelzeichnung
Zeichenheft, 1820
17 x 21 cm
Berlin (DDR), Schulmuseum der Akademie der Pädagogischen Wissenschaften

301 Landschaftsstudie
Kolorierte Bleistiftzeichnung, 1839
27,5 x 42,0 cm
Hanau, Staatliche Zeichenakademie

302 Reißzeug, 1.Hälfte 19.Jh.
12 x 22 cm
Frankfurt, Historisches Museum

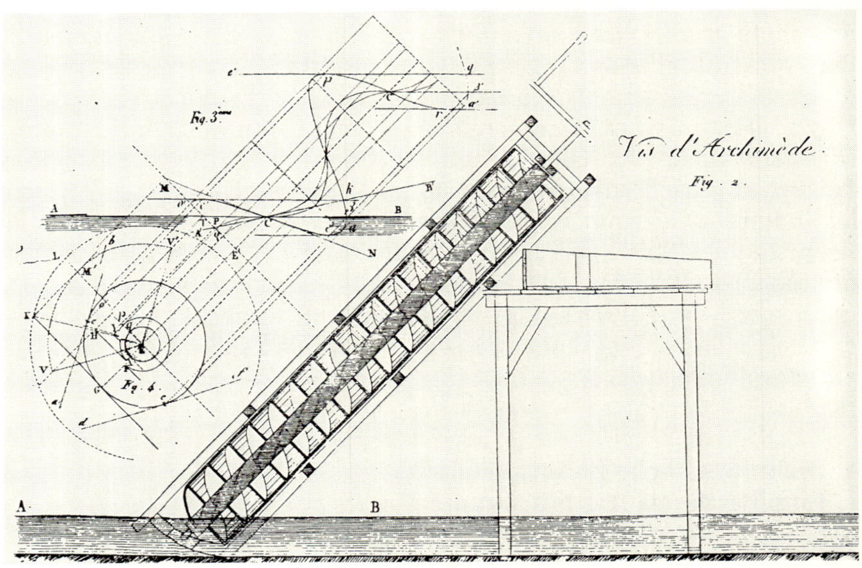

Daran schloß sich der Schulbericht von Sekretär Wöhler an. Er bedankte sich bei den Lehrern für ihren selbstlosen Dienst. Sie sollten ihren Lohn vor allem darin sehen, einen Beitrag geleistet zu haben, daß „Kenntnisse, Wissen und Fertigkeiten immer mehr in unserem teutschen Vaterlande verbreitet werden“. Wöhler grüßte auch die fernen „Gründer dieser Schule“ Diesterweg und Poppe. Sie seien gewiß erfreut zu hören, „wie die Gesellschaft ihren Sinn begriff, ihre Ideen faßte und in ihrem Geiste fortwirkte“.

Nach Wöhlers Rede erfolgte die Preisverteilung. Insgesamt wurden 44 Schüler – 28 Gesellen und 16 Lehrlinge – mit 9 silbernen Gedenkmünzen und 35 Büchern ausgezeichnet. Im Namen aller Schüler bedankten sich anschließend drei der Ausgezeichneten mit überschwänglichen Worten für den selbstlos gewährten Unterricht.

Dann begann der zweite Teil der Prüfung. Mit einer weiteren Rede des Sekretärs wurde eine „Gewerbausstellung“ eröffnet, in der die Schüler der Sonntagsschule Proben ihres handwerklichen Könnens vorlegten. Zu sehen waren schön gestaltete Druckbögen, Tabakspfeifen, ein Flaschenzug, Fässer, Schlösser aller Art, Getriebemodelle, ein Reißbrett, aber auch Hosenträger und andere Bekleidungsgegenstände. Von 64 ausgestellten Arbeiten wurden 10 ebenfalls mit Gedenkmünzen ausgezeichnet. Der arbeitsreiche Sonntag endete mit einer Rede des liberalen Theologen Professor Hufnagel und dem Schlußgesang der Schüler.

Aber es regte sich auch Widerstand gegen die gewerbepolitischen Aktivitäten der Polytechnischen Gesellschaft. Zunftvertreter im Rat der Stadt witterten Eingriffe in ihre Privilegien. Und sie ahnten wohl auch, daß von den „neuen“ Lehrlingen und Gesellen Veränderungen des Handwerks ausgehen würden. Den Kritikern kamen maßgebliche protestantische Kreise zu Hilfe, denen die Sonntagsschule – eine Entweihung des Feiertages – als Verstoß gegen göttliches Gebot erschien.

Dennoch: Der Zulauf der Gesellen und Lehrlinge wurde nach diesem Ereignis eher noch größer. Die Schule nahm mit ihrem Wachstum auch organisatorische Gestalt an: Dem Direktor, zugleich Sekretär der Gesellschaft, waren vier Vorsteher zur Seite gestellt. Für den Unterricht standen zehn Lehrer zur Verfügung. Das Prinzip der Freiwillig- und Unentgeltlichkeit scheint jedoch bald zu einem Problem geworden zu sein. Es häuften sich die Klagen über spontane Unterrichtsausfälle. Wöhler versuchte entgegenzusteuern, indem er den Lehrern eine Aufwandsentschädigung zahlte. Daraufhin rief sich das nunmehr nur noch korrespondierende Mitglied Adolph Diesterweg bei der Gesellschaft in Erinnerung. Seine heftige Kritik zeigt noch einmal deutlich den Idealismus, von dem die Schulgründer getragen waren. Sie wirft zugleich ein Schlaglicht auf die religiösen Wurzeln seines pädagogischen Denkens:

„Wie? Es sollte der Bezahlung nothwendig bedürfen, um einen Lehrer an der Sonntagsschule zur Pflichttreue und zur Unterordnung unter die bestehenden Gesetze zu veranlassen? Ich halte es für die Lehrer unehrenwerth, sich für die Arbeit am Sonntage bezahlen zu lassen. ‚Den Feiertag sollst du heiligen‘, also an demselben keine Arbeit für den Broterwerb. Nur im wohlthätigen Sinne und in Gemeinnützlichkeit soll der Sonntag verlebt werden. Ich vermisse den edlen aufopferungsfähigen Sinn der Lehrer. Kein Lehrgeschäft aber gedeiht ohne höheren Sinn. Und ohne ihn ist man ein Miethling, ein Knecht.“[21]

Aber dieser Brief zeigt auch, daß Diesterweg die Belastungen, die eine auf 500 Köpfe angewachsene Schule notwendig mit sich führte, aus der Distanz kaum zu ermessen mochte. Die neugewonnenen Lehrer hatten enorme zusätzliche Arbeit zu bewältigen; und die geringe Besoldung setzte allem lobenswerten Idealismus seine Grenzen.

Die Schule wurde mehr und mehr zu einem angesehenen Frankfurter Institut. Ihr Ruf reichte weit über die Stadt hinaus, der Andrang der Schüler blieb ungebrochen. Eine Modellierklasse wurde 1825 angefügt; der seit dem Weggang Poppes eingestellte Technologie-Unterricht wurde wieder aufgenommen. Dies zwang die „Sonntags- und Gewerbeschule“, wie sie nunmehr hieß, sukzessive ihre Tätigkeit auch auf die Werktage von 19 bis 21 Uhr auszudehnen.

Als die Gewerbeschulkommission im Januar 1843 – 25 Jahre nach Gründung der Sonntagsschule – Bilanz zog, legte sie einen Schulplan vor, der ein bemerkenswertes Dokument für den inzwischen erreichten hohen didaktischen Standard darstellte:[22] In einem gestuften Lehrgang wurden zunächst „Fundamentalkenntnisse“ – der Volksschulstoff also – wiederholt. Daran schloß sich die Vermittlung „gewerblicher Vorkenntnisse“ an, eine Art beruflicher Grundbildung für alle Gewerbe. Schließlich fußten darauf „gewerbwissenschaftliche Kenntnisse“, das heißt angewandte Naturwissenschaft und Technolo-

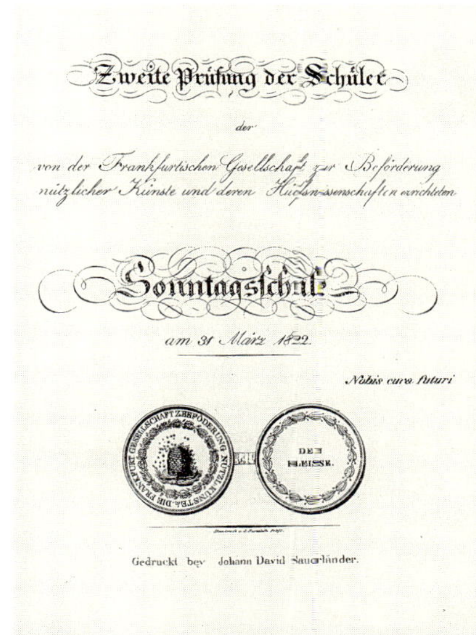
Zweite Prüfung der Schüler
der
von der Frankfurtischen Gesellschaft zur Beförderung nützlicher Künste und deren Hülfswissenschaften errichteten
Sonntagsschule
am 31 März 1822.
Nobis cura futuri
Gedruckt bey Johann David Sauerländer.

303 Zweiter Prüfungsbericht der Schüler der von der Frankfurtischen Gesellschaft zur Beförderung nützlicher Künste und deren Hülfswissenschaften errichteten Sonntagsschule, 31.3.1822
23,5 x 20,5 cm
Frankfurt, Polytechnische Gesellschaft

304 Preismünze der Sonntagsschule „Dem Fleisse“, um 1820
Silber, Dm. 3,5 cm
Frankfurt, Frankfurter Sparkasse von 1822

gie, und „besondere Kenntnisse für einzelne Gewerbe". Für die beiden letzten Stufen lag erstmals ein detaillierter berufsspezifischer Lehrplan vor.

Vergleicht man den Entwicklungsprozeß der Gewerbeschule mit den Plänen und Ideen ihrer Urheber, so stellt man erstaunt fest, wie sehr das Resultat diesen Männern Recht gab. Es wundert nicht, daß die Söhne Poppes, Diesterwegs und Friedlebens als Mitglieder der Polytechnischen Gesellschaft das Lebenswerk ihrer Väter – seit 1838 Ehrenmitglieder auf Lebenszeit – fortsetzten. Moritz Diesterweg, aus Berlin nach Frankfurt gekommen, trat rasch in die Fußstapfen des Vaters: Anfang der 60er Jahre übernahm er das Amt des Bibliothekars und gehörte über mehrere Jahre dem Vorstand der Sonntags- und Gewerbeschule an. Das Mitwirken in dieser einflußreichen Gesellschaft war dem Fortkommen des jungen, dynamischen Verlegers gewiß hilfreich. Sein Erfolg als Herausgeber pädagogischer Schriften und Schulbücher machte ihn im gesamten deutschsprachigen Raum bekannt. So trug auch er dazu bei, dem Namen Diesterweg in Frankfurt einen bleibenden Ruf zu sichern.

1 Über Dampfmaschinen und Dampfböte. In: Frankfurter Staats-Ristretto Nr. 184, 186-188, 190 v. 2.-8.7.1816.
2 Poppe, J.H.M.: Über den Nutzen der Sonntagsschulen für Handwerker und Künstler. Vorgetragen bei der Eröffnung der neuen Sonntagsschule zu Frankfurt am Mayn, den 9. November 1817. In: Über den Zweck und die Errichtung guter Lehranstalten für Handwerker. Frankfurt a.M. 1817, S. 36. Archiv der Polytechnischen Gesellschaft: APG.
3 Stieda, W.: Zunftwesen. In: Handwörterbuch der Staatswissenschaft. 3. Aufl. Jena 1911, S. 1105.
4 Anzeige im Frankfurter Intelligenz-Blatt v. 23.7.1816.
5 Frankfurter Staats-Ristretto Nr. 190 v. 8.7.1816.
6 Abgedr. in: Ebenda Nr. 355 v. 21.12.1816.
7 Zit. n. Ernst, H.: Die Polytechnische Gesellschaft und ihre Institute. Handschr. Mskr. Frankfurt a.M. o.J., S. 1 (APG).
8 Diesterweg, F.A.W.: Vorschläge die Errichtung einer Sonntagsschule für Handwerks-Lehrlinge und Gesellen in Frankfurt am Mayn betreffend. In: Über den Zweck und die Errichtung guter Lehranstalten für Handwerker. A.a.O., S. 1-19.
9 Ebenda, S. 16f.
10 Diesterweg, A.: Ueber den Unterricht in der Geometrie. Zur Beantwortung der Frage: wie ward bisher dieser Unterrichtsgegenstand in der Real- oder Musterschule in Frankfurt a.M. betrieben? In: Neue Bibliothek für Pädagogik, Schulwesen und die gesammte pädagogische Literatur Deutschlands 1814/15, S. 289-310, Zit. S. 289.
11 Diesterweg, F.A.W.: Vorschläge die Errichtung einer Sonntagsschule für Handwerks-Lehrlinge und Gesellen in Frankfurt am Mayn betreffend. A.a.O., S. 16.
12 Friedleben, Th.: Entwurf zur Bildung einer Sonntagsschule für Handwerker. In: Über den Zweck und die Errichtung guter Lehranstalten für Handwerker. A.a.O., S. 26.
13 Frankfurter Staats-Ristretto Nr. 289 v. 16.10.1817.
14 Friedleben, Th.: Winke und Ermahnungen. In: Über den Zweck und die Errichtung guter Lehranstalten für Handwerker. A.a.O., S. 49.
15 Poppe, J.H.M.: a.a.O., S. 39.
16 Oelsner, L.: Historischer Überblick über die Bestrebungen der Gesellschaft. In: Die Entwicklung der Gesellschaft zur Beförderung nützlicher Künste und deren Hülfswissenschaften. Frankfurt a.M. 1879, S. 16.
17 Ernst, H.: a.a.O., S. 7.
18 Zweite Prüfung als Schüler der von der Frankfurter Gesellschaft zur Beförderung nützlicher Künste und deren Hülfswissenschaften errichteten Sonntagsschule. Frankfurt a.M. 1822 (APG).
19 Poppe, J.H.M.: a.a.O., S. 37.
20 Abgedr. in: Zweite Prüfung als Schüler der von der Frankfurter Gesellschaft zur Beförderung nützlicher Künste und deren Hülfswissenschaften errichteten Sonntagsschule. A.a.O., S. 3-6. Zit. S. 4.
21 Der Brief ist nicht mehr vorhanden. Er ist ohne Datumsangabe zit. in: Ernst, H.: a.a.O., S. 14.
22 Bericht an löbliche Verwaltung des Gewerbevereins von Seiten der von ihr ernannten Commision zur Berichterstattung über Gewerbschulwesen. Frankfurt a.M. 1843.

Wolf-Heinrich von Wolzogen

„...einen Mann nach dem Herzen der Frankfurter Bürger“

Pädagogischer Eros und Widerspruch

„Kampf gegen innere und äußere Feinde. Entzweiung mit mir selbst und Unmut und Unheil. Streben nach vielseitiger Ausbildung, nach festem Lande im Wissen durch inneren Lebensdrang. Allzu großes Fundament. Ich rettete mich selbst. Begeisterung durch die Zeitereignisse. 1813-1818 Mai.“[1]

Dies hielt der mittlerweile 30jährige Adolph Diesterweg 1820 als Kernerfahrung über seine Frankfurter Zeit fest. Er skizzierte damit die Höhen und Tiefen seines Aufenthaltes in der Stadt, die er zwar nach nur fünf Jahren enttäuscht wieder verließ, auf die er aber in seinen Aufsätzen und Rezensionen immer wieder zurückkam. Und wieder in seinem Tagebuch umriß Diesterweg sein pädagogisches Wirken in Frankfurt: *„...1813, trat ich in ausgedehnteren Wirkungskreis an der Musterschule..., wo ich in den fünf Jahren meiner Amtsführung mit älteren und neueren Methoden theoretisch und praktisch bekannt zu werden Gelegenheit hatte.“*[2] In der älteren und jüngeren Diesterwegforschung, wie bei Alfred Meinel oder bei Hugo Gotthard Bloth[3] wird Diesterweg in psychologisierender Weise als „zuchtlos und überheblich“, vom „Geltungsdrang“ getrieben und in seiner schrankenlosen „subjektivistischen“ und vom „zügellosen Ausleben der eigenen Persönlichkeit“ bestimmten Art als noch unreif charakterisiert. Gleichwohl fällt in seine Frankfurter Zeit das eigentliche pädagogische Fundament für seine spätere Ausstrahlung auf die methodisch-didaktische Entwicklung der modernen Volksschulerziehung sowie der Lehrerbildung.

Bereits seine ersten methodologischen und didaktisch-„volksbildnerischen“ Aufsätze aus Frankfurter Zeit: „Über den Unterricht in der Geometrie“ (1814), „Über den Zweck und die Einrichtung guter Lehranstalten für Handwerker“, verfaßt zusammen mit Theodor Friedleben und Johann Heinrich Moritz Poppe (1816/17) und „August und Wilhelm, die ungleichen Nachbarskinder. Eine pädagogische Skizze“ (1817) waren geprägt von den Erziehungsmaximen Johann Heinrich Pestalozzis, die Schule zu einer „Anstalt der Menschenbildung“ zu entwickeln. Diesterweg war in der Folge der Verfechter der Pestalozzi'schen Erziehungsweise gerade dort, wo er als Kritiker des „After-Pestalozzianismus“ auftrat. „Pestalozzisch wirken“ bedeutete demnach für ihn, wider den Dogmatismus der (r)einen Lehre anzukämpfen und sich nicht blindlings einer Methode anzuvertrauen nach dem Motto: „Wer das Heil der Welt von einer Methode erwartet, der geht in die Irre.“[4]

Im Unterschied zu seinem Vorbild, dem es, geprägt vom Zeitalter der Aufklärung und der Französischen Revolution, um die Entwicklung einer allgemeingültigen, elementaren Erziehungsmethode ging, forderte der durch die deutschen Befreiungskriege enthusiasmierte Diesterweg eine zeitgemäße Anwendung der Methode Pestalozzis im Hinblick auf ein erweiteres, am wirklichen Leben orientiertes Volksschulcurriculum. Diesterwegs grundlegende Auseinandersetzungen an der Musterschule waren deswegen auch weniger von Imponderabilien gegen die Person des „primus inter pares“, Oberlehrer Wilhelm Heinrich Seel (1776-1821), getragen. Ihm ging es um die Formulierung der Aufgaben einer „neuen Schule“, deren Lehrplan nicht mehr bloßes Anhängsel kirchlicher Unterweisung sein, sondern gänzlich eigenständige Ziele verfolgen sollte: „Anleitung zu nützlichen Fähigkeiten im Leben“ mit den Mitteln einer „naturgemäßen Erziehung“.

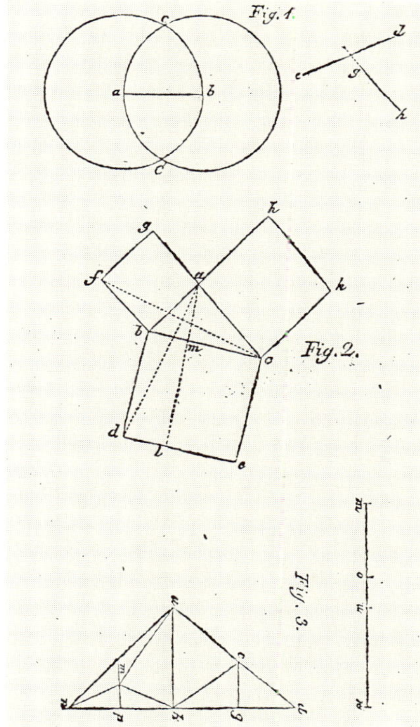

305 A. Diesterweg
Über den Unterricht in der Geometrie. Zur Beantwortung der Frage: wie ward bisher dieser Unterrichtsgegenstand in der Real- und Musterschule zu Frankfurt a.M. betrieben?
Neue Bibliothek für Pädagogik, Schulwesen und die gesamte pädagogische Literatur. Gotha 1814

306 Heiligkreuzgasse 8
Photographie, 1930
10 x 14 cm
Frankfurt, Historisches Museum
In diesem Hause wohnte Diesterweg mit seiner Familie während seiner Frankfurter Zeit.

307 Fünfseitige Pyramide
Holzkörper, Ende 19.Jh.
16,0 x 7,5 x 7,5 cm
308 Kreiskegel
Holzkörper, zerlegbar, Ende 19.Jh.
H. 10 cm, Dm. 7 cm
Bremen, Schulgeschichtliche Sammlung

Kennzeichnend für die konsequente Art Diesterwegs war der von ihm 1814 an der Musterschule zusammen mit seinem Lehrerkollegen Christian Hahn (1790-1877) durchgesetzte Turnunterricht: von Seel aus „theologischer Sicht“ heftig attackiert, von Diesterweg später als „Jahns direktes Hauptverdienst in pädagogisch-praktischer und nationaler Erziehung“[5] gepriesen. Mit dem sogenannten Turnplatzstreit an der Musterschule von 1816, spätestens aber mit seiner 1817 als Dissertation angenommenen Streitschrift gegen Seel mit dem gleichlautenden Obertitel „Vom Weltuntergange“[6] war der grundlegende Konflikt Diesterwegs gegen die Vereinnahmung einer auf Glaubenssätzen und nicht auf exakter Wissenschaftlichkeit beruhenden Lehre festgelegt. Seine Niederlage gegen Seel stand dabei in krassem Widerspruch zu der öffentlichen Wertschätzung, die Diesterweg in Frankfurt erfuhr. Die wenigen zeitgenössischen Aussagen bezeugen dies.

Der Turnplatzstreit an der Musterschule

Einen Monat nach Eintritt Diesterwegs in die Musterschule schrieb Seel am 1. März 1813 in einem Bericht an die Oberschul- und Studieninspektion: *„Das Erheblichste... ist der Eintritt und die Mitwirkung des Herrn Diesterweg...*

Es ist ihm gelungen, seine Schüler für sich und seine Lehrgegenstände bald zu gewinnen, welches ihm freilich bei dem Eifer und der Liebe, womit er sein Geschäft betreibt, und bei seinem unverkennbaren Lehrertalente nicht fehlen konnte.“[7] Nur ein halbes Jahr später schlug die Nachricht von der Völkerschlacht bei Leipzig auch in Frankfurt hohe Wellen der Begeisterung. In der Folge hatte sich Frankfurt durch die Anwesenheit des Freiherrn vom Stein und insbesondere durch die persönliche Präsenz von Ernst Moritz Arndt (1769-1860) und Friedrich Ludwig Jahn (1778-1862) gleichsam zum Zentrum der nationalen Opposition entwickelt; man sah die Stadt bereits als „Hauptquartier der nationalen Propaganda“.[8]

In diese Tage nationaler Begeisterung fiel auch Diesterwegs erste Begegnung mit Jahn, in welchem sich rückblickend für ihn „in der letzten großen Periode der deutschen Geschichte deutsche Natur und Art auf die deutlichste, greifbarste Art offenbarte.“[9] Im Antiquariat Goldschmidt über der Mehlwaage in der Fahrgasse kam Diesterweg im Dezember 1813 mit einem Fremden über Bücher und Menschen in ein lebhaftes Gespräch: „ich von Hör-, er von Sprechlust animiert.“ Erst zum Ende des Gesprächs sollte Diesterweg den Namen des Fremden erfahren: *„Ich bin der Jahn, war die Antwort. Sprach's und verschwand um die Ecke.“*[10] Wohl schon vorher hatte Diesterweg von Jahns gymnastischen Übungen gehört. Diese kurze Begegnung im Antiquariat aber dürfte ausschlaggebend gewesen sein dafür, daß Diesterweg zusammen mit Hahn wenig später einen Turnplatz auf dem Gartengelände der Musterschule einrichtete.[11] Seine Eröffnung fiel in die Zeit von Jahns Vorbereitungen zum ersten deutschen „Turnfest“ in Berlin und der von Arndt initiierten Freudenfeier in Frankfurt[12] in Erinnerung des ersten Jahrestages der Leipziger Völkerschlacht.

1814 lief der in Jungen- und Mädchenklassen getrennte Turnunterricht an der Musterschule erfolgreich an, zur Beförderung „individueller Anlagen mit Sinn für die Gemeinsamkeit und Kameradschaft“. Diesterweg verstand den Turnunterricht als Bildungselement deutscher und nationalpolitischer Tugenden ganz im Sinne und Duktus von Jahn: Er, Jahn, „wollte die Jugend auf dem Turnplatz humanisieren und nationalisieren.“[13] Nicht ohne Hintersinn – war doch Friedrich Fröbel, der Begründer der Kindergartenidee, unter Gottlieb Anton Gruner (1778-1844) 1805/06 Lehrer an der Musterschule gewesen – verglich Diesterweg Turnkunst und Gymnastik; sie verhielten sich zueinander wie der „‚Kindergarten‘ zur Erziehung eines isolier-

309 Pfeifenkopf mit Portrait Friedrich Ludwig Jahns
Porzellan, um 1820
H. 9,0 cm, Dm. 3,6 cm, Dm. mit Wassersack 6,9 cm
Würzburg, Institut für Hochschulkunde, Sammlung Stadt Würzburg

310 Friedrich Ludwig Jahn (1778-1852)
Kupferstich, um 1817
10,3 x 9,0 cm
Würzburg, Institut für Hochschulkunde, Sammlung Deutsche Gesellschaft für Hochschulkunde

312 Turner-Umtriebe
Kolorierter Kupferstich von Johann Michael Voltz, um 1819
19,9 x 25,0 cm
Würzburg, Institut für Hochschulkunde, Sammlung Stadt Würzburg
Das Blatt zeigt Jahn auf den Knien, umgeben von turnenden und tobenden Kindern. Eines der Kinder trägt den deutschen Rock und die rote Mütze der Burschenschafter.

311 Ansicht des Turnplatzes Hasenheide (Ausschnitt), um 1818
Aquarell von Koch, um 1848
36,0 x 45,3 cm
Berlin, Heimatmuseum Neukölln

ten Kindes. Turnkunst und Kindergarten legen auf die Gemeinschaft und ihre stillbildenden Elemente einen großen Wert; es ist ihnen um die Bildung des Charakters ihrer Pflegebefohlenen auf dem Wege natürlicher Wechselwirkung zu tun."[14] Die Turngeräte mögen dabei die gleichen gewesen sein wie auf der Berliner Hasenheide: Klettergerüste mit Masten, Tauen, Schaukeln und Leitern, Barren und „Pferde" für alle Arten natürlicher Bewegung – Springen, Klettern, Laufen, Ringen, Fechten, Balancieren.

Anläßlich der öffentlichen Prüfungen des Jahres 1815 wies Seel in der Einladung noch ausdrücklich auf die anschließende gemeinsame Demonstration von Turnübungen durch Diesterweg und Hahn mit ihren Schülern und Schülerinnen hin: „eine kleine Prüfung im Garten der Musterschule". Doch als Diesterweg Anfang 1816 den gesamten Schulgarten als Turnplatz beanspruchte, intervenierte Seel über den Direktor des Konsistoriums, Maximilian von Günderrode, erfolgreich. Wie Bloth[15] richtig vermutet, bot die forsche Art des Diesterweg'schen Verlangens zu Beginn einer öffentlichen Kontroverse über das Für und Wider des Turnens[16] den Vorwand, die Angelegenheit zumindest an der Musterschule gänzlich zu unterbinden. Im Kontext seines programmatischen Aufsatzes über Jahn und das „deutsche Turnen" von 1854 wird zum Frankfurter Turnplatzstreit angemerkt, daß nach der Verweigerung Seels Diesterweg und Hahn außerhalb des Schulgrundstückes einen Turnplatz anlegten.[17] Nähere Angaben ließen sich nicht mehr finden.

In der Tat ging der Streit weniger um Turngeräte oder die zweckentfremdete Nutzung des Obst- und Nutzgartens, als vielmehr um den Anspruch eines theologischen Primats an der Schule. Im Schulprogramm von 1816 forderte Seel denn auch mit deutlicher Anspielung auf Diesterweg und Hahn „nicht nur Körperkraft und Gewandtheit, Turnübungen und gute Staatsverfassungen, sondern noch mehr Erziehung in und zur Gottesfurcht".[18]

313 Sieben gemalte Bilder
Jeweils 16,5 x 21,5 cm
Der Turnplatz in seinen Mühen und Freuden. Stuttgart 1854

Der sich auf den Schulalltag auswirkende latente Konflikt zwischen Seel und Diesterweg bedurfte noch einer weiteren „Unbotmäßigkeit" in Gestalt der Streitschrift „Vom Weltuntergange", mit der Diesterweg Seels theologisch-physikalische Erklärungsversuche als wissenschaftlich unhaltbar in der Luft zerriß. Die Folge war im Mai 1817 die Einführung einer Schulordnung. Zuvor hatte Seel die „Vertrauensfrage" an die Schuldeputation gestellt, *„entweder die Herren Diesterweg und Sänger von der Musterschule zu entfernen oder ihn seines Amtes an der Musterschule zu entlassen."*[19] Mit Seels Ernennung zum Direktor wurde die weitere Tätigkeit Diesterwegs damit auf administrativem Wege besiegelt.

Auch wenn er pflichtgemäß den Anerkennungsrevers für die Schulordnung unterschrieb und damit auch die Rolle Seels als Schulleiter akzeptierte, war er auch weiterhin von der Richtigkeit seiner pädagogischen und didaktischen Überlegungen überzeugt. So schrieb er in seinem Tagebuch unter dem 6. September 1822, daß allein Gymnastik das Mittel zur Bekämpfung geistiger Erstarrung sei, mithin mit der geistigen Gewandtheit die leibliche einherginge: „Wie kann eine Saite unangenehm klingen, wenn die mit ihr zugleich angeschlagene nicht mit ihr akkordiert?"[20] In einem Brief vom 19. August 1817 an den inzwischen als Direktor am Schullehrerseminar Idstein tätigen Gruner brachte Diesterweg seine damalige Lage zum Ausdruck: „An unserer Schule ist der Zustand der gleichmäßigen Ruhe eingetreten."[21] Nach der Verweigerung eines mehrmonatigen Urlaubs für eine pädagogisch-literarische Bildungsreise, um den er nachgesucht hatte, konnte Diesterweg das Landesseminar Idstein erst zum Jahreswechsel 1817/18 besuchen, als seine neue Perspektive Elberfeld bereits feststand. Diese Hospitation bei Gruner rechnete Diesterweg „nebst dem Umgang mit De Laspée, dem echten, wahren, ganzen Pestalozzianer, zu meinen schönsten, weil belehrendsten Erinnerungen aus seinem Leben in Frankfurt"[22], wobei der interkonfessionelle Aufbau des Seminars sein besonderes Interesse erweckte.

Pädagoge und Wissenschaftler

Schon in seinem Tagebuch hielt Diesterweg die Prämisse des Lehrerberufs fest, die diesen vor allen anderen auszeichne, ein höheres, auf die Ausbildung sittlicher und religiöser Tugenden unmittelbar ausgerichtetes Leben praktisch zu befördern. Diesterweg stellte die auf Sittlichkeit und Vernunft beruhende innere Stärke des Lehrerberufs idealtypisch dem allein auf materiellen Gewinn abzielenden „Gewerbetreibenden" gegenüber. Alles, was sich in der Menschenbildung nicht mit dem „Reich der Wissenschaft, der Wahrheit und des Geistes" verpflichtet wußte, schloß er von der Berechtigung zur Erziehung aus. Seine Kritik zielte dabei vornehmlich auf die allein auf Glaubenssätzen basierende Dogmatik der Theologie, die in einer säkularisierten Schule als durch die Zeitläufe überwundene Orthodoxie widerlegt sei. Vernunft versus Glauben, „allgemeine menschliche und bürgerliche Bildung" versus „Seligkeit im Jenseits". Unmißverständlich drückte Diesterweg dies in einem Tagebucheintrag vom 23. August 1822 aus: *„Der wahre Pädagoge hat den größten Respekt vor der Natur, außer und in dem Menschenrespekt vor der Welt Gottes und vor der Menschennatur... Der orthodoxe Theologe denkt von der Menschennatur sehr klein. Darum ist er nie ein Erzieher, so wie der Pädagoge nie orthodoxe Grundsätze hegen kann. Pädagogik und Orthodoxie stoßen sich ab."*[23]

Bloth sieht in einer Notiz vom 19. Januar 1819, also bereits in Elberfeld, die „entscheidende Stunde" für „die Geschichte der Erziehung in Deutschland". Diesterweg setzte sich dort mit dem reformierten Glaubensbekenntnis, dem Heidelberger Katechismus von 1563, in dessen Schoß er großgeworden war, auseinander: „Der Fundamentalsatz biblischer Theologen: ‚Daß der Mensch von Natur aus zu nichts nütze und zu allem Bösen geneigt sei' – darf in der Erziehung nicht berücksichtigt werden." Gegen die im Katechismus gegebene Antwort, das Böse sei allein durch die Wiedergeburt im Geiste Gottes zu überwinden, menschliche Erlösung also sei allein im Glauben zu finden, setzte Diesterweg seine vom Vernunftidealismus Immanuel Kants und Johann Gottlieb Fichtes beeinflußte pädagogische Maxime: „Die Haupttendenz des Christentums finde ich in der Erstrebung der höchsten Sittlichkeit, des moralischen Ideals." Erst durch die Erziehung aber vollende der Mensch nämliche Idealvorstellungen. Der Lehrer sei nur mehr der „In-die-Welt-Holende". Jene sokratische „Hebammenkunst" (Mäeutik), die durch geschicktes und überzeugendes Fragen des Lehrers die in den Schülern noch schlummernden, aber bereits zur Antwort drängenden unbewußten Erkenntnisse auf die Welt bringen solle, sie war praktische Erweiterung dessen, was Diesterweg 1813 vorgefunden hatte, als er in die Musterschule eintrat.

Kritik des „After-Pestalozzianismus"

Diesterwegs Erfahrungen in der Anwendung der Pestalozzi'schen Methode als Hauslehrer 1811 in Mannheim waren, wie er selbstkritisch anmerkte, von Mißerfolg gekrönt. Doch an der Musterschule sollte bald – gerade wegen seiner mit philosophischen, mathematischen und naturwissenschaftlichen Kenntnissen verbundenen pädagogischen Begeisterung – „in allen Frankfurter Gesellschaften...von Diesterweg die Rede" sein. *„...einen Mann nach dem Herzen der Frankfurter Bürger"*, betonte Gerd Eilers, der aus der intimen Kenntnis eines Hauslehrers die besondere pädagogische Ausstrahlung Diesterwegs herausstellte. *„Ich hatte diesen merkwürdigen, ja in seiner Art ausgezeichneten Mann...(kennengelernt), weil die Mutter meiner Zöglinge ihn hochschätzte und darauf bestand, daß er und kein anderer ihren Kindern im Rechnen und in naturwissenschaftlichen Dingen Unterricht erteile."*[24]

In seinem Aufsatz „Fichte und Pestalozzi" verweist Diesterweg, insbesondere bei seiner populären Himmelskunde und astronomischen Geographie, auf seine praktische Anwendung Pestalozzi'scher Methoden: *„Die bildende Kraft des Lehrers liegt in seiner Methode. Eine schlechte Methode versauert den allerbesten Inhalt und macht ihn in dem Jugendunterricht ungenießbar und unfruchtbar."*[25] Ganz im Geiste der modernen Naturwissenschaft verfocht Diesterweg eine Unterrichtsmethode, die bereits mit seinem Aufsatz über die Geometrie 1814 Schüler und Apologeten Pestalozzis in den Schatten stellte. Nicht Lehrsätze bestimmten demnach den Prozeß der Anschaulichkeit, sondern die Selbsttätigkeit der Schüler auf dem Wege zur Erkenntnis. Der Unterricht sollte nicht vom Gegenstand, sondern immer von der Individualität und vom Erkenntnisinteresse der Schüler ausgehen: „Sehen, selbst angreifen, in die Natur gehen und beobachten, – und nicht alles in der Schule. Da lernt man viel. Chemie in den Laboratorien, Technologie in den Werkstätten, den gestirnten Himmel im Freien."[26] Die Mittel hierzu fand Diesterweg in der „auf Anschauung gegründeten, die Selbsttätigkeit überall anregenden, die freie Selbstbestimmung als höchstes Ziel der Erziehung und Bildung" ansehenden sokratischen Methode – ein früher Vorläufer des „learning by doing"!? Sie war als zeitgemäße Fortentwicklung der Pestalozzi'schen Erziehung zugleich eine erste Kritik am theologischen Primat in der Schule. Die sokratische Methode, die für Diesterweg immer auch von der natürlichen Ausstrahlung und vom pädagogischen Eros des Lehrers bestimmt war, war in seinen Voraussetzungen der diametrale, säkulare Gegensatz zur katechetischen Betrachtung. Letztere hatte keine Existenzberechtigung dort, wo es auf Methoden wissenschaftlichen Forschens und Erkennens ankam und auf die Beförderung logischen Denkens.

Seel wollte die inhaltliche Kritik Diesterwegs an der „Gewerbefreiheit des Erzieherberufs" absichtlich mißverstehen, als er diesem im November 1817 nach dem Konflikt um den „Weltuntergang" attestierte, er strebe allein nach der Höhe wissenschaftlicher Bildung und schätze deshalb elementare Bildung gering. Die Forderung Diesterwegs nach dem Fachlehrer auch für die elementare Erziehung mußte Seel als „gewerbetreibender" Theologe notwendig ignorieren.[27]

314 Johann Heinrich Pestalozzi (1746-1827)
Anonyme Lithographie, signiert von Pestalozzi, 1823
70 x 50 cm
Frankfurt, Musterschule

Wie sehr Diesterweg seit den Tagen an der Musterschule kritischer Pestalozzianer geblieben war, dokumentierte er in seiner Betrachtung über den Niedergang der Pestalozzi'schen Schulidee, die für ihn nach den Befreiungskriegen einsetzte. Dort sah er die einst bewegten Geister sich dem „Deutschtum" und dem „Glauben der Väter" wieder anverwandeln; nach und nach hätten die Schüler und Jünger Pestalozzis diesen verleugnet.[28]

„Welche Wehmut beim Abschied" Diesterweg wie seine Freunde und Schüler aus Frankfurter Zeit umfing, geht aus seinen Tagebuchnotizen auf dem Weg nach Elberfeld hervor: *„Die zweite Klasse schrieb in ihr Zeugnisbuch: Heute verläßt uns unser Lehrer. Ein unersetzlicher Verlust! Am 26. April Spaziergang mit den Mädchen... Ich beschenkte sie mit Veilchen, traktiere sie in Bergen, und sie überreichen mir durch meinen Kollegen Hahn eine goldene Repetieruhr... Meine Anreden: Deutschen Tugenden treu zu bleiben."* Bei seinem immensen Arbeitspensum von 30 Unterrichtsstunden in fünf Klassen an der Musterschule, den 12-16 Privatstunden und seiner unentgeltlichen Lehrtätigkeit an der Sonntagsschule für Handwerker nahm es nicht wunder, wenn Diesterweg sich selbst fragte, wie es denn *„möglich gewesen (war), eine Stadt zu verlassen, in welcher so viele Menschen*

mir wahrhaft befreundet sind und in welcher so viele Kinder ganz innig an mir hingen".[29]

Welche Ironie der Geschichte, als Diesterweg bereits am 8. Juli 1818 aufgefordert wurde, wieder nach Frankfurt zurückzukehren, um die vakante Stelle Johann Heinrich Moritz Poppes am Städtischen Gymnasium zu übernehmen. Und auch der Arzt Aloys Clemens, appellierte am 15. Juli: *„...so bitte ich Sie, werther Freund! dahin mitzuwirken, daß wir bald das Vergnügen erleben, Ihre freundschaftliche Gesinnung gegen uns neu verjüngt aufleben zu lassen."*[30] Da wirkt das von Günderrode am 31. März 1818 ausgestellte Zeugnis, „durch das Wirken dieser schätzbaren Eigenschaften" wie mit seinem Eifer, Fleiß und Talent „zum Besten der Musterschule" die dankbare Anerkennung seiner Vorgesetzten gefunden zu haben, eher wie ein bitterer Wermutstropfen auf Diesterwegs pädagogische Seele. Als offizielles Zeugnis lobte es Diesterweg nach Elberfeld. Als Zeichen der persönlichen Wertschätzung seiner Frankfurter Freunde bestätigte es seine pädagogischen und wissenschaftlichen Intentionen.

1 Aus Adolph Diesterwegs Tagebuch 1818 bis 1822. Neuhrsg. v. H.G. Bluth. Frankfurt a.M., Berlin, Bonn 1956, S. 27.
2 Meinel, A.: Diesterwegs geistige Entwicklung bis zum Jahre 1820. Phil. Diss. Leipzig 1927, S. 73.
3 Vgl. Bloth, H.G.: Adolph Diesterweg. Sein Leben und Wirken für Pädagogik und Schule. Heidelberg 1966.
4 Aus Adolph Diesterwegs Tagebuch 1818 bis 1822. A.a.O., S. 4.
5 Diesterweg, F.A.W.: Friedrich Ludwig Jahn (1854). In: Ders.: Sämtliche Werke. Bd. XI. Berlin 1972, S. 23-75. Zitat S. 43 (DSW).
6 Diesterweg, F.A.W.: Vom Weltuntergange, nebst einer freimüthigen Widerlegung der Theorie des Herrn Dr. Wilh. Heinrich Seel vom Weltuntergange, und anderen in die Geschichte der Erde einschlagenen Bemerkungen. Frankfurt a.M. 1817.
7 Zit. n. Meinel, A.: a.a.O., S. 74.
8 Schwemer, R.: Geschichte der Freien Stadt Frankfurt a.M. (1814-1866). Bd. 1. Frankfurt a.M. 1910, S. 165. Zit. n. Mattausch, R.: Einheit und Freiheit. Die Entdeckung der Naturgeschichte. In: Trophäe oder Leichenstein? Kulturgeschichtliche Aspekte des Geschichtsbewußtseins im 19. Jahrhundert. Kl. Schriften d. Historischen Museums Frankfurt, Bd. 12. Frankfurt a.M. 1978, S. 59.
9 Meinel, A.: a.a.O., Anm. S. 19, Kap. III, Nr. 180 (sep. pag.).
10 Ebenda, S. 84. Vgl. DSW Bd. XI, S. 23f.
11 Vgl. Bloth, H.G.: a.a.O., S. 200f.: Brief Diesterwegs an Johann August Zeune (1778-1853) vom 22.8.1837. Zeune war mit Jahn Begründer des „Deutschen Bundes", einer „Vaterländischen" Vereinigung zur Vorbereitung einer „Volkserhebung". 1814 hatte Zeune die Gesellschaft für deutsche Sprache gegründet. Im gleichen Jahr lernte Diesterweg ihn in Frankfurt kennen, als er in der Museumsgesellschaft ein „deutsches Lied", nämlich das Nibelungenlied vortrug. Mit Zeune verband ihn seitdem eine freundschaftliche Beziehung. Auch er hatte Diesterweg in der Folge wohl von Jahns Turnübungen berichtet.
12 „Vorstellung der versammelten Schul- und Waisenkinder, um mit Musik Danklieder abzusingen." Vgl. Mattausch, R.: a.a.O., S. 59.
13 Diesterweg, F.A.W.: Friedrich Ludwig Jahn. A.a.O., S. 47.
14 Ebenda, S. 49.
15 Bloth, H.G.: a.a.O., S. 67.
16 Mit dem „Berliner Turnstreit" 1817 wurde eine breitangelegte Kampagne gegen den „gesundheitsschädigenden" und die Jugend im „Geist republikanischer Gesetze verderbenden" Turnunterricht eröffnet. In der Folge der Karlsbader Beschlüsse 1819 wurden alle Turnübungen außerhalb der Schule untersagt, um 1820 ganz unterdrückt zu werden.
17 Diesterweg, F.A.W.: Friedrich Ludwig Jahn. A.a.O., S. 501f., Anm. 133a.
18 Zit. n. Bloth, H.G.: a.a.O., S. 67.
19 Meinel, A.: a.a.O., S. 102.
20 Aus Adolph Diesterwegs Tagebuch 1818 bis 1822. A.a.O., S. 74.
21 Rebhuhn, A. (Hrsg.): Briefe Adolf Diesterwegs, im Auftrage des Vorstandes des Deutschen Schulmuseums mit Anmerkungen herausgegeben. Leipzig 1913, S. 136. Bloth, H.G.: a.a.O., S. 185.
22 Diesterweg, F.A.W.: Gottlieb Anton Gruner (1858). In: DSW Bd. XIII, S. 139-141. Zitat S. 139.
23 Aus Adolph Diesterwegs Tagebuch 1818 bis 1822. A.a.O., S. 73, 87. Die folg. Zitate S. 7, 9.
24 Zit. n. Meinel, A.: a.a.O., S. 74.
25 Diesterweg, F.A.W.: Fichte und Pestalozzi (1863). In: DSW Bd. XV, S. 359-382. Zitat S. 362.
26 Aus Adolph Diesterwegs Tagebuch 1818 bis 1822. A.a.O., S. 11.
27 Vgl. Richter, K. (Hrsg.): Adolf Diesterwegs Ansichten über pädagogische Zeit- und Streitfragen. Leipzig 1913, S. 227. „Emanzipation der Schule:...die Beaufsichtigung und Leitung der Volksschule sach- und fachkundigen Männern anzuvertrauen, folglich dieses Amt den Geistlichen zu entziehen, sie davon zu befreien."
28 Vgl. Diesterweg, F.A.W.: Gottlieb Anton Gruner. A.a.O., S. 140f.
29 Aus Adolph Diesterwegs Tagebuch 1818 bis 1822. A.a.O., S. 3.
30 Rebhuhn, A. (Hrsg.): a.a.O., S.122.

Jürgen Steen

„Welche Wehmut beim Abschied...“ Die fünf kurzen Jahre an der Musterschule

315 Friedrich Maximilian Freiherr von Günderrode (1753-1824)
Stadtschultheiß, Präsident der gesetzgebenden Versammlung der Freien Stadt Frankfurt, Präsident der ökonomischen Deputation der Musterschule 1805-1824
Stich von C. Guerin nach einer Zeichnung von D. Bojanus, um 1810
31 x 23 cm
Frankfurt, Historisches Museum

Berufsurkunde.

Frankfurt den 29. Dez. 1812.

Die Ober-Schul- und Studieninspektion des Departements Frankfurt an Herrn Professor Diesterweg in Worms.

Der mit höchster Genehmigung erweiterte Lehrplan der hiesigen Musterschule macht die Anstellung eines neuen Lehrers nothwendig, welcher den mathematischen und physikalischen Unterricht in den höheren Klassen dieser Schule übernehme.

Die Zeugnisse glaubwürdiger und competenter Männer haben Sie, Herr Professor, zu dieser Stelle besonders empfohlen; die Ober-Schul- und Studieninspektion steht daher, nach höchster Genehmigung, keinen Augenblick an, Sie, Herr Professor, zu der neuen Lehrerstelle an der hiesigen Musterschule anhero zu berufen, und Ihnen den mathematischen und physikalischen Unterricht in wöchentlichen 26 Stunden an besagter Schule gegen eine jährliche Besoldung von 800 fl. nebst Logisgeld à 60 fl. uud drei Gilbert Holz zu übertragen.

Sind Sie, wie wir voraussetzen zu können glauben, geneigt, diesen Ruf anzunehmen, so fügen wir noch das Ersuchen bei, daß es Ihnen gefällig sein möchte, Ihre Anherokunft, so viel nur immer möglich, zu beschleunigen, weil der neue Lehrplan mit dem 1. Jänner des Jahres 1813 beginnen soll, und daher bei einer langen Zögerung sowohl in Ansehung der Lehrer eine schwer auszufüllende Lücke entstehen, als auch in Ansehung der Schüler der Unterricht in den oberen Klassen ungemein leiden würde.

Günderrode.

316 Text der Berufungsurkunde Diesterwegs nach Frankfurt
Frankfurter Schulzeitung. Herausgegeben vom Lehrerverein zu Frankfurt am Main. Frankfurt a.M., 1.7.1916

Als der 22jährige Diesterweg zum 1. Februar 1813 als Lehrer für Mathematik und Naturlehre (Physik) an der Musterschule in der Großen Friedberger Straße begann, war das Institut erst knappe zehn Jahre alt. Der Anfang des regulären Schulbetriebs datiert auf den 18. April 1803. Wilhelm Heinrich Seel, Oberlehrer seit 1810 – und bis zu seinem Tod 1821 Leiter –, war bereits der dritte „Oberlehrer“ der Schule, nach Friedrich Vertraugott Klitscher (1803-1804) und Gottlieb Anton Gruner (1805-1810), die beide vorzeitig resignierten. Zwar hatte die Organisationsreform des Frankfurter Schulwesens ein Jahr vor der Ankunft Diesterwegs 1812 die ursprüngliche Zweckbestimmung der als „Muster“, das heißt Vorbild für die Reform des „teutschen“ Schulwesens, gegründeten Einrichtung aufgehoben und die Schule zur „höheren Bürger- und Realschule“, angesiedelt zwischen Volksschule und Gymnasium, bestimmt – der Name „Musterschule“ behielt als eingeführter Name gleichwohl Bestand.

Die Gesetze für die Schüler – die „Schulzucht“ – waren noch durch Gottlieb Anton Gruner 1810 verfügt worden. Es fehlte die „Schulordnung“, die auf Betreiben Wilhelm Heinrich Seels 1817 verabschiedet werden sollte. Mit ihr, die das Direktorialprinzip an der Musterschule einführte – erster Direktor wurde der bisherige Oberlehrer, bis dahin „primus inter pares“ im als „Republik“ verstandenen Lehrerkollegium – und zugleich die Schule endgültig in eine staatliche Anstalt verwandelte, schloß die Gründungsgeschichte der Musterschule ab.[1]

Diesterweg verließ bereits im Jahre 1 nach Verabschiedung der Schulordnung Ende April 1818 wieder die Musterschule und zugleich

Frankfurt. In dem zum Teil recht heftig geführten Konflikt um die Postition Seels als Oberlehrer hatte er die Seel-kritische Mehrheitsfraktion im Lehrerkollegium angeführt. Der Konflikt war bereits virulent, als Diesterweg kam. Mit Diesterweg erlebte er indes eine nicht undramatische Verschärfung und bereits im September 1813 sah Seel Anlaß, sich über das Verhalten Diesterwegs zu beschweren.

Die ältere Diesterweg-Forschung psychologisiert den Konflikt und unterschlägt die pädagogischen Implikationen. Die institutionelle Konsolidierung der Schule zur staatlichen Anstalt konfrontierte Diesterweg mit einem nur noch durch den Abschied lösbaren Konflikt, wollte er nicht seine, wenn auch noch unklaren Vorstellungen von Schule und Lehrerberuf opfern. Gegen Diesterwegs Biographen Alfred Meinel, der dem Helden 1927 bescheinigt, im Konflikt mit Seel die Schattenseiten seiner Persönlichkeit offenbart zu haben[2], und gegen die Frankfurt-patriotische ältere Literatur zur Musterschule, die Diesterwegs Amtszeit als politische Episode behandelt, die Gründe für Diesterwegs Abschied also in dessen demokratischen Überzeugungen sucht, soll hier Diesterwegs Handeln als Lehrer in der ihm eigentümlichen Begründung interessieren. Zugleich liegt die Frage nahe, weshalb es einer der Pioniere der Pädagogik und Didaktik des 19. Jahrhunderts am Anfang seiner Karriere gerade fünf Jahre an einer Schule aushielt, die explizit als Reformmodell begründet worden war.

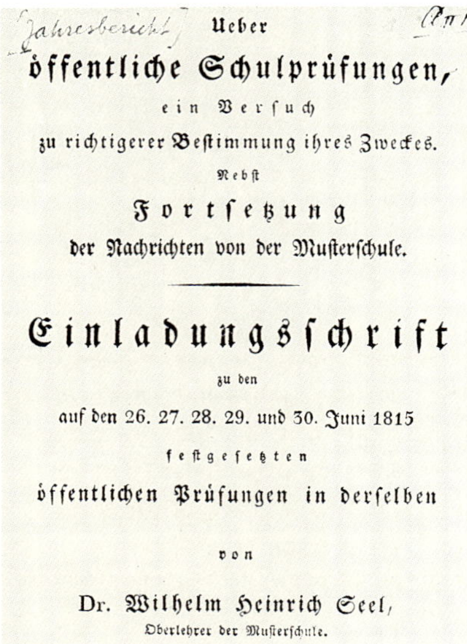
Jahresbericht Ueber
öffentliche Schulprüfungen,
ein Versuch
zu richtigerer Bestimmung ihres Zweckes.
Nebst
Fortsetzung
der Nachrichten von der Musterschule.

Einladungsschrift
zu den
auf den 26. 27. 28. 29. und 30. Juni 1815
festgesetzten
öffentlichen Prüfungen in derselben
von
Dr. Wilhelm Heinrich Seel,
Oberlehrer der Musterschule.

317 Schulchronik der Musterschule, 1815-1867
18,0 x 11,5 cm
Frankfurt, Musterschule
Die Schulchronik umfaßt vier Bände: 1815-1825, 1826-1845, 1851-1856, 1855-1867.

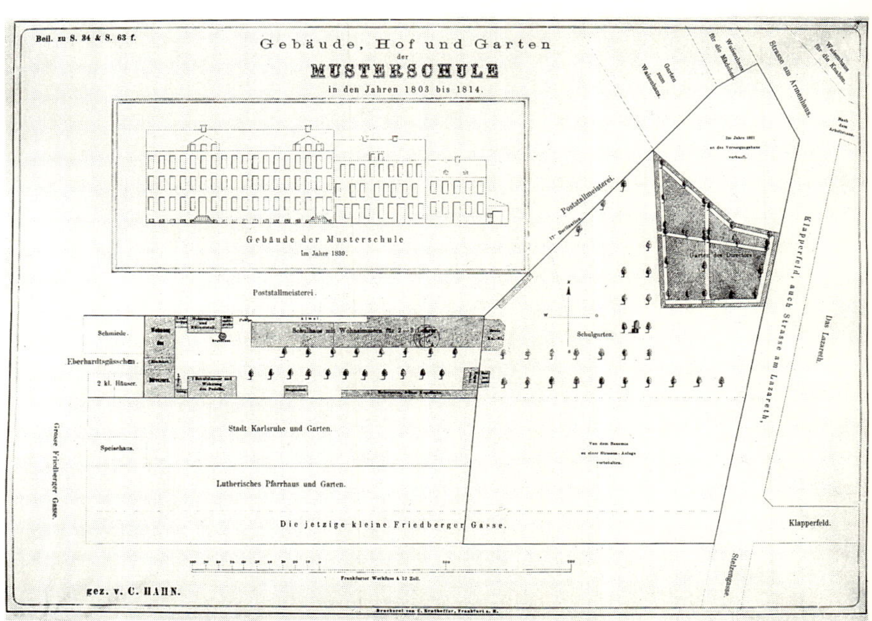

318 Gebäude, Hof und Garten der Musterschule, 1803-1814
Lithographie nach einer Zeichnung von C. Hahn
Druck von C. Kruthoffer, 1865
28 x 40 cm
Frankfurt, Historisches Museum

Die Entstehungsgeschichte der Musterschule ist Beispiel für die generellen Probleme einer interventionistischen Veränderung der traditionellen und überkommenen, das heißt durch Herkommen legitimierten, Verhältnisse in einer Reichsstadt wie Frankfurt am Main im Übergang vom 18. zum 19. Jahrhundert. Seit der Reformation war der lutherische Protestantismus „Staatsreligion". „Bürger" konnte nur werden, wer den rechten Glauben hatte. Das Konsistorium, die Behörde für geistliche und kirchliche Angelegenheiten, führte die Aufsicht über das „öffentliche" Schulwesen, das Gymnasium, das auf den Beruf des Gelehrten vorbereitete, und die „teutschen" Schulen, für die sich im 18. Jahrhundert die Bezeichnung „Quartierschulen" einbürgerte. Letztere waren in überkommener Weise analog den Handwerken und Gewerben organisiert, also Teil der ständisch-korporativen Verfassung der Stadt. Die Schulmeisterei erforderte den Besitz des entsprechenden Rechts, nicht anders als das Schreinern oder Brezelbacken, und wie die Meister dort, bildeten auch die Schulmeister eine eigene Zunft. Nicht von ungefähr waren Schulmeisterwitwen ähnlich umworben und begehrt wie die Meisterwitwen von Schreinern oder Brezelbäckern, erbrachte doch die Heirat hier wie dort den Meistertitel – und in diesem Falle das Recht, Schule zu halten. Der Bräutigam im Handwerk konnte indes als Geselle eine objektivierbare und zünftig anerkannte Ausbildung vorweisen. Für die Karriere des Schulmeisters bedurfte es eines vergleichbaren Qualifikationsnachweises nicht.

Die Quartierschulen bestanden aus einem Raum, in dem bis zu 200 Kinder unterschiedlichen Alters zusammensaßen. Sie vermittelten begrenzte Fähigkeiten im Rechnen und Schreiben und Kenntnisse im Katechismus. Das Konsistorium besaß das „Visitationsrecht“, ähnlich dem „Beschaurecht“, mit dem die Obrigkeit die Einhaltung von Produktionsbestimmungen kontrollierte. Die Kontrolle des Konsistoriums beschränkte sich traditionell auf Glaubensfragen. Der Schulmeister „lebte“ vom Schulgeld, das die Eltern aufzubringen hatten.

I.

	Montag.	Dienstag.	Mittwoch.	Donnerstag und Freitag.	Sonnabend.
10	Rechnen, Schreiben, Lesen, Buchstabiren, ABC aufsagen.	wie Montag.	Briefschreiben, Lesen und Buchstabiren.	wie Montag.	Die auswendig gelernte Lection aus dem Catechismus hersagen.
12	Wie am Morgen.				
4	Wie am Morgen.		von 1 – 2 Christenthum.	wie am Morgen.	wie Mittwochs.
	Wie Vormittags.				

II.

	Montag.	Dienstag.	Mittwoch.	Donnerstag.	Freitag.	Sonnabend.
8 – 9	Sittenlehre.	Erdbeschreib.	Religion.	Lesen.	Buchstabiren.	Religion.
10	Kalligraphie.	Rechneu.	Kalligraphie.	Rechnen.	Kalligraphie.	Gedächtnißüb.
11	Zeichnen. Buchstabiren.		Naturgesch.	Zeichnen. Buchstabiren. Ortographie.		Naturgesch.
12	Lesen.	Ortographie.	Rechnen.	Kalligraphie.	Rechnen.	
½ – 2	Zeichnen.	Uebung im mündl. Vortr.	Lesen.	Zeichnen.	Uebung im mündl. Vortr.	Ortographie.
3	Kalligraphie.	Lesen.		Lesen.	Kalligraphie.	
4	Rechnen.	Kalligraphie.		Kalligraphie.	Rechnen.	

319 Stoffverteilungsplan der Musterschule im Vergleich zur deutschen Schule, 1808
E.W.G. Bagge: Kurze Geschichte unserer Musterschule. Einladungsschrift zu der öffentlichen Prüfung in der Anstalt. Frankfurt a.M. 1832

Ende des 18. Jahrhunderts waren die Quartierschulen Unterschichtenschulen. Das wohlhabende Bürgertum beschäftigte private Hauslehrer. Daneben existierten Privatschulen mit speziellen Angeboten in Fremdsprachen, Nähen oder Tanzen, von den „teutschen“ Schulmeistern als potentielle Konkurrenten observiert und beargwöhnt. Wie jede Zunft war auch die „teutsche“ Schulmeisterei privilegiert, das heißt vor Konkurrenz geschützt. Die Reform des Schulwesens gewann Ende der neunziger Jahre des 18. Jahrhunderts Profil, nachdem 1791 mit Wilhelm Friedrich Hufnagel (1754-1830), bis dahin Theologieprofessor in Erlangen, ein Exponent der pädagogisch orientierten Aufklärungstheologie, zum Leiter des Frankfurter Kirchenwesens berufen worden war.[3] Die Motive für seine Berufung lagen in den aufgeklärt-absolutistischen Reformvorstellungen führender Persönlichkeiten des Stadtregiments.[4] Als entscheidende Ressource einer sich wandelnden Welt war das Bildungswesen praktisch „privatisiert“ und entzogen sich öffentlicher Kontrolle und staatlicher Intervention. Die Quartierschulen reproduzierten die Vorstellungswelt der alten Ständegesellschaft.

320 Wilhelm Friedrich Hufnagel (1754-1830)
Senior des lutherischen Predigerministeriums, Mitglied der ökonomischen Deputation der Musterschule
13 x 10 cm
Frankfurt, Historisches Museum

Hufnagel hatte bereits 1786 für eine andere, „öffentliche“, Schule und ein „kindgemäßes“, der Entwicklung des Kindes angemessenes Unterrichten plädiert, freilich allein die selbsttätige Ausbildung der in der Natur des Kindes, des Menschen, verankerten Religiosität im Auge gehabt. Gleichwohl lag hier das entscheidende Motiv für eine Schulreform, die fortschrittliche Methoden zu adaptieren suchte, an der traditionellen Suprematie des Glaubens und der Theologie bei der Erklärung und Organisation von Welt und Gesellschaft indes keinen Zweifel ließ.

Erste Versuche scheiterten kläglich, eben an der überlieferten Ordnung der städtischen Lebenswelt. 1799 lehnten die Schulmeister die Einführung eines neuen Lehrbuches ab. Staatlicher Zwang hätte gleichsam die Welt aus den Angeln gehoben. Ebenso ausgeschlossen war eine staatliche Schule, vergleichbar der Unmöglichkeit einer von der Stadt unterhaltenen Manufaktur, die in Konkurrenz zur Bäckerzunft Brezeln gebacken hätte. Erst als es gelang, die Hand auf ein der Stadt testamentarisch vermachtes Vermögen zu legen, erhielten die Pläne zukunftsträchtige Gestalt. Zusätzliche Spenden machten den Erwerb des Gebäudekomplexes in der Großen Friedberger Straße möglich, der die Forderungen nach Licht und Luft ebenso erfüllte, wie die aus der Option auf das „Kindgemäße" resultierenden Forderung der altersmäßigen Differenzierung nach Klassen. Eine stadtweite Haussammlung zugunsten der „Musterschule", wie sie 1802 zum ersten Mal offiziell genannt wird, erbrachte weitaus weniger Ertrag als erwartet. Die Verweigerung hatte geradezu kollektive Züge; darin spiegelte sich die strukturelle Unmöglichkeit einer Reform jenseits ständischer Tradition. So gesehen darf der Name „Musterschule" als Alibi gegenüber der in den Verhältnissen verfestigten Macht der Tradition interpretiert werden. Die Soziologie der Spender und bereits die der ersten Schülerinnen und Schüler machten die Musterschule von Anfang an zur höheren Bürgerschule.

321 Gottlieb Anton Gruner (1778-1844)
Theologe, Oberlehrer an der Musterschule 1805-1810
Festschrift zur Hundertjahrfeier der Musterschule in Frankfurt am Main 1803-1903. Frankfurt a.M. 1903

Die einjährige Amtszeit Klitschers 1803/1804 mehrte die Sympathien, blieb aber letztlich Episode. Der eigentliche pädagogische Begründer wurde Gottlieb Anton Gruner, wie Klitscher pädagogisch orientierter Theologe nach dem Geschmack Hufnagels. Am 4. Mai 1805 wurde er in das Amt des Oberlehrers eingeführt.[5] Gruner hatte 1804 seine „Briefe aus Burgdorf" in einem Frankfurter Verlag veröffentlicht. Zu Pestalozzi in die Schweiz gereist, um den schon Berühmten aus der Anschauung der Praxis heraus zu widerlegen, wurden die „Briefe" der wohl bedeutendste zeitgenössische Beitrag zur Rezeption Pestalozzis im damaligen Deutschland. Hufnagel gewann für „seine" Schule eine, wenn nicht *die* Pestalozzi'sche Autorität und zugleich einen theologischen Bruder.

Die Verstandesübungen und das Pestalozzi'sche Rechnen bildeten die Säulen des Elementarunterrichts ab dem sechsten Lebensjahr.[6] Bis zum vierzehnten oder fünfzehnten Lebensjahr sollten die Schüler „vorbereitet" und „tüchtig" sein, die Knaben, um im Kaufmannskontor „mit Vorteil gebraucht werden" oder im Handwerk „etwas Ausgezeichnetes zu leisten im Stande" sein zu können, die Mädchen, „daß die Anzahl guter Mütter...größer werde." 1808 hatte die Musterschule fünf Knaben- und vier Mädchenklassen und zählte etwa 300 Schüler und Schülerinnen, nicht mehr als die an Schülern reichsten Quartierschulen. Obenan im Fächerkanon stand die Religions- und Tugendlehre, stets im Blick auf Yverdon (Iferten), wo Pestalozzi seit 1804 lehrte. Neben dem Oberlehrer waren vier ordentliche Lehrer angestellt, die anderen wurden auf Stundenbasis honoriert. Die wöchentliche Konferenz mit dem Oberlehrer als informellem Vorsitzenden klärte die pädagogischen Fragen. Die Schulzucht war gleichfalls am Ideal Pestalozzis orientiert, also am Gewissen und der moralischen Stärkung der Befähigung zum Guten.

Gruner reichte im August 1810 seinen Rücktritt ein. Grund seiner Resignation war die „Schulzucht" und das Problem, das sich mit Zwangsläufigkeit einstellte, wenn nicht, wie bei Pestalozzi, die internatsmäßige Isolation, sondern die öffentliche Schule die Bedingungen setzte. Gruner war sich dieses Gegensatzes bewußt, zu lösen vermochte er ihn nicht. In der Reflexion seines Scheiterns meinte er, er habe „durchgreifen" müssen, es aber nicht können – zu Recht, da dies die Selbstaufgabe der an Pestalozzi orientierten Prinzipien bedeutet hätte. Bezeichnenderweise endete Gruners Nachdenken beim Staat, der als Autorität die „Schulzucht" durchsetzen sollte, also jenen Bedingungsrahmen an Ordnung, den Pestalozzi über die gesellschaftliche Isolation der Zöglinge gewann.

Zum Nachfolger bestellte die vorgesetzte Behörde Wilhelm Heinrich Seel, geboren 1776 in Dillenburg, Theologe, einige Jahre Lehrer an einem Privatinstitut, dann Pfarrer und seit 1807 Lehrer an der Musterschule. Gruner hielt Seel nicht für den geeigneten Nachfolger. Mit der Wahl Seels fiel die Entscheidung auf den einzigen Theologen im Kreise des Kollegiums. Die Neuordnung des Frankfurter Schulwesens 1812 schrieb für die Musterschule fest, was unter Gruner Wirklichkeit geworden war. Von der ursprünglichen Intention als „Muster" und Vorbild einer Reform des „teutschen" Schulwesens sprach schon längst niemand mehr. Der Lehrplan, den Diesterweg 1813 vorfand, war der einer Pestalozzi verpflichteten Elementar- und Realschule.[7]

Die Musterschule behielt ihre Elementarklassen; der Lehrplan besagt mehrfach ausdrücklich, daß die Pestalozzi'sche Methode „Hauptmittel (der) Elementarbildung" sei, die generell auf die „Entwicklung und Leitung der dem Kinde innewohnenden Kraft" verpflichtet blieb. Zu Religionsunterricht, Sprach- und Verstandesübungen, Rechnen, Lesen, Schreiben, Zeichnen ab der – nach heutiger Zählung – ersten Klasse kamen Singen und Französisch ab der vierten sowie Geographie, Naturgeschichte und Naturlehre in der fünften Klasse. Der Unterricht der Mädchen unterschied sich dadurch, daß die Formen- und Größenlehre im Rechenunterricht entfiel und der Französischunterricht bereits in der ersten Klasse begann. Der Übergang in die Realschule erfolgte nach der fünften Klasse. An erster Stelle nennt der Lehrplan auch hier den Religionsunterricht, der auf die Einsicht abzielte, daß nur im Glauben begründete Sittlichkeit zur „reinen Tugend" führe und in der Moral des Christentums Vernunft und Gewissen gründeten.

Der muttersprachliche Unterricht sollte an die klassische Literatur heranführen, „Liebe zum Vaterland" wecken und den Stil üben. Im Französischen waren die Ziele, abgesehen von der patriotischen Komponente, ähnlich. Der „Wissenschaftliche Unterricht" gliederte sich in sechs Fächer: Naturgeschichte, Anthropologie, Naturlehre (Physik), Geographie, Welt- und Völkergeschichte und Mathematik. Die Unterrichtsgegenstände hatten eine ausgesprochen praktische Dimension; Einsicht in den Nutzen von Pflanzen und Mineralien und ihre Aufbereitung für die Gewerbe, Erhaltung der Gesundheit durch Kenntnis des menschlichen Körpers, Wissen um Klima, Wirtschaft, Industrie und Kultur einzelner Länder und Staaten, Entwicklung der menschlichen Kultur, vaterländische Geschichte, die zugleich auch „politischer Unterricht" war.

Die Physik als eines der beiden Fächer Diesterwegs beschränkte sich auf die Mechanik unter Einschluß von Maschinen und Werkzeugen und der Astronomie („Himmelsmechanik"). In der Mathematik war die Geometrie der eigentliche Unterrichtsgegenstand, im Anschluß an die elementare Formenlehre der Elementarschule, mit geometrischem Zeichnen und Messungen im Freien in der achten Klasse. Der vierte Bereich „Künste" sah Zeichnen und Singen – als ästhetische Bildung und Einsicht in die natürlichen Gesetze der Harmonie – und Schönschreiben vor. Letzteres schloß das Erlernen der Kanzleischrift ein. Die Andachts- und Zensurstunde am letzten Wochentag mit einer moralisch-religiösen Ansprache des Oberlehrers und dosiertem Lob und Tadel für die Zöglinge beruhte auf den Idealen Pestalozzis. Der Realschulkanon für Mädchen hob sich davon partiell ab; man verzichtete auf die Geometrie und modifizierte die wissenschaftlichen „Gegenstände...auf die Bedürfnisse und Bestimmung der Mädchen..." Dafür wurde Handarbeitsunterricht erteilt. Diesterweg wurde auf Vorschlag Seels als Lehrer für Mathematik und Physik an die Realschule berufen. Ursprünglich war der ältere Bruder gefragt worden. Der schlug den jüngeren vor.[8] Die Diesterwegs waren mit Seel verwandt. Vermutlich hoffte Seel mit einem Anverwandten, einen Parteigänger im Lehrerkollegium zu finden. Er sollte sich gründlich irren.

Der 1814 in der *Neuen Bibliothek*, der Zeitschrift des Philanthropen und berühmten Turnpädagogen Johann Christian Friedrich Guts Muths (1759-1839), veröffentlichte Aufsatz über die Frage, wie bisher Geometrie an der Musterschule unterrichtet worden sei, zeigt Diester-

322 Wilhelm Heinrich Seel (1776-1821)
Theologe, 1807-1810 Lehrer, 1810-1821 Oberlehrer an der Musterschule. Seit 1817 führte er den Titel Direktor.
Silhouette
Festschrift zur Hundertjahrfeier der Musterschule in Frankfurt am Main 1803-1903. Frankfurt a.M. 1903

Uebersicht des Lehrplans von 180 8/9.

	Knabenschule					Mädchenschule					Zahl der wöchentlich ertheilten Lehrstunden.
	V	IV	III	II	I	IV	III	II	I		
Religion	2	2	2	2	2	2	2	2	2		
Verstandesübung und Erzählen	6	—	—	—	—	6	—	—	—		
Lesen	4	6	6	2	—	8	4	2	—		
Deutsche Sprache	—	—	4	4	4	—	4	4	4		
Französische Sprache	—	—	6	6	2	—	4	6	6	in 2 St. comb.	
Geographie	—	—	—	2	2	—	—	2	2	I u. II. verb. mit Gesch.	
Naturgeschichte	—	—	—		2	—	—		2		
Naturlehre	—	—	—	—	2	—	—	—	—		
Geschichte	—	—	—	—	2	—	—	—	—		
Rechnen	8	8	6	6	5	4	4	4	4		
Geometrie	—	—	—	u. Naturlehre 2	2	—	—	—	—		
Maßverhältnisse	2	—	—	—	—	—	—	—	—		
Schreiben	4	6	6	4	4	4	4	4	4		
Zeichnen	2	2	2	2	2	2	2	2	2		
Singen	—	2	2	2	2	—	2	2	2	II u. III in 2 St. comb.	
	28	26	34	34	32	25	26	28	28		262
Weibliche Handarbeiten zur Auswahl für jedes Kind wöchentlich											24
											286

323 Lehrplan der Musterschule, 1808/09
E.W.G. Bagge: Kurze Geschichte unserer Musterschule. Einladungsschrift zu der öffentlichen Prüfung in dieser Anstalt. Frankfurt a.M. 1832

324 G.U.A. Vieth
Physikalischer Kinderfreund Bd.5. Leipzig 1802
Dortmund, Westfälisches Schulmuseum

325 Der erste nach der Hungerkatastrophe 1816/17 unter Begleitung von Schulkindern in die Stadt einfahrende Erntewagen
Kolorierter Stich von F.L. Neubauer, 1817
19,0 x 24,2 cm
Frankfurt, Historisches Museum

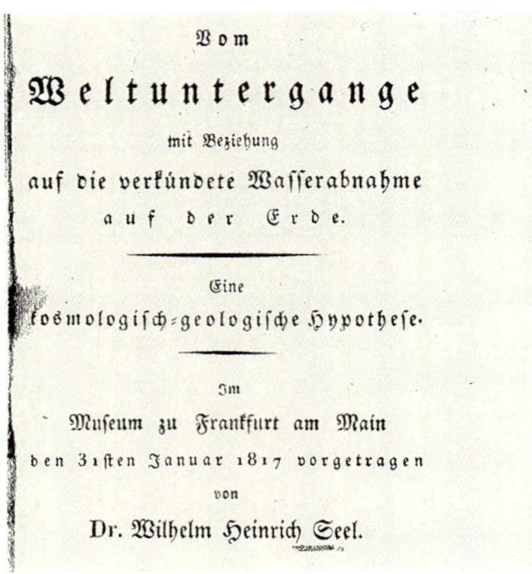
Vom
Weltuntergange
mit Beziehung
auf die verkündete Wasserabnahme
auf der Erde.
Eine
kosmologisch-geologische Hypothese.
Im
Museum zu Frankfurt am Main
den 31sten Januar 1817 vorgetragen
von
Dr. Wilhelm Heinrich Seel.

326 W.H. Seel
Vom Weltuntergange mit Beziehung auf die verkündete Wasserabnahme auf der Erde. Eine kosmologisch-geologische Hypothese. Im Museum zu Frankfurt am Main den 31.Januar 1817 vorgetragen. Frankfurt a.M. 1817

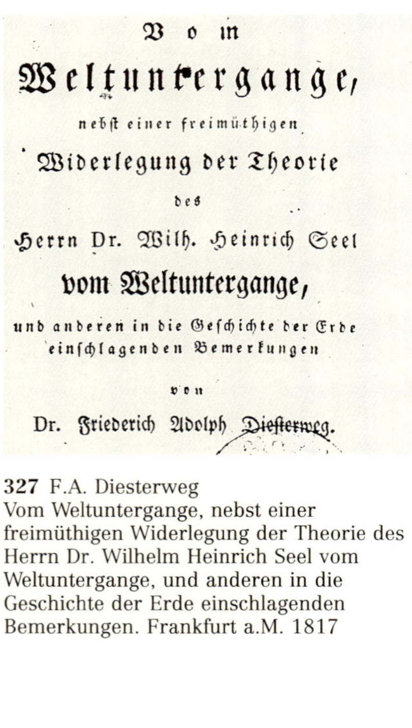
Vom
Weltuntergange,
nebst einer freimüthigen
Widerlegung der Theorie
des
Herrn Dr. Wilh. Heinrich Seel
vom Weltuntergange,
und anderen in die Geschichte der Erde
einschlagenden Bemerkungen
von
Dr. Friederich Adolph Diesterweg.

327 F.A. Diesterweg
Vom Weltuntergange, nebst einer freimüthigen Widerlegung der Theorie des Herrn Dr. Wilhelm Heinrich Seel vom Weltuntergange, und anderen in die Geschichte der Erde einschlagenden Bemerkungen. Frankfurt a.M. 1817

weg als Kritiker des Pestalozzianismus, genauer: der „nichtssagenden, hochtrabenden Phrasen" der Jünger Pestalozzis.[9] In der Auseinandersetzung mit auf Pestalozzi rekurrierenden Lehrbüchern der Geometrie verurteilt Diesterweg deren Beliebigkeit gegenüber dem Gegenstand. Er vertritt den Standpunkt, daß der Gegenstand des Unterrichts, hier also die Geometrie, nur unter der Voraussetzung „Stoff" werden kann, daß beim Lehrer ein exakter Begriff der Geometrie vorhanden ist. In der Weise, wie er nur als *wissenschaftlicher* Begriff angemessen sein konnte, hatte sich im Lehrer der Pädagoge mit dem Wissenschaftler zu vereinen. Die Lösung für den vorgängigen Widerspruch zwischen wissenschaftlicher Seriosität des Stoffes und dem pädagogischen Prinzip der Selbsttätigkeit des Schülers fand Diesterweg in der „sokratischen Methode". Im erwähnten Aufsatz schreibt er, seine Musterschüler könnten ohne anschauliche Hilfsmittel „beweisen" und selbst Aufgaben „erfinden". Damit erfüllten sie fraglos das Ideal pestalozzischer Bildung, auch wenn die sokratische Methode wenig mit den Prämissen der Methodik Pestalozzis zu tun hatte. Im eskalierenden Konflikt mit Diesterweg behauptete Seel, jener sei in seinem Herzen „Wissenschaftler" und nicht „Lehrer". Er unterschied also, was Diesterweg zusammengefügt sehen wollte. Es gibt keinerlei Hinweise, daß Diesterweg die Schüler zu „Wissenschaftlern" ausbilden wollte; sein Postulat bezog sich allein auf den Lehrer. In Seels Argument verbirgt sich, wie in einer Nußschale, der Konflikt. Deutlich wird das an Diesterwegs Kritik an einer „wissenschaftlichen" Arbeit Seels.

Seel verfaßte unter dem Eindruck des Krisen- und Hungerjahres 1817 eine Arbeit über den Weltuntergang, dessen Möglichkeit er physikalisch zu begründen suchte, wobei „Weltuntergang" nicht kosmische Katastrophe meinte, sondern eine Katastrophe nach Vorbild der biblischen Sintflut.[10] Sein Ziel war unübersehbar die Rettung der theologischen Interpretation der Schöpfung mit physikalischen „Argumenten". Der Physiker Diesterweg unterzog in einer Antwortschrift den in Physik dilettierenden Seel einer erbarmungslosen Kritik, sprach seinen Ausführungen jede physikalisch-naturwissenschaftliche Redlichkeit ab und „entlarvte" den Oberlehrer der Musterschule als wenig kenntnisreichen Kopf. Seel war gekränkt. In dem Maße, wie für Diesterweg Wissenschaftlichkeit Gebot pädagogischer Verantwortung war, weil schlechterdings nicht Bildung ohne Wissen Ziel des Fachunterrichts sein konnte, geriet auch der Pädagoge Seel ins Zwielicht. Besaß nun die Theologie für den Naturwissenschaftler Diesterweg kein Deutungsprimat gegenüber der Schöpfung, dann hatte dies zur Konsequenz, daß der Religionsunterricht nicht „fächerübergreifend" und der Theologe nicht Oberlehrer mit der Befugnis sein konnte, Bildungsinhalte und Bildungsziele der Schule zu bestimmen. Wenn die ältere Diesterweg-Literatur seine Ansicht, der Oberlehrer besitze kein Recht auf Hospitation, für eine besonders abwegige pädagogische Verirrung hält oder nachsichtig meint, hier zeige sich eben der Demokrat, dann ist festzuhalten, daß Diesterwegs Standpunkt eine eigenständige pädagogische Begründung besaß. Er verweigerte sich einer „Supervisorfunktion" der Theologie und verfolgte mit aller Konsequenz eine recht logisch wirkende Strategie: Er polemisierte und kämpfte gegen alles, was den Oberlehrer auch nur mit einem Hauch mehr an Macht als der des „primus inter pares" ausstattete oder ausstatten konnte. Hier liegt der eigentliche Grund dafür, daß Diesterweg die meisten Kollegen auf seiner Seite hatte. Es war Rebellion gegen die schulische Suprematie der Theologie, und es ist kein Zufall, daß der entschiedene Naturwissenschaftler sie anführte.

Der Konflikt endete mit der Schulordnung von 1817 und der Einführung des Direktorialprinzips.[11] Wenig überzeugend ist die Einlassung, der Konflikt im Lehrerkollegium habe die Behörde zum Eingreifen gezwungen; folglich hätten sich die Rebellen die Neufassung der Schulordnung selbst zuzuschreiben. Die Behörde wollte eine formal abgesicherte Suprematie der Theologie an der Schule. Es war dies Teil der weitgehenden Restauration der alten Verfassung Frankfurts im Jahre 1816. Seel hatte 1811 gemeint, die öffentlichen Schulen seien für eine Erziehung zum Staat und seine Ordnung geradezu prädestiniert, seien also in des Wortes tiefster Bedeutung „Staatsschulen“. Für Diesterweg hatte die Schule als öffentliche Schule an erster Stelle eine prinzipiell säkulare Institution zu sein. Handeln in der Welt setzte die Kenntnis ihrer Gesetze voraus. An einer Schule, in der die Theologie über die institutionelle Autorität des Direktors den Naturwissenschaften Vorschriften zu machen vermochte, konnte Diesterweg nicht Lehrer sein. Seel, der geschickt zu taktieren wußte, nutzte im Herbst 1817 ein Urlaubsgesuch, um den Störenfried zum Abschied zu zwingen. In seinem Tagebuch schreibt dieser unter dem Datum vom 3. Mai 1818, während der Reise nach Elberfeld, seine Eindrücke nieder: Die Worte *„Welche Wehmut beim Abschied...“* leiten die Passagen ein, in denen er die Trauer und Zuneigung der Schülerinnen und Schüler, die Abschiedsgeschenke, die Herzlichkeit der Kollegen notiert.[12] Nicht von ungefähr plädiert er für den professionellen Lehrer, der nur Fachlehrer sein kann, und die pädagogische Autonomie der Schule. Diesterwegs Kritik am Lehrer als „Gewerbetreibendem“ nimmt nicht mehr die Schulverhältnisse des 18. Jahrhunderts ins Visier, sondern jedes und alles, was die Verpflichtung des Lehrerberufs auf „Wissenschaft“, „Wahrheit“ und „Geist“ nicht erfüllte. In diesem Sinne war der Direktor der Frankfurter Musterschule ein „Gewerbetreibender“, weil er Theologe war und nicht „Lehrer“.

„Wahrheit“, „Wissenschaft“, „Geist“ sind die gleichsam irdischen Kampfbegriffe einer nicht an Theologie, sondern an Säkularität und Bürgerlichkeit orientierten Moral. Der Konflikt zwischen dem „Oberlehrer“ als „primus inter pares“ und dem „Direktor“ kann so wechselweise gelesen werden als Frage der Verfassung der Schule, der „Autonomie“ der Fächer und ihrer Didaktik, oder der inneren Begründung des Lehrerberufs. Alles hing miteinander zusammen. Das wußte Seel, und deshalb ging Diesterweg.

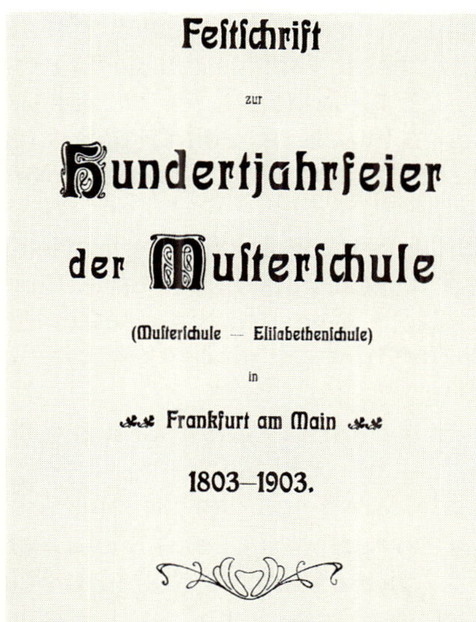
Festschrift

zur

Hundertjahrfeier

der Musterschule

(Musterschule — Elisabethenschule)

in

Frankfurt am Main

1803–1903.

Frankfurt a. M.
Moritz Diesterweg
1903.

328 Festschrift zur Hundertjahrfeier der Musterschule in Frankfurt am Main 1803-1903. Frankfurt a.M. 1903
Neben dem Titelblatt die Abbildung einer Büste Johann Heinrich Pestalozzis

329 Das Gebäude der Musterschule
Photographie (Ausschnitt), 1990

330 Schulordnung für die hiesige Musterschule nebst Instruktionen für die Lehrer an derselben. Frankfurt a.M. 1817
Schulchronik der Musterschule, 1805-1826
Frankfurt, Musterschule
§ 1 der neuen Schulordnung bestimmt, daß der Oberlehrer künftig „Direktor“ genannt wird.
§ 4 gibt ihm das Recht, seine untergebenen Kollegen durch Unterrichtsbesuche zu kontrollieren.

1 Vgl. insges.: Eiselen, F.: Geschichte des deutschen Schulwesens in Frankfurt am Main bis zur Gründung der Musterschule. Festschrift zur Eröffnung des neuen Gebäudes der Musterschule am 11. Oktober 1880. Frankfurt a.M. 1880; Kühner, K.: Beiträge zur Geschichte der Musterschule. Einladungsschrift zu der am 3., 4., 5. und 6. April 1865 stattfindenden öffentlichen Prüfung der Musterschule in Frankfurt am Main. Frankfurt a.M. 1865; Festschrift zur Hundertjahrfeier der Musterschule in Frankfurt am Main 1803-1903. Frankfurt a.M. 1903, v.a. S. 35-81.
2 Meinel, A.: Diesterwegs geistige Entwicklung bis zum Jahre 1820. Phil. Diss. Leipzig 1927, S. 80.
3 Kantzenbach, F.W.: Wilhelm Friedrich Hufnagel als Theologe in Frankfurt am Main und seine Beziehungen zu Hegel. In: „Frankfurt aber ist der Nabel der Welt“. Das Schicksal einer Generation der Goethezeit. Hrsg. v. Ch. Jamme und O. Pöggeler. Stuttgart 1983, S. 171 ff.
4 Jung, R.: Zur Geschichte der Familie Günderrode II: Stadtschultheiß Friedrich Maximilian von Günderrode 1753-1824. In: Alt-Frankfurt Jg. 5, 1913, S. 107 ff.
5 Vgl. Pestalozzi und Frankfurt am Main. Ein Gedenkbuch zum hundertsten Todestage Johann Heinrich Pestalozzis. Frankfurt a.M. 1927, S. 183 ff.
6 Festschrift zur Hundertjahrfeier der Musterschule: a.a.O., S. 57 ff.
7 Ausführlicher Lehrplan der Musterschule nach ihrer neuesten Einrichtung nebst Nachrichten von den im letzten Schuljahre in derselben vorgefallenen Veränderungen. Von Dr. Wilhelm Heinrich Seel. Oberlehrer der Musterschule. Frankfurt a.M. 1813.
8 Meinel, A.: a.a.O., S. 67.
9 Ebenda, S. 79.
10 Ebenda, S. 100 ff.
11 Schulordnung für die hiesige Musterschule nebst Instructionen für die Lehrer an derselben. Frankfurt a.M. 1817.
12 Aus Adolph Diesterwegs Tagebuch 1818 bis 1822. Neuhrsg. v. H.G. Bluth. Frankfurt a.M., Berlin, Bonn 1956, S. 3 ff.

Herbert Pogt

„Wohnung des menschlichen Elendes"? Elberfeld, eine Stadt am Beginn der Industrialisierung

Im Brockhaus von 1827 heißt es über Elberfeld[1]: „Kreis- und Handelsstadt im Bezirk Düsseldorf der preußischen Provinz Kleve-Berg mit 1941 Häusern und 24.500 Einwohnern. Vor zwei Jahrhunderten lebten hier kaum 800 Menschen. An Elberfeld stößt das volkreiche Amt Barmen. Dieses ganze Wuppertal bewohnt ein gewerbefleißiges und wohlhabendes Volk. Das klare und zur Bleiche besonders geeignete Bergwasser der Wupper hat die Bewohner zuerst eingeladen, hier Leinwandbleichen anzulegen. Das rohe Garn kommt aus Hessen, Braunschweig, Hildesheim und Hannover. Es entstanden zuerst Fabriken für Leinen- und Wollenband und für Schnürriemen. Diesem Artikel verdankt Gemarke größtenteils seine Wohlhabenheit. Frankreich, Italien, Spanien, Rußland, Amerika, fast die ganze Welt bezieht zum Teil noch diese Ware in unglaublicher Menge. Borten, Bettzwilliche, Nähzwirn, Zwirnspitzen und Langetten beschäftigen ebenfalls eine große Anzahl von Fabriken. Halbbaumwollene Zeuge fing man an zu Anfang des 18. Jahrhunderts zu verfertigen. Als die englischen Garne späterhin bekannt wurden, verbesserte sich die Fabrikation der baumwollenen Artikel bedeutend. In neuern Zeiten hat man viele Spinnmaschinen nach englischer Art angelegt. Türkische Rotfärberei ist ein andrer höchst wichtiger Zweig des hiesigen Gewerbefleißes seit 1780. Man zählt jetzt über 100 türkische Rotfärber in Elberfeld und Barmen. Ebenso bedeutend sind die seit 1760 bestehenden Siamoisenfabrikation und die Seidenfabriken, die sich besonders mit seidenen Tüchern aller Gattung beschäftigen. Der jährliche Umsatz an Seidenwaren im Bergischen soll über drei Millionen Taler, und der allgemeine Umsatz der gesamten Fabrikate in Elberfeld und Barmen an 12 Millionen Taler betragen. Elberfeld, als Hauptsitz der bergischen Fabriken, treibt das Wechselgeschäft des bergischen und märkischen Landes. Von hier aus werden über Hamburg und Antwerpen Schiffsladungen mit Manufakturwaren nach Mexiko, Buenos-Aires, Chile, Peru und Ostindien abgesendet. Denn hier ist der Sitz der Rheinisch-westindischen Kompanie. Unabhängig von derselben ward 1824 in Elberfeld ein deutsch-amerikanischer Bergwerksverein errichtet, der mit einem Kapital von 500.000 Talern Gruben in Mexiko baut."[2]

Seit dem Mittelalter hatte man im Wuppertal gewerblich Leinengarn gebleicht. Zu diesem Veredlungsgewerbe trat der Handel mit den Rohmaterialien und den gebleichten Produkten hinzu, später wurden die Garne auch an Ort und Stelle weiterverarbeitet. Dieses Leinengewerbe, das sich immer weiter in Schmal-, Breit- und Musterweberei, in Flechterei und Färberei aufgliederte, bildete bis Anfang des 19. Jahrhunderts die Basis des Wuppertaler Wirtschaftslebens. Im Lauf der Zeit entwickelten und verfeinerten sich nicht nur die technischen Fertigkeiten, aus dem internationalen Handel sammelten sich auch große Kapitalien an, so daß der Wuppertaler Raum in der zweiten Hälfte des 18. Jahrhunderts als eines der blühendsten Gewerbegebiete Deutschlands galt. Vor ungefähr 200 Jahren wandelte sich seine Wirtschaftsstruktur grundlegend: an Stelle von Leinen wurde zunehmend Seide und – für den Prozeß der Industrialisierung entscheidend – Baumwolle verarbeitet. Waren die traditionellen Leinenartikel vornehmlich Luxusgüter gewesen, so stellte man sich mit der Baumwolle auf Massenproduktion um. Die neue, aus Übersee importierte Faser war nicht nur billiger, sie hatte dem Leinen gegenüber auch den Vorteil, daß man sie schon im 18. Jahrhundert maschinell be- und verarbeiten konnte. Damit trat im Wuppertal neben den Handweber die Maschinenspinnerei, neben das Heimgewerbe die Fabrik. In keinem der westdeutschen Zentren des Textilgewerbes wurde diese Umstrukturierung so konsequent verfolgt wie im Wuppertaler Raum, und so konnte die Entwicklung in Elberfeld-Barmen zwischen 1780 und 1850 zum Schrittmacher der Industrialisierung Deutschlands werden.

Unter „Industrialisierung" ist nicht nur ein Wandel der Produktionsmittel zu verstehen; wohl ersetzte die Spinnmaschine das Handspinnrad, aber mit dieser technischen Veränderung ist die vielleicht wichtigste Entwicklung der letzten Jahrhunderte – der Übergang zur Industriegesellschaft – allein nicht zu begreifen. Auf allen Gebieten des gesellschaftlichen Lebens vollzogen sich gravierende Umbrüche: wirtschaftliche wie soziale, politische wie kulturelle. Das Wuppertal zählt zu den wenigen Regionen, in denen diese Veränderungen schon um 1800 greifbar wurden. Neben den großen technischen und wirtschaftlichen Fortschritten jener Epoche, wie der Einführung der Dampfmaschine und der Eroberung von Absatzmärkten in Übersee, waren und sind es vornehmlich die sozialen Aspekte, die dem Betrachter ins Bewußtsein springen. Während die Neuerungen bei den Produktionsmitteln oder im Verkehrswesen von Zeitgenossen und auch aus heutiger Sicht meist positiv beurteilt werden, verschloß man allzu häufig die Augen vor den sozialen Begleiterscheinungen. Diese Schattenseiten der aufkommenden Industriegesellschaft sollen am Elberfelder Beispiel näher betrachtet werden.

Als erstes fällt das beispiellose Bevölkerungswachstum auf. Die Einwohnerzahl Elberfeld-Barmens stieg seit dem 18. Jahrhundert in einem Maße an, wie es bis dahin für deutsche Städte unbekannt war. Wie schon von den damaligen Beobachtern immer wieder betont wurde, zählte man wenige Jahrhunderte zuvor im Wuppertal nur einige hundert Menschen, aber schon um 1785 wurde ein Stand von 10.000 erreicht. Als Adolph Diesterweg 1818 an die Lateinschule in Elberfeld berufen wurde, lebten zum Jahresende 21.800 Menschen in der Stadt. Damit war Elberfeld nach Köln, Aachen und Düsseldorf die größte Stadt in den preußischen Westprovinzen Rheinland und Westfalen. Auf Rang fünf folgte die Nachbarstadt Barmen, die zu jenem Zeitpunkt auch schon mehr als 20.000 Einwohner zählte. In den nachfolgenden Jahren wuchsen beide Städte so schnell, daß sie Aachen und Düsseldorf bald an Einwohnern überflügelt hatten. Dieser Bevölkerungszuwachs speiste sich aus zwei Quellen: einerseits herrschte Geburtenüberschuß; andererseits zogen mehr Menschen ins Wuppertal als von dort abwanderten.

Im Wuppertal des 19. Jahrhunderts wurden generell mehr Menschen geboren als verstarben. Eine der wenigen Ausnahmen bildet das Jahr 1818, das für Elberfeld 748 Geburten, zugleich aber 819 Todesfälle verzeichnete. Diese hohe Sterblichkeit hatte ihre Gründe: Als die jahrelangen kriegerischen Auseinandersetzungen mit dem revolutionären napoleonischen Frankreich 1815 beendet und die Rheinlande, zu denen auch das Wuppertal gehörte, an Preußen gefallen waren, folgte nicht, wie allgemein erhofft, eine wirtschaftliche Blüte, sondern eine allgemeine Teuerung. Massenarbeitslosigkeit und Mißernten stürzten große Teile der Bevölkerung in ein bis dahin nicht gekanntes Elend. Die Hungersnot setzte sich auch im folgenden Jahr fort, da es noch immer nicht ausreichend Arbeit gab und die Ernte wegen des schlechten Wetters erneut katastrophal ausfiel. 1816 hatte der Geburtenüberschuß trotz des sich ausbreitenden Elendes noch 200 Personen betragen; ein Jahr später war er auf 20 Kinder zusammengeschrumpft; und 1818, in dem Jahr, als Diesterweg nach Elberfeld kam, starben dort erstmals mehr Menschen als geboren wurden, obgleich die Ernteerträge in diesem Jahr wieder vergleichsweise hoch lagen und sich eine Belebung der Wirtschaft bemerkbar machte. Es verstarben aber nicht nur mehr Menschen, es wurden auch immer weniger geboren. Offenbar war ein Großteil der Einwohner körperlich so anfällig, daß er Krankheiten keinerlei Widerstand entgegenzusetzen vermochte; gleichzeitig waren die Menschen durch das anhaltendende Elend so geschwächt, daß sie keine Kinder mehr zeugen und austragen konnten. Nach Ansicht des Elberfelder Kreisarztes war *„die größere Sterblichkeit in der Beendigung vieler, aus jenen nassen Jahren stammenden Schwindsuchten, und einem, alte und schwächliche Leute wegraffenden herrschend gewesenen Nervenfieber begründet“.*[3] Als Todesursachen werden in den Statistiken der Jahre 1816-1818 keine Epidemien verzeichnet; es sind die üblichen Lungen- und fiebrigen Infektionskrankheiten, die für viele das Ende bedeuteten.

Besonders Kinder hatten schwer zu leiden. Nach einer von der Militärbehörde erstellten Statistik[4] aus dem Jahre 1834 wurden 1814 in Elberfeld 406 Knaben geboren, von diesen starben

1814	59	1819	8
1815	37	1820	3
1816	16	1821	5
1817	10	1822	2
1818	21	1823-33	9

170 erreichten das Jahr 1834 nicht, nur 58% vollendete das zwanzigste Lebensjahr. Bedingt durch die Hungersnot 1816/17 mag der Jahrgang 1814 besonders schwer betroffen gewesen sein, generell sahen die Verhältnisse in der ersten Hälfte des Jahrhunderts aber nicht viel besser aus. In den 20er Jahren verstarb ein Viertel aller neugeborenen Kinder vor Vollendung des fünften Lebensjahres, in den 30er und 40er Jahren stieg dieser Anteil sogar auf 35% an.[5]

Blickt man über das Wuppertal hinaus, so erscheint das dortige Elend in noch grellerem Licht. Im benachbarten Remscheid etwa ging die Hungersnot offenbar ohne große Auswirkung vorüber. Dort läßt sich weder eine bemerkenswerte Erhöhung der Sterberate noch ein Absinken der Geburtenrate feststellen. Der Grund: es gab dort keine proletarisierten Massen, die auf einige Elendsviertel zusammengedrängt ihr Leben fristeten. Im Remscheider Raum besaßen die Eigentümer der Hammerwerke und Schleifkotten noch etwas Land, das sie im Nebenerwerb bewirtschaften; so konnten sie sich auch in schweren Zeiten vor dem Hungertode retten.

331 Grundplan der Fabrick und Handels Stadt Elberfeld
Lithographie von Peter Wilhelm Kreeft, 1828
62,6 x 92,2 cm
Wuppertal, Historisches Zentrum

332 Elberfeld von Osten
Umrißradierung mit Gouache von Johann Heinrich Bleuler (?), um 1810 (Ausschnitt)
32,3 x 48,4 cm
Wuppertal, Historisches Zentrum
Einen Hinweis auf das hoch entwickelte Textilgewerbe gibt die Bleicherei am rechten Wupperufer in der Flußbiegung.

In Elberfeld sah die Situation anders aus. Im prosperierenden 18. Jahrhundert hatte sich auch bei den Heimarbeitern die Ansicht durchgesetzt, daß man im Textilgewerbe sein gutes Auskommen finden könne, wenn man nur seine ganze Arbeitskraft einzig dem Weben oder Riemendrehen widme. Um zu überleben, um eine Familie gründen und ernähren zu können, ja sogar um einen gewissen Wohlstand zu erwerben, bedurfte es nur einigen Fleißes und Sparsamkeit. Zwei Zimmer reichten als Wohnung und Arbeitsstätte für die Familie aus. Solange die Heimweber gut verdienten, konnten sie auch die hohen Lebensmittelpreise auf dem Elberfelder Wochenmarkt bezahlen. Gegen Ende des Jahrhunderts aber sanken die Reallöhne beträchtlich, so daß sie immer länger im Webstuhl sitzen mußten, um den Lebensunterhalt ihrer Familien zu sichern. In der Folge waren Frauen und Kinder gezwungen, immer stärker zur Lebenssicherung beizutragen.

Dieser Lohnverfall sollte bis zur Mitte des 19. Jahrhunderts anhalten.

Das Elend beschränkte sich nicht auf die Hungerjahre 1816/17. Spätestens seit dem letzten Jahrzehnt des 18. Jahrhunderts war die Armut auch ins reiche und reinliche Elberfeld eingezogen, und Hunderte von Bettlern prägten das Bild der Stadt. Mit der Revolution von 1789 und den nachfolgenden Koalitionskriegen mit Frankreich, die 1795 sogar zu einer Besetzung Elberfelds durch französische Truppen führten, kam es zu schweren Belastungen der Wuppertaler Wirtschaft. Als gleichzeitig – bedingt durch eine allgemeine Mißernte – die Preise für Grundnahrungsmittel in bis dahin nicht gekannte Höhen stiegen, bahnte sich eine Katastrophe an. Die Wuppertaler Bevölkerung war doppelt betroffen: einerseits stiegen die in Elberfeld-Barmen ohnehin schon hohen Lebensmittelpreise beträchtlich an, andererseits mußte viele Betriebe ihre Produktion einstellen und die Arbeitskräfte freisetzen. Da die Unternehmen von ihren Märkten abgeschnitten waren, konnten sie ihre Artikel nicht mehr absetzen. In einem Reisebericht aus dem Jahr 1793 heißt es dazu: „*...die hiesigen Fabriken (sind) bei gegenwärtigen kriegerischen Zeiten,...da nach Frankfurt kein Warenabzug erfolgen kann und Rhein und Maas gesperrt sind, in ganz elender Verfassung, und (es ist) nicht die halbe Arbeit gegen vorige Zeiten vorhanden... Diese Zufälle...setzen... die...Einwohner in mißliche Situation, das Geld verschwindet, und der arme Mann kann nicht Arbeit und Lohn erhalten, wozu die gegenwärtige Teuerung vieles beiträgt.*“[6] Für den Betroffenen bedeutete Arbeitslosigkeit, auf Almosen der Kirchengemeinden und Bürger angewiesen zu sein.

333 Die Gathe, um 1830
Kohlezeichnung, undatiert
10,5 x 14,8 cm
Wuppertal, Historisches Zentrum, Sammlung Rinke
Die Zeichnung zeigt die Straße „Die Gathe“ am Rande Elberfelds, in der die Armen der Stadt lebten. Ein Spottvers illustriert deren Leben: „Auf der Gathe ist es schön/wo die Männer Branntwein saufen/Weib und Kinder barfuß laufen/und die Wanzen Schildwach stehn“.

Angesichts des sich ausbreitenden Massenelends gründete der Elberfelder Bürgermeister Jakob Aders im Jahr 1800 die „Allgemeine Armenanstalt“, die die kirchlichen, städtischen und privaten Maßnahmen zur Linderung der Not koordinierte. An Hand von Erhebungsbögen wurde die Bedürftigkeit überprüft; von einer Armenverwaltung, deren Mitarbeiter ehrenamtlich tätig waren, wurde über die Anträge entschieden und die Höhe der Unterstützung festgesetzt. Nach mehreren geglückten Neuordnungen ist diese Anstalt nach 1853 als „Elberfelder System“ weltweit bekannt und kopiert worden. Im Gründungsjahr 1800 dürfte jeder zwanzigste Einwohner der Stadt von der Armenanstalt unterstützt worden sein, 1822 jeder neunte, obgleich seit 1818 ein wirtschaftlicher Aufschwung zu verzeichnen war. Es wäre falsch, aus diesem Anstieg auf eine zunehmende Verelendung der Bevölkerung zu schließen; er bedeutet vielmehr, daß im

Jahre 1822 mehr Gelder zur Verfügung standen und deshalb einem größeren Personenkreis geholfen werden konnte. Gerade in Notzeiten, wenn die Spenden für den Wohlfahrtsfond spärlicher flossen, werden die meisten Bedürftigen keine Unterstützung erhalten haben. Im Durchschnitt wurden 1822 an jeden Unterstützungsbedürftigen 6-7 Silbergroschen pro Woche gezahlt. Ein handelsübliches Schwarzbrot von 7 Pfd. Gewicht kostete in jenem Jahr 4 Silbergroschen und ein Scheffel – gleich 30 kg – Kartoffeln 23 Silbergroschen. Zuvor, 1817, hatte es mit Gewißheit mehr Bedürftige gegeben; entsprechend fiel die Unterstützung niedriger aus als 1822. Das subventionierte Brot kostete 1817 bis zu 12, ein Pfund „alter, oft ungenießbarer Erdäpfel" kurz vor der neuen Ernte mehr als einen Silbergroschen. Ein Weber, vorausgesetzt er hatte Arbeit, verdiente vielleicht 45-60 Silbergroschen pro Woche.

Im Jahr 1818 starben in Elberfeld 820 Personen, darunter befanden sich etwa 480 Kinder und Jugendliche; mithin waren fast 60% aller Verstorbenen jünger als 18 Jahre; heute liegt dieser Anteil bei 1-2%. Von den 340 erwachsenen Toten in jenem Jahr waren 50% nicht aus Elberfeld gebürtig, das heißt, die Hälfte der erwachsenen Bevölkerung Elberfelds war zugewandert. Die Vielzahl der Zuwanderer sollte während der ersten Hälfte des Jahrhunderts noch weiter ansteigen. In erster Linie stammten die Menschen aus den umliegenden Landstrichen: aus dem Bergischen Land und der im Osten anschließenden Grafschaft Mark. Einwanderer aus dem Siegerland, aus Hessen und vom Niederrhein waren daneben sehr viel seltener anzutreffen. Erst in der zweiten Hälfte des Jahrhunderts zog das Wuppertal auch Neubürger aus dem Homburgschen, dem Wittgensteiner Ländchen und dem Waldeckschen an. Die meisten Immigranten kamen aus ländlichen Gegenden oder aus kleinen Städtchen; Zuwanderer aus Groß- oder Industriestädten, selbst aus der Nachbarstadt Barmen, bildeten unter den Verstorbenen die Ausnahme. Da sich offenbar Männer eher als Frauen zur Wanderung entschlossen, ist mit 52% ein leichter Männerüberhang bei der erwachsenen Bevölkerung zu verzeichnen (Wuppertal 1988: 47%). Wie in den Großstädten der heutigen Entwicklungsländer muß man sich in Elberfeld eine sehr junge Bevölkerung vorstellen: exakt ein Drittel der Einwohner war 1823 jünger als 14 Jahre (1988: 12%), nur 5% waren älter als 60 (1988: 23%) – Menschen, die zu einem großen Teil vom Lande zugewandert waren, um in der Industriestadt ihr Glück zu machen.

Elberfeld war eine offene Stadt; es gab keinen Befestigungsgürtel, der die Stadt in ihrem Wachstum einschnürte und begrenzte. Noch bis 1640 hatte die Stadt Mauerringe besessen, und sowohl jenseits dieser Mauern als auch südlich der Wupper hatten sich eigene Viertel für die ärmeren Handwerkerschichten herausgebildet. Auch als die Stadtmauern im Dreißigjährigen Krieg auf Betreiben der Bürger geschleift wurden, bestand diese soziale Trennlinie fort. Im Zuge der großen Wirtschaftsdepression, die mit den revolutionären Unruhen in Frankreich einsetzte, sanken diese Viertel zu Slums ab, in denen das größte Elend, Prostitution und Verbrechen herrschten. Über die Wohn- und Lebensverhältnisse in diesen Quartieren sind nur spärliche Nachrichten überliefert. In einem Aufruf der Allgemeinen Armenanstalt aus dem Jahr 1801 wird von einem *„alten, krankem Greis"* berichtet, *„der in dem dunklen Winkel eines tiefen Kellers ohne Decke, fast ohne Kleidung auf der nassen, kalten, feuchten Erde, auf einem halbverfaulten Lager von Laub und Hobelspänen lag, und hier ohne Trost und ohne Erquickung seinem nahen Tod entgegen sah,"* und von einem *„unschuldigen Geschöpf, das, ein trauriges frühes Opfer der Armut und der Verwahrlosung, noch lebend schon mit der Verwesung kämpfte; das in dem Augenblick wo wir es fanden, von aller menschlichen Hilfe verlassen, in einem leeren Zimmer jämmerlich stöhnend auf dem harten Tisch lag, der mit Würmern bedeckt war, die überall aus seinem Körper hervorkamen."* Dem Spendenaufruf zufolge hatte die Gruppe der ohne eigenes Verschulden Verelendeten „... *in den letzten*

334 Alt Gathe (Bachstraße), 1.Hälfte 19.Jh.
Kohlezeichnung, undatiert
14,8 x 10,5 cm
Wuppertal, Historisches Zentrum,
Sammlung Rinke

Jahren über alle Vorstellungen...zugenommen. Teuerung, Mangel an gesunden Nahrungsmitteln, schlechte, feuchte, allen Einwirkungen der Witterung ausgesetzte Wohnungen, erzeugen unter derselben zu allen Jahreszeiten eine Menge Krankheiten, die durch Unwissenheit, Verwahrlosung, Mangel an schneller Hilfe und Pflege, oft schon in wenigen Wochen unheilbar werden."[7]

Außerhalb des alten Stadtkerns lagen aber nicht nur die Elendsviertel, auch die zu Reichtum gekommenen Bürger errichteten an der Peripherie der Stadt ihre Häuser. Seit dem letzten Viertel des 18. Jahrhunderts entstanden am Mäuerchen und auf der Aue im Westen Elberfelds sowie auf dem Hofkamp und der Hofaue im Osten Gebäude, die den Vergleich mit adeligen Palais mancher Residenzstadt nicht zu scheuen brauchten. Umgeben waren einige dieser Häuser mit Gärten und weitläufigen Parks, zu deren Anlage man Gartenarchitekten rheinischer Höfe heranzog. Neben dem privaten Besitzungen wurde seit 1807 auf der Hardt auch ein Englischer Garten „zum Vergnügen des Publikums" angelegt. Wie fast alle sozialen Einrichtungen wurde auch diese öffentliche Parkanlage von wohlhabenden Bürgern initiiert. Politische Gesellschaften und karitative, wohltätige Vereine prägten das Leben der Wuppertaler Oberschicht ganz entscheidend. Zu den prächtigen Wohnhäusern gesellten sich repräsentative öffentliche Gebäude, wie sie bis zur Mitte des Jahrhunderts kaum in einer anderen rheinischen Stadt zu finden waren. Das Haus der Gesellschaft „Museum" war das erste dieser meist im klassizistischen Stil errichteten Bauwerke, die Elberfeld ein großstädtisches Gepräge geben sollten. Es wurde zwischen 1817 und 1820 ausgeführt, zu der Zeit also, als Diesterweg in Elberfeld wirkte. Im Mai 1820 konnte der Grundstein zum zweiten bedeutenden klassizistischen Bauwerk der Stadt gelegt werden, dem „Bürgerkrankenhaus". Dieses Krankenhaus hat eine Vorgeschichte, die sowohl für das Elend in Elberfeld als auch für das Verantwortungsbewußtsein des Wuppertaler Bürgertums kennzeichnend ist. Um die Not während der großen Teuerung von 1816/17 zu lindern, bildete sich auf Initiative von Jakob Aders in Elberfeld ein sogenannter „Kornverein". Es handelte sich dabei um eine Aktiengesellschaft, die im Baltikum Getreide aufkaufte und es unter Marktwert in Elberfeld an die Bäcker abgab, um so die Brotpreise zu senken. Ohne diese groß angelegte Unterstützungsaktion – in Barmen und anderen Städten gab es ähnliche Vereine – hätte das Elend wahrscheinlich kaum vorstellbare Ausmaße angenommen. Der Elberfelder Kornverein wirtschaftete so glücklich, daß bei seiner Auflösung im September 1817 nach Rückzahlung der Einlagen ein beträchtlicher Überschuß verblieb. Dieses Geld wurde nicht an die Aktionäre ausgezahlt, sondern für den Bau des besagten Krankenhauses der Stadt gestiftet. Auf einer Tafel über dem Eingang verewigten sich die Spender: „Denkmal der Noth u. Hülfe in den Jahren 1816 u. 1817."

Adolph Diesterweg erhielt im Jahre 1818 einen Ruf an die Lateinschule in Elberfeld. Obgleich er das Wuppertal schon 1820 wieder verließ, müssen diese Monate in der damals wichtigsten Industrie- und Gewerberegion Westdeutschlands einen nachhaltigen Eindruck bei ihm hinterlassen haben. In diese Zeit fällt nicht nur seine Hinwendung zum Volksschulwesen; in Elberfeld findet er sich auch erstmals dem Problem der Kinderarbeit gegenübergestellt. Diesterweg erlebte Elberfeld, das die Zeitgenossen mit Bewunderung und Abscheu das „deutsche Manchester" nannten, am Ende einer tiefgreifenden Krise. In jenen Jahren aber war nicht nur unermeßliches Leid über große Teile der Bevölkerung gekommen; in der Notzeit wurde auch die Grundlage gelegt für ein Verantwortungsbewußtsein und ein soziales Engagement, zu dem sich Diesterweg fortan sein Leben lang verpflichtet fühlen sollte.

1 Elberfeld wurde 1929 mit Barmen und einigen anderen selbständigen Städten, Ort- und Gemeindeteilen zur Großstadt Wuppertal vereinigt.
2 Allgemeine deutsche Real-Encyklopädie für die gebildeten Stände (Conversations-Lexikon) in 12 Bänden. Bd. 3. Leipzig 1827, S. 474f.
3 Brüning, J.R. (Hrsg.): Stadt Elberfeld. Ereignisse der Jahre 1816 und 1817. O. O. (Elberfeld), o. J. (1818), S. 45.
4 Knapp, J.F.: Geschichte, Statistik und Topographie der Städte Elberfeld und Barmen im Wupperthale. Iserlohn, Barmen 1835, S. 295.
5 Vgl. Pogt, H.: Bevölkerungsstatistik. In: Historisches Zentrum Wuppertal. Museum für Frühindustrialisierung (Katalog). O. O. (Wuppertal), o. J. (1985), S. 19.1ff.
6 Christian Friederich Meyers „Ansichten" vom Bergischen Land aus dem Jahre 1793. In: Huck, G., Reulecke, J. (Hrsg.): „...und reges Leben ist überall sichtbar!" Reisen im Bergischen Land um 1800. Neustadt a.d. Aisch 1978, S. 89.
7 Zit. n. Ünlüdag, T.: Historische Texte aus dem Wupperthale. Hrsg. v. K.H. Beeck. Wuppertal 1989, S. 384ff.

Herbert Pogt

„...verkrüppeln an Seele und Leib"

Kinderarbeit im Wuppertal

Der Schriftsteller Johann Heinrich Jung, genannt Stilling, ließ sich nach Abschluß seines Studiums in Straßburg im Jahre 1772 in Elberfeld als Arzt nieder. In seiner Lebensbeschreibung hat Jung, der aus Hilchenbach stammte, den ersten Eindruck festgehalten, den *„die unvergleichliche Stadt mit dem paradiesischen Tal"* auf ihn machte. 1818, nicht einmal fünfzig Jahre nach Jungs Ankunft, wurde Adolph Diesterweg, ein anderer Sohn des Siegerlandes, an die Lateinschule nach Elberfeld berufen. Zehn Jahre später veröffentlichte er in einem autobiographisch gefärbten Bericht seine Wuppertaler Eindrücke: *„...dieses Tal ist nicht eine Stätte des Glückes, sondern eine Wohnung des menschlichen Elendes und des irdischen Jammers."*[1]

Worin ist der Grund zu suchen, daß sich innerhalb einiger Jahrzehnte das Urteil über das Wuppertal so grundlegend änderte? Wie konnte in weniger als einem Menschenalter aus dem Paradies ein Tal des Elends und des Jammers werden? Für diesen Wandel sind zwei Faktoren entscheidend. Erstens entwickelte sich Elberfeld in diesem Zeitraum aus einem relativ wohlhabenden Gewerbestädtchen zu einer Industriestadt mit all den Begleiterscheinungen der Industrialisierung, die man üblicherweise nur im England eines Charles Dickens ansiedelt: Massenverelendung, Wohnungsnot und Jugendkriminalität. In den 50 Jahren zwischen 1770 und 1820 blieb das Lohnniveau wohl konstant, aber die Preise stiegen stark an, so daß sich insgesamt die Lebenssituation der arbeitenden Bevölkerung beträchtlich verschlechterte. Zweitens änderte sich aber auch die Einstellung gegenüber den sozialen Verhältnissen; anfangs entwickelten nur wenige Gebildete, später immer weitere Kreise des Bürgertums ein Problembewußtsein für die sogenannte „Soziale Frage" und speziell für den „Mißstand der Kinderarbeit".

Der Waagemeister und Kunstmaler Johann Merken (1724-1787) verfaßte in seinen letzten Lebensjahren eine Chronik seiner Heimatstadt Elberfeld, in der er auch von der Einführung neuer Produktionsmittel in der zweiten Hälfte des 18. Jahrhunderts berichtet: *„Recht erfreulich war es zu sehen, wie an warmen Sommertagen damals und noch bis 1750 die Straßen und Haustüren im Island, an der Vooren (Fuhr), Klotzbahn, Gathe und anderwärts mit Hunderten von Jungen und Mädchen besetzt waren, welche mit Riemen-, Kanten- und Spitzenschlagen auf ihren Riemen- und Klöppelküssen (Kissen) sich verlustigt und ihre Kost verdienen konnten, – was aber in folgender Zeit durch das Aufkommen der Hand- und Wassermaschinen der Gebrüder Bockmüller (Bockmühl) auf der Hofaue also (so sehr) in Abnahme gekommen, daß diese armen Kinder von ihrer Brotgewinnung an Müßiggang und Betteln gekommen, wie man alle Tage an den Türen sah. Ebenso ist durch die neue Kunst der gewirkten Spitzen vielen geringen Weibern und Töchtern der Weg versperrt worden, mit ihrer Arbeit ihr Brot zu verdienen."*[2]

Wie dieses Zitat belegt, ist Kinderarbeit kein Phänomen des Maschinenzeitalters. Schon vor der Erfindung und Einführung von Produktionsmaschinen mußten Kinder der ärmeren Volksschichten so früh wie möglich zu ihrem Lebensunterhalt beitragen oder sich gar selbst versorgen. Glücklich diejenigen, die in einem reichen Gewerbegebiet wie dem Wuppertal aufwuchsen und von ihrer Hände Arbeit leben konnten. In einem offiziellen Bericht aus dem Jahre 1729 heißt es: *„...hier hat kein Einwohner vor den Häusern zu betteln nötig, Kinder von fünf bis sechs Jahren können ihr Brot...mit Wollelesen, Kratzen und Spinnen so wohl als auch...mit Garnspulen, Bleichen,*

Streichen und Haspeln verdienen."[3] Entsprechend äußerte sich 60 Jahre später auch ein Pfarrer der Nachbarstadt Schwelm, in der ähnliche Verhältnisse wie im Wuppertal herrschten, zu dem Phänomen der alltäglichen Kinderarbeit: *„Viele Kinder sind ein Reichtum einer Fabrikanten (=Heimarbeiter)familie. Vom 6ten Jahre an können sie schon ihr Brot mit Spulen, Spinnen, Sortieren, Abzählen, Aufwickeln u.s.w. verdienen.*"[4]

Der bergisch-märkische Raum mit seinem Textil- und Eisengewerbe, das auf eine Tradition von mehreren Jahrhunderten zurückblicken konnte, war eine der reichsten Regionen Deutschlands, und in der zweiten Hälfte des 18. Jahrhunderts erlebte er eine anhaltende Wirtschaftsblüte. Dennoch scheint es wünschenswert und häufig sogar notwendig gewesen zu sein, Kinder zur Heimarbeit heranzuziehen.

Obgleich die Einwohnerzahlen Deutschlands noch sehr niedrig lagen – sie betrugen 1750 23 und 1790 25 Millionen –, war in vielen Landstrichen eine relative Überbevölkerung zu verzeichnen. Das Wirtschaftswachstum hatte mit dem sich beschleunigenden Bevölkerungswachstum nicht Schritt gehalten. Wohl lebte der weitaus größte Teil der Bevölkerung noch auf dem Lande – nur 10% wohnten in Städten mit mehr als 5.000 Einwohnern –, und für die meisten Deutschen bildete die Landwirtschaft noch die Lebensgrundlage; aber im Agrarsektor mangelte es allerorten an Arbeitsplätzen, die landlosen Unterschichten bestimmten häufig das Bild. Die Ärmsten verdingten sich als Tagelöhner und versuchten ihr Glück in der Stadt mit der Folge, daß die zweite Hälfte des 18. Jahrhunderts von einem ausgeprägten Bettler(un)wesen gekennzeichnet war. So sollen sich in Köln unter den 40.000 Einwohnern der Stadt 10.-11.000 Bettler befunden haben; in Elberfeld, das um 1780 erst 8.700 Einwohner zählte, belief sich ihre Zahl nur auf wenige Hundert. Es blieb nicht aus, daß auch Kinder häufig auf nicht ganz legale Art und Weise ihren Lebensunterhalt bestreiten mußten.

Bei den Wuppertaler Unternehmen, die in der oben zitierten Chronik Erwähnung finden, handelt es sich um die Riemendreherei (=Flechterei) Gebr. Bockmühl auf der Hofaue in Elberfeld und die Spitzenweberei Caspar Engels in Unterbarmen. Beide setzten um 1770 erstmals hochkomplizierte Textilmaschinen ein, deren genaue Funktionsweise nicht überliefert ist, die diese Betriebe zu den technologisch führenden der ganzen Region machten. Einerseits wurden laut Johann Merken durch die Einführung dieser neuen Technologien diejenigen Kinder, die Flecht- und Klöppelartikel bisher in Hand- und Heimarbeit hergestellt hatten, freigesetzt, arbeitslos. Andererseits aber fanden für die offenbar „kinderleichten" Handgriffe einige wenige Kinderarbeiter auch weiterhin Beschäftigung, wie wir aus zeitgenössischen Reisebeschreibungen entnehmen können.

Eine Gruppe adeliger Damen besichtigte im August 1787 das Wuppertal und stattete dabei auch den beiden genannten Unternehmen einen Besuch ab. Eine der Hofdamen, fasziniert von den technischen Abläufen, hielt ihre Eindrücke in ihrem Tagebuch fest. Über die Firma Caspar Engels vermerkte sie unter anderem: *„Eine andere Fabrik, die meine besondere Aufmerksamkeit fand, stellte Spitzen her, Dentelles économiques, die wir Lisières nennen. Ein junges Mädchen, das nur zu spielen scheint, fertigt zwölf Stücke auf einmal, und zwar sehr schnell.*"[5]

Fünf Jahre später berichtete ein französischer Adeliger, der wegen der revolutionären Unruhen aus seiner Heimat emigriert war, über die Kinderarbeit in Elberfeld: *„Das Abspulen des Garns in den Siamoisenfabriken, die Baumwollspinnereien nebst den Schnürriemenmaschinen beschäftigen eine Menge armer Kinder, wovon jedes, wenn es nur etwas fleißig ist, sich seinen Unterhalt selbst reichlich verschaffen kann. Man zeigte mir 3 Kinder von 9 bis 13 Jahren, die einem Vater gehörten, wovon das älteste täglich 9, das zweite 7, und das dritte 6 Stüber mit Baumwollspinnen auf Maschinen verdiente... Durch die-*

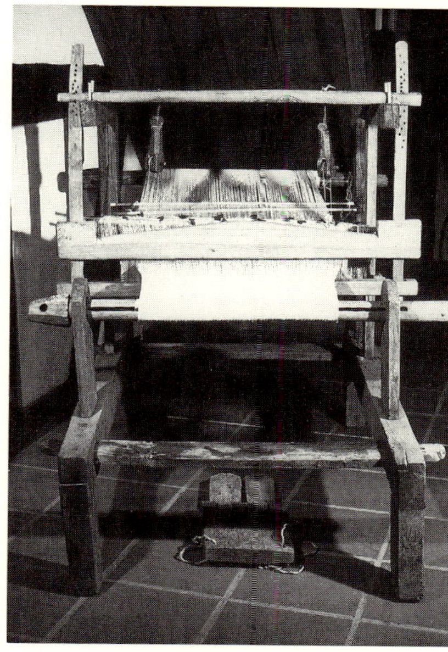

335 Kinderwebstuhl, 1. Hälfte 19.Jh.
130 x 107 x 140 cm
Haßloch, Heimatmuseum

336 Schwingbock, 19.Jh.
120 x 92 x 45 cm
Siegen, Siegerlandmuseum

337 Haspel, 19.Jh.
101 x 82 x 40 cm
Siegen, Siegerlandmuseum

sen Gewinn werden freilich viele Eltern gereizt, ihre Kinder mehr zur Arbeit, als zum Schulgehen anzuhalten."[6]

Über die Bockmühlsche Flechterei weiß dieser Emigrant zu berichten: „*Unter den verschiedenen Schnürriemenmaschinen, welche zuweilen von neun- bis zwölfjährigen Kindern im Gange erhalten werden, verdient vorzüglich eine bemerkt zu werden, die bloß durch Hilfe des Wassers in Bewegung gesetzt wird... In 12 Stunden können mit diesen 24 Spulen (Spindeln der angeschlossenen Baumwollspinnmaschine, H.P.) wenigstens 20 Stränge Garn gesponnen werden... Ein Kind von 12 Jahren kann das ganze Werk im Gange erhalten...*"[7]

Die Arbeit von Kindern in der Landwirtschaft und im Heimgewerbe war für die Zeitgenossen des 18. Jahrhunderts eine Selbstverständlichkeit. Niemand erregte sich darüber. Im Gegenteil: Anlaß zur Klage bestand, wenn Kinder keiner Arbeit nachgingen und ihren Lebensunterhalt nicht selbst bestritten. Auch die Beschäftigung einer ganzen Reihe von Kindern als Heimarbeiter in einer dezentralen Manufaktur, wie der von Caspar Engels, oder als Handlanger in einem größeren, arbeitsteilig organisierten Betrieb, wie dem der Gebrüder Bockmühl, fiel noch nicht aus dem Rahmen des Üblichen. Der qualitative Schritt, der Kinderarbeit letztlich auch für einige Erwachsene zu einem Problem werden ließ, ist im Übergang zur Fabrikproduktion zu suchen.

Der Elberfelder Kaufmann Johann Gottfried Brügelmann gründete 1783/84 im ländlichen Ratingen eine Baumwollspinnerei, die mit ihren modernen Maschinen häufig als die erste Fabrik auf dem europäischen Festland bezeichnet wird. Für dieses Unternehmen beantragte er beim Landesherrn ein Privileg, das ihm eine Monopolstellung in den Herzogtümern Jülich und Berg sichern sollte. Unter anderem führte Brügelmann als Begründungen an: „*...da durch diese Anlage Höchstdero Stadt Ratingen und das ganze Amt (Angermund) die größten Vorteile ziehet, indem eine Menge armer Einwohner und kleiner Kinder von 6 bis 10 Jahren, welche nur gar zu häufig dem Müßiggang und Betteln nachgehen, ihren täglichen Unterhalt verdienen und dadurch von Jugend an zur Arbeit und Fleiß angehalten werden...*"[8] Die Regierung fand keine Bedenken und gewährte das Privileg für zwölf Jahre. 1797 beschäftigte Brügelmann in seiner Fabrik 226 Personen, fast drei Viertel von ihnen gehörten zur Altersgruppe der 6- bis 16jährigen, Kinder im Alter von 8 bis 11 Jahren waren besonders stark vertreten.[9]

338 Kinderarbeit in einer Spinnerei
E. Baines: History of the Cotton Manufacture in Great Britain. London 1833

Die oben zitierte Hofdame besichtigte einige Tage nach ihrem Besuch im Wuppertal im August 1787 auch die Fabrik in Ratingen. Ihr Interesse galt wiederum vornehmlich den technisch-kunstvollen Produktionsprozessen; nebenbei vermerkte sie in ihrem Tagebuch sowohl, daß die Arbeiter, „in sonntäglicher Kleidung", besser gekleidet waren als die Tagelöhner auf dem Land, als auch, daß vornehmlich Kinder in der Spinnerei beschäftigt wurden: *„Ein Kind von sechs Jahren ordnet die Eingabe hinter dem Rade (dem Einführmechanismus einer Kardiermaschine, H.P.), und ein anderes sammelt sie davor mit außerordentlicher Schnelligkeit wieder auf. Mit Ausnahme der Aufseher arbeiten hier nur Kinder. Eines versieht 28 Spulen, die den Faden so dick wie die Hälfte des kleinen Fingers spinnen. Andere setzen die Baumwolle auf die Spulen und tragen sie in einen anderen Raum, in dem ein Mädchen die Arbeit durch Verziehen und Feinspinnen beendet..."*[10]

339 Mädchen an einer Kardiermaschine

Nachdem das Brügelmann'sche Privileg abgelaufen war, schossen ab 1796 in Elberfeld-Barmen Spinnereien wie Pilze aus dem Boden. Über die Größe und Struktur ihrer Belegschaften liegen so gut wie keine Angaben vor. Es ist aber zu vermuten, daß sich die Arbeiterschaften der Wuppertaler Unternehmen ähnlich wie in Ratingen zusammensetzten. Im Jahre 1800 mietete der Elberfelder Kaufmann Anton vom Heydt im heruntergewirtschafteten Kreuzherrenkloster zu Beyenburg, heute ein Stadtteil Wuppertals, einige Räume an, um in ihnen eine Baumwollspinnerei mit Spinnmaschinen einzurichten, die von Hand betrieben wurden. Als Begründung für die Wahl des Standortes gab er an, er habe in Beyenburg *„...daselbst vornehmlich viele müßiggehende Kinder vorgefunden (, die) mit ihren Eltern mit bloßem (Handrad-)Spinnen sich kümmerlich ernähren müssen."*[11] Vom Heydt setzte in diesem „armen und nahrungslosen Ort" 40 Personen durch seinen Betrieb „in Tätigkeit und Verdienst"; wie viele Kinderarbeiter unter ihnen waren, entzieht sich unserer Kenntnis. Dem Ratinger Vorbild entsprechend müßten es 20 bis 30 gewesen sein. Nach einem Bericht des Elberfelder Oberbürgermeisters an den Regierungspräsidenten in Düsseldorf existierten Anfang 1833 in Elberfeld nur noch drei Spinnereien. Zusammen beschäftigten sie 217 Personen, von denen 134 oder 62% Kinder waren.

Aber bei weitem nicht alle Kinder der Unterschicht fanden in den neuen Fabriken Beschäftigung. So wußte ein Landpfarrer aus der Gegend um Bielefeld in einer Reisebeschreibung über die Zustände in Elberfeld im Jahre 1802 zu berichten: *„Nirgends möchte eine Industrieschule nötiger sein als hier; Knaben, die schon in Fabriken arbeiten konnten, aber nicht wollten, ergaben sich dem Müßiggange, dem frechesten Unfuge, dem häßlichsten Lärme, reiften zu Bettler und Dieben heran und waren zum Teil schon Diebe in einer Bande.*

‚Eine Horde von mehr als zwanzig Armenschülern von 7 bis 14 Jahren war wirklich zum Komplotte organisiert, stahl Schinken, Würste, Semmel, Branntwein, Tabak, Pfeifen etc., begab sich mit schwarz gemachten Gesichtern in der Dämmerung zu einem eine halbe Stunde

vor der Stadt in einer romantischen Gegend gelegenen Kalkofen, verzehrte dort ihren Raub in spitzbübischer Fröhlichkeit, und sang das Schillersche Räuberlied! Ein freies Leben führen wir, ein Leben voller etc., etc.'(s. Westf. Anzeiger 1802. Num. 23) Das Bettlerleben, der Mangel an einer Industrieschule, und besonders an einem Gesetz, das die Eltern zwingt, ihre Kinder vom 7. bis zum 14. Jahre unnachläßig in die Schule zu schicken,...und wer weiß, was noch mehr, scheinen die schrecklichen Quellen dieser Immoralität zu sein...“[12]

Fabrikarbeit hielt man – natürlich nur für Kinder der Unterschichten – in ähnlicher Weise für pädagogisch wertvoll wie den Besuch einer Industrieschule. In beiden Fällen wurden die Kinder angeblich zu Fleiß, Ordnung, Ausdauer, Pünktlichkeit und Geschicklichkeit erzogen. 1802 wurde übrigens eine Industrieschule im Armenhaus der Stadt Elbefeld eingerichtet.

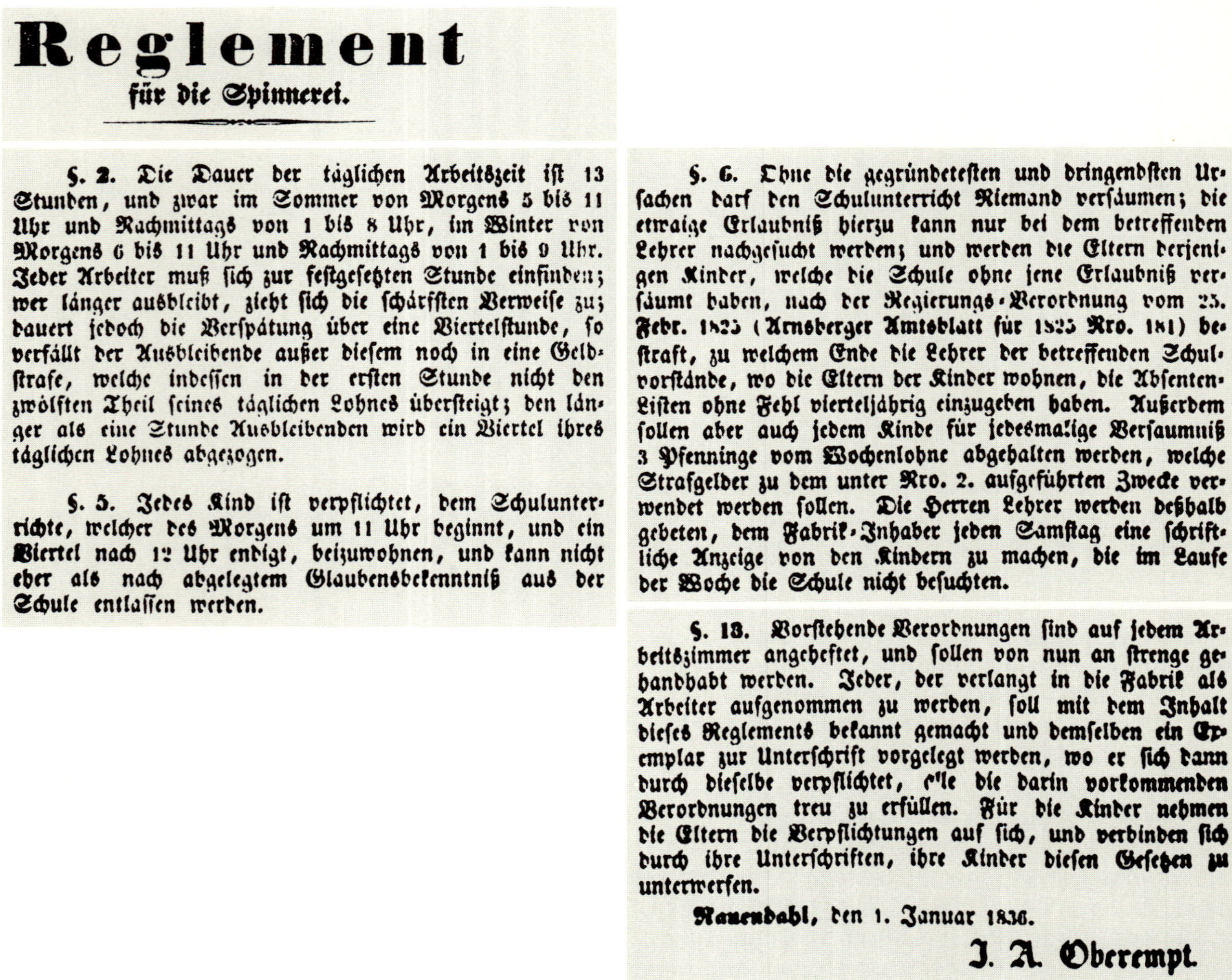

Reglement

für die Spinnerei.

§. 2. Die Dauer der täglichen Arbeitszeit ist 13 Stunden, und zwar im Sommer von Morgens 5 bis 11 Uhr und Nachmittags von 1 bis 8 Uhr, im Winter von Morgens 6 bis 11 Uhr und Nachmittags von 1 bis 9 Uhr. Jeder Arbeiter muß sich zur festgesetzten Stunde einfinden; wer länger ausbleibt, zieht sich die schärfsten Verweise zu; dauert jedoch die Verspätung über eine Viertelstunde, so verfällt der Ausbleibende außer diesem noch in eine Geldstrafe, welche indessen in der ersten Stunde nicht den zwölften Theil seines täglichen Lohnes übersteigt; den länger als eine Stunde Ausbleibenden wird ein Viertel ihres täglichen Lohnes abgezogen.

§. 5. Jedes Kind ist verpflichtet, dem Schulunterrichte, welcher des Morgens um 11 Uhr beginnt, und ein Viertel nach 12 Uhr endigt, beizuwohnen, und kann nicht eher als nach abgelegtem Glaubensbekenntniß aus der Schule entlassen werden.

§. 6. Ohne die gegründetesten und dringendsten Ursachen darf den Schulunterricht Niemand versäumen; die etwaige Erlaubniß hierzu kann nur bei dem betreffenden Lehrer nachgesucht werden; und werden die Eltern derjenigen Kinder, welche die Schule ohne jene Erlaubniß versäumt haben, nach der Regierungs-Verordnung vom 25. Febr. 1825 (Arnsberger Amtsblatt für 1825 Nro. 181) bestraft, zu welchem Ende die Lehrer der betreffenden Schulvorstände, wo die Eltern der Kinder wohnen, die Absenten-Listen ohne Fehl vierteljährig einzugeben haben. Außerdem sollen aber auch jedem Kinde für jedesmalige Versaumniß 3 Pfenninge vom Wochenlohne abgehalten werden, welche Strafgelder zu dem unter Nro. 2. aufgeführten Zwecke verwendet werden sollen. Die Herren Lehrer werden deßhalb gebeten, dem Fabrik-Inhaber jeden Samstag eine schriftliche Anzeige von den Kindern zu machen, die im Laufe der Woche die Schule nicht besuchten.

§. 18. Vorstehende Verordnungen sind auf jedem Arbeitszimmer angeheftet, und sollen von nun an strenge gehandhabt werden. Jeder, der verlangt in die Fabrik als Arbeiter aufgenommen zu werden, soll mit dem Inhalt dieses Reglements bekannt gemacht und demselben ein Exemplar zur Unterschrift vorgelegt werden, wo er sich dann durch dieselbe verpflichtet, alle die darin vorkommenden Verordnungen treu zu erfüllen. Für die Kinder nehmen die Eltern die Verpflichtungen auf sich, und verbinden sich durch ihre Unterschriften, ihre Kinder diesen Gesetzen zu unterwerfen.

Rauendahl, den 1. Januar 1836.

J. A. Oberempt.

340 Fabrikordnung der Baumwollspinnerei Oberempt, Oberbarmen, 1.1.1836
59,4 x 42,0 cm
Wuppertal, Historisches Zentrum

Die früheste bisher bekannt gewordene Reaktion der Behörden auf die zunehmende Kinderarbeit fällt noch in die Zeit, in der das Wuppertal zum französichen Satellitenstaat „Großherzogtum Berg“ gehörte. Der Elberfelder Polizeibericht vom Juni 1810 gab Anlaß, höheren Ortes die Einrichtung einer Abend- und Sonntagsschule für solche Kinder armer Eltern zu verfügen, welche täglich des Verdienstes halber in den Fabriken arbeiten mußten.[13] Noch griff der Staat nicht ins Wirtschaftsleben ein, trotzdem versuchte er, seiner Verpflichtung nachzukommen, allen Untertanen eine Ausbildung zu gewährleisten. Die Durchsetzung der Schulpflicht – auch gegen den Widerstand der Eltern – sollte auf Dauer gesehen deren Verfügungsgewalt über ihre Kinder und die totale Ausbeutung durch die Unternehmen einschränken. 1815, die Rheinlande waren an Preußen gefallen, berichtete ein hoher Schulverwaltungsbeamter nach Berlin:

„...ein sehr wesentliches Hindernis aller Schulverbesserungen...stellt das leidige Fabrikwesen, diese wahre Pest für den physischen wie moralischen Menschen dar... Kinder von 6 Jahren werden bereits hinter die Maschinen gestellt, um dort selbst zur Maschine zu werden. Sechs Tage lang in der Woche...und auch wohl bei dringender Arbeit – sieben Tage, und jeden Tag von früh morgens bis spät abends bewegt der Knabe in derselben Stellung dieselben Maschinen unaufhörlich zu demselben Geschäft...- Daß diese, wie die Zähne eines Rades, an ihre Stelle eingefügten Fabrikkinder keine Schule besuchen, liegt in der Natur der Sache. Wann sollen sie die Zeit dazu gewinnen? Und wer soll sich ihrer annehmen? Doch kann die Sache nicht bleiben wie sie ist...“[14]

Bis 1839 sollte die Sache bleiben, wie sie war. Im Jahr 1837 nahm in Elberfeld ein Drittel aller schulpflichtigen Kinder nur gelegentlich am Unterricht teil. Erwerbstätigkeit wird der Hauptgrund für ihr Fernbleiben gewesen sein.[15] Als 1838 Abend- und Sonntagsschulen entstanden und 1839 erstmals ein Kinderschutzgesetz erlassen wurde, sank die Anzahl der unregelmäßig die Schule besuchenden Kinder; 1841 lag sie in Elberfeld unter 15%.

Neben Adolph Diesterweg kam dem Barmer Unternehmer Johannes Schuchard (1782-1852) das Verdienst zu, als einer der ersten öffentlich die Kinderarbeit angeprangert zu haben. Bereits 1826 schrieb er im *Rheinisch-Westfälischen Anzeiger:* die Spinnereien sind *„Jammerhöhlen, worin die Jugend geistig und körperlich verkrüppelt wird... Wie ist es aber auch anders möglich bei einer zusammengetriebenen Horde von Kindern, die von morgens 5 Uhr bis abends 9 Uhr zur Zwangsarbeit eingeschlossen werden. Es ist herzergreifend, wenn man gefühl- und gewissenlose Mütter ihre fünf- bis achtjährigen Kleinen früh morgens in Regen und Schnee, in ärmlicher Kleidung sieht hinaustreiben zu der oft einer halben Stunde weit entfernten Spinnerei, wo die armen Würmer schlecht ernährt, ohne den ganzen Tag einen warmen Bissen zu erhalten, ihre geringen Kräfte aufwenden müssen, bis in die späte Nacht hinein, wo sie, stumpf und entkräftet, ihren zum Teil fernen Heimweg antreten.“*[16]

Wenn Schuchard „gefühl- und gewissenlose Mütter“ für die Beschäftigung der Kinder verantwortlich machte, dann ist dieses ein Beleg dafür, daß ihm die wahren Beweggründe nicht einsichtig waren. Der Einsatz schlecht bezahlter Arbeitskräfte drückte das Lohnniveau der Erwachsenen so weit, bis die Eltern gezwungen waren, auch die Arbeitskraft ihrer jüngsten Kinder zu verkaufen, um überleben zu können. Anfang Januar 1833 berichtete der Elberfelder Oberbürgermeister[17], daß in den Spinnereien der Stadt einem Aufseher im Durchschnitt täglich 20, einem Spinner 15 und einem Kinderarbeiter 4 Silbergroschen Lohn gezahlt wurde. Man arbeitete an 300 Tagen im Jahr, die tägliche Arbeitszeit wird 13 Stunden betragen haben. Eine der Spinnereien hatte den Lohn sogar soweit gedrückt, daß sie den jüngsten Kindern nur 14 Silbergroschen pro Woche auszahlte. Dieser Betrag lag so unglaublich niedrig, daß der Oberbürgermeister sich gezwungen sah, zu vermerken: „Auf Verlangen wird dieses amtlich bescheinigt.“ Zu jenem Zeitpunkt kostete ein 7pfündiges, etwa 3300 Gramm schweres, Schwarzbrot beinahe 5 Silbergroschen.

Die Weberei war ein zweiter Gewerbezweig, in dem ebenfalls viele Kinder beschäftigt wurden. Da mechanische Webstühle – und mit ihnen das fabrikmäßige Weben – erst in den 1840er Jahren nach Elberfeld Eingang fanden, wurden Baumwollstoffe bis dahin auf Handwebstühlen in Heimarbeit hergestellt. Pro Webstuhl war eine Hilfskraft notwendig, die Garn auf Schußspulen spulte. Diese Tätigkeit übernahmen zumeist gebrechliche Alte oder aber die Frau und die Kinder des Webers. Hermann Enters, 1846 geborener Sohn eines Heimwebers, berichtet in seinen Lebenserinnerungen: *„...unsere*

341 Flechtmaschine
England, um 1840
150 x 120 x 65 cm
Wuppertal, Historisches Zentrum

342 Bandwebstuhl, Ende 19.Jh.
190 x 360 x 140 cm
Hagen, Westfälisches Freilichtmuseum

Mutter hatte einen schweren Stand, da sie neben dem Haushalt für die zwei Webstühle spulen mußte. Auf einem Webstuhl arbeitete sein Bruder Karl, auf dem anderen mein Vater selbst. Ich erinnere mich, daß ich (unterdessen vier Jahre alt, H.P.) da auch schon auf das Spulrad gesetzt wurde und es lernen mußte.“[18] Im schulpflichtigen Alter *„mußte ich jede freie Minute auf dem Spulrad sitzen, und das Spulen für Webstühle hielt sehr genau, damit der Faden fürs Weben nicht brach. Wenn ich meine Notdurft verrichten mußte, mußte ich darum bitten, daß ich nach dem Hof gehen konnte: ‚Komm aber gleich wieder herauf.‘ Das Spulrad war außer der Schule mein Ein und alles.“*[19]

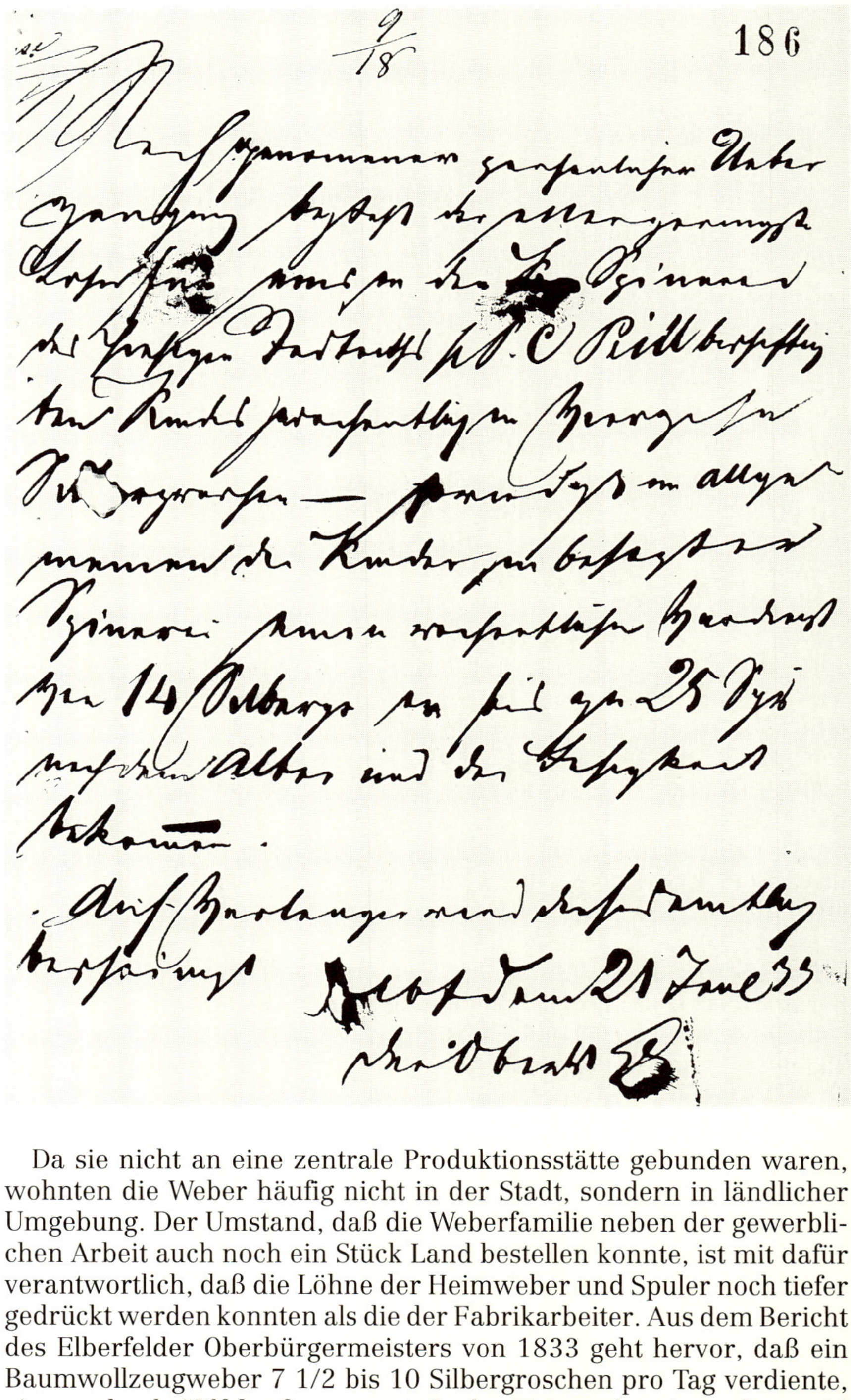

343 Notiz des Elberfelder Oberbürgermeisters Johann Rütger Brüning (1775-1837) über den Lohn für Fabrikkinder
„Acta enthaltend Den hiesigen Handel und die Manufacturen“, Vol.IV, 1829-1834
38 x 24 cm
Wuppertal, Stadtarchiv
„Nach genommener persönlicher Überzeugung besteht der allergeringste Lohn für eins in der Spinnerei des hiesigen Stadtrates P.C. Peill beschäftigten Kindes je wöchentlich in vierzehn Silbergroschen, sowie daß im allgemeinen die Kinder der besagten Spinnerei einen wöchentlichen Verdienst von 14 Silbergr. ev. bis zu 25 Sgr. nach dem Alter und der Fähigkeit bekommen. Auf Verlangen wird dieses amtlich bescheinigt.
Elberfeld, am 21.Jan.1833. der Obmst. B.“

Da sie nicht an eine zentrale Produktionsstätte gebunden waren, wohnten die Weber häufig nicht in der Stadt, sondern in ländlicher Umgebung. Der Umstand, daß die Weberfamilie neben der gewerblichen Arbeit auch noch ein Stück Land bestellen konnte, ist mit dafür verantwortlich, daß die Löhne der Heimweber und Spuler noch tiefer gedrückt werden konnten als die der Fabrikarbeiter. Aus dem Bericht des Elberfelder Oberbürgermeisters von 1833 geht hervor, daß ein Baumwollzeugweber 7 1/2 bis 10 Silbergroschen pro Tag verdiente, eine spulende Hilfskraft nur zwei. In der Heimweberei wurden wohl ungleich mehr Kinder beschäftigt als in den Großbetrieben jener Zeit, den Spinnereien und Färbereien; da sich die Arbeit der Spulkinder aber in den privaten vier Wänden abspielte und nicht für jedermann sichtbar wie in den Fabriken auftrat, ist sie kaum aus ihrem Dunkel ans Licht der öffentlichen Kritik getreten.

Der Selbstmord einer 12jährigen Kinderarbeiterin war für Johannes Schuchard, seit 1826 Abgeordneter im Rheinischen Provinzial-Landtag, Anlaß für eine Gesetzesinitiative, die 1839 zum „Regulativ über die Beschäftigung jugendlicher Arbeiter in Fabriken" führte. Danach war der Einsatz von Kindern unter 9 Jahren in Fabriken, Berg-, Hütten- und Pochwerken verboten; der Nachweis eines dreijährigen Schulbesuchs wurde zur Voraussetzung einer Beschäftigung; für Kinderarbeiter unter 16 Jahren wurde die Arbeitszeit auf maximal 10 Stunden täglich beschränkt sowie Nacht- und Sonntagsarbeit untersagt. Mit diesem Gesetz war ein erster Schritt zu einer staatlichen Sozialpolitik in Deutschland getan.

Ueber den Gebrauch der Kinder zur Fabrik-Arbeit.
Aus pädagogischem Gesichtpunkte betrachtet
von Adolf Diesterweg.

344 A. Diesterweg
Über den Gebrauch der Kinder zur Fabrik-Arbeit. Aus pädagogischem Gesichtspunkte betrachtet
Rheinisch-westfälische Monatsschrift für Erziehung und Volksunterricht Bd.6, 1826

Angaben zur Anzahl der beschäftigten Kinder liegen nur für einzelne Unternehmen vor. Erst 1849[20], als sich die Verhältnisse durch das Regulativ von 1839 schon gebessert hatten, gibt es eine allgemeine Erhebung. Danach arbeiteten im Kreis Elberfeld 3,4% aller Jungen und 3,2% aller Mädchen unter 14 Jahren in Fabriken; das wird heißen, daß sich zumindest jedes zehnte Kind im Alter zwischen 9 und 14 Jahren seinen Lebensunterhalt in einer Fabrik erarbeiten mußte. Die in Heimarbeit beschäftigten Kinder sind nicht berücksichtigt. 1846 berichtete ein Schulrat aus Elberfeld, daß einige Kinder nach der Heimkehr aus der Fabrik zu Hause noch bis 23 Uhr, sogar bis nach Mitternacht auf dem Spulrad Garn spulen müßten. Da sie morgens zwischen 5 und 6 Uhr aufstünden, verblieben ihnen gerade sieben Stunden Schlaf.

„Im Sommer um 5 oder 6 Uhr, im Winter um 6 oder 7 Uhr...ruft die Glocke das Kind in die Fabrik. An den meisten Fabrikaten kann das Kind vom 8. oder 9. Jahre an gebraucht werden. Sobald es in dem Fabrikhause angekommen ist, geht es an die Maschine und verrichtet sein Geschäft. Meist ist seine Arbeit einfach und leicht, immer eine und dieselbe... Nur im Anfange bedarf es zur genügenden Verrichtung seiner Geschäfte der Aufmerksamkeit; nach kurzer Zeit spinnt und spult, klopft und hämmert es maschinenmäßig fort...bis die Mittagsglocke die Arbeiter eine Stunde entläßt. Das Kind eilt nach Hause, verzehrt sein mageres Mittagbrot, wandert um 1 Uhr wieder seinem Kerker zu, beginnt da und damit, wo es eine Stunde vorher aufhörte, und setzt seine Tätigkeit von Minute zu Minute und von Stunde zu Stunde, bis 7 oder 8 Uhr am Abend fort...

Das ist der Beruf der Kinder am Montag, Dienstag, Mittwoch, Donnerstag, Freitag und Samstag, täglich ungefähr nicht weniger als 12 bis 14 Stunden, also den ganzen Tag, die ganze Woche, das ganze Jahr hindurch, mit der kurzen Unterbrechung einer Stunde des Tages eines Tages in der Woche.

Nachdem das Fabrikkind den ganzen bösen langen Tag den Faden gezogen hat, schleppt es die müden Glieder und den noch erschlafften Geist heim in die Hütte, sich sehnend nach Ruhe. Dem glücklichern Kinde winkt sie auf weichem Lager, das Fabrikkind hat am Feierabend...noch nicht Feierabend. Es muß zur Schule."[21]

1 Diesterweg, F.W.A.: Ein pädagogischer Blick auf Fabriken und – eine menschliche Bitte (1828). In: Ders.: Sämtliche Werke. Bd. I. Berlin 1956, S. 341-344. Zitat u. Titelzeile S. 342.
2 Zit. n. Kerst, F.: Aus der alten Wuppertaler Chronik. Die bedeutsamsten Episoden kritisch herausgegeben. Wuppertal 1960, S. 40f.
3 Wülfing, J.: Beschreibung der vornehmen Handelsstädte und Flecken Bergischen Landes, 1729. In: Zeitschrift des Bergischen Geschichtsvereins Bd. 19, 1883, S. 130.
4 Müller, F.Ch.: Choragraphie von Schwelm, Anfang und Versuch einer Topographie der Grafschaft Mark, 1789. Neu hrsg. v. G. Helbeck. Gevelsberg 1980, S. 15.
5 Jahre mit Luise von Mecklenburg-Strelitz. Aus Aufzeichnungen und Briefen der Salomé von Gélieu (1742-1822). Hrsg. v. C.P. Thiede und E.G. Franz. In: Archiv für hessische Geschichte und Altertumskunde Jg. 43, 1985, S. 94.
6 Ein französicher Emigrant in Wuppertal 1792/93. In: Huck, G., Reulecke, J. (Hrsg.): „...und reges Leben ist überall sichtbar!" Reisen im Bergischen Land um 1800. Neustadt a.d. Aisch 1978, S. 68. Zum Vergleich: ein Webergeselle verdiente nach demselben Bericht wöchentlich 3 Taler, das entspricht 180 Stüber oder 30 Stüber pro Arbeitstag, von denen der Meister die Hälfte für Kost und Logis zurückbehielt.
7 Ebenda, S. 67.
8 Zit. n.: Gemmert, F.J.: Die Entwicklung der ältesten kontinentalen Spinnerei. Leipzig 1927, S. 141f.
9 Knieriem, M.: Cromford – Vorabend der Industrialisierung. In: Die Macht der Maschine. 200 Jahre Cromford-Ratingen (Ausstellungskatalog). Ratingen 1984, S. 71.
10 Jahre mit Luise von Mecklenburg-Strelitz. A.a.O., S. 96f.
11 Hauptstaatsarchiv Düsseldorf: Großherzogtum Berg, Nr. 790. Zit. n. Knieriem, M.: Die Gründung der ersten Fabrik in Beyenburg im Sommer 1805. In: Romerike Berge 1985, H. 1, S. 17.
12 „Bemerkungen" des Landpastors Johann Moritz Schwager auf einer Reise durchs Bergische 1802. In: Huck, G. Reulecke, J. (Hrsg.): a.a.O., S. 124.
13 Vgl. Schell, O.: Geschichte der Stadt Elberfeld. Elberfeld 1900, S. 311.
14 Zit. n. Adolphs, L.: Industrielle Kinderarbeit im 19. Jahrhundert unter Berücksichtigung des Duisburger Raumes. Duisburg 1972, S. 20.
15 Weitere Gründe sind das Fehlen von Schulraum, die Länge des Schulwegs, der Mangel an Kleidung und die Fürsorge für jüngere Geschwister.
16 Zit. n. Köllmann, W.: Johannes Schuchard. In: Wuppertaler Biographien, 1. Folge. Wuppertal 1958, S. 76f.
17 Stadtarchiv Wuppertal: J II 59.
18 Die kleine, mühselige Welt des jungen Hermann Enters. 2. Aufl. Wuppertal 1971, S. 27.
19 Ebenda, S. 34.
20 Vgl. Luxem, B.: Die Kinder- und Jugendarbeit im 19. Jahrhundert im Regierungsbezirk Düsseldorf. Phil. Diss. Düsseldorf 1983, S. 70.
21 Diesterweg, F.W.A.: Über den Gebrauch der Kinder zu Fabrikarbeitern. Aus pädagogischem Gesichtspunkte betrachtet (1827). In: Kinderausbeutung und Fabrikschulen in der Frühzeit des industriellen Kapitalismus. Ausgew., eingel. u. erl. v. R. Alt. Berlin 1958, S. 180-196. Zitat S. 183f.

Dieter Tiemann

Schulmisere als öffentliches Streitobjekt

Die Elberfelder Kontroverse um Diesterwegs „Schulzucht"-Artikel

Während der ersten Hälfte des 19. Jahrhunderts bestimmten die Not des Industrieproletariats und die Bedürfnisse der Wirtschaft den Alltag der meisten Heranwachsenden im Wuppertal. Kinderarbeit in den Fabriken und Werkstätten war an der Tagesordnung. Unterricht wurde – wenn überhaupt – in den Pausen, abends und sonntags erteilt. Gänzlich übermüdete Schüler, heillos überfüllte Klassen und völlig überforderte Lehrer kennzeichneten ein Elementarschulwesen, dessen Lernergebnisse minimal blieben. Ständige Schwierigkeiten bereiteten der vorgeschriebene regelmäßige Schulbesuch und die Schulgeldzahlung. Selbst gerichtliche Strafen konnten Eltern offenbar nicht dazu bewegen, ihre Kinder regelmäßig in die Schule zu schicken. Pfändungen wegen nicht gezahlten Schulgeldes fanden noch in den 60er Jahren statt. So sorgten materielles Elend, das Angewiesensein der Familien auf die Kinderarbeit und die Schulpflicht für einen Teufelskreis, aus dem es für das Proletariat des Wuppertals so lange keinen Ausweg gab, wie eine konzentrierte Strategie pädagogischer, sozialer und politischer Kräfte fehlte.

Waren die Elementarschulen von materieller Not überschattet, so fehlte es den höheren Lehranstalten offenbar an geistiger Substanz und eindeutig definierten pädagogischen Zielen. Friedrich Engels beschreibt jedenfalls in seinen „Briefen aus dem Wuppertal" (1839) mit spitzer Feder ihre Mängel: *„Von Bildung – keine Idee; wer Whist und Billard spielen, etwas politisieren, ein gewandtes Kompliment machen kann, das ist in Barmen und Elberfeld ein gebildeter Mann."* Die höheren Schulen des Wuppertals seien weit davon entfernt, „gediegene Bildung" zu vermitteln, seien vielmehr zu Agenturen bürgerlicher Rekrutierung erstarrt, deren Besuch eher formalisiertem Sozialverhalten als zu mehr Wissen und Können strebender Bildungsbeflissenheit entspringe.[1]

Unter den Anläufen, Mißstände in den Schulen des Wuppertales aufzudecken sowie neue Formen und Inhalte, nach denen die Verhältnisse verlangten, auszuprobieren, ist einer hervorzuheben, der das Bewußtsein der Entwurzelung und des Umbruchs besonders deutlich werden läßt. Just 1830, gerade während erregter Auseinandersetzungen um eine neue Elberfelder Schulordnung, traf Adolph Diesterweg mit der Publikation eines provozierenden Aufsatzes die hoch sensibilisierte Öffentlichkeit des Tales und goß gleichsam Öl in das bereits lodernde Feuer. Der Leiter des Lehrerseminars in Moers und ehemalige Konrektor der Elberfelder Lateinschule (1818-1820) schrieb in seinen *Rheinischen Blättern für Erziehung und Unterricht* über die Frage „Was fordert die Zeit in Betreff der Schulzucht?"[2] und provozierte damit heftige Reaktionen. Ausgehend von den tumultuarischen Vorfällen jenes Jahres in verschiedenen deutschen Städten und dem darin zum Ausdruck kommenden revolutionären Potential, beleuchtete er die pädagogische Seite der bestehenden, aber aus den Fugen zu geraten drohenden Ordnung. Dabei betonte er ausdrücklich, *„daß ich mich der Wahrheit befleißigen werde"*, denn: *„Was die Zeitungen berichten, es ist gelogen. Was von der Freude jeder Stadt (eben den Schulen, D.T.) bei dieser oder jener Gelegenheit – von der tief empfundenen, allgemeinen, reinen, überschwenglichen Freude gesagt ist, es ist nicht wahr."*

Für Diesterweg war unbestreitbare Tatsache, daß in den Schulen keine Disziplin mehr herrschte: *„Hörst du nicht schon von fern das* *wilde Geschrei der vor der Schule versammelten Jugend, ihr tolles Rennen, Rufen, Schreien! Nahest du dich mit Frohsinn und Sicherheit der Jugend des Ortes oder fürchtest du Beleidigung von frechen Buben?"* Diese verbreitete Zuchtlosigkeit sei sowohl „für gute Kinder und deren Eltern" als auch „für die bürgerlichen Gemeinden und für den ganzen Staat" schrecklich. Die Lehrer hätten keine Mittel dagegen, weil ein falscher Freiheitsbegriff herrsche, weil sie vom „Publikum" finanziell abhängig und weil sie der Willkür der Eltern und der Ungerechtigkeit der Behörden ausgesetzt seien.

345 Dorfschulmeister
Kolorierte Lithographie, unsigniert, um 1840
32,5 x 40,5 cm
Göppingen, Privatbesitz

Der Autor ließ der Feststellung einer verrohten, respektlosen, ungenierten Schuljugend einerseits und der entrechteten, unmündigen, hörigen Lehrerschaft andererseits seine Analyse der Ursachen solch entmutigender Zustände folgen. Er kam zu dem Schluß, daß die ehemals im sozialen Raum alles beherrschende Kirche keine Gewalt mehr im öffentlichen Leben darstelle, allenfalls noch „die Persönlichkeit eines gewaltigen Geistlichen". Die Schule habe dem „Geist der Zeit" folgen und sich der Verweltlichung weit öffnen müssen. Die Gesellschaft und ihre Einrichtungen, denen weder Pfarrer noch Lehrer, weder Gewohnheit noch Herkommen imponierten, könnten nur durch den konsequenten Einsatz eines Elements des Neuen gebändigt und dauerhaft in Ordnung gebracht werden: „die polizeiliche Gewalt". Sie solle auch in den Schulen angewandt werden. „Ein ungehorsames Kind werde der Polizei übergeben", um es oder die Eltern zu bestrafen. Nur so könnten Gesellschaft und Staat, könnte den Gesetzen Respekt verschafft und damit letztlich revolutionärer Gesinnung vorgebaut werden.

Diesterweg interpretierte in seinem couragierten Aufsatz die nicht mehr vorhandene Schulzucht als Symptom einer umfassenden Loyalitätskrise. Zugleich war ihm die Disziplin der Schüler unabdingbare Voraussetzung einer stabilen Gesellschaftsordnung. Er sah die allgemeine Anerkennung der Verbindung von weltlichen und geistlichem Regiment zerbrochen und an seine Stelle eine Entwertung überkommener Werte treten, deren Folgen Chaos, Anarchie und Pöbelherrschaft sein mußten, wenn das enstandene Vakuum nicht ausgefüllt werde. Hier plädierte er für die Durchsetzung einer entpersönlichten, abstrakten, konstruktiven, im Prinzip wertneutralen Macht: das Gesetz. Angesichts des Verfalls aller sittlichen Normen sollte es, früher ein Mittel zum Zweck geordneter Zustände im christlich orientierten Gemeinwesen, nun selbst Grundlage des Zusammenlebens werden. Diejenigen, die seine Einhaltung garantierten, waren in diesem Geschäft keine Persönlichkeiten, sondern austauschbare Funktionsträger. Letztlich zielte Diesterwegs Artikel auf die Bändigung der entfesselten sozialen Kräfte durch effektive Verwaltung auf der Grundlage kodifizierten Rechts. Dadurch schien ihm der gesellschaftliche Wandel keineswegs ein für allemal verhindert, vielmehr werde er erst in geordneten Bahnen ermöglicht – ein Rückzug auf Spielregeln in Ermangelung allgemein verbindlicher, substantieller Grundvorstellungen: *„Daß wir nicht nur in einer Zeit der Gärung, sondern auch im Anfange einer Periode, welche die gesellschaftliche Ordnung anders gestalten wird, leben, ist doch wohl nicht mehr zu bezweifeln. Aber wie auch künftig der äußere Zustand der Gesellschaft sein wird, in jedem Falle muß das bestehende Gesetz dem Bürger als Autorität imponieren."*

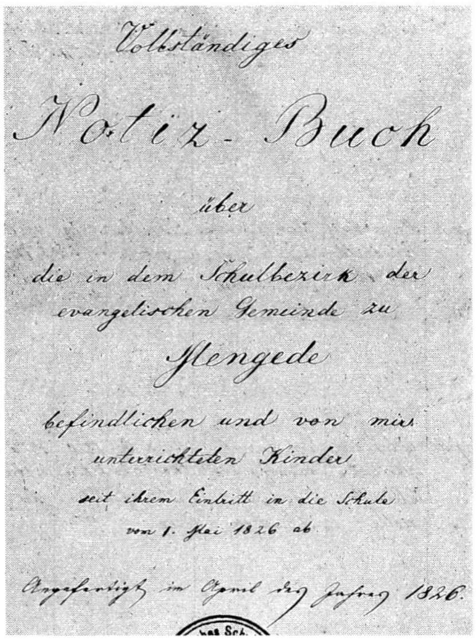

Vollständiges Notiz-Buch über die in dem Schulbezirk der evangelischen Gemeinde zu Mengede befindlichen und von mir unterichteten Kinder seit ihrem Eintritt in die Schule vom 1. Mai 1826 ab

Angefertigt im April des Jahres 1826.

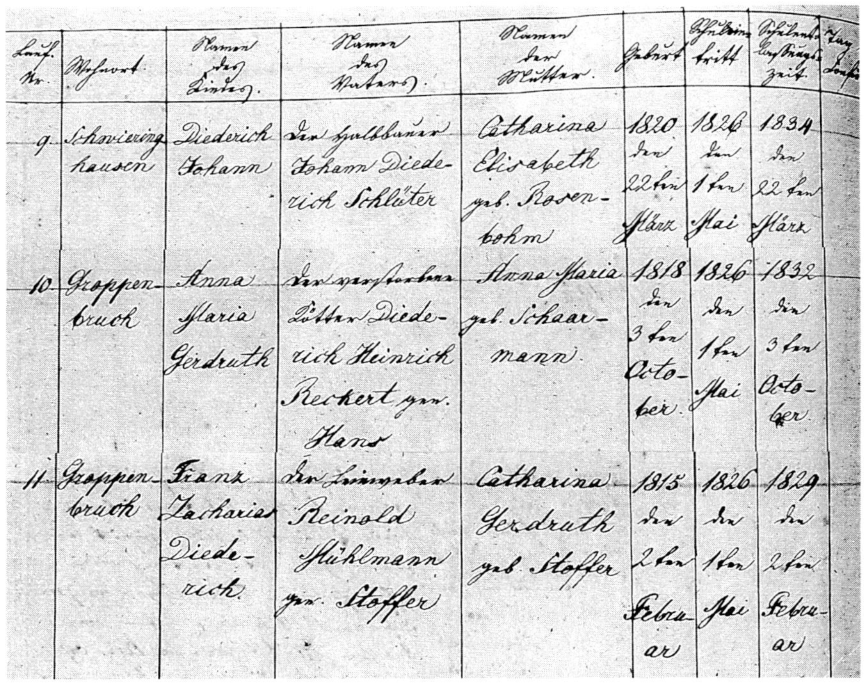

Lauf. Nr.	Wohnort	Namen des Kindes	Namen des Vaters	Namen der Mutter	Geburt	Schuleintritt	Schulentlassungszeit
9	Schwieringhausen	Diederich Johann	der Halbbauer Johann Diederich Schlüter	Catharina Elisabeth geb. Rosenbohm	1820 den 22ten März	1826 den 1ten Mai	1834 den 22ten März
10	Groppenbruch	Anna Maria Gerdruth	der verstorbene Pötter Diederich Heinrich Reckert gen. Hans	Anna Maria geb. Schaarmann	1818 den 3ten October	1826 den 1ten Mai	1832 den 3ten October
11	Groppenbruch	Franz Zacharias Diederich	der Linnenweber Reinold Mühlmann gen. Stoffer	Catharina Gerdruth geb. Stoffer	1815 den 2ten Februar	1826 den 1ten Mai	1829 den 2ten Februar

346 Vollständiges Notiz-Buch über die in dem Schulbezirk der evangelischen Gemeinde zu Mengede befindlichen und von mir unterichteten Kinder.
Angefertigt im April des Jahres 1826 von Wilhelm Klappert
33,0 x 20,7 cm
Dortmund, Westfälisches Schulmuseum

347 Liste der schulpflichtigen Kinder in der evangelischen Gemeinde Mengede für das Jahr 1828
Erstellt von dem Volksschullehrer Wilhelm Klappert
33 x 21 cm
Dortmund, Westfälisches Schulmuseum

Kaum eine andere zeitgenössische pädagogische Quelle spiegelt klarer das Wissen um den verlorengegangenen und noch nicht wiedergefundenen Lebenskompaß. Das Wuppertal spielt darin insofern eine besondere Rolle, als es ganz offensichtlich den Autor, der ja die dortigen Verhältnisse aus eigener Anschauung kannte, zu seinem Aufsatz inspiriert hat. Mehrfach verweist er auf diesen Raum, ohne freilich seine Aussagen allein auf ihn zu beziehen.

Ebenso signifikant wie der Artikel selbst waren die lokalen Reaktionen darauf. Sie bestätigten die Brisanz schulpolitischer Fragen im Wuppertal und die Neigung seiner Bewohner zu polemischer Auseinandersetzung. Gewollt oder ungewollt hatte Diesterweg mit diesem Text in ein Wespennest gestochen. Teile der Öffentlichkeit fühlten sich provoziert und nahmen die Herausforderung an. Der Schlagabtausch fand auf publizistischer und juristischer Ebene statt.

Die beiden Elberfelder Honoratioren und Protagonisten einer merkwürdig zwiespältigen lokalen Schulordnung, Johann Adolph von Carnap und Jacob Platzhoff, antworteten Diesterweg mit einer Replik, die der *Rheinisch-Westphälische Anzeiger* in zwei Teilen veröffentlichte.[3] Darin entrüsteten sie sich wegen einer *„Reihe von Schmähungen über den Geist der Schuljugend aus den vornehmern Klassen in den großen Städten unseres Landes, besonders in den Fabrikgegenden, und namentlich in Elberfeld; – Schmähungen, wie sie wohl nie giftiger und verletzender direkt gegen die Mehrheit der Schuljugend aus den höhern Bürgerklassen, und indirekt gegen ihre Aeltern, Lehrer, Schulvorstände, Obrigkeiten und Regierungen ausgesprochen worden sind.“* Allein schon der Umstand, daß bestehende Verhältnisse öffentlich angeprangert wurden, erregte Empörung. Diesterwegs Versuch, die seiner Auffassung nach unberechenbare Erosion des Sozialgefüges wenigstens durch eine formale Übergangs-Direktive in geordnete Bahnen zu lenken, bis das noch unbekannte Neue sich auf Dauer eingerichtet habe, sahen von Carnap und Platzhoff als gefährliche Infragestellung des Bestehenden – ein geradezu klassischer Fall gegensätzlicher Auffassung von Ursache und Wirkung:

Ihrem Ansatz entsprechend, suchten beide Elberfelder Bürger die Gründe der mangelhaften Schuldisziplin denn auch weniger in allgemeinen Zeiterscheinungen, sondern mehr bei denen, die unmittelbare Verantwortung trugen. Früher hätte *„der Schüler seinen Lehrer nur in der Schule und in der Kirche“* gesehen, *„öffentliche Vergnügungen und Gesellschaften wurden von ihm nicht besucht; sein häusliches Leben war meist still und verborgen, und in seinem öffentlichen suchte er überall, wo er konnte, zu beweisen, daß er sich als dem geistlichen Stande angehörend betrachte und nur in dieser Eigenschaft angesehen werden wollte. Man hörte damals nie klagen, daß es dem Lehrer an Ansehen und Autorität bei den Schülern fehlte. – Wie ganz anders ist das in unserer Zeit bei vielen Lehrern geworden!“* Was Diesterweg auf die raschen sozialen Veränderungen zurückführte und durch deren Verrechtlichung zu kontrollieren trachtete, wurde hier als Ausfluß der Entartung schulmeisterlichen Lebenswandels beurteilt. Durch Rückgriff auf frühere Ideale sollte die Gegenwart bewältigt werden: *„Kein Lehrer, der sich seiner sittlichen Kraft und Würdigkeit bewußt, und dadurch auch des Segens eines unbescholtenen Rufes gewiß ist, wird der Polizei bedürfen, um das geheiligte Ansehn des Lehreramtes vor seinen Schülern zu behaupten, vielmehr wird er ein solches Mittel mit Unwillen und Verachtung von sich abweisen...“* Die Lehrer waren demnach nicht Opfer, sondern Verantwortliche der Zustände an den Schulen. Ihr als zeitlos gültig verstandenes Ethos und ihr daraus resultierendes persönliches Auftreten sollten die Mächte abwehren, die die Schule zu entweihen und zu einem profanen Organ der Gesellschaft zu degradieren drohten.

Wie sehr von Carnap und Platzhoff indes selbst bereits der sich konstituierenden bürgerlichen Gesellschaft zugehörten, beweist ihre Parteinahme für die eigene soziale Schicht. Diesterwegs Äußerungen über die Schuldisziplin im allgemeinen reduzierten sie auf ein „Gräuelbild von den Schülern aus der vornehmeren Volksklasse“. Dem hielten sie entgegen: *„Von der Jugend der Elementarschulen, aus denen jener ausführerische Pöbel hervorgegangen, für welche der Herr Seminar-Direktor Diesterweg die Lehrer bildet, ist nirgend in diesem Aufsatz die Rede.“* Das zwar gestufte, aber kaum einheitlich gegliederte Schulwesen wurde damit „klassenmäßig“ systematisiert und entsprechend differenziert beurteilt, um soziale Positionen zu markieren und zu konsolidieren. Eine rückwärtsgewandte Moral für die Lehrer des Tales forderten also gerade diejenigen, welche auf der Welle des gesellschaftlichen Wandels schwammen, die ihre elitären Ansprüche befriedigte. Diese Mischung aus traditionsverhafteter Orientierung und vorwärtsdrängendem Profilierungsbemühen artikuliert eine bezeichnende Mentalität: die Instrumentalisierung eines vorindustriellen Normengefüges für die Bändigung der negativen so-

348 Der Schulmeister
Lithographie von M. Alophe nach Charlet, um 1830
20,5 x 29,0 cm
Göppingen, Privatbesitz

349 Inspektion einer Dorfschule
Holzstich von J.L. Trambauer nach einem Ölgemälde von Albert Anker, 1867
22,5 x 32,0 cm
Göppingen, Privatbesitz

350 Protokollbuch der Schul-Gemeinde zu Sitschede-Asbeck, 1831-1859
34 x 22 cm
Dortmund, Westfälisches Schulmuseum

Allerhöchste Bestimmungen
vom 14. Mai 1825, betreffend:
den Schulbesuch und die Schulzucht,
nebst
darauf gegründeter Verfügung der Königl. Kirchen- und Schul-Commission vom 4. August,
und
einer frühern Verfügung vom 25. Februar 1825.

351 Allerhöchste Bestimmungen vom 14.Mai 1825, betreffend: den Schulbesuch und die Schulzucht, nebst darauf gegründeter Verfügung der Königl. Kirchen- und Schul-Commission vom 4.August, und einer frühern Verfügung vom 25.Februar 1825
21,4 x 16,8 cm
Dortmund, Westfälisches Schulmuseum

zialen Folgen eben jenes Industrialisierungsprozesses und für die mit letzterem zusammenhängende Legitimierung bürgerlicher Auslese auf dem Feld des Schulwesens.

Der durch die Presse öffentlich gemachte Streit um ein von Diesterweg zunächst als intern-pädagogisch verstandenes Problem zog weitere Kreise. Die Spalten des *Rheinisch-Westphälischen Anzeigers* wie anderer Zeitungen im Wuppertal wurden im ersten Halbjahr 1831 zum Forum einer gereizten Debatte um Pro und Contra der ursprünglichen Thesen und der Gegenbehauptungen. Dabei ging es neben den genannten Aspekten um das Image einer Stadt, deren aufstrebende Elite die anstößigen Begleiterscheinungen der sich schnell wandelnden Gesellschaftsordnung offensichtlich am liebsten – von einzelnen lokalen Initiativen zur Abhilfe von Übelständen einmal abgesehen – mit dem Mantel des Schweigens überdeckt und kaschiert hätte und die zum offensiven Gegenschlag bereit war, wenn die Taktik des Ignorierens durchbrochen wurde. Der Ruf der Stadt dürfte jedoch gerade unter Schulmeistern umstritten gewesen sein. Was engagierten Zeitgenossen als interessante Herausforderung erscheinen mußte, hat weniger missionarische Naturen wohl eher abgestoßen. Ein anonymer „wahrheitsliebender bergischer Lehrer" meinte im Zusammenhang besagter Kontroverse: *„Elberfeld mit all seinem Gelde und übrigem Glanze würde nicht fähig sein, mich an eine Lehrerstelle unter seine frechen Buben zu locken!"*[4] Das Wuppertal jener Zeit faszinierte und irritierte zugleich; Lehrer waren von dem dortigen sozialen Fieber stark betroffen, ob sie nun zu den besonders Gefährdeten oder zu den Therapeuten zählten. Die Widerstandsfähigkeit und Selbstheilungskräfte innerstädtischer Organe gegenüber den virulenten Herausforderungen der Epoche schätzte Diesterweg selbst gering ein. In einer Entgegnung auf die Polemik um den „Schulzucht"-Artikel sah er die Reorganisation des Elberfelder Schulwesens von 1829 kurz vor dem Fall und machte dafür die Unfähigkeit der sich hinter Prestigegebaren versteckenden Bürger verantwortlich: *„Elberfeld entbehrt noch eines überall guten Schulwesens, und was im vorigen Jahre aufgebaut worden, droht zum Theil, wie es verlautet, wieder den Einsturz. Wenn eine Stadt, wie Elberfeld, die Mittel zur Organisation ihres Schulwesens nicht aufbringen kann, so muß man mit dem Patriotismus seiner Bürger nicht renommiren. Er ist vielmehr dann eigentlich auch gar nicht vorhanden. Verderblich ist die Meinung, es sei in der Heimath bereits Alles vortrefflich."*[5]

Es entbehrt nicht einer gewissen Ironie, daß gerade Diesterweg, der mit Hilfe des Gesetzes und seiner Hüter Ruhe in die Schulstuben einkehren lassen wollte, wegen seines Aufsatzes vor die Schranken des Gerichts zitiert wurde. Der Elberfelder Oberbürgermeister hatte beim Landgericht in Düsseldorf geklagt, weil er sich und die örtliche Polizeibehörde angegriffen, beschuldigt und beleidigt glaubte. So sollte juristisch verhindert werden, was die Journale längst publik gemacht hatten, nämlich die allgemeine Bewußtwerdung des Mißverhältnisses von Anspruch und Wirklichkeit im Elberfelder Schulwesen. Dies traf mit einer zumindest partiell sich verstärkenden Bereitschaft zusammen, konstruktive Kritk zu ertragen, ohne sogleich mit repressiver Gewalt zu antworten. Für das Gericht jedenfalls hatte Diesterweg mit seiner Verteidigung, in der er sich als kritischer Pädagoge und guter Patriot darstellte und in der er die nicht auf einen bestimmten Orte bezogene, sondern auf landesweite Zustände abhebende Beschreibung herausstellte, offensichtlich die überzeugenderen Argumente. Er wurde von den Beschuldigungen freigesprochen.[6] Zumindest hier hatte sich der Sinn für die Realitäten in den Schulen gegenüber lokalpatriotischen Scheuklappen durchgesetzt. Auf Dauer trug das Ergebnis der Gerichtsverhandlung sicher dazu bei, das bis dahin schwach entwickelte pädagogische Selbstbewußtsein zu stärken.

Das eigentliche Problem, um das es ursprünglich gegangen war, geriet während des Streites um seine Bewältigung schnell in den Hintergrund. Es ließ sich aber allenfalls zeitweise verdrängen, nicht jedoch dauerhaft ignorieren. Die Konflikte um die Schulzucht müssen immer dringlicher zu grundsätzlichen, rechtskräftigen Regelungen gezwungen haben, denn der Schulbetrieb des Wuppertals wurde nach und nach mit einem Netz von Paragraphen überzogen, wie es etwa die noch vor dem Diesterweg'schen Artikel erlassene Disziplinarordnung der Barmer Stadtschule von 1827[7], die „Disciplinar-Ordnung für die Realschule in Elberfeld" von 1841[8] oder – für Barmen – die „Polizei-Anordnung die Störung des Unterrichts in den Elementarschulen betreffend" aus dem Jahre 1860 dokumentieren.[9] Im Zuge der Auflösung des traditionellen Lebenskreises waren auch die sitttlichen Normen und die daraus abgeleiteten, bis dahin als selbstverständlich angesehenen Verhaltensweisen fragwürdig geworden. Schließlich sollten rechtliche Standards die Folgen dieses Verlustes auffangen.

Wie berechtigt Diesterwegs Pochen auf wahrheitsgemäßer Beschreibung der Schulverhältnisse in der Sache war – ob taktisch klug, ist eine andere Frage –, belegen entsprechende Veröffentlichungen aus jenem Zeitabschnitt. Nur zu gern überdeckten oder übersahen solche offiziellen oder offiziösen Darstellungen die tatsächlichen Zustände, welche an den Nerv der bestehenden, aber nicht gefestigten Ordnung rührten, und demonstrierten Fortschrittsglauben unter kommunaler Regie bzw. bürgerlicher Ägide. In der 1835 erschienenen „Geschichte, Statistik und Topographie der Städte Elberfeld und Barmen" wurde Elberfeld „aufopfernde Liebe...für die Förderung des Schulwesens" bescheinigt,[10] während es Barmen offenbar nicht gelang, „die Schulbildung der Jugend auf eine wünschenswerthe Stufe zu bringen".[11] Diejenigen, welche sich durch eine Art früher Bürgerinitiative „um das Schulwesen, neben der Religion, die erste Grundlage für alles Sittlich- und Geistig-Erhebende, Große und Schöne, Verdienste erworben" hatten, wurden durch ein „Namens-Verzeichnis" geehrt.[12]

Nun sind Gunsterweise der Wupperstädte und einzelner Personen und Gruppen gar nicht zu leugnen. So brachten die finanziellen Verpflichtungen, die man mit der Schulordnung von 1829 eingegangen war, Elberfeld an den Rand der Zahlungsfähigkeit; das verstärkte Engagement der Stadt für den Bau von Elementarschulen in den 30er und 40er Jahren zeigt ihre Bereitschaft und ihren Anspruch, Kompetenzen an sich zu ziehen. Hier öffnete sich Kommunen und Bürgern ein großes Feld der Selbstdarstellung und Selbstbestätigung – Motive dafür, die dennoch fortbestehenden Kalamitäten am liebsten zu verheimlichen, wenn es auch Ausnahmen von dieser Regel gab. Als die soziale Bedeutung der Schulbildung immer deutlicher erkannt und anerkannt wurde und die städtische Zivilisation unter dem Vorzeichen der Industriegesellschaft sich durchzusetzen begann, wollten Zivilgemeinden und führende Schichten des von der Urbanisierung besonders stark betroffenen Wuppertals Gestalter der heraufziehenden neuen Ära und ihrer Institutionen sein. Allerdings fehlte dieser oft nach Talern, also rein quantitativ gemessenen „Liebe" in gewissem Maße nicht nur der Sinn für die qualitativen Probleme des Objekts der Zuneigung, sondern auch für den immer mächtiger werdenden Rivalen Staat, der schließlich alle anderen Konkurrenten ausbooten oder in seinen Dienst stellen sollte.

Wohl hatten die aufstrebenden Kreise der Industriestädte an der Wupper die Schulen als einen Hebel ausgemacht, der ihnen Neuland erschloß. Je mehr sie aber das noch unbekannte Gebiet mit ihren bei allen inneren Kontroversen spezifischen Interessen zugänglich machen wollten, desto mehr mußten sie auf Dauer das Feld pädagogischen Fachleuten und vor allem staatlichen Sachwaltern überlassen. In dieser Hinsicht gehörte Diesterwegs „Schulzucht"-Artikel zu jenen Symptomen, die ein neues Zeitalter einläuteten.

1 Zit. n.: Marx, K., Engels, F.: Werke. Bd. 1. Berlin 1972, S. 427f.
2 Bd. 2, 1830, S. 273-291. Entspr. Diesterweg, F.A.W.: Sämtliche Werke. Bd. II. Berlin 1957, S. 138-149.
3 1831, Sp. 227-236, 249-252.
4 Rheinisch-Westphälischer Anzeiger 1831, Sp. 341.
5 Ebenda, Sp. 415f.
6 Vgl. Sallwürk, E.v.: Adolf Diesterweg. Darstellung seines Lebens und seiner Lehre und Auswahl aus seinen Schriften. Bd. 1. Langensalza 1899, S. 40f. Die Verteidigungsrede Diesterwegs in Diesterweg, F.A.W.: Schulreden und pädagogische Abhandlungen. Ein Nachlaß von seinem Wirken an dem Lehrer-Seminar in Mörs, für Freunde zum Druck befördert. Crefeld 1832, S. 332ff.
7 Henke, O.: Chronik des Gymnasiums zu Barmen. Barmen 1890, S. 57.
8 Schacht, L.: Die Realschule zu Elberfeld. Elberfeld 1880, S. 43ff.
9 Stadtarchiv Wuppertal: L VIII 1.
10 Kappe, J.F.: Geschichte, Statistik und Topographie der Städte Elberfeld und Barmen im Wupperthale. Iserlohn, Barmen 1835, S. 104.
11 Ebenda, S. 256.
12 Ebenda, S. 105.

Jürgen Bennack

Zu Schutz und Zucht des Schülers

Die Schulhygiene-Bewegung 1820-1866

1. Schulhygiene tut not

Gerade in armen Familien war, wie der Pädagoge Gustav Friedrich Dinter (1760-1831) in seinen Lebenserinnerungen schreibt, um die Wende zum 19. Jahrhundert, „die Hauptnoth gewöhnlich Krankheit". Es grassierten während dieser Zeit die Seuchen Cholera und Pocken. Die dunklen und schmutzigen Stuben auf dem Lande und die feuchten, engen Massenquartiere in den Städten, bei Frischwassermangel und teils offenen Kloaken, auch die allgemein schlechte Ernährung trugen zur Verbreitung von Krankheiten bei. Die Akten der Fabrikschule in Bonn geben einen Einblick in das „tägliche Brot" der 6- bis 12jährigen Kinder um 1835: Sie erhielten morgens und abends Kaffee, Milch und Schwarzbrot „mit oder ohne Butter" und mittags „Kartoffel mit Brodt oder Suppe".[1]

Einer Besserung der allgemeinen und besonders der Schülergesundheit stand neben den elenden Lebensverhältnissen die verbreitete Unwissenheit der Menschen im Wege. Gerade in Fragen der Gesundheit herrschte tiefer Aberglaube, gepaart mit verbreitetem Quacksalbertum. Neuen Erkenntnissen, wie der Schutzimpfung gegen die Pocken, standen die Menschen mißtrauisch gegenüber. Selbst, wo sie gutgläubig waren, fehlte es ihnen an der Fähigkeit, etwa dem entfernt wohnenden Arzt eine hinreichende klare Auskunft über die Erscheinungsformen ihrer Krankheit zu geben oder dessen schriftliche Anweisungen lesen und verstehen zu können.

Was also war sinnvoller, als – eingebettet in die allgemeine Aufklärung der Menschen – besonders deren Information über Fragen der Hygiene und die Verbesserung der schulischen Bedingungen zu betreiben? Wenn nämlich auch in etlichen Schulordnungen seit dem 16. Jahrhundert die Schülergesundheit immer wieder angesprochen wurde, so mußte der hygienische Zustand von Schülern und Schulen am Beginn des 19. Jahrhunderts immer noch als beklagenswert bezeichnet werden.

Der in Dithmarschen geborene Dichter Friedrich Hebbel (1813-1863) spricht von seiner *„Klippschule"* als zwar *„geräumigem Saal"*, der jedoch *„ziemlich finster war"*. Wilhelm Raabe (1831-1910) beschreibt „seine" Schule als *„ein feuchtes Loch"*, in dem *„fast zu jeder Jahreszeit...das Wasser von den Wänden"* lief und *„Schwämme und Pilze...in den Ecken wuchsen... Es war kein Wunder, wenn zeitweise die halbe Schule am Fieber krank lag. Hätte die Kommune auf jedes Kindergrab, welches durch ihre Schuld auf dem Kirchhof geschaufelt wurde, ein Marmordenkmal setzen müssen, so würde sie sehr bald für ein anderes Schullokal gesorgt haben."* Dazu jedoch reichten zumeist die spärlichen Mittel der armen Gemeinden nicht aus. Eine Besserung konnte nur der Staatsverband bringen, der infolge des wirtschaftlichen Wachstums über entsprechende Mittel verfügte. Die Staaten des 19. Jahrhunderts haben diese Verantwortung für die Gesundheit der Schüler durchaus gesehen, wenngleich – nicht anders als heutzutage – zwischen der Einsicht und der Zuweisung ausreichender Geldmittel ein kaum überbrückbarer Graben bestand.

2. Schulhygienische Ideen und Maßnahmen

Um die Gesundheit der Schüler jetzt und in Zukunft nachhaltig zu verbessern, sollten sie über Krankheiten und deren Verhütung aufgeklärt, an eine gesunde Lebensweise gewöhnt und ein gesundheitsgemäßes Leben in einer für das Wohlbefinden förderlichen Umgebung für sie durchgesetzt werden. Die Verhütung von Ansteckungen wurde zur zentralen Aufgabe der Verhinderung von Krankheiten. Die Volksschullehrer sollten Kinder „mit ansteckenden und ekelhaften äußerlichen Krankheiten...ihrer Mitschüler wegen weg...weisen". Genannt wurden in diesem Zusammenhang: Krätze, Kopfgrind und Lungenschwindsucht. Die Tendenz zur Ausgrenzung von „Unnormalen" wirkte sich am Ende des Jahrhunderts stärker als zu dessen Beginn bei der Beschulung Behinderter in Sonderschulen aus. Den Blattern (Pocken) wollte man mit der Schutzimpfung beikommen; sie wurde erst 1874 nach einer großen Epidemie zur Pflicht und führte bald zu einem merklichen Rückgang der Pockenerkrankungen.

Als wichtige Voraussetzung zur Gesunderhaltung galt Sauberkeit. „Die Reinlichkeit befördert und erhält die Gesundheit überhaupt,...die Gewöhnung an dieselbe während der Schulzeit wird wohlthätig für das ganze Leben." Der ganze Körper sollte „mindestens einmal pro Woche" gewaschen werden – dies lesen wir in Anweisungen der preußischen Administration an die Schulen. Neben der Sauberkeit der Schüler und der Schule sollte auf Haltungs- und Sehschäden der Kinder geachtet werden. Der Arzt und Medizinalrat Karl Ignaz Lorinser (1796-1853) führte sie auf falsches und zu reichliches Sitzen in der Schule zurück. Die Bemühungen um eine gerade Körperhaltung aus gesundheitlichen wie moralischen Gründen zogen seit etwa 1860 in der Literatur heftige Diskussionen mit Zollstock, Winkel und Senkblei nach sich, im Streit um die gesundeste und der Sittlichkeit am meisten förderliche Schulbank.[2] In manchen Bänken mußten sich die Schüler in „gesunder" Sitzweise geradezu bewegungslos gefangen vorkommen. Daniel Gottlob Moritz Schreber (1808-1861), ebenfalls Mediziner und Leiter einer Orthopädischen Heilanstalt, brachte sogar einen dem Schüler auf den Rücken geschnallten Eisenstab als „Geradehalter" auf den Markt. Das zuvor als unfein und roh abqualifizierte Turnen, das den deutschen Fürsten in Wirklichkeit wegen der freiheitlichen und nationalen Ideen seiner Protagonisten suspekt war, gelangte als Mittel körperlicher Ertüchtigung, nicht ohne militärisches Kalkül, für Knaben 1842 endgültig in die höheren und 1860 in die Volksschulen Preußens; Mädchen mußten in aller Regel bis in das 20. Jahrhundert hinein auf einen regelmäßigen Schulturnunterricht warten.

Das Gewicht, das man der Reinlichkeit und einer aufrechten Konstitution beimaß, erklärt sich auch durch ihre übertragene Bedeutung als Gradmesser für Sitte und Anstand. Der Pestalozzianer Johannes Ramsauer (1790-1848) verband eine korrekte Körperhaltung mit „Ordnung" und „Anstand"; für Schreber standen „schlaffe Körperhaltung und schlaffe Geisteshaltung in einem geraden Verhältnis" zueinander. Überhaupt spielte der sittliche Zustand des Schülers für seine Gesundheit eine entscheidende Rolle. Es galt, Verführungen und Gefahren vom Schüler abzuwenden. Als besonders gefährlich schien der Umgang mit dem anderen Geschlecht, er mußte deshalb möglichst unterbunden oder mindestens genau beobachtet werden. Auch um dem „schrecklichsten Uebel, der Onanie" vorzubeugen, war strengste Überwachung vonnöten. Der Lehrer durfte „nicht dulden, daß...beim Sitzen die Schenkel über einander gelegt, und die Hände unter den Bänken versteckt oder wohl gar in den Unterkleidern verborgen gehalten werden". Die Kinder mußten fast unbeweglich in den Bänken sitzen. Sie erhoben sich nur beim „Gebet, Gesange und Sprechen gelernter Stoffe" und aus „disciplinarischen Gründen". „Leibesbewegungen, Geplauder, Geräusch ist dem Zwecke des Unterrichts zuwider." Der unbeeinträchtigten Aufsicht über die Schüler diente das Pult oder Katheder als „erhöhter Standpunct" des Lehrers.

Nicht nur zum physischen, sondern auch zum psychisch-gesundheitlichen Schutz der Schüler ging die preußische Administration gegen die Kinderarbeit vor. Lange vor dem bekannten, 1839 erlassenen Regulativ, das ihre Eindämmung einleitete, schrieb Unterrichtsminister von Altenstein 1827: *„Schon seit längerer Zeit ist das Ministerium bemüht gewesen, in Beziehung auf die in Fabriken arbeitenden Kinder, allgemeine Anordnungen herbeizuführen, durch welche den Nachtheilen vorgebeugt werden könne, welche für den Unterricht, Erziehung und Moralität, und Gesundheit dieser armen Geschöpfe zu besorgen sind.“* Das probateste Mittel, die Kinder von Fabriken und anderen Arbeitsstätten fernzuhalten, war die Durchsetzung der Schulpflicht.

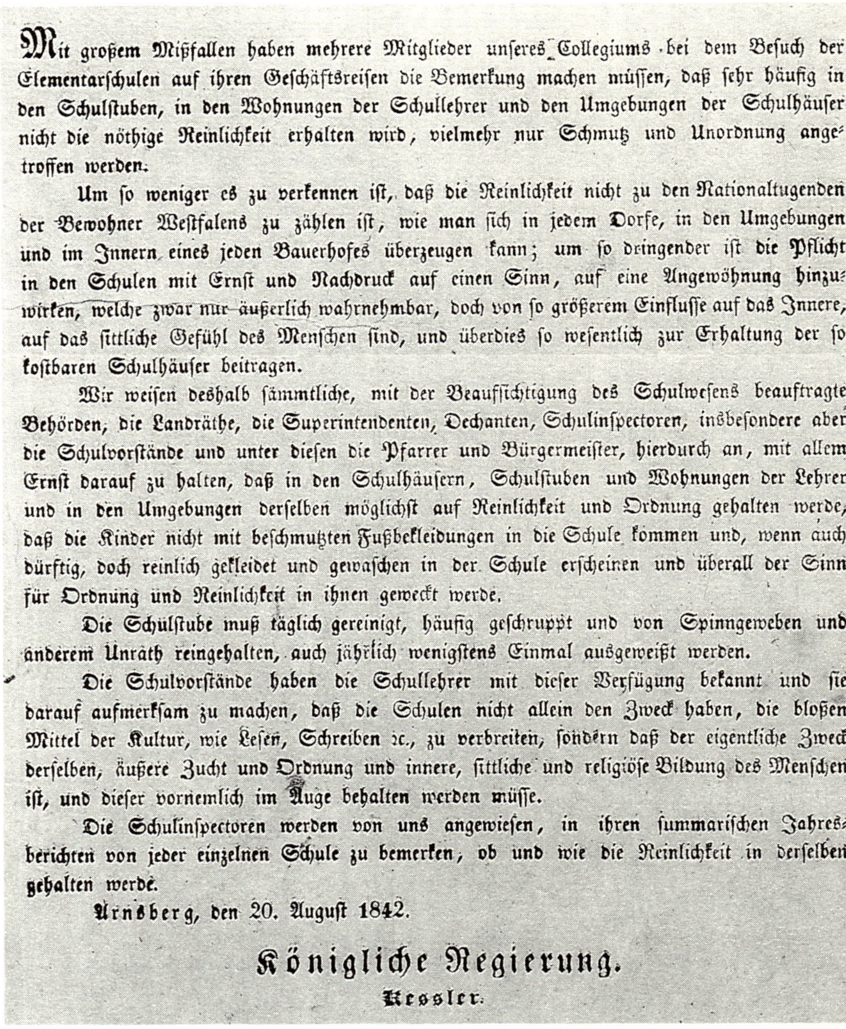

Mit großem Mißfallen haben mehrere Mitglieder unseres Collegiums bei dem Besuch der Elementarschulen auf ihren Geschäftsreisen die Bemerkung machen müssen, daß sehr häufig in den Schulstuben, in den Wohnungen der Schullehrer und den Umgebungen der Schulhäuser nicht die nöthige Reinlichkeit erhalten wird, vielmehr nur Schmutz und Unordnung angetroffen werden.

Um so weniger es zu verkennen ist, daß die Reinlichkeit nicht zu den Nationaltugenden der Bewohner Westfalens zu zählen ist, wie man sich in jedem Dorfe, in den Umgebungen und im Innern eines jeden Bauerhofes überzeugen kann; um so dringender ist die Pflicht in den Schulen mit Ernst und Nachdruck auf einen Sinn, auf eine Angewöhnung hinzuwirken, welche zwar nur äußerlich wahrnehmbar, doch von so größerem Einflusse auf das Innere, auf das sittliche Gefühl des Menschen sind, und überdies so wesentlich zur Erhaltung der so kostbaren Schulhäuser beitragen.

Wir weisen deshalb sämmtliche, mit der Beaufsichtigung des Schulwesens beauftragte Behörden, die Landräthe, die Superintendenten, Dechanten, Schulinspectoren, insbesondere aber die Schulvorstände und unter diesen die Pfarrer und Bürgermeister, hierdurch an, mit allem Ernst darauf zu halten, daß in den Schulhäusern, Schulstuben und Wohnungen der Lehrer und in den Umgebungen derselben möglichst auf Reinlichkeit und Ordnung gehalten werde, daß die Kinder nicht mit beschmutzten Fußbekleidungen in die Schule kommen und, wenn auch dürftig, doch reinlich gekleidet und gewaschen in der Schule erscheinen und überall der Sinn für Ordnung und Reinlichkeit in ihnen geweckt werde.

Die Schulstube muß täglich gereinigt, häufig geschruppt und von Spinngeweben und anderem Unrath reingehalten, auch jährlich wenigstens Einmal ausgeweißt werden.

Die Schulvorstände haben die Schullehrer mit dieser Verfügung bekannt und sie darauf aufmerksam zu machen, daß die Schulen nicht allein den Zweck haben, die bloßen Mittel der Kultur, wie Lesen, Schreiben ꝛc., zu verbreiten, sondern daß der eigentliche Zweck derselben, äußere Zucht und Ordnung und innere, sittliche und religiöse Bildung des Menschen ist, und dieser vornemlich im Auge behalten werden müsse.

Die Schulinspectoren werden von uns angewiesen, in ihren summarischen Jahresberichten von jeder einzelnen Schule zu bemerken, ob und wie die Reinlichkeit in derselben gehalten werde.

Arnsberg, den 20. August 1842.

Königliche Regierung.

Kessler.

352 Anweisung der Königlichen Regierung Arnsberg an die Schulinspektoren, 20.8.1842
Druck
30,5 x 19,0 cm
Dortmund, Westfälisches Schulmuseum

Eine breite volksaufklärerische Bewegung zu Beginn des 19. Jahrhunderts sorgte – je nach Interesse und Können des Lehrers – selbst in den Volksschulen für einen Unterricht in „Gesundheitskunde und Diätetik“. Der Strom versickerte in Prüderie und Konservatismus. Leibliche Unterrichtsinhalte wurden unterdrückt mit dem „Erfolg“ ihrer Tabuisierung. Der Wertewandel im Vormärz betraf nicht nur die zum Teil fanatisch durchgeführte Überwachung der Schüler und die Unterdrückung jeder Sinnlichkeit in Tat und – in Gestalt körperbezogener Lerninhalte – Text. Er bewirkte auch einen Wechsel des erwünschten Schulklimas. Es gibt viele Belege dafür, daß bis 1820 das Wohlbefinden des Schülers als Individuum in einem geordneten sozialen Umfeld bei Pädagogen und Schulbeamten als Ziel angestrebt wurde. Die Einschulung sollte nicht zu früh erfolgen, den schwachen Schülern sollte besonders geholfen werden, der Lehrer wurde zu Milde und Verständnis angemahnt, insbesondere, was das Aussprechen von Schulstrafen anging; die Kinderarbeit sollte gemindert, Hausaufgaben und anstrengende Schulwege verkürzt, Pausen dagegen verlängert werden. Der morgendliche Schulbeginn wurde wegen des nötigen Schlafes für die Jüngsten nicht zu früh angesetzt. Einem günstigeren Lernklima diente auch das Bemühen, die Klassenfrequenzen zu verringern.

Nicht zuletzt die im 19. Jahrhundert rapide steigenden Schülerzahlen erschwerten die angestrebte Verkleinerung der Klassen. Noch 1857 entfielen im fortschrittlichen Preußen durchschnittlich 84 Schüler auf eine Lehrkraft. Behindert wurden so auch die Bemühungen um eine Liberalisierung des Schulklimas. Die Umstände und dazu der „neue Geist" der Karlbader Beschlüsse sorgten seit etwa 1830 für ein überzogenes Streben nach Zucht, das heißt Ordnung und Gehorsam, in den Schulklassen. Trotz der genannten Schwierigkeiten, die Situation der Schüler in ihren Klassen besserte sich, zunächst allerdings nur auf dem Papier. Einen halben Quadratmeter Klassenraum pro Kind und den Einbau von Rückenlehnen für Schreibschüler forderten in aller Zurückhaltung die zwischen 1806 und 1809 herausgegebenen schulischen „Normalpläne" im Großherzogtum Berg[3] – anderswo war es ähnlich. Aber auch wenn es lange dauerte und die Fortschritte oft bescheiden waren, noch zu Lebzeiten Diesterwegs wurden die Volksschulen entsprechend der Jahreszeit mehr erwärmt und gelüftet, gründlicher gesäubert, besser erhellt und ausgestattet.

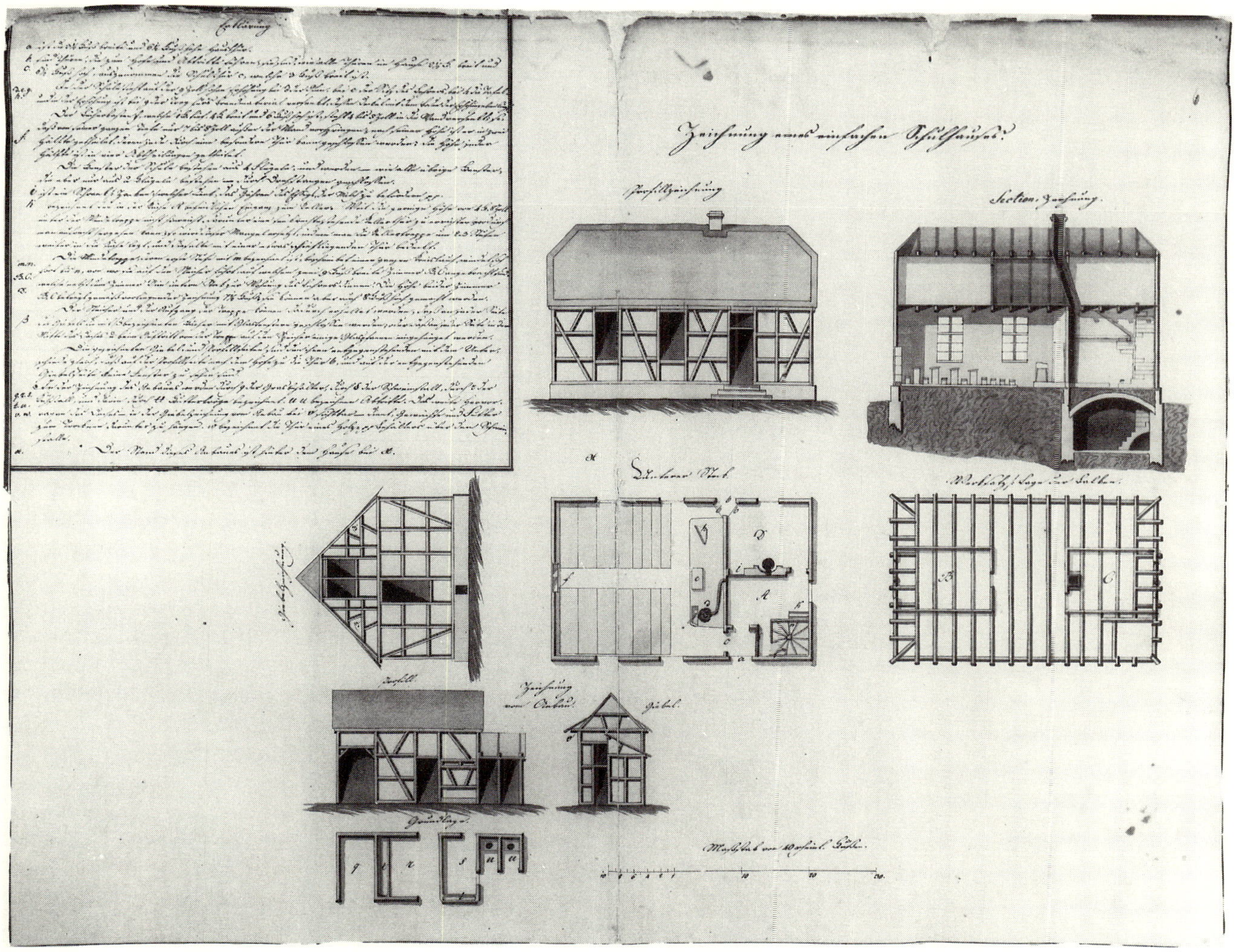

353 Zeichnung eines einfachen Schulhauses
Akte Großherzogtum Berg 6492, 1804 ff.
36 x 48 cm
Düsseldorf, Nordrhein-Westfälisches Hauptstaatsarchiv

354 Zeichnung zu einem Schulhause für die Katholische Gemeinde zu Bourg im Kreise Lennep, 16.10.1832
Einzelblatt
51 x 57 cm
Düsseldorf, Nordrhein-Westfälisches Hauptstaatsarchiv

Die Frage der Gesundheit stellte sich gleichermaßen für die Lehrer. Die 16jährigen Kandidaten des Diesterweg'schen Lehrerseminars in Moers mußten 1820 einen „gesunden Körperbau ohne auffallende Gebrechen, und Freiheit von ansteckenden Krankheiten" aufweisen, „welches durch ein vom betreffenden Kreisphysicus ausgestelltes Zeugnis nachgewiesen werden muß"; erst dann wurden sie aufgenommen. Sie sollten darüber hinaus durch ihr Wissen und Verhalten späterhin ein hygienisches Vorbild für ihre Schüler sein.

3. Diesterwegs schulhygienischer Beitrag

Diesterweg nahm regen Anteil an der schulhygienischen Diskussion seiner Zeit. Er beteiligte sich daran vor allem mit seiner Stellungnahme in den *Rheinischen Blättern* von 1836 zu dem vielbeachteten Vorstoß des Arztes Lorinser für gesundheitsgemäßere Schulen[4] und mit seinen leibeserzieherischen Gedanken über „Turnplatz und Kindergarten" im *Jahrbuch für Lehrer und Schulfreunde* von 1854.[5]

Ganz im Einklang mit der zeitgenössischen Meinung forderte Diesterweg vom Lehrer *„Aufmerksamkeit auf oft scheinbar kleine, aber ansteckende Übel der die Schule besuchenden Kinder, namentlich auf Krankheiten der Haut und des Kopfes und auf Husten"*. Zur Abhilfe riet er: *„Den Eltern reinlicher Kinder ist man es schuldig, daß man sie nicht in der Nähe unreinlicher oder in dieser Beziehung zweideutiger Kinder setzt. Ein Kind mit einem sogenannten schlimmen oder bösen Kopfe oder verdächtiger Haut sowie ein hustendes Kind muß entweder den Eltern mit erklärenden, freundlichen und wohlwollenden Bemerkungen zurückgesandt oder wenigstens von gesunden Kinder abgesondert werden."* Gesundheitsgefährdungen entstünden, so Diesterweg, insonderheit durch Zugluft und den plötzlichen Wechsel von der erhitzten Schulstube ins Freie. *„Kein Wunder, daß dann meist eine bedeutende Zahl von Schulkindern an Erkältungen, langwierigen Katarrhen, Husten usw. leidet."* Zur Gesunderhaltung der Schüler schien ihm vor allem die Gymnastik notwendig; die Turnkunst im Sinne Friedrich Ludwig Jahns (1778-1852), den er sehr verehrte, erfüllte in seinen Augen zugleich soziale und nationale Zwecke.

Ebenso brachte Diesterweg 1836 die *„Sorge für ein gesundes, geräumiges Schul-Lokal, für frische Luft ohne Zugwind, für mäßige Wärme im Winter"* vor. Er wußte um die stickige Hitze, die von den üblichen „Kanonenöfen" ausging. Seine Aussagen zur Hygienisierung des Schullebens betrafen daneben die tägliche Schülerarbeitszeit, die Menge des Unterrichtsstoffes sowie die Schul- und Klassenatmosphäre. *„Jeder Mensch bedarf der Erholung von der Arbeit, je jünger, desto mehr... Fünf Stunden Schule täglich sollte selbst für das höhere jugendliche Alter das Maximum sein. Sechs- bis achtjährige Kinder sollten täglich nur einige Stunden Unterricht genießen, und es ist auch in betreff des Erfolges des Unterrichts besser, daß die Hälfte der Schüler nur des Morgens, die andere Hälfte nur des Nachmittags die Schule besuche, wenn die Zahl derselben so groß ist, daß sie unmöglich alle zugleich zweckmäßig beschäftigt werden können."* Zur Zeit

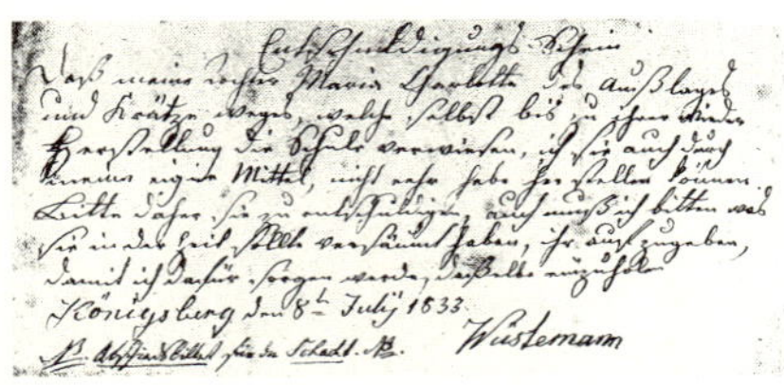

355 Entschuldigungszettel für eine Elementarschülerin, 8.7.1833
10,0 x 20,6 cm
Berlin (DDR), Schulmuseum der Akademie der Pädagogischen Wissenschaften
„Entschuldigungs-Schein
Daß meine Tochter Maria Charlotte des Außschlages und Krätze wegens, welche selbst bis zu ihrer wieder Herstellung die Schule verwiesen, ich sie auch durch meine eigene Mittel, nicht mehr habe herstellen können. Bitte daher sie zu entschuldigen, auch muß ich bitten, was sie in der Zeit sollte versäumt haben, ihr aufzugeben, damit ich dafür sorgen werde, daßelbe einzuholen
Königsberg den 8ten July 1833
Wüstemann"

356 Schulbank aus der Elementarschule Schwafheim bei Moers, 1.Hälfte 19.Jh.
78 x 178 x 70 cm
Moers, Grafschafter Museum

dieser Äußerung kommen in Preußen auf einen Lehrer durchschnittlich etwa 70 Schüler – im Zuge der Durchsetzung der Schulpflicht und der wachsenden Kinderzahl erhöht sich die Frequenz weiter.

Mißverständlich vor dem Hintergrund der später von Diesterweg heftig bekämpften Reduzierung der Volksschulbildung durch den preußischen Geheimrat Ferdinand Stiehl (1812-1878) nach 1854 ist sein – wohl aus dem Zwang der Realität entstandenes – Plädoyer zur Beschränkung des Unterrichtsstoffes *„auf das Notwendigste, Unentbehrlichste, Wichtigste... Natürlich muß dabei der Stand und die Bestimmung der Kinder berücksichtigt werden.“* „Weltgeschichte“ und „ausgedehnte Geographie“ erschienen ihm für Elementarschüler ebenso entbehrlich wie *„eine weite Ausdehnung der Rechenkunst... Wenn die Kinder die einfachen Verhältnisse des praktischen Lebens, die immer einfacher Art und Natur sind, richtig beurteilen und die in ihm vorkommenden arithmetischen Aufgaben lösen können, so ist solches genug. Jedes Wissen, welches auf Kosten der Gesundheit erworben wird, ist zu teuer erkauft.“*

„...auf die Behandlung der Schüler und der Unterrichtsgegenstände“, so stellte Diesterweg, für seine Zeit durchaus avantgardistisch, fest, komme *„unendlich viel an, auch in bezug auf die leibliche Gesundheit und Frische der Kinder, auf die Disziplin und die Methode. Beide nämlich bestimmen den geistigen Zustand, die Stimmung der Kinder und den Einfluß des Geistes auf den Körper, den wir zuverlässig viel zu gering anschlagen. Welch ein Unterschied herrscht in diesen Hinsichten in verschiedenen Schulen! Zufriedenheit, Heiterkeit, Lernlust, Tätigkeit, aufstrebender Sinn und der einen, mürrisches Wesen, Niedergedrücktheit, Dumpfheit und Trägheit in der andern. Unter übrigens gleichen Umständen sind die Kinder jener Schule gewiß auch viel gesünder, körperlich kräftiger und eher gegen Ansteckung und Erkältung geschützt als die Kinder dieser Schule! Und was die Methode betrifft, wie kann man durch sie den Kindern das Lernen erschwerden und erleichtern! Ein Lehrer, der ein Meister der Methode ist, verarbeitet mit seinen Schülern in derselben Zeit den drei-, vier-, vielleicht zehnfachen Stoff als ein unmethodisch verfahrender Schlendrianist.“*

Und als weiteren – hygienischen – Anspruch an die Lehrer formulierte Diesterweg im Aufsatz „Jeder Schullehrer ein Naturkenner, jeder Landschullehrer ein Naturforscher“[6]: *„Was läßt sich denn von einem Stubenhocker, einem Hektischen, einem in jeder Hinsicht Verzärtelten und Verwöhnten erwarten? Kann die geistige Gesundheit der Kinder von ihm gepflegt werden? Nein; denn es ist unmöglich. Von einem Hypochonder geht nicht Gesundes und Frisches aus.“*

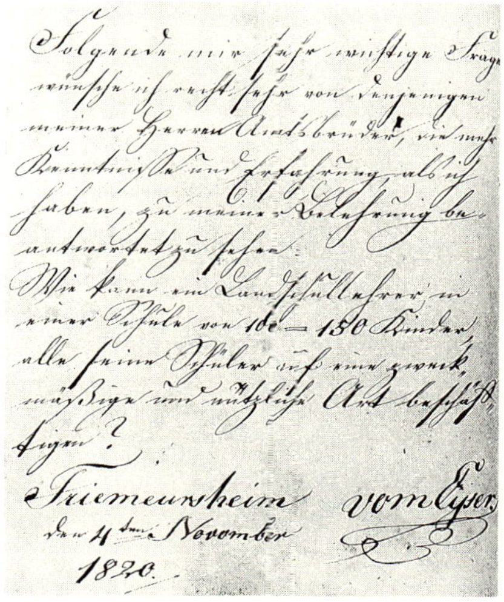
Folgende mir sehr wichtige Frage wünsche ich recht sehr von denjenigen meiner Herren Amtsbrüder, die mehr Kenntnisse und Erfahrung als ich haben, zu meiner Belehrung beantwortet zu sehen:
Wie kann ein Landschullehrer in einer Schule von 100 – 150 Kindern alle seine Schüler auf eine zweckmäßige und nützliche Art beschäftigen?
Triemeursheim vom Eyser
den 4ten November 1820.

357 Grundrechenarten
Buch der Moerser Lehrerkonferenz, begonnen 1811
21 x 19 cm
Moers, Grafschafter Museum
„Folgende mir sehr wichtige Frage wünsche ich recht sehr von denjenigen meiner Herren Amtsbrüder, die mehr Kenntnisse und Erfahrung, als ich haben, zu meiner Belehrung beantwortet zu sehen: Wie kann ein Landschullehrer in einer Schule von 100-150 Kinder, alle seine Schüler auf eine zweckmäßige und nützliche Art beschäftigen?
vom Eyser
Triemeursheim
den 4ten November 1820“
Die Moerser Lehrerkonferenz wurde 1795 auf Initiative des Pfarrers Engels aus Hochemmerich unter maßgeblicher Mitwirkung des Orsoyer Lehrers Johann Heinrich Schürmann ins Leben gerufen. Sie sollte das Elementarschulwesen im Bereich des ehemaligen Fürstentums Moers verbessern helfen. Zu diesem Zweck fand eine allmonatliche Zusammenkunft ihrer Mitglieder statt. Auch Diesterweg zählte zu diesem Kreis. Die Moerser Lehrerkonferenz gehört zu den ältesten Lehrerorganisationen.

4. Resümee

Diesterweg folgte in schulhygienischen Fragen der Diskussion seiner Zeit; er äußerte jedoch durchaus eigene pointierte Meinungen. Die Schulhygiene war eingebettet in die dazumal aktuelle allgemeine schulische Debatte. Sie wurde daher sowohl von den liberalen Strömungen am Beginn des 19. Jahrhunderts wie von den restriktiven Maßnahmen um die Jahrhundertmitte betroffen. Und nicht zuletzt wurde sie durch die jeweiligen schulischen Verhältnisse beeinflußt.

Daraus folgt, daß die Schulhygiene-Bewegung jener Zeit ambivalent erscheint. Die Schülergesundheit galt zugleich als humaner Anspruch, gemeiner Nutzen und staatliche Pflicht. Ihre Beachtung verschaffte den Schülern bessere hygienische Bedingungen in und außerhalb der Schule durch Pausen, Ferien, günstigere Lernbedingungen und Einschränkung der Kinderarbeit. Sie begrenzte den *Schutz* dieses „Schonraums“ zugleich wieder durch ein auch die Schulhygiene berührendes Streben des Staates nach *Zucht*, oder wie die Regierung von Gumbinnen 1819 schrieb, nach „Ordnung, Reinlichkeit und Anstand“.

1 Sofern nicht anders gekennzeichnet, sind die Zitate und Quellen entnommen: Bennack, J.: Gesundheit und Schule – Zur Geschichte der Hygiene im preußischen Volksschulwesen. Köln, Wien 1990.
2 Vgl. Kost, F.: Volksschule und Disziplin. Zürich 1985.
3 Hauptstaatsarchiv Düsseldorf: Großherzogtum Berg 6492.
4 Bd. 13, 1836, S. 279-294. Neu abgedr. in: 2000 Jahre Gesundheitserziehung. Hrsg. v. K. Klein u. J. Zepp. Mainz 1984, S. 414-429. Diesterwegs Nachwort in: Sämtliche Werke. Bd. VI. Berlin 1961, S. 106-109 (DSW). Die folg. Zitate S. 107 f.
5 Diesterweg, F.A.W. Friedrich Ludwig Jahn (1854). In: DSW Bd. XI. S. 23-75.
6 DSW Bd. V, S. 464-470. Zitat S. 468.

Volkmar Wittmütz

Johann Friedrich Wilberg
Der „Meister an dem Rhein"

Als Adolph Diesterweg 1818 als Lehrer an die Rektoratsschule der Elberfelder reformierten Gemeinde berufen wurde, traf er in der Stadt auf den ihm bereits bekannten Lehrer Johann Friedrich Wilberg.[1] Vielleicht hatte auch die Aussicht, mit Wilberg näheren Umgang pflegen zu können, Diesterweg bewogen, den Ruf nach Elberfeld anzunehmen. Die beiden Männer kannten sich seit dem Dezember 1811, als Diesterweg mit dem Tornister auf dem Rücken von Mannheim über Siegen durch das Oberbergische und über Elberfeld nach Düsseldorf gewandert war, um sich dort als Vermessungsingenieur prüfen zu lassen und an der von der französischen Besatzung geplanten Vermessung des Königreiches Westphalen teilzunehmen. Dabei hatte er in Elberfeld Wilberg aufgesucht, mit dem sein Bruder Wilhelm, Mathematikprofessor am Mannheimer Gymnasium und später an der neu gegründeten Universität Bonn, eng befreundet war – Wilberg sandte 1813 seinen ältesten Sohn als Schüler und Kostgänger an die Mannheimer Schule und in den Diesterweg'schen Haushalt.

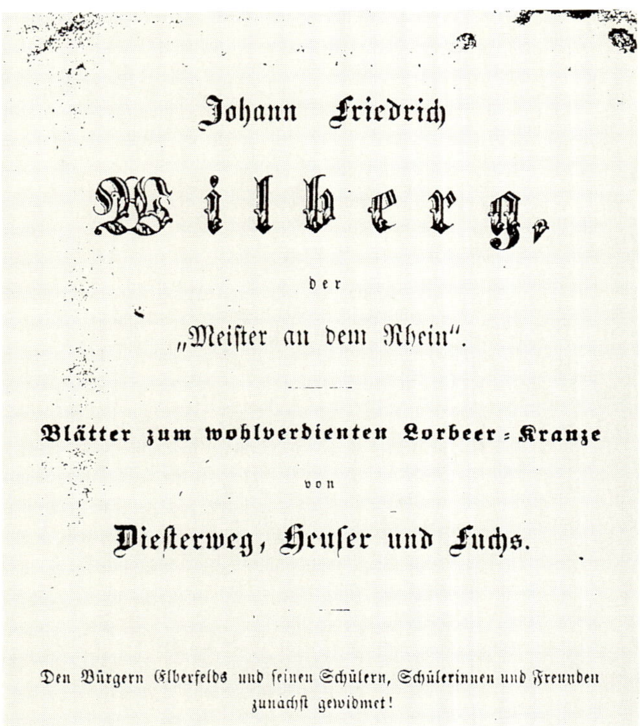
Johann Friedrich

Wilberg,

der

„Meister an dem Rhein".

Blätter zum wohlverdienten Lorbeer-Kranze

von

Diesterweg, Heuser und Fuchs.

Den Bürgern Elberfelds und seinen Schülern, Schülerinnen und Freunden zunächst gewidmet!

358 Diesterweg, Heuser, Fuchs
Johann Friedrich Wilberg, der „Meister an dem Rhein". Blätter zum wohlverdienten Lorbeer-Kranze. Essen 1847
Dortmund, Westfälisches Schulmuseum
359 Johann Friedrich Wilberg (1766-1846)
Holzstich nach einer Zeichnung von H.Ch. Kolbe, undatiert
15,5 x 12,2 cm
Wuppertal, Historisches Zentrum

Der erste Besuch bei Wilberg an jenem Dezemberabend 1811 hatte bei Diesterweg einen tiefen Eindruck hinterlassen und vielleicht sogar dazu beigetragen, daß er Lehrer geworden war – ganz „contre coeur", wie er später schrieb, als die geplante Prüfung in Düsseldorf und die Vermessung Westfalens wegen des bevorstehenden Krieges Napoleons gegen Rußland ausgefallen waren.

Johann Friedrich Wilberg wurde 1766 in Ziesar im ehemaligen Stift Magdeburg, das nach dem 30jährigen Krieg unter brandenburgische Herrschaft gekommen war, geboren. Als sein Vater nach dem Siebenjährigen Krieg als Verwundeter mit einer Stelle in Potsdam versorgt wurde, kam der Knabe 1778 in die Residenzstadt, nachdem er einige Kinder- und Schuljahre bei seinem Großvater verbracht hatte, der in Karow in der Nähe Ziesars Lehrer und Küster war. Nach dem frühen

Tod des Vaters lebte Wilberg erneut in Karow, wo inzwischen der Bruder des Vaters die Lehrerstelle bekleidete. Gelegentlich half er diesem beim „Schulehalten". Seine Anwesenheit im Hause des Onkels wurde je länger desto mehr als Last empfunden, konnte doch kaum die eigene wachsende Familie ernährt werden. Wilberg kam zu einem Schneidermeister in Brandenburg in die Lehre. Dieser duldete es, daß sein Lehrjunge Bücher las, die er sich von den wenigen „Gebildeten" des Ortes, dem Pfarrer und einigen Adeligen, auslieh. Jener Umgang habe ihn, wie Wilberg später betonte, vor den „Gemeinheiten der niederen Stände bewahrt" und zur „Gesittetheit" geführt, dem „irdischen Boden", auf dem der Sinn für „Anständigkeit, für das Schöne und Gute im Menschen" erst wachsen und gedeihen könne. Wilbergs Versuch, eine Freistelle für ein Studium in Halle zu erhalten, schlug fehl, aber er bekam durch die Vermittlung eines Pfarrers einen Platz an der Schule des berühmten Freiherrn von Rochow (1734-1805) auf Gut Reckahn. Friedrich Eberhard von Rochow, prominenter Vertreter der pädagogischen Aufklärung, hatte 1776 den „Kinderfreund", das seinerzeit bekannteste und weit verbreitete Schulbuch, veröffentlicht. Seither war die Schule, die er für seine Bauern gegründet hatte und an der er selbst unterrichtete, zum Anziehungspunkt vieler pädagogisch Interessierter geworden.

Nach einem halbjährigen Aufenthalt an der Musterschule Rochows glaubte Wilberg, sich genügend für den Besuch des Lehrerseminars in Berlin qualifiziert zu haben. Dort empfand er die Ausbildung in den meisten Fächern jedoch als dürftig.

Im September 1790 bot der Seminardirektor Hecker Wilberg an, als Lehrer nach Westfalen oder ins preußische Polen zu gehen. Wilberg entschied sich für die Stelle in Westfalen, mußte allerdings zuvor noch das Lehrerexamen ablegen, was ihm glänzend gelang. Danach erhielt er den „Berufsschein" als Lehrer in dem Dorf Hamme bei Bochum in der Grafschaft Mark, wo der neue Besitzer des zur Bauernschaft Hamme gehörenden Gutes Overdyck, Freiherr Philip von der Reck, eine Schule für seine umliegenden Bauern gegründet hatte, ähnlich derjenigen, die von Rochow – übrigens mit Reck verwandt – in Reckahn errichtet hatte.

In der kärglich dotierten Stelle bemühte sich Wilberg, den Bauernkindern „elementare Volksbildung", das heißt Kenntnisse und Fertigkeiten zu vermitteln, die dem „Staatsnutzen" wie den Bedürfnissen der Bauern gemäß schienen. Dabei spielten Bibel und Katechismus zwar eine wichtige Rolle, aber eine komplizierter werdende Welt ließ sich mit ihrer Hilfe allein nicht mehr begreifen und ordnen. Das Beherrschen der hochdeutschen Sprache in Wort und Schrift, das Rechnen, Kenntnisse der Natur, speziell der Landwirtschaft, und der Verfassung des Vaterlandes wurden ebenso wichtig. Dieser Bildungskanon entsprach weitgehend den Vorstellungen der pädagogischen Aufklärer wie denen der schulischen Oberbehörde in Berlin. In einer von ihr erlassenen Verordnung aus dem Jahre 1799 hieß es etwa: *„Wahre Aufklärung, so viel zu seinem eigenen und zum allgemeinen Besten erfordert wird, besitzt unstreitig derjenige, der in dem Kreise, worein ihn das Schicksal gesetzt hat, seine Verhältnisse und Pflichten genau kennt und die Fähigkeit hat, ihnen zu genügen. Auf diesen Zweck sollte daher der Unterricht in allen Volksschulen eingeschränkt werden."*

Wissen und Bildung sollten nach der Hierarchie der „Volksklassen" verteilt werden. Keinesfalls war in Overdyck daran gedacht, allen Schulkindern die gleiche „Allgemeinbildung", unabhängig von ihrem jeweiligen gesellschaftlichen Standort, zu geben, wie dies Wilhelm von Humboldt und die preußischen Reformer wenig später erstrebten.

Wilbergs Ideal war dagegen die schulische Differenzierung, die der gesellschaftlichen Schichtung weitgehend entsprach. Die Aufgabe der Elementarschule sah er darin, die „gemüthigen und geistigen Kräfte" der Kinder der unteren Volksklassen auszubilden. Dazu rechnete Wilberg das „Aufmerken, Nachdenken, Sprechen, Lesen, Schreiben,

Der
Märkische Lehrer- und Kinderfreund.
Ein
Handbuch
für Lehrer in Bürger- und Land-
schulen,
vielleicht auch ein Lesebuch für Leute,
welche sich aus dem Verstande ihrer Kinder was machen.

Herausgegeben
von
J. F. Wilberg.
Schullehrer in der Bauerschaft Hamm bey Bochum,
auch Mitglied der Gesellschaft der Lehrer- und
Kinderfreunde in der Grafschaft Mark.

Dortmund,
im Verlage des Buchhändlers J. H. Blothe, 1795.

360 J.F. Wilberg
Der Märkische Lehrer- und Kinderfreund. Ein Handbuch für Lehrer in Bürger- und Landschulen, vielleicht auch ein Lesebuch für Leute, welche sich aus dem Verstande ihrer Kinder was machen. Dortmund 1795

361 J.F. Wilberg
Ein kleines Erziehungsbüchlein für Bürger und Bauersleute, nebst einigen schönen neuen Liedern. Dortmund 1798
362 J.F. Wilberg
Lesebuch für Kinder in Stadt- und Landschulen. 2.Teil. 6.Auflage Elberfeld 1815
Dortmund, Westfälisches Schulmuseum

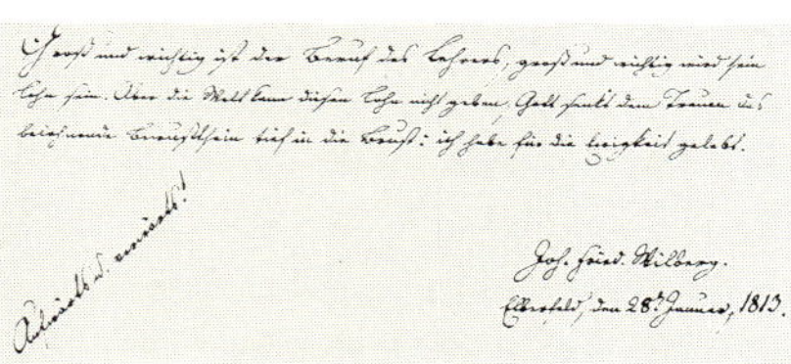

363 „Groß und wichtig ist der Beruf des Lehrers, groß und wichtig wird sein Lohn sein. Aber die Welt kann diesen Lohn nicht geben, Gott senkt dem Treuen das belohnende Bewußtsein tief in die Brust. Ich habe für die Ewigkeit gelebt.
Aufwärts und vorwärts!
Joh.Friedr.Wilberg.
Elberfeld, den 28.Januar, 1813."
Stammbuch des Seminaristen und späteren Kirchener Privatlehrers Friedrich Wilhelm Grube (1795-1845)
8 x 16 cm
Siegen, Stadtarchiv

Singen und Rechnen". Diese Tätigkeiten mußten im Unterricht angesprochen und geübt werden, und zwar in einer dem Entwicklungsstand der Schüler angemessenen Weise. Wilberg verabscheute mechanischen Zwang und inhaltsleere Begriffe. Sein Unterricht wurde anschaulich, durch Fragen, entwickelt, wobei er auf das „Mitdenken" der Kinder großen Wert legte. Ziel seines Unterrichts war es, die Kinder zu eigenständigem Handeln zu befähigen, auf abstraktes Denken wurde deshalb verzichtet.

Auf christliche Glaubenssätze und die Hinführung der Schüler zur Kirche verzichtete Wilberg nicht. Er verband in seiner Schule die herkömmlichen Inhalte und Ziele der traditionellen Kirchengemeinde-Schule mit den Anforderungen der neuen, bürgerlichen Gesellschaft.

Wilbergs Unterricht traf bei den Bauern der Umgebung zunächst auf Unverständnis und offene Ablehnung. Ein Bauer artikulierte sie: die Schüler sollten in der Schule nur von Gottes Wort erfahren, nicht aber von Schafen und Schweinen, das könnten sie auch zu Hause. Wilberg sah sich tätlichen Angriffen ausgesetzt und wurde nur durch den Respekt geschützt, den die Bauern ihrem Grundherrn schuldeten. Allmählich gewöhnte man sich jedoch an seine Art des Unterrichts, wozu nicht wenig eine Form des „Industrie-Unterrichts" beitrug, die Wilberg bald einführte. Die Kinder wurden während des Unterrichts zu leichter Arbeit angehalten. Beim Zuhören, Aufmerken, Kopfrechnen mußten sie zunächst stricken, später auch nähen – und die Produkte wurden mit steigendem Erfolg verkauft. Damit nahm Wilberg in geschickter Weise die ländliche Tradition, die Kinder zur Mithilfe in Haus und Hof anzuhalten, auf und wandte sie auf die Schule an, die diese Tradition gewissermaßen „unterbrochen" hatte, weil sie herkömmliche Pflichten der Kinder wie Viehhüten und Gartenarbeit verhinderte.

Die Wirkungen des Wilberg'schen Unterrichts schienen nach einigen Jahren bemerkbar zu werden, jedenfalls berichtete der *Westphälische Anzeiger* 1799, daß die Kinder in Hamme ruhiger, überlegter, besonnener, freundlicher und verständiger auftraten als andere. Und der Bericht schloß: *„Bekanntlich ist die Schule zu Hamme nach der neuen Lehrart, und das Denken wird in derselben ziemlich stark betrieben."*

Wilberg war in Hamme auch in der Armenbetreuung tätig, er bemerkte deshalb früh die sozialen Krisen und Mißstände der heraufziehenden Industrialisierung. Hier nun maß er der Schule eine wichtige kompensatorische Aufgabe zu: den Kindern jene Normen und Wertvorstellungen zu vermitteln, die ihnen die ursprünglichen Vermittler, die Eltern, immer weniger geben konnten, weil *„die Arbeit um das kümmerliche tägliche Brot alle Sorge, Kräfte und Zeit der Eltern in Anspruch nimmt, die Arbeit eine fast unerträgliche Last, eine Plage für sie wird"*, wie er in seinen Erinnerungen schrieb. Schule und Lehrer konnten und mußten diese Schüler vor der sittlichen Verwahrlosung bewahren, sie mußten ihnen die Eltern zu ersetzen trachten. Deshalb konnte nicht der Stock allein das Erziehungsmittel sein, wichtiger war die Liebe und Zuneigung zu den Kindern und das Bemühen um Gerechtigkeit. Die Kinder mußten als Menschen gesehen und ernstgenommen werden mit ihren großen und kleinen Sorgen. *„Der Mensch erzieht im Kinde den Menschen"* war das Motto, das Wilberg seiner Elberfelder Schulgründung später voranstellte.

Wilbergs Erfolge sprachen sich herum und trugen dazu bei, daß seine Schule Gegenstand öffentlichen Interesses und zahlreicher Besuche, auch von Lehrern, wurde. Dies brachte von der Reck auf den Gedanken, Wilbergs Schule zum Vorbild einer die ganze Grafschaft erfassenden Schulreform zu machen. Zu diesem Zweck wurde eine „Gesellschaft der Freunde der Lehrer und Kinder in der Grafschaft Mark" gegründet, die 1792 die landesherrliche Bewilligung erhielt und sich zur Aufgabe machte, mittels eines Lehrerseminars unter Wilbergs Leitung die Schulreform vor allem durch eine bessere Ausbildung der Lehrer voranzutreiben. Aber das bald darauf eröffnete Seminar wurde lediglich nur durch kärglich fließende Spenden finanziert und blieb deshalb klein. Maximal sechs Lehramtskandidaten wohnten täglich dem Unterricht Wilbergs bei, um auf diese Weise mit seiner Schulpraxis vertraut zu werden – die Vermittlung von pädagogischer Theorie stand demgegenüber im Hintergrund. Wilberg war der Auffassung, daß das Lehren eine durch Übung und Praxis erworbene, nicht aber eine aus Büchern erlernbare Fähigkeit sei.

Wenn er trotz des erfolgreichen Beginns seiner Lehrtätigkeit Overdyck 1802 verließ und einem Ruf nach Elberfeld folgte, so vor allem deshalb, weil ihm dort als Inspektor und Lehrer der neu ins Leben gerufenen kommunalen Armenanstalt ein wesentlich höheres Gehalt gezahlt wurde. Er hatte inzwischen geheiratet und konnte von den 120 Talern Jahreseinkommen in Overdyck nur dürftig leben. Mit der Armenanstalt und der Armenschule für etwa 400 Kinder war eine Arbeitsanstalt verbunden, deren Aufsicht Wilberg ebenfalls übernahm. Es *entsprach* der reformierten Tradition Elberfelds, wenn die Armen in den bürgerlichen Arbeitsprozeß so weit und so schnell wie möglich eingegliedert und nicht ihrem erwerbslosen Zustand überlassen wurden. Es *widersprach* ihr, den Armen Almosen in der Form von Geld zu geben – Wilberg richtete deshalb in besonderen Notzeiten eine „Rumfordsche Suppenanstalt“ ein, aus der die Armen verpflegt und gespeist wurden.

364 Blick aus J.F. Wilbergs (?) Haus in Elberfeld
Bleistiftzeichnung von J.F. Wilberg (?), 1.Hälfte 19.Jh.
15,3 x 18,5 cm
Wuppertal, Historisches Zentrum

Nach nur zweijähriger Tätigkeit in der kommunalen Armenverwaltung der Stadt trat Wilberg an die Spitze einer von wohlhabenden Elberfelder Bürgern gegründeten „Privat-Lehranstalt für die Kinder aus den höheren Ständen“, kurz „Bürger-Institut“ genannt. Diese Schule konkurrierte bald mit der bereits seit dem Ende des 16. Jahrhunderts bestehenden Latein- oder Rektoratsschule der Elberfelder reformierten Gemeinde. Sie verzichtete auf die alten Sprachen und berücksichtigte dafür die Realien und die Mathematik. Dennoch war das Bürger-Institut nicht nur auf das Ausbildungsbedürfnis einer gewerblich oder kaufmännisch tätigen Minderheit ausgerichtet, sondern kam einem breiten Bildungsinteresse entgegen, das sich bereits 30 Jahre zuvor in der Gründung einer „Lesegesellschaft“ gezeigt hatte. Nicht nur Vernunft und Aufklärung sollte die neue Schule vermitteln, nicht nur an Anschauung und Erfahrung sich orientieren, sondern auch Sittlichkeit und Geschmack ihrer Schüler entwickeln. In ihrem Zentrum standen die naturwissenschaftlichen und historischen

„Realien", und dieser „pädagogische Realismus" sprach in Elberfeld offenbar viele an, weil er handlungsorientiert war und als bildungsgeschichtliche Konsequenz eines Pietismus verstanden wurde, der im Verstehen der Welt und in der Befähigung zur Tat den Willen Gottes auszuführen glaubte.

Vor allem war das Bürger-Institut sowohl elementare wie höhere Bildungsanstalt für Wohlhabende, sein Schulpublikum kam mit den „unteren Klassen" nicht mehr in Berührung. Die Schule bestätigte die soziale Ordnung der Stadt, bildete sie gewissermaßen ab und verstärkte den Wunsch des Elberfelder Bürgertums nach Distanz und Separation. Über ihren Bildungsauftrag hinaus wurde sie eine Form der Selbstdarstellung höherer Schichten und bereitete die enge Verbindung von Bildung und Besitz vor.

Aber das hieß andererseits nicht, daß Wilberg ausschließlich der „Lehrer der Elberfelder reichen Leute" wurde. Er blieb der Armenanstalt und dem Armenwesen der Stadt ehrenamtlich weiter eng verbunden, und allgemeine Probleme der Elementarbildung, die ihn bereits in Overdyck beschäftigt hatten, hielten ihn auch in Elberfeld gefangen. Dazu gehörte vor allem die Ausbildung der Elementarlehrer, die er bis 1802 in Overdyck durchgeführt hatte und die er am 1. Februar 1806, kurz vor dem Übergang der Stadt und des Herzogtums Berg in französische Herrschaft, wieder aufnahm. An jedem Samstagnachmittag lud Wilberg die Elementarlehrer Elberfelds und seiner Umgebung zu „Unterhaltungen" in sein Haus, später, als über 40 Lehrer die samstäglichen Konferenzen regelmäßig besuchten, in die lutherische Pfarrschule am Thomashof im Zentrum Elberfelds.

Zunächst nichts anderes als ein unentgeltliches Fortbildungsangebot für Lehrer, die häufig nur über dürftige Kenntnisse verfügten und sich mit methodischen oder didaktischen Fragen wenig oder nie beschäftigt hatten, entwickelten sich diese Treffen schnell zu einem Forum gegenseitiger Kontaktaufnahme zwischen Angehörigen eines Berufes, dessen gesellschaftliches Ansehen gering, dessen Träger von materieller Not gezeichnet und dessen Arbeit weitgehend von Vereinzelung bestimmt war. Die „Unterhaltungen", von Wilberg 28 Jahre lang veranstaltet, geleitet und häufig auch bestritten, gaben den Lehrern die Möglichkeit zur Selbstverständigung über berufliche und politische Fragen und zur Ausbildung eines eigenen Standesbewußtseins. Bevor die Gesellschaft von der Bedeutung des Lehrberufs überzeugt wurde, mußte dies bei den Lehrern selbst geschehen, und dafür war die kontinuierliche Selbst- und Fortbildung wichtig, weil sie das Gefühl von Professionalität vermittelte. Es wird von Wilberg berichtet, daß alle seine Reden, die er an die Lehrer bei diesen Konferenzen hielt, nur von drei Gegenständen handelten: von der Erhabenheit der menschlichen Bestimmung, von der Wichtigkeit der Erziehung und von der Würde des Lehramtes.

Diesterweg erhielt bereits im Herbst 1817 einen Ruf als zweiter Rektor an die Elberfelder Lateinschule, an der Johann Ludwig Selbach seit 1813 erster Rektor war. Selbach war für Diesterweg kein Unbekannter, er war mit Diesterwegs acht Jahre älterem Bruder Wilhelm befreundet und hatte vermutlich die kirchliche Gemeinde auf Diesterweg erst aufmerksam gemacht. Mit der Anstellung eines zweiten Lehrers gewann die kirchliche Lateinschule so viel institutionelles Eigengewicht, daß eine von der neuen preußischen Schulverwaltung vorgeschlagene Vereinigung mit dem Bürger-Institut Wilbergs praktisch unmöglich wurde. Damit gerieten die beiden höheren Schulen Elberfelds in ein unerquickliches Konkurrenzverhältnis zueinander, was vermutlich zunächst nicht im Sinn der an ihnen beschäftigten Lehrer lag. Wilberg und Selbach kannten sich gut, Selbach hatte von 1807 bis 1809 am Bürger-Institut unterrichtet. Doch die hinter den Schulen stehenden bürgerlichen Kreise bezogen auch die Lehrer in die Rivalität ein.

Davon wußte Diesterweg offenbar nichts, als er den Ruf nach Elberfeld annahm und im Mai 1818 seine Lehrtätigkeit an der Rekto-

365 Ronsdorf von der Ostseite
Lithographie von G. Franke, 1976, nach Johann Peter Hasenclever, um 1825
21,5 x 41,5 cm
Wuppertal, Historisches Zentrum
Am 13.Mai 1818 wurde Adolph Diesterweg als Zweiter Rektor der Elberfelder Lateinschule von seinen Schülern in der Gegend von Ronsdorf willkommen geheißen und nach Elberfeld geleitet.

ratsschule begann. Er sollte allerdings bald erkennen, daß die reformierte Gemeinde Elberfelds, vor allem einige ihrer jüngeren Mitglieder, die Schule Wilbergs entschieden ablehnten und es nicht gern sahen, daß Diesterweg Wilberg regelmäßig besuchte. Dafür spielten sowohl sachliche als vor allem persönliche Gründe eine Rolle.

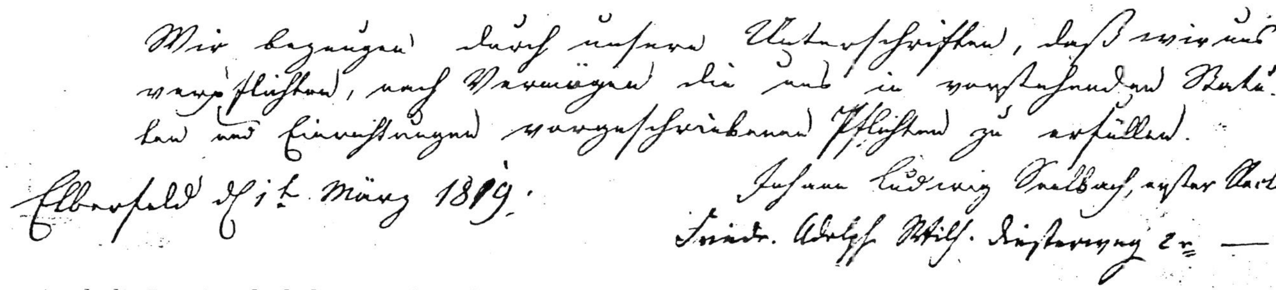
Wir bezeugen durch unsere Unterschriften, daß wir uns verpflichten, nach Vermögen die uns in vorstehenden Statuten und Einrichtungen vorgeschriebenen Pflichten zu erfüllen.
Elberfeld d. 1t. März 1819.
Johann Ludwig Selbach, erster Rector
Friedr. Adolph Wilh. Diesterweg 2r —

Auch die Lateinschule hatte sich in ihren Statuten von 1817 und seit Selbachs Rektorat der realen Bildung geöffnet und sich zum Ziel gesetzt, *„junge Menschen, die den Anfang ihrer Bildung in der Elementarschule gemacht haben, weiter zu führen, so daß sie imstande sind, auf der Universität die vollendete Bildung als Gelehrte zu erlangen oder sich einem bürgerlichen Geschäfte zu widmen"*. Die Schule als Vorbereitung für Studium und Beruf – das war nicht weit entfernt von dem Bildungsziel des Bürger-Instituts, wenn diesem auch – in den Augen des reformierten Presbyteriums, des Kirchenvorstandes – Elemente der „vollendeten Bildung", die alten Sprachen nämlich, fehlten.

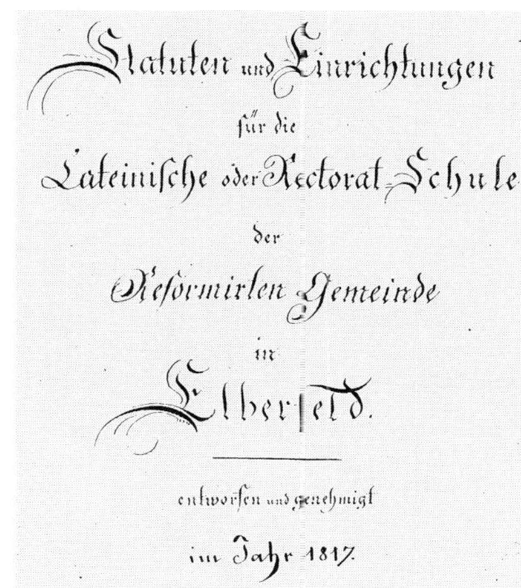
Statuten und Einrichtungen
für die
Lateinische oder Rectorat-Schule
der
Reformirten Gemeinde
in
Elberfeld.
entworfen und genehmigt
im Jahr 1817.

366 „Statuten und Einrichtungen für die Lateinische oder Rectorat-Schule der Reformirten Gemeinde in Elberfeld, entworfen und genehmigt im Jahr 1817"
29,8 x 23,5 cm
Wuppertal, Verband evangelischer Kirchengemeinden in Wuppertal-Elberfeld
Der Zweite Rektor, Adolph Diesterweg, bezeugt am 1.3.1819 durch seine Unterschrift, daß er sich verpflichtet, „nach Vermögen die uns in vorstehenden Statuten und Einrichtungen vorgeschriebenen Pflichten zu erfüllen".

367 Blatt zur 300jährigen Jubelfeier des Elberfelder Gymnasiums 1892
47,5 x 32,0 cm
Wuppertal, Historisches Zentrum
Oben links die alte Elberfelder Lateinschule, die 1718-1821 am Kirchplatz stand.

368 Gottfried Daniel Krummacher (1774-1837)
„Herr, wenn ich nur dich habe!
Psalm 73 v. 25"
Lithographie von T. Dean, nach H.C. Knudsen, undatiert
17,0 x 9,3 cm
Wuppertal, Historisches Zentrum
Am 18.Mai 1818 wurde Adolph Diesterweg in Elberfeld durch die Prediger, Scholaren und einige Deputierte in die Schule geleitet und anschließend durch den Prediger Gottfried Daniel Krummacher förmlich in sein Amt eingeführt.

Aber in beiden Schulen stand der Religionsunterricht im Mittelpunkt, war die „richtige Erkenntnis Gottes und des Menschen" Kern des Unterrichts, aus dem sich alle anderen Ziele und Inhalte ableiteten. Wilberg allerdings veranschlagte die Bedeutung der Bibel, um Gottes Willen zu erkennen, weniger hoch; er betonte dafür stärker die schöpferische Individualität des Menschen und hielt an dem Konzept einer natürlichen Ordnung fest, die von Gott geschaffen sei und an der der Mensch teilhabe, so daß Bildung und Erziehung ihm diese Teilhabe nur bewußt zu machen hätten.

Doch die Distanz zwischen den beiden höheren Schulen Elberfelds wurde größer, seitdem der reformierte Pfarrer Gottfried Daniel Krummacher, 1816 berufen, die geistige Atmosphäre in der Gemeinde bestimmte. Krummacher bestand nicht nur auf der organisatorischen Unabhängigkeit der reformierten Gemeinde vom preußischen Staat – und das zu einer Zeit, als dieser Staat und sein König Friedrich Wilhelm III. sich anschickten, die neu gewonnenen rheinischen Gebiete ihrer landesherrlichen konsistorialen Kirchenorganisation zu unterwerfen und vor allem die Union von lutherischen und reformierten Gemeinden zu fördern. Krummacher trug vor allem eine neue Predigt in das Wuppertal, die der religiösen Erregung und Bewegung nach den Freiheitskriegen gegen Napoleon Form und Akzente gab. Gegen alle aufklärerische Überzeugung, gegen das Streben nach Rationalität und Vernunft betonte er die Erbsünde, das menschliche Angewiesensein auf die Gnade Gottes und die Unmöglichkeit, mittels Erziehung und Schule die Sünde des Menschen zu mindern oder gar zu überwinden. Wilbergs Schule warf er vor, Gott und die christliche Religion nur zur Vervollkommnung des Menschen zu benutzen.

Wir wissen aus Diesterwegs Tagebüchern, daß ihr Verfasser ein kritischer Hörer der Predigten Krummachers war. Er stimmte mit ihm in entscheidenden Fragen nicht überein, lehnte die Geringschätzung des Staates ebenso ab wie die Betonung der menschlichen Erbsünde und die Hervorhebung der Gnade Gottes. Als Krummacher eines Tages auf der Kanzel davon sprach, der Mensch verdanke seine Begnadigung und Erlösung von den Sünden nicht sich selbst, sondern allein dem Heiland, notierte Diesterweg in sein Tagebuch: *„Die Pädagogik und alle praktisch wirkenden Menschen werden dieses Ohnmachtssystem nicht aufkommen lassen. Sonst wäre es besser, den ganzen lieben Tag im Bette zu liegen und zu dämmern."* Dennoch wurde Diesterweg zur „Farbmühlenkonferenz", einer regelmäßigen Zusammenkunft aller evangelischen Prediger des Wuppertals, eingeladen und machte dort durch die Ernsthaftigkeit seines Fragens auf sich aufmerksam, konnte aber mit seiner Hervorhebung des sittlichen Ideals im christlichen Glauben Krummacher und die anderen von der Erweckungsbewegung beeinflußten Pfarrer des Tals nicht überzeugen.

Aber nicht allein das geistige Klima in der reformierten Gemeinde machte Diesterweg zu schaffen, ihn belastete auch die zunehmende Entfremdung von seinem Kollegen Selbach. Die genauen Umstände kennen wir nicht, ihre Wurzeln lagen vermutlich im ungeklärten dienstlichen Verhältnis der beiden gleichberechtigten Rektoren. Zwar besaß der erste Rektor ein leichtes Übergewicht; aber er war kein Direktor, diese Funktion erfüllten die „Scholarchen", zwei vom Presbyterium der Gemeinde gewählte pädagogische Laien, mit denen Diesterweg ebenso in Konflikt geriet, war er doch – zum Befremden aller Beteiligten – nach seiner Kündigung im April 1820 nicht bereit, sein Lehramt bis zur Wahl und Einführung eines Nachfolgers weiterzuführen.

Daß Diesterweg in den zwei Elberfelder Jahren ein so enges und herzliches Verhältnis zu Wilberg entwickelte, lag einmal daran, daß er in seiner Lateinschule und in der reformierten Gemeinde kaum Fuß fassen konnte; es lag aber auch an einem „Gleichklang" beider Männer. Diesterweg bewunderte den 28 Jahre Älteren seit der ersten Begegnung 1811; er war geradezu fasziniert von Wilbergs *„didakti-*

scher Kraft, der entwickelnden Anregung, der Gabe der Veranschaulichung, der das Innere der Schüler bewegenden Ermittlung, der...elementarischen Virtuosität" des Mannes, der ihm *„in der Tiefe des Gefühls wie in der durchsichtigen Klarheit der Erkenntnis"* zum Vorbild wurde. Er fühlte sich Wilberg verbunden, wenn dieser das erweckliche Christentum Krummachers ablehnte und die Sitte der Pfarrer kritisierte, allsonntäglich den Zuhörern *„das saure Tonnengemüse des alten Testaments statt der süßen und frischen Bohnen und Erbsen des neuen"* vorzusetzen, zu viel von Schuld des Menschen, Strafe oder Gnade Gottes, zu wenig vom menschlichen Handeln als einer Offenbarung des göttlichen Willens, von der „Gottesgemäßheit" menschlicher Werke und Ordnungen zu sprechen. Wenn Wilberg allerdings daraus folgerte, das Bestehende deshalb hinzunehmen und sich ihm anzupassen, wenn er – wie in Overdyck, so auch in Elberfeld – Schule und Bildung nur in ihren sozial stabilisierenden Wirkungen sah und den Unterricht als Hinführung der Schüler in eine gottgegebene natürliche Ordnung verstand, dann wird Diesterweg vermutlich vorsichtig Einspruch erhoben haben, sah er doch schärfer und begrüßte auch die sozial mobilisierenden Effekte der Schule, die sich einer in Bewegung geratenen Gesellschaft nicht in den Weg stellen sollte.

Noch eine sehr persönliche Erinnerung band Diesterweg an das Wilberg'sche Haus: im Herbst 1818 erkrankte er an einem schweren Nervenfieber, das fast zum physischen Zusammenbruch und zu religiösen Visionen führte, die er eindringlich in seinem Tagebuch beschrieben hat – auch ein Hinweis darauf, wie stark ihn die religiösen Fragen, die das Wuppertal damals bewegten, berührten. In jenen Monaten erfuhr er die besondere Fürsorge von Wilbergs Frau.

Diesterweg war häufiger Gast im Hause Wilbergs. Besonders intensiv muß er an den „Unterhaltungen", den samstäglichen Lehrerkonferenzen, teilgenommen haben, wo er mit den Problemen, den Sorgen und Nöten, sicher auch den kleinen Freuden und den Erfolgen der Elementarlehrer direkt konfrontiert wurde. Noch 30 Jahre später erinnerte er sich lebhaft an die regelmäßigen Zusammenkünfte: *„In dem Thomashofe leuchteten die Blitze, auch nicht selten die Witzfunken, die Alle elektrisierten. Man fühlte sich erleuchtet und zugleich erschüttert. Eine göttlich-menschliche, weckende und entzündende, keimbildende und fruchtansetzende, erzeugende Kraft ging von ihm aus. Nicht immer in gleicher Weise, er war ein Mensch – aber in der Regel. Er pflegte sich dann, wenn ihm eine Entwicklung besonders gelungen war, das rückwärts gekämmte Haar zu streichen, – jeder Mensch hat seine Manieren – und der edel geformte Mund zeigte einen eigentümlichen Zug... Fürwahr, das waren göttliche, weil geistige Erquickungsstunden, das war ein heiteres Lernen. Wenn er, der große Meister, einen witzigen Vergleich anstellte, einen heiteren Scherz zum Besten gab und Fuchs oder andere replizierten und duplizierten – welch homerisches Lachen erschallte dann auf Augenblicke durch den Saal!"* Auf den heutigen Leser mag diese distanzlose Bewunderung befremdlich, vielleicht sogar peinlich wirken. Doch sie zeigt deutlich, in welchem Ausmaß Diesterweg und viele andere Zeitgenossen dem pädagogischen Charisma Wilbergs erlagen.

Als Wilberg 1839 Elberfeld verließ und nach Bonn übersiedelte, prägte Hantschke, der Leiter des Elberfelder Gymnasiums, die Bezeichnung „Meister an dem Rhein", und einer seiner ehemaligen Schüler reimte aus Anlaß seines Todes 1846, ganz im Stil der damaligen Gelegenheitsgedichte:

Es war die selt'ne Gabe Dir verliehen,
In schlichter Weise Deine Saat zu treiben,
Zu frischer Frucht gesunden Kern zu wecken,
Der Gärtner ruht – doch seine Bäume blühen,
Sein Segen soll auch ferner uns verbleiben,
Und leicht den Schlummernden die Erde decken.

1 Vgl. zum folg. inges.: Diesterweg, A.: Tagebuch 1818 bis 1822. Hrsg. v. E. Langenberg. Frankfurt a.M. 1870. Diesterweg, A., Heuser, P., Fuchs, F.A.: Johann Friedrich Wilberg, der „Meister an dem Rhein". Essen 1847. Langenberg, E.: Johann Friedrich Wilberg. Sein Leben und seine Schriften. Eine Gedenkschrift zur Feier seines 100. Geburtstages. Elberfeld 1866. Wilberg, J.F.: Einige Gedanken, den Schullehrern gewidmet. In: Der deutsche Schulfreund Jg. 9, 1794, S. 38ff. Ders.: Der Märkische Lehrer- und Kinderfreund, ein Handbuch für Lehrer in Bürger- und Landschulen. 2 Bde. Dortmund 1795/98. Ders.: Auszüge aus Tagebüchern einer Schule nebst Aufsätzen pädagogischen Inhalts. Ein Handbuch für Lehrer. 2 Bde. Elberfeld 1811/12. Ders.: Der Schulmeister Lebrecht, wie er über sein Amt dachte und darin wirkte. Elberfeld 1820. Ders.: Aufsätze über Unterricht und Erziehung für Lehrer und Eltern. 2 Bde. Essen 1824. Ders. Erinnerungen aus meinem Leben, nebst Bemerkungen über Erziehung, Unterricht und verwandte Gegenstände. Essen 1836. Ders.: Gedanken und Urtheile des Vetters Christian über Leben und Wirken im Mittelstande. Essen 1843. Siehe daneben Bloth, H.G.: Adolph Diesterweg. Sein Leben und Wirken für Pädagogik und Schule. Heidelberg 1965. Heinemann, M., Rüter, W.: Landschulreform als Gesellschaftsinitiative. Philip von der Reck, Johann Friedrich Wilberg und die Tätigkeit der „Gesellschaft der Freunde der Lehrer und Kinder in der Grafschaft Mark" (1789-1815). Göttingen 1975. Krummacher, F.W.: Gottfried Daniel Krummacher und die niederrheinische Erweckungsbewegung zu Anfang des 19. Jahrhunderts. Berlin, Leipzig 1935. Wittmütz, V.: Schule der Bürger. Die höhere Schule im Wuppertal 1800-1850. Wuppertal 1981.

Arno Herzig

„Humanität oder Preußens Gloria?"
Das allmähliche Ende der Kinderarbeit[1]

369 Kinderarbeit in einer Buntpapierfabrik in Aschaffenburg
Leipziger Illustrirte Zeitung, 1858

Zu den gravierenden sozialen Kosten, die für die Industrialisierung Deutschlands durch die Bevölkerung zu bringen waren, zählt an erster Stelle – nach unserer heutigen Einschätzung – die Kinderarbeit. Daß Kinder vom 6. Lebensjahr an täglich unter den erbärmlichsten Umständen bisweilen mehr als 12 Stunden an den Maschinen zubringen mußten, scheint uns besonders hart – wobei wir freilich die Kinderarbeit, die sich vor unseren Augen in der Dritten Welt abspielt, geflissentlich verdrängen. Erst 1839 verbot eine preußische Kabinettsorder[2] die Arbeit von Kindern unter 9 Jahren in Fabriken, Berg-, Hütten- und Pochwerken. Sie schrieb ferner vor, daß kein Jugendlicher unter 16 Jahren zur Arbeit in Fabriken angenommen werden dürfe, wenn er nicht „seine Muttersprache geläufig lesen" könne und „einen Anfang im Schreiben gemacht" habe. Sie beschränkte die Arbeitszeit für Jugendliche unter 16 Jahren auf 10 Stunden pro Tag und verbot die Nachtarbeit.

Damit wurde die Kinderarbeit zu einem öffentlich diskutierten Thema, nachdem Bayern und Baden ein Jahr später (1840) inhaltlich ähnliche Gesetze erließen. Die Initiative zu dem preußischen Gesetz von 1839 sei – so ist auch heute noch vielfach zu lesen – von den Militärs ausgegangen, die den hohen Rekrutenausfall in den Industriebezirken auf die Kinderarbeit zurückführten. 1827 hatte General von Horn in seinem Landwehrgeschäftsbericht darauf hingewiesen, „daß die Fabrikgegenden ihr Kontingent zum Ersatze der Armee nicht vollständig stellen können".[3] Heinrich Wilhelm von Horn (1762-1829), ein angesehener Offizier aus den Kriegen gegen Napoleon, besaß das Vertrauen des Königs, wie aus den zahlreichen persönlichen Ehrungen deutlich wird, die er von seinem „guten König" empfing.[4]

1820 war er kommandierender General des 7. Armeekorps in Münster (Westfalen) geworden. Zu seinen Aufgaben gehörte auch die Rekrutierung der Landwehrmänner in seinem Kommandobereich. Auf seinen „Inspektionsreisen im ganzen Bereiche des Generalkommandos“ war er in den Industriebezirken Iserlohn, Altena und Hagen auf die Situation der Kinderarbeit gestoßen, als er nach einer Erklärung dafür suchte, warum in diesen Bereichen die Kontingente zum Ersatz der Armee nicht vollständig gestellt werden konnten. Vermutlich hatte ihm der Iserlohner Landrat Müllensiefen, selbst ein ehemaliger Fabrikant, mitgeteilt, *„daß von den Fabrikunternehmern sogar Kinder in Masse des Nachts zu den Arbeiten benutzt werden“*. Diese Formulierung hatte der Iserlohner Landrat auch in seinem Bericht, verfügt durch das Altenstein-Zirkular vom 24. Juni 1824, benutzt.[5] Doch diesen Bericht hatte der König vermutlich nie gesehen. Erst der Landwehrgeschäftsbericht Horns von 1827, der die Formulierung des Landrats Müllensiefen aufgriff, brachte dem König das Problem nahe.

Die fast wortgetreue Übernahme dieser Formulierung in seine Kabinettsorder vom 12. Mai 1828: *„daß...sogar Kinder in Masse und Nachts zu den Arbeiten benutzt werden“*, zeigt die ehrliche Überraschung des Königs, zeigt aber auch, daß von den Ministern das Problem dem König bisher verschwiegen worden war. *„Ich kann“*, so heißt es weiterhin in der Kabinettsorder, *„ein solches Verfahren um so weniger billigen, als dadurch die physische Ausbildung der zarten Jugend unterdrückt und zu besorgen ist, daß in den Fabrikgegenden die künftige Generation noch schwächer und verkrüppelter werden wird, als es die jetzige schon sein soll.“* Und es folgte die Aufforderung: *„Daher trage ich Ihnen auf, in höhere Erwägung zu nehmen, durch welche Maßregeln jenem Verfahren kräftig entgegengewirkt werden kann.“* Dies war das einzige Mal, daß der König sich vor 1839 zu diesem Problem schriftlich äußerte. General von Horn starb bald darauf (1829), und so fehlte wohl auch der persönliche Bezugspunkt. Da Friedrich Wilhelm III. den Anstoß zu seiner Kabinettsorder vom 12. Mai 1828 aufgrund eines Militärberichts erhalten hatte, lag es nahe, „militärische Aspekte“ als eigentliche Triebkraft für das Regulativ von 1839 zu sehen.

Noch bevor General von Horn in seinem Landwehrgeschäftsbericht auf die Not der Kinderarbeiter hinwies, hatte Adolph Diesterweg in der Märznummer 1827 von Johann Philipp Rossels *Rheinisch-Westfälischer Monatsschrift für Erziehung und Volksunterricht* unter dem Titel „Über den Gebrauch der Kinder zu Fabrikarbeitern. Aus pädagogischem Gesichtspunkt betrachtet“ zu dem Problem Stellung genommen.[0] Es muß offen bleiben, ob Diesterweg die zehn Berichte gekannt hat, die aufgrund einer Verfügung des Preußischen Ministeriums der Geistlichen, Unterrichts- und Medizinalangelegenheiten vom Juni 1824 aus den betroffenen Landkreisen in Berlin eingegangen waren. Er selbst beruft sich auf die *Jahrbücher fürs Preußische Volksschulwesen*, in denen einige Angaben zur Situation der Kinderarbeiter in Berlin zu finden sind und auf die Verordnung der Düsseldorfer Regierung Nr. 81 aus dem Jahr 1826 betreffend den Unterricht der in Fabriken arbeitenden Kinder. Doch kannte Diesterweg die Situation der Kinderarbeiter in – wie er schreibt – den großen Fabrikstädten des Bergischen Landes: Elberfeld, Barmen, Gemarke, wo „Tausende von Kindern von sieben- und mehrjährigem Alter Fabrikarbeit“ verrichten. Die Pädagogen wurden hier mit einem sozialen Problem konfrontiert, das auch von ihnen ein völliges Umdenken erforderte. Nach den Anschauungen der immer noch gültigen Industriepädagogik galt als wesentliches Ziel der Erziehung die Hinführung zur Arbeit und damit zur „Nützlichkeit“ in der Gesellschaft. Gerade das Kind sei in der Lage, so betonten die Industriepädagogen, gleichsam spielend das Arbeiten zu lernen. Nun bezog sich die Argumentation der Industriepädagogen zwar nicht auf die Fabrikarbeit, aber von den meisten Beamten wurde sie unter diesem Aspekt gesehen.

Diesterweg durchbrach diesen Teufelskreis, indem er entgegen dem aufklärerischen Nützlichkeitsaspekt für das Kind einen Raum beanspruchte, der frei von aller gesellschaftlichen Produktion sein sollte. Aus der Sicht der Kinder stellte er deren trostlose Situation dar und übte scharfe Kritik am gesamten Fabrikensystem, welches so eingerichtet sei, daß es die Kinder zu „zweibeinigen Maschinen" degradiere. Doch ging er mit dieser Kritik noch weiter, wenn er dem „gepriesenen Glück der Fabriken" nicht nur die Schuld an der physischen und psychischen Zerrüttung der Kinder gab, sondern auch die Demoralisierung des „Pöbels des Fabrikvolkes" darauf zurückführte:

„Ist ein Mensch durch die Art seines Geschäftes und alle Verhältnisse seines Lebens und seiner Umgebung demoralisiert, so sieht man sich zur Despotie gezwungen. Wer aber trägt die Schuld dieser Entartung als die Fabriken selbst? Will man die roheste, gemeinste, schlechteste, verworfenste, nur durch die gemeinsten Reize aufzuregende Menschenmasse kennenlernen, so besuche man die größeren Fabrikorte Europas. Hier ist der Auswurf der Menschheit, denen nichts als die rechte Lebenskraft fehlt, um Fürsten und Völkern Grauen einzuflößen. Nun denke man sich das Kind in solche Umgebung versetzt, von solchen Eltern erzogen, dem Einfluß solcher schmutzigen Reden und lasterhaften Handlungen ausgesetzt, wie Fabrikorte sie täglich zutage fördern! Was Wunder, daß die Fabrikkinder physisch und moralisch zu Grunde gehen. Das ist, ich wiederhole es, der Segen, den die Fabriken über das Land verbreiten."

370 Obdachlose Kinder fertigen Cigarrenkisten
Druck nach einer Zeichnung von H. König
Die Gartenlaube, 1857
29,9 x 21,9 cm
Berlin (DDR), Märkisches Museum

Im Fabriksaal seien die Kinder wie im Kerker gefangen und könnten deshalb nicht ihre „Natur" entfalten. Mit den Forderungen der Natur, die Diesterweg für das Kind aufstellt, entwickelte er ein pädagogisches Gegenkonzept, welches das Kind der unentrinnbaren Verplanung durch die Erwachsenenwelt entzog. Zu seinem Erziehungskonzept zählen abwechslungsreiche Beschäftigung, Spiel, Freude an der Natur und „Fröhlichkeit, welche den Ernst der Arbeit keineswegs ausschließt". Daß dem Kind dies vorenthalten wurde, führte Diesterweg nicht nur auf die Verplanung und Ausbeutung der kindlichen Arbeitskraft zurück, sondern auch auf die „quietistische Frömmelei" und das dunkle Mystikertum, Erscheinungen, die für das Wuppertal typisch waren.

Einen Ausweg aus der Misere der Kinderarbeit konnte freilich auch Diesterweg nicht aufzeigen: *„Endlich soll nicht die Rede davon sein, durch welche Mittel den nachgewiesenen großen Gebrechen abgeholfen werden könne, sondern Schreiber dieses glaubt seine Pflicht erfüllt zu haben, wenn er auf das Übel selbst aufmerksam gemacht hat."* Bewegen konnten nur die etwas, „welche Einfluß haben auf Betrieb des Handels und der Fabriken". Es sei aber auch die „Sache menschenfreundlicher Regierungen und mächtiger Männer", daran etwas zu ändern. Diesterweg war sich bewußt, welch „schwere, merkantilistische, staatswirtschaftliche und politische Probleme" mit der Änderung dieses speziellen Problems verbunden waren, die ein Pädagoge allein nicht lösen konnte. Der Staat aber besaß nach seiner Ansicht durchaus die Autorität und die Macht, „Menschen vor Mißhandlung zu schützen". Auch hoffte er auf einsichtsvolle Fabrikherren, die den Kindern wenigstens die Möglichkeit zum Unterricht in ihren Schulen einräumten.

Mit dieser Schrift signalisierte Diesterweg eine Wende in der Pädagogik und korrigierte damit die Anschauung der Industriepädagogik, die vor allem von den preußischen Beamten immer wieder ins Feld geführt wurde, auch wenn in diesen Kreisen langsam Zweifel aufkamen. War im ausgehenden 18. Jahrhundert die Fabrikarbeit der Kinder von den preußischen Fabrikenkommissaren noch als soziale Errungenschaft gepriesen worden, so sah es wenig später, nämlich 1817, die preußische Regierung als eine Pflicht der „Menschlichkeit" an, nach Mitteln zu suchen, *„wodurch es überhaupt zu verhindern ist, daß die Fabrikation...nicht eine zahlreiche Menschenklasse erzeuge, die in den besten Jahren dürftig und bei jeder Mißernte und jeder Stockung des Absatzes dem tiefsten Elend preisgegeben ist"*[7]. Was hatte diesen plötzlichen Sinneswandel herbeigeführt?

Durch die Einführung mechanischer Spinnmaschinen und bald auch mechanischer Webstühle nach englischem Vorbild versuchten die deutschen Unternehmer bereits in den 1780er und 1790er Jahren, Anschluß an die englische Textilproduktion zu gewinnen. Die Produktion mit Hilfe von Maschinen erforderte kaum noch Muskelkraft, sondern weitgehend nur manuelle Geschicklichkeit. Deshalb konnten an diesen Maschinen auch Frauen und Kinder arbeiten. Sie waren billiger als die männlichen Arbeitskräfte, zudem in reichlicher Zahl vorhanden, da es als Folge des Pauperismus, das heißt der Zunahme der Armen, die weder in der Landwirtschaft noch in der gewerblichen Industrie Arbeit fanden, in den Städten genügend Bettelkinder gab. Der erste Unternehmer, der in Deutschland eine Mechanische Spinnerei einrichtete, der Fabrikant Johann Gottfried Brügelmann aus Ratingen bei Düsseldorf, wies deshalb in seinem Gesuch um Errichtung einer Fabrik 1783 auf den „Vorteil" hin, den die Stadt Ratingen aus seiner Fabrik ziehe, *„indem eine Menge armer Einwohner und kleiner Kinder von 6-10 Jahren, welche nur gar zu häufig dem Müßiggang und Betteln nachgehen, ihren täglichen Unterhalt verdienen und dadurch von Jugend an zu Arbeit und Fleiß angehalten werden"*.[8]

Durch den verstärkten Einsatz von Kinder- und Frauenarbeit in den Fabriken waren für die Fabrikanten die Lohnkosten erheblich niedriger, als dies beim Einsatz männlicher Arbeitskräfte der Fall gewesen wäre. Niedrigere Lohnkosten bedeuteten einen Vorteil im Konkurrenzkampf mit England, das seinerseits ebenfalls in der Frühindustrialisierungsphase im 18. Jahrhundert die Arbeit an den Maschinen durch Kinder ausführen ließ. Da in den Industriebezirken der Familienvater infolgedessen als Verdiener weitgehend ausfiel, mußten Frau und Kinder diese Funktion übernehmen. Die Arbeiterfamilien waren deshalb froh, wenn wenigstens die Mutter und die Kinder das

371 Schulranzen, um 1850
25 x 30 x 12 cm
Haßloch, Heimatmuseum
Der lange Überschlag zeigt an, daß es sich um einen Jungenranzen handelte. Mädchen trugen Ranzen mit kurzen Überschlägen.
372 Schüler-Griffelkasten, um 1800
6,2 x 13,0 x 8,8 cm
Dortmund, Westfälisches Schulmuseum
373 Schülertafel, 1818
31 x 34 cm
Haßloch, Heimatmuseum

Existenzminimum der Familie sichern konnten. Der preußische Fabrikenkommissar Friedrich Eversmann, der 1797 Eltern von Kinderarbeitern in Altena (Westfalen) nach ihrer Einstellung zur Kinderarbeit befragte, hörte deshalb von den Eltern nur Positives.[9] Nur vereinzelt kam es zu Protestaktionen und Streiks, wenn Fabrikanten allzu offensichtlich die männlichen Arbeitskräfte durch weibliche oder Kinderarbeitskräfte ersetzten, wie 1840 in Iserlohn (Westfalen), wo ein Fabrikant *„für das sogenannte Stangenpolieren der Messingwaren nicht mehr wie bisher Männer mit einem Wochenlohn von 3 Reichstalern" einstellte, „sondern Mädchen, die diese Arbeit für 1 Reichstaler, 10 Silbergroschen"* ausführten.[10]

Das System der Ersetzung männlicher Arbeitskräfte durch Frauen und Kinder war so leicht nicht zu durchschauen, da vor allem die neuen Mechanischen Baumwollspinnereien und Webereien von vornherein, schon bei ihrer Einrichtung, zum größten Teil auf Kinderarbeit eingestellt waren. Da die Bettelkinder von der Straße kamen und somit „von Jugend an zur Arbeit und Fleiß angehalten werden" (Brügelmann) konnten, zudem die Fabrikarbeiterfamilien dadurch ihr Existenzminimum sicherten, unterstützten vor 1806 die preußischen Fabrikenkommissare weitgehend die Einstellung von Kinderarbeitern. Ihre Argumentation beschränkte sich auf die Feststellung, daß die Arbeiterfamilien unbedingt auf die Kinderarbeit angewiesen seien, da sie sonst der nackten Not anheim gegeben wären, zumal die Städte mit ihren knappen Sozialmitteln kaum für die arbeitslosen Familienväter aufkommen konnten. Doch schränkte bereits 1804 der Fabrikenkommissar Eversmann sein Lob der Kinderarbeit mit dem Hinweis ein, *„... wiewohl die Art der Beschäftigung vom physischen Zustande des Körpers nur unter großer Vorsicht des Unternehmers unschädlich bleiben kann".*[11]

Aber gerade an dieser „großen Vorsicht des Unternehmers" gegenüber den Kindern fehlte es nach 1810 weitgehend. Mit der Beseitigung der napoleonischen Kontinentalsperre wurde erneut die englische Konkurrenz wirksam, die sich aufgrund der fortgeschritteneren Industrialisierung in Großbritannien leicht den europäischen Markt zurückerobern konnte. Ohne Schutzzölle war dagegen schwer anzukommen, aber auf Schutzzölle verzichtete die preußische Regierung, da sie den Export des ostelbischen Getreides nicht gefährden und damit die noch immer privilegierte Kaste der adligen Junker nicht verprellen wollte.[12] Die Fabrikanten versuchten sich deshalb mit niedrigen Lohnkosten und intensiver Nutzung des Kapitals gegen die englischen Wettbewerber zu behaupten. Das aber bedeutete noch mehr Kinderarbeit, bedeutete vor allem die Heraufsetzung der Arbeitszeit auf 16 Stunden und scharfe Kontrollen, um das „Müßiggehen" zu verhindern. Die neue liberale Gewerbeordnung von 1810 ließ den Unternehmern völlig freie Hand, eine sozialpolitische Einschränkung gab es nicht. Unter Berufung auf das überlegene britische Technologiepotential beuteten die Unternehmer die Kinderarbeitskraft rücksichtslos aus. Die sozialen Folgen blieben nicht aus, und sie veranlaßten am 5. September 1817 den Staatskanzler von Hardenberg zu seinem Runderlaß an alle preußischen Oberpräsidenten, den sein Mitarbeiter Johann Gottfried Hoffmann verfaßt hatte.[13] Hoffmann selbst wies auf den Teufelskreis hin, in dem sich die preußische Politik befand: *„Es kann nicht im entferntesten die Absicht sein, den Fortschritten der Fabrikation irgendein positives Hindernis entgegenzusetzen, wohl aber scheint es mir eine unerläßliche und bisher zu großem Nachteil versäumte Pflicht, zu verhindern, daß die frühe Gewöhnung zur Fabrikation in eine Verwöhnung ausarte, daß die Erziehung zum Fabrikarbeiter auf Kosten der Erziehung zum Menschen und Staatsbürger betrieben werde und daß der Mensch genötigt werde, die höchste mechanische Fertigkeit in einem einzelnen Handgriff mit dem Verlust seiner moralischen Freiheit zu erkaufen, selbst ehe er erkennen kann, wie viel dieser Kauf ihn kostet."* Die Oberpräsidenten wurden aufgefordert, Wege aus diesem Teufelskreis aufzuzeigen.[14]

Die Antworten der Oberpräsidenten, die in Berlin erst nach und nach bis 1820 eingingen, zeigten zwar die Misere auf, brachten aber kaum praktikable Vorschläge zur Lösung des Problems. Sie empfahlen dem Staat „eine Art von Obervormundschaft über die Kinder“, eine „fürsorgende Obhut für das Wohl der Kinder, eine Aufsicht in pädagogischer Hinsicht über das Fabrikwesen“; „Gesetze, die ins Spezielle hineingingen“, wurden jedoch abgelehnt.[15]

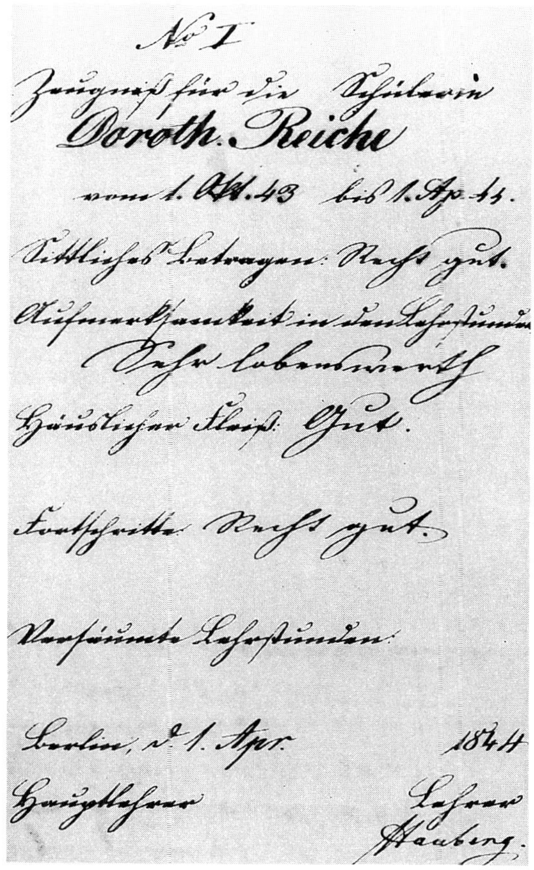
No I
Zeugniß für die Schülerin
Doroth. Reiche
vom 1. Okt. 43 bis 1. Apr. 44.
Sittliches Betragen: Recht gut.
Aufmerksamkeit in den Lehrstunden:
Sehr lobenswerth
Häuslicher Fleiß: Gut.
Fortschritte: Recht gut.
Versäumte Lehrstunden:
Berlin, d. 1. Apr. 1844
Hauptlehrer Lehrer
Stauberg.

374 Armenschule
Lithographie, Lithographisches Institut Arnz & Co., Düsseldorf
Düsseldorfer Monatshefte Bd.VII, 1854
40 x 30 cm
Nürnberg, Schulmuseum der Universität Erlangen-Nürnberg

375 Zeugnis aus einer Berliner Volksschule, 1844
16,0 x 9,3 cm
Berlin (DDR), Archiv der Akademie der Pädagogischen Wissenschaften

Tatsächlich gab es für die preußische Regierung zu diesem Zeitpunkt nur eine gesetzliche Grundlage, auf der gegen die Kinderarbeit vorgegangen werden konnte: die im Allgemeinen Landrecht verordnete Schulpflicht.[16] Doch betraf diese Bestimmung um 1820 nur die preußischen Provinzen östlich der Elbe, im Westen galten die aus der napoleonischen Ära überkommenen Schulgesetze. Erst die Kabinettsorder vom 14. Mai 1825 machte die Bestimmungen des Allgemeinen Landrechts auch für die preußischen Westprovinzen verpflichtend, in denen die wichtigsten Fabrikdistrikte lagen. Durch dieses Gesetz erhielt der Unterrichtsminister die theoretische Möglichkeit, per Schulpflichtverordnung gegen die Kinderarbeit vorzugehen. Doch wurde bald deutlich, daß die preußische Politik in diesen ökonomisch-kritischen Jahrzehnten nach der Maxime handelte: Es muß alles getan werden, um die einheimische Industrie vor allem gegenüber der englischen konkurrenzfähig zu machen. Diese Maxime galt auch im Hinblick auf die Kinderarbeit. Bereits 1816 hatte der Aachener Schulrat Hüsgen an das Schulkonsistorium in Koblenz geschrieben: *„Wir wünschen daher geeignete Maßregeln zu treffen, wodurch weder das Heil der Kinder noch der Fortgang der Fabriken gefährdet wird.“*[17] Doch ging es in der preußischen Schulpolitik in der ersten Hälfte des 19. Jahrhunderts eher um den „Fortgang der Fabriken“ als um „das Heil der Kinder“.

Der preußische Unterrichtsminister von Altenstein, im Amt von 1817 bis 1839, hatte sich in seiner Schulpolitik voll und ganz auf diese Richtlinie eingestellt. Er schob deshalb das Problem vor sich her, ohne sich um eine ernsthafte Gesetzesinitiative zu bemühen. Daß er hin und wieder die einzelnen Regierungen um Analysen bat, hat nichts zu besagen. Gleichwohl wurde durch seine Umfrage vom 26. Juni 1824 und die daraufhin bis zum August 1825 von den Regierungen erstellten zehn Berichte eine interessierte Öffentlichkeit auf das Problem aufmerksam gemacht.[18]

Die Berichte schildern das Leben der Fabrikenkinder in den dunkelsten Farben. Die Kinderarbeit in den Fabriken verteilte sich nicht gleichmäßig über den ganzen Staat, sondern trat massiv in bestimmten Industriebezirken auf. So im Regierungsbezirk Arnsberg mit den Kreisen Iserlohn, Hagen, Altena, im Regierungsbezirk Düsseldorf, im Regierungsbezirk Aachen, im Regierungsbezirk Köln, im Regierungsbezirk Brandenburg mit Berlin, im Regierungsbezirk Frankfurt/Oder. Vorherrschend war die Kinderarbeit in Mechanischen Spinnerein und Webereien, in der Nadel-, Glas- und Tabakindustrie und im Bergbau. Die Arbeitszeit betrug 10 bis 12 Stunden, aber auch 14-16 Stunden Arbeit pro Tag werden angeführt. Die Berichte betonen sehr stark die moralischen Folgen der Kinderarbeit; sie weisen auf den schlechten Einfluß hin, den die erwachsenen Arbeiter auf die Kinder ausübten, bedauert wird vor allem, daß Jungen und Mädchen gemeinsam arbeiteten. Dies scheint fast die Hauptsorge gewesen zu sein. Doch gehen die Berichte auch auf die physischen Folgen ein. So traten bei den Kindern in der Metall- und Textilindustrie Brust- und Lungenleiden, Körperschwäche, Abmagerung, unzulängliche Körperentwicklung, Drüsenschwellungen und Kopfausschläge auf.

Obgleich die Kabinettsorder vom 14. Mai 1825 die Schulpflicht für alle Kinder in Preußen vorschrieb, unternahm von Altenstein nichts, um auf diesem Weg eine Reduktion der Arbeitszeit für Fabrikenkinder zu erzwingen. 1827 meinte er in einem Zirkularreskript: *„Anordnungen seien nur mit reiflichster Berücksichtigung aller dabei konkurrierenden Interessen, also nicht bloß der Kinder, sondern auch ihrer dürftigen Eltern und der bestehenden Fabriken, die in ihrem Flor dieser wohlfeileren Arbeiter nicht wohl entbehren könnten"*, zu erlassen.[19] Da sich aber die Wirtschaftslobby mit ihrer Argumentation behauptete, schob von Altenstein das Problem weiterhin vor sich her. Die Initiative, doch endlich gesetzlich gegen die Kinderarbeit vorzugehen, kam nicht aus seinem Ministerium.

Das Regulativ vom 9. März 1839 setzte nun der einflußreichen Industrielobby zaghaft einige Grenzen. Wirksam wurde es zunächst nicht, denn in den 1840er Jahren – dem Höhepunkt des Pauperismus – erreichte die Kinderarbeit in Preußen ihren Höhepunkt. 1840 waren laut Statistik 31.064 Arbeiter Kinder. Sie stellten damit 6,45% aller Fabrikarbeiter. Erst am Ende des Jahrzehnts war die Zahl rückläufig.[20]

Das Regulativ sah keine Bestrafung gegen Verstöße vor. Lediglich das Versäumnis, die Liste mit den Namen der Kinderarbeiter einzureichen, sah eine Strafe von 1 bis 5 Talern vor. Ferner wurde bei Verstößen gegen „sanitäts-, bau- und sittenpolizeiliche Anordnungen" eine Geldstrafe angedroht, doch gleich mit dem Zusatz: „Die hierbei anzudrohenden Strafen dürfen 50 Thaler Geld – oder eine diesem Betrag entsprechende Gefängnisstrafe nicht übersteigen." Verstöße gegen das Regulativ galten wohl nur als Kavaliersdelikt. Erst eine Ergänzung des Regulativs durch das Gesetz von 1853 sah eine schärfere Kontrolle und strengere Strafen vor.[21]

Preußens Gloria oder Humanität? Das Militär oder die Pädagogen? Wer hatte den Stein ins Rollen gebracht? Es dürften heute kaum mehr Zweifel darüber bestehen, daß es nicht das Militär, sondern die Pädagogen, allen voran Adolph Diesterweg, waren, die dieses Problem zu einem „öffentlichen Problem" gemacht haben. Dabei mußten sie über ihren eigenen Schatten springen. Sie mußten für die Kinder einen Freiraum beanspruchten, der nichts mehr mit der Produktion zu tun haben sollte.

1 Bei den folgenden Ausführungen handelt es sich um eine erweiterte Fassung meines Beitrags: „Das Regulativ von 1839. Humanität oder Preußens Gloria?" in: Kinderarbeit ist verboten. Hrsg. v. B. Saadi-Varchmin u.a. Wuppertal 1984, S. 69-77.
2 Abgedr. ebenda, S. 71.
3 Zentrales Staatsarchiv Merseburg: Rep. 122 BB VII 1.4, Bd. 1, Bl. 38.
4 Zu seiner Biographie: Neuer Nekrolog der Deutschen Jg. 7, 1829. Ilmenau 1831, S. 729ff.
5 Unterrichtsminister von Altenstein hatte am 24.6.1824 die einzelnen Regierungen der preußischen Provinzen um Analysen der Kinderarbeit in den preußischen Industrieregionen gebeten. Daraufhin gingen bis zum August 1825 10 Berichte ein, die z.T. die Berichte der Landräte wörtlich wiedergeben. Vgl. Anton, G. K.: Geschichte der preußischen Fabrikgesetzgebung bis zu ihrer Aufnahme durch die Reichsgewerbeordnung. Berlin 1953, S. 24ff.
6 Abgedr. in: Kinderausbeutung und Fabrikschulen in der Frühzeit des industriellen Kapitalismus. Ausgew., eingel. u. erl. v. R. Alt. Berlin 1958, S. 180-196. Zitate ebenda.
7 So in dem Runderlaß des Staatskanzlers von Hardenberg an die Oberpräsidenten vom 5.9.1817. Runderlaß und Antworten der einzelnen Regierungen in: Kuczynski, J.: Hardenbergs Umfrage über die Lage der Kinder in den Fabriken und andere Dokumente aus der Frühgeschichte der Lage der Arbeiter. Berlin 1960. Zitat: S. 23.
8 Hauptstaatsarchiv Düsseldorf (HStAD): Bestand Jülich-Berg II, Nr. 1859, Bl. 5.
9 Die Aussagen der Eltern sind festgehalten in einem Sonderprotokoll, das Eversmann angefertigt hat. Staatsarchiv Münster/W. (StAM): Märkische Fabrikenkommission, Nr. 10.
10 StAM: Oberpräsidium Nr. 680, B. 114ff.
11 Eversmann, F.A.A.: Übersicht der Eisen- und Stahlerzeugung auf Wasserwerken in den Ländern zwischen Lahn und Lippe. Beylagen. Dortmund 1804, S. 287f.
12 Vgl. Mottek, H.: Wirtschaftsgeschichte Deutschlands. Ein Grundriß. Bd. II: Von der Französischen Revolution bis zur Zeit der Bismarckschen Reichsgründung. Berlin 1972, S. 51.
13 Zu Hoffmanns Rolle im Kreis um Hardenberg vgl. Vogel, B.: Reformpolitik in Preußen 1807-1820. In: Puhle, H.J., Wehler, H.U. (Hrsg.): Preußen im Rückblick. Göttingen 1980, S. 202ff., 212f.
14 Vgl. Kuczynski, J.: a.a.O., S. 25.
15 Ebenda, S. 45.
16 Vgl. Gladen, A.: Geschichte der Sozialpolitik in Deutschland. Eine Analyse ihrer Bedingungen, Formen, Zielsetzungen und Auswirkungen. Wiesbaden 1974, S. 130, Anm. 86.
17 HStAD: Reg. Aachen Nr. 2163, Bl. 6f.
18 Einen guten Überblick über die Berichte in: Anton, G.K.: a.a.O., S. 24ff.
19 Das Zirkularreskript: ebenda, S. 190ff.
20 Vgl. Adolphs, L.: Industrielle Kinderarbeit im 19. Jahrhundert. Duisburg 1979, S. 106ff.
21 Text des Gesetzes von 1853: ebenda, S. 114ff. – Weitere Literatur zur Kinderarbeit: Feldenkirchen, W.: Kinderarbeit im 19. Jahrhundert. Ihre wirtschaftlichen und sozialen Auswirkungen. In: Zeitschrift für Unternehmensgeschichte Jg. 26, 1981, S. 1-41. Flecken, M.: Arbeiterkinder im 19. Jahrhundert. Eine sozialgeschichtliche Untersuchung ihrer Lebenswelt. Weinheim, Basel 1981. Herzig, A.: Kinderarbeit in Deutschland in Manufaktur und Protofabrik (1750-1850). In: Archiv für Sozialgeschichte Jg. 23, 1983, S. 311-375.

Michael Klöcker

„...damit nicht aus dem gemeinen Manne verbildete Halbwisser, ganz ihrer künftigen Bestimmung entgegen, hervorgingen"

Das Cirkularreskript vom 29. März 1822

1817 wurde Karl Freiherr vom Stein zum Altenstein (1770-1840) der erste Chef des neu eingerichteten preußischen Unterrichtsministeriums: ein philosophisch gebildeter, vielseitig interessierter Hoffnungsträger für die Anhänger einer Reformierung des Bildungswesens im Geiste Wilhelm von Humboldts und Pestalozzis. Seine eher schwankende Amtsführung enttäuschte jedoch viele Reformfreunde. Im schwierigen Balanceakt zwischen rückwärtsgewandten Bestrebungen und neuen Aufbrüchen erreichte Altenstein schließlich eine gewisse Meisterschaft. Auf die Klagen ungeduldiger Neuerer paßte sein beschwichtigender Lieblingsspruch: „Viele Übel der Zeit heilt die Zeit selbst." Mit Datum vom 29.3.1822 ließ er jenes Cirkular-Reskript veröffentlichen, das knapp und klar die reaktionäre Ausrichtung der preußischen Volksschulpolitik zurück zu Bildungsbeschränkung und Eingliederung in die ständisch gegliederte Gesellschaft als herrscherliches Gebot herausstellte:

„Des Königs Majestät hat geruhet, in einer auf das Schulwesen eines Regierungsbezirkes bezüglichen Kabinets-Ordre vom 28. Dezember vorigen Jahres ausdrücklich zu äußern, dass Allerhöchstdieselben den regen Sinn, welcher sich für das Elementar-Schulwesen bethätige, nicht anders als beifällig anerkennten, zugleich aber darauf aufmerksam machten, dass solches in seinen Grenzen gehalten werden müsse, damit nicht aus dem gemeinen Manne verbildete Halbwisser, ganz ihrer künftigen Bestimmung entgegen, hervorgingen.

Das Ministerium bringt diese Allerhöchste Willensäußerung desshalb zur Kenntniss sämmtlicher Königlicher Regierungen, damit dieselbe allenthalben zur Richtschnur und zur Befestigung in jenem besonnenen Verfahren dienen möge, welches bei der Einwirkung auf die Volkserziehung niemals vergisst, dass jede Bildung nur stufenweise gefördert werden kann, dass dem Nöthigern jederzeit das Ueberflüssige weichen, und dass bei aller Unterweisung die künftige Bestimmung derer, welche belehrt werden, im Auge behalten werden müsse."

1. Rechtliche Grundlagen

Die männlichen Mitglieder des preußischen „Regentenstammes" aus dem Geschlecht der Hohenzollern standen damals als „unumschränkte Monarchen" an der Spitze des preußischen Staates. In der Person des Königs waren das Recht der Oberaufsicht, die gesetzgebende, richtende und vollziehende Gewalt vereinigt. In ihrem Diensteid schworen die Lehrer, *„sowohl in diesem als auch in jedem andern Amte, zu welchem ich ins künftige berufen werden möchte, Seiner Königlichen Majestät von Preußen (es folgt der Name des Herrschers, M.K.) meinem allergnädigsten Könige und Herrn, und dem Königlichen Hause, treu und gehorsam zu sein". „Heil Dir, dem Gottes Hand anvertraut Preußen-Land, Vater und Held! König in jedem Sinne...":* Die Lehrer sorgten dafür, daß ihre Schulkinder am Geburtstag des Königs solche und ähnliche Gedichte auswendig gelernt hatten und nun feierlich vortrugen.

Gesetze wurden vom König selbst in der Form der Kabinettsordre, landesherrlicher Befehlsschreiben im Ich-Stil, erlassen oder in der

376 Friedrich Wilhelm III. (1770-1840)
Gezeichnet und lithographiert von Paalzow
60,5 x 44,0 cm
Berlin, Geheimes Staatsarchiv Preußischer Kulturbesitz

Form des Reskripts als Anordnung befugter Staatsbehörden publiziert. Reskripte, also „Rück"-Schreiben, waren im absolutistischen Verwaltungsstaat als obrigkeitsstaatliche Weisungen, vollzogen entweder vom Herrscher mit eigenhändiger Unterschrift oder im Auftrag durch Behörden, sehr verbreitet.

Die Unterrichtsreformpläne Wilhelm von Humboldts (1767-1835), der 1809/10 im preußischen Innenministerium der Sektion für Kultus und Unterricht vorstand, hatte größtenteils Staatsrat Johann Wilhelm Süvern (1775-1829) ausgearbeitet. Im Unterrichtsministerium wurde ihm die Redaktion des Entwurfes eines Unterrichtsgesetzes anvertraut, der – überarbeitet von einer Kommission mit Mitgliedern aller Ministerien – schließlich im Juni 1819 fertiggestellt war. Süvern betrachtete den Staat als einen lebendigen großen Organismus, als „gewissermaßen eine Erziehungsanstalt im großen". Der sogenannte Süvern'sche Unterrichtsgesetzentwurf von 1819 fügte erstmalig das gesamte Bildungswesen organisch zusammen. Die „allgemeine Elementarschule", die „allgemeine Stadtschule" und das „Gymnasium" sollten als öffentliche allgemeine Schulen „zusammen wie eine einzige große Anstalt für die National-Jugendbildung betrachtet werden können". Dabei sollte zwar „jede Stufe ihren eigenen Zweck verfolgen, weil aber dieser in dem allgemeinen Endzweck enthalten ist, zugleich auf die nächste höhere Stufe vorbereiten können". Dem Entzweck der National-Jugendbildung wurde im Sinne des klassischen deutschen Bildungsdenken jener Zeit die „möglichst allgemeine menschliche Bildung" vorgelagert. Die Reihenfolge war also: zuerst „allgemeine Menschenbildung" ohne frühzeitige Abrichtung auf Berufserfordernisse, dann Ausbildung für die „bürgerliche Bestimmung" und durch beides eine gründliche Vorbereitung für den „Eintritt in die Staatengemeinschaft" wie auch zugleich Erziehung zu „Treue und Liebe für König und Staat".

Das grundlegende Ziel der allgemeinen Menschenbildung trat auch in den neun in der Elementarschule zu unterrichtenden Hauptgebieten hervor, von denen nur das neunte Spezialwissen vermitteln sollte: 1. Religionslehre, 2. deutsche Sprache und in Schulen fremder Sprachen auch die letzteren, 3. Form- und Maßverhältnislehre...und in Verbindung damit die allgemeinen Anfangsgründe des Zeichnens, 4. Zahlenlehre und praktisches Rechnen, 5. Anfangsgründe der Naturkunde, der Erdbeschreibung und Geschichte, 6. Gesang (Kirchen- und Volksgesang), 7. Schönschreiben, 8. Leibesübungen, 9. die einfachsten Handarbeiten und einige anschauliche Belehrungen über die landwirtschaftlichen Geschäfte.

Wenn in Süverns Gesetzentwurf auch gegenüber der Linie Humboldts wieder die konfessionell bestimmte Religiosität und der Nationalstaatsgedanke betont hervortraten, so scheiterte dieser Entwurf schließlich doch an einem Proteststurm insbesondere aus konservativ und kirchlich geprägten Kreisen. Die Zielsetzungen einer für alle Menschen verbindlichen, nur in Stufen sich unterscheidenden reinen Menschenbildung und einer organischen Zusammenfügung des gesamten Bildungswesens nährten vielfältige Sorgen und Verdächtigungen. Obwohl der Entwurf von der natürlichen Verschiedenheit aller menschlichen Verhältnisse ausging, fürchtete und beargwöhnte zum Beispiel der königliche Ratgeber Ludolph von Beckedorff (1778-1858) darin eine gefährliche Begünstigung der „Meinung von einer durch die bürgerliche Gesellschaft (die Staatsgemeinschaft) herzustellenden allgemeinen Gleichheit aller Menschen". Beckedorff, von 1821 bis zu seinem Übertritt zur katholischen Kirche 1827 als Ministerialrat im Unterrichtsministerium besonders für das Volksschulwesen zuständig, war dann auch später einer derjenigen, die den Süvernschen Unterrichtsgesetzentwurf erneut prüften. Ergebnis: Der Entwurf wurde 1826 „zu den Akten geschrieben".

Unterrichtsminister Altenstein konnte also nicht einmal die vorsichtige und zurückhaltende „Umbiegung" der Ideen einer Bildungsreform in den Süvernschen Unterrichtsgesetzentwurf durchsetzen. Der

Entwurf blieb liegen; und der Minister erklärte seinem Monarchen, er werde vorläufig „die Schulordnung gewissermaßen vorbereitend ins Leben setzen“. Da während des gesamten 19. Jahrhunderts alle preußischen Unterrichtsgesetzentwürfe scheiterten, blieb das ganze Jahrhundert hindurch das Allgemeine Landrecht vom 5.2.1794 mit seinen aus der neuzeitlichen Rechtsentwicklung hervorgegangenen Prinzipien – Bestimmung der Schule als Staatsanstalt, Gleichberechtigung der staatlich anerkannten Kirchen, staatlicher Schulzwang, Unterhaltung der Schulen als öffentliche Last – die programmatisch maßgebliche Kodifikation des preußischen Schulrechts. Noch in der zweiten Hälfte des 19. Jahrhunderts beruhte das Schulwesen Preußens auf einer großen Anzahl einzelner Gesetze, Ministerial-Reskripte und Regierungsverfügungen.

2. Bildungsbeschränkung als Ziel preußischer Volksschulpolitik

In seiner Kritik am Unterrichtsgesetzentwurf Süverns hatte Beckedorff die Auswirkungen einer allgemeinen Bildung in den Dorfschulen schreckensvoll ausgemalt: *„Allein gesetzt, es würde dahin gebracht, daß wirklich in allen Dorfschulen in diesen mancherlei Dingen, also auch in jener neumodischen ‚Form- und Maßverhältnislehre‘, in ‚Naturkunde, Erdbeschreibung und Geschichte‘, so wie in ‚Schönschreiben und Zeichnen‘ Unterricht erteilt würde, wohin möchte das die Landsleute führen, als zu trauriger Halbwisserei und oberflächlichem Fürwitz? Ihre Lehrer...würden selbst in mannigfachen Gegenständen kaum halbgebildet sein, und daher ihrerseits nur Viertel- oder Achtelgebildete wieder hervorbringen können. Mit dergleichen Subjekten aber wäre der menschlichen Gesellschaft nur schlecht gedient, vor allen Dingen, wenn die niederen Stände damit überfüllt würden, wo*

377 Schönschreibheft von Hermann Krohn, 1858
17,4 x 23,2 cm
Berlin (DDR), Märkisches Museum

dann unvermeidlich Dünkel und Ansprüche aller Art, Widerwillen gegen untergeordnete Beschäftigungen und die traurige Unzufriedenheit bald überhandnehmen müßten." Solche Schreckensvisionen von viertel-, ja achtelgebildeten, daraufhin unzufriedenen und womöglich revolutionären Subjekten liest sich wie ein erstes Drehbuch für die staatlichen Verlautbarungen seit den 1820er Jahren, in denen die „Kulturbremse" kräftig angezogen wurde:

Dem Cirkular-Reskript vom 29.3.1822 folgte bald ein Allerhöchster Erlaß vom 7.7.1822, in dem Unterrichtsminister Altenstein zu einer reaktionären Lehrerbildung in den Seminaren verpflichtet wurde. Friedrich Wilhelm III. setzte *„hier voraus, daß der Unterricht der Seminaristen in diesen Anstalten nicht über die Schranken hinausgehen werde, die ihre Stellung als Elementarschullehrer bedingt, indem sonst die begründete Besorgnis entsteht, daß sie, statt bei dem Elementarunterricht der Jugend stehenzubleiben, ihr halbes oder verkehrtes Wissen, nach eigenem Zutun gestaltet, unter der Jugend des gemeinen Volkes verbreiten und dem geraden offenen Sinn desselben eine schiefe Richtung geben werden."* Am 24.7.1822 wurde sodann in einem Cirkular-Reskript der Regenswalder Lehrkurs des pommerschen Schulrats Bernhardt als musterhaft für die Grundsätze des

378 Schönschreibblatt von Wilhelm Ketels, 1805
Faltschnitt, Deckfarben
33 x 33 cm
Moers, Grafschafter Museum
Der von dem 1791 geborenen Bauernsohn Wilhelm Ketels aus Hochemmerich, Grafschaft Moers, bemalte Faltschnitt mit einem Gebet, in dem Gott für sorgende Eltern und Lehrer gedankt wird, endet mit den Worten „Wilhelm Ketels der hat das geschrieben/ist daß nicht gut geschrieben".

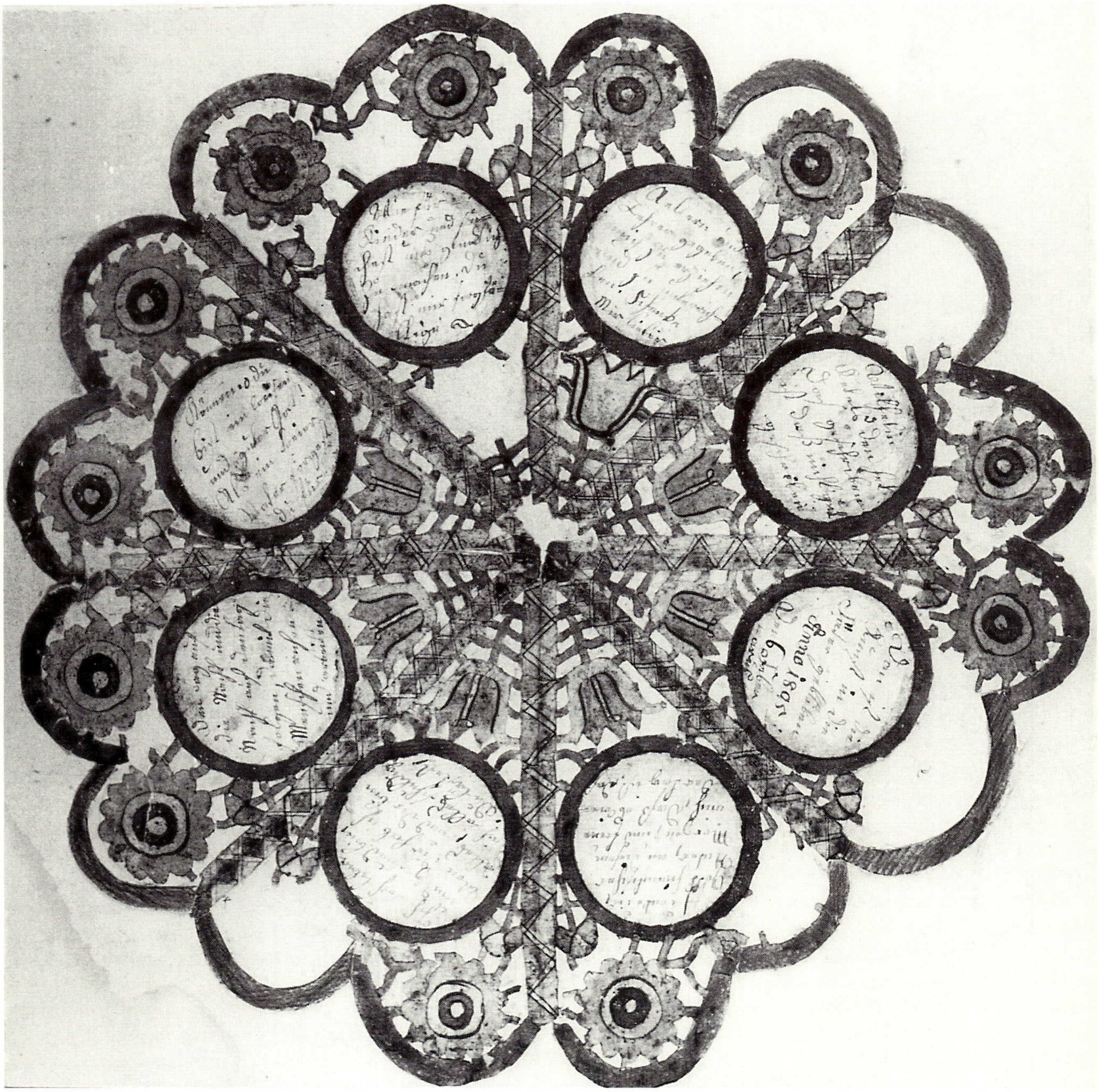

Landschulwesens vorgestellt: Es komme darauf an, *„dass das Nothwendige und Unentbehrliche zunächst und recht gelehrt werden müsse, dass aber die Grundlage aller Bildung in der Erziehung zur Frömmigkeit, Gottesfurcht und christlichen Demuth bestehe, und dass daher eine solche Gesinnung vor allen Dingen in den Lehrern erweckt und gegründet, und ihnen dadurch Liebe, Ausdauer und Freudigkeit in ihrem schwierigen und müseligen Berufe mitgetheilt werden müsse“.*

Von solchen Bestimmungen war es nicht weit bis zu der amtlichen Beschreibung der Aufgaben der Elementarschule aus dem Jahr 1829: daß nämlich *„die Aufgabe der Elementarschule sich darauf beschränkt, die Jugend mit den Wahrheiten der christlichen Religion vertraut zu machen, ihr Ehrfurcht gegen den Landesherrn und jede Obrigkeit, und Folgsamkeit gegen die Gesetze einzuflößen, sie im Lesen, Schreiben und Rechnen zur Fertigkeit zu bringen, und sie praktisch zum Denken anzuleiten. Mit dieser Bildung wird jeder in einem so einfachen Berufe, als der des gewöhnlichen Landmannes ist, seiner Bestimmung genügen können, ohne daß es noch einer besonderen Vorbildung für den Beruf des Landmannes in der Schule bedarf. Bei der Uebereinstimmung der Lebensverhältnisse des platten Landes und der kleinen, Ackerbau treibenden Städte gilt von den letztern Schulen das Nämliche.“*

379 Schönschreibblatt von Gerhard Ketels, um 1800
Braune Tinte, Wasserfarbe
20,5 x 33,4 cm
Moers, Grafschafter Museum
Gerhard Ketels, der 1788 geborene ältere Bruder von Wilhelm Ketels, dürfte das Blatt als Schreibübung gegen Ende seiner Schulzeit gezeichnet haben. Es gibt den Anfang des Ostertextes nach dem Markus-Evangelium wieder. Der Text steht in der Mitte des Blattes in einer doppelten herzförmigen Umrahmung, die freien Ecken sind mit Rosetten, Nelkenranken und zwei geflügelten Engelsköpfen mit Blasinstrumenten gefüllt. Das Blatt war vermutlich eine Gabe an die Eltern zum Osterfest.

Entwicklung aller Grundkräfte des Menschen in „Kopf, Herz und Hand“: diesen Ansatz Pestalozzis entwickelte dagegen insbesondere Diesterweg gerade in jenen Fächern weiter, die der geistigen Beweglichkeit und der selbsttätigen Verstandesbildung dienlich waren. Gegen solch „rationalistischen Nach-Pestalozzianismus“ der Richtung um Diesterweg regte sich bald der energische Widerstand derjenigen Pädagogen und Schulpolitiker, welche die religiöse Gesinnungsbildung betonten und – im scharfen Gegensatz zu Diesterwegs Kampf um Befreiung von klerikaler Bevormundung – die Schule als Bildungsanstalt der Kirche begriffen. Mit dem von 1840 bis 1848 amtierenden Unterrichtsminister Karl Friedrich Eichhorn (1781-1854) und seinem Vortragenden Rat Gerd Eilers (1788-1863) erhielt diese strengkirchliche Richtung Unterstützung in der Spitze des Ministeriums. Der

380 Schönschreibheft, um 1800
16,5 x 20,0 cm
Berlin (DDR), Märkisches Museum
„Vollständige Anleitung zum Schreiben für die Land-Schulen von Johann Balthasar Preuße. nachgemacht von Caroline Friedericke Pauli, Werder 1800“

381 Tintenfaß mit Schreibfeder, 19.Jh.
Tintenfaß: H. 7,3 cm, Dm. 6,5 cm.
Schreibfeder: L. 29,0 cm
Dortmund, Westfälisches Schulmuseum

Eilers 1844 ersetzende Ferdinand Stiehl (1812-1878) verfaßte später – in der Epoche nach den revolutionären Ereignissen – 1854 drei preußische Regulative zum evangelischen Seminar-, Präparanden- und Elementarschulwesen, die als Dokumente der Bildungsbeschränkung allgemeine Bedeutung gewannen:

Die „Stiehl'schen Regulative“ mit ihrer Konzentration auf den religiösen Memorierstoff und ihrer wissenschaftsskeptischen, wenn nicht -feindlichen Ausrichtung auf die Lebenspraxis können als ein Höhepunkt der Bildungsbeschränkung im Sinne eines altpreußischen Konservativismus begriffen werden, als letztes Aufbäumen des ständischen Denkens und als nochmals klare Herausstellung der Schule als Erziehungsanstalt zu religiös-sittlichem Leben. Die „Lehre von der Sünde, menschlicher Hilfsbedürftigkeit und von dem Gesetz der göttlichen Erlösung und Heiligung“ war für den Theologen Stiehl „eine Pädagogik, welche zu ihrer Anwendung nur einiger Hilfssätze aus der Anthropologie und Psychologie“ bedarf. Die Unterrichtsgegenstände sollten „in ihrer Beschränkung auf die Grenzen der Elementarschule“ behandelt werden. In ihrer Ausrichtung auf möglichst elementare Anschaulichkeit und auf das reale Leben des Volkes haben die Stiehl'schen Regulative durchaus fruchtbare didaktische Impulse vermitteln können. Die einseitige Fülle religiösen Memorierstoffes jedoch mußte schon bald von Unterrichtsminister von Bethmann-Hollweg (1795-1877) reduziert werden. Bedenklich, ja bedrohlich erscheinen heute vor allem die Endziele dieser letzten großen Leitprogrammatik einer preußischen Volksschulpolitik unter dem Motto der Beschränkung: allgemeine Heruntersetzung des Bildungsniveaus für das breite Volk und Erziehung hin zu Widerspruchslosigkeit im starren Rahmen der herrschenden Kirchlichkeit und ständischer Ungleichheit.

Die Umdeutung der Elementarschule zu einem Ort beschränkter „volkstümlicher“ Bildung erreichte mit den Stiehl'schen Regulativen im vorigen Jahrhundert einen gewissen Abschluß, an den allerdings die Konzeptionen einer „volkstümlichen Bildung“ des 20. Jahrhunderts gut anknüpfen konnten. Die Regelungen des Kulturkampfjahres 1872 lenkten die preußische Volksschulentwicklung dann wieder in eine andere Richtung: Die „Allgemeinen Bestimmungen“, erlassen unter dem liberalen Minister Adalbert Falk (1827-1900), welche die Regulative ablösten, öffneten den Weg für einen Ausbau des Schulwesens in organisatorischer und methodischer Hinsicht. Das preußische Schulaufsichtsgesetz, gleichfalls aus dem Jahre 1872, hob zwar das geistliche Aufsichtsrecht nicht gänzlich auf, betonte aber die besondere Rolle und Befugnis des Staates.

3. Hauptmotive der Politik einer Bildungsbeschränkung für das breite Volk

Der historisch genaue Blick auf die einzelnen Epochen und auf die vielfältigen, nicht selten wechselnden Motive der Bildungspolitiker und Pädagogen verbietet einfache Pauschalisierungen. Die orthodox-kirchliche Betonung des Religiösen etwa konnte, wie es das Beispiel Wilhelm Harnischs (1793-1864), seit 1812 erster Lehrer in Breslau, 1822-1841 Seminardirektor in Weißenfels an der Saale, eindrucksvoll zeigt, durchaus einhergehen mit einerseits fruchtbarer Anknüpfung an die Bildungsziele Pestalozzis, andererseits mit einem von Demagogieverdacht begleiteten Kampf um die Hebung des Lehrerstandes und die Verbesserung der Volksschule. Harnischs Einsatz mündete schließlich in einem unversöhnlichen Gegensatz zum kirchlich-reaktionären Unterrichtsministerium Eichhorn.

Wenn wir die zentralen Motive des Eintretens für eine beschränkte Volksschulbildung herausstellen, darf nicht vergessen werden: Hauptmotive, wie die Betonung des Religiösen und die Anknüpfung an die Elementarbildung Pestalozzis, wurden von anderer Seite aus als Gründe gerade für eine Erweiterung des Lernangebots herangezogen.

Inhaltliches Ausmaß und didaktische Gestaltung der Bildungsbeschränkung sind sehr unterschiedlich begriffen worden. Nur durch eine eingehende Erforschung der Lebensläufe können die höchstpersönlichen Interessen, Ängste und Wünsche „herausgefiltert" werden. Im Kampf für oder gegen Bildungsbeschränkung sind neben kulturellen, insbesondere religiösen und pädadogischen, politische und auch wirtschaftliche Motive ausschlaggebend gewesen, die mehr oder weniger ineinander übergingen.

Unter den politischen Motiven ragen sicherlich die Revolutionsfurcht und die gewünschte Sicherung der herrschenden sozialen Ungleichheit hervor. Mit kaum zu überbietender Wucht soll Friedrich Wilhelm IV. Ende Januar 1849 vor den Teilnehmern der sogenannten Seminarlehrerkonferenz die revolutionären Auswirkungen der ihm viel zu weitgehenden Elementarschulreform beklagt haben: *„All das Elend, das im verflossenen Jahr über Preußen hereingebrochen, ist Ihre, einzig Ihre Schuld, die Schuld der Afterbildung, der irreligiösen Massenweisheit, die Sie als echte Weisheit verbreiten, mit der Sie den Glauben und die Treue in dem Gemüthe meiner Untertanen ausgerottet, und deren Herzen von mir abgewandt haben. Diese pfauenhaft aufgestutzte Scheinbildung habe ich schon als Kronprinz aus innerster Seele gehaßt und als Regent alles aufgeboten, um sie zu unterdrücken.* " Die überscharfen, offiziell nicht dementierten Worte mögen eine Fälschung des *Frankfurter Journals* gewesen sein; ihr inhaltlicher Tenor entsprach allerdings anderen Äußerungen des Königs und paßte in die Strategie der gegenrevolutionären Kamarilla.

382 Friedrich Wilhelm IV (1795-1861)
König von Preußen (1840-1861)
Lithographie von Schwabe
43,3 x 31,5 cm
Berlin, Geheimes Staatsarchiv Preußischer Kulturbesitz

Die konservativen Vorstellungen einer gottgewollten, ständisch gegliederten Gesellschaft bildeten die geistige Grundlage für ein klar gegliedertes Bildungswesen – wie etwa in Beckedorffs Dreigliederung von „Bauern-, Bürger- und Gelehrtenschulen". Für das breite Volk schien dabei eine den Bedürfnissen des Landmannes entsprechende Minimalbildung angemessen. Auch an zeitgenössische Idealvorstellungen liberaler Denker konnte später angeknüpft werden: In Ludwig von Rönnes offizieller Dokumentensammlung über „Das Unterrichtswesen des Preußischen Staates" (1855) werden ausführlich die Passagen aus Robert von Mohls „Polizeiwissenschaft nach den Grundsätzen des Rechtsstaats" (1832) zitiert, in denen der Tübinger Staatswissenschaftler (1799-1875) die soziale Gliederung nach Erwerbs-„Klassen" vertrat, denen er jeweils eine spezifische Bildung zuordnete: Für den größten Teil der Erwerbstätigen, der sich mit „bloßer Handarbeit" ernähre, reiche die Elementarbildung in der Volksschule. Eine „wesentlich weitergehende Vorbereitung" bedürften jene, die sich mit dem „Kunstgewerbe im weiteren Sinne des Wortes" beschäftigten. Klassische Bildung schließlich, so Mohl, müsse einer zahlenmäßig kleinen „Elite" vorbehalten bleiben.

Bei den didaktischen Motiven, die gegen eine zu intellektuelle Ausrichtung der Volksschulbildung vorgetragen wurden, tauchte leitmotivisch die Forderung auf: Vorrang der „Erziehung" vor aller „Bildung". Dahinter stand die Befürchtung einer zu einseitigen, das intellektuelle Auffassungsvermögen des breiten Volkes überfordernden Verstandesbildung. Dagegen wurden Notwendigkeit und Nutzen einer gemütvollen, das Gefühl ansprechenden Erziehung herausgestellt.

Die religiösen Motive für eine Bildungsbeschränkung nährten sich zum Teil sicher aus der Furcht vor einer staatlichen Bildungsreform, die das Erziehungsmonopol der Kirche bedrohte, ja, vielleicht dereinst sogar der Kirchlichkeit den Boden entziehen würde. Die Angst vor den revolutionären Auswirkungen einer modernisierten Volksschulbildung bewegte alle jene, die mit den Veränderungen von Staat und Gesellschaft zugleich einen Abbau der kirchlichen Fundamente und der hergebrachten Frömmigkeit befürchteten. Für Protestanten war solch (kirchen-)politischer Konservativismus schon angesichts des „Summepiskopats", der obersten Bischofsgewalt des evangelischen Landesherrn, sehr naheliegend.

383 E. Sallmann
Kolorierte Handkarte des Heiligen Landes. Cassel 1843
33 x 42 cm
384 Türsturz aus einer Dortmunder Volksschule, 1844
18,5 x 190,0 x 21,5 cm
Dortmund, Westfälisches Schulmuseum
Inschrift:
„HIOB 6.v.24.
Lehret mich, ich will schweigen, u. was ich nicht weiß, das unterweiset mich“
385 Gedenkblätter, oder Sammlung schriftlicher Ausarbeitungen von Wilhelm Klappert, 1828
Leder, Karton, Papier
20,2 x 33,7 cm
Dortmund, Westfälisches Schulmuseum
Das Schreibbuch enthält eine Abschrift der Abhandlung „Über Vaterlandsliebe und die Mittel zu ihrer Begründung in Volksschulen“, die Diesterweg 1828 in den Rheinischen Blättern veröffentlichte.

Die Durchsetzung der Schulpflicht wurde von den kirchlich gesinnten Schulpolitikern und Pädagogen der Hauptkonfessionen begrüßt. Die Sorge um eine angemessene religiöse Bildung nährte aber große Sorgen um eine Verweltlichung des Bildungswesens und der Bildung. Im protestantisch geprägten Preußen begünstigte diese Sorge eine verstärkte Rückwendung zu den Erziehungsprinzipien des Pietismus, die August Hermann Francke (1663-1727) vorbildlich entwickelt hatte: Die „Ehre Gottes in allen Dingen“ sollte Hauptzweck der „Auferziehung und Unterweisung der Kinder“ sein. Gemütspflege und Gehorsamsbildung wurden dazu ebenso gefordert wie „das gottselige Exempel“ von Lehrer, Eltern, Verwandten und eine kindgemäße Katechisation.

Der protestantische Bischof Rulemann Friedrich Eylert (1770-1852), seit 1817 Mitglied des Staatsrats und des Unterrichtsministeriums, war ein einflußreicher Ratgeber Friedrich Wilhelms III. Im Oktober 1816 bereits beklagte er in einer Denkschrift heftig die verhängnisvollen Folgen der Bildungsreform: In den Volksschulen habe *„eine eindeutige intellektuelle Bildung oder die sogenannte Aufklärung eine höchst verderbliche Richtung genommen. Durch ein unaufhörliches Abändern und Vervielfachen der Lehrobjekte; durch eine mit jedem Jahr größer werdende Flut von Schul- und Lehrbüchern ist eine heterogene Masse unverdauten Wissens in das Volk gekommen, wodurch es mit seinem Berufe entzweit, flach und räsoniersüchtig, zwar schlauer und pfiffiger, aber moralisch schlechter geworden ist.“* Die von Wilhelm von Humboldt vorangetriebene Bildungsreform zielte auf die „Fähigkeit einer produktiven weiterführenden Selbstermächtigung und Weltgestaltung des Menschen“. Bischof Eylert entwarf dagegen mit seinen Gegenvorschlägen ein Programm, das im Kern die künftige preußische Volksschulpolitik unter dem christlich begründeten Motto der Beschränkung vorwegnahm. Vier Maßnahmen schlug er vor: daß man *„1. in den Land- und Bürgerschulen die Lehrobjekte beschränkt auf biblische Geschichte, Lesen, Singen, Schreiben und Rechnen; – 2. daß man außer der Bibel, dem Katechismus und dem Gesangbuche, im ganzen Land übereinstimmend, nur ein zweckmäßiges approbiertes Lesebuch duldet. Will der Landmann und Bürger seinen Sohn in vielfachern Gegenständen unterrichten lassen, so ist dies seine Privatsache; die Pflicht des Staates ist vor allen Dingen, Einheit und Übereinstimmung in die Bildung der aufwachsenden Jugend, nach gleichförmigen erprobten Grundsätzen, zu bringen; 3. daß die Lehrer der Volksschulen für diese Sphäre gebildet und aus den Seminarien alle Gegenstände des unnützen und seichten Halbwissens entfernt werden. Und 4. daß die Basis des ganzen Unterrichts in Volksschulen christliche Frömmigkeit sei, nach den unverfälschten Grundsätzen des biblischen Christentums.“*[1]

1 Aus der Fülle der Standardwerke zur preußischen Bildungsgeschichte vgl. hier speziell Menze, C.: Die Bildungsreform Wilhelm von Humboldts. Hannover 1975. Daneben die seit 1985 von Michael Klöcker hrsg. „Sammlungen der Gesetze, Verordnungen, Erlasse, Bekanntmachungen zum Elementar- bzw. Volksschulwesen im 19./20. Jahrhundert“. Für das vormärzliche Preußen sind bisher Vorschriften-Sammlungen zum Regierungsbezirk Aachen (Bd. 1, 1985), zum Regierungsbezirk Düsseldorf (Bd. 3, 1986) und zu Gesamtpreußen (Bd. 6, 1988) erschienen.

Michael Sauer

„Daß das Seminar wirklich der lebendige Mittelpunkt des Ganzen wird..."

Die Gründungsphase der seminaristischen Lehrerbildung in Preußen (1810-1840)

Zum Kontext der Reformen, die zu Beginn des 19. Jahrhunderts im Bildungswesen Preußens stattfinden, gehört auch der Versuch, die bislang verhältnismäßig wenig beachtete Elementarschulbildung zu fördern. Eine Verbesserung soll eingeleitet werden durch die Reorganisation des Lehrerbildungswesens; als Voraussetzung für einen Fortschritt der Schulen werden qualifizierte Lehrkräfte betrachtet. Dies ist die Geburtsstunde des eigentlichen Volksschullehrerberufs. Denn Bedingung für einen genauer definierten Bildungsweg des Elementarlehrers ist ein spezifisches Berufsbild: Der „Lehrer" löst allmählich den schulmeisternden Professionisten ab.[1]

Elementarschullehrerbildung bis zum Beginn des 19. Jahrhunderts

Das Amt des Elementarschullehrers ist bis weit ins 18. Jahrhundert kein eigentlicher Beruf; Schule halten Personen unterschiedlicher Profession. Besonders zahlreich sind dabei Handwerker vertreten. Sie erledigen das Schulamt neben und zugleich mit ihrer eigentlichen Arbeit. Ihre Qualifikation beschränkt sich auf elementare Lesefertigkeit, Anfänge des Schreibens und Rechnens sowie die Beherrschung einiger Bibelverse, Kirchenlieder und Katechismusstücke. Der dörfliche Lehrer ist häufig zugleich Küster. Die Verbindung von Schul- und Kirchenamt bleibt bis zum Beginn der Weimarer Republik erhalten, wenn sie auch seit Ende des 19. Jahrhunderts immer seltener wird. Wenn der Schulmeister jener Zeit für sein Lehrerhandwerk überhaupt vorgebildet ist, dann in Form einer „Meisterlehre" durch Nachahmung eines amtierenden Lehrers oder durch Anleitung von seiten eines Geistlichen.

Obgleich seit der Mitte des 18. Jahrhunderts erste dauerhafte Einrichtungen für die Volksschullehrerausbildung in Preußen entstehen, haben sie auf die Schulverhältnisse kaum praktische Auswirkungen. Dem von Johann Julius Hecker (1707-1768), einem Schüler August Hermann Franckes (1663-1727), 1748 gegründeten Berliner Seminar wird durch verschiedene Erlasse eine besondere Position innerhalb der preußischen Volksschullehrerbildung eingeräumt. Seine Absolventen sollen gegenüber anderen Bewerbern bevorzugt werden, schließlich will man in der Kurmark nur noch Abgänger des Seminars als Lehrer eingestellt sehen.[2] Angesichts ihrer verschwindend kleinen Zahl jedoch ist diese Bestimmung gar nicht realisierbar.

Neben Berlin entstehen bis zur Jahrhundertwende nur wenige weitere Seminare. Es sind die Anstalten in Breslau (1765), Klein-Dexen (1772), Halberstadt (1778), Stettin (1783; das alte Seminar wurde zu Beginn der 40er Jahre geschlossen), Magdeburg (1790), Greifswald (1791), Weißenfels (1794) und das „Conradische Schul-Institut" in Jenkau (1798). Zahlenmäßig spielen sie bei der Versorgung des Schulwesens kaum eine Rolle. Aber auch unter qualitativem Aspekt scheinen diese Anstalten nur wenig zur Verbesserung des Schulwesens beizutragen. Berlin gilt unter der Leitung von Andreas Jakob Hecker (1784-1817), dem Neffen des Gründers, als Musteranstalt. Als freilich der Oberkonsistorial- und Schulrat Ludwig Natorp (1774-1846) kurz nach seinem Amtsantritt in den Jahren 1810/11 die vermeintliche „Musteranstalt" revidiert, fällt er ein vernichtendes Urteil, das wohl

386 Karl Freiherr vom Stein zum Altenstein (1767-1840)
Stich von Fr. Krüger & Fr. Boldt, 1827
Berlin, Geheimes Staatsarchiv Preußischer Kulturbesitz
Altenstein übernahm 1817 das neuerrichtete Ministerium der Geistlichen, Unterrichts- und Medizinalangelegenheiten, das er bis zu seinem Tode leitete.

387 Errichtung von Lehrerseminaren in der Preußischen Rheinprovinz
Erlaß des preußischen Königs Friedrich Wilhelm III. (1770-1840)
Druck
35 x 21 cm
Moers, Grafschafter Museum

auf die Seminare jener Zeit überhaupt übertragbar ist. Es zeige sich, so schreibt er, *„daß die aus dem Seminar hervorgegangenen Schullehrer sich von denjenigen Schulmeistern, welche bloß Empiriker und Routiniers sind, durchaus nicht vorteilhaft auszeichnen; vielmehr ist die Klage über den Dünkel und die Ignoranz derselben fast allgemein"*. Die Seminaristen seien fast schon an dem *„Schlendrian einer geistlosen Lehrmanier vor anderen Schulmeistern"* zu erkennen. Das Seminar sei eine *„auf versäumte alte Kinder berechnete Elementarschule"*, es herrsche *„der Geist der Geistlosigkeit"*.[3]

Es kann nicht verwundern, daß bei diesem Stand der Dinge die Leistungen der amtierenden Lehrer erst recht unzureichend sind. Eine entsprechende Untersuchung aus den Regierungsbezirken Köln, Aachen, Düsseldorf und Kleve kommt 1816 zu dem Ergebnis, daß von 900 im Amt befindlichen Lehrern eigentlich 384 wegen Unfähigkeit ersetzt werden müßten.[4]

Die Neuordnung der Volksschullehrerbildung

In den Jahren 1809-11 findet in der preußischen Schulverwaltung zunächst eine Debatte über den zukünftigen Weg der Volksschullehrerbildung statt. Daß diese institutionalisiert werden soll, steht außer Zweifel; es geht um die konkurrierenden Entwürfe von „Seminar" und „Normalinstitut".[5] Beim Normalinstitut handelt es sich letztlich nur um eine verbesserte Form der Meisterlehre. In umfangreichen Kursen wird den Zöglingen der Mechanismus des Schulehaltens im Vorbild des sie unterrichtenden Lehrers vermittelt. Zum Teil sind die Kurse mit einem Monitorensystem Bell-Lancaster'scher Manier organisiert.[6] Das Normalinstitut soll mit geringen Mitteln rasch eine möglichst breite Wirkung entfalten. Vertreten wird diese Konzeption in erster Linie durch den Königsberger Schulrat Carl August Zeller (1774-1840). Er setzt sie in den drei ostpreußischen Gründungen Königsberg (1809), Braunsberg (1810) und Karalene (1811) um.

Für die Idee des Seminars steht vor allem der Potsdamer Schulrat Ludwig Natorp (1774-1846). Im Vergleich zum Normalinstitut ist Natorps Seminaridee ein wesentlich idealistischerer Entwurf. Nicht nur vorwiegend um praktische Lehrbefähigung soll es gehen, sondern um Allgemein- und Persönlichkeitsbildung sowie um didaktisch-methodische Reflexion. Natorp setzt ein wesentlich höheres Niveau, das heißt einen weitergehenden Lehrplan, einen längeren Kursus und eine bessere Vorbildung der Seminaristen voraus. Wenngleich die zuständige „Sektion für Kultus und öffentlichen Unterricht" im preußischen Innenministerium Natorps Vorstellungen nicht in vollem Umfang folgt, fällt doch schließlich die Entscheidung für das Seminarkonzept. Natorps Entwurf wird zunächst zur Leitidee für den Ausbau des Lehrerbildungswesens.

In den nächsten Jahrzehnten kommt es zu einer ganzen Zahl von Neugründungen und Reorganisationen älterer Anstalten. Kurz nach der Jahrhundertwende waren die Seminare Glogau (1801) und Posen (1804) entstanden, eine zuvor in Wesel existierende Anstalt war nach der französischen Besetzung 1806 in Soest neu gegründet worden. Hinzu kommen die bereits erwähnten drei Zellerschen Anstalten in Königsberg, Braunsberg und Karalene. Von den nun insgesamt 15 bestehenden Einrichtungen werden in den folgenden Jahren drei bzw. vier reorganisiert, nämlich Halberstadt, Weißenfels (beide 1822) und Magdeburg (1824); das Berliner Seminar wird 1817 aufgelöst, seine Nachfolgeanstalt ist Potsdam. Neue Seminare entstehen in schneller Folge: 1813 Marienburg, 1816 Bunzlau und Köslin, außerdem wird St. Matthias bei Trier (1810) in diesem Jahre endgültig eingerichtet; 1817 Graudenz und Neuzelle, 1818/19 Neuwied, 1819/20 Bromberg, 1820 Erfurt (provisorisch) und Moers (Moers und Neuwied erhalten ihre definitive Einrichtung erst 1823), 1825 Büren. Die Neugründungen setzen sich fort bis gegen Ende der 30er Jahre, freilich werden sie im letzten Jahrzehnt bereits deutlich geringer. Die Zahl der größeren Seminare beträgt im Jahre 1825 28, im Jahre 1837 existieren in Preußen einschließlich kleiner Nebenanstalten 45 Lehrerbildungseinrichtungen.

Eine wichtige Rolle spielt die Versorgung der neuen bzw. wieder preußischen westlichen Gebiete. Die beiden rheinischen Provinzen Jülich-Kleve-Berg und Niederrhein – 1822 dann zur Rheinprovinz vereinigt – erhalten je ein evangelisches (Moers und Neuwied) und ein katholisches Seminar (St. Matthias und Brühl). Außer der schon genannten Anstalt in Büren entstehen bis 1837 weitere westfälische Seminare in Warendorf, Petershagen, Münster und Paderborn, die beiden letzten als Ausbildungsstätten für Lehrerinnen hervorgegangen aus älteren Normalschulen.

388 Ansicht von Moers und seinen hervorragendsten Gebäuden, um 1859
Lithographie von J.A. Steinkamp, Duisburg
26,0 x 38,2 cm
Moers, Grafschafter Museum
Die Stadt von Südosten: oben links das ehemalige Wohnhaus des Oberamtmanns Scheidtmann in der Haagstraße, das seit 1823 das Lehrerseminar beherbergte.

Einrichtung und Ausstattung der einzelnen Anstalten – von den Baulichkeiten über den Etat bis zum Kursus und Lehrplan – sind höchst unterschiedlich. Jedes Seminar hat seine eigentümliche historische Entwicklung und unterliegt regionalen Bedingungen und Besonderheiten. Diese Unterschiedlichkeit wird vom Unterrichtsministerium – erst 1817 als eigenständige Behörde unter Karl Freiherr von Altenstein (1770-1840) ins Leben gerufen – nicht nur geduldet, sondern sogar ausdrücklich begrüßt. Von der Leitidee „Seminar" abgesehen, gibt es zu dieser Zeit keine übergreifenden Konzepte oder Maßregeln der Verwaltung. Persönliche Einflüsse sind entscheidend: Seminardirektoren und engagierte Verwaltungsbeamte gestalten die Seminare nach ihren Vorstellungen.

389 Seminar zu Meurs
Kolorierte Lithographie, 1870
32,5 x 42,2 cm
Berlin (DDR), Schulmuseum der Akademie der Pädagogischen Wissenschaften
Das Schmuckblatt stammt aus dem Besitz von Eduard Langenberg (1807-1891), dem Verfasser der ersten Diesterweg-Biographie. Dieser war 1826-1828 Schüler und Gehilfe Diesterwegs am Moerser Lehrerseminar, von 1828 bis 1853 Lehrer in Kronenberg und lebte danach als pädagogischer Schriftsteller in Bonn.

Wilhelm Harnisch (1787-1864), Seminardirektor in Breslau und Weißenfels und zu dieser Zeit wohl führender Volksschulpädagoge Preußens, beschreibt im Rückblick den preußischen Reformgeist so: *„Wer aber nach Preußen kam, der bemerkte es, daß der Lebenshauch der Behörden, wie der Geist Gottes über dem Wasser, so über den Schulen schwebte, daß die Direktoren der wichtigen Anstalten keine Behördenmaschinen, sondern ihre Organisatoren und Väter waren."* Man könne sagen, *„daß ungefähr in der Zeit von 1820 bis 1825 so ziemlich der Geist des neuen Volksschulwesens über den ganzen Preußischen Staat als ein Lebensgeist verbreitet war. Die Hauptherde dieses Geistes waren immer die Seminare, weshalb die einzelnen, besonders hervortretenden Schulräthe ihre Thätigkeit mehr oder weniger an diese anschlossen... Ein Band umschlang fast alle diese Männer, welche in dem neuen Geist arbeiteten, theils kannten sie sich persönlich, theils lernten sie sich durch Besuche kennen, theils verkehrten sie brieflich miteinander."*[7]

Die Verwaltung verfolgt damit eine Politik des „Wachsen-Lassens": Vom pädagogischen Diskurs, von der freien Entfaltung aller reforme-

rischen Kräfte erhofft man sich die notwendige Dynamik für die Entwicklung des neuen Lehrerbildungswesens. Und solange Übereinstimmung in wesentlichen Grundfragen besteht – man ist, wenn auch in unterschiedlicher Weise, allemal Pestalozzianer –, solange vor allem die Größenverhältnisse derart überschaubar bleiben wie in den 20er Jahren, kann sich dieses Vorgehen offenbar positiv auf den Zustand des Seminarwesens auswirken.

So ist es denn bezeichnend, auf welche Weise für die Arbeit im Seminar wichtige Fragen wie die Auswahl der Zöglinge, Lehrplan, Kursdauer, Entlassungsprüfung und Hausordnung geregelt werden. Man macht nicht etwa verpflichtende Vorschriften in Form von Erlassen, sondern gibt Modelle vor, deren Übertragung auf die jeweiligen Verhältnisse anheimgestellt wird. Ludolph von Beckedorff (1778-1858), der zuständige Referent im Berliner Unterrichtsministerium, gibt von 1825 bis 1828 gleichsam als offiziöses Organ die *Jahrbücher des Preußischen Volks-Schulwesens* heraus. In deren erstem Band werden die „Hausordnung für die Zöglinge des königlichen evangelischen Schullehrer-Seminars zu Breslau" (Direktor Harnisch) und das „Reglement für das evangelische Schullehrer-Seminarium zu Mörs" (Direktor Adolph Diesterweg), das 1824 vom Kölner Konsistorial- und Schulrat Karl Friedrich August Grashof (1770-1841) konzipiert und von Beckedorff selbst redigiert worden war, als Muster abgedruckt.[8] Bis zum 1. Preußischen Regulativ von 1854 bleibt dieses Reglement die einzige allgemeine Vorgabe für die Unterrichtspraxis preußischer Seminare.

Um die Ausbildungsverhältnisse an den einzelnen Seminaren bleibt es also bei Übereinstimmung in der prinzipiellen Zielsetzung unterschiedlich bestellt. Was nun jedoch einheitlich geregelt wird, um die Wirksamkeit der Seminarreform für die Schulen zu sichern, ist die

„Wahl- oder Anstellungsfähigkeitsprüfung“, gleichsam das Verbindungsglied zwischen Ausbildung und Anstellung des Lehrers. Die Zöglinge am Seminar selber werden zwar auch schon zuvor einer Abschlußprüfung unterzogen, ihre Form ist jedoch sehr unterschiedlich und längst nicht immer funktional. Durch das Reskript vom 1. Juni 1826[9] wird nun eine 1. Lehrerprüfung in allgemein verbindlicher Gestalt eingeführt. Sie findet am Seminar statt. Der Prüfling erhält ein Gesamturteil mit den Zensuren „Vorzüglich“, „Gut“ oder „Genügend“ (Zeugnis Nr. I bis Nr. III). Mit Bestehen der Prüfung wird eine vorläufige Anstellungsfähigkeit für drei Jahre erteilt, nach deren Ablauf eine 2. Prüfung zu erfolgen hat. Sie soll jedoch dem Absolventen mit dem Zeugnis Nr. I in der Regel erlassen werden, wenn er innerhalb dieser drei Jahre eine feste Anstellung gefunden hat. Trotz dieser Ausnahmeregelung wird damit zum ersten Mal eine doppelte Prüfung, ähnlich wie wir sie heute kennen, für den Elementarschullehrer eingeführt. Der Erlaß bestimmt auch, daß die so geprüften Seminarabsolventen grundsätzlich anderen Bewerbern vorzuziehen seien. In realistischer Einschätzung der Bedarfslage geht man davon aus, daß nach wie vor neben den Seminaristen auch „auf andere Weise zum Schulamte vorbereitete Subjecte“ im Schuldienst Aufnahme finden. Um unter diesen wenigstens die Zahl der staatlich examinierten, wenn auch nicht ausgebildeten Lehrer zu erhöhen, regelt man im gleichen Erlaß auch die „Extraneerprüfung“ am Seminar.

Außerdem wird den Seminardirektoren, später auch den Seminarlehrern, die Aufgabe übertragen, Inspektionsreisen durch die Schulen ihres Bezirks vorzunehmen. Schließlich sollen auch bereits im Amte befindliche Lehrer in „methodologischen Kursen“ im Seminar fortgebildet werden. Aufgaben und Organisation der Kurse werden im Ministerialreskript vom 24. März 1827 näher beschrieben. *„Der*

Hauptnutzen dieser Einrichtung aber", so heißt es dort, *„wird darin bestehen, daß sich unter den Lehrern selbst Trieb, Eifer und Fortschritt vermehrt, daß sich überhaupt Regsamkeit im Schulwesen verbreitet, daß immer mehr Übereinstimmung in der Behandlung des Unterrichts durch alle Schulen bewirkt wird; daß das Seminarium wirklich der lebendige Mittelpunkt des Ganzen wird..."*[10]

Dieser letzte Satz trifft den Kern dessen, worauf sämtliche administrativen Maßnahmen dieser Zeit, die sich auf die Lehrerbildung beziehen, hinzielen: Das Seminar soll gleichsam Keimzelle für die Erneuerung des Elementarschulwesens werden; Lehrerausbildung und -fortbildung werden dort regional so weit wie möglich zusammengefaßt. Entsprechend bedeutsam ist die Position der Direktoren dieser Anstalten – sie sind die wichtigsten Multiplikatoren der Reform.

Die Kritik an der neuen Lehrerbildung

Bereits mit der Neuordnung des Seminarwesens setzt auch die kritische Auseinandersetzung ein. Von vielen Lehrern werden die Seminare zunächst als bisher unbekannte Institutionen abgelehnt. Adolph Diesterweg berichtet 1830, derweil zehn Jahre in Moers tätig, über seine Erfahrungen im Rheinland: *„Die Personen, welche sich gegen die Errichtung, gegen die Tendenz und gegen die Zöglinge der rheinpreußischen Seminare aussprachen, waren ein großer Teil der Lehrer selbst und, durch sie erregt, hier und da eine einzelne Wahlgemeinde.*

Sonderbar, daß dieselben Menschen, für deren Interesse zunächst die Seminare wirksam sein mußten, sich zuerst gegen sie erklären. Erklärbar wird diese Erscheinung durch die herrschende Vorliebe zu dem Alt-Bestehenden und die damit verbundene Abneigung gegen neue Einrichtungen, durch die Besorgnis vor engherzigem Lehrsystem und despotischem Verfahren in den neuerrichteten Anstalten und durch die Vormeinung wegen der dadurch beschränkten Lehrfreiheit. Ganz unzweideutig sprach sich dieser Geist des Widerspruchs von seiten vieler Lehrer gegen die neuerrichteten Seminarien aus: durch mündliche Urteile, durch meist anonyme, zum Teil bittere und gehässige Aufsätze in öffentlichen Blättern, durch persönliche Anfeindungen der Seminarlehrer und der aus den Seminarien hervorgegangenen Zöglinge sowie durch Eingaben und Reklamationen bei den Behörden."[11] Inzwischen aber habe man sich allgemein an diese Einrichtung gewöhnt.

Wichtiger als diese erste Abwehrreaktion aber sind die inhaltlichen Vorwürfe, die der Seminarbildung gemacht werden: Sie führe zu weit und sei zu wenig an den praktischen Schulbedürfnissen ausgerichtet. Produziert werde ein – so das Schlagwort – „Seminaristendünkel".[12] Kritik dieser Art ist häufig pauschal als „reaktionär" abgetan worden: Aus politisch-weltanschaulichen Gründen sei man daran interessiert gewesen, den Geist der Aufklärung zu bekämpfen, „christliche Einfalt" an die Stelle von Mündigkeit zu setzen, deshalb die Volksbildung so gering wie möglich zu halten und die Seminare als gefährliche und mißliebige Einrichtungen einzuschränken oder gänzlich zu beseitigen. Manches daran mag zutreffen. Schließlich haben wir es mit einer Zeit zu tun, in der politische Tendenzen konservativen Zuschnitts, vor allem aber neu aufkommende religiöse Richtungen ihre Einflüsse auf das Bildungswesen geltend machen; das gilt für protestantische Strömungen – Neupietismus, Mystizismus, Orthodoxie, Erweckungsbewegung – ebenso wie für einen neubelebten Katholizismus.[13] All diesen Tendenzen gemeinsam ist, daß man sich gegen den vermeintlich puren Rationalismus von Aufklärung und Liberalismus wendet und gegen bloß „auflösende" Vernunft „positive" Ordnungen und Bekenntnisse setzen möchte.

Es ist freilich zu einfach, jegliche Kritik am Seminarwesen pauschal in dieser Art zurückzuweisen. Denn die Vorwürfe sind zum Teil in der Tat von realistischem Gehalt, sie werden geäußert aus Interesse am Gegenstand und aus dem Bemühen um eine konstruktive Weiterentwicklung des Vorhandenen, wenn sie auch unterschiedlichen pädagogischen Grundeinstellungen entspringen. In der Forderung nach „Bildungsbeschränkung" überlagern sich Ideologie und wirklichkeitsbezogene Didaktik.

Vorbehalte und Mahnung werden in der Öffentlichkeit wie innerhalb der Verwaltung laut. Und ausgerechnet Beckedorff, der im Ministerium für die Seminare zuständig ist, zählt zu den internen Kritikern.[14] Freilich macht gerade er sich um den Ausbau der Seminare in besonderer Weise verdient. Wenn Beckedorff im ersten Jahrgang seiner *Jahrbücher* einen umfassenden Überblick über den Stand der Lehrerbildung in Preußen gibt und dabei äußert, es sei *„weniger zu befürchten, daß die Seminare sich ein zu niedriges Ziel stecken, als vielmehr, daß sie eine zu hohe Aufgabe nehmen, sowohl hinsichtlich der Mannichfaltigkeit als des Maaßes der Unterrichtsgegenstände"*[15], so ist dies weniger ein politisches als ein ernstzunehmendes pädagogisches Urteil. Was den Seminaren angemessen oder unangemessen sei, präzisiert Beckedorff zwei Jahre später in derselben Zeitschrift: *„Vor allen Dingen bedürften wohl die Reglements einiger Seminarien einer Revision, da sie an Überfüllung leiden, und Wissenschaften und Fertigkeiten fordern, die sehr schwer erreicht werden können, auch die Zeit den nothwendigen und praktisch nützlicheren Gegenständen entziehen. Dahin gehört z.B., daß ein Seminarist über einen beliebig zu wählenden Gegenstand frei und gewandt einen Vortrag halten könne, daß er die Geschichte der deutschen Litteratur und*

390 Seminar zu Meurs
Kolorierte Lithographie, 1845
46 x 53 cm
Moers, Grafschafter Museum
Das Schmuckblatt wurde erstmals 1845 zum 25jährigen Jubiläum gedruckt. Es zeigt Adolph Diesterweg, Seminardirektor von 1820-1832, mit seinem Nachfolger Franz Ludwig Zahn (1799-1890), im Amt 1832-1857, vor dem Seminargebäude in der Haagstraße. Am unteren Blattrand ist die 1836 von Zahn in Fild gegründete Präparandenanstalt abgebildet, die später zu einer Erziehungsanstalt erweitert wurde. Die Ansicht ist umrahmt von aus Weinblättern geflochtenen Kränzen. In den Weinblättern finden sich die Namen der Seminarlehrer und, jahrgangsweise aufgeführt, sämtlicher Seminaristen bis 1870. Der lithographische Stein für die Darstellung wurde vermutlich jedes Jahr um die neuen Namen ergänzt. Zudem wurde vermerkt, wer aus dem Kreis der Seminarlehrer und Seminaristen gestorben war. Die Weinkränze enthalten symbolische Darstellungen der Unterrichtsfächer.

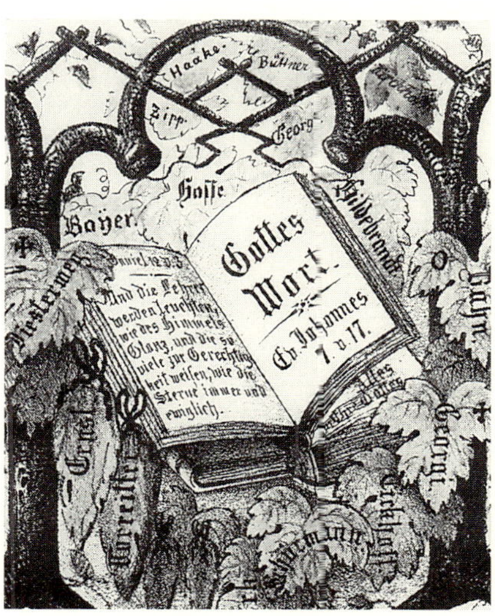

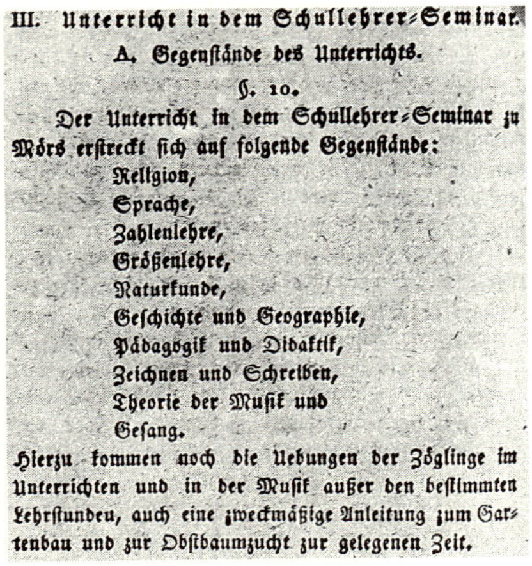
III. Unterricht in dem Schullehrer-Seminar.
A. Gegenstände des Unterrichts.
§. 10.
Der Unterricht in dem Schullehrer-Seminar zu Mörs erstreckt sich auf folgende Gegenstände:
Religion,
Sprache,
Zahlenlehre,
Größenlehre,
Naturkunde,
Geschichte und Geographie,
Pädagogik und Didaktik,
Zeichnen und Schreiben,
Theorie der Musik und
Gesang.
Hierzu kommen noch die Uebungen der Zöglinge im Unterrichten und in der Musik außer den bestimmten Lehrstunden, auch eine zweckmäßige Anleitung zum Gartenbau und zur Obstbaumzucht zur gelegenen Zeit.

391 Reglement für das evangelische Schullehrer-Seminarium zu Mörs
Jahrbücher des Preußischen Volks-Schul-Wesens Bd. 1, Berlin 1825

die Erzeugnisse derselben in den verschiedenen Perioden kenne, daß er in der Mathematik die trigonometrisch-logarithmischen Tabellen zu gebrauchen und die Gleichungen höherer Grade aufzulösen verstehe, und dergleichen. Dies ist zuviel verlangt, und wenn gleich Zugabe guter Kenntnisse jedem Lehrer sehr zu wünschen ist, da er jedenfalls höher stehen soll, wie die Schüler selbst, auch namentlich das Vermögen besitzen muß, sich selbst in einigen Fächern weiter zu bilden, so bleibt doch stets die Hauptsache, seine künftige Wirksamkeit zu berücksichtigen. Dies verlangt nur vollkommene Kenntnis der Unterrichtsgegenstände, so weit er sie in der Elementarschule zu lehren hat, Übersicht des Ganges dieses Unterrichts, Einsicht in das Wesen und den Zweck derselben und Geschicklichkeit in der wirklich schweren Leitung und Führung einer zahlreichen Classe, um Allen Alles zu seyn.“[16]

Ziel der Seminarreform ist die Verbesserung des Elementarschulwesens. Die Kritik, daß die Lehrerbildung überhaupt nicht funktional auf Schule ausgerichtet sei und ein oberflächlicher Bildungsenzyklopädismus zum Selbstzweck werde, trifft deshalb den Kern des Seminarkonzepts. Berücksichtigt man den Stand des niederen Schulwesens im ersten Drittel des 19. Jahrhunderts, dessen Leistungen, von wenigen qualifizierteren Stadtschulen abgesehen, kaum zu unterschätzen sind, so wird man Ausführungen wie denen Beckedorffs eine gewisse Berechtigung nicht versagen können.

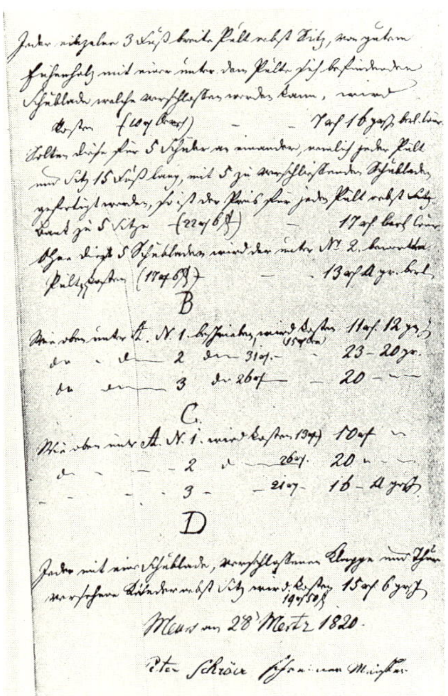

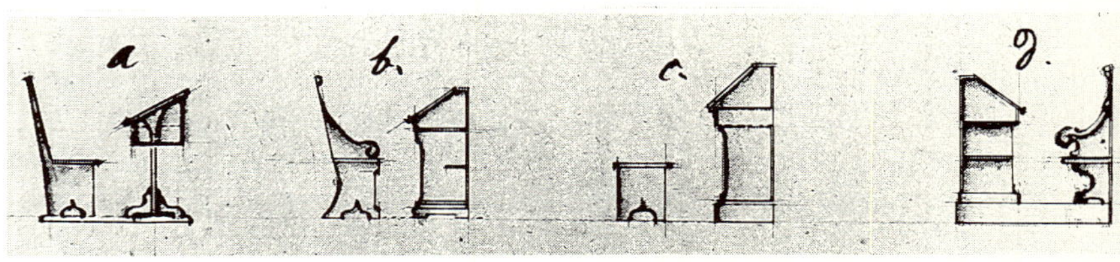

392 Musterzeichnungen von Schulbänken und Pulten für das Moerser Lehrerseminar
Angebot des Schreinermeisters Peter Schröer, 28.3.1820
Seminarakte, 1815 ff.
38 x 25 cm
Moers, Stadtarchiv

Mit der Kontroverse um Ausbau und Gestalt der Seminare stehen wohl auch jene Probleme in Verbindung, die sich bei der Berufung Diesterwegs zum Direktor des Seminars in Moers ergeben. Zunächst steht das Seminar an sich immer wieder in Frage, nachdem das Unterrichtsministerium ursprünglich 1818 dem Vorschlag des Konsistoriums, Moers zum Seminarort zu machen, zugestimmt hatte.[17] 1820 heißt es, aus Geldmangel müsse man sich auf ein evangelisches Seminar am Rhein, nämlich Neuwied, beschränken. 1821 fällt dann die endgültige Entscheidung für Moers. Noch zwei Jahre länger dauert es, bis Diesterweg endgültig als Direktor der Anstalt angestellt wird. 1820 hatte das Konsistorium ihn aufgrund seiner Bewerbung nach Moers berufen, ohne die Bestätigung durch das Ministerium abzuwarten. Dort läßt man sich nicht ohne weiteres von seiner Eignung überzeugen. Immer wieder werden Berichte von ihm und über ihn eingefordert. Am 26. September 1822 vermerkt Beckedorff über ihn: *„Noch weniger als der p. Braun (in Neuwied) gefällt mir Diesterweg, der ein leichtfertiges, burschikoses Wesen zeigt. Dieser ist noch nicht bestätigt, und ich halte es für eine Gewissens Pflicht, seine definitive Anstellung nicht eher zu verfügen, bis man die vollständigste Überzeugung von seiner Tauglichkeit erhalten hat.“*[18] Erst nachdrückliche Voten, insbesondere von Grashof und Wilhelm Johann Gottfried Roß (1772-1854), Pfarrer in Budberg und Präses der Provinzialsynode Jülich-Kleve-Berg, geben endlich den Ausschlag für Diesterweg. Unter dem 1. Juli 1823 wird er vom Ministerium als Seminardirektor bestätigt.

Der Fall Moers spiegelt die Auseinandersetzung darüber wider, wie weit man überhaupt mit dem Ausbau des Seminarwesens gehen solle. Und er zeigt die Schwierigkeiten, die man mit einem Pädagogen hat, der von Haus aus Mathematiker und Naturwissenschaftler, nicht aber Theologe ist und deshalb Zweifel erweckt, ob er die rechten Akzente in der Seminarbildung zu setzen und die erwünschte christliche Bildung der Zöglinge zu bewirken in der Lage sei. In der Tat bleibt Diesterweg als Seminardirektor ein Sonderfall – von den 30er Jahren bis zu den Falk-Schneider'schen Reformen der 70er Jahre sind mit seiner Ausnahme alle Leiter der preußischen Seminare Geistliche.

Zu einem mindestens ebenso wichtigen Problem wie die „Überbildung" wird mit der Zeit die Uneinheitlichkeit der Seminare. Daß die mit dem Konzept des „Wachsen-Lassens" freigesetzte Entwicklungsenergie zu den unterschiedlichsten Ergebnissen bei der Ausgestaltung der Anstalten führt, nimmt man bewußt in Kauf, solange die beteiligten Pädagogen in einem lebendigen Diskurs miteinander stehen. Etwa seit Beginn der 30er Jahre scheint dies jedoch immer weniger der Fall zu sein. Der Elan der Reformzeit und die motivierende Kraft des Reformauftrags lassen nach. Schwächer wird auch die anregende und vermittelnde Einwirkung der Zentralbehörde, seitdem nach den Volksschulreferenten Beckedorff – 1827 wegen seiner Konversion zum Katholizismus aus dem Unterrichtsministerium entlassen – und Karl August Gottlieb Dreist – 1827-1834 als Oberlehrer und Schulrat im Dienste des Ministeriums – die Räte Karl Wilhelm Kortüm (seit 1830/31) und Gerd Eilers (seit 1840/41) das niedere Bildungswesen nur noch neben dem höheren mitverwalten.

Die reformierten Seminare sind auf ihre Alltagsarbeit verwiesen. Zu dieser aber gehört, die Schule kontinuierlich mit Lehrern zu versorgen, die über grundlegende Kenntnisse und Fertigkeiten, gleichsam eine Normalausstattung an Berufsfähigkeiten, verfügen. Angesichts der immensen Unterschiede in den Leistungen einzelner Schulen und Lehrer hat die Lehrerbildung langfristig eine gewisse Normierungsfunktion zu erfüllen – nur so kann über die Professionalisierung des Lehrers das niedere Schulwesen in seiner Breite gefördert werden. Die Verschiedenartigkeit der Seminare aber ist so groß, daß sie dieser Aufgabe kaum gerecht werden.

So gilt für das Problem der „Überbildung" wie der Uneinheitlichkeit dasselbe: Man wird der Seminarkritik, wenn sie auch in vielen Fällen völlig überzogen ist, insoweit Berechtigung zugestehen müssen, als sie auf die mangelnde Funktionalität der Lehrerbildung für die Schule abhebt. Vom politisch-ideologischen Aspekt der Kritik abgesehen, scheinen am Ende der 30er Jahre nach einer Phase freier Entwicklung, der Gründungszeit des Seminarwesens, Maßnahmen zu einer sinnvollen Vereinheitlichung der Volksschullehrerbildung am Platze.

1 Vgl. insgesamt Sauer, M.: Volksschullehrerbildung in Preußen. Die Seminare und Präparandenanstalten vom 18. Jahrhundert bis zur Weimarer Republik. Köln, Wien 1987. Titelzeile: Ministerialreskript v. 24.3.1827, die methodologischen Kurse zur Fortbildung amtierender Lehrer an den Seminaren betreffend.

2 Generallandschulreglement v. 12.8.1763, § 14. Vgl. Wilke, E.: Diesterweg und die Lehrerbildung. Ein Beitrag zur Geschichte des deutschen Volksschullehrerstandes. Berlin 1890, S. 24, sowie Lewin, H.: Geschichte der Entwicklung der preußischen Volksschule und der Förderung der Volksbildung durch die Hohenzollern nebst den wichtigsten Schul-Ordnungen, Schul-Gesetzen, Erlassen und Verfügungen. Leipzig 1920, S. 58f.

3 Zit. n. Thiele, G.: Die Organisation des Volksschul- und Seminarwesens in Preußen 1809 bis 1819. Mit besonderer Berücksichtigung der Wirksamkeit Ludwig Natorps (nebst ungedruckten Entwürfen). Leipzig 1912, S. 107.

4 Zit. n. Zimmermann, W.: Der Aufbau des Lehrerbildungs- und Volksschulwesens unter der preußischen Verwaltung 1814-1840 (1846). Ein Beitrag zur Geschichte des rheinischen Schulwesens, Bd. III. Köln 1963, S. 23f. Freilich spielt in den rheinischen Gebieten die 20jährige französische Herrschaft eine Rolle. Vgl. zum Rheinland auch Wynands, D.P.J.: Die Herausbildung des Lehrerstandes im Rheinland während des 19. Jahrhunderts. Frankfurt a.M. 1989.

5 Vgl. ausführlich Thiele, G.: a.a.O. Mit teilweise anderen Wertungen Kade, K.: Schleiermachers Anteil an der Entwicklung des preußischen Bildungswesens von 1808-1818. Leipzig 1925, S. 18-24.

6 Der „Kunstgriff" dieses auch als „wechselseitige Schuleinrichtung" bezeichneten Systems – erfunden von und benannt nach dem Londoner Quäker und Armenschuldirektor Joseph Lancaster und dem Geistlichen und langjährigen Armenhauslehrer in Ostindien, Dr. Andreas Bell – bestand darin, eine große, oft mehrere hundert Köpfe zählende einklassige Schule „durch ihre eigenen Kinder zu halten, Kinder durch Kinder unterrichten zu lassen". Die helfenden älteren Schüler hießen „Monitoren". Dröse, A.: Pädagogische Charakterbilder. Geschichte der Pädagogik und ihrer vornehmsten Vertreter in den vier letzten Jahrhunderten. Langensalza 1872, S. 115.

7 Harnisch, W.: Der jetzige Standpunkt des gesammten preußischen Volksschulwesens mit besonderer Beachtung seiner Behörden, wie der Bildung und der äußeren Stellung seiner Lehrer; geschichtlich nachgewiesen, mehr für Beamte und Ständemitglieder als für Lehrer. Leipzig 1844, S. 26, 30.

8 Jahrbücher des Preußischen Volks-Schulwesens Bd. 1, 1825, S. 179-198 u. 152-179.

9 Vgl. zum folg. Schneider, K., Bremen, E.v.: Das Volksschulwesen im Preußischen Staate in systematischer Zusammenstellung der auf seine innere Einrichtung und seine Rechtsverhältnisse, sowie auf seine Leitung und Beaufsichtigung bezüglichen Gesetze und Verordnungen. Bd. I. Berlin 1886, S. 630ff.

10 Zit. n. Neigebauer, J.F.: Das Volksschulwesen in den Preußischen Staaten. Eine Zusammenstellung der Verordnungen, welche den Elementar-Unterricht der Jugend betreffen. Berlin, Posen, Bromberg 1834, S. 317f.

11 Diesterweg, F.A.W.: Rückblick auf die ersten zehn Jahre des Bestehens der preußischen Seminare am Rhein. In: Ders.: Sämtliche Werke. Bd. II. Berlin 1957, S. 97.

12 Vgl. als bekannteste und am meisten zitierte kritische Schrift Glanzow, E. (d.i. Friedrich Pustkuchen): Kritik der Schulen und der pädagogischen Ultra's unserer Zeit zu ihrem und der Staaten Besten. Bremen 1824. König Friedrich Wilhelm III. macht sich die Seminarkritik in seiner gleichfalls vielzitierten Kabinettsorder v. 15.6.1822 zu eigen.

13 Zu diesen Richtungen und ihrem Einfluß auf das Seminarwesen Quittschau, E.: Geschichte des evangelischen Religionsunterrichts in den preußischen Lehrerseminaren unter dem Ministerium Altenstein (1817-1840). Ein Beitrag zur Geschichte des Bildungsideals. Gotha 1931, sowie Bloth, P.C.: Religion in den Schulen Preußens. Der Gegenstand des evangelischen Religionsunterrichts von der Reaktonszeit bis zum Nationalsozialismus. Heidelberg 1968.

14 Zwei interne Denkschriften v. 16.10.1819 und v. 15.2.1821, beide angeregt von Georg Wilhelm Ludwig von Wittgenstein, Minister des Königlichen Hauses, machen Schule, Kirche und Verwaltung für den mißliebigen Zeitgeist verantwortlich. Lehrerbildung und Schule müßten in die Hand der Geistlichkeit gegeben werden. Beckedorff gehört zu den Unterzeichnern der zweiten Denkschrift. Vgl. Lenz, M.: Geschichte der Königlichen Friedrich-Wilhelms-Universität zu Berlin. Bd. IV. Halle 1910, S. 381ff.

15 Die Preußischen Schullehrer-Seminarien. In: Jahrbücher des Preußischen Volks-Schulwesens Bd. 1, 1825, S. 108.

16 Über Erziehungs-Anstalten als Vorbereitungsschulen für Schullehrer-Seminarien in der Provinz Preußen, und einige Bemerkungen über die Einrichtung der letztern. In: Jahrbücher des Preußischen Volks-Schulwesens Bd. 6, 1827, S. 26f.

17 Vgl. zum folg. Zimmermann, W.: a.a.O., Bd. III, S. 122ff.

18 Zit. n. Bloth, H.G.: Adolph Diesterweg. Sein Leben und Wirken für Pädagogik und Schule. Heidelberg 1966, S. 107.

Claudia Schadt-Krämer

„...ein begeisterter Aufschwung durchzog alle pädagogisch angeregten Gemüter...“[1]

Diesterweg in Moers

Ostern 1920, 100 Jahre nach der inoffiziellen Eröffnung wurde der 21jährige Seminarist und spätere Volksschullehrer Johannes Tack aus dem Kgl. Lehrerseminar zu Moers entlassen. Noch im hohen Alter erinnert er sich, was er im Seminar gelernt hatte: „Dieser Diesterweg, das muß ein hervorragender Mann gewesen sein.“

393 Adolph Diesterweg
Zeichnung von Carl Moritz Ernst, um 1825
32 x 25 cm
Berlin (DDR), Schulmuseum der Akademie der Pädagogischen Wissenschaften
Carl Moritz Ernst (1800-1829) war erster hauptamlicher Mitarbeiter Adolph Diesterwegs am Moerser Lehrerseminar. Er unterrichtete dort 1823-1825 Zeichnen und Naturgeschichte, verfaßte eine Anleitung für den Zeichenunterricht und entwarf eine Wandkarte von Palästina für den Religionsunterricht.

Als Adolph Diesterweg sich im März 1820 um die Stelle des Seminardirektors in Moers beim Konsistorium zu Köln und beim Preußischen Ministerium der geistlichen, Unterrichts- und Medizinalangelegenheiten in Berlin bewarb, da war längst nicht klar, daß es im Rheinland neben dem schon 1819 in Neuwied gegründeten evangelischen Lehrerseminar auch ein zweites in Moers geben würde.[2] Trotzdem wagte er im Vertrauen auf den Konsistorial- und Schulrat Karl Friedrich August Grashof (1770-1841) den Schritt ins Ungewisse. Mit seiner Frau Sabine und drei Töchtern kam er am 23. Juni 1820 in Moers an.[3] Moers war zu dieser Zeit ein stilles, freundliches Landstädtchen mit nur 308 Häusern, deren rote Ziegel Diesterweg gewiß schon von weitem entgegenleuchteten. Die meisten der rund 2.000 Moerser waren Bauern. Und wie Diesterweg selbst es 1829 in seiner kleinen Schrift über die „Preußischen Rheinprovinzen“ beschrieb, prangten wohl auch am Tage seiner Ankunft die „weiten Fluren“ mit den „mannigfaltigsten Fruchtarten“, und auf den Rheinwiesen grasten Kühe „von bunter Farbe“[4]. Jene Moerser Bürger, die nicht ihren Acker bestellten oder ihre Kühe und Schweine versorgten, arbeiteten entweder als Tagelöhner oder sie waren in einer der vier Tuchfabriken, der Lohgerberei, in den Werkstätten des Handschuhmachers und des Bandwirkers, in einer der 19 Branntweinbrennereien oder in den beiden Brauhäusern beschäftigt.[5]

Da die Häuser in Moers kaum Raum für die einheimischen Bürger boten, wurde Diesterweg zunächst mit seiner Familie in einem Teil des Schlosses einquartiert. Das Schloß samt Park hatte der Textilfabrikant Friedrich Wintgens, der im Jahre 1794 in Moers auf Anraten des Predigers und Generalsuperintendenten der Rheinprovinz Gottfried Roß (1772-1854) die erste Baumwollspinnerei gegründet hatte, aufgekauft. Besonders bequem mag es dort nicht gewesen sein, denn Wintgens selbst hatte es vorgezogen, eine andere Wohnung zu nehmen.

Ebenso provisiorisch wie der Wohnraum, den man der Familie Diesterweg zuwies, gestaltete sich der Beginn der seminaristischen Unterweisung. Mit 18 Seminaristen, 14 evanglischen und vier katholischen, begann Diesterweg seine Arbeit am 3. Juli 1820 in den hinteren Räumen des Moerser Progymnasiums. Aber schon Ende September mußten die Seminaristen wieder entlassen werden; der damalige erste Unterrichtsminister von Altenstein ordnete, angeblich aus finanziellen Gründen, die Schließung des Seminars an. Ludolph von Beckedorff (1778-1858), seit 1820 im Ministerium für das Volksschulressort zuständig, konnte sich ohnehin nicht für Diesterwegs „leichtfertiges, burschikoses Wesen" begeistern. Als Ausgleich schlug man ihm die zweite Lehrerstelle am Neuwieder Seminar vor, dem zu dieser Zeit Friedrich Braun als Direktor vorstand. Diesterweg willigte unter der Bedingung ein, Braun gleichgestellt zu werden. Nicht verwunderlich also, wenn man in Neuwied vom „arroganten Willen Diesterwegs sprach"[6]. Braun war immerhin zwölf Jahre älter; da mag es ihn erstaunt haben, wenn der 30jährige Diesterweg, der, zumal in der Volksschullehrerbildung, recht wenig pädagogische Erfahrungen besaß, mit einem 42jährigen völlige Gleichberechtigung verlangte. Grashof ahnte die Schwierigkeiten, daher lehnte das Konsistorium zu Köln eine solche Zusammenführung ab. Diesterweg war drei Monate arbeitslos. Nur den steten Bemühungen Grashofs und des Superintendenten Roß hatte er es zu verdanken, wenn er seine Tätigkeit im Januar 1821 mit 19 Seminaristen wieder aufnehmen konnte. *„Wir glauben"*, so hatte Grashof schon am 3. März 1820 an das Unterrichtsministerium geschrieben, *„daß unter einem Manne, der von diesem Geiste getrieben, von männlichem Ernst und jugendlicher Kraft unterstützt, an das Werk geht, die Anstalt nicht anders als herrlich gedeihen kann."*[7]

Um diesem Anspruch gerecht zu werden, bedurfte es zunächst geeigneter Räumlichkeiten. Diesterweg selbst war es, der das Ministerium am 10. Oktober 1821 auf das „Scheidtmannsche Haus" hinwies. Der königlich-preußische Oberamtmann Scheidtmann, zweitreichster Mann in Moers, hatte es 1794 erbauen lassen, im Vergleich zu den winzig kleinen Morser Häusern ein wahrer Prachtbau. Zusammen mit einem vor der Stadt gelegenen Garten erwarb Diesterweg das Haus sogar noch unter dem vom Minsterium bewilligten Preis.[8] Am 1. Juli 1823 wurde er endgültig angestellt. Drei Jahre lang hatte Diesterweg im recht unbequemen Schloß gewohnt und in den hinteren Räumen des Progymnasiums in großer Ungewißheit allein die ersten Seminaristen unterrichtet. Am 1. November 1823 zog er mit seinen Seminaristen in das Scheidtmannsche Haus ein. Er selbst bewohnte, wie er schrieb, einen „eben hinreichenden verhältnismäßigen Wohnraum", der immerhin aus neun Zimmern bestand.[9] Für die Seminaristen gab es zwei Lesezimmer, einen Musiksaal, einen Schlafsaal – der gegen die Vorschriften zu niedrig war – mit vier kleinen Kammern zur Aufbewahrung der Koffer und Kleider, ein Speisezimmer, zwei Krankenzimmer, ein Zimmer für die Kinderschule, einen Raum zur Reinigung und vier Abtritte.[10] Hinzu kamen zwei Zimmer für den zweiten Lehrer, eines für den dritten und ein gemeinsames für die beiden Hilfslehrer.

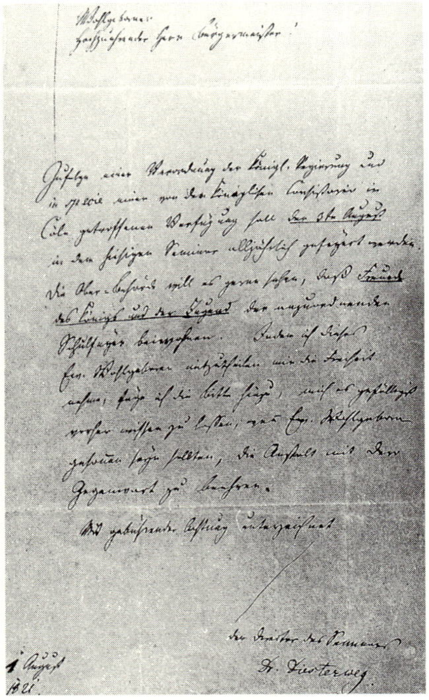

394 Einladung zur Einjahrfeier des Moerser Lehrerseminars
Brief Adolph Diesterwegs an den Bürgermeister von Moers, 1.8.1821
33,0 x 20,5 cm
Moers, Stadtarchiv

Das Moerser Lehrerseminar sollte zweijährig sein und als Internat 30 Seminaristen, das heißt in jedem Kursus 15, beherbergen. Am 13. August 1824 genehmigte Beckedorff das von Grashof entworfene Reglement[11], nachdem er einiges daran umgearbeitet hatte. Darin hieß es, das „Schullehrerseminarium zu Mörs" sei bestimmt, „junge Leute evangelischer Confession aus dem Regierungsbezirk Düsseldorf zu künftigen Lehrern in Volksschulen möglichst vollständig auszubilden". Sie sollten in erster Linie zu frommen und gottesfürchtigen Menschen erzogen werden, zugleich aber eine ganze Reihe von Kenntnissen und Fertigkeiten erwerben. Dazu zählte die Unterweisung in der Methodik, Didaktik und Pädagogik sowie der Unterricht in der Religion, Sprache, Zahlenlehre, Größenlehre, Naturkunde, Geschichte und Geographie, Zeichnen und Schreiben, Theorie der Musik und Gesang. Für das erste Jahr war die stattliche Zahl von 32, für das zweite Jahr immerhin noch ein Pensum von 28 Stunden wöchentlich vorgesehen. Praktische Übungen in der Übungsschule kamen hinzu. Diesterweg selbst unterrichtete in den Fächern Sprache, Zahlen- und Größenlehre, Pädagogik und Religion. Keine leichte Aufgabe, bedenkt man, daß er zu dem Zeitpunkt, da er seine Stelle antrat, erst sechs Jahre hatte Lehrerfahrungen sammeln können. Mit der Volksschule war er zuvor beruflich nie in Berührung gekommen. Lediglich mit einem methodischen Leitfaden des Idsteiner Seminardirektors Bernhard Gottlieb Denzel hatte er sich vertraut gemacht, mit einer ersten Schrift über „Erziehung im Allgemeinen und Schul-Erziehung im Besonderen" hatte er sich im Jahre 1820 an die Öffentlichkeit gewagt. Trotzdem schrieb er am 29. Juli 1821 recht selbstbewußt in sein Tagebuch:

„Ich bin Pädagoge und verlange daher, daß derjenige, der mein Tun und Lassen als Lehrer und Erzieher beurteilen will, vorerst nachweise, daß er über die Grundsätze der Lehrkunst und Erziehungswissenschaft nachgedacht und jene praktisch geübt habe. Sonst bin ich stolz genug, mich um sein Urteil nicht zu kümmern und unbesorgt meinen Gang zu verfolgen."[12]

Diesterweg war begeistert vom Rousseau'schen Gedanken der „Naturgemäßheit". Auch Pestalozzi, den er nie in der Schweiz hatte besuchen und dessen Methode er anders als viele seiner Zeitgenossen nie leibhaftig hatte erfahren können, verdankte er gerade zu Beginn seiner Moerser Zeit wesentliche Impulse. Doch es blieb eine gewisse Distanz. Begeistert aber war er von Pestalozzis Bemühen um eine naturgemäße, elementarische Erziehung und um die Ausbildung aller Kräfte, kurzum: die „Aufregung der pädagogischen Welt"[13] hatte auch ihn ergriffen. Erziehung war ihm „das Höchste und Heiligste – die hehre Bestimmung des Menschen auf Erden".[14]

Man fragt sich unweigerlich, ob diese Begeisterung auch bis in das kleine Städtchen Moers mit seinen Bauern und Pfarrern vorgedrungen war. Veränderungen, so stellte Diesterweg bald fest, waren hier unerwünscht. Ohnehin hielt er die Bewohner des Clevischen Landes für Menschen, die bis zu „starrem Eigensinn" am Herkömmlichen festhielten und die alle Besserung haßten, weil „sie eine Neuerung" war.[15] Der „große Haufe", so klagte er 1828, liebe die Veränderung nicht, man fürchte „Angriff gegen Religion und Heiliges". „Kann aber das Gute nicht ohne Kampf durchgeführt werden, so scheue man den Kampf nicht."[16]

Diesterweg nahm seine Devise ernst. Anders als es der Staat der „Karlsbader Beschlüsse" gern gehört hätte, hielt Diesterweg nach „Widerwärtigkeiten mancherlei Art" seine Einweihungsrede am 1. November 1823. Veranstaltet wurde ein Mittagessen mit Wein auf Staatskosten. Trompeten und Paukenschall und der Donner der Böller hallte durch Moers. Vor den 60 geladenen Gästen legte er dar, wie er das Lehrerseminar zu gestalten dachte.

In erster Linie mußte das Seminar seiner Ansicht nach eine gute Unterrichtsanstalt sein. Von den Seminarlehrern verlangte er zu diesem Zwecke lebendige Liebe zu ihrem Amte, strengen Unterricht,

„Lehrkenntnis" und „Lehrtakt", von den Seminaristen Ernst, Lernlust und Fleiß. Da das Lehrerseminar künftige Lehrer zu bilden hatte, so sollte es auch eine Kinderschule besitzen, damit die Seminaristen neben der Theorie in der Praxis geübt werden konnten. Die „Tiefe der pädagogischen Weisheit" sah er allerdings nicht in „breiten Erörterungen über Methodik, Didaktik, Katechetik und anderen theoretischen Disziplinen"; vielmehr sollten die Seminaristen die besten Methoden an sich selbst erfahren, ihre Naturgemäßheit und zugleich ihre Vortrefflichkeit mußte sich zuerst an ihnen selbst erproben. Damit war für ihn die Theorie aber nicht unwichtig geworden. Da sich, so Diesterweg, aus der „gemeinen Schul-Praxis" eine wissenschaftliche Ansicht des Erziehungswesens gebildet habe und statt der „Handwerksvorteile" nun eine Erziehungswissenschaft gelte, sollte auch der Seminarunterricht Theoretisches aufnehmen und in der Praxis nachweisen, Angewandtes in der Theorie begründen.

Unterricht allein aber machte für Diesterweg noch kein Lehrerseminar. Eine Lehrerbildungsanstalt wünschte er sich zugleich als eine „Menschenbildungs-Anstalt", „und zwar vor allen Dingen, wesentlich und hauptsächlich". Ihr Ziel sah er darin, „den Menschen rein in sich und um seiner selbst willen, gemäß der Natur der Anlagen und dem Entwicklungsgange desselben, allseitig zu erziehen und zu bilden", denn nur der gebildete Mensch konnte auch ein tüchtiger Lehrer sein. Möglichst tief wollte er daher den Grund der Bildung legen, um die Menschenbildung „auf keine Weise zu versäumen"[17]. Schließlich mußte das Seminar einer christlichen Familie ähneln.

Die führenden Köpfe der preußischen Bildungspolitik wie Ludolph von Beckedorff aber sahen diese Ideale nur mit äußerstem Mißtrauen. Diesterweg wußte um die Einstellungen derer, die stets befürchteten, die Lehrer könnten zuviel lesen und wissen. „Allein", so fragte er einige Jahre später in den *Rheinischen Blättern*, „wer will hier die Grenzen festsetzen und sprechen: Bis hierhin und nicht weiter? Wer kann den Geist bannen und ihn ketten, wie man es mit dem Leibe kann? Wer vermag es, der Entwicklung und dem Gange der Zeit Schranken zu setzen?"[18]

Mit den Lehrern Carl Moritz Ernst (1800-1829), Johann Heinrich Vorreiter (1799-1828), Friedrich Schürmann (1802-1872) und Ludwig Erk (1807-1883), einem Vetter seiner Frau Sabine, den er 1826 19jährig nach Moers und 1835 nach Berlin holte[19], konnte er sich auf Mitarbeiter stützen, die seinen Idealen zu entsprechen suchten. Vorreiter unterrichtete im Seminar Religion, Geschichte und Geographie, in der ersten Klasse der Elementarschule Aufsatz- und Religionsunterricht. Erk lehrte Gesang, Klavier-, Orgel- und Violinspiel, Theorie der Musik im Seminar und gab Gesangunterricht in der zweiten Klasse der Elementarschule.

Unzufrieden war Diesterweg mit den in das Seminar eintretenden Schülern, die in der Regel die Volksschule absolviert hatten. So mußte er 1830, nach den Erfahrungen einer Dekade als Seminardirektor, bedauernd feststellen:

„Sie lesen ohne Ausdruck, schlecht – schreiben nicht ohne grobe Fehler – rechnen mechanisch, im Kopfe gewöhnlich gar nicht – sind in der Religion schlechter unterrichtet als es sich sagen läßt, denn alles, was sie davon wissen, ist auswendig gelernt und unverstanden – singen, wie man nicht singen muß – spielen gar nicht oder wenig – sprechen ungeläufig, matt und fehlerhaft – sind an strenge Aufmerksamkeit, an Darstellen, Entwickeln, Beweisen usw. nicht gewöhnt, kurz sie zeigen, daß das Schulwesen und die Volksbildung auf der Stufe stehen, auf welcher sie stehen."[20]

Dieses vernichtende Urteil traf auch die Nachkommen seiner Berufskollegen, der Lehrer, denn unter den 41 Aspiranten, die sich 1826 meldeten, konnte Diesterweg von 12 Lehrsöhnen nur zwei aufnehmen; die Lehrer lieferten dem Seminar offensichtlich nicht gerade die besten Anwärter. Zwei Jahre hatte er jeweils Zeit, die kaum entwickelte und ungeübte Denkkraft der gerade 18jährigen Seminaristen zu

395 Wilhelm Johann Gottfried Roß (1772-1854)
Wachsbossierung von Ludwig Hagbolt, 1.Hälfte 19.Jh.
23 x 21 cm
Moers, Grafschafter Museum
Wilhelm Johann Gottfried Roß, Diesterwegs Förderer in Moers und Berlin, war seit 1795 reformierter Pfarrer in Budberg bei Moers und seit 1818 zugleich Präses der rheinischen Provinzialsynode Jülich-Kleve-Berg. 1828 wurde er Vortragender Rat im Ministerium der Geistlichen, Unterrichts- und Medizinalangelegenheiten sowie Propst in Berlin, 1836 zugleich erster Generalsuperintendent von Rheinland und Westfalen mit dem Titel „Bischof".

bilden. Dazu bedurfte es, so die Devise Diesterwegs, zunächst einer strengen Disziplin; auch vor Strafe schreckte er nicht zurück, wie er schon 1820 in seiner Schrift über „Erziehung" niedergelegt hatte. Auf immerhin 40 von 133 Seiten entfaltete er darin die pädagogischen Gründe und Zwecke der Bestrafung. Selbst die körperliche Züchtigung schloß er für manchen Fall nicht aus, denn „ein einfacher Ritterschlag zu guter Stunde" wirke „schneller und tiefer und bleibender aufs Gefühl, als eine zeitraubende, salbungsreiche, moralische Epistel."[21] Er hielt daher im Seminar auf strikte Ordnung, die anfangs keine Mühe machte, da die Seminaristen, von „einfach lebenden Eltern erzogen, nicht verdorben durch böses Beispiel und unsittliche Umgebung, in beschränkten Verhältnissen in der Regel aufgewachsen, und mit guten Vorsätzen in die Anstalt eintretend"[22], ihr ganzes Streben dem künftigen Beruf widmeten. Kurze Zeit später glaubte er jedoch zu bemerken, daß der Protestantismus der Seminaristen die Disziplin nicht gerade förderte, und etwas wehmütig blickte er auf die Schüler der katholischen Seminare, die schon früh zur Ehrerbietung gegen Kirche und Schule erzogen wurden. Die seinen hingegen, so klagte er, seien durch eine überzogene Liberalität der rheinischen Kirchengemeinden geprägt, und immer gebe es einige unter ihnen, die sich nur schwer in den geregelten Gang des Seminars einfinden könnten. Ja, er glaubte, daß am Rhein der Geist des Ungehorsams und des Protestes besonders stark herrsche. Dabei verwahrte Diesterweg sich gegen den Vorwurf, seine Seminaristen zu „Bücklingen und glatten Worten" erziehen zu wollen. Bescheidene Höflichkeit aber, Dienstbeflissenheit, Rücksicht auf die soziale Rangordnung und Einfügung in die Gemeinschaft, das sollten sie lernen. Gehorsam gehörte für ihn zu den „Kardinaltugenden" der Jugend. Um sich darin zu üben, wurden den Seminaristen kleine Pflichten, wie das Läuten der Glocken zum morgentlichen Wecken und am Ende jeder Unterrichtsstunde, das Öffnen und Schließen der Räume und die Aufsicht über die Reinigung des Schullokals zugewiesen. Bei aller Strenge lud er sie gleichwohl von Zeit zu Zeit in sein Arbeitszimmer, um in belehrender Unterhaltung ihre Meinung zu hören. Und an den Sonntagabenden traf sich die Diesterweg'sche Familie mit allen Seminaristen, um gemeinsam die Abendandacht zu halten und zu musizieren.

Gemeinsamen Umgang pflegte er auch noch weit über das Seminar hinaus. So schrieb er den im Frühjahr 1823 entlassenen ersten Schülern: „Einem jedem von euch bin ich nahe. Es vergeht kein Tag, wo ich Euer nicht gedenke. Was euch begegnet, begegnet mir. Wie will ich mich freuen, wenn ich Euch dereinst in Euren Schulen besuchen und mit Freude darin weilen kann..."[23]

Tatsächlich begegnete er vielen seiner Seminaristen, als er im Jahre 1826 die Schulen des Regierungsbezirkes Düsseldorf bereiste. Hier sah er neben einer ganzen Reihe schlechter Lehrer, denen nur ein recht dürftiger Unterricht gelang, auch seinen ehemaligen Schüler Kamphausen wieder. Zu seiner großen Freude fand er an dessen Schule „stille Sittsamkeit, aufmerksame Thätigkeit, Fleiß; Lernlust u. Geschick"; Kamphausen unterrichte mit „Ernst, Festigkeit und Liebe". Hier fand Diesterweg „das Bessere, welches das Seminar zu verbreiten sucht, eingeführt: sinnvolles Lesen, gemüthlicher Religionsunterricht, wohlklingendes sanftes Singen, denkendes Lehren u. Lernen, geregelte Zucht u. unbedingten Gehorsam."[24]

Gewiß gehörte Kamphausen zu jenen Seminaristen, die in Diesterwegs Pädagogik-Unterricht aufmerksam gelauscht und rege geantwortet hatten, wenn dieser darüber sprach, daß der Erzieher der „zarten Menschen-Pflanze Luft, Licht, Raum und Zeit gönnen müsse, damit sie sich entwickeln und gedeihen könne". Ja, vielleicht hatte Kamphausen auch das eine oder andere Buch einmal zur Hand genommen, denn Diesterweg liebte es, seinen Seminaristen alles, was aktuell war, kurz: eine „Mannigfaltigkeit von Schriften" anzubieten, um sie mit dem pädagogischen Geist der Zeit vertraut zu machen. So las er mit ihnen nicht nur aus seiner eigenen Schrift über „Erziehung

396 „Schriftliche Arbeiten", Schulheft des Soester Seminaristen Wilhelm Jäger, 1821/22
Karton, Papier
20,2 x 16
397 Naturgeschichts-Schulheft des Seminaristen H. Steinmann, undatiert
16,4 x 10,4 cm
398 „Der Hebel"
Physikaufsatz des Soester Seminaristen Feuerhoff, undatiert
Vierseitige Handschrift
20,0 x 16,2 cm
Dortmund, Westfälisches Schulmuseum
Die Prüfungsarbeit wurde von Seminardirektor Karl Gotthilf Ehrlich (1776-1857) mit „Im Ganzen befriedigend" benotet.
399 Hebel mit Gewichten
Modell, Ende 19.Jh.
Holz, Metall
30 x 50 x 13 cm
Nürnberg, Schulmuseum der Universität Erlangen-Nürnberg

im Allgemeinen und Schul-Erziehung im Besonderen", sondern er lehrte auch aus Bernhard Gottlieb Denzels „Erziehungs- und Unterrichtslehre". Nicht selten mag sich Kamphausen, wenn die ihm anvertrauten Kinder einmal wie so häufig nicht zur Schule kamen oder müde und schmutzig vor ihm saßen, der einleitenden Worte dieses Autors erinnert haben:

„Eben darum, meine lieben Volksschullehrer, weil eure Lage in der Welt nicht glänzend ist, weil wenige mit euch die schöne Begeisterung für die wichtigste Angelegenheit der Menschheit theilen, weil ihr selbst so leicht verführt werdet, gering von eurem Amte zu denken, darum möchte ich euch gerne euren heiligen Beruf recht wichtig machen, und euch für euer schönes Geschäft begeistern."[25]

400 Botanik-Heft des Seminaristen H. Isenbeck, Herringen, Kreis Hamm/Westfalen, um 1855
19,1 x 14,7 cm
Dortmund, Westfälisches Schulmuseum
Das Heft enthält 14 kolorierte Handzeichnungen verschiedener einheimischer Pflanzenarten.

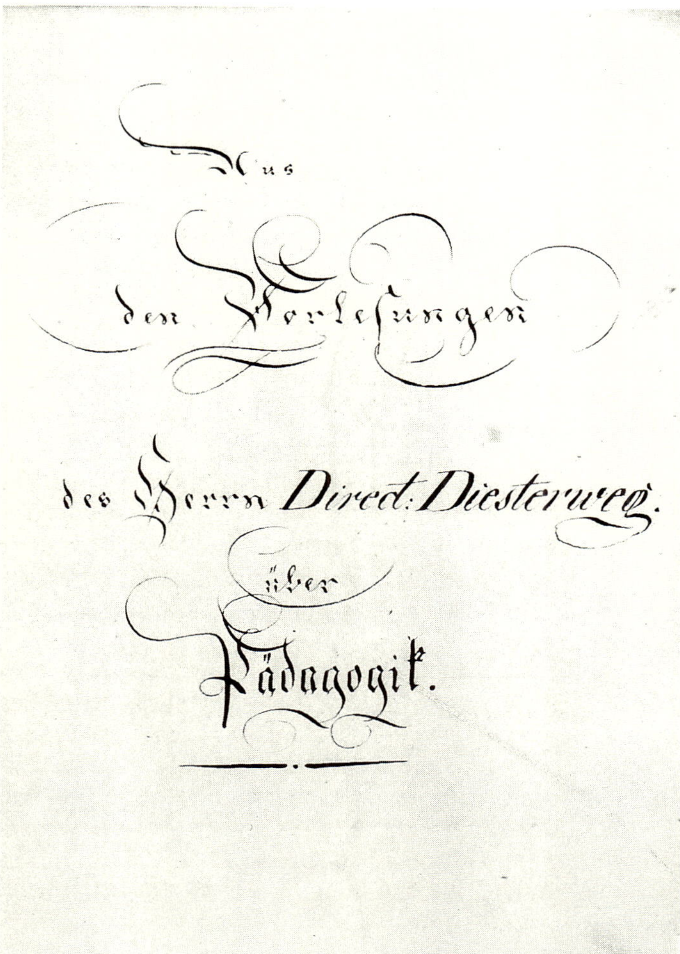

401 Notizheft eines Berliner Seminaristen, 1833/34
20,8 x 16,7 cm
Das Notizheft enthält eine Mitschrift über eine Diesterweg-Vorlesung im Fach „Pädagogik".

402 Notizheft eines Berliner Seminaristen, 1833/34
20,8 x 16,7 cm
Berlin (DDR), Archiv der Akademie der Pädagogischen Wissenschaften
Das Notizheft enthält eine Mitschrift über eine Diesterweg-Vorlesung in „Deutscher Sprache".

Begeisterung hatte Kamphausen gewiß in solchen Stunden empfunden, in denen Diesterweg Disputierübungen betrieb, damit ein jeder sich in der Schnelligkeit des Denkens und Argumentierens üben konnte. Noch Jahre später erinnert Eduard Langenberg sich voll Achtung und Bewunderung an solche Augenblicke, in denen auf

„Diesterweg schaute..., welcher antwortete, sowie der, welcher fragte. Er war der geistigen Bewegung Mittelpunkt, er war der Steuermann auf dem bewegten Meere, er war der Scheidekünstler, der aus den Schlacken das Gold herausschied... So ging's fort, und ehe man sich's versah machte die Zeit – die Uhr – einen großen Gedankenstrich. Nicht selten wurde Diesterweg die Thüre zugehalten und sich vor dieselbe gestemmt, wenn er hinaus wollte, und es galt, ein neu angeregtes Problem lösen zu helfen. meistens aber ertönte dann die schreckliche Antwort: Wartet! oder gar: Ihr braucht's nicht zu wissen! Die Folge aber war: ihm zum Trotz fanden sich oft in der nächsten Unterrichtsstunde, die er gab eine Menge Finger in der Höhe, die da Rede und Antwort aus der letzten Stunde anzeigte."[26]

403 Eduard Langenberg (1807-1891) als junger Lehrer
Geburtstagsgeschenk an seine Braut Helene Dinger, 8.5.1830
Hinterglasmalerei
5 x 4 cm
Dormagen, Privatbesitz

404 Zeugnis über die Lehrerprüfung Eduard Langenbergs, Moers, 30:7.1828
„Königliche Prüfungskommission: Diesterweg, Vorreiter, Erk"
32,8 x 20,2 cm
Dormagen, Privatbesitz

405 Besetzung einer Schullehrerstelle in Barmen
Brief Adolph Diesterwegs an Wilhelm Böckmann, 29.6.1823
Berlin (DDR), Archiv der Akademie der Pädagogischen Wissenschaften
Diesterweg empfiehlt seinem Moerser Schüler, dem Lehramtskandidaten Wilhelm Böckmann (1801-1892), eine freie Lehrerstelle in Barmen. Böckmann nahm die Stelle an. 1828 ging er als Volksschullehrer nach Elberfeld. Von 1830-1868 war er erst Lehrer, später Hauptlehrer an der privaten Höheren Töchterschule und Lehrerinnenbildungsanstalt in Elberfeld.

406 Brief Philipp Schneiders an Ph. Lorenz Hirlemann, 11.8.1829
Ludwigshafen, Stadtbibliothek, Hans Loschky-Sammlung
Der Seminarist Ph. Schneider berichtet begeistert und bewundernd über einen Inspektionsbesuch Adolph Diesterwegs am Kaiserslauterer Lehrerseminar.

Auf diese Weise lernten die Seminaristen im Laufe des zweiten Jahres, daß der Mensch bildsam und zur Selbsttätigkeit fähig ist. Alle Menschen, so wußten sie, wenn sie in das Schulamt eintraten, besaßen gleiche Geistes- und Gemütskräfte. Alle hatten ein unverbürgtes Recht auf eine allgemeine Menschenbildung. Um ihrer selbst willen mußte der Lehrer seine Schüler erziehen und unterrichten.

Als Diesterweg seine erste Schulbereisung antrat, sah es allerdings in den meisten Schulen noch ganz anders aus; auch viele Seminarabsolventen mühten sich ab und unterrichteten mehr schlecht als recht. Wohl seine schlimmsten Erfahrungen machte Diesterweg in einer Schule in Elberfeld. Hier war an „stillen Einfluß des Lehrers auf das Gemüth der Schüler", an „respectvolle Haltung und angemessene stille Aufmerksamkeit gar nicht zu denken".

„Vielmehr herrscht ein wilder Tumult mit Apparaten, Füßen und Armen, ein tolles Durcheinanderschreien einer ungezogenen, frechen Jugend. Das Ganze bietet den Anblick eines offenen Kriegszustandes dar, und man fürchtet jeden Augenblick, daß die wilde Schaar zu neuer größerer Frechheit gereizt werden möge... Die Lehrer müssen alle Augenblicke eingreifen, entstandene Zwistigkeiten beseitigen, die einen zusammenrütteln, die anderen mit einer Ohrfeige zur Ruhe bringen..."[27]

Aufgeschreckt durch solche Erfahrungen, versuchte er, seinen eigenen Unterricht noch praktischer zu gestalten und „manches wissenschaftliche" auszuschließen. Dazu zählte auch, den Unterricht in der Übungsschule zu stärken. Anfangs unterrichteten die Seminaristen an der evangelischen Elementarschule in Moers, das Seminar selbst besaß noch keine eigene Übungsschule. Sie übernahmen die mittlere Klasse, und auch Diesterweg selbst lehrte dort, um die Schule näher kennenzulernen. Aber trotz aller Bemühungen waren die Fortschritte nur leidlich befriedigend. Diesterweg beklagte vor allem die mangelnde Zucht und Ordnung; die Kinder seien „unstet, flach und schlaff". Selbst als die Seminarlehrer einen Teil des Unterrichts übernahmen, traten Verbesserungen nur zögerlich ein. Gern hätte Diesterweg die Moerser Elementarschule in eine Beispielschule verwandelt, an der die Seminaristen mustergültigen Unterricht hätten sehen könne; aber es gelang ihm nicht. Die Ideale, die ihm vorschwebten: ein Lehrplan, der in allen Klassen befolgt wird, ein erfahrener Hauptlehrer für jede Klasse, ein Direktor, der die Oberaufsicht führt, Seminarlehrer, die sich am Unterricht beteiligten, Seminaristen, die anfangs nur still und aufmerksam im Unterricht zuhören, dann einzelne Abteilungen, später ganze Klassen unterrichten, all das war schwerer zu verwirklichen, als er erwartet hatte. Er mußte seinen Plan aufgeben und sich von der städtischen Elementarschule trennen. So gründete er eine dem Seminar direkt angeschlossene Privatschule. Nun erst erreichte er sein Ziel: „mustergültige Aufmerksamkeit, anhaltenden Fleiß und ehrfurchtsvollen, gottesfürchtigen Sinn".

Seine Bemühungen während der 12jährigen Tätigkeit in Moers beschränkten sich aber längst nicht auf das Seminar allein. Neben seinen Versuchen, die Elementarschule zu verbessern, kämpfte er auch für die dortige Lehrerschaft. In den vom Unterrichtsministerium seit 1826 angeordneten Lehrkursen für „bereits im Amt stehende Lehrer", aber auch in den sich entwickelnden Lehrervereinen mühte er sich um eine umfassende sittliche und geistige Weiterbildung der Volksschullehrer, ohne darüber den Kampf für ihr leibliches Wohl zu versäumen. So ließ er nicht ab, darauf zu drängen, daß die Lehrer nicht mehr selbst ihr monatliches Schulgeld einfordern mußten und daß sie vom Küsterdienst befreit wurden. Denn, so schrieb er im Jahre 1827 in den *Rheinischen Blättern*, wenn ein „Lehrer täglich seine fünf bis sieben Stunden mit Anstrengung gelehrt hat, so hat er sein Brot im Schweiße seines Angesichts verdient."[28] Nicht zu Unrecht sprach das Provinzial-Schulkollegium ihm daher 1827 eine besonders lobende Beurteilung aus, in der es hieß:

„Die Lehrfähigkeit des Direktors ist ausgezeichnet; die Treue in

seiner Amtsführung u. der große Eifer, das ihm anvertraute Institut zu dem zu erheben, was es sein soll, hat ihm bei allen denen, die ihn näher zu beobachten Gelegenheit haben, Achtung erworben... Für seinen Privatfleiß können wenigstens seine schriftstellerischen Arbeiten, zu denen er neben seinen vielen Amtsgeschäften noch immer Zeit zu finden weiß u. zu denen ihn sein Eifer, der Lehrerwelt auf jede ihm mögliche Art nützlich zu werden, zu treiben scheint, zeugen."[29]

Im April 1832 verließ Diesterweg das Moerser Seminar. Mittlerweile waren in Preußen längst die reaktionären Kräfte erstarkt. Diesterweg aber hatte mehr als ein Jahrzehnt hindurch den Geist der Reform, die Idee der allgemeinen Menschenbildung und den pestalozzischen Gedanken der Volksbildung weitergetragen. Am 18. April 1832 verabschiedete er sich von Moers und seinen Seminaristen mit den Worten:

„Zwölf Jahre habe ich an dieser Anstalt gestanden, von dem ersten Tage ihrer Entstehung an bis diesen Tag; die besten Jahre des Lebens habe ich in ihr zugebracht; alles, was hier geschah und ward, ist teils durch mich, teils unter meinen Augen und unter meiner Leitung entstanden;... Gegen zweihundert Jünglinge habe ich in dieses Haus aufgenommen und größtenteils aus demselben wieder entlassen. Sie alle kenne ich genau, sie mich... Ich nehme Abschied von allen frühern Zöglingen dieser Anstalt. Im Geiste sehe ich sie alle um mich herum, jeden an dem Platz, den er hier innegehabt hat. Da saß jener feurige, für möglichst tiefe Begründung der Wahrheit begeisterte Jüngling; dort der, dem die Freude auf dem Gesichte strahlte, wenn von religiösen und sittlichen Grundsätzen die Rede war; hier der innige, zarte Kinderfreund; da der edle, treffliche, dankbare Mensch. Möge es ihnen wohl gehen in ihrem Lehrerberufe, in ihrem Wirken! Möge es ihnen nie auch an den äußeren Bedürfnissen fehlen! Möge es ihnen wohl gehen in ihrem Lehrerberufe, in ihrem Wirken. Möge es ihnen nie auch an den äußeren Bedürfnissen fehlen! Möge der Geist eines Pestalozzi, eines Salzmann, eines Campe auf ihnen ruhen! Möchten sie in Geist und Wahrheit echte Jünger des größten Lehrers auf Erden sein."[30]

407 Pfeifenkopf aus dem Besitz eines Moerser Seminaristen
Porzellan, 1920
H. 14,5 cm, Dm. 4,0 cm
Moers, Grafschafter Museum
Hergestellt für W. Eulenhöfer, auf der Rückseite alle Namen des Seminarjahrgangs 1917-1920.

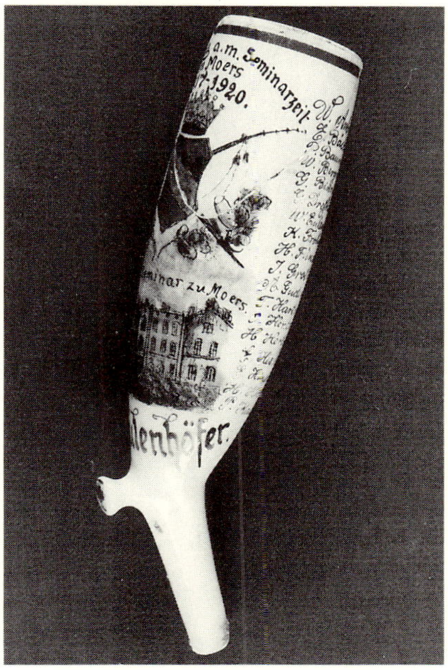

1 Diesterweg, F.A.W.: Denzel (1839). In: Ders.: Sämtliche Werke. Bd. IV. Berlin 1961, S. 275 (DSW).
2 Vgl. Zimmermann, W.: Die Anfänge und der Aufbau des Lehrerbildungs- und Volksschulwesens am Rhein. Köln 1963, S. 122ff.
3 Geheimes Staatsarchiv Preußischer Kulturbesitz, Berlin: Rep. 76 6077, unpag. (GStA).
4 Diesterweg, F.A.W.: Beschreibung der Preußischen Rheinprovinz. Zum Gebrauch in Schulen und zum Selbstunterricht abgefaßt und mit einer Handkarte versehen. Crefeld 1829, S. 32f.
5 Vgl. Zacharias, E.-M.: Moers. Düsseldorf 1984, S. 28.
6 Bloth, H.G.: Adolph Diesterweg. Sein Leben und Wirken für Pädagogik und Schule. Heidelberg 1966, S. 107.
7 Ebenda, S. 97.
8 Ottsen, O.: Aus der Geschichte des Moerser Lehrerseminars. In: Moers und sein Lehrerseminar. Zur Schlußfeier des Seminars 1925. Moers 1925, S. 35.
9 Ottsen, O.: Diesterweg in Moers 1820-1832. In: Deutsche Lehrer-Zeitung Jg. 31, 1918, Nr. 27, S. 302.
10 GStA: Rep. 76 6065. Jahresbericht 1826, Bl. 15.
11 Abgedr. in: Jahrbücher des Preußischen Volks-Schulwesens Bd. 1, 1825, S. 152-179. Zitat S. 152.
12 Aus Adolph Diesterwegs Tagebuch 1818 bis 1822. Neuhrsg. v. H.G. Bluth. Frankfurt a.M., Berlin, Bonn 1956, S. 48.
13 Ebenda, S. 54.
14 Diesterweg, F.A.W.: Ueber Erziehung im Allgemeinen und Schul-Erziehung im Besonderen. Elberfeld 1820, S. 15.
15 Diesterweg, F.A.W.: Beschreibung der Preußischen Rheinprovinz. A.a.O., S. 40.
16 Diesterweg, F.A.W.: Über Elementarschulen der Stadt Mörs und über Elementarschulen überhaupt (1828). In: DSW Bd. I, S. 294.
17 Diesterweg, F.A.W.: Hauptgesichtspunkte aus welchen ein Schullehrer-Seminar anzusehen ist (1823). In: Rheinische Blätter für Erziehung und Unterricht 1882, S. 158ff.
18 Diesterweg, F.A.W.: Der Seminaristenverein (1830). In: DSW Bd. II, S. 81.
19 Zu seiner Biographie vgl. Schade, E.: Ludwig Erks kritische Liedersammlung und sein „Volkslied"-Begriff. Phil. Diss. Marburg 1971, S. 5-19.
20 Diesterweg, F.A.W.: Rückblick auf die ersten zehn Jahre des Bestehens der preußischen Seminare am Rhein (1830). In: DSW Bd. II, S. 103.
21 Diesterweg, F.A.W.: Ueber Erziehung im Allgemeinen und Schul-Erziehung im Besonderen. A.a.O., S. 83f.
22 GStA: Rep. 76 6064 (1824), Bl. 8f.
23 Ottsen, O.: Diesterweg in Moers. In: Deutsche Lehrer-Zeitung Jg. 31, 1918, Nr. 37, S. 418.
24 GStA: Rep. 76 6064 (1827), unpag.
25 Denzel, B.G.: Einleitung in die Erziehungs- und Unterrichtslehre für Volksschullehrer. 1. Teil. Stuttgart 1825, S. 2.
26 Langenberg, E.: Meine Erinnerungen an Adolph Diesterweg. Frankfurt a.M. 1890, S. 20f.
27 GStA: Rep. 76 6064 (1827), unpag.
28 Diesterweg, F.A:W.: Über Lehrkurse überhaupt und die in den preußischen Seminarien angeordneten insbesondere, mit Bemerkungen über den im Oktober 1827 in Mörs abgehaltenen Lehrkursus (1827). Bd. I, S. 168.
29 GStA: Nachlaß Thiele. Rep. 92, Nr. 43, S. 65.
30 Diesterweg, F.A.W.: Abschied von Moers am 18. April 1832 (1832). In: DSW Bd. II, S. 458f., 462.

408 Ludwig Christian Erk (1807-1883)
Lithographie von A. Dirck, Düsseldorf, gezeichnet von A. Gosch
„Hilf Dir selbst, so hilft Dir Gott"
35 x 30 cm
Bielefeld, Privatbesitz
Ludwig Erk war ein Vetter Sabine Diesterwegs. Seit 1826 unterrichtete er Musik am Moerser Lehrerseminar, seit 1835 am Königlichen Seminar für Stadtschulen in Berlin. Neben seiner Lehrtätigkeit legte er eine umfassende Sammlung von deutschen Volksliedern an.

409 „Der Stadt Wetzlar in dankbarer Erinnerung an die Ludwig-Erk-Feier am 6. und 7.Januar 1907 in Berlin und an die Sängerfahrt nach Wetzlar zu Pfingsten 1908, gewidmet vom Erkschen Männer-Gesangverein und dem Erkschen Gesangverein für gemischten Chor"
Farbiges Erinnerungsblatt, u.a. mit Porträt Diesterwegs und Ansichten der Lehrerseminare in Moers und Berlin, 1908
80 x 54 cm
Wetzlar, Privatbesitz

410 Bronzeplakette mit Porträt Ludwig Erks aus Anlaß seines 100. Geburtstages, 6. 1. 1907
Dm. 5 cm
Dreieich, Dreieich-Museum

411 Inflationsgeld der Stadt Wetzlar, 1923
Mit Porträt Ludwig Erks und einer Lied- und Notenzeile
8,5 x 12,0 cm
Wetzlar, Privatbesitz

412 „Die Blumen auf dem Felde"
Handschriftliches Notenblatt Ludwig Erks
18,2 x 24,8 cm
Wetzlar, Privatbesitz

413 Ludwig Erk mit seinen vier Kindern
Fünf Photographien auf Papier, gerahmt
44 x 48 cm
Dreieich, Dreieich-Museum

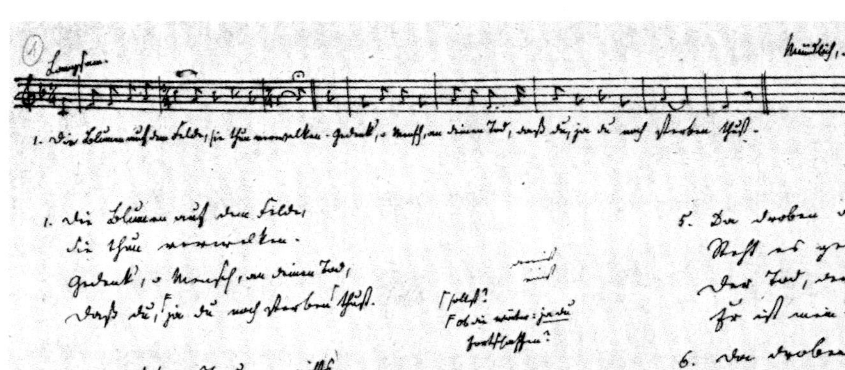

414 Freundschaftsbecher mit sechs farbigen Emblemen und Aufschrift: „Gesundheit“, „Glück“ „und Freude“
Glas
H. 12,0 cm, Dm. Fuß 6,5 cm, Dm. Kelch 9,5 cm
Wetzlar, Privatbesitz
Geschenk Jakob Grimms (1785-1863) an Ludwig Erk als Dank für den Auftritt des Erk'schen Gesangvereins auf dem Schillerfest 1859 in Berlin.

415 Geige eines Volksschullehrers, um 1870
Haßloch, Heimatmuseum
416 Musikklausur des Seminaristen Lapiatz am Königlichen Seminar für Stadtschulen in Berlin:
„Übersichtliche Aufstellung sämmtlicher in der Musik vorkommender Grundharmonien“, vor 1855
Handschrift
21 x 35 cm
Wetzlar, Privatbesitz
417 Musikklausur des Seminaristen Louis Loest am Königlichen Seminar für Stadtschulen in Berlin:
„Auf welchem Weg und durch welche Mittel ist den Schülern der Volksschule das Treffen (des Tones) angeeignet“, vor 1855
Handschrift
21 x 35 cm
Wetzlar, Privatbesitz
Die nichtbeschriebenen Rückseiten der Klausurbögen nutzte Ludwig Erk für eigene Notizen im Rahmen seiner Volksliedforschungen.
418 Tägliche Notizen Ludwig Erks
Tagebuchaufzeichnungen, vier Hefte
Jeweils ca. 16 x 10 cm
Dreieich, Dreieich-Museum

419 Samtmappe mit Aufdruck „6.Januar 1867“
Darin: farbiges Schmuckblatt „Dem Königlichen Musikdirektor und Lehrer am königlichen Seminar für Stadtschulen in Berlin Herrn Ludwig Erk bei Vollendung seines 60. Lebensjahres am 6.Januar 1867 gewidmet von seinen Verehrern und Freunden“
Wetzlar, Privatbesitz

420 Chronologisches Verzeichnis der musikalischen Werke und literarischen Arbeiten Ludwig Erks, 1825-1867
Mit handschriftlichen Ergänzungen Erks
17,8 x 11,3 cm
Dreieich, Dreieich-Museum
421 Ludwig Erk in seinem Berliner Arbeitszimmer
Photographie auf Pappe, um 1870
19,0 x 24,5 cm
Dreieich, Dreieich-Museum

Thomas Jahnke

Die Regel de Tri
Eine mathematische Reise mit Diesterweg

422 A. Diesterweg, P. Heuser
Praktisches Rechenbuch für Elementar- und höhere Bürger-Schulen. Erstes Uebungsbuch. Elberfeld, Bonn 1825
Siegen, Siegerlandmuseum

423 Peter Heuser (1789-1866)
Lithographie von Dircks, 2.Hälfte 19.Jh.
„Alles Erste in der Bildung des Menschen ist von der höchsten Wichtigkeit; daher auch die erste Erziehung und der erste Unterricht."
55,7 x 42,6 cm
Berlin (DDR), Schulmuseum der Akademie der Pädagogischen Wissenschaften
Peter Heuser wurde 1805 nach autodidaktischer Vorbereitung Lehrer an der von J.F. Wilberg bis zu seinem Tode (1830) geleiteten Schule für Kinder höherer Stände in Elberfeld. Von 1830 an war er Lehrer an der Realschule in Elberfeld und unterrichtete gleichzeitig an der dortigen Höheren Töchterschule. Heuser war ein enger Mitarbeiter Diesterwegs, gab verschiedene Schriften gemeinsam mit ihm heraus und lieferte zahlreiche Beiträge für die Rheinischen Blätter.

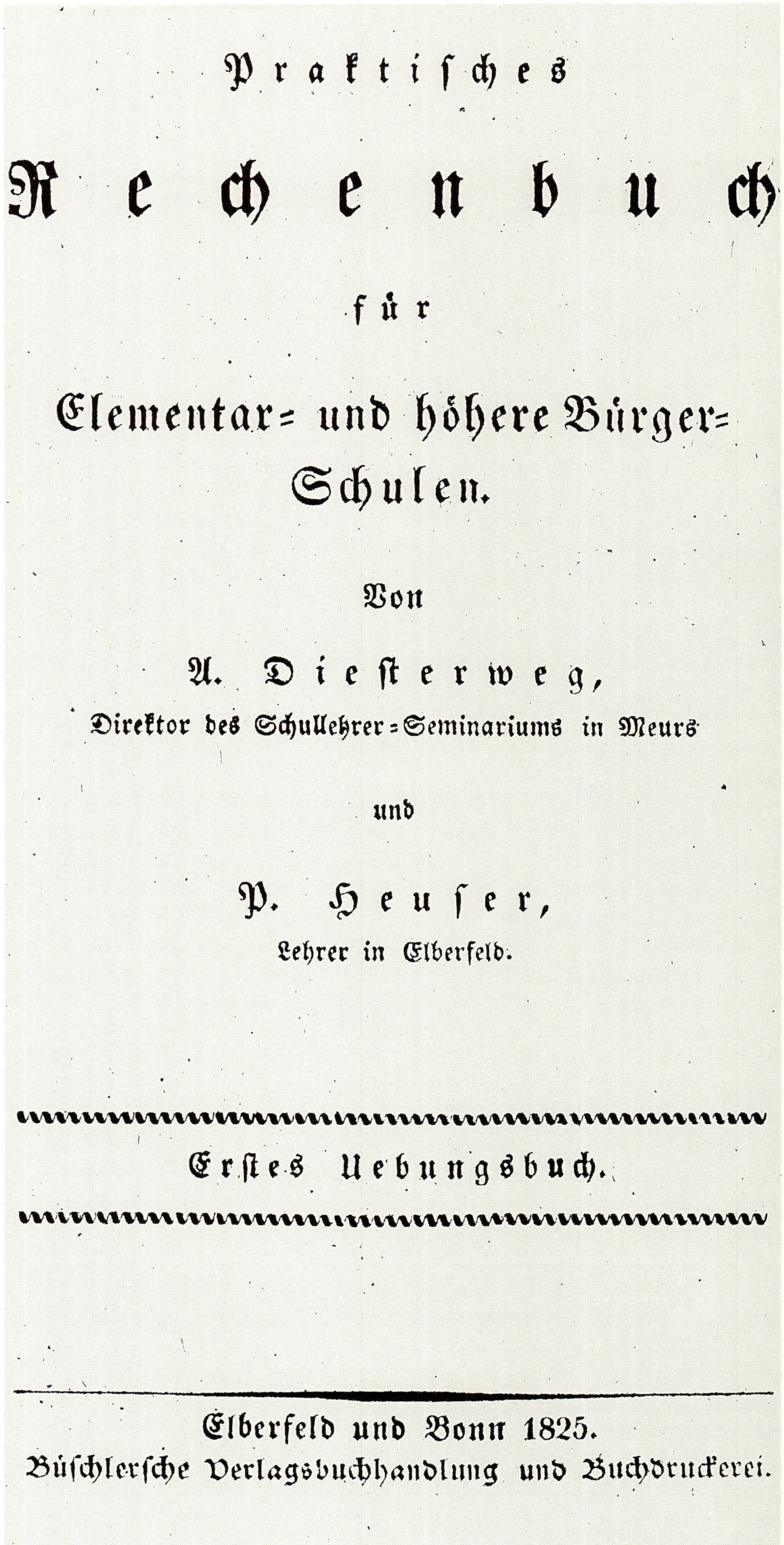

Praktisches
Rechenbuch
für
Elementar- und höhere Bürger-Schulen.

Von
A. Diesterweg,
Direktor des Schullehrer-Seminariums in Meurs
und
P. Heuser,
Lehrer in Elberfeld.

Erstes Uebungsbuch.

Elberfeld und Bonn 1825.
Büschlersche Verlagsbuchhandlung und Buchdruckerei.

1. Das kleine Ganze

In Adolph Diesterwegs Schrift „Wie soll ein Rechenbuch beschaffen sein?“ von 1825 verbindet sich der aufklärerische, schon in dem Kant'schen Terminus „apriorisches Denken“ hörbare Impetus mit einem wissenschaftlichen Fortschrittsglauben:

„Ich werde nur solche Grundsätze aufstellen, wie die heutige populäre Pädagogik sie liefert und wie dieselbe teils durch Erfahrung, teils durch à priorisches Denken gefunden hat. In dieser Hinsicht sind wir schon ziemlich reich, und wir müssen daher an ein Buch, welches im Jahre 1825 über einen Unterrichtsgegenstand der Schule geschrieben wird, höhere Forderungen machen als an ein solches, welches über denselben Gegenstand vor 30 oder 50 Jahren erschienen ist.“[1]

Wir hatten seither als Rechen- und Schulbuchautoren weitere 165 Jahre Zeit: Um wieviel besser müssen oder müßten unsere Rechenbücher heute sein, um wieviel höhere Anforderungen sind heute an sie zu stellen?

Im heutigen Schulbuch verschränken und überlagern sich die unterschiedlichsten Einflüsse und Rahmenbedingungen, etwa die Lehrpläne der einzelnen Bundesländer, die Interessen der Autoren, die der Verleger – nicht zuletzt an Marktanteilen –, die tatsächlichen oder vermuteten Bedürfnisse und Wünsche der Lehrerschaft, didaktische Strömungen und Traditionen.

Auf diesem Hintergrund erscheint Diesterwegs emphatische erste These aus dem genannten Aufsatz in seinem unbedingten Primat der Pädagogik obsolet: *„Jedes Schulbuch soll zunächst im allgemeinen die Bildung des Menschen befördern, und zwar auf die dem Gegenstande, worüber das Buch handelt, seiner Natur nach eigentümliche Weise.“* Auch wenn die moderne Mathematikdidaktik in dem der Pädagogik schon immer eng liierten Bereich der Grundschule den Primat des Kindes vor den der Sache setzt, ist doch die Unbedingtheit des pädagogischen Denkens, wie Diesterweg sie apodiktisch fordert: *„Nur allein der erziehende Unterricht taugt“*[2], nicht mehr gegenwärtig.

Zur Natur des Gegenstandes Mathematik und zu den daraus resultierenden pädagogischen und didaktischen Entscheidungen führt Diesterweg aus:

„...man müsse jeden Unterrichtsgegenstand seiner ihm eigentümlichen Natur gemäß behandeln, und das Kind müsse alles das, was es durch eigne Kraft finden könne, auch durch Anstrengung der eigenen Kraft wirklich selbst zu finden veranlaßt werden. Zu den letztern gehört nun bekanntlich das ganze, große Gebiet des sogenannten à priorischen Wissens, welches der Mensch nicht eigentlich zu erlernen, sondern selbst zu erforschen hat. Ich begnüge mich von demselben nur das Mathematische anzuführen. Was es enthält, ist ein reines Erzeugnis der menschlichen Forschung, unabhängig von Zeit und Ort, von Geschichte und Überlieferung. Ein isoliert lebender Mensch könnte für sich alle Gesetze der Zahl und Form auffinden. Deshalb hat der Lehrer in Beziehung auf diese Gegenstände nur Hebammendienste zu leisten, weil alle Prinzipien und damit der ganze Gehalt derselben in dem Geist verborgen liegen. Die Pädagogen stellten daher den Grundsatz auf: ‚Der Schüler soll die Gesetze und Wahrheiten der Zahl und der Form selbst finden; sie sollen ihm nicht mitgeteilt werden; er soll nur veranlaßt werden, sie zu finden; durch alles Mathematische soll der Mensch von innen heraus gebildet werden.‘“[3]

Dieser Grundsatz ist in der heutigen Didaktik, wenn auch nicht in dieser ausschließlichen Festschreibung des Charakters der Mathematik auf die platonische Auffassung, vor allem in den Arbeiten von Martin Wagenschein präsent; programmatisch hat er eine seiner Aufsatzsammlungen mit dem Titel „Verstehen lehren. Genetisch – Sokratisch – Exemplarisch“ versehen. Freilich stellt sich dabei die Frage, ob die „Wirkunglosigkeit eines Klassikers“, die zu schüren Max Frisch einmal einer Brechtrezeption unterstellte, auch den Wagenschein'schen Ansatz mehr auf eine Feiertags- und Festredendidaktik reduziert und seinen wesentlichen Impetus neutralisiert. Dem scheinbar ebenso harmlos vorgebrachten wie fatalen, oft sicher vorgeschobenen, weil tatsächliche Ablehnungsgründe verbergenden Einwurf, daß die Wagenschein'sche Methode in der Schule schon aus rein zeitlichen Gründen nicht durchführbar sei, weiß Diesterweg schon 1825 zu erwidern:

„Darum soll des Lehrers Augenmerk gar nicht darauf gerichtet sein, den Schüler, zumal den Elementarschüler, sehr weit in die schwierigen Rechnungsarten, z.B. in die zusammengesetzte Zins-, Ketten- und Wechselrechnung einzuführen. Ein solches eitle und verderbliche Bestreben verleitet ihn, die Durchübung und Befestigung der Schüler in den Anfangsgründen zu versäumen, worauf es zunächst und hauptsächlich ankommt, um mit Aufgaben aus den schwierigen Rechnungsarten, die in der Regel weder er noch der Schüler versteht und nicht verstehen kann und welche in dem gewöhnlichen Leben gar nicht vorkommen, eiteln Prunk zu treiben... Ein ungründlicher Rechenunterricht ist viel schlechter und verderblicher als gar kein Rechenunterricht...“[4]

424 Schreibheft mit Rechenaufgaben des Elementarschülers Johann Friedrich Wilhelm Glöckner, Sölde, 1802
20,6 x 16,4 cm
Dortmund, Westfälisches Schulmuseum

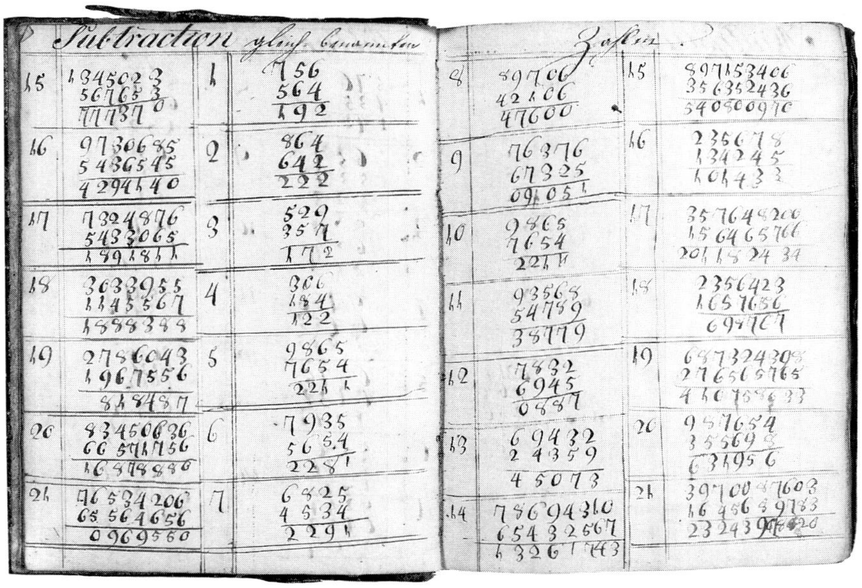

Dieses Plädoyer wäre heute weniger den Lehrern und Schulbuchautoren als jenen vorzuhalten, die die Stoffülle in den Lehrplänen verbindlich festschreiben. Gerade sie be- oder verhindert die Realisierung dessen, was Diesterweg sowohl für das Schulbuch wie für den Unterricht postuliert:

„Die einzelnen Elemente und Begriffe sollen in dem Kopfe des Schülers nicht vereinzelte Elemente bleiben, sondern sich zu Ganzen verbinden. Ich sage zu Ganzen, denn es ist nicht genug, daß alle Teile eines Unterrichtsgegenstandes ein Ganzes bilden; auch einzelne Teile des großen Ganzen sollen für sich zu kleinen Ganzen verbunden werden.“[5]

Über die Bedeutung des „Ganzen“ für den Lern- und Erkenntnisprozeß wissen wir in der Tat heute mehr, etwa durch die Arbeiten Max Wertheimers[6]; wir haben Fortschritte gemacht, die höhere Anforderungen an unsere Lehrbücher zu stellen berechtigten. In Wertheimers Denken ist der Begriff des Ganzen nahezu konstitutiv für das Verstehen schlechthin. Aphoristisch ironisiert er die verbreitete Neigung, den Lernprozesses in immer kleinere, nicht mehr am Ganzen orientierte Einheiten zu zerlegen, indem er sinngemäß ausführt: wir wollen heute lernen, ein Kartenhaus zu bauen; zunächst üben wir, eine Karte in einem Winkel von 75° auf die Tischplatte zu stellen.

Für das Lernen und Unterrichten bedient sich Diesterweg Bilder des Reisens, durch deren Offenheit Motive und Momente angesprochen und erfaßt werden, die einer Kartierung des wissenschaftlichen

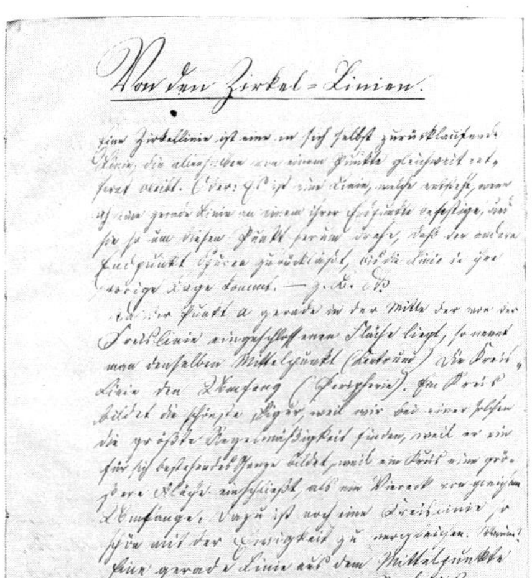
Von den Zirkel-Linien.

425 „Von den Zirkel-Linien“, um 1850
Geometrie („Formlehre“)-Heft mit Aufsätzen des Soester Seminaristen Feuerhoff
20,0 x 16,3 cm
Dortmund, Westfälisches Schulmuseum

426 Zirkel, Ende 19.Jh.
Holz, Metall
50 x 19 cm
Bremen, Schulgeschichtliche Sammlung

Verstandes, der auf operationalisierbare Lernziele gerichtet ist, entgehen. So wird ein globaler pädagogischer Anspruch erhoben, der noch bis ins Kleine, das kleine Ganze, wirkt und der dessen Gestaltung nicht der Handfertigkeit des bewußtlosen Methodikers preisgeben will, dessen Tätigkeit weniger Bildern des Reisens als solchen des Fütterns unterliegen mag. Gerade die Vagheit dieser Reisebilder, das charakteristisch Unbestimmbare dieser Vergleiche, zielt nicht nur thematisch, also stofflich, auf das Ganze, sondern auch auf einen ganzheitlichen Unterricht.

„Es geht im natürlichen, belebenden Unterricht wie auf Reisen. Man geht hier nicht immer bergan, sondern auch und zum Vergnügen des Reisenden zuweilen bergab, bald auf Ebenen, bald durch Hecken, Gesträuche und über Klippen hinweg, bald auf gebahnten Straßen. Also auch im naturgemäßen und deswegen belebenden Unterrichte. Zuweilen beginnt die Reise mit dem Ersteigen eines Berges."

„Wie man auf einer langen Reise einzelne Stillstand- und Ruhepunkte wählt, von wo aus man den zurückgelegten Weg überschaut und im voraus die kommenden Haupt-Stationen ins Auge faßt, um die Einheit der Vorstellung nicht durch die Vielheit der Gegenstände allzusehr zu trüben, so stelle der Unterricht überhaupt, also auch der Rechenunterricht, einzelne verbundene kleine Ganze dar, an deren Besitz sich der kleine Rechenschüler einstweilen erfreuen und für die fortzusetzende Reise neue Lust und Kräfte sammeln möge. Es ist dies nirgends leichter als im Rechenunterricht, in welchem sich diese Sache fast von selbst macht. Denn unser Zahlengesetz bildet schon für sich ein kleines Ganzes, dasselbe gilt von der Addition, von der Subtraktion u.s.f.; die 4 Spezies bilden wieder für sich ein größeres Ganzes, die Proportions-Rechnungen ebenfalls ein größeres Ganzes, in ihnen die Regel de Tri für sich ein kleineres Ganzes u.s.f."[7]

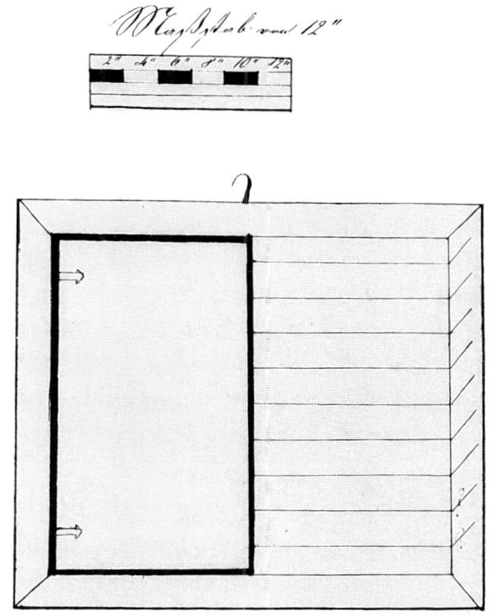

427 „Beschreibung eines Rechenbrettes für einen Tischler, damit er ein solches für den Lehrer anfertige", um 1850
Schreibheft mit Prüfungsarbeiten des Soester Seminaristen Heinrich Bornemann
21,0 x 17,5 cm
Dortmund, Westfälisches Schulmuseum
Der Aufsatz erhielt die Beurteilung: „Nicht mit allem Fleiß bearbeitet."

2. Die Regel de Tri

Am Beispiel der Regel de Tri wollen wir nun untersuchen, ob und wie Diesterweg es gelingt, die Darstellung eines mathematischen Gegenstandes, eines kleinen Ganzen, mit seinem ganzheitlichen pädagogischen Anspruch kommunizieren zu lassen. Die Regel de Tri, also der Dreisatz, stellt gewissermaßen den Höhepunkt bürgerlichen Rechnens dar; mit ihr lassen sich wesentliche Probleme des bürgerlichen Nutzdenkens lösen: so kann man den durchschnittlichen Benzinverbrauch eines Automobils mit der Regel de Tri ermitteln oder einen Preisvergleich zwischen zwei Angeboten einer Ware in unterschiedlichen Mengen durchführen. Die Regel de Tri ist mithin eine Schlußfigur, die das Bürgerrecht erlangt hat, um einen von Diesterweg benutzten Ausdruck zu verwenden[8], deren wesentliche Bedeutung in ihrer Anwendung zu sehen ist, und fraglos ein Teil der Schulmathematik, der heute ebenso programmatisch wie populistisch als „Mathematik für alle" bezeichnet wird, als Bestandteil mathematischer Allgemeinbildung.

Die Regel de Tri wird im Abschnitt XXIII des von Diesterweg und dem Elberfelder Lehrer Peter Heuser (1789-1866) gemeinsam erarbeiteten „Praktischen Rechenbuch für Elementar- und höhere Bürger-Schulen" behandelt. Diese Darstellung ist jedoch nicht unmittelbar mit solchen in heutigen Lehrbüchern zu vergleichen, da ein Buch für den Unterricht nach Diesterwegs Vorstellungen (nur) einen sehr klar umrissenen Zweck hat:

„Darum sollen alle für Lernende geschriebene Bücher und solche, die zu fortgesetzten Übungen nach den Lehrstunden Veranlassung werden sollen, nur Materialien, in gehöriger Ordnung, Stufenfolge und Mannichfaltigkeit aufgestellt, enthalten."

„In dem mathematischen Lehrbuche des Studirenden schadet einige Ausführlichkeit nicht; im Buche des Schülers ist sie jederzeit verderblich. Die Ausführung muß schlechterdings durch die gemein-

428 Friedrich Schürmann (1802-1872), Seminarlehrer in Moers
Lithographie von A. Dircks, undatiert
26 x 22 cm
Moers, Grafschafter Museum
Friedrich Schürmann gehörte zu den Seminaristen des ersten Moerser Jahrgangs 1820-1823. Er wurde 1829 auf Betreiben Diesterwegs Seminarlehrer in Moers und unterrichtete – trotz späterer Erblindung – bis 1868 neben Mathematik vor allem Naturlehre (Physik) und mathematische Geographie.

429 F. Schürmann
Rechenbuch für Elementarschulen. Lehrbuch mit Antworten. 3.Heft. Die verschiedenen Rechnungsarten des bürgerlichen Lebens. 2.Ausgabe Köln, Meurs 1843
430 F. Schürmann
Rechenbuch für Elementarschulen. Übungsbuch. 4.Heft. Raumrechnung. Meurs 1844
Moers, Grafschafter Museum
F. Schürmann leistete auf dem Gebiet der Mathematik-Methodik Bedeutsames. Als Schüler Diesterwegs hat er dessen Überlegungen zum Rechenunterricht weiter ausgebaut und in eigenen Schulbüchern umgesetzt. Mit seinen Rechenbüchern wurde in niederrheinischen Schulen länger als ein halbes Jahrhundert gearbeitet.

same Anstrengung des Lehrers und des Schülers gewonnen, und von jenem mündlich und schriftlich dargestellt werden. Der Commentar des Leitfadens ist des Lehrers Kopf, wenn eignes Nachdenken nicht allein die Bahn zu brechen im Stande ist. In den rationell zu behandelnden Gegenständen des Schulunterrichtes ist die Manier des Feuerschlagens mit Stahl und Stein ein lehrreiches Bild für die Wirksamkeit des Lehrers."[9]

In den Abschnitten XIV bis XX des „Ersten Uebungsbuches" jenes Rechenbuches wird die Bruchrechnung behandelt, der XXI. Abschnitt ist „Einfache geometrische oder Theil-Verhältnisse" betitelt, der XXII. mit „Geometrische Proportionen der Theilverhältniß-Gleichungen"; er endet mit der Aufgabe[10]:

Verändere die folgenden Proportionen so, daß kein Bruch in irgend einem Gliede vorkommt:
1) $4 : 9 = \frac{2}{5} : x$
2) $\frac{2}{5} : 8 = \frac{1}{4} : x$

Praktisch ausgeführt sieht ein Exempel so aus:
$4\frac{1}{2} : 2\frac{3}{4} = \frac{5}{8} : x$ **mit 8 multipl.**
$36 : 22 = 5 : x$

Vielleicht ist die Tatsache, daß dieses Exempel falsch ausgeführt wurde, denn aus der ersten Proportion erhält man:
x = (2 3/4 · 5/8)/(4 1/2)
= (11/4 · 5/8)/(9/2)
= 55/32 · 2/9
= 110/288 = 55/144,
während sich aus der zweiten Proportion
x = 22 · 5/36
= 110/36 = 55/18
ergibt, ein Indiz dafür, daß hier die mathematische Umformung nur mechanisch ausgeführt, nicht aber noch einmal vom Sinn her überdacht wurde, entgegen dem im Vorwort geäußerten Vorhaben: *„Die Verfasser bestrebten sich, die Materialien so zu ordnen, daß eine geistlose mechanische Behandlung derselben unmöglich wäre."*[11]

Nach den bis dahin zur Verfügung gestellten Beispielen, Aufgaben und Regeln, läßt sich das Exempel folgendermaßen richtig lösen:
4 1/2 : 2 3/4 = 5/8 : x
4 1/2 :2 3/4 = 18 : 11 (Gleiche Teilverhältnisse!)
18 :11 = 5/8 : x (mit 8 multipliziert)
144 :11 = 5 : x,
woraus sich, wie oben, x = 55/144 ergibt.

Aber schon für die zweite Zeile fehlt eine griffige Regel, da sich mit der Definition der Gleichheit von Teilverhältnissen – 4 1/2 ist ebenso oft in 2 3/4 enthalten wie 18 in 11 – zwar die Richtigkeit der Umformung begründen läßt, ebenso wie die Regel, daß die Gleichheit dann vorliegt, wenn das Produkt der äußeren Glieder dem Produkt der inneren Glieder gleich ist, also 4 1/2 · 11 = 2 3/4 · 18; aber weder die Definition noch diese Regel geben einen Hinweis, wie man die Zahlen 18 und 11 findet. Ferner fehlt – aus heutiger Sicht – ein geeigneter Begriff der Äquivalenz oder Gleichheit von geometrischen Proportionen, der es gestattete, die bei richtiger Bearbeitung des Exempels durchgeführten Umformungen zu beschreiben und die auftretenden Zeilen logisch miteinander zu verknüpfen. In dieses Ganze wird nun die Regel de Tri eingebunden[12]:

XXIII. Regel de Tri.

§. 38.

1) Wird die Lehre von den Proportionen auf Verhältnisse des praktischen Lebens angewandt,

so entsteht die Regel de Tri, d. h. die Regel von drei Sätzen. Es ist oben gezeigt worden, daß zur Bestimmung irgend eines Gliedes einer Proportion die 3 übrigen bekannt seyn müssen. Eben so ist es nun in den Rechnungen des praktischen Lebens, welche durch Proportionen ausgeführt werden. Hier müssen 3 Glieder unter gewissen Bedingungen, die gleich nachher näher untersucht werden sollen, gegeben seyn, um durch sie das gesuchte vierte Glied zu bestimmen. Daher der Name der Regel von 3 Sätzen oder Regel de Tri.

Die Reise führt hier also von der Mathematik, eben der Proportionslehre, zum praktischen Leben; ob die Verfasser diesen Weg auch im Unterricht einschlagen würden, läßt sich nicht entscheiden.

In den folgenden Nummern 2) bis 8) wird nun schrittweise die Regel de Tri für gerade Verhältnisse – die gerade Regel de Tri –, in den Nummern 9) und 10) jene für umgekehrte Verhältnisse – die umgekehrte Regel de Tri – entwickelt. In Nummer 13) schließlich werden zwei Aufgaben durchgerechnet, von denen wir die erste anführen[13]:

13) Damit du nun die Regeldetri-Exempel in der üblichen Weise ansetzen und ausrechnen lernst, so wollen wir einige Aufgaben vornehmen.

Ein Pfund kostet 6 Sgr., was kosten 8 Pfund?

Daß die Autoren auf dem bereitgestellten Sockel der Lehre von den geometrischen Proportionen eine dreiviertel Druckseite benötigen, um diese Aufgabe zu lösen, zeigt, in welchem Maß sie sich in ihrer eigenen mathematischen Konstruktion verfangen haben. Die harmlose Aufgabe wird nahezu erstickt von ihrer mathematischen Lösung.

Wenn ein Pfund – und man wüßte doch gern: wovon?, da Gewichtseinheiten an und für sich ja keine Preise zukommen – 6 Silbergroschen kostet, dann kosten 8 Pfund der gleichen Ware, wenn kein Rabatt und keine Mengenaufschläge im Spiel sind, eben 8 mal 6, also 48 Silbergroschen. Es handelt sich also schlicht um eine Multiplikationsaufgabe, wie sie im nämlichen Buch schon 25 Seiten zuvor für Bruchzahlen ohne jeden theoretischen Hintergrund zu finden sind: *„1 Pfund Waare kostet 2 1/2 Sgr., wie viel kosten 20 Pfund?“*[14] Wir befürchten, daß diese aufwendige Behandlung einer Multiplikationsaufgabe mit Mitteln der Proportionsrechnung ein Exempel sein soll für die Diesterweg'sche Forderung:

„Nirgends aber im mathematischen Unterricht, also auch im arithmetischen nicht, bleibe man bey concreten Fällen stehen, sondern man bringe alle Wahrheiten unter allgemeine Begriffe und Bezeichnungen. Ohne die Gewandtheit, mit abstracten Begriffen umzugehen, jedem concreten Fall den allgemeinen zu substituieren, jenen auf diesen zu beziehen, und dadurch zu begründen, wird man nie tüchtige Arithmetiker bilden; allenfalls praktische Fertigkeit im Rechnen, keineswegs aber Allgemeinheit der Begriffe und allgemeine Bildung durch Mathematik.“[15]

Die Behandlung der beiden Beispiele in Nummer 13) mündet in eine den Abschnitt XXIII abschließende Zusammenfassung der Methode[16]:

14) Setze also immer gleich von Anfang an die zu suchende Größe in die vierte Stelle, die ihr gleichartige in die dritte Stelle; und nun überlege, ob dieses Verhältniß mit einem bekannten Verhältniß in demselben oder im umgekehrten Ver-

431 F.A.W. Diesterweg
Geometrische Combinationslehre. Zur Beförderung des Elementar-Unterrichts in der Formen- und Größenlehre. Elberfeld 1820

432 Geometrische Holzkörper zur Raumlehre, Ende 19.Jh.
Würfel, Prisma, Kreiszylinder, Pyramide, Kreiskegel, Kugel
Bremen, Schulgeschichtliche Sammlung

hältniß ab= oder zunimmt, und bestimme darnach die Stelle der beiden übrigen einander gleichar, tigen, Größen.

Vergleicht man diese Methode mit der des berühmten Rechenmeisters Adam Ries (1492-1559) in seinem zweiten, in „Erffurdt im 1522. Jar" erschienenen Rechenbuch „Rechenung auff der linihen":

„Regula Detri.

Ist ein Regel von dreyen dingen/ Setz hinden das du wissen wilt/ wirdt die Frag geheissen. Das jhm vnder den andern zweyen am Namen gleich ist/ setz forn/ Vnd das ein ander ding bedeut/ mitten.

Darnach multiplicir das hinden vnnd mitten durch ein ander/ das darauß kompt theile ab mit dem fordern/ so hastu wie theuwer das dritte kompt/ vnnd dasselbige ist am Namen gleich dem mitteln"[17],

so fällt auf, daß Ries und Diesterweg die Anordnung für die drei gegebenen Größen unterschiedlich vorgeben – während sie die Proportion in der gleichen Weise auflösen. Natürlich sind beide Anordnungen möglich und richtig. Während aber gerade die Ries'sche Leistung 1522 darin bestand, für derartige Aufgaben einen festen Bearbeitungsmodus vorzugeben, sie also einem algorithmischen Denken zugänglich zu machen, wäre von Diesterweg und Heuser 1825 zu wünschen, daß sie beide Möglichkeiten sehen und offen halten und nicht unnötig eine Alternative festschreiben – ganz so wie Diesterweg es selbst forderte:

„Hier aber, wo ich die Arithmetik nicht nur aus dem wissenschaftlichen, sondern aus dem pädagogischen Gesichtspunkte ansehe, ist es nicht so sehr um Aufstellung eines strengen Systems nach einem Begriffe, als auf Vielseitigkeit der Darstellung und Ansicht...zu thun."[18]

Wir haben also zu resümieren, daß – freilich nur auf einen kleinen Ausschnitt bezogen – die von Diesterweg aufgestellten pädagogischen Forderungen nicht in dem Maße in seinen mit Heuser verfaßten Rechenbüchern durchscheinen und umgesetzt sind, wie es ihrer emphatischen Betonung entspräche. Diese Feststellung läßt allerdings keine Schlüsse über die Qualitäten und Möglichkeiten des von Diesterweg intendierten Rechenunterrichts zu und kann gewiß nicht dazu dienen, zentrale pädagogische Forderungen an den Mathematikunterricht zu desavouieren.

433 P. Heuser
Methodisch geordnete Übungen und Aufgaben zum Kopfrechnen für Lehrer in Elementarschulen und höheren Bürgeranstalten. Elberfeld 1842

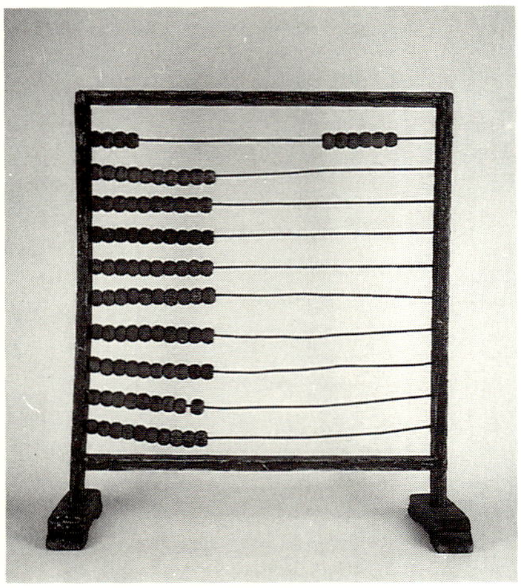

434 Tisch-Rechenmaschine, 2.Hälfte 19.Jh.
Holz, Metall
72,0 x 65,0 x 27,8 cm
Dortmund, Westfälisches Schulmuseum

435 Russische Rechenmaschine, 2.Hälfte 19.Jh.
Holz, Metall
176,5 x 104,0 x 41,2 cm
Dortmund, Westfälisches Schulmuseum

1 Diesterweg, F.A.W.: Wie soll ein Rechenbuch für Schulen beschaffen sein? (1825). In: Ders.: Volksbidung als allgemeine Menschenbildung. Ausgewählte bildungspolitische, sozialpolitische und pädagogische Schriften und Reden in 2 Bänden. Eingel., ausgew. u. erl. v. G. Geißler u. K.-H. Günther. Bd II. Frankfurt a.M. 1989, S. 87. Das folg. Zitat ebenda.
2 Diesterweg, F.A.W.: Leitfaden für den Unterricht in der allgemeinen und praktischen Arithmetik so wie in dem algebraischen Schrift- und Kopfrechnen nebst Beyspielen, Formeln und Aufgaben für höhere Bürgerschulen, Gymnasien und Seminarien. Theil 1: Theorie der Arithmetik. Bonn 1823, S. IV.
3 Diesterweg, F.A.W. Wie soll ein Rechenbuch für Schulen beschaffen sein? A.a.O., S. 87f.
4 Ebenda, S. 89.
5 Ebenda, S. 93.
6 Vgl. Wertheimer, M.: Produktives Denken. 2. Aufl. Frankfurt a.M. 1964.
7 Diesterweg, F.A.W.: Wie soll ein Rechenbuch für Schulen beschaffen sein? A.a.O., S. 90, 93f.
8 Diesterweg, F.A.W.: Leitfaden für den ersten Unterricht in der Formen-, Größen- und räumlichen Verbindungslehre, oder Vorübungen zur Geometrie. Für Schulen. Elberfeld 1822, S. 5.
9 Diesterweg, F.A.W.: Leitfaden für den Unterricht in der allgemeinen und praktischen Arithmetik. A.a.O., S. III, V f.
10 Diesterweg, A., Heuser, P.: Praktisches Rechenbuch für Elementar- und höhere Bürger-Schulen. Erstes Uebungsbuch. Elberfeld, Bonn 1825, S. 96.
11 Ebenda, S. 3.
12 Ebenda, S. 97.
13 Ebenda, S. 103.
14 Ebenda, S. 79.
15 Diesterweg, F.A.W.: Leitfaden für den Unterricht in der allgemeinen und praktischen Arithmetik. A.a.O., S. Xf.
16 Diesterweg, A., Heuser, P.: a.a.O., S. 105.
17 Zit. n. Wußing, H.: Adam Ries. Leipzig 1989, S. 69.
18 Diesterweg, F.A.W.: Leitfaden für den Unterricht in der allgemeinen und praktischen Arithmetik. A.a.O., S. XIII.

Gerhard Trommer

Wegweisung zum naturgemäßen Unterricht

„Jeder Schullehrer ein Naturkenner, jeder Landschullehrer ein Naturforscher"[1]

Als Adolph Diesterweg 1820 Direktor des neu eingerichteten Lehrerseminars in Moers wurde, waren die materiellen Rahmenbedingungen für eine Reform der Lehrerbildung und des Unterrichts überaus schlecht. Jedoch boten sich ihm eine Reihe von Chancen, die er beherzt ergriff.

Im preußischen Schulwesen vollzog sich nämlich unter zunehmendem Bildungsanspruch des Staates gegenüber der Kirche seit etwa 1820 eine erstaunlich freie Entwicklung der Volksschullehrerbildung. Gleichsam im Schatten der Gymnasial- und Universitätsreform, die die öffentliche Aufmerksamkeit auf sich zog, konnten sich Reformen des niederen Schulwesens relativ unbeachtet und damit auch unbehindert vollziehen. Denn während die höheren Schulen durch die Abiturprüfung, das Staatsexamen für Gymnasiallehrer sowie verpflichtende Stundentafeln und Lehrpläne in ihrer Entwicklung weitgehend festgelegt wurden, fehlten solche normierenden Vorgaben für die Volksschule fast ganz. Das Süvern'sche Unterrichtsgesetz (1819) blieb nur Vorlage, vereinheitlichende Lehrpläne ergaben sich daraus nicht. Auch war die im Verhältnis zu den wenigen Gymnasien – im Preußen des Jahres 1830 gab es nur etwa 120 – riesige Zahl von etwa 30.000 Volksschulen ungleich schwerer zu regieren und zu kontrollieren, zumal es sich dabei um so unterschiedliche Einrichtungen wie Armenschule, Waisenhaus, Winkelschule, Freischule, Industrieschule, Dorfschule, Stadtschule und Bürgerschule handelte. So konnte sich unter starker provinzieller wie lokaler Eigenständigkeit eine beachtliche Schulvielfalt entwickeln. Daneben gab es in Preußen, im Gegensatz zu Bayern, keinen zentralen Schulbuchverlag, durch den die Lehrbücher vereinheitlicht wurden. Für reformfreudige Pädagogen bot sich mithin eine relativ freie Bahn für Initiativen, deren Erfolg ganz wesentlich von der Phantasie und Durchsetzungkraft der jeweiligen Person abhing.

Die deutschen Volksschulreformer stützten sich auf Rousseau, die Philanthropen und Pestalozzi. In einem Aufsatz, den Diesterweg aus Anlaß des Todes von Guts Muths schrieb[2], wird deutlich, wie sehr er sich den Ideen dieser pädagogischen Vorbilder verbunden fühlte. Johann Christoph Friedrich Guts Muths (1759-1839) lehrte am Musterphilanthropin auf Gut Schnepfental bei Gotha, das 1784 von Christian Gotthilf Salzmann (1744-1811) gegründet worden war. Die Arbeit im Schülergarten und naturkundliche Unterrichtsausflüge in die nähere Umgebung waren dort ebenso eine Selbstverständlichkeit wie praktische Handwerksarbeit und das Turnen. Auch in Ludwig Natorps (1774-1846) Seminarschulentwurf von 1812 standen bereits gemeinnützige Kenntnisse aus der Naturkunde und der Technologie auf dem Lehrplan. Diese für die damalige Zeit neuen Initiativen fanden Eingang in den Entwurf des preußischen Unterrichtsgesetzes von 1819. Danach sollte die künftige Naturkunde an Volksschulen
- den Sinn für Naturbeobachtungen beleben;
- sich auf die in der Umgebung der Kinder befindlichen sog. vaterländischen (=einheimischen) Naturprodukte, besonders die organischen (=biologischen), beziehen;
- zu Tier- und Pflanzenpflege, insbesondere Bienen- und Seidenraupenzucht, anhalten und damit zu einem
- ökonomischen Industrieunterricht beitragen, der als Vertiefung unmittelbar an den naturhistorischen Unterricht anschloß.

All dies waren deutliche Rückgriffe auf die bewährte pädagogische

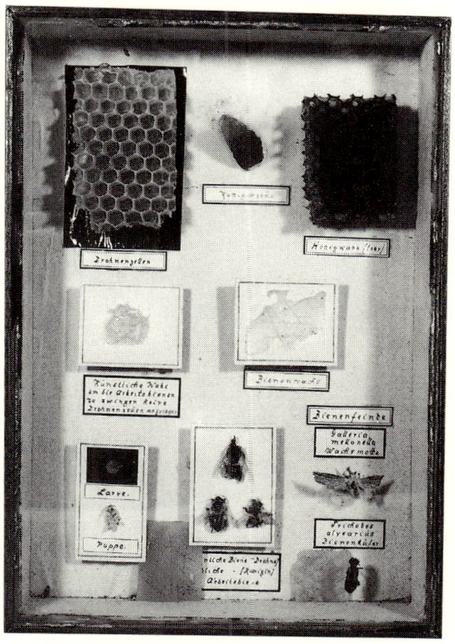

436 Honigbiene mit Waben
Von einem Lehrer hergestellter Schaukasten, Ende 19.Jh.
4,5 x 17,0 x 24,0 cm
Bremen, Schulgeschichtliche Sammlung

437 Hundeskelett
Präparat, Ende 19.Jh.
44 x 60 x 18 cm
Bremen, Schulgeschichtliche Sammlung

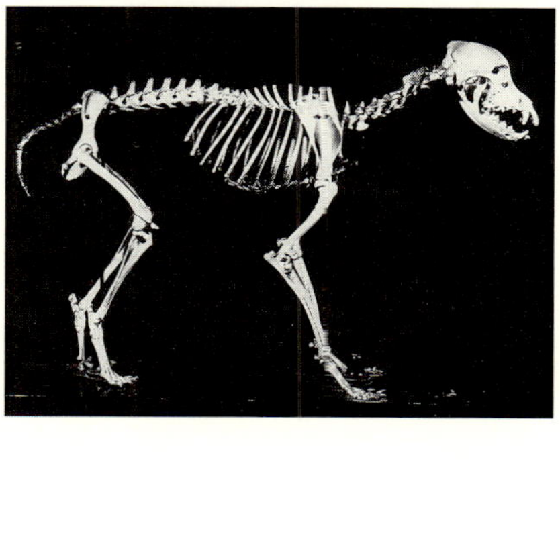

439 Rabenkrähe
Stopfpräparat, 2.Hälfte 19.Jh.
43 x 40 x 15 cm
Bremen, Schulgeschichtliche Sammlung
Die „Rabenkrähe" ist wahrscheinlich der älteste ausgestopfte Vogel der Bremer Schulgeschichtlichen Sammlung. Darauf deutet das Aufsitzen des Tieres auf einem schlichten T-Holz als der ursprünglich üblichen Präsentationsform hin.

442 Rotkehlchen
Stopfpräparat, Ende 19.Jh.
14 x 8 x 11 cm
Bremen, Schulgeschichtliche Sammlung

440 Vogeleier-Sammlung, Ende 19.Jh.
9 x 58 x 41 cm
Nürnberg, Schulmuseum der Universität Nürnberg-Erlangen

443 Kiebitz
Stopfpräparat, Ende 19.Jh.
30 x 11 x 13 cm
Bremen, Schulgeschichtliche Sammlung

444 Fischreiher
Stopfpräparat, Ende 19.Jh.
68 x 32 x 50 cm
Bremen, Schulgeschichtliche Sammlung

438 Habicht
Stopfpräparat, Ende 19.Jh.
53 x 25 x 25 cm
Bremen, Schulgeschichtliche Sammlung

441 Schleiereule
Stopfpräparat, Ende 19.Jh.
36 x 25 x 17 cm
Bremen, Schulgeschichtliche Sammlung

Praxis der Philanthropen, die Diesterweg früh faszinierte. Infolge der Kritik Pestalozzis am vordergründig nützlichen, kommerziell verwertbaren Unterricht der Industrieschulen trat die manufakturielle Anwendung des naturhistorischen Unterrichts in der Volksschule zugunsten der Elementarbildung zurück. Dem folgte auch Diesterweg.

Sein oberster Erziehungsgrundsatz war die „Naturgemäßheit“[3]. Seit Comenius hatte dieser Begriff in der Didaktik eine doppelte Bedeutung. Zum einen hieß Naturgemäßheit Menschennaturgemäßheit, zum Beispiel Kindgemäßheit; zum anderen bedeutete Naturgemäßheit Gemäßheit gegenüber der außermenschlichen Natur, also gegenüber Pflanzen, Tieren und Steinen, was zum Beispiel als Sachangemessenheit bezeichnet wird. Diesterweg wandte sich besonders der Menschennaturgemäßheit zu und empfahl Lehrern immer wieder, auf die individuellen Anlagen der Schüler zu achten. Außermenschliche Naturgemäßheit ergänzte er schon bald durch den Begriff der „Kulturgemäßheit“. Natur- und Kulturgemäßheit galt es harmonisch zu verbinden, wie dies ja auch in der heimischen Kulturlandschaft anschaulich zu entdecken war; denn diese war aus der Pflege der Natur historisch entstanden. Aus naturkundlichen Umgang mit der Kulturlandschaft entwickelte sich die Weltkunde der Volksschule und später die volkstümliche Heimatkunde.

Diesterweg folgte Pestalozzi, der die Volksbildung aus einfachsten Prinzipien des unmittelbaren menschlichen Lebens ordnen wollte. Jedoch erkannte er, im Bestreben, den autodidaktischen Selbstbildungs- und Emanzipationswillens der Lehrer zu fördern, auch die Bedeutung der Naturwissenschaften. Er bezeichnet die zu erwekkende Lern- und Wißbegierde der Volksschullehrer als „Philomathie“ (=Wissen liebend) und stellte deren Wert der studierten Sprachgelehrtheit, der „Philologie“ (=Sprachen liebend) der Gymnasiallehrer, der Philologen, gegenüber.[4] Daran knüpfte er mit Hinweis auf Alexander von Humboldt (1769–1859) die Frage, ob nicht auch von einem Lehrer – in seinem begrenzten Bereich – ein Beitrag zur Weiterentwicklung des Wissens geleistet werden könnte.

Der damals noch sehr ländlichen Struktur Deutschlands entsprechend lebte die Mehrzahl der Volksschullehrer auf dem Lande oder in kleinen Städten, also in der Kulturlandschaft. Die Natur der Kulturlandschaft fand allerdings nur in seltenen Fällen Beachtung, da sich vor allem Landschullehrer eher verpflichtet fühlten – und es so von ihren kirchlichen Schulaufsichtsbeamten gelernt hatten –, die Schöpfungsgeschichte zu unterrichten. Sie schauten daher nicht naturkundlich hin, was es draußen vor der Schultür zu entdecken gab. Diesterwegs Aufforderung an die Landschullehrer, sich regionaler Naturforschung zu widmen, muß daher als emanzipatorische Forderung verstanden werden, den Einfluß der Kirche zurückzudrängen. Im einzelnen empfahl er

- die Erforschung des Zusammenhanges von geographischer Lage, Bodenbeschaffenheit, natürlicher und kultivierter Vegetation;
- die Erforschung der heimischen Flora und Fauna;
- die Erforschung der geomorphologischen Verhältnisse der Heimat;
- die Erforschung des heimischen Klimas;
- astronomische Beobachtungen.

Diesterwegs Aufruf zu „philomathischer“ Bildung ist ein sehr bedeutsamer Schlüssel zum Verständnis des Fortschritts von Volksschullehrerstand und Volksschulwesen. Keiner hat dies in jener Zeit so klar formuliert wie er: Nicht akademische Wissenschaftsorientierung, sondern autodidaktisch erworbenes Wissen und Laienforschung sollten Landschullehrern Anerkennung verschaffen.

Dieser Forderung folgend begannen zahlreiche Landschullehrer neben der Schularbeit mit der Anlage von Herbarien, Insekten- und Mineraliensammlungen und der Inventarisierung der Heimatnatur. Dabei ging es auch um die Entwicklung und Weitergabe von nützlichen Kenntnissen im Gartenbau und in der Landwirtschaft, etwa bei der Kultur von Obstbäumen, Champignons, Rosen, Topfblumen, Saatgut, Hopfen, Seidenraupen, Bienen, Fischen und Heilpflanzen. Die Schul- und Seminargärten, die in jener Zeit angelegt wurden, sind Ausdruck dieser Bemühungen.

Die Erlaubnis, solche Gärten anlegen zu dürfen, mußte von Lehrern oft mühsam erstritten werden. August Wilhelm Lüben (1804-1873), ein Zeitgenosse Diesterwegs, und ehemals Landschullehrer, berichtete, daß er Anfang der 30er Jahre in Aschersleben auf brachliegenden Rabatten des neu eingerichteten Friedhofs auf einer Fläche von etwa einem Morgen Pflanzbeete für den botanischen Unterricht sämtlicher Stadtschulen einrichten durfte, damit die mit ihrem Lehrer durch die Feldmark ziehenden Schüler keinen Flurschaden anrichteten, wenn sie Pflanzen sammelten.[5] Zunächst durch den Landschullehrergarten erhielten die Schüler nicht nur Gelegenheit, Blumen, Kräuter, Gemüse, Beeren- und Obstgehölze durch praktisches Hantieren bis hin zur Verwertung der Nutzpflanzen kennenzulernen, sondern sie erlebten durch die Tierhaltung des Landschullehrers und die Düngung der Pflanzen mit Kompost und Mist auch den noch annähernd geschlossenen natürlichen Kreislauf der Stoffe. Daß Preußen und Österreich-Ungarn 1873 auf der Weltausstellung in Wien Muster-Volksschulgärten ausstellten, zeigt, welchen erfolgreichen Verlauf das Schulgärtnern im 19. Jahrhundert genommen hatte.

Diesterweg entzündete mit seinem Aufruf nicht nur den individuellen Selbstbildungswillen der Lehrer. Er ermunterte auch zu gegenseitiger, kollegialer Hilfe in Lehrerkonferenzen und Lehrervereinen. Dies muß als ein wichtiger Schritt zur Popularisierung, aber auch zur Politisierung naturwissenschaftlicher Lehrerbildung angesehen werden. Denn die Naturwissenschaften, darunter die Biologie, waren im 19. Jahrhundert wiederholt Gegenstand heftiger bildungspolitischer Kontroversen. Unter gelegentlichen Hinweisen auf Diesterweg wurde das Bemühen, das Wissen um die Natur ins Volk zu tragen, von dem sächsischen Forstprofessor Emil Adolf Roßmäßler (1806-1867) fortgeführt. Er verlor seine Professur nach dem Scheitern der Märzrevolution 1848 und erlebte damit ein ähnliches berufliches Schicksal wie Diesterweg.

Roßmäßler gründete im Todesjahr Alexander von Humboldts, 1859, die sog. Humboldtvereine und verfaßte zahlreiche populäre naturkundliche Abhandlungen in dem Familienblatt *Die Gartenlaube* und in der von ihm selbst gegründeten Zeitschrift *Aus der Heimath*. Letztere war Vorläufer des gleichnamigen Organs des deutschen naturkundlichen Lehrervereins. Welche politische Tragweite der Verbreitung naturwissenschaftlicher Erkenntnisse zukam, wie sehr die naturkundliche Bildung als emanzipatorische Kraft angesehen wurde, geht auch daraus hervor, daß Roßmäßler neben August Bebel und Ferdinand Lassalle zum Wortführer der Arbeiterbildungsbewegung wurde.

Für den autodidaktisch erstrittenen Aufstieg vieler Volksschullehrer waren naturwissenschaftliche Vereine von großer Bedeutung. Umgekehrt profitierten die Vereine von der emsigen regionalen und lokalen Heimatforschung der Lehrer. Dies macht das Beispiel des Naturwissenschaftlichen Vereins des Harzes (1831-1864) einsichtig. Zu den Lehrern, Apothekern, Ärzten und Kaufleuten, die den überwiegenden Teil der Mitglieder stellten, gehörte auch der bereits erwähnte Lehrer – und spätere Direktor des Lehrerseminars in Bremen – August Lüben. Als Landschullehrer unterrichtete er bis zu 120 Kinder in einer einklassigen Dorfschule und ergriff jede Gelegenheit, um sich selbst fortzubilden. Später traf er als Mitglied im naturkundlichen Verein Harz so bekannte Wissenschaftler wie den Begründer der Zellenlehre, Matthias Jakob Schleiden, und den Braunschweiger Zoologen Johann Heinrich Blasius, Begründer des dortigen botanischen Gartens. Lüben schuf die erste, weitverbreitete Schulnaturgeschichtsmethodik[6], die den Naturgeschichtsunterricht im 19. Jahrhundert prägte, bis Fried-

445 Steinbutt
Stopfpräparat, Ende 19.Jh.
14 x 41 x 32 cm
Bremen, Schulgeschichtliche Sammlung

446 Muschelsammlung, Ende 19.Jh.
3 x 49 x 30 cm
Nürnberg, Schulmuseum der Universität Erlangen-Nürnberg

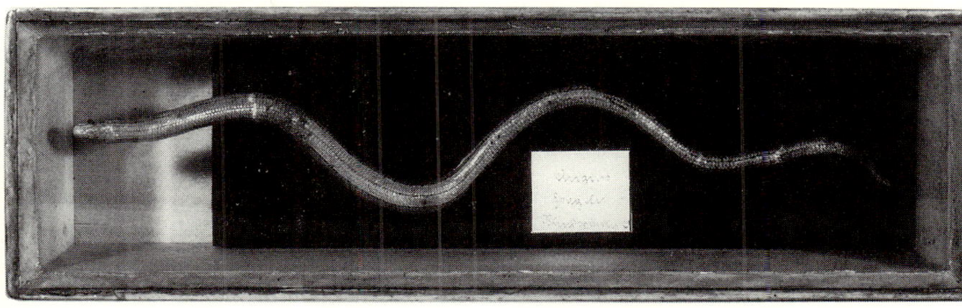

448 Blindschleiche
Stopfpräparat, Ende 19.Jh.
9,5 x 30,5 x 8,0 cm
Bremen, Schulgeschichtliche Sammlung

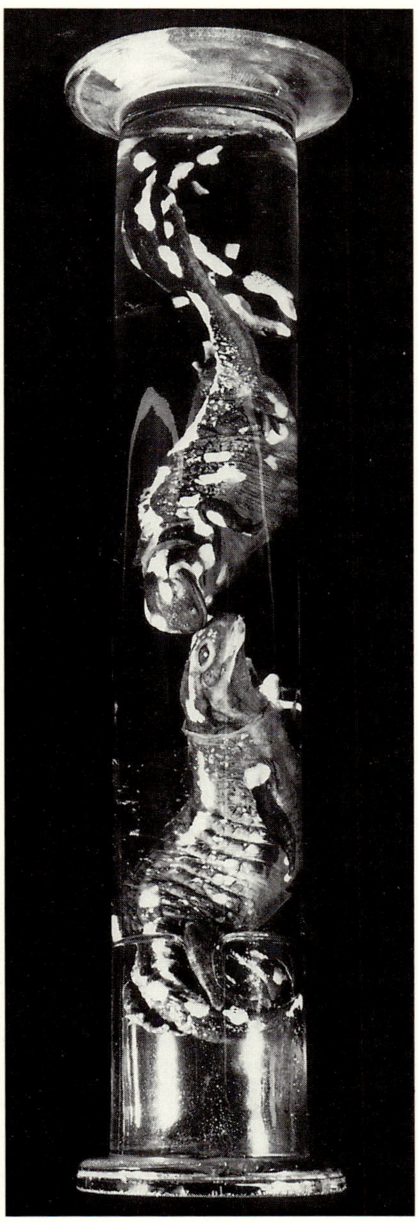

447 Feuersalamander in Spiritus
Präparat, Ende 19.Jh.
H. 24,0 cm, Dm. 5,5 cm
Bremen, Schulgeschichtliche Sammlung

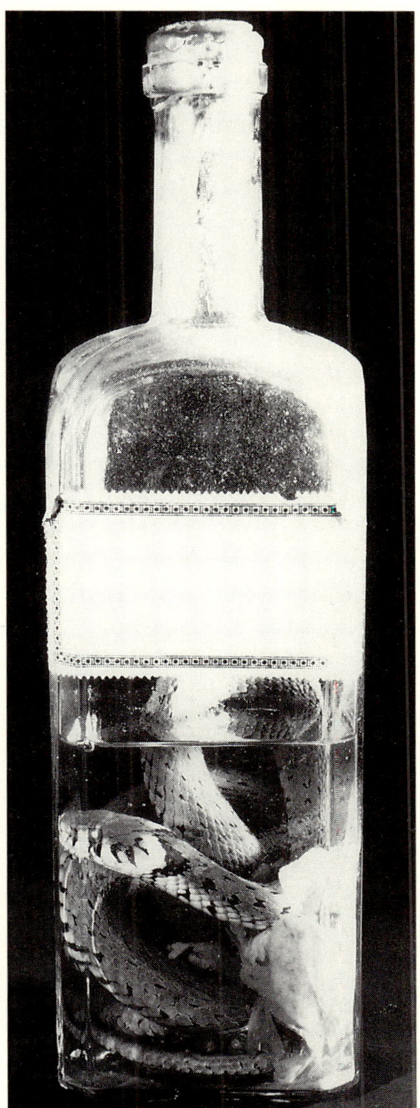

449 Ringelnatter in Spiritus
Eigenpräparat eines Lehrers, Ende 19.Jh.
25,5 x 7,5 x 7,5 cm
Bremen, Schulgeschichtliche Sammlung

450 Laubfrosch in Spiritus
Eigenpräparat, Ende 19.Jh.
H. 11,5 cm, Dm. 6,5 cm
Bremen, Schulgeschichtliche Sammlung

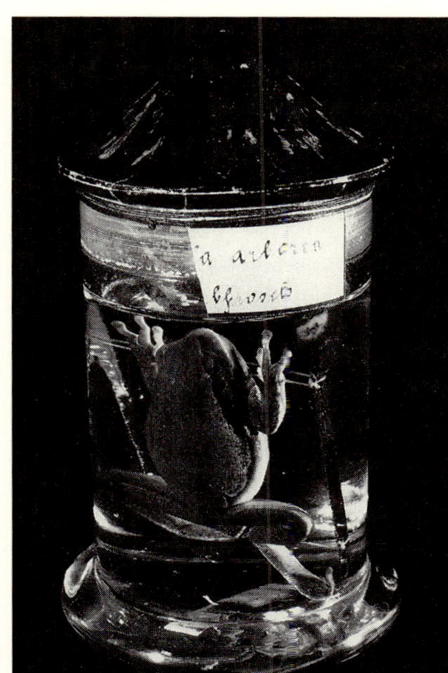

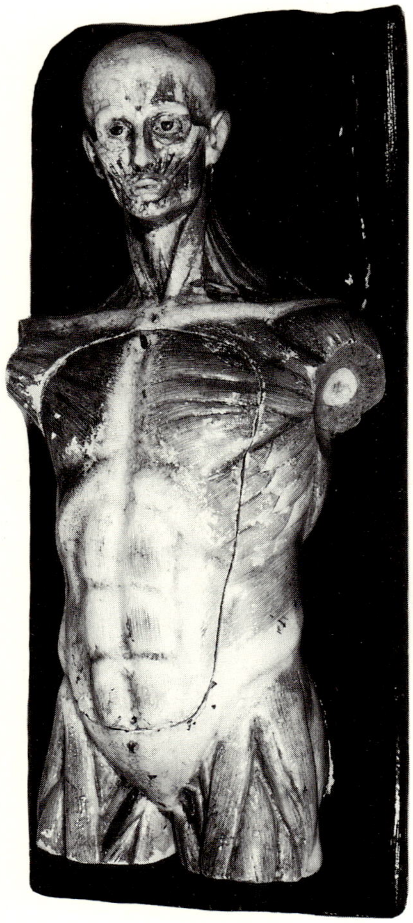

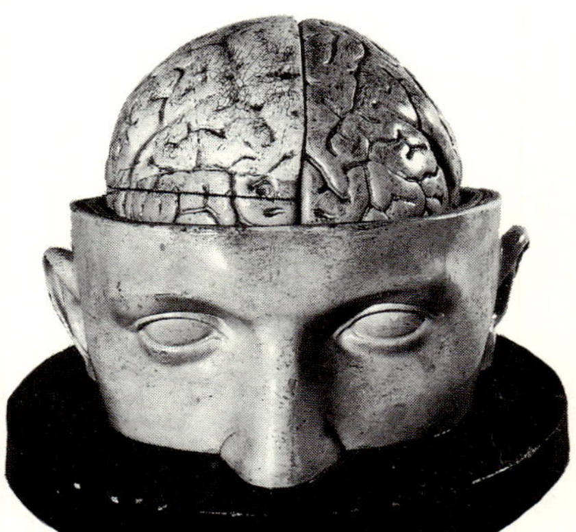

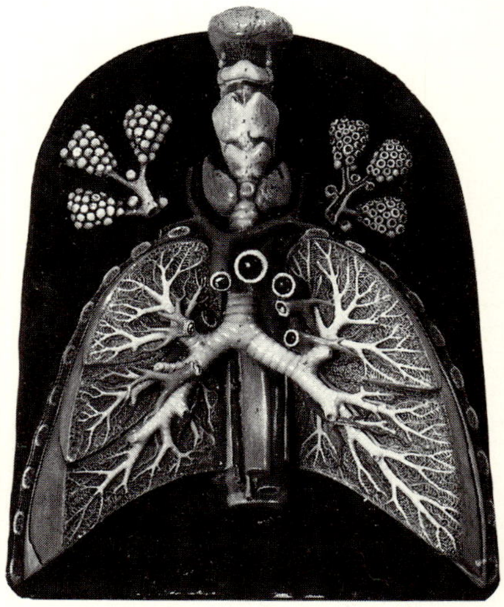

451 Torso
Gipsmodell, zerlegbar, Ende 19.Jh.
Bock & Steger, Leipzig
18,0 x 27,0 x 57,5 cm
452 Aufgeschnittener Kopf mit Gehirn
Gipsmodell, zerlegbar, Ende 19.Jh.
Bock & Steger, Leipzig
H. 17 cm, Dm. 26 cm
453 Lunge mit Herz
Gipsmodell, zerlegbar, Ende 19.Jh.
Bock & Steger, Leipzig
12,5 x 30,5 x 39,0 cm
Bremen, Schulgeschichtliche Sammlung

rich Junges Kritik 1885 seinen Einfluß zurückdrängte. Diesterweg hat Lübens Methodik der Naturgeschichte in den *Rheinischen Blättern für Erziehung und Unterricht* wohlwollend rezensiert und ihn als Autor für seinen „Wegweiser" gewonnen.

So wie Lüben betätigten sich viele Volksschullehrer in naturkundlichen und naturwissenschaftlichen Vereinen als Chronisten und Heimatforscher, denen eine Fülle regionaler Naturbeschreibungen zu verdanken sind. Ihre Leistung fand in der Geschichte der Ökologie bislang kaum eine verdiente Würdigung, obgleich bis heute sowohl die ökologische Wissenschaft als auch die Naturschutzforschung von dem durch die Volksschullehrer zusammengetragenen naturhistorischen Datenmaterial profitiert.

Sogar einer der bedeutendsten deutschen Ökologen, der Kieler Meeresforscher Karl August Möbius (1825-1908), war ursprünglich Volksschullehrer in Seesen am Harz gewesen. Er entdeckte 1877 an Untersuchungen von Austernbänken im nordfriesischen Wattenmeer das Prinzip der Biozönose (=Lebensgemeinschaft). Nicht zuletzt in Erinnerung an seine pädagogischen Anfangsjahre in der Volkshochschule hielt er in Kiel Vorträge vor Gemeindeschullehrern. Unter ihnen war auch der Hauptlehrer Friedrich Junge (1832-1908), der nach 20jähriger Tätigkeit als Land-, später als Stadtschullehrer im Jahre 1885 die bedeutendste Methodik der Naturgeschichte des 19. Jahrhunderts veröffentlichte[7] und damit das ökologische Prinzip der Lebensgemeinschaft in den Naturkundeunterricht der Volksschule übertrug. Damit wurde die Reform des Naturgeschichtsunterrichts zum Biologieunterricht – auch im höheren Schulwesen! – eingeleitet.[8]

1 So der Titel eines Diesterweg-Aufsatzes in den Rheinischen Blättern (1842). Diesterweg, F.A.W.: Sämtliche Werke. Bd. V. Berlin 1961, S. 464-470 (DSW).
2 Guts Muths, der Letzte der Philanthropen (1840). In: DSW Bd. V, S. 4-30.
3 Über das oberste Prinzip der Erziehung. In: DSW Bd. II, S. 21-31.
4 Diesterweg, F.A.W.: Über Philanthropismus und Humanismus in Bezug auf die in unserer Zeit entstehenden höheren Bürgerschulen. In: DSW Bd. II, S. 2-20.
5 Lüben, A.: Sein Leben und seine Schriften. Von ihm selbst beschrieben. Leipzig 1872, S. 256f.
6 Lüben, A.: Leitfaden für den Unterricht in der Naturgeschichte in Volksschulen, Bürgerschulen, Gymnasien und Seminarien. Berlin 1836/37. Vgl. auch: Naturgeschichte für Kinder in Volksschulen. Nach unterrichtlichen Grundsätzen bearbeitet. Halle 1842.
7 Junge, F.: Der Dorfteich als Lebensgemeinschaft. Neuaufl. d. Ausg. v. 1907. Hrsg. v. W. Riedel u. G. Trommer. St. Peter-Ording 1985.
8 Vgl. Trommer, G.: Ökologisch bedeutsame Naturvorstellungen in deutschen Bildungskonzepten. Weinheim 1990.

454 Die Naturlehre in Bildern. Gemeinfaßliche Darstellungen aus dem Gebiete der Naturlehre. Schwäbisch Hall 1853

455 Zwei Magdeburger Halbkugeln
Modell, Ende 19.Jh.
Messing
Dm. 11,5 cm
Bremen, Schulgeschichtliche Sammlung

461 Elektrische Batterie
Modell, Ende 19.Jh.
Holz, Metall, Porzellan
40 x 48 x 48 cm
Bremen, Schulgeschichtliche Sammlung

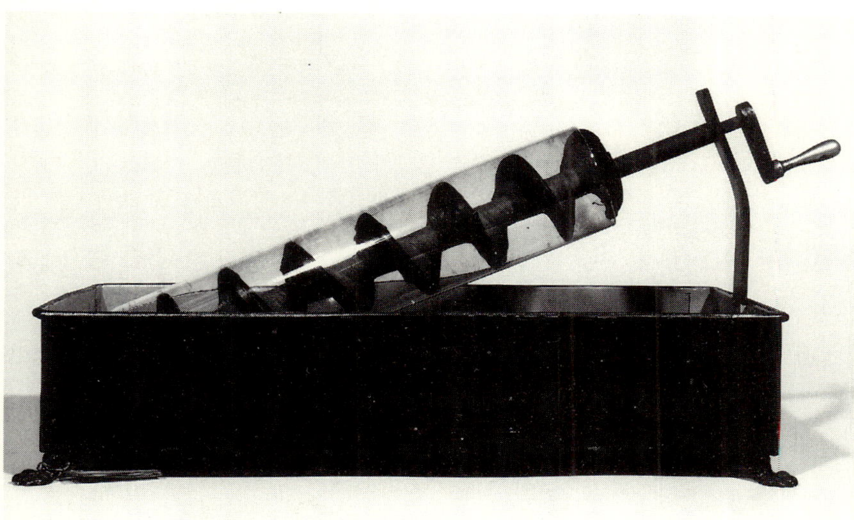

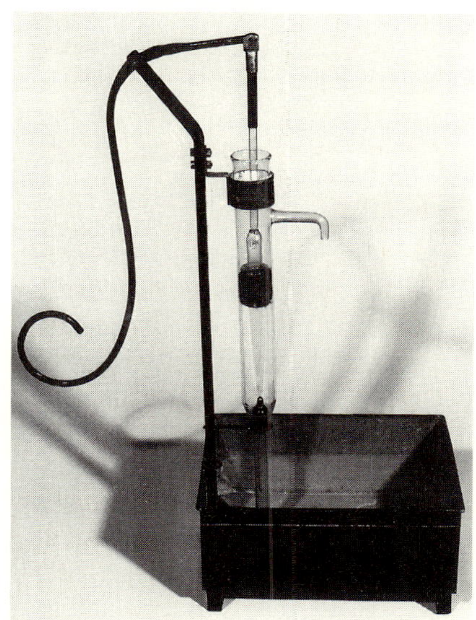

458 Archimedische Schraube
Modell, Ende 19.Jh.
Blech, Glas
18 x 37 x 15 cm
Bremen, Schulgeschichtliche Sammlung

459 Saugpumpe
Modell, Ende 19.Jh.
Blech, Glas
46,0 x 28,0 x 15,5 cm
Bremen, Schulgeschichtliche Sammlung

460 Schraube ohne Ende
Holzmodell, 19.Jh.
26 x 19 x 11 cm
Nürnberg, Schulmuseum der Universität Erlangen-Nürnberg

456 Brückenwaage
Modell, Ende 19.Jh.
Holz, Metall
20 x 45 x 12 cm
Nürnberg, Schulmuseum der Universität Erlangen-Nürnberg

457 Luftpumpe mit Zubehör
Modell, Ende 19.Jh.
Messing, Gußeisen, Glas
36 x 45 x 21 cm
Bremen, Schulgeschichtliche Sammlung

465 J.L. Christ
Handbuch über die Obstbaumzucht und Obstlehre. 4., nach des Verfassers Tode neu herausgegebene, sehr verbesserte und vermehrte Auflage. Frankfurt a.M. 1817

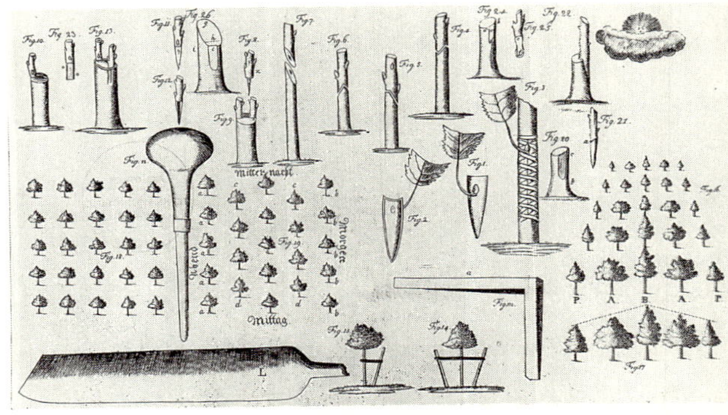

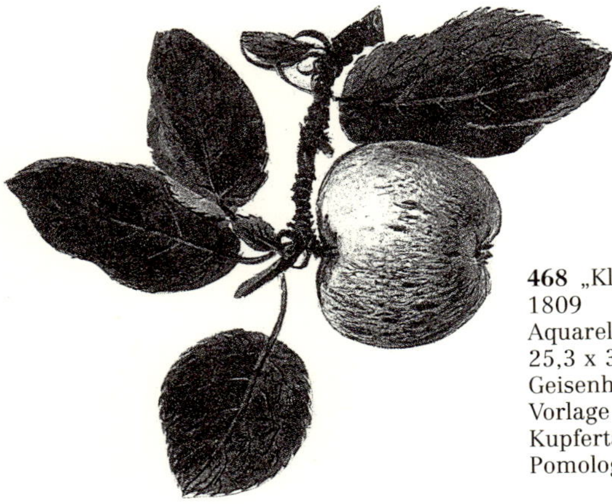

468 „Kleiner teutscher Gewürzapfel", um 1809
Aquarell, unsigniert
25,3 x 37,8 cm
Geisenheim, Forschungsanstalt Geisenheim
Vorlage des Pomologen J.L. Christ für die Kupfertafeln seiner „Vollständigen Pomologie".

462 Blätter mit Darstellungen verschiedener Obstsorten, 1809/1812
Kolorierte Kupferstiche, ursprünglich aus: J.L. Christ, Vollständige Pomologie
25,4 x 27,8 cm
Geisenheim, Forschungsanstalt Geisenheim
Johann Ludwig Christ (1739-1813), Pfarrer in Kronberg, zählt zu den Wegbereitern einer wissenschaftlichen Obstbaukunde (Pomologie). Seine Forschungsergebnisse hat er in seiner „Vollständigen Pomologie" zusammengefaßt, wobei der erste Band (1809) das Kernobst, der zweite (1812) das Stein-, Schalen- und Beerenobst abhandelt. Christ hat zugleich in der Praxis versucht, für seine Heimat geeignete, das heißt wetterfeste Obstsorten zu züchten und deren Anpflanzung zu fördern.

463 J.L. Christ
Die Krankheiten, Uebel und Feinde der Obstbäume und ihre Abhülfe. Nebst Vorschlägen, die Obstkultur zu befördern. Frankfurt a.M. 1808

464 Beilage B zum gehorsamsten Bericht des Garten Inspectors Weyhe vom 9.July 1829. Plan zur Anlage des Gartens bey dem Schullehrer Seminar zu Moers. Mit Angabe zur Einrichtung einer Obstbaumschule. Entworfen und gezeichnet von dem Königlichen Garten Inspector M.F. Weyhe in Düsseldorf
Aquarellierte Zeichnung
43 x 53 cm
Düsseldorf, Nordrhein-Westfälisches Hauptstaatsarchiv
1828 war Adolph Diesterweg Teilnehmer eines von der Lehrerschaft des Rheinlandes stark besuchten Lehrgangs für Obstbaumkunde in Düsseldorf, der von Maximilian Friedrich Weyhe (1775-1846) im Auftrage der Düsseldorfer Regierung durchgeführt wurde. Mit solchen regelmäßigen Kursen sollte die Kultivierung von Apfel- und Birnbäumen durch die Landschulen gefördert werden. Im Moerser Seminargarten verbinden sich die pädagogischen Absichten Diesterwegs mit den ökonomischen der Regierung.

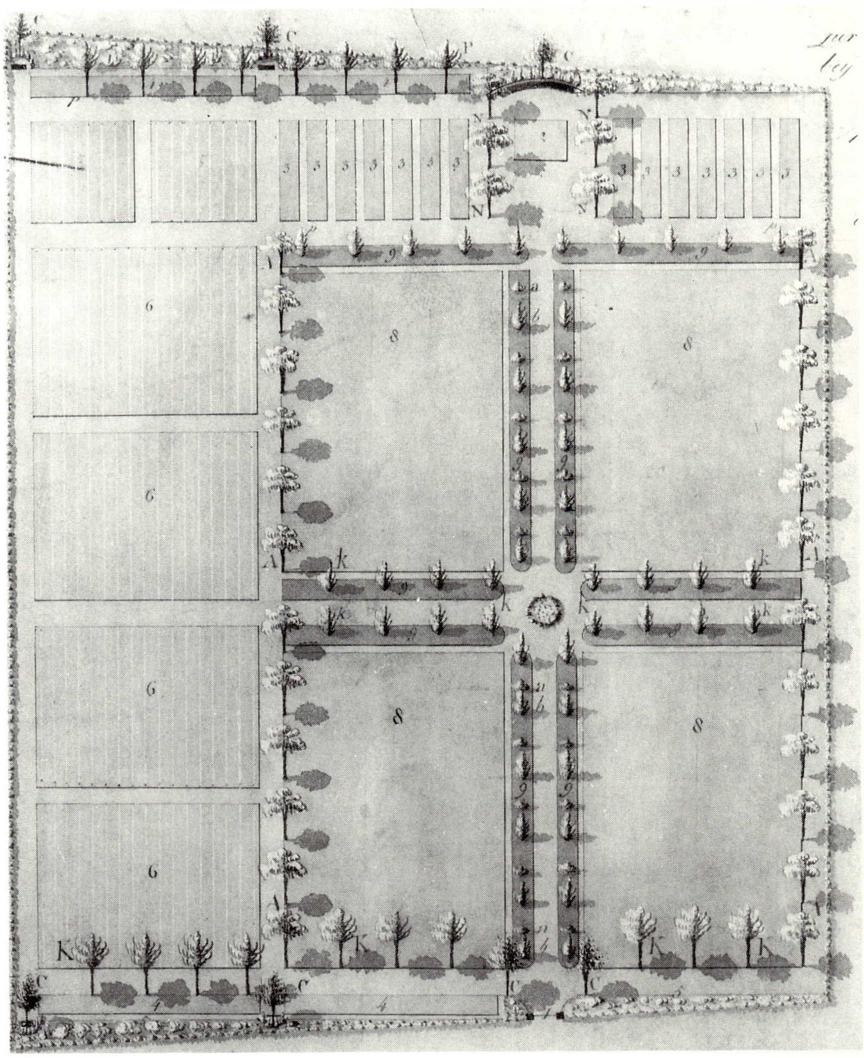

466 Holzfarbige Butterbirne
Modell, zerlegbar, 2.Hälfte 19.Jh.
Kompositionsmasse
H. 10,0 cm, Dm. 7,5 cm

467 Pariser Rambour-Reinette
Modell, 2.Hälfte 19.Jh.
Kompositionsmasse
H. 8 cm, Dm. 9 cm
Dortmund, Westfälisches Schulmuseum

Klaus Gasseleder/Ulla Nitsch-Stöcker

Kennen Sie Lüben? – Nur vom Sehen!

Mit uns haben es Personen, die sich in Gestalt ihrer Büste präsentieren, schwer; leicht versagen wir ihnen unsere Aufmerksamkeit. So auch August Lüben (1804-1873), den wir fast zwei Jahre lang lediglich als Wegmarke an der Tür zu unseren Schreibtischen registrierten. Dabei erstrahlt Lübens Büste nicht einmal mehr in jenem Ehrfurcht erheischenden Marmorweiß. Bremer Gymnasiasten haben ihn in einer Faschingswoche bunt bemalt, kurz bevor er in seine jetzige Stellung als Leitfossil eines Kapitels der Bremer Lehrergeschichte vor 1914 in die Schulgeschichtliche Sammlung übersiedelte. Unter der Farbe sollen sich Spuren eines von Schülerhand initiierten Brandanschlags verbergen. Beide Aktionen datieren ins letzte Jahrzehnt. Vermutlich haben sie ebensowenig wie unsere eigene eingangs erwähnte Mißachtung mit der Person Lübens zu tun.

Auch bei der vormaligen Stiftung der Büste 1897 an das in ein neues Gebäude verlegte Bremer Lehrerseminar, dessen Gründungsdirektor Lüben 1858 wurde, waren Schülerhände im Spiel. Es waren Lübens Schüler, die sich noch mehr als 20 Jahre nach dem Tod ihres Lehrers von seinem marmornen Abbild einen anregenden wie mahnenden Einfluß auf die jungen zukünftigen Volksschullehrer erhofften; aus Hochachtung stifteten sie die Büste für die Aula des neuen Seminars.

In einer Festschrift zu Ehren Adolph Diesterwegs wird Lüben fast notwendig unter dem Blickwinkel seiner Verdienste um die Schulbiologie erscheinen. Denn Diesterweg war vor allem von seinen methodischen Vorstellungen über den Unterricht in der Naturgeschichte angetan. Lobend äußert er sich über das 1836 erschienene Werk „zum Unterricht in der Thierkunde und Anthropologie“: *„Das Buch ist ganz in dem Geiste gearbeitet, in dem ich längst eine ähnliche Schrift, zu der ich aber zurückzukehren keine Hoffnung mehr habe, begann. Was ich wollte, haben Sie bereits geleistet. Fahren Sie nur auf dem betretenen Wege fort! Sie stiften Gutes!“*[1] Er gewinnt Lüben 1835 als Autor für das Kapitel „Der Unterricht in der Naturgeschichte“ in seinem „Wegweiser zur Bildung für Lehrer“. Fortan gilt Lüben Diesterweg als der Kompetenteste in den „drei Reichen“ Pflanzen-, Tier- und Mineralienkunde; er rezensiert ihn stets wohlwollend oder begeistert, wenn es um naturwissenschaftlichen Unterricht geht, und vertraut auch in der Beurteilung anderer Autoren auf ihn.

Heute ist Lüben weitgehend vergessen. In neueren pädagogischen Handbüchern wird er kaum erwähnt. Nur in Abhandlungen zur Didaktik der Biologie wird ihm gelegentlich ein dürrer Passus gewidmet. Das war nicht immer so. Noch 1910 schreibt Robert Rißmann Lüben als Hauptverdienst zu, daß der Naturgeschichtsunterricht „erst durch ihn das Bürgerrecht in der deutschen Volksschule erlangt hat“.[2] In den „Curricula“, die er entwickelt, erhalten die „Realien“, mithin auch die Naturgeschichte, einen breiten Raum; sie nehmen im „Lehrplan für die Landschulen des Bremischen Gebiets“ von 1861 mehr als ein Drittel der vorgesehenen 30 Unterrichtsstunden pro Woche ein. Ähnliches gilt für seinen „Lehrplan für das Seminar zu Bremen“ von 1867.

In ihrer Gesamtkonzeption entspringen diese Lehrpläne Lübens Grundsatz, „daß die Aufgabe der Volksschule in der allseitigen Ausbildung des kindlichen Geistes durch werthvolle zeitgemäße Stoffe bestehe“.[3] Unter seiner Ägide als Direktor verlassen mehr als 300 Seminaristen mit einem vielfältigen und für die damalige Zeit erstaunlich fundierten Wissen über die Natur und ihre Ordnung sowie über biologische, physikalische und chemische Vorgänge die Anstalt. Lü-

469 August Lüben
Zwölf Pädagogen des 19.Jahrhunderts (Ausschnitt)
Photographisch artistische Anstalt von J. Munck, Nürnberg, um 1860
Berlin (DDR), Schulmuseum der Akademie der Pädagogischen Wissenschaften

470 A. Lüben
Anweisung zum Unterricht in der Naturgeschichte. Nach naturgemäßen Grundsätzen für gehobene Volksschulen, Bürgerschulen, Berufsschulen, Schullehrerseminarien und Gymnasien. Erster Theil. Pflanzenkunde. Halle 1832

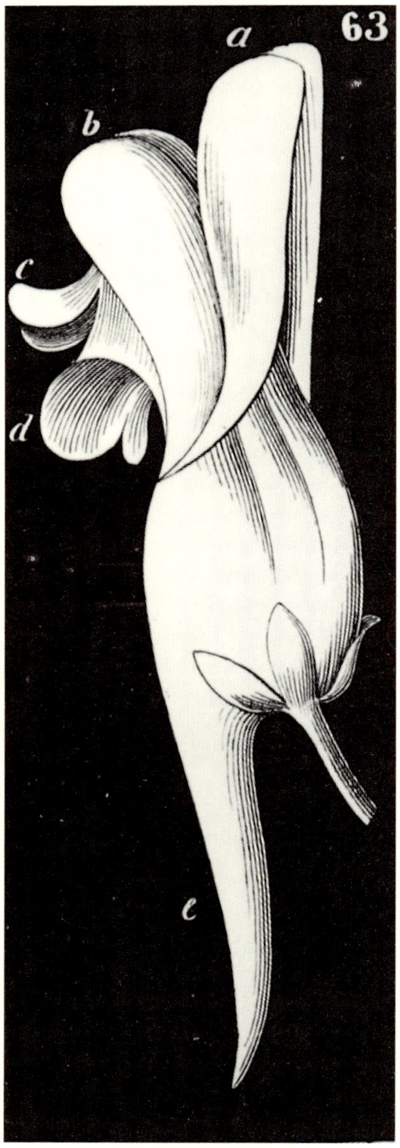

471 A. Lüben
Die Hauptformen der äußern Pflanzenorgane in stark vergrößerten Abbildungen auf schwarzem Grunde. Für den Unterricht dargestellt. Leipzig 1846

ben stellt seine naturkundlichen Erkenntnisse, seine methodische Reflexionen von Aneigung durch Anschauung und gelenkte Selbsttätigkeit der Schüler in vielen Schriften der interessierten Öffentlichkeit vor. Er streitet auf zahllosen Lehrerversammlungen für ihre Verbreitung. So ist er gleichermaßen Praktiker, Theoretiker und Propagandist der naturgeschichtlichen Bildung in Volkschule und Volksschullehrerbildung.

Wie nun erklärt sich das nimmermüde Engagement Lübens für die Sache der Naturwissenschaft? Folgen wir in der Hoffnung, in seiner Lebensgeschichte einige erhellende Hinweise zu finden, ein Stück seiner Selbstbiographie:

Sein erster Lehrer, der Vater, weiß ihm anscheinend nichts Erwähnenswertes über die Dinge der Natur mitzuteilen. Der Dorfschulmeister im wohlhabenden Örtchen Golzow nahe der brandenburgischen Stadt Küstrin wird selbst zu sehr Bauer gewesen sein, um sie sich als Gegenstände näherer Betrachtung, geschweige denn distanzierten analytischen Nachdenkens zu wählen. Auch wenn bei August Lübens Taufe drei Schullehrer Pate standen, war es ihm nicht von vornherein bestimmt, Lehrer zu werden. Wegen mangelnder Kenntnisse im Rechnen als Krämerlehrling abgelehnt, folgt er zunächst seiner Neigung zur väterlichen Landwirtschaft: *„Und so habe ich denn 2 Jahre lang gewissenhaft und mit innigster Befriedigung alle Arbeiten verrichtet, die eine derartige Landwirtschaft mit sich bringt; die Pferde gepflegt, Dünger auf den Acker gefahren, gepflügt, geeggt, gemäht, gedroschen...“* Mehr zufällig gelangt er „als geübter Rosselenker“[4] mit dem Vater ins Lehrerseminar nach Neuzelle, wo der ältere Bruder als Zögling Aufnahme gefunden hat. Nach diesem Besuch – Lüben leitet seine Erinnerung mit den Worten „Wie staunte ich...“ ein – reift in ihm der Wunsch, Lehrer zu werden, ein Beruf, für den er, nach eigener Einschätzung, wenig bildungsmäßige Voraussetzungen mitbringt.

Seinen ersten Naturgeschichtsunterricht erhält er von dem Neuzeller Seminarlehrer Fischer, einem kenntnisreichen Biologen: „Fischer war in der Naturgeschichte sehr tüchtig... Am besten kannte er wohl die Pflanzen, wußte jedoch auch die Namen mancher Insekten.“[5] Lübens rasch erwachendes Interesse an der Botanik läßt ihn bald zu einem der besten Pflanzenkenner im Seminar werden. Unter Anleitung seiner Lehrer beginnt er so, sich allmählich in ein neues Verhältnis zur Welt zu setzen. Vor kurzem noch war er der Bauernjunge, aufgewachsen auf dem Lande, eingebunden in eine tätige, auf den täglichen Lebenserhalt gerichtete Auseinandersetzung mit der Natur. Natürlich hatten auch in Golzow die Pflanzen Namen. Sie dienten jedoch allein einer praktischen Orientierung, mit ihnen verband sich ein Wissen um Nutzen und Schaden für Leib und Leben von Mensch und Tier. In Neuzelle wird der junge Lüben mit einer anderen Sichtweise konfrontiert: Pflanzen werden gesucht, um ihnen Namen zu geben, die nichts mit der vormaligen Nützlichkeit zu tun haben, sondern allein der wissenschaftlichen Bestimmung dienen – Namen, die gebildeten Menschen allerorten die Verständigung über die Gattungszugehörigkeit eines in Golzow vielleicht namenlosen Gräsleins ermöglichen.

472 Botanisiertrommel, Ende 19.Jh.
Dm. 15,5 cm, L. 36,0 cm
Bad Dürkheim, Pfalzmuseum für Naturkunde, Leihgabe aus Privatbesitz

Das in Neuzelle begonnene Aufspüren, Bestimmen, Beschreiben und Klassifizieren von Pflanzen und kleinen Tieren wird für Lüben zu einem bleibenden Vergnügen. So durchstreift er während seiner Zeit in Aschersleben (1829-1850) mit gleichgesinnten Freunden immer wieder den Harz, „um dort in weitester Ausdehnung Berg und Thal zu durchsuchen".[6] All seine Ferienreisen führen ihn in Gegenden, die seinem biologischen und geographischen Erkenntnishunger Nahrung versprechen. So zeigt sich an seinem Beispiel, wie sehr die Befreiung aus feudalen Banden, die neue Freizügigkeit – erst in der Zeit von Lübens Geburt wird in Preußen die Leibeigenschaft aufgehoben –, soweit sie denn individuell realisiert werden kann, gewaltige Bedürfnisse nach Welterkenntnis hervorgebracht hat.

Lüben nutzt die Chancen, diese Bedürfnisse zu befriedigen. Unwissentlich eilt er, der eigenen Passion folgend, schon früh der von Diesterweg 1842 erhobenen Forderung voraus: „Jeder Lehrer ein Naturkenner, jeder Landschullehrer ein Naturforscher".[7] Der Prozeß der ständigen Erweiterung seines Wissens und seiner Weltsicht wird Lüben im Laufe seines Lebens sehr verändern. Nicht zuletzt deshalb, weil sich, in seinem Leben besonders glücklich gefügt, für die je erreichte neue Stufe der Erkenntnisse und Fähigkeiten ein adäquates Betätigungsfeld findet. Erst Hilfslehrer bei Christian Wilhelm Harnisch (1787-1864) am Schullehrerseminar in Weißenfels, dann für kurze Zeit von 1825 bis 1829 Lehrer und Kantor in Alsleben an der Saale, findet er 1829 eine Anstellung an der Bürgerschule in Aschersleben, deren Leiter er schließlich wird. Diese besonders produktiven Jahre seiner biologischen Feldforschung gehen mit der Übernahme des Rektorats an der Bürgerschule zu Merseburg 1850 zu Ende. Dort wendet er sich Neuem zu, den Fragen von Sprache und Literatur für die Volksschule und die Bildung ihrer Lehrer. Ausgestattet mit solcherlei vielfältigen Erfahrungen, wird er 1858 Direktor des neu gegründeten Lehrerseminars in Bremen und übernimmt damit die nicht unerhebliche Aufgabe, die Bremer Land- und Stadtschulen zu reformieren.

Auffällig und für seinen beruflichen Erfolg sicher bedeutsam ist Lübens ausgeprägte Fähigkeit, ganz vom Pädagogischen her denkend, die Schule seiner Zeit mit scharfem Blick zu analysieren. Er kritisiert das zu geringe Wissen und das methodische Ungeschick der Lehrer, das Fehlen von Lehrplänen und geeigneten Unterrichtsmitteln, nicht zuletzt äußere Mängel wie Löcher im Schulfußboden und blinde Scheiben. Schon früh entwickelt er ein waches Gespür für die ernüchternde Wirklichkeit des Unterrichts. Auf einer mehrwöchigen „pädagogischen Bildungsreise" durch die Rheinprovinz im Jahre 1830 besucht Lüben als 26jähriger eine Realschule in Elberfeld. An diesen Besuch erinnert er sich in seiner Lebensbeschreibung:

„Der Lehrer saß auf erhöhtem Katheder... Er hielt ein wohlausgestopftes Finkenhähnchen in der Hand, beschrieb dasselbe vom Schnabel bis zur Zehe ausführlich und theilte darauf das Wichtigste über die Lebensweise und den Nestbau des Vogels mit, was seine Ergänzung in der Mittheilung eines Knaben fand, er habe einmal gesehen, daß ein Marder alle jungen Einwohner eines Finkennestes erwürgt und gefressen habe. Ich dachte bei dieser Lection an den alten Salzmann, der...sagt: man könne in der Naturgeschichte auf zweierlei Weise verfahren; man könne nämlich den Kindern einen Finken zeigen und ihn entweder selbst beschreiben, oder auch von den Kindern beschreiben lassen; in ersterem Falle übe man sich im Beschreiben des Finken, im zweiten die Kinder... In der Nachmittagslection wurde von einem andern Lehrer Botanik vorgetragen. Pflanzen wurden dabei nicht verwendet. Der Lehrer wiederholte behufs einer bevorstehenden Prüfung. Gegenstand der Wiederholung war das Linné'sche System. ,Sag' mir einmal', fing der Lehrer an, ,in wie viel Klassen hat Linné die Pflanzen eingetheilt?' "In sechsunddreißig.' ,Aber, Junge, bist du toll?' ,Bernhard, sag' du einmal, in wie viel Klassen Linné die Pflanzen eintheilte?' ,In dreizehn.' ,O nein, da mußt du mehr bieten.' ,In

473 Wundkraut
Herbar-Einzelblatt, 2.Hälfte 19.Jh.
33,0 x 21,2 cm
Dortmund, Westfälisches Schulmuseum

474 Wiesen-Platterbse und Kleinste Luzerne
Herbar-Einzelblatt, 2.Hälfte 19.Jh.
33,0 x 21,2 cm
Dortmund, Westfälisches Schulmuseum

475 Herbar eines Volksschullehrers, 2.Hälfte 19.Jh.
Dortmund, Westfälisches Schulmuseum
Ursprünglich eine Loseblattsammlung mit exakt bestimmten einheimischen Pflanzen, wurden die einzelnen Blätter in Mappen gebracht und schließlich auf sieben Kartons verteilt.

476 Kiefer
Herbar-Einzelblatt, 2.Hälfte 19.Jh.
33,0 x 21,2 cm
Dortmund, Westfälisches Schulmuseum

fünfzehn.' ‚Nun, das wird ja immer heiterer... Kröger, weißt du denn nicht die Zahl der Linnéschen Pflanzenklassen anzugeben?' ‚Vierundzwanzig.' ‚Nun endlich...'"[8]

Lüben konstatiert drei gravierende Mängel des herkömmlichen naturwissenschaftlichen Unterrichts: das Fehlen der Anschaulichkeit, des Grundprinzips des neuen Schulunterrichts, die deduktive, vom Allgemeinen ausgehende Lehrmethode und die mangelnde Selbsttätigkeit der Schüler. Dagegen betont er:

„Die Pflanzenkunde hat ja eben die Aufgabe, Kenntnisse der Pflanzen zu vermitteln, darf darum statt derselben nicht etwa Abbildungen von ihnen oder Vorträge des Lehrers über dieselben bieten. Wo das geschähe, müsste man die Kinder für sehr beeinträchtigt, für unverantwortlich beeinträchtigt erklären. Die besten Abbildungen können nie die natürlichen Pflanzen ersetzen... Wer wollte das bezweifeln, wenn wir sagen, dass der botanische Unterricht nicht seine Stärke in der Betrachtung von ausgerupften Pflanzen, von Pflanzenleichen sucht, sondern in der Beobachtung von Pflanzenentwickelung und des Pflanzenlebens."

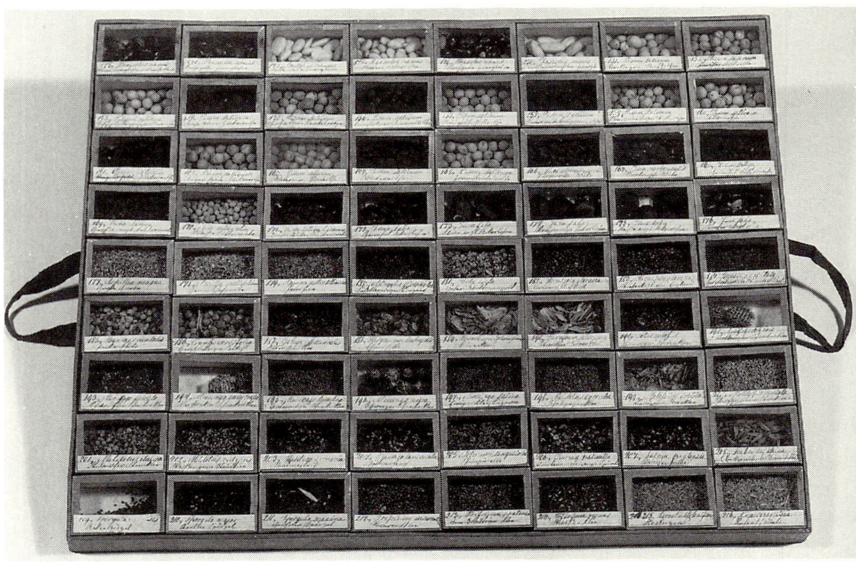

477 Samensammlung, Ende 19.Jh.
2 x 42 x 32 cm
Nürnberg, Schulmuseum der Universität Erlangen-Nürnberg

478 Champignon, eßbar
Gipsmodell, Ende 19.Jh.
12,0 x 12,5 x 12,5 cm

479 Fliegenschwamm, giftig
Gipsmodell, Ende 19.Jh.
18 x 12 x 12 cm
480 Eierschwamm-Pfifferling, eßbar
Gipsmodell, Ende 19.Jh.
7,5 x 13,0 x 12,0 cm
481 Weisser Gift-Knollenblätterpilz
Gipsmodell, Ende 19.Jh.
14,0 x 12,5 x 12,5 cm
Bremen, Schulgeschichtliche Sammlung

Aus diesem Grunde empfiehlt Lüben das Anlegen eines Schulgartens, botanische Exkursionen und das Ziehen von Pflanzen in Blumentöpfen; er selbst legt auf dem Friedhof von Aschersleben einen kleinen botanischen Garten an. Lernen die acht- bis neunjährigen Kinder einzelne Pflanzen durch unmittelbare Anschauung kennen, so unternimmt Lüben bei den älteren den Versuch, durch einen gelenkten Vergleich von Pflanzen wie Tieren deren Gemeinsamkeiten und Verschiedenheiten aufzuzeigen, um die Einführung des Gattungs- und Familienbegriffs vorzubereiten. Gerade in diesem Versuch der Vermittlung von Anschauung und „Systemdenken" in der Nachfolge des schwedischen Naturforschers Carl von Linné (1707-1778) liegt sein originärer, wenn auch nicht unwidersprochener Beitrag zur Naturkundedidaktik. Der Anschauungsunterricht räumt den Schülern die Möglichkeit ein, selbsttätig zu werden und eigene Beobachtungen in der Natur anzustellen: *„Es ist sehr ernstlich gemeint, wenn wir sagen, der botanische Unterricht hat es darauf abgesehen, aus jedem Schüler einen Naturforscher zu machen."*[9] Lüben wendet sich nicht nur gegen die Dominanz des Lehrers und des Schulbuchs, sondern auch gegen vorwissenschaftliche, von einem lebenskundlichen Pragmatismus geprägte Formen des Unterrichts.

„Zur Erreichung der angegebenen Zwecke erweist sich ein Unterricht als ungenügend, wie er sonst gegeben wurde und auch wohl jetzt noch mehrfach zu finden ist, bestehend nämlich in einer oberflächlichen Betrachtung einer kleinen Anzahl von Pflanzen, wie die nächste Umgebung sie bequem darbietet, und in Mittheilungen von allerlei Noti-

zen über ihre Verwendung oder über ihre Schädlichkeit für Mensch und Vieh...“[10] In seiner „Anweisung zum methodischen Unterricht in der Pflanzenkunde“ führt Lüben aus, welcher formale Bildungswert dem Naturkunde-Unterricht zukommen kann: „Schärfung der Sinne, insbesondere des Auges“, „Erzeugung einer großen Anzahl von werthvollen Vorstellungen“, „Übung im richtigen Denken“, „Weckung des Sinnes für Naturschönheiten wie überhaupt für das Schöne“, „Belebung des Gemüths“, „Anerkennung und Achtung eines gesetzmäßigen Waltens“, „Erzeugung des Forschertriebes und der hieraus erwachsenden heilsamen Selbsttäthigkeit und Selbständigkeit“[11]. *„Während in früherer Zeit die Berechtigung eines Unterrichtsgegenstandes stets nachgewiesen war, wenn man die leichte Verwerthung der in ihm dargebotenen Kenntnisse für das gewöhnliche Leben darthun konnte, ist das jetzt erst geschehen, wenn zugleich seine besondere Qualification für die Geistesbildung erwiesen werden kann.*“[12]

Lübens Überlegungen sind wegweisend. Sein fragend-entwickelnder Unterricht steht in krassem Gegensatz zu jenen memorierenden Lektionen, wie sie in den Schulen damals üblich sind:

„Lehrer: Wer kennt das Pflänzchen mit blauer Blume noch?

Schüler: Es ist das wohlriechende Veilchen, das wir schon im Frühjahre durchgenommen haben.

L.: Wer kennt das andere Pflänzchen?

Sch.: Das ist das Stiefmütterchen.

L.: Wir wollen jetzt einmal beide Pflanzen mit einander vergleichen. Betrachtet zuerst die Wurzel! Wer findet Merkmale auf, welche beide Wurzeln miteinander gemeinsam haben?

Sch.: Beide Wurzeln sind weißlich und haben zahlreiche Seitenfasern.

L.: Könnt ihr auch Merkmale auffinden, durch welche sich beide Wurzeln unterscheiden?...

L.: Wer will jetzt den Stengel des Stiefm. beschreiben?

N.: Der Stengel ist krautartig, beinahe eine Spanne lang, aufrecht, ästig (Z.: der Stengel an meinem Stiefm. ist einfach; N. überzeugt sich davon und fährt fort), also: einfach oder ästig, dreikantig, beblättert und mit kurzen angedrückten Härchen bedeckt.

L.: Sind die Kanten und Flächen des Stengels alle drei einander gleich?

Sch.: Zwei Kanten sind geschärfter, als die dritte, und die zwischen ihnen liegende Fläche ist etwas hohlkehlig, während die andern beiden mehr eben sind...

L.: Pflanzen, welche in den wesentlichen Theilen der Blüte und der Frucht übereinstimmen, wie diese beiden, bilden eine Gattung und erhalten einen gemeinschaftlichen Gattungsnamen. Der Gattungsname für diese beiden Pflanzen heißt Veilchen...“[13]

Lüben betont nicht zuletzt den Wert einer systematischen Anleitung der Beobachtung: *„Es sind eben die Schüler, die sich im Beobachten und Beschreiben üben sollen, nicht der Lehrer. Hierbei muß aber eine bestimmte Reihenfolge beobachtet werden, wenn alles aufgefunden und in verhältnismäßig kurzer Zeit besprochen werden soll. Liegt der Betrachtung kein bestimmter Plan zugrunde, so sehen die Schüler bald hier bald dort hin, übersehen vieles und wissen schließlich gar nicht, ob ihnen noch etwas entgangen ist oder nicht.*“[14]

Insgesamt fügen sich Lübens Überlegungen zu einem sorgfältig durchdachten vierstufigen System des Unterrichts, das von der selbsttätigen Beobachtung über die vergleichende Untersuchung und die begriffliche Abstraktion zur morphologischen Erkenntnis der Pflanzen- und Tierwelt aufsteigt. Auf diese Weise sucht Lüben – darin Linné folgend und vertiefend – die „Natur als ein wohlgegliedertes Ganzes“[15] erscheinen zu lassen. Sein Grundkonzept von 1832 hat er mehrfach ergänzt und didaktisch modifiziert, stets gemäß seinem Grundsatz, *„... daß unsere Schulen... eine ideale Aufgabe zu lösen haben und daß diese Aufgabe die Kenntniss der Natur als eines großen Ganzen in sich schließt... Erkenntniss des Lebens, der Kräfte und der Einheit,*

482 W. Breidenstein
Mikroskopische Pflanzenbilder in sehr starker Vergrößerung zum Gebrauche bei dem Unterrichte in der Botanik nebst einem Grundriß der Anatomie und Physiologie der Pflanzen zur Erläuterung der Abbildungen. Darmstadt 1856

483 Einfaches Mikroskop, um 1850
Carl Zeiss, Jena
H. 17,5 cm

484 Zusammengesetztes Mikroskop, um 1850
Gebrüder Mittelstrass, Magdeburg
H. 25 cm
Bad Dürkheim, Pfalzmuseum für Naturkunde

485 Maikäfer
Eigenpräparat eines Lehrers, Ende 19.Jh.
3,7 x 4,3 x 6,0 cm
486 Gelbrand-Käfer
Eigenpräparat, Ende 19.Jh.
4,0 x 6,5 x 5,0 cm
487 Pappelbock
Eigenpräparat, Ende 19.Jh.
7,5 x 11,5 x 7,5 cm
488 Kohlweißling
Eigenpräparat, Ende 19.Jh.
4,0 x 7,5 x 6,5 cm
489 Eichhörnchen
Stopfpräparat, Ende 19.Jh.
23 x 36 x 10 cm
490 Wiesel
Stopfpräparat, Ende 19.Jh.
26 x 21 x 12 cm
491 Fuchs
Stopfpräparat, Ende 19.Jh.
40 x 65 x 45 cm
Bremen, Schulgeschichtliche Sammlung

welche sich in der Natur kundgeben, ist die Aufgabe, welche gelöst werden soll.“[16]

Neben den Fragen der Methodik liegen Lüben besonders die Hilfsmittel des Unterrichts am Herzen. Da er ein guter Zeichner ist, fertigt er eigenhändig Schaubilder an. So entwirft er für den Unterricht in der Pflanzenkunde Holzschnittafeln, die „die Hauptformen der äußern Pflanzenorgane in stark vergrößerten Abbildungen auf schwarzem Grunde“ zeigen (1846); für die Tierkunde wird sein „Naturhistorischer Atlas“ mit Holzschnitten von Säugetieren (1858), gezeichnet von Heinrich Leutemann (1824-1905), bahnbrechend für die Entwicklung des Schulwandbilds. Seine Unterrichtswerke zur Naturgeschichte enthalten zugleich Anweisungen zur Herstellung und Pflege von Stopf- und Pflanzenpräparaten sowie Empfehlungen für einen wünschenswerten Lehrmittelbestand in der Volksschule. In Bremen werden die Ideen Lübens dankbar aufgegriffen; die um die Jahrhundertwende neu entstandenen Volksschulen sind von Beginn mit vielfältigen Lehr- und Lernmitteln ausgestattet.

Während sich Lüben als Volksschulmann bis in das 20. Jahrhundert hinein großer Anerkennung erfreut, findet seine Naturgeschichtsmethodik schon bald ihre Kritiker. Der schleswig-holsteinische Lehrer Friedrich Junge (1832-1908) etwa bemängelt Lübens Grundsatz eines einheitlichen Naturreichs, der ihn zu einer Überbetonung des Systemdenkens im Geiste Linnés verführe. Ohne daß dies Lübens Intention war, sind seine Ideen häufig bei blutleeren Pädagogen zu einem bloßen „Staubfädenzählen“ verkommen. Junge entwickelt in seinem Buch „Der Dorfteich als Lebensgemeinschaft“ (1885) das Prinzip, den Schülern die Naturobjekte in ihrem natürlichen Lebenszusammenhang vorzustellen. Lüben und seinen Anhängern wirft er vor, „das Natürlich-Zusammengehörige“ zugunsten einer logischen Einheit auseinanderzureißen: „Es wird das Wesen aus einer Umgebung, von der es beeinflußt wird und die es selbst beeinflußt, das Organ von seiner Thätigkeit, das Glied vom Ganzen in der Betrachtung abgelöst.“[17] In der Tat liest man bei Lüben wenig über den „Stoffwechsel in der Natur“, die Anpassung der Lebewesen an ihre natürliche Umgebung und das Beziehungsgeflecht zwischen Pflanze, Tier und Mensch. Freilich: darin ist Lüben ein Kind seiner Zeit; dies anerkennen auch die damaligen Neuerer der Schulbiologie.

Unwidersprochen bleibt: August Lüben war ein aufrechter, für die Volksbildung Partei ergreifender Pädagoge, ein Lehrer von hoher Berufsmoral, ein unermüdlicher Schulreformer – als solchen schätzen auch wir ihn, nicht als marmorne Autorität. Also: In Weiß wollen wir ihn nicht wieder, bunt soll er bleiben!

1 Lüben, A.: Methodische Anweisung zum Unterricht in der Thierkunde und Anthropologie. Berlin 1836, Vorrede, S. III.
2 Rißmann, R.: Deutsche Pädagogen des 19. Jahrhunderts. Leipzig 1910, S. 107.
3 Lüben, A.: Sein Leben und seine Schriften. Von ihm selbst beschrieben. Leipzig 1872, S. 133.
4 Ebenda, S. 7, 9.
5 Ebenda, S. 16.
6 Ebenda, S. 50.
7 Diesterweg, F.A.W.: Sämtliche Werke. Bd. V. Berlin 1961, S. 464-470.
8 Lüben, A.: Sein Leben und seine Schriften. A.a.O., S. 62f.
9 Lüben, A.: Anweisung zu einem methodischen Unterricht in der Pflanzenkunde. 6. Aufl. Leipzig 1879, S. XIV.
10 Ebenda.
11 Ebenda, S XIIIf.
12 Ebenda, 4. Aufl. Leipzig 1865, S. 8.
13 Ebenda, 6. Aufl. Leipzig 1879, S. 133f.
14 Ebenda, S. XX.
15 Ebenda, 4. Aufl. Leipzig 1865, S. 64.
16 Ebenda, S. XI.
17 Junge, F.: Der Dorfteich als Lebensgemeinschaft nebst einer Abhandlung über Ziel und Verfahren des naturgeschichtlichen Unterrichts. Kiel 1885, S. 5.

492 Mineraliensammlung in Buchform
E. Merck, Darmstadt, Ende 19.Jh.
5 x 60 x 50 cm
Bad Dürkheim, Pfalzmuseum für Naturkunde

493 Mineraliensammlung, Ende 19.Jh.
5 x 37 x 23 cm
494 Steinsalz, Ende 19.Jh.
H. 22,5 cm, Dm. 9,5 cm
Bremen, Schulgeschichtliche Sammlung

496 Gebirgs Lagerungen in der Pfalz
Kolorierte Handzeichnung von
Dr. L. Guembel, Kaiserslautern, 1860
72 x 110 cm
Guembel (1806-1875) war Mitglied des naturkundlichen Forschungs- und Bildungsvereins „Pollichia". In dem nach dem Kaiserlauterer Arzt und Botaniker Johann Adam Pollich benannten Verein engagierten sich auch viele Lehrer.

497 Höhenkarte der Pfalz
Kolorierte Handzeichnung von
Dr. L. Guembel, Kaiserslautern, 1865
80 x 109 cm
Bad Dürkheim, Pfalzmuseum für Naturkunde

498 Wolfsmilchschwärmer
Präparat, Ende 19.Jh
6,5 x 11,5 x 6,5 cm
Bremen, Schulgeschichtliche Sammlung

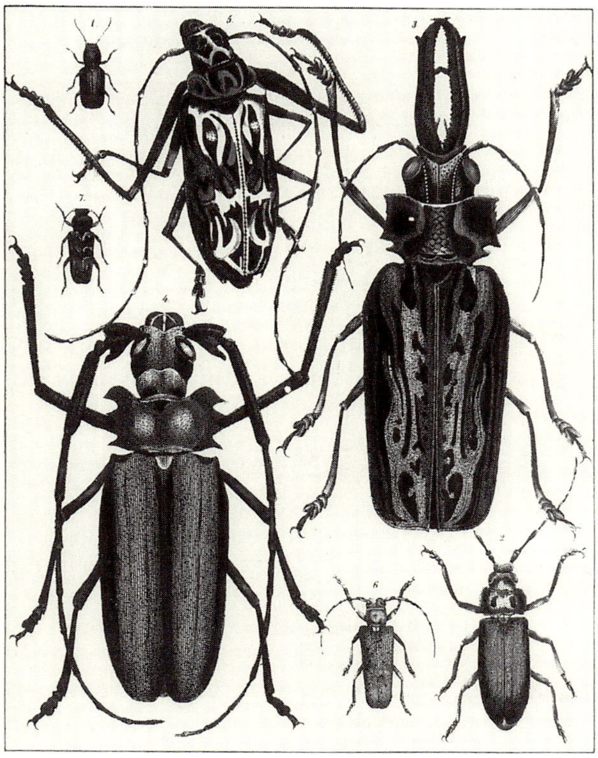

495 H. Rebau
Käfer-Büchlein oder Beschreibung der schönsten, nützlichsten und schädlichsten in- und ausländischen Käfer. Nebst einer kurzen Anweisung, Käfer zu fangen und sie, nebst ihren Eiern, Larven und Puppen für Sammlungen herzurichten. Für Knaben, die sich in ihren Freistunden gern angenehm und nützlich beschäftigen wollen, so wie für Landwirthe, Forstmänner und Gartenbesitzer. 4.Auflage
Reutlingen 1877

Jutta Schmidt

„Ein vortreffliches Hilfsmittel...“

Diesterweg als Rezensent naturkundlicher Schulwandbilder

Der Umgang mit Bildern ist uns selbstverständlich. Eindringlicher, unmittelbarer und nachhaltiger können Lerninhalte mit dem geschriebenen Wort nicht vermittelt werden. Als Johann Amos Comenius (1592-1670) in seinem „Orbis sensualium pictus“ 1658 die Dinge des kindlichen Erfahrungsraumes auf Holzschnitten für den Unterricht verfügbar machte, gab er dem Bild als Lehr- und Lernmittel eine neue Aufgabe. Fortan spiegeln die zu Unterrichtszwecken geschaffenen Tier- und Pflanzenabbildungen nicht mehr allein den zoologischen und botanischen Wissensstand, sondern auch die pädagogischen Intentionen der Zeit und ihre theoretischen Grundlagen. Neben der naturwissenschaftlichen Abbildung und dem künstlerischen Bild ist das „Anschauungsbild“ eine weitere naturkundliche Darstellungsform. Es enthält eine bestimmte erzieherische Absicht und ist den vorgeschriebenen Lehr- und Lerninhalten angemessen. Ausgewählte Sachverhalte oder Phänomene werden in bestimmter Weise „kindgemäß“ zur Anschauung gebracht. Nicht Vollständigkeit und meßbare Genauigkeit sind hier die Ziele. Eine Auswahl aus dem Ganzen, eine Teilansicht soll helfen, den Lernstoff zu gliedern, die Lernschritte zu lenken. Künstlerisch gestaltet sind sie zum Zweck ästhetischer Erziehung, und maßstabgerecht können sie zwangsläufig nicht sein, weil sie in Größe und Farbenwahl den räumlichen Bedingungen des Unterrichts, dem Klassenzimmer, entsprechen müssen.

Bilder für Kinder transponieren Wissen und Probleme der Zeit auf die kindgemäße Ebene, bewirken „Naturbilder“, erziehen zu „Weltanschauungen“ und sind somit ein Stück Bildungsgeschichte. „Lebensbilder“ schaffen Bilder des Lebendigen, die dem Erfahrungsraum der Kinder entsprechen, in kleinen Schritten darüber hinausführen sollen und dadurch die kulturelle Situation der Zeit wiedergeben.

Der „Boom“ an Schulwandbildern beginnt auf dem Höhepunkt der Lithographie um 1880. Schon seit Anfang des Jahrhunderts werden aber vereinzelt Bilderserien und Atlanten als Holzschnitte, als Kupfer- und Stahlstiche sowie als Steindrucke, schwarz-weiß und handkoloriert, „für Schule und Haus“ auf dem Lehrmittelmarkt angeboten.

Die Rezensionen in den Rheinischen Blättern

Diesterweg bespricht von 1828 bis 1863 zahlreiche Wandbilder zur Naturkunde, das sind hier geographische und astronomische Atlanten und Wandkarten, Wandtafeln zu den Anfangsgründen des Rechnens, Figurentafeln der Physik, Serien mit Tier- und Pflanzenbildern, pflanzengeographischen Bildern und Bildern aus dem Natur- und Menschenleben. In über vierzig Rezensionen verschafft er dem Leser einen Überblick über den Lehrmittelmarkt seiner Zeit und hat dadurch „nachhaltigen Einfluß“ auf die Umgestaltung des Schulwesens.[1]

Mit „Vergnügen“ bemerkt er denn auch 1832, „wie die Anzahl trefflicher Lehrmittel für einen bildenden Unterricht fort und fort wächst und wie die Brauchbarkeit der bereits vorhandenen vortrefflichen Lehrschriften sich steigert.“[2] Dies gilt für alle Fächer. „An der Schwelle einer neuzeitlichen Unterrichtslehre der naturkundlichen Fächergruppe“ gibt Diesterweg so entscheidende „Anstöße zur Verbesserung der Unterrichtsarbeit und zur Ausarbeitung entsprechender Lehrmaterialien“.[3]

Nur wenige naturkundliche Tafelwerke finden Diesterwegs Gefallen: ein anatomischer Atlas mit siebzehn Steindrucken aus dem Jahr 1832 und dessen zweite Auflage von 1850 mit Kupfertafeln in Folio. Dazu ein Handbuch für Volksschullehrer: Der Bau des menschlichen Körpers.[4] Beide erhalten höchste Anerkennung. Die Zeichnungen sind „deutlich“ und „schön“, verhelfen zu einer „lebendigen Anschauung der Teile des menschlichen Leibes“ und ersetzen anatomische Demonstrationen, wie sie häufig von Lehrern zur Vorbereitung eines anschaulichen Unterrichts aufgesucht wurden. Kenntnis des Menschen, seines Leibes, seiner Beziehungen zur belebten und unbelebten Natur ist die Grundlage einer Selbstkenntnis im Sinne Diesterwegs. Entsprechend dem Prinzip der freien Selbstbestimmung gilt es, die Selbsttätigkeit durch Selbstkenntnis zu entwickeln und zu fördern.

499 Der gemeine Dachs. Der nordische Vielfraß. Der gemeine Waschbär
A. Lüben: Naturhistorischer Atlas der Säugetiere, Tafel 6. 3. Auflage Leipzig 1882 (1858)
Farbige Illustrationen von Heinrich Leutemann
33 x 40 cm
Duisburg, Archiv Schulisches Wandbild

Die „Neuen Wandtafeln zur Naturgeschichte“, die von 1829 bis 1840 erschienen, bilden einen naturhistorischen Schulatlas: sechs Bilder, jeweils aus zwölf Blättern zusammengesetzt, coloriert und schwarz-weiß. Diesterweg rezensiert 1835 die ersten fünf Tafeln, 1841 das ganze Werk. Textbändchen ergänzen die Tafeln und führen zu einer „deutlichen Anschauung des Wesens und Lebens des einzelnen Tieres“.[5]

1839 bis 1842 erscheint der „Naturhistorische Bildersaal des Tierreiches“. Insgesamt 60 Lieferungen mit je drei Blättern, zusammen 180 Stahlstichtafeln, geben einen Abriß des ganzen Tierreiches. Ein „Prachtwerk“, dessen Abbildungen in der Kürze alles Wesentliche enthalten: „die Tiere erscheinen dem Auge unmittelbar in ihrer Naturwahrheit, wozu die meist zugleich dargestellte Umgebung, in welcher sie leben, nicht wenig beiträgt“.[6]

Schließlich veröffentlicht August Lüben (1804-1874), Bürgerschulrektor in Aschersleben und Merseburg, seit 1858 Direktor des Lehrerseminars in Bremen, 1846 die „Hauptformen der äußeren Pflanzenorgane in stark vergrößerten Abbildungen“, die 1871 eine zweite Auflage erleben.

Diesterwegs Forderungen an naturkundliche Schulwandbilder

Aus den Rezensionen lassen sich Diesterwegs Forderungen an bildliche Arbeitsmittel jeglicher Ausführung zusammenstellen. Bemerkenswert ist, daß er in den fünfunddreißig Jahren nur vier Serien findet, die seinen Ansprüchen genügen. So werden zum Beispiel die seit 1835 bei Jakob Ferdinand Schreiber in Esslingen herausgegebenen „Bilder zum Anschauungsunterricht für die Jugend“, die bis 1880 zu acht Serien mit je dreißig Tafeln heranwachsen, nicht erwähnt. Auch der von Lüben 1858 zum erstenmal angebotene naturhistorische Atlas der Säugetiere wird nicht zitiert, obwohl dessen Pflanzentafeln höchstes Lob erfahren und auch die methodischen Leifäden gründlich besprochen und wärmstens empfohlen werden. Lüben selbst zitiert 1859 für ein einziges Jahr acht zoologische und sechs Pflanzenserien.[7]

Die meisten dieser Bilderwerke sind für die herkömmlichen, nur dürftig ausgestatteten Schulen unerschwinglich, und die vorhandenen Bilderbücher tragen mehr zur Verklärung der Kinder bei als zur Veranschaulichung der Naturgeschichte. Ein Unterricht ohne Hilfsmittel aber bleibt „ein ledernes und hölzernes Ding“, bemerkt Diesterweg 1835 in der Besprechung der „Neuen Wandtafeln zur Naturgeschichte“. Um eine lebendige Anschauung der Dinge zu vermitteln, kann es nicht genügen, aus Büchern vorzulesen oder von „Raritäten“ zu erzählen. Die originale Begegnung ist unentbehrlich. Während Pflanzen und Mineralien fast immer aus der nächsten Nähe zu beschaffen sind, ist man bei Tieren überwiegend auf Abbildungen angewiesen.[8]

Diesterweg stellt Minimalforderungen: Die Abbildungen seien möglichst naturgetreu und farbig zu gestalten, weil es einen schwarzweißen Löwen nicht gebe und die Bilder lebhafter wirkten. Ferner sollen nur einzelne Tiere, möglichst sogar nur eines, dargestellt sein, wobei die wesentlichen Merkmale deutlich ins Auge fallen müssen. Schließlich sollen die Bilder so groß sein, daß sie auch in jedem Winkel des Klassenraumes noch deutlich gesehen werden können. Die hier besprochenen Tafeln bewegen sich zwischen lexikon-oktav (25 x 30 cm) und groß-folio (über 45 cm). Diese Größe genügt Diesterweg auch für „weite“ Entfernungen von 20 bis 24 Fuß. Entsprechend klein müssen daher die verfügbaren Klassenräume gewesen sein.[9]

Immer dienen die Bilder auch als Zeichenvorlagen, an denen Beobachtungsgabe und zeichnerische Techniken geübt werden können. Beschreibung von Größe, Bedeckung, Farbe, Körperteilen, Lebensweise und Geschichte sollen die Zeichnungen der Schüler ergänzen. Genaues Sehen und Beobachten, vollständiges Beschreiben, mündlich wie schriftlich, sicheres Erkennen des Speziellen und Allgemeinen, so erst wird naturgeschichtlicher Unterricht für Diesterweg „geistbildend“. Lübens Tierkunde erweist sich für dieses Ziel als überaus reichhaltig: *„Wir halten es von allen bisher für den Lehrer erschienenen Büchern zum Unterricht in der Zoologie für das Beste.“*[10]

In der Vorrede 1836 zitiert Lüben einen Brief Diesterwegs: *„Das Buch ist ganz in dem Geiste gearbeitet, in dem ich längst eine ähnliche Schrift, zu der ich aber zurückzukehren keine Hoffnung mehr habe, begann. Was ich wollte, haben Sie bereits geleistet. Fahren Sie nur auf dem betretenen Wege fort! Sie stiften Gutes!“*[11] Ebenso preist Diesterweg die 1832 erscheinende „Pflanzenkunde“ und wünscht für zukünftige Auflagen Abbildungen, die die wichtigsten Pflanzenformen veranschaulichen.[12] In der ganzen Grundansicht vom bildenden Elementarunterricht mit Lüben einig, läßt er diesen den naturgeschichtlichen Teil seines „Wegweisers zur Bildung für deutsche Lehrer" bearbeiten. Lüben überträgt Diesterwegs didaktische Regeln mit dem Ziel, „aus der Naturgeschichte einen geistbildenden, die Entwicklung der Selbstthätigkeit fördernden Lehrgegenstand zu machen".[13] In seinen Lehrbüchern gibt er ein erstes didaktisches Ordnungsgefüge, das die Stoffgebiete in bestimmte Stufengänge einteilt, wie es Diesterwegs Forderungen entspricht; 1846 fügt er Pflanzenbilder, 1858 Tierbilder hinzu.

Lübens naturkundlicher Kursus

Schulwandbilder sind „Verbrauchsmaterial". Einmal zu Unterrichtszwecken angeschaffte Serien wurden durch häufige Nutzung schnell verschlissen. Gab es nicht wiederholte Neuauflagen, so haben sich die Bilder bis heute nicht erhalten. Auch die von Diesterweg besprochenen Tafelwerke sind bisher nicht aufgefunden. Einzig einige von Lübens Tierbildern werden im „Archiv Schulisches Wandbild" der Universität Duisburg aufbewahrt. Da sich gerade an ihnen Diesterwegs didaktische Regeln nachvollziehen lassen, wie sie August Lüben für den naturgeschichtlichen Unterricht ausgearbeitet hatte, sollen sie hier gezeigt werden.

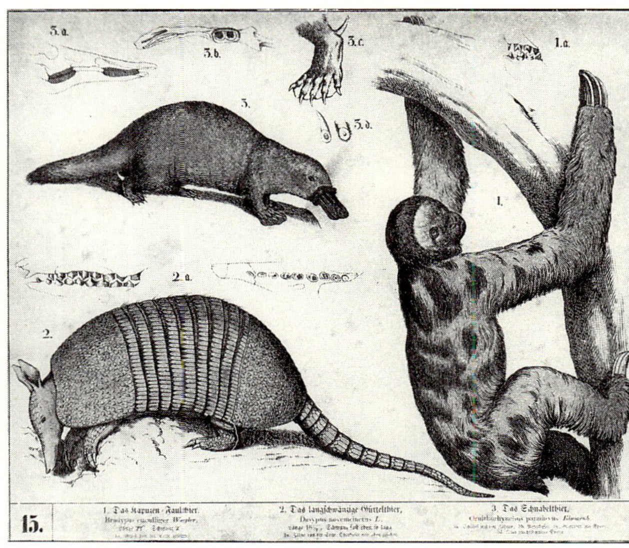

August Lüben wird am 28. Januar 1804 in Golzow bei Küstrin geboren. Mit 16 Jahren kommt er als Zögling an das Lehrerseminar in Neuzelle und 1822 als Lehrer an das Lehrerseminar in Weißenfels. Er unterrichtet Schreiben, Zeichnen, Naturgeschichte, Geographie und Geometrie. Um dem „Übelstand" an geeigneten Anschauungsbildern abzuhelfen, schafft er eigene Abbildungen. Die Pflanzentafeln sind jedoch nicht die ersten. 1826, als Lehrer in Alsleben an der Saale, fertigt er Vorlagen für den Zeichenunterricht an. Erst zwanzig Jahre später erscheinen die „Hauptformen der äußeren Pflanzenorgane". Fünfzehn Holzschnitte in groß-oktav mit 78 Figuren in der ersten Auflage 1846, mit 81 Figuren in der zweiten Auflage 1871, jeweils auf schwarzem Tuschegrund. Entsprechend der Intention, „vom Besonderen zum Allgemeinen" voranzuschreiten, sollen mit Hilfe dieser Bilder Pflanzenmerkmale wiederholt und morphologische Zusammenhänge erarbeitet werden. Als Wandschmuck dienen die Tafeln in der Reihenfolge des Unterrichtsstoffes der Wiederholung und Festigung. Nach den pflanzenkundlichen Sommerkursen stehen Entwicklung und Verwandtschaft der Pflanzen geordnet und veranschaulicht zur Verfügung.

500 Die afrikanische Zibethkatze. Die gestreifte Hyäne
A. Lüben: Naturhistorischer Atlas der Säugetiere, Tafel 8. 3. Auflage Leipzig 1882 (1858)
Farbige Illustrationen von Heinrich Leutemann
33 x 40 cm

501 Das Kapuzen-Faulthier. Das langschwänzige Gürtelthier
A. Lüben: Naturhistorischer Atlas der Säugetiere, Tafel 15. 3. Auflage Leipzig 1882 (1858)
Farbige Illustrationen von Heinrich Leutemann
33 x 40 cm
Duisburg, Archiv Schulisches Wandbild

30 Säugetiertafeln bilden den Anfang zu Lübens „Naturhistorischen Atlas" nach den Vorlagen des bekannten Tiermalers Heinrich Leutemann (1824-1905): schwarz-weiß in der ersten Auflage 1858, koloriert in der dritten Auflage 1882. Die 33 x 40 cm großen Blätter zeigen *„entweder nur ein einziges Thier, oder es sind zwei bis vier sehr nahe miteinander verwandte, zu einer Gattung oder Familie gehörende Arten dargestellt... Zahlreiche Detailzeichnungen bringen die unterscheidenden Merkmale der Gattungen und natürlichen Familien zur Anschauung und lassen das Auffallendste aus der Lebensweise und die Stellung der Thiere im System mit Leichtigkeit erkennen"*.[14]

Also: Systemkunde ist höchstes Lernziel, das Individuum der Anfang. Jede Ordnung wird durch ein Tier, eine Art repräsentiert, dabei die einheimischen, bekannteren zuerst besprochen. So wird das Allgemeine aus dem Besonderen abgeleitet, das Abstrakte erscheint im Konkreten. Der Begriff, für sich allein nicht darstellbar, wird aus dem Individuellen verstanden, denn wahrnehmbar – auch auf den Anschauungsbildern – ist immer nur das Besondere.

Heinrich Leutemann zeichnet die Bilder nach den Entwürfen von August Lüben selbst, nach der Natur, nach lebenden oder ausgestopften Exemplaren, in Lebensgröße oder in bestimmtem Maßstab verkleinert.[15] Das handliche Format ermöglicht den Gebrauch im Familienkreise. Die Serie enthält auf 30 Tafeln elf Säugetierordnungen mit 79 einheimischen und fremdländischen Arten. Wie viele andere Serien dieser Zeit, beginnt auch diese mit den Menschenaffen – Orang-Utan und Schimpanse – und endet mit den Meeressäugetieren: Grönlandwal, Pottwal und Delphin. Die vorgesehenen übrigen Bilder können nicht mehr angefertigt werden, weil unterdessen der Verlagsleiter verstorben ist und die nachfolgenden Eigner an Anschauungsbildern kein Interesse zeigen.[16]

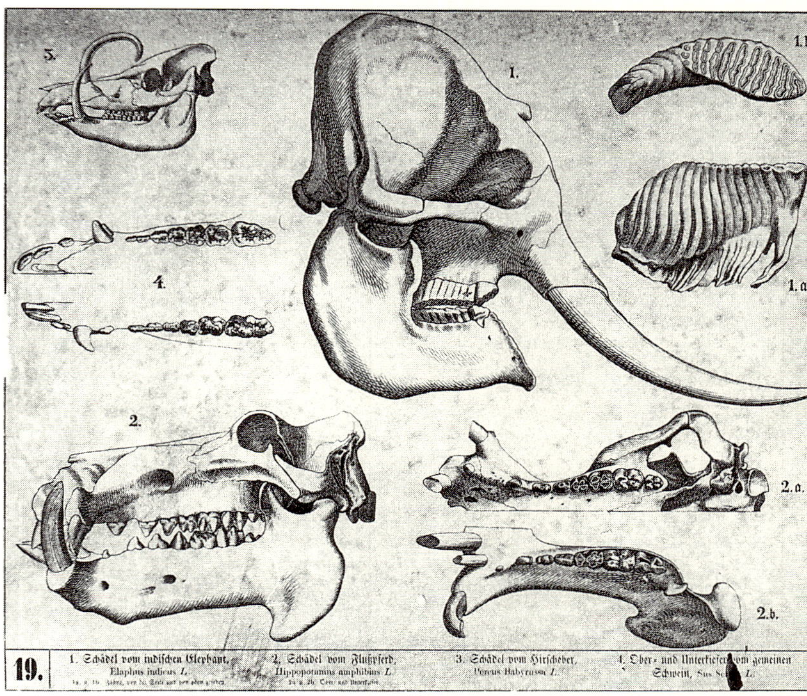

502 Schädel vom indischen Elefanten, Flußpferd, Hirscheber. Ober- und Unterkiefer vom gemeinen Schwein
A. Lüben: Naturhistorischer Atlas der Säugetiere, Tafel 19. 3. Auflage Leipzig 1882 (1858)
Schwarz-weiße Illustrationen von Heinrich Leutemann
33 x 40 cm
Duisburg, Archiv Schulisches Wandbild

Vorgestellt sind hier fünf Tafeln mit den Lerninhalten des dritten Kursus. Da jeder Kurs Ostern beginnt und ein Jahr dauert, handelt es sich um die Lerngegenstände im dritten Jahr des naturgeschichtlichen Unterrichts. Im ersten Kurs werden einheimische, bekannte Arten, meist Haustiere wie Pferd, Gans, Katze, Hund, im Ganzen sechzehn Tiere, erarbeitet. Entsprechendes gilt für Pflanzen und Mineralien. Im zweiten Kurs werden die jetzt schon besprochenen Tiere noch einmal gründlicher behandelt und durch weitere Arten dieser systematischen Gruppe (Gattung) ergänzt. Der dritte Kurs erweitert das bisher Gelernte um Familien, Ordnungen und Klassen in ihrer systematischen Zuordnung. Lerninhalte sind: Aufenthalt und Verbreitung, Ernährung, Fortpflanzung, Eigenarten, Sitten und Nutzen, Kennenlernen der zum Naturverständnis wichtigen Formen in ihrer Beziehung zum Menschen und Üben im Klassifizieren und Bestimmen durch Vergleichen von mindestens zwei Beispielen. Der vierte Kurs beschließt das System mit dem Menschen, der Anatomie und Physiologie von Tieren und Pflanzen, schließlich dem Vergleich der drei Naturreiche.

Zu den Tafeln

Auf den Wandbildern sind jeweils mehrere verwandte Arten einer systematischen Gruppe abgebildet, wobei Lüben mit einigen Änderungen dem zoologischen System von Georges Cuvier (1768-1833) folgt: die „Sohlengänger“ Dachs, Vielfraß und Waschbär, die „Zehengänger“ Zibethkatze und Hyäne, als „Zahnarme“ das Kapuzen-Faultier, das langschwänzige Gürteltier und das Schnabeltier, die „Dick-

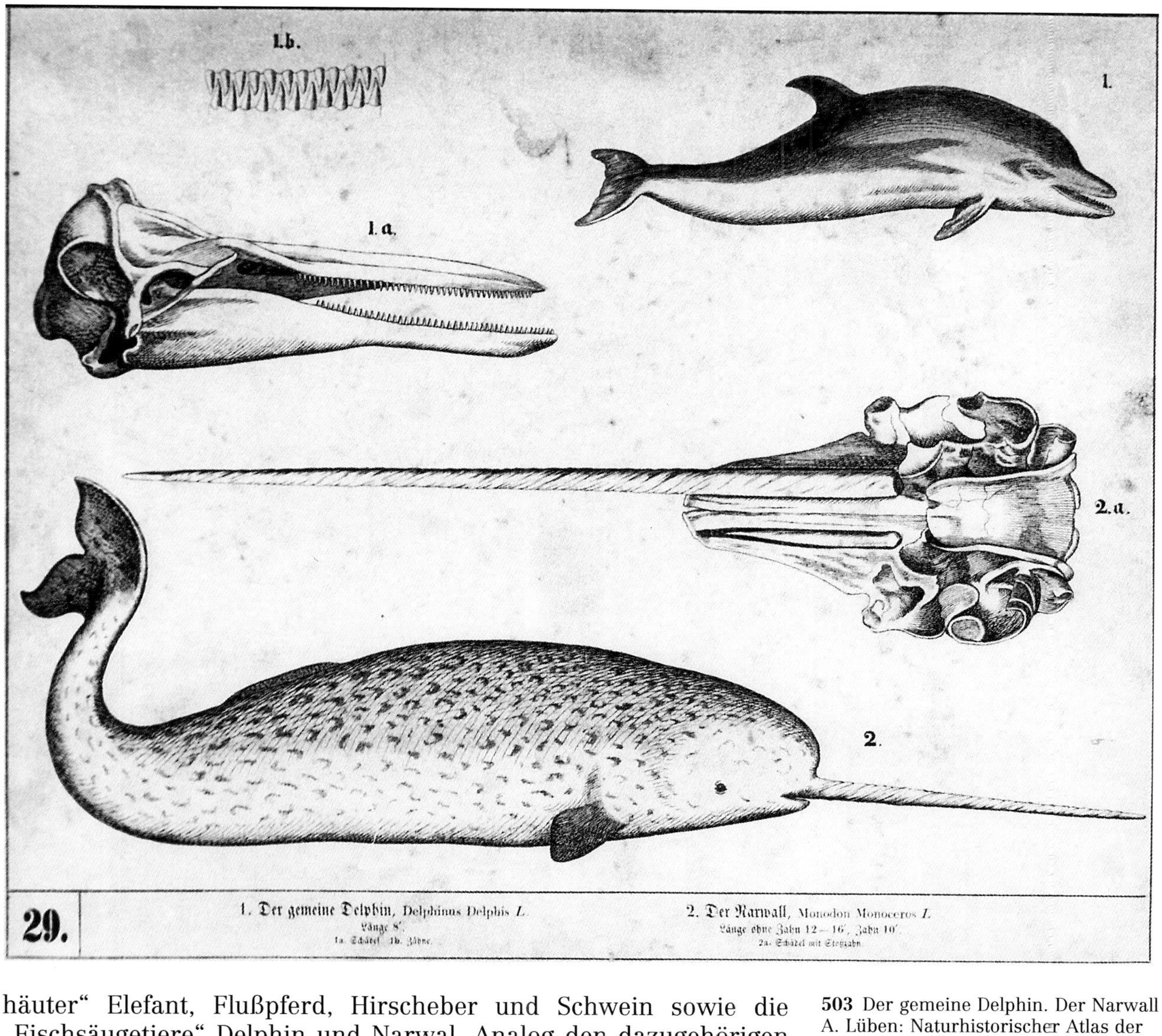

503 Der gemeine Delphin. Der Narwall
A. Lüben: Naturhistorischer Atlas der Säugetiere, Tafel 29. 3. Auflage Leipzig 1882 (1858)
Farbige Illustrationen von Heinrich Leutemann
33 x 40 cm
Duisburg, Archiv Schulisches Wandbild

häuter“ Elefant, Flußpferd, Hirscheber und Schwein sowie die „Fischsäugetiere“ Delphin und Narwal. Analog den dazugehörigen Lehrbüchern sind die Größen in Fuß (') und Zoll ('') angegeben. Die Beschreibung ist hier der Lüben'schen „Tierkunde“ von 1836 entnommen.[17]

Tafel 6: Dachs, Vielfraß und Waschbär. Die einheimischen Beispiele der Sohlengänger oder Bären. Zu der gleichen Gruppe gehört auch der Waschbär. Familienkennzeichen sind ein plumper Körper mit langen Haaren, kleinen Ohren und haarlosen Fußsohlen. „Es sind träge, ernste, ungesellige Tiere, welche in Höhlen wohnen, Früchte und Fleisch fressen und sich meist am Tage versteckt halten." Zahnformel und das Größenverhältnis von Schwanz und Fußsohle sind Gattungsmerkmale.

Tafel 8: Die „Zehengänger" Zibethkatze und Hyäne haben einen langgestreckten Körper mit langem Schwanz, kräftig entwickelter Rückenmähne, die beiden Tieren ähnliches Aussehen verleiht, und eine behaarte Fußsohle. Lüben beschreibt sie als räuberisch lebende, blutgierige Nachtjäger.

Tafel 15 zeigt aus der Ordnung der „Zahnarmen" je ein Beispiel aus den Familien der Faultiere, Schnabeltiere und Gürteltiere.

Tafel 19 dokumentiert die Schädel vom indischen Elefanten, von Flußpferd und Hirscheber sowie Ober- und Unterkiefer des gemeinen Schweins. „Meistens große und plumpe Tiere mit dicker Haut, die entweder fast kahl, oder mit Borsten, selten mit Haaren bedeckt ist." Sie halten sich überwiegend in sumpfigen Gegenden auf, ernähren sich von Pflanzen und sind in ihren Bewegungen schwerfällig.

Tafel 29: Aus der Familie der „Wale" und der Ordnung der „Fischsäugetiere" sind Delphin und Narwal auf der vorletzten Tafel wiedergegeben. Familienkennzeichen ist der fischartige, glatte, unbehaarte Körper mit flossenartigen Vorderbeinen, ohne Zehen und Nägel. Wie andere Säugetiere ernähren sie ihre Jungen mit Milch und kommen zum Luftholen an die Wasseroberfläche. Sie leben gesellig und sind die größten unserer Säugetiere.

Lüben entwickelt seine Tier- und Pflanzenbilder aus den Bedürfnissen des Unterrichtes und zur Illustration seiner Lehrbücher. Sie sollen Lerninhalte veranschaulichen und zum Zeichnen, damit zum Beobachten anregen.

Gleichzeitig mit seinen eigenen Tafelwerken empfiehlt er 1859 acht zoologische und sechs botanische Serien anderer Autoren, die seine eigenen Bilder ergänzen und fortsetzen sollen. Zwei dieser Serien werden auch von Diesterweg rezensiert: „Der anatomische Atlas mit siebzehn Tafeln", den Diesterweg als „besonders brauchbar" für den Unterricht in Schullehrerseminaren empfohlen hatte, und die „Neuen Wandtafeln zur Naturgeschichte". Lübens Pflanzenbilder würdigt er nur mit wenigen Sätzen, doch enthalten diese gebündeltes Lob: *„Das ist wieder einmal ein Förderungsmittel des Unterrichts, über dessen Erscheinen man sich nur freuen kann – es erleichtert den Unterricht, macht ihn anschaulich, schärft die Sinne, übt die Hand, fördert die Einsicht in die Gesetzmäßigkeit der Natur und erhöhet die veredelnde Liebe zu derselben. Es muß für Schulen angeschafft werden. Die Zeichnungen sind sehr sauber und deutlich und so groß, daß sie von der ganzen Schülerklasse gesehen werden können (groß-oktav). Die Abbildungen werden auf Pappe gezogen, damit sie aufgehängt, nebeneinandergestellt, verglichen, abgezeichnet werden können. Ein vortreffliches Hilfsmittel, das einem wahre Freude macht, wenn man bedenkt, wie ehemals der Unterricht in der Naturgeschichte (aus Büchern) erteilt wurde und wie er jetzt gegeben werden kann!"*[18] Die Tierbilder ergänzen dieses Werk.

1 Schöler, W.: Geschichte des naturwissenschaftlichen Unterrichts im 17. bis 19. Jahrhundert. Berlin 1970, S. 214.
2 Rezension i. d. Rheinischen Blättern (1832). In: Diesterweg, F.A.W.: Sämtliche Werke. Bd. II. Berlin 1957, S. 591 (DSW).
3 Schöler, W.: a.a.O., S. 209.
4 Der Bau des menschlichen Körpers. Handbuch für Volksschullehrer v. J. Benedikt v.Franque. M. e. anatomischen Atlas v. 17 Tafeln. Frankfurt a. M. 1832. Rezension i. d. Rheinischen Blätter (1832). In: DSW Bd. II, S. 591-593.
5 Fischer, J.G.: Beschreibung aller naturhistorischen Gegenstände, welche auf den neuen Wandtafeln zur Naturgeschichte abgebildet sind. 4 Bde. Breslau 1830-1833. Rezension i. d. Rheinischen Blättern (1835). In: DSW Bd. III, S. 465.
6 Treitschke, F.: Naturhistorischer Bildersaal des Tierreiches. Pesth 1840. Rezension i. d. Rheinischen Blättern (1841). In: DSW Bd. V, S. 399.
7 Lüben, A.: Der Realunterricht in mehrklassigen Bürgerschulen. In: Der practische Schulmann Jg. 8, 1859, S. 182f.
8 DSW Bd. III, S. 465.
9 Deschner, C.: Dreißig Wandtafeln. Anfangsgründe im Ornamentenzeichnen für Real- und gewerbliche Fortbildungsschulen. Heilbronn o.J. Rezension i. d. Rheinischen Blättern (1863). In: DSW Bd. XVI, S. 352.
10 Lüben, A.: Methodische Anweisung zum Unterricht in der Thierkunde und Anthropologie. Berlin 1836. Rezension i. d. Rheinischen Blättern (1836). In: DSW Bd. IV, S. 87.
11 Lüben, A.: Methodische Anweisung zum Unterricht in Thierkunde und Anthropologie. A.a.O., Vorwort.
12 Lüben, A.: Anweisung zum Unterricht in der Naturgeschichte. 1. Teil: Pflanzenkunde. Rezension i. d. Rheinischen Blättern (1836). In: DSW Bd. III, S. 324.
13 Lüben, A.: Methodische Anweisungen zum Unterricht in der Thierkunde und Anthropologie. A.a.O., Vorwort.
14 Lüben, A.: Vorrede zur ersten Auflage, Leipzig 1858. Pädagogische Bibliothek Kopenhagen: 14.091-120.
15 Ebenda.
16 Lüben, A.: Sein Leben und seine Schriften. Von ihm selbst beschrieben. Leipzig 1872, S. 113.
17 Lüben, A.: Methodische Anweisungen zum Unterricht in der Thierkunde und Anthropologie. A.a.O., Vorrede, S. III.
18 Lüben, A.: Die Hauptformen der äußeren Pflanzenorgane in stark vergrößerten Abbildungen auf schwarzem Grunde. Leipzig 1846. Rezension i. d. Rheinischen Blättern (1846). In: DSW VII, S. 131.

Reinhard Stach

Die neue Zeit im Schulwandbild

Wandbilder zur Technik

1. Der naturwissenschaftlich-technische Unterricht

504 Die Eisenbahn vor hundert Jahren
Der praktische Schulmann, Tafel 189, 1935
Farbige Illustration von A. Hoffmann
63,5 x 91,0 cm
Duisburg, Archiv Schulisches Wandbild

Diesterwegs Lebenszeit ist geprägt durch die Umsetzung bedeutender Erfindungen des 18. Jahrhunderts in technische Werkzeuge und Maschinen für die industrielle Arbeit in der Mitte des 19. Jahrhunderts. Diesterweg hat diese Entwicklung wachsender Industrialisierung mit Aufmerksamkeit beobachtet und für sein didaktisches Denken fruchtbar gemacht.

Sein pädagogisches Konzept, das er zunächst auf dem Prinzip der Naturgemäßheit bildender Prozesse begründet und aufbaut, erweitert und vervollständigt er durch das Prinzip der Kulturgemäßheit. *„Nach so viel Seiten sich die Kultur überhaupt erstreckt, nach ebenso vielen Richtungen dehnt sich die kulturgemäße Erziehung aus. Die Jugend eines Volkes soll der Stufe der Kultur, welche dasselbe in jeglicher Beziehung erstiegen hat, gemäß gebildet werden, sowohl in äußerer, als innerer und gesellschaftlicher Hinsicht."*[1] Kultur wird abgegrenzt von Natur und Unkultur – gleich Roheit – und unterteilt in eine äußere, innere und gesellschaftliche Richtung. Im thematisierten Zusammenhang sind folgende Formen der gesellschaftlichen Kultur von besonderer Bedeutung:

- der Grad „der Beherrschung der Natur" und
- die „Art der Formen des sozialen Lebens in ihrem Einklange zu der gesamten übrigen Kultur und Bildung eines Volkes"[2].

Hinsichtlich der Naturbeherrschung und ihrer Technisierung ist man noch euphorisch; denn jener *„Staat nimmt die höhere Kulturstufe ein, welcher die Naturkräfte am vollkommensten zu seinem Zwecke zu benutzen versteht. Dahin gehören namentlich die Anwendung der Naturwissenschaften auf die Gewerbe und den Verkehr der Menschen untereinander, weshalb dieser Zweig der sozialen Kultur an dem Zustande der Brücken und Straßen, der Fabriken und Manufakturen, der öffentlichen Gebäude, der Festungen und sämtlicher Verteidigungsanstalten des Staates gegen innere und äußere Feinde, der Armenanstalten usw. gemessen wird".*[3] Dieses breite Spektrum charakterisiert die Hoffnungen und Erwartungen, die man an den Prozeß wachsender Industrialisierung knüpft. Weniger im klaren ist man sich damals noch über die sozialen Nachwirkungen und Kosten dieser Entwicklung und die Möglichkeiten ihrer Bewältigung.[4]

Mit dem Umriß kulturgemäßer Bildung skizziert Diesterweg nicht nur das Feld der technischen Entwicklung, sondern er markiert auch deren Bedeutung als Gegenstandsbereich des Lehrplans für den Unterricht in den allgemeinbildenden Schulen. Neben der Biologie und Naturgeschichte gewinnen zunehmend auch die Physik und Chemie[5] an Bedeutung. *„Es ist die Naturkunde im weitesten Sinne des Wortes, von der Steinkunde an, durch die Botanik, Zoologie, Anthropologie, Physik, Chemie, hindurch bis zu den Planeten, Kometen und Fixsternen. Wir sind Lehrer des Jahres 1840, Kinder unserer Zeit, nicht vor Jahrhunderten oder Jahrtausenden vergangener Zeiten, sondern der Gegenwart, nimmer unsere Mutter verleugnend. Unser Zeitalter kann ein physikalisches genannt werden."*[6]

Diesterwegs Hochschätzung der Naturwissenschaften, und besonders der Physik, in ihrer Bedeutung für das menschliche Leben kann kaum überbewertet werden. *„Die Physik ist eine schöne Wissenschaft, und doch ist ihr Inhalt vielen, sonst gebildeten Menschen ganz oder wenigstens zum Teil fremd. Wie die ganze Naturkunde die Bildung des Menschen in vorzüglichem, hohem Grade fördert, so beson-*

505 J. Crüger
Die Physik in der Volksschule. 9.Auflage
Erfurt 1866
Ferdinand Emil Johannes Crüger (1822-1900) studierte in Berlin Philologie und Theologie. Seit 1847 war er Lehrer an der Höheren Töchterschule in Brandenburg, seit 1852 Rektor der Domschule und Domprediger in Havelberg und seit 1854 Rektor und Schulinspektor in Zehdenick. 1858 wurde er Oberlehrer am Schullehrerseminar in Eisleben. 1861-1872 leitete er das neugegründete Lehrerseminar in Oranienburg. Crüger förderte mit zahlreichen Schriften, die von Diesterweg lobend rezensiert wurden, den Naturlehre-Unterricht in der Volksschule. Da im Moerser Lehrerseminar Apparate und Gerätschaften für dieses Fach noch bis in die 1850er Jahre hinein fehlten, ließ der Seminarlehrer F. Schürmann seine Schüler solche nach einem Lehrbuch von Crüger selbst anfertigen.

ders die Physik." Diesterweg will geradezu beschwörend auf seine Leser wirken; denn einige Zeilen weiter heißt es: „*Wenn für irgendein Geschäft die Physik Wichtigkeit und Wert hat, dann für das Lehramt, besonders in der Volksschule.*"[7]

Diesterwegs methodisches Konzept ist für den Unterricht in den Naturwissenschaften bahnbrechend. „*In die Zeit des unklaren Tastens und Drängens nach einer zielbewußten Richtschnur in der Behandlung des Lehrstoffes, nach Form und Inhalt, fiel wie ein erleuchtender Blitz aus dunklem Gewölk A. Diesterwegs ,Wegweiser zur Bildung für deutsche Lehrer', 1834, welcher, wie für die anderen Zweige des Unterrichtes, so besonders für die Naturlehre Ziel und Zweck und zur Erreichung derselben einen bestimmten Weg vorzeichnete.*"[8] Diesterweg greift für die unterrichtliche Behandlung auf den bewährten aristotelischen Ternar zurück: Anschauen, Begreifen, Handeln. „*Zuerst überall das Was; dann Wie; dann Warum, oder Erscheinung, Gesetz, Ursache.*"[9] Aus der Vielzahl neuer Erscheinungen des technisch-industriellen Wandels seien zwei damals zukunftsweisende Errungenschaften gewählt: die Eisenbahn und der Telegraph.

2. Die Eisenbahn als Dampfmaschine

Am 7. Dezember 1835, morgens um 9 Uhr, fährt die erste deutsche Eisenbahn zwischen Nürnberg und Fürth. Die Strecke beträgt 6,05 km, die Fahrtzeit neun Minuten. Im Zug befinden sich 200 Passagiere. Die Fahrt ist das Ereignis des Jahres. Sie bewirkt den Anbruch einer neuen Zeit. Das Geschehen ist auf Wandbildern[10] festgehalten. Überall in Deutschland beginnt man mit dem Bau der Eisenbahn und eröffnet Teilstrecken:

Berlin – Potsdam am 29. Oktober 1838,
Braunschweig – Wolfenbüttel am 1. Dezember 1838,
Düsseldorf – Erkrath am 20. Dezember 1838,
Leipzig – Dresden am 7. April 1839,
Frankfurt – Wiesbaden am 26. September 1839,
München – Augsburg am 4. Oktober 1840,
Magdeburg – Halle – Leipzig am 18. August 1840,
Mannheim – Heidelberg am 12. September 1840.

Unaufhaltsam dehnt sich das Streckennetz aus. Friedrich List (1784-1846), Volkswirtschaftler und Politiker, wird der Schöpfer der deutschen Eisenbahn. Das wachsende Wirtschaftsleben und die zollpolitische Einigung verlangen Transporteinrichtungen zum beschleunigten und regelmäßigen Warenaustausch und Personenverkehr. Das Wandbild veranschaulicht die Begeisterung der Menschen, aber auch das noch zeitgleiche Nebeneinander der verschiedenen, traditionellen und modernen, Fortbewegungsmittel.

Bei der Eisenbahn handelt es sich um ein den Schülern erklärungsbedürftiges Phänomen. Die damals neuen Verkehrsmittel gehören zum täglichen Erscheinungsbild zumindest der Städte und damit zur Erfahrungswelt des jungen Menschen. Das Funktionieren dieser Maschine muß deshalb naturwissenschaftlich-technisch durchschaubar gemacht werden. Zu diesem Zweck wird der Realgegenstand durch das Bild ersetzt. Es garantiert die notwendige Anschauung.

Um jedoch von der Erscheinung zum Gesetz und zur Ursache zu gelangen, bedarf es weiterer Veranschaulichung. Aus dem Gesamtbild wird die Lokomotive als treibende Kraft herausgelöst und isoliert dargeboten. Das Bild erscheint am Ende des vorigen Jahrhunderts und wird im Kommentar von Max Eschner erklärt: „*Auf dem Kessel erblicken wir einen grösseren Aufsatz, den Dampfdom b, der gewissermassen eine Ausbuchtung des Kessels nach oben bedeutet. Er ist der Sammelraum des Dampfes. Von dort findet er in dem Rohre c einen Ausweg. Sobald der Maschinenführer durch die Kurbel e (unter dem Dampfdruckmesser sichtbar) das Ventil d im Aufsatz öffnet, strömt der Dampf durch das lange Rohr c (in der Pfeilrichtung) in den Schieberkasten f. Hier kann er aber nicht entweichen, denn ringsum ist er von festen Wänden umschlossen. (Nur auf unserem Bilde ist er aus*

506 Lokomotive
Eschners technologische Tafeln, Tafel 7, 1894
Farbige Illustration
66 x 88 cm
Duisburg, Archiv Schulisches Wandbild

bekannten Gründen aufgerissen.) Überall drückt er gewaltig gegen die Wände und findet endlich im Boden eine Öffnung, durch die er sofort hinabströmt. In dem Boden des Schieberkastens sind zwar außer der ebengenannten Öffnung g noch zwei andere h und k, welche aber augenblicklich von dem Schieber m eingeschlossen und darum vom Dampfe abgeschlossen sind. Die Öffnung h führt auch hinunter in den Cylinder und mündet dort rechts vom Kolben, die Öffnung k führt durch das Dampfrohr l in den Schornstein. Der Dampf gelangt also durch Öffnung g in den Cylinder i. Hier kann er auch nicht weiter, denn ringsum ist der Raum von eisernen Wänden umschlossen. Doch er versucht es. Mit ungeheurer Kraft drückt er gegen die umschliessenden Wände, ob er nicht irgendwo durchbrechen kann. Und siehe da, die eine Wand gibt nach, sie weicht vor seinem Druck zurück. Der Kolben bewegt sich in Pfeilrichtung nach vorn."[11]

Zur weiteren begrifflichen Erläuterung sind auf einem zweiten Wandbild Maschinenteile wie Kolben und Schieberstellungen abgebildet. Die isolierte Darstellung der Teilgegenstände ermöglicht ein Fortschreiten im Abstraktionsprozeß zur exakten physikalischen Begriffsbildung. Durch die Vorgabe des ersten Bildes kann jedoch jederzeit wieder ein Rückgriff auf die Ebene des Konkreten erfolgen, und die Anschauung bleibt gesichert. Technische Vorgänge, wie die Herstellung von Roheisen und Maschinen, können durch andere Wandbilder veranschaulicht und zur Kenntnis gebracht werden. Auch der gesellschaftliche Aspekt, die Bedeutung der Eisenbahn im wirtschaftlichen und persönlichen Leben, kann durch Ansichten von Bahnhöfen und Bahnhofsvorplätzen eindrucksvoll ergänzt werden.

507 Lokomotive, Detailzeichnung
Eschners technologische Tafeln, Tafel 8, Nummer 2, 1894
Farbige Illustration
65 x 88 cm
Duisburg, Archiv Schulisches Wandbild

Mit dem Blick auf die erste Dampfmaschine wird der Erkenntnisprozeß in die historische Dimension gewiesen. Es ist die Antwort auf die Frage nach der Entwicklungsgeschichte damals moderner, „neuzeitlicher" Maschinen. Die Erfindung der Dampfmaschine liegt bald ein halbes Jahrhundert vor der Konstruktion der Lokomotive. Um 1770 erbaut James Watt (1736-1819) das Urmodell. Bereits 1807 kann der Amerikaner Robert Fulton (1765-1815) das erste Dampfschiff auf dem Hudson in Betrieb setzen. Technische Errungenschaften durchlaufen einen Entwicklungsprozeß. Die wachsende Vervollkommnung der Maschine verdeutlicht den „Grad der Beherrschung der Natur" und markiert die kulturelle Entwicklungsstufe der Gegenwart gegenüber einer überholten Vergangenheit. In einem Lehrbuch

508 Die erste Dampfmaschine
A. Lehmann: Kulturgeschichtliche Bilder, Tafel 27, 1.Abteilung, um 1920
Farbige Illustration
66 x 88 cm
Duisburg, Archiv Schulisches Wandbild

von 1849, das Diesterweg in den *Rheinischen Blättern* überaus positiv beurteilt, wird die Erfindung der Dampfmaschine in ihrer Bedeutung für die gewerbliche Entwicklung gleichgesetzt mit der Erfindung der Buchdruckerkunst für die Wissenschaft. Die Dampfmaschine *„macht den Schiffer unabhängig von Wind und Strömung, sie setzt unsere Mühlen in Bewegung, gleichgültig, ob der Mühlbach versiegt oder auf den Grund gefroren ist, sie überwindet jede Last mit Leichtigkeit und jede Entfernung mit der Geschwindigkeit des Windes... Es gebührt daher der Betrachtung der Dampfmaschine hier vorzugsweise eine Stelle, damit uns ihr Wirken nicht als etwas Wunderartiges, Dämonisches erscheine, sondern als ein bewundernswerthes Beispiel, wie die Kräfte der Natur dem Geiste dienstbar gemacht werden können.“*[12] Das nebenstehende Wandbild zeigt James Watt und seine Dampfmaschine. Watt verbindet mit seiner Erfindung merkantile Interessen. Die erste Lokomotive erfindet jedoch sein Landsmann George Stephenson (1781-1848) im Jahre 1814. 1830 fährt die erste Eisenbahn zwischen Liverpool und Manchester.

3. Der Telegraph als elektromagnetisches Instrument

Um seinen Schülern in den 60er Jahren des vorigen Jahrhunderts die Bedeutung des Telegraphen für das tägliche Leben zu schildern, nennt der Stuttgarter Professor für Physik Carl Bopp (1833-1904) zahlreiche Beispiele, verweist auf den geringen Preis und auf die Verfügbarkeit für Jedermann. *„Soll ein Bekannter oder Verwandter wegen eines Krankheits- oder Todesfalles in Wien schnell von Berlin dahin abreisen, gibt man ihm die Nachricht durch ein Telegramm und mit dem nächsten Bahnzug macht er sich auf den Weg. – Die Sicherheitswachen auf den Thürmen theilen durch Telegraphen die Entstehung eines Brandes den Löschanstalten mit, die Polizeistationen machen sich durch solche Telegraphen dienstliche Mittheilungen, in großen Häusern, wie Gasthöfe, Kanzeleien, Paläste dienen Haustelegraphen zur Benachrichtigung der Dienerschaft. – Die Erfindung des Telegraphen“* – das ist seine abschließende Meinung – *„ist eine der vorzüglichsten unseres Jahrhunderts, denn dadurch ist, was die kühnste Phantasie kaum zu denken wagte, der Gedanken-Austausch auf Tausende von Meilen ohne Zeitverlust und in jedem beliebigen Augenblick zur Möglichkeit, ja Wirklichkeit geworden.“*[13]

Seine physikalischen Wandtafeln von 1866, eine Serie von acht Bildern, finden besonders in der Neuauflage von 1868 schnell beachtliche Anerkennung.[14] Die Ministerien einzelner Länder empfehlen sie als Unterrichtsmittel für den ersten Unterricht in der Physik; sie werden in der Pariser Weltausstellung ausgelegt und die Kronprinzessin von Preußen beschafft sie zum Unterricht für den Prinzen.

Mehr noch als die Eisenbahn wird der Telegraph ein weitverzweigtes Kontaktinstrument zwischen den einzelnen Menschen in den Kulturstaaten. Über 100.000 geographische Meilen beträg damals die Gesamtlänge der verlegten Leitungen. Davon sind gut 1.200 Meilen unterirdisch und 2.600 unterseeisch verkabelt. Auf dem Lande verlaufen die Drähte meist längs der Eisenbahnstrecken.

In der Bopp'schen Serie ist der Telegraph das Bild Nr. 1. Auf ihm werden der Galvanismus, der Elektromagnetismus sowie der Morse- und Schreibtelegraph veranschaulicht. Die Darstellung besitzt einen großen Abstraktionsgrad, da der in den Beispielen angesprochene Anwendungseffekt im Bilde nicht erscheint. Er ist ganz auf die physikalische Begriffsbildung ausgerichtet. Einen solchen Darstellungstyp bezeichnet man als Funktionsbild. Auch bei dem nächstfolgenden Bild handelt es sich um ein solches Wandbild. Es gibt ebenfalls nur über den naturwissenschaftlich-technischen Sachverhalt Auskunft. Das Dargestellte scheint sozial und sittlich indifferent. Eine sozialgesellschaftliche Sinngebung ist durch die Darstellungsweise nicht anschaulich erfahrbar.

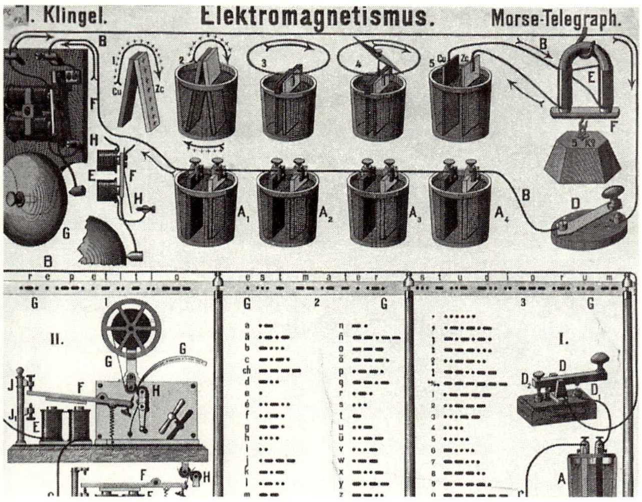

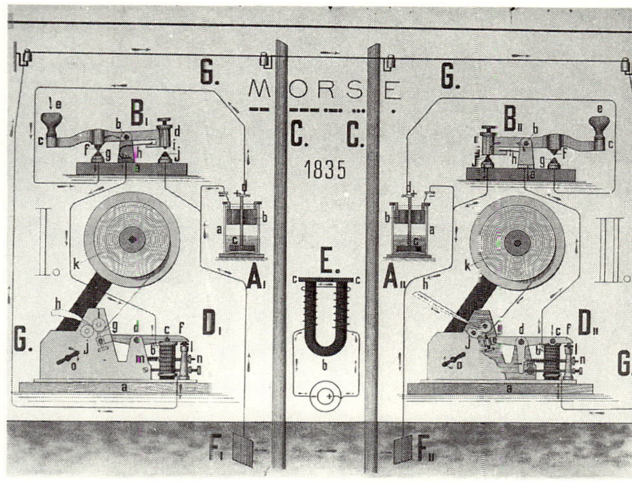

509 Elektromagnetismus: Klingel, Morse-Telegraph
Bopps Wandtafeln für Physik, Tafel 1, 1868
Farbige Illustration
59 x 72 cm

510 Morses Elektromagnetischer Telegraph
Meinholds Physikalische Wandbilder, Tafel 13, um 1905
Farbige Illustration
64 x 90 cm
Duisburg, Archiv Schulisches Wandbild

Wie das Bopp'sche Bild ist auch dieses deutlich unterteilt. In der Bildmitte ist der elektromagnetische Vorgang dargestellt.[15] Man sieht unter E einen geladenen Elektromagneten. Die Bildhälften links und rechts zeigen die Funktionen des Morseapparates. In der linken Bildhälfte A 1 sieht man die galvanische Batterie. Von ihr fließt Strom in die Tastatur B 1, wo der Morsevorgang durch Tastendruck ausgelöst wird. Der Strom fließt dann nach D 1. Der Elektromagnet D c setzt das Schreibgerät in Tätigkeit. Das angedeutete Überlandkabel bringt den Strom, daß heißt die Stromintervalle in die Morsestation rechts, löst den Empfangsprozeß aus, und der Stromkreis schließt sich über die Erdleitung F 1/2. Der Vorteil der Funktionsbilder für den naturwissenschaftlichen Unterricht liegt in der exponierten fachwissenschaftlichen Aussage.

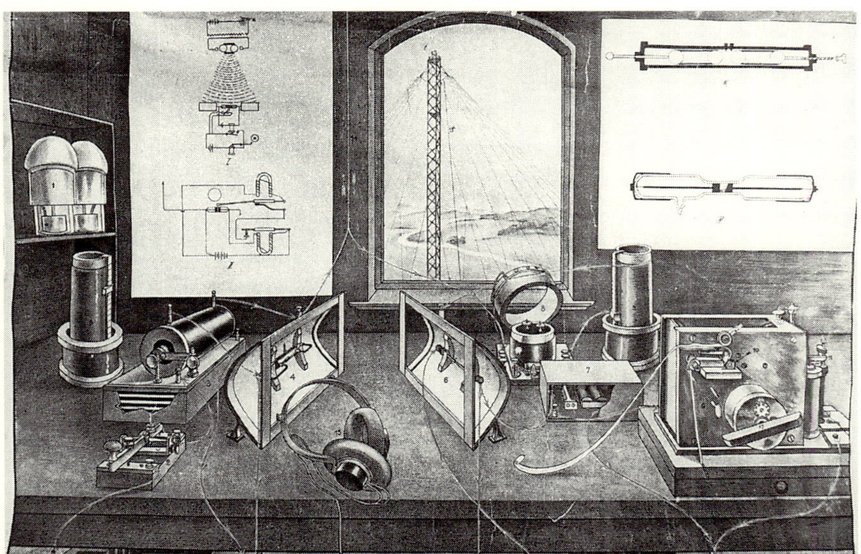

511 Drahtlose Telegraphie
Eschners technologische Tafeln, Tafel 41, 1921
Farbige Illustration von Wadaritz
66 x 88 cm
Duisburg, Archiv Schulisches Wandbild

Eine andere Gestaltungsart weisen die fachwissenschaftlich orientierten Situationsbilder auf. Sie informieren im Bildvordergrund ebenfalls sachlich über den physikalisch-technischen Ablauf des Geschehens, blenden aber im Hintergrund Land und Leben ein. Wenn man durch das mittlere Fenster schaut, dann wird der lebenspraktische Sinn deutlich. *„Wenn Hochwasser im Gebirge die Flüsse schwellt, theilt man dies durch den Telegraphen den thalwärts gelegenen Städten mit und alsbald werden Vorkehrungen getroffen, um vor Überschwemmung zu schützen.“*[16] Auf dem anderen Bild schaut man durch das Fenster hinaus, um den Leitungen, die die Botschaften übermitteln, anschaulich zu folgen.

Allgemeine Bildung, wie sie die Schulen zu Zeiten Diesterwegs zu

512 Telegraph
Eschners technologische Tafeln, Tafel 16, um 1895
Farbige Illustration von Bruno Héroux
66 x 88 cm
Duisburg, Archiv Schulisches Wandbild

vermitteln hatten, konnte ohne den naturwissenschaftlich-technischen Lehrkanon nicht mehr erreicht werden. Wie Diesterweg ist man damals der Meinung[17]: *„Es gibt nach dem heutigen Standpunkt unserer Cultur keine anderen Wissenschaften, welche mehr geeignet wären, allgemeine Bildung zu vermitteln, als die Kenntnis der wichtigsten mathematischen und naturwissenschaftlichen Gesetze. Wer die Arbeit der Dampfmaschine und des Telephons, des Telegraphen und Photographen nicht wissenschaftlich erklären kann, mag nach gewissen Richtungen hin gebildet, ja gelehrt sein, aber allgemeine Bildung hat er heute (1878) nicht mehr."* Diesterweg hat diese Entwicklung erkannt und lehrplanmäßig wie methodisch eingeleitet und forciert.

1 Diesterweg, F.A.W.: Ansichten über Kultur, kulturgemäße Erziehung und verwandte Gegenstände (1834). In: Ders.: Sämtliche Werke. Bd. III. Berlin 1959, S. 207 (DSW).
2 Ebenda, S. 202.
3 Ebenda, S. 204.
4 Vgl. Görtemaker, M.: Deutschland im 19. Jahrhundert. 2. Aufl. Opladen 1986, Kap. III: Industrialisierung und Arbeiterbewegung.
5 Vgl. Just, N.: Geschichte und Wissenschaftsstruktur der Chemiedidaktik. Mülheim/Ruhr 1989. Just untersucht die Entwicklung bei Rudolf Arendt, dessen didaktische Bemühungen sich auf die Anregungen Diesterwegs und der Herbartianer stützen.
6 Zit. n. Wickihalter, R.: Zur Geschichte des physikalischen Unterrichts. Frankfurt a.M. 1984, S. 97f.
7 Rezension i. d. Rheinischen Blättern (1830). In: DSW Bd. II, S. 175.
8 Lange, H.: Geschichte der Methodik des physikalischen und chemischen Unterrichtes in der Volksschule. In: Kehr, C. (Hrsg.): Geschichte der Methodik des deutschen Volksschulunterrichtes. 2. Aufl. Gotha 1888. Bd. II, S. 194.
9 Zit. n. Wickihalter, R.: a.a.O., S. 100.
10 Vgl. Stach, R.: Schulische Wandbilder – einst und jetzt. In: Erziehungswissenschaft – Erziehungspraxis Jg. 2, 1986, H. 2, S. 56ff.
11 Eschner, M.: Erläuterungen zu des Verfassers Technologischen Tafeln. Leipzig 1894. H. 1, S. 59f.
12 Schoedler, F.: Das Buch der Natur. 4. Aufl. Braunschweig 1849, S. 64. Vgl. Diesterweg, F.A.W.: Gibt es Irrlichter? (1856) In: DSW Bd. XII, S. 178.
13 Bopp, C.: Die gemeinnützigsten Anwendungen von Naturkräften für Schul- und Selbstbelehrung, zugleich Text zu den acht Wandtafeln zur Physik. 3. Aufl. Ravensburg 1868, S. 19f.
14 Vgl. ebenda: Vorworte.
15 Vgl. Stach, R.: Technische Bildung durch schulische Wandbilder. In: Unsere Duisburger Hochschule Jg. 34, 1982, H. 2, S. 22ff.
16 Bopp, C.: a.a.O., S. 19.
17 Zit. n. Schöler, W.: Geschichte des naturwissenschaftlichen Unterrichts im 17. bis 19. Jahrhundert. Berlin 1970, S. 244.

Hans Christoph Berg

Weltanschauung braucht Welt-Anschauung
Himmelskunde „nach“ Diesterweg[1]

Warum? – Kopfschrott ade!

„Im Osten geht die Sonne auf, im Süden nimmt sie ihren Lauf, im Westen wird sie untergehn, im Norden ist sie nie zu sehn“ – ja, mit der Sonne geht es wohl klar. Aber wie ist das beim Mond, oder vielmehr bei den drei verschiedenen Monden: beim Halbmond, beim Vollmond, beim Sichelmond? Irgendwie „gehn“ tun sie ja auch, aber wie? Und dann die Sterne: Da gibt es doch Planeten, also Wandelsterne, und Fixsterne – sind die nun „fix“ wie fest oder „fix“ wie flink? Nun egal, ist ja doch alles Scheinbewegung, hat ja Kopernikus alles erklärt: Die Sonne geht ja in Wirklichkeit nicht auf, und so sollten wir statt Sonnenaufgang besser Erdzuwendung sagen und statt Sonnenuntergang besser Erdabwendung. Denn daß nicht die Sonne sich um die Erde, sondern umgekehrt die Erde sich um die Sonne dreht – das weiß heutzutage jedes Kind, und auch wir haben das schon als Kinder gelernt. Aber war dies Lernen Bildung oder Indoktrination, und ist dies Wissen Einsicht oder Dogma?

„Scheinbewegung“ – mit der großen Keule „Kopernikus“ wird alles zerschlagen: Richtiges, Falsches, Verwechseltes: alles Scheinbewegung. Zwar hat die Menschheit Jahrtausende lang diese „Scheinbewegungen“ beobachtet, genau und beharrlich, hat die große Grundordnung gefunden und die feinen Ausnahmen, hat diese Ausnahmen durchgemustert auf ihre inneren Ordnungen, gewissermaßen Ordnungen zweiten Grades, hat über Sonne, Mond und Sterne auch die Erde neu kennengelernt – und hat bei alledem die himmelskundlichen Grunderfahrungen genossen und durchlitten, hat sie gemessen und durchdacht und hat sie auch gedichtet, gesungen, getanzt, gemalt, gebaut. Und diese ganze mühevolle und lustvolle Vorgeschichte hätten wir „überwunden“ durch das kopernikanische Zauberwort „Scheinbewegung“? Aber Kopernikus nachplappern genügt nicht: „Prothesengötter“ ist Freuds Spottwort dafür. Denn was ist diese Vokabel „Scheinbewegung“ anders als eine fremde Feder; sie mag schmücken, hilft aber nicht fliegen; dazu müssen die eigenen Schwingen wachsen.

So bringen uns unsere superklug-erfahrungslosen „Scheinbewegungen“ auch nur eine „Kopernikanische Scheinwende“, eine Wende wie beim Schiff, wenn das Steuer nicht ins Wasser hinunterreicht, sondern bloß in der Luft hängt: Da kannst du steuern, soviel du willst, das Schiff fährt ungerührt seinen alten Kurs. Genauso sehen und glauben Augen und Gefühl weiterhin Sonnenaufgang statt Erdzuwendung. Bloß piepst dazwischen die Besserwisserstimme: „Kopernikus, ätsch Kopernikus“. Das kann noch weitergehen: Kopernikus vollzog die große Wende von der Geozentrik zur Heliozentrik auf der Basis jahrtausendealten Beobachtens und Bedenkens, Jahrzehnte vor der Erfindung des Fernrohrs und Jahrhunderte vor der Erfindung des Computers – die Kopernikanische Wende ist also für wissenschaftliches Freihandklettern erreichbar. Aber auch davon will die Scheinpartei nichts wissen, und so stört sie die elementare Himmelskunde durch eine zweite Oberstimme von Jupitermonden, Andromedanebeln, weißen Riesen und schwarzen Löchern. Und wenn wir Pech haben, fährt ein Düsenjäger oder Sputnik als dritte Nebenstimme dazwischen.

Im Ergebnis ein beschämender Gegensatz: Während das vieltausendjährige Wissenschaftsgebäude in den astronomischen Hand- und Lehrbüchern auf breitem Fundament sich auftürmt zu weitgreifen-

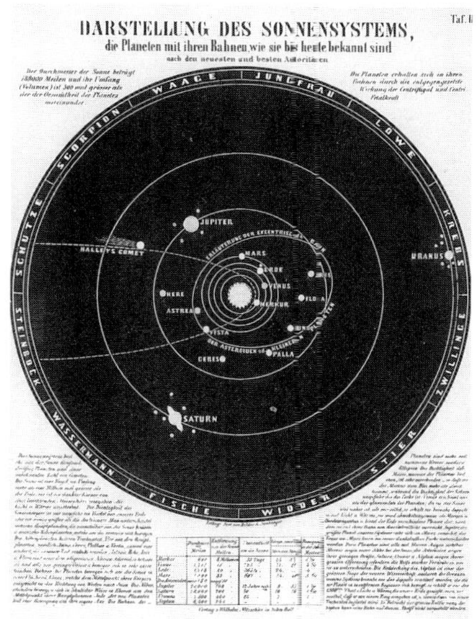

513 Astronomischer Bilder-Atlas. Schwäbisch Hall 1853
29,5 x 24,0 cm

514 Himmelsglobus von Johann Georg Klinger, Nürnberg, 1840
Dm. 13,5 cm, H. 28,0 cm
Papier auf Gips, Holzgestell, Bodenplatte mit eingelassenem Kompaß
Wien, Coronelli-Gesellschaft

den, scharfgeschliffenen Forschungsspitzen, ähneln die durchschnittlichen himmelskundlichen Kenntnisse in den Köpfen der neunundneunzig Prozent Nichtspezialisten einer hinfälligen Bauruine: Fast in der Luft hängt irgendwo im siebten Stock ein Kämmerchen mit der kopernikanischen Heliozentrik, mit Galileis Jupitermonden und Keplers drei Ellipsen – aber zu diesem Kämmerchen führt keine Leiter. Es geht von dort auch nicht weiter zu jenem anderen Kenntniskabinett im zwanzigsten Stock, in dem der Entwicklungsgang einer Sterngeburt vom Roten Riesen über den Blauen Zwerg zum Schwarzen Loch – oder umgekehrt? – vorkam mit der Sonne als Atommeiler. Dunkle Aufzugsschächte zwischen solchen Rumpelkammern, vermorschte Stützen: Wehe, es kommt ein Sturm oder gar ein kleines Erdbeben über diese Bruchbude. Und in solch wackliger Welt-Anschauung soll meine Weltanschauung leben ?

Was? – Erkenntnisdrama in sechs Akten

1. Der Himmel über der Erde.
Am Anfang steht der Himmel über der Erde, genauer: es steht das Himmelsgewölbe über der Scheibenerde.

Am Himmel geht die Sonne über die Erde, von Ost über Süd nach West – jeder hat das gesehen. Nicht jeder hat gesehen, wie auch der Mond diesen Himmelsweg geht. Nur die Sterne stehen fix und fest – man nennt sie ja auch Fixsterne, meinen viele; denn nur wenige haben mit eigenen Augen gesehen, wie auch alle Sterne diesen Himmelsweg gehen und daß sie wie Sonne und Mond aufgehen und untergehen. Denn das sieht man erst, wenn man einzelne Sterne und Sternbilder kennt und dann Atair im Adler oder Sirius beim Orion über den Himmel ziehen sieht.

2. Die Erde im Umhimmel.
Dieser ruhige Zug von Sonne, Mond und Sternen über die Erde, oft betrachtet, wird allmählich zum ruhigen Schwung des ganzen Himmels über die Erde, denn alles am Himmel schwingt ja mit, und ganz allmählich verfugt sich dieser Schwung zum vollständigen Umschwung: Sterne, Mond und Sonne drehen sich in großer Ruhe um die Erde. Nun wird ihr täglicher Rundgang zur Himmelsuhr, und ihr monatlicher und jährlicher Weitergang wird zum Kalender. Und beim Reisen auf der Erde im Umhimmel wird die Scheibenerde allmählich zur Kugelerde und die Kugelerde – vollständig umkreist – wird zur Schwebeerde.

3. Sonne, Mond und Erde werden Himmelskörper.
Wie riesengroß die Erde ist, das läßt sich daran abschätzen, daß sich auf einer weiten Nord-Süd-Reise die Polarsternhöhe nur wenig ändert. Aber wie groß sind denn Sonne und Mond? Welch seltsame, welch ungeheuerliche, welch hybride Frage: Sonne und Mond, die Überirdischen, die Lichtgötter ermessen zu wollen. Nicht nur aussichtslos – „wieviel Tropfen hat das Meer?" –, sondern auch frevelhaft? Oder haben uns die Götter selbst dieses Himmelsrätsel vorgelegt, damit wir daran unseren Verstand entwickeln? Jedenfalls gibt es einen Ansatzpunkt, und Aristarch fand ihn: Sonne und Mond erscheinen ja normalerweise gleich groß und gleich weit, aber bei einer Sonnenfinsternis tritt der Mond vor die Sonne – und ist also näher! Und kurz nach Neumond kann man an der schmalen Sichel sehen, daß die Sonne viel weiter entfernt am Himmel steht als der Mond. Und könnten wir vielleicht auch in der Mondfinsternis einen Ansatzpunkt finden? Und nun das bei der Erdvermessung gewonnene Denkinstrument „Geo-Metrie" auf diese Aufgabe der Himmelsvermessung angesetzt: Sonne und Mond, diese Himmlischen, werden Himmelskörper; die Überirdischen lassen sich mit irdischen Mitteln begreifen und vermessen. Man kann es auch umkehren: Wir Irdischen reichen an die

515 Globusgerät mit Mondphasen-Darstellung von Kolb und Leonhard, Schwäbisch Hall, um 1830
Dm. 7,8 cm, H. 24,0 cm
Wien, Coronelli-Gesellschaft

516 Falt-Himmelsglobus von Friedrich G. Schulz, Stuttgart, um 1830
Sechs auf Pappe aufgezogene Globussegmente, in Schuber, nebst Erläuterungen
Dm. 11 cm
Ingelheim, Privatbesitz

Überirdischen heran und unsere Erde wird zum Himmelskörper wie Sonne und Mond.

4. Auf dem Erdstern wandeln um die Sonne.
Beim Rundgang des Himmels um die Erde geben die Sterne das Grundmaß an; die Sonne bleibt täglich ein paar Minuten hinter ihnen zurück, der Mond eine Stunde – aber alles bleibt im Gleichmaß. Aber unter den hundert hellen Sternen gibt es drei, vier, fünf Sterne mit seltsam unregelmäßigem Gang. Alle gehen auf der Bahn von Sonne und Mond, aber mit kleinen Unregelmäßigkeiten – manche Abweichungen kann man schon nach einigen Tagen bemerken, manche erst nach Monaten. Die Menschheit hat diese „Wandelsterne" in generationenlanger Beobachtung ausgespäht und hat über die seltsamen winzigen Schwünge und Schleifen dieser Irrläufer gerätselt. Nun der Neuansatz im Planetenrätsel! Wenn Sonne und Mond und unsere Erde drei Himmelskörper sind – die Sonne der dabei weitaus größte – warum nicht auch diese fünf sonnenbahnigen Gestirne? Vielleicht umrunden diese fünf Wandelsterne nicht uns – und gehen dabei so merkwürdig, mal vorwärts, mal rückwärts – , sondern die riesige Sonne. Und wir wie sie. So werden wir zum sechsten Stern neben fünf Mitsternen, und wir alle sechs umrunden gemessen unsere Sonne, die uns leuchtet und wärmt und uns sechs Wandelsterne zusammenhält als kleine Sternfamilie unter unzähligen fremden Sternen im unendlichen Weltall.

5. Endlich im Unendlichen.
Im Jahre 1750 veröffentlichte der in der wissenschaftlichen Welt kaum bekannte Thomas Wright im englischen Durham ein Buch mit dem Titel „Eine neue Theorie oder Hypothese vom Universum". Hierin macht er sich als erster Gedanken über das Phänomen „Milchstraße", von der man seit Erfindung des Fernrohrs zwar wußte, daß sie aus zahlreichen schwachleuchtenden Sternen besteht, ohne jedoch in ihr etwas anderes zu sehen als eine Konstellation neben den übrigen als Sternbilder am Himmel erscheinenden. Wright entwickelt den Gedanken eines scheibenförmigen Sternsystems, der jedoch bei den Astronomen der damaligen Zeit auf wenig Interesse stieß. Dagegen greift der Philosoph Immanuel Kant in seiner „Naturgeschichte und Theorie des Himmels" von 1755 die neue Idee auf und führt die Abplattung des Systems auf dessen Rotation zurück. Darüber hinaus interpretiert er die kleinen, am Himmel beobachtbaren Nebelwölkchen als fremde Sternsysteme, gleichgeordnet unserem Milchstraßensystem. Die Bauelemente des Weltalls sind nach Kant somit nicht mehr Sterne, sondern vielmehr Welteninseln, wie man seinerzeit die Sternsysteme nannte. Kants Aussagen waren reine Spekulation. Erst gegen Ende des 18. Jahrhunderts gelangte Wilhelm Herschel mit den Mitteln der Beobachtung zu einer im großen und ganzen gleichen Vorstellung über den Bau des Milchstraßensystems. Über Entfernungsbestimmungen naher Spiralnebel konnte Edwin Hubble schließlich 1923 mit dem neuen 2,5 m-Spiegel der Sternwarte auf dem Mount Wilson bei Los Angeles den Existenznachweis fremder Galaxien führen.

6. Der Welträtsel Lösung wird immer rätselhafter.
Zu Beginn unseres Jahrhunderts verwarf Einstein in seiner Relativitätstheorie die Newton'sche Idee einer absoluten Welt. Er erklärte Raum und Zeit als vom Beobachter abhängige Größen. Raum und Zeit sind in einer vierdimensionalen Mannigfaltigkeit miteinander und mit der Materie verknüpft. Überlegungen von Willem de Sitter und Alexandre Friedmann führten zu dem Schluß, daß ein statisches Weltall aus Stabilitätsgründen nicht existieren kann. Das Weltall unterliegt vielmehr einem Prozeß der Umwandlung und des Werdens. Nicht nur Sterne, Sternsysteme, sondern sogar die Welt als Ganzens unterliegen einem Entwicklungsprozeß. Die 1929 erstmals entdeckte Rotver-

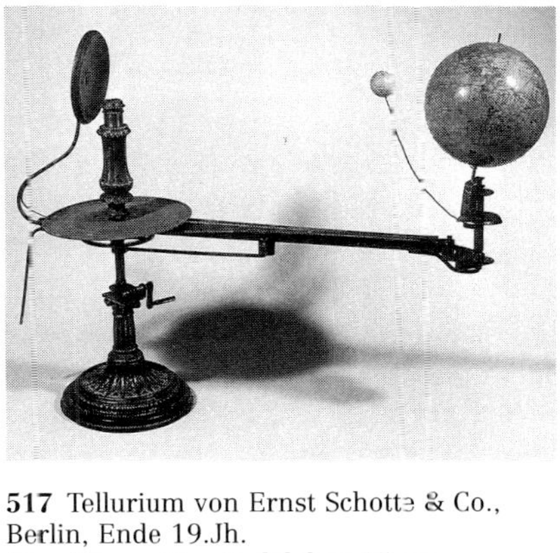

517 Tellurium von Ernst Schotte & Co., Berlin, Ende 19.Jh.
48 x 64 cm, Dm. Erdglobus 15 cm
Papier auf Gips, Metall
Dortmund, Westfälisches Schulmuseum
Die Sonne wird durch eine Kerze mit Hohlspiegel dargestellt. Die Erde umläuft, per Antrieb durch eine Handkurbel, die „Sonne". Der an einem Draht befestigte Mond dreht sich mit.

schiebung in den Spektren fremder Galaxien interpretierte Hubble als allgemeine Expansion des Weltalls. Ob unser Weltall einen Anfang oder ein Ende hat oder einfach „ist“, läßt sich zur Zeit nicht beantworten.

Wie? – Auch im Blick auf Diesterweg

518 Diesterweg'scher astronomischer Tisch
Schul-Armillarsphäre von Ernst Schotte & Co., Berlin, Ende 19.Jh.
Papier, Eisen
Dm. 41 cm, H. 57 cm
Bremen, Schulgeschichtliche Sammlung
Die Armillarsphäre ist ein altes astronomisches Gerät zum Messen der Himmelskreise. Das obige Lehrmittel wurde von dem Berliner Lehrer H. Albrecht konstruiert. Im „Amtlichen Lehrmittel-Verzeichnis“ der Volksschulen der Stadt Bremen (1896) wird es als „Diesterweg'scher Tisch“ bezeichnet.

Anweisung
zum Gebrauche
des
Diesterwegschen
astronomischen Tisches
von
H. Albrecht,
Lehrer in Berlin.

Berlin.
Verlag von Ernst Schotte & Co.
1894.

519 H. Albrecht
Anweisung zum Gebrauche des Diesterwegschen astronomischen Tisches
Berlin 1894
Bremen, Schulgeschichtliche Sammlung

Aratos in den „Phainomena“, dem bekannten Himmelskunde-Lehrbuch der Antike, beschreibt die Sternbilder und erzählt dazu die Sagen, führt dabei rings durch den Himmel und erklärt zum Schluß Äquator, Wendekreis und Ekliptik. – Comenius in seinem „Orbis Pictus“ bringt Himmelskunde zweimal: Gleich zu Beginn zeigt er ein kleines Dörflein auf der runden Erde, rings umgeben von einer Himmelsscheibe mit Sonne (links oben), Halbmond (rechts) und Sternen (unten) – und diese Himmelsscheibe ist drehbar, so daß die Grundtatsache anschaulich wird: der Himmel mit Sonne, Mond und Sternen umkreist die feste runde Erde. Erst in der Buchmitte wird Comenius fachlich und bringt klipp und klar Ekliptik, Mondphasen und dergleichen. – Hebel beginnt mit der berühmten Erinnerung an unser aller natürlichen Anfang: *„Nach dem Augenschein und nach dem allgemeinen Glauben wäre die Erde mit allen ihren Bergen und Tälern eine große runde Fläche gleich einer ungeheuer großen runden Scheibe. Am Rande derselben weiter hinaus kommt nichts mehr; dort ist gleichsam der Himmel an sie gefügt, der wie eine große hohle Halbkugel über ihr steht und sie bedeckt. Dort geht am Tag die Sonne auf und unter, bald früher, bald später, bald links an einem gewissen bekannten Berg oder Haus, bald rechts, und bringt Tag und Nacht, Sommer und Winter, und bei Nacht den Mond und die Sterne, und sie scheinen nicht gar entsetzlich hoch über unsern Häuptern zu stehen. Das wäre nun alles gut, wenns niemand besser wüßte.“* Und nun bringt er, literarisch mundgerecht gemacht, die Fachkenntnisse seiner Zeit. – Wagenschein hat zwei Gesamtskizzen zur Himmelskunde vorgelegt, beide beginnen mit der Erdgestalt: *„Wie eine riesige Apfelsine erhebt sich der Vollmond hinter dem östlichen Waldrand, zur gleichen Zeit, da gegenüber, im Westen, die Sonne versinkt. Das ist bei Vollmond immer so;...“* So beginnt die Erstfassung, und von dieser prägnanten Grundposition – die Erde zwischen Sonne und Mond – geht er weiter zur Mondfinsternis, deren runder Schatten auf die Erdkugel verweist: *„Unbegreiflich ist's, wie Menschen so lange den Schatten ihrer Erde im Mond sehen konnten, ohne zugleich tief zu fühlen, daß alles auf ihr Umkreis, Rad und Veränderung sei“*, so zitiert er Herder.

Adolph Diesterweg tritt in doppelter Gestalt als Himmelskundelehrer auf: als Wegweiser und als Wegwanderer, als theoretischer und praktischer Didaktiker. Ihm selbst ist der Zusammenhang von Theorie und Praxis, von Allgemein- und Fachdidaktik sehr wichtig. So schreibt er in der Selbstanzeige seiner „Astronomische Geographie und populäre Himmelskunde“: *„Die höchste Aufmerksamkeit habe ich auf die Methode verwandt. Mehr als in diesem Buche habe ich in derselben nicht zu leisten vermocht. Wer meine Unterrichtsweise kennenlernen will, der findet sie am reinsten in diesem Buche. Es ist die nicht von einem System, sondern von einzelnen Tatsachen ausgehende analytisch heuristische Methode, das Gegenteil der dogmatischen, der ich (wie dem Dogmatismus überhaupt) gram bin. Ich halte jene nicht bloß in den Naturwissenschaften, sondern allüberall für die einzig richtige; meiner Absicht gemäß enthält das Buch eine praktische Darstellung der rationellen Methode überhaupt – an einem der für die Erkenntnis der Menschen wichtigsten Stoffe.“*

Zunächst zur didaktischen Wegweisung: *„Wie bringt man die astronomischen Kenntnisse an den heranwachsenden Schüler? Auf dem anschaulichen Wege. Nicht durch Bücher, nicht durch Lesen – da-*

durch empfängt man leere Worte, hohle Begriffe, Redensarten und Phrasen, sie können höchstens den vorangegangenen Unterricht unterstützen, ersetzen können sie ihn nimmer – man frage bei den ‚Gebildeten' nach, was für Vorstellungen in ihren Köpfen sitzen, obgleich sie von allem gehört haben und darüber zu reden wissen! – einzig und allein gelangt man zu wahren, lebendigen und bewegenden Vorstellungen über die großen Dinge, von welchen es sich hier handelt, durch anschaulichen, entwickelnden Unterricht... Der Lehrer verschmäht daher in dem eigentlichen Gange durchaus den Gebrauch von Zeichnungen und Modellen (der Tellurien, Lunarien usw.). Dieselben dienen hinterher der Probe, man kann sie aber auch ganz entbehren. Wer sie zu Anfang gebraucht, verfährt falsch; wer den Schülern zumutet, das, was sie vorstellen, auf den Himmel, in den freien Weltraum hineinzutragen, verlangt Unmögliches, es gelingt keinem. Man versuche es nur bei sich selbst."

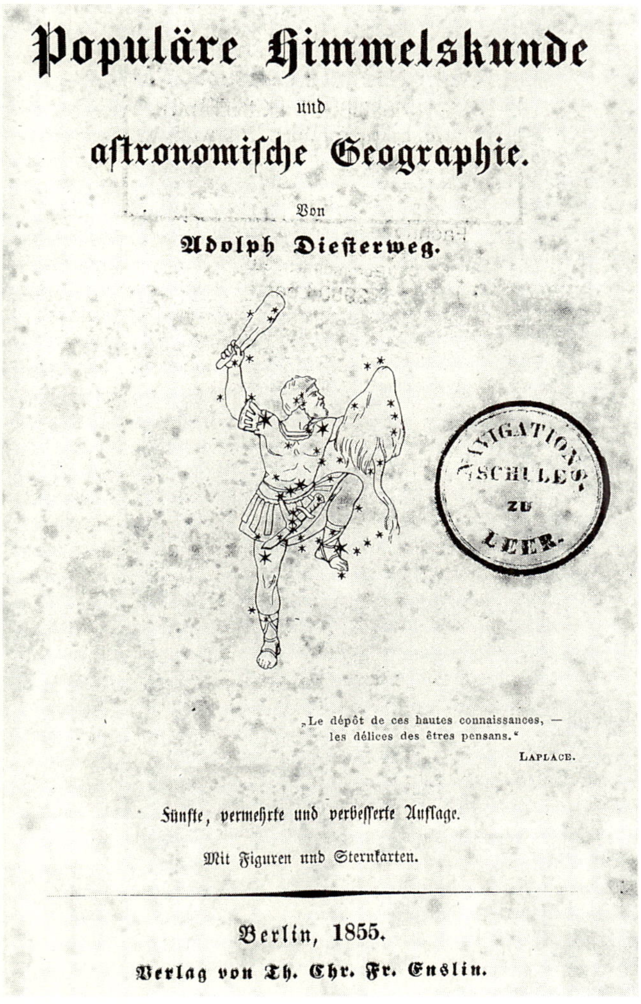

Populäre Himmelskunde

und

astronomische Geographie.

Von

Adolph Diesterweg.

„Le dépôt de ces hautes connaissances, —
les délices des êtres pensans."

LAPLACE.

Fünfte, vermehrte und verbesserte Auflage.

Mit Figuren und Sternkarten.

Berlin, 1855.

Verlag von Th. Chr. Fr. Enslin.

Nun zum praktischen Himmelskundedidaktiker: Nach einem vorgeschalteten Horizontkapitelchen beginnt er mit Beobachtungen an der Sonne, Beobachtungen an den Sternen, Beobachtungen am Mond, Beobachtungen nochmals an der Sonne, schließlich zusammenfassenden Beobachtungen an Sonne, Mond und Sternen. Charakteristisch seine Sternbeobachtungen: *„Bald nach Untergang der Sonne erscheinen, wenn keine Wolken über uns schweben, die Sterne am Himmelsgewölbe als mehr oder weniger hell glänzende Punkte, hier mehr, dort weniger zusammengedrängt. Zuerst werden die am hellsten glänzenden, allmählich auch die in schwächererem Lichtglanz leuchtenden sichtbar. Endlich gewahrt das Auge eine unzählige Menge von Sternen. An einzelnen Stellen vereinigt sich ihr Glanz zu einem weißlichen Schimmer und man gewahrt einzelne Gruppen und Gestalten. Jene löset das Fernrohr meist in lauter einzelne Sterne auf,*

es sind Sternhaufen. Den zusammenhängenden, ungefähr kreisförmig sich fortziehenden Sternenschimmer nennt man Milchstraße.“ Anschließend folgen weitere 14 Beobachtungs- und Übungsschritte und drei Aufgaben. Auffällig die nochmalige Sonnenbeobachtung nach der Stern- und Mondbeobachtung: Jetzt erst kann aus dem monatlich wechselnden Stand des Vollmondes der monatlich wechselnde Sonnenstand erschlossen werden. *„Wir wissen nun Folgendes: alle Himmelskörper, Sonne, Mond und Sterne, haben eine gemeinschaftliche tägliche Bewegung um die Erde herum, von Osten gegen Westen.“* So beginnt die Zusammenfassung, auch sie mündet in viele Aufgaben und Fragen; die letzten sind: *„Was muß man wissen, um des Nachts die Weltgegenden zu finden? – Wie stehen Erde, Sonne und Mond bei einer Sonnenfinsternis?“* Soweit der erste der drei grundlegenden Teile oder Stufen, die er im „Wegweiser zur Bildung für Lehrer“ darlegt: *„Zuerst überall Was; dann Wie; dann Warum, oder: Erscheinung, Gesetz, Ursache“. Ausführlicher: „Die Kenntnisse der äußeren Welt erlangt man durch äußere, sinnliche Anschauung; die Auffassung der einzelnen Erscheinung selbst ist daher überall das Erste… Sind die Tatsachen aufgefaßt und können die Schüler ihren Verlauf im Allgemeinen, d. h. so, wie er sich den Sinnen darbietet, mündlich beschreiben, so folgt als Zweites die Aufmerksamkeit auf und das Nachdenken über den gesetzmäßigen Verlauf der Erscheinungen, einer einzelnen, welche als Repräsentantin einer ganzen Klasse zu betrachten ist, oder einer Mehrheit dem innern Wesen nach gleichen Erscheinungen. Also zuerst sinnliche Beobachtung, anschauliche Betrachtung, Bestimmung des Verlaufs; dann Anschauung des Naturgesetzes, der Naturgesetze. Das Dritte ist die Aufspürung der den Gesetzen und Erscheinungen zu Grunde liegenden, verborgenen Ursachen und Kräften.“* Man könnte meinen, diese drei Verständnisstufen bedeuten himmelskundlich die Folge Ptolemaios-Kopernikus-Newton, aber das stimmt nur für die zweite und dritte, nicht für die erste Stufe, die etwa mit dem Verständnis der Armillarsphäre oder des Planetariums gleichzusetzen ist.

520 A. Diesterweg
Populäre Himmelskunde und astronomische Geographie.
5., vermehrte und verbesserte Auflage.
Berlin 1855

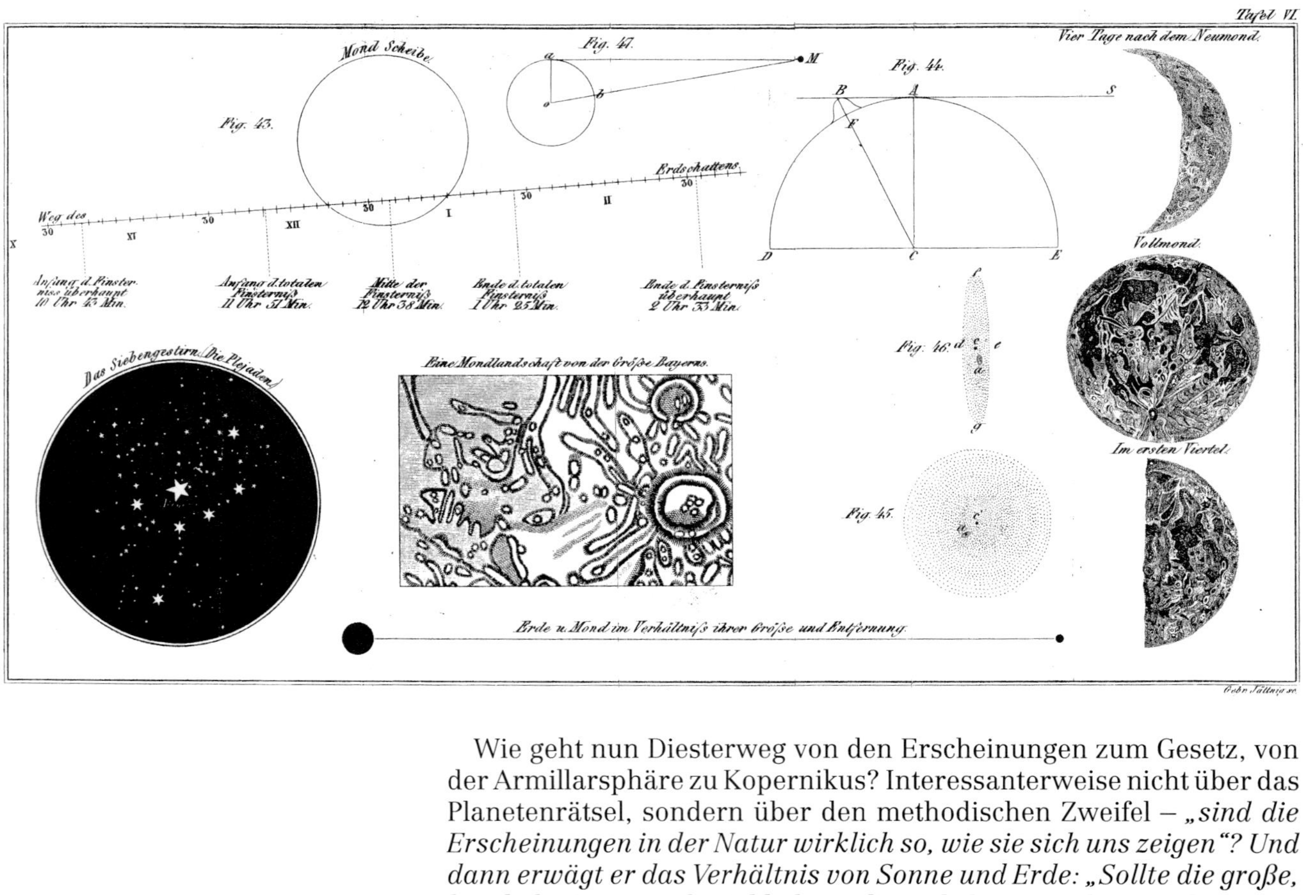

Wie geht nun Diesterweg von den Erscheinungen zum Gesetz, von der Armillarsphäre zu Kopernikus? Interessanterweise nicht über das Planetenrätsel, sondern über den methodischen Zweifel – *„sind die Erscheinungen in der Natur wirklich so, wie sie sich uns zeigen“? Und dann erwägt er das Verhältnis von Sonne und Erde: „Sollte die große, herrliche Sonne sich wirklich um die Erde herumwälzen, in doppelter*

Bewegung? Das Glänzende, Große, Herrliche um das Dunkle, Kleine? Ein gerechter Zweifel steigt in uns auf.“ Nun werden wir auf die Erforschung der Erde verwiesen. *„Aber unser Leben ist kurz, schwach unsere Kraft. Wir würden nicht weit kommen, wollten wir nur uns selbst hören. Wir sehnen uns daher nach der Belehrung durch die Weisen aller Zeiten...; horchen wir darum ihrer Belehrung! Das ist fortan unser Geschäft.“* Während wir bisher selbst beobachtet und kombiniert haben, geht's jetzt ans eigene Nach-Denken dessen, was andere vorgedacht haben, allerdings um ein Nachdenken mit eigener Anstrengung. Und nun trägt Diesterweg vor: zunächst das Kopernikanische System, dann Newtons Himmelsmechanik. Danach geht er die Himmelskörper durch; bei den Fixsternen bringt er die Sternbilder – mit Karten im Anhang –, abschließend noch Kapitel zu Entfernungsmessung, Kalender, Sternschnuppen, Astronomiegeschichte. In den Gang der Darlegungen sind immer wieder weltanschauliche, literarische, philosophische, religiöse Exkurse, Betrachtungen und Anmerkungen eingeflochten – besonders eindrucksvoll die astronomische Verdeutlichung von Gottes Allgegenwart und Allwissenheit. Und so schließt Diesterweg auch sein Buch mit einem weltfrommen Gedicht Platens:

„Ein Leben glaub' ich, das Alles belebt,/ Einen Geist, der durch alle Geister strebt,/...Und ist das Abendroth spät verschwunden,/ und nah'n die stillen, die traulichen Stunden!/ Und ich schaue hinaus, wie der Himmel glüht,/ wenn die Saat der Welten dem Auge blüht:/ Dann fühl' ich noch mächtiger deine Spur,/ Erhabener Geist, in der großen Natur.“

Wie vertragen sich nun der Didaktiktheoretiker und der Didaktikpraktiker? Zwei Seelen wohnen – ach! – in Diesterwegs Brust. Immer wieder schärft uns der Theoretiker die Regel ein: Vom Besonderen zum Allgemeinen! *„Diesen Gang fordert nicht bloß die Elementarmethode, welche überall von dem Einzelnen oder Besonderen zum Allgemeinen fortschreitet, und nachher umgekehrt aus diesem jenes ableitet; sondern er stimmt auch genau mit der Geschichte der Physik überein.“* Aber immer wieder geht der Didaktikpraktiker umgekehrt vom Allgemeinen zum Besonderen: Der „Wegweiser“ selbst, sein erster Teil: Das Allgemeine, sein zweiter Teil: Das Besondere. Im Allgemeinen Teil kommt zuerst: „Die Bestimmung und Aufgabe des Menschen- und Lehrerlebens“, erst danach die konkreten Lehrregeln. Und auch diesen konkreten Lehrregeln werden nochmals „Die Anlagen des Menschen und die aus ihrem Wesen entspringenden allgemeinen didaktischen Gesetze und Regeln“ vorangestellt. So auch die Praxis der Fachdidaktik, hier der Himmelskunde: Nicht mit der Sonnenbeobachtung hier und heute beginnt Diesterweg, sondern mit der Errichtung des abstrakten astronomischen Orientierungsgerüstes mit dem Horizont als einem seiner Konstruktionskreise. Ein merkwürdiger Zwiespalt, den ich mir nicht recht erklären kann und bei dem ich auch noch nicht entscheiden mag, welchem Diesterweg ich Recht gebe, dem induktiven Didaktiktheoretiker oder dem deduktiven Didaktikpraktiker. Im Blick auf die Gegenwartsdidaktik bin ich ihm dankbar, daß er beides gewagt hat. Er selbst könnte sich in irgendeiner seiner vielen tausend Anmerkungen mit dem Spruch Göthes (!) verteidigt haben: „Ich bin kein ausgeklügelt Buch; ich bin ein Mensch mit seinem Widerspruch.“ Aber wir müssen ihm keine Verteidigung borgen, er selbst fordert uns auf: *„Ob der Satz ‚Verkehrte Methoden haben uns den Himmel genommen; es ist Zeit, daß eine vernünftige uns den Himmel wiedergebe‘; auf meine Himmelskunde angewandt werden kann, muß ich dem prüfenden Leser überlassen.“*

1 Der vorliegende Text geht zurück auf ein Exposé für einen gemeinsam mit Christoph Raebiger und Wolfram Winnenburg durchgeführten Lehrerfortbildungskurs des Kantons Bern im Oktober 1989.

523 Weltkugelspiel, Deutschland, um 1860
Papier auf Holz
Dm. 17 cm
Wien, Coronelli-Gesellschaft
Das „Weltkugelspiel" besteht aus fünf Scheiben, unterteilt in vier bis acht Segmente, und zwei Polarkappen. Die Segmente sind auf ihrer Außenseite mit den Teilen der Globuskarte beklebt und ergeben zusammengesetzt den Erdglobus. Auf ihrer Ober- und Unterseite finden sich Lithographien der einzelnen Kontinente nebst Beschreibung und Abbildung der dort lebenden Menschen und Tiere.

521 Induktionsglobus, Ende 19.Jh.
Schwarze Schiefermasse, Holzfuß durch Metallgestell ersetzt
Dm. 30 cm, H. 65 cm
Bremen, Schulgeschichtliche Sammlung
Der Induktionsglobus, von Joseph A. Brandegger aus Ellwangen erfunden, wurde 1856 als neues Lehrmittel für den Erdkunde-Unterricht vorgestellt. Auf ihm konnten die Schüler mit Kreide oder Griffel topographische Elemente und Sternbilder zeichnen.

522 F. Locher
Inductionsglobus oder Globus zur praktischen Einführung in den mathematisch-geographischen Unterricht, so wie zum Gebrauche bei dem Unterricht in der Stereometrie und sphärischen Trigonometrie. Für Volks-, höhere Bürger-, Real- und Latein-Schulen, Gymnasien und Lyceen, Gewerbe- und polytechnische Lehranstalten. Ellwangen 1856

524 H. Kiepert
Kleiner Atlas der neueren Geographie für Schule und Haus. 2.Auflage Berlin 1868
Heinrich Kiepert (1818-1899) war Geograph und Kartograph und gab zahlreiche Schulatlanten und -wandkarten heraus.

527 Kinder-Erdglobus von Joseph A. Brandegger, Ellwangen, um 1850
Dm. 11,5 cm, H. 20,0 cm
Papier auf Gips, Holzfuß
Ingelheim, Privatbesitz

528 Erdglobus von Carl Adami und Heinrich Kiepert, Berlin, 1882
Dm. 34 cm, H. 61 cm
Papier auf Gips, Metallfuß
Bremen, Schulgeschichtliche Sammlung
Carl Adami (1802-1874), Geograph und Kartograph, fertigte Erd- und Himmelsgloben an. Er unterrichtete von 1827 bis etwa 1852 an der städtischen Knabenschule und an der Garnisonschule in Potsdam.

525 Falt-Erdglobus für Schulen von Friedrich G. Schulz, Stuttgart, um 1830
6 Globussegmente auf Pappe, Erläuterungsheft, 12 Seiten mit 15 Abbildungen, in Schuber
Dm. 11 cm
Ingelheim, Privatbesitz

526 D. Völter
Schul-Atlas in 36 Karten.
Esslingen 1842

529 Erdglobus von James A. Bühler, Nürnberg, um 1845
Papier auf Gips
Dm. 14,5 cm
Ingelheim, Privatbesitz

Horst F. Rupp

„Kirchenlehre oder Pädagogik?"
Diesterweg und die Religion

Diesterweg selbst hat sich sein Leben lang als einen durch und durch religiösen Menschen verstanden. *Alle* Zeugnisse, die wir von ihm und über ihn besitzen, bestätigen diesen Sachverhalt, auch wenn dies bisweilen in der Diesterweg-Forschung, insbesondere der DDR, bestritten wurde. So schreibt Heinrich Deiters, der bei Diesterweg von „einem inneren Kampf mit dem Dogma...keine Spur (finden)" kann: „Es entsprach dem damaligen Denken des deutschen Bürgertums..., daß die fortschrittliche Bewegung...sich in theologischen Begriffen vollzog. Daran nahm auch Diesterweg teil."[1] Eine derartige Bewertung verkennt den religiösen Ernst des „jungen" wie des „alten" Diesterweg!

Übersehen werden darf aber nicht die *spezifische Ausprägung* der Religiosität Diesterwegs. Wir wissen aus kirchengeschichtlichen Untersuchungen wie aus der historisch-sozialwissenschaftlichen Mentalitätsforschung, daß es in Deutschland Ende des 18. und während des 19. Jahrhunderts verschiedene religiöse „Konzepte" gab. In idealtypischer Vereinfachung lassen sich zwei Ausrichtungen voneinander abheben: Auf der einen Seite steht ein Konzept, das sehr stark an den überkommenen, traditionalen Elementen des christlichen Glaubens festhielt: an der Bibel und ihrem schriftlich fixierten Wortlaut, an den konfessionell-dogmatischen Bekenntnissen, an einem am Kirchenjahr und den religiös-rituellen Bräuchen orientierten Lebensstil. Auf der anderen Seite waren religiöse Lebensmuster angesiedelt, die gleichsam durch das „Feuer der Aufklärung" hindurchgegangen waren, die versuchten, geläuterte Elemente des christlichen Glaubens mit der „Ratio", Vernunft und Verstand, in Übereinstimmung zu bringen. Auf politischer Ebene zeigte das erste, das traditionale Modell von Religiosität, eine starke Affinität zu statisch-konservativen Kräften; im Gegensatz dazu entwickelte das zweite durch seine Rationalität, seine Moralität, seinen universalen Optimismus eine neue Art des Fortschrittsglaubens, der sich häufig mit sozialem Problembewußtsein und Reformeifer verband. Zwischen beiden Polen christlicher Religiosität gab es in der historischen Realität natürlich ein Spektrum von Zwischenformen.

Wir wissen, daß der junge Adolph Diesterweg sehr früh – er war noch nicht ganz acht Jahre alt – seine Mutter verlor und daß er sich umso enger an den Vater anlehnte. Carl Friedrich Diesterweg war Anhänger eines linden, aufgeklärten Rationalismus', ebenso einer der Paten Adolphs, Jacob Wilhelm Grimm (1742-1824), Doktor und Professor der Theologie an der nassauischen Landesuniversität in Herborn und späterer nassau-oranischer General-Superintendent in Dillenburg, zu dem der Junge ein besonders herzliches Verhältnis hatte, wohnte er doch während seiner Studienzeit in Herborn in seinem Haus. In der Person des Vaters wie des Patenonkels scheint ihm eine Form des aufgeklärten Christentums begegnet zu sein, die intellektuell geradliniges, rationalistisches mit moralisch-utilitaristischem Denken verband und sich in tätiger Nächstenliebe dem Mitmenschen gegenüber bewies. Diese aufgeklärte Spielart christlicher Religion, die Diesterweg schon in seiner Kindheit kennengelernt hat, prägte ihn für sein weiteres Leben.

Recht wenig konnte er sich dagegen mit einer dogmatisch-traditionellen Religionsauffassung befreunden. Auch diese war ihm in seiner Kindheit und Jugend begegnet. Siegen war vom protestantisch-reformierten Glauben geprägt, da entsprechend den Bestimmungen des Augsburger Religionsfriedens von 1555, der reichsrechtlich nach wie vor in Geltung stand, die oranischen Landesherren nach dem Grundsatz „cuius regio, eius religio" die Konfession ihres Territoriums bestimmten. Für die nachwachsende Generation bedeutete dies, nach dem symbolischen Buch des reformierten Glaubens in Deutschland, dem „Heidelberger Katechismus" von 1563, unterrichtet zu werden. Im schulischen Religions- und kirchlichen Konfirmandenunterricht ist Diesterweg diesem überkommenen, dem Jahrhundert der Reformation entstammenden Buch begegnet, dessen Inhalt sich in kurzen Fragen und langen, für das Empfinden der Kinder gewiß überlangen Antworten darbot. Diesterwegs greiser Konfirmator, Johann Heinrich Achenbach (1731-1812), gründete seinen Unterricht auf jenen „hölzernen Heidelberger" Katechismus; die Kinder hatten Abschnitte des Buches zu memorieren, dessen abstrakte Aussagen selbst durch Erläuterungen des Pastors für die Kinder kaum verständlicher wurden. Hier liegt wohl die tiefere Ursache für Diesterwegs lebenslange emotionale Abneigung gegen den Gebrauch von Katechismen, speziell des „Heidelberger", in der religiösen Erziehung. Aus den damals in Siegen geltenden, von dem Herborner Professor Ernst Wisseler verfaßten Lehrplänen läßt sich jedoch entnehmen, daß Diesterweg als Schüler auch rationalistisch und moralistisch ausgerichtetem Gedankengut begegnet sein muß. Darin wurde ein aufgeklärtes Christentum vertreten, in dessen Zentrum eine „natürliche Theologie" stand, die Gott Vater als Schöpfer verherrlichte und in Jesus Christus, unter Ausblendung des Althergebrachten, den vollendeten Lehrer einer vernünftigen, allen Menschen einsichtigen Sittlichkeit propagierte.

Im Frühjahr 1808 verließ Diesterweg Siegen, um an der Hohen Schule in Herborn seine akademische Ausbildung zu beginnen. Für die nun folgenden Jahre versiegen die Quellen über Diesterwegs „religiöse Biographie" praktisch gänzlich. Sicherlich stand anderes im Vordergrund seines Lebens: die Beschwernisse – und Vergnügungen – des Studiums, aber auch private Ereignisse, wie der Tod des Vaters im Jahre 1812 und die Bekanntschaft mit seiner Braut, Sabine Enslin.

Erst am Ende seiner Frankfurter Jahre findet sich wieder ein Beleg für sein anhaltendes religiöses Interesse: die Kontroverse mit dem „Oberlehrer" der „Musterschule", dem Doktor der Theologie Wilhelm Heinrich Seel (1776-1821). Seel veröffentlichte Anfang 1817 unter dem Titel „Vom Weltuntergange, mit Beziehung auf die verkündete Wasserabnahme auf der Erde. Eine kosmologisch-geologische Hypothese" einen vor der Frankfurter „Museumsgesellschaft" – in der auch Diesterweg Mitglied war – gehaltenen Vortrag. Auf naive, unter exaktnaturwissenschaftlichem Aspekt anachronistische Weise versuchte er darin, das durch das Krisenjahr 1816/17 breite Aufmerksamkeit erregende Thema des Weltunterganges aufzugreifen. Deutlich ist in der Abhandlung zu erkennen, daß Seel einem theologischen Fundamentalismus anhing, der die biblisch-symbolischen Aussagen der Heiligen Schrift im naturwissenschaftlichen Sinne interpretierte. Diesterwegs in wenigen Wochen entworfene Gegenschrift „Vom Weltuntergange, nebst einer freimüthigen Widerlegung der Theorie des Herrn Dr. Wilh. Heinrich Seel vom Weltuntergange, und andere in die Geschichte der Erde einschlagenden Bemerkungen" belegt in beeindrukkender Weise die Virtuosität und Reife des erst 27jährigen. Er wehrte eine kurzschlüssige Harmonisierung von Bibel und Naturwissenschaft konsequent ab. Sehr viel kundiger und bedächtiger als Seel verstand er es, beides miteinander zu vermitteln. Er spricht, wie er selbst feststellt, als „Laie"[2] von der Bibel als „unserem Religions- und ältesten Urkundenbuche", von der „Göttlichkeit der heiligen Schrift". Psalm 102 deutete er als prophetische Rede eines „Gottbegeisterte(n) Sänger(s)". Und zur Verteidigung der sich entwickelnden empirisch-experimentellen Naturwissenschaften schreibt er:

„Oder steht Herr S. in dem Wahn, daß ein solches Bestreben schon ein strafwürdiger Angriff gegen die Infallibilität der heiligen Schrift genannt werden könne, und mit der derselben schuldigen Ehrerbie-

tung und tiefen Hochachtung in grellem Contraste stehe? Der Meinung bin ich nun einmal nicht. Bestätigen die unbezweifelbaren Resultate der emsigen Forschungen unserer Experimentatoren einen doch immer in den allgemeinsten Ausdrücken abgefaßten, und deswegen auf mannigfaltig verschiedene Weise auszulegenden Bibelspruch, so kommt das dem christlichen Physiker ungemein erwünscht, und erhöhet, wo möglich, noch seine Liebe und Verehrung zu diesem Religionsbuche. Wäre das nicht der Fall, so wird deswegen sein Glaube an die Göttlichkeit der heiligen Schrift noch um kein Haar breit geringer...und die Art und Weise der nächsten und großen Veränderung der Erdoberfläche, also in unserem Sinne den Weltuntergang aus der Bibel ableiten zu wollen, ist mit einem Worte Übertreibung."

Diesterweg setzte sich damit recht klar von Versuchen ab, die Gültigkeit der Bibel vom Grad ihrer Übereinstimmung mit naturwissenschaftlichen Erkenntnissen abhängig zu machen. Für ihn durfte die Bibel nicht als „Handbuch der Naturwissenschaften" (fehl)interpretiert werden. Er vermochte Gott trotz oder gerade wegen der revolutionierenden Erkenntnisse der modernen Forschung, die den Menschen Einblick in Gottes wunderbares, in seiner Gesetzmäßigkeit überwältigendes Handeln in der Natur gewährte, als Schöpfer zu verehren. Diese Argumentationsfigur ist in der Theologie des 19. und 20. Jahrhunderts immer wieder aufgegriffen worden, und sie erweist Diesterweg als auf der Höhe des wissenschaftlichen wie des religiös-theologischen Denkens seiner Zeit stehend – ganz im Gegensatz zu seinem Kontrahenten Seel.

Besonders vehement sah sich Diesterweg mit der Frage der Religion als Lehrer an der Lateinschule der reformierten Gemeinde in Elberfeld konfrontiert. Jene zwei Jahre, von 1818 bis 1820, waren überschattet von theologischen Kontroversen. Pastor der Gemeinde – und damit auch für die Schulaufsicht an der Lateinschule zuständig – war der weithin bekannte Erweckungsprediger Gottfried Daniel Krummacher (1774-1837), dessen streng orthodox orientierte und paradox formulierte Verkündigung auf einer schroffen Rechtfertigungs- und Prädestinationslehre aufruhte, auf dem Bewußtsein von der Heiligkeit Gottes, der die Sündhaftigkeit des Menschen korrespondierte. Diese in bewußter Antithese zur optimistischen Aufklärungsphilosophie formulierte Theologie war dazu angetan, Diesterwegs Widerspruch herauszufordern. Er, der naturwissenschaftlich-geradlinige Denker, wollte in zupackender Manier auf die menschliche Fähigkeit zur Gestaltung der Welt bauen und hörte nun Krummachers Rede von der Schlechtigkeit des Menschen und seinem Unvermögen zu allem Guten. Die in diesen Jahren einsetzenden, uns überlieferten Tagebuchaufzeichnungen geben Aufschluß über Diesterwegs innere Auseinandersetzung mit und Abgrenzung von jenen theologischen Grundsätzen:

„Mag es unklug genannt werden, daß ich meine Grundsätze laut werden lasse, ich mag nicht scheinen, was ich nicht bin. Es lebe die Philosophie und das Christentum! Denn beide liefern dasselbe Resultat, dasselbe Gesetz, das dem Menschen ins Herz geschrieben ist... In Elberfeld keine Predigten über Pflichten, Notwendigkeit des Lebens zur Besserung, nichts davon, sondern ein Predigen des Hasses gegen die Tugend, Freiheit des Willens, Moral, Philosophie. Sie freuen sich über ihre Sündhaftigkeit und danken Gott dafür, denn gerade sie sei die Bedingung der Begnadigung. Wem der Gnadenstand geschenkt, der gehöre einmal Gott an und könne aus dieser Gnade durch keine Sünde wieder herausfallen. Dabei Haß und Verfolgung gegen Andersdenkende; lauter Cliquen, Rotten und Sektiererei!... Die Haupttendenz des Christentums finde ich in der Erstrebung der höchsten Sittlichkeit, des moralischen Ideals."[3]

Diesterweg umriß damit die religiöse Position, der er sein Leben lang treublieb. Christliche Religion ist ihm identisch geworden mit philosophischer Tugendlehre, Pflicht zur Sittlichkeit, Moralität. Theologisch-dogmatische Sätze waren ihm fremd. Er stand deutlich in der Traditionslinie aufklärerischer Religionsauffassungen, die sehr scharf trennten zwischen einer allen Menschen gemeinsamen „natürlichen" Religion und einer kirchlich-dogmatischen Theologie. Eine wichtige, quasi maieutische Rolle in dieser Phase innerer Bewußtwerdung spielte für ihn der Schüler des Philanthropen Freiherr von Rochow, Johann Friedrich Wilberg (1766-1846), der in Elberfeld zunächst die Stelle des Schul- und Armenpflegers, sodann die Leitung des „Bürger-Instituts" innehatte und der in vielem geradezu ein Antipode Krummachers war.

In Elberfeld – und danach seit 1820 in Moers – entstehen verschiedene Schriften, die diese religiöse Position weiter ausbauten. So schreibt Diesterweg in der 1820 veröffentlichten Abhandlung „Über Erziehung im Allgemeinen und Schul-Erziehung im Besonderen":

„Wir alle fühlen den Drang in uns, Eins zum Mittel-Punkte unsres Lebens zu erwählen... dieses Eine gestern, heute und morgen liegt in dem Erwerb eines zu allem Guten und Großen tüchtigen Charakters, in dem Besitze eines Willens, der stets zum Himmel strebet. Darauf ziele aller Unterricht, jedwede Erziehung hin... Eins und einig aber sei der Charakter des Lehrers, Gemüth, Wille und Vernunft. Dann ist die lebendige Einheit für ihn und den Schüler gefunden. Dann lehrt er, dessen Herz und Verstand die Religion wie mit belebenden (!) Hauche durchdringet, Religion, ohne davon zu schwatzen; Religion durch den Unterricht in der Moral, wie durch Musik; Religion durch die Geschichte, Geographie, Natur-Lehre und Mathesis und der eine, alle seine Bestrebungen umfassende letzte Zweck, die Einheit des einzelnen mit dem Ganzen; des Ganzen mit dem Theile ist gefunden in der – Religion. Sie steht da wie eine Central-Sonne im Gebiete des Universums, als eine mächtige Herrscherin, welcher alle anderen Kräfte als untergeordnete dienen."[4]

Dieses letzte Zitat erhellt Diesterwegs Haltung zu einem gesonderten Religionsunterricht: Er schien ihm im Grunde unnötig, da Religion etwas ist, was qua Moral alles Leben durchwaltet. Ähnlich äußert er sich auch in einer anderen Schrift aus diesen Jahren, in der „pädagogischen Skizze" „August und Wilhelm, die ungleichen Nachbarskinder", in der er eine ideale Schule, einen idealen Lehrer und dessen Form der religiösen Erziehung schildert:

„Auf den mündlichen, zu gewissen Stunden regelmäßig wiederkehrenden Religionsunterricht hielt er nicht viel; so wie er auch meinte, daß Worte nicht das beste seien und deßwegen auf die Belehrung und Bekehrung des Herzens durch Worte keine Bedeutung legte. Er selbst hatte an sich die traurige Erfahrung machen müssen, daß durch zu genaue Zergliederung der Religionsbegriffe der ächt religiöse Geist leicht verscheucht werde... Er sprach daher selten von Gott, Tugend und Liebe, weil er selten die Stimmung zu besitzen glaubte, von ihnen mit Kraft, Weihe und Salbung zu reden... Aber die tiefe Rührung war nicht zu verkennen, die sich über alle Mitglieder der kleinen Schule verbreitete, wenn er ein kurzes Gebet sprach, oder Belehrung über Gott, Bestimmung der Menschen und Tugend ihnen mitteilte, ihnen die Lebensgeschichte Jesu und biblische Geschichten überhaupt erzählte, oder bei Gelegenheit eines Sterbefalles in der Familie eines Schülers Gedanken und Empfindungen über Wiedersehen und Seligkeit der Frommen ausdrückte."[5]

Wir können vermuten, daß dieses Denkmodell, in welchem die religiöse Erziehung zum Unterrichtsprinzip erhoben wird, Diesterwegs eigentliche Sympathie besaß. Seit 1820 aber, mit seiner Berufung in die preußische Lehrerbildung, in deren Rahmen der Religionsunterricht ein unaufhebbarer Bestandteil war, vollzog sich in ihm, was die organisatorische Struktur des Faches im Kanon von Schule und Seminar anbetrifft, eine „realistische Wende". Nun konnte er formulieren: *„...wer sollte es nicht erkennen, daß zur Religiosität auch ein bestimmter, klarer und ausführlicher Unterricht über Religion gehöre!... Die Erkenntnis Gottes (kommt) aus dem Unterricht über Gott."*

Oder: Es „... wird hier in der Bildungsstätte künftiger Volksschullehrer vorzugsweise Werth gelegt auf den Religions-Unterricht. Gott und die Pflichten sollen die Kinder allerdings besser kennen lernen, als Scheitelwinkel und Quadrate.“ Und an anderer Stelle stritt er gegen die Meinung, *„daß der Religionsunterricht nicht gerade eine umfassende Wichtigkeit in der allgemeinen Gemeindeschule in Anspruch nehme...“*[6] Nach seiner Entlassung aus dem Amt des Seminardirektors in Berlin freilich neigte er wieder seiner ursprünglichen Auffassung zu, einen separaten, eigenständigen Religionsunterricht für verzichtbar zu halten. „Jeder Lehrer – ein Religionslehrer“, so forderte er in einem 1852 in den *Rheinischen Blättern* erschienenen Aufsatz.[7]

Aber auch diese Wendung Diesterwegs ruhte auf einem unverändertem Religionsbegriff. Die jüngere Diesterweg-Forschung hat in den letzten Jahren bislang unbemerkt gebliebene „Glaubensbekenntnisse“ entdeckt, die Diesterweg als sein religiöses Credo in seine Schriften eingefügt hat.[8] Auch darin wird deutlich, daß er alle traditionellen dogmatischen Aussagen getilgt hat. Wert legt er vor allem auf Gott den Schöpfer, der sich in der Natur dem Menschen offenbart, und Jesus als den Lehrer vollendeter Sittlichkeit.

Besonders geprägt hat Diesterwegs Verhältnis zur Religion die Institution „Kirche“. In seiner Ideenwelt erscheint die Kirche – neben Familie, Staat und Schule[9] – in erster Linie als eine Erziehungsinstanz, die dem Menschen zuallererst die Grundsätze der Moral nahebringen sollte. Renommierte zeitgenössische Protagonisten einer aufgeklärten, liberalen Theologie wie Heinrich Eberhard Gottlob Paulus (1761-1851), Carl Gottlieb Bretschneider (1776-1848), der junge Wilhelm Martin Leberecht de Wette (1780-1849) und Friedrich Daniel Ernst Schleiermacher (1768-1834), dessen letzte Vorlesungen Diesterweg Anfang der 30er Jahre an der Universität Berlin hörte, galten ihm als Vorbilder und Zeugen seines liberalen, pädagogisch geprägten Kirchenbegriffs. Je stärker aber im Laufe des 19. Jahrhunderts die an Bibel und Bekenntnis orientierten neoorthodoxen und neopietistischen Kräfte wurden, desto größer war für Diesterweg die Gefahr eines Konfliktes mit der Amtskirche. Zum Ausbruch kam dieser Konflikt schließlich in der Frage der Schulaufsicht. Zwar war das Schulwesen de jure staatlich organisiert. Die Kirche jedoch besaß – nicht nur in Preußen – ein geschichtlich gewachsenes Aufsichtsrecht über die Elementarschule, das indes mit der fortschreitenden Professionalisierung der Lehrerschaft an Legitimation verlor. So war es nicht selten, daß pädagogisch nicht qualifizierte Geistliche dem in seinem Metier beschlagenen Lehrer in sein Schulamt hineinregierten. Diesterweg und seine Mitstreiter haben diese Mißstände bei den preußischen Unterrichtsbehörden angemahnt und eine durch Sachkompetenz begründete Schulaufsicht eingefordert. Der seit Beginn der 20er Jahre zunehmend restaurativ ausgerichtete Staatsapparat sah jedoch keine Veranlassung, die Rechte der Kirche zu beschneiden, garantierten sie doch eine staats- und obrigkeitstreue Erziehung, die politische Abstinenz der Untertanen in diesen von Revolutionen aufgewühlten Zeitläufen zu verbürgen schien. Diese Inanspruchnahme der Kirche durch den Staat – und vice versa – schrieb zum Vorteil beider den politischen Status quo fest.

Fragen von Religion und Kirche sollten schließlich auch die Auslöser sein für Diesterwegs „amtlichen Schiffbruch“. In seinen autobiographischen Erinnerungen aus dem Jahr 1851[10] vermerkte er, daß die preußischen Behörden ihn schon seit Beginn seiner Berliner Zeit aufgefordert hatten, *„religiöse Streitfragen nicht vor die Seminaristen zu bringen und alle Einseitigkeiten in religiöser Beziehung zu vermeiden..., über kirchliche Verhältnisse und Gegenstände des religiösen Glaubens keine Ansichten auszusprechen, welche Anstoß und Besorgnisse erregen... könnten“*. Diesterweg ließ sich durch solche Mahnungen aber nicht davon abhalten, klar und deutlich seine Meinung zu vertreten. Dies kostete ihn 1847 sein über alles geschätztes Amt als

Lehrerbildner. 1848, im Zuge der bürgerlichen Märzrevolution, sah es noch einmal für kurze Zeit so aus, als sollte seinem Kampf gegen restaurative Politik, Neoorthodoxie und Neopietismus Erfolg vergönnt sein. In einem unter dem Eindruck der Berliner Barrikadenkämpfe formulierten Aufsatz mit dem Titel „Was fordert die Zeit?"[11] schreibt er:

„... jetzt ist es an der Zeit, dem Lügensystem, der Heuchelei, dem frommen Schein, der Despotie sogenannter Rechtgläubigkeit, der Verdammung oder Verdächtigung der Menschennatur, der Hinweisung auf die Freuden des Himmels bei Fortbestand entwürdigender und abzuändernder Zustände auf der Erde, dem Bestreben, den Menschen zu einem duldenden Pilger zu machen und alle gesunden, frischen und lebendigen Kräfte und Triebe aus ihm auszutreiben, jetzt ist es an der Zeit, um es mit einem Worte zu sagen, dem Pfaffentum ein Ende zu machen, es, wo möglich, mit Stumpf und Stiel auszurotten."

Es sollte sich aber bald zeigen, daß die Erschütterung der preußischen Monarchie und der mit ihr verbündeten Staatskirche nur von kurzer Dauer war; schon bald faßte das alte System wieder Tritt. Die nun folgende Zeit der staatlich-kirchlichen Reaktion war für die fortschrittlichen Kräfte umso deprimierender. In Volksschule und Lehrerbildung verkörpern die drei preußischen Regulative von 1854, nach ihrem Verfasser, dem Staatsrat Ferdinand Stiehl (1812-1878), auch die „Stiehlschen Regulative" genannt, den Schritt zurück hinter schon in der ersten Hälfte des Jahrhunderts erreichte Positionen: Die Elementarschule und die Lehrer wurden unter der Aufsicht von Kirche und Klerus belassen und auf unkritische Staatstreue und dogmatisch-kirchlichen Glauben verpflichtet. Als für Schule und Seminar zentrale Lehr- und Memorierstoffe wurden biblisch-konfessionelle Inhalte – Katechismus und Kirchengesang – festgeschrieben. Die von Diesterweg intendierte Lehrerbildung auf wissenschaftlicher Grundlage war damit am Ende. Diesterweg hat diesen für ihn bitteren Sieg des Bündnisses von Staat und Kirche ganz entschieden bekämpft. Aber größere Erfolge waren ihm in seinem Ringen nicht mehr vergönnt.

Als er feststellen mußte, daß die Kirche seiner Zeit nicht bereit war, die ihr zugedachte Rolle als Erziehungsinstanz in aufgeklärt-fortschrittlicher Manier anzunehmen, vollzog er seinerseits den Bruch. In seinem Verständnis mußte die Kirche ihren Anspruch als tragende Säule der Gesellschaft aufgeben, da sie sich abgewandt hatte von der Religion Christi. Im Blick auf seine pädagogischen Vorstellungen bedeutete dies eine Trennung und Gegenüberstellung von „Kirchenlehre" und „Pädagogik"[12], wie er es in einem Aufsatz aus dem Jahr 1852 formulierte. Eine konstruktive Vermittlung beider Größen war für ihn nicht mehr möglich.

1 Deiters, H. (Hrsg.): Adolf Diesterweg. Schriften und Reden. Bd. I. Berlin, Leipzig 1950, S. VII, XIX.
2 Diesterweg, F.A.W.: Vom Weltuntergange, nebst einer freimüthigen Widerlegung der Theorie des Herrn Dr. Wilh. Heinrich Seel vom Weltuntergange, und anderen in die Geschichte der Erde einschlagenden Bemerkungen. Frankfurt a.M. 1817, S. 20. Die folg. Zitate S. 22, 21, 19, 21f.
3 Aus Adolph Diesterwegs Tagebuch 1818 bis 1822. Neuhrsg. v.H.G. Bluth. Frankfurt a.M., Berlin, Bonn 1956, S. 9.
4 Elberfeld 1820, S. 130-132.
5 Diesterweg, F.A.W.: Schulreden und pädagogische Abhandlungen. Ein Nachlaß von seinem Wirken an dem Lehrer-Seminar in Mörs, für Freunde zum Druck befördert. Crefeld 1832, S. 226f.
6 Ebenda, S. 184, 25, 169.
7 Diesterweg, F.A.W.: Sämtliche Werke. Bd. X. Berlin 1969, S. 3-14 (DSW).
8 Vgl. Fischer, R.: Religionspädagogik unter den Bedingungen der Aufklärung. Studien zum Verhältnisproblem von Theologie und Pädagogik bei Schleiermacher, Palmer und Diesterweg. Heidelberg 1973, S. 196ff., u. Rupp, H.F.: Religion und ihre Didaktik bei Fr.A.W. Diesterweg. Ein Kapitel einer Geschichte der Religionsdidaktik im 19. Jahrhundert. Weinheim, Basel 1987, S. 166ff.
9 Vgl. Rupp, H.F.: a.a.O., S. 205ff.
10 Diesterweg, F.A.W.: Wie es mir erging oder Geschichte meines amtlichen Schiffbruchs. In: DSW Bd. IX, S. 17-55. Zitat S. 20.
11 DSW Bd. VII, S. 358-369. Zitat S. 365.
12 Diesterweg, F.A.W.: Kirchenlehre oder Pädagogik? Perspektive auf die zweite Hälfte des 19. Jahrhunderts. In: DSW Bd. IX, S. 375-472.

Cornelius Neutsch

Erfahrungen unterwegs
Diesterweg auf Reisen

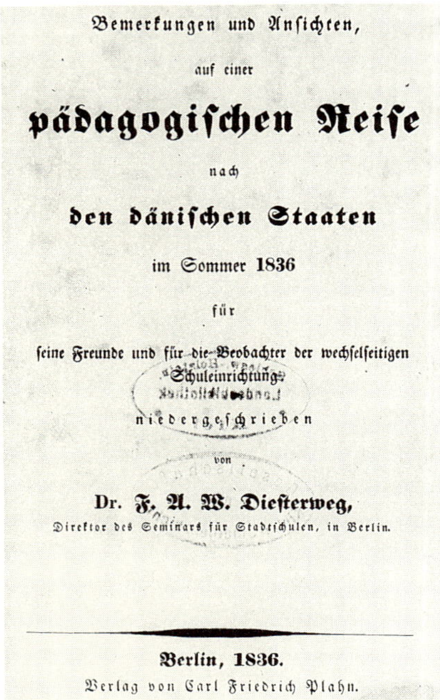
Bemerkungen und Ansichten,
auf einer
pädagogischen Reise
nach
den dänischen Staaten
im Sommer 1836
für
seine Freunde und für die Beobachter der wechselseitigen
Schuleinrichtung
niedergeschrieben
von
Dr. F. A. W. Diesterweg,
Director des Seminars für Stadtschulen, in Berlin.

Berlin, 1836.
Verlag von Carl Friedrich Plahn.

530 F.A.W. Diesterweg
Bemerkungen und Ansichten, auf einer pädagogischen Reise nach den dänischen Staaten im Sommer 1836 für seine Freunde und für die Beobachter der wechselseitigen Schuleinrichtung niedergeschrieben. Berlin 1836

Mitte der 1830er Jahre urteilte der Schriftsteller Karl Immermann über seine Zeit: *„Noch tiefer greift das Reisen in den Zustand der Menschen ein.“* Immermanns Bewertung resultierte aus den Erfahrungen, die die Menschen des frühen 19. Jahrhunderts mit einem sich radikal verändernden Verkehrssystem machten. Die Dampfkraft hatte zu diesem Zeitpunkt bereits begonnen, einen Teil der Binnen- und Seeschiffahrt zu erobern, und auch im Bereich des Landverkehrs zeichnete sich durch die Einrichtung der ersten Eisenbahnlinien schon jener Umbruch ab, der das Verkehrswesen weltweit revolutionieren sollte.

Schon vor dem Eisenbahnzeitalter hatten sich jedoch die Reisemöglichkeiten entscheidend verbessert. Im Verlauf des 18. Jahrhunderts verdichtete sich zusehends das nahezu ganz Europa umspannende Netz der regelmäßig verkehrenden Postwagen (Ordinari-Posten), gegen Ende des Jahrhunderts existierten auf den am meisten befahrenen Routen bereits tägliche Verbindungen. Die Einführung der Eil- und Schnellposten im 19. Jahrhundert erhöhte die Leistungsfähigkeit des Postreiseverkehrs noch erheblich. So hatte Preußen die erste Schnellpostlinie im Jahre 1819 zwischen Berlin und Magdeburg eröffnet, im Jahre 1828 gab es im Gebiet des Königreiches Preußen bereits 144 Schnellpostlinien, und um 1830 durchzogen die Schnellpostverbindungen das gesamte Staatsgebiet. Der Postreiseverkehr in Preußen durch Fahr- und Schnellposten verlief in diesem Jahr auf insgesamt 298 verschiedenen Coursen. Die Hauptstadt Berlin war Ausgangspunkt von 20 Fahr- und 14 Schnellposten.

Eine wichtige Voraussetzung für die Expansion des Postreiseverkehrs in Preußen war der nach 1815 systematisch vorangetriebene Bau befestigter Kunststraßen, sog. Chausseen. Der Gebietszuwachs Preußens nach dem Wiener Kongreß hatte es notwendig werden lassen, die einzelnen Landesteile enger miteinander zu verknüpfen. Hierbei spielte der Straßenbau eine nicht unerhebliche Rolle. So wurden allein im Jahre 1828 in allen preußischen Provinzen nahezu 300 Meilen Chausseen neu angelegt, so daß Preußen am Ende dieses Jahres bereits über ein Chausseennetz von mehr als 1000 Meilen verfügte.[1]

Als Adolph Diesterweg am Abend des 29. Juni 1836 von Berlin aus eine Bildungsreise nach Dänemark und den damals unter dänischer Herrschaft stehenden Herzogtümern Schleswig und Holstein antrat, konnte er somit auf ein gut funktionierendes Verkehrsnetz zurückgreifen. Seine Reiseerlebnisse publizierte er noch im gleichen Jahr unter dem Titel: „Bemerkungen und Ansichten auf einer pädagogischen Reise nach den dänischen Staaten im Sommer 1836“[2]. Diesterwegs eigentliches Reiseziel Eckernförde – er wollte dort die „wechselseitige Schuleinrichtung“ studieren – konnte er auf mehreren Wegen erreichen: entweder auf dem Landweg mit der Post über Hamburg oder auf dem Seeweg über Kopenhagen und Kiel. Diesterweg entschied sich für letztere Möglichkeit und reiste zunächst mit dem Schnellwagen nach Stettin, von wo er mit dem Dampfschiff weiter bis Kopenhagen fuhr. Die gesamte Reise hatte nicht länger als 45 Stunden gedauert, so daß das Schiff bereits am Nachmittag des 1. Juli in Kopenhagen anlandete. Die Möglichkeit, mittels Dampfschiffen und Schnellposten in kürzester Zeit größere Entfernungen zu bewältigen, war für die Menschen des frühen 19. Jahrhunderts eine völlig neue Erfahrung. Eine derartige Veränderung der Reisemöglichkeiten berührte die davon Betroffenen sowohl emotional als auch rational.

Diesterweg machte davon keine Ausnahme; es entsprach im Gegenteil seinem Selbstverständnis als Pädagoge, sich mit den Veränderungen in der ihn umgebenden Umwelt dezidiert auseinanderzusetzen und eigene Erfahrungen seinen Lesern mitzuteilen: *„Es ist doch zum Theil etwas sehr Merkwürdiges, und noch unsre Väter hätten Solches für unmöglich gehalten, daß man sich Mittwoch Abends 7 Uhr in Berlin auf den Wagen setzen und Freitags darauf in Kopenhagen zu Mittag speisen kann, ohne auch nur müde zu werden. Es ist doch gewiß sehr merkwürdig, daß man jetzt Schiffe bauet, die sich um Wind und Wetter, so gut wie gar nicht, kümmern, und dem Winde schnurstracks entgegen segeln.“*

531 Karte von Nordeuropa mit Schiffahrtsrouten
K.T. Wagner: Handbuch für Reisende in Dänemark, Norwegen, Schweden, Russland, Polen und Finnland. Leipzig 1840

532 Ankunft und Abfahrt aller von Berlin ausgehenden Postkutschen, Berlin 1830
30 x 26 cm
Frankfurt, Deutsches Postmuseum

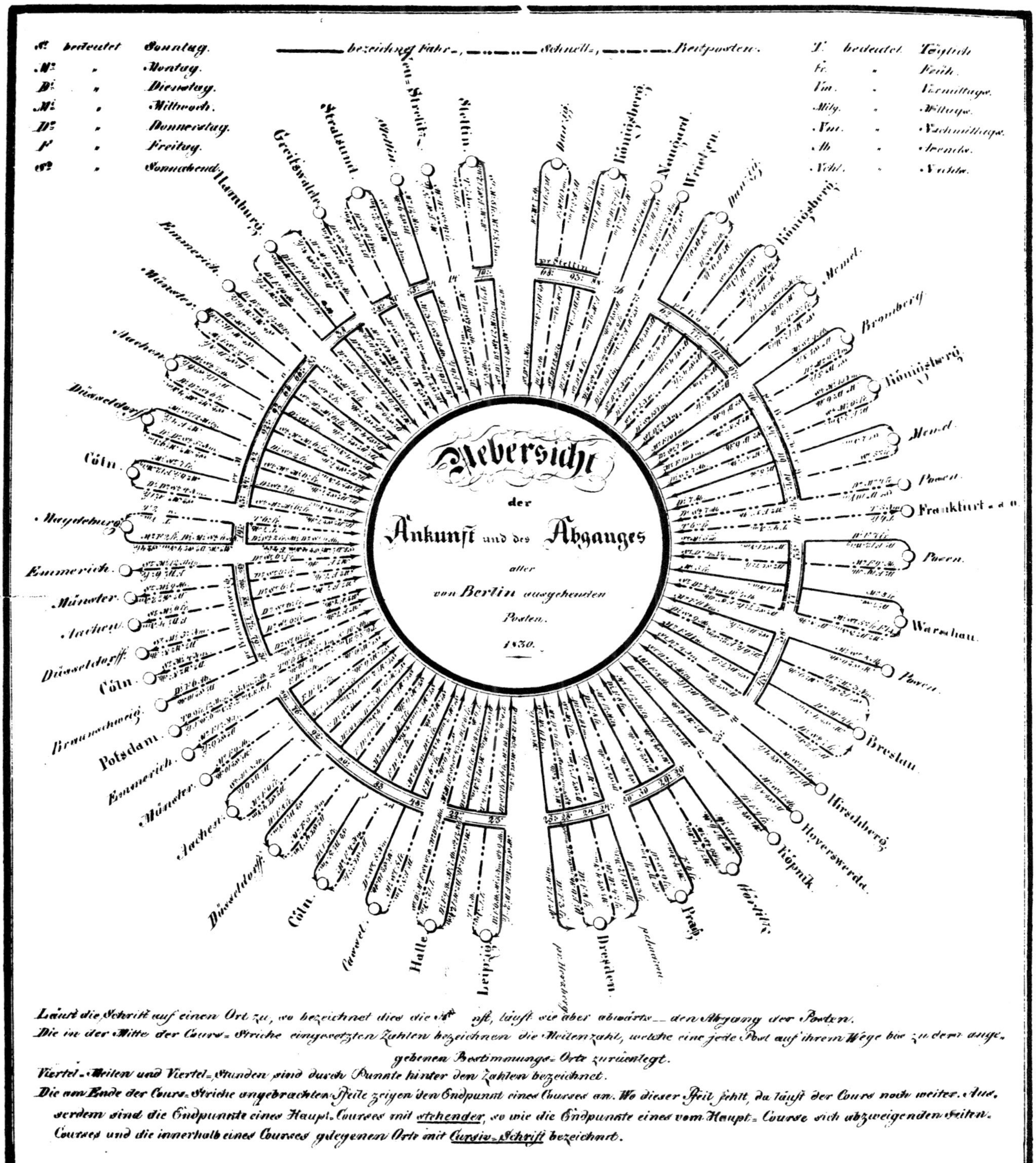

Die bewundernden Worte, die er für die neuen Verkehrsmittel fand, dürfen jedoch über eines nicht hinwegtäuschen: trotz der immensen Verbesserung der Reisemöglichkeiten blieb der Kreis der potentiellen Reisenden auch noch im frühen 19. Jahrhundert durch die relativ

533 Ansicht von Christiansborg, Copenhagen
Lithographie von E. Gerhardt, Steindruck von F.W. Wenig
Ansichten und Bemerkungen auf einer Reise durch Dänemark. O.O. 1837

hohen Kosten stark eingeschränkt. Geographische Mobilität, soweit es die Benutzung institutionalisierter Verkehrsmittel betraf, blieb nach wie vor den begüterten Schichten vorbehalten. Einem Mann wie Diesterweg war diese Problematik nur zu bewußt: *„Die nöthige Zeit zum Reisen hat daher jetzt jeder, selbst zu mehr als kleinen Reisen, bei der Schnelligkeit, mit der man reiset, wenn nur der nervus rerum nicht fehlt."*

Diesterweg selbst befand sich in der glücklichen Lage, von seiten des preußischen Ministeriums der Geistlichen, Unterrichts- und Medizinalangelegenheiten nicht nur die Genehmigung zu dieser Reise, sondern auch eine Unterstützung von 150 Thalern erhalten zu haben. Bei einem Jahresgehalt von 1800 Thalern, das er zu diesem Zeitpunkt als Seminardirektor in Berlin bezog, hätte eine private Kostenübernahme eine nicht geringe finanzielle Belastung für ihn bedeutet. Mit den zusätzlichen Geldmitteln ausgestattet, konnte er es sich leisten, „standesgemäß" zu reisen, das heißt er fuhr mit der im Vergleich zur normalen (ordinairen) Fahrpost teuren Schnellpost von Berlin nach Stettin. Auch auf dem Dampfschiff Maria, das ihn von Stettin nach Kopenhagen beförderte, nahm er einen Platz in der „ersten Kajüte" zum Preis von 12 dänischen Reichsbankthalern.[3] Diesterwegs Reisegesellschaft bestand nur aus etwa 10 Personen, Männer und Frauen waren getrennt untergebracht. Über die damals bestehenden Schiffsverbindungen und genauen Fahrpreise auf der Ostsee informiert uns Karl Theodor Wagners Handbuch für Reisende in Nordeuropa aus dem Jahre 1840. Zwischen Stettin und Kopenhagen bestand bereits eine regelmäßige dänische Postdampferlinie: Abfahrt in Stettin jeweils donnerstags mittags um 12 Uhr, Abfahrt in Kopenhagen jeweils montags zur gleichen Zeit. Man reiste entweder in der komfortabelen ersten oder der einfachen zweiten Kajüte; die Fahrpreise betrugen im Jahre 1839 pro Person 10 bzw. 7 preußische Taler bei freier Mitnahme von 64 bzw. 48 Pfund Gepäck.[4]

Die Tatsache, daß der Seminardirektor Diesterweg die teure Beförderungsvariante wählte, ist Ausdruck standesgemäßen Reisens und deutet nicht auf einen aufwendigen Lebensstil hin. Reisen bedeutete gerade für einen Gelehrten wie Adolph Diesterweg die Möglichkeit, Kontakte zu knüpfen und neue Bekanntschaften mit Standes- und Berufsgenossen zu schließen, die in späteren Briefwechseln fortgeführt wurden. Seine Stellung als Seminardirektor gebot ihm überdies einen gewissen Komfort. Von daher verwundert es nicht, daß Diesterweg sich in Kopenhagen im Hotel du Nord einmietete. In Wagners Reisehandbuch wird dieses am Königs-Neumarkt, inmitten der Stadt gelegene Hotel als eines der besten Gasthäuser am Platze empfohlen. Wagner verwies jedoch explizit auf die „etwas hoch gestellten Preise" und riet daher Reisenden, die länger in Kopenhagen bleiben wollten, aus Kostengründen besser eine Privatwohnung zu mieten.[5] Als der deutsche Wirt des Hotel du Nord während einer Unterhaltung mit Diesterweg äußerte: „Geld ist die Losung", wurde Diesterweg wohl doch etwas bange um seinen Geldbeutel und er bemerkte sichtlich berührt: *„Ist dieses überhaupt seine Losung, so wird er auch mich von Einigem erlösen. Das wird sich Alles zuletzt schon finden. Darum keine schweren Gedanken!"*

Insgesamt gestaltete sich der Aufenthalt in Kopenhagen für den Berliner Seminardirektor, der noch immer um seinen Weihnachten 1835 verstorbenen achtjährigen Sohn Adolph trauerte, recht erholsam. Da er sich Anfang Juli in der Stadt aufhielt, hatte er sogar Gelegenheit, ein Volksfest zu besuchen, das alljährlich vom Johannistag bis zum 14. Juli im Tiergarten, einem Waldgebiet nördlich von Kopenhagen, stattfand. Diesterweg nutzte die Gelegenheit, sich unter die Menge zu mischen. *„Ich kam mit schmuck gekleideten Landleuten zusammen, gerade wie ich es wünschte. Leider konnte ich nicht mit ihnen sprechen. Aber ich hatte meine Freude an ihrem Aussehen, ihrer Tracht. Schon gleich beim Eintritt in Kopenhagen war mir die Schönheit des Menschenschlages aufgefallen, aber Alles, was ich in* *den vergangenen Tagen gesehen hatte, wurde heute übertroffen. Nie habe ich so viele gut gekleidete, männlichkräftige Männer, nie so viele hübschgekleidete, anziehende Frauengesichter, nota bene aus dem Volke, gesehen.“* Einen Besuch der Sammlungen der nordischen Altertümer im königlichen Kunstmuseum nahm er zum Anlaß, Überlegungen über deren erzieherischen Wert anzustellen. *„Für Erwachsene haben sie dasselbe Interesse, welches Robinson in technischer Beziehung für die Jugend hat: man erkennt anschaulich die ersten Anfänge in der Verfertigung der nothwendigsten Werkzeuge vor zwei und mehr Jahrtausenden.“*

Doch mehr als die Vergangenheit interessierten ihn „Anschauungen aus der neuesten Zeit“. Der preußische Gesandte in Kopenhagen hatte ihm ermöglicht, eine Genehmigung für die Besichtigung der dänischen Kriegswerften zu erhalten. Diesterweg zeigte sich zwar beeindruckt von den dort zu beobachtenden technischen Errungenschaften, lehnte jedoch die Existenz von Kriegsflotten kategorisch ab. In dem Weg von den „ärmlichen Anfängen der Technik“ bis zum Bau eines großen Kriegsschiffes sah er ein Beispiel für die bisherige Entwicklung der Zivilisation überhaupt. Jedoch bedeutete für den Pädagogen Diesterweg eine zukünftige „fortschreitende Vervollkommnung“ der Menschheit nicht nur technische Vervollkommnung, sondern immer auch Vervollkommnung des menschlichen Charakters; entsprechend bedeutete für ihn der künftige Fortschritt der Zivilisation auch und vor allem Fortschritt in Richtung auf eine humanere Gesellschaft: *„Zu diesem Fortschritt wird gehören, daß man dann den Reisenden keine Kriegsflotte mehr zeigen wird, weil es keine mehr giebt. Kriegsschiffe gehören der Zeit der Barbarei an... Was mag nicht bloß deren Erbauung, sondern ihre Unterhaltung kosten! – Man kann sich der Wehmuth nicht enthalten, wenn man bedenkt, wie wenig diese ungeheuren Summen zur wahren Cultur des dänischen Volkes beitragen, und es eröffnet sich Einem kein wohlthuender Blick in die gesellschaftlichen Zustände, wenn man bedenkt, daß auch auf diesen Inseln viele Menschen um Brot und Kleidung verlegen sind und nicht wenig Ortschaften aller Schulen entbehren.“*

Diese Zeilen bestechen nach mehr als 150 Jahren nicht nur durch ihre traurige Aktualität, sie bestätigen auch beispielhaft Hugo Gotthard Bloths Bewertung von Diesterwegs Reisebericht als einer „Blütenlese seiner pädagogischen Ansichten“.[6] Die eigentlichen Reiseschilderungen sind immer wieder durchsetzt und unterbrochen von pädagogischen Reflexionen, zu denen sich Diesterweg durch seine Reiseerlebnisse anregen ließ. Die wechselseitige Schuleinrichtung in Eckernförde, deren Studium sein eigentliches Reiseziel war, handelte er am Schluß seiner Reisebeschreibung ziemlich kurz ab, was ihm heftige Kritik eintrug.

Diesterweg unterbrach seinen Aufenthalt in Kopenhagen durch einen Abstecher nach Helsingör am Sund. Er entschied sich diesmal nicht für die länger dauernde Fahrt mit dem Dampfschiff, sondern unternahm diese kleine Reise von 6 Meilen mit der täglich verkehrenden Diligence (Eilpostwagen), um so einen Teil der Insel Seeland kennenzulernen. Das Reisepostwesen in Dänemark war dem deutschen von der Organisation her vergleichbar. Nach dessen Verstaatlichung verkehrte bereits im Jahre 1798 die erste Diligence auf der Strecke Kopenhagen – Helsingör, Mitte der 1830er Jahre fuhren die Diligencen bereits in größerer Zahl auf den chaussierten Straßen des Landes, denn auch in Dänemark wurde nach 1800 auf den wichtigsten Strecken Kleinpflaster verlegt. Unterwegs nach Helsingör bot sich Diesterweg offenbar wenig Interessantes, so berichtete er ausführlich über die Umstände seiner Reise. Das benutzte Gefährt war ein offener, unbedeckter, mit vier Pferden bespannter Wagen. Solche offenen Postwagen, sogenannte „holsteinische Kührwagen“, waren zu diesem Zeitpunkt in Dänemark sehr verbreitet, daneben hatte man aber bereits in den zwanziger Jahren zumindest im Herzogtum Holstein bedeckte Wagen eingeführt[7], da unbedeckte Postwa-

534 Reiseschreibzeug, Anfang 19.Jh.
Perlrochenhaut, mit Samt ausgeschlagen
6 x 4 x 6 cm

535 Reisebesteckfutteral, um 1840
Leder mit Goldrand
H. 29,5 cm, Dm. 9,0 cm
536 Zigarrenetui, Mitte 19.Jh.
Leder, Einsatz mit Perlstickerei
13,5 x 9,5 cm
537 Reisetruhe, 2.Hälfte 19.Jh.
Rindsleder, Holz- und Metallverstrebungen,
Innenfutter Baumwolle, Samt
70 x 88 x 56 cm
Offenbach, Deutsches Ledermuseum

gen insbesondere bei schlechter Witterung den Reisenden wenig Annehmlichkeiten boten. Diesterweg hatte jedoch hinsichtlich des Wetters großes Glück und lobte das rasche Vorwärtskommen auf der anfangs mit Stein gepflasterten, später „halbguten" Chaussee, deren Ränder wie zu jener Zeit üblich mit Weidenbäumen oder kanadischen Pappeln bepflanzt waren.

538 Der Postwagen nach Gotha
Aquarellierter Stich von Georg E. Opitz (1775-1841), um 1825
20,7 x 25,7 cm
Offenbach, Deutsches Ledermuseum

Mit im Postwagen saß eine deutsch sprechende Dänin, die dem wißbegierigen Pädagogen zwar eine Reihe von Fragen beantworten konnte, über verschiedene Dinge, die ihre Heimat betrafen, hingegen keinen Bescheid wußte. Die teilweise Unwissenheit dieser Dame führte Diesterweg auf Fehler im bestehenden Schulsystem zurück: *„Das nächste bleibt uns unbekannt, wenn der Jugendunterricht schlecht ist, d. h. uns in's Weite treibt, statt uns die Augen für das nächste, Wichtigste zu öffnen."* Auch die Bekanntschaft eines dänischen Kaufmanns, der ihn auf der Rückreise nach Kopenhagen im Postwagen begleitete, veranlaßte Diesterweg, über notwendige Veränderungen im Bereich des Schulwesens nachzudenken. Besagter Kaufmann war ihm durch gute Fremdsprachenkenntnisse aufgefallen. Der Erwerb von Kenntnissen moderner Fremdsprachen – für Kaufleute unter Umständen äußerst wichtig – gehörte für Diesterwg zum notwendigen „Realismus des Schulunterrichts". Heftig kritisierte er dagegen den für das spätere Berufsleben relativ nutzlosen Lateinunterricht, den die Kaufmannssöhne seiner Heimatstadt Siegen in seiner Jugendzeit erhalten hatten. So nahm Diesterweg selbst oberflächliche Postwagenbekanntschaften zum Anlaß, pädagogische Gedanken zu formulieren. Gerade auf Reisen bot sich für ihn die Gelegenheit, Menschen verschiedenster Herkunft, Bildung und sozialer Stellung näher kennenzulernen; so zeigte er sich Mitreisenden gegenüber stets aufgeschlossen. *„Denn es ist lästig, ohne alles gegenseitige Interesse und ohne menschliche Theilnahme neben Menschen, d. h. neben seines Gleichen, zu sitzen. Um diesem peinlichen Gefühle zu entgehen, pflege ich im Postwagen gleich die Mitreisenden anzureden und über gleichgültige Dinge zu sprechen. Dadurch nähert man* *sich dem Menschen, wie es ihm, als solchem, gebührt: durch ein menschliches Wort. Ob man das Gespräch fortsetzt oder abbricht, hängt dann von Umständen ab.* "So ärgerte sich Diesterweg ein wenig, als er im Hotel d'Oeresund, dem besten Gasthof in Helsingör, die Mittagstafel mit fünf Engländern teilen mußte, die sich wenig gesprächsbereit zeigten, noch zumal diese Stadt an sich wenig Besonderes bot.

Diesterwegs geplante Weiterreise von Kopenhagen nach Kiel wurde zunächst verzögert. Als er ein Billet zur Fahrt nach Kiel auf dem Dampfschiff „Christian VI." lösen wollte, wies man ihn ab, da er keinen dänischen Paß besaß. Nach dänischem Gesetz verlor ein ausländischer Paß 24 Stunden nach Ankunft des Reisenden in Kopenhagen seine Gültigkeit, so daß für die Rückreise ein dänischer Paß ausgestellt werden mußte, der laut Wagners Reisehandbuch vier dänische Mark kostete.[8] Diesterweg berichtete, daß er einen dänischen Reichsbanktaler, also sechs dänische Mark, für diesen Paß bezahlt hatte und zeigte sich recht erbost über derartige Praktiken. Er, der über einen gültigen preußischen Paß verfügte, sah in den dänischen Paßgesetzen pure Beutelschneiderei; entsprechend machte er, wohl eher wegen der verlorenen Zeit als wegen des Geldbetrages, seinem Herzen Luft: *„Man gebrauche – um Dänemark von diesem Verfahren, das in seiner Art einzig ist, abzubringen – Repressalien, nach dem allgemein gültigen Grundsatz des Völkerrechts: kommst du mir so, so komme ich dir so. Oder nach dem gemeinen Sprichwort: Was dem Einen recht ist, ist dem Andern billig. Ein Däne, der Deutschland bereiset, löse in jedem souverainen Staate, in dem er sich mehr als 24 Stunden aufhält, einen neuen Paß, damit er 38 Pässe mit nach Hause schleppe und sich so eine Sammlung von Pässen anlege. Probatum est! Fiat justitia, pereat mundus."*

Der Ärger nutzte jedoch wenig. Diesterweg mußte zunächst einen dänischen Paß erwerben und war gezwungen, für die Weiterreise nach Kiel ein späteres Schiff, das Dampfschiff „Friedrich VI.", zu nehmen. Anschließend beförderte ihn wiederum ein unbedeckter holsteinischer Wagen von Kiel nach Eckernförde. Diesmal hatte er mit dem Wetter weniger Glück. Während der ganzen Zeit regnete es in Strömen, was den Naturfreund Diesterweg hingegen wenig störte. Den Rückweg von Eckernförde nach Kiel, von wo er dann nach Hamburg weiterreiste, ging er sogar zu Fuß.

Bereits während seiner Jugend hatte Diesterweg Wanderungen durch das Siegtal und die nahegelegenen Wälder unternommen. Hier gewann er eine Verbundenheit zur Natur, die sein ganzes Leben erhalten blieb. Die Vorteile des Wanderns erblickte Diesterweg in erster Linie in gesundheitlicher Hinsicht: *„Wir Lehrer sitzen viel zu viel und sitzen fast nur in der Zimmerluft. Darum bringen uns nicht die Reisen in Schnellwagen und auf Dampfschiffen die nöthige Erfrischung und Stärkung, sondern nur die Reisen zu Fuß. Ich habe deshalb fast jedes Jahr eine Wanderung zu Fuß gemacht. Die Erfrischung ist im Augenblicke nicht so groß, als wenn man fährt, weil man müde wird, besonders in den ersten Tagen; aber nachher ist sie nachhaltiger und man verspürt ihre Wirkungen noch nach Monaten"*.

Zugleich vertrat er die Ansicht, Fußreisen besäßen einen vergleichsweise höheren Bildungswert: *„Auch lernt man nur durch Fußwanderungen das Land kennen, in dem man reiset. Auf den Eilwagen fliegt man schon halb durch die Fluren; kommen erst die Eisenbahnen und Dampfwagen auf, so sieht man gar nichts mehr. Alles ruhig behagliche Reisen hat dann ein Ende"*.

Diese Argumente waren im Prinzip nicht neu, sondern sind in der apodemischen, das heißt reisetheoretischen Literatur der Zeit um 1800 immer wieder thematisiert worden.[9] Doch trotz aller Lobreden stellte die Fußreise keine „standesgemäße" Form der Fortbewegung dar. Wer es sich leisten konnte und auf sich hielt, reiste schon im 18. Jahrhundert nicht mehr zu Fuß. Vorwiegend waren es stellungssuchende Bedienstete, Arme und Bettler, Handwerksgesellen auf der

539 Der Fußreisende oder was hat man zu thun, um angenehm, nützlich, bequem und sicher reisen zu können? Aus vielen Erfahrungen zusammen getragen.
2., verbesserte Auflage Leipzig 1823
Riemerling, Privatbesitz

Walz und Studenten, die als Wanderer auf den Straßen unterwegs waren. Insbesondere die schlechte Behandlung der Fußreisenden durch die Gastwirte führte immer wieder zu Klagen. Daher versuchte der Herborner Professor der Rechte, Heinrich Ludwig Christian Böttger, diesen Unpäßlichkeiten mittels einer „Uniform für Reisende zu Fuße" abzuhelfen. Einen entsprechenden Vorschlag veröffentlichte er 1800 im Maiheft des *Journals des Luxus und der Moden*. Eine solche Uniform sollte den „honetten bloßen Reisedilettanten zu Fuße" vor dem niedrigen Verdacht bewahren, nur ein Landstreicher oder ähnliches zu sein.[10] Inwieweit Adolph Diesterweg, der beginnend im Sommersemester 1808 ein Jahr in Herborn studiert und Böttger kennengelernt hatte, von diesem beeinflußt wurde, läßt sich im nachhinein nicht mehr beurteilen. Es ist jedoch zu vermuten, daß Böttger die bereits ausgeprägte Wanderleidenschaft des jungen Diesterweg noch verstärkte.

Im Zuge der Romantik besserte sich allerdings die gesellschaftliche Einschätzung des Fußreisens. Daniel Georg von Ekendahl konstatierte in dem von ihm verfaßten Reisehandbuch Ende der 1830er Jahre sogar, daß die Wirte mittlerweile begannen, Fußreisende mit anderen Augen zu betrachten. Er führte dies darauf zurück, daß Fußreisen in der neuesten Zeit unter allen Ständen in Mode gekommen sei.[11]

Es bleibt jedoch zweifelhaft, inwieweit begüterte Romantiker tatsächlich zu Fuß gereist sind. So ist Diesterwegs literarisches Engagement für den Fußmarsch vor allem pädagogisch begründet, mußte er doch beobachten, daß selbst unter Lehrern die Bereitschaft zum Wandern immer mehr abnahm. Dabei dienten nach seiner Ansicht Fußreisen von Schülern „unter Leitung eines tüchtigen Lehrers...der Förderung einer anschaulich-lebendigen Erkenntnis", wie er 1837 im Zusammenhang einer Rezension in den *Rheinischen Blättern* formulierte.[12] Aber schon während seiner Zeit als Seminardirektor in Moers mußte er tadelnd mit ansehen, daß selbst ein Teil seiner Seminaristen mit Fuhrwerken aus den Ferien kam.

Diesterweg selbst hatte die längste Fußreise seines Lebens als Student im Winter 1811 unternommen, als er von Mannheim aufgebrochen war, um in Düsseldorf das Ingenieurexamen abzulegen. Sein Weg führte ihn über seine Heimatstadt Siegen durch das Oberbergische nach Elberfeld und von dort weiter bis Düsseldorf. Spätestens bei dieser Gelegenheit lernte er auch die Strapazen langer Wintermärsche kennen. Über die Umstände seiner Wanderung schrieb er später: *„Der Weg über Olpe, Meinerzhagen und Wipperfürth war sehr beschwerlich, hoch liegender Schnee machte ihn zum Teil ganz unsichtbar; es war sogar gefährlich, in der Dunkelheit zu wandern."*[13]

Zum Schutz gegen Witterungseinflüsse empfahlen die zeitgenössischen Autoren von Reisehandbüchern potentiellen Fußreisenden eine passende Kleidung. Der spätere sächsische Kriegsrat Heinrich August Ottokar Reichard forderte in seinem bekannten „Passagier auf der Reise durch Deutschland" aus dem Jahre 1801 dazu auf, sich mit einer kurzen, mit Taschen ausgestatteten Jacke, Pantalons, kurzen Stiefeln und einem Hut zu versehen, der mit Wachstaffet überzogen war. Zum Schutz gegen Regen und Kälte sollten Fußreisende einen Überrock mitnehmen, der bei günstiger Witterung auf den Mantelsack oder Tornister geschnallt werden sollte.[14]

So oder ähnlich gekleidet hat man sich den 21jährigen Diesterweg sicherlich vorzustellen, als er im Dezember 1811 mit einem Tornister auf dem Rücken Mannheim verließ. Viel Gepäck mitzunehmen, war Fußreisenden ohnehin nicht möglich. Reichard empfahl lediglich, drei bis vier Hemden, mehrere Paar Strümpfe, ein zweites Paar Schuhe sowie einen einfachen Frack einzupacken, um gegebenenfalls überall anständig gekleidet erscheinen zu können.

Mit wieviel mehr an Gepäck konnten sich dagegen die Passagiere von Postwagen und Dampfschiffen versehen. Die Wünsche der im 18. und 19. Jahrhundert immer zahlreicher werdenden Reisenden hatten zu allerlei Einfallsreichtum bei der Erfindung raumsparender Reiseutensilien geführt. Diese waren in der Regel zerleg- oder zusammenklappbar und konnten in Schatullen oder Etuis untergebracht und damit auf Reisen mühelos mitgeführt werden.

Für reisende Akademiker wie Adolph Diesterweg bedeuteten Ausstattung und Komfort keineswegs das Wichtigste. Reisen, in vorindustrieller Zeit wichtigstes Mittel zum Kennenlernen sozialer Wirklichkeit, war für Gelehrte in erster Linie Teil ihrer persönlichen, auch ihrer beruflichen Bildung. Um dieses Ziel zu erreichen, bedurfte es vor Reiseantritt einer eingehenden Planung. Diesterweg bildete hier keine Ausnahme. So führte er im Zusammenhang seiner geplanten Dänemarkreise aus: *„Ich liebe festen, bestimmten Plan, objektive Zwecke. In die Welt hinein reisen, um die Welt zu sehen, ist nicht meine Sache."* Mit dieser Vorstellung stand Diesterweg in der Tradition der bürgerlichen Bildungsreise, wie sie seit dem 18. Jahrhundert unternommen und in der apodemischen Literatur jener Zeit immer wieder propagiert wurde. Es ist daher nur konsequent, wenn er beschloß, während seiner Reise sein Hauptaugenmerk auf die Schulverhältnisse zu richten. *„Meine Reise ist daher eine pädagogische. Ich will Schuleinrichtungen sehen, für meinen Beruf zulernen, an pädagogischer Erfahrung bereichert zurückkehren."* Gerade einem Pädagogen schien es aber auch wichtig, Weltkenntnis zu erwerben, um durch Erweiterung des individuellen Blickwinkels das eigene Denken kritisch reflektieren zu können. Die Erweiterung des eigenen Horizonts betraf sowohl Menschen als auch Dinge. Diesterweg formulierte daher neben dem schulischen zwei weitere zentrale Interessensbereiche, die er während seiner Reise verfolgen wollte. *„Ich trachte daher auf Reisen nach Erweiterung der Menschenkenntniß, ja nach der Verschiedenheit der Nationen, Volksstämme, der Stände. Dieß ist das erste Reiseinteresse. Das zweite liegt in der Kenntniß menschlicher Einrichtungen. Dahin gehören Wege, Brücken und Kanäle, Bauart der Wohnungen, der Dörfer und Städte, der Festungen, der Kirchen und Paläste, der öffentlichen Anstalten, der Schnellwagen und Dampfschiffe."*

Die vielfältigen Reisen, die Adolph Diesterweg im Laufe seines Lebens unternommen hat, haben somit nicht unwesentlich zur Formung sowohl des Menschen als auch des Pädagogen Diesterweg beigetragen. Der preußische Beamte Diesterweg wurde aber noch mit einer anderen, für ihn wesentlich weniger attraktiven Form des Reisens konfrontiert; gemeint sind die durch Stellungswechsel bedingten Umzüge, die zu den Unannehmlichkeiten eines Beamtenlebens gehörten. Die Umzugskosten wurden zwar erstattet, aber ein altes Sprichwort in der preußischen Beamtenwelt jener Zeit lautete: „Zweimal versetzt ist einmal abgebrannt", wie Hubertus Temme in seinen Lebenserinnerungen niederschrieb. Temme war 1830 von Elberfeld nach Ragnit an der Memel versetzt worden. Die Ordinari-Post erwies sich für einen

540 Seitenansicht eines Personenwagens, 1821
Konstruktionsplan der Königlich-Preußischen Postwagenfabrik Düsseldorf
Kolorierte Tuschzeichnung
21 x 26 cm
Frankfurt, Deutsches Postmuseum

Umzug mit Frau und Kleinkindern als ungeeignet. Für die Anschaffung eines dauerhaften und bequemen Wagens fehlte es dem armen Staatsdiener Temme an Geld, so mußte er mit einem Hauderer (Lohnkutscher) fahren.[15] Ähnliche Gedanken bewegten sicherlich auch Diesterweg, als zwei Jahre später sein Wechsel von Moers nach Berlin bevorstand. Um den Umzug zu bewerkstelligen, kaufte er zum Preis von 100 Thalern einen alten, ausrangierten Postwagen, der Platz für die zehnköpfige Familie nebst Gepäck bot. Ein solcher Postwagen war für einen Umzug im Prinzip sehr gut geeignet. In den ersten Jahrzehnten des 19. Jahrhunderts hatte die Konstruktion dieser Wagen bedeutende Verbesserungen erfahren, sie waren konzipiert für die relativ hohen Belastungen des täglichen Postbetriebes, das heißt sie mußten langen Strecken und großen Zuladungen standhalten. Die Postwagen für die westlichen Provinzen Preußens wurden in der königlichen Postwagen-Werkstatt in Düsseldorf gebaut und repariert. Wenn die Wagen nach einigen Jahren ausgemustert wurden, waren sie in der Regel in einem recht schlechten Zustand. So mußte auch Diesterwegs Gefährt unterwegs zweimal repariert und mit neuen Federn versehen werden. Mitten in Berlin, beim Einbiegen in die Oranienburger Straße, kurz vor dem Seminargebäude brach der Wagen dann endgültig zusammen. Einige Schüler, die ihn erwarteten, erkannten ihren neuen Seminardirektor kaum, der mit einer Reisemütze und einem blauen Staubmantel bekleidet, zu Fuß an seinem neuen Dienstort eintraf.[16]

541 Das Oranienburger Tor, um 1860
Photographie von F.A. Schwartz
13 x 18 cm
Berlin (DDR), Märkisches Museum

1 Zur Geschichte des Reisens im 18. und frühen 19. Jahrhundert vgl. Neutsch, C.: Reisen um 1800. Reiseliteratur über Rheinland und Westfalen als Quelle einer sozial- und wirtschaftsgeschichtlichen Reiseforschung. St. Katharinen 1990.
2 Berlin 1836. Die folgenden, nicht einzeln nachgewiesenen Zitate ebenda.
3 2 dänische Reichsbankthaler entsprachen etwa einem preuß. Thaler, 12 Silbergroschen (1 preuß. Thaler = 30 Sgr.), d.h. Diesterweg zahlte für die Überfahrt nach preußischem Geld etwa 8 Thlr. 22 Sgr.; die während des frühen 19. Jahrhunderts in Dänemark gebräuchlichen Geldsorten sowie die wichtigsten Umrechnungen sind verzeichnet in: Wagner, K.Th.: Handbuch für Reisende in Dänemark, Norwegen, Schweden, Rußland, Polen und Finnland. Leipzig 1840. S. 1f.
4 Ebenda, S. 8. Wenn man den Angaben Diesterwegs und Wagners Glauben schenkt, sind die Preise zwischen 1836 und 1839 etwas angestiegen.
5 Ebenda, S. 10.
6 Bloth, H.G.: Adolph Diesterweg. Sein Leben und Wirken für Pädagogik und Schule. Heidelberg 1966, S. 140.
7 Zum dänischen Postwesen vgl. Nielsen, A.M.: Aus der Post- und Fernmeldegeschichte Dänemarks. In: Archiv für deutsche Postgeschichte 1981, H. 2, S. 54-80, insbes. S. 62-64. Daneben: Tregder, E.H.: Handbuch für Reisende im Königreiche Dänemark und in den Herzogthümern Schleswig, Holstein, Lauenburg. Kopenhagen 1824.
8 Wagner, K.Th.: a.a.O., S. 2.
9 Vgl. als wohl umfangreichstes apodemisches Werk der Jahrhundertwende Posselt, F.: Apodemik oder die Kunst zu reisen. Ein systematischer Versuch zum Gebrauch junger Reisenden aus den gebildeten Ständen überhaupt und angehender Gelehrten und Künstler insbesondere. 2 Bde. Leipzig 1795. Für die spätere Zeit Ekendahl, D.G.v.: Theoretisches und praktisches Lehrbuch für wißbegierige Reisende. 2 Bde. Quedlinburg, Leipzig 1839.
10 Böttger, H.L.Ch.: Vorschlag einer Uniform für Reisende zu Fuße. In: Journal des Luxus und der Moden. May 1800, S. 217-223.
11 Ekendahl, D.G.v.: a.a.O., Bd. 1, S. 7.
12 Diesterweg, F.A.W.: Rezension von Boclo, L.: Das Fußreisen als sicherstes Beförderungsmittel des Unterrichts in der Erdkunde und als eine den jungen Menschen körperlich und geistig erfassende Asketik. Hannover 1837. In: Diesterweg, F.A.W.: Sämtliche Werke. Bd. IV. Berlin 1961, S. 231 (DSW).
13 DSW Bd. VII, S. 191.
14 Pantalons waren lange Hosen, die seit der Französischen Revolution zur Modetracht wurden. Reichard, H.A.O.: Der Passagier auf der Reise in Deutschland und einigen angränzenden Ländern, vorzüglich in Hinsicht auf seine Belehrung, Bequemlichkeit und Sicherheit. Ein Reisehandbuch für Jedermann. Weimar 1801, S. 87f.
15 Pöls, W. (Hrsg.): Deutsche Sozialgeschichte 1815-1870. Dokumente und Skizzen. 3. Aufl. München 1979, S. 356f.
16 Bloth, H.G.: a.a.O., S. 123f. Zum preuß. Postwesen vgl. die immer noch grundlegende Schrift von Stephan, H.v.: Geschichte der Preußischen Post von ihrem Ursprunge bis auf die Gegenwart. Berlin 1859. Nachdr. Glashütten/Ts. 1976.

Gerhardt Petrat

„Eine Zeitschrift ist eine Zeitschrift"
Die „Rheinischen Blätter" im Jubiläumsjahr 1851

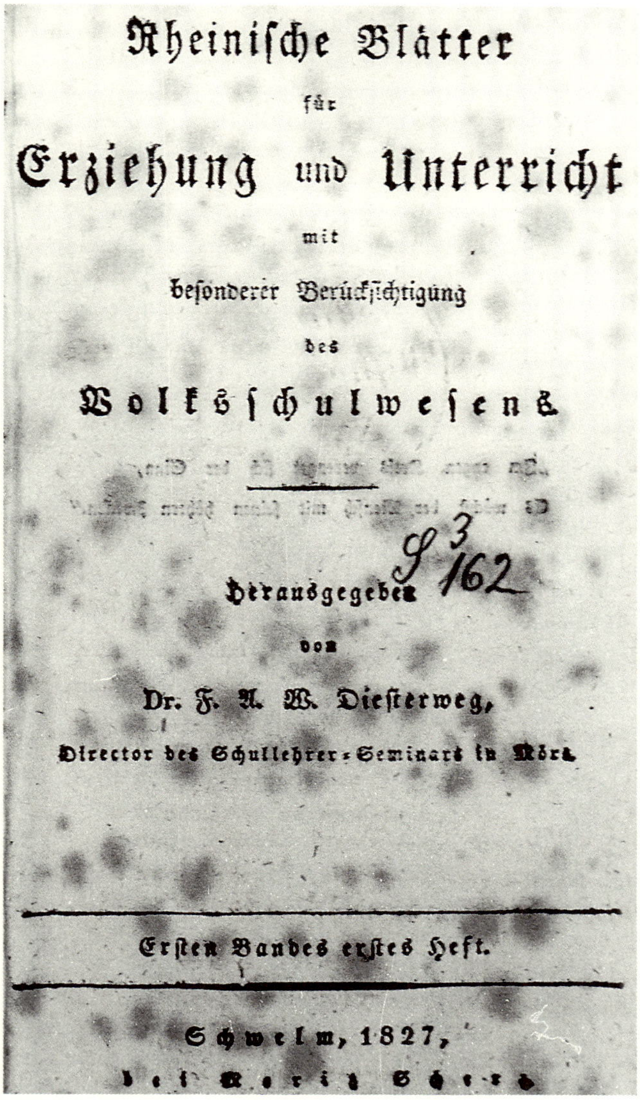
Rheinische Blätter
für
Erziehung und Unterricht
mit
besonderer Berücksichtigung
des
Volksschulwesens.

Herausgegeben
von
Dr. F. A. W. Diesterweg,
Director des Schullehrer-Seminars in Mörs.

Ersten Bandes erstes Heft.

Schwelm, 1827,

Rheinische Blätter
für
Erziehung und Unterricht.
Herausgegeben
von
Dr. F. A. W. Diesterweg.

Juli bis Dezember 1851.
Der neuen Folge vierundvierzigster Band.

Essen,
Druck und Verlag von G. D. Bädeker.
1851.

542 Rheinische Blätter für Erziehung und Unterricht
Erster Jahrgang 1827 und Jubiläumsjahrgang 1851

Unter den 44 pädagogischen Zeitschriften, die in der ersten Hälfte der 1850er Jahre in Deutschland verbreitet werden, nehmen Adolph Diesterwegs *Rheinische Blätter für Erziehung und Unterricht* nur einen guten mittleren Platz ein, wenn wir die Auflagenhöhe zugrundelegen. Der Anteil an der Gesamtauflage aller damals erscheinenden pädagogischen Zeitschriften beträgt weniger als drei Prozent.[1] Zahlenmäßig gesehen, kommt folglich dieser Zeitschrift keine große Bedeutung zu. Ihr Vorzug gegenüber konkurrierenden Publikationen liegt woanders und zunächst einmal darin, daß die Herausgeberschaft über fast 40 Jahre in einer Hand bleibt. Und auch nach Diesterwegs Tod steht lange Zeit, nämlich für 18 Jahre, einer seiner treuesten Schüler, Wichard Lange (1826-1884)[2], für das Ansehen des Blattes ein. Schon 1850 rechnet Diesterweg selbst seine Rheinischen Blätter den „älteren Schulzeitschriften" zu, und zwar in Kenntnis der Tatsache, daß der Versuch, die Lehrerschaft literarisch anzusprechen, damals vielfach vergeblich war, die Kurzlebigkeit entsprechender Zeitschriften folglich die Regel blieb. Diesterweg selbst beklagt sich darum auch bitter darüber, *„daß...die große Mehrheit der deutschen Lehrer...das Lesen der deutschen Schulblätter verschmäht."*[3]

543 Gottschalk Diedrich Baedeker (1778-1841)
Verleger der von Diesterweg herausgegebenen Rheinischen Blätter
Photographie, undatiert
24 x 19 cm
Essen, Stadtarchiv

544 Das Baedeker'sche Verlagshaus in Essen
Photographie, undatiert
17 x 23 cm
Essen, Stadtarchiv

Wenn also die Rheinischen Blätter die Zeiten dennoch überdauern, dann liegt das gewiß an ihrer durch eine Persönlichkeit geprägten eindeutigen Inhaltlichkeit, mit der zumindest ein kleiner, fester Leserkreis angesprochen bleibt. Viele Jahre mag Diesterweg als Herausgeber einer Zeitschrift, die sich, in Essen erscheinend, den rheinischen Gebieten verpflichtet weiß, auch dadurch begünstigt worden sein, daß er selbst in der preußischen Metropole Berlin eine bedeutsame Position wahrnimmt. Allerdings, spätestens mit dem 1. Juli 1850, als er nicht nur entlassen wird, sondern auch sein Salär in Höhe von 750 Talern verliert, entfällt diese direkte Begünstigung. Der Hauptgrund für den langen Fortbestand der Rheinischen Blätter wird deswegen in ihrem treffenden Programm zu suchen sein, nämlich *„die die Zeit bewegenden und erregenden Dinge ins Auge (zu) fassen"*. Dabei folgt Diesterweg nicht den Zeitverhältnissen, sondern drückt ihnen seinen Stempel auf. Das geschieht mit solcher *„Entschiedenheit und...damit verbundene(r) Parteilichkeit"*, daß er selbst einräumen muß, *„in mancherlei Kämpfe verflochten"* gewesen zu sein. Ja: *„Die ‚Rheinischen Blätter' sind hauptsächlich die Ursache meines Unglücks im Amte, des Verlustes desselben, geworden."*[4] Insofern liegt nahe, unter den 40 Jahrgängen jenen auszuwählen, in den dieser Einschnitt in Diesterwegs Leben fällt. Wie, so fragen wir hier, verhält sich der Herausgeber einer seit 25 Jahren bestehenden Zeitschrift im Jahre 1 der Schmach, endgültig seinen Beruf verloren zu haben? Gerade hat ihm zudem die *Spenersche Zeitung*, eines der damals führenden Journale, öffentlich vorgeworfen, *„durch seine Lehren über die Emanzipation der Schule...unermeßlichen Schaden gestiftet und wesentlich dazu beigetragen (zu haben)..., daß im Jahre 1848 unter den Lehrern Ansichten und Bestrebungen hervortraten, die...einmütig verworfen werden mußten"*.[5] So wäre es nicht weiter verwunderlich gewesen, wenn hier ein Mann, inzwischen 60 Jahre alt geworden, zumindest die Herausgeberschaft dieser Zeitschrift, die ihm so viel Unbill eintrug, auf- oder abgegeben hätte. Aber das Gegenteil ist der Fall. Ausgerechnet in diesem ersten Jahr nach seiner Entfernung aus dem Amt legt er Zeugnis ab über ein inzwischen eingegangenes Bündnis mit Wilhelmine Charlotte Herz (1824-1880), deren Dresdener Kindergarten der „Begründung des Communismus und Sozialismus"[6] verdächtigt wird. Nun könnte dieser Schritt noch als Trotzhandlung eines Enttäuschten gedeutet werden, und tatsächlich kommt es ausgerechnet im Jahre 1851 wiederholt vor, daß die Herausgeber mißliebiger Periodika wie des *Mainzer Abendblattes*, der Coburger *Neuen Deutschen Dorfzeitung* oder der Bremer *Tages-Chronik* nach diesem Muster Flucht nach vorn antreten. Nach dem Motto, daß ein Stigmatisierter ohnehin nichts mehr zu verlieren habe, finden sie im Augenblick existenzbedrohender Disziplinierung zu einer überdeutlichen Klarheit der Sprache. Gleichwohl werden sie allesamt zu Opfern bürokratischer Übergriffe. Sie sind dem im Mai 1851 erlassenen Pressegesetz sowie einer systematisch betriebenen, „lebendigen Spionage"[7] nicht gewachsen. Die im Jahre 1851 verbreitete Personenbeschreibung von Karl Marx ist in diesem Zusammenhang besonders aufschlußreich; darin heißt es abschließend: „Besondere Kennzeichen a) erinnert in Sprache und Aeußerem etwas an seine jüdische Abkunft, b) ist schlau, kalt und entschlossen."[8] In diesem Jahr fallen unter die Bespitzelung alle *„Personen und Vereinigungen, die der Teilnahme an der demokr. bzw. revolutionären Bewegung verdächtigt werden bzw. überführt sind"*.

Bei Diesterweg allerdings wird sehr wohl unterschieden zwischen dem „Mann des Unglaubens", wie ihn der preußische König genannt und damit als radikalen Vertreter der Aufklärung gekennzeichnet hat, und dem hoch angesehenen Seminardirektor. Die schon erwähnte *Spenersche Zeitung* läßt auf den „Pädagogen Diesterweg" nichts kommen und findet es „ganz erklärlich, weshalb so viele Lehrer Deutschlands den Namen dieses Mannes mit Achtung nennen." Die „großen Verdienste...um die methodische Behandlung der Unterrichtsgegenstände" rechtfertigten „den Ruhm".[9] In anderem Zusammenhang macht dieselbe Zeitung 1851 auch deutlich[10], daß ein entpolitisierter Diesterweg, der über Jahrzehnte „mit dem preußischen Schul- und Unterrichtswesen in höheren oder untergeordneten Stellen" in enger Verbindung gestanden und den Lehrern mit dem „Wegweiser zur Bildung für deutsche Lehrer" eine sehr brauchbare praktische Handreichung zur Verfügung gestellt habe, wohlgelitten sei. Was beide Seiten voneinander trenne, seien „streitende, fortwährend im Kampfe liegende Prinzipien". Unter politischem Vorzeichen – ein verdecktes „leider" ist herauszuhören – erweise er sich als „einer der bekanntesten Vertreter einer bestimmten Zielrichtung". Zu den Orten in „allen Theilen Deutschlands", die sich demonstrativ auf seine Seite schlagen, zählt die Zeitung Hamburg an erster Stelle. Dafür gibt es einsichtige Gründe. Diese „deutsche Stadt des Merkur", als einzige Region noch ohne Schulpflicht, kann gerade deswegen nach 1849 zu einem Hort der Freiheit und des pädagogischen Experiments werden. Dorthin also strebt auch Diesterweg. Er verweilt nicht nur für einige Wochen in Hamburg, um sich mit den Anliegen Friedrich Fröbels (1782-1852) vertraut zu machen. Wie eine launige Rede zeigt, die dem dort heimisch gewordenen Schüler und späteren Herausgeber der Rheinischen Blätter, Wichard Lange, gilt und dazu beiträgt, daß dieser Fröbels Nichte heimführen kann[11], soll Hamburg für ihn politischer Zufluchtsort und neue Heimstatt werden. Was wie ein sozialer Tod erscheinen konnte, hier bedeutet es Einbindung in einen Kreis von Verbündeten.

Dabei hatte es Diesterweg gerade noch abgelehnt, seine „letzten Tage an den Dünen der Ostsee (zu) verleben".[12] Nun aber sucht er mit Wohlbehagen, wie seine Schilderungen zu erkennen geben, die Geselligkeit der ihm Gleichgesinnten, und er findet sie gerade hier aus folgenden Gründen:

- Die Handelsstadt Hamburg galt als Tor nach England. Dorthin blickt er aus grundsätzlichen Erwägungen: *„Wäre unser Volk an Gesetzlichkeit, an Achtung und Respekt vor dem Gesetze gewöhnt (wie die Engländer), so (ließe)...es sich die wohlerworbenen Rechte und gesetzlichen Einrichtungen nicht so ohne Weiteres wieder entreißen."*[13]
- In Hamburg war der erste Bürgerkindergarten gegründet worden, der *„über die damals noch sehr ausgeprägten Standes- und Klassenunterschiede hinweg allen Schichten des Volkes dienen wollte."*[14]
- Hier wohnen jene Frauen, wie Johanna Goldschmidt (1805-1885) und Dorothea Elisabeth Lütkens (1793-1858), die entweder die persönliche Bekanntschaft zwischen Diesterweg und Fröbel vermittelt oder ihn in Hamburg freundlich aufgenommen haben.
- Vor allem aber war Hamburg die erste deutsche Stadt, in der Frauen aus eigener Initiative einen Verein *„ohne Unterschied der Konfession"*, also auch unter Einschluß von *„jüdischen Frauen"*, gründeten und sich in den Dienst der Armenpflege stellten.[15]

Wen darf es darum wundern, wenn weite Teile des Jubiläumsjahrgangs 1851 der Rheinischen Blätter den Hamburger Verhältnissen gelten.

Wir blättern den Band 43 durch. Schon äußerlich heben sich die Beiträge Diesterwegs von denen seiner Mitautoren ab. Ziehen wir zum Vergleich die Aufsätze von Franz Honcamp (1804-1866) heran[16], so finden wir zwar auch hier die einleitend hergestellte Beziehung zu einer Begebenheit oder einem Vorgang. Aber insgesamt stellen sich die Ausführungen – trotz gelegentlicher Ausfälle – in gezügelter Übersichtlichkeit und vor allem sachbezogen dar. Die von Diesterweg selbst verfaßten Artikel hingegen, grundsätzlich mit dem Monogramm „A.D." gekennzeichnet, sind stets von überquellender Fülle. Fast jeder Beitrag scheint ein eigenes Vorwort, ein Zitat, einen Zusatz,

Anzeige.

Auf den mir von mehreren Seiten ausgesprochenen Wunsch sehe ich mich veranlaßt, von dem im Jahr 1843 bei mir neu aufgelegten vortrefflichen Lehrbuche:

Raumlehre oder Geometrie

nach den jetzigen Anforderungen der Didaktik

für Lehrer und Lernende

bearbeitet von

Dr. F. A. W. Diesterweg,

Director des Seminars für Stadtschulen in Berlin.

Zweite, verbesserte und vermehrte Auflage.

den für 19¾ Bogen in gr. 8. und 9 Steintafeln in Fol o schon billigen Preis von 1 Thaler noch weiter zu ermäßige i, denselben also von jetzt an auf **drei Viertel Thaler** zu stellen und zugleich auf 12 auf einmal bestellte Exemplare das 13te gratis zu geben.

Alle Buchhandlungen sind in den Stand gesetzt, das Werk zu diesen Bedingungen zu liefern.

E. Weber in Bonn.

Literarischer Anzeiger.

Bei Friedr. Schultheß in Zürich ist erschienen und durch alle Buchhandlungen zu beziehen:

Deutsches Lesebuch

zum

Gebrauche in Schulen

von

K. W. Hardmeier.

In drei Abtheilungen.

Zweite Abtheilung. 8. brosch. 16 Ngr. — 52 kr. Rh.

Bei **G. D. Bädeker** in **Essen** erschien ferner:

Deutscher Liedergarten.

Sammlung

von ein-, zwei-, drei-, u. vierstimm. Liedern

für Mädchenschulen.

Herausgegeben von

L. Erk und **F. A. L. Jakob.**

Erstes Heft,	Zweites Heft,	Drittes Heft,
64 Lieder für das Jugendalter von 5—9 Jahren.	82 Lieder für das Jugendalter von 9—12 Jahren.	66 für das Jugendalter von 12—15 Jahren.
2½ Sgr.	3½ Sgr.	5 Sgr.

Sammlung mehrstimmiger

Gesänge für Männerstimmen

von verschiedenen Componisten.

Herausgegeben von

Ludwig Erk.

Erstes Heft.	Zweites Heft.
65 Gesänge.	47 Gesänge.
Vierte Auflage.	**Zweite Auflage.**

(Partitur.)

à Heft 20 Sgr.

Die zur **4.** Auflage des **1.** Heftes dieser Sammlung gehörenden

Einzel-Stimmen.

à **Stimmheft** (65 Gesänge enthaltend) **6** Sgr.

In demselben Verlage erschienen ferner:

Anfangsgründe

der

Physik.

Von

Karl Koppe,

Professor und Lehrer am Gymnasium zu Soest.

Mit zahlreichen in den Text eingedruckten Holzschnitten.

Zwei Theile. 1 Thlr. 5 Sgr.

Die „Allgemeine Schulzeitung" sagt bei Beurtheilung des zweiten Theiles: „Dieser 2. Theil macht den würdigen Beschluß eines ohnlängst begonnenen sehr brauchbaren Schulbuchs. Er enthält das Wichtigste, Nützlichste und Interessanteste aus den beiden Lehren über Licht und Wärme in gedrängter Kürze und leichtfaßlicher klarer Darstellung; er berührt mit vorurtheilsfreier Unparteilichkeit das epochemachende Neue, läßt aber auch daneben das gediegene gute Alte nicht unbeachtet; er schließt die Möglichkeit zu einer gründlichen mathematischen Behandlung der meisten Gegenstände nicht aus, hütet sich aber sehr, dieselben schon selbst im Buche zur Ausführung zu bringen; er zeichnet sich aus durch Uebersichtlichkeit, durch logische Zerlegung und Anordnung des Stoffes. Das sind lauter Haupttugenden eines guten Schulbuchs. Unter Voraussetzung tüchtig durchgebildeter Fachlehrer mit pädagog. Gewandtheit und richtigem Takte wird das Buch in der Hand der reiferen Schuljugend sicher seine besten Früchte tragen müssen.

Das Aeußere es Werkes ist nicht gerade brillant gehalten, tritt aber dennoch als Schulbuch sehr würdig auf. Ganz vorzugsweise sind die Holzschnitt zu loben, sie sind sehr zweckmäßig weiß auf dunkelm Grunde angelegt und ebenso correct, als sauber und geschmackvoll durchgeführt."

Von demselben Verfasser erschien:

Planimetrie u. Stereometrie.

Zweite umgearbeitete und vermehrte Auflage.

27 Sgr.

Unter der Presse befindet sich desselben Verfassers

Arithmetik und Algebra

in **zweiter** durchaus umgearbeiteter Auflage.

545 Buchanzeigen aus den Rheinischen Blättern für Erziehung und Unterricht

Ganz neu erschien so eben:

Musikalischer Jugendfreund.

Sammlung von

Gesängen mit Clavierbegleitung

für die deutsche Jugend aller Stände.

In drei Heften herausgegeben

von

Ludwig Erk und August Jakob.

Erstes Heft.

70 für das zartere Jugendalter geeignete Lieder enthaltend.

16 Sgr.

Für den innern Gehalt dieser Sammlung bürgen die Namen der Herausgeber. Die Ausstattung ist eine sehr ansprechende; zur bequemen Handhabung sind alle Exemplare cartonnirt, in einem ähnlichen Formate wie die Einzelstimmen zu Erk's Männergesängen: hoch 4°

eine Glosse, eine persönliche Rechtfertigung, eine Verwahrung, einen Nachtrag oder eine Nachschrift herauszufordern. Damit nicht genug. Es kommt zu Übergriffen. Vor allem in den Artikel Honcamps über „Ultramontanismus und die Volksschule“ kommentiert er mehrfach hinein, in einem Fall sogar mit einer 30zeiligen Einfügung. Abgesehen davon, schafft er in seinen eigenen Beiträgen zunächst eine Unmittelbarkeit zwischen seinem Anliegen und dem Leser, indem er mit der Lebendigkeit eines Briefeschreibers und vor allem in auffallend kurzen Sätzen sogleich ins Zentrum seines Interesses vorstößt. So ist Diesterweg schon seit langem bekannt, spätestens seit seinem berühmten Aufsatz aus dem dritten Band der Rheinischen Blätter mit dem Titel: „Ein pädagogischer Blick auf Fabriken und – eine menschliche Bitte“. Und insofern ist der *Urwähler-Zeitung* zuzustimmen, wenn sie 1851 in ihrer Würdigung dieses Mannes unter der Überschrift „Das freie Lehrertum“[17] zu den Worten findet: *„Auch jetzt, wo er bereits das Alter von sechzig Jahren überschritten hat, und als Mißliebiger aus seinem Amte entfernt worden ist, ist er kräftiger an Leib und Geist, als unzählige zwanzigjährige Jünglinge.“*

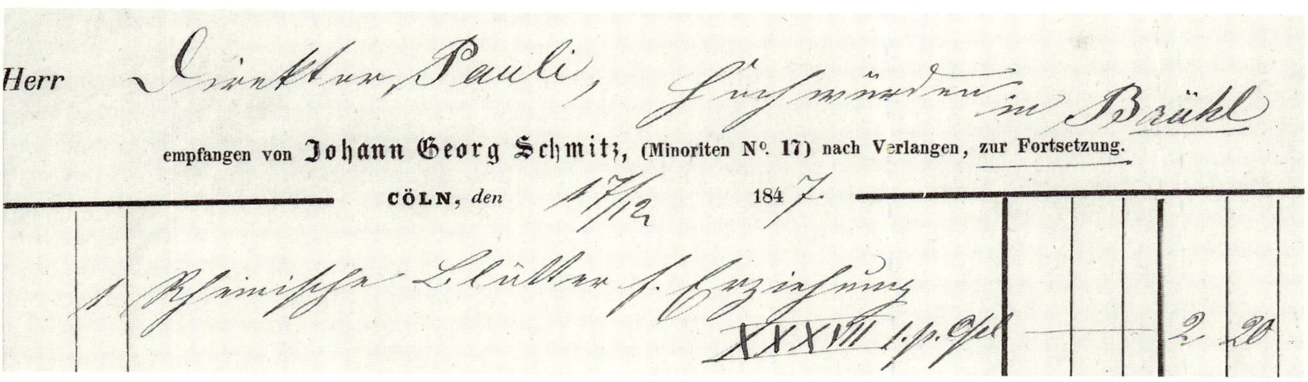
Herr
empfangen von Johann Georg Schmitz, (Minoriten No. 17) nach Verlangen, zur Fortsetzung.
CÖLN, den 17/12 1847

546 Rechnung für ein Abonnement der Rheinischen Blätter, Köln, 17.12.1847

Und doch scheint sich inzwischen ein Wandel vollzogen zu haben; wenigstens läßt sich aus Art und Zuschnitt seiner Beiträge eine gewisse Abkehr von der Lust ablesen, die offene Feldschlacht mit dem pädagogischen oder politischen Gegner bewußt zu suchen. Gewiß setzt sich Diesterweg gleich in zwei Beiträgen mit „Herrn Xaver Heindl, Inspektor des Schullehrerseminars für Schwaben und Neuburg“ (1784-1854)[18], auseinander. Aber er rügt nur dessen Unverfrorenheit als Herausgeber und die Art, mit der er sich des geistigen Eigentums anderer bemächtigt. Eine Verschiebung zeigt sich auch hinsichtlich seiner Zeitschrift. Die Rheinischen Blätter für Erziehung und Unterricht stellen sich nun in einem unübersehbar neuen Gesicht dar. Ganz ohne Zweifel drängen sich die Erziehungs- vor die Unterrichtsfragen, es fehlt zugleich die besondere „Berücksichtigung des Volksschulwesens“. Selbst über dem ergreifenden Artikel „Spintisiren, inquiriren, seciren?“[19], in dessen Mittelpunkt die persönliche Rechtfertigung steht, „einigen Seminaristen Ohrfeigen und einem einige Hiebe mit einem Rohrstöckchen aufgemessen“ zu haben, schwebt gleichnishaft der Satz: „Ich rede von der Erziehung.“

Sein Verständnis von Erziehung kulminiert aber erst richtig dort, wo er sich einerseits mit Fröbel, andererseits mit den Frauen und ihrer Emanzipation auseinandersetzt. Geradezu überschwenglich machen ihn deren Bestrebungen, sich „jetzt aus der Enge der häuslichen Umgebung“ zu befreien: „Das ist eins der schönsten, edelsten und tröstendsten Zeichen der Zeit.“[20]

Es bleibt nicht bei schönen Worten: Seine praktische Parteinahme für das „weibliche Geschlecht“ – und damit im Streitfall zuungunsten des Mannes – läßt sich am Beispiel Dorothea Lütkens belegen. Wird sie eben noch, im 1851 erstmals erscheinenden *Jahrbuch für Lehrer und Schulfreunde*, dem „orthodoxen Standpunkte“[21] zugezählt und damit abqualifiziert, so heißt es schon wenig später über sie: „Vorstehendes Urteil muß ich wieder zurücknehmen, nachdem ich in der

547 Friedrich Fröbel (1782-1852)
Lithographie von P. Rohrbach
Druck von J. Hesse, Berlin, um 1860
49,0 x 34,5 cm
Frankfurt, Historisches Museum

548 Diesterwegs Besuch bei Fröbel
Stich, nach 1850
16,7 x 11,0 cm
Siegen, Siegerlandmuseum

549 Adolph Diesterweg
„Lebe im Ganzen!
A. Diesterweg,
geb. zu Siegen, 1790 d. 29. Oct."
Lithographie, Frontispiz
Jahrbuch für Lehrer und Schulfreunde
Jg.1, 1851

letzten Vereinsschrift ‚Unsere Kinder'...gelesen habe." Sodann ergreift er eindeutig Partei: „Frau Lütkens gegenüber befindet sich Herr Fölsing in einer nachteiligen Position." Julius Fölsing (1818-1882) leitete zu jener Zeit eine 1843 von ihm selbst gegründete Kleinkinderschule in Darmstadt. Schließlich fügt er noch eine ausdrückliche Würdigung an: „Übrigens mache ich Erzieher, Frauen usw. auf diese zwanglose Zeitschrift einer in seltener Weise in die Tiefe dringenden Erzieherin aufmerksam." Verglichen damit, fällt die Parteinahme im 43. Band der Rheinischen Blätter weniger wortreich aus. Zugleich aber bedeutet sie für sein Erziehungskonzept einschneidend viel. Auf fast vier engbedruckten Seiten nämlich rezensiert Diesterweg Fölsings Publikation „Die Menschenerziehung oder die naturgemäße Erziehung und Entwicklung der Kindheit in den ersten Lebensjahren"[22], erschienen 1850, und klärt zugleich sein Verhältnis zum Gegensatz von „Kleinkinderschule" und „Kindergarten". Unausgesprochen rechtfertigt er dabei seine persönliche Abkehr von der Vorherrschaft didaktischer Fragen zugunsten einer erziehungsbezogenen Hinwendung zum Kind. Seine Distanz zum Verfasser ist eindeutig, denn sein Schiedsspruch lautet: „Doris (!) Lütkens in Hamburg (ermüdet)...nicht, ihn zu widerlegen – was ihr nach meinem Bedünken entschieden gelungen ist."

Sie nämlich hatte schon 1848 in Hamburg den ersten Kindergarten eröffnet, hatte Fröbel nach Hamburg geholt und viel dazu beigetragen, daß Diesterweg auf Fröbel aufmerksam wurde. Nun ist er für Fröbel gewonnen, und er nimmt diese Rezension zum Anlaß für eine programmatische Aussage: *„Die Bildung des Menschen beginnt in dem Kind, die Anfänge der Cultur werden an es herangebracht."* Mit diesem Satz hat er sogleich die Erziehungsvorstellung des 18. Jahrhunderts zugunsten seines Bildungsbegriffes hinter sich gelassen; aber er führt jene nochmals ins Feld. *„Diese Veredlung ist dem durch ein edles Reis zur Hervorbringung edlerer Früchte veranlaßten Obstbaume zu vergleichen, und wie sich der Holzapfel zum Borstorfer verhält, so die rohe zur veredelten Natur."* Nur, anders als damals, blickt er nicht auf den Gärtner, der sehr handfest in die Natur eingreift, um das Pfropfreis dahinein zu versenken, sondern er sieht auf die gesetzmäßige Entsprechung in der Kultur, die bei einem Kind in den „Anfängen" liegt. *„Entwicklung, Unterstützung, Stärkung"*, so lauten darum die Kennwörter dieser neuen Art von Erziehung, und Diesterweg ist sicher, daß Fröbel die Spur *„zu allseitiger Entwicklung unter dem höchsten Gesetze der Vernunft"* gefunden hat; so vertraut er sich seinem neuen Mitstreiter bedingungslos an, zumal bei ihm „Beschaffenheit der Umgebung" als Maßgabe der „Folgen und Wirkungen" stimmig scheinen.

Es ist schon bemerkenswert, wie dieses Engagement für Fröbel und dessen Kindergarten nun mit Bedacht in einen didaktisch ausgefeilten Lehrgang der Rheinischen Blätter umgemünzt und in abgemessenen Texten dem Leser Zug um Zug unterbreitet wird. Noch in derselben Nummer kommt er ein zweites Mal auf Fröbel zu sprechen, diesmal scheinbar beiläufig unter dem Stichwort „Mancherlei" und auch dort nur an letzter Stelle. Erst bei genauerem Hinsehen wird deutlich, daß auch die übrigen Artikel nicht einfach zusammengewürfelt sind, sondern in eine Art von Dramaturgie passen. Ohne auf die einzelnen Inhalte einzugehen, sollen zum besseren Verständnis jedem Artikel wenigstens Stichworte entnommen werden. Im ersten Artikel geht es um die „Wirkung der Verhältnisse", im zweiten um das „Menschengeschlecht" als oberste Kategorie einer gesellschaftsbezogenen Betrachtungsweise, in der „alle Brüder und Schwestern" sind. Im dritten Aufsatz wirbt er um die Anerkennung des Berliner Philosophie-Professors Friedrich Eduard Beneke (1798-1854) als Anwalt der „neuen Psychologie", und zwar deswegen, weil „neu" für „Naturforschung" und Naturforschung für „Wahrheit" steht. Der vierte Text, ein Bericht von der Versammlung braunschweigischer Lehrer am 2. Oktober 1850 in Wolfenbüttel, lenkt die Hoffnung des Lesers auf einen „guten kommunistischen Sinn"[23], und im fünften und vorletzten Beitrag entwirft er den Plan einer Schule „vom Kindergarten bis zur Hochschule", in der den Lehrern eine wichtige pädagogische und zugleich politische Aufgabe zufallen soll, nämlich die „Förderung der allgemein-menschlich-deutschen Erziehung". Nur beiläufig, aber immerhin schon hier, fällt der Name Fröbel. Daran schließt sich, und das scheint die eigentliche Absicht gewesen zu sein, eine sehr lebendige Schilderung an, die mit warmen Worten die Begegnung mit dem „Kinderfreund im Bad Liebenstein im Sommer des Jahres 1849" an den Leser heranträgt. Der mehr als sechs Seiten umfassende Beitrag endet mit dem Hinweis auf die Aktivitäten Fröbels in Hamburg. Sieht man von redaktionellen Anmerkungen ab, dann endet damit das erste Heft. Das zweite führt von der ersten Seite an mitten hinein in die Hamburger Verhältnisse, von denen gerade noch die Rede gewesen war. Der Titel dieses 37 Seiten langen Beitrages lautet zwar: „Der Frauen-Bildungsverein in Hamburg"[24], ist aber schon auf der zweiten Seite bei Fröbel und läßt ihn auch über den ganzen Text hinweg nicht mehr aus den Augen, wohlgemerkt den *Namen* Fröbel. Denn es ist mal von Friedrich Fröbel die Rede, mal von seinem Neffen Karl Fröbel (1807-1894), der einer in Hamburg zu gründenden „weiblichen Hochschule" vorstehen sollte. Wie nun eines mit dem anderen zusammenhängt, wird an einer Streitfrage deutlich, die Diesterweg als Fußnote einfügt; darin zitiert er Karl Volkmar Stoy (1815-1855), Professor für Philosophie und Pädagogik an der Universität Jena. Auch dieser möchte die Erziehung den Frauen und vor allem den Müttern anvertrauen. Aber er verwahrt sich ausdrücklich gegen eine „Damenakademie" und eine „Göthestiftung für sogenannte ‚Kindergärtnerinnen'". Diesterweg hält dagegen: „Darum eben...treten Frauen in Vereinen zusammen und treffen Veranstaltungen, welche das heiß ersehnte Ziel sichern." Er meint „den im Jahre 1848 in's Leben getretenen Verein Hamburger Frauen", der „durch Frauen entstanden ist" und dem er zutraut, Großes und Grundsätzliches für die gesamte Gesellschaft zu vollbringen. Zunächst wird nicht ganz verständlich, warum sich diesen sehr selbstbewußten Frauen Männer wie Friedrich und Karl Fröbel beigesellen sollen – gerade hinsichtlich der „Hochschule für das weibliche Geschlecht". Aber Diesterweg kommt bald zur Sache: *„(Man) bedenke..., welchen bildenden Einfluß das Verweilen der Jungfrauen in dem Kindergarten und die Teilnahme an der Erziehung der Kinder in demselben auf sie selbst ausüben muß...!"* Nachdem dieser Gedanke weiter ausgeführt worden ist, findet er am Ende zu dem Postulat: *„Jede Jungfrau gehört nach Beendigung der Schuljahre und nach ihrer Einsegnung in den Kindergarten. Die Kindergärten müssen daher nicht nur als Bildungsstätten für kleine Kinder, sondern als Bildungsstätten für das gesammte weibliche Geschlecht aufgefaßt und gewürdigt werden."* Die „Bildung des weiblichen Geschlechts" wird also „den Anforderungen der Zeit" angepaßt, und das heißt nach Diesterweg, schrittweise, zunächst über den erworbenen Sachverstand auf dem Gebiet der frühkindlichen Erziehung sich jene Selbstsicherheit zu erwerben, die den „Emanzipationsbestrebungen der Frauen und für die Frauen" dienlich ist. Hier deutet sich seine Skepsis gegenüber Bestrebungen an, in die sich „manche unklare Vorstellungen einschleichen"; diese Skepsis wird an anderer Stelle noch deutlicher, dort nämlich, wo er abschließend auf die „weibliche Bestimmung" zu sprechen kommt. Und weil es für ihn – trotz höherer Bildung – „keinen erhabeneren Beruf als den der Mutter" gibt, muß er den „Namen der ‚Emanzipation'" als „zweideutig" verdächtigen.

Daß es ihm ernst ist, wird in einem nächsten Beitrag sichtbar. Nach weiteren zwei Monaten greift er das Thema „Frauen-Bildungsverein" nochmals auf, diesmal allerdings bezogen auf Berlin. Der Name Fröbel kommt hier zwar nicht einmal vor; dennoch scheint er stets gegenwärtig, wenn es darum geht, die „soziale Kultur der Gegenwart" zu kennzeichnen, die sich nicht nur in einem gesteigerten Bildungsbedürfnis der männlichen Jugend niederschlägt, sondern vor allem

550 Vorwort zum „Jahrbuch für Lehrer und Schulfreunde", 1862
Handschriftliches Manuskript Adolph Diesterwegs
34,0 x 20,2 cm
Berlin (DDR), Archiv der Akademie der Pädagogischen Wissenschaften

551 F.A.W. Diesterweg
Wegweiser zur Bildung für Lehrer und die Lehrer werden wollen, und methodisch-praktische Anweisung zur Führung des Lehramtes. In Gemeinschaft mit Bormann, Hentschel, Lüben, Mädler und Schubart. Essen 1835
Dortmund, Westfälisches Schulmuseum

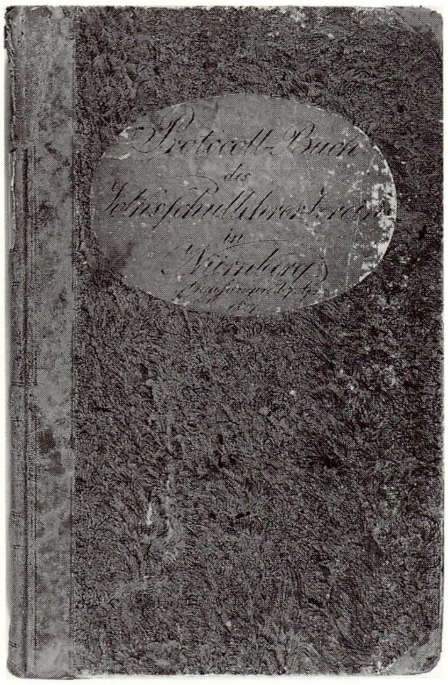

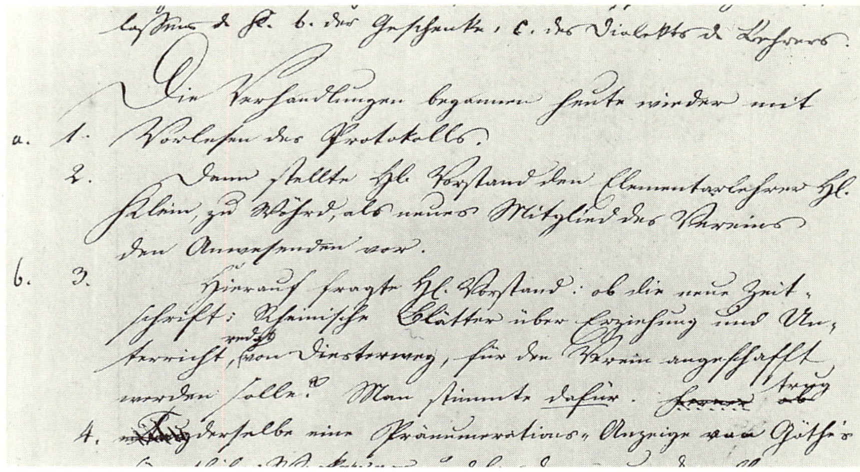

552 Protocoll-Buch des Volksschullehrer-Vereins in Nürnberg. Angefangen d. 7.April 1827
„12.5.1827
Die Verhandlungen begannen heute wieder mit
1. Vorlesen des Protokolls.
2. Dann stellte H. Vorstand den Elementarlehrer H. Klein, zu Wöhrd, als neues Mitglied des Vereins den Anwesenden vor.
3. Hierauf fragte H. Vorstand: ob die neue Zeitschrift: Rheinische Blätter über Erziehung und Unterricht redgt. von Diesterweg, für den Verein angeschafft werden solle. Man stimmte dafür."
„19.6.1830
1) Die heutige Sitzung wurde mit dem Vorlesen folgender Aufsätze aus Disterwegs rheinischen Blättern eröffnet.
a) Bedeutende Stimmen für die höhere Wichtigkeit des Unterrichts in der Deutschen Sprache im Verhältniß zu dem Unterricht in fremden Sprachen.
b) Krebsgang des Volksschulwesens in Bayern."
Nürnberg, Schulmuseum der Universität Erlangen-Nürnberg

auch „das weibliche Geschlecht" erfaßt habe. Sehr ausführlich bringt er deren besondere Vorzüge zur Sprache: *„In den Frauen lebt die Grundlage zu den edelsten Gefühlen, und das Gefühl ist die Geburtsstätte alles Erhabenen und Großen, selbst in dem damit vielleicht weniger begabten Manne."*[25] Was folgt daraus? *„Die Sorge für kleine Kinder fällt ausschließlich den Frauen zu, die Vorbildung für Schule und Leben und fast der ganze, so wichtige Teil der stillen häuslichen Erziehung. Der ganze Zweck des Berliner Frauen-Bildungsvereins kann daher als ein pädagogischer bezeichnet werden."* Und damit die erwähnte dramaturgische Stafette an ihren Höhe- und Endpunkt gelange, setzt Diesterweg ans Ende dieses Jahrganges seine Rede, die er bei Eröffnung des ersten Berliner Kindergartens am 3. August 1851 in Berlin gehalten hat.[26] Schon im ersten Satz steht hier die Formel: „Frauenverein für Kindergärten", womit sogleich der Blickwinkel eingeengt erscheint, zumal an anderer Stelle recht abfällig über die offenbar falsche „Emanzipation (der Frauen)" gesprochen wird: „Die Natur der deutschen Frauen hat aber dieser Ausartung alsbald die nötigen Schranken gesetzt und sie vernichtet." So lautet die tröstliche Beschwichtigung. Im Mittelpunkt dieser Rede steht aber die Frage, wie „die Anbahnung einer besseren Zeit" gelingen könnte und wer in der Lage sei, dies zu vollbringen. Diesterweg setzt ganz auf das „weibliche Geschlecht". Gemütsbildung, das ist das A und O, das allem Leben zugrundezulegen sei: „Denn der Verstand ist ein Diener höherer Mächte." Wenn es also heißt: „Der Erziehungsberuf ist der Beruf jedes weiblichen Wesens", dann steht dahinter nicht ein grenzenloses Lob allein, sondern auch der Gedanke an eine gezielte, weil angeblich durch die Natur vorgegebene Rollenverteilung. Das Bild des Gartens ist an die Stelle jenes alten Bildes gesetzt, das den Gärtner und dessen Tätigkeit in den Mittelpunkt der Betrachtung rückte.

In den Tagen, als Diesterweg diese Rede hielt, stand das Verbot der Fröbel'schen Kindergärten in Preußen unmittelbar bevor; es wurde am 17. August 1851 verfügt. Das Unterrichtsministerium, das diese Maßnahme nachträglich rechtfertigte, führte nicht nur Fröbels Querverbindungen zu Pastor Dulon, dem Herausgeber der gerade verbotenen Bremer *Tages-Chronik*, und zum „roten Wander", dem Hirschberger Volksschullehrer Friedrich Wilhelm Wander (1803-1879), ins Feld, sondern auch die zu *„Diesterweg, dessen nachtheiliger Einfluß auf das Schulwesen bekannt ist, und dessen innerer Zusammenhang mit den Bestrebungen der Demokratie nicht zu bezweifeln steht."*[27] Den zweiten Vorwurf dürfte dieser mit Gelassenheit zur Kenntnis genommen haben, gegen den ersten stemmte er sich weiterhin, und dies noch 15 Jahre mittels seiner Zeitschrift, die – wie in den 25 Jahren zuvor – von Quartal zu Quartal den weltoffenen Leser in die pädagogische Diskussion einbezog. Dabei engte das im Mai 1851 verkündete neue Pressegesetz seine Handlungsmöglichkeiten über die Maßen ein, wie überhaupt gerade in Deutschland das gesamte öffentliche Leben in einen politischen Dornröschenschlaf zu versinken schien.

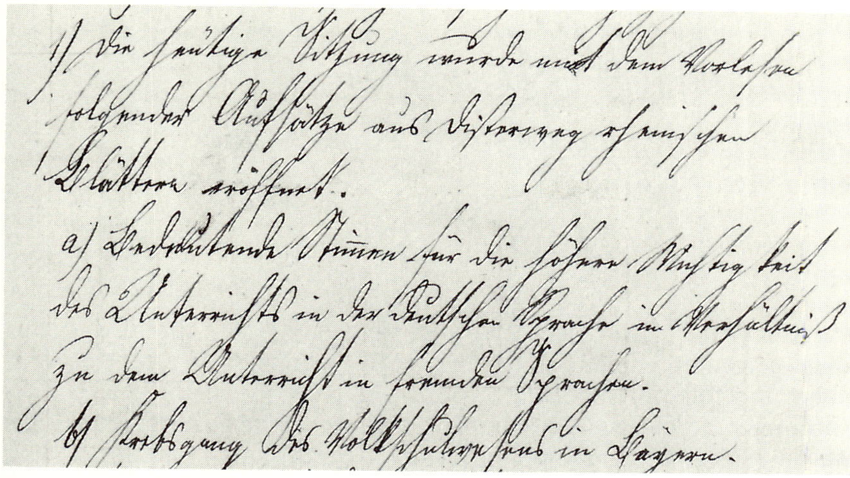
1/ Die heutige Sitzung wurde nach dem Vorlesen folgender Aufsätze aus Diesterwegs rheinischen Blättern eröffnet.
a) Bedeutende Stimmen für die höhere Wichtigkeit des Unterrichts in der deutschen Sprache im Verhältniß zu dem Unterricht in fremden Sprachen.
b) Verfolgung des Volksschullehrerstandes in Bayern.

Der Katalog der gerade eröffneten Weltausstellung in London, die, von Königin Viktoria für das Publikum freigegeben, den wirtschaftlichen Wettbewerb der zweiten Hälfte des 19. Jahrhunderts, zunächst vor den Augen von mehr als sechs Millionen Besuchern, herausfordert, enthält einen höchst bemerkenswerten Abschnitt. Nur für die Deutschen nämlich wird hier eine Beziehung hergestellt zwischen pädagogischem Engagement und wirtschaftlicher Entwicklung. Vordergründig gesehen, klingen die Sätze hochmütig, ja wohl gar ein wenig verächtlich:

„*The character of education within those states is such that every child is made familiar with the great truths of science, and taught to apply the facts affirmed by experiment to the improvement of the great realities of manufacture. Of the more refined application, the electro-type, their galvano-plastic, of photography, and of the other applications of the discoveries in physical science, Germany in no respect falls behind.*“[28]

Aber schon die Tatsache, daß hier Pädagogik die Aufmerksamkeit der Weltausstellung erregt, gibt anscheinend auch dem Autor zu denken, der vor dem geöffneten Tor zur industriellen Revolution steht. Daß sie einem Engländer ins Auge fällt, ist sicher auch Diesterweg zuzuschreiben und vor allem der Wirkkraft pädagogischer Zeitschriften, unter denen die Rheinischen Blätter einen würdigen Platz einnehmen.

553 Das Gesetz über die Presse vom 12.Mai 1851, mit dem Regierungs-Entwurfe und den Kommissions-Berichten beider Kammern zusammengestellt, und unter Berücksichtigung der Kammer-Verhandlungen bearbeitet, nebst einem historisch-kritischen und praktischen Kommentar zu demselben. Herausgegeben von L. v. Rönne. Breslau 1851

1 Allg. Deutsche Lehrerzeitung Nr. 8 v. 23.2.1856, S. 57-59.
2 Lange, W.: Erinnerungen an Friedrich Fröbel. In: Rheinische Blätter für Erziehung und Unterricht 1881, S. 99-124, hier: S. 104.
3 Diesterweg, F.A.W.: Das Lesen der pädagogischen Journale. Die Schulblätter des Jahres 1850 (1851). In: Ders.: Sämtliche Werke. Bd. IX. Berlin 1967, S. 82-88 (DSW). Zitate S. 86, 81.
4 Diesterweg, F.A.W.: Was die „Rheinischen Blätter“ gewollt haben (1850). In: DSW Bd. VIII, S. 413-426. Zitate S. 416, 417, 420.
5 DSW Bd. IX, S. 181f.
6 Ebenda, S. 563, Anm. 423.
7 Urwähler-Zeitung Nr. 17, 1851. Zit. n. Rheinische Blätter Bd. 43, 1851, S. 362.
8 Staatsarchiv Hamburg: Polizeiakten 1851, Nr. 21. Sign. VI Lit X Nr. 1368, Bd. 1.
9 DSW Bd. IX, S. 181f.
10 Nr. 15/1851. Zit. n. Rheinische Blätter Bd. 43, 1851, S. 356.
11 Lange, W.: Erinnerungen an Friedrich Fröbel. In: Rheinische Blätter 1881, S. 118f.
12 Schulze, G.: Friedrich Adolph Wilhelm Diesterweg. Berlin 1961, S. 73.
13 Rheinische Blätter Bd. 43, 1851, S. 346. Entspr.: DSW Bd. IX, S. 178.
14 Strand, E.: Hamburgs pädagogisches Leben in seiner Beziehung zu Friedrich Fröbel. Hamburg 1951, S. 13.
15 Ebenda, S. 10f.
16 Rheinische Blätter Bd. 43, 1851, S. 182-205, 309-318.
17 Ebenda, S. 359.
18 Rheinische Blätter Bd. 44, 1851, S. 241-244, 368-370. Entspr. DSW Bd. IX, S. 313-315, 320-322.
19 Rheinische Blätter Bd. 43, 1851, S. 340-346. Zitate S. 344, 340. Entspr.: DSW Bd. IX, S. 175-178.
20 DSW Bd. IX, S. 213.
21 Ebenda, S. 71.
22 Rheinische Blätter Bd. 43, 1851, S. 79-82. Zitate S. 79, 82. Entspr. DSW Bd. IX, S. 323-326.
23 Rheinische Blätter Bd. 43, 1851, S. 104. DSW Bd. IX, 298.
24 Rheinische Blätter Bd. 43, 1851, S. 147-181. Die folg. Zitate S. 150, 167, 168, 148, 150f., 151, 152, 179. Entspr. DSW IX, S. 143-164.
25 Rheinische Blätter Bd. 44, 1851, S. 77-92. DSW Bd. IX, S. 211-216. Zitat S. 215.
26 Rheinische Blätter Bd. 44, 1851, S. 319-331. DSW Bd IX, S. 285-292. Zitate S. 291, 292, 291, 290.
27 Pädagogische Revue Bd. 30, 1852, S. 164.
28 Hunt, R.: Crystal Palace Exhibition. Illustrated Catalogue. London 1851. Nachdr. New York 1970, S. XV*.

Stefan Greif

Adolph Diesterweg als Polemiker

Zur Form des wissenschaftlichen Streits im 19. Jahrhundert

Polemiken streiten über verschiedene geistige Anschauungen und dies bisweilen, wie es Streitereien eben eigen ist, auch mit unsachlichen und persönlichen Vorwürfen. Bis heute dient die Polemik der Diffamierung entgegengesetzter Positionen, und daß der Polemiker die handfeste Auseinandersetzung nachgerade sucht und um die Vorherrschaft der eigenen Meinung ringt, legt schon der etymologische Wortbefund nahe. Das griechische *pólemos* bezeichnet Krieg, Kampf oder Streit, allerdings bald schon mit der inhaltlichen Konkretisierung, wonach die Polemik vor Gericht oder im theologischen Disput eingesetzt wurde. Aber auch in dieser institutionellen Bindung blieb die Polemik parteiisch, wollte Stimmungen und Urteile beim Publikum provozieren. Im Kampf der Meinungen sollten Majoritäten über die Wahrheit des Vorgetragenen entscheiden. In diese Tradition stellte sich auch Adolph Diesterweg, dessen Feinde und literarischen Fehden gleich in Dutzenden gezählt werden können: *„Ich habe noch jedesmal gefunden, daß der Streit um Ansichten und Meinungen... die Erkenntnis des Wahren fördert und beschleunigt."* (VII, 63)[1] Läßt sich aber die Wahrheit wirklich erstreiten, wenn Meinungsverschiedenheiten als „Kampf der Natur gegen die Unnatur, der Vernunft mit der Unvernunft" (VI, 450) verstanden werden? Nun, es gehört zum Geschäft der Polemik, den eigenen Stil zu verschleiern, als sachgerecht darzustellen, und immer wieder hat Diesterweg betont, stets „mit offenem Visier, wie es dem Manne geziemt" (II, 151) und ohne persönliche Angriffe argumentiert zu haben. An diesen Modus scheinen sich Diesterwegs Opponenten allerdings nicht gehalten zu haben: „Am hervorragendsten", so schreibt Diesterweg 1850, „...war der Halle'sche Leo..., Erfinder der ‚Grünnasen', des ‚scrophulösen Gesindels' und der ‚materialistischen Canaille'".[2] Also doch Polemik auf der einen, Sachlichkeit auf der anderen Seite? Keineswegs, auch Diesterweg beherrscht die Palette gezielter Schmähungen, etwa wenn er den Lehrer Johann Gottlieb Dobschall (1804-1856) ein „Mondkalb" (VI, 445) schimpft, dessen Thesen sich in „Qualm und Salm" (VI, 448) auflösen, oder den Kreis um seinen ehemaligen Moerser Zögling Ludwig Emmerich (1804-1877) und den fränkischen Seminarinspektor Friedrich Jacobi (1800-1869) als „Buchstabenkrämer und Geistesknechte" (VI, 111) abqualifiziert. Diesterwegs Beteuerungen gehören selbst schon zu einer polemischen Strategie, deren aufreizender Charakter erst deutlich zu Tage tritt, wenn man die These, die „Naturwahrheit" streite mit der „Verzerrung und Verschrobenheit" (VI, 450), einmal im Umkehrschluß interpretiert: Kämpft nämlich die Wahrheit gegen Unwahrheiten, so ist der Prozeß der Wahrheitsgenese, trotz aller Dialogbereitschaft, von vornherein schon entschieden; zum anderen kann die eigene Darstellung nicht mehr polemisch genannt werden, wenn sie über wahre, also Sachargumente verfügt. Solch eine selbstbewußte Offerte an den Gegner entspricht durchaus dem geistig hochrüstenden, schulmeisternden Streitstil des späten 18. Jahrhunderts. Einem Stil, der trotz vordergründiger Objektivität mit Bombast die Argumente des Gegners polemisch niederreitet.

Die schier unvermeidlichen Wucherungen versuchte schon der römische Rhetor Quintillian mit seiner Mahnung zur „Schicklichkeit" einzudämmen, ohne aber ernsthaft Zweck und Sinn der Polemik in Frage zu stellen. Und so vermeldet noch im 19. Jahrhundert Hübners *Zeitungs- und Conversations-Lexikon*, daß der Polemiker „mit der

Feder seine abweichende Meinung mit Heftigkeit vertheidigen“ soll.[3] Um nun wenigstens die öffentlichen und akademischen Debatten ohne Zorn und Eifer führen zu können, verlangte der Sprachforscher Johann Christoph Gottsched 1758, die Streitschriften streng von den Schmähungen zu trennen: in „den ersteren streitet man um wahrheiten...gelehrte meynungen, oder lehrpuncte: in den andern aber geht es über die Personen her“[4] – doch die Übergänge waren und blieben stets fließend, wie en passant eingestreute Invektiven in Luthers Papisten-Schelte, Lessings Anti-Goeze oder Goethes Auseinandersetzung in der Farbenlehre mit dem „falschen Spieler“ Newton belegen könnten.[5] Für das 19. Jahrhundert wären Heines spöttische Klage über die „Hundedemut und die Engelsgeduld“[6] der Romantiker zu nennen oder Marx' und Engels Ironisierung der Deutschen Ideologie eines Sankt Bruno oder Sankt Max[7], nicht vergessen seien Nietzsches frivole Attacken gegen die „Filz-Socken-Begeisterung“ eines David Strauss.[8]

Diesem wüsten Treiben hat noch einmal die Spätaufklärung Einhalt zu gebieten versucht. So empfiehlt der allseits bekannte Freiherr von Knigge (1751-1796) im Fall der üblen Verleumdung „Stolz und Würde“[9] zu zeigen, fügt aber die bemerkenswerte Ausnahme hinzu: „Uebrigens aber möchte ich auch nicht gern alle Satyre für unerlaubt erklären, noch leugnen, daß manche Thorheiten und Unzweckmäßigkeiten, im weniger vertrauten Umgange, am besten durch eine feine,...nicht zu deutliche auf einzelne Personen anspielende Persiflage bekämpft werden können.“[10] Wird hier nicht listig der Polemik wieder ein Hintertürchen geöffnet? Knigge führt eine Tradition fort, die das individuelle Temperament mit einem zur Verdunklung neigenden, täuschenden Sprachstil gleichsetzt. In diesem Sinne forderte schon Johann Heinrich Zedler von der Polemik, lediglich die „Pracht der Troporum und Figuren“[11], also möglicherweise irreführende Stilmittel wie Bilder oder Metaphern zu vermeiden. Ihren vorläufigen Abschluß fand diese Tendenz zur Versachlichung, eigentlich: Ent-Rhetorisierung, des wissenschaftlichen Stiles mit Fichtes Verdikt, daß dem Gelehrten „seine ganze Individualität...erstorben seyn (müsse) in seinem Vortrage, damit allein die Art und Kunst seiner Idee lebe.“[12] Zur Vermeidung persönlich gehaltener Angriffe wird nun endgültig die Erkenntnis kurzerhand vom gelehrten Charakter getrennt, und die „Voraussetzung von irgend einem Anderen: er könne dadurch beleidigt werden, dass man einen Irrthum rüge...wäre wohl selbst die größte Beleidigung, die einem nur halb vernünftigen Manne zugefügt werden könnte.“[13] Verbieten sich nun aber Rückschlüsse von logischen Fehlern auf die intellektuelle Potenz, so bleibt der Polemik zumindest noch, um es mit Diesterweg zu sagen, „über der Berücksichtigung der Sache...die betreffenden Personen“ nebst ihren Argumenten zu vergessen. (VIII, 422) Die Polemik des Verschweigens benutzt den „Gegner“ dazu, „das Wahre und Rechte zu verbreiten.“ (VI, 103) Schon bald aber sollte sich zeigen, daß dieser Modus der Wahrheitsfindung in der politisch-moralischen Praxis des 19. Jahrhunderts zunehmend an Plausibilität verlieren mußte. Seit den 20er Jahren pluralisierte sich die Öffentlichkeit, so daß ein ehedem solidarisierendes und auf Emanzipation zielendes bürgerliches Wahrheitsmodell zunehmend an Überzeugungskraft einbüßte. Der Wettstreit der Schulmeinungen entartete zum politischen Gemetzel. Genau dieser Prozeß läßt sich denn auch an Diesterwegs Polemiken nachvollziehen.[14]

Begonnen hatte alles mit den „Ausartungen der Pestalozzischen Ideen“ (VIII, 421). Diesterweg hatte der Schule um den ehemaligen Mitarbeiter Pestalozzis, Johannes Niederer (1779-1843), vorgeworfen, ihre Rechenbücher seien „potenzierte Hirngespinste“, da voll von „Allgemeinheit und Abstraktheit“. Der „ursprünglich praktische und einfache“ Niederer sei, so heißt es, „unpraktisch und verschroben geworden“. (I, 362) Niederer antwortete, Diesterweg leide an einer „sinnliche(n), thierisch verhärteten Ansicht vom Leben.“[15] Über den

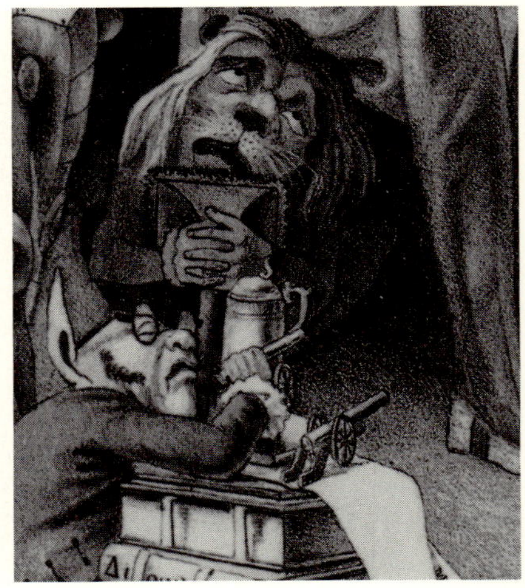

aggressiven Ton mögen die Überschriften der einzelnen Beiträge belehren. So erscheint im Publikationsorgan der Schule Niederers, Johann Philipp Rossels (1791-1831) *Monatsschrift für Erziehung und Unterricht*, ein Artikel mit dem sprechenden Titel „Der pädagogische Geistessumpf unserer Zeit und das Quaken darin gegen die Pestalozzische Schule. Erstes Beispiel, Herr Dr. Diesterweg in Mörs", auf den hin Diesterweg mit seinem Aufsatz wider die „After-Pestalozzianer" repliziert. Im Streit um die wahre Nachfolge Pestalozzis verfahren beide Seiten mit ähnlicher Taktik. Man wirbt zunächst um die Gunst der Leser, indem man ihnen Urteilsfähigkeit attestiert. „Der Käufer, das Publicum", so bei Niederer, „wählt und kauft, was ihm zusagt." Und damit auch der Leser weiß, mit wem es Niederer zu tun hat, folgen schnell noch die bekannten Diffamierungen: Diesterweg sei ein „Anschwärzer" und unfähig, „einen Gedanken unpersönlich zu denken." Wie eröffnet der solchermaßen Beklagte? Diese „Gemeinheiten" muß „ich der Beurteilung meiner Leser überlassen." Und sofort auch hier der etwas mißtrauische Fingerzeig, in welche Richtung das Urteil zu ergehen habe: Wer gegen „Anstand und Bildung" verstößt, „beleidigt nicht", sondern überführt sich der Gesinnungslosigkeit (I, 515). Nach solch mehr oder minder verstecktem Hinweis auf die eigene Redlichkeit bleibt nun viel Raum, um sich von den „mystischen Behauptungen" (I, 518), respektive dem „pädagogische(n) Phärisäismus unserer Tage" distanzieren zu können. Diesterweg legitimiert die detaillierte Darlegung seiner Ansichten mit dem Paradigma aufgeklärter Fortschrittlichkeit. „Neue Endzwecke sind für das Menschengeschlecht nicht mehr aufzufinden und also auch nicht mehr festzusetzen." (I, 521) Wird Pestalozzi nun noch für die wahre Modernität vereinnahmt, kann der gegnerischen Neuauslegung seiner Schriften sogar ein reaktionäres Moment nachgewiesen werden: „Um ihm (Pestalozzi, St.G.) aber noch mehr Verschrobenheit anzueignen, dazu fehlte noch, daß man die neueste Philosophie von Schelling auf die Pestalozzische Sache anwandte...Niederer kam und – es geschah." (I, 526) Es bedarf keiner Erwähnung, daß die „Universalisten" um Niederer wiederum vice versa argumentierten. Interessanter scheint daher die Auflösung des eklatanten Paradoxons in Diesterwegs Thetik, weist er doch selbst oft genug auf die Notwendigkeit je neu zu überdenkender Methode hin. Intuitiv scheint Diesterweg diesen drohenden Widerspruch gespürt zu haben. Versagen die Argumente, so muß dem Gegner die Entdeckerfreude gründlich versalzen werden: „Die Überschwenglichkeit hindert aber nicht nur die Erfassung der Wahrheit, sondern man wird auch einseitig und gegen Andersdenkende ungerecht." (I, 530) Unverzagt kann Diesterweg beanspruchen, den rechten Pfad zu den Gipfeln der Wahrheit längst beschritten zu haben, wohingegen es „finster in der Tiefe" bleibt beim „Verkünder des neuen Heils". (I, 520f.)

Gemessen am Richt(sch)wert des aufgeklärten Fortschritts, mußten vor allem die Versuche seitens der Kirche, den „naturalistischen" Weg

Diesterwegs zu bremsen, schärfste Kritik provozieren. Schon in der „Freundschaftlichen Polemik“ mit dem Weißenfelser Seminardirektor Christian Wilhelm Harnisch (1787-1864) wird dieser Kampf mit gnadenloser Härte geführt. Zur Verbesserung der Schuldisziplin hatte Diesterweg vorgeschlagen, Polizeibüttel in den überfüllten Schulklassen aufzustellen. Auf die erstaunte Anfrage Harnischs, ob dies denn nicht die endlich aufgewertete Lehrerpersönlichkeit gefährde, reagiert Diesterweg mit einer langen Belehrung über den Wert der Philosophie Saint Simons und mit einem Exkurs über das Verhältnis der sozialen Schichten untereinander. Statt geübter Nächstenliebe, wie Harnisch sie vom Lehrer erwartet, wird von den Schülern strengste Subordination und Pietät eingefordert. Und so kanzelt Diesterweg Harnisch im Sinne der Fortschrittshörigkeit mit dem Vorwurf ab, sein „Vorwärts“-Ruf müsse recht eigentlich lauten: „Rückwärts, ins fünfzehnte Jahrhundert hinein.“ (III, 276) Verzweifelt – man lese einmal die entsprechenden Passagen – hat Harnisch Diesterweg darauf hingewiesen, daß „Sie aber sich selbst vielen entfremden und entfernen, denen Sie nicht so fern stehen, als es vielleicht von Ihnen und jenen geglaubt wird.“ (III, 571) Doch der einmal gewitterte Verdacht christlicher Indokrination genügt, um auf breiter Front alle Gegenthesen zu überrollen. Ja, Diesterweg riskiert sogar unfreiwillige Überschneidungen, was an einer zentralen Behauptung Harnischs überprüft werden soll: „Der Geist der Zeit dringt auf *menschliche Gemeinschaft*, nicht auf Partikularismus und Separatismus.“ (III, 565) Genau dies übersehen, weil Saint Simon nicht gelesen zu haben, wirft Diesterweg dem Gegner jetzt vor: „Es herrscht der Geist der Absonderung, der Isolierung, des Egoismus. Leugne diese Wahrheit, wer es mag!“ (II, 477) Harnischs Vorschläge, etwa die Minimierung der Klassen, die vermehrte Einstellung qualifizierter Lehrer oder die Übertragung der Schulaufsicht an den Staat – dafür wird Diesterweg später mit Dobschall streiten –, bleiben ungehört. Dürfen solche Attacken „ein wenig unsanft“[16] genannt werden? In Polemiken dieses Stils erstarrt der Dialog in herrschaftsbesetzten Monologen oder in „polemische(r) Totalität“, wie es der Schriftsteller Friedrich von Schlegel, Zeitgenosse Diesterwegs, nannte. Die „unbedingte Mittelbarkeit“ und Außenorientierung der scharfen Polemik will den „Gegner vollkommen vernichten“, begibt sich dabei aber in die Gefahr, die „Philosophie ihres Eigentümers“ nicht mehr hinreichend legitimieren zu können.[17] Eine solche „Philosophie mit dem Hammer“[18] beschränkt die „widerlegenden Bemerkungen“ keinesweg bloß auf die Regel: „Was einzelne Gründe nicht dartun, beweisen sie auch zusammengefaßt nicht...“ (SR II, 351) Denn faktisch steht nicht mehr die Auseinandersetzung mit einzelnen Thesen im Vordergrund des Interesses, sondern nur noch die radikale Abwehr einer tendenziösen Grundhaltung.

Ende der 30er Jahre sprengt Diesterweg denn auch konsequent das ehedem gewählte Ideal rein fachlicher Auseinandersetzung. In der Erwiderung „Jean Jacques Rousseau“ wettert er nicht mehr allein

554 Diesterweg unter seinen Gegnern
Lithographie von Schulz, 1844
53 x 72 cm
Siegen, Privatbesitz
Diesterweg erwehrt sich mit Hilfe eines Schutzgeistes und Friedrich Ludwig Jahns des Ansturms seiner Gegner.
Links vorn, auf altsprachliche Lehrbücher gestützt, der Philologe Friedrich Wilhelm Thiersch (1784-1860), der mit Kanonen auf Diesterweg schießt und so seinen einseitig auf die alten Sprachen ausgerichteten Lehrplan gegen Diesterweg verteidigt, der für eine breite naturwissenschaftliche Bildung streitet. Links dahinter hält Karl Christoph Gottlieb Zerrenner (1780-1851) das Banner der „Wechselseitigen Schuleinrichtung" hoch. Diese Unterrichtsform lehnte Diesterweg als untauglich für eine wirkliche Geistesbildung ab. Neben Zerrenner hat sich Christian Wilhelm Harnisch (1787-1864) für den Kampf gegen Diesterweg gerüstet. Diesterweg, ursprünglich ein Freund Harnischs, hatte sich mit diesem über seine zunehmende Neigung zum orthodoxen Pietismus entzweit.
Auf der rechten Seite steht unter anderen, in einen geflickten Sack gehüllt, Karl Heinrich Sack (1790-1875). Dieser ist entsetzt über das vermeintliche Leid, das Diesterweg mit seinem Streiten gegen die kirchliche Schulaufsicht der Kirche zufügt. An seiner Seite schickt ein Theologe den mit einem Schafskopf versehenen Moerser Schüler Diesterwegs, Ludwig Peter Diederich Emmerich (1804-1877), in den Kampf vor. Der Schmutz, den Emmerich gegen Diesterweg schleudern will, fällt auf ihn und seinen Kumpan zurück. Rechts neben Sack sitzt, an einen Stoß Passionsbücher gelehnt, Pastor Gustav Wilhelm Pieper (1809-1850), der über die vorgebliche Irreligiosität und das Treiben des „Jugend- und Lehrerverführers" Diesterweg das Lied aus dem Gesangbuch: „Unser Wissen und Verstand ist mit Finsternis umhüllet" flötet. Rechts vorn liegt eine Steintafel mit den Namen Rousseau und „Disisterweg" (= Dies ist der Weg). Schlangen begeifern sie, ein Schaf und ein Esel fressen den Ruhmeslorbeer ab, der die Tafel umrankt.

gegen den Barmener Missionsseminarinspektor Johann Friedrich Richter (1799-1847), ohnehin unfähig, die „im Fortschreiten begriffene pädagogische Sache...wesentlich zu alterieren" (VI, 302), sondern auch ganz offen gegen dessen politische Perspektive, die aus gutbürgerlicher Moralität heraus den Vorwurf erhoben hatte, „J.J. Rousseau, der ‚Bürger' von Genf" sei „der Mann des Dr. Diesterweg" (VI 592). Diese Gleichsetzung beider Pädagogen verketzert implizit, über die Darstellung des „Lotterlebens" Rousseaus, auch Diesterwegs Pädagogik. Seine direkte Betroffenheit hat Diesterweg mit der entschiedenen Hinwendung an die Leser der *Rheinischen Blätter* zu kaschieren versucht. Immerhin schreibt ja Richter „für Lehrer, unter denen – leider! – solche sind, welche nachsprechen, was ein solcher Mann ihnen vorgeschwatzt hat." (VI, 303) Selbstbewußt expliziert Diesterweg, Kompetenz und Überzeugungskraft signalisierend: „Einige Vorarbeiten dazu liegen...bereits vor mir. Ich möchte sie nicht gern vernichten, und, näher besehen, halte ich sie für hinreichend, auf Richters Beurteilung das erforderliche Schlaglicht zu werfen." (VI, 303) Wogegen aber gilt es Rousseau zu verteidigen? Hatten sich die „Homunculi" und „Nostri" (VI, 307) Rückschlüsse aus Rousseaus Leben erlaubt, so schickt sich Diesterweg an, die „Ideen des großen Mannes" (VI, 315) verständlich zu machen. Um aber selbst dem Fehler einer groben Gleichsetzung von Erkenntnis und Gesinnung entgehen zu können, stellt Diesterweg an diesem Wendepunkt seiner polemischen Praxis zunächst einmal Gegenthesen auf: „Würden wir den *Emil* besitzen, wenn Rousseau sich mit der Erziehung seiner eigenen Kinder hätte beschäftigen müssen?" (VI, 318) Wenngleich solche Freude „über das eheliche Unglück" (VI, 320) zunächst befremdlich erscheinen mag, so darf doch die Schlagkraft einer solchen Argumentation, die ja lediglich die Perspektive spiegelverkehrt, nicht übersehen werden. Zum einen gelingt es Diesterweg, Richters Tugendhorizont als ein historisches Verbrechen („Vatermord". I, 304) zu entlarven; zum anderen zwingt die Technik der Rückfrage den Leser zur kritischen Überprüfung der eigenen Sichtweise. Folgerichtig nur, wenn Diesterweg Rousseaus Ideen gegenüber Richters Standpunkt aufwertet: „Dieses Ärgste ist das *Motiv*, aus welchem die Tat entsprungen. Richter kämpft für die Religion, das Christentum, das Reich Gottes, Gott selbst." (VI, 304) Und es klingt fast schon wie eine Ermunterung an die eigene kritische Wachsamkeit, wenn Diesterweg hinzufügt: „Die ungerechte Verfolgung wirkt heilsam auf das Tun des wirklich großen Menschen." (VI, 321)

In diesem Zusammenhang mag sich ein Blick auf Diesterwegs Gegner verlohnen. So erschien 1841 eine anonyme Schrift, die sich aus Zitaten Diesterwegs zusammensetzt und in dieser Verkürzung angehalten ist, seine politische Glaubwürdigkeit arg zu verunglimpfen. Dabei hatte schon Dobschall, eigentlich Kritiker Diesterwegs, gemahnt, „am allerwenigsten aber Phrasen von ihm (zu) studieren, sondern ohne Unterschied alles" (VI, 599). Aber selbst zahlreiche Universitätsprofessoren scheuten sich nicht, Diesterweg mit einer politischen Metaphorik und Wut abzuqualifizieren, die nicht selten an die hundert Jahre später gängige Praxis politischer Denunziation gemahnt. Verhältnismäßig harmlos liest es sich da noch, wenn der Schriftsteller, Lehrer und spätere Jenaer Professor, Oskar Wolff (1799-1851), vom „gelehrten Nußknacker" spricht, der sich wie ein Hund in den Waden seiner Feinde verbeißt.[19] Gräbt aber Diesterweg dem „wahrhaft christlichen Leben...offen die Grube"[20], so liegt der Verdacht der Volksverhetzung nahe. Bei Emmerich, dem langjährigen Schüler Diesterwegs, heißt dies: „Ich mache Ihnen den Vorwurf, daß Sie in Ihren Schriften das Christenthum in seinen Grundwahrheiten verunstaltet und dadurch auf die Schullehrer und durch diese auf die Jugend und das Volk nachtheilig eingewirkt haben."[21] Daß konkret Diesterwegs aufgeklärt-klassisches Erziehungsideal den Behörden und ihren Vertretern suspekt war, signalisiert die Anklage des Altdorfer Seminarinspektors Jacobi: „Sie bringen gar die alten, heidnischen

Ideen vom Wahren, Schönen und Guten daher…, um ihre überall vorkommende Menschenvergötterung zur Grundlage des ganzen Lehrgebäudes zu machen.“ (VI, 569) Der Mettmanner Pastor Gustav Wilhelm Pieper (1809-1850) gar sucht akribisch in Diesterwegs Lehrbüchern nach den wenigen Bibelstellen, um nur etwa 60 direkte Belege auf je 100 Seiten zu finden. Dies leitet ihn zu dem Schluß, daß solcherart erzogene Kinder „überall raisonnieren und kritisieren und politisieren und alle göttliche Ordnung gering achten.“[22]

Unter dem neuen Bündnis von Thron und Altar, Bürgertum und Adel verändert sich ganz offensichtlich das politische und wissenschaftliche Klima in Richtung einer philiströsen Obrigkeitsgläubigkeit. Dieser Entwicklung entspricht eine versachlichte Polemik, die „sentenzexegetisch“ nach politischen Verdachtsmomenten sucht, vordergründig aber positive Objektivität heuchelt. Hatte Ludwig Uhland seine Studenten noch – wenn auch maßvoll – aufgerufen, in Polemiken Sätze aufzustellen, „welche angenommenen Meinungen den Umsturz drohen und eben darum schon in sich eine Aufforderung zum Widerspruche tragen“[23], so entzieht sich der bürgerliche Positivismus in der Jahrhundertmitte sukzessive der aufgeklärten Streittradition und verlagert sich auf das Feld empirischer Fakten, die selbstredend jederzeit politisch-moralisch interpoliert werden können: „Durch die Welt“, so Diesterweg, „geht jetzt der Rat nach Objektivität und Objektivismus, sie sucht den Subjektivismus in Verruf zu bringen. Unter dem Objektivismus versteht sie den Positivismus, die gegebene Wahrheit…das absolute System.“ (SR I, 394) Diesterweg interpretiert diese Entwicklung als eine Entmündigung des Gelehrten von der Pflicht, „die Menschen zum Gefühl ihrer wahren Bedürfnisse (zu) bringen“.[24] Aber sein Blick bleibt kritisch genug, um die verkürzende Phraseologie auch als den wissenschaftlichen Verzicht auf subjektive Meinungsäußerung und Eigenständigkeit lesen zu können. Für den akademischen Stil zeitigt diese Entsubjektivierung die Trennung der klassi-

schen Einheit von Belehrung und provozierender Schärfung der Stimmungen. Dem „monotonen, geistlosen Vortrage" vor allem seiner universitären Kollegen kann Diesterweg folglich vorwerfen, „den Stumpfsinn zu verewigen." (SR I, 237)

Gegenläufig entscheidet er sich *für* das bewegende Moment in seinen Darstellungen: „*Wer* macht auch heutzutage noch den *geringsten* Eindruck, wenn man sich vor dem Schreiben die Schlafmütze aufdrückt? ‚Du bist der Mann des Todes' – wirkt *allenfalls.*" (VI, 389) Was ehedem verpönt, wenngleich selbst tüchtig praktiziert wurde, etwa Dobschalls Verzicht auf „Theses", die statt ausufernder Phrasen „einzelne schätzbare Bemerkungen" bringen (VI, 398f.), oder der Nachweis, Harnisch berufe sich zu sehr auf Autoritäten, wird jetzt ganz offen als polemisches Rüstzeug proklamiert: „ich schreibe *aufregend*" (VII, 64). Der eigene Stil und die politische Position werden offenherzig mit der Phalanx der Altvorderen, „Lessing, Kant, Hegel, Herbart, Beneke" (VI, 323) legitimiert, selbst mit der „veraltete(n) Sitte, seine Meinungen durch Bibelsprüche" (VI, 103) zu belegen. Im Dienste der Parteilichkeit muß dann sogar das pathetische Bild gelegentlich herhalten, so im Streit um Pestalozzi: „Mit Recht stehen heute Millionen Kinder an Pestalozzis Grab und seiner Wiege, ihre dankbaren Hände ihm darreichend..." (SR II, 300)

Es kann kein Zweifel daran bestehen, daß Diesterweg mit seiner Werbung für das aufgeklärte Streitideal journalistischen Mut bewiesen hat. Als Pestalozzi im Rahmen einer akademischen soirée der Unchristlichkeit überführt werden soll, fragt er die Anwesenden: „Seid ihr gleichgültig und feige geworden? Hat euch das Geschrei der Zionswächter dieser Tage um allen Verstand,...um euer eigenes Gewissen gebracht?" (SR II, 327) Mit der politisch-moralischen Wende des Bürgertums verändert sich nicht nur der pädagogische Tenor, sondern auch die allgemeine wissenschaftliche Grundhaltung. An drei Fronten zugleich erwehrt sich Diesterweg den Vereinnahmungen einer Massenideologie, die zur Preisgabe von Charakter und Persönlichkeit zwang. Bildlich gesprochen dürfen Diesterwegs Polemiken als Versuch umschrieben werden, das feine Gehör für eine Symphonie zu schulen, die *alle* Menschen Brüder werden ließ. Mitte des 19. Jahrhunderts verlangte dies, paradox genug, Trommelwirbel und Posaunenstöße, denn der „Philister" intoniert bereits: „denn so leben wir, so leben wir alle Tage."[25] Wissenschaftlicher Subjektivismus meint dann aber auch Nonkonformismus und einen Kampf um die Wahrheit, in dem Wahrheit jedem zukommt, der nur um sie zu kämpfen fähig bleibt. Sonst nämlich gilt, daß „wir die Geistesbuden schließen und mit den Fakiren lebenslänglich Om Om seufzen!" (VI, 391)

1 Die Beiträge Diesterwegs, auf die Bezug genommen wird, sind nachgewiesen in: Sämtliche Werke. Bde. I-VIII. Berlin 1956-1965 (DSW). Im Text zit. mit Band- und Seitenangabe. Daneben in: Deiters, H. (Hrsg.): Adolf Diesterweg. Schriften und Reden. 2 Bde. Berlin, Leipzig 1950. Zit. mit „SR", Band- und Seitenangabe.
2 Zit. n. Langenberg, E.: Diesterweg. Sein Leben und seine Schriften. Th. 2: Diesterweg in Berlin. Frankfurt a.M. 1868, S. 36. Mit Leo ist der Hallenser Professor für Geschichte, Heinrich Leo (1799-1878), gemeint.
3 In: Johann Hübners Zeitungs- und Conversations-Lexikon. 31. Aufl., erw., umgearb. u. verb. v. F.A. Rüder. Th. 3: M-R. Leipzig 1826, S. 591.
4 Zit. n. Bebemeyer, G.: Schmähschrift. In: Reallexikon der deutschen Literaturgeschichte. Hrsg. v. W. Kohlschmidt u. W. Mohr. 2. Aufl. Berlin, New York 1977, S. 672.
5 Goethe, J.W.: Zur Farbenlehre. In: Ders.: Gesamtausgabe der Werke und Schriften. Hrsg. v. R. Habel. Bd. 21. Stuttgart 1963, S. 433.
6 Heine, H.: Die romantische Schule. In: Ders.: Werke u. Briefe. Hrsg. v. H. Kaufmann. Bd. 5. Berlin, Weimar 1972, S. 15.
7 Vgl. die entsprechenden Kapitelüberschriften in: Marx, K., Engels, F.: Die Deutsche Ideologie. Werke. Bd. 3. Berlin 1969, S. 81, 101.
8 Nietzsche, F.: Unzeitgemäße Betrachtungen. In: Ders.: Werke in 3 Bdn. Hrsg. v. K. Schlechta. Bd. 1. München 1954, S. 145.
9 Knigge, A.v.: Ueber den Umgang mit Menschen in drey Theilen. 5. verb. u. verm. Aufl. Hannover 1796. 2. Teil, S. 208.
10 Ebenda. 1. Teil, S. 70.
11 Zedler, J.H.: Grosses vollständiges Universal-Lexikon, Bd. 28. Leipzig, Halle 1741, S. 1079.
12 Fichte, J.G.: Ueber das Wesen des Gelehrten und seine Erscheinungen im Gebiete der Freiheit. In: Fichtes Werke. Hrsg. v. I. Fichte. Bd. VI. Berlin 1971, S. 444.
13 Ebenda, S. 447.
14 Eine detaillierte Auflistung aller Schriften und Gegendarstellungen findet sich bei Langenberg, E.: a.a.O., Th. 2, S. 97-106, u. in: DSW Bd. VIII, S. 421ff.
15 Niederer, J.: Der pädagogische Geistessumpf unserer Zeit und das Quaken darin gegen die Pestalozzische Schule. Erstes Beispiel, Herr Dr. Diesterweg in Mörs. In: Allgemeine Monatsschrift für Erziehung und Unterricht Bd. 11, 1829, S. 187. Die folg. Zitate S. 176, 186, 177.
16 Rebhuhn, A.: Zur Charakteristik Adolf Diesterwegs. In: Die Deutsche Schule Jg. 12, 1908, S. 475-492. Zitat S. 487.
17 Schlegel, F.: Kritische Fragmente. In: Ders.: Schriften zur Literatur. Hrsg. v. W. Rasch. München 1970, S. 71.
18 Vgl. den Untertitel zu Nietzsches Götter-Dämmerung: Wie man mit dem Hammer Philosophie betreibt.
19 Plinius d. Jüngere (d.i. O.L.B. Wolff): Naturgeschichte des Deutschen Studenten. 3. Aufl. Leipzig 1847, S. 80f.
20 Pieper, G.W.: Leselehre und Lesebuch. Noch ein Zeugnis in der Sache zwischen Dr. A. Diesterweg und L. Emmerich. Düsseldorf 1843, S. 8.
21 Ebenda, S. 3.
22 Ebenda, S. 39.
23 Uhland, L.: Poetologische Schriften. In: Ders.: Werke. Hrsg. v.H. Fröschle u. W. Scheffler. Bd. IV. München 1984, S. 660.
24 Fichte, J.G.: a.a.O., Bd. VI, S. 330.
25 Nietzsche, F.: a.a.O., Bd. 1, S. 154.

Ilja Mieck

Auf dem Wege zur Weltstadt

Berlin im Vormärz

Als Adolph Diesterweg im Jahre 1832 nach Berlin kam, befand sich die preußische Hauptstadt in einer Phase stürmischen Umbruchs. Binnen weniger Jahrzehnte veränderte sich das Bild Berlins von Grund auf, erfolgten entscheidende Weichenstellungen auf dem Weg von der noch stark ländlich geprägten Residenzstadt zur weltstädtischen Metropole und zu einem Industrie- und Verkehrszentrum europäischen Formats. Fast alle überkommenen Strukturen der Stadt und ihrer Bevölkerung zerbrachen in wenigen Jahrzehnten oder wurden zumindest stark modifiziert.

Dem mitten im Strom einer Entwicklung stehenden Beobachter bietet sich die Gelegenheit, im Rahmen einer Momentaufnahme Vergangenes und Zukünftiges noch nebeneinander zu sehen; verknüpft oder auch unverbunden steht Altes neben Neuem, findet sich Althergebrachtes neben mitunter revolutionären Innovationen. Für das Berlin der 30er und 40er Jahre ist es geradezu ein Charakteristikum, daß in fast allen Bereichen des städtischen Lebens Phänomene des Übergangs zu beobachten sind, die teilweise zu dominieren beginnen. Die von Diesterweg in Berlin miterlebte und mitgestaltete Epoche läßt sich insgesamt als eine Zeit des tiefgreifenden Wandels ansehen. Sie begann bereits in den auf die spätfriderizianische Phase folgenden turbulenten Jahren der napoleonischen Zeit und endete in den durch die gewachsenen politischen und sozialen Spannungen ausgelösten revolutionären Umbrüchen der Jahrhundertmitte.

Bereits das Stadtbild illustriert diese Doppelgesichtigkeit der preußischen Hauptstadt vorzüglich. 1832, als der Aufenthalt Diesterwegs in Berlin begann, war die Stadt noch immer von einer inzwischen funktionslos gewordenen Ringmauer umgeben, die mit ihren zwölf Land- und zwei Wassertoren (am Ein- und Ausfluß der Spree) ein Gebiet von knapp 14 Quadratkilometern umschloß. Innerhalb dieses Mauerrings gab es besonders im Osten und Süden große unbebaute Flächen, die noch in den 40er Jahren von 383 Gärtnern, 111 Ackerbesitzern und 146 Viehhaltern genutzt wurden. An anderen Stellen war die Stadt über die Mauer hinausgewachsen, beispielsweise im Südwesten, wo in der Friedrichs-Vorstadt das spätere Tiergarten-Viertel mit seinen Villen und Landhäusern entstand, aber auch im Nordwesten, wo sich entlang der 1803 ausgebauten Chausseestraße seit den späten 20er Jahren das erste Berliner Maschinenbau-Zentrum entwickelte.

In vielen Teilen der Stadt sah es noch wenig großstädtisch aus. Vor allem in den äußeren Bezirken kam die Pflasterung der Straßen nur langsam voran. Die allen Hauseigentümern auferlegte Verpflichtung, die Gehwege vor ihrem Grundstück mit Granitplatten zu belegen, wurde aus den Erträgen der 1829 eingeführten Hundesteuer unterstützt; bis 1840 war knapp die Hälfte der vorhandenen Gehwege auf diese Weise befestigt worden.

Nur allmählich breitete sich die moderne Straßenbeleuchtung mit Gaslaternen aus, die von einer englischen Firma seit 1826 installiert wurden. Nach der Errichtung eines zweiten Gaswerkes 1838, das die Stadtteile rechts der Spree belieferte, verschwanden die alten Öllampen bald ganz, doch blieb auch die neue Straßenbeleuchtung aus Sparsamkeitsgründen auf das Winterhalbjahr beschränkt. Die 112 Nachtwächter, die weiterhin ganzjährig Dienst taten, brauchten die Stunden nicht mehr abzusingen, sondern durften Pfeifen benutzen.

Völlig unbefriedigend war die Situation bei der Straßenreinigung, für die – bis zur Straßenmitte – die Hauseigentümer zuständig waren.

Sie begnügten sich aber meist damit, den Straßenkot und die Abfälle in die „Rinnsteine" vor dem Haus zu kehren, in die bereits die häuslichen Abwässer, oft genug mit Fäkalien und Abgängen aus Schlächtereien vermischt, geleitet wurden. Selbst in den vornehmsten Straßen bildeten diese Rinnen, die infolge des meist geringen Gefälles und einer oft fehlerhaften Bauweise häufig verstopft waren, mehrere Fuß tiefe Gräben, über die vor den Hauseingängen Bretter als „Brücken" gelegt waren. Besonders im Sommer entstieg den stagnierenden Rinnsteinen ein pestilenzialischer Geruch, und die Redensart „Die Berliner Rinnen stinken" war stadtbekannt. Bei Dunkelheit stellten sie eine große Gefahr für Fußgänger und Fuhrwerke dar.

Wer es sich leisten konnte, ließ seine im Laufe des Tages gefüllten Fäkalien-Eimer nachts gegen leere austauschen. Dafür waren die „Nacht-Emmas" zuständig, die die großen Wagen, die etwa 100 Eimer faßten und die ganze Stadt durchfuhren, begleiteten. Sämtliche Fäkalien-Eimer wurden in die Spree und die anderen Gewässer der Stadt entleert. Ärmere Einwohner hatten auf dem Hof eine Sickergrube, die alle paar Monate geleert werden mußte, meist von Bauern der Umgebung, die den Inhalt zur Düngung verwendeten.

Während die Entsorgungsprobleme der expandierenden Großstadt die Behörden noch jahrzehntelang beschäftigen sollten, sah es bei der innerstädtischen Kommunikation besser aus. Seit 1814 gab es einen privilegierten Droschkenbetrieb, der einen raschen Aufschwung nahm und 1826 einen Wagenpark von 120 Einspännern besaß. Den Verkehr in die Vororte und die nähere Umgebung besorgten die vor manchen Stadttoren aufgestellten „Torwagen". Die nach dem Erlöschen des Droschkenprivilegs am 1.10.1837 einsetzende Konkurrenz belebte das Geschäft. 1841 betrieben mehrere Groß- und viele Kleinunternehmer insgesamt 458 ein- und 164 zweispännige Droschken sowie 390 Torwagen.

Der Beförderung von Briefen und Paketen diente die Kgl. Stadtpost, die am 1.12.1827 ins Leben trat. Das anfangs mitunter barsche Auftreten der mit einer schmucken Uniform bekleideten 36 Briefträger hörte bald auf, und das Publikum beklagte sich fortan nur noch über das ziemlich hohe Porto von einem Silbergroschen für alle Sendungen, die „nicht viel über ein Pfund" wogen.

Daß die preußische Hauptstadt im Zeitalter der Postkutschen Ausgangs- und Mittelpunkt eines regelmäßig abgewickelten und weitreichenden Transport- und Fahrdienstes war, versteht sich von selbst. Nur die Reisegeschwindigkeit hatte sich gegenüber früher kaum erhöht, doch das sollte sich ändern: Die erste, nach Potsdam führende Eisenbahnstrecke wurde am 29.10.1838 eröffnet, und schon 1842 war Berlin durch vier Linien, die vom Potsdamer, Anhalter, Frankfurter und Stettiner Bahnhof abfuhren, „mit den vier Weltgegenden verbunden".

555 Das Königliche Schloß in Berlin, 2.Hälfte 19.Jh.
Stahlstich von J.M. Kolb nach einer Photographie von L. Rohbock
11,5 x 16,0 cm
Berlin, Geheimes Staatsarchiv Preußischer Kulturbesitz

556 Der Lustgarten in Berlin, um 1855
Gezeichnet von L. Rohbock, kolorierter Stahlstich von J.M. Kolb
32 x 44 cm
Berlin, Geheimes Staatsarchiv Preußischer Kulturbesitz

Zur Veränderung des Stadtbildes in diesen Jahrzehnten, die gleichzeitig eine beachtliche Verschönerung bedeutete, trugen auch die zahlreichen Gebäude bei, mit denen Karl Friedrich Schinkel die preußische Hauptstadt schmückte und ihr damit, wenigstens im Zentrum, wo schon die friderizianischen Repräsentationsbauten standen, jenen urbanen Glanz verlieh, der eine Metropole auszeichnet. Schinkels Berlin – das waren die Neue Wache, das Schauspielhaus, das Alte Museum, die Schloßbrücke – noch ohne die acht Marmorskulpturen –, die Friedrichwerdersche Kirche (das heutige Schinkel-Museum) und die Bauakademie; das waren aber auch die Umgestaltung der Stadtlandschaft am Ausgang der Linden bis zur neuen Friedrichsbrücke und der neue Lustgarten, und das waren schließlich einige Adelspalais, mehrere private Wohn- und Landhäuser, vier Vorstadtkirchen, das an die Freiheitskriege erinnernde Siegesdenkmal auf dem Kreuzberg und anderes mehr.

Aber es gab nicht nur das repräsentative Berlin, dem man besonders in den zwischen Schloß und Brandenburger Tor gelegenen Stadtvierteln begegnete. Folgte man der Friedrichstraße in nördlicher Richtung, gelangte man jenseits des Oranienburger Tores in den bei weitem größten Komplex des industriellen Berlin. Während sich im Südosten der Stadt, entlang der Oberspree, in erster Linie Kattundruckereien und andere textilverarbeitende Betriebe, auch einige Zuckersiedereien, ansiedelten, konzentrierte sich im Nordwesten, in der Oranienburger Vorstadt, der Maschinenbau.

557 Das Hamburger Tor, um 1860
Photographie einer verschollenen Bleistiftzeichnung von F.A. Borchel
Berlin, Landesbildstelle

In den ersten Jahren seines Berlin-Aufenthaltes fand Diesterweg, der ganz in der Nähe wohnte, hier nur drei Betriebe vor: Die traditionsreiche Kgl. Eisengießerei sowie die Maschinenbau-Anstalt von Franz Anton Egells, der dort 1826 auch die erste private Eisengießerei Berlins errichtet hatte. In den folgenden Jahren kamen zahlreiche vergleichbare Betriebe hinzu, allen voran das Unternehmen von Borsig, gefolgt von Wöhlert, Schwartzkopff, Hoppe und Pflugk. Der Volksmund nannte diese Industriezone das „Feuerland". Die bei dieser Konzentration schwerindustrieller Unternehmen entstehenden Umweltbelastungen erwähnt Heinrich Seidel, ehemals bei Wöhlert tätig, in einem Roman: *„In den Straßenlärm hinein tönte überall schallendes Geräusch, und das dumpfe Pochen mächtiger Dampfhammer erschütterte weithin den Boden, daß in den Wohnhäusern gegenüber die Fußböden zitterten, die Gläser klirrten und die Lampenkugeln klapperten. Zu gewissen Stunden war die Straße (=Chausseestraße) ein Flußbett mächtiger Ströme von schwärzlichen Arbeitern, die aus all den Fabriktoren in sie einmündeten"* – allein Borsig hatte Anfang der 40er Jahre über 1.000 Beschäftigte. Um die Verbindung von der Stadt in diesen Industrievorort zu erleichtern, brach man 1839 in der Verlängerung der Luisenstraße ein zusätzliches Tor in die Stadtmauer, das der Einfachheit halber „Neues Tor" genannt wurde.

Daß die Industrialisierung der Berliner Wirtschaft in den 20er und 30er Jahren nicht nur im Maschinenbau, sondern auch in vielen anderen Gewerbezweigen eine immer stärkere Dynamik entwickelte, beruhte nicht zuletzt auf einer erfolgreichen Wirtschaftspolitik, die es verstand, die prinzipielle Freigabe der Gewerbe (1810) und des Handels (1818) durch flankierende Maßnahmen zu modifizieren, so daß die noch wenig gefestigte preußische Industrie nicht ungeschützt und unvorbereitet dem internationalen Wettbewerb ausgesetzt wurde. Unter starkem persönlichen Engagement ihres langjährigen Chefs, des Geheimrats Beuth, entwickelte die Gewerbeverwaltung ein gut durchdachtes, vielgliedriges und effektives Belehrungs-, Förderungs- und Unterstützungssystem, dessen Fernziel darin bestand, sich selbst eines Tages überflüssig zu machen.

Letztes Motiv all dieser Maßnahmen war die Weckung der Privatinitiative und der durch Leistung ermöglichten Konkurrenzbereitschaft. Die preußische Gewerbe- und Industrieförderung bekam damit ein starkes erzieherisches Moment. Als Direktor der Gewerbeverwaltung, der Technischen Deputation für Gewerbe und des Gewerbe-Instituts sowie als Vorsitzender des 1821 gegründeten „Vereins für die Beförderung des Gewerbfleißes in Preußen" war Beuth für drei Jahrzehnte die zentrale Persönlichkeit in dem von ihm konzipierten System der Gewerbeförderung.

Die voranschreitende Industrialisierung im Berliner Wirtschaftsraum, wo die gewerbefördernden Maßnahmen infolge der Konzentration der maßgebenden Personen und Institutionen besonders gut griffen, führte zu einer bemerkenswerten Veränderung des Stadtbildes: Hatten bisher Kirchen, das Stadtschloß und andere Paläste sowie öffentliche Bauten die Skyline der Stadt bestimmt, so kamen jetzt die Schornsteine hinzu, die alle Betriebe benötigten, in denen Dampfmaschinen zum Einsatz kamen. 1827 gab es in der Stadt zwar erst 26 dieser neuen Energieproduzenten, aber ihre Zahl stieg rasch an, als in den 30er Jahren die Phase des zögernden Abwartens zu Ende ging. Von 1837 bis 1840 wurden nicht weniger als 17 Dampfmaschinen neu in Betrieb genommen. 1843 gab es insgesamt 62 – und damit auch 62 Schornsteine, von denen einige über 35 Meter hoch waren. Daß inzwischen die Eisenbahnzeit begonnen hatte, bezeugen die im gleichen Jahr in Berlin registrierten 61 Lokomotiven.

Andererseits blieb Berlin trotz aller Fortschritte der Industrialisierung noch über die Jahrhundertmitte hinaus eine Handwerkerstadt. 1846 gab es zwar 22.500 Fabrikarbeiter, denen aber 44.800 Handwerksmeister und -gesellen gegenüberstanden. Von ihnen schafften allerdings nur die innovationsfreudigen und risikobereiten den Übergang ins industrielle Zeitalter, während annähernd 75% der Handwerker in einer proletaroiden Kümmerexistenz lebten und wegen Armut von der Zahlung der Gewerbesteuer befreit waren.

Neben dem repräsentativen Berlin, neben dem Berlin der einsetzenden Industrialisierung und neben der Stadt der Handwerker, Landwirte und Gärtner stand schließlich das Berlin der Armut mit seinen überbelegten Häusern, seinen Notunterkünften, seinen dunklen und feuchten Kellerwohnungen und anderen Elendsquartieren. Am berüchtigsten waren die sogenannten „Familienhäuser“ vor dem Hamburger Tor im Norden, wo in einigen mehrstöckigen Gebäuden mit zusammen 426 „Stuben“ (=Wohnungen!) bis zu 3.000 Menschen lebten – mit einer von den Behörden angestrebten Obergrenze von acht bis zehn Personen pro Stube, so daß die einzelnen Familien ihre Privatsphären durch Kreidestriche auf dem Fußboden oder durch den Raum gezogene Schnüre voneinander abgrenzten. Auf dem Hof befanden sich zwei Brunnen. 20 Abtritte für Erwachsene und 28 für Kinder waren in einem Abort-Gebäude zusammengefaßt.

Adolph Diesterweg, der in der nicht weit entfernten Oranienburger Straße wohnte, hat diese Elendsquartiere – in Vorwegnahme der erschütternden Schilderungen im „Königsbuch“ der Bettina von Arnim von 1843 – in seinem Aufsatz über „Die Bewohner vor dem Hamburger Thore in Berlin“ (1837) beschrieben und zur Bildung eines „National-Armen-Vereins“ aufgerufen, der die Not lindern sollte.

Auch in anderen Stadtvierteln und Vorstädten gab es derartige, aus heutiger Sicht geradezu unvorstellbare Wohnverhältnisse, die eine Gesundheitsgefährdung höchsten Grades darstellten. Um 1840 gehörte die preußische Hauptstadt zu den am dichtesten besiedelten Metropolen: Hier lebten auf einem Magdeburger Morgen (= 2.553 Quadratmeter) 58 Menschen; nur in Paris waren es – mit 75 – mehr, während die Wohndichte in Wien (47) und London (39) deutlich darunter lag.

Hauptursache der Wohnungsnot war das sich von Jahr zu Jahr beschleunigende Bevölkerungswachstum. In den drei Friedensjahrzehnten vor 1848 hat sich die Einwohnerzahl der preußischen Hauptstadt von knapp 200.000 auf über 400.000 mehr als verdoppelt. Ausschlaggebend dafür war weniger der Geburtenüberschuß, sondern vor allem die Zuwanderung. Ununterbrochen strömten Tausende in die aufstrebende Großstadt mit ihren vielfältigen Beschäftigungs- und Arbeitsmöglichkeiten, mit ihren Aufstiegschancen, mit ihren karitativen Einrichtungen und ihren Zerstreuungen. Der Sog, den Berlin auf seine nähere und weitere Umgebung ausübte, wurde jährlich größer. Jetzt bekam die Stadt die Auswirkungen des Oktober-Edikts von 1807 zu spüren, das die Trennung von Stadt und Land

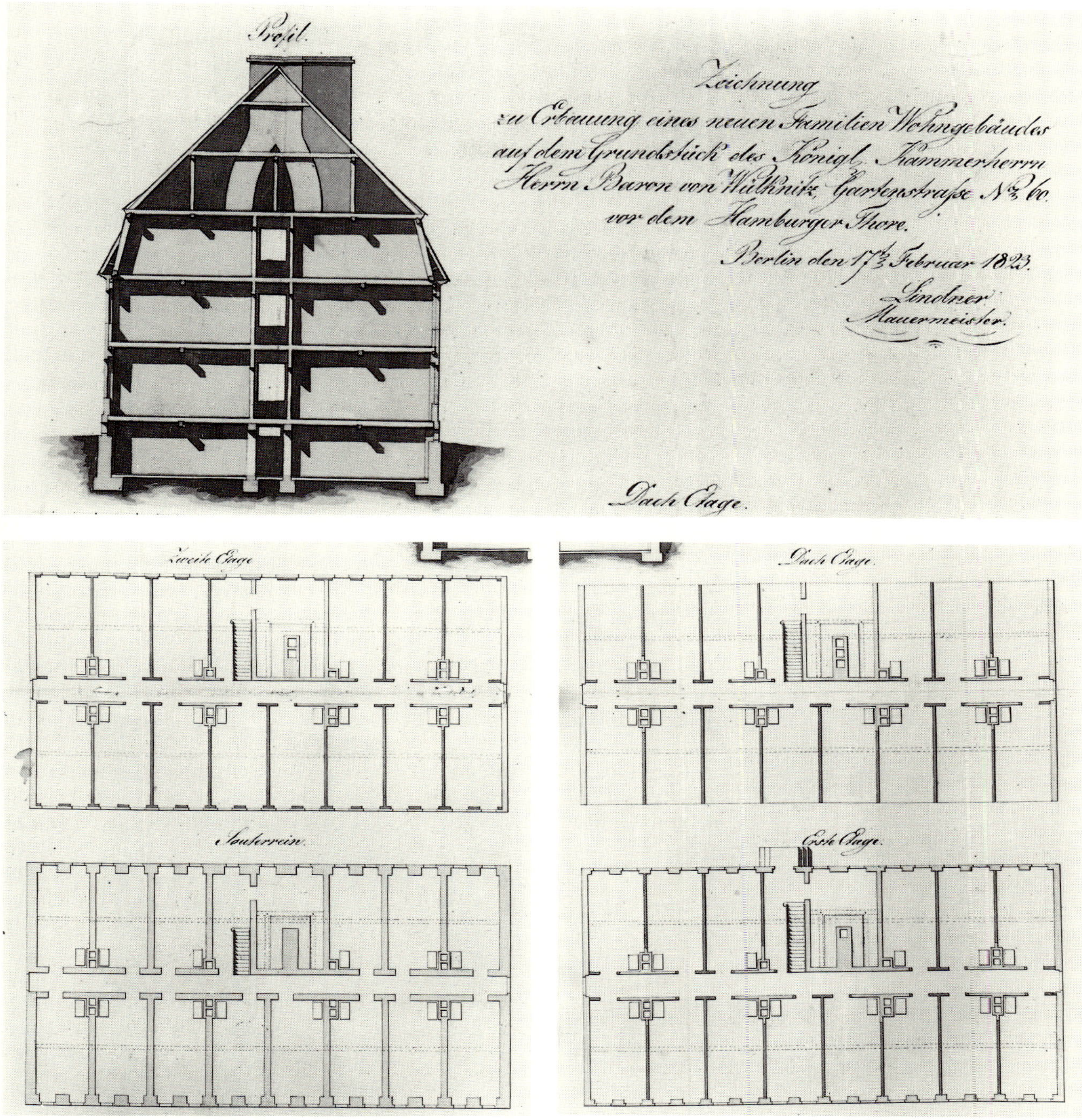

558 Bauplan eines neuen Mietshauses vor dem Hamburger Tor, Gartenstraße 60, 1823
Berlin (DDR), Stadtarchiv

aufgehoben und durch die Abschaffung der Erbuntertänigkeit die Mobilität der Landbevölkerung vorbereitet hatte.

Die Bevölkerungsbilanz wäre noch weitaus positiver ausgefallen, hätte es nicht die erschreckend hohe Kindersterblichkeit gegeben. Diese Konstante in der Bevölkerungsentwicklung des Ancien Régime war auch in Berlin noch längst nicht überwunden – im Gegenteil: wegen der sich weiter verschlechternden Wohnverhältnisse und der sich ausbreitenden Armut sollte der Höhepunkt sogar erst in der Zeit der Reichsgründung erreicht werden. Es starben, um zwei Jahresblöcke herauszugreifen, von 1.000 Personen im Durchschnitt jährlich (männlich/weiblich, in gerundeten Werten):

	unter fünf Jahren	über fünf Jahren
1835-1837	118/108	21/19
1844-1846	104/ 94	14/14

Wohnungselend und Kindersterblichkeit waren Erscheinungsformen der sich stetig ausbreitenden Armut, deren tiefere Ursache in dem Überangebot an Arbeitskräften lag, das extrem niedrige Löhne bei überlangen Arbeitszeiten ermöglichte; nur durch (noch schlechter bezahlte!) Frauen- und Kinderarbeit ließ sich häufig das familiäre Existenzminimum zusammenbringen. In einer Zeit, die nicht einmal Ansätze einer sozialen Absicherung kannte, bedeuteten Krankheit, Invalidität, Arbeitslosigkeit oder altersbedingte Arbeitsunfähigkeit den Sturz ganzer Familien ins Bodenlose. Diesterweg ist an diesen sozialen Problemen nicht schweigend vorübergegangen, wenngleich er durch seine Artikel über die Fabrikkinder (1826) und die Industriearbeiter (1827, 1835) sicher nicht viel bewegte.

Seit der Mitte der 30er Jahre traten die Kosten für die Armenpflege an die erste Stelle der städtischen Ausgaben. Sehr bürgernah prüften insgesamt 56 Armenkommissionen, die jeweils aus fünf Mitgliedern bestanden und von der Armendirektion eingesetzt wurden, an Ort und Stelle die Bedürftigkeit, entschieden über die Befreiung von der Mietsteuer, über die Aufnahme in Hospitäler und Waisenhäuser, über Teilnahme an der Armenspeisung, über die Zuweisung von armen Kindern an die Freischulen sowie über die Auszahlung von Notgroschen und Almosen. Die Kommissionen sorgten auch für die Beerdigung von Armen und sammelten die monatlichen Armen-Spenden ein, die von den bessergestellten Bürgern erwartet wurden. Von den zahlreichen privaten Hilfsorganisationen, die sich um die Armen kümmerten, soll wenigstens die „Freiwillige Beschäftigungs-Anstalt" des Barons von Kottwitz erwähnt werden, die in einer alten Kaserne untergebracht war. Kottwitz gab verarmten Weberfamilien Arbeit statt Almosen. Merkwürdig ist es, daß Diesterweg diesen Menschenfreund, der auch in der Berliner Erweckungsbewegung eine führende Rolle spielte, in seinen Schriften nicht ein einziges Mal erwähnt.

Von der erwähnten Mietsteuerbefreiung profitierten 1828 nicht weniger als 8.556 von 51.517 Familien; damit befanden sich 16,5% aller Berliner Familien in einem durch die jeweilige städtische Kommission amtlich anerkannten Zustand der Armut.

Einen anderen Hinweis auf die weite Verbreitung der Armut geben die Zahlen über das Elementarschulwesen, das in Berlin lange Zeit auf sehr niedriger Stufe stand. Für die Kinder unbemittelter Eltern gab es zunächst sieben von der Stadt unterhaltene Armenschulen. Bis 1840 stieg ihre Zahl auf zwölf, bis 1850 auf 15 mit zusammen 73 bzw. 128 Klassen. Da ein hoher Prozentsatz der Bevölkerung seine Mittellosigkeit nachweisen konnte, reichten diese Kommunalschulen, wie sie seit 1841 hießen, bei weitem nicht aus, so daß die Stadt etwa die Hälfte der kommunalschulberechtigten Kinder auf Gemeindekosten in Privatschulen unterbrachte. Aus zeitgenössischen statistischen Angaben geht hervor, daß von den 36.395 Kindern, die 1840 überhaupt zur Schule gingen, 13.825 aus Familien stammten, die nachweislich nicht in der Lage waren, Schulgeld zu bezahlen. Das waren immerhin 38%. Da die 11.618 Kinder, bei denen der Schulbesuch statistisch nicht greifbar ist, ohne Zweifel ebenfalls zu den ärmeren Volksschichten zu zählen sind, kann man begründet annehmen, daß 53% der Fünf- bis Vierzehnjährigen auf einen unentgeltlichen Schulbesuch angewiesen waren, also aus anerkannt armen Familien stammten. Die Situation besserte sich nur allmählich. Erst für die Zeit um 1850 vermutet man, daß keine schulpflichtigen Kinder mehr ohne Unterricht zu bleiben brauchten.

Besser war es um das mittlere und höhere Bildungswesen bestellt. 1840 gab es in Berlin sechs Gymnasien, acht höhere Bürgerschulen, 14 Mittelschulen für Söhne und 35 für Töchter, ein Taubstummen-Institut und eine Blindenanstalt. Unterrichtet wurden in diesen Bildungsstätten 5.165 Knaben und 2.706 Mädchen. Die sechs Gymnasien wurden von 1.960 – ausschließlich männlichen – Schülern besucht. Um die Mädchenbildung zu verbessern, schlug der Statistiker Dieterici vor, „daß gebildete ältere Mädchen und Witwen, vielleicht mit Zuschüssen der Stadt, zehn bis zwölf jüngere Mädchen unterrichten und erziehen" sollten, statt sie wie die Jungen in großen Schulen auszubilden.

Eine Lehranstalt besonderer pädagogischer Prägung war die 1824 gegründete „Berlinische Gewerbeschule", deren erster Direktor der vielseitig begabte Karl Friedrich von Klöden wurde. Ohne die alten Sprachen, dafür aber mit den Hauptfächern Naturkunde, Mathematik und lebende Sprachen sollte diese Schule ihre Zöglinge auf ihr künftiges Berufsleben als Gewerbetreibende besser vorbereiten als die herkömmlichen Gymnasien. Die neue Schule fand großen Anklang, hatte 1828 bereits 200 Schüler und wurde zum Muster aller späteren Oberrealschulen in Preußen. Theodor Fontane trat 1833 in sie ein.

Oberhalb der Gymnasialebene bot die preußische Hauptstadt eine Fülle von höheren Bildungsanstalten mit besonderen Ausbildungszielen: Die Bauakademie, das Bergeleven-Institut, die Gärtner-Lehranstalt, das Gewerbe-Institut, die Vereinigte Artillerie- und Ingenieurschule, die allgemeine Kriegsschule und mehrere andere Militärbildungsanstalten, das medizinisch-chirurgische Friedrich-Wilhelms-Institut, die Akademie für die Ausbildung der Militärärzte, das Institut für Kirchenmusik, das Seminar für gelehrte Schulen sowie das Séminaire de théologie für die Ausbildung der Prediger der französisch-reformierten Kirche.

Um die Lehrerbildung zu verbessern, befahl Friedrich Wilhelm III. am 10.9.1829 „die Errichtung eines Seminars zu Berlin für städtische Schulen" und bewilligte dafür 2.000 Reichstaler. Auf Empfehlung des führenden preußischen Volksschulpädagogen Wilhelm Harnisch, der dem Ruf auf diese Stelle selbst nicht folgen wollte, berief der Unterrichtsminister von Altenstein Adolph Diesterweg zum Seminar-Direktor. Mit Frau und acht Kindern traf Diesterweg in einem für 100 Taler gekauften alten Postwagen am 5. Mai 1832 in Berlin ein, wo der unterwegs schon zweimal reparierte Wagen kurz vor dem Seminargebäude in der Oranienburger Straße zusammenbrach. Die Aufgabe des Seminars bestand in der Verbesserung des zwischen Volksschule und Gymnasium angesiedelten Bürgerschulwesens: Lehrer und Rektoren für die verschiedenen Stufen der Real- oder Bürgerschulen sollten daraus hervorgehen. Diesterweg erhielt ein Jahresgehalt von 1.800 Reichstaler.

Sein Antrag, an der Universität für die künftigen theologischen und nicht-theologischen Schulmänner und -inspektoren pädagogisch-didaktische Vorlesungen halten zu dürfen, wurde allerdings abgelehnt, da die praktische Ausbildung nicht Sache der Universitäten sei. Diesterweg bekleidete sein Direktoren-Amt 15 Jahre lang, bis er sich, nach mancherlei Mißhelligkeiten, im April 1847 mit vollen Bezügen in den Wartestand versetzen ließ.

Im akademisch-wissenschaftlichen Bereich gewann die 1810 gegründete Universität, die seit 1828 den Namen des Königs trug, zunehmende Bedeutung, wenngleich die Studentenzahlen, nachdem sie im Wintersemester 1833/34 erstmals die Zweitausender-Grenze überschritten hatten, wieder zurückgingen und auf einem niedrigeren Stand verharrten – ein Zeichen dafür, daß das rauhe politische Klima der Demagogenschnüffelei, die sich besonders gegen die Studenten richtete, abschreckend wirkte. 1840 standen den insgesamt 153 Dozenten der vier Fakultäten 1.677 Studenten gegenüber, was einer geradezu idealen theoretischen Betreuungsdichte von 1:11 entsprach. Zur Universität gehörten 23 wissenschaftliche Institute, darunter 13 klinische Anstalten, mehrere Sammlungen, ein Mineralienkabinett, der Universitätsgarten und die Universitätsbibliothek. Einen besonders guten Ruf genoß die Charité mit ihren verschiedenen Krankenstationen und der mit ihr organisatorisch verbundenen Tierarzneischule.

Die am höchsten stehende landesherrliche Anstalt zur Förderung der Wissenschaften war die auf reine Forschungstätigkeit beschränkte Königliche Akademie der Wissenschaften, der, in zwei Klassen, 50 ordentliche Mitglieder angehörten. Die Akademie der Künste, wie die Universität auch mit Lehraufgaben betraut, hatte 40 ordentliche Mitglieder; seit 1833 gab es eine eigene Sektion für Musik. Der wissenschaftlichen Kommunikation, der Verbindung mit dem Publikum und der Verknüpfung von Wissenschaft und Praxis dienten um

560 Vertheidigung der Barrikade Neue Königstraße und Alexanderplatz
Kolorierte Lithographie von V. Bülow, 1848
24,4 x 30,7 cm
Würzburg, Institut für Hochschulkunde, Sammlung Verband Alter Corpsstudenten

559 Versammlungsverbot
Bekanntmachung durch das Königliche Gouvernement und das Königliche Polizei-Präsidium, Berlin, 16.3.1848
39,7 x 51,3 cm
Berlin, Geheimes Staatsarchiv Preußischer Kulturbesitz

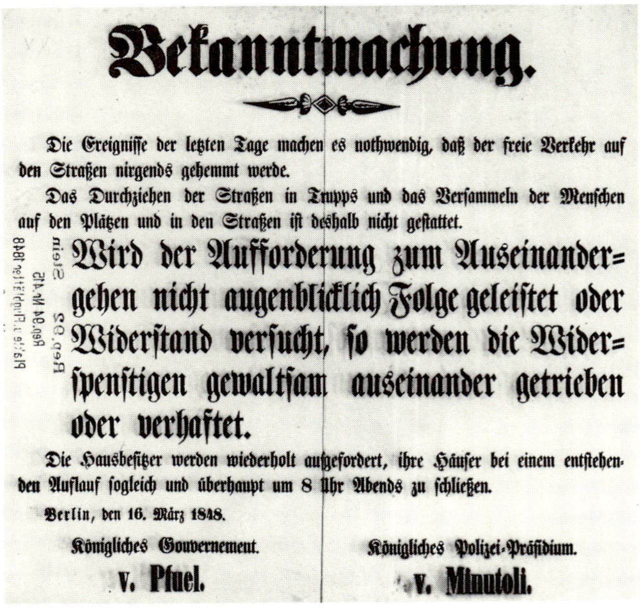

Bekanntmachung.

Die Ereignisse der letzten Tage machen es nothwendig, daß der freie Verkehr auf den Straßen nirgends gehemmt werde.

Das Durchziehen der Straßen in Trupps und das Versammeln der Menschen auf den Plätzen und in den Straßen ist deshalb nicht gestattet.

Wird der Aufforderung zum Auseinander=gehen nicht augenblicklich Folge geleistet oder Widerstand versucht, so werden die Wider=spenstigen gewaltsam auseinander getrieben oder verhaftet.

Die Hausbesitzer werden wiederholt aufgefordert, ihre Häuser bei einem entstehenden Auflauf sogleich und überhaupt um 8 Uhr Abends zu schließen.

Berlin, den 16. März 1848.

Königliches Gouvernement.
v. Pfuel.

Königliches Polizei-Präsidium.
v. Minutoli.

561 Die große Barrikade am Berliner Alexanderplatz in der Nacht vom 18. zum 19.März 1848
Kolorierte Lithographie von Klaus
15 x 22 cm
Berlin, Geheimes Staatsarchiv Preußischer Kulturbesitz

562 Große Barrikade vor dem Köllnischen Rathaus in der Nacht vom 18.-19.März
Stich, gezeichnet von J. Kirchhoff
36,8 x 26,0 cm
Leipziger Illustrirte Zeitung, 1848

563 Brief Adolph Diesterwegs an Tochter Julie und Schwiegersohn Dr. med. Heinrich Köhler, Berlin, 19.3.1848
München, Privatbesitz
„Es war furchtbar, das Kanonen- u. Gewehrfeuer dauerte von 3 Uhr bis 12 Uhr. Jetzt hört man nur noch einzelne Schüsse. Nachdem der König Preßfreiheit bewilligt u. den Landtag zum 4. April berief, wollte man ihm ein Hoch bringen. Da soll ein Schuß gefallen sein. Das war der Anfang des Kampfes der Bürger gegen die Soldateska. Letztere scheint die Oberhand behalten zu haben."

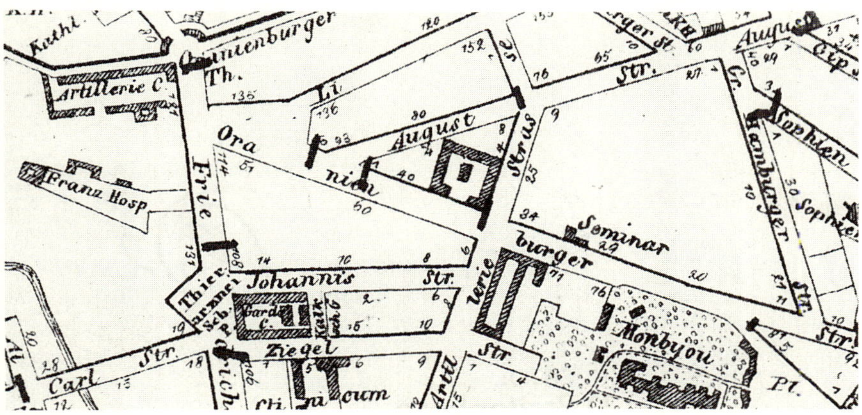

564 Berliner Barrikaden am 18. und 19.3.1848
23,5 x 31,6 cm
Berlin (DDR), Märkisches Museum
Lageplan der Barrikaden während der Märzrevolution in Berlin. Vier Barrikaden befanden sich in der Oranienburger Straße, wo Diesterweg wohnte und arbeitete. Das Königliche Seminar für Stadtschulen mit der Hausnummer 29 ist eigens eingetragen.

565 Brief Hermine Diesterwegs an ihre Schwester Julie, Berlin, 20.3.1848
München, Privatbesitz
„Es war eine schreckliche Nacht! Wir hatten zwar die Greueltaten nicht vor den Fenstern, sahen nur Barrikaden kommen, aber der Kanonendonner, Gewehrfeuer, das gräßliche Geschrei in der Ferne und der Gedanke, daß Vater gegen Sohn kämpft, und das Dröhnen der Sturmglocken dazwischen, drei Feuersbrünste sahen wir in der Ferne, die niemand löschte."

566 Leichenbegängnis der am 18.-19.März gefallenen Freiheitskämpfer
Kolorierter Druck, unsigniert, 1848
33,8 x 42,0 cm
Berlin (DDR), Märkisches Museum

1840 nicht weniger als 16 freie wissenschaftliche Vereine sowie 12 weitere Assoziationen zur Förderung der Künste und der Gewerbe.

Während im wirtschaftlich-sozialen, aber auch im kulturellen Bereich die Jahrzehnte vor der Märzrevolution voller Bewegung waren, bildeten sie in politischer Hinsicht „eine Stillstands- und Polizeiperiode" (Fontane). Die seit dem Wiener Kongreß fast überall in Europa durchgesetzte konservativ-reaktionäre Restaurationspolitik mit ihrer monarchistischen, antiliberalen und antinationalen Stoßrichtung, die seit den Karlsbader Beschlüssen von 1819 über ein wirksames Repressionsinstrument verfügte, prägte auch das öffentliche Leben in Berlin. Die Folge war, daß die durch den patriotischen Schwung der Jahre 1813/15 aufgerüttelten Bürger, die im Vertrauen auf die königlichen Verfassungsversprechen eine politische Liberalisierung erhofft hatten, resignierten. Dem bewußten Rückzug in die eigene Behausung entsprach ein apolitischer, auf Behaglichkeit und Beschaulichkeit ausgerichteter Wohn- und Lebensstil mit einem starken gesellschaftlichen Anspruch und künstlerischen und literarischen Interessen – jedenfalls für die Kreise, die sich einen solchen Stil leisten konnten, denn für die Mehrzahl der Berliner war das Leben weder behaglich noch beschaulich. Ein Pseudonym, unter dem ein Schriftsteller diesen romantisch-bürgerlichen Lebensstil ironisierte, wurde schließlich zur Epochenbezeichnung: Das Biedermeier.

Der aufmüpfigen Jugend, besonders der in der Burschenschaft organisierten akademischen, und der von Friedrich Ludwig Jahn angeführten Turnbewegung, die an den liberalen und nationalen Zielen dennoch festhielten, traten die Behörden mit aller Schärfe entgegen. Die angeblichen „Demagogen", darunter nicht wenige Professoren und Verleger, wurden verfolgt und verurteilt; Bücher und Presse unterlagen einer strengen Zensur, das Spitzelwesen blühte, und die Gefängnisse waren überfüllt. Nach der Juli-Revolution von 1830, der in Berlin ein mehrtägiger Aufruhr folgte, wurden die Unterdrückungsmaßnahmen verschärft. 1836 verurteilte das Kammergericht auf einen Schlag 204 Burschenschaftler. Auch Diesterweg wurde das Opfer einer Denunziation, die 1839 anonym im *Rheinisch-Westphälischen Anzeiger* erschien und bestens illustriert, wie man durch politische Unterstellungen mißliebige Gegner auszuschalten versuchen konnte. Wegen unerträglicher Differenzen mit dem Provinzialschulrat Otto Schulz hatte Diesterweg das Ministerium am 16.2.1839 gebeten, diesem die Dienstaufsicht über sein Seminar zu entziehen. Als von Altenstein diesem Gesuch durch eine vorläufige Suspendierung teilweise entsprach, antwortete der entmachtete und tief gekränkte Schulz mit der öffentlichen Denunziation, in der er Diesterweg beschuldigte, die Lehrer zum organisierten Kampf um eine bessere Besoldung zu ermuntern – was im Vormärz eine höchst gefährliche politische Anklage bedeutete. Diesterweg widerlegte die Vorwürfe in einem Antwort-Artikel und konnte sich auch im Ministerium durchsetzen, wo man die „infame Niedertracht der Denunziation" (Bloth) richtig beurteilte und Schulz 1841 die Dienstaufsicht endgültig entzog.

Jahrelange Erfahrungen hatten gezeigt, daß Friedrich Wilhelm III. zu keiner grundsätzlichen Änderung der innenpolitischen Generallinie zu bewegen war. Umso erwartungsvoller blickte man auf den Kronprinzen, aber der von vielen Hoffnungen begleitete Regierungswechsel (1840) erwies sich allzu bald als schwere Enttäuschung. Die sozialen Spannungen nahmen weiter zu, und die politischen Fronten verhärteten sich. Hand in Hand mit einer zunehmenden Politisierung der Öffentlichkeit, die sich besonders in den zahlreichen Lesecafés zeigte, ging eine Popularisierung und Radikalisierung der politischen Forderungen. Die sich häufenden Konflikte gipfelten und entluden sich schließlich, nach einigen Vorzeichen 1847, in der gewaltsamen Konfrontation der Märzrevolution des Jahres 1848.[1]

1 Bloth, H.G.: Adolph Diesterweg. Sein Leben und Wirken für Pädagogik und Schule. Heidelberg 1966. Bloth, H.G.: Der anonyme Ankläger Adolph Diesterwegs im Vormärz. In: Zeitschrift für Pädagogik Jg. 19, 1973, S. 241-254. Clauswitz, P.: Die Städteordnung von 1808 und die Stadt Berlin. Berlin 1908 (Neudr. 1986). Dieterici, C.F.W.: Statistische Übersicht der Stadt Berlin. In: Berliner Kalender 1844. Berlin 1844. Herrmann, U.: Friedrich Adolph Wilhelm Diesterweg. In: Treue, W., Gründer, K. (Hrsg.): Wissenschaftspolitik in Berlin. Minister, Beamte, Ratgeber. Berlin 1987, S. 135-148. Kettig, K.: Berlin im 19. und 20. Jahrhundert. In: Heimatchronik Berlin. Köln 1962, S. 347-472. Mieck, I.: Preußische Gewerbepolitik in Berlin 1806-1844. Staatshilfe und Privatinitiative zwischen Merkantilismus und Liberalismus, Berlin 1965. Mieck, I.: Von der Reformzeit zur Revolution (1806-1847). In: Ribbe, W. (Hrsg.): Geschichte Berlins. Bd. 1: Von der Frühgeschichte bis zur Industrialisierung. 2. Aufl. München 1988, S. 405-602. Mieck, I.: Franz Anton Egells, die Gebr. Freund und die Anfänge des Maschinenbaus in Berlin. In: König, W., Treue, W. (Hrsg.): Berlinische Lebensbilder. Techniker (im Druck). Rupp, H.F.: F.A.W. Diesterweg. Pädagogik und Politik. Göttingen, Zürich 1989. Saß, F.: Berlin in seiner neuesten Zeit und Entwicklung. Berlin 1846. Neu hrsg. v. D. Heitkamp. Berlin 1983.

567 „Die politische Volksschule. Erste Lection."
Flugblatt, 1848
45,2 x 27,2 cm
Berlin (DDR), Märkisches Museum

Die politische Volksschule.

Erste Lection.

Lehrer: Was sollen wir ehren und lieben über Alles?

Schüler: Gott im Himmel und die Freiheit auf Erden.

Lehrer: Wie ehren wir die Freiheit?

Schüler: Wenn wir als ächte Söhne des Vaterlandes unsere Pflichten gegen dasselbe willig und freudig erfüllen, unsere Freiheit muthig beschützen, und lieber sterben, als sie uns entreißen lassen.

Lehrer: Wie ehren wir Gott?

Schüler: Auf dieselbe Weise.

Lehrer: Nicht durch singen und beten?

Schüler: Nein.

Lehrer: Was muß der Schüler lernen?

Schüler: Alles, was er zur Ausübung seines einstigen Berufs nothwendig wissen muß, und da der Beruf als Bürger des Staats Allen gemeinschaftlich ist, so muß jeder Schüler vor allen Dingen sich eifrig bestreben, die Verfassung und die Gesetze des Staats, die Pflichten und Rechte der Bürger genau und gründlich kennen zu lernen.

Lehrer: Wer ist Bürger des Staats?

Schüler: Jeder, der dem Staate angehört, diese Kenntniß besitzt, und ihr gemäß handelt.

Lehrer: Was sind wir, wenn wir diese Kenntniß nicht besitzen?

Schüler: Das, was wir vor dem 18. März 1848 waren.

Lehrer: Was waren wir damals?

Schüler: Unterthanen, und das, was die Soldaten noch jetzt sind.

Lehrer: Was sind diese?

Schüler: Maschienen, recht- und willenlose Dinge; Eigenthum eines Oberherrn, dem sie gehorchen müssen, und der nach seinem Belieben über sie, sogar über ihr Leben verfügen kann.

Lehrer: Hat denn vor dem 18. März 1848 Niemand die Verfassung des Staats gekannt?

Schüler: Nein.

Lehrer: Warum nicht?

Schüler: Weil wir keine Verfassung gehabt haben.

Lehrer: Hat auch Niemand die Gesetze des Staats gekannt?

Schüler: Nein.

Lehrer: Warum nicht?

Schüler: Aus verschiedenen Gründen. 1. Unterrichtete man die Bürger nicht in den Gesetzen.

Lehrer: Was that man denn?

Schüler: Man bestrafte sie blos, wenn sie die Gesetze übertraten.

Lehrer: Weiter!

Schüler: 2. Gab es so viele Gesetze, daß Niemand sie alle kennen konnte. 3. Gab es eigentlich gar keine bestimmte Gesetze, sondern alles das war Gesetz, was einem einzelnen Mann, der den Titel König führte, eben beliebte.

Lehrer: Wie nennt man solchen Zustand?

Schüler: Anarchie.

Lehrer: Wie nannte man ihn sonst?

Schüler: Absolutismus.

Lehrer: Wie lautet das Vater-Unser des Absolutismus?

Schüler: Unser König, der Du bist von Gottes Gnaden, heilig ist Dein Name, Deine Gnade komme, Dein Wille muß geschehen im Gerechten wie im Ungerechten, unser Bischen Brod laß uns heute, und vergieb nicht all' unser Geld, wie wir haben vergeben all' unsere Freiheiten, zieh' uns nicht zu oft in Untersuchung, sondern erlöse uns von etlichen Steuern, denn Dein ist das Reich, und unser Geld, und alle Macht und Herrlichkeit in Ewigkeit. Amen.

Lehrer: Warum nennen sich die absoluten Fürsten „von Gottes Gnaden"?

Schüler: Weil sie es nicht von Rechtswegen sind.

Lehrer: Wodurch wird der Absolutismus beseitigt?

Schüler: Durch Revolution.

Lehrer: Nicht auch auf andre Weise?

Schüler: Nein, niemals.

Lehrer: Was ist eine Revolution?

Schüler: Ein Brechmittel.

Lehrer: Wieso?

Schüler: Sie bricht die Ketten des Volks, und die Fürsten übergeben sich.

Lehrer: Ist eine Revolution gerecht?

Schüler: Ja wohl!

Lehrer: Ist sie sittlich? Ist sie ruhmwürdig?

Schüler: Ja wohl, ja wohl!

Lehrer: Wie so?

Schüler: Weil ein Volk, das seine Ketten nicht bricht, sobald es irgend kann, feige, ehrlos und niederträchtig ist. Bricht es aber seine Ketten, so ist es heldenmüthig, ruhmwürdig und hochherzig; folglich ist auch die Revolution gerecht, sittlich, schön und ruhmwürdig, — mit einem Wort ein gottgefälliges Werk.

Lehrer: Die Prediger behaupten aber das Gegentheil!

Schüler: Ei was, die Pfaffen lügen!

Lehrer: Giebt es auch ein Revolutions-Vater-Unser?

Schüler: Ja; das beten die gestürzten Fürsten.

Lehrer: Wie lautet es?

Schüler: Unsre Völker, die Ihr nun souverain seid, gepriesen werde Euer Name, Eure Freiheit kommet, Euer Wille geschieht, o Himmel, jetzt auf Erden, laßt uns nur unsre Domainen, wie wir Euch haben gelassen Eure Schulden, zieht uns nicht zur Rechenschaft, sondern erlöst uns von den Republikanern, denn Euer ist jetzt leider das Reich, und die Kraft, und die Herrlichkeit, doch nicht in Ewigkeit. Amen.

Lehrer: Welche Titulatur lassen sich die Fürsten geben?

Schüler: Allerdurchlauchtigster, Großmächtigster, Allergnädigster, Allerhöchster.

Lehrer: Was heißt das: Allerdurchlauchtigster?

Schüler: Das weiß ich nicht. Das Wort hat gar keinen vernünftigen Sinn.

Lehrer: Was für ein Wort ist es also?

Schüler: Ein unsinniges, und unvernünftiges.

Lehrer: Sind die 3 andern Worte auch unvernünftig?

Schüler: Großmächtig ist lächerlich, Allergnädigst ist lügnerisch und Allerhöchst ist gotteslästerlich.

Lehrer: Warum haben die Fürsten diese abgeschmackte Titulatur noch?

Schüler: Weil sie ihnen nicht mit Gewalt genommen worden ist.

Lehrer: Warum haben sie sie nicht freiwillig aufgegeben?

Schüler: Fürsten geben nie etwas freiwillig auf.

Lehrer: Aber wenn es zum Glück der Völker gereicht?

Schüler: Auch dann nicht.

Lehrer: Aber die Fürsten lieben doch ihre Völker?

Schüler: So?

Lehrer: Zweifelst Du daran?

Schüler: Ja!

Lehrer: Daran thust Du wohl, mein Sohn! Und somit genug für heute.

Schnellpressendruck von W. Fähndrich & Comp., Schleuse Nr. 4.

569 Die Zelte im Tiergarten bei Berlin, um 1820
Lithographie von F.A. Calau
11,0 x 17,1 cm
Berlin, Berlin Museum

570 Ankündigung einer Volksversammlung unter den Zelten im Tiergarten, 28.4.1848
33,5 x 44,0 cm
Berlin, Amerika-Gedenkbibliothek

568 Vorschlag zu einem Volks-Ministerium
Flugblatt, 1848
22,5 x 14,0 cm
Berlin, Amerika-Gedenkbibliothek
Als „Minister des Unterrichts“ wird Diesterweg vorgeschlagen.

Vorschlag

zu einem

Volks-Ministerium.

Minister des Innern: **Nauwerk.**
Minister der Arbeit: **Behrends** und **Bisky.**
Minister des Unterrichts: **Diesterweg.**
Minister der Gerechtigkeit: **Jung.**
Minister des Krieges: Oberst **v. Griesheim.**
Minister der Finanzen: **Hansemann.**
Minister des Auswärtigen: Graf **E. Reichenbach** (in Breslau).

Große Volks-Versammlung

unter den Zelten

Freitag den 28. April, Abends 7 Uhr.

Hierzu werden eingeladen die Wähler von ganz Berlin, ohne Unterschied des Standes, der Meinung und des Bezirks.

Candidaten werden sich hier dem **ganzen** Volke präsentiren.

Ein Vortrag: wie man bei den Wahlen sich zu verhalten habe, wird statt finden.

Möge das Volk, welches in den Bezirksversammlungen so sparsam erschien, hier recht zahlreich sich versammeln.

Das Volks-Wahl-Comité.

Druck von Marquardt & Steinthal.

571 Das neue Ministerium
Flugblatt, 1848
17,0 x 23,5 cm
Berlin, Amerika-Gedenkbibliothek
Gegenüberstellung von Ministerien verschiedener politischer Ausrichtung. Diesterweg wird als Kultus- und Unterrichtsminister in einer Regierung des „Centrums“ aufgeführt.

Das neue Ministerium.

1. Das Ministerium der Revolution.

Minister-Präsident: von Kirchmann.
Minister des Innern: Mewissen.
Ministerium des Auswärtigen: Graf Reichenbach.
Ministerium der Justiz: Ober-Prokurator Leue.
Ministerium der Finanzen: v. d. Heidt.
Ministerium der Arbeit: Berends, Bisky.
Ministerium des Krieges: Major Teichert.
Ministerium des Cultus wird aufgehoben.
Ministerium des Unterrichts: Prof. Errmann.
Chef der Bürgerwehr: Hauptm. v. Ratzmer.

2. Das Ministerium des Centrums.

Minister-Präsident: Hansemann.
Minister des Innern: Rodbertus.
Ministerium des Auswärtigen: Graf Arnim.
Ministerium der Justiz: Geh. Ober-Tribunals-Rath Waldeck.
Ministerium der Finanzen: Milde.
Ministerium der Arbeit: Carl.
Ministerium des Krieges: v. Griesheim.
Ministerium des Cultus und des Unterrichts: Diesterweg.
Chef der Bürgerwehr: Oberst v. Bülow.

3. Das Ministerium der Reaction.

Minister-Präsident: von Radowitz.
Minister des Innern: Wit v. Dörring.
Minister des Auswärtigen: v. Schleinitz.
Ministerium der Justiz: v. Hassenpflug.
Ministerium der Finanzen: v. Thile.
Ministerium der Arbeit wird aufgehoben.
Ministerium des Cultus: von Thadden-Triglaff.
Ministerium des Staatsschatzes: v. Rother.
Ministerium des Krieges: von Colomb.
Chef der Bürgerwehr: Blesson.

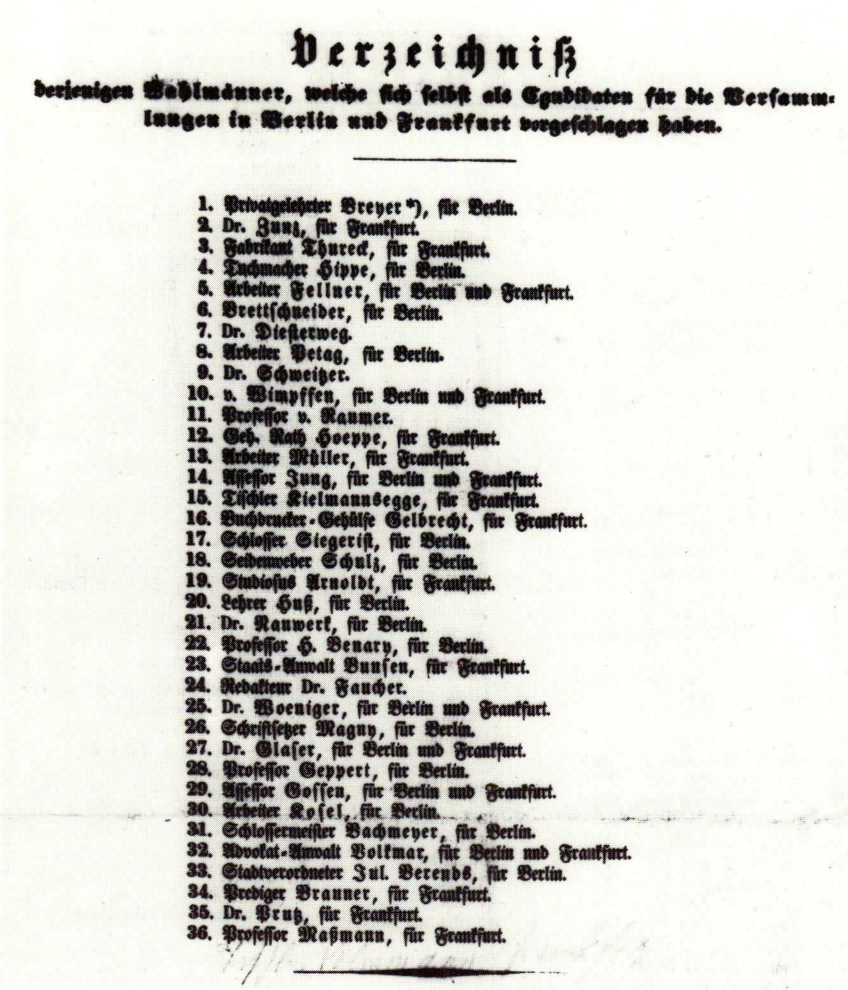
Verzeichniß
derjenigen Wahlmänner, welche sich selbst als Candidaten für die Versammlungen in Berlin und Frankfurt vorgeschlagen haben.

1. Privatgelehrter Breyer *), für Berlin.
2. Dr. Zunz, für Frankfurt.
3. Fabrikant Thureck, für Frankfurt.
4. Tuchmacher Hippe, für Berlin.
5. Arbeiter Fellner, für Berlin und Frankfurt.
6. Brettschneider, für Berlin.
7. Dr. Diesterweg.
8. Arbeiter Petag, für Berlin.
9. Dr. Schweitzer.
10. v. Wimpffen, für Berlin und Frankfurt.
11. Professor v. Raumer.
12. Geh. Rath Hoeppe, für Frankfurt.
13. Arbeiter Müller, für Frankfurt.
14. Assessor Jung, für Berlin und Frankfurt.
15. Tischler Kielmannsegge, für Frankfurt.
16. Buchdrucker-Gehülfe Gelbrecht, für Frankfurt.
17. Schlosser Siegerist, für Berlin.
18. Seidenweber Schulz, für Berlin.
19. Studiosus Arnoldt, für Frankfurt.
20. Lehrer Huß, für Berlin.
21. Dr. Nauwerk, für Berlin.
22. Professor H. Benary, für Berlin.
23. Staats-Anwalt Bunsen, für Frankfurt.
24. Redakteur Dr. Faucher.
25. Dr. Woeniger, für Berlin und Frankfurt.
26. Schriftsetzer Magny, für Berlin.
27. Dr. Glaser, für Berlin und Frankfurt.
28. Professor Geppert, für Berlin.
29. Assessor Gossen, für Berlin und Frankfurt.
30. Arbeiter Kosel, für Berlin.
31. Schlossermeister Bachmeyer, für Berlin.
32. Advokat-Anwalt Volkmar, für Berlin und Frankfurt.
33. Stadtverordneter Jul. Berends, für Berlin.
34. Prediger Brauner, für Frankfurt.
35. Dr. Prutz, für Frankfurt.
36. Professor Maßmann, für Frankfurt.

574 Wahlmännerverzeichnis, 1848
40 x 25 cm
Berlin, Amerika-Gedenkbibliothek
Die erste Liste, auf ihr auch Diesterweg, umfaßt jene Personen, die sich selbst als Kandidaten für die Nationalversammlungen in Berlin und Frankfurt vorgeschlagen haben.
Das zweite Verzeichnis enthält die Kandidatenvorschläge und die Namen der Vorschlagenden. Ein gewisser Nitsche schlägt Diesterweg für die Frankfurter Nationalversammlung vor.

575 Brief Sabine Diesterwegs an ihre Tochter Julie, Berlin, 12.5.1848
München, Privatbesitz
„... allein, ich wollte doch erst die Wahltage vorübergehen lassen, um zu sehen: ob Vater auch gewählt würde?, wozu er große Hoffnung hatte.
Gott sei Dank; daß diese Zeit vorüber ist! Denn er war von all den Versammlungen so angegriffen u. aufgeregt, daß es Zeit war, daß sie ein Ende nahmen. - Schon wochenlang dauerten die Berathungen und die Herren in den verschiedenen Districten versammelten sich schon des Morgends um 8 Uhr bis 1 Uhr, dann kam Vater zu Tische, und um 2 1/2 Uhr ging er wieder dahin, u. kam des Abends um 10-11 Uhr wieder, und so erschöpft, u. doch so aufgeregt, daß er des Nachts fast garnicht schlief, u. ganz früh wieder aufstand. Er sah schmal u. angegriffen aus, und ich bin recht froh, daß er nicht als Deputierter, sondern als Stellvertreter nach Frankfurt gewählt ist. Da ist er einstweilen frei."

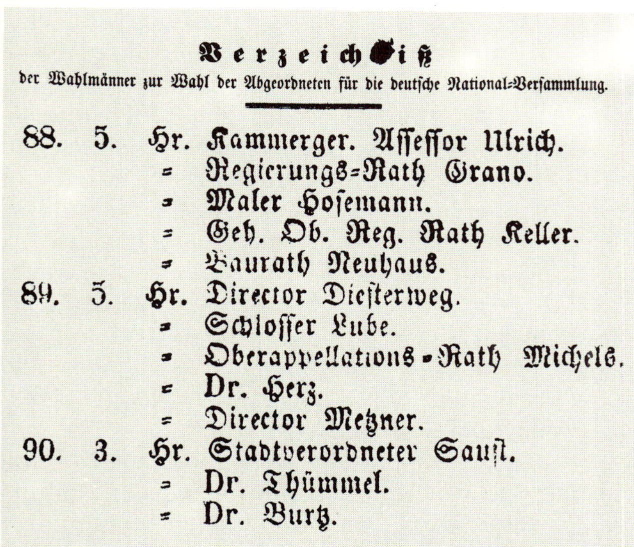
Verzeichniß
der Wahlmänner zur Wahl der Abgeordneten für die deutsche National-Versammlung.

88. 5. Hr. Kammerger. Assessor Ulrich.
= Regierungs-Rath Grano.
= Maler Hosemann.
= Geh. Ob. Reg. Rath Keller.
= Baurath Neuhaus.
89. 5. Hr. Director Diesterweg.
= Schlosser Lube.
= Oberappellations-Rath Michels.
= Dr. Herz.
= Director Metzner.
90. 3. Hr. Stadtverordneter Sauft.
= Dr. Thümmel.
= Dr. Burtz.

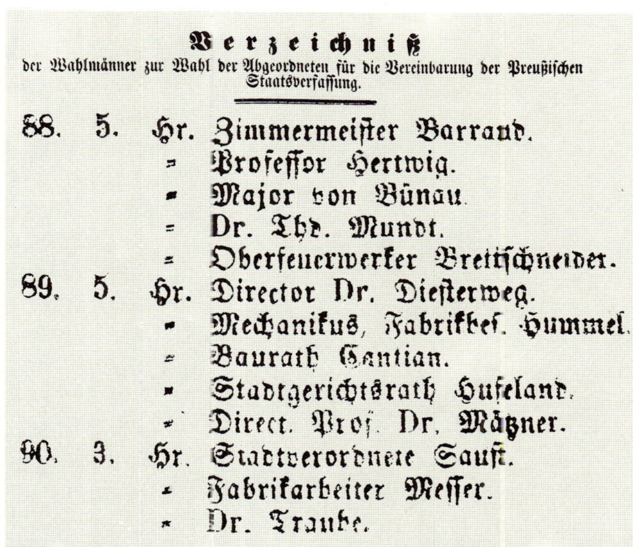
Verzeichniß
der Wahlmänner zur Wahl der Abgeordneten für die Vereinbarung der Preußischen Staatsverfassung.

88. 5. Hr. Zimmermeister Barraud.
= Professor Hertwig.
= Major von Bünau.
= Dr. Thd. Mundt.
= Oberfeuerwerker Brettschneider.
89. 5. Hr. Director Dr. Diesterweg.
= Mechanikus, Fabrikbes. Hummel.
= Baurath Gantian.
= Stadtgerichtsrath Hufeland.
= Direct. Prof. Dr. Mätzner.
90. 3. Hr. Stadtverordnete Sauft.
= Fabrikarbeiter Messer.
= Dr. Traube.

573 Verzeichnis der Wahlmänner zur Wahl der Abgeordneten für die Deutsche National-Versammlung
Verzeichnis der Wahlmänner zur Wahl der Abgeordneten für die Vereinbarung der Preußischen Staatsverfassung
Gedrucktes Faltblatt, 1848
38,4 x 22,8 cm
Berlin (DDR), Märkisches Museum
Im 89.Berliner Wahlbezirk zählte Diesterweg jeweils zu den Wahlmännern.

572 Brief Adolph Diesterwegs an Peter Heuser, Berlin, 17.6.1848
Berlin (DDR), Archiv der Akademie der Pädagogischen Wissenschaften
„Die Zeitungsberichte über Unruhen, z.B. Zeughauserstürmung etc., erregen übertriebene Vorstellungen. Es war ein Raub, ein Verbrechen, aber allgemein ist die Empörung darüber. Ich glaube nicht, daß Ähnliches wieder vorfällt. Darum nicht auf Berlin geschimpft! Unglaubliches geschieht, um die 60000 Arbeiter zu erhalten; es herrscht der beste Sinn unter der Bürgerschaft."

576 Brief Adolph Diesterwegs an Eduard Langenberg über die schulpolitische Reaktion, Berlin, 20.12.1848
Berlin (DDR), Archiv der Akademie der Pädagogischen Wissenschaften
„Möchten da, wo die Lehrer darauf hinwirken können, sie dazu beitragen, daß auch tüchtige Schulmänner in die Kammern kommen! Die Geistlichen kennen ihren Vorteil besser...In dem Ministerio sitzen ja noch alle die alten Räthe, u. Herr Stiehl, von dem man im Mai glaubte, er werde gejagt werden, ist eben Geheimer Rath geworden."

Gert Geißler

Die soziale Frage als „Lebensfrage der Civilisation"

Am 20. Januar 1849 bewarb sich Diesterweg mit einer Rede vor den Wahlmännern des ersten Berliner Wahlkreises um ein Mandat für die Zweite Kammer der preußischen Nationalversammlung. Wer von den Anwesenden den amtsenthobenen Seminardirektor auch nur einigermaßen kannte, den überraschte es nicht, daß dieser Mann, der die Armut und das Elend der sogenannten unteren Klassen schon oft als den „faulen Fleck" der Gesellschaft bezeichnet hatte, eben diesen Fleck zum Thema seiner Ansprache machte. Die soziale Frage, rief er seinen Hörern ins Gedächtnis, gehe um „wie ein Gespenst, es erscheint an allen Wänden"[1]. Dieser treffenden Feststellung schloß der ehrwürdige Pädagoge eine Argumentation an, durch die er seine tiefe Unzufriedenheit mit der durch den Staatsstreich vom November 1848 zustandegekommenen politischen Konstitution Preußens bekundete. Die Teilung der Nationalversammlung in zwei Kammern, deren eine ganz dem Adel reserviert blieb, lehnte er ab, eine solche Versammlung sei „ein künstliches Gebilde"[2]. Die Gliederung eines vom Volk gewählten Parlaments in zwei Kammern wollte er nur für den Fall unterstützen, daß die eine Kammer sich mit den allgemeinen politischen, die andere aber ausschließlich mit den sozialen Angelegenheiten der Nation befasse.

Hoffnungen, daß er mit seinen Vorschlägen zur Einrichtung einer von den „Corporationen", den Berufsverbänden, getragenen „socialen Kammer" und bei seiner nicht verhohlenen Abneigung gegenüber dem politischen Zusammenschluß in Parteien eine Mehrheit und ein Mandat gewinnen könne, hegte Diesterweg kaum. Ohne taktische Rücksichten markierte der Pädagoge, der erst Jahre später zum Abgeordneten gewählt wurde, das ihn seit langem bewegende Problem. Er wollte den für alle proklamierten politischen Freiheiten die rechte Geltung verschafft wissen, und zwar durch soziale Garantien, durch eingreifende soziale Reformen, die dem von ihm am Ende seines Lebens so genannten „Weltgesetz der Ausgleichung" gehorchten und die Absonderung und Ungleichheit in der menschlichen Gesellschaft nicht gedeihen ließen.[3] Schon lange vor seinem Wahlauftritt hatte er geschrieben, es genüge nicht *politische* Freiheit, sondern man müsse zur *politisch-sozialen* Freiheit, an der es noch allenthalben fehle, vordringen.[4] Daß diesem Problem trotz aller Ungewißheit des Weges beizukommen war, davon zeigte er sich überzeugt. Wir werden, versicherte er den Versammelten, *„eine gesellschaftliche Ordnung suchen und finden, durch welche und in welcher jedem fleißigen und braven Manne ein menschenwürdiges Dasein nach Möglichkeit – mehr verlangt kein Vernünftiger – garantiert wird."*[5]

Diesterwegs Blick für das Soziale und die Lage derer, die Not und Elend niederdrückte, hatte sich von Kindheit und Jugend an beständig geschärft. Ein geselliges Elternhaus, das ein christlich-humanitärer Geist durchwehte, der freie Umgang mit Menschen einer sozial kontrastreichen Heimat, die sich an der Seite des Vaters, den er bei seinen Dienstgeschäften als fürstlicher Amtsmann oft begleitete, weitende Erfahrung hatten die Sinne des Knaben früh geweckt. Der Unterschied der Stände war Diesterweg als Student, als Privaterzieher in hochgestellten Familien und als junger Lehrer allgegenwärtig, tief betroffen machte er ihn jedoch erst in Elberfeld. Im vom Gerassel der Spinnmaschinen erfüllten Wuppertal erlebte er eine neue Welt. Hier fand er, wie neben dem größten Reichtum vieler Fabrikherren die drückendste „Armut der Fabrikarbeiter mit dem schreienden Mißbrauch der Kinderkräfte" existierte.[6] Durch die enorme Arbeitslosigkeit und die Teuerung des Jahres 1818 erfuhr er diesen so bislang nicht gekannten Gegensatz in besonders drastischer Weise. Von nun an ließ ihn die soziale Frage nicht mehr los, drängte ihn zu immer neuen Erkundungen, zum Nachdenken, zu praktischer Tätigkeit, für die er im Wirken des Bürgerschuldirektors Johann Friedrich Wilberg ein Vorbild fand.

Als Seminardirektor in Moers fand Diesterweg seit Beginn der zwanziger Jahre Zugang zu den vor allem aus Frankreich herüberkommenden neuen sozialreformerischen Ideen, die er im Kreis seiner Vertrauten gründlich diskutierte. Es ging in diesen Diskussionen nach Diesterwegs späterer Erinnerung um „die in ihrer gestörten Entwicklung meist unbefriedigenden Zustände"[7], um die Suche nach Anregungen auch in jenen Systemen, die man nachher „unter dem Namen des Sozialismus und Kommunismus"[8] begriff. Aus diesen Erörterungen ging ein Plan zur Organisation der Kommunalangelegenheiten durch einen Verein „freier Bürger" hervor, den Diesterweg am 3. August 1822 im Schulsaal zu Moers der Öffentlichkeit vorstellte. Der vorgeschlagene Bürgerverein, dessen Idee im späteren Werk des Seminardirektors immer wieder auftauchen sollte, könne für die Armen und Handwerker, für die Schule und Erziehung weit mehr leisten als die bestehenden Gemeindeorgane. Vor allem sollte den Armen beigesprungen, „dem fleißigen, geschickten Handwerker zu sicherm Brot"[9] verholfen und auch dem ärmsten Kinde der nötige, unentgeltliche Schulunterricht gesichert werden. Der Plan wurde, wie sein Projektant erfahren mußte, von der Moerser Oberschicht nicht unterstützt und scheiterte.

Eine pädagogische Reise in den Monaten August und September 1825, die ihm Einblick in Schuleinrichtungen und Seminare bis hin nach Breslau gab, erweiterte auch in sozialer Hinsicht seinen Gesichtskreis. Seine Eindrücke, die er in Waisenhäusern, Fabrik- und Armenschulen sowie in Blinden- und Taubstummenanstalten gewann, bewegten ihn vor seinen Seminaristen zu dem Gelöbnis, für die „Minderung menschlichen Elends" zu wirken und sich „des Unglücks der Armen" anzunehmen.[10] Vor allem beunruhigte ihn die in den Industriegebieten zunehmende Fabrikarbeit von Kindern, die auch Gegenstand interner Erörterungen zentraler preußischer Behörden war. Diese interne Diskussion, die ihm durch seinen persönlichen Umgang mit reformwilligen Vertretern der rheinpreußischen Unterrichtsverwaltung nicht verborgen geblieben sein dürfte, machte Diesterweg 1826 mit seinem Aufsatz „Über den Gebrauch der Kinder zur Fabrik-Arbeit" öffentlich. Er klagte die Fabrikanten an, appellierte an ihre Menschlichkeit und war doch der traurigen Gewißheit, „daß nur wenige Fabrikherren einiges von ihrem Interesse dem Wohl der Kinder aufopfern werden"[11]. Abhilfe erwartete er von gesetzgeberischen Maßnahmen des Staates, von dem er grundsätzlich eine aktive, das Gemeinwohl und die Humantität fördernde Sozialpolitik verlangte. Dem Staat komme zu, „alles, was nachteilig auf den einzelnen und das Ganze einwirken könne, abzuwehren"[12]. Er verlangte, „daß der Gebrauch der Kinder zur Fabrikarbeit in betreff des Alters der Kinder und in betreff der täglichen Arbeitszeit *einer allgemeinen Bestimmung*

577 Die Baracken der Obdachlosen in Berlin
Druck nach einer Zeichnung von Georg Koch
Über Land und Meer. Allgemeine Illustrirte Zeitung Jg.28, 1872
25,5 x 38,0 cm
Berlin (DDR), Märkisches Museum

578 Die Barackenstadt von Berlin
Druck nach einer Zeichnung von L. Loeffler
Die Gartenlaube, 1872
20 x 29 cm
Berlin (DDR), Märkisches Museum

579 „Zur Nachricht"
Anweisung Adolph Diesterwegs, Silvester 1832
21,2 x 16,2 cm
Berlin (DDR), Archiv der Akademie der Pädagogischen Wissenschaften
Diesterweg verfügte, sein noch unveröffentlichter Aufsatz „Zur Lebensfrage der Civilisation" sei erst nach seinem Tode herauszugeben. Den Artikel schrieb er unmittelbar nach Veröffentlichung der sechs die bürgerlichen Verfassungsrechte einschränkenden Zusatzartikel zur Bundesakte des Deutschen Bundes (28.6.1832), die die Restauration im Vormärz weiter verfestigten.

580 „Feuerwerksrevolution", 3.-5.August 1835
Neuruppiner Bilderbogen
36,2 x 44,7 cm
Berlin (DDR), Märkisches Museum
Am 3.August 1835, dem Geburtstag des Königs, gingen die Berliner auf die Straße, um das freudige Ereignis zu feiern. Der „Pöbel" war besonders ausgelassen und verstieß gegen die von der Obrigkeit festgesetzten Verhaltensregeln. Es kam zu Zusammenstößen zwischen Polizei und Militär einerseits und dem „Pöbel" andererseits, die mehrere Tage andauerten. Unter dem Eindruck dieser Geschehnisse entschied sich Diesterweg, die „Lebensfrage der Civilisation", nunmehr auf mehrere Bände angewachsen, doch zu veröffentlichen.

unterworfen werde"[13]. Das am 27. April 1827 ergangene Zirkular-Reskript des Ministeriums der Geistlichen, Unterrichts- und Medizinalangelegenheiten über die Beaufsichtigung der in Fabriken arbeitenden Kinder begrüßte er, äußerte aber in einem zweiten Aufsatz zum Thema die Auffassung, daß die inzwischen eingeleiteten Schritte „dem Übel noch nicht die gehörigen Schranken"[14] setzen würden.

Diesterwegs soziales Engagement prägte sich weiter aus, als er, seit 1832 in Berlin, beispielsweise in den Elendsquartieren vor dem Hamburger Tor, ganz in der Nähe seines Seminars, schlimmste Not kennenlernte und über die Jahre Zeuge einer industriellen Entwicklung wurde, die Tausende Handwerker trotz all ihres Fleißes in den Ruin stürzte. Um diese Entwicklung deuten und ihr mit geeigneten Mitteln entgegenwirken zu können, nahm er vielfältige Anregungen aus der zeitgenössischen sozialkritischen Literatur auf, die in Deutschland zu Beginn der dreißiger Jahre für eine kurze Zeit von den Ideen Claude Henry de Saint-Simons (1760-1825) und seiner Schüler dominiert wurde. Den Seminardirektor, der bei seinen Vorgesetzten wegen so mancher selbsttätigen Regung mißliebig zu werden begann, beeindruckte bei den Simonisten deren Verlangen nach Brüderlichkeit, sozialer Solidarität und Mitmenschlichkeit, das Streben, Armut zu beheben und Egoismus zu überwinden. Hatte der französische Philosoph und Soziologe geschrieben, daß in der Gesellschaftsorganisation große Veränderungen unumgänglich geworden seien und die Gesellschaft auf die Verbesserung des moralischen und materiellen Daseins der ärmsten Klassen hinarbeiten, man sich in der für die Erreichung dieses Zieles angemessenen Weise organisieren müsse, so war das recht genau jener Gedanke, um den auch Diesterwegs Überlegungen kreisten.

Der Pädagoge begann die soziale Frage als „Die Lebensfrage der Civilisation" zu begreifen. Unter eben diesem Titel eröffnete er 1836 eine vierteilige Schriftenfolge, in der er sich als einer der ersten deutschen Publizisten mit den aufreißenden neuen sozialen Gegensätzen beschäftigte, bevor dann eine Flut sozialpolitischer Schriften unterschiedlichster Interessenabkunft losbrach. Vier Jahre lang hatte das fertige Manuskript des ersten Heftes der Folge, eine Abhandlung „Über die Erziehung der unteren Klassen der menschlichen Gesellschaft", in Diesterwegs Schreibtisch verborgen gelegen. Im letzten Moment hatte es der Autor auf „Anraten eines Freundes" vom Druck zurückgenommen. Nach ersten Anfeindungen schon im Oktober 1832 war der gerade erst in das neue Amt getretene Seminardirektor vorübergehend unsicher geworden. Er befürchtete, mit dieser Schrift, die seine „heiligsten und teuersten Überzeugungen" enthalte, werde man ihm umsomehr „Gesinnung und Tendenz" vorwerfen können. Eine Veröffentlichung solle erst nach seinem Tode erfolgen.[15]

In seiner dann doch erschienenen Schrift trug Diesterweg ein soziales Minimalprogramm vor, das auf elementare materielle Existenzsicherung für alle gerichtet war. Jedem Gesellschaftsmitglied stehe zu: Nahrung, Kleidung, materielle Hilfe für den Krankheitsfall, für Zeiten der Not und der Teuerung, weiterhin gesunde körperliche Ausbildung sowie geistige Entwicklung durch Unterricht und Erziehung. Er verzichtete darauf, „alle weiteren Forderungen, die wir im Namen jedes Menschen an das Leben machen"[16], zu benennen. Für eine ferne Zukunft war ihm „eine ganz andere Verteilung der äußeren Besitztümer"[17] vorstellbar, aber das war jetzt sein Thema nicht. Er suchte nach Möglichkeiten der Soforthilfe, führte zwanzig einzelne Mittel „zur Verminderung inneren und äußeren Elendes"[18] an. Viel erwartete er vom gesetzgeberischen Eingreifen des Staates. Geboten sei eine „Beaufsichtigung des Verhältnisses zwischen Fabrikherren und Fabrikarbeitern"[19]. Daß die Fabrikanten die Not der Arbeiter *„dazu benutzen dürfen, um den kärglichen Lohn nach Willkür herabzusetzen"*, so schrieb er, *„streitet mit den gemeinsten Postulaten menschlicher Gerechtigkeit. In jedem Fall müßten die Fabrikarbeiter, außer einem sie bei Fleiß und Sparsamkeit sicher nährenden Tagelohn, ei-*

nen bestimmten Anteil des Gewinns, den das ganze Geschäft abwirft, erhalten. Menschen sind ja nicht wie Hebel, die man benutzt und – wenn sie abgenutzt sind – wegwirft. "[20] Aus dieser Sicht trug er erneut Überlegungen für ein Gesetz „zum Schutze der Kinder gegen den Mißbrauch durch Fabrikarbeit" vor.

Diesterweg war der Auffassung, die hochgesteigerte Industrie sei nicht zu verwerfen, nur müsse ihre Entwicklung mit Bemühungen verbunden werden, das „Schicksal der Arbeiter zu lindern, Gerechtigkeit und Humanität zu üben auch gegen sie"[21]. Angesichts des im Lande wachsenden Massenelends zeigten sich zunehmend auch Unternehmer und viele Beamte für diese oder jene reformerische Idee empfänglich – das vor allem nach dem Aufstand der schlesischen Weber im Juni des Jahres 1844. Anfang Oktober 1844 gründeten Fabrikanten, Kaufleute und Beamte in Berlin den „Zentralverein für das Wohl der arbeitenden Klassen", nach dessen Vorbild in allen größeren Städten Preußens Lokalvereine entstehen sollten, zum Zwecke der Wohltätigkeit, der Armenfürsorge und der Hebung des sittlich-moralischen Zustandes der armen Bevölkerungsschichten.

Diesterweg bedeutete diese Bewegung ein Hoffnungszeichen. Als Mitinitiator des Berliner „Lokalvereins" suchte er sie im Sinne seiner humanitären Vorstellungen von einer sozialen Demokratie zu gestalten. Die Bemühungen, ihn aus seinem Amt zu vertreiben, waren zu dieser Zeit bereits im vollen Gange, und aus dem freisinnigen Hamburg lag ihm ein Angebot vor, an der Realschule des dortigen Johanneums zu wirken. Er aber blieb in Berlin, wo ihn die Fortschritte „besonders auf dem socialen Gebiete"[22] fesselten. Während der „Zentralverein" sich der Schirmherrschaft des Königs erfreuen konnte, fand die Tätigkeit des „Lokalvereins", dessen Gründungskomitee der Seminardirektor angehörte, nach nur vier öffentlichen Sitzungen ein jähes Ende. Der Verein wurde wegen seiner sozialen und politischen Ziele von der preußischen Regierung verboten. Im Jahre 1848 trat unter dem Vorsitz von Diesterweg erneut ein „Provisorisches Komitee des Berliner Lokalvereins" ins Leben, aber mit der Niederlage der Revolution scheiterte auch dieser Gründungsversuch. Gleichwohl, der Pädagoge blieb bis zu seinem Lebensende ein Mahner für soziale Reformen, die jedem Menschen die Möglichkeit zu freier Entwicklung seiner Fähigkeiten, zur Selbsttätigkeit im Dienste der Gemeinschaft und zur Befriedigung seiner materiellen und geistigen Bedürfnisse bringen sollten.

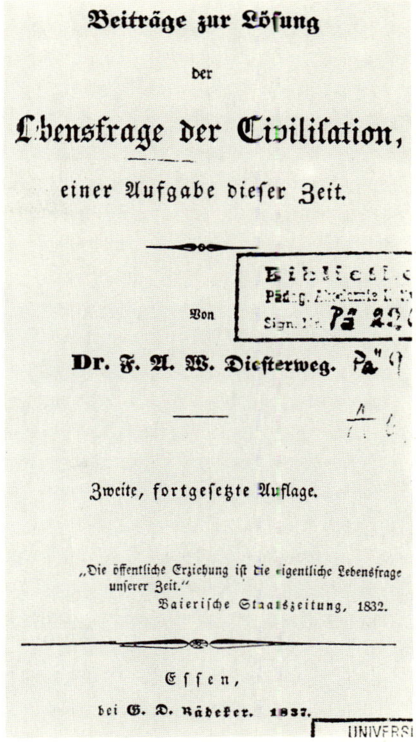
Beiträge zur Lösung

der

Lebensfrage der Civilisation,

einer Aufgabe dieser Zeit.

Von

Dr. F. A. W. Diesterweg.

Zweite, fortgesetzte Auflage.

„Die öffentliche Erziehung ist die eigentliche Lebensfrage unserer Zeit."
Baierische Staatszeitung, 1832.

Essen,
bei G. D. Bädeker. 1837.

581 F.A.W. Diesterweg
Beiträge zur Lösung der Lebensfrage der Civilisation, einer Aufgabe dieser Zeit.
2., fortgesetzte Auflage Essen 1837

1 Diesterweg, F.A.W.: Volksbildung als allgemeine Menschenbildung. Ausgewählte bildungspolitische, sozialpolitische und pädagogische Schriften und Reden in zwei Bänden. Eingel., ausgew. u. erl. v. G. Geißler u. K.-H. Günther. Bd. II. Berlin 1989, S. 224.
2 Ebenda, S. 222.
3 Vgl. ebenda, S. 289.
4 Vgl. Diesterweg, F.A.W.: Sämtliche Werke. Bd. V. Berlin 1961, S. 293 (DSW).
5 Diesterweg, F.A.W.: Volksbildung als allgemeine Menschenbildung. A.a.O., Bd. II, S. 224.
6 Vgl. DSW Bd. IV, S. 226.
7 DSW Bd. X, S. 190.
8 Ebenda.
9 Diesterweg, F.A.W.: Schulreden und pädagogische Abhandlungen. Ein Nachlaß von seinem Wirken an dem Lehrer-Seminar in Mörs, für Freunde zum Druck befördert. Crefeld 1832, S. 79.
10 Vgl. ebenda, S. 156.
11 Diesterweg, F.A.W.: Ueber den Gebrauch der Kinder zur Fabrik-Arbeit. Aus pädagogischen Gesichtspunkten betrachtet. In: Rheinisch-westfälische Monatsschrift für Erziehung und Volksunterricht Jg. 3, Bd. 5, 1826, S. 190.
12 Ebenda, S. 163.
13 Ebenda, S. 190.
14 DSW Bd. I, S. 343.
15 Archiv der Akademie der Pädagogischen Wissenschaften der DDR: 1.1.01. F.A.W. Diesterweg, Nr. 2.
16 Deiters, H. (Hrsg.): Adolf Diesterweg. Schriften und Reden. Bd. II. Berlin, Leipzig 1950, S. 117.
17 Ebenda, S. 111.
18 Diesterweg, F.A.W.: Beiträge zur Lösung der Lebensfrage der Civilisation, einer Aufgabe dieser Zeit. 2., fortges. Aufl. Essen 1837, S. 176.
19 Deiters, H.: a.a.O., S. 125.
20 Diesterweg, F.A.W.: Beiträge zur Lösung der Lebensfrage der Civilisation. A.a.O., S. 14f.
21 DSW Bd. II, S. 530.
22 Zit. n. Bloth, H.G.: Adolph Diesterweg. Sein Leben und Wirken für Pädagogik und Schule. Heidelberg 1966, S. 220.

Heidemarie Kühn

Das arme Schulmeisterlein

Zur sozialen Lage des Volksschullehrers im frühen 19. Jahrhundert

582 Schullehrer und Oberschulrat
Kolorierte Lithographie
Düsseldorfer Monatshefte Bd.6, 1853, Nr.46
18,6 x 15,2 cm
Göppingen, Privatbesitz

„Sei immer gesund, und verstehe es, wo und wenn es nöthig ist, leidenschaftlich zu hungern!“

Diese Lebensregel stammt von dem Philologen und Historiker Friedrich August Wolf (1759-1824).[1] Der gelehrte Schulmann seiner Zeit, für den die Empfehlung gedacht war, empfand sie durchaus nicht als Scherz. Für den Volksschullehrer um 1800 aber war sie ohne jede Einschränkung bitterer Ernst. So prägte der arme und kaum gebildete Schulmeister – man denke an Jean Pauls „Schulmeisterlein Wuz“[2] – das Lehrerbild vieler Jahrzehnte. Besonders im niederen Schulwesen zählten Lehrer, die über eine ausreichende Elementarbildung oder gar eine pädagogisch-methodische Vorbildung verfügten, zu den seltenen Ausnahmen. Den Lehrerberuf in heutigem Sinne, formal gesehen: als hauptamtliche Tätigkeit, deren Aufnahme an fest bestimmte Voraussetzungen gebunden ist und die den Lebensunterhalt garantiert, gab es noch nicht. Um 1800 lassen sich bei den Volksschullehrern im wesentlichen zwei Gruppen unterscheiden. In die größere Gruppe gehörten all jene Personen, von denen Konrad Fischer schrieb, sie griffen „zum Schulscepter als zum letzten Notanker“. Ohne jeden inneren Beruf steuerten sie dem Lehrstuhle zu: Invaliden, Soldaten und Bediente, verarmte Handwerker und heruntergekommene Geschäftsleute, verderbte Studenten, alte Jungfern und Witwen ohne Vermögen.[3] Zur zweiten Gruppe zählten diejenigen, die bereits eine Ausbildung in einem der wenigen Lehrerseminare des 18. Jahrhunderts absolviert hatten oder die durch Schulhalter oder Geistliche einige Unterweisungen erhalten hatten. Für beide Gruppen von Lehrern aber galt, daß das Schulamt allein nicht ausreichte, um ein Leben jenseits von bitterer Armut und Hunger zu führen.

Der Vater, der seinen Sohn für die Lehrerlaufbahn bestimmte, trug daher dafür Sorge, daß er mindestens ein Handwerk lernte. „Denn“, so urteilte Fischer, „ohne dieses hatte der Lehrerberuf nichts Verlokkendes.“ Die Verquickung von Schulamt und Handwerk oder einem anderen Lebensunterhalt, wobei die Rangfolge der Erwerbstätigkeiten durch die Verdienstaussichten bestimmt wurde, blieb noch bis weit ins 19. Jahrhundert hinein eines der Kennzeichen des Lehrerberufs.

Glaubt man einem Urteil aus dem Jahre 1796, dann hatte zu dieser Zeit kaum ein Sechstel der preußischen Lehrer eine ausreichende Vorbildung. Die bereits bestehenden Lehrerseminare, völlig verschieden hinsichtlich ihrer Aufnahme- und Entlassungsbedingungen, ihrer Dauer und ihrer Unterrichtsgegenstände, entließen jährlich höchstens 30 angehende Lehrer. Damit waren erste Anfänge einer Lehrerausbildung gemacht worden; von einer staatlich geregelten, systematischen Aus- und Weiterbildung der Lehrer konnte im 18. Jahrhundert jedoch keine Rede sein. Sie setzte erst allmählich an der Wende zum 19. Jahrhundert ein und erhielt im Gefolge der preußischen Reformen starke Impulse.[4]

Bis dahin erlangte für Brandenburg-Preußen das seit 1747 bestehende Lehrerseminar in Berlin einige Bedeutung. Johann Julius Hekker (1707-1768) hatte es seiner im gleichen Jahr gegründeten Realschule angegliedert. Dieses 1753 zum „Berlinischen Küster- und Schullehrerseminar für die königlichen Amtskirchen in der Kurmark“ ernannte Seminar deckte zwar einen Teil des Bedarfs an ausgebildeten Schullehrern für die Mark Brandenburg und Berlin, konnte aber am allgemeinen Erscheinungsbild des ungebildeten, heillos überforderten Lehrers, wie er in allen Dörfern und Städten anzutreffen war, wenig ändern. So gab es beispielsweise *„Lehrer, die im Religionsunterricht die Katechisation von Dolz und Dinter ablasen und, die Antwort mochte passen oder nicht, ruhig zur folgenden Frage übergingen, oder welche fürs Examen Fragen und Antworten vorher auswendig lernen ließen und dann durch die Schnelligkeit der erfolgenden Antworten manche Zuhörer in stummes Erstaunen versetzten."* Immerhin aber zählte Karl Christian Wilhelm von Türk (1774-1846) im Jahre 1805 unter den 65 Elementar-Bürgerschullehrern Berlins 14 ganz gute, 16 gute und 10 mittelmäßige Lehrer, denen aber 25 schlechte Lehrer gegenüberstanden.[5]

Obwohl bereits im 18. Jahrhundert mehrfach Versuche unternommen worden waren, eine Schullehrerstelle an – wenn auch kaum fixierte – Voraussetzungen zu knüpfen, begegnete man „Lehrerdilettanten" bis ins 19. Jahrhundert hinein auf Schritt und Tritt. Dabei begünstigte und bestärkte das Fehlen von Normativen Meinungen und Vorurteile, die weit verbreitet waren: *„Was in der Schule gethan wurde, schien dem Manne aus dem Volke bequeme Arbeit, zu welcher keinerlei Kenntnisse nöthig wären."*[6] Ein Anfang, um das Niveau des Unterrichts zu heben, wurde 1738 mit dem unter Friedrich Wilhelm I. erlassenen „Reglement wegen der Teutschen Privat-Schulen" gemacht. Nach diesem Reglement hatte sich jeder, der sich um eine Schulstelle bewarb, einer Prüfung bei dem für den Schul- und Kirchenbezirk zuständigen Prediger zu unterziehen. Die Verordnung war bis 1812 in Kraft, wurde aber nicht sehr ernst genommen. Ähnlich wenig beachtet blieben die Minimalanforderungen für einen Lehrer, die das Preußische Landschulreglement von 1763 verlangte.

Berichte über die Berliner Elementarschulen belegen das vielfach. In den ersten Jahrzehnten des 19. Jahrhunderts war es praktisch jedermann, der lesen, schreiben und rechnen konnte und einer anerkannten Religionsgemeinschaft angehörte, erlaubt, eine Schule zu eröffnen. Wer eine entsprechende Konzession erhalten wollte, mußte lediglich ein Gesuch an die zuständige Polizeibehörde, nach 1811 an die Stadtverwaltung, richten.[7] Die meisten Bewerber kamen aus dem Handwerkerstand. Aber auch ehemalige Soldaten und Militärinvaliden wandten sich mit Anträgen an den Preußenkönig. In einem Brief an Friedrich Wilhelm III. bat beispielsweise ein Christian Friedrich Steinbrück aus der Alten Schönhauser Straße 23 im Jahre 1806 um die Erlaubnis, in seiner Wohnung Privatunterricht erteilen zu dürfen. In seinem fehlergespickten Brief hieß es unter anderem: *„Ich unterwerfe mich allerunterthänigst einen anzustellenden Examen, und indem ich als verabschiedeter Artillerist den Staat nie zu Last fallen will, sondern mich von meinen erworbenen wenigen Kenntnißen selbst zu ernähren gedenke, so lebe ich der süßen Hofnung Ew. Königl. Majestät, werde allerhöchstdero bekannten Huld und Milde gemäß, den Wunsch eines Menschen nicht entgegen stehen, der den Staat als ein treuer Unterthan, aus allen Kräften nützlich zu werden wünscht."*[8]

Eine „süße Hoffnung" auf den „Notanker" Schule hegten insbesondere auch jene, die ohne Konzession eine Schule eröffneten. Diese Schulen, vor allem wegen der „Billigkeit" ihres Bildungsangebots, ihrer Unterrichtsbedingungen und ihres Schulgeldes abfällig „Winkelschulen" genannt, wurden immer wieder ohne sichtbaren Erfolg von den Behörden verboten. Sie existierten weiter und bildeten gerade wegen ihrer geringen Kosten, die unter denen der konzessionierten Schulen lagen, für einen großen Teil der Kinder aus den unteren sozialen Schichten die einzige Möglichkeit, einige Kenntnisse und Fähigkeiten im Lesen und Schreiben zu erwerben.

1799 gab es 24 solcher Winkelschulen in Berlin. Ihnen standen 29 konzessionierte Schulen gegenüber. Die Winkelschulen unterlagen keiner Aufsicht und gerade in ihnen blühte der Lehrerdilettantismus. Schulinspektor Küster charakterisierte sie in einer Berichtsbeilage von 1799 als *„Verkrüppelungs-Institute des jugendlichen Verstan-*

583 Schulmeisters Feierabend
Holzstich nach C. Richter, um 1860/70
33 x 24 cm
Göppingen, Privatbesitz

584 Unerwartetes in der Schule
Holzstich von Gerasch nach
L. Löffler-Radymno, um 1860/70
32,5 x 22,5 cm
Göppingen, Privatbesitz

des", in denen sich „Menschen... ohne Talent, ohne vorher erworbene Bildung und ohne Prüfung eigenmächtig zu Lehrern aufgeworfen haben".[9]

Daran wird deutlich, daß die Motive, die zur Eröffnung einer solchen Schule führten, in den allerwenigsten Fällen pädagogischer Natur waren. Einen starken Anstieg erlebten Privatschulgründungen der unterschiedlichsten Art nach 1810. Die Gewerbefreiheit, die in diesem Jahr erlassen wurde und die mit der Aufhebung des Zunftzwanges für das Handwerk und für die industrielle Entwicklung große Fortschritte mit sich brachte, bedeutete für die Privatschulen eine Festigung ihres ohnehin bereits ausgeprägten kommerziellen Charakters. Nunmehr war es sogar offiziell jedermann gestattet, einen Gewerbe- oder Erwerbsbetrieb – darunter fielen auch die Schulen – ohne den Nachweis der entsprechenden fachlichen Befähigung zu eröffnen. Die Anforderungen an die Bewerber, die sich einer Kommission des Magistrats vorstellen mußten, waren sehr niedrig. Lehrproben wurden nicht verlangt und eine erfolgreich durchlaufene Ausbildung zum Lehrer brauchte nicht nachgewiesen zu werden. Ausschlaggebend für die Eröffnung einer Schule war nach wie vor die Zustimmung des Geistlichen der zuständigen Kirchengemeinde.

Als besonderes Berliner Ärgernis wurden – gerade von den wenigen pädagogisch engagierten Lehrern – die „vielen Weiberschulen" betrachtet. Die Protokolle des ersten Berlinischen Schullehrervereins etwa geben Auskunft darüber, daß am 4. Februar 1814 der Lehrer Müller mit derben Worten über die „Weiberschulen" klagte und die Untauglichkeit der Frauen zum Schulamt durch viele Beispiele erläuterte. Die Entgegnung des Oberkonsistorialrats Nolte, „daß doch *jetzt* dahin gesehen würde, daß die Vorsteherinnen solcher Schulen auch tüchtig dazu wären"[10], bezeichnete die mangelnde Kontrolle und das Desinteresse der Stadt gegenüber den niederen Elementarschulen.

Die Klagen der Lehrer wurden lauter und anhaltender, wenn es um Fragen der Besoldung ging. Bis weit in das 19. Jahrhundert hinein reichte das „Schulehalten" allein zur Existenzsicherung nicht aus. Während zu Beginn des Entwicklungsganges hin zum eigenständigen Lehrerberuf das Unterrichten von Kindern einen notwendigen, zusätzlichen Nebenerwerb zumeist für einkommensschwache Handwerker bildete, vertauschten in seinem weiteren Verlauf Handwerk und Lehramt ihre Wertigkeit. Die Lehrertätigkeit wurde zum Haupt-, das Handwerk – oder ein anderer Broterwerb – zum Nebengeschäft.

Für die Entlohnung der Lehrer waren die Gemeinden als Schulträger zuständig. Die Höhe des Einkommens richtete sich zuallererst nach der finanziellen Leistungsbereitschaft und der Zahlungsfähigkeit der Kommune. Daraus ergaben sich erhebliche Unterschiede zwischen Stadt und Land, die sich durch ein oft starkes regionales und lokales Wohlstandsgefälle noch stärker differenzierten. Die wenigen einträglichen „Schulstellen" fielen gegenüber den gering entlohnten Posten kaum ins Gewicht. Die Besoldung auf dem Lande wurde meist nur zu einem geringen Teil in Form von Geld, überwiegend durch kostenlosen Wohnraum, Acker- und Weidenutzung und Naturalien, vor allem Grundnahrungsmittel und Brennholz, gewährt. Darüber hinaus erbot man dem Lehrer auf dem Dorf recht fragwürdige Vergünstigungen. Eine davon war der „Reihetisch", der auf besonders entwürdigende Art die Abhängigkeit des Lehrers von den Brosamen der Gemeinde deutlich machte. Reihum ging der Lehrer zu den Familien des Dorfes, um am Mittagsmahl teilzunehmen, wobei ihm oft nur ein karges Essen vorgesetzt wurde. Geringe Geldmittel erwarb sich der Dorfschullehrer durch niedere Küsterdienste, die seiner Pflicht oblagen. Dazu zählten das Aufziehen der Kirchturmuhr, das Läuten der Glocken und das Einsammeln der Kollekte.[11] Diese Verdienstmöglichkeiten waren in einer Stadt wie Berlin nur in geringem Maße vorhanden. Bei den Schullehrern der Städte standen, von der Handwerkerei abgesehen, Nebeneinkünfte durch das Singen zu

585 Lehrer und Verwalter
Holzstich
Fliegende Blätter, 1847
27 x 20 cm
Göppingen, Privatbesitz

kirchlichen Feierlichkeiten: Taufen, Hochzeiten und Beerdigungen, durch Schreiberdienste oder durch den Handel mit Schulutensilien an erster Stelle.

Bei allen Unterschieden gab es eine Gemeinsamkeit: Die Besoldung reichte in den wenigsten Fällen für den Unterhalt einer Familie aus und machte den „armen Schullehrer" zum Hungerleider, der zum Sinn- und Spottbild des Lehrerstandes um 1800 wurde. Unter der Vielzahl der überlieferten Bittschriften aus dieser Zeit findet sich auch

586 Singende Schulklasse
Druck von L. Zöllner nach Hantsch
Lithographie von H.F. Grünewald, Dresden, undatiert
47,7 x 60,4 cm
Dortmund, Westfälisches Schulmuseum

folgendes Neujahrsgedicht des Berliner Lehrers und Verfassers eines Handbuches der Physik, Johann Christian Schulz, vom 1. Januar 1806:

„An dieses Neujahrs ersten Morgen
Wag' ichs – bestürmt von Gram und Sorgen –
Mich wünschend, König, Dir zu nahn!!
O möcht ich von Dir Hülf empfahn!

Groß ist die Noth, und sehr verschuldet
Dein Knecht! – Er hat sehr viel erduldet,
Und seines Schicksals Härte droht
Schier mit Verzweiflung, Schmach und Tod!

Hilf ihm! Er ist der Hülfe werth,
Da er, was heilig ist, stets ehrt,
Für Religion und Tugend brennt,
Und außer seiner Pflicht nichts kennt!

Mit vierzig Thalern ist sein Glück
In diesem bangen Augenblick
Verbessert, und zu seinem Wohl
Sein Sinn erheitert, dankensvoll!

Erhabenster Monarch! Du bist
So gnädig! Zuversichtlich schließt
Dein Knecht von Deiner Gütigkeit
Auf Dein Erbarmen für ihn heut!

Er wird in seiner Redlichkeit
Durch seine ganze Lebenszeit,
Den besten König segnend, dann
Seyn ein beglückter, froher Mann.“[12]

587 Berufungsurkunde des Schneidermeisters Schmidt zum Küster und Lehrer in Plathe, 1.1.1800
34,5 x 20,5 cm
Berlin (DDR), Archiv der Akademie der Pädagogischen Wissenschaften
588 Bestallung von G.Fr. Simon zum Schullehrer in Metten, Dezember 1821
32,8 x 20,7 cm
Dortmund, Westfälisches Schulmuseum
589 Berufungsurkunde des Schullehrers Gottlob Julius Raffel nach Droschkau in Schlesien, 1845, mit detaillierter Aufstellung seiner Aufgaben und seiner Entlohnung
34,3 x 21,0 cm
Berlin (DDR), Archiv der Akademie der Pädagogischen Wissenschaften

Auch die Bittschriften des Berliner Schulhalters Carl Heinrich Drabe aus den Jahren 1805 und 1806 lassen die Not und Verzweiflung erahnen, die er mit vielen Volksschullehrern teilte: *„Wir wissen nicht, wie wir von einem Tag zum anderen mit unsern Drey unmündigen Kindern...durchkommen sollen... Wir bitten Sr. Königl. Majestät ganz unterthänigst..., sich doch über uns zu erbarmen, und uns mit etwas zu unterstützen, um unsere bittere Armuth zu erleichtern, da wir leider wegen der wenigen Einnahmen in Gefahr stehen zu verhungern. Wir sind anjezo in einer recht sehr traurigen Lage, indem wir heute leider kein Geld zu Brodt haben... Wenn Sr. Königl. Majestät eine Gelegenheit hätten, uns doch auf eine bessere Art zu versorgen, wo wir doch gewisser Brodt hätten, als bey der Schule,...so würden Sich Sr. Königl. Majestät einen großen Seegen bey Gott verdienen.“*[13] Die zitierten Briefe tragen den Vermerk, daß den Bittstellern nicht geholfen werden konnte.

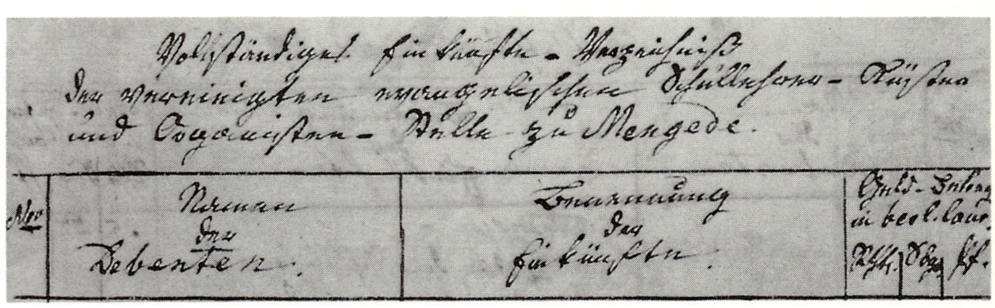

Vollständige Einkünfte-Verzeichniß der vereinigten evangelischen Schullehrer-Küster und Organisten-Stelle zu Mengede.

No	Namen der Debenten.	Benennung der Einkünfte.	Geld-Ertrag in berl. Cour. Rthl. Sgr. Pf.

590 Einkünfte-Zettel der vereinigten evangelischen Lehrer-, Küster- und Organisten-Stelle von Wilhelm Klappert in Mengede, Januar 1826
35,0 x 21,7 cm
Dortmund, Westfälisches Schulmuseum

In großen Städten wie Berlin, in denen die Lehrer in ihrem Streben nach Nebenverdienst stärker eingeschränkt waren als auf dem Lande, konzentrierten sich ihre Anstrengungen zur Sicherung der Existenz auf schulische Belange. Private Schulhalter versuchten, möglichst viel Geld durch ihr „Schulunternehmen“ zu verdienen. Die angestellten Lehrer, insbesondere die Lehrer an den Parochialschulen[14], und alle Hilfslehrer, die keinen Einfluß auf die Verteilung der ohnehin geringen

Schulgeldeinnahmen hatten, waren vom Hungerleben am meisten betroffen. Das aus der Not geborene Bemühen der Schulhalter, „Geldkinder" zahlungskräftiger Eltern in ihre Schulen zu locken, charakterisierte die Berliner Elementarschulen als Konkurrenzunternehmen. Das führte dazu, daß oft 80 und mehr Kinder gleichzeitig unterrichtet wurden. Die sogenannten „Freischüler", deren geringeres Schulgeld durch die Armenkasse entrichtet wurde, brachten dagegen weniger Gewinn. Sie wurden faktisch vom Unterricht ausgeschlossen, wenn genügend Geldschüler die Schule besuchten. Jene Schulhalter, die auf die „Freischüler" nicht verzichten konnten, unterrichteten in Vor- und Nachmittagsklassen sogar 150 bis 200 Kinder, da sie nur durch ihre höhere Zahl auf den gleichen „Gewinn" kamen, wie er mit Geldschülern zu erzielen war.[15] Das führte mitunter zu katastrophalen Zuständen, denen erst 1827 mit dem Beginn der von dem ersten Berliner Stadtschulrat Wilhelm Reichhelm durchgesetzten Errichtung eines Kommunalarmenschulwesens begegnet wurde. Die frühen, noch sehr verhaltenen Lehrerforderungen nach Gehaltsregelungen durch die Gemeinden oder den Staat fanden kein Gehör. Der Geheime Regierungsrat Delbrück etwa wies in einer Sitzung des Berlinischen Lehrervereins im Jahre 1814 ein solches Ansinnen konsequent ab: *Die Sicherung des Auskommens der Lehrer „sei von dem Staate nicht zu verlangen und es liege den Lehrern selbst ob, so viel als möglich für ihre ökonomische Verbesserung zu tun."*[16] Wohlgemeinte Ratschläge zur Besserstellung der Lehrer gab es viele. Der württembergische Pfarrer Moser hielt eine ganze Liste bereit. Sie umfaßte 17 Punkte und begann mit den Vorschlägen: 1. eine vermögende Gattin, 2. Sparsamkeit, 3. treue Pflichterfüllung – schließlich mehr Geschenke.[17] Wer dahinter Ironie vermutete, war im Irrtum.

Mit dieser nur knapp skizzierten Situation des Lehrerelends war Friedrich Adolph Wilhelm Diesterweg am Beginn seines Wirkens in Moers und später in Berlin konfrontiert. Sein immenser Beitrag zur Entwicklung der Volksschullehrerbildung und zur Ausprägung des Lehrerbewußtseins wird erst vor diesem Hintergrund richtig bewußt.

591 Eduard Langenberg (1807–1891)
Kolorierte Photographie, um 1850
16,0 x 11,2 cm

592 Berufungsurkunde von Eduard Langenberg zum Lehrer an der evangelisch-reformierten Elementarschule in Kronenberg, 15.1.1830
593 Zeugnis von Eduard Langenberg nach 25jähriger Tätigkeit als Lehrer in Kronenberg, 7.4.1853
33,4 x 20,2 cm
Dormagen, Privatbesitz

1 Vgl. Fischer, K.: Geschichte des Deutschen Volksschullehrerstandes. Bd. 2: Von 1790 bis auf die Gegenwart. Hannover 1892, S. 61.
2 Paul, J. (eigentlich Johann Paul Friedrich Richter, 1763-1825): Das Leben des vergnügten Schulmeisterlein Maria Wuz in Auenthal (1793). Leipzig 1908.
3 Vgl. Fischer, K.: a.a.O., S. 40f.
4 Vgl. Günther, K.-H., Geißler, G.: Diesterweg über die Ausbildung der Lehrer. In: Jahrbuch der Akademie der Pädagogischen Wissenschaften der DDR 1986. Berlin 1986, S. 345f.
5 Zit. n. Fischer, K.: a.a.O., S. 39ff. Vgl. dazu Türk, W.C.Ch.v.: Beiträge zur Kenntnis einiger deutscher Elementar-Schulanstalten, namentl. der zu Dessau, Heidelberg, Frankfurt a.M. u. Berlin. Leipzig 1806.
6 Fischer, K.: a.a.O., S. 16.
7 Vgl. Schulgeschichte in Berlin. Hrsg. v. einem Autorenkollektiv u. Ltg. v. W. Lemm. Berlin 1987, S. 61.
8 Zentrales Staatsarchiv, Dienststelle Merseburg: Rep. 76 alt, Abt. I, Nr. 530, Bl. 53, 53r (ZStAM).
9 Aus Berlins Vergangenheit. Gesammelte Aufsätze zur Kultur- und Literaturgeschichte Berlins. Berlin 1891, S. 54f.
10 Archiv der Akademie der Pädagogischen Wissenschaften der DDR: 1.0.03., Bd. I, S. 113 (AAPW).
11 Vgl. Bölling, R.: Sozialgeschichte der deutschen Lehrer. Göttingen 1983, S. 69ff.
12 ZStAM: Rep. 76 alt, Abt. I, Nr. 530, Bl. 48.
13 Ebenda, Bl. 61, 61r.
14 Schulen innerhalb des Amtsbezirkes eines Geistlichen (Parochie), die der kirchlichen Aufsicht unmittelbar unterstanden und verpflichtet waren, Armenkinder aufzunehmen, für die die Armenkommission eine geringe Schulgeldpauschale an die Schulhalter zahlte.
15 Diese Problematik wurde ausführlicher untersucht von Sturm, A.: Die Entwicklung der Rückerschen Stiftsschule in Berlin von den Anfängen ihres Bestehens bis 1860. Diplomarbeit Humboldt-Universität zu Berlin. Sektion Pädagogik. Wissenschaftsbereich Geschichte der Erziehung 1984. Vgl. Müller, D.K.: Sozialstruktur und Schulsystem. Aspekte zum Strukturwandel des Schulwesens im 19. Jahrhundert. Göttingen 1977, S. 190ff.
16 AAPW: 1.0.03, Bd. I, S. 117.
17 Zit. n. Fischer, K.: a.a.O., S. 74.

Jürgen Reulecke

„Hebung der unteren Volksklassen" und „Hebung der Lehrerschaft"

Diesterweg und das soziale Vereinswesen im Vormärz

Waren am Anfang des 19. Jahrhunderts die ersten Anzeichen des sich anbahnenden sozio-ökonomischen und technischen Wandels von vielen Zeitgenossen noch mit zum Teil überschäumendem Optimismus registriert worden, so hatte die auf den Nenner „Fortschritt" gebrachte Zukunftsperspektive besonders seit Beginn der 1840er Jahre ein Janusgesicht bekommen. Zu jenen bürgerlichen Kreisen, die nun die bedrohlichen Konsequenzen der Wandlungsprozesse aufgrund ihres alltäglichen Erfahrungsraumes mit als erste zumindest zu ahnen begannen, gehörten gerade auch die Lehrer. Zusätzlich erhielten sie in dieser Phase im Rahmen der Überlegungen liberaler Kreise, was in dieser Situation zu tun sei, eine Rolle zugewiesen, die ihnen einen besonderen Gewinn an Selbstbestätigung und Bedeutung einbrachte: Kein Wunder, daß jenes Gedankengut, das der Bildung und Emanzipation des Individuums als Heilmittel in der Systemkrise einen hohen Rang einräumte, in Lehrerkreisen leicht Eingang finden konnte. Die Beteiligung an entsprechenden Bestrebungen, die eine Neuorganisation der noch in vielen Bereichen ständisch gebundenen und gleichzeitig obrigkeitlich gegängelten Gesellschaft erreichen wollten, war sicherlich sowohl Ausdruck der Einsicht vieler Lehrer in eine Fülle von innergesellschaftlichen Konfliktlagen und eines von Idealismus getragenen Reformwillens als auch Folge der Unzufriedenheit mit ihrem eigenen Status und ihres ständigen Konflikts „mit dem ihre Modernität zurückschraubenden Staate".[1] Beide Motivbereiche flossen ineinander, und es ist als eine recht einseitige Deutung der Zusammenhänge zu bezeichnen, wenn Wilhelm Heinrich Riehl rückblickend vom Lehrer als dem „kleinen Beamten" gesprochen hat, der die Gesellschaft einzig und allein deshalb habe reformieren wollen, „weil er sein knappes Gehalt nicht reformieren (konnte)".[2]

Im folgenden soll die Frage nach den Inhalten und Zielen wie auch nach den Ausdrucksformen des sozialen Engagements von Lehrern im Umfeld des „Centralvereins für das Wohl der arbeitenden Klassen", des bedeutendsten „Stoßtrupps der Sozialreform" im Vormärz[3], am Beispiel Adolph Diesterwegs und seines Freundeskreises beantwortet werden. Ausgangs- und Ansatzpunkt eines besonderen Schubs solcher Bestrebungen war der Weberaufstand in Schlesien vom 4. bis 6. Juni 1844. Wie kein anderes vormärzliches Ereignis löste er in den liberalen Kreisen, die die soziale Sprengkraft des Wandels bisher allenfalls dumpf geahnt, den Umschlag in offenen Aufruhr in Deutschland – im Gegensatz zu Frankreich und England – aber für unwahrscheinlich gehalten hatten, starke Betroffenheit und gleichzeitig Bereitschaft zum sozialen Handeln aus. Wenige Tage vor dem Ausbruch der schlesischen „Emeute", am 29. Mai 1844, hatte vor den Toren Berlins in der Gaststätte „Tivoli" das sogenannte „zweite Quadrupelfest" stattgefunden, ein Treffen aller vier Berliner Lehrervereine.[4] „Ordner", das heißt Organisator, war Adolph Diesterweg. Es sollte ein „Fest der Kollegialität", ein „Lehrer-Freundschaftsfest" werden, und tatsächlich haben Besucher des Treffens rückblickend von „wahre(r) Rekreation nach langer Marter", von einem „humane(n) Ton" und von „echte(r) Kollegialität" zwischen den anwesenden Professoren, Rektoren, Literaten und „schlichte(n) Elementarlehrern" berichtet.[5]

Auf diesem Fest schlug der Berliner Armenschullehrer Ferdinand Schmidt vor, einen „Verein für die Hebung der unteren Volksklassen

Berlins" zu gründen. Etwa 40 Lehrer unterstützten diesen Aufruf und beschlossen, sich am 12. Juni 1844 zur Konstituierung des Vereins wiederzutreffen.[6] Offenbar dachte Schmidt zunächst nur an die Herausgabe einer belehrenden Zeitschrift, die kostenlos an die „niedrigsten Volksklassen" verteilt werden sollte. Unter dem Eindruck der schlesischen Ereignisse weiteten sich jedoch das Programm und die Zielsetzung erheblich aus, wie sich bei der Gründungsversammlung zeigen sollte.

Der Einladung zum 12. Juni 1844 folgten etwa 50 „Männer des Volkes" – neben vielen Lehrern auch einige höhere Beamte, Literaten, Professoren und sonstige interessierte Bürger – und berieten in einem Berliner Café über die Statutengrundsätze, Ziele und möglichen Aktivitäten des zu gründenden Vereins.[7] Schmidt leitete die Versammlung mit einem Vortrag ein, in dem er nachdrücklich für die „Aufhebung des Proletariats" eintrat. Die Proletarier sollten von unverschuldeter Armut, Massenelend und Demoralisation gerettet werden. Die Ereignisse in Schlesien hätten gezeigt, daß ihre Empörung „alle bürgerliche Ordnung in radikale Gefahr (zu) bringen" imstande sei.

594 Die schlesischen Weber, 1844
Ölgemälde von Carl Wilhelm Hübner (1814-1879)
119 x 158 cm
Bonn, Rheinisches Landesmuseum
Der kritische Zeitbeobachter Karl August Varnhagen von Ense schrieb am 29.11.1844 in sein Tagebuch: „Der Minister von Savigny spricht heftig über die Frechheit und den Unverstand, die eine Ausstellung des Bildes ‚die armen Weber' in dieser Zeit veranlaßt und gestattet zu haben." (Tagebücher Bd.2, 1861/1972, S.403)

Heiligste Pflicht aller Gebildeten und Besitzenden müsse es daher sein, „die niedergedrückte Volksmasse aus ihrer Rohheit und ihrem Elende, der Schuld unserer bestehenden Verhältnisse, freiwillig zum Lebensrecht, zu Arbeit und Genuß und Bildung und freiem Gebrauch ihrer Kräfte und Rechte heraufzurufen und zu holen". In der Diskussion, die nach übereinstimmenden Berichten sehr sachlich und mit „noblem parlamentarischen Takt" geführt wurde, zeigten sich zwei Standpunkte: Während eine Gruppe von Anwesenden, vorwiegend die radikaleren Literaten, für konkrete Schritte, also für baldige gezielte Initiativen zur materiellen wie geistigen Hebung der unteren Klassen bis hin zu ihrer politischen Bildung eintrat, wies ein zweite Gruppe unter Führung Adolph Diesterwegs auf die Notwendigkeit hin,

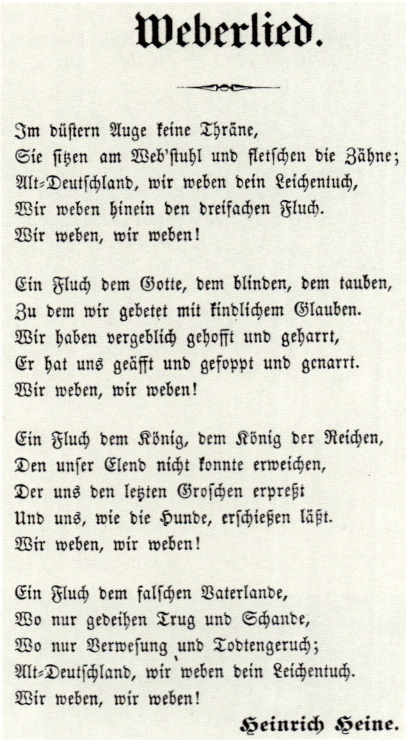

Weberlied.

Im düstern Auge keine Thräne,
Sie sitzen am Web'stuhl und fletschen die Zähne;
Alt-Deutschland, wir weben dein Leichentuch,
Wir weben hinein den dreifachen Fluch.
Wir weben, wir weben!

Ein Fluch dem Gotte, dem blinden, dem tauben,
Zu dem wir gebetet mit kindlichem Glauben.
Wir haben vergeblich gehofft und geharrt,
Er hat uns geäfft und gefoppt und genarrt.
Wir weben, wir weben!

Ein Fluch dem König, dem König der Reichen,
Den unser Elend nicht konnte erweichen,
Der uns den letzten Groschen erpreßt
Und uns, wie die Hunde, erschießen läßt.
Wir weben, wir weben!

Ein Fluch dem falschen Vaterlande,
Wo nur gedeihen Trug und Schande,
Wo nur Verwesung und Todtengeruch;
Alt-Deutschland, wir weben dein Leichentuch.
Wir weben, wir weben!

Heinrich Heine.

595 Weberlied von Heinrich Heine, 1844
Flugblatt
14,7 x 22,0 cm
Düsseldorf, Heinrich-Heine-Institut

vor den eigentlichen Aktivitäten zunächst zu untersuchen, worin das Elend der Proletarier bestehe und seinen Grund habe. Letztlich konnte sich die zweite Gruppe durchsetzen, denn ihre Wortführer wurden Mitglieder des provisorischen Vorstandes bzw. der Kommission, die die Statuten ausarbeiten und der nächsten Versammlung zur abschließenden Beratung vorlegen sollte. Die Mehrheitsverhältnisse dieser Versammlung entsprachen diesem Ergebnis allerdings nicht, doch nahmen die Vertreter der radikaleren Gruppe ihre Wahl nicht an, weil sie einsahen, daß ihre Beteiligung an der Kommissionsarbeit zu sofortigem starken Mißtrauen bei den Behörden und damit zur Gefährdung des Projekts überhaupt geführt hätte. Daß diese Einschätzung nicht unbegründet war, geht aus einem vertraulichen Bericht des Berliner Polizeidirektors über die Versammlung an den preußischen Innenminister von Arnim hervor.[8] Der Polizeidirektor schloß aus der Anwesenheit der den Behörden einschlägig bekannten Literaten Meyen, Mügge und Ruthenberg, daß von diesen Vertretern der „Partei des Fortschritts" in dem projektierten Verein „gar leicht und sogar wahrscheinlich im sogenannten kommunistischen Sinne gewirkt werden soll".

Offenbar haben die – wie man meinte – moderaten Ziele, außerdem die zu dieser Zeit diskutierten Projekte im Rahmen des „Schwanenordens" – eines von Friedrich Wilhelm IV. unternommenen Versuchs, durch Wiederbelebung eines mittelalterlichen Ordens die Nächstenliebe und Armenpflege zu fördern – die Initiatoren des Vereins zu der optimistischen Vorstellung veranlaßt, daß eine behördliche Genehmigung der Statuten reibungslos erfolgen werde, zumal die Wahl von Männern mit Renommee in den provisorischen Vorstand die Solidität des Vereins garantieren konnte. Zu ihnen gehörten neben dem Armenschullehrer Ferdinand Schmidt der Seminardirektor Adolph Diesterweg, der Direktor der Königlichen Realschule, Ernst Wilhelm Kalisch, der Philologe am Cölnischen Gymnasium, Agathon Benary, und der Berliner Stadtrat Daniel Alexander Benda, der als Mitglied der Schuldeputation und liberaler Publizist hervorgetreten war.

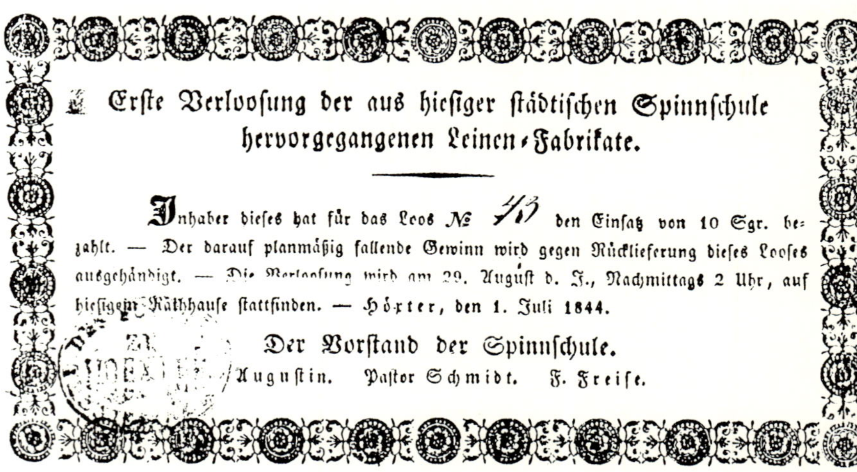

Erste Verloosung der aus hiesiger städtischen Spinnschule hervorgegangenen Leinen-Fabrikate.

Inhaber dieses hat für das Loos № 43 den Einsatz von 10 Sgr. bezahlt. — Der darauf planmäßig fallende Gewinn wird gegen Rücklieferung dieses Looses ausgehändigt. — Die Verloosung wird am 29. August d. J., Nachmittags 2 Uhr, auf hiesigem Rathhause stattfinden. — Höxter, den 1. Juli 1844.

Der Vorstand der Spinnschule.
Augustin. Pastor Schmidt. F. Freise.

596 Spinnschulen-Los
Los für die erste Verlosung von Leinenerzeugnissen der städtischen Spinnschulen Höxter am 29.August 1844, Einsatz 10 Silbergroschen
Druck
10,4 x 17,0 cm
Höxter, Museum Höxter-Corvey
Die „Spinnschule" war eine Arbeitsschule, in der Kindern der unteren Bevölkerungsschichten gewerbliche Fertigkeiten vermittelt wurden. Durch Verkauf oder Verlosung der Produkte versuchte man, ihnen einen kleinen Verdienst zu sichern. Dieser sollte die Eltern für den Ausfall der kindlichen Arbeitskraft entschädigen.

Gute drei Wochen später, am 5. Juli 1844, fand die nächste Versammlung statt. Die Vorschläge, die der provisorische Vorstand der Versammlung unterbreitete[9], belegen, daß man bei der Bekämpfung des Pauperismus tatsächlich neue Wege beschreiten wollte, die sich von allen bisherigen unterschieden, ohne sie allerdings völlig zu ignorieren. Erstmalig wurde ein praktikables, auf gründliche Reform der sozialen Verhältnisse abzielendes Gesamtkonzept unterbreitet, das innovatorischen Charakter besaß. Um die materiellen wie die geistigen Nöte der unteren Klasse wirksam und auf Dauer zu bekämpfen, sollten von dem zu gründenden „Gesamtverein" nicht direkte Beihilfen gegeben oder Aktionen gegen einzelne Mißstände unternommen werden, sondern zunächst die tatsächlichen Zustände in ihrer ganzen Vielfalt und die zur Verfügung stehenden Mittel zur Behebung der Not untersucht werden. Erst nach sorgfältiger Prüfung

597 Lochkarten-Prisma und Jacquard-Karte für einen Jacquard-Webstuhl, 2.Hälfte 19.Jh.
6 x 65 x 6 cm
München, Deutsches Museum

wollte man zu „unmittelbarer praktischer Anwendung" der geeigneten Mittel schreiten. Jede Person, ungeachtet ihres Standes, Herkommens oder Geschlechts, war berechtigt, nach Zahlung eines beliebigen jährlichen Beitrages Mitglied zu werden, an den monatlichen Versammlungen teilzunehmen und Vorschläge für die weitere Arbeit zu unterbreiten.

Die Öffentlichkeit verfolgte die Vereinsgründung zum Teil mit offener Sympathie, zumeist aber mit wohlwollender Zurückhaltung, in einigen Fällen auch mit Vorschlägen, wie der Verein vorgehen solle. Eher abqualifizierend klingt dagegen das Urteil der *Schlesischen Zeitung*, die von der nur „mittelmäßigen Intelligenz" der anwesenden Lehrer und Literaten sprach und hervorhob, der ungelöste Gegensatz zwischen Theorie und Praxis habe die ganze Versammlung beherrscht.[10]

Am 5. Juli 1844 legte das provisorische Führungskomitee den Behörden das ausgearbeitete Statut zur Genehmigung vor. Im Innenministerium war die Vereinsgründung – insbesondere nach dem oben erwähnten Bericht des Berliner Polizeidirektors – mit höchstem Mißtrauen beobachtet worden, so daß man sich zunächst zu einer Hinhaltetaktik entschloß. Inzwischen war jedoch in Berlin eine große Zollvereinsausstellung eröffnet worden, die über 3.000 Aussteller aus dem gesamten Gebiet des Deutschen Bundes in Berlin zusammenführte. Am Rande dieser Ausstellung entwickelten einige sozial denkende Fabrikanten – vor allem aus Rheinland-Westfalen – und hohe Ministerialbeamten – vorwiegend aus dem Umkreis des Finanzministeriums – den Plan, einen „Centralverein für das Wohl der arbeitenden Klassen" zu gründen, dem sich ein über Preußen, später über ganz Deutschland auszubreitendes Netz von Bezirks-, Kreis- und Lokalvereinen angliedern sollte. Wenn hier auch andere Wurzeln mitzusehen sind, so erblickte die Öffentlichkeit in diesem Centralverein, der sich am 9. Oktober 1844 konstituierte und besonders in der liberalen Presse lebhaft begrüßt wurde, ein „Surrogat" für den Verein des Lehrers Schmidt, „indem letztgenannte Vereine wegen kommunistischer Tendenzen nicht beliebt seien und deshalb höheren Orts schwerlich sanktioniert werden möchten", wie die *Elberfelder Zeitung* schrieb.[11] Immerhin erscheint eine Reihe von Namen, die im Zusammenhang mit dem Schmidt'schen Verein erwähnt worden sind, nun auch in Berichten über die Gründung des Centralvereins, so Kalisch und Benda, die Literaten Meyen, Ruthenberg und der Privatdozent Nauwerck, später auch Diesterweg.

Für die führenden Mitglieder des Schmidt'schen Vereins bot sich nunmehr die Möglichkeit, durch Anschluß an den honorigen Centralverein in einem Berliner Lokalverein ihre Ziele zu verwirklichen und ihre Arbeit in einen viel größeren Rahmen zu stellen. Diese Perspektive schien deshalb realistisch zu sein, weil auch Friedrich Wilhelm IV. in einer königlichen Ordre vom 25. Oktober 1844 dem Centralverein sein „großes und lebhaftes Interesse" bekundet und diesem als Unterstützung seiner Arbeit eine 15.000 Taler-Stiftung in Aussicht gestellt hatte.

Die folgenden Monate waren vielerorts durch Bestrebungen geprägt, Bezirks- und vor allem Lokalvereine für das Wohl der arbeitenden Klassen zu gründen. Die konstituierende Versammlung eines Berliner Lokalvereins am 29. November 1844 leitete Adolph Diesterweg. Als die Wogen der Diskussion immer höher schlugen, riß selbst ihn – wie es in einer Quelle heißt – „die stürmische Bewegung fort; seiner Präsidentenrolle getreu, stieg er auf einen Stuhl und schlug mit einem Hausschlüssel oder anderen eisernen Instrument zu der Musik..."[12] Trotzdem interpretierte Diesterweg in einer Broschüre, die er im Anschluß an die Lokalvereinsgründung herausgab[13], die Formen der Auseinandersetzung nicht als Tumult, sondern als Beweise für die Lebendigkeit und die Anteilnahme der über 200 Versammelten, als „hoffnungsreiche Zeichen". Geradezu enthusiastisch feierte er die Tatsache, daß sich an diesem „denkwürdigen 29. November", einem

598 Die Schuhmacherfamilie
Druck nach einer Zeichnung von Theodor Hosemann, 1845
11,7 x 16,4 cm
Berlin (DDR), Märkisches Museum

Statut
des
Berliner Lokal-Vereins
für
das Wohl der arbeitenden Klassen.

„Tag des Segens“, Männer aller Stände, Berufe und Schichten „in bunter Mischung“ erstmalig zusammengefunden hätten, um darüber zu beraten, wie ein „auf Wohlwollen gegründeter, unzerstörbarer Bund“ zwischen den unteren und den übrigen Klassen der Gesellschaft geschaffen werden könne. Neben vier anderen, den beiden Literaten Brüggemann und Wöniger, dem Buchhändler Veit und dem liberalen Stadtrat Runge, waren auch Diesterweg und Benda in ein Komitee gewählt worden, das auf einer zweiten, wieder sehr gut besuchten Versammlung am 10. Januar 1845 einen Statutenentwurf vorlegte.[14]

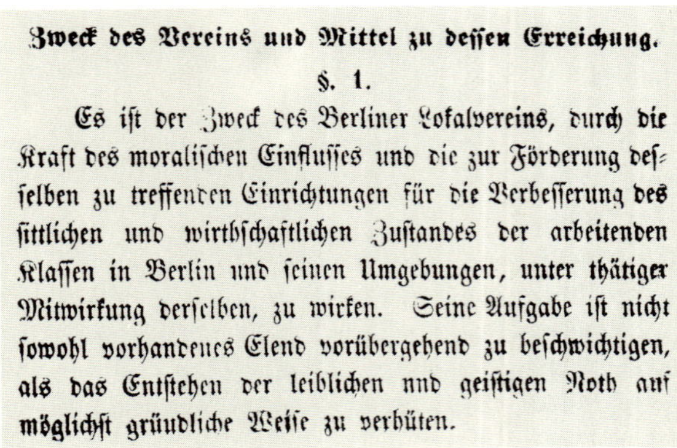

Zweck des Vereins und Mittel zu dessen Erreichung.

§. 1.

Es ist der Zweck des Berliner Lokalvereins, durch die Kraft des moralischen Einflusses und die zur Förderung desselben zu treffenden Einrichtungen für die Verbesserung des sittlichen und wirthschaftlichen Zustandes der arbeitenden Klassen in Berlin und seinen Umgebungen, unter thätiger Mitwirkung derselben, zu wirken. Seine Aufgabe ist nicht sowohl vorhandenes Elend vorübergehend zu beschwichtigen, als das Entstehen der leiblichen und geistigen Noth auf möglichst gründliche Weise zu verhüten.

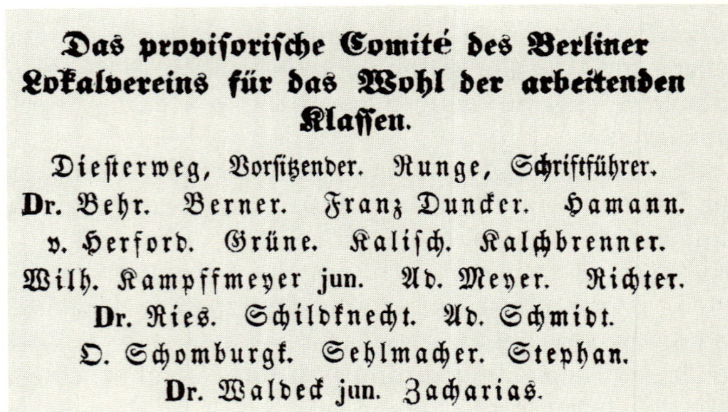

Das provisorische Comité des Berliner Lokalvereins für das Wohl der arbeitenden Klassen.

Diesterweg, Vorsitzender. Runge, Schriftführer.
Dr. Behr. Berner. Franz Duncker. Hamann.
v. Herford. Grüne. Kalisch. Kalchbrenner.
Wilh. Kampffmeyer jun. Ad. Meyer. Richter.
Dr. Ries. Schildknecht. Ad. Schmidt.
O. Schomburgk. Sehlmacher. Stephan.
Dr. Waldeck jun. Zacharias.

599 Statut des Berliner Lokal-Vereins für das Wohl der arbeitenden Klassen, 28.5.1848
15,0 x 10,5 cm
Berlin (DDR), Märkisches Museum
Nachdem die Gründung des Berliner Lokalvereins 1844 an der fehlenden Zustimmung der Behörden gescheitert war, unternahmen Berliner Persönlichkeiten 1848 einen erneuten Versuch. Der Vorsitzende des provisorischen Komitees war Diesterweg.

Das Ergebnis nach weiteren, zum Teil wieder recht stürmischen Diskussionen über die Vorlage war jedenfalls ein Kompromiß zwischen denen, die zuallererst die materielle Lage der arbeitenden Klassen, etwa durch die Einrichtung von Spar- und Krankenkassen, heben wollten, und denen, die in der mangelhaften Bildung der Unterschichten den eigentlichen Grund für deren Not sahen. Hilfe zur Selbsthilfe, unter tätiger Mitwirkung der Betroffenen selbst, war aber die allgemein akzeptierte Devise. Vier Kommissionen waren vorgesehen, die neben Organisationsfragen und neben der „literarischen“, das heißt Öffentlichkeitsarbeit des Vereins einerseits die ökonomische, andererseits die pädagogische Seite der sozialen Probleme beraten sollten.

Die pädagogische, anfangs „Sittenkommission“ genannte Kommission[15] ist hier nicht nur deshalb von Interesse, weil sie ihre Arbeit tatsächlich aufgenommen, sondern weil sie die Rolle und Funktion der Lehrer bei den Bestrebungen für das Wohl der arbeitenden Klassen gründlich erörtert hat. Dies war kein Zufall, gehörten doch Diesterweg, Kalisch und der Stadtschulrat Otto Schulz dieser Kommission an, die ihre Aufgabe in zwei Richtungen zu verfolgen begann: Zum einen wollte sie die Probleme der „Volksjugend“ angehen, „aus der sich die arbeitenden Klassen rekrutieren“, dabei aber nicht bloß Unterricht und Erziehung in den Blick nehmen, sondern „das ganze jugendliche Leben im Elternhause, in Warte- und Waisenhäusern und anderen Pflegeanstalten, in Schulen, in Fabriken, in der Lehre, wie in der Zeit, wo ihnen Erholung von der Arbeit zu gestatten ist“. Zum anderen ging es ihr um die Belehrung der Erwachsenen sowohl in Form von Vorträgen, aufklärenden Schriften und Weiterbildung als auch durch Anleitung „zu einer anständigen und zweckmäßigen Benutzung der der Erholung gewidmeten Muße“ – mittels Gesellenvereinen, Volksfesten, Ausflugszielen vor den Toren der Stadt mit Selbstverpflegung, Tanz und ähnlichem. Den Lehrern wurde in all diesen Überlegungen eine wichtige Aufgabe als Vermittler zugewiesen. So sollten sie an den Abenden Kurse für Erwachsene, vor allem im Zeichnen und Rechnen, durchführen, in den Gesellenvereinen allgemeinbildende Vorträge halten und bei der Pflege des Turnens und des Gesangs mitwirken. Daß dazu ein bestimmtes Berufsbild des Lehrers in der Öffentlichkeit Voraussetzung war, das erst noch geschaffen werden mußte, war den Kommissionsmitgliedern klar. Kalisch faßte die Überlegungen zusammen:

„Wenn aber der Localverein durch seinen Einfluß auf die öffentliche

Meinung mit dazu beitragen kann, und ohne Zweifel auch wird, um die äußere Lage der Volkslehrer zu verbessern, und ihnen ein anständiges, ihrer amtlichen Thätigkeit angemessenes Auskommen zu verschaffen, so wird das nicht sein geringstes Verdienst sein; denn nicht die Behörden sind dieser Verbesserung entgegen, sondern die Volksstimme, die noch immer nach hergebrachter Schätzung den Lehrerstand in seinen unteren Schichten nicht für voll gelten läßt. – Darum suche man vor allem die Ehre und Ehrenhaftigkeit des Volkslehrers zu befördern, seine Verdienste anzuerkennen, und ihn in der

Wir schreiben heute den achten December. Zehn ganze Tage, d. h. zehn Mal 24 Stunden oder 10 Tage und 10 Nächte sind seit dem denkwürdigen 29. November an der Menschheit vorübergegangen, also auch für die Stadt Berlin und für die in ihr wohnenden viermal hunderttausend Wesen, Menschen genannt. Wenn so viel Menschen 10 Tage leben, so ist dieß eben so lange, als wenn ein Mensch 4 Millionen Tage verlebte, eine unendlich lange Zeit. Was ist — fragen wir daher wohl nicht mit Unrecht — in dieser ungeheuern Zeit in Berlin geschehen, wie hat der 29ste November auf seine Bewohner gewirkt, was haben sie, in Bezug auf den Inhalt dieses Tages oder Abendes, gethan?

Der mit aufmerksamen Sinne die unter uns auftauchenden Ereignisse beobachtende Leser gebe sich die Antwort auf diese Fragen. Ich weiß nicht, wie sie ausfallen; ich muß mir daher allein antworten und sagen: Gar nichts, oder so gut wie gar nichts, nämlich so gut wie gar nichts öffentlich und vernehmlich für Jedermann. Der 29. November war für unsre Stadt ein Tag der Oeffentlichkeit in jeder Beziehung; also kommt es hier auch nur auf öffentliche Handlungen an. Daß die redseligen Berliner nach ihrer Weise in ihren Visiten-, Bier- und Weinstuben viel, sehr viel, wenn auch nicht zu viel (zu viel ist des Redens nur dann, wenn es vom Handeln abzieht) darüber gesprochen haben, darf für sicher angenommen werden; aber was fruchtet das stille Reden, das Reden für sich — in Sachen der Oeffentlichkeit?

Achtung des Publikums, auf das er einwirken soll, zu heben! Das ist mehr als Geld und Gehaltszulage. Und mit jenen ist auch dieses gewonnen. – Die Lehrer müssen zu diesem Ende Mitglieder des Localvereins werden, damit sie nicht unter ihm zu stehen scheinen. Sie werden ihm von größtem Nutzen sein, so wie er ihnen. Sie sind es, die des grünen Holzes zu pflegen haben, daß es nicht schon vor der Zeit verdorre und verwildere... Die Lehrervereine des mittleren und unteren Lehrstandes haben hier in Berlin seit zehn bis zwanzig Jahren sichtbar die Bildung und Achtungswürdigkeit desselben gefördert, wenn auch zuweilen, weil sie unter sich waren, bis zur Ueberschätzung ihrer selbst, die jedoch immer besser, als ihr Gegentheil ist. Im Localverein, wo alle Stände zusammen wirken, ist auch das nicht zu befürchten; die Concurrenz wird sie auf das rechte Maaß ihrer Wichtigkeit zurückführen.“[16]

Der

29. November 1844

in Berlin,

ein Zeichen der Zeit.

Ein Wort

über den Berliner Localverein zur Beförderung des Wohls der arbeitenden Klassen

an die Bürger der Stadt

von

Einem derselben.

Erstes gedrucktes Wort

zum Besten der Kasse des genannten Vereins.*)

600 „Der 29.November 1844 in Berlin, ein Zeichen der Zeit. Ein Wort über den Berliner Localverein zur Beförderung des Wohls der arbeitenden Klassen an die Bürger der Stadt von Einem derselben. Erstes gedrucktes Wort zum Besten der Kasse des genannten Vereins.“ Rheinische Blätter für Erziehung und Unterricht Bd.31, 1845

Doch alle sozialreformerischen Bestrebungen, nicht nur des Berliner Lokalvereins, sondern praktisch der gesamten Bewegung für das Wohl der arbeitenden Klassen, wurden im Frühjahr 1845 durch das restriktive Vorgehen des Innenministeriums jäh beendet. Dem reaktionären Innenminister von Arnim war es gelungen, den König zu bewegen, von der Unterstützung der Vereinsbewegung zurückzutreten und die weitere Verfolgung der Angelegenheit ihm zu überlassen. Diese Wende erreichte er mit dem Hinweis auf die radikalen Elemente und kritischen Reden in verschiedenen Lokalvereinen, vor allem in Berlin, und auf deren angeblich höchst schädlichen Einfluß auf die arbeitenden Klassen – „eine nach Zahl und Stärke furchtbare Macht“.[17] Nahezu alle Vereine mußten sich nun auflösen.

Diesterweg, Kalisch und Benda suchten nach dem Verbot des Lokalvereins im Frühjahr 1845 nach einem Ausweg, „damit nicht die hohe Idee, welche den Verein ins Leben gerufen, verloren gehen möge“.[18] Ihr Sammelpunkt wurde die Mitte 1845 gegründete Berliner Bürger-Gesellschaft, in der „freidenkende Männer“ zusammenkommen und „ihre Ansichten über städtische und staatliche Angelegenheiten“ austauschen wollten.[19] Da die vielfältigen Projekte, die im Lokalverein bereits debattiert worden waren, durch das Verbot nicht mehr in Angriff genommen werden konnten, förderte die Bürger-Gesellschaft wenigstens einige wenige Vorhaben, die nicht den polizeilichen Argwohn erregten. Wichtigstes Projekt aus „den Trümmern des Lokalvereins“ war die Gründung der Pestalozzi-Stiftung durch

601 K. Gundlach
Die erste Versammlung des Berliner Localvereins für das Wohl der arbeitenden Klassen
Norddeutsche Blätter für Kritik, Literatur und Unterhaltung, Heft VI, 1844
Bericht eines Fabrikarbeiters, der der Versammlung beiwohnte.

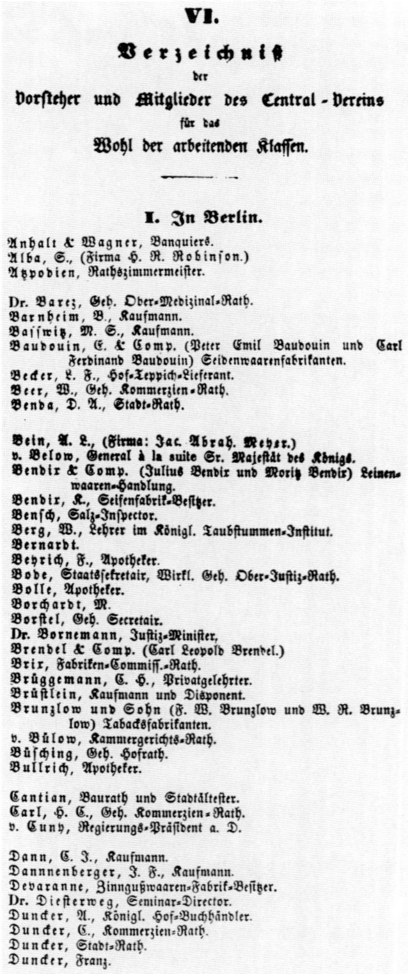

VI.

Verzeichniß
der
Vorsteher und Mitglieder des Central-Vereins
für das
Wohl der arbeitenden Klassen.

I. In Berlin.

Anhalt & Wagner, Banquiers.
Alba, S., (Firma H. R. Robinson.)
Atzpodien, Rathszimmermeister.

Dr. Barez, Geh. Ober-Medizinal-Rath.
Barnheim, B., Kaufmann.
Baswitz, M. S., Kaufmann.
Baudouin, E. & Comp. (Peter Emil Baudouin und Carl Ferdinand Baudouin) Seidenwaarenfabrikanten.
Becker, L. F., Hof-Teppich-Lieferant.
Beer, W., Geh. Kommerzien-Rath.
Benda, D. A., Stadt-Rath.

Bein, A. L., (Firma: Jac. Abrah. Meyer.)
v. Below, General à la suite Sr. Majestät des Königs.
Bendix & Comp. (Julius Bendix und Moritz Bendix) Leinen-waaren-Handlung.
Bendix, K., Seifenfabrik-Besitzer.
Bensch, Salz-Inspector.
Berg, W., Lehrer im Königl. Taubstummen-Institut.
Bernardt.
Beyrich, F., Apotheker.
Bode, Staatssekretair, Wirkl. Geh. Ober-Justiz-Rath.
Bolle, Apotheker.
Borchardt, M.
Borstel, Geh. Secretair.
Dr. Bornemann, Justiz-Minister,
Brendel & Comp. (Carl Leopold Brendel.)
Brix, Fabriken-Commiss.-Rath.
Brüggemann, C. H., Privatgelehrter.
Brüstlein, Kaufmann und Disponent.
Brunzlow und Sohn (F. W. Brunzlow und W. R. Brunzlow) Tabacksfabrikanten.
v. Bülow, Kammergerichts-Rath.
Büsching, Geh. Hofrath.
Bullrich, Apotheker.

Cantian, Baurath und Stadtältester.
Carl, H. C., Geh. Kommerzien-Rath.
v. Cuny, Regierungs-Präsident a. D.

Dann, C. J., Kaufmann.
Dannnenberger, J. F., Kaufmann.
Devaranne, Zinngußwaaren-Fabrik-Besitzer.
Dr. Diesterweg, Seminar-Director.
Duncker, A., Königl. Hof-Buchhändler.
Duncker, C., Kommerzien-Rath.
Duncker, Stadt-Rath.
Duncker, Franz.

602 Berliner Mitglieder des Central-Vereins für das Wohl der arbeitenden Klassen
Mittheilungen des Centralvereins für das Wohl der arbeitenden Klassen Jg. 1, 1848-1849, Berlin 1849

Diesterweg, Kalisch und Wilhelm Adolf Lette, die sich in erster Linie der Waisenerziehung annehmen, darüber hinaus aber auch Mittelpunkt eines ganz Deutschland umfassenden Strebens nach einem reformierten Schul- und Erziehungswesen im Sinne Pestalozzis sein wollte.[20] In einem Brief vom 13. November 1845 stellte Diesterweg die Verbindung zwischen dem Centralverein und der Pestalozzi-Stiftung folgendermaßen her:

„Daß man mit der Jugend anfangen müsse, darin stimmen alle Erzieher, alle Staatsmänner, wie verschieden auch ihre übrigen Ansichten, Grundsätze, religiöse Richtungen sein mögen, überein. Hier liegt also die Quelle der Vereinigung Aller, welche Gutes wirken wollen. Der dem hier im vorigen Jahr entstandenen ‚Centralverein für das Wohl der arbeitenden Klassen' zugrunde liegende Gedanke – der größte, den die Jahre 1840 bis 1845 geboren haben – ist auch die Idee der Pestalozzi-Stiftung (sic!). Was jener in der umfassendsten Weise wollte (die Zeitmenschen waren zu klein, ihn zu begreifen, ihm zu glauben und mit vollem Vertrauen an die Ausführung zu gehen, was die Nachkommenschaft, die ihn schon realisieren wird, zu unserer Schande erzählen muß), das will in beschränkterem Sinne die Pestalozzi-Stiftung…"[21]

Außerdem griff Diesterweg die alte Idee Ferdinand Schmidts wieder auf, durch gute Volksliteratur auf die unteren Klassen einzuwirken. Er und Schmidt veröffentlichten mit einigen Mitarbeitern am 3. Juli 1845 ein „offenes Sendschreiben an die Lehrer und Freunde des Volks", in dem sie für das Volksschriftenwesen eintraten und zur Gründung von Volksbibliotheken aufriefen.[22] Volksbildung wurde hier nicht mehr so umfassend verstanden, als könne sie die Emanzipation der Unterschichten alsbald in die Wege leiten, sondern als Befähigung zur klaren Auffassung und zum richtigen Urteil, aus denen dann allmählich eine Verbesserung der materiellen Verhältnisse hervorgehen werde. Diesterwegs Aktivitäten blieben jedoch durch das Mißtrauen der Behörden, die ihm „Parteibestrebungen" vorwarfen und ihn besonders nach der spektakulären Feier seines 25jährigen Dienstjubiläums am 3. Juli 1845 aus seinem Amt zu verdrängen versuchten, sehr begrenzt. Die vielen Verwarnungen, Maßregelungen und kleinlichen Untersuchungen machten ihn schließlich so „mürbe", daß er seiner Amtsenthebung selbst zustimmte, was er später als Fehler bezeichnet hat.[23]

Nach all dem ist verständlich, daß Diesterweg den Ausbruch der Revolution mit Begeisterung begrüßte: „Wir haben Dinge erlebt, die zu erleben man kaum hoffen konnte."[24] Eine seiner ersten Taten nach der Revolution war – neben der Mitgründung einer neuen Zeitung, der *National Zeitung* – die Einberufung des ehemaligen Komitees des Berliner Lokalvereins, als dessen Vorsitzender er sich noch immer fühlte, zum Zwecke der Neukonstituierung am 27. März 1848: „Die Pflastersteine haben ihn (den Lokalverein, J.R.) wachgerufen, unsere Lungen und Federn vermochten es nicht!"[25] Seit dem Sommer 1848 entwickelte dieser Lokalverein eine Vielzahl von beachtlichen sozialen Aktivitäten, auf die jedoch nicht mehr eingegangen werden soll. Auch in ihm übernahmen wieder Lehrer wichtige Funktionen, so vor allem im Bereich der Erwachsenenbildung.[26]

Abschließend ein knappes Fazit:

1. Es gab offenbar im Vormärz bei einer wachsenden Zahl von Lehrern das Gefühl einer gesamtgesellschaftlichen Verantwortung. Aus diesem Gefühl heraus waren sie – vor allem nach dem schlesischen Weberaufstand – bereit, ihren spezifischen Beitrag zur Überwindung der sich abzeichnenden Systemkrise und zur partiellen Reformierung der sozio-ökonomischen Verhältnisse zu leisten. Daß als der richtige Weg zum Ziel zuerst die „geistige Hebung" als Voraussetzung der dann folgenden materiellen angesehen wurde und nicht umgekehrt, lag bei den Lehrern nahe. Diese Auffassung verband sie mit den radikaleren Literaten, die allerdings unter „geistiger Hebung" in erster Linie die

politische Aufklärung mit dem Ziel völliger Emanzipation verstanden. So weit gingen die meisten Pädagogen jedoch nicht. Sie legten vor allem Wert auf die nüchterne Analyse der Verhältnisse, was insgesamt auch als Teil ihres Bestrebens nach besserer eigener Ausbildung zu verstehen ist, und verlangten Untersuchungskommissionen zur Ergründung der Ursachen der sozialen Notlage.

2. Die bessere Ausbildung und zunehmende Professionalisierung der Lehrerschaft lagen nicht nur im Interesse der Lehrer selbst, sondern waren auch ein erklärter Wunsch vieler bürgerlicher Sozialreformer, die die Lehrer in ihre Konzepte einplanen wollten, dazu jedoch einen geachteten, gesicherten und ihre Ziele teilenden Lehrerstand brauchten. Die Bestrebungen Friedrich Harkorts sind neben denen Adolph Diesterwegs ein weiterer schlagender Beleg für diesen Zugriff auf die Lehrerschaft.[27] Harkort stand der Vereinsbewegung für das Wohl der arbeitenden Klassen zunächst gerade deshalb skeptisch gegenüber, weil sich in ihr die Fabrikanten mit ihrer Auffassung, nach der zunächst nur die materielle Lage der arbeitenden Klassen gehoben werden sollte, durchzusetzen schienen. Diesen Weg wie auch die anfangs angestrebte Beschränkung auf die „Hand- und Fabrikarbeiter" sah er als bedauerliche Verengung an und forderte stattdessen „für die ganze Nation Bildung, Bildung und nochmals Bildung", durch die alle Klassen „dem großen Ganzen" angeschlossen werden sollten.[28] Der von Harkort 1842 gegründete „Verein für die Deutsche Volksschule" sollte in dieser Richtung wirken[29], wobei er von Diesterweg, dem Harkort bereits im Juni 1842 bei einem Besuch in Berlin aus seiner Schrift „Bemerkungen über die Preußische Volksschule und ihre Lehrer" vorgelesen hatte, tatkräftige Unterstützung erhielt.[30]

3. Im Grunde kann man sich fragen, ob sich nicht in der partiellen Nähe des Diesterweg'schen und des Harkort'schen Denkens jener innere Widerspruch andeutet, der die bürgerlichen sozialreformerischen Bildungsvorstellungen überhaupt seit dem Vormärz zu kennzeichnen und das Bild und den gesellschaftlichen Nutzen des Lehrers in den Augen der gesamten liberalen Öffentlichkeit zu prägen begann: Der aufklärerische Gedanke der allgemeinen Emanzipation durch Bildung, wie er noch in vielen Lokalvereinen für das Wohl der arbeitenden Klassen vorgetragen worden war, trat hier mit der Erwartung in Verbindung, eine bessere individuelle Ausbildung und der Einsatz der so gewonnenen Fähigkeiten führe zu größerer materieller Sicherheit des Einzelnen und trage letztlich zu einem harmonisierenden Ausgleich innerhalb der Gesellschaft bei. Die Logik, die dahinter steht, ist typisch sozialreformerisch-liberal: partielle Reformierung bzw. Behebung eklatanter Systemschwächen zur Stabilisierung des Gesamtsystems.[31] Diese Art der Konfliktbewältigung von oben nach unten war auch schon die Strategie der preußischen Reformer im ersten Jahrzehnt des 19. Jahrhunderts gewesen. Sie wurde hier wieder aufgegriffen und führte auf Dauer – trotz vieler retardierender Entwicklungen – zur Herausbildung jener großen Zahl von „sozialen Innovationen", Verfahrensritualen und „Spielregeln", die im modernen Sozialstaat soziale Konflikte auf ein Minimum reduzieren bzw. ihnen ihre systembedrohende Spitze nehmen sollen.[32]

1 Nipperdey, Th.: Gesellschaft, Kultur, Theorie. Gesammelte Aufsätze zur neueren Geschichte. Göttingen 1976, S. 225.
2 Riehl, W.H.: Die bürgerliche Gesellschaft. Hrsg. u. eingel. v. P. Steinbach. Frankfurt 1976, S. 237.
3 Vgl. die Monographie über den Centralverein von Reulecke, J.: Sozialer Frieden durch soziale Reform. Wuppertal 1983. Daneben zu den Lehrervereinen aus dem Blickwinkel Diesterwegs seinen Aufsatz „Lehrervereine". In: Diesterweg, F.A.W.: Sämtliche Werke. Bd. VI. Berlin 1963, S. 205-217 (DSW).
4 DSW Bd. VI, S. 553f.
5 Ebenda. Siehe auch S. 289ff.
6 Lt. Bericht der Elberfelder Zeitung v. 23.6.1844. Vgl. auch Jahnke, H.: Ferdinand Schmidt. Ein Bild seines Lebens und seines Wirkens als Jugenderzieher, Volkspädagoge und Schriftsteller. Berlin o.J. (1886), S. 64f.
7 Dazu Reulecke, J.: a.a.O., S. 71; dort die Nachweise der folg. Zitate.
8 Lt. Akte Rep. 120, DXXII/1, vol. 1, fol. 1-2, Deutsches Zentralarchiv Merseburg (DZAM).
9 Elberfelder Zeitung v. 11.7.1844.
10 Schlesische Zeitung v. 17.6.1844.
11 Elberfelder Zeitung v. 18.10.1844.
12 Gundlach, K.: Die erste Versammlung des Berliner Localvereins für das Wohl der arbeitenden Klassen. In: Norddeutsche Blätter für Kritik, Literatur und Unterhaltung. Heft VI, Dez. 1844, S. 34.
13 Abgedr. in: DSW Bd. VI, S. 414-427, unter dem Titel: „Der 29. November 1844 in Berlin, ein Zeichen der Zeit".
14 Siehe Kalisch, E.W.: Zur Geschichte des Berliner Lokalvereins für das Wohl der arbeitenden Klassen. In: Mittheilungen des Centralvereins für das Wohl der arbeitenden Klassen. Unveränd. Neudr. in 5 Bdn. Hrsg. v. W. Köllmann u. J. Reulecke. Hagen 1980. Bd. 1 (1848/49), S. (93)ff.
15 Ebenda, S. (100)ff. Dort auch die folg. Zitate.
16 Ebenda, S. (105).
17 Zitat aus der o.a. Akte im DZAM.
18 Bericht des Berliner Lokal-Vereins für das Wohl der arbeitenden Klassen über seine bisherige Tätigkeit (3.4.1849). Abgedr. in: Mittheilungen des Centralvereins für das Wohl der arbeitenden Klassen. A.a.O., Bd. I, S. (423)ff.
19 Kochhann, H.E.: Mitteilungen aus den Jahren 1839-1948. Berlin 1906, S. 55.
20 Dazu ausführlich Kalisch, E.W.: Über die öffentliche Waisenerziehung und die deutsche Pestalozzi-Stiftung. Zwei Vorträge in der Berliner Bürger-Gesellschaft 1847. Abgedr. in: Mittheilungen des Centralvereins für das Wohl der arbeitenden Klassen. A.a.O., Bd. I, S. (383)ff.
21 Brief an Eduard Langenberg v. 13.11.1845. Zit. n. Bloth, H.G.: Adolph Diesterweg. Sein Leben und Wirken für Pädagogik und Schule. Heidelberg 1966, S. 227.
22 Abgedr. in: DSW Bd. VI, S. 542-547. Siehe auch Jahnke, H.: a.a.O., S. 61ff.
23 Bloth, H.G.: a.a.O., S. 158.
24 Brief an Langenberg v. 26.3.1848. Ebenda, S. 249.
25 Ebenda.
26 Dazu Reulecke, J.: a.a.O., bes. S. 185ff., sowie der o.a. Bericht des Berliner Lokal-Vereins für das Wohl der arbeitenden Klassen über seine bisherige Tätigkeit.
27 Siehe Harkort, F.: Schriften und Reden zu Volksschule und Volksbildung. Hrsg. v. K.-E. Jeismann. Paderborn 1969.
28 Vgl. Harkort, F.: Die Vereine zur Hebung der untern Volksclassen. Elberfeld 1845, S. 66.
29 Dazu Uhlig, G.: Bourgeoisie und Volksschule im Vormärz. Schulpolitische Kämpfe in Westfalen 1838-1848. Berlin 1960.
30 Bloth, H.G.: a.a.O., S. 211 253, sowie DSW Bd. VI, S. 137ff.
31 Vgl. Butterhof, H.-W.: Wissen und Macht. Widersprüche sozialdemokratischer Bildungspolitik bei Harkort, Liebknecht und Schulz. München 1978, S. 104f
32 Siehe dazu die Überblicksdarstellung v. Ritter, G.A.: Der Sozialstaat. Entstehung und Entwicklung im internationalen Vergleich. München 1989.

Oskar Geppert

„Ein geistverwandter Freund…“[1]

Der freisinnige Schulmann Karl Friedrich Wilhelm Wander

Das Interesse der folgenden Betrachtung gilt einem Pädagogen des 19. Jahrhunderts, der zu seiner Zeit, besonders in den 40er und 50er Jahren, ein im ganzen deutschen Sprachraum bekannter, wenn auch umstrittener Schulmann war: der „Rote Wander“. Sein Name gehört neben den Adolph Diesterwegs – als Vorkämpfer in Sachen Lehreremanzipation und Befreiung der Lehrerschaft aus staatlicher und kirchlicher Bevormundung.

603 Karl Friedrich Wilhelm Wander
„Ja, ich bin feindlich gesinnt, aber nur gegen Alles, was die wahre Menschenbildung und Volksentwicklung hemmt, ja, ich war destruktiv, aber nur gegen Alles, was faul ist in Staat, Kirche, Schule.“
Lithographie von A. Zimmermann, 2.Hälfte 19.Jh.
62 x 44 cm
Berlin (DDR), Schulmuseum der Akademie der Pädagogischen Wissenschaften

Karl Friedrich Wilhelm Wander war kein persönlicher Schüler Diesterwegs – wie manchmal behauptet wird –, doch fühlte er sich seinem „Lehrmeister im Geiste“ zeitlebens verbunden. Aus der ersten brieflichen Kontaktaufnahme – Wander bat den dreizehn Jahre Älteren um eine Begutachtung seiner schriftstellerischen Erstlingswerke – entwickelte sich eine innige Freundschaft, die mehr als zweiunddreißig Jahre, bis zu Diesterwegs Tod, anhielt. Dies ist bei dem bekannt streitbaren Naturell beider durchaus bemerkenswert: Wander wie Diesterweg kannten keine Hemmungen, bei prinzipiellen Meinungsverschiedenheiten mit guten Freunden zu brechen und diese mit spitzer Feder öffentlich bloßzustellen. Ein derart problemfreies Freundschaftsband verband Diesterweg eigentlich nur noch mit dem sechs Jahre älteren Peter Heuser (1784-1866) und mit seinem ehemaligen Schüler und „Nachlaßverwalter" Eduard Langenberg (1807-1891). In der Tat hatten sich hier zwei geistverwandte Seelen gefunden, die in ihrem Wirken und Wollen viel Gemeinsames aufwiesen. „Aber Wander war kein Diesterweg und Diesterweg kein Wander"[2], wie Johannes Tews zu Recht bemerkte.

Betrachten wir zunächst Herkunft und Bildungsgang dieser beiden Pädagogen. Während Adolph Diesterweg einer angesehenen Siegerländer Familie entstammte, seine Ausbildung mit Studium und Promotion beschloß und sich „contre coeur" dem Lehrerberuf – zunächst im höheren Schulwesen und erst später vor allem durch sein Wirken als Seminardirektor auf dem Gebiete der Volksschule – widmete, konnte der Schlesier von solchen Ausgangsbedingungen nur träumen.

604 Adolph Diesterweg
„Schließe an ein Ganzes dich an! – A. Diesterweg"
Lithographie, Druck L. Sachse & Co., Berlin, um 1830/40
50 x 30 cm
Frankfurt, Musterschule

Karl Friedrich Wilhelm Wander (1803-1879) entstammte ärmlichsten Verhältnissen; der Kampf um das tägliche Brot begleitete ihn von Kindesbeinen an. Bereits mit fünf Jahren hatte er seinen Platz am Spinnrad. Das sprichwörtliche „Schlesische Elend", wie es später Gerhart Hauptmann geschildert hat, erfuhr er am eigenen Leibe; es prägte den jungen Wander, doch legten diese Kindheitserfahrungen, zusammen mit der nationalen Begeisterung der Zeit der Freiheitskriege, auch den Grundstein für sein späteres volkspädagogisches Wirken und brachten ihn dazu, in seinem Erziehungsroman „Ernst Will"[3] dem einfachen Volke einen Weg zur Besserung seiner Verhältnisse aufzuzeigen, ähnlich Pestalozzis Bestreben, „dem Volk aufzuhelfen".

Doch bis dahin war es noch ein weiter Weg. Nach dem Besuch der Volksschule seines Geburtsortes Fischbach, unweit Hirschberg im Riesengebirge gelegen, konnte Wander seinem Wunsche, Lehrer zu werden, aus finanziellen Gründen zunächst nicht folgen. Die sich häufenden gesundheitlichen Beschwerden, wohl Ausdruck seiner tiefen inneren Abneigung gegen die begonnene Schreinerlehre, zwangen ihn nach einem Jahr zum Abbruch der Ausbildung, ermöglichten ihm aber zugleich, seinen „Traumberuf" in der damals üblichen Weise zu erlernen: Mit anderen Präparandieschülern übte sich der 15jährige im Schulehalten: Planlos und ohne System, meist sich selbst und dem Zufall überlassen; da konnten die ein- bis zweimal wöchentlich stattfindenden Unterweisungen des Pastors und die wenigen Musikstunden des Kantors an der häufig beklagten Unwissenheit der Präparanden wenig ändern. So kam es, daß der durch außerordentliches Lehrgeschick aufgefallene 18jährige, bereits selbständig unterrichtende Hilfslehrer erst im zweiten Anlauf ins Bunzlauer Lehrerseminar aufgenommen wurde. Doch Wanders Hoffnung auf eine an Wissenschaft orientierte Ausbildung erfüllte sich auch hier nicht. Die eigene Arbeit der Seminaristen beschränkte sich auf die Ausarbeitung der Unterrichtsstunden, „Hefteschreiben"[4] nennt es Wander; daher sein Vorwurf:

„Es geschah von Seiten der Anstalt zu wenig, um ein Streben nach wissenschaftlicher Bildung zu wecken. Wurden auch einzelne Gegenstände ziemlich angemessen behandelt, so fehlte doch eine Grundlage, wie sie sich für künftige Lehrer ziemt, wie sie jeder Mensch, der sich zu den Gebildeten zählen will, beanspruchen muß. Man wollte gläubige Schulmeister, die ein klein wenig aber nicht viel mehr wüßten, wie Dorfkinder, und von denen die besten für städtische Elementarschulen zu gebrauchen wären. Nur nicht zu klug! Das Wissen bläht auf! Man braucht bescheidene, demütige Lehrer. Und Christum lieb haben, ist besser als alles Wissen."[5]

Ein solcher Ausbildungsgang entsprach ganz den Vorstellungen der Regierungen – die preußischen Ansichten stehen hier exemplarisch für die der übrigen deutschen Staaten. Und welche Realitäten die jungen Lehrer in den Schulen erwartete, hat Wander in seinem „Kampfdorf", wie er Gießmansdorf, den Ort seiner ersten amtlichen Stellung, nannte, selbst erfahren und später authentisch in seinem „Hilfslehrerleben“[6] geschildert. In den meisten Schulen herrschte die „alte“ Pädagogik, das heißt aller Unterricht war fast ausschließlich Religionsunterricht: Singen und Auswendiglernen von Kirchenliedern, Lesen und Schreiben von meist unverstandenen Bibelstellen; Erdkunde und Geschichte beschränkten sich vor allem auf biblische Landschaften und Zeitalter; Realien suchte man vergeblich, und Rechnen blieb auf das Notwendigste beschränkt. Da saßen Lehrer wie Wander, die diese „Gedächtnisschulen“ (Harnisch) in „Verstandesschulen“ verwandeln wollten, zwischen allen Stühlen. Sowohl die überwiegend ländlich-kleinstädtische Bevölkerung als auch die Schulaufsicht wollten keine anderen Schulen; das Volk nicht, weil „Schulehalten“ schon immer so war, und der Schulinspektor – meist der Ortsgeistliche – nicht, weil die Schule als „Vorhalle der Kirche“ und der Lehrer hauptsächlich als Kirchendiener, als Küster und Organist und erst dann als Schulmann betrachtet wurde.

Für Wander war die Unzufriedenheit mit der eigenen Ausbildung, die Tatsache, daß er wie alle künftigen Lehrer einer „wissenschaftlichen“ Ausbildung, die für andere geistige Berufe vorgeschrieben war, entbehren mußte, Auslöser für sein volkspädagogisches und standespolitisches Wirken. Hatte er sich in den ersten Jahren seiner schriftstellerischen Tätigkeit fast ausschließlich mit methodischen Problemen des deutschen Sprachunterrichts und mit dem Sprichwort beschäftigt, so bewegte ihn seit Mitte der 30er Jahre, angeregt durch die Schriften Diesterwegs, die Frage einer verbesserten Volksbildung. Es war ihm klar, daß nur mit Hilfe des Lehrerstandes dieses Problem gelöst werden konnte. Doch bei der dürftigen Bildung der kommenden Lehrergeneration war kein Fortschritt zu erwarten. Hier also mußte der Hebel angesetzt werden: Wander tat dies in freimütiger Weise und unterzog den Bildungsgang der künftigen Lehrer einer eingehenden, öffentlich geführten Kritik[7], wobei er als erster und fast einziger Schulmann in die Diskussion eingriff.

605 Griffelkasten eines Volksschullehrers, 2.Hälfte 19.Jh.
Holz, Papier
4,0 x 20,5 x 5,5 cm
Haßloch, Heimatmuseum

Doch sehr bald wurde ihm klar – nicht zuletzt durch die Reaktion seiner Gegner –, daß selbst eine bessere Ausbildung der Lehrer allein nicht reichte, der Volksbildung aufzuhelfen, solange nicht die Stellung von Schule und Lehrerschaft eine freiere und unabhängigere würde. Dabei empfand er vor allem die Abhängigkeit von Kirche und Geistlichkeit als besonders drückend. Die einzig mögliche Institution, der Wander in dieser Lage die Schule anvertrauen mochte, war der Staat. Sollte Schule „den Menschen zum Menschen“ bilden, also zuerst für diese Welt tauglich machen und erst in zweiter Linie, auf den Himmel vorbereiten, so war dies nach seiner Vorstellung eine weltliche Angelegenheit, die nur von einer weltlichen Macht getragen werden konnte. Dabei hatte der Schlesier das Bild eines freien Rechtsstaates vor Augen, wie ihn das liberale Lager ersehnte und zu gestalten hoffte: Ein Ideal, meilenweit entfernt von der preußischen Wirklichkeit, wie Wander in vielen leidvollen Kontroversen mit dem Staatsapparat erfahren sollte. Dies war ein Grund mehr, weshalb er später, besonders in verstärkt reaktionären Epochen, die Schule den Gemeinden überstellen und zur Sache des Volkes machen wollte; jedenfalls war sein politisches Engagement von der Utopie einer freien, selbständigen Schule getragen, wobei ihm der Ruf nach Freiheit wichtiger als der nach Gleichheit war.

Anfangs stellte Wander seine Vorstellungen von einer notwendigen Emanzipation der Schule von der Kirche in der Presse sehr moderat und sachlich-differenziert dar. Er forderte eine fachliche Schulaufsicht, die auch von einem Geistlichen, sofern er diese Aufgabe als Schulmann wahrnahm, ausgeübt werden konnte. Doch bereits darin witterten seine geistlichen Kontrahenten in seltener Übertreibung einen massiven Angriff auf das Christentum, aber auch auf den bestehenden „christlichen" Staat. Die Diskussion eskalierte, wurde zunehmend polemischer, und Wander sah, wie die Zensur in Schlesien seine Beiträge so zusammenstrich, daß sie sinnentstellt und schließlich gar nicht mehr veröffentlicht wurden. Kurzentschlossen ließ Wander daraufhin seine folgenden Artikel zur „Entvormundung der Schule" in der *Preußischen Volksschul-Zeitung*[8] in Berlin erscheinen, und da der dortige Zensor keine Bedenken gegen seine Beiträge hatte, konnten diese nun vollständig gedruckt werden. Damit erreichte der schlesische Schulmann ein breiteres Publikum und erntete begeisterte Zustimmung aus der Lehrerschaft, aber auch heftige Drohungen und Warnungen von seiten der Regierenden. In der Frage der Stellung der Schule zu Kirche und Staat war seine Stimme fast einzig, die aus dem Lehrerstand kam und öffentlich im Sinne einer Emanzipation der Schule auftrat. Die Forderung nach einer „freien Schule" in einem freien, auf Vernunft gegründeten Staatsgebilde stellte er bereits vor Diesterweg auf.

Ernsthafte Konflikte zeichneten sich ab, als Wander auf Bitten vieler Lehrer seine Gedanken in einer „größeren Schrift", nämlich in seiner „Volksschule als Staatsanstalt" niederlegte, die er wohlweislich im sächsischen „Ausland", in Leipzig, erscheinen ließ. Hier faßte er all seine früheren Gedanken zur Emanzipationsfrage der Schule von der Kirche zusammen: Die Schule als selbständige Institution, gleichgestellt mit der Erziehungsanstalt Kirche, getrennt von deren Aufsicht, ganz unter die Obhut des Staates gestellt. Welchen Fortschritt bedeutete dies für ein einheitliches, selbständiges Schulwesen und die Stellung der Lehrerschaft, wenn der Staat auch Bau und Unterhalt der Schulgebäude, Besoldung und Pension der Lehrer und die Aufsicht über das Schulwesen übernähme! Forderungen, die für uns heute längst selbstverständlich geworden sind, zu Wanders Zeit aber vielen unerreichbar schienen, ja erscheinen mußten, wenn sie sahen, wie die Regierenden solche Vorschläge aufnahmen.

Der schlesische Schulmann wurde für diese seine freimütige Erörterung kurz nach Erscheinen der 66seitigen Broschüre auf Betreiben des preußischen Unterrichtsministers Eichhorn von der Liegnitzer Bezirksregierung protokollarisch verwarnt: *„daß die in dieser Schrift aufgestellten Ansichten über das Verhältniß der Schule zur Kirche und den Einfluß der letzteren auf jene, eben sowohl der natürlichen engeren Verbindung beider, als den darüber bestehenden Grundsätzen und Anordnungen widersprechen...*"[9] Sollte er weiterhin diese Ansichten verteidigen, verbreiten oder auch nur weiter hegen (!), so könne man ihm das Lehramt nicht ferner anvertrauen.[10]

Klare Worte der Unterrichtsverwaltung, aber kein Grund für Wander, die – wie er sich öfter auszudrücken pflegte – einmal als richtig und wahr erkannte Sache aufzugeben. Von nun an publizierte er unter wechselnden Pseudonymen: Als Dr. Pfaffius in „Theologischer das ist unumstößlicher Beweis, daß die Schule die Dienstmagd der Kirche..." sei, zog der flotte Schreiber alle Register des Hohns und Spotts, um eine anmaßende und überhebliche Geistlichkeit in ihrer Argumentation ad absurdum zu führen; als B.G. Wuntschli antwortete er öffent-

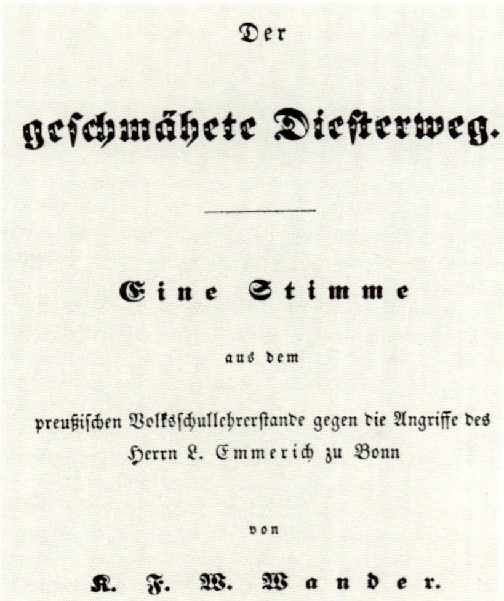
Der

geschmähete Diesterweg.

Eine Stimme

aus dem

preußischen Volksschullehrerstande gegen die Angriffe des

Herrn L. Emmerich zu Bonn

von

K. F. W. Wander.

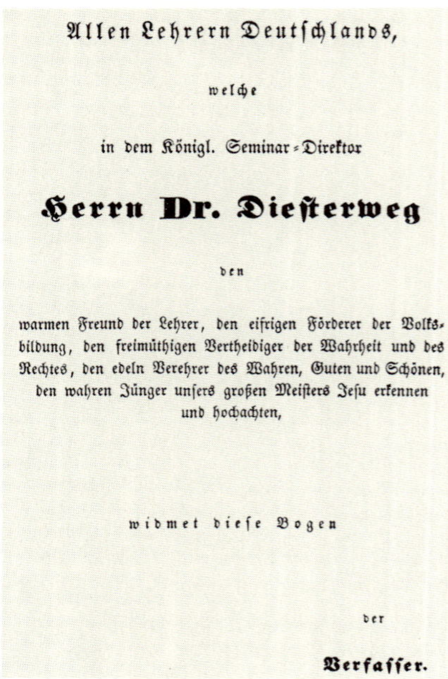
Allen Lehrern Deutschlands,

welche

in dem Königl. Seminar-Direktor

Herrn Dr. Diesterweg

den

warmen Freund der Lehrer, den eifrigen Förderer der Volksbildung, den freimüthigen Vertheidiger der Wahrheit und des Rechtes, den edeln Verehrer des Wahren, Guten und Schönen, den wahren Jünger unsers großen Meisters Jesu erkennen und hochachten,

widmet diese Bogen

der

Verfasser.

606 K.F.W. Wander
Der geschmähete Diesterweg. Eine Stimme aus dem preußischen Volksschullehrerstande gegen die Angriffe des Herrn L. Emmerich zu Bonn. Leipzig 1843

lich sich selbst mit den „Pädagogischen Briefen vom Rhein an den Verfasser der Volksschule als Staatsanstalt"; ferner trat er auf als Arnold Salzmann in den „Briefen von der Elbe über pädagogisch-politisch-religiöse Tagesfragen", als Ernst Pfeffer mit „Briefen von der Oder über pädagogische, religiöse und politische Zustände" und schließlich als Salzmann der Jüngere mit einer Bestandsaufnahme seiner Zeit in: „So sieht's aus! Oder: Pinselstriche zur Kenntniß der Gegenwart", um nur die größeren Titel neben einer Fülle von Zeitschriftenaufsätzen zu nennen.[11]

Doch für seinen „geschmäheten" Freund wagte sich Wander in dieser reaktionären Ära trotz ernster Verwarnung ohne Pseudonym hervor: Mit einer Verteidigungsschrift für den wegen seiner im „Wegweiser zur Bildung für deutsche Lehrer" geäußerten religiösen und pädagogischen Ansichten angegriffenen Adolph Diesterweg. Bereits auf dem Titelblatt widerspricht er demonstrativ den Anklagen des Diesterweg-Schülers und Gegners Ludwig Emmerich, indem er die Schrift all denen widmete, die in Diesterweg „den warmen Freund der Lehrer, den eifrigen Förderer der Volksbildung, den freimüthigen Verteidiger der Wahrheit und des Rechtes, den edlen Verehrer des Wahren, Guten und Schönen, den wahren Jünger unsers großen Meisters Jesu erkennen und hochachten".[12] Der Hirschberger Schulmann deutete Emmerichs Angriffe auf Diesterweg als prinzipiellen Affront der Reaktion gegen die fortschrittlichen Bestrebungen einer von den Zeichen der Zeit getragenen Öffentlichkeit: „es gilt einem Prinzip; es ist eine Lebensfrage für die Volksbildung unseres Jahrhunderts, die aus dem Kampfe heraussieht."[13] Zugleich aber gerät ihm die Broschüre unter den Händen zu einer Agitationsschrift zur Belebung und Aktivierung der Lehrerschaft, einer Lehrerschaft, deren unbestrittener Führer Diesterweg sein soll.

Damit war der freisinnige Hirschberger wieder bei seinem Lieblingsthema: Hebung der Volksbildung durch gesinnungstüchtige und besser gebildete Lehrer. Nach dieser Überzeugung wirkte Diesterweg, und Wander folgte ihm nicht nur in Schriften, sondern ebenso hingebungs- wie wirkungsvoll durch die Tat: „Belehrende Zusammenkünfte", Lesezirkel, Lehrervereine, Lehrerfeste, die ersten in Schlesien und die freisinnigsten der ganzen Provinz.

Bereits das vierte Lehrerfest wurde von der preußischen Staatsregierung verboten; allen Lehrern blieb fortan die Teilnahme an solchen Veranstaltungen untersagt und das Reisen ins „Ausland", etwa nach Sachsen, ohne besondere Genehmigung verwehrt. Offenbar traute man Wander zu, dem Staat zu trotzen und seine Lehrerfeste außerhalb Preußens zu veranstalten. Ganz abwegig war diese Befürchtung nicht; jedenfalls trat der Schlesier mit sächsischen Lehrern in Verbindung. In den *Sächsischen Vaterlandsblättern*, herausgegeben von Robert Blum, schlug er die Gründung eines Dachverbandes für *alle* deutschen Lehrer vor und wollte damit ihre Vereinigung sozusagen „von oben" aufbauen. Der „rote" Wander hatte mit einem Schlage gesamtdeutsche Bekanntheit erlangt. In Lehrerkreisen kursierte sein Bild; man gedachte seiner auf Lehrerversammlungen; seine Schriften wurden zur Grundlage eines neuen Standes- und Selbstbewußtseins.

Schon beim ersten Versuch eines Lehrerfestes wandte sich Wander an *alle* Lehrer, so wie er es auch später im Auftrag der sächsischen Lehrerversammlung in seinem berühmt gewordenen Gründungsaufruf eines „Allgemeinen Deutschen Lehrervereins" von 1848 tat: *„an Euch alle, die Ihr an der Bildung der deutschen Jugend arbeitet; ob Ihr dem Kindlein in der Bewahranstalt die ersten Laute seiner Muttersprache lehrt oder ob Ihr mit Eurem gereiften Zöglinge den Homer oder Cicero lest; ob Ihr dem Knaben das Abc aufschließt oder ob Ihr den Jüngling in die heiligen Hallen der Wissenschaft einführt; ob Ihr Gelehrte oder Berufsmänner bildet; ob Ihr an den erschienenen oder an einen zukünftigen Messias glaubt; ob Ihr römisch- oder deutschkatholisch Euch nennt; ob Ihr einer strenggläubigen oder freien Ge-*

meinde angehört. Wir treiben ein Werk, lasset es uns in Einheit treiben, damit es gedeihe!"[14] Doch das war Vision, und sollte es auch bleiben; sie zeigt aber die Hoffnung Wanders und seiner Generation – ganz im Geiste Fichtes – nach einem Vaterland, einer Nation durch eine Nationalbildung.

Aufruf an Deutschlands Lehrer.

Das deutsche Volk ist erwacht; neues frisches Leben pulst in seinen Adern. Von dem russischen Winde der Memel bis zu den französischen Wellenschlägen der Mosel vernehmen wir den Ruf nach einem einigen Deutschland. Was Jahrhunderte vergeblich ersehnt worden ist, das soll jetzt in's Leben treten. Die Paulskirche zu Frankfurt will das Gebäude der deutschen Einheit und Freiheit gründen!

Aber was würde der herrlichste Bau nützen, wenn nicht der rechte Geist in ihm lebte? — Diesen rechten Geist im Volke zu wecken, wo er schläft, — zu kräftigen, wo er matt darniederliegt, — zu leiten, wo er in falsche Bahnen sich verirrt; das ist die Aufgabe der deutschen Volkserziehung, die großentheils in den Händen der deutschen Lehrer liegt. Diese aber vermögen ihre Aufgabe, wie sie die Gegenwart hinstellt, nur dann entsprechend zu lösen, wenn sie sich für diesen großen Zweck vereinigen.

Alles sammelt sich unter der Fahne der Einheit. Deutsche Lehrer, reißt auch Ihr die Euch trennenden Schranken nieder! Lasset uns als Brüder arbeiten an dem großen Werke, das uns anvertraut ist: an der Bildung des deutschen Volkes! —

Dresden, den 5. August 1848.

Der einstweilige Vorstand des deutschen Lehrervereins in Dresden:

Berthelt, Bürgerschuldirektor. Dr. **Köchly**, Gymnasiallehrer. **Lansky**, Bezirksschullehrer. **Steglich**, Seminardirektor. **Zschetzsche**, Bürgerschullehrer.

Caspari, Subrektor in Chemnitz. Dreßler, Seminardirektor in Bautzen. Feldner, Oberlehrer in Hainichen. Finke, Cantor in Plauen. Dr. Fricke, Privatdozent in Leipzig. Gollnisch, Lehrer in Striegau bei Breslau. Günnel, Lehrer in Plauen. Heusinger, Lehrer in Rodach im Herzogth. Coburg. Hientzsch, Seminardirektor in Potsdam. Kämmel, Subrektor am Gymnasium in Zittau. Kell, Redakteur der sächsischen Schulzeitung in Leipzig. Dr. Ledebur, Direktor der Real- und Handelsschule in Magdeburg. Lindemann, Conrektor am Gymnasium in Zwickau. Lützelberger, Gymnasiallehrer in Altenburg. Melde, Lehrer in Groß-Dehsa bei Löbau. Noack, Lehrer in Erlbach bei Oberlungwitz. Sammler, Lehrer und Organist in Oelsnitz. Scholz, Seminaroberlehrer in Breslau. Schultheiß, Lehrer in Nürnberg. Thomas, Lehrer in Möckern bei Leipzig. Wander, Stadtschullehrer in Hirschberg in Schlesien. Zeiß, Schuldirektor in Jena.

607 Aufruf an Deutschlands Lehrer zur Gründung eines Allgemeinen Deutschen Lehrervereins, Dresden, 3.8.1848
Rheinische Blätter für Erziehung und Unterricht, Bd. 38, 1848
K.F.W. Wander hat diesen Aufruf entworfen und mitunterzeichnet.

Die Zeit war nicht günstig für die Verwirklichung solcher Ideen. Der Hirschberger wollte – solange nur irgend möglich – für die Sache des Kindes, der Schule, des Lehrers und des Volkes wirken. Selbst in der Zeit seiner 18monatigen Suspendierung vom Schuldienst, die er sich wegen seiner breiten öffentlichen Resonanz zugezogen hatte – Anlaß war eine vermutete „kommunistische Verschwörung", für die man in ihm einen möglichen Urheber witterte –, verstummte seine Stimme nicht. Nach Wiedereinführung in sein Lehramt im Januar 1847 entwickelte er eine überaus fruchtbare schriftstellerische Schaffenskraft, auch über das Jahr 1848 hinaus, als die Reaktion wieder übermächtig wurde: Der *Pädagogische Wächter*, von Wander 1849 gegründet, eines der entschiedensten Reformblätter, wie Diesterweg bestätigte, sein „Taschenkatechismus für das Volk" und sein „Katechismus für alle freien Religionsgemeinden", in denen Wander politische und religiöse Aufklärungsarbeit leistete, seien hier stellvertretend genannt. Als er auf dem Hirschberger Kinderfest seine Vorstellungen über das „glückliche Vaterland der Zukunft"[15] darlegte, „in dem die Wahrheit frei und die Freiheit wahr ist,...wo keine Willkür ferner schalten, vernünftige Gesetze walten, wo jeder wird sein Recht erhalten,...wo jeder Geist sich kann entfalten...", da verlor der freisinnige Opponent endgültig sein Lehramt. Damit hatte auch der Hirschberger „amtlichen Schiffbruch erlitten", um Diesterwegs Worte am Ende seiner Tätigkeit als Seminardirektor in Berlin zu gebrauchen. Ja, man trachtete danach, ihm darüber hinaus jegliche Existenzmöglichkeit zu nehmen, so daß er resignierend schrieb:

„Nachdem mir mein öffentliches Lehramt genommen, die Konzession zu einer Privatanstalt versagt, die Niederlassung an einem anderen Orte verweigert, sogar meiner Frau der Gewerbebetrieb bestritten, meine bürgerliche Ehre in Frage gestellt war, gab es außer

608 Denkschrift über die Wünsche und Anträge der Volksschullehrer Schlesiens betreffend die Reorganisation des Volksschulwesens. Den Hohen National-Versammlungen zu Frankfurt und Berlin ehrerbietigst überreicht von 2250 schlesischen Volksschullehrern. Breslau 1848 *meinem Leben nichts mehr als meine Vergangenheit und mein selbsterworbenes geistiges Besitztum."*[16]

In dieser Lage wuchs ihm die Kraft zu, sich wieder ganz dem Sammeln und Überarbeiten seines einst begonnenen Sprichwörterlexikons zu widmen, das er in den ihm verbleibenden zweieinhalb Lebensjahrzehnten noch vollenden konnte, dessen fünfter und letzter Band aber bereits seinen Nekrolog enthielt. Bezüglich der ihm angetanen Schmach schöpfte er alle Instanzenwege aus und petitionierte jährlich an das preußische Abgeordnetenhaus; er blieb jedoch so lange erfolglos, bis der neugewählte Abgeordnete Diesterweg seine erste parlamentarische Rede dem Schicksal Wanders und dem Vorgehen der preußischen Behörden widmete. Der Schlesier erfuhr so zumindest in ideeller Hinsicht Genugtuung: Das staatliche Vorgehen wurde als ungesetzlich anerkannt; allein eine Entschädigung wurde nicht gewährt.

Anläßlich des 75. Geburtstages des „Lehrers der Lehrer" faßte Wander sein Verhältnis zu seinem Berliner Freund und zugleich seinen Dank an ihn in folgende Widmung:

„Dem von mir innig verehrten Seminardirektor Herrn Dr. A. Diesterweg, der mich ermunterte, als ich vor länger als dreißig Jahren mit den Erstlingen meiner schriftstellerischen Arbeiten hervortrat und dessen Geist und Charakter mir ein leuchtendes Vorbild war; Ihm, der mir in allen Lebenslagen treu zur Seite stand und mich auch da nicht vergaß, als ich gefangen war und sich wenig Lehrer meiner erinnerten; Ihm, der öffentlich für mich auftrat, als ich verleumdet und verfolgt ward; Ihm, der im großen Kampfe für eine gründliche Volksbildung und eine wahrhaft freie Schule auch des schwachen, von der feigen Menge verlassenen Mitkämpfers gedachte, Ihm diese Zeilen als Ausdruck unwandelbarer Verehrung..."[17]

609 Glückwunschschreiben Karl Friedrich Wilhelm Wanders zum 75.Geburtstag Diesterwegs, 28.8.1865
Berlin (DDR), Archiv der Akademie der Pädagogischen Wissenschaften

1 Diesterweg in einem Brief an Wander, 24.4.1840. Vgl. Bloth, H.G.: Adolph Diesterweg. Sein Leben und Wirken für Pädagogik und Schule. Heidelberg 1966, S.204.
2 Tews, J.: Geistespflege in der Volksgemeinschaft. Berlin 1932, S. 112.
3 Wander, K.F.W.: Ernst Will, oder: Das Leben in der Gemeinde zu Strebmannsdorf. In: Allg. Deutsche Volksbibliothek Jg. 3, Bd. 6, Berlin 1849.
4 Zit. n. Ruysch, O. (Pseudonym f. O. Kemmer): Der „Rote Wander". Hamburg 1892, S. 77.
5 Ebenda.
6 Wander, K.F.W.: Mein Hilfslehrerleben. In: Der Wegweiser, Organ für die Volksbildung in Deutschland. Hrsg. v. E. Sack. Berlin 1869, S. 50-52, 59f., 68-70, 77f., 81-84, 114-116, 154f., 163.
7 Wander, K.F.W.: Über die Bildung der Schulpräparanden. In: Schlesische Provinzialblätter Bd. 106, 1837, S. 445-452 u. 518-525, sowie Bd. 109, 1839, S. 147-153. Ders.: Schlesische Schulpräparandenbildung. Freunden und Gegnern einer gründlichen Vorbildung für's Seminar zur Kenntnisnahme. Hirschberg 1840.
8 Wander, K.F.W.: Über die Entvormundung der Schule. In: Preußische Volksschul-Zeitung Jg. 9, 1841, S. 274-277, 281-287, 297-300, 409-412.
9 (Wander, K.F.W.:) Fünf Jahre aus dem Leben eines deutschen Volksschullehrers. Hrsg. v. einigen sächsischen Schulmännern, als Freunden Wanders und der Sache, die er vertritt. Die Disciplinar-Untersuchung gegen den Lehrer Wander zu Hirschberg in Schlesien. Grimma 1848, S. 8.
10 Vgl. ebenda, S. 8f.
11 Die genannten Schriften sind erschienen: Leipzig 1844, Mannheim 1845, Leipzig 1846, Leipzig 1847 (1850) und Liegnitz 1848.
12 Wander, K.F.W.: Der geschmähete Diesterweg. Leipzig 1843, S. 3.
13 Ebenda, S. 12.
14 Wander, K.F.W.: Aufruf an Deutschlands Lehrer. In: Sächsische Schulzeitung 1848, Nr. 38, S. 607f.
15 Pädagogischer Wächter Nr. 38 v. 17.9.1849. Zit. n. Frei, K.: Karl Friedrich Wilhelm Wander. Ein deutscher Schul- und Volksmann des 19. Jahrhunderts. Zum hundertsten Geburtstag (27. Dez. 1903). Quirl 1903, S. 45f.
16 Wander, K.F.W.: Wie es mir in den letzten zehn Jahren erging. Ein Beitrag zu den „Leiden und Freuden eines Schulmeisters" – im sechsten Jahrzehnt des 19. Jahrhunderts. In: Rheinische Blätter für Erziehung und Unterricht. Neueste Folge Bd. 13, 1864, S. 99-130.
17 Vgl. Bloth, H.G.: a.a.O., S. 398, Anm. 2.

610 Zwölf Pädagogen des 19.Jahrhunderts
Photographisch-artistische Anstalt von J. Munck, Nürnberg, um 1860
47,4 x 31,4 cm
Berlin (DDR), Schulmuseum der Akademie der Pädagogischen Wissenschaften
Von oben links nach rechts:
Dr. A. Diesterweg, A. Bertelt, J.B. Graser, Th. Hofmann, K. Kehr, Dr. W. Lange, Gg. Luz, A. Lüben, Dr. A. Meier, J.M. Sailer, Dr. K. Schmidt, K.F.W. Wander.

Franzjörg Baumgart

„Mut statt Demut"

Diesterwegs 25. Dienstjubiläum und die Geschichte seiner Entlassung

611 Silberner Pokal
Gravur: „3.Juli 1845. Zum 25jährigen Amtsjubiläum des Seminardirektors Dr. Diesterweg. Von Freunden und Verehrern am Rhein"
H. 35 cm, Dm. 13 cm
München, Privatbesitz

Am 3. Juli 1845 konnte Diesterweg sein 25jähriges Jubiläum als preußischer Seminardirektor feiern. Seine Freunde und Schüler hatten – ohne sein Wissen – zu diesem Anlaß in der Berliner Gaststätte „Tivoli" ein Festbankett organisiert, dessen Verlauf zu einer politischen Demonstration für den liberalen Direktor des Seminars für Stadtschullehrer und die von ihm vertretene Pädagogik wurde. *„Es war ein bürgerliches und volkstümliches Fest im vollen Sinne des Wortes"*, so berichtete am folgenden Tag die *Vossische Zeitung*. *„Alle Liebe und Verehrung, die sich dieser Hauptträger des preußischen Volksschulwesens in dem Vierteljahrhundert seiner Amtstätigkeit in und außerhalb Deutschlands errungen, drängte sich zusammen in den wenigen Stunden des gestrigen Tages – so feiert das Volk seine Lieblinge!"*

Diese Ehrung Diesterwegs sollte für seinen weiteren Lebensweg nachhaltige Folgen haben. Sein schon lange schwelender Konflikt mit dem preußischen Unterrichtsministerium wurde durch die Begleitumstände dieses Festaktes entscheidend verschärft. Der preußische König Friedrich Wilhelm IV. reagierte mit Empörung auf den Bericht der *Vossischen Zeitung* und wies im Stile eines absolutistischen Monarchen seinen Unterrichtsminister Eichhorn an, disziplinarische Schritte gegen Diesterweg einzuleiten und zu erwägen, ob es möglich sei, die preußischen Lehrer zu einem Treuebekenntnis zu verpflichten, in dem sie die Erziehung „zur Ehrfurcht gegen Gott und die Obrigkeit, zu Gehorsam gegen göttliche und menschliche Gesetze" zu geloben hätten.

Was hatte den Zorn des preußischen Königs ausgelöst, seine barsche Reaktion veranlaßt? Im Stil der Zeit hatten die etwa 400 Teilnehmer des Festaktes im „Tivoli" Diesterweg durch Festreden, Gedichte, Gesänge und andere musikalische Darbietungen „als den echten Freund und Nachfolger Pestalozzis" geehrt. In seiner Dankesrede, so berichtete die *Vossische Zeitung*, habe Diesterweg über das „Beleben und Erwecken der geistigen Selbsttätigkeit" als sein zentrales Anliegen gesprochen, Rousseau, Pestalozzi und Fichte als seine drei wichtigsten Lehrmeister gerühmt und am Ende „mit einem Vivat auf jeden Menschen, der sich von allem Schlechten emanzipiere", geschlossen.

So harmlos und unpolitisch uns diese Bemerkungen auch heute erscheinen mögen, für die Festteilnehmer hatten sie einen provozierend politischen Klang, der sie mitriß und im weiteren Verlauf des Abends „zu ganz neuer geistiger Beweglichkeit" führte, wie die *Vossische Zeitung* zu berichten wußte. Daran war Diesterweg nicht ganz unschuldig. Auf die relativierende, ängstliche Bemerkung eines nachfolgenden Festredners, Diesterweg lasse auch andere Meinungen gelten, erwiderte er umgehend, daß nur der sein rechter Schüler sei, der „an die ewige Fortentwicklung des Geistes" glaube, was von der Festversammlung wiederum „mit lange brausenden Hochrufen" aufgenommen wurde. Als der Versammlungsleiter, der konservative Direktor Ranke, sich zu dem Einwand bemüßigt fühlte, die Wahrheit sei nicht erst jetzt auf die Welt gekommen und der Lehrer habe sich in echter Demut ihrer bewußt zu sein, einer Demut, die nur aus den Tiefen des Christentums erwachse, da provozierte dies nicht nur das laute Mißfallen der Versammlung, sondern zugleich eine unmißverständliche Entgegnung Diesterwegs: *„Wie kann man jetzt jemanden* *zur Demuth auffordern? Muth ist vor allem, was der Mensch braucht!"*

Die verdeckte politische Stoßrichtung dieser Äußerung Diesterwegs wurde von den Anwesenden ohne Schwierigkeiten entschlüsselt und mit Jubel begrüßt. Sie richtete sich gegen kirchlich-pietistische und obrigkeitsstaatliche Kontrolle und Bevormundung der Schule und ihrer Lehrerschaft. Zu später Stunde wurde dies ohne taktische Zurückhaltung von einigen süddeutschen Festteilnehmern formuliert: Sie wandten sich gegen die in Preußen vorherrschende „mittelalterliche Politik" und erklärten unmißverständlich, „die Zeit sei über die Prinzipien des Christentums hinausgegangen", Äußerungen, die den Versammlungsleiter veranlaßten, das Fest zu verlassen, was der euphorischen, angeregten Stimmung keinen Abbruch tat.

Die politische Verärgerung des preußischen Königs wird auf diesem Hintergrund verständlich. Die Jubiläumsfeier Diesterwegs war genauso wie das nachfolgende Pestalozzifest vom 12. Januar 1846 Ausdruck bürgerlich-liberaler Unzufriedenheit mit dem gesellschaftlichen Status quo im allgemeinen und der preußischen Bildungspolitik des Vormärz im besonderen. Sie waren Kristallisationspunkte einer sich langsam formierenden Lehreropposition gegen die konservative Bildungsverwaltung des preußischen Staates und ihre Träger. Daß die Bildungsverwaltung in der Folgezeit den profiliertesten Vertreter dieser liberalen Oppositionsbewegung, Diesterweg, zu disziplinieren und von seinem Posten als Seminardirektor zu verdrängen versuchte, kann deshalb nicht überraschen. Allerdings: Auch das vorrevolutionäre Preußen war bereits ein Rechtsstaat, in dem politisch mißliebige Beamte keineswegs umstandslos durch königliche Order aus ihrem Amt entlassen werden konnten.

Die dem Dienstjubiläum folgenden Jahre waren deshalb durch aufreibende Auseinandersetzungen Diesterwegs mit dem Unterrichtsministerium um sein Verbleiben im Amt gekennzeichnet. Die disziplinarischen Untersuchungen im Anschluß an den Festakt und die Gedächtnisfeier zu Ehren Pestalozzis verliefen zwar im Sande, aber mit weiteren Disziplinarverfahren, Seminarinspektionen, Abmahnungen und dienstlichen Verwarnungen wegen angeblicher „sozialistisch-kommunistischer und demagogischer Tendenzen" versuchte das Ministerium, den liberalen Seminardirektor einzuschüchtern und mundtot zu machen. Diese ministerielle Politik blieb nicht ohne Wirkung auf Diesterweg. Im Juli 1847 erklärte er sich bereit, ohne den Ausgang eines förmlichen Entlassungsverfahrens abzuwarten, „freiwillig" aus seinem Amt auszuscheiden, sofern dies „ohne Beeinträchtigung der Ehre" und „ohne Schmälerung meines Gehalts" geschehe. Das Ministerium ging auf diese Bedingungen ein und gewährte ihm zudem ein Reisestipendium von 400 Thl. zur Vorbereitung einer Pestalozzistiftung. Diesterweg hatte damit sein Amt als Seminardirektor verloren, aber er war nicht aus den Diensten des preußischen Staates entlassen, sondern lediglich bei vollen Bezügen „beurlaubt" worden. Über sein weiteres berufliches Schicksal mußte die nachfolgende politisch-gesellschaftliche Entwicklung in Preußen und Deutschland entscheiden.

Wenige Monate später, nach dem Sieg der Märzrevolution 1848, schien sich das Blatt bereits zu wenden. Der erste Artikel, mit dem sich Diesterweg nach dem 18. März an die Leser der *Rheinischen Blätter* wandte, war gleichermaßen von den bitteren persönlichen Erfahrungen der zurückliegenden Jahre wie von der Hoffnung auf einen Neuanfang geprägt: *„Eine furchtbare Zeit liegt hinter uns"*, so kennzeichnete er die Märztage. *„Das alte System ist seinem Schicksal verfallen; eine einzige Nacht hat es gefällt. Es muß sehr morsch und faul gewesen sein: das System der Lüge und Täuscherei, das System der Glaubenswut und Heuchelei, das System der künstlichen Macherei statt der naturgemäßen freien Entwicklung und Entfaltung."* Die tätige Mitwirkung an der gesellschaftlichen und bildungspolitischen Reform müsse deshalb für jeden Lehrer das Gebot der Stunde sein:

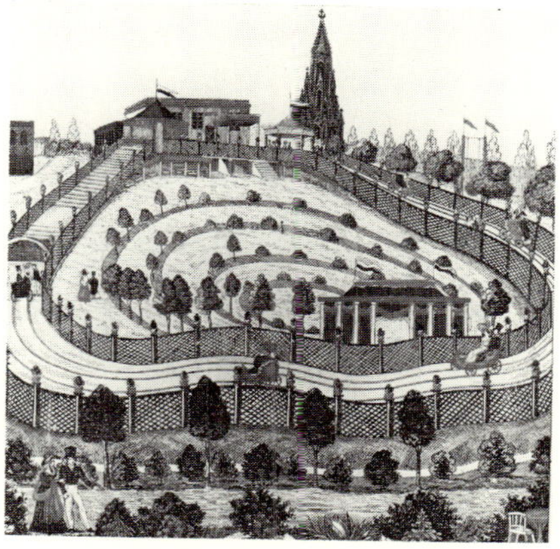

612 Das Tivoli auf dem Kreuzberg, 1825
Ort der Feier zum Dienstjubiläum Diesterwegs 1845
Kolorierte Lithographie
Neuruppiner Bilderbogen
30,0 x 29,9 cm
Berlin, Berlin Museum

613 Neue Bier-Etablissements in Berlin, darunter die Actien-Brauerei Tivoli auf dem Kreuzberg
Zeichnung von L. Burger 1860
Illustrirte Zeitung, 1860
38,1 x 26,8 cm
Berlin (DDR), Märkisches Museum
614 Toast auf Herrn Seminardirektor Diesterweg, ausgebracht von Becker aus Kreibau
33,0 x 20,4 cm
615 Glückwunsch von Franz Ludwig Zahn an Diesterweg zu dessen Amtsjubiläum
Brief, 28.6.1845
35,3 x 21,8 cm
Berlin (DDR), Archiv der Akademie der Pädagogischen Wissenschaften
616 Bericht über die Feier zum 25jährigen Dienstjubiläum Diesterwegs, 1845
Berlinische Nachrichten von Staats- und gelehrten Sachen (Spenersche Zeitung), 5.7.1845
42,0 x 29,7 cm
617 Abschlußbericht über die Feier zum 25jährigen Dienstjubiläum Diesterwegs, 1845
Königlich privilegirte Berlinische Zeitung von Staats- und gelehrten Sachen (Vossische Zeitung), 7.7.1845
42,0 x 29,7 cm
Dortmund, Institut für Zeitungsforschung

618 Die Synagoge in der Oranienburger Straße, Berlin
Photographie von Ph. Remelé, 1866
37 x 29 cm
Berlin, Berlinische Galerie. Museum für Moderne Kunst, Photographie und Architektur
Die Synagoge in der Oranienburger Straße wurde 1865/66 erbaut. Sie grenzte unmittelbar an das Königliche Lehrerseminar für Stadtschulen. Das Seminargebäude kaufte die Jüdische Gemeinde gegen Ende des 19.Jh., ließ es abreißen und errichtete dort einen Neubau, der Einrichtungen der Jüdischen Gemeinde, darunter die Bibliothek, aufnahm.
Diesterweg, der jüdische Gasthörer in seinem (evangelischen) Seminar aufnahm, schrieb in einem Aufsatz „Über Judenhaß und Judenverfolgung" (1835): „Die Juden sind von unseren Vorfahren auf himmelschreiende Weise mißhandelt worden. Folglich haben wir unendlich viel wiedergutzumachen."

619 Oranienburger Straße mit Synagoge und Seminar
Stereo-Diapositiv, um 1876
8,7 x 17,6 cm
Berlin (DDR), Märkisches Museum

620 Die Synagoge in der Oranienburger Straße, Berlin
Photographie, um 1880/85
37 x 29 cm
Berlin, Berlinische Galerie. Museum für Moderne Kunst, Photographie und Architektur
Rechts neben der Synagoge das Königliche Lehrerseminar für Stadtschulen (Ausschnitt).

621 Katheder nebst Sitzbank des Königlichen Lehrerseminars für Stadtschulen zu Berlin
Holz
Nachbau, 1990

622 „Darstellung des Seminarsaales mit dem Katheder, von welchem aus Diesterweg die Seminaristen in der Oranienburger Straße 29 von 1832-1847 unterrichtete"
Bleistiftzeichnung von L. Rudolph, um 1850
36 x 59 cm
Berlin (DDR), Schulmuseum der Akademie der Pädagogischen Wissenschaften

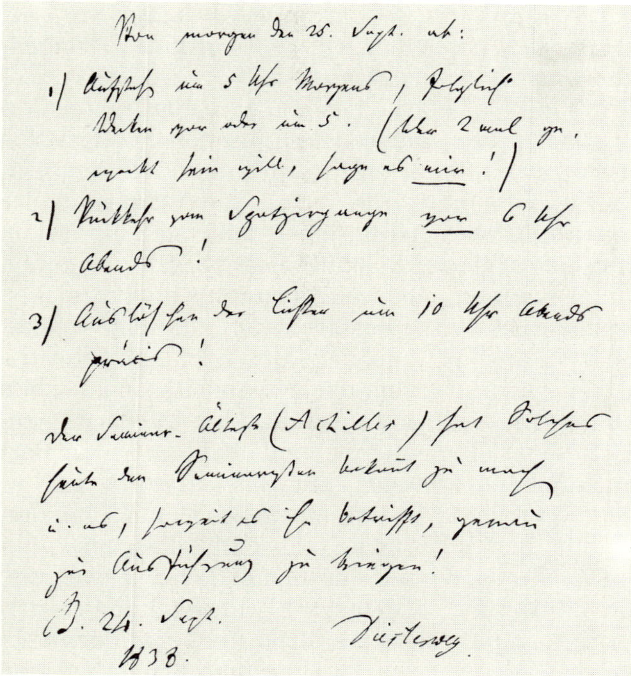

623 Tageseinteilungsplan der Seminaristen, 1838
33,8 x 21,0 cm
Berlin (DDR), Archiv der Akademie der Pädagogischen Wissenschaften
„Von morgen den 25. Sept. ab:
1) Aufstehen um 5 Uhr Morgens, folglich Wecken vor oder um 5. (Wer 2mal geweckt werden will, sage es mir!)
2) Rückkehr vom Spaziergange, vor 6 Uhr Abends!
3) Auslöschen der Lichter um 10 Uhr Abends präcis!
Der Seminar-Älteste (Schiller) hat Solches heute den Seminaristen bekannt zu machen u. es, soweit es ihn betrifft, genau zur Ausführung zu bringen!
B. 24.Sept. 1838. Diesterweg."

624 Unterrichtsbescheinigung Adolph Diesterwegs für den Kandidaten der Theologie Gustav Schweitzer, 1837
34,6 x 20,0 cm

625 Verzeichnis der Probelektionen für die Abgangsprüfung der Berliner Seminaristen, 1835
24,3 x 19,4 cm
Berlin (DDR), Archiv der Akademie der Pädagogischen Wissenschaften
Die Probelektionen, von Schulrat Otto Schulz den Prüfungskandidaten des Königlichen Seminars für Stadtschulen mitgeteilt, umfaßten Aufgaben aus der Geometrie, Mathematik, Astronomie, Biologie, Religion, Geographie und dem Rechnen.

626 Berühmte Lehrer des Königlichen Seminars für Stadtschulen zu Berlin
Photographie von Hen. Graf, Berlin 1876
24 x 18 cm
Berlin (DDR), Schulmuseum der Akademie der Pädagogischen Wissenschaften

627 K.L. Francke
Methodische Anleitung für den Unterricht im Zeichnen, zum Gebrauch in Elementarschulen und höheren Bildungsanstalten; auch zum Selbstunterricht in den Anfangsgründen des perspektivischen Zeichnens. Berlin 1833
Karl Ludwig Francke (1797-1846) war seit 1832 Zeichenlehrer am Königlichen Seminar für Stadtschulen in Berlin.

628 W. Erler
Lehrbuch der Naturlehre für Volksschullehrer, zum Gebrauch an Seminarien und zum Selbstunterricht. Berlin 1853
Heinrich W. Erler, geboren 1820, unterrichtete 1848-1854 Physik am Königlichen Seminar für Stadtschulen in Berlin.

629 Johann Otto Leopold Schulz
(1782-1849)
Photographie eines zeitgenössischen Porträts
21,0 x 14,3 cm
Dortmund, Universität, Forschungsstelle Schulgeschichte
Schulz war seit 1826 Provinzialschulrat von Berlin und Brandenburg und seit 1832 auch Diesterwegs Vorgesetzter.

„Ihr habt, wie wir alle, Pressefreiheit, Ihr habt freies Associations- und Vereinigungsrecht; jetzt ist es an Euch, diese großen Errungenschaften der Berliner Barrikaden zu benutzen."

Diesterwegs Aufruf fand eine starke Resonanz. In Berlin konstituierten sich genauso wie in den anderen preußischen Landesteilen freie, liberale Lehrervereine, die für eine grundlegende Reorganisation des Schulwesens und die materielle und soziale Aufwertung der Lehrerschaft kämpften. Für Diesterweg selbst stellte sich im Verlauf der nächsten Wochen die Frage, auf welche Weise er auf den erhofften Reformprozeß Einfluß nehmen sollte. Nicht nur im einflußreichen Berliner Lehrerverein gab es starke Bestrebungen, für seine Reaktivierung, ja für seine Berufung ins preußische Unterrichtsministerium zu kämpfen – ein Ziel, das angesichts der gewandelten politischen Verhältnisse nicht einmal aussichtslos erschien. Aber Diesterweg zögerte und verhinderte sogar eine entsprechende Petition seiner Berliner Freunde an den neuen Minister. Für diese Haltung gab es verschiedene Motive. Sie resultierte zum einen aus seiner Überzeugung, daß er im Medium der Öffentlichkeit, als pädagogischer Publizist und als einflußreicher Sprecher der neuen Lehrerbewegung, einen wirksameren Beitrag zur allgemeinen Umgestaltung leisten könne als im Ministerium. Zum anderen mißtraute er der vorsichtigen Liberalisierung innerhalb der Verwaltung. In einem Brief an seinen Freund und ehemaligen Schüler Langenberg rückte er dieses zweite Motiv in den Vordergrund: *„Ich hatte vielleicht Unrecht; aber es schien mir zu früh. In mein früheres Amt zurückkehren werde ich keines Falls. Mit O. Schulz (seinem ehemaligen Vorgesetzten, F.B.) und unter dem Oberpräsidenten v. Meding kann ich nicht leben."* Und einige Zeit später: *„In dem Ministerium sitzen ja noch all die alten Räthe, u. Herr Stiehl, von dem man im Mai glaubte, er werde gejagt werden, ist eben Geheimer Rath geworden."* So beschränkte sich die amtliche Tätigkeit Diesterwegs während der Revolutionszeit auf die Vorlage von Reorganisationsplänen für die Schule, die er im Auftrag des neuen Ministers von Schwerin ausarbeitete und die in den Schubladen des Ministeriums verschwanden. Seine politische Wirkung konnte der suspendierte Seminardirektor Diesterweg deshalb nur außerhalb der preußischen Bildungsverwaltung, als Publizist und Organisator der liberalen Lehrerbewegung und damit als Gegenspieler der Verwaltung, entfalten.

Der Erfolg, oder genauer gesagt: Mißerfolg, dieser Anstrengungen ist bekannt. Mit der Niederlage der bürgerlichen Revolution scheiterte zugleich das Programm der liberalen Schulreform, wie Diesterweg es vertrat. Er hat den Ausgang der Revolution deshalb auch als schwere persönliche Niederlage empfunden. Aber im Gegensatz zu vielen anderen prominenten Liberalen der Revolutionsbewegung hielt er auch in den nachfolgenden Jahren der Reaktion an seinen Überzeugungen fest. *„Es versteht sich von selbst"*, so schrieb er am Ausgang der Revolution an seinen Kampfgefährten Friedrich Wilhelm Wander, *„daß der Kampf gegen Bureaukratie und Pfaffentum fortgesetzt werden muß, direct u. indirect. Das letztere zu schonen, dazu ist kein Grund mehr vorhanden."* Aber er mußte mit tiefer Erbitterung registrieren, daß sich die überwältigende Mehrheit der Lehrer, denen er 1845 die hoffnungsvolle Devise: „Mut statt Demut" zugerufen hatte und deren Interesse er während der Revolution zu vertreten glaubte, sehr schnell der einsetzenden politischen Reaktion unterwarf und sich „schwach und feige" mit der verschärften bürokratischen und kirchlichen Bevormundung abfand: *„In Schulsachen krebsen wir zurück. Die Mehrzahl der Lehrer ist es nicht besser werth"*, so kommentierte er in einem Brief an seinen Freund und Kollegen Peter Heuser (1789-1886) die nachrevolutionäre Entwicklung. *„Sieh nur, wie die Kerle, die bessere Zeiten und Gedanken erlebt haben, überall verstummen u. unterkriechen."* Und er schloß diese Klage mit einem Satz, dessen politische und antiklerikale Radikalität für einen deutschen Pädagogen wohl beispiellos sein dürfte: *„Den Fluch über die, welche dazu* *beitragen, sie zu fesseln u. in todte Glaubensbekenntnisse hinein zu nötigen. Ich begreife jetzt, daß es menschenmöglich war zu wünschen, daß der letzte Aristokrat an dem Darm des letzten Pfaffen aufgeknüpft würde.“*

Im politischen Klima der 50er Jahre konnte ein Mann dieser Anschauung kaum auf eine Wiederverwendung im preußischen Staatsdienst hoffen. Für seine konservativen Gegner war er die Personifizierung des revolutionären Zeitgeistes, den es zu bekämpfen galt, auch wenn sich Diesterweg selbst während der Revolution keinerlei ungesetzliche Handlung hatte zu Schulden kommen lassen. So war es nur konsequent, daß die konservative Mehrheit des preußischen Abgeordnetenhauses zu Beginn des Jahres 1850 eine Möglichkeit nutzte, die Vereinbarungen, die Diesterweg bei seiner Suspendierung mit dem Unterrichtsministerium abgeschlossen hatte, zu seinen Ungunsten aufzuheben und seine Tätigkeit als preußischer Beamter endgültig zu beenden.

Ausgelöst wurde diese Entwicklung paradoxerweise durch eine Initiative seiner politischen Freunde, der Minderheitsfraktion der Linken, im Abgeordnetenhaus. Sie monierten anläßlich der Budgetberatungen für das Unterrichtsministerium den Tatbestand, daß Diesterweg in den *laufenden* Gehaltslisten des Ministeriums als „früherer“ Seminardirektor geführt werde. Mit einer bestechenden juristischen Logik argumentierten sie, daß Diesterweg 1847 bei nachgewiesenen dienstlichen Verfehlungen hätte bestraft und zwangspensioniert oder aber in seinem Amt hätte belassen werden müssen. Die konservative Mehrheit griff diese Argumentation bereitwillig auf, um einen anderen Schluß daraus zu ziehen: Sie votierte erfolgreich für eine Streichung dieses Etatpostens, das heißt für eine nachträgliche Zwangspensionierung bei halbierten Bezügen. Der gemäßigt liberale Unterrichtsminister von Ladenberg, der wenig später selbst ein Opfer der politischen Reaktion wurde, versuchte zwar, diese für Diesterweg demütigende Entscheidung des Parlaments zu unterlaufen, indem er ihm die Reaktivierung als Schulrat in Hinterpommern anbot, aber für Diesterweg war diese Abschiebung ins bildungspolitische Abseits, ein letztes Kompromißangebot des Ministeriums, unannehmbar. Sein „amtlicher Schiffbruch“, wie er selbst formulierte, war damit endgültig, am 1. Juli 1850, entschieden, jedoch sein Mut blieb ungebrochen. *„Ich danke Gott,“* so schrieb er an Langenberg, *„daß mich kein Schulrath, kein Priester mehr maßregeln kann. Ich sage, was ich denke, u. wenn ich Ketzereien denke, so brauche ich an keinen Ministerialrath mehr zu denken. Das ist unschätzbar.“*

Diesterwegs Konflikt mit dem preußischen Unterrichtsministerium und seine Niederlage in diesem Kampf um seine berufliche Stellung wurden in der Schulgeschichtsschreibung bis in die Gegenwart hinein unterschiedlich eingeschätzt. Für den main-stream der etablierten wissenschaftlichen Pädagogik ist vor allem das Desinteresse am Fall Diesterweg bemerkenswert und symptomatisch. Für Eduard Spranger etwa ist die „Fortschrittsgläubigkeit“ Diesterwegs, sein Kampf gegen den kirchlichen Einfluß auf das Schulwesen und sein Plädoyer für ein „überkonfessionelles Christentum“ lediglich das „Verdünnungsprodukt“ aufklärerischen Denkens, das durch die weitere historische Entwicklung zum Wohle der Schule überwunden worden sei. Es ist, zugespitzt formuliert, die Perspektive der konservativen „Sieger“, unter der Diesterweg und sein Kampf um die Emanzipation der Schule wahrgenommen, oder besser gesagt, verdrängt wird.

Von Hugo Gotthard Bloth, dem das Verdienst zukommt, in den 1960er und 1970er Jahren im Gegensatz zum verbreiteten Desinteresse der akademischen Zunft die Erinnerung an Diesterweg lebendig gehalten zu haben, wird man dies nicht umstandslos behaupten können. Aber bei allem Wohlwollen Bloths für seinen „Forschungsgegenstand“ wird auch bei ihm eine sehr deutliche Distanz zum Liberalismus Diesterwegs in den Jahren vor, während und nach der 1848er Revolution spürbar. So fällt auch sein Urteil über den Konflikt Die-

630 Personalakte des Seminardirektors Diesterweg, Berlin
31 x 23 cm
631 Personalakte des Seminardirektors Diesterweg, Berlin, 1842 ff.
33,7 x 23,0 cm
Berlin, Geheimes Staatsarchiv Preußischer Kulturbesitz

sterwegs mit dem Ministerium zwiespältig aus. Nach Bloth wurde Diesterweg zwar zum Opfer der politischen Verhältnisse, aber nicht ohne eigenes Zutun. Er kritisiert, daß Diesterweg einigen seiner konservativen Gegner in seiner Beurteilung Unrecht getan, daß er in der Auseinandersetzung mit dem Ministerium schwere taktische Fehler begangen und seine eigene Bedeutung überschätzt habe. Die Suspendierung Diesterwegs von 1847 bezeichnet Bloth verharmlosend als „kampfloses Ausscheiden" aus dem Amt und beklagt, daß Diesterweg in der Folgezeit sich zunehmend zu einem „Doktrinär des Fortschritts verwandelt" habe.

Den Kontrapunkt zu solchen Bewertungen bietet die Schulgeschichtsschreibung der DDR. Für Gerda Mundorf sind die Fronten im Konflikt Diesterwegs klar: Auf der einen Seite steht der „kühne, fortschrittlich gesinnte Lehrer", auf der anderen Seite seine Feinde als „verknöcherte Vertreter einer engstirnigen Schulreaktion", die in „eiskalter Zielstrebigkeit" ihren Gegner „mundtot" zu machen versuchen und ihn schließlich in einem „zermürbenden Kesseltreiben" aus dem Amt jagen. Aus dieser Sicht wird die Zwangspensionierung Diesterwegs konsequenterweise zu einem frühen Lehrstück für die Praxis der Berufsverbote in der BRD.

Keine dieser Interpretationen kann bei näherem Hinsehen überzeugen. Es ist gewiß falsch, wie Bloth von einem kampflosen Ausscheiden Diesterwegs aus seinem Amt zu sprechen. Er hat sich durch seine konservativen Gegner nicht disziplinieren und mundtot machen lassen. Dieser rühmliche Mut ist festzuhalten und darf nicht geschmälert werden. Aber seine taktischen Fehler im Kampf um sein Amt, die er selbst einräumt, und die günstigen Konditionen, die ihm das Ministerium für sein Ausscheiden einräumte, sollten nicht verschwiegen werden. Und selbst die Umstände seiner Zwangspensionierung von 1850 fügen sich nicht restlos in das Bild eines obrigkeitsstaatlichen Willküraktes. Aufs Ganze gesehen eignet sich der Fall Diesterweg des-

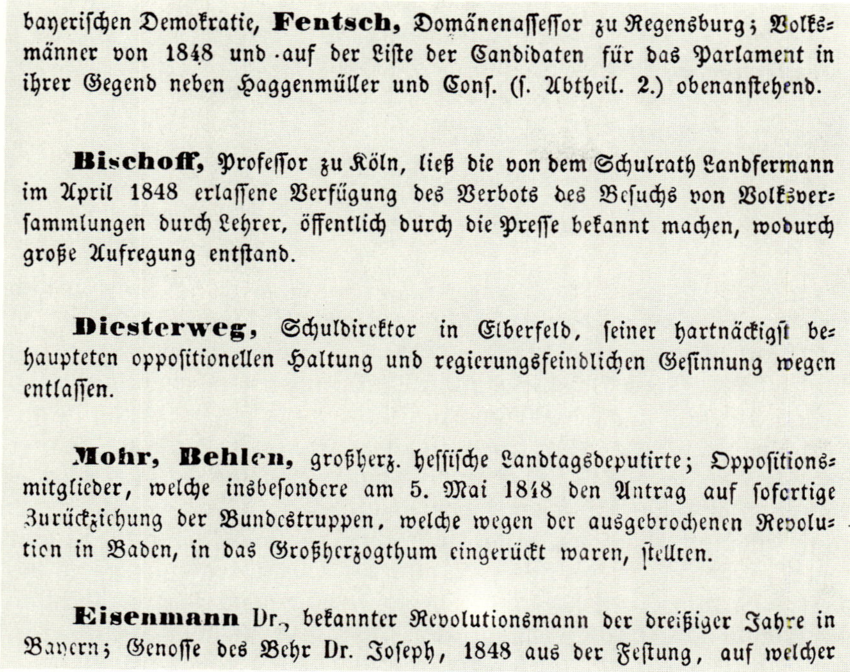

bayerischen Demokratie, **Fentsch,** Domänenassessor zu Regensburg; Volksmänner von 1848 und auf der Liste der Candidaten für das Parlament in ihrer Gegend neben Haggenmüller und Cons. (s. Abtheil. 2.) obenanstehend.

Bischoff, Professor zu Köln, ließ die von dem Schulrath Landfermann im April 1848 erlassene Verfügung des Verbots des Besuchs von Volksversammlungen durch Lehrer, öffentlich durch die Presse bekannt machen, wodurch große Aufregung entstand.

Diesterweg, Schuldirektor in Elberfeld, seiner hartnäckigst behaupteten oppositionellen Haltung und regierungsfeindlichen Gesinnung wegen entlassen.

Mohr, Behlen, großherz. hessische Landtagsdeputirte; Oppositionsmitglieder, welche insbesondere am 5. Mai 1848 den Antrag auf sofortige Zurückziehung der Bundestruppen, welche wegen der ausgebrochenen Revolution in Baden, in das Großherzogthum eingerückt waren, stellten.

Eisenmann Dr., bekannter Revolutionsmann der dreißiger Jahre in Bayern; Genosse des Behr Dr. Joseph, 1848 aus der Festung, auf welcher

Anzeiger für die politische Polizei Deutschlands auf die Zeit vom 1. Januar 1848 bis zur Gegenwart.

Ein Handbuch für jeden deutschen Polizeibeamten.

Herausgegeben von * — r.

Facta loquuntur!

Dresden,
Druck von Liepsch und Reichardt.

632 Anzeiger für die politische Polizei Deutschlands auf die Zeit vom 1.Januar 1848 bis zur Gegenwart. Ein Handbuch für jeden deutschen Polizeibeamten. Dresden 1855
Der nicht genannte Bearbeiter des Handbuchs, der Dresdener Polizeirat Hermann Müller, stufte Diesterweg in die Abteilung III ein, in der „die politisch nur bedenklichen Individuen" erfaßt wurden. Diese, zu klug, um sich offen gegen die Gesetze aufzulehnen, sind dennoch „gewissenlos genug, arme Arbeiter zu verführen".
Freilich: Wie die Angaben über Diesterweg zeigen, bleibt der Anzeiger weit hinter der Zeit zurück.

halb nicht zu einer Heroisierung seiner Hauptperson, zu einer historischen Legendenbildung in kritischer Absicht. – Aber er verdient dennoch – aus anderen Gründen – unser historisches Interesse.

In der Person und im beruflichen Schicksal Diesterwegs konkretisiert sich eine entscheidende Phase der preußisch-deutschen Schulgeschichte. Sein Konflikt mit der Bildungsverwaltung hatte und hat symptomatische Bedeutung für den Verlauf der Bildungsgeschichte im Vormärz und während der 1848er Revolution. Die liberale Lehrerbewegung, deren Symbolfigur Diesterweg wurde, war das Produkt des staatlich initiierten, erfolgreichen Schulausbaus in Preußen. Die forcierte Repressionspolitik des preußischen Unterrichtsministeriums in den 40er Jahren, die Diesterweg wie andere prominente Sprecher der neuen Lehrerbewegung traf, war der Versuch, die politische Dynamik dieser Reformbewegung abzufangen und den Primat der konservativen Verwaltung im Prozeß der Schulentwicklung zu sichern. Diesterwegs bildungspolitisches und pädagogisches Programm repräsentierte die mögliche historische Alternative zu dieser Modernisierung unter konservativen Vorzeichen. Es war das Programm einer liberalen Nationalerziehung als Teil einer umfassenden Gesellschaftsreform, maßgeblich getragen von einer selbstbewußten, professionellen, von den kirchenlichen und politischen Autoritäten emanzipierten Lehrerschaft.

Diesterwegs „amtlicher Schiffbruch" symbolisiert deshalb das Scheitern dieses Programms. Zwar wurde der Aufbau eines modernen, leistungsfähigen Bildungssystems genauso wie die Professionalisierung der Lehrerschaft in Preußen-Deutschland nach der gescheiterten Revolution erfolgreich weiter vorangetrieben – und selbst die Stiehlschen Regulative waren Teil dieser Politik. Aber diese Modernisierung blieb – gemessen an Diesterwegs Zielen – unvollständig. Der Einfluß der Kirchen auf das niedere Schulwesen und damit auf die überwältigende Mehrheit der Heranwachsenden und ihrer Lehrer blieb weit über das Ende des Kaiserreichs hinaus wirksam und die Funktionalisierung der Schule im Dienste des halbabsolutistischen politischen Systems selbstverständlich. Der Herbartianismus wurde zum Leitfaden professionellen pädagogischen Handelns, während Diesterwegs Zielperspektiven wie „Erziehung und Fortschritt", „Natur und Entwicklung", „Aufklärung und Mündigkeit" für die pädagogische Theorie und Praxis für lange Zeit ihre Relevanz verloren. Die Schule wurde zur „Schule der Untertanen", nicht zur Stätte freier Nationalerziehung, wie Diesterweg es erhofft hatte.[1]

1 Zur Biographie und zum Briefwechsel Diesterwegs vgl. Bloth, H.G.: Adolph Diesterweg. Sein Leben und Wirken für Pädagogik und Schule. Heidelberg 1966. Zur Geschichte seiner Dienstentlassung außerdem: Diesterweg, F.A.W.: Wie es mir erging oder die Geschichte meines amtlichen Schiffbruchs. In: Ders.: Sämtliche Werke. Bd. IX. Berlin 1967, S. 17-55. Daneben Mundorf, G.: Zur Amtsenthebung Diesterwegs. In: Diesterweg und wir. Hrsg. v. Diesterweg-Komitee der DDR. Berlin 1967, S. 278-284. Zur preußischen Bildungspolitik zusammenfassend: Baumgart, F.: Zwischen Reform und Reaktion. Preußische Schulpolitik 1806-1859. Darmstadt 1990.

Karl-Heinz Günther

„Pestaluzern"

Diesterweg und Pestalozzi

Wenn ich, wie viele Pankower, einen Sonntagsspaziergang in den Park des Schlosses Niederschönhausen unternehme, dann gehe ich auf Diesterwegs Spuren, auch auf denen seines Vorbildes, Johann Heinrich Pestalozzi. Diesterweg war häufig unter den prächtigen alten Eichen, Buchen und Kastanien am Ufer der schmalen Panke, Pestalozzi nie. Noch heute aber trägt eine der Straßen in Pankow – früher das Dorf Pankow bei Berlin, jetzt ein Stadtbezirk Berlins – Pestalozzis Namen. Der neue Kindergarten mit seinem weitläufigen Spielplatz hinter meinem Haus, ein Kinderheim und ein Schachclub für Kinder liegen in dieser Straße, deren Namen auf Diesterweg und seine Pestalozzi-Stiftung zurückgeht. Der breite Dorfanger zwischen der alten Kirche und dem Rathaus – heute die Johannes R. Becher-Straße –, an den sich früher nach Norden hin die Felder der reichen Pankower Bauern ausdehnten, und der bunte Wochenmarkt, der, wie vor mehr als einem Jahrhundert, die Käufer von Blumen, Obst und Gemüse anzieht, erinnern an jene Zeit vor etwa 120 Jahren, als Diesterweg die gut sechs Kilometer von seiner Berliner Wohnung am Hafenplatz nach Pankow wanderte, um die Pestalozzi-Stiftung zu besuchen, die vor allem er gegründet hatte und der seine ganze Liebe, Sorgfalt und Aufmerksamkeit galt.

Im Jahre 1865 erschien in einem gutbürgerlichen Sonntagsblatt eine, wie man damals empfand, „gemütliche" Beschreibung, die uns in diese Umgebung führt:

„Von einem der nördlichen Thore Berlins führt eine Linden-Chaussee, die Schönhauser, nach dem Kirchdorf Pankow, hinter welchem sich der prächtige Park des königlichen Lustschlosses Schönhausen hinzieht. Noch ehe man den Park erreicht, erblickt man links an der Straße, unter den alten Baumkronen fort, ein hohes Gebäude neben einem einstöckigen, zu dessen Eingang man bei einem kleinen Blumengarten vorüber gelangt. Spielende Knaben tummeln sich, wenn man gegen Abend eintritt, auf dem freien Platze, der das größere Gebäude auf drei Seiten umgiebt. Das ist das ältere Pestalozzi-Haus, die erste Pestalozzi-Stiftung, welche vor nun fünfzehn Jahren eröffnet wurde.

Ihr gegenüber führt rechts von der Straße hinter den Gärten des Dorfes ein Feldweg am Acker hin auf eine große Landfläche, die sich zwischen den letzten Häusern Pankows bis zur Stettiner Eisenbahn ausdehnt, durch nichts unterbrochen, als durch ein einsames Müllergehöft, welches das hinter ihm liegende Heinersdorf verdeckt. Auf dieser luftigen Fläche erhebt sich das neue Pestalozzi-Haus, welches am 1. Juli d.J. seinem Zweck übergeben wurde...

Von Pankow her steigt ein alter Herr mit starken Schritten über das Feld zu dem neuen Pestalozzi-Hause. Alles an ihm ist beweglich, die Augenlider vor allem. Sein Blick ist scharf über Feld und Haus fliegend, die Nase dünn und spitz. Jetzt lüftet er den Hut – bald noch einmal, immer stark ausschreitend. Da bleibt er bei Kohlbeeten stehen, die neben einem Kartoffelstück in geringer Entfernung vor dem Hause sich ausbreiten. Er nickt still vor sich hin, sein scharfes, durchdringendes Auge blickt freundlich, verklärt – er schaut ja in einen Pestalozzi-Acker. Denn hier haben die Waisen der ersten Pestalozzi-Stiftung gegraben und gepflanzt – das ist ein Acker der Lehrerwaisen aus dem ganzen preußischen Lande...

So denkt auch der, welcher jetzt dem Hause zuschreitet – Adolf Diesterweg – denn er ist es, der Mann von fünfundsiebzig Jahren und

Heinrich Pestalozzi.

Ein Wort
über ihn und seine unsterblichen Verdienste,
für
die Kinder und deren Eltern,
zu dem
ersten Säcularfeste seiner Geburt.

Von
A. D.,
einem seiner dankbaren Verehrer.

Dritte, verbesserte und vermehrte Auflage.

(Zum Besten einer zu Pestalozzi's Gedächtniß nach seinen Grundsätzen und Absichten zu errichtenden landwirthschaftlichen Armenerziehungsanstalt — eines Neuhofs — als Musteranstalt für Waisenerziehung.)

Berlin 1845,
bei Theod. Chr. Fr. Enslin.

doch mit diesem unermüdlichen Schritt… Er will ein wenig ‚pestaluzern' mit dem Hausvater und der Hausmutter…"[1]

„Pestaluzern" wollte Diesterweg – sich vom Fortgang der Dinge in diesen Häusern für die Erziehung von Lehrerwaisen überzeugen durch Augenschein, wissen, ob die Kinder, für deren Leben und Ausbildung der Staat nicht Sorge trug, durch „edlen Familiensinn, Unterricht und Arbeit" im Geiste Pestalozzis zu tüchtigen Bürgern aufwuchsen.

Es war am 3. Juli 1845, als Diesterweg – wie berichtet wird, ahnungslos, noch unangekleidet, aber früh am Morgen schon bei der Arbeit – aus dem Anlaß seines 25jährigen Dienstjubiläums als Seminardirektor eine Ovation von Freunden und Gesinnungsgenossen dargebracht wurde, nicht nur mit guten Worten, auch mit einer Gabe von 700 Talern, einer damals beträchtlichen Summe. Das von Freunden gesammelte Geld hatte eine Bestimmung, es sollte im Sinne Pestalozzis verwendet werden. Diesterweg hatte für den 12. Januar 1845, dem Geburtstag Pestalozzis, ein Pestalozzi-Fest angeregt – ungeachtet der Tatsache, daß er sich mit dem 100. Geburtstag Pestalozzis um ein Jahr vertan hatte; Pestalozzi wurde 1746 geboren. Diesterweg, den Irrtum später bemerkend, machte aus der Hundertjahrfeier kurzerhand „die Vorfeier der wahren Feier", den „Polterabend" des Geburtstages.[2] Es entstand damals die dem tatkräftigen Charakter Diesterwegs gemäße Idee, Pestalozzi nicht allein durch das Wort zu ehren, mehr noch durch verändernde, eingreifende Tat. Eine „Pestalozzi-Stiftung" sollte entstehen. Zunächst war der Gedanke, sie über alle deutschen Länder hinweg zu gründen, aber viel an Opposi-

633 Adolph Diesterweg
Lithographie von G. Engelbach, 1865
41,7 x 27,7 cm
Berlin (DDR), Schulmuseum der Akademie der Pädagogischen Wissenschaften
„Gewidmet dem Pestalozzi-Verein der Provinz Preußen, der – gleich Pestalozzi – sein Christenthum nicht durch Worte, sondern durch Thaten – durch die Sorge für Wittwen und Waisen – kund thut.
Ad. Diesterweg.
Berlin 1965, geb. 1790 zu Siegen.
Zum Besten des Pestalozzi-Vereins für die Provinz Preußen."

634 A. Diesterweg
Heinrich Pestalozzi. Ein Wort über ihn und seine unsterblichen Verdienste, für die Kinder und deren Eltern, zu dem ersten Säcularfeste seiner Geburt. Berlin 1845
Die Erlöse aus dem Verkauf der Schriften Diesterwegs und anderer Autoren gingen an die „Pestalozzi-Stiftung" zur Unterstützung einer neugegründeten Musteranstalt für Waisenerziehung.

tion regte sich. Bestimmung der Stiftung sollte sein, „Armenkindern und Waisen, *vorzugsweise der Lehrer*, eine ihren Verhältnissen entsprechende Erziehung im Geiste und nach den eigentlichen Absichten Pestalozzis zu geben.“[3]

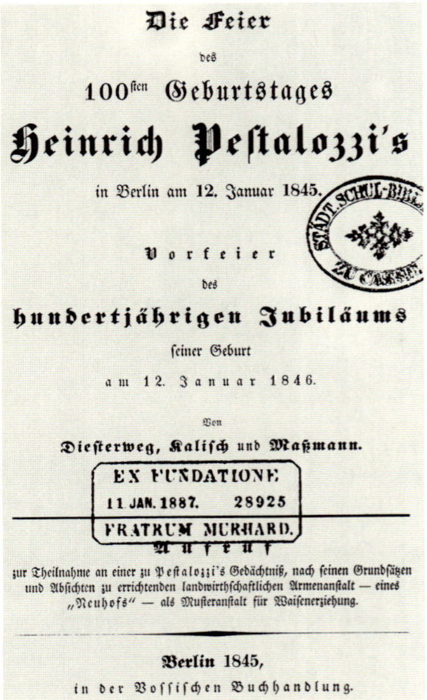

Die Feier des 100sten Geburtstages Heinrich Pestalozzi's in Berlin am 12. Januar 1845.

Vorfeier des hundertjährigen Jubiläums seiner Geburt am 12. Januar 1846.

Von Diesterweg, Kalisch und Maßmann.

Aufruf zur Theilnahme an einer zu Pestalozzi's Gedächtniß, nach seinen Grundsätzen und Absichten zu errichtenden landwirthschaftlichen Armenanstalt — eines „Neuhofs“ — als Musteranstalt für Waisenerziehung.

Berlin 1845, in der Vossischen Buchhandlung.

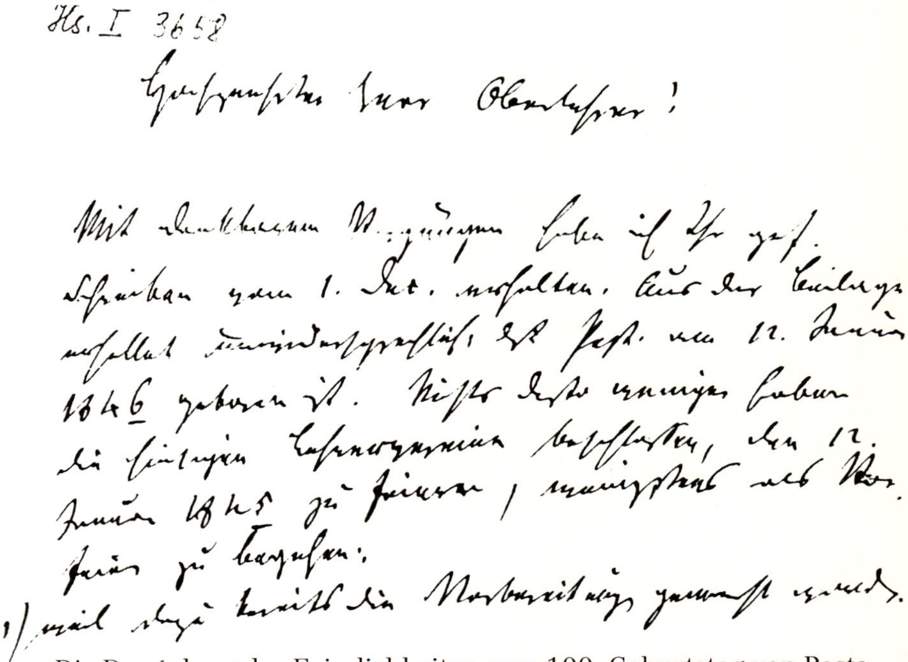

635 Diesterweg, Kalisch, Maßmann
Die Feier des 100sten Geburtstages Heinrich Pestalozzi's in Berlin am 12.Januar 1845. Vorfeier des hundertjährigen Jubiläums seiner Geburt am 12.Januar 1846. Berlin 1845.
Die für 1845 geplante Feier zum 100.Geburtstag Pestalozzis wurde kurzerhand zur Vorfeier erklärt, als die Initiatoren bemerkten, daß sie sich um ein Jahr geirrt hatte.

636 Brief Diesterwegs an den Leiter der Musterschule Ehregott Wilhelm Gottlieb Bagge (1781-1860), Berlin, 15.12.1844
Berlin (DDR), Archiv der Akademie der Pädagogischen Wissenschaften
„Hochgeehrter Herr Oberlehrer!
Mit dankbarem Vergnügen habe ich Ihr gef(älliges) Schreiben vom 1.Dec(ember) erhalten. Aus der Beilage erhellet unwiderruflich, daß Pest(alozzi) am 12.Januar 1846 geboren ist. Nichts desto weniger haben die hiesigen Lehrervereine beschlossen, den 12.Januar 1845 zu feiern, wenigstens als Vorfeier zu begehen...“

637 Siegelstock Adolph Diesterwegs
Holz
L. 8,5 cm, Siegel 2,7 x 2,4 cm
Leipzig, Privatbesitz

Die Doppelung der Feierlichkeiten zum 100. Geburtstag von Pestalozzi brachte Vorzüge mit sich. Im ersten Rechenschaftsbericht der deutschen Pestalozzi-Stiftung werden sie mit leichtem Hintersinn beschrieben:

„Der durch namhafte Schriftsteller verbreitete Irrtum, daß H. Pestalozzi am 12. Januar 1745 geboren sei, war die Veranlassung einer zweimaligen Feier des hundertjährigen Jubiläums seiner Geburt in unserer Stadt. Nachdem wir nämlich dasselbe im Jahre 1845 begangen hatten, wurden wir inne, daß die Feier ein Jahr zu früh stattgefunden, wir wiederholten sie daher nochmals am 12. Januar 1846, heute vor einem Jahr. Jener Irrtum schlug zu einem Vorteil für die Angelegenheit aus. Denn sie machte auf die Verdienste Pestalozzis, die man in vielen Kreisen leider längst zu vergessen angefangen hatte, von neuem aufmerksam, und man hatte nun Zeit, sich auf eine würdige Feier des eigentlichen Tages des Jubiläums vorzubereiten. So geschah es denn, daß der 12. Januar 1846 überall, wo Freunde und Verehrer Pestalozzis beisammen waren, eine von Dankbarkeit zeugende, vielfach anregende und zu tatkräftigen Werken der Liebe in seinem Sinne ermunternde Feier zustande kam, ein Resultat, welches für die Zukunft, die an vielen Orten schon zur Gegenwart geworden, die Aussicht auf gesegnete Ernten für die Armen und Unglücklichen, besonders deren Kinder, in Aussicht stellt, und sich sofort durch die Wiederentdeckung des Pestalozzischen Geistes als sehr fruchtbar erwiesen hat. Diese festlichen Veranstaltungen am 12. Januar 1846, sowohl die in Berlin als die an andern Orten, haben uns mancherlei Gaben zugeführt.“[4]

Zu diesem Zeitpunkt konnte Diesterweg vermelden, für die Pestalozzi-Stiftung seien bei ihm 8764 Reichstaler, 21 Silbergroschen und 2 Pfennige eingegangen. In den nächsten Jahren wurde das Institut in Pankow bei Berlin begründet; es nahm eine gute Entwicklung. Der soziale Sinn der Ideen Pestalozzis hatte eine praktische Gestalt gewonnen.

Was aber sollte es bedeuten, daß Diesterweg schrieb, „nach den eigentlichen Ansichten Pestalozzis“[5] möge diese Anstalt wirken? Es verweist auf jene schwierigen geistigen Prozesse der Näherung Diesterwegs an Pestalozzi, auch auf Streit um diese „eigentlichen Ansichten“ des großen Schweizers.

Diesterweg pflegte einen souveränen, vielleicht sogar respektlosen

Umgang mit den geistigen Hervorbringungen historischer Persönlichkeiten und Zeitgenossen. Diesterweg und Pestalozzi waren Zeitgenossen: Diesterweg, der junge, Pestalozzi, der alte, weise, über ganz Europa hin berühmte Pädagoge. Als Pestalozzi 1827 starb, war Diesterweg ein schon etablierter und bereits über seinen Wirkungsort Moers hinaus bekannter Seminardirektor im Alter von 37 Jahren. Begegnet sind sich beide freilich nie, Pestalozzi, der ein ganzes Säkulum prägende schweizer Pädagoge, und Diesterweg, „der wahre Jünger Pestalozzis“[6], wie es im Titel einer Schrift aus dem Jahre 1910 heißt. Die Frage erhebt sich, was Diesterweg an Pestalozzi verehrte, aufnahm, verarbeitete. Keineswegs von allem nahm er Kenntnis, schon gar nicht als Historiker oder als einer, der mit historisch-philologischen Methoden forschte. Er näherte sich Pestalozzi oder Friedrich Schleiermacher (1768-1834) oder Jean Jacques Rousseau (1712-1778) oder Johann Amos Comenius (1592-1670) anders. Er suchte nach den Traditionen, den Wurzeln seines eigenen pädagogischen und bildungspolitischen Denkens und Handelns, nach Rechtfertigung, Bestätigung und Bekräftigung seiner für die preußische Adelsherrschaft und ihre Bürokratie mehr und mehr unbequemen und mißliebigen Pädagogik. Er hielt ihrer im eigentlichen Wortsinne reaktionären Bildungspolitik die Geschichte als Spiegel ihres Unvermögens vor, für eine unverkürzte Bildung aller Kinder, für soziale Sicherheit der Lehrer und ihre gründliche Ausbildung zu sorgen. Die Geschichte, die Zeitgeschichte seiner Profession war für Diesterweg stets Mittel und Anlaß, die Gegenwart zu verändern. Pestalozzi wurde ihm dabei zu einer Leitfigur für eine soziale, humanitäre und demokratische Pädagogik und Bildungspolitik. Genau das hat er auf Dauer bei Pestalozzi herausgelesen, nicht, wie anfangs, Details einer mechanistisch anmutenden Methode.

Diesterweg hat sich in seinen Anfangsjahren mit Pestalozzi schwergetan, genauer: mit einigen seiner Schüler und Mitarbeiter, vor allem mit Johannes Niederer (1779-1843).[7] Mit Pestalozzis Ideen kam Diesterweg vermutlich schon 1811 in Mannheim in Berührung, später vor allem während seiner Tätigkeit 1813 bis 1818 an der „Musterschule“ in Frankfurt am Main. Dort lernte er begeisterte Pestalozzianer kennen: Gottlieb Anton Gruner, Johann de Laspèe, Johann Georg Zährer und andere. Aber man kann nicht eigentlich davon sprechen, daß Diesterweg Pestalozzis Ideen bekannt wurden, vielmehr nur jener Teil, der für das Unterrichten bereits maßgebliche Bedeutung gewonnen hatte, nicht also der ganze Pestalozzi. Aber genau diese formale Art zu unterrichten, wie sie aus Pestalozzis Elementarmethode hergeleitet und Gegenstand eines jahrzehntelangen, teils gar zänkischen Streits war, widerstrebte Diesterweg. So kam es, daß er nahezu über zwei Jahrzehnte hin Pestalozzi eher ablehnte – aber gemeint war eben die Methode, von der Pestalozzischüler allein sich Erfolg versprachen. Die „armen Kinder“ mit „dem Pestalozzischen Buchstaben“ zu quälen[8] – so schrieb er sinngemäß in sein Tagebuch –, gehörte ihm zu den „Ausartungen der Pestalozzischen Ideen“[9]; folglich unterschied er zwischen Pestalozzis Ideen und ihrer Interpretation und Anwendung durch seine Jünger.

Was bemängelte Diesterweg an den pädagogischen Praktiken der Pestalozzischüler? Vor allem wandte er sich gegen den Formalismus der Methode, gegen Einseitigkeit der Kräftebildung und Vernachlässigung der Unterrichtsgegenstände, des sachlichen Wissens also. Dieser Art zu unterrichten fehle die Beziehung zum wirklichen Leben, meinte er, und schließlich folge diese Methode „der verschrobenen Idee eines durch Abstraktion gebildeten Normalmenschen“[10]. Er meinte damit durchaus auch einen Grundgedanken Pestalozzis: Unterricht und Erziehung sollten der Natur gemäß gestaltet werden, der Natur des Kindes folgen, so auch Rousseau, so auch schon Comenius und Wolfgang Ratke (1570-1635). Versteht man „Naturgemäßheit“ als Natur des Gattungswesens Mensch, so gerät man in Gefahr, die ausschließlich individuelle Ausprägung dieses Gattungswesens, die Indi-

638 Brief Diesterwegs an seinen Schwiegersohn Dr. med. Heinrich Köhler, Berlin, 16.2.1846
München, Privatbesitz
„In den letzten Wochen werdet Ihr meinen Namen in Glimpf und Schimpf haben nennen hören oder gelesen haben. Die Hofherrn sind mit unserem Feste vom 12.Januar unzufrieden. Sie nennen es eine 'Demonstration'. Es war es nicht, aber es war, wie es nur sein kann, wenn 400 Männer, die keine Duckmäuser sind, sich an einem begeisternden Abend zusammenfinden. Nichtsnutzige perfide Hände machen die Sache erst anrüchig, und hinterher untersuchen die Behörden den Grund der von ihren Gesellen angestifteten Geschäfte.“

639 Grußadresse an Diesterweg von der Pestalozzi-Feier in Siegen, 12.1.1846
32,0 x 19,8 cm
Berlin (DDR), Archiv der Akademie der Pädagogischen Wissenschaften
Zum 100.Geburtstag Pestalozzis 1846 fanden vielerorts, zumeist von Lehrern organisiert, Feiern statt, so auch in Siegen, wo mehr als 200 Taler für die Pestalozzi-Stiftung gesammelt wurden.

640 Friedrich Wilhelm IV (1795-1861)
„Zum Besten des Vereins zur Beförderung der Klein-Kinder-Bewahranstalten“
32,0 x 22,5 cm
Berlin, Geheimes Staatsarchiv Preußischer Kulturbesitz

vidualität, zu vernachlässigen. Genau diese Gefahr sah Diesterweg. Sie wird deutlich dort, wo aus dem Prinzip einer Naturgemäßheit des Unterrichts gefolgert wurde, es könne eigentlich nur eine Methode geben, die der Natur des Gattungswesens Mensch entspricht - eine Universalmethode, ein pädagogischer Mechanismus von höchster Erfolgssicherheit. „Vous vouler méchaniser la methode" – soll ein oft zitiertes Wort eines französischen Kritikers über Pestalozzis Elementarmethode gelautet haben. So in gewissem Sinne auch Diesterweg, der, wie jeder Erzieher weiß, im Recht war, als er dieser schönen Utopie von der einzig möglichen Methode widersprach und in sein Tagebuch schrieb, man könne das Heil der Welt nicht von *einer* Methode erwarten.[11] Methode sei die Weise, wie der Lehrer dem Schüler zur Kenntnis eines Ganzen verhelfe, und in dieser Hinsicht gäbe es so viele Weisen des Unterrichts wie Lehrobjekte, „daher viele Methoden, von denen jede für ihren Gegenstand die einzig wahre, die beste ist"[12]. Noch einen weiteren strittigen Punkt sah er: die Einfluß- und Wirkungsmöglichkeit von Erziehung bei der Veränderung der Gesellschaft hin zum Besseren. Pestalozzischüler vertrauten der humanitären Hoffnung „von einer Regeneration des Menschengeschlechts durch Elementarmethoden"[13]. Diesterweg aber gelangte immer mehr zu der Überzeugung, daß der „Geist der Zeit" – ein Wort, das er oft benutzte –, daß also die politischen Richtungen und das staatliche Leben maßgeblich für gesellschaftliche Wandlungen seien und Erziehung nur in diesen Zusammenhängen verändernd wirken könne.

Als Seminardirektor in Moers stürzte er sich kopfüber in den öffentlichen Streit mit Pestalozzis Mitarbeiter Niederer, wobei es ihm sicherlich weniger um diese in der Geschichte umstrittene Person ging, er ihm vielmehr nur den Anlaß für seine Polemik bot. 1828 veröffentlichte er seine „Bemerkungen über den Rechenunterricht"[14] mit kritischen Kommentaren über Rechenbücher, die von Pestalozzischülern verfaßt waren; 1829 folgte „Der jetzige Standpunkt der Pestalozzischen Schule und das Treiben der After-Pestalozzianer unserer Zeit"[15]. Starke Worte vermied auch Niederer zwei Jahre nach Pestalozzis Tod nicht, als er in der *Allgemeinen Monatsschrift* einen Artikel mit dem dramatischen Titel veröffentlichte: „Der pädagogische Geistessumpf unserer Zeit und das Quaken darin gegen die Pestalozzische Schule. Erstes Beispiel, Herr Dr. Diesterweg in Mörs"[16].

Eines scheint sicher zu sein: Erst in den dreißiger und vierziger Jahren hat sich Diesterweg von dem Methodenstreit gelöst und Pestalozzi weitaus tiefer begriffen; gleichwohl grollte er auch als streitbarer Pensionär noch immer, so 1858, als er von dem „Spintisieren und Difteln gewisser Pestalozzianer" schrieb.

Der Grund für den Wandel in Diesterwegs Pestalozzirezeption liegt nicht allein in seinen in den zwanziger Jahren gewiß noch unvollständigen und mehr an den Pestalozzianern als an deren Lehrmeister orientierten Kenntnissen, vielmehr offenbar in seiner Hinwendung zu sozialen Fragen seit Anfang der dreißiger Jahre. Er gewann ein immer tiefer werdendes Verständnis für Pestalozzis soziales Anliegen, für den humanitären Sinn seiner gescheiterten Experimente auf dem Neuhof und in Stans. Vor allem nahm er Pestalozzis soziale Humanität in sich auf, da sie sich nahtlos mit seinen eigenen pädagogischen und sozialen Bestrebungen verband. Zugleich gewann er ein weitaus tieferes Verständnis von der Elementarmethode, die er in Beziehung zu seinem Evolutionsdenken zu setzen verstand. Jetzt erst begann er – wie es der Artikelschreiber aus dem *Sonntags-Blatt* so gemütlich ausdrückt – zu „pestaluzern". Frucht dessen aber war nicht allein die Pestalozzi-Stiftung in Pankow bei Berlin. Mehr und mehr zog Diesterweg nunmehr Pestalozzi als einen besonders kompetenten Gewährsmann für seine eigenen pädagogischen Ideen heran. Mit Berufung auf den Schweizer Pädagogen begründete Diesterweg fundamentale Gedanken seiner eigenen Pädagogik – das Prinzip der Entwicklung der Persönlichkeit von innen heraus als Gegenstück zu adelsherrschaftlicher und kirchlich-orthodoxer Manipulierung, wie sie nach der Revolution von 1848 mit den „Preußischen Regulativen" von 1854 ihren Höhepunkt fand.

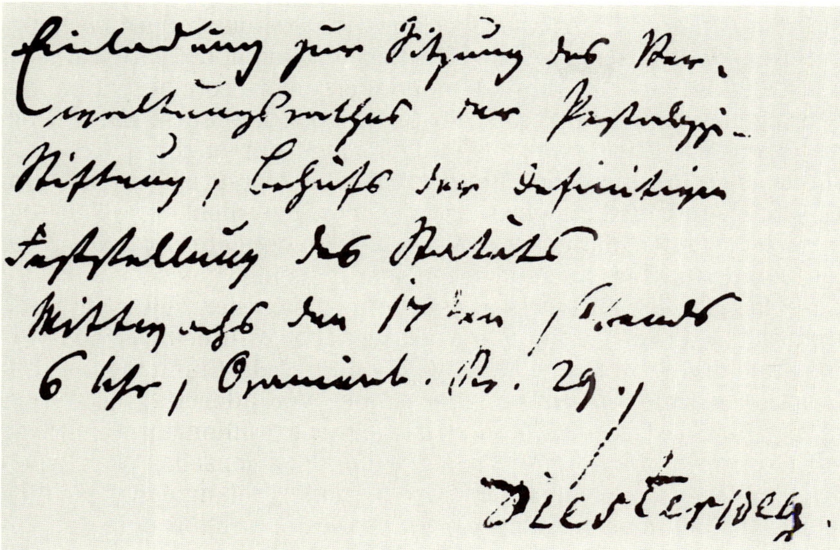
Einladung zur Sitzung des Verwaltungsrathes der Pestalozzi-Stiftung, behufs der definitiven Feststellung des Statuts Mittwochs den 17ten, Abends 6 Uhr, Oranienb. Str. 29.
Diesterweg.

641 Handschriftliche Einladung zur Sitzung des Verwaltungsrates der Pestalozzi-Stiftung durch Diesterweg, 1846 (?)
6,0 x 9,2 cm
Berlin (DDR), Archiv der Akademie der Pädagogischen Wissenschaften

642 Diesterweg, Kalisch
Erster Rechenschaftsbericht (der Pestalozzi-Stiftung). Berlin 1847

Mehrfach – insbesondere in den Jahren um den 100. Geburtstag Pestalozzis – hat Diesterweg in der ihm eigenen schweifenden Weise jene Momente hervorgehoben, die ihm Pestalozzi immer näher rückten, auch wohl zur Korrektur dieser oder jener Ansicht führten, die er früher geäußert hatte. Was hob Diesterweg jetzt an Pestalozzi hervor, der ihm nun der „Stern" war, „der glänzendste, größte, der seit 1800 Jahren am pädagogischen Himmel geleuchtet"[17], „der pädagogische Sokrates des vorigen und jetzigen Jahrhunderts"[18]?

Pestalozzi habe dem Verderben entgegentreten, seine Quellen abgraben wollen.[19] Er sei es, der das Formalprinzip der Elementarpädagogik, die Grundlegung allen bildenden Jugendunterrichts, in ihren Anfängen und ersten Stadien entdeckt habe. Anschauliche Kenntnis und Erkenntnis der Wahrheit der Welt, Sinnesbetätigung, Verinnerlichung der Anschauungen, selbsteigenes Erfassen der Dinge und Erscheinungen, Entwicklung der Begriffe aus den Erscheinungen, Erregung der Selbsttätigkeit, Entwicklung von innen heraus, Unbefangenheit und Natürlichkeit des Kindes, freudige Tätigkeit, Steigerung der Kräfte des Kindes und zugleich vollkommene Herrschaft über die Unterrichtsgegenstände[20] – all das erkannte Diesterweg an der Pädagogik Pestalozzis als wegweisend, weiterführend und gegen die bestehenden Bildungsverhältnisse gerichtet. Pestalozzi, schrieb Diesterweg, hat ein *„das pädagogische Leben entzündendes, inneres Prinzip zur Tätigkeit gerufen"*[21], *nämlich „Selbsttätigkeit auf dem Grunde oder aus der Wurzel anschaulicher Erkenntnis"*[22]. Dieses Prinzip – und hier begründete Diesterweg mit Pestalozzi sein eigenes pädagogisches Credo – *„erfaßt den Menschen in seinen Keimen, den von der Natur gegebenen Menschen, den es nicht machen oder nach ersonnener Willkür gestalten, den es werden und wachsen lassen will, den es nur erregt, stärkt, steigert, leitet, bestätigt – es ist das Prinzip der Entwicklung, es fordert die Bedienung, nicht die Beherrschung der Natur..."*[23] – ein humanitäres Bekenntnis voller Leidenschaft. Diesterweg hatte für sich und für seine Zeit den wirklichen Pestalozzi entdeckt, er war mit der ihm eigenen Souveränität über alle Irritationen hinweggegangen, die durch seine Auseinandersetzung mit Pestalozzischülern entstanden waren und ihn zunächst mehr vom eigentlichen Pestalozzi weg, schließlich aber doch zu ihm hingeführt hatten. Die Idee, im Namen Pestalozzis soziale Solidarität zu üben, vor allem den Lehrerwitwen und -waisen aus eigener Kraft zu helfen, da der preußische Staat von sozialer Fürsorge und gesicherter Lebensstellung der Volksschullehrer und ihrer Angehörigen in den Jahren scharfer Reaktion nach 1848 weit entfernt war – diese humanitäre

Idee griff in den preußischen Provinzen und in anderen deutschen Ländern rasch um sich. Mutige Lehrer sahen in den allenthalben aufblühenden Pestalozzi-Vereinen eine Möglichkeit, sich neu zu organisieren, nachdem ihre Lehrervereine teils verboten, teils einer strengen staatlichen Aufsicht unterworfen worden waren. Diese Pestalozzi-Vereine waren soziale Selbsthilfekorporationen, die ihre humanitäre Tätigkeit aus den schmalen Spenden der Lehrer bestritten. Sie sind ein glanzvolles Kapitel in der Geschichte der deutschen Lehrerbewegung, das Diesterweg maßgeblich mitgeschrieben hat. In seinen *Rheinischen Blättern* berichtete er über die Pestalozzi-Vereine, ihre Absichten und Wirkungen, so gering diese bei dem leidvollen und armseligen Leben, das die preußischen Volksschullehrer vor allem auf dem Lande führten, auch gewesen sein mögen.

Die Pestalozzi-Stiftung Diesterwegs und seiner Berliner Freunde und die Pestalozzi-Vereine der Volksschullehrer – dies war das Vermächtnis des Schweizer Pädagogen, verwirklicht durch eigene solidarische, soziale Tat. In ihr lebte er fort, wie auch in Diesterwegs Pädagogik. So ist es kein Zufall, es ist vielmehr treffend für Diesterweg selbst, wenn er einem seiner Aufsätze über Pestalozzi das Wort Friedrich Schillers voranstellte: „Seine Größe ist die, größer zu machen dich selbst."[24] Eben diesen Aufsatz beginnt Diesterweg mit dem zur Bescheidenheit mahnenden Satz: „Der Mann ist nicht ausgeschöpft..."[25] Dieser Satz gilt auch heute noch – 200 Jahre nach seinem Geburtstag – für Friedrich Adolph Wilhelm Diesterweg.

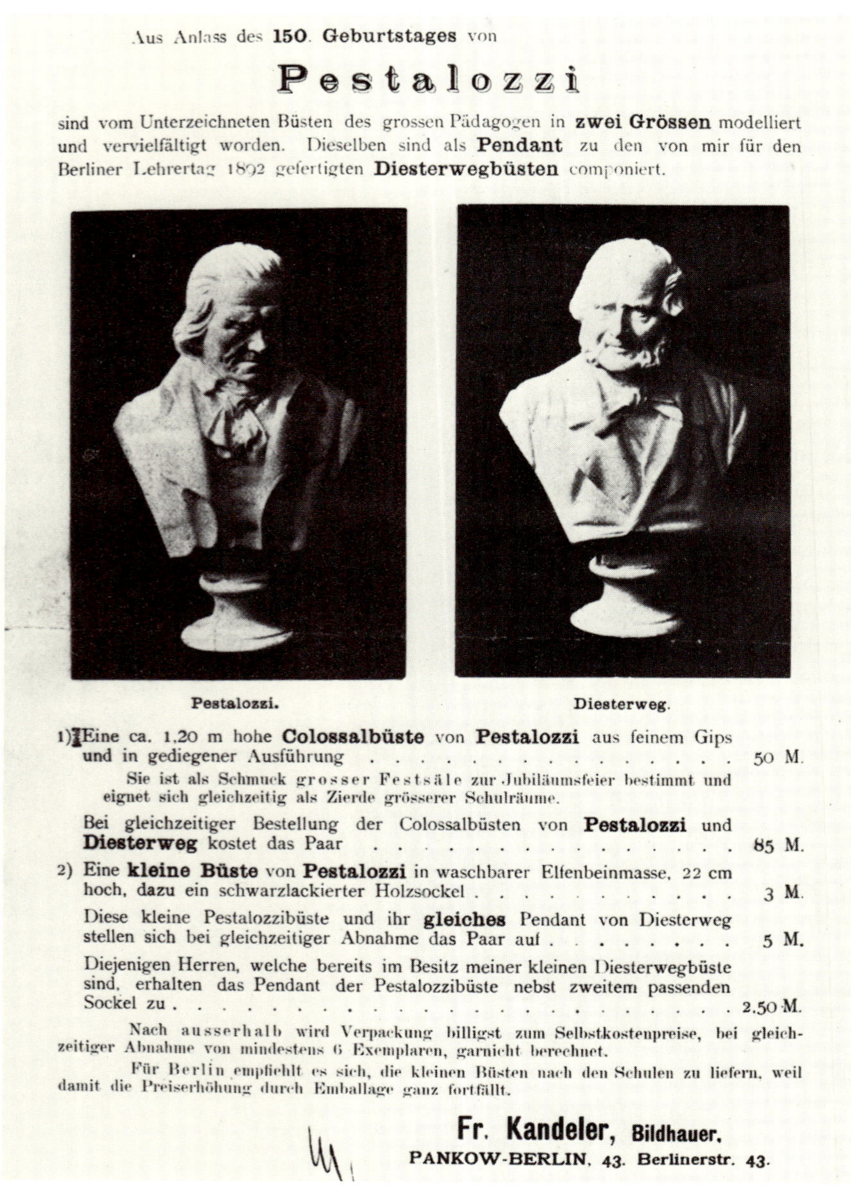

Aus Anlass des **150. Geburtstages** von

Pestalozzi

sind vom Unterzeichneten Büsten des grossen Pädagogen in **zwei Grössen** modelliert und vervielfältigt worden. Dieselben sind als **Pendant** zu den von mir für den Berliner Lehrertag 1892 gefertigten **Diesterwegbüsten** componiert.

Pestalozzi. **Diesterweg.**

1) Eine ca. 1.20 m hohe **Colossalbüste** von **Pestalozzi** aus feinem Gips und in gediegener Ausführung . . . . 50 M.

Sie ist als Schmuck grosser Festsäle zur Jubiläumsfeier bestimmt und eignet sich gleichzeitig als Zierde grösserer Schulräume.

Bei gleichzeitiger Bestellung der Colossalbüsten von **Pestalozzi** und **Diesterweg** kostet das Paar . . . . 85 M.

2) Eine **kleine Büste** von **Pestalozzi** in waschbarer Elfenbeinmasse, 22 cm hoch, dazu ein schwarzlackierter Holzsockel . . . . 3 M.

Diese kleine Pestalozzibüste und ihr **gleiches** Pendant von Diesterweg stellen sich bei gleichzeitiger Abnahme das Paar auf . . . . 5 M.

Diejenigen Herren, welche bereits im Besitz meiner kleinen Diesterwegbüste sind, erhalten das Pendant der Pestalozzibüste nebst zweitem passenden Sockel zu . . . . 2.50 M.

Nach ausserhalb wird Verpackung billigst zum Selbstkostenpreise, bei gleichzeitiger Abnahme von mindestens 6 Exemplaren, garnicht berechnet.

Für Berlin empfiehlt es sich, die kleinen Büsten nach den Schulen zu liefern, weil damit die Preiserhöhung durch Emballage ganz fortfällt.

Fr. Kandeler, Bildhauer.
PANKOW-BERLIN, 43. Berlinerstr. 43.

643 Werbeblatt des Bildhauers Kandeler für den Verkauf von Pestalozzi- und Diesterweg-Büsten, 1896
21 x 15 cm
Berlin (DDR), Schulmuseum der Akademie der Pädagogischen Wissenschaften

1 Sonntags-Blatt für jedermann aus dem Volke. Hrsg. v. F. Spielhagen. Nr. 43 v. 22.10.1865, S. 341.
2 Diesterweg, F.A.W.: Sämtliche Werke. Bd. VI. Berlin 1963, S. 402 (DSW).
3 DSW Bd. VII, S. 15.
4 Ebenda, S. 242f.
5 Ebenda, S. 15.
6 Barth, E.R.: Adolph Diesterweg, der wahre Jünger Pestalozzis. Leipzig 1910.
7 Vgl. Melzer, D.: Die Pestalozzirezeption des jungen Diesterweg – ein Beitrag zu dem Verhältnis Diesterwegs zu Pestalozzi. In: Jahrbuch für Erziehungs- und Schulgeschichte Bd. 17, 1977, S. 81ff.
8 Aus Adolph Diesterwegs Tagebuch 1818 bis 1822. Neuhrsg. v. H.G. Bluth. Frankfurt a.M., Berlin, Bonn 1956, S. 4.
9 DSW Bd. VIII, S. 421.
10 DSW Bd. II, S. 12.
11 Aus Adolph Diesterwegs Tagebuch 1818 bis 1822. A.a.O., S. 4.
12 Ebenda, S. 20.
13 DSW Bd. I, S. 557.
14 Ebenda, S. 358.
15 Ebenda, S. 514.
16 Allgemeine Monatsschrift für Erziehung und Unterricht Bd. 11, 1829, S. 176ff. Vgl. DSW Bd. I, S. 616, Anm. 352.
17 DSW Bd. VI, S. 259.
18 DSW Bd. VI, S. 260.
19 Vgl. DSW Bd. VI, S. 428.
20 Vgl. DSW Bd. VI, S. 260, 429.
21 DSW Bd. VI, S. 260.
22 DSW Bd. VI, S. 260.
23 DSW Bd. VI, S. 260. Vgl. F.A.W. Diesterweg: Heinrich Pestalozzi. In: Deiters, H. (Hrsg.): Adolf Diesterweg. Schriften und Reden. Bd. II. Berlin, Leipzig 1950, S. 248ff., u. ders.: Was wollte Pestalozzi, was wollen wir? In: Ebenda, S. 281ff.
24 DSW Bd. VII, S. 23.
25 Ebenda.

Hans-Jürgen Apel

Lehrer 1848: Vorkämpfer – Zuschauer – Gegner?

Die Rolle der Lehrer in der bürgerlichen Revolution

„Die Freiheit ist auf einmal wie ein Gewitter in Europa, über Deutschland hereingebrochen. Die Gebildeten sind überrascht, ja bestürzt, die mittleren Klassen der Gesellschaft sind betäubt und beunruhigt, die Massen fragen: Was ist das? Man sehe sich um. Wie viele sind reif für die Segnungen der Freiheit? Nun kann man aber nie und nimmer mehr von außen her befreit werden. Man kann wahrhaft nur sich selbst befreien. Und wie? Nur durch Bildung. Und dazu müssen die Völker und die Einzelnen durch allseitigen, die ganze Jugendzeit umfassenden, den Bedürfnissen der Zeit, wie den Entwicklungsstufen der Einzelnen angemessenen Unterricht eiligst und zwar besser, als es bisher geschehen, befähigt werden. Es ergeht hiermit der Ruf nach solcher Neugestaltung auch des bisherigen Systems der National-Erziehung von der Volksschule bis zur Hochschule an den gesammten Deutschen Lehrstand, als welchem die Zukunft gehört!"

Als der Hammer Gymnasialdirektor Friedrich Kapp diesen Aufruf am 28. März 1848 im *Hamm'schen Wochenblatt* veröffentlichte, hatte er recht genaue Vorstellungen darüber, wie eine solche „National-Erziehung" der deutschen männlichen Jugend aussehen sollte. Kapp wollte die 14- bis 21jährigen zusätzlich zum bisherigen Unterricht „über ihre künftigen bürgerlichen und politischen Rechte und Pflichten" aufklären. Er wollte ihnen die politischen Vorgänge der Zeit erklären, sie zu selbständiger Lektüre anleiten und „sie auf dem Turnplatz vorzugsweise durch militärische Vorübungen und durch Gesang zu würdigen und tapferen Vaterlandsvertheidigern" ausbilden. Um diese neue Form der National-Erziehung zu diskutieren und vorzubereiten, rief er seine Amtskollegen und den gesamten Lehrstand der Stadt Hamm in das Gymnasium „zu einer freien Versammlung".

Kapp zählte zu den wenigen Gymnasiallehrern, die für den Zusammenschluß aller Lehrer über die berufsständischen Abgrenzungen hinaus eintraten. Neben seiner Tätigkeit in den Versammlungen der westfälischen Gymnasiallehrer engagierte er sich 1848 auch für die Verbesserung des gesamten Bildungswesens und für die Gründung eines allgemeinen Lehrervereins. Wer aber heute über das politische Verhalten der Lehrer im Jahre 1848 berichtet, kann dies nur unter der Voraussetzung, daß er die Zugehörigkeit der Lehrer zum niederen oder höheren Lehrstand unterscheidet. Deshalb ist nun als erstes auf das Verhalten der Elementarschullehrer, dann auf das der höheren Lehrer im Revolutionsjahr einzugehen. Die Beispiele stammen aus den Rheinlanden und Westfalen.

1. Die Elementarlehrer: politisches Engagement revolutionärer Demokraten?

Als das Scheitern der bürgerlichen Revolution im Frühjahr 1849 sich immer deutlicher abzeichnete und letzte Volksaufstände in verschiedenen Gebieten des Deutschen Bundes aufflackerten, reisten einige Elementarschullehrer von Ort zu Ort, um zu agitieren und für die Ziele der Revolution zu kämpfen. Lehrer gründeten „politische Vereine", in denen über bürgerliche Rechte und Pflichten diskutiert werden sollte. Betrachtet man die soziale Lage der Elementarschullehrer, dann ist ihr revolutionäres Engagement verständlich. Sie hatten am wenigsten zu verlieren und am meisten zu gewinnen. Nach dem Scheitern der bürgerlichen Revolution richteten sich Zorn und politischer Druck der Obrigkeit deshalb insbesondere auf die Elementarschullehrer: Viele wurden gemaßregelt, entlassen, verfolgt, verhaftet und verurteilt. Berichte der Zeitgenossen können die Situation der Lehrer in der bürgerlichen Revolution ein wenig veranschaulichen. Die Anschuldigungen gegen den Lehrer Fischer aus Happerschofs im Regierungsbezirk Köln[1] vermitteln einen ersten Eindruck; einen zweiten die Notiz des Kölner Schulinspektors über die Lehrerkonferenzen in seinem Bericht über das städtische Schulwesen im Jahr 1848.

Elementarschullehrer Nikolaus Fischer war 1845 auf die Lehrerstelle in Happerschofs berufen worden. Die Anstellung erfolgte zunächst für zwei Jahre auf Probe. Schon bald wurde er verdächtigt, die Anwohner gegen den Beschluß von Bürgermeister und Gemeinderat zum Bau eines neuen Schulhauses aufgebracht zu haben. Nachfolgende Untersuchungen führten zu Verwarnungen Fischers. Die endgültige Anstellung wurde zunächst verschoben. Als sie dann 1852 zur Entscheidung stand, wurden ihm auch Verfehlungen während der Revolutionszeit angelastet. In einer Stellungnahme des Siegburger Landrats heißt es:

644 Lehrfreiheit (1)
Karikatur, Umrißradierung, anonym, um 1845
23,2 x 36,0 cm
Würburg, Institut für Hochschulkunde, Sammlung Verband Alter Corpsstudenten
Widerspenstige Studenten oder Professoren, versehen mit einem Schloß vor dem Mund, werden gewaltsam zu einer baufälligen Kirche getrieben. Angeführt wird der Zug von einem Eichhörnchen, das den konservativen preußischen Unterrichtsminister Eichhorn darstellt. Die unkritischen Untertanen, in der Karikatur als Schafe gekennzeichnet, trotten freiwillig mit oder unterstützen gar die Soldaten oder Gendarmen bei ihrer Tätigkeit.

645 Lehrfreiheit (2)
Karikatur, Umrißradierung, anonym, um 1845
23,0 x 36,5 cm
Würzburg, Institut für Hochschulkunde, Sammlung Verband Alter Corpsstudenten
Das Spottbild zeigt den preußischen Unterrichtsminister Eichhorn, der als ein ordensgeschmücktes, von oben herab das Geschehen beobachtendes und beherrschendes Eichhörnchen dargestellt ist. Die Studenten im Vordergrund werden mit Peitschen gezüchtigt, ein Dichter zieht mit einem Schloß vor dem Mund außer Landes. Ein Professor wird von seinem Katheder vertrieben, seine Stelle nimmt ein Schaf ein.

„Fischer gehörte 1848 und 1849 zu den eifrigsten Demokraten des hiesigen Kreises. Er zählte zu der Genossenschaft des bekannten Müllers Hagen zu Allner und war mit diesem ein steter Anhänger Ninkels. Im April 1848 fanden in Happerschofs mehrfache Volks-Versammlungen statt.“ Fischer sei durch die Leitung derartiger Versammlungen und die Abfassung von Anträgen hervorgetreten, die sich auf die *„Beseitigung aller bisherigen Gemeindeschützen und Hebammen“* richteten. Zu allem Überfluß aber habe Fischer noch beim *„Aufpflanzen der schwarz-roth-goldenen Fahne auf dem Versammlungslocale von dem Fenster desselben aus eine hierauf bezügliche Rede an das zahlreich versammelte Publicum“* gehalten und *„diesem die neue Freiheit“* verkündet.

Fischer habe zudem mit berüchtigten Demokraten Umgang gehabt, die sich nicht scheuten, in den öffentlichen Wirtshäusern Eigentum für Diebstahl zu erklären. Später habe er, nachdem die erste revolutionäre Bewegung verraucht gewesen sei, einen *„democratischen Verein“* gegründet und als dessen Präsident amtiert. Fischer habe zu den Wahlmännern gehört, die am 5. Februar 1849 in Bonn die Abgeordneten für die Zweite Kammer gewählt hätten.

Die Beschuldigung läßt einige Initiativen erkennen, die engagierte Lehrer vor Ort im Jahre 1848 ergriffen. Sie standen an der Spitze von Versammlungen, sprachen über die neue politische Freiheit, formulierten Eingaben, gründeten Vereine und übten das aktive wie passive Wahlrecht aus. Auf der Grundlage dieser lokalen Aktivitäten entstanden die bekannt gebliebenen überregionalen Versammlungen mit ihren Forderungen.

Lehrer Fischer versuchte, seine bescheidene Berufsexistenz für sich und seine zahlreiche Familie gegen diese Beschuldigungen zu retten.

Zum wiederholten Male erklärte er, daß er *„in jenen unheilvollen Jahren allerdings und leider mehrfach geirrt und gefehlt habe, daß (er) Ansichten gehuldigt habe, welche mit denen der Behörde in Widerspruch standen, daß solches aber aus einer bedauerlichen Verblendung geschehen...“* sei. So sehr er sich auch bemühte, die Obrigkeit von seiner politischen Zuverlässigkeit, von seiner *„seitherige(n) Bekehrung und Besserung“* zu überzeugen, die Rechtfertigungen halfen nicht; er wurde 1852 aus seiner bisherigen provisorischen Anstellung entlassen.

Der Fall des Lehrers Fischer beleuchtet aber nur eine Seite der 48er Vorgänge. Daß daneben auch *antirevolutionäres Denken* unter den Elementarschullehrern verbreitet war, verdeutlicht der Bericht des Kölner Schulinspektors über das städtische Elementarschulwesen im Jahre 1848, in dem es heißt:

In den Konferenzen der Lehrer „war eine Zeitlang die Besprechung der Schulverhältnisse zu Staat und Kirche an der Tagesordnung. Bekanntlich war dies von oben her sogar veranlaßt, würde aber sehr natürlich auch ohnedies der Gegenstand von Berathungen und Beschließungen geworden sein. Die in No 123 der Kölnischen Zeitung veröffentlichte Erklärung unseres Lehrervereins, worin es u.a. heißt: ‚Wir sind durchaus nicht gewillt, die Schule von der Kirche zu emancipiren. Im Gegenteil weisen wir katholische Lehrer diese Emancipation als dem Geiste des Priesterthums und namentlich dem der katholischen Kirche widerstrebend entschieden zurück. Wir sind in der Kirche, sind es mit unseren Schulen und wollen in und mit der Kirche gemeinsam das wichtige Geschäft der Erziehung und Bildung der uns anvertrauten Kleinen im Geiste unserer Kirche aus allen Kräften anstreben.‘ Diese Erklärung gibt Zeugnis von dem Geiste, der unsere Lehrer durchdrungen hat. Ich hoffe nicht, daß derselbe je ausarte, kann aber nicht umhin, mit Bedauern auszuführen, daß der eine und andere der jüngeren Lehrer sich zu den Grundsätzen der falschen Demokraten hinneigt, die nur in dem Umsturz alles Bestehenden das Heil der Zukunft sieht.“[2]

Teile der katholischen Elementarlehrer erwiesen sich also zusammen mit den meisten Vertretern der Schulaufsicht als *Gegner der revolutionären Ideen*, zumal dann, wenn sie nicht zu den Jüngeren gehörten. Letztere fühlten sich stärker zu den demokratischen Kräften hingezogen, die Älteren dagegen hielten die Vorschläge für eine Emancipation der Schule aus kirchlicher Aufsicht für „eine traurige Verirrung“, wie sie am 27.4.1848 in der *Kölnischen Zeitung* annonciert hatten. Beide Beispiele lassen erkennen, daß revolutionäre Begeisterung und die Ablehnung revolutionärer Ideen sich mitten durch den Berufsstand zogen, wobei die Konfession und das Alter des Betreffenden offensichtlich eine Rolle spielten. Diesterweg hatte schon Recht, als er die Entkonfessionalisierung des Elementarunterrichts als eine wichtige Grundlage des Fortschritts ansah.

Die Märzereignisse hatten die ohnehin vorhandene Unzufriedenheit der Elementarlehrer nur zum Ausbruch gebracht. Schon 1842 hatten sie in mehreren Versammlungen Reformen der Schulorganisation, eine Neuordnung ihrer amtlichen Stellung und eine Verbesserung der Bezahlung gefordert. Das Ministerium hatte darauf mit einem ausdrücklichen Verbot aller Lehrerorganisationen, die sog. „Konferenzgesellschaften“ ausgenommen, reagiert. Nach den Märzunruhen des Jahres 1848 wurde den Lehrern zunächst die Durchführung von *Konferenzen auf Kreisebene* gestattet. Diese Zusammenkünfte fanden unter Aufsicht der Landräte und Kreisschulinspektoren statt. Hier wurden innere und äußere Reformforderungen vorgetragen und in unterschiedlicher Radikalität diskutiert. Zentrales Thema derartiger Versammlungen war die Lebenssituation der Lehrer. Sie beklagten die schlechte Besoldung und ihre Abhängigkeit von den geistlichen Ortsschulinspektoren und forderten eine Neuregelung der staatlichen Zuständigkeit für das Schulwesen.

In diesen Versammlungen sollten je ein Abgeordneter und dessen

646 Johann Albrecht Friedrich Eichhorn (1779-1856)
Kupferstich von Chr. Hoffmeister, um 1845
18,8 x 13,6 cm
Berlin, Amerika-Gedenkbibliothek
Eichhorn, preußischer Unterrichtsminister von 1840-1848, führte 1847 Diesterwegs Amtsenthebung herbei.

647 Barrikade an der neuen Königstraße in der Nacht vom 18.-19. März 1848
Kolorierte Lithographie von F.G. Nordmann, 1848
25,0 x 35,7 cm
Würzburg, Institut für Hochschulkunde, Sammlung Deutsche Gesellschaft für Hochschulkunde

648 C. Böhm
Die Petition des Berlinischen Lehrer-Vereins für deutsches Volksschulwesen an den 8ten Landtag der Provinz Brandenburg und der Niederlausitz. Essen 1843

649 Bittschrift Berliner Lehrer an Diesterweg, 6.3.1844
34,0 x 21,2 cm
Berlin (DDR), Archiv der Akademie der Pädagogischen Wissenschaften
Die Berliner Lehrer bitten Diesterweg, sich in der Öffentlichkeit für die Achtung und Anerkennung des Lehrerstandes einzusetzen.

Stellvertreter für eine *Lehrerkonferenz auf Provinzebene* gewählt werden. Daß an diesen Konferenzen auch die Provinzialschulräte sowie Direktoren der Lehrerseminare teilnehmen sollten, wurde von den Lehrern heftig kritisiert. Deshalb ließ das Ministerium im Juli zu, daß die Provinziallehrerkonferenzen nur aus frei gewählten Vertretern der Elementarschullehrer bestehen sollen. Diese reichten dem Ministerium eine Fülle von Forderungen und Vorschlägen ein:[3] Darin verlangten sie,

- die Elementarschulen zu Staatsanstalten zu erklären,
- die Schulen nur durch Fachkräfte beaufsichtigen zu lassen und die geheimen „Konduitenlisten"[4] aufzuheben,
- die Überfüllung der Schulklassen, die Überforderungen der Lehrer abzuschaffen und die Schulen besser auszustatten,
- Lehrerbildung sowie Anstellung, Besoldung und Versorgung zu verbessern.

Über die Beibehaltung oder Abschaffung der Nebenämter, wie Küster- und Organistenamt, herrschte Uneinigkeit. Ein Teil der Lehrerkonferenzen wollte diese Ämter als ehrenvoll anerkannt, ein anderer wollte sie beseitigt sehen.

Politisch wichtiger als diese Konferenzen waren *die provinzialen Lehrerversammlungen.* Im August 1848 veröffentlichten sächsische Lehrer einen „Aufruf an Deutschlands Lehrer", in dem die „Gründung eines allgemeinen deutschen Lehrervereins" angekündigt wurde. Die Initiatoren dieses Vereins wollten eine die verschiedenen Lehrerstände übergreifende Organisation einrichten. Sie wollten die ungute Trennung der Lehrämter überwinden, die sie als eine Arbeit „an verschiedenen Stockwerken der Volkserziehung" charakterisierten; deshalb ihr Appell: *„Alles sammelt sich unter der Fahne der Einheit. Deutsche Lehrer, reißet auch Ihr die Euch trennenden Schranken nieder! Lasset uns als Brüder arbeiten an dem großen Werke, das uns anvertraut ist: an der Bildung des deutschen Volkes!"* Das Streben nach politischer Einheit sollte von der Gründung eines einigen Berufsstandes begleitet werden.

Auch wenn es zur Gründung dieses Vereins kam, so waren doch in der Lehrerschaft die standesbewußten Abgrenzungen stärker. Als sich die westfälischen Lehrer zu einer Versammlung am 4. Oktober 1848 in Dortmund trafen, schlug der ebenfalls anwesende Hammer Gymnasialdirektor Kapp vor, einen zwar regionalen, aber sich an den „Allgemeinen deutschen Lehrerverein" anlehnenden Verein für Lehrer aller Schularten zu gründen, weil „allgemeine Gesichtspunkte" zu behandeln wären. Kapp fand für diese Vorstellung jedoch keine Zu-

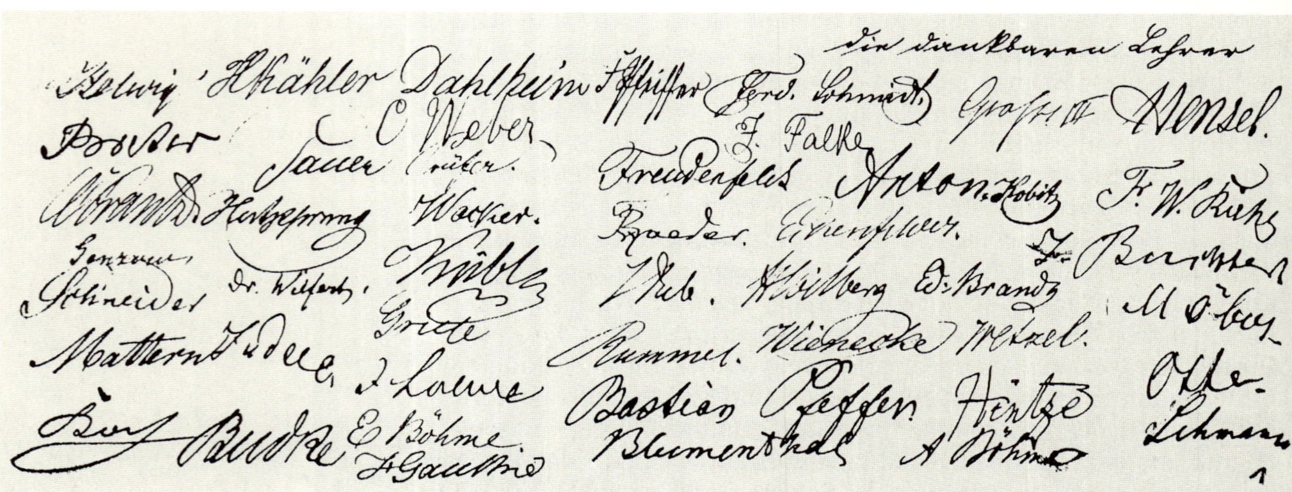
die dankbaren Lehrer
Dahlheim
C Weber
F. Falke
Hensel
Anton

stimmung. Vielmehr wurde von den Lehrern mehrheitlich zunächst die Gründung eines Vereins der Volksschullehrer gewünscht, der vor allem die Interessen dieser Berufsgruppe zu vertreten hätte. Erst danach wurde ein Provinzial-Lehrerverein für Lehrer aller Schulformen akzeptiert.

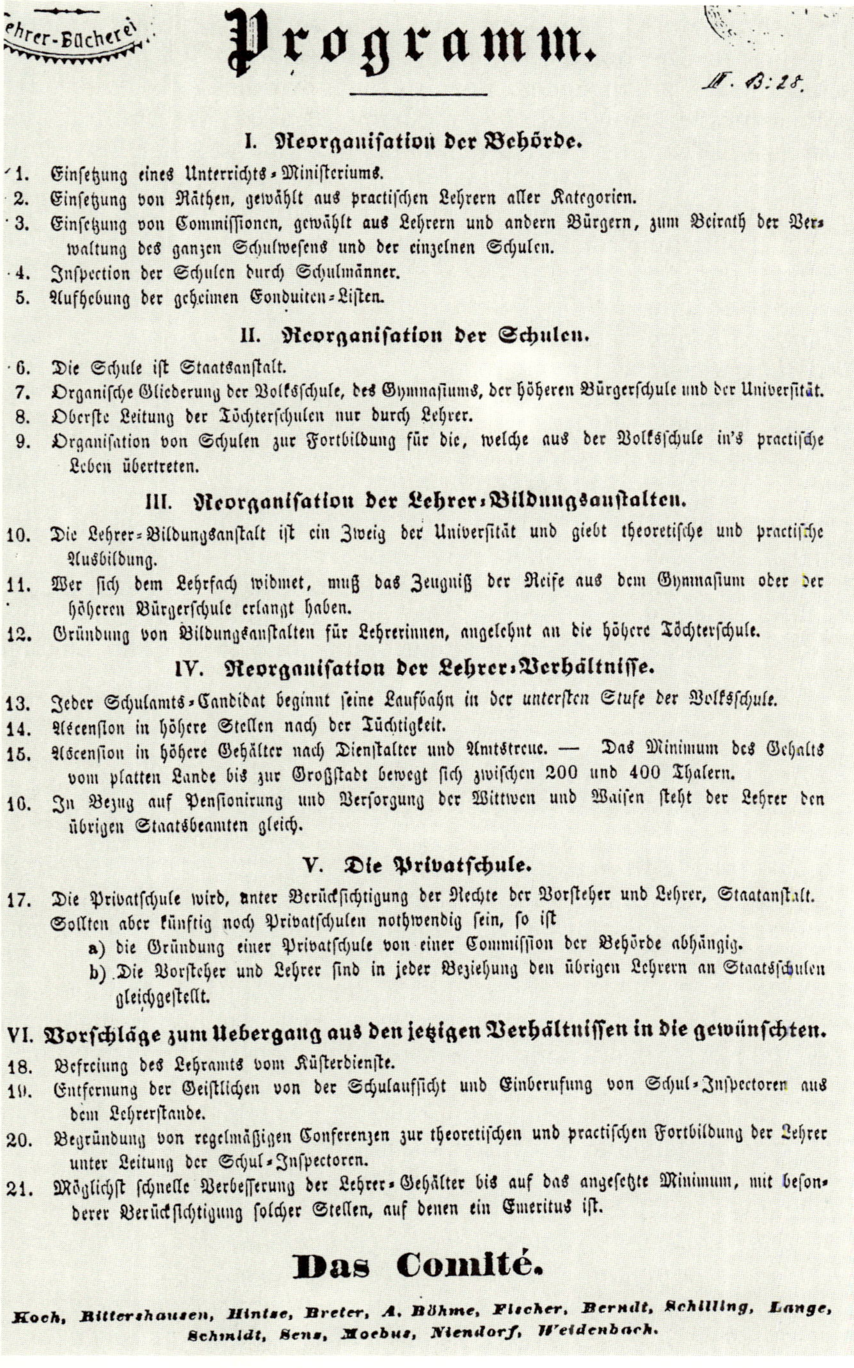

Programm.

I. Reorganisation der Behörde.

1. Einsetzung eines Unterrichts-Ministeriums.
2. Einsetzung von Räthen, gewählt aus practischen Lehrern aller Kategorien.
3. Einsetzung von Commissionen, gewählt aus Lehrern und andern Bürgern, zum Beirath der Verwaltung des ganzen Schulwesens und der einzelnen Schulen.
4. Inspection der Schulen durch Schulmänner.
5. Aufhebung der geheimen Conduiten-Listen.

II. Reorganisation der Schulen.

6. Die Schule ist Staatsanstalt.
7. Organische Gliederung der Volksschule, des Gymnasiums, der höheren Bürgerschule und der Universität.
8. Oberste Leitung der Töchterschulen nur durch Lehrer.
9. Organisation von Schulen zur Fortbildung für die, welche aus der Volksschule in's practische Leben übertreten.

III. Reorganisation der Lehrer-Bildungsanstalten.

10. Die Lehrer-Bildungsanstalt ist ein Zweig der Universität und giebt theoretische und practische Ausbildung.
11. Wer sich dem Lehrfach widmet, muß das Zeugniß der Reife aus dem Gymnasium oder der höheren Bürgerschule erlangt haben.
12. Gründung von Bildungsanstalten für Lehrerinnen, angelehnt an die höhere Töchterschule.

IV. Reorganisation der Lehrer-Verhältnisse.

13. Jeder Schulamts-Candidat beginnt seine Laufbahn in der *untersten Stufe der Volksschule.*
14. Ascension in höhere Stellen nach der Tüchtigkeit.
15. Ascension in höhere Gehälter nach Dienstalter und Amtstreue. — Das Minimum des Gehalts vom platten Lande bis zur Großstadt bewegt sich zwischen 200 und 400 Thalern.
16. In Bezug auf Pensionirung und Versorgung der Wittwen und Waisen steht der Lehrer den übrigen Staatsbeamten gleich.

V. Die Privatschule.

17. Die Privatschule wird, unter Berücksichtigung der Rechte der Vorsteher und Lehrer, Staatanstalt.
Sollten aber künftig noch Privatschulen nothwendig sein, so ist
   a) die Gründung einer Privatschule von einer Commission der Behörde abhängig.
   b) Die Vorsteher und Lehrer sind in jeder Beziehung den übrigen Lehrern an Staatsschulen gleichgestellt.

VI. Vorschläge zum Uebergang aus den jetzigen Verhältnissen in die gewünschten.

18. Befreiung des Lehramts vom Küsterdienste.
19. Entfernung der Geistlichen von der Schulaufsicht und Einberufung von Schul-Inspectoren aus dem Lehrerstande.
20. Begründung von regelmäßigen Conferenzen zur theoretischen und practischen Fortbildung der Lehrer unter Leitung der Schul-Inspectoren.
21. Möglichst schnelle Verbesserung der Lehrer-Gehälter bis auf das angesetzte Minimum, mit besonderer Berücksichtigung solcher Stellen, auf denen ein Emeritus ist.

Das Comité.

Koch, Bittershausen, Hintse, Breter, A. Böhme, Fischer, Berndt, Schilling, Lange, Schmidt, Sens, Moebus, Niendorf, Weidenbach.

650 Programm der Berliner Lehrerversammlung, 1848
33,7 x 20,7 cm

651 Protokollband VIII der Berliner Schullehrergesellschaft, Mitte 19.Jh.
33,2 x 20,8 cm
Berlin (DDR), Archiv der Akademie der Pädagogischen Wissenschaften
Der Band enthält das Protokoll einer Sitzung, auf der Diesterweg über einen Entwurf einer Petition des sächsischen Lehrerstandes, gerichtet an die Ständeversammlung des Königreichs Sachsen, referiert. Diesterwegs schließt mit den Worten: „Auch bei uns sollten aus den Worten endlich Taten werden."

Aber auch das Ergebnis dieser Versammlung kann nicht darüber hinwegtäuschen, daß die Lehrerbewegung im Herbst 1848 an Nachdruck verloren hatte. Dies hatte auch Kapp begriffen, als er „am Abend des Tages aller Seelen 1848" noch einmal einen „Aufruf an den gesammten deutschen Lehrerstand" veröffentlichte. Neben seltsamen Ansichten zur Weltgeschichte steht ein letzter Appell:

„Vereinigen wir uns mit allen Vätern und Müttern, mit allen Brüdern und Schwestern zur Bewahrung und Schirmung ihrer und unserer höchsten Güter, die wir Gott, die wir dem Vaterlande unverletzt zu erhalten haben! Und:

So ergeht mein Ruf zunächst an den allgemeinen deutschen Lehrerverein von der Volksschule bis zur Hochschule... Er organisire ungesäumt seine Kreis-, seine Bezirks-, seine Landes-Lehrervereine. In ihm liegt eine Welt, unsere Zukunft. Nur so wird das nächste Jahrhundert dem mündig, frei und selbstständig gewordenen Lehrstande...gehören."

Der politische Clubb.

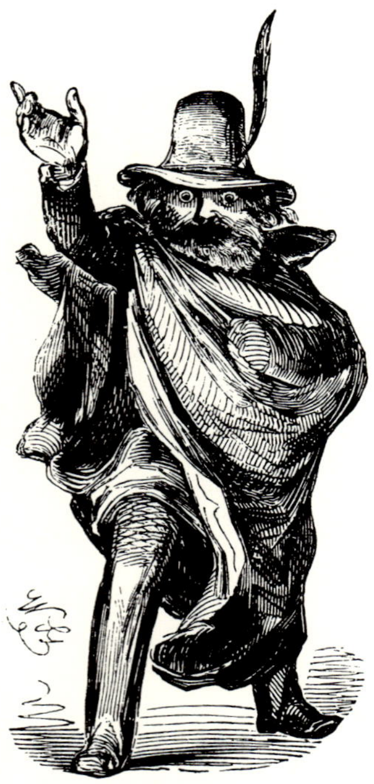

Wir haben eine **Revolution** gemacht!

Hier klingt Verzweiflung an: Es ging um das letzte Aufgebot. Im Grunde war die Sache längst verloren. Gegen die zunehmend *erstarkende Unterrichtsverwaltung* standen die noch revolutionär demokratisch gesinnten Lehrer etwa seit Ende Oktober 1848 auf verlorenem Posten. Die Aufrufe hatten nur einen kleinen Teil der Lehrerschaft nach anfänglicher Begeisterung wirklich zu dauernder politischer Betätigung gebracht. Zudem konnte das Ministerium spätestens im Dezember 1848 gegenüber den demokratischen Bewegungen das Gesetz des Handelns zurückgewinnen. Der preußische Minister Ladenberg machte am 20.12.1848 in einem Erlaß zur politischen Betätigung von Lehrern deutlich, daß *„einzelne Mitglieder des Lehrerstandes die ihnen obliegenden Pflichten aus den Augen verloren und nicht nur bei ihrer Betheiligung an den politischen Partheikämpfen die ungesetzlichen Schranken überschritten, sondern…unter Mißbrauch ihres Amtes (sogar) so weit gegangen (sind), ihren mit der bestehenden Staatsverbesserung nicht übereinstimmenden Ansichten bei der unreifen und unerfahrenen Jugend Eingang zu verschaffen“*.

Für alle, die sich für demokratische Reformen eingesetzt hatten, bedeutete dies die Androhung eines Disziplinar-Verfahrens: die demokratische Bewegung, der „revolutionäre Spuk“, wie konservative Kreise sagten, war vorüber. Selbst wer wie Lehrer Fischer Selbstkritik äußerte und sich den Erwartungen des Systems fügte, hatte keine Gewähr dafür, daß dies anerkannt wurde und er im Amt bleiben konnte.

Der Constitutionelle Clubb.

Man hat eine Revolution **gemacht!**

2. Die Lehrer höherer Schulen: Mehr Gegner als Verfechter der Demokratie?

Am 28. April 1848 versammelten sich gleichzeitig viele höhere Lehrer der Provinzen Westfalen und Rheinland in Hamm und in Linz, um „die Unterrichtsfrage in ihrem Verhältnis zur Zeitströmung“ zu verhandeln und über Konsequenzen der politischen Entwicklung für die äußeren und inneren Angelegenheiten der Schule nachzudenken. Die in Linz Versammelten gingen davon aus, daß „das höhere Lehrfach eine Reform, entsprechend dem unsere Zeit beherrschenden Gedanken demokratischer Institutionen, erhalten müsse“. Deshalb müsse jede „Verwaltungs-Bevormundung“ von den Mitgliedern des höheren Lehrstandes genommen werden. Das bedeute nicht, daß man die dem Staat zustehende Aufsicht über die Schulen im Grundsatz ablehne. Als wichtig wurden folgende Forderungen angesehen:

- *unbehinderte Ausübung aller bürgerlichen Rechte bei gleichzeitiger Beteiligung an allen bürgerlichen Leistungen,*
- *Befreiung der Schule aus der Lage, in inneren Angelegenheiten durch Mitglieder anderer Stände geleitet und amtlich beaufsichtigt zu werden,*
- *Vertretung der Lehrer-Collegien durch den Direktor und Abgeordnete aus ihrer Mitte bei der Verwaltung der äußeren Angelegenheiten der Schule,*
- *Freiheit der Bitte und Beschwerde ohne Einhaltung des Instanzenweges,*
- *Abschaffung der geheimen Conduiten-Listen,*
- *ein unparteiisches, durch bestimmte, offen kund zu gebende Principien geleitetes Verfahren bei Anstellung, Beförderung, Versetzung und Emeritirung,*
- *eine den Bedürfnissen der Zeit und der Örtlichkeit entsprechende Besoldung,*
- *die Einrichtung eines gesonderten Ministeriums des Unterrichts.*

Die Forderungen der westfälischen höheren Lehrer waren ähnlich formuliert und durch eine Denkschrift zur Besoldungsfrage ergänzt. Im Juni 1848 richtete der in Linz gewählte Ausschuß „im Namen von

180 Schulmännern der Rheinprovinz“ an den zuständigen Minister eine Eingabe, in der die genannten Punkte als Forderungen des höheren Lehrstandes der Rheinprovinz aufgeführt wurden. Man betonte, daß man sich aus dem tiefen Interesse an einer Verbesserung der „National-Erziehung und -Bildung“ an den Minister wende, entsprechend dem demokratischen Denken der Zeit auf Reformen dränge und damit den Wunsch verbinde, daß

„endlich die Männer des Schulstandes aus ihrer gedrückten, unfreien Stellung heraustreten, zum unverkümmerten Genuß ihrer Rechte als Staatsbürger gelangen und diejenige Freudigkeit und Unbefangenheit in Erfüllung ihrer schweren Pflichten wiedergewinnen können, ohne welche der Unterricht und die Erziehung kein wahres nachhaltiges Gedeihen und die echte Vaterlandsliebe den gesunden und kräftigen Boden nicht gewinnen kann, auf welchem sie emporwachsen muß, wenn sie den Stürmen der Gegenwart und der Zukunft unerschütterlich Trotz bieten soll“.

Das Pathos des Schreibens ist für diese Monate typisch. Es spiegelt zugleich das erstarkte Selbstbewußtsein der Lehrer, die den Führungsanspruch der Administration grundsätzlich in Zweifel zogen. Das Ministerium reagierte auf die eingesandten Forderungen, indem es eine „Commission sachverständiger Schulmänner“ zu einer Konferenz für Ende Juli nach Berlin einberief. Die Lehrer sträubten sich gegen das ministerielle Ansinnen, die Mitglieder dieser Kommission zu ernennen. Auf ihrer Versammlung in Königswinter, am 14./15. Juni 1848, verlangten sie vom Ministerium, daß *„zur Berathung dieser Reform eine aus freier Wahl der Mitglieder der höheren Lehranstalten hervorgehende Versammlung angeordnet werden möge“*. Die freie Versammlung aller, die freie Wahl von Abgeordneten und die selbständige Gründung von Ausschüssen waren die Grundformen demokratischer Selbstorganisation, die die Lehrer sich gerade angeeignet hatten.

An dieser Stelle war aber die Grenze der Zugeständnisse erreicht. Die Lehrer der höheren Schulen wählten nach monatelangem Hin und Her um den Wahlmodus im November fünf Abgeordnete für die Berliner Versammlung, von denen zwei dem progressiven Teil der Bewegung zugerechnet werden konnten. Insgesamt hatte sich nach anfänglicher Dominanz der demokratischen Kräfte die eher bewahrend-reformerische Seite durchgesetzt. Zwar protestierten die am 23. Oktober in Deutz versammelten Gymnasial- und Realschullehrer noch einmal eindringlich gegen die Beschränkung des Wahlmodus durch das Ministerium; auf einer Düsseldorfer Versammlung am 12. November aber lehnte „die überwiegende Majorität“ der höheren Lehrer diese Kritik ab und erklärte, daß sie die bevorstehende Reform des höheren Schulwesens als Weiterentwicklung des Bestehenden wünsche und sich ausdrücklich gegen solche Bestrebungen ausspreche, *„welche den Organismus der Schule zu zerrütten und ihre Wirksamkeit zu lähmen drohen“*.

Die wiedergewonnene Amtsautorität der Unterrichtsverwaltung gegenüber den Lehrern zeigte sich daran, daß sie den Wahlmodus nun nach ihren Vorstellungen anordnen und durchsetzen konnte. Zum Jahresende konnten die Lehrer der höheren Schulen zwar auf ein ereignisreiches Jahr zurückblicken und noch auf die Berliner Versammlung hoffen, zugleich mußten sie aber einsehen, daß die demokratische Bewegung gescheitert war und das Gesetz des Handelns wieder bei der Unterrichtsverwaltung lag.[5]

Der patriotische Verein.

Na, wer **hat** denn man eigentlich die Revolution gemacht?

652 Berliner Clubbs
Kladderadatsch Jg.1, 1848
31,0 x 22,5 cm
Der von „Demokraten“ beherrschte „Politische Klub“ sah sich als Urheber der Revolution. Der „Konstitutionelle Klub“ war den „Demokraten“ verhaßt, da er auch für Konservative attraktiv war. Im „Patriotische Verein“ trafen sich die Königstreuen.

1 Ich danke Claudia Schadt-Krämer für die Überlassung der Materialien zum Fall des Lehrers Fischer. Fischer war seit Mitte der 40er Jahre wegen Unstimmigkeiten mit seinen Vorgesetzten vorbelastet; die Anklage gegen ihn ist also nicht nur Folge seines Verhaltens während des Jahres 1848. Trotzdem ist anzunehmen, daß Fischer in erster Linie als ungeliebter Zeitgenosse der Revolutionszeit durch den Landrat in Siegburg 1852 abqualifiziert wurde.

2 Hist. Archiv d. Stadt Köln: 402C, 21a/Bd. 2: Jahresbericht des Schulinspektors für das Jahr 1848.

3 Abgedr. in: Berg, Ch. (Hrsg.): Staat und Schule oder Staatsschule? Königstein 1980, S. 122ff.

4 Das waren die Listen, in denen Beobachtungen der Vorgesetzten über das pädagogische, politische und soziale Verhalten sowie über das Wissen, die Fortbildung und die Interessen der Lehrer und Lehrerinnen festgehalten wurden; diese sahen in den Aufzeichnungen geheime, undurchschaubare Dossiers.

5 Vgl. insgesamt: Alt, R.: Bilderatlas zur Schul- und Erziehungsgeschichte. Bd. 2. Berlin 1971. Apel, H.-J.: Das preußische Gymnasium in den Rheinlanden und Westfalen 1814-1848. Köln, Wien 1984. Apel, H.-J., Klöcker, M.: Schulwirklichkeit in Rheinpreußen. Analysen und neue Dokumente zur Modernisierung des Bildungswesens in der ersten Hälfte des 19. Jahrhunderts. Köln, Wien 1986. Gernert, D.: Die Revolution von 1848/49 im Rheinisch-Bergischen. Remscheid 1984. Günther, K.-H., u.a.: Geschichte der Erziehung. 12. Aufl. Berlin 1976.

Günter Richter

Reaktion und Stadtausbau

Berlin nach 1848

Zwischen den historischen „Eckpfeilern" Revolution und Reichsgründung liegen zwei Jahrzehnte; eine knappe Zeitspanne, doch für die Geschichte Berlins eine Epoche gewaltiger Umgestaltung. Die Stadtbevölkerung verdoppelte sich auf rund 800.000 Einwohner.[1] Berlin wuchs über die Mauern der alten Residenz hinaus und entwickelte sich zur größten Industriestadt Mitteleuropas. Wie das Stadtbild wandelte sich das Sozialprofil der Einwohner. In sprunghafter Entwicklung gingen Handwerk und Gewerbe als dominierende Erwerbsfaktoren zurück zugunsten der Industriearbeit, und verschärfte Spannungen begleiteten diesen Prozeß.

Die städtische Selbstverwaltung sah sich vor völlig neue Aufgaben gestellt, wollte sie nicht ausschließlich Interessenvertretung der etablierten Bürgerschaft sein. Die steigenden Lebensbedürfnisse einer immer weiter anwachsenden Bevölkerung waren allerdings schwer zu kalkulieren, und das Zusammenleben solcher Menschenmassen war letztlich ohne den Einsatz moderner Stadttechnik nicht mehr zu organisieren. Doch hier waren den Stadtvätern recht enge Grenzen gezogen: die knappen Einkünfte der Stadt ließen keine kostspieligen Investitionen zu, und zu einer Erweiterung der Besteuerungsbasis fehlte der Stadtverwaltung die Kompetenz. Das verfassungsrechtliche Fundament der Berliner Selbstverwaltung war die preußische Städteordnung von 1809. Nach der Revolution griff die preußische Kommunalordnung 1850 mit starken Änderungen in die alte Stadtverfassung ein, und drei Jahre darauf wurde durch eine neue Städteordnung die Rechtslage abermals verändert. Das alles schuf administrative Unsicherheit, die verstärkt wurde durch den Umstand, daß Berlin schärfer als andere preußische Städte die Pressionen der Reaktionsphase zu spüren bekam. Oberbürgermeister, Magistrat und die Mehrheit der Stadtverordneten beugten sich jedoch willig dem Druck der staatlichen Gewalt, die verkörpert wurde durch den Militärgouverneur und den von der preußischen Regierung eingesetzten Polizeipräsidenten. Sie waren nach 1848 die eigentlichen Herren der Stadt.

Sieben Monate lang stand Berlin unter dem Druck des Belagerungszustands, der sogleich nach dem kampflosen Einmarsch der Truppen am 12. November 1848 verhängt worden war. Für wenige Stunden hatte damals die Gefahr eines Bürgerkrieges über der Stadt gelegen, als sich königliche Armee und Berliner Bürgerwehr auf dem Gendarmenmarkt kampfbereit gegenüberstanden. General Wrangel, der Oberkommandierende und neu ernannte Militärgouverneur, taktierte vorsichtig und vermied eine Provokation der bewaffneten Bürger, die zum Schutze der im Schauspielhaus tagenden preußischen Nationalversammlung aufmarschiert waren. Erst nach der Entwaffnung der Bürgerwehr und nach Auflösung der Nationalversammlung ließ Wrangel Berlin die volle Schärfe des Belagerungsrechts spüren. Doch die weitgehend revolutionsmüden Bürger verzichteten auf Widerstand. Für einen Kampf mit dem Militär fehlten die Waffen – auch der Enthusiasmus. Zudem schreckte das Beispiel der österreichischen Hauptstadt: Wien war nach schweren Kämpfen und Artilleriebeschuß von den kaiserlichen Truppen gestürmt worden. Wrangel verbot alle politischen Vereine und schränkte das Versammlungsrecht drastisch ein. Eine Polizeistunde beendete um 22 Uhr jede noch so harmlose Öffentlichkeit. Zeitungen und Druckschriften unterlagen besonderer Genehmigung. Stadtfremde wurden bei der Ankunft an den Bahnhöfen kontrolliert, verdächtige Personen ausgewiesen.

653 Aufbahrung der Märzgefallenen
Druck nach einem Gemälde von Adolf Menzel, um 1850
34,5 x 24,7 cm
Berlin, Geheimes Staatsarchiv Preußischer Kulturbesitz
Nach den Straßenkämpfen zwischen Berliner Bürgern und Militär in Berlin am 18. und 19.3.1848 wurden die Särge der über 200 Gefallenen auf der nördlichen Treppe des Deutschen Doms auf dem Gendarmenmarkt aufgebahrt und anschließend auf dem Friedrichshain feierlich beigesetzt.

654 Der Geist vom Friedrichshain
Flugblatt, 1848
26,5 x 33,0 cm
Berlin, Geheimes Staatsarchiv Preußischer Kulturbesitz
Der Geist fragt nach den Errungenschaften der Revolution, worauf er zur Antwort erhält: „Rauchfreiheit und Nationaleigenthum!"

Ausführendes Organ dieser Unterdrückungspraxis war vor allem der Polizeipräsident. Mit Carl Ludwig von Hinckeldey hatte die preußische Regierung im Dezember 1848 einen routinierten und energischen Verwaltungsfachmann in diese Schlüsselposition berufen, der bereit war, ganz im Sinne der Reaktion die seit dem März 1848 entstandenen Formen liberaler und demokratischer Öffentlichkeit zu zerschlagen. So wurde die im Revolutionsjahr geschaffene Berliner Schutzpolizei nach militärischen Gesichtspunkten reorganisiert. Die zivilen Hüte mit den Dienstnummern verschwanden; mit Helmen und militärischen Uniformen gab sich die Berliner Polizei fortan als Organ der Obrigkeit, verstärkt durch „zuverlässige Elemente", die man vorzugsweise aus den Kadern der Armee-Unteroffiziere rekrutierte. Die Phase des achtmonatigen Belagerungszustandes war ausreichend, um die Stadt weitgehend unter die Kontrolle der staatlichen Autorität zurückzubeugen. Zeitungsverbote, Hausdurchsuchungen, Paßkontrollen an den Toren, die Arretierung Verdächtiger, Ausweisungen und die Eröffnung politischer Prozesse gegen führende Abgeordnete der Nationalversammlung bildeten das Instrumentarium der jetzt praktizierten Reaktionspolitik, die als „Ära Hinckeldey" in die Stadt-

655 Versammlungsverbot während der Sitzungen der Preußischen Nationalversammlung
Bekanntmachung, Berlin, 10.6.1848
48,0 x 36,5 cm
Berlin, Geheimes Staatsarchiv Preußischer Kulturbesitz

656 Die Singakademie in Berlin
Druck nach einer Lithographie von L.E. Lüthe, um 1850
29,1 x 42,0 cm
Berlin, Geheimes Staatsarchiv Preußischer Kulturbesitz
In der Singakademie fanden 1848 die Sitzungen der Preußischen Nationalversammlung statt.

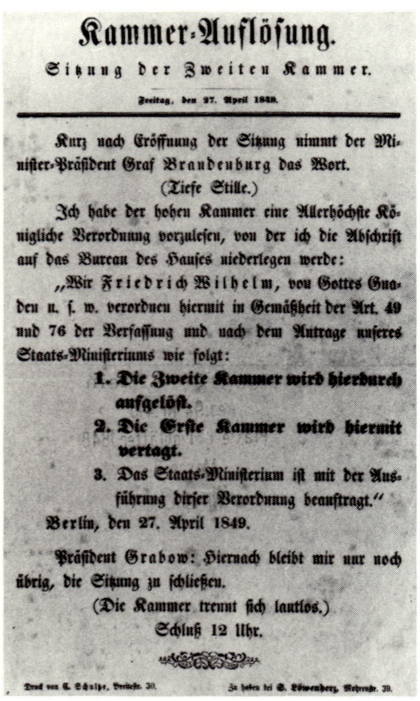

Kammer-Auflösung.

Sitzung der Zweiten Kammer.

Freitag, den 27. April 1849.

Kurz nach Eröffnung der Sitzung nimmt der Minister-Präsident Graf Brandenburg das Wort.

(Tiefe Stille.)

Ich habe der hohen Kammer eine Allerhöchste Königliche Verordnung vorzulesen, von der ich die Abschrift auf das Bureau des Hauses niederlegen werde:

„Wir Friedrich Wilhelm, von Gottes Gnaden u. s. w. verordnen hiermit in Gemäßheit der Art. 49 und 76 der Verfassung und nach dem Antrage unseres Staats-Ministeriums wie folgt:

1. **Die Zweite Kammer wird hierdurch aufgelöst.**
2. **Die Erste Kammer wird hiermit vertagt.**
3. Das Staats-Ministerium ist mit der Ausführung dieser Verordnung beauftragt."

Berlin, den 27. April 1849.

Präsident Grabow: Hiernach bleibt mir nur noch übrig, die Sitzung zu schließen.

(Die Kammer trennt sich lautlos.)

Schluß 12 Uhr.

657 Die Auflösung der Zweiten Kammer des preußischen Abgeordnetenhauses
Bekanntmachung, Berlin, 27.4.1849
37,0 x 23,7 cm
Berlin, Amerika-Gedenkbibliothek

geschichte eingegangen ist. Presse und politische Vereine standen unter besonderer Überwachung. Es gab zwar kein völliges Verbot politischer Vereinigungen wie im Vormärz, doch von den rund 100 Neugründungen des Berliner Revolutionssommers blieb nur ein dürftiger Rest: der konservative „Preußenverein", die liberale Gruppe der „Konstitutionellen" und die Bezirksvereine der „Demokraten". Die 1848 entstandene Organisation der „Arbeiterverbrüderung" stand unter noch schärferer Kontrolle und wurde 1854 bundesweit verboten. Ihre Mitglieder zogen sich zumeist in den seit dem Vormärz bestehenden Berliner „Handwerkerverein" zurück, der erst in den 60er Jahren wieder zur Basis einer neuen Arbeiterbewegung werden sollte. Widerstandsaktionen gegen die Unterdrückungsmaßnahmen sind nicht überliefert, wenn man absehen will von dem Pistolen-Attentat eines invaliden Garde-Unteroffiziers, der am 22. Mai 1850 auf dem Potsdamer Bahnhof auf den König schoß und ihn verletzte.

Preußen war seit Dezember 1848 Verfassungsstaat, doch die revidierenden Bestimmungen von 1850 schränkten die Konstitution stark ein. Auf Berlin wirkte sich vor allem das neue Dreiklassenwahlrecht verschärfend aus, zumal man hier das Wahlrecht an einen zusätzlichen Zensus von 300 Talern Jahreseinkommen band. Durch diese gezielte Ausklammerung der unteren Einkommensklassen konnten an den Gemeindewahlen von 1850 nur noch 21.000 Wahlberechtigte teilnehmen, 6.000 weniger als 1847. Das Ergebnis der Wahl war für die Liberalen niederschmetternd. Seit 1848 in der Mehrheit, mußten sie jetzt empfindliche Stimmenverluste hinnehmen. Eine konservative Majorität beherrschte nun bis zum Beginn der 60er Jahre das Stadtparlament. Entsprechend fiel die Wahl des Bürgermeisters aus. Die neuen Gemeindevertreter entschieden, jenen Mann wieder an die Spitze Berlins zu wählen, den die Revolution aus dem Amt gedrängt hatte, den vormärzlichen Oberbürgermeister Heinrich Wilhelm Krausnick. Das Zeichen war deutlich: Distanz zur Revolution. Die Stadt, so frohlockten die Konservativen, sei jetzt vom Liberalismus „befreit". Eine nach Potsdam entsandte Delegation bat den König, diese Veränderung zu honorieren und in die Residenz zurückzukehren.

Doch Friedrich Wilhelm IV. mied die „Eiterbeule Berlin", wie er seine Hauptstadt nannte. Zwar beharrte er auf der Meinung, daß die Berliner Revolution durch eine von außen gesteuerte Verschwörung angezettelt worden sei, aber die „Verführbarkeit" seiner Untertanen hatte ihn doch empfindlich getroffen, und nur zu gern schrieb er sie den Intellektuellen ins Schuldbuch. *Das ganze Elend der Revolution*, so fuhr er 1849 auf einer Berliner Konferenz die preußischen Seminardirektoren an, *„ist Ihre, einzig Ihre Schuld, die Schuld der Afterbildung, der irreligiösen Menschenweisheit, die Sie als echte Weisheit verbreiten, mit der Sie den Glauben und die Treue in dem Gemüte meiner Untertanen ausgerottet...haben"*. Die Überlieferung des Wortlautes ist ungesichert, doch deckt sich die Intention der Rede mit zahlreichen vergleichbaren Äußerungen des Königs zur „Schuldfrage" von 1848.[2]

Die Machtkämpfe um die Modernisierung der Stadt entschied der Polizeipräsident. Hinckeldey überspielte den oft zögernden Magistrat und scheute auch nicht den Konflikt mit der preußischen Aristokratie, die ihre großstadtfeindliche Tendenz sehr offen äußerte, am schärfsten durch den damaligen Landtagsabgeordneten Otto von Bismarck, der den „großen Städten" drohte: bei einer erneuten Revolution werde das „wahre preußische Volk...sie vom Erdboden tilgen".[3] Demgegenüber waren Hinckeldeys Urbanisierungspläne zukunftweisend. Sein Einfluß und seine Machtbefugnis erlaubten ihm die Anwendung außergewöhnlicher Mittel zur Durchsetzung seiner Projekte, und er ist auf diese Weise – um es auf einen knappen Begriff zu bringen – zum Zwingherrn der Stadtmodernisierung geworden. Viele seiner Initiativen hatten primär politische Motive, wie die Einführung der von Ernst Litfaß erfundenen Plakatsäulen, einer Form von Öffentlichkeit, die für die polizeiliche Überwachung eindeutige Vorteile gegenüber der Mauerplakatierung besaß.

Hinckeldeys wichtigstes Verdienst für die Zukunft Berlins liegt indes auf dem Gebiet der Stadttechnik, vor allem der Wasserversorgung. Dem Magistrat erschien der Ausbau einer kommunalen Wasserleitung als kostspieliger Luxus. Man ignorierte auch weitgehend den Zusammenhang von Kanalisation und Wasserleitung, obgleich Berlin wie andere europäische Großstädte in seinen Fäkalien zu ersticken drohte. Die tiefen Rinnsteine der Straßen wurden allgemein als Abwässerkanäle mißbraucht, und in den stinkenden Kloakengräben tummelten sich die Ratten. Daß die regelmäßige Wiederkehr schwerer Seuchen – allein die Cholera-Epidemie von 1864-66 forderte 6.000 Todesopfer – mit diesem Hygieneproblem zusammenhing, war inzwischen gesicherte Erkenntnis. Doch der Magistrat zögerte vor allem aus Kostengründen, eine städtische Wasserleitung anzulegen. Auf der Grundlage seiner weitreichenden Kompetenzen riß der Polizeipräsident die Entscheidung an sich und schloß 1852 mit englischen Unternehmern einen auf 25 Jahre befristeten Versorgungsvertrag. Schon im nächsten Jahr entstand am Stralauer Tor Berlins erstes Wasserwerk, und drei Jahre später lieferte die „Berlin Waterworks Comp." ihren abonnierten Kunden vorgeklärtes und durch Sandfilter gereinigtes Spreewasser und spülte vertragsgemäß die Rinnsteine.

658 „Die Freiheit is int Wasser jefallen!"
Flugblatt, 1848
49,9 x 34,1 cm
Berlin, Geheimes Staatsarchiv Preußischer Kulturbesitz

659 „Wie der deutsche Michel Alles wieder von sich gibt."
Flugblatt, um 1849
33,5 x 26,0 cm
Berlin, Geheimes Staatsarchiv Preußischer Kulturbesitz

Hinckeldeys Ende stand in auffälligem Widerspruch zu den modernen Ideen, die er in der Hauptstadt durchgesetzt hatte. Ein permanenter Konflikt mit der Adelspartei verleitete den Polizeichef dazu, ein feudales Spielkasino ausheben zu lassen, um den Aristokraten zu zeigen, daß das für Berlin geltende Verbot von Hasardspielen keinesfalls auf die Bürger beschränkt sei. Die Adelspartei rächte sich auf ihre Weise; sie verwickelte den Präsidenten in eine manipulierte Beleidigungsaffäre, die schließlich zu einem Duell führte. Eingebunden in den Ehrenkodex seiner Klasse, konnte Hinckeldey der Forderung

660 „Anzeige. Die Volkssouveränität ist verloren gegangen!!! -- wer zu deren Wiedererlangung behülflich ist erhält eine Belohnung – (keinen Orden)."
Karikatur zum Scheitern der Frankfurter Nationalversammlung, 1848
24,0 x 14,5 cm
Berlin, Geheimes Staatsarchiv Preußischer Kulturbesitz

nicht ausweichen; nicht einmal der König hätte seinen Günstling aus dieser Lage retten können. In der Jungfernheide kam es am 10. März 1856 zum Kugelwechsel zwischen dem kurzsichtigen „Zivilisten" Hinckeldey und einem waffengeübten Offizier. Der Polizeipräsident verfehlte seinen Gegner, und dieser streckte ihn mit dem ersten Schuß nieder.

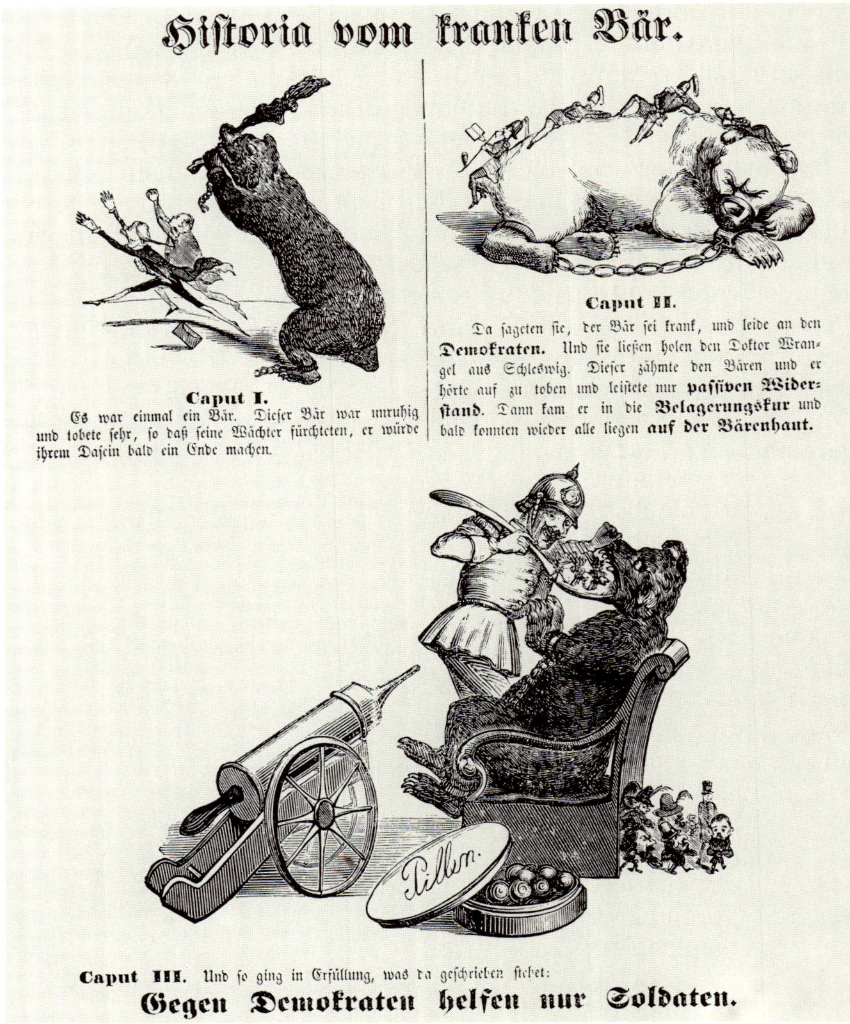

661 Historia vom kranken Bär
Kladderadatsch Jg.2, 1849
31,0 x 22,5 cm
Die Historia vom kranken Bär läßt die Ereignisse in Berlin seit den Märztagen kritisch Revue passieren. „Gegen Demokraten helfen nur Soldaten" war der Titel einer berüchtigten, von dem begeisterten Royalisten Louis Schneider verfaßten Broschüre.

Mit der Entwicklung neuer Stadttechniken änderten sich die Lebensgewohnheiten der Bürger. Gas- und Wasserversorgung, Stadtverkehr und Wohnungsbau wurden zivilisatorische Normen, an denen sich die Bedürfnisse orientierten. Diese Modernisierung ließ sich nicht allein auf das historisch gewachsene Stadtgebiet beschränken. Die Einbindung der Vororte in das Versorgungsnetz erfolgte zwar ungeregelt, doch schließlich bildete sich unabhängig von der historischen Stadtgrenze ein immer einheitlicher werdender Lebensraum. Die kleinen märkischen Dörfer des Umfeldes, die verwaltungsmäßig zu den Kreisen Teltow und Niederbarnim gehörten, verschmolzen mit Berlin zu einem Komplex einheitlichen Wirtschafts- und Soziallebens. Aus der räumlichen Expansion Berlins wurden erst 1861 stadtrechtliche Konsequenzen gezogen und die Vororte Moabit und Wedding sowie die Nordteile Tempelhofs und Schönebergs in das Stadtgebiet eingemeindet. Berlin vergrößerte sich schlagartig um 70%, und seine Bevölkerungszahl stieg über die Halbmillionengrenze. Damit war freilich nur ein Teil der neuen Siedlungsgebiete integriert, doch im wesentlichen blieb dieses Stadtgebiet bis zur Gründung von Groß-Berlin 1920 unverändert. Mit Ausnahme des Brandenburger Tors wurden Zollmauer und Stadttore abgetragen; sie waren jetzt nur noch ein Hindernis für den Stadtverkehr, der sich mit der Umstellung der Pferdebahn zum Schienen-Omnibus das erste Massenverkehrsmittel schuf.

Das Bewegungsnetz dieses großen Wirtschaftsraums diktierte die Industrie, die immer nachhaltiger auf Beruf, Alltag und Bewußtsein der Menschen einwirkte. Schon im Vormärz hatte die Industrialisierung Berlins eingesetzt, vorwiegend mit der Ausbildung der Metallverarbeitung und des Maschinenbaus. Durch den Bau der großen Eisenbahnlinien war die Stadt in den 40er Jahren zum wichtigsten Verkehrsknotenpunkt Mitteleuropas geworden, zugleich zur bedeutendsten Lokomotivschmiede Deutschlands. Mit dieser Entwicklung bildete sich eine spezielle Schicht industrieller Facharbeiter heraus, die schon während des Revolutionsjahres als eine Art „Arbeiterelite" aufgetreten war. Das Industrieproletariat bevölkerte vor allem die Vorstädte, die sich nach ganz anderen demographischen Bedingungen entwickelten als die zunehmend von Kommerz, Kultur und Administration geprägte „City". In die neuen Wohnstädte strömten Arbeitskräfte aus den angrenzenden Provinzen. Nicht alle drängten in die Industrieberufe; viele boten sich dem wirtschaftlich kräftiger werdenden Mittelstand als Dienstpersonal an. Vor allem junge Frauen aus den agrarischen Unterschichten suchten ihr „Glück" in Berlin und bildeten bald eine neue Kategorie unterbezahlter, oft in miserablen Wohnverhältnissen lebender und dabei nach den strengen Vorschriften der preußischen Gesindeordnung ausgebeuteter Arbeitskräfte – wenn sie nicht gar in die Prostitution abglitten.

Die Eingemeindungen von 1861 hatten sich vor dem Hintergrund weitreichender Planungen für einen modernen Stadtausbau vollzogen. Der Generalbebauungsplan von 1862, entworfen von dem Stadtbaurat James Hobrecht, sollte das Gesicht der Stadt nachhaltig verwandeln: Berlin wurde – wie die Kritiker des „Hobrecht-Plans" sagten – zur größten Mietskasernenstadt der Welt.[4] Der Bebauungsplan sah Großwohnblöcke vor, in denen die für die nächsten 50 Jahre hochgerechnete Bevölkerung von zwei Millionen (es wurden doppelt soviel!) untergebracht werden sollte. Die vier- bis fünfgeschossigen Blöcke sollten nicht nur optimaler Raumnutzung dienen, sondern zugleich Bürgertum und Proletariat integrieren. Eine soziale Mischung der Mieter, so meinte Hobrecht, werde auch als gesellschaftlich stabilisierendes Moment wirken; das Beispiel der erfolgreichen höheren Gesellschaftsklassen in der Bel Etage vor Augen, würden die Mieter der Billigwohnungen zu fleißigem Aufstreben angeregt werden. Mit seinen philantropischen Träumen hat sich der Baurat Hobrecht gewiß nicht als vorausschauender Stadtpolitiker ausgewiesen. Seine Intention ist schließlich blankem Profitdenken und rigoroser Grundstücksausbeutung zum Opfer gefallen, denn die Bestimmungen der Berliner Bauordnung von 1853 erlaubten das Aneinanderschachteln der Blöcke ohne Wohnstraßen mit nur winzigen Innenhöfen. Nach diesem Prinzip wuchs das „steinerne Berlin". Seine Wohnungszahl vermehrte sich vor allem durch Verkleinerung der Wohnräume. Alle Winkel, Schuppen und Ställe wurden zu Wohnzwecken genutzt, um in wenigen Jahren eine Millionenbevölkerung zusammenzupferchen.

Mit dem Thronwechsel in Preußen erfolgte ein vorübergehender Liberalisierungsschub, der auch auf die politischen Verhältnisse der Hauptstadt einwirkte. Der Prinzregent – seit 1861 König Wilhelm I. – war den Berlinern schon lange nicht mehr der verhaßte reaktionäre „Kartätschenprinz" von 1848. Mit Aufmerksamkeit hatte man die politische Annäherung des Kronprinzen an den Liberalismus zur Kenntnis genommen. Wilhelms Regierungsantritt, proklamiert als „Neue Ära", löste zwar keine Jubelstürme aus, doch verhielten sich die Berliner wohlwollend, als der 61jährige Prinzregent seine Spätkarriere begann. Sein schlichter Charakter, dem feudale Extravaganzen fremd waren, schien Hof und Bürgerwelt auszusöhnen. Daß König Wilhelm dennoch zeitlebens ein Vertreter des konservativen Preußen bleiben wollte, hat er den Berlinern sehr bald im Verfassungskonflikt vor Augen geführt. Mit einer Unterschriftensammlung protestierten 40.000 Bürger gegen die Pressebeschränkungen, die das „Kampfministerium" Bismarck durchsetzen wollte, und die Stadtverordneten be-

662 Redefreiheit im Jahre 1851
Kladderadatsch Jg.4, 1851 (Ausschnitt)
31,0 x 22,5 cm
Nach dem Sieg der Reaktion in Preußen wurde die erstrittene Redefreiheit wieder eingeschränkt. Im europäischen Vergleich schätzt die satirische Zeitschrift „Kladderadatsch" das Maß der Freiheit in Preußen nicht sehr hoch ein, Spitzel seien noch immer gegenwärtig.

663 Barackenkolonie obdachloser Familien am Kottbuser Damm bei Berlin
Druck nach einer Zeichnung von Paul Meyerheim
Sonntags-Blatt, 1872
22,5 x 30,0 cm
Berlin (DDR), Märkisches Museum

schlossen sogar, dem Hause Hohenzollern künftig jede familiäre Gratulation zu verweigern.

Solche Demonstrationen bürgerlichen Selbstbewußtseins müssen vor dem Hintergrund einer veränderten politischen Lage in ganz Europa gesehen werden. Der italienische Einigungskrieg von 1859 brachte auch für Deutschland eine Renaissance der liberalen und nationalen Ideen von 1848, und mit der Gründung des deutschen „Nationalvereins" griff die liberale Hochstimmung auch auf Berlin über. Aus den Resten des 1849 zerschlagenen Systems der politischen Vereine bildete sich rasch eine Basis für die Organisation der neuen Bewegung, die 1861 Verbindung mit der Opposition im preußischen Abgeordnetenhaus aufnahm. Ergebnis dieser Berliner Verhandlungen ist ein gemeinsamer Wahlaufruf, der zugleich Gründungsprogramm der ersten deutschen Partei wurde, der „Deutschen Fortschrittspartei". Sie war eine bürgerliche Honoratiorenpartei mit starker Beteiligung Berliner Kommunalpolitiker (Virchow, Siemens, Gneist, Twesten), die zumeist auch Abgeordnete des preußischen Landtags waren. Trotz der oft betonten Distanz zu den Massen beherrschte die Fortschrittspartei die Wahlkämpfe der Konfliktzeit. Bis 1866 besaß sie die sichere Parlamentsmehrheit, und in den Berliner Wahlbezirken dominierte sie bis weit in die 70er Jahre hinein. Auf das Wahlverhalten der Berliner hat dieser Liberalisierungsschub jedoch keineswegs stimulierend gewirkt. Das Interesse an den Wahlen zur Stadtverordnetenversammlung war rückläufig. Vor allem die Unterschichten waren wahlmüde, da ihnen das Dreiklassenwahlrecht kaum Chancen für die Durchsetzung eigener Interessen gab. In der Berliner Stadtverordnetenversammlung war die Macht der Konservativen gebrochen. Im Bewußtsein der gewonnenen Machtposition des liberalen Bürgertums ging die neue Majorität jetzt in die Offensive und forderte das Amt des Oberbürgermeisters. Nachfolger des konservativen Krausnick wurde Karl Theodor Seydel, ein Schwager Rudolf Virchows. Mit ihm begann die für Berlin bedeutsame Tradition liberaler Oberbürgermeister, die später Arthur Hobrecht und Max von Forckenbeck fortgesetzt haben.

Trotz des starken Industrieproletariats blieb Berlins Anteil an der Entstehung einer deutschen Arbeiterbewegung relativ bescheiden. Ferdinand Lassalles Vorträge vor den Handwerker- und Arbeitervereinen der Berliner Vorstädte waren sicher für die Ausbildung der Theorie des 1863 gegründeten „Allgemeinen Deutschen Arbeitervereins" von fundamentaler Bedeutung, und vor allem die entschiedene Absage an die Sozialpolitik des Liberalismus war ein Ergebnis seiner Berliner Öffentlichkeitsarbeit. Doch die Wirkung des Lassalleanismus auf Berlins Arbeiterschaft war begrenzt und konnte sich kaum an den Erfolgen in den mittel- und westdeutschen Industriegebieten messen.

664 Am Eingang einer Berliner Suppenküche
Druck nach einer Zeichnung von I.G. Füllhaas
Illustrirte Zeitung, 1863
23,5 x 18,5 cm
Berlin (DDR), Märkisches Museum
665 Zur Wohnungsfrage
Karikatur
Kladderadatsch Jg.9, 1856
31,0 x 22,5 cm

666 Barackenkolonie obdachloser Familien am Kottbuser Damm bei Berlin
Druck nach einer Zeichnung von Knut Ekwall
Illustrirte Zeitung, 1872
28,0 x 40,8 cm
Berlin (DDR), Märkisches Museum

Das mag nicht zuletzt an der antiliberalen Agitation gelegen haben, mit der Lassalle die in Berlin keineswegs erfolglose Arbeiterpolitik des Liberalen Hermann Schulze-Delitzsch attackierte. Berlin ist keine Hochburg des Arbeitervereins geworden; seine Anhängerschaft hat hier nie die Stärke erreicht, die später die deutsche Sozialdemokratie in der Hauptstadt des Kaiserreichs erringen konnte.

Die liberale Kommunalpolitik nach 1862 kam nicht zuletzt dem Berliner Schulwesen zugute. Seit 1864 rückte der Schuletat mit 25% an die erste Stelle der Stadtausgaben, die vorher unangefochten die Armenfürsorge innegehabt hatte. Von dieser Veränderung konnte vor allem das Elementarschulwesen profitieren, dessen Ausbau moderne Pädagogen wie Adolph Diesterweg schon seit langem gefordert hatten. Vermehrte Schulbauten und die Orientierung auf die achtklassige „Volksschule" waren das wichtigste Ergebnis, mit dem sich Berlin an die Spitze der deutschen Reformbewegung stellte und ein Modell schuf, das für das Kaiserreich prägend werden sollte.

Deutliche Spuren hat die Trendwende der 60er Jahre auch im akademischen Leben Berlins hinterlassen. Nicht nur steigende Studentenzahlen belegen das Ende der Stagnationsphase; auch die politische Einstellung der Studierenden und ihrer Lehrer veränderte sich jetzt rasch. Hatte man noch 1862 dem „flachen Junker" Bismarck eine Unterjochungspolitik vorgeworfen, deren „Gemeinheit nur noch durch die Lächerlichkeit überboten" werde[5], so ging nach 1866 die Mehrheit der Professoren auf Regierungskurs, und Rektor Dubois-Reymond etikettierte die Universität gar als „das geistige Leibregiment des Hauses Hohenzollern".[6]

Solche Anbiederung ging sicher weit über das zweifellos vorhandene monarchische Loyalitätsgefühl der Berliner hinaus. Bei aller Begeisterung für den deutschen Nationalstaat wahrte die Publizistik der werdenden Reichshauptstadt doch vielfach kritische Distanz gegenüber der Bismarckschen Reichsgründungspolitik. Die politische Amnestie der „Neuen Ära" hatte es vielen Achtundvierzigern ermöglicht, in die Hauptstadt zurückzukehren. Darunter waren versierte Zeitungsleute, die ihrem Metier treu blieben. Es erstaunt, mit welcher Energie sich die Männer des Exils bei den publizistischen Gründungen der 60er Jahre durchgesetzt haben. So traten mit August Braß *(Norddeutsche Allgemeine Zeitung*, 1861) und Friedrich Wilhelm Held *(Staatsbürger-Zeitung*, 1864) zwei aktive Berliner Revolutionäre als Herausgeber erfolgreicher Zeitungsgründungen hervor, und mit Johann Jacoby *(Die Zukunft*, 1867) stellte sich der wohl berühmteste Vorkämpfer des preußischen Verfassungsstaats in die Reihe der Berliner Publizisten. Auch Berliner Unternehmer hatten Anteil an der zweiten Zeitungswelle. Henri Strousberg gründete 1866 *Die Post*; sie hat die übrigen Projekte des im Gründerkrach gescheiterten „Eisen-

667 Obdachlose im Arbeitshause
Druck nach einer Zeichnung von H. König
Die Gartenlaube, 1857
29,9 x 21,9 cm
Berlin (DDR), Märkisches Museum

bahnkönigs" überdauert und erreichte bald die Bedeutung der traditionellen Berliner Zeitungen, der *Vossischen*, der *Spenerschen* und der *Volks-Zeitung*. Am Ende der Epoche zählte man 295 Zeitungen mit einer Auflagenhöhe von 187.400 Exemplaren. Berlin hatte sich zur Zeitungsstadt entwickelt, und die Presse ergänzte in nicht unwirksamer Weise jene Kontrollfunktionen, mit denen die Reichsverfassung das Parlament nicht gerade üppig bedacht hatte.

Das Berlin der Reichsgründungsjahre hatte einen großen Teil der Freiheiten wiedergewonnen, die man 1848 erkämpft, in der Reaktionszeit aber Stück für Stück verloren hatte. Von den Idealen der Revolution war freilich kaum noch die Rede. „Realpolitik" hieß das Gebot der Stunde, und die ökonomischen Spielregeln meinten es gut mit den „großen Städten" und ihren Bürgern. Schon sprach man von der „Weltstadt" Berlin, während rührige Unternehmer die Ausweitung des Häusermeeres über den Grunewald hinaus bis nach Potsdam projektierten. Die Berliner bauten sich ein grandioses Rathaus, von dem sie voller Stolz behaupteten, daß es das königliche Schloß überrage. Die Aufgaben, die auf die künftige Reichshauptstadt zukamen, scheint man dagegen weniger vorbedacht zu haben. Die Abgeordneten des Deutschen Reiches verwies man in ein Notquartier: sie mußten für viele Jahre mit einem Provisorium in den Räumen der Porzellanmanufaktur vorliebnehmen. Man sei eben, so resignierten die Stadtväter, „über Nacht" zur Reichshauptstadt geworden.[7] In dieses neue Reich, dessen Form in starkem Maße den politischen Gestaltungswillen der alten Autoritäten erkennen ließ, hat Berlin die Mentalität einer urbanen Bürgerwelt einbringen können. Den jungen deutschen Nationalstaat aber hat es damit nicht geprägt.

1 Zur Bevölkerungsentwicklung dieser Jahre s. Richter, G.: Zwischen Revolution und Reichsgründung. In: Ribbe, W. (Hrsg.): Geschichte Berlins. Bd. 2. München 1987, S. 660ff. Dort Literaturangaben zu weiteren Themen dieses Aufsatzes.
2 Reden, Proklamationen, Botschaften, Erlasse und Ordres Sr. Majestät des Königs Friedrich Wilhelm IV.. Berlin 1851, S. 52. Zur Frage der Textkritik vgl. Krueger, B.: Die Rede Friedrich Wilhelms IV. vor den Teilnehmern der Seminarlehrerkonferenz 1849. In: Päd. Rundschau Jg. 24, 1970, S. 845ff.
3 Bismarck, O.v.: Die Gesammelten Werke. Bd. 10. Berlin 1928, S. 132 (Landtags-Rede v. 20.3.1852).
4 Hegemann, W.: Das steinerne Berlin – Geschichte der größten Mietskasernenstadt der Welt. Berlin 1930.
5 Heinrich v. Treitschkes Briefe. Hrsg. v. M. Cornicelius. Bd. 2. Leipzig 1913, S. 238.
6 Lenz, M.: Geschichte der königlichen Friedrich-Wilhelms-Universität zu Berlin. Bd. 2, 2. Hälfte. Halle 1918, S. 350f.
7 Vgl. Herzfeld, H.: Allgemeine Entwicklung und politische Geschichte. In: Ders. (Hrsg.): Berlin und die Provinz Brandenburg im 19. und 20. Jahrhundert. Berlin 1968, S. 72.

Kurt Koszyk

Presse als demokratische Institution
Die „National-Zeitung"

Adolph Diesterweg stand mitten in der pädagogischen Diskussion seiner Zeit. Als Herausgeber der *Rheinischen Blätter*, die er im Todesjahr Heinrich Pestalozzis 1827 schuf, war er schon wegen seines Konflikts mit der preußischen Schulbürokratie nicht nur den Lehrern ein Begriff. Er wurde vielmehr, je länger, desto mehr, als berufener Sprecher einer fortschrittlichen Pädagogik angesehen. Die März-Revolution 1848 warf ihn ins Zentrum der Politik.

Berlin, Hauptstadt Preußens, des bevölkerungsreichsten und mächtigsten deutschen Bundesstaates, geriet eher unerwartet in den Strudel der revolutionären Bewegung. Für Diesterweg eröffnete sich ein weites Feld politischer und publizistischer Tätigkeit. Er wurde am 28. März 1848 Gründungsmitglied des Berliner „Constitutionellen Clubs", der im Spektrum der Fraktionen rechts von der Mitte angesiedelt war. In der Begrifflichkeit der bald folgenden Parteienbildung ist der Club als national-liberal zu bezeichnen.[1] Sein Motto war: „Ordnung ohne Freiheit ist Despotie; Freiheit ohne Ordnung ist Anarchie. Nichts ohne das Volk; nichts ohne den constitutionellen König."

Nach dem Verständnis linksdemokratischer Theorie gehörte Diesterweg damit zu den Kräften, die eine Evolution des Feudalismus zur konstitutionellen Monarchie betrieben. Ein Schimpfwort hatten ihre Gegner rasch geprägt: „Vereinbarer". Das bedeutete, sie wollten Verfassung und Volkssouveränität nicht als autonomes Recht, sondern durch Vereinbarung mit dem Monarchen erreichen. In diesem Sinne war Diesterweg nicht hemmungsloser, konsequenter Demokrat, obwohl sein berufliches Schicksal ihn als beinahe unversöhnlich und kompromißlos erscheinen läßt.

Den Berliner Zeitungsmarkt bereicherten in den beiden Revolutionsjahren mehr als 100 neue Organe, die sich, zumeist kurzlebig, zum Sprachrohr der widersprüchlichsten Interessen machten. Für Deutschland war neu, daß Parteien und Presse eine enge Verbindung eingingen. Diesterweg suchte die Gelegenheit, eine neue publizistische Plattform zu finden, die es ihm ermöglichte, in den Kampf um eine Reform der Schule und die Statusverbesserung der Lehrer einzugreifen. Nur zu bald sollte er sich jedoch in seinen Hoffnungen enttäuscht sehen.

National-Zeitung hieß das Blatt, das fast genau ein Jahr, nachdem Diesterweg sich in Berlin zur Disposition hatte stellen lassen, von sich reden machte. Die Probenummer vom 1. April 1848 enthält als Inserat den Aufruf zur Bildung eines „National-Zeitungs-Clubs". Der Verwaltungsrat zeichnete dafür verantwortlich. Die alphabetische Reihe der zwölf Unterzeichner führte Diesterweg an. Zum Verwaltungsrat gehörten außerdem der Verlagsbuchhändler Franz Duncker (1822-1888), der 1853 die *Urwähler-Zeitung* als Berliner *Volks-Zeitung* fortführte, sowie David Kalisch (1820-1872), der gleichzeitig das Witzblatt *Kladderadatsch* mitbegründete.[2] Die Expedition der *National-Zeitung* leitete Bernhard Wolff (1811-1879), der bald auch Eigentümer des Blattes wurde. Nach Freigabe des Telegraphen für die zivile Nutzung am 27. November 1849 eröffnete Wolff die erste deutsche, zuletzt offiziöse Nachrichtenagentur „Wolff's Telegraphisches Bureau", das bis 1934 existierte. Nicht zuletzt dadurch wurde die *National-Zeitung* ein leistungsfähiges Informationsmedium, das seinen Konkurrenten den Rang streitig machte und schnell in 10.000 Exemplaren – sehr viel für damalige Verhältnisse – verbreitet war. Seit 1849 konnte sie zweimal täglich herausgebracht werden.

Bis dahin hatten sich die Redakteure Adolph Rutenberg (1808-

668 Berliner Lesecafé
Ölgemälde von Gustav Taubert, 1832
Zeitgenössische Inschrift verso: „Alles liest alles"
38,4 x 38,4 cm
Berlin, Berlin Museum

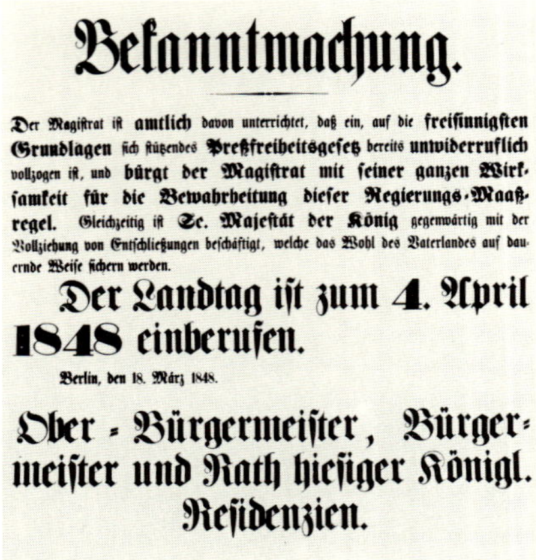

Bekanntmachung.

Der Magistrat ist **amtlich** davon unterrichtet, daß ein, auf die **freisinnigsten Grundlagen** sich stützendes **Preßfreiheitsgesetz** bereits **unwiderruflich** vollzogen ist, und **bürgt der Magistrat mit seiner ganzen Wirksamkeit für die Bewahrheitung dieser Regierungs-Maaßregel.** Gleichzeitig ist **Se. Majestät der König** gegenwärtig mit der Vollziehung von Entschließungen beschäftigt, welche das Wohl des Vaterlandes auf dauernde Weise sichern werden.

Der Landtag ist zum 4. April 1848 einberufen.

Berlin, den 18. März 1848.

Ober-Bürgermeister, Bürgermeister und Rath hiesiger Königl. Residenzien.

669 Bekanntmachung der Bürgermeister und des Rats der Stadt Berlin über die Vollziehung eines Pressefreiheitsgesetzes und die Einberufung des Landtags, Berlin, 18.3.1848
45,5 x 50,0 cm
Berlin, Amerika-Gedenkbibliothek

1869), Theodor Mügge (1806-1861) und Friedrich Zabel (1802-1875) damit beholfen, den Inhalt anderer Zeitungen mit ähnlicher politischer Richtung auszuwerten, wie etwa die *Kölnische Zeitung*, die Augsburger *Allgemeine Zeitung*, die Heidelberger *Deutsche Zeitung* sowie die *Neue Zürcher Zeitung*. Ein Urheberrecht an Nachrichten war noch unbekannt und sollte in Deutschland erst 1902 zur Geltung kommen. Zweimal wurde die *National-Zeitung* während der Revolutionsjahre durch die preußischen Behörden unterdrückt, vom 16. November bis 1. Dezember 1848 sowie vom 25. bis 26. Mai 1849. Ihr endgültiges Ende fand sie erst am 30. September 1938 durch nationalsozialistische Zwangsmaßnahmen.

Die *National-Zeitung* wurde parallel zum Constitutionellen Club vorbereitet. In ihrer „Ankündigung" vom 22. März 1848 hieß es: *„Unser Streben geht auf vollkommene Rechtsgleichheit in allen Verhältnissen des öffentlichen Lebens, in der Kommune wie in dem Staate, in der Kirche wie in der Schule. Wir sind von der innigen Überzeugung durchdrungen, daß ein politisch mündig gewordenes Volk durch die von ihm gewählten Vertreter auch Mittel und Wege finden wird, seine materielle Lage im Wege der Reform zu verbessern und zu einem ungeahnten sozialen Wohlbehagen zu gelangen. Politische und soziale Reform erklären wir für untrennbar."* Das bedeutete nicht mehr und nicht weniger, als daß die *National-Zeitung* von einem unauflösbaren Zusammenhang der demokratischen und der sozialen Entwicklung in Deutschland ausging. Diese Tendenz entsprach vermutlich den Ansichten der bürgerlichen Mittelschicht, der Diesterweg selbst entstammte.

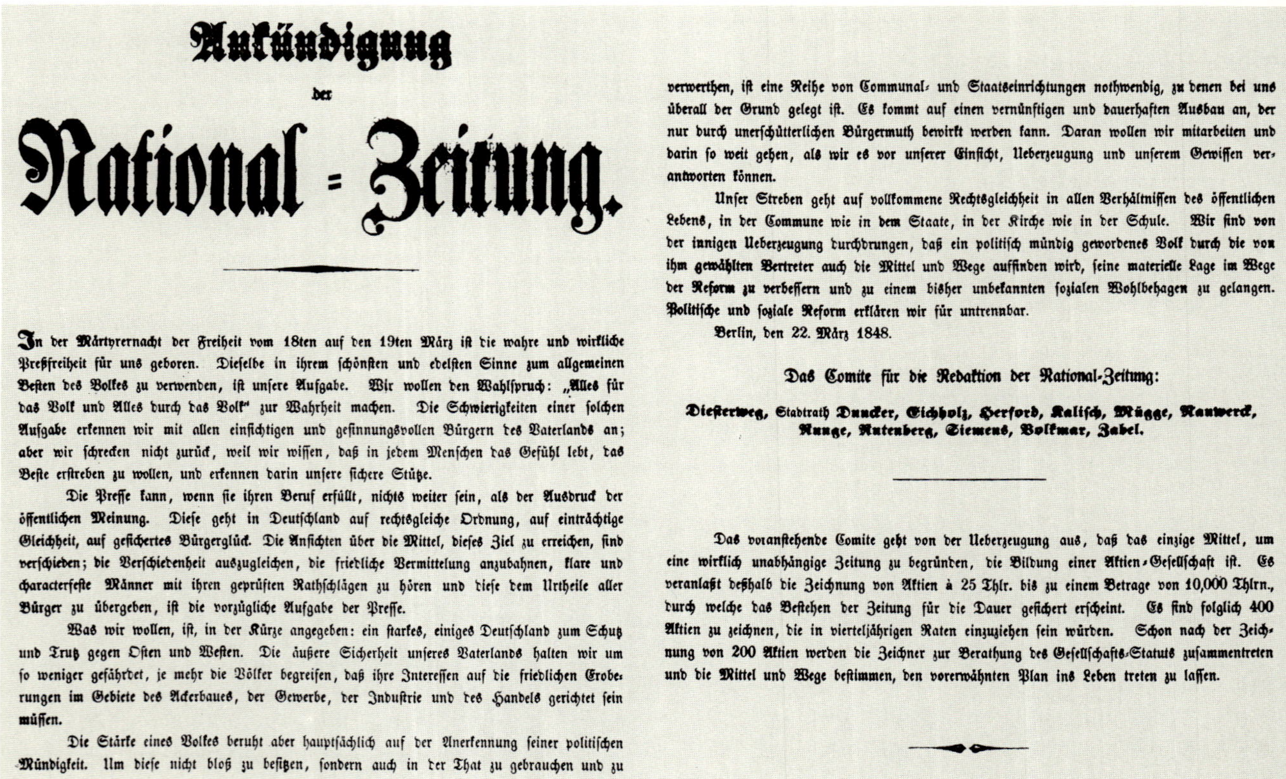

Ankündigung der National-Zeitung.

In der Märtyrernacht der Freiheit vom 18ten auf den 19ten März ist die wahre und wirkliche Preßfreiheit für uns geboren. Dieselbe in ihrem schönsten und edelsten Sinne zum allgemeinen Besten des Volkes zu verwenden, ist unsere Aufgabe. Wir wollen den Wahlspruch: „Alles für das Volk und Alles durch das Volk" zur Wahrheit machen. Die Schwierigkeiten einer solchen Aufgabe erkennen wir mit allen einsichtigen und gesinnungsvollen Bürgern des Vaterlands an; aber wir schrecken nicht zurück, weil wir wissen, daß in jedem Menschen das Gefühl lebt, das Beste erstreben zu wollen, und erkennen darin unsere sichere Stütze.

Die Presse kann, wenn sie ihren Beruf erfüllt, nichts weiter sein, als der Ausdruck der öffentlichen Meinung. Diese geht in Deutschland auf rechtsgleiche Ordnung, auf einträchtige Gleichheit, auf gesichertes Bürgerglück. Die Ansichten über die Mittel, dieses Ziel zu erreichen, sind verschieden; die Verschiedenheit auszugleichen, die friedliche Vermittelung anzubahnen, klare und characterfeste Männer mit ihren geprüften Rathschlägen zu hören und diese dem Urtheile aller Bürger zu übergeben, ist die vorzügliche Aufgabe der Presse.

Was wir wollen, ist, in der Kürze angegeben: ein starkes, einiges Deutschland zum Schutz und Trutz gegen Osten und Westen. Die äußere Sicherheit unseres Vaterlands halten wir um so weniger gefährdet, je mehr die Völker begreifen, daß ihre Interessen auf die friedlichen Eroberungen im Gebiete des Ackerbaues, der Gewerbe, der Industrie und des Handels gerichtet sein müssen.

Die Stärke eines Volkes beruht aber hauptsächlich auf der Anerkennung seiner politischen Mündigkeit. Um diese nicht bloß zu besitzen, sondern auch in der That zu gebrauchen und zu verwerthen, ist eine Reihe von Communal- und Staatseinrichtungen nothwendig, zu denen bei uns überall der Grund gelegt ist. Es kommt auf einen vernünftigen und dauerhaften Ausbau an, der nur durch unerschütterlichen Bürgermuth bewirkt werden kann. Daran wollen wir mitarbeiten und darin so weit gehen, als wir es vor unserer Einsicht, Ueberzeugung und unserem Gewissen verantworten können.

Unser Streben geht auf vollkommene Rechtsgleichheit in allen Verhältnissen des öffentlichen Lebens, in der Commune wie in dem Staate, in der Kirche wie in der Schule. Wir sind von der innigen Ueberzeugung durchdrungen, daß ein politisch mündig gewordenes Volk durch die von ihm gewählten Vertreter auch die Mittel und Wege auffinden wird, seine materielle Lage im Wege der Reform zu verbessern und zu einem bisher unbekannten sozialen Wohlbehagen zu gelangen. Politische und soziale Reform erklären wir für untrennbar.

Berlin, den 22. März 1848.

Das Comite für die Redaktion der National-Zeitung:

Diesterweg, Stadtrath **Duncker, Eichholz, Herford, Kalisch, Mügge, Nauwerck, Runge, Rutenberg, Siemens, Volkmar, Zabel.**

Das voranstehende Comite geht von der Ueberzeugung aus, daß das einzige Mittel, um eine wirklich unabhängige Zeitung zu begründen, die Bildung einer Aktien-Gesellschaft ist. Es veranlaßt deßhalb die Zeichnung von Aktien à 25 Thlr. bis zu einem Betrage von 10,000 Thlrn., durch welche das Bestehen der Zeitung für die Dauer gesichert erscheint. Es sind folglich 400 Aktien zu zeichnen, die in vierteljährigen Raten einzuziehen sein würden. Schon nach der Zeichnung von 200 Aktien werden die Zeichner zur Berathung des Gesellschafts-Statuts zusammentreten und die Mittel und Wege bestimmen, den vorerwähnten Plan ins Leben treten zu lassen.

670 Ankündigung der National-Zeitung, Berlin, 22.3.1848
27,0 x 22,5 cm
Berlin, Amerika-Gedenkbibliothek

Auch in den Beiträgen des Blattes zu den pädagogischen Zeitfragen ist diese Perspektive wirksam. In ihrem Programm, das in der ersten Ausgabe der *National-Zeitung* am 1. April 1848 erschien, setzte sie sich für „Fortschritt in jeder Beziehung" und für die konstitutionelle Monarchie, „gegründet auf die weitesten demokratischen Institutionen" ein. „Die Aufgabe der Schule" hieß ein Aufsatz, der in der zweiten Ausgabe vom 2. April 1848 veröffentlicht wurde. Darin kündigte die *National-Zeitung* an, daß sie sich mit allen auf die Verbesserung und die Entwicklung der gesellschaftlichen Zustände hinzielenden Aufgaben und Fragen, also auch mit der Reform der Schule, „im weiteren

Probe=Nummer.

Abonnements=Preis für Berlin: vierteljährlich 1 Rthlr. 15 Sgr. Auswärts kommt der Postaufschlag dazu.

Insertions=Gebühren für den Raum einer Petitzeile 2 Sgr.

Morgen-Blatt.

Alle Post=Anstalten des In- und Auslandes nehmen Bestellungen auf dieses Blatt an. Für Berlin: die Expedition der National=Zeitung, Lindenstr. 81.

National=Zeitung.

№ 1. Sonnabend, den 1. April. 1848.

673 National-Zeitung, 1.4.1848
42,6 x 30,6 cm
Berlin (DDR), Märkisches Museum

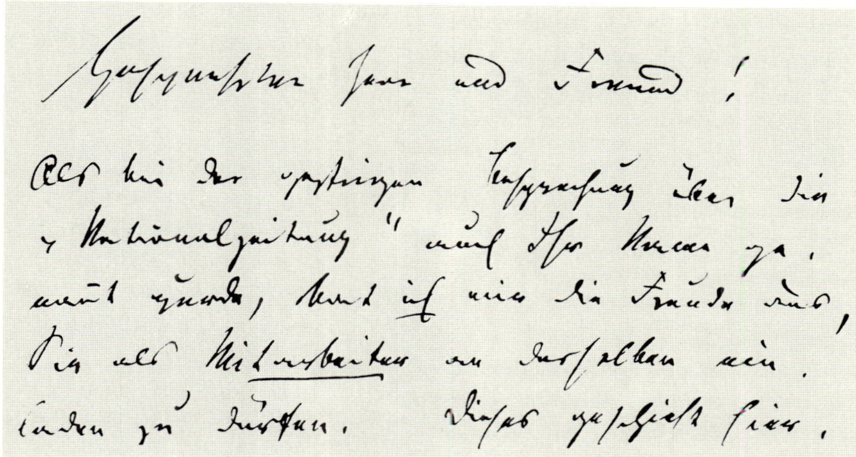
Hochgeehrter Herr und Freund!

Als bei der gestrigen Besprechung über die „Nationalzeitung" auch Ihr Name genannt wurde, that ich mir die Freude aus, Sie als Mitarbeiter an derselben einladen zu dürfen. Dieses geschieht hier.

671 Brief Adolph Diesterwegs an August Heinrich Hoffmann von Fallersleben, Berlin, 25.3.1848, mit der Bitte um Mitarbeit an der National-Zeitung
Berlin, Staatsbibliothek Preußischer Kulturbesitz, Handschriftenabteilung

672 Werbung um Abonnements
National-Zeitung, 1.4.1848
Aachen, Internationales Zeitungsmuseum der Stadt Aachen

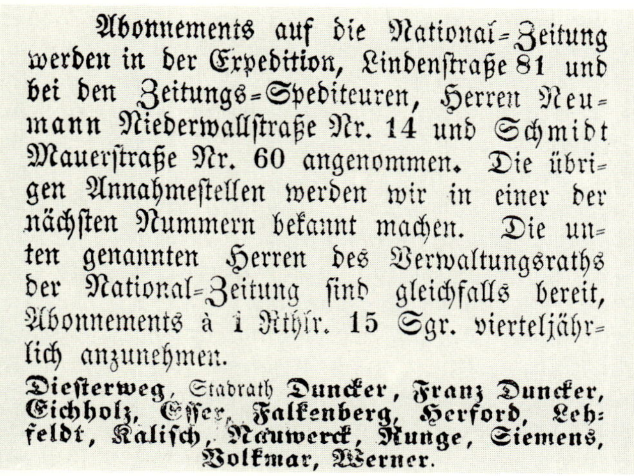
Abonnements auf die National=Zeitung werden in der Expedition, Lindenstraße 81 und bei den Zeitungs=Spediteuren, Herren Neumann Niederwallstraße Nr. 14 und Schmidt Mauerstraße Nr. 60 angenommen. Die übrigen Annahmestellen werden wir in einer der nächsten Nummern bekannt machen. Die unten genannten Herren des Verwaltungsraths der National=Zeitung sind gleichfalls bereit, Abonnements à 1 Rthlr. 15 Sgr. vierteljährlich anzunehmen.

Diesterweg, Stadrath **Duncker**, **Franz Duncker**, **Eichholz**, Esser, **Falkenberg**, **Herford**, **Lehfeldt**, **Kalisch**, **Nauwerck**, **Runge**, **Siemens**, **Volkmar**, **Werner**.

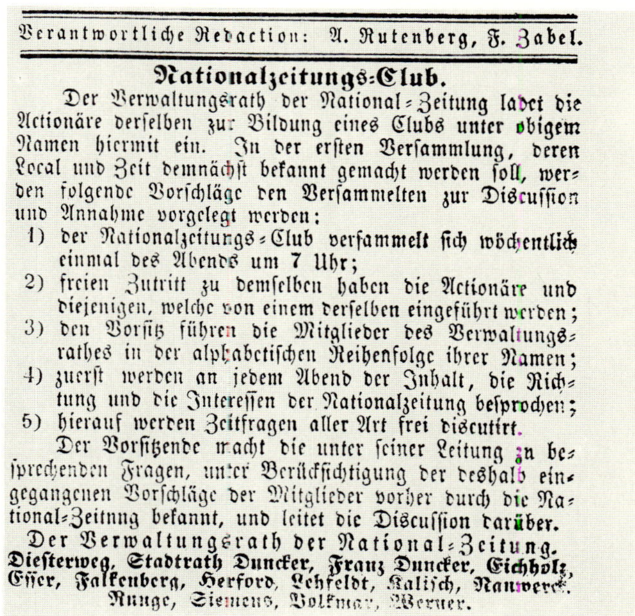
Verantwortliche Redaction: A. Rutenberg, F. Zabel.

Nationalzeitungs=Club.

Der Verwaltungsrath der National=Zeitung ladet die Actionäre derselben zur Bildung eines Clubs unter obigem Namen hiermit ein. In der ersten Versammlung, deren Local und Zeit demnächst bekannt gemacht werden soll, werden folgende Vorschläge den Versammelten zur Discussion und Annahme vorgelegt werden:

1) der Nationalzeitungs=Club versammelt sich wöchentlich einmal des Abends um 7 Uhr;
2) freien Zutritt zu demselben haben die Actionäre und diejenigen, welche von einem derselben eingeführt werden;
3) den Vorsitz führen die Mitglieder des Verwaltungsrathes in der alphabetischen Reihenfolge ihrer Namen;
4) zuerst werden an jedem Abend der Inhalt, die Richtung und die Interessen der Nationalzeitung besprochen;
5) hierauf werden Zeitfragen aller Art frei discutirt.

Der Vorsitzende macht die unter seiner Leitung zu besprechenden Fragen, unter Berücksichtigung der deshalb eingegangenen Vorschläge der Mitglieder vorher durch die Nationalzeitung bekannt, und leitet die Discussion darüber.

Der Verwaltungsrath der National=Zeitung.

Diesterweg, **Stadtrath Duncker**, **Franz Duncker**, **Eichholz**, Esser, Falkenberg, Herford, Lehfeldt, Kalisch, Nauwerck, Runge, Siemens, Volkmar, Werner.

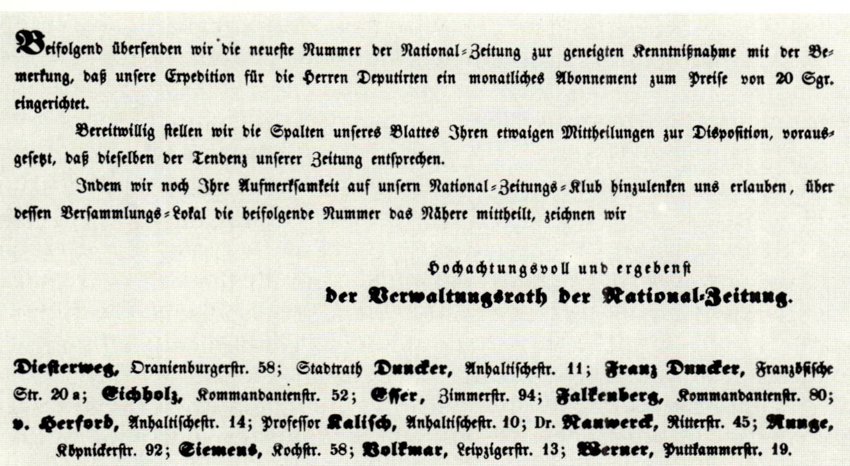
Beifolgend übersenden wir die neueste Nummer der National=Zeitung zur geneigten Kenntnißnahme mit der Bemerkung, daß unsere Expedition für die Herren Deputirten ein monatliches Abonnement zum Preise von 20 Sgr. eingerichtet.

Bereitwillig stellen wir die Spalten unseres Blattes Ihren etwaigen Mittheilungen zur Disposition, vorausgesetzt, daß dieselben der Tendenz unserer Zeitung entsprechen.

Indem wir noch Ihre Aufmerksamkeit auf unsern National=Zeitungs=Klub hinzulenken uns erlauben, über dessen Versammlungs=Lokal die beifolgende Nummer das Nähere mittheilt, zeichnen wir

Hochachtungsvoll und ergebenst
der Verwaltungsrath der National-Zeitung.

Diesterweg, Oranienburgerstr. 58; Stadtrath **Duncker**, Anhaltischestr. 11; **Franz Duncker**, Französische Str. 20 a; **Eichholz**, Kommandantenstr. 52; **Esser**, Zimmerstr. 94; **Falkenberg**, Kommandantenstr. 80; **v. Herford**, Anhaltischestr. 14; Professor **Kalisch**, Anhaltischestr. 10; Dr. **Nauwerck**, Ritterstr. 45; **Runge**, Köpnickerstr. 92; **Siemens**, Kochstr. 58; **Volkmar**, Leipzigerstr. 13; **Werner**, Puttkammerstr. 19.

674 Einladung zu einer Versammlung der Aktionäre der National-Zeitung
National-Zeitung, 1.4.1848
Aachen, Internationales Zeitungsmuseum der Stadt Aachen
Der Zweck der Versammlung bestand in der Gründung eines National-Zeitungs-Klubs, der als übergeordnetes Aufsichtsgremium jenseits der alltäglichen Redaktionsarbeit fungierte.

675 Der Verwaltungsrat wirbt bei den Volksvertretern für Abonnements der National-Zeitung, 30.5.1848
Werbeblatt
29 x 46 cm
Berlin, Amerika-Gedenkbibliothek

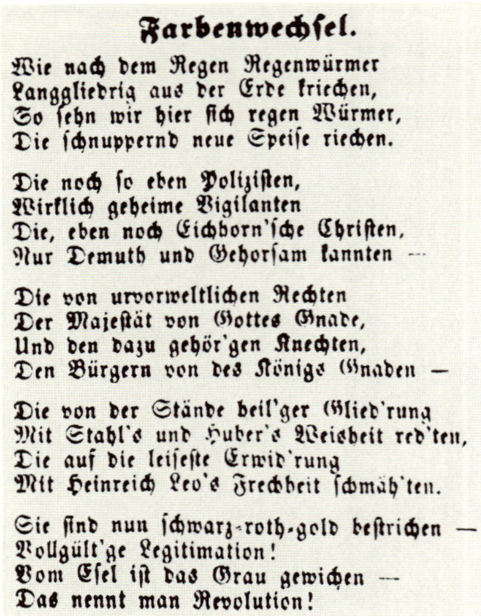

Farbenwechsel.

Wie nach dem Regen Regenwürmer
Langgliedrig aus der Erde kriechen,
So sehn wir hier sich regen Würmer,
Die schnuppernd neue Speise riechen.

Die noch so eben Polizisten,
Wirklich geheime Vigilanten
Die, eben noch Eichborn'sche Christen,
Nur Demuth und Gehorsam kannten —

Die von urvorweltlichen Rechten
Der Majestät von Gottes Gnade,
Und den dazu gehör'gen Knechten,
Den Bürgern von des Königs Gnaden —

Die von der Stände heil'ger Glied'rung
Mit Stahl's und Huber's Weisheit red'ten,
Die auf die leiseste Erwid'rung
Mit Heinrich Leo's Frechheit schmäh'ten.

Sie sind nun schwarz-roth-gold bestrichen —
Vollgült'ge Legitimation!
Vom Esel ist das Grau gewichen —
Das nennt man Revolution!

676 „Farbenwechsel"
Gedicht aus der National-Zeitung, 1.4.1848
Aachen, Internationales Zeitungsmuseum der Stadt Aachen
Das Gedicht karikiert das Verhalten politischer Opportunisten: erst königstreu, dann demokratisch.

wie im engeren Sinne des Wortes", beschäftigen wollte. Als öffentliche und gemeinschaftliche Institution sollte die Schule in der Jugend die „vom Schöpfer verliehenen Anlagen und Vermögen" entwickeln und bilden. Durch das gemeinsame Leben werde der Schüler für das eigentliche öffentliche Leben der Erwachsenen in der Gemeinde und im Staate vorbereitet.

Der Beitrag vom 2. April 1848 befürwortet Strenge. Charakter habe nur der, „welcher seine Leidenschaften beherrscht, mit Energie das will, was er für das Beste erkannt hat". In den Schulen gehe es deshalb um „Anleitung zu strenger, ja strengster Gesetzlichkeit". Jeder Reiz zur Auflehnung gegen die Gesetze, jede Spur von Zuchtlosigkeit und Frechheit müsse beseitigt werden: *„Wir wollen aus der Jugend Männer erzogen wissen, kraftvolle, gesetzlich-handelnde, sich selbst beherrschende, ihre Laune, ihre Willkür, ihr Ich dem allgemeinen Wohl unterordnende Männer: darum fordern wir in den Schulen die strengste Zucht und Ordnung."* Je freier die Formen des Lebens seien, desto strenger müsse die öffentliche Erziehung sein. Das Blatt hielt es für am besten, die Heranwachsenden „in freudigem strengem Gehorsam, in edler Zucht und Sitte zu erhalten": *„Eine in Keckheit, Ungebundenheit, Zügellosigkeit, Widerspenstigkeit und in Auflehnung gegen die Gesetze und die Lehrer aufwachsende Jugend ist der Fluch der Eltern, untergräbt das Glück und die Ruhe der Familien, statt sie zu fördern, und trägt im öffentlichen Leben die bittersten, giftigsten Früchte. Eine Schule, in welcher die Schüler*[3] *es lernen, sich in Gemeinschaft gegen Gesetze und Personen aufzulehnen, ist eine Erziehungsanstalt für Aufruhr und Anarchie. Die Zeit der ‚Emancipation' der Jugend darf nie kommen."*

Diese patriarchalische Position entsprach der Linie des Constitutionellen Clubs und wohl auch der Diesterwegs. Der Differenzierungsprozeß in der liberalen Bewegung kommt dennoch in der *National-Zeitung* deutlich zum Ausdruck. So kontrastieren manche ihrer Stellungnahmen zu pädagogischen Fragen durchaus mit der eben zitierten Ansicht. Zum Beispiel formulierte Karl Nauwerck (1810-1881) in der vierten Nummer vom 4. April 1848 eine weit progressivere Position, wenn er schrieb: *„Nachdem Deutschland 33 Jahre lang geschlafen oder geträumt, nachdem seine Regierungen fast nichts gethan haben, als das ganze Land in eine Kleinkinder-Bewahranstalt zu verwandeln, hat die Volkskraft seit einigen Wochen die eisernen Windeln gesprengt, durch welche die herrlichsten Anlagen des Geistes und Charakters entehrt waren. Deutschland ist frei und wird frei bleiben – dafür bürgt die einmüthige Erhebung so vieler edler Männer und Gemeinden des schönen europäischen Herzlandes."*

Kommt hier eine deutlich nationale Einstellung zur Sprache, so ist sie doch mit einem überaus linksdemokratischen Ton verbunden. Nauwerck will das Programm der *National-Zeitung* durch eine „Deutsche Volkstafel" mit 18 Forderungen ergänzen, deren einzelne Punkte von der Regierung und der künftigen National-Vertretung gemeinschaftlich zu erledigen und in Gesetze umzumünzen seien. Verlangt werden vollkommene Pressefreiheit, eine wahrhaft konstitutionelle Verfassung mit allgemeinem Wahl- und Wählbarkeitsrecht, die Verantwortlichkeit der Minister gegenüber den Volksvertretern, die Vereidigung des Heeres auf die Verfassung, die Gleichheit aller Staatsbürger vor dem Gesetze, die Gleichberechtigung aller Einwohner ohne Unterschied des Glaubens, die Vereins- und Versammlungsfreiheit sowie die volle Lehr- und Hörfreiheit, ein unbeschränktes Bitt- und Beschwerderecht, die Gewährleistung der persönlichen Freiheit und der Unverletzbarkeit des Hausrechts, Geschworenengerichte, die Unabhängigkeit der Richter, die Verminderung des stehenden Heeres und die Volksbewaffnung mit Erwählung der Führer durch die Wehrmänner, ein deutsches Volksparlament, die Beseitigung aller Reste des Lehnswesens, die gleichmäßige Erziehung in der Volks- und Bürgerschule auf öffentliche Kosten, eine gründliche Verbesserung des Steuerwesens und schließlich die Pflicht und das Recht zur lohnenden

677 Ausgabe der National-Zeitung zum Jahrestag der Revolution, 18.3.1849
43,0 x 31,5 cm
Berlin (DDR), Märkisches Museum

Arbeit für jedermann. Die meisten dieser Forderungen wird man unschwer in den Grundrechten wiederfinden, wie sie später in das Grundgesetz der Bundesrepublik Deutschland eingegangen sind.

Karl Nauwerck gehörte schon vor 1845 zu den fortschrittlichen Autoren des berühmten Literarischen Comptoirs in Zürich. Diese Verlagsanstalt war 1840 von dem thüringischen Pfarrerssohn Julius Fröbel (1805-1893) gegründet worden. Fröbel wurde 1848 in die Frankfurter Nationalversammlung gewählt.

Adolph Rutenberg hatte eine Karriere als Junghegelianer hinter sich. Er gehörte um 1836 zum Berliner Doktorclub der „Freien", dessen namhafteste Vertreter Karl Marx, Edgar Bauer und Max Stirner waren. Obwohl acht Jahre älter als Nauwerck, war der zweite verantwortliche Redakteur, Friedrich Zabel, politisch weniger profiliert. Er hatte zunächst Theologie studiert und war in seiner ethischen Grundhaltung vor allem von Friedrich Schleiermacher (1768-1834) beeinflußt worden. Trotz seiner eher philosophischen Neigungen begann Zabel Anfang der 40er Jahre von Berlin aus für einige Provinzzeitungen zu korrespondieren. Dadurch wurde er mit Bernhard Wolff bekannt, der ihn 1848 an die *National-Zeitung* holte. Während Rutenberg bald aus der Redaktion ausschied, blieb Zabel bis kurz vor seinem Tode noch als 73jähriger der Zeitung treu, zuletzt als Herausgeber.[4] Das Niveau des Feuilletons bestimmte Theodor Mügge, selbst ein damals vielgelesener Schriftsteller. Ihm gelang es, die angesehensten Autoren, darunter Hochschullehrer, als Mitarbeiter zu gewinnen und dem Blatt durch das literarische und künstlerische Niveau eine breite Resonanz im freisinnigen, allgemein gebildeten Bürgertum zu gewinnen.[5]

Ohne ihren tüchtigen Geschäftsführer Bernhard Wolff wäre der *National-Zeitung* wohl ein ähnliches Schicksal beschieden gewesen wie mancher anderen Neugründung der Revolutionsmonate. Wolff, Sohn eines bekannten Berliner Bankiers, hatte zunächst Medizin studiert, konnte aber nach dem Tode seines Vaters keine eigene Praxis gründen

678 „Folgen der Pressefreiheit. Broschüren- und Carrikaturen-Handel."
Karikatur auf die Herstellungs- und Vertriebsweise ‚fliegender Blätter' nach der Aufhebung der Pressezensur 1848
Anonyme Lithographie
25,3 x 31,5 cm
Mannheim, Reiß-Museum

und mußte sich mit Übersetzungsarbeiten über Wasser halten. Er erlernte sehr rasch in buchhändlerischen und literarischen Unternehmungen das verlegerische Handwerk und wurde vor allem mit den späteren Redakteuren und Mitarbeitern der *National-Zeitung* bekannt. Fast noch wichtiger als die Gründung des Blattes war „Wolff's Telegraphisches Bureau", das er 1864 in den Besitz einer Aktiengesellschaft überleitete, deren Generaldirektor er sieben Jahre lang blieb. Nach dem Ausscheiden aus dem „Bureau" widmete er sich weiter intensiv der *National-Zeitung*. Bernhard Wolff besaß daneben ein Gespür für die Entwicklungen innerhalb des deutschen Liberalismus. Er sorgte dafür, daß das Blatt vom Nationalverein über die Fortschrittspartei und 1867 zu den Nationalliberalen wechselte. So segelte es immer im Kielwasser der stärksten Strömung. Aber auch auf die allgemeinen politischen Verhältnisse ließ er Rücksicht nehmen. Auf diese Weise gelang es Wolff, seiner Zeitung auch während der schwierigen Phase der Reaktionsjahre die finanzielle Basis zu sichern. Zwar trauten sich die Bundesfürsten trotz preußischer Verordnungen nicht, die Zensur wieder einzuführen, aber am 6. Juli 1854 erließen sie allgemeine Bundesbestimmungen, „die Verhältnisse des Mißbrauchs der Presse betreffend".[6] Der Konzessionszwang wurde wieder eingeführt. Periodika, die sich mit sozialen und politischen Fragen beschäftigten, mußten eine Kaution in Höhe von 5.000 Talern stellen. Ähnliche Bestimmungen galten in Preußen schon seit dem 12. Mai 1851. Anfang 1852 wurde in Preußen ein Zeitungssteuergesetz erlassen; danach mußte die *National-Zeitung* mit einer jährlichen Abgabe von etwa 23.000 Talern rechnen, was einem erheblichen Anteil der Betriebseinnahmen entsprach. Um neben diesen wirtschaftlichen Belastungen nicht auch noch politisch anzuecken, ließ Wolff den „ungestörten Fortbestand durch Zugeständnisse und Vergleiche" erkaufen, wie ihm damals vorgeworfen wurde.

679 Der Denker-Club. Auch eine neue deutsche Gesellschaft
Spottblatt auf die Zensur und das Spitzelwesen
Kolorierte Radierung, um 1825
18,5 x 26,0 cm
Berlin, Geheimes Staatsarchiv Preußischer Kulturbesitz

Unter den Mitbegründern der *National-Zeitung* wurde der gebürtige Breslauer David Kalisch schon während seiner Gymnasialzeit nicht wegen seiner Gelegenheitspoesie, sondern wegen Tumults und aufsässigen Benehmens relegiert. Den Schulbesuch mußte er 1837 nach dem Tode seines Vaters endgültig aufgeben. Er ließ sich zum Handlungsgehilfen ausbilden und leitete bald eine Möbelfiliale im oberschlesischen Ratibor. 1844 ging er mit einer Empfehlung an Georg Herwegh und Ferdinand Freiligrath nach Paris. Der Breslauer Sozialist Wilhelm Wolff (1809-1864) machte ihn mit Karl Marx und Karl Grün bekannt. 1846 siedelte er über Straßburg und Frankfurt am Main nach Berlin um, wo er in eine Spedition eintrat. Ihm gelang es, seine Erfahrungen mit der französischen Literatur besonders auf dem Gebiet des Couplets sehr rasch umzusetzen und die Sammlung „Berliner Leierkasten" herauszugeben. Den Durchbruch schaffte er mit der Posse „Hunderttausend Taler". Von nun an rissen sich Berliner

Nr. 60. Berlin, den 28. December 1856. 9. Jahrgang.

Kladderadatsch.

Zum neuen Jahr den Zimmerleuten.

O zeigt, wenn man uns droht mit neuen Steuern,
Den Drängern, die das Leben uns vertheuern,
O zeigt industriellen Beutel-Rittern,
Den Neidern, die das Leben uns verbittern,
Dem Gram und Leid, den ungebet'nen Gästen,
Die uns des Lebens frische Luft verpesten,
Den Bösen, die sich schadenfroh noch weiden,
Wenn sie des Hauses Frieden uns verleiden,
O zeiget Allen, die zu uns nicht passen
Auch ferner, wo ihr habt — das Loch gelassen!

Zum neuen Jahr den Tischlern.

Bleibet fleißig, denn in Deutschland giebt's beim Volke, wie bei Nobeln,
Bei der Masse kleiner Stämme — viel zu hobeln, viel zu hobeln!
Viel vermöbelt wird bekanntlich jetzt in Schranken und in Schränkchen —
Schafft zum Heil der Directoren neue Banken, neue Bänkchen!
Und so lang sich Diplomaten noch versammeln zu geheimen
Conferenzen, wird es geben — viel zu leimen, viel zu leimen!

Kladderadatsch.

Humoristisch-satyrisches Wochenblatt.

Mit der nächsten Nummer beginnt ein neues Quartal. Wir bitten um recht frühzeitige Erneuerung des Abonnements bei den Buchhandlungen und Postämtern des In- und Auslandes, da wir später nicht dafür einstehen können, die bereits erschienenen Nummern noch vollständig nachzuliefern.

Die Verlagshandlung.

Unser Neujahrslied.

(Nach bekannter Weise.)

Es ist bestimmt im Weltenlauf:
Einmal muß Alles hören auf
Und scheiden.
Doch ist das Schwerste in der Welt,
Von einem Blatt, das uns gefällt
Zu scheiden.

Ob zur Kreuzzeitung du gehörst,
Ob auf die Politik du schwörst
Der Voss'schen:
Es währt doch nur drei Monat lang,
So ist auch dein Abonnement
Erloschen.

Und wem dies harmlos lust'ge Blatt
Die Sorgen oft vertrieben hat
Und Kummer:
Der wisse — ob er klagt und weint —
Zum letzten Male heut erscheint
Die Nummer!

Nun mußt du mich nur recht verstehn:
Wenn heut wir auseinander gehn
Und scheiden —
So du nur pünktlich abonnirst,
Du uns auch wiedersehen wirst
In Freuden.

Kladderadatsch.

Bühnen um seine Texte. David Kalisch gilt als Schöpfer eines der bekanntesten satirischen Blätter, des *Kladderadatsch*, der erst 1944 eingestellt werden mußte. Hier präsentierte er eine Reihe Berliner Typen wie Müller und Schulze, Trudelwitz und Strudelwitz, Zwickauer, Karlchen Mießnick, Paula Erbswurst, Gestalten, die seine Popularität noch erhöhten. Antisemiten bezichtigten den erfolgreichen Autor der „Possenreißerei", „falschen Biederkeit" und „schwammigen Sentimentalität", die vor allem dazu angetan sei, „breiteste Kreise judenfreundlich-liberal" zu beeinflussen.[7]

Noch vor dem Tode Kalischs im Jahre 1872 erreichte die Zeitschrift eine Auflage von über 40.000 Exemplaren, nicht zuletzt dank ihrer berlinisch getönten Satire, in der Kalisch sich bereits mit seinen politischen Lokalpossen hervorgetan hatte. 1850 erschienen sie als „Lustige Werke" in einer fünfbändigen Ausgabe, auf deren Titelseite neben den volkstümlichen Typen aus den Stücken auch der dem englischen „Punch" nachempfundene Kobold figurierte. Ludwig Salomon[8] bescheinigte dem *Kladderadatsch*, daß er sich außer durch drolligen Augenblickseinfall, das kecke Schlagwort und die komische Wortverdrehung auch durch eine geistreiche Satire, einen souveränen Witz und einen wirklichen, tiefpackenden Humor auszeichnete, „und zu alledem kam eine mehr und mehr sich ausprägende nationale Stimmung". Der *Kladderadatsch* faßte, so Salomon, „allwöchentlich alles zusammen, was die Nation an Freude und Schmerz erfüllt hatte, und ließ es in seinem Spiegel, durchglüht und umstrahlt von seinem Humor, hell leuchtend reflektieren". Dadurch habe er sich, „freilich erst in den 50er Jahren" zu einem nationalen Blatte, zu einer geistigen Macht entwickelt, die oft lebhafter und nachdrücklicher auf die weitesten Kreise wirkte, als alle ernsthaften Leitartikel der großen Zeitungen.

680 Titelblatt mit Aufruf zum Abonnement
681 Großes Europäisches Potpourri oder: Wird denn nun wirklich Friede werden???!
682 Prosit Neujahr! 1857
Kladderadatsch Jg.9, 1856
31,0 x 22,5 cm

1 Vgl. Fricke, D., u.a. (Hrsg.): Lexikon zur Parteiengeschichte. Bd. 3. Leipzig 1985, S. 390ff., u. Schneider, G.: Dem die Stunde schlug. Berlin 1966, S. 15ff.

2 Vgl. Klotz, V.: Bürgerliches Lachtheater. München 1980, S. 100ff., 263.

3 Im Original „Schulen".

4 Vgl. Friehe, E.G.: Geschichte der „National-Zeitung" 1848 bis 1878. Leipzig 1933, S. 200-203, u. Salomon, L.: Geschichte des deutschen Zeitungswesens. Bd. 3. Oldenburg, Leipzig 1906, S. 552-556.

5 Kastan, J.: Berlin wie es war. 4. Aufl. Berlin 1919, S. 173.

6 Koszyk, K.: Deutsche Presse im 19. Jahrhundert. 2. Aufl. Berlin 1986, S. 120-126.

7 Sigilla Veri. Bd. 3. Erfurt 1929, S. 428.

8 Salomon, L.: a.a.O., S. 656ff.

Bernhard Krueger

Der konservative Stiehl und der liberale Diesterweg

Trennendes und Gemeinsames in der Auseinandersetzung um die Regulative

Der Antagonist Adolph Diesterwegs im schulpolitischen Raum war der Lehrer und Direktor des Neuwieder Lehrerseminars und spätere Rat im preußischen Ministerium der Geistlichen, Unterrichts- und Medizinalangelegenheiten, Ferdinand Stiehl. Das haben nicht nur Diesterweg, Stiehl und ihre Zeitgenossen so empfunden; bei der Darstellung der volksschulpolitischen Strömungen des 19. Jahrhunderts in Deutschland und besonders in Preußen verzichtet bis in die Gegenwart hinein kaum ein Autor darauf, Diesterweg als Repräsentanten liberaler Ansichten dem konservativen Stiehl gegenüberzustellen und zur Verdeutlichung reaktionärer Bestrebungen in der Staatsführung neben dessen Regulative von 1854 die berühmt-berüchtigte Rede Friedrich Wilhelms IV., die dieser 1849 vor Seminardirektoren und -lehrern gehalten haben soll, meist wörtlich anzuführen.[1] So soll und kann dem Leser mit markanten Strichen ein Bild von den schulpolitischen und schulischen Verhältnissen der Zeit vermittelt werden.

683 Anton Wilhelm Ferdinand Stiehl
Photographie (Reproduktion)
17 x 12 cm
Koblenz, Privatbesitz

Diesterwegs literarisches Werk ist außerordentlich umfangreich und vorzüglich erschlossen. Auch über sein Leben und Wirken wissen wir recht gut Bescheid. Von Stiehl dagegen liegen nur seine drei Regulative vom Oktober 1854, seine drei direkt darauf Bezug nehmenden Schriften und seine frühe Arbeit über den vaterländischen Geschichtsunterricht als Veröffentlichungen vor, wenn man von einigen publizierten Reden und dem *Centralblatt für die gesammte Unterrichts-Verwaltung in Preußen*, das er im Auftrag seiner Minister seit 1859 herausgab, einmal absieht. In seinen Regulativen hat er zudem vieles paränetisch eingekleidet und einiges mit Vorbedacht ungenau und mehrdeutig formuliert, ein schwülstiger, frömmelnder Ton wirkt zusätzlich abstoßend. Sofern nur seine Publikationen herangezogen werden, führte und führt das zu sehr unterschiedlichen Deutungen und sicher auch Mißdeutungen seiner Intentionen. Einige, teilweise auf erst jetzt ausgewertetem Quellenmaterial beruhende Untersuchungen der letzten Zeit lassen uns Stiehls Absichten heute klarer einsehen und seine Regulative besser verstehen.

Vor allem das mannigfache Archivmaterial läßt Ferdinand Stiehl (1812-1878) als einen hochgebildeten, religiösen und überaus fleißigen Mann erscheinen, der an andere wie an sich selbst große Anforderungen stellte. Er wurde allgemein respektiert, nicht wenige Seminar- und Elementarschullehrer fürchteten ihn, war er doch dafür bekannt, bei Revisionen Fehler in der Amtsführung oder Mängel in der Unterrichtsarbeit nachdrücklich aufzudecken. Viele vermißten die menschliche Wärme in seinem Wesen. Ihm wurde nachgesagt, er sei ein „reiner Verstandesmensch“[2], und seinen Verstand wußte er auch zeit seines Lebens gut zu gebrauchen: Nach abgeschlossenem Theologiestudium bildete er sich schon früh seine eigene Meinung über das, was in Volksschule und Lehrerausbildung angestrebt werden sollte und erreichbar erschien. Grundlage seines Urteils waren ihm umfassende Kenntnisse über die schulischen Zustände, die er sich vornehmlich auf seinen häufigen Inspektionsreisen in der Rheinprovinz und später in ganz Preußen erwerben konnte. Eisernen Fleiß, mit dem er gewiß auch seiner meist bedrückenden wirtschaftlichen Lage begegnen wollte[3], zeigte er schon in seiner Studienzeit und dann während seines neunjährigen Wirkens als Seminarlehrer und -direktor in Neuwied; die Zeugnisse seiner Tätigkeit im preußischen Unterrichtsministerium, in das er 1844 von Friedrich Eichhorn (1779-1856) zunächst als Hilfskraft geholt wurde, sind beeindruckend. Die zahlreichen Gutachten, die er hier im Laufe der Zeit für seine Minister anfertigte, sind meist umfangreich und trotz eines Hanges zu überlangen Sätzen klar und übersichtlich; sie berücksichtigen abwägend die verschiedenen, gegensätzlichen Vorstellungen und heben sich damit augenfällig von den Äußerungen anderer Beamter des Hauses ab. So wollte keiner der Unterrichtsminister, weder die auf Eichhorn folgenden Liberalen Schwerin, Rodbertus und Ladenberg noch der Reaktionär Raumer und die Minister der Neuen Ära, Bethmann-Hollweg und Mühler, auf seine Arbeitskraft und Sachkenntnis verzichten, wohl auch, weil er dazu noch gewandt mit Menschen umzugehen wußte. Nie ließ er es nach Unterrichtsbesuchen bei bloßer Kritik bewenden, stets bemühte er sich um eine aufbauende Würdigung schulischer Leistungen. Nicht selten verhalf er nach seinem Dafürhalten tüchtigen Lehrern zu beruflichem Fortkommen oder doch finanzieller Besserstellung. Großes Verhandlungsgeschick bewies er schon als 23jähriger Berufsanfänger. Es gelang ihm, die aus den persönlichen Eigenarten seines damaligen Vorgesetzten und Direktors des Neuwieder Lehrerseminars, Friedrich Wilhelm Braun (1778-1860), resultierenden handgreiflichen Auseinandersetzungen in allseitigem Einverständnis so beizulegen, daß er ein Jahr später als neueingesetzter Seminardirektor einvernehmlich von seinem Vorgänger im Amt schied. Auch später zeigte er diese Fähigkeiten mehrfach, so etwa bei der Leitung der Seminarlehrerkonferenz von 1849. Obwohl unter den Teilnehmern der mit Diesterweg befreundete Lehrer an der Seminar-

684 Adolph Diesterweg, um 1855/60
Lithographie von P. Rohrbach, undatiert
Druck von W. Korn & Co., Berlin
41,6 x 28,6 cm
Siegen, Siegerlandmuseum

schule des Berliner Seminars für Stadtschulen, Eduard Hintze (1813-1878), war, der oft noch weitergehende Forderungen als dieser stellte, konnte er durch eine versierte Verhandlungsführung seine Vorstellungen von der Organisation der Volksschullehrerbildung im wesentlichen ohne größeren Widerstand durchsetzen. Sicher waren diese Erfolge auch Ausfluß seines vorsorgenden Vorgehens und seiner fundierten Sach- und Aktenkenntnisse. Im privaten Umgang zeigte sich der im dienstlichen Bereich so ernst und verschlossen wirkende Stiehl zur Überraschung vieler Bekannter als humorvoller Gesellschafter, der gerne und mit meisterlichem Geschick heitere Geschichten und witzige Anekdoten zu erzählen wußte. An einmal gewonnenen Erkenntnissen und Überzeugungen, besonders wenn sie ihm von grundsätzlicher Art schienen, hielt er allerdings nicht selten mit erstaunlicher Hartnäckigkeit, fast gewaltsam, fest, was viele Menschen in seiner Umgebung irritierte und befremdete. Gegen Ende seiner Tätigkeit im Unterrichtsministerium zeigte er sich von den nicht enden wollenden und ihn oft persönlich herabsetzenden Angriffen auf die Regulative, die er nach wie vor in ihrer Grundkonzeption als der Zeit angemessen empfand, zermürbt. Auch der Tod seiner jüngsten Tochter und seiner Ehefrau, die wie Diesterweg 1866 in Berlin an der Cholera verstarb, hat ihn tief berührt. Er begann zu kränkeln, verlor sein Selbstvertrauen, suchte allenthalben Hilfe und war schließlich der Lage nicht mehr gewachsen, wohl auch, weil nicht zu übersehen war, daß mit der Ära Falk seine Zeit abgelaufen war. Im Herbst 1872 bat er um die Versetzung in den Ruhestand; seine Aufgaben im Ministerium übernahm der Theologe und Philologe Karl Schneider, ein Studienfreund des neuen Unterrichtsministers. Resigniert zog er sich nach Freiburg im Breisgau zurück, wo er 1878 starb.[4]

Die Aufgabe, seinem Minister „genaue und anschauliche Kenntnis von den tatsächlichen Zuständen des Volksschulwesens" zu verschaffen, wird Ferdinand Stiehl 1844 gleich nach seinem Wechsel von Neuwied nach Berlin gern übernommen haben, konnte er dabei doch auf Kindheitseindrücke im Kirchspiel Hamm an der Sieg, wo sein Vater die lutherische, später unierte Pfarrei verwaltete, und auf Erkenntnisse aus seiner Neuwieder Zeit zurückgreifen. Er erweiterte sein Wissen durch Erkundungsreisen in die östlichen Gebiete Preußens. Die Diskrepanz zwischen dem, was man über Erziehung dachte, wie die Gebildeten sie als erstrebenswert ansahen, und der Realität, besonders auf dem Lande, erschien ihm überaus groß. In Ostelbien lebten die Bauern noch bis 1810 unter dem schweren Joch der „Erbuntertänigkeit", selbst ihre Kinder waren zum „Gesindezwangsdienst" verpflichtet. Die Stein-Hardenberg'sche Bauernbefreiung brachte ihnen fast nur formale Vorteile; durch die Handhabung der sogenannten „Regulierung" wurden die ursprünglichen Reformansätze so verfälscht, daß der tatsächliche Nutzen der Gesetzgebung den Gutsbesitzern zufiel; ihre wirtschaftliche und politische Stellung war nach den Reformen stärker als vorher. Und dieses Übergewicht der Gutsherren blieb noch lange Zeit erdrückend; allein durch die Ausübung der niederen Gerichtsbarkeit und der Polizeigewalt kam ihnen eine kaum vorstellbare lokale Machtfülle zu, von der sie oft unbedenklich Gebrauch machten. Der Arm der staatlichen Zentralverwaltung reichte kaum bis hierher. Die einzigen Institutionen, die auf die Gutsherren mit einiger Aussicht auf Erfolg einwirken konnten, waren die Kirchen. Doch mußte der Ortsgeistliche dazu seinen ganzen Mut zusammennehmen, war der Gutsbesitzer doch meist gleichzeitig Kirchen- und Schulpatron. Die Gutsherrschaften wie die Bauern und ihre Kinder verbanden unter diesen Umständen mit der Schule nur geringe Erwartungen, abgesehen vielleicht vom Religionsunterricht, von dem man sich eine Stützung auch der irdischen Ordnung versprach. Im Nordwesten Preußens überwog das Großbauerntum, in den südwestlichen Provinzen war der Grundbesitz in Kleinbauernhöfe zersplittert. Auch hier galten bis in die zweite Hälfte des 19. Jahrhunderts Lesen,

Schreiben und Rechnen weithin als Fertigkeiten, mit denen man auf dem Lande kaum etwas anfangen konnte. Bäuerinnen und Bauern, die Romane lesen konnten und lasen, wurden im Gegenteil oft als ein Unglück für den Hof angesehen, entzogen sie sich doch damit zumindest zeitweise ihren eigentlichen Aufgaben.

In den meisten Dorfschulen, wenngleich gewiß nicht überall, spiegelten sich diese Verhältnisse wider. Nur schleppend kamen die Gutsherren, Gemeinden oder Gemeindeverbände ihren Verpflichtungen zur Errichtung und Unterhaltung von Schulen nach. In vielen Dörfern gab es nicht einmal ein Schulgebäude, unterrichtet wurde reihum in den Häusern der Bauern und Landarbeiter. Im Sommer fiel der Unterricht oft völlig aus, weil die Kinder in der Landwirtschaft unentbehrlich schienen. Nicht wenige Eltern weigerten sich überhaupt, ihre Kinder in die Schule zu schicken; die vielen Analphabeten unter den Wehrpflichtigen machten das sehr deutlich. Die Lehrer waren unterschiedlich ausgebildet, weder die Arbeit noch die Prüfungen an den Lehrerseminaren waren festen, einheitlichen Normen unterworfen. So war der Leistungsstand nicht nur innerhalb einer Anstalt, sondern auch von Seminar zu Seminar erstaunlich divergierend; ihr Niveau wurde maßgeblich von dem Direktor bestimmt. Die höher qualifizierten Lehrer suchten und bekamen meistens eine Anstellung in den Städten; hier fanden sie günstigere Arbeitsbedingungen vor und ihre Entlohnung war hinreichend, teils sogar zufriedenstellend. Auf dem Lande waren viele nur dürftig gebildete und unzureichend befähigte Lehrer tätig; bis zur Mitte des 19. Jahrhunderts gab es immer noch Schulmeister, die keine geregelte Ausbildung durchlaufen hatten. Neue Leselernverfahren konnten viele nicht anwenden; immer noch wurde versucht, den Schulanfängern das Lesen mit der unsinnigen Buchstabiermethode beizubringen, wodurch sich der Lernprozeß über Jahre hinschleppte.[5] Die Kinder konnten auch nach einem sieben- bis achtjährigen Schulbesuch oft nur mühsam, stockend und ohne alle Betonung lesen; dem Gelesenen dabei auch den Sinn zu entnehmen, gelang nur wenigen. Die Fertigkeiten im Schreiben blieben ebenfalls häufig in den Anfängen stecken und im Rechnen zeigten sie sich ungeübt. Im Religionsunterricht wurde zwar sehr viel auswendig gelernt, so auch die jeweiligen Katechismen, verstanden haben die Schüler und wohl auch die Lehrer davon aber nur recht wenig. In den Realien wurde fast nur sporadisch unterrichtet.

Zu der Wirklichkeit, die zu erfassen Stiehl sich bemühte, gehörte auch, daß im mitteleuropäischen Raum der weitaus größte Teil der Bevölkerung fest in seiner Kirche wurzelte; die Menschen sahen sich vor allem als Katholiken und Protestanten, als Lutheraner und Reformierte; in der durch Geburt und Tradition auf sie überkommenen Konfession fühlten sie sich geborgen, hier fanden sie einen wesentlichen Mittelpunkt ihres Lebens. Entsprechend stark war die Stellung der Kirchen und ihrer Geistlichen; ihr Einfluß auch in weltlichen Dingen war besonders auf dem Lande nicht zu überschätzen. Wenn auch regional unterschiedlich, konnte auf sie als Ordnungsfaktoren, so etwa bei der Durchsetzung der Schulpflicht, noch kaum verzichtet werden. Denn der Landesfürst wurde zwar in der Regel wie ein Vater, eben als Landesvater, verehrt, die Regierungen stießen aber nicht selten auf erhebliche Schwierigkeiten, gesetzliche Regelungen allgemein durchzusetzen. Auf diesen Gegebenheiten, auf diesen gewachsenen Bindungen, auf diesen „ewigen Realitäten, auf dem Fundament des Christentums" wollte Stiehl aufbauen. Er sah es als seine und seiner Generation Aufgabe an, gegen die nach seiner Meinung zersetzende Kraft des Verstandes anzugehen; statt „abstrakter Begriffe und ungeschichtlicher Kritik" wollte er das Positive schaffen und „dadurch das Leben...fördern"; auch im schulischen Bereich sollte die Abkehr von Rationalismus und Liberalismus einen „entscheidenden Umschwung" bewirken.[6]

Folgerichtig sah Stiehl die Einbindung der Kinder in eine kirchliche und nach „christlichen" Geboten ausgerichtete „gottgewollte" weltli-

Die

drei Preußischen Regulative

vom 1., 2. und 3. October 1854

über

Einrichtung

des evangelischen Seminar-, Präparanden- und Elementarschul-Unterrichts.

Im amtlichen Auftrage zusammengestellt

und zum Drucke befördert

von

F. Stiehl,

Geheimem Regierungs- und vortragendem Rath in dem Königlichen Ministerium der geistlichen, Unterrichts- und Medicinal-Angelegenheiten.

Aktenstücke

zur Geschichte und zum Verständniß

der

drei Preußischen Regulative

vom 1., 2. und 3. October 1854.

Mit erläuternden Bemerkungen herausgegeben

von

F. Stiehl,

Geheimem Ober-Regierungs- und vortragendem Rath in dem Königl. Ministerium der geistlichen, Unterrichts- und Medicinal-Angelegenheiten.

685 F. Stiehl
Die drei Preußischen Regulative vom 1., 2. und 3.October 1854 über Einrichtung des evangelischen Seminar-, Präparanden- und Elementarschul-Unterrichts. Im amtlichen Auftrage zusammengestellt und zum Drucke befördert. Berlin 1854

686 F. Stiehl
Aktenstücke zur Geschichte und zum Verständniß der drei Preußischen Regulative vom 1., 2. und 3.October 1854. Berlin 1855

che Ordnung, an deren Spitze der Landesfürst stand, als vornehmstes Erziehungsziel der Schule an. Die jungen Menschen sollten „gegebene Wahrheiten, gegebene Pflichten, gegebene Zustände" begreifen[7], sie sollten lernen, sich in diesem Leben, in ihrem Stand einzurichten. Im Rahmen eines solchen Sozialisationskonzeptes fiel dem – konfessionell ausgerichteten – Religionsunterricht eine herausragende Bedeutung zu. Und da die „gegebenen Wahrheiten" und besonders die „gegebenen Zustände" der noch vorwiegend feudal-monarchisch geprägten Gesellschaft in Preußen schwer einsichtig aufzuzeigen waren und gefühlsmäßige Bande nachhaltiger wirkten, strebte Stiehl im Religionsunterricht – wie in der „Vaterländischen Geschichte" – vor allem eine emotional getönte Bindung der Schüler an Kirche und Landesherrn an. Diese Vorstellungen, die Stiehl im wesentlichen schon in seiner Neuwieder Zeit entwickelte, ziehen sich überdeutlich durch seine drei Regulative. Und hier lag der prinzipielle, unüberbrückbare Gegensatz zu den liberalen Ansichten Adolph Diesterwegs, der eine „allgemeine Bildung des Menschen zum Menschen" anzielte, der die „Herrschaft der Vernunft" in den Menschen begründen und fördern wollte.[8]

Besonders empörte Diesterweg die gewaltige religiöse Stoffmenge, die die Kinder im regulativisch ausgerichteten Religions- und Gesangunterricht bewältigen mußten. Der „Memorierstoff", die „umfassende Pflege des Gedächtnisses", das „Behalten von Stoffen, deren Verständnis zum Teil weit über die Befähigung des Alters" hinausginge, so befürchtete er, entwickele den Geist nicht, sondern belaste ihn, drücke ihn nieder, verdumme die Kinder. Darüber werde Wichtiges versäumt, so bleibe „für Natur- und Menschenkunde, für physikalische Erscheinungen und für Naturgesetze keine Zeit" oder jedenfalls nicht genug Zeit übrig. Und wirkliche Religiosität sei damit doch nicht zu erzeugen.[9] Im Laufe ihrer Schulzeit waren die Kinder gehalten, etwa 170 Biblische Geschichten „mit dem Bibelwort" zu erzählen, also auswendig zu lernen; der Katechismus mußte „richtig und ausdrucksvoll hergesagt werden können"; dazu kamen Gebete, Wochensprüche, Kirchenlieder und die Perikopen mit zusammen etwa 1.300 Versen, die „zum Verständnis und zum Besitz der Kinder zu bringen" waren.[10] Dieser religiöse Stoff sollte den Kindern nach Auffassung Stiehls während ihres weiteren Lebens stets präsent sein und emotional auf sie einwirken, damit ihre Einbindung in Kirche und Staat Bestand habe. Dabei ging er realistischerweise davon aus, daß die Mehrheit der Landbevölkerung nach der Schulentlassung kein Buch mehr, auch nicht die Bibel, in die Hand nahm und deswegen das, „was der künftige Bauer nicht auswendig kann,...keinen Wert für ihn (hat) und...keinen Einfluß auf ihn" ausübt.[11]

Insoweit können und müssen wir uns dem Urteil Diesterwegs anschließen, die Regulative seien „darauf aus, die Jugend in und zur Liebe und Anhänglichkeit an das Bestehende, an die bestehenden Verhältnisse im Leben, besonders in Kirche und Staat, zu erziehen".[12] Ziel des Stiehl'schen Sozialisationsmodells war „fraglose kirchliche Gläubigkeit (sowie) Anhänglichkeit und Liebe zum Herrscherhaus"[13]; „die alten sozialen Beziehungen", der alte „Zusammenhalt der Gesellschaft" aus der vorindustriellen Zeit sollte weiterhin gewährleistet werden[14]; die Regulative waren insofern nach rückwärts gerichtet.

Auf der umrissenen Basis, oder, wenn man so will, innerhalb dieser Grenzen wollte Stiehl nun aber anknüpfend aufbauen. In jeder einklassigen Elementarschule, die in Preußen dominierte und nicht selten mehr als 100 Schüler in einem Raum beherbergte, also auch in den Dorfschulen der entlegenen östlichen Provinzen oder einsamer Siedlungen der Mittelgebirge, sollten die Schulanfänger „nach Jahresfrist zum einigermaßen selbständigen Lesen" und Schreiben befähigt werden; jeder weitere Fortschritt im Lesen war „zur Einübung der Rechtschreibung und der Interpunktion, zur Übung im mündlichen und schriftlichen Ausdruck" zu benutzen. Am Ende der Schulzeit sollte jeder Schüler die Fertigkeit besitzen, ein Lesestück „laut- und sinnrichtig schön zu lesen“ und den Inhalt „klar und zusammenhängend wieder anzugeben (und) sich über denselben mit eigenen Worten auszusprechen“. Allen Schulabgängern sollte „die Anfertigung geschäftlicher Formeln und Aufsätze nach gegebenen Mustern“ geläufig sein, sie sollten also Geschäftsbriefe schreiben können. Zwölf Stunden wöchentlich waren für diesen Lese- und Schreibunterricht, fünf für den Rechenunterricht angesetzt. Aufgaben innerhalb der vier Grundrechenarten „in ganzen, benannten und gebrochenen Zahlen“ mußten die Kinder bei ihrer Schulentlassung „im Kopfe und schriftlich rasch und sicher lösen“ und mit „angewandten Zahlen“ rechnen, das heißt Aufgaben aus dem täglichen Leben bewältigen können. „Formeller Bildungszweck“ des Rechenunterrichts war „klares Denken und richtiges Sprechen“. Die „unentbehrlichen Kenntnisse“ in den Realien sollten vornehmlich „durch Erläuterung der betreffenden Abschnitte des Lesebuches“ vermittelt werden; wenn möglich konnte dieser Unterricht „durch Gebrauch der Karte, durch Betrachtung von Pflanzen und anderen Naturgegenständen“ mit Betonung der Selbsttätigkeit der Kinder ergänzt werden. Während des gesamten Unterrichts sollte bei Anwendung des sogenannten Helfersystems „kein Kind, auch das kleinste nicht, ohne Arbeit gelassen“ werden.[15]

Diese Anforderungen in den traditionellen Volksschulfächern Lesen, Schreiben und Rechnen in einer einklassigen Schule zu erfüllen, war nicht einfach; bei den „faktischen Zuständen“ war dies sogar ein weitgestecktes Ziel. Jedenfalls ist es sicher unrichtig, wie Friedhelm Nyssen behauptet, daß die preußische Schulpolitik „an keinerlei Qualifikationsansprüchen orientiert war“.[16] Durchaus konsequent sah Stiehl es „als erste und unter allen Umständen zu lösende Aufgabe“ der Schullehrerseminare an, die angehenden Lehrer „zum einfachen...Unterricht“ in den Elementarschulen theoretisch und praktisch zu befähigen. Die Seminare durften aber durchaus „weitere Kreise des Unterrichts“ ziehen, also über diesen Rahmen hinausgehen, sofern „bei einer Revision...nichts vorgefunden werde, was, wenn es einmal gelehrt worden,...nicht vollständig und richtig verstanden worden“ war. Dazu sollte die „Neigung und Befähigung zum weiteren Studium“ in den Seminaristen geweckt werden.[17]

Was hat nun Diesterweg bewogen, den „Grund- und Hauptfehler“ der Regulative, „aus dem alle anderen entspringen“, in diesen Vorschriften und Normen für den Unterricht zu sehen, die, wie er meinte, „das Mangelhafte, das Dürftige,...das in jeder Beziehung Ungenügende...zum Maßstab des Höheren“ machten? Er wußte doch und gestand zu, daß wegen der „Lehrerverhältnisse und Gesinnungsverhältnisse der Bauern“ von den Dorfschulen nur „Geringes“ zu erwarten war und „Tausende von bestehenden Schulen das...vorgeschriebene Minimum nicht leisten“.[18] Seine Haltung ist nur zu verstehen, wenn wir davon ausgehen, daß er, wie viele Pädagogen und Historiker bis in die Gegenwart hinein, nicht erkannte oder erkennen wollte, daß die Regulative Minimallehrpläne waren, mit denen jene Lernziele festgelegt wurden, die unter allen Umständen in *jeder* Elementarschule und in *jedem* Seminar erreicht werden sollten. Das Regulativ vom 3. Oktober 1854 war nur auf „Einrichtung und Unterricht der...einklassigen Elementarschule“ ausgerichtet. Lediglich „Charakter, Richtung und Wesen des Elementarunterrichts“ sollten auch auf die mehrklassigen Schulen übertragen werden; ausdrücklich bestimmte das Regulativ aber, daß deren Lektionspläne dem Umfang nach zu erweitern seien. Musterlehrpläne, wie Diesterweg sie forderte, die Lehrern und Schülern wie unerreichbare Ideale vorschwebten, waren die Regulative freilich nicht, und das sollten sie nach dem Willen des nüchternen Stiehl auch nicht sein.[19]

Die weiteren Einwürfe Diesterwegs gegen die Regulative erscheinen weniger bedeutsam, sie sind vielschichtig und deshalb zu relativieren. Er wandte ein, die Regulative seien verfassungswidrig, sie widersprächen insonderheit dem Artikel 26 der preußischen Verfassung, der ein Unterrichtsgesetz fordere. Er verfolgte diese Frage aber im Landtag

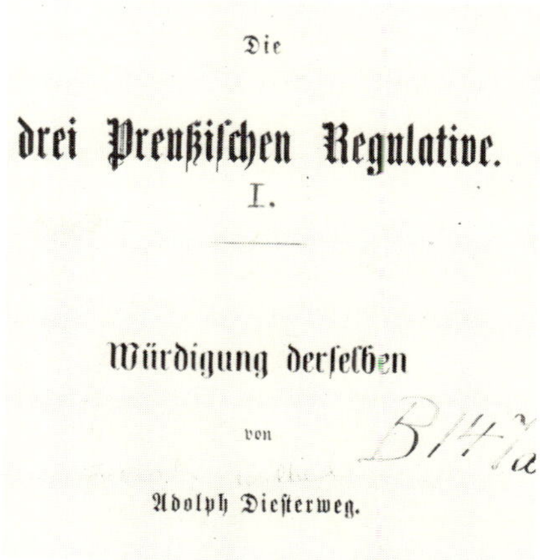
Die

drei Preußischen Regulative.

I.

Würdigung derselben

von

Adolph Diesterweg.

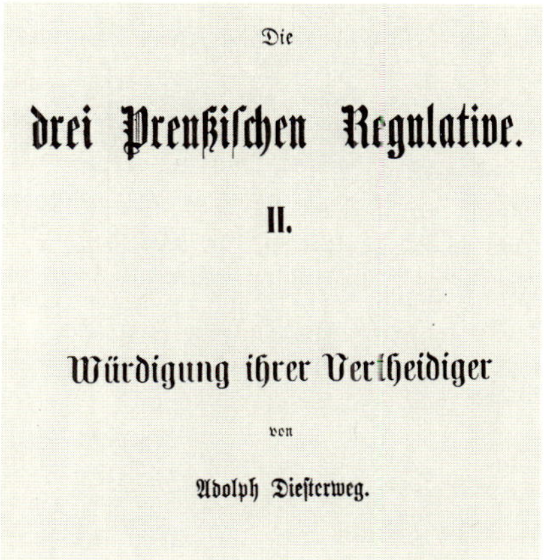
Die

drei Preußischen Regulative.

II.

Würdigung ihrer Vertheidiger

von

Adolph Diesterweg.

Die

drei Preußischen Regulative.

III.

Würdigung ihrer Vertheidiger.

(II. Herr Stiehl).

Von

Adolph Diesterweg.

687 A. Diesterweg
Die drei Preußischen Regulative.
I. Würdigung derselben. Berlin 1855
688 A. Diesterweg
Die drei Preußischen Regulative.
II. Würdigung ihrer Vertheidiger. Berlin 1855
689 A. Diesterweg
Herr Stiehl und die drei Preußischen Regulative. Die drei Preußischen Regulative. III. Würdigung ihrer Vertheidiger.
(II. Herr Stiehl). Berlin 1855

690 Brief Adolph Diesterwegs an K.F.W. Wander in Hirschberg, Berlin, 30.3.1860
21,6 x 13,6 cm
Berlin (DDR), Archiv der Akademie der Pädagogischen Wissenschaften
„Tausende von Lehrern petitioniren um die Erhaltung ihrer Knechtung. So weit haben wir es gebracht. Ist es Dummheit, so muß man sie absetzen; ist es Heuchelei, sie anspucken. Trotz dem verlangen diese Canaillen, daß man sich für sie aufopfert. Die Unterrichts-Kommission verhält sich gleichfalls kläglich. Tagesordnung, Anderes kennen sie nicht. Bis jetzt ist sie noch auf keine Principien-Frage eingegangen. Es ist wahrscheinlich, daß der v.Bethmann, der den Sitzungen beiwohnt u. die Mitglieder, namentlich die 4 evangel. Geistlichen einschüchtert (die 4 kathol. wollen absolute Knechtschaft der Lehrer), den Vorsitzenden

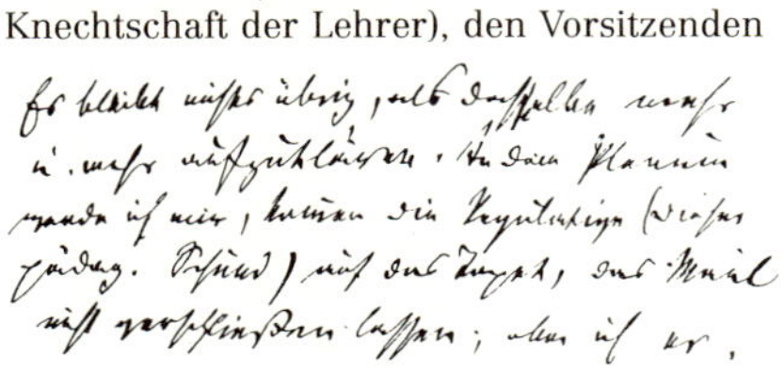

(Auerswald) beeinflußt... In dem Plenum werde ich mir, kommen die Regulative (dieser pädag. Schund) auf das Tapet, das Maul nicht verschließen lassen. Die Presse – ist das Hauptmittel und -Drangsale des Staats..."

nicht weiter, weil er hoffte, „daß ein juristisch geschultes Mitglied dieses Hauses den Beweis für die ausgesprochene Ansicht gründlich" führen werde. Ein an seinen Vorstellungen orientiertes Unterrichtsgesetz war in dieser Zeit jedoch kaum durchzusetzen. Er beklagte, daß „Wissenschaft und Kunst zu gering" geschätzt würden, er bemängelte namentlich die „Verbannung...der Pädagogik, Didaktik, Methodik, Psychologie usw." aus den Seminaren und deren Ersetzung durch die Schulkunde. Er hielt es gleichwohl für zeitgemäß, daß man kein „System der Pädagogik" lehrte und die Methoden sich zunächst aus dem Unterricht des Seminarlehrers selbst ergaben. Er bedauerte, daß die Regulative „die formale Tendenz des Unterrichts", die „formelle Bildung der Geistesvermögen an abstraktem Inhalt" verwarfen[20] und wußte doch, daß Stiehl eine formale Bildung keineswegs generell ablehnte, sondern zuvorderst die in der Praxis auftretenden Auswüchse etwa der Pestalozzi'schen Elementarmethode und der Wurst'schen „Sprachdenklehre" ausschließen oder beschneiden wollte. Und diese Absicht scheint durchaus einsichtig, wenn man in zeitgenössischen Berichten liest, ein Lehrer, Anhänger Pestalozzis, habe die nach Gutdünken ausgesuchten „Unterrichtsgegenstände so gründlich, so weitläufig, so ins einzelne zerspalten (behandelt), daß man vor sich kein Ziel sah und die Breite auch kein Ende nahm"; und nach eingehender Lektüre des Wurst'schen Lehrbuches „für die Elementarschulen auf dem Lande" fragt man sich unwillkürlich, wie denn durch eine solche Anhäufung von Definitionen, die doch nur auswendig gelernt wurden, den Landkindern das Denken hätte nahegebracht werden sollen. Er zeigte sich entrüstet, daß die Regulative „den Seminaristen als Privatlektüre die sogenannte klassische Literatur...verbieten" und überging, daß mit diesem unglücklichen Ausdruck „Privatlektüre" nur jene Auswahl von Schriften gemeint war, über die jeder Zögling seinem Lehrer über den eigentlichen Seminarunterricht hinaus „zu gewissen Zeiten Rechenschaft zu geben" hatte.[21]

Immerhin gab es eine beachtliche Reihe von Fragen, in denen Diesterweg und Stiehl übereinstimmten, in denen sich beider Erfahrungen als Seminardirektoren und Schulrevisoren sichtbar niederschlugen. Da waren zunächst jene Passagen der Regulative, die heute jedem Lehrer selbstverständlich sind, die damals aber noch nicht durchweg akzeptiert waren, denen sich Diesterweg anschloß. Er lobte das Verbot des „Diktierens von Heften", der „Diktiermethode", die jedem selbsttätigen Unterricht entgegenstand, und die Empfehlung, dem Seminarunterricht gedruckte Leitfäden zugrunde zu legen. Seine ungeteilte Zustimmung fand ferner „das Dringen der Regulative auf Anschaulichkeit des Unterrichts" und die Förderung des mündlichen Ausdrucks. Er stimmte mit der Forderung überein, der Seminarunterricht müsse „nach denselben Grundzügen und in seinen begründenden Abschnitten teilweise selbst in der Form gegeben werden, welche die Behandlung desselben Gegenstandes in der Elementarschule" verlange, weil man die „gute Lehrart...am ehesten dadurch (lernt), daß man sie an sich selbst erfahren hat". Einen „Geist der Beschränkung"[22] konnte er darin nicht erkennen. Er befürwortete ebenfalls, daß das in der Übungsschule verwandte Lesebuch mit den Zöglingen des Seminars durchzuarbeiten war, „daß die Seminardirektoren und -lehrer den Seminaristen Musterlektionen" vorzuführen hatten und daß überhaupt auf die praktische Ausbildung der künftigen Lehrer großer Wert gelegt wurde. Auch der geforderten „Verknüpfung des Unterrichts im Gartenbau und in der Obstbaumzucht und anderen körperlichen Arbeiten mit dem wissenschaftlichen Unterricht in den Seminaren" zollte er Beifall.[23]

Es waren mithin vor allem die politischen Grundüberzeugungen, die Stiehl und Diesterweg zu Gegnern werden ließen. Dem konservativen Stiehl kann mit Diesterweg der Vorwurf gemacht werden, daß er mit seinen Bemühungen, die Menschen in die „faktischen Verhältnisse" von Kirche und Staat einzubinden, daß er mit seinem Sozialisationskonzept das feudal-monarchische System in Preußen gestützt hat oder zu stützen versuchte. Es muß jedoch anerkannt werden, daß mit den Stiehl'schen Regulativen zum ersten Mal in Preußen die Elementarschule und die Elementarschullehrerbildung normiert wurden. Sie bildeten einen wohldurchdachten und durchaus tauglichen Versuch, jedem unterrichtspflichtigen preußischen Kind auch unter ungünstigen Umständen ein Mindestmaß an Bildung zu sichern, ohne deren „Erweiterung unter günstigeren Verhältnissen unmöglich" zu machen.[24] Damit jedenfalls hat Stiehl die Entwicklung auf breiter Front vorangetrieben.

Bei einer Bewertung der Intentionen und Leistungen beider Männer sollte auch beachtet werden, daß nicht zuletzt durch den Einfluß Stiehls die Vorbildung aller zukünftigen Lehrer an Präparandenanstalten angebahnt wurde und die eigentliche Lehrerausbildung in den Seminaren nicht nur erhalten blieb, sondern auf drei Jahre verlängert wurde. Es ist darauf zu verweisen, daß Kirche und Staat nach den Vorstellungen Stiehls zwar um der Menschen willen zur Zusammenarbeit auch und gerade im schulischen Bereich verpflichtet waren, daß er aber stets dem Staat das alleinige Recht zusprach, den Schulunterricht zu beaufsichtigen. Es ist weiter zu berücksichtigen, daß in Preußen und im Deutschen Reich – während der Wilhelminischen Zeit und darüber hinaus – das in den 1850er und 1860er Jahren angewandte Sozialisationsmodell, wenn auch in abgeschwächter und veränderter Form, weiter praktiziert wurde[25] und somit in den Volksschulen und Lehrerseminaren der Religionsunterricht vor allen anderen Fächern an erster Stelle stand; und in diesem Religionsunterricht mußte auch nach Stiehls Amtszeit noch erstaunlich viel auswendig gelernt werden. Schließlich sollte bedacht werden, daß ein interkonfessioneller Religionsunterricht, der sich den Vorstellungen Diesterwegs wenigstens nähert, in der Bundesrepublik Deutschland derzeitig nur in den Schulen des Stadtstaates Bremen allgemein eingeführt ist.

1 Bei dieser Rede handelt es sich jedoch mit an Sicherheit grenzender Wahrscheinlichkeit um eine gezielte Fälschung. Vgl. Krueger, B.: Die Rede Friedrich Wilhelms IV. vor den Teilnehmern der Seminarlehrerkonferenz 1849. In: Päd. Rundschau Jg. 24, 1970, S. 845ff.

2 Brief Diesterwegs an Peter Heuser v. 20.2.1856. Abgedr. in Bloth, H.G.: Adolph Diesterweg. Sein Leben und Wirken für Pädagogik und Schule. Heidelberg 1966, S. 326. Vgl. auch S. 173ff.

3 Seine Eltern und auch die Familie seiner Frau – er heiratete 1837 seine Kusine Caroline Walther aus Idstein im Taunus – waren ohne wesentliches Vermögen. Mit seiner bald vielköpfigen Familie kam er bis zu seinem Tode nicht aus den wirtschaftlichen Schwierigkeiten heraus.

4 Zu seinem Leben vgl. Allg. Deutsche Biographie Bd. 36, 1893, S. 180ff., u. Krueger, B.: Stiehl und seine Regulative. Ein Beitrag zur preußischen Schulgeschichte. Weinheim 1970. Dort abgedr. die drei Regulative m. d. Entwürfen Stiehls u. lfd. Numerierung d. Absätze.

5 Da Stiehl bei einem generellen Verbot der Buchstabiermethode befürchtete, daß vor allem ältere, nicht seminaristisch vorgebildete Lehrer dadurch so verwirrt würden, daß sie im Unterricht völlig versagten, lehnte er den Gebrauch dieser Methode nicht ausdrücklich ab. Vgl. aber Regulativ v. 3.10.1854, Abs. 88. Erst mit den „Allgemeinen Bestimmungen" v. 15.10.1872 wurde „die Anwendung der Buchstabiermethode (endgültig) ausgeschlossen".

6 Schnabel, F.: Deutsche Geschichte im neunzehnten Jahrhundert. Bd. 4: Die religiösen Kräfte. Freiburg 1937. Neuaufl. München 1987, S. 379. Regulativ v. 1.10.1854, Abs. 3. Regulativ v. 3.10.1854, Abs. 10ff. Zitat Abs. 12.

7 So die Deutung des Rechtsphilosophen und konservativen Politikers Friedrich Julius Stahl (1802-1861) in einer Rede im preußischen Herrenhaus. Zit. n. Müller, C.: Grundriß der Geschichte des preußischen Volksschulwesens. Für Seminaristen, Lehrer und Schulaufsichtsbeamte. Osterwieck 1902, S. 176.

8 Deiters, H. (Hrsg.): Adolf Diesterweg. Schriften und Reden. Bd. I. Berlin, Leipzig 1950, S. 282f.

9 Ebenda, Bd. I, S. 343, u. Bd. II, S. 556ff., 566, 578ff.

10 Regulativ v. 3.10.1854, Abs. 17ff. Zitat Abs. 22, 31, 34. Vgl. Stiehl, F.: Die Weiterentwicklung der drei preußischen Regulative vom 1., 2. und 3. October 1854. Berlin 1861, bes. S. 7ff., 54f.

11 Krueger, B.: Stiehl und seine Regulative. A.a.O., S. 51.

12 Deiters, H. (Hrsg.): a.a.O., Bd. I, S. 290.

13 Jeismann, K.-E.: Die „Stiehlschen Regulative". Ein Beitrag zum Verhältnis von Politik und Pädagogik während der Reaktionszeit in Preußen. In: Vierhaus, R., Botzenhart, M. (Hrsg.): Dauer und Wandel der Geschichte. Aspekte europäischer Vergangenheit. Festgabe für Kurt von Raumer zum 15. Dezember 1965. Münster 1966, S. 423ff. Zitat S. 432.

14 Nyssen, F.: Das Sozialisationskonzept der Stiehlschen Regulative und sein historischer Hintergrund. Zur historisch-materialistischen Analyse der Schulpolitik in den 50er und 60er Jahren des 19. Jahrhunderts. In: Schule und Staat. Zur Sozialgeschichte der Schule in Deutschland. Frankfurt a.M. 1974, S. 312.

15 Regulativ v. 3.10.1854, Abs. 39ff. Zitate Abs. 39, 40, 44, 41, 50, 52, 59, 60, 67f.

16 Nyssen, F.: a.a.O., S. 299. Auch von einer „allgemeinen Herabsetzung des Bildungsniveaus", wie sie etwa Schneider, G.: Dem Volke schlug sein Herz. Ein Beitrag zum politischen und pädagogischen Wirken Diesterwegs. Berlin 1966, S. 171, den Regulativen unterstellt, kann keine Rede sein.

17 Regulativ v. 1.10.1854, Abs. 6, u. Stiehls Entwurf zu Abs. 12.

18 Deiters, H. (Hrsg.): a.a.O., Bd. I, S. 332ff. Zitate S. 333, 335.

19 Regulativ v. 3.10.1854, Abs. 65. Deiters, H. (Hrsg.): a.a.O., Bd. I, S. 335.

20 Deiters, H. (Hrsg.): a.a.O., Bd. I, S. 303ff. Zitate S. 303, 309. Daneben Bd. II, S. 548ff.

21 Ebenda, Bd. I, S. 287ff., 303ff., 314ff., 343ff., 358f., 363f., u. Bd. II, S. 548ff., 554, 566, 572. Ev. Schulblatt für Rheinland und Westfalen 1859, S. 187. Wurst, R.J.: Kleine praktische Sprachdenklehre für die Elementarschulen auf dem Lande. Nach seiner größern Sprachdenklehre bearbeitet. 10. Aufl. Reutlingen 1847.

22 Nyssen, F.: a.a.O., S. 302.

23 Deiters, H. (Hrsg.): a.a.O., Bd. I, S. 355ff.

24 Regulativ v. 3.10.1854, Abs. 62.

25 Vgl. Berg, Ch.: Die Okkupation der Schule. Eine Studie zur Aufhellung gegenwärtiger Schulprobleme an der Volksschule Preußens (1872-1900). Heidelberg 1973, S. 91ff.

Heinrich Volkmann

Reden gegen die Reaktion

Adolph Diesterweg, Mitglied des Preußischen Landtags

1. Diesterweg im Abgeordnetenhaus: politisches Programm und parlamentarischer Verdruß

Als nach langen Jahren der konservativen Reaktion mit der Regentschaft des Prinzen von Preußen die Hoffnung auf eine „Neue Ära" der Reformen und des gesellschaftlichen Fortschritts das politische Leben Preußens aus seiner Erstarrung weckte, ging auch für Diesterweg „die Zeit der unfreiwilligen Muße" zuende.[1] Zwar hatte er nach seiner Entlassung publizistisch auf Schule und Schulpolitik weiterhin Einfluß zu nehmen versucht, öffentlich aufzutreten aber hatte er vermieden.

691 Berliner Wählerversammlung, um 1865
Zeitgenössischer Holzschnitt
22,4 x 32,0 cm
Berlin (DDR), Märkisches Museum

Mit der Wahl in das Preußische Abgeordnetenhaus im Dezember 1858 erhielt er das Mandat für eine neue Form öffentlicher Wirksamkeit. Viermal von seinen Wählern bestätigt, hat er es bis zu seinem Tode innegehabt und gewissenhaft wahrgenommen. Als Mitglied der liberalen Fraktion, danach der Fortschrittspartei, hat er vor allem mit Altliberalen und Demokraten wie Jacobi, Waldeck, Harkort, Schulze-Delitzsch und Virchow zusammengearbeitet, die sich um eine konstruktive Opposition bemühten, deren Bereitschaft zum pragmatischen Kompromiß aber in liberal-demokratischer Prinzipientreue feste Grenzen fand. Zwei programmatische Dokumente aus dieser Zeit – eine politische Grundsatzerklärung Diesterwegs an seine Wähler, bewundernswert schon wegen ihrer Kürze von knapp einer

Druckseite, und eine „ungehaltene Wahlrede", ungehalten, weil sich die Wähler mit der Kurzfassung zufrieden gegeben hatten – zeigen Diesterweg als unbedingten Konstitutionalisten. Seine zentrale Forderung läßt sich in leichter Abwandlung einer aktuellen Formel zusammenfassen: Strikte Einhaltung und volle Anwendung der Verfassung. Das war damals nicht selbstverständlich. Und deshalb zählt er die in der Verfassung garantierten Grundrechte auf, die gegen reaktionäres Regierungshandeln, bürokratische Bevormundung und polizeiliche Willkür durchzusetzen und mit Leben zu erfüllen sind: „Gleichheit vor dem Gesetz", „unverkümmerte Preßfreiheit", „Verantwortlichkeit der Minister", „Zivilehe", „unbedingte Gewissens- und Glaubensfreiheit", „freies Vereinsrecht", „Regelung des öffentlichen Unterrichts durch ein Gesetz", „endlich freie Gemeindeverfassung, die ich in Verbindung mit dem unverkümmerten Rechte freier Vereinigung der Bürger als die praktische Elementarschule der politischen Bildung des Volkes anzusehen mich gedrungen fühle."[2]

War schon die nach der Niederlage der Revolution zwischen Krone und Parlament „Vereinbarte Verfassung" von 1850, auf die Diesterweg sich bezieht, kein Musterstück an Liberalität, so war die Verfassungswirklichkeit am Ende der Reaktionszeit noch weit hinter Geist

und Buchstaben des Grundrechts zurückgefallen. Ihm wieder Geltung zu verschaffen und damit auch die Stellung des Parlaments zu festigen, ist für Diesterweg die wichtigste Aufgabe der neuen Abgeordneten. Das erfordert Mut, und deshalb appelliert er an die Wähler, „nur überzeugungsfeste, entschiedene Männer" in das Parlament zu schikken, nicht jene, die „überall zu Vermittlungen und Kompromissen geneigt sind..., diese beliebten gemütlichen Friedensstifter", die sich um klare Entscheidungen drücken, weil sie es mit keiner Seite verderben wollen. „Diesen Halben verschließen Sie, meine Herren, die Tür des Abgeordentenhauses mit sieben Riegeln!"[3] Der Appell war weitsichtig, aber vergeblich. Im Abgeordnetenhaus der Neuen Ära haben zunächst die „Halben" den Ton angegeben und Diesterweg die

692 Das Haus der Abgeordneten, 1866
Gezeichnet von C. Rechlin Sohn
54 x 78 cm

693 Das Haus der Abgeordneten am Döhnhofsplatz, 1866
Sitzordnung der Abgeordneten
26,3 x 39,0 cm
Berlin, Geheimes Staatsarchiv Preußischer Kulturbesitz

Zu den bevorstehenden Wahlen

empfehlen wir unser wohlassortirtes Lager von Wahlmännern aller Programme und übernehmen Bestellungen von außerhalb laut Probe:

Rückwärts mit Gott für König und Preußen! Nieder mit Deutschland! Nieder mit der Verfassung!

Mit Gott für König und Herrenhaus! Ausbau der Verfassung, aber langsam, langsam, und ja nicht drängeln!

Mit Gott für König und Vaterland! Conservation der Constitution, aber ja keine Civil-Ehe, keine Trennung von Kirche und Staat!

Arbeit verleidet. Er hatte sich nicht in die Politik gedrängt. Die Bürger hätten ihm sein Amt übertragen, schrieb er kurz nach der Wahl, „…ich tat keinen Schritt dafür; ich mußte es mir gefallen lassen".[4] Aber ganz so ungern, wie es klingt, hat er es sich wohl doch nicht gefallen lassen. Nach der nie verwundenen Amtsenthebung von 1847 und der Zwangspensionierung von 1850 lag im Vertrauensvotum der Wähler eine öffentliche Rehabilitierung, die ihm Genugtuung bereiten mußte. Und trotz aller erfahrungsgesättigten Zweifel am Reformwillen und an der Reformfähigkeit der preußischen Institutionen teilte er doch die Hoffnung seiner liberalen Mitstreiter, daß neue Personen auch neue Bewegung in die Politik bringen würden. Nur auf der Basis solcher Hoffnungen machen seine Wahlerklärungen Sinn.

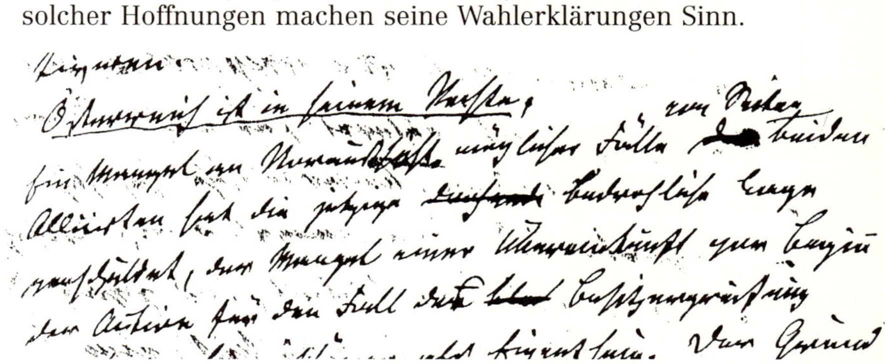

694 Briefmanuskript des Abgeordneten Diesterweg über den österreichisch-preußischen Konflikt 1866 an den Vorstand des 3.Berliner Wahlkreises, Berlin (1866)
34 x 21 cm
Leipzig, Privatbesitz
„Österreich ist in seinem Rechte … Preußen muß nachgeben – und offen und unzweideutig erklären, daß es von der Absicht, die Herzogthümer auch gegen den Willen des Gleichberechtigten d.h. mit Gewalt durchzusetzen, zurücktritt und nichts Anderes will als friedliche Ausgleichung. Geschieht das, so wird Österreich sofort entrüsten, die Ursache der Verwicklung ist beseitigt. Thut es das nicht, so haben wir den Krieg."

Sieht man auf die direkten Erfolge seiner Abgeordnetentätigkeit, dann ist diese Hoffnung enttäuscht worden. Gerade jene Forderungen, die ihm besonders am Herzen lagen, die staatsbürgerliche Gleichheit, die Trennung von Staat und Kirche, Schulreform und verbesserte Volksbildung, schließlich und vor allem die Einhaltung und „zeitgemäße" Weiterbildung der Verfassung, sind bis zu seinem Tode wenig oder gar nicht erfüllt worden. War es zunächst (1858-1862) die taktische Zurückhaltung der liberalen Mehrheit, die die Position der neuen Regierung aus den eigenen Reihen nicht durch zu großen Druck

Vorwärts für König und Zunftzwang! Es leben die Innungen! Nieder mit der Gewerbefreiheit! — Sonst natürlich freisinnig.

Vorwärts mit unserer Verfassung, mit Recht und Wahrheit! Nieder mit Trug und Lüge! Hoch Preußen! Hoch Deutschland!

Vorwärts! Vorwärts mit Gewalt für ein einiges Deutschland! Nieder mit dem Herrenhaus! Nieder mit den kleinen — nieder mit — — — nieder — — — — Hurrah!! Hoch!!!

695 „Zu den bevorstehenden Wahlen"
Kladderadatsch Jg.14, 1861
31,0 x 22,5 cm
Der Kladderadatsch empfahl, die neugegründete Fortschrittspartei zu wählen. Diesterweg trat dieser 1861 bei.

gefährden und die Kompromißbereitschaft des Regenten nicht überfordern wollte, damit aber genau jene unentschiedene Ja-Nein-Politik betrieb, vor der Diesterweg gewarnt hatte, so lähmte während des Verfassungskonflikts (1862-1866) der bis zur Machtfrage zwischen Parlament und Krone vorangetriebene Streit um die Heeresreform die „normale" Parlamentstätigkeit. Vorgezogener Sessionsschluß oder Kammerauflösung und Neuwahlen unterbrachen immer wieder den Gang der Gesetzgebung. Aber auch die Organisation der Parlamentsarbeit war für Diesterweg ständiger Anlaß zur Kritik. Seine Briefe sind voller Klagen über die ineffiziente Geschäftsordnung des Abgeordnetenhauses, das schwerfällige Verfahren seiner Kommissionen, die Indolenz der Minister und die Eitelkeit vieler Abgeordneten. *„Die Verhandlungen in der Kammer gehen ihren Gang – ermüdend weitläufig über geringfügige Sachen, oberflächlich weggehend über wichtigere...*"[5] Die „oft endlosen Beratungen (Sie kennen die Berliner Schwätzer)" in den Kommissionen sind ihm „sehr lästig". Er kritisiert *„die Gleichgültigkeit und mitunter den bösen Willen der Tonangeber und Führer"*, die mangelnde Entschiedenheit und das Desinteresse des Parlaments. Wenn es dabei um Fragen der Volksbildung geht, kann er geradezu sarkastisch werden: *„Wie es mit den Schulsachen im Abgeordnetenhaus aussieht (?)... Kläglich – mehr als kläglich – unter dem Hund". „Die Unterrichtskommission...gleichfalls kläglich... Bis jetzt ist sie noch auf keine Prinzipienfrage eingegangen."* Die Ämterhäufung macht ihm zu schaffen: *„...bedenken Sie, was ein Kammer-, Stadtverordneter, Schuldeputations-Mitglied auszustehen hat... Ja, wenn alles so ginge, wie man es wünschen muß... Aber so – dabei bleibe einer frohgesinnt und arbeitslustig."* Die Gesundheit läßt nach und die Bürde des Alters drückt schwerer: *„Ich war nach der Kammersession so erschöpft, daß ich...zwei Wochen nichts tun konnte."* Auch selbstkritische Zweifel an seiner Eignung werden laut: *„Der Landtag mattet mich ab. Ich bin zu alt, zu schulmeisterlich und zu erregt. Wenn es nicht gut geht, so zittern mir die Nerven."* Keine

Briefzeile, die Freude oder Genugtuung über die Parlamentsarbeit enthält. Viel Spaß kann sie ihm wirklich nicht gemacht haben.

So zielsicher Diesterwegs Kritik auch Schwachstellen des preußischen Parlamentarismus trifft, die eigentlichen Ursachen seines Unbehagens waren andere. Seine Überzeugung von den sittlichen Grundlagen der Politik und deren hoher Bedeutung für das von mündigen Bürgern selbstverwaltete und selbstgestaltete Gemeinwesen befähigte ihn zwar zum politischen Pädagogen, hinderte ihn aber ebenso sehr an der praktischen Politik. Die Winkelzüge und Schaukämpfe des parlamentarischen Alltags empfand er gerade wegen seines hohen Anspruchs als unernst und würdelos. Dieser Widerspruch ist Diesterweg durchaus bewußt gewesen. Er war kaum hundert Tage Mitglied des „Hohen Hauses", da drängte sich ihm schon „mit unwiderstehlicher Gewalt" die Überzeugung auf: *„...pädagogischer Sinn und politisches Treiben passen nicht zusammen. Jenes innere Streben und dieses äußerlichste Äußere stoßen sich ab". „Ohne das Gefühl der Pflicht würde ich dem ganzen leeren, oberflächlichen...Treiben ein frohes Vale sagen. Die letzten drei Monate rechne ich zu den unfruchtbarsten meines Lebens."*

Für seine Pflicht hat er es gehalten, die Sache der preußischen Schule im Abgeordnetenhaus zu vertreten. Die Hauptarbeit hat er dabei – häufig in einer wenig befriedigenden Minderheitsposition – in der Anonymität des Unterrichtsausschusses getan. Sie ist aus den gedruckten Berichten kaum zu rekonstruieren. Wir sind auf seine Reden im Plenum angewiesen. Hier hat er sich relativ selten, nur in den Jahren 1859-1863 und ausschließlich in Schulangelegenheiten zu Wort gemeldet. Höhepunkte seiner Parlamentstätigkeit waren schon im Urteil der Zeitgenossen die drei Reden gegen die Regulative, in denen er sich mit der konservativen Schulpolitik auseinandergesetzt hat. Sie sind Gegenstand eines anderen Beitrages und können hier übergangen werden.

Diesterwegs Stellungnahmen im weniger spektakulären Parlamentsalltag lassen sich drei Schwerpunkten zuordnen:
- der sozialen Lage und gesellschaftlichen Stellung der Volksschullehrer und dem Bemühen, sie zu verbessern;
- der Verteidigung der Lehrer gegen politische und religiöse Diskriminierung, verbunden mit dem Plädoyer für die Gemeinschaftsschule;
- beide vorgenannten Themen umfassend, aber weit darüber hinausgehend: dem Kampf um ein allgemeines Unterrichtsgesetz als Teil einer mit Inhalt gefüllten, lebendigen Staatsverfassung.

Alle drei Punkte können nur knapp und an ausgewählten Beispielen behandelt werden.

2. Soziale Lage und gesellschaftliche Stellung der Volksschullehrer

Das Einkommen der Elementarschullehrer war gering. Zumal auf dem Lande reichte es selten für eine bescheidene Lebensführung. Nebenerwerb in der Landwirtschaft und im Kirchendienst war verbreitet und wurde von den Gemeinden erwartet. Entgeltformen wie Naturalleistungen und Schulgeld, das oft genug die Lehrer selbst eintreiben mußten, machten die Sache nicht angenehmer. Versuche, den sparsamen Stadt- und Gemeindevertretern Gehaltszulagen abzuhandeln, waren mit größerer Wahrscheinlichkeit mühsam als erfolgversprechend. Zeitgenössische Bilder und Berichte aus dem Schulalltag zeigen, daß auch die Arbeitsbedingungen der Volksschullehrer – wiederum vor allem auf dem Lande, in den Städten sah es besser aus – keine Kompensation für die Unzulänglichkeiten ihrer sozialen Lage boten. Der Blick über das Berufsleben hinaus in die Zukunft brachte eher Schrecken als Trost. Der Ruhestand reduzierte das Einkommen auf ein Drittel der aktiven Bezüge. Noch beklemmender muß für viele Lehrer der Gedanke gewesen sein, eine unversorgte Witwe und Waisen zurückzulassen. Denn eine befriedigende Hinterbliebenenversicherung gab es ebenfalls nicht. Solange es sich bei den Lehrern um ehemalige Soldaten, arbeitslose Handwerker, abgebrochene Studenten und gescheiterte Kandidaten der Theologie gehandelt hatte, waren diese Mißstände hingenommen worden. Je mehr sich aber die Auffassung durchsetzte, daß eine in schnellem wirtschaftlichen und sozialen Fortschritt befindliche Gesellschaft auf qualifizierte Arbeitskräfte und urteilsfähige Bürger angewiesen war, das heißt auch gute Schulen und Lehrer brauchte – ein Hauptmotiv der Diesterweg'schen Seminarreform –, desto mehr mußte das aus den gewachsenen Ansprüchen abgeleitete neue Berufsbild des Lehrers in Widerspruch zur tristen Wirklichkeit treten. Das hatten schon die Lehrerforderungen und Schulgesetze der 48er Revolution deutlich gemacht. Die Verwissenschaftlichung der Seminarausbildung und das Ende der geistlichen Schulaufsicht sollten ja nicht nur einen besseren Unterricht ermöglichen und das Schulniveau heben, sie sollten auch den Lehrerstand „heben" – materiell und gesellschaftlich. Ziel war ein unmittelbares Verhältnis der Volksschullehrer zum Staat, in beamtenähnlicher Stellung, mit vergleichbarer Vergütung, sozialer Sicherung und einem entsprechenden sozialen Status.

Nach der Verfassung von 1850 sollten die Elementarschullehrer in Preußen zwar die Rechte und Pflichten von „Staatsdienern" haben – ohne selbst Beamte zu sein – und ein „den Lokalverhältnissen entsprechendes Einkommen" erhalten, aber beides war der näheren Bestimmung durch ein Unterrichtsgesetz überlassen geblieben. Und darauf warteten die Lehrer zehn Jahre später immer noch, ebenso wie auf eine durchgreifende Verbesserung ihrer Lage. Die zahlreichen Lehrerpetitionen, die nach Beginn der Neuen Ära an das Abgeordnetenhaus gerichtet wurden, enthalten denn auch die alten Forderungen: Einkommens- und Statusverbesserungen, ausreichende Alters- und Hinterbliebenenversorgung.

Diesterweg stimmte mit diesen Forderungen überein und unterstützte sie. Er verstand sie allerdings nicht als isolierte soziale Einzelmaßnahmen, sondern als Teil eines Gesamtkonzepts zur Reform der preußischen Volksschule, das an die schulpolitischen Vorstellungen der Revolutionszeit anknüpfte. Sein Ziel war die aus Steuermitteln über den öffentlichen Etat finanzierte Staatsschule. Die Lehrergehälter sollten in einer Höhe normiert werden, die eine angemessene Lebensführung gestattete und mit wachsender Berufsdauer, etwa alle fünf Jahre, um einen festen Betrag steigen. Alters- und Hinterbliebenenversorgung sollten nach dem Vorbild der Beamtenpensionen geregelt werden. Wenn er sich für diese Forderungen im Parlament und mit seinen publizistischen Mitteln einsetzte[6], ging es auch ihm zuerst um die Milderung drückender Not und die Beseitigung unwürdiger Entlohnungsformen. Aber mittelbar ging es um mehr: um die Vereinheitlichung der Schule als Institution des Staates, um feste Normen, die der Willkür der Kommunen bei der Festsetzung der Lehrerbesoldung Grenzen setzten, schließlich und vor allem um Würde und Ansehen des Lehrers, die nicht zuletzt von der Höhe seines Einkommens und seiner Stellung als Staatsdiener abhängig waren. Das zeigt sich am deutlichsten in Diesterwegs Reaktion auf eine weitere Lehrerforderung: ihre Beteiligung am Schulvorstand.

Bei der Regelung der „äußeren" Schulangelegenheiten (Finanzierung, Bauten, Einhaltung der Schulpflicht) hatten die städtischen Schuldeputationen und lokalen Schulvorstände auf dem Lande erheblichen Einfluß. Sie waren eine Domäne der örtlichen Honoratioren, die in einer Nische bürokratisch-administrativer Herrschaftstrukturen Selbstverwaltungsaufgaben wahrnahmen. Anders als in Württemberg oder Sachsen gehörten die preußischen Lehrer dem Schulvorstand nicht an. Im gleichen Maße aber, in dem schulische Kompetenz und Selbstbewußtsein der Lehrerschaft wuchsen, emp-

696 „Naturforscher, Minister, Abgeordnete"
Photoalbum, 19.Jh.
42 x 66 cm
Berlin (DDR), Märkisches Museum

697 Sammlung sämmtlicher Drucksachen des Hauses der Abgeordneten, 1858-1866
Berlin, Geheimes Staatsarchiv Preußischer Kulturbesitz

fand sie dieses Verbot als sachfremd und diskriminierend. Ihr Drang nach Änderung erhielt in Diesterweg einen überzeugten Fürsprecher.[7] Dabei ging es ihm nicht nur darum, den Sachverstand der Lehrer in der Schulverwaltung zur Geltung zu bringen, sondern auch um deren gesellschaftliche Anerkennung. Der Ausschluß aus der Schulverwaltung, der ja auch ein Ausschluß aus dem Kreis der Ortsnotabeln war, paßte für ihn in eine Zeit, „als man noch Hirten, Nachtwächter und Schneidergesellen zu Lehrern machte". Mit der akademischen Ausbildung in Lehrerseminaren war „die Sache anders geworden". Durch ihre Professionalisierung waren die Lehrer selbst „notabel" geworden und hatten Anspruch darauf, als Gleiche unter Gleichen behandelt zu werden. Der Gewinn an Sozialprestige sollte aber kein Selbstzweck sein. In seinem Redebeitrag vor dem Abgeordnetenhaus betonte Diesterweg das „sittliche Moment", das sich vor allem für die Landschullehrer damit verband: *„Man klagt so viel, daß die Lehrer verbauern, versauern, verholzen und versinken...man braucht nur an ihre häuslichen und ökonomischen Verhältnisse zu denken, um sich das zu erklären. Gerade um dies zu verhindern, bringe man die Lehrer in die beste Gesellschaft, die sie haben können: Das ist der Geistliche und der von der Gemeinde gewählte Schulvorstand. Der Mann fühlt sich dadurch geachtet und gehoben, er steigt dadurch in der Meinung der Leute, und, meine Herren, die Schule nützt dem Kinde in dem Grade, als der Lehrer in Achtung steht."*

Einen unausgesprochenen Hintergedanken wird man allerdings bei Diesterwegs Eintreten für die gesellschaftliche Aufwertung der Volksschullehrer vermuten dürfen. Sie mußte auch den Seminaren nutzen, wie Diesterweg sie verstand und als Akademien mit breitem Bildungs- und Ausbildungsprogramm aufgebaut hatte. Der Lehrer konnte von den lokalen Honoratioren schließlich nur dann als zugehörig akzeptiert werden, wenn er auch weiterhin über eine solche Ausbildung verfügte. Sie zu sichern, war Diesterwegs Ziel, aber hier lag wohl auch der tiefere Grund für den Widerstand des Ministeriums und der Mehrheit im Abgeordnetenhaus. Sie wollten den schlichten Volksschullehrer, der zwar sein Handwerk verstehen, aber den Unterricht doch auf das beschränken sollte, war für das einfache Volk gut war und ausreichte: elementare Kenntnisse im Lesen, Schreiben und Rechnen, dazu Gottvertrauen und Respekt. Was sie nicht wollten, waren Lehrer, die wegen ihrer akademischen Ausbildung Rosinen im Kopf hatten und ihre Schüler damit verdarben. Der Lehrer im Schulvorstand konnte eine solche „Fehlentwicklung" nur verfestigen. Er fand deshalb im Abgeordnetenhaus ebensowenig eine Mehrheit wie die Forderungen nach materieller Besserstellung und sozialer Sicherheit. Jede Kritik am überzogenen Anspruch und der behaupteten Praxisferne der Seminarausbildung konnte mit offeneren Ohren rechnen.

3. Stellungnahmen gegen politische und religiöse Diskriminierung

Diesterwegs erste Parlamentsrede[8] galt der Rehabilitierung des schlesischen Lehrers Karl Wander, der wegen seiner pädagogischen und politischen Überzeugungen im Abgeordnetenhaus angegriffen und von den Behörden mit Berufsverbot bestraft worden war. Diesterweg, der hier aus selbsterlittener Erfahrung sprechen konnte, nutzte die Verteidigung seines Freundes und Mitstreiters zu einer generellen Abrechnung mit der gängigen Praxis der Reaktion, politisch mißliebige Staatsdiener beruflich zu maßregeln. Zu grundsätzlichen Aussagen über das Verhältnis von Amtspflicht und politischer Meinungsfreiheit gelangte er in diesem Zusammenhang allerdings nicht. Aufschlußreicher und deshalb einer ausführlicheren Erörterung wert ist seine Kritik der religiösen Intoleranz.

Aus den Debatten des Abgeordnetenhauses über die Emanzipation der Juden (1860) liegen zwei Beiträge Diesterwegs vor.[9] Beidemal ging es um die Zulassung jüdischer Lehrer an christlichen Schulen, die das Unterrichtsministerium abgelehnt hatte. Da die Juristen der Kammer den Verstoß gegen den Gleichheitsgrundsatz der Verfassung bereits hinreichend verdeutlicht hatten, konnte sich Diesterweg auf die pädagogische Argumentation konzentrieren, wie er denn überhaupt die staatsbürgerliche Gleichstellung der Juden für eine rechtsstaatliche Selbstverständlichkeit, die Bekämpfung des Antisemitismus aber für eine Aufgabe der Pädagogik hielt. Diesterweg sprach übrigens nicht von Antisemitismus, sondern von *„Vorurteilen... in unserer christlichen Bevölkerung gegen unsere Mitbürger jüdischer Konfession“*. Es ist noch die Zeit der christlichen Judenfeindschaft, nicht des Rassismus. *„Die Menschen wachsen unter dem Einfluß dieser Vorurteile... auf; ehe man denken und prüfen kann, ist man damit angefüllt, und das spätere Nachdenken, Grundsätze der Humanität und der Aufklärung sind in den meisten nicht stark genug, um die gleichsam mit der Muttermilch eingesogenen Vorurteile zu bewältigen.“ Auch „viele Lehrer, selbst an Universitäten und höheren Schulen, sind von diesen Vormeinungen angesteckt, und von ihnen gehen sie auf die Schüler über“*. Was also kann die Schule tun? Diesterweg nennt zwei „praktische Mittel“:

Einmal spricht er sich für den gemeinsamen Schulbesuch von Juden und Christen aus. Die Jugend sei für „Tüchtigkeit und Wahrheit“ so empfänglich, daß Vorurteile durch die unmittelbare Erfahrung ihrer Haltlosigkeit bald widerlegt würden. Das gemeinsame „Leben“, um mit Diesterweg zu formulieren, werde die Christen „mit der jüdischen Nation aussöhnen“. Um dem naheliegenden Einwand des realitätsfernen pädagogischen Idealismus zu begegnen, verweist er auf ein praktisches Beispiel. In sein Berliner Seminar habe er gern jüdische Hospitanten aufgenommen („mehr war nicht gestattet“) und der anfängliche „Widerwillen“ gegen die Juden habe „edleren und humaneren Gesinnungen“, nicht selten innigen Freundschaften Platz gemacht. Direkte pädagogische Einwirkung („Worte“) sei dabei gar nicht nötig gewesen, „da Tatsachen sprachen“. Dieselbe, aber ungleich stärkere Auswirkung erwartet er von der Aufnahme jüdischer Lehrer und Gelehrter in Schulkollegien und Universitäten: Diesterwegs zweiter „praktischer“ Vorschlag. Tüchtige Leistung erzwingt die Achtung der christlichen Kollegen und wird möglichen Vorurteilen den Boden der Unwissenheit entziehen. „Die bessere An- und Einsicht unter den Lehrern geht auf die Schüler über.“ Noch größere Hoffnungen setzt er auf den jüdischen Lehrer selbst, auf „die Gediegenheit seines Unterrichts und seines Charakters“. Sie werden das jugendliche Gemüt leicht gewinnen. *„Für den Wert eines Lehrers hat der Schüler die tiefste Empfänglichkeit. Die Achtung oder selbst die Ehrfurcht und die Liebe zu dem jüdischen Mann verscheucht die etwa vorhandenen gewesenen Vorurteile, wie die Nachteulen vor der aufgehenden Sonne davoneilen.“*

Das ist das klassische Bild der Aufklärung: Das Licht der Wahrheit erhellt die Finsternis der Unwissenheit. Der zur vernünftigen Selbstbestimmung emanzipierte Bürger verscheucht die Dämonen der Unmündigkeit. Die Emanzipation der Juden ist zwar auch ein Akt der rechtlichen Gleichstellung – und deren Durchsetzung war ja auch der Anlaß für Diesterwegs Plädoyer –, vor allem aber ist sie ein Akt der Emanzipation der Christen, die sich aus der Abhängigkeit von internalisierten Ressentiments befreien müssen. Daß hier die größere, von der deutschen Gesellschaft nicht bewältigte Aufgabe lag, haben wir erfahren und Millionen europäischer Juden erleiden müssen. Diesterwegs pädagogisches Konzept hat daran nichts ändern können, nicht, weil es falsch gewesen wäre, auch nicht nur, weil es zu selten und zu spät befolgt wurde. Hauptgrund ihres Scheiterns war, daß Diesterwegs Idee einer Überwindung des Antisemitismus durch Koedukation nur in einem Gesamtklima der Toleranz und Humanität eine Chance gehabt hätte. Isoliert war sie zu schwach, und isoliert blieb sie in einer Gesellschaft, die sich der Herausforderung traditioneller Strukturen durch die Moderne zu wenig stellte und lieber ins Irrationale flüchtete. Daß am Ende alte und neue Hörigkeiten stehen würden, konnte Diesterweg nicht wissen. Sein Aufklärungsoptimismus war ungebrochen. Er glaubte an das Gute im Menschen und an die Macht der Vernunft, wenn sie sich nur ungehindert entfalten konnten.

Die jüdisch-christliche Koedukation war für Diesterweg nur der Sonderfall der „Simultanschule“, wie die konfessionelle Gemeinschaftsschule damals genannt wurde. Als Beitrag zur inneren Staatsgründung hatte er sie schon 1848 gefordert: unabhängig von der Kirche, mit gemeinschaftlichem Unterricht für alle Konfessionen bei Ausschluß der dogmatischen Religionslehre von der Schule überhaupt.[10] Dieser Aufklärungslaizismus ist ihm noch zehn Jahre später im Abgeordnetenhaus als Religionsfeindschaft angekreidet worden. Er hat sich davon nicht beirren lassen und der konfessionellen Enge seiner Kritiker das moderne Prinzip des Pluralismus und der aktiven Toleranz als Grundlage einer „deutschen Nationalschule“ entgegengesetzt. *„Schadet es den Christen, wenn Juden unter ihnen wohnen, schadet es den Protestanten, wenn sie mit Katholiken zusammenleben, und schadet es den Katholiken, wenn Protestanten sich unter ihnen befinden? Im Gegenteil... Aber, was die Kinder lernen, wenn sie vermischt zusammensitzen..., ist Toleranz und Humanität; das sind die großen Eigenschaften, welche die Staatsbehörde...zu fördern die Pflicht hat.“*[11] Wer wollte daran zweifeln? Aber die Konfessionsschule als Regelschule hat es noch nach dem Zweiten Weltkrieg in der Bundesrepublik gegeben.

4. Der Kampf um die Verfassung und die Rechte des Parlaments

Im Januar 1866, wenige Monate vor seinem Tode, schreibt Diesterweg: *„Meinen Jahren gemäß habe ich mich von Vielem zurückgezogen, die Politik habe ich vollkommen satt, ich sitze zwar noch in der Kammer, aber außer der Schulsache interessiert mich wenig.“*[12] In der Unterrichtskommission hatte er weiter seine Arbeit getan und schließlich doch noch erleben können, daß die wichtigsten Anliegen der Lehrer, die weiterhin als Petitionen das Abgeordnetenhaus erreichten und unter maßgeblichem Anteil Diesterwegs in der Kommission beraten und zu 24 Resolutionen zusammengefaßt worden waren, mit wenigen Änderungen die Zustimmung der Abgeordneten fanden.[13] Praktische Folgen ergaben sich daraus allerdings nicht. Der sich mehr und mehr verschärfende Verfassungskonflikt, in seinem Kern ein Kampf um die Parlamentarisierung der Monarchie, verdrängte alle anderen Gegenstände der Gesetzgebung. Nach seiner dritten Rede gegen die Regulative im März 1863 ist Diesterweg im Plenum verstummt. Und doch wäre es falsch, dies nur als Resignation zu werten. Der Konfrontationskurs des Konfliktparlaments – „Hauptkerle sitzen jetzt in der Kammer“, freute er sich schon nach den Maiwahlen 1862[14] – war mehr nach seinem Geschmack als die unentschiedene Gangart der Neuen Ära, wenn der Stil der parlamentarischen Auseinandersetzungen ihn auch weiterhin abstieß. Im Verfassungskonflikt hat er eindeutig Stellung bezogen – nicht mehr in Redebeiträgen, wohl aber in seinem Abstimmungsverhalten. In allen entscheidenden Fragen votierte er mit der Fortschrittspartei gegen die Regierung und für die Rechte des Parlaments. Das entsprach nicht nur seiner Überzeugung, die er schon im ersten Wahlprogramm formuliert hatte, es war auch in einem weiteren Sinn konsequent. Diesterwegs Schulreform hatte den mündigen Bürger zum Ziel, der auch politisch mitbestimmen sollte. Dem entsprach die Demokratisierung des öffentlichen Lebens und des Staates, um ihm ein Wirkungsfeld zu geben. Andererseits bot nach den Erfahrungen der Reaktionszeit nur ein starkes Parlament die Gewähr für eine durchgreifende Reform der Schule in Diesterwegs Sinn. Beide Emanzipationspro-

Das Freie Deutsche Hochstift

für

Wissenschaften, Künste und allgemeine Bildung

in

Goethe's Vaterhause

zu

Frankfurt am Main,

gestiftet

im Namen der geistigen Einheit des Deutschen Volkes zur Jahrhundertfeier der Geburt

Schiller's

hat auf den Antrag seiner Ehrenmitglieder und Meister in offener Sitzung ernannt und erklärt zu seinem

Ehrenmitgliede und Meister

Dich

Friedrich Adolf Wilhelm Diesterweg

in

Berlin.

Durch diese Ernennung haben wir Dein Wirken und alle Deine Verdienste eintragen wollen an geheiligter Stätte in das Buch der Ehren unseres Volkes, dessen höchster Stolz und Ruhm besteht in Thaten des Geistes, in der Veredlung der Menschheit durch Wissenschaften, durch Künste und allgemeine Bildung.

Gegeben im Goethehause zu Frankfurt a. M.

den 18

Namens der Verwaltung

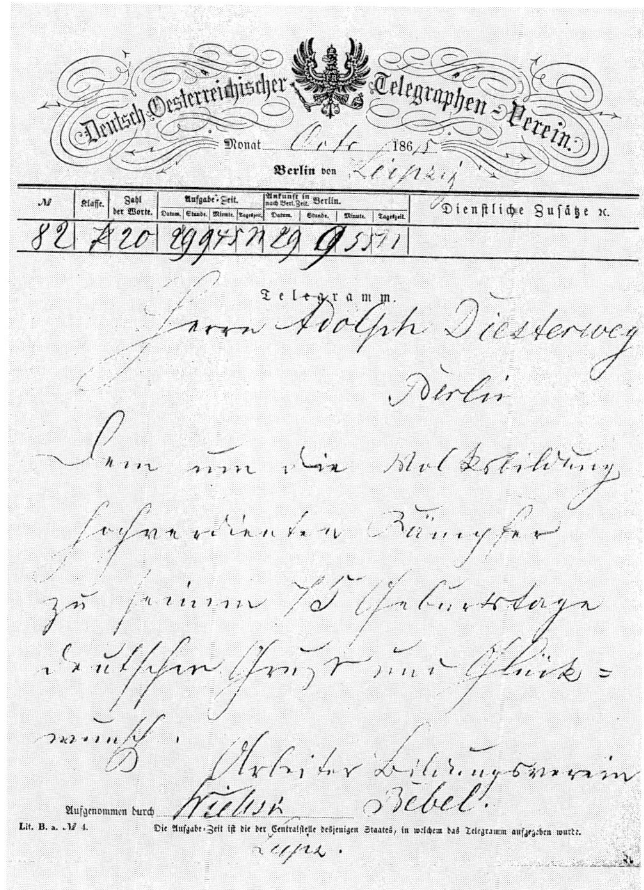
Deutsch-Oesterreichischer Telegraphen-Verein.

Monat Octo 1865

Berlin von Leipzig

№	Klasse.	Zahl der Worte.	Aufgabe-Zeit.	Ankunft in Berlin.	Dienstliche Zusätze ꝛc.
82		20			

Telegramm.

Herrn Adolph Diesterweg

Berlin

Dem um die Volksbildung hochverdienten Kämpfer zu seinem 75 Geburtstage deutschen Gruß und Glückwunsch.

Arbeiter Bildungsverein

Bebel.

Aufgenommen durch

Leipz.

zesse – modern gesprochen: die Demokratisierung der Schule und die des Staates – mußten parallel verlaufen, wenn sie erfolgreich sein sollten. Denn ohne mündige Bürger konnte auch die Demokratie nicht gedeihen. Daß das Parlament im preußischen Verfassungskonflikt scheiterte, ist denn auch der preußischen Schule nicht gut bekommen. Und es ist gescheitert, weil es im Lande zu wenig aufgeklärte Demokraten wie Diesterweg gab.

Am „Tage von Königgrätz", am 3. Juli 1866, ist er noch einmal in das Abgeordnetenhaus gewählt worden. Er war entschlossen, das Mandat anzunehmen. Aber bevor die Session begann, ist er gestorben. Das „innere Düppel", die vernichtende Niederlage der preußischen Liberalen, hat er nicht mehr erlebt.

700 Ernennung Adolph Diesterwegs zum Ehrenmitglied und Meister des Freien Deutschen Hochstifts für Wissenschaft, Künste und allgemeine Bildung, Frankfurt, 1.1.1864
60,0 x 42,0 cm (Urkunde)
28,5 x 22,9 cm (Begleitschreiben)
Frankfurt, Freies Deutsches Hochstift

701 Glückwunschtelegramm von August Bebel zum 75.Geburtstag Diesterwegs, Leipzig, 29.10.1865:
„Dem um die Volksbildung hochverdienten Kämpfer zu seinem 75.Geburtstage deutschen Gruß und Glückwunsch.
Arbeiter Bildungsverein
Bebel"
25,7 x 20,2 cm
Berlin (DDR), Archiv der Akademie der Pädagogischen Wissenschaften

1 Diesterweg, F.A.W.: Sämtliche Werke. Bd. XIV. Berlin 1979, S. 326 (DSW). Alle Zitate sind Briefen Diesterwegs, seinen Reden im Abgeordnetenhaus und später veröffentlichten Beiträgen entnommen, die er ursprünglich als Parlamentsreden vorbereitet hatte, aber nicht halten konnte, weil ihm der Schluß der Debatte zuvorgekommen war.
2 Bloth, H.G.: Adolph Diesterweg. Sein Leben und Wirken für Pädagogik und Schule. Heidelberg 1966, S. 350.
3 DSW Bd. XIV, S. 326f.
4 Bloth, H.G.: a.a.O., S. 352.
5 Ebenda, S. 355. Die folg. Zitate S. 276, 363, 363f., 365, 370, 366, 356.
6 DSW Bd. XIV, S. 36-45, 264-265.
7 Ebenda, S. 269-272.
8 Ebenda, S. 246-250.
9 DSW Bd. XIV, S. 278-283. DSW Bd. XV, S. 423-440.
10 DSW Bd. XV, S. 126-127. DSW Bd. XVI, S. 49-51.
11 DSW Bd. XIV, S. 426.
12 Bloth, H.G.: a.a.O., S. 400.
13 DSW Bd. XVI, S. 166-193.
14 Bloth, H.G.: a.a.O., S. 374.

698 Sammelmappe mit Würdigungen aus der Presse anläßlich Adolph Diesterwegs 75.Geburtstag
Goldaufdruck: „Andenken an d. 29.Oct.1865"
Leder
42,0 x 29,7 cm
München, Privatbesitz
Die Mappe enthält Exemplare von „Über Land und Meer. Allgemeine Illustrirte Zeitung", „Die Gartenlaube", „Deutsche Blaetter. Literarisch-politisches Sonntags-Blatt", „National-Zeitung", „Illustrirte Zeitung", „Der Dorfbarbier. Illustrirtes Volksblatt", „Sonntags-Blatt für Jedermann aus dem Volke", „Omnibus. Illustrirtes Wochenblatt", „Berliner Beobachter".

699 Dankschreiben Adolph Diesterwegs an seine Gratulanten, November 1865
Druck
28,7 x 22,0 cm
München, Privatbesitz

702 Dankschreiben Diesterwegs zur Verleihung der Ehrenmitgliedschaft des Freien Deutschen Hochstifts, Berlin, 4.2.1864
35,0 x 21,6 cm
Frankfurt, Freies Deutsches Hochstift

703 Glückwunschtelegramm des Pädagogischen Vereins aus St. Petersburg zum 75.Geburtstag Diesterwegs, November 1865
25,7 x 20,2 cm
Berlin (DDR), Archiv der Akademie der Pädagogischen Wissenschaften

Karin Keppel-Kriems

Sabine, Adolph und Johanna

„Was könnte das Leben sein ohne die conventionellen Verhältnisse?“

„Ihnen aber sage ich mal dieses: Ich glaube an Dich. Sie fühlen selbst, daß hier ein Sie unmöglich ist. Sonst aber kann das Du nur ein wechselseitiges sein. Laß mich von diesem Gegenstand nun schweigen, es könnte mich wehmütig machen.“[1]

Auf dem Schreibtisch ihres Mannes vorsichtig Ordnung schaffend, fällt Sabine Diesterwegs Blick zufällig auf diese Zeilen. Zitternd nimmt sie den Briefbogen zur Hand und wird sich bewußt, daß ihrem Adolph im Alter noch Flügel gewachsen sind, daß er bereits weit über ihr schwebt, während sie, wie eh und je, ganz bodenständig das Alltägliche geduldig regelt. So muß diese Mutter von neun Kindern, schon leidgeprüft durch die geistigen Höhenflüge ihres Mannes, nach rund dreißig Jahren Ehe nun noch seinen Höhenrausch ertragen!

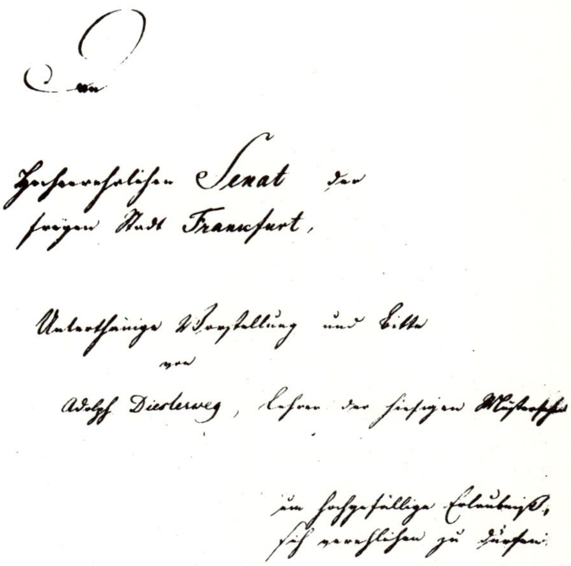

704 Sabine Diesterweg
Ölgemälde, unsigniert, um 1840/50
25 x 20 cm
München Privatbesitz
705 Heiratsgesuch Adolph Diesterwegs an den Senat der Stadt Frankfurt, 21.2.1814
Frankfurt, Stadtarchiv

Ihr, so fällt Sabine ein, hatte er sich damals, als sie sich 1812 in Worms kennenlernten, ganz anders vorgestellt. Zwar skizzierte er in sein Tagebuch: „Begeisterung in Liebe“, die gefühlvolle Umschreibung auf die junge Bindung mit ihr, Sabine, münzend, aber die entscheidende Annäherung geschah eigentlich ziemlich leidenschaftslos, ganz den Gepflogenheiten der Zeit entsprechend: Er bot ihr seinen Arm in freundschaftlich-väterlicher Manier. Es war so gar nicht aufregend! Als ihr Vater, Christoph Albrecht Enslin, am 8. August 1812 starb, fühlte Adolph sich sogleich dazu berufen, ihr jenen, soweit es in seinen Kräften stünde, zu ersetzen und warb, gerade 22jährig, in diesem Sinne für sich. Wie unvergeßlich jene Zeilen: *„In den Tagen, wo Du den besten Vater verlieren solltest und verlorest, fandest Du einen Freund; vielleicht daß der Dir ins künftige einigermaßen ersetzen sollte, was Du durch das Hinscheiden des ersten verlorest.“*[2] Dieser Brautbrief, in dem scheue Zuneigung mit väterlicher Dominanz kaum trennbar verwoben ist, so beginnt Sabine zu begreifen, war gleichsam eine Art Vorentwurf ihrer gemeinsamen Zukunft, die seit dem 11. April 1814 in ehelichen Bahnen verläuft.

Durch den Schock auch körperlich angegriffen, ist sie inzwischen auf einen Stuhl gesunken und beginnt, über sich und ihren Gatten nachzudenken. Wie anders hatte er immer zu ihr gesprochen! Gewiß, er erlebte mit Stolz, wie sie ganz in der Tradition ihrer Musikerfamilie stand, er war voll des Lobes, was ihre schöne Stimme betraf. Auch hatte sie als anmutige 19jährige sofort große Anziehungskraft auf ihn ausgeübt. Zuneigung und Zärtlickeit sprachen aus den Briefen an sie; er schrieb früher oft von „ewiger Treue“, von „immerwährender Liebe“, nannte sie „mein Herzensweib“, und dabei handelte es sich nicht um bloße Worthülsen. Aber hat er ihr jemals etwas so Ausdrucksstarkes gesagt wie: „Ich glaube an Dich“? Und eben das sagt er, so erfährt sie aus den vorangehenden Zeilen, zu einer Frau, die er noch gar nicht persönlich kennt?!

Es waren zunächst seine Sinne, die auf sie ansprachen – und bei dieser Frau? Sich bis an die Grenze der Schwärmerei öffnend, nennt er die Beziehung zu ihr eine „Verbindung mit einem seelenverwandten Wesen“, wonach er sein „Leben lang geschmachtet“. Er habe in Frau Goldschmidt „Johanna“ entdeckt, und an ihr wolle er festhalten.[3]

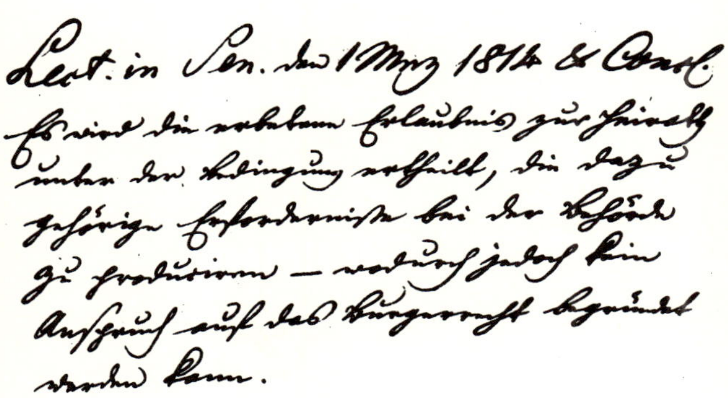
Lect. in Sen. den 1 Merz 1814 & Concl.
Es wird die nachgesuchte Erlaubniß zur Heirath unter der Bedingung ertheilt, die dazu gehörige Erforderniße bei der Behörde zu produciren – wodurch jedoch kein Anspruch auf das Bürgerrecht begründet werden kann.

706 Adolph Diesterweg
Ölgemälde, unsigniert, um 1840/50
58 x 45 cm
München, Privatbesitz
707 Heiratserlaubnis des Senats, 1.3.1814
Frankfurt, Stadtarchiv

Und dann, überwältigt von einem Gefühl von Nähe und großer Zuneigung, vergreift er sich im „Du“. Sabine stockt, allzu unerwartet und beklemmend sind die raschen Entschlüsse, die hinter ihrem Rücken gefaßt werden. Betroffen überlegt sie, wie denn eigentlich ihre geistige Verbindung mit Adolph ausgesehen hat. Um ihre Erinnerung aufzufrischen, hat sie ein wohlverwahrtes Briefpäckchen herbeigeholt. Sie öffnet die sorgsam gebundene Schleife, nimmt einen Brief zur Hand und beginnt zu lesen: *„Dieses wirst Du durch Herrn Hübscher erhalten, und zugleich 60 fl., die ich ihm, als einem ehrlichen Mann, einhändigen will. Davon bezahle, was zu bezahlen ist und reise dann bald nach Siegen... Wie gesagt, reise nun, je eher, je lieber, in Gottes Nahmen nach Siegen und gib mir bald davon Nachricht. – Zugleich erkundige Dich genau, ob nicht in Wetzlar für Kätchen Nimez ein Plätzchen in einem ordentlichen Haus gefunden werden könnte... Besorge das ja gut... Mache Dich auf nach Siegen, und wenn Du in*

708 Maria Christina Göth (1769-1848)
Schwiegermutter Adolph Diesterwegs
Hinterglasmalerei
20 x 15 cm
Dresden, Privatbesitz

Dillenburg zu Mittag issest, so besuche ja Herrn Vetter Grimm, solltest Du auch erst nach dem Essen hingehen, um die Leute nicht in Verlegenheit zu setzen, was das Beste sein wird... Und wenn alsbald gegessen wird, so kannst Du immer noch ein Stündchen mit den Kindern bei dem alten, herrlichen Grimm zubringen. Der gemüthliche Mann wird Dir gefallen. Versäume das nicht."[4]

Damals nahm Sabine seine Art zu schreiben als normal hin, jetzt ist sie empört. Insbesondere in den ersten Jahren ihrer Ehe pflegte er ihr solcherlei Weisungen zu erteilen, wobei die herausgegriffene Passage gleich besonders penetrant ist. Sie liest auch die übrigen Briefe und findet immer wieder bestätigt, daß er in dieser Verbindung den allwissend-autoritären, sie hingegen den selbstlos-unselbständigen, akzeptierenden Part übernahm, und sie gerät in Wut über das, was sie doch immer als unabänderlich angesehen hat.

Während er ihr in Fragen der Haushaltsführung unbesorgt Handlungsspielraum ließ, zeigte er sich in puncto Erziehung der Kinder, die durch die häufigen räumlichen Trennungen nicht immer seiner unmittelbaren Kontrolle unterstanden, längst nicht so vertrauensvoll. Da heißt es: „*Sorge ja für die Kleinen und mein tägliches Abendgebet ist: frei um die Brust und Arm, rauhe Kost, Alles gegessen, Kittel an, grobe und dunkle, damit die Kinder sich wälzen können*", *und an anderer Stelle:* „*Arbeiten in würdigem Berufe und leben den einfachen, großen Gesetzen der Natur gemäß, an möglichst wenig Bedürfnisse gewöhnt etc. – das ist die Hauptsache. Theures Weib! erziehe mir die Mädchen und die Knaben in diesen Gesinnungen und Gewöhnungen!*"

Häufig stellte er sie sich in ihrer Mutterrolle vor, und indem er dies tat, schwang neben seinem Bedauern, beim familiären Miteinander nicht dabeisein zu können, doch zugleich die Absicht mit, sie an ihre Pflichten zu gemahnen: „*Jetzt ist es fast 8 Uhr abends... Vermuthlich bist Du jetzt mit dem Waschen der Kleinen beschäftigt, oder sie schlafen, so wie Du und ich!*"[5] Sabine ringt nach Luft. Wie oft war er weg, sich weiterbildend, weiterentwickelnd, und sie daheim, bei den Kindern, in treuer Gewohnheit mühselig vor sich hinarbeitend.

Und was hat er noch an ihr gemocht, außer der schönen Stimme und der jugendlichen Anmut, die so schnell vergeht? Er schätzte ihr „heiteres Wesen", ihr „lebhaftes Temperament" sowie ihre „Sanftmut" und Gutgläubigkeit, die ihn oftmals zu dem Ausspruch veranlaßte: „Es fehlt ihr wie den Tauben die Galle".[6] In ihrer Arglosigkeit, ihrer Natürlichkeit und ihrem schlichten Frohsinn sah er ihre große Stärke. Sabine liest: „*Dir, die Du an der durch die Kunst des Menschen nicht verzerrten einfachen Natur Vergnügen findest*". Und: „*Erhalte Dir nur den Natursinn, den Sinn, der an der Natürlichkeit Vergnügen findet*".[7] Diesterweg anerkannte das einfache Gemüt seiner Frau, von dem gleichbleibende Geborgenheit ausging. Noch in einem späten Brief von 1861 heißt es: „*Von M. erfuhren wir Deine glückliche Abreise von dem Dir so lieben Frankfurt, wo Du Dich nach Deiner Vergangenheit u. Lebensrichtung am Heimischsten fühlen mußt. Es wohnen dort gute, einfach natürliche, gemüthliche Menschen, die weder an sich noch an Andre große Anforderungen machen.*"[8] Sabine lieferte das Pendant zu seiner intellektuellen Rast- und Ruhelosigkeit. „*Ohne selbst mit scharf untersuchendem Geiste ausgerüstet zu sein, folgte sie doch dem Fluge seines Geistes mit liebender Teilnahme, und jedes Gefühl der Freude, des Entzückens und des Schmerzes fand in ihrer Seele ein lebhaftes Echo.*"[9] Dieses Mitfühlen machte es schon früher, nach einer der schwersten beruflichen Krisen ihres Mannes notwendig, daß sie sich für einige Wochen nach Wetzlar und Frankfurt zurückzog, um selbst einmal Ruhe und Erholung zu suchen.

Sabine hält jetzt einen Brief aus jener Zeit in Händen. Mit einem bitteren Lächeln übergeht sie Bezeugungen wie „Ich habe Dich unaussprechlich lieb" und nimmt vielmehr seine tiefe Sorge zur Kenntnis, sie könne ihr inneres Gleichgewicht, ihre Zufriedenheit verlieren. Er riet ihr, nur ja Kraft zu schöpfen, sowohl die Natur, als auch den Umgang mit den ihr lieben Menschen ausgiebig zu genießen. Erst

709 Brief Adolph Diesterwegs an seine spätere Frau Sabine Enslin, Worms, 31.7.1812
Leipzig, Privatbesitz
„Ein Jahr ist in den Ocean der Zeit dahin geflossen, seitdem des Himmels weise Führung mich zum Ersten Male in deine Nähe führte. Es war am heutigen Abend in Gesellschaft von Mayer und Bender, als ich dich bey Cantor zum ersten Male erblickte."

710 Brief Adolph Diesterwegs an Sabine Enslin, Worms, 4.8.1812
Leipzig, Privatbesitz
„Ich weis nicht, was ich sagen soll! Wie Du mich 14 lange Tage auf eine Sylbe von dir kannst warten lassen, begreife ich nicht. Wie kannst du das vor dir selbst rechtfertigen? Hattest du denn in diesen 14 Tagen d.i. in 336 Stunden nicht eine halbe übrig, um nach Worms ein paar Worte zu schreiben?"

dann, so schrieb er, *„kehre wieder, auf daß Du dann auch ganz bei mir seyest, ganz mir und unsren Kindern angehörest, mit ganzer Liebe Dich des Hauswesens annehmest, und in der Besorgung kleinlicher Geschäfte und in Entbehrung alter lieber Menschen, mehr auf Häusliches beschränkt, alle Theile des Herzens ausgefüllt findest. Denn wo Lücken bleiben, die uns schmerzlich an frühere Erfüllung derselben erinnern, da fehlt die stille, beseligende Zufriedenheit."*

Bei dir, Adolph, muß wohl eine große Lücke entstanden sein in all den Jahren! Wie anders klingen doch jetzt seine Worte. Sicher, er brauchte sie, aber unter der Voraussetzung, daß sie stets das blieb, woran er von Beginn an Gefallen fand. Die Kind-Frau Sabine sollte einmal ausgiebig Ablenkung finden, damit sie danach mit wiedergewonnener Lebensfreude auch die Tiefen des Alltags ertragen und sich in die „Launen des Mannes schicken" konnte. Was für ein weiser Entschluß, denn nur eine zufriedene Frau kann ihrem Mann die Geborgenheit schaffen, die er braucht, um „heil" zu bleiben und sich in der feindseligen Welt zu behaupten.

Während sie sich in Frankfurt und Wetzlar erholte, bereitete er den Wechsel von Elberfeld nach Moers vor. Mit diesem abermaligen Ortswechsel, so erinnert sie sich, war sie gar nicht einverstanden. Er traf diese Entscheidung aus Gründen der Selbstachtung, und schließlich, so brachte er die Sache verallgemeinernd auf den Punkt, wäre es *„der Beruf des Mannes, dem Weibe voranzugehen, und des Weibes, ihm zu folgen, und sich heimisch zu fühlen in dem bereiteten Bette"*.[10] Der Mann wähle also das Nest, die Frau fühle sich darin wohl und, ihre Zufriedenheit um sich verbreitend und vergrößernd, mache es zum Refugium des Mannes und der Kinder.

Was wird mir angetan, nachdem ich mich jahrzehntelang geplagt habe? Wohin reißt es diesen Mann, dieses Oberhaupt einer Familie, in der, wie er einst sagte, die „Tugend einen Altar gefunden" hätte? Ich opfere mich auf für alle, und er geht und opfert alles?!

Genug der Qual Sabines. Adolph Diesterweg hat wohl dafür gesorgt, daß sie nicht zuviel erfuhr, und seine Korrespondenz mit Frau Goldschmidt sorgsam unter Verschluß gehalten. Lassen wir Sabine am Küchenherd stehen, und sehen wir Diesterweg über die Schulter, der am Tisch über den Briefbogen gebeugt sitzt und gerade fortfährt *„Eben tönt eine vorzügliche Musik zu mir herüber. Was könnte das Leben sein ohne die conventionellen Verhältnisse? Aber ich hoffe doch zu Gott, diese werden sich nicht zwischen uns werfen und auch uns um den Genuß des begonnenen Daseins bringen. Ich glaube an Dich, Johanna, vergiß es nicht!"*[11]

Bei aller Moral, zuviel sollte diese nun wiederum nicht verbieten. In den vergangenen dreißig Jahren waren für Diesterweg der „Besitz eines sanften, guten, treuen Weibes, eines braven, aufblühenden, geliebten Kindes"[12], war die Familie die Quelle, aus der wahres Glück floß. Nun tut sich ihm eine neue Quelle des Glücks auf, und er wagt es, wenn auch mit Unsicherheit, unkonventionell darauf zu reagieren. Was an dieser Johanna Goldschmidt hat Diesterweg so gefangengenommen, und wohin führt eine solche Geschichte?

Seinen Brief an Johanna hat er inzwischen zu Ende geschrieben und abgeschickt. Es folgten noch viele andere. Zehn Jahre später sendet er ihr immer noch manche Zeilen. Jetzt nach seinem Verhältnis zu ihr befragt, könnte er freier darüber reden. Er käme vermutlich zunächst auf die geistige Anregung und Ermutigung zu sprechen, die er aus dem Briefwechsel mit ihr zog. Er erinnerte sich wieder der stürmischen Tage der Märzrevolution von 1848, als ihm durch einen Boten ein Manuskript, von einer Frau verfaßt, mit der Bitte überbracht wurde, dazu eine Einleitung zu verfassen. Er war sehr angetan von der „vorzüglichen" Schrift mit dem Titel „Muttersorgen und Mutterfreuden", und seine Begeisterung für den Text übertrug sich gleichermaßen auf die Autorin, Johanna Goldschmidt. Im Frühjahr 1849 begann ihr reger Briefwechsel, wobei sich die Anrede „hochgeehrte Frau" und der beschließende Gruß „in hochachtungsvoller Vereh-

711 Christoph Albrecht Enslin (1758-1812)
Schwiegervater Adolph Diesterwegs,
Musiklehrer in Wetzlar
Hinterglasmalerei
20 x 15 cm
Dresden, Privatbesitz

rung“ bereits in den Monaten Juni und Juli desselben Jahres zum vertraulichen „theure Freundin“ und „ihr Freund“ wandelte. Er war zu diesem Zeitpunkt 59, Johanna 44 Jahre alt.

Ihr Ehemann war ein wohlhabender jüdischer Kaufmann aus Hamburg, und die materiellen Voraussetzungen gaben ihr jenen Freiraum, der ihr erlaubte, ihren Interessen nachzugehen. Außer ihrem Buch „Muttersorgen und Mutterfreuden“, das am 20. Mai 1848 veröffentlicht wurde, schrieb sie ein Jahr zuvor „Amalia und Rebekka. Briefwechsel einer christlichen Adligen und einer Israelitin über Zeit- und Lebensfragen“; später, 1864, folgte das Buch „Blicke in die Familie“.

Johannas schriftstellerische Tätigkeit entwickelte sich nicht zufällig zur Zeit der 48er Revolution; sie ist vielmehr Ausdruck des Beginns der deutschen Frauenbewegung, die sich, neben den von Männern dominierten demokratisch-oppositionellen Klubs und Zirkeln, speziell mit der Situation der Frau in ihrem engen Wirkungskreis beschäftigte. Über den Weg von Bildung und Beruf wollte sie die Selbständigkeit der Frauen ermöglichen und gleichzeitig eine Verbesserung der gesellschaftlichen Verhältnisse herbeiführen. In erster Linie waren es bürgerliche Frauen, die ihre Erziehung, den Ausschluß von aller Bildung und die von den Philanthropen betriebene Festschreibung auf die dreifache Bestimmung der Frau als Gattin, Mutter und Hausfrau kritisierten. Die Forderung der nun überall entstehenden Frauenvereine brachte so bald keine Abkehr von der tradierten Norm, nach der sich das „Ewig-Weibliche“ in Liebe, Hingabebereitschaft und Aufopferung erfüllt, denn die Mehrheit der freiheitlich gesinnten Frauen akzeptierte weiterhin die sozialen Einrichtungen als die Stätten ihres außerfamiliären Wirkens.

Und was hielten die Männer von diesem Umdenkungsprozeß? Fragten sie, auch die freisinnigsten, nicht „nach tüchtigen und fügsamen Hausfrauen, hingebungsvollen Müttern, sittsamen und opferbereiten Gattinnen“ und verlangten sie an Bildung nicht „vor allem Herzensbildung, Gemütstiefe“?[13] Und er, Diesterweg? Nein, er sei hier sicherlich keine Ausnahme gewesen. Durch den Umgang mit Johanna habe er sich jedoch zunehmend den Emanzipationsbestrebungen der Frauen geöffnet und sich nahezu als ihr Mitstreiter gefühlt. Natürlich bestehe ein gewisser Widerspruch zwischen diesem Engagement und dem Verhältnis zu seiner Frau. Zugegeben, er habe ihn nicht recht sehen wollen; Privates und Öffentliches habe er immer strikt getrennt.

712 Berlin, Hafenplatz 2: Diesterwegs letzte Wohnstätte
Photographie, Ende 19.Jh.
Berlin (DDR), Akademie der Pädagogischen Wissenschaften

Johanna war eine bemerkenswerte Frau! Sie hatte acht Kinder großzuziehen, dennoch zeigte sie sich gesellschaftlich sehr engagiert. 1848 war sie an der Gründung des „Frauenvereins zur Bekämpfung und Ausgleichung religiöser Vorurteile“ beteiligt, der sich 1849 mit dem „Frauenverein zur Unterstützung der freien Gemeinde“ zum „Hamburger Bildungsverein“ zusammenschloß. Als Zentrum des Allgemeinen Bildungsvereins deutscher Frauen gründete dieser mit Mitteln aus der freigesinnten Hamburger Bürgerschaft eine Hochschule für Frauen. Der Frauenhochschule, an deren Spitze Emilie Wüstenfeld, eine Förderin der freireligiösen Gemeinde, stand, wurden ein Kindergarten nach dem Vorbild des Pädagogen Friedrich Fröbel sowie eine Elementarklasse zur Ausbildung von Kindergärtnerinnen angegliedert. Erklärtes Ziel dieser Hochschule war es, den Frauen eine möglichst umfassende Bildung hinsichtlich ihres praktischen, geselligen und geistigen Lebens zu vermitteln; letztendlich zentrierte sich der Unterricht auf die Erziehungslehre.

Über Johanna konnte Diesterweg interessante Kontakte knüpfen. Sie brachte ihn mit Emilie Wüstenfeld und mit Friedrich Fröbel zusammen und machte ihn mit einer begeisterten Fröbel-Anhängerin, Bertha von Mahrenholtz, bekannt. Als ihm angetragen wurde, die Leitung der Hamburger Frauenhochschule zu übernehmen, zog er diese Möglichkeit ernsthaft in Erwägung. Es sei „in der That keine gewöhnliche Erscheinung“ gewesen, „daß Frauen an ein solch Werk gingen".[14] Als ihre Pläne schließlich an den reaktionären Kräften scheiterten, habe er das sehr bedauert.

Einmal im Redefluß und warm geworden, würde Diesterweg vielleicht auch auf die Entwicklung seiner privaten Beziehung zu Johanna zu sprechen kommen. Nachdem er ein Treffen mit ihr mehrfach herbeigewünscht hatte, verbrachte er im September 1849 zwei Wochen mit ihr und ihrem Sohn Felix in Thüringen. Endlich habe er die Nähe dieser ihm aus der Ferne lieb gewordenen Frau genießen dürfen! Wie einzigartig und unwiederbringlich er die Zeit empfand, darüber würde er sicherlich schweigen. Jedenfalls vermißte er sie nach ihrem Abschied auf das schmerzlichste und schrieb ihr: *„14 Tage hatten wir zusammen gelebt, es war ein Jahr oder ein Jahrhundert. Ich blieb den Abend und den folgenden Tag bis 1 Uhr Mittags still zu Hause, besuchte mit einigen Frauen einige Anstalten und fuhr dann um 4 Uhr nach Eisenach, um still für mich zu leben und die Masse der empfangenen Eindrücke zu verarbeiten. Ich bin damit noch nicht fertig."*[15]

Es begann eine Zeit der inneren Zerrissenheit. In seinen Briefen kleidete er die Sehnsucht nach Johanna, in Erinnerung ihres gemeinsamen Erlebens, metaphorisch ein in die Sehnsucht nach der Wärme des Sommers; ihre Abwesenheit erschien ihm wie die Kälte des Winters. Mit Vergnügen atmete er die Frühlingsluft als Vorboten der Sommerszeit, und er verspürte heftiges Verlangen nach den Bergen, nach fernen Bergen, sie sollten nur entlegen sein und Zeugen seiner Wiedervereinigung mit Johanna. Er habe sich längere Zeit nicht entscheiden können, ob er sie mit „Du" oder mit „Sie" anreden dürfe oder solle, so wie sich ihm immer wieder die quälende Frage gestellt habe, ob er die Verbindung in dieser Weise fortsetzen dürfe oder nicht.

Und welchen Stellenwert hatten dabei für ihn die „conventionellen Verhältnisse"? Damit sei es ihm immer sehr ernst gewesen. Er habe den Pfad der Tugendhaftigkeit nicht verlassen wollen. Gerade daher habe seine Qual gerührt. Auch habe er sich stets vor Augen gehalten, wie unverzichtbar ihm Sabine und die Kinder seien. Schließlich habe in ihm die Vernunft Oberhand gewinnen können.

Einmal in seinem Leben die Grenzen der Konvention überschritten, zog er sich sehr bald wieder in ihren Schutz zurück. In seinen Briefen an Johanna blieb er fortan beim „Sie". Das änderte sich auch nicht nach ihrem zweiten Treffen im Jahre 1853 in Hamburg. Er sei danach glücklich nach Hause zurückgekehrt und habe mit ungetrübter Heiterkeit der Stunden gedacht, die er in jenen drei Tagen in Johannas Nähe zugebracht, und der Belebung, die er dadurch erfahren hatte. Es sei nichts Quälendes zurückgeblieben, das schmerzliche Sehnen habe sich auf ein ruhiges Genießen im Umgang mit Johanna herabgestimmt. In diesem Sinne habe er ihr geschrieben: *„Die öffentlichen Angelegenheiten verwirren sich. Ich hoffe daher: Unsere Zeit der schweren inneren Prüfung geht vorüber. Ich denke, wir haben sie nicht unehrenvoll bestanden."* In einem späteren Brief bedauerte er nochmals, daß sich die Hoffnung, Johanna während des Sommers zu treffen, nicht erfüllt habe, aber die Klage hatte nicht mehr die gefühlsmäßige Vehemenz wie zuvor. Doch, einmal habe er sie schmerzlich vermißt. In einer Gesprächsrunde, in der über Kindergärten und weibliche Erziehung diskutiert wurde, sei es ihm nicht gelungen, die anwesenden Damen zum Mitreden zu bewegen. Wie habe er da Johanna herbeigesehnt![16]

„Begeisterung in Liebe" – diese Worte hätte Diesterweg auch Johanna widmen können; aus ihnen sprächen zugleich der Wunsch nach dem lustvollen Wettstreit der Gedanken und das tiefe Fühlen des Liebenden. Als der Tübinger Theologie-Professor Palmer, in seinem Verdruß über die radikalen Pädagogen, sie einen „weiblichen Diesterweg" schimpfte, nahm der Mit-Geschmähte die seiner Meinung nach treffende Bemerkung eher mit Humor, als daß sie ihn geärgert hätte.[17]

Wen hat er denn nun mehr geliebt, Sabine oder Johanna? Diese Frage

713 Freundschaftsbecher mit Blumenmotiven
Gravur: S.D. (Sabine Diesterweg)
Glas
H. 11 cm, Dm. 7 cm

714 Granatschmuck
Kette und Brosche Sabine Diesterwegs

715 Babyhäubchen
Weiß mit blauer Perlenstickerei
Aus dem Nachlaß der Familie Diesterweg
13 x 15 cm
München, Privatbesitz

läßt sich nicht beantworten, und was würde eine Antwort auch helfen? Vermutlich hätte auch Diesterweg selbst nichts darauf zu entgegnen gewußt. Jedenfalls scheint es, daß er weder auf Sabine, noch auf Johanna habe verzichten wollen. Er brauchte die Wärme und die Geborgenheit, die er bei Sabine fand, und er bedurfte der geistigen Kraft Johannas.

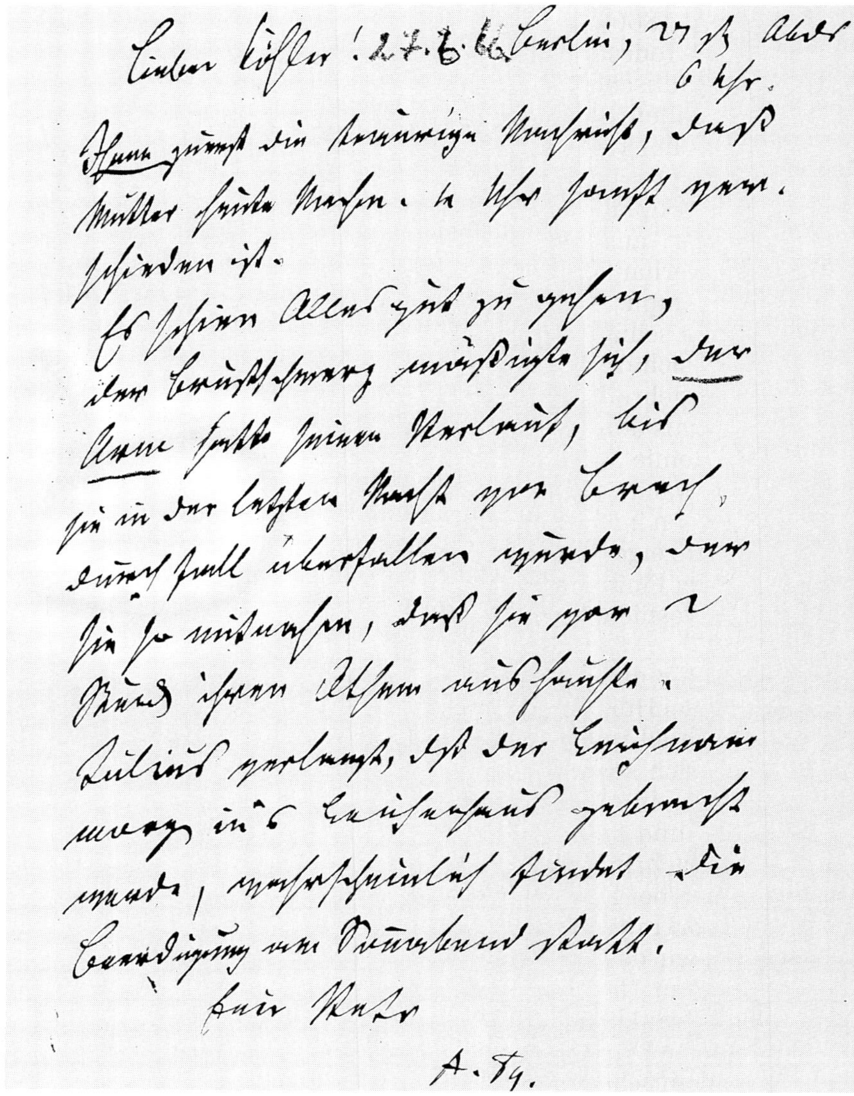

716 Brief Adolph Diesterwegs an seinen Schwiegersohn Dr. med. Heinrich Köhler mit der Nachricht vom Tode seiner Frau Sabine, Berlin, 27.6.1866
22,0 x 14,3 cm
München, Privatbesitz
„Lieber Köhler!
Ihnen zuerst die traurige Nachricht, daß Mutter heute Nachm. 4 Uhr sanft verschieden ist.
Es schien Alles gut zu gehen, der Brustschmerz mäßigte sich, der Arm hatte seinen Verlauf, bis sie in der letzten Nacht von Brechdurchfall überfallen wurde, der sie so mitnahm, daß sie vor 2 Stunden ihren Athem aushauchte.
Julius verlangt, daß der Leichnam morgen ins Leichenhaus gebracht werde, wahrscheinlich findet die Beerdigung am Sonnabend statt.
Euer Vater A.Dg."

717 Eintrag Adolph Diesterwegs in die Familienbibel, 27.6.1866
Abschrift seiner Tochter Julie in ihr Gedenkbuch (1867)
22,0 x 14,5 cm
München, Privatbesitz
„52 Jahre lang hat sie Freud und Leid mit mir geteilt. Sie war die Sonne und Wonne des Hauses, an dessen Gliedern sie, die sorgsamste und aufopferndste der Mütter, mit unendlicher Hingebung hing, mit umfassender Liebe den Menschen zugetan und darum – ohne Feind im Leben – überall geliebt und verehrt, wo sie erschien. Ihr praktisches Christentum in Wohltuen übend, von sittlicher Reinheit und Strenge."

Sabine und Adolph Diesterweg starben, nachdem sie dem „Würgeengel" der Seuche 1852 glücklich entkamen[18], im Sommer 1866, sie am 27. Juni, er am 7. Juli, an der Cholera. Auch hier könnte man spekulieren: Starb Diesterweg an der Krankheit allein, oder war es nicht vielmehr der Tod seiner Frau, der ihm die Lebenskraft nahm? Der Prediger, der die Leichenrede hielt, entschied sich für letzteres und hob hervor, daß Diesterweg „über dem Verlust der Gattin das Herz gebrochen sei".[19] Glaubhaft überliefert sind seine letzten Worte an die Kinder: *„Trauert doch nicht um mich, ich komme ja wieder zu Eurer Mutter!"*[20]

1 Bloth, H.G.: Adolph Diesterweg. Sein Leben und Wirken für Pädagogik und Schule. Heidelberg 1966, S. 262.
2 Bloth, H.G.: Neuentdeckte Briefe Diesterwegs an seine Braut und Gattin. In: Zeitschrift für Pädagogik Jg. 13, 1967, S. 451-473. Zitat S. 458.
3 Vgl. Bloth, H.G.: Adolph Diesterweg. A.a.O., S. 262.
4 Bloth, H.G.: Neuentdeckte Briefe Diesterwegs an seine Braut und Gattin. A.a.O., S. 463f. Kätchen Nimez war vermutlich Diesterwegs Cousine mütterlicherseits. Jacob Wilhelm Grimm (1752-1824) war Generalsuperintendent in Dillenburg, Diesterwegs Pate und 1808/09 sein Hauswirt und akademischer Lehrer in Herborn.
5 Ebenda, S. 463, 469, 464.
6 Meinel, A.: Diesterwegs geistige Entwicklung bis zum Jahre 1820. Phil. Diss. Leipzig 1927, S. 85.
7 Bloth, H.G.: Neuentdeckte Briefe Diesterwegs an seine Braut und Gattin. A.a.O., S. 464, 466.
8 Bloth, H.G.: Adolph Diesterweg. A.a.O., S. 372.
9 Meinel, A.: a.a.O., S. 85.
10 Bloth, H.G.: Neuentdeckte Briefe Diesterwegs an seine Braut und Gattin. A.a.O., S. 466, 464, 466.
11 Bloth, H.G.: Adolph Diesterweg. A.a.O., S. 262f.
12 Bloth, H.G.: Neuentdeckte Briefe Diesterwegs an seine Braut und Gattin. A.a.O., S. 467.
13 Twellmann, M.: Die deutsche Frauenbewegung. Ihre Anfänge und erste Entwicklung 1843-1889. Kronberg/Ts. 1976, S. 5f.
14 Bloth, H.G.: Adolph Diesterweg. A.a.O., S. 294.
15 Ebenda, S. 264.
16 Ebenda, S. 311, 315, 303.
17 Ebenda, S. 306.
18 Ebenda.
19 Meinel, A.: a.a.O., S. 86.
20 Bloth, H.G.: Adolph Diesterweg. A.a.O., S. 182.

Sigrid Stöckel

Die Cholera-Epidemie von 1866 in Berlin

Diesterwegs Tod

Als am 7. Juni 1866 ein aus Oderberg kommender Schiffer in Berlin starb und als Todesursache Cholera diagnostiziert wurde, mußten sowohl die städtischen Sanitätsbehörden als auch die Bevölkerung ernstlich vermuten, daß dies der Anfang einer der großen und allseits gefürchteten Cholera-Epidemien war.[1]

Die Cholera war im Verlaufe des 19. Jahrhunderts in Europa zur bedrohlichsten Epidemie geworden. Wie die Pest kam auch sie aus Asien, genauer: aus Indien. In Bengalen trat sie als endemische Krankheit dauerhauft auf. Sie verursachte schwere Durchfälle, Erbrechen und Krämpfe, trocknete den Körper aus und führte in den meisten Fällen schnell zum Tode.

1817 hatte sich die Krankheit über den gesamten indischen Subkontinent ausgebreitet und neun Jahre später über Persien und Sibirien erstmals den europäischen Teil Rußlands erreicht.[2] Der Verlauf der Epidemie wurde von Preußen aus aufmerksam verfolgt.[3] Militärisch bewachte Sperrgürtel an den Landesgrenzen und Quarantänemaßnahmen halfen zur Abwehr der Epidemie jedoch ebensowenig wie die Anzeigepflicht aller Erkrankungen. Die Seuche breitete sich entlang der Flußläufe der Warthe, der Oder, dem Finowkanal und der Spree in westliche Richtung aus und erreichte Berlin am 29. August 1831.[4]

Der Name für die neue Epidemie orientierte sich an bekannten Symptomen. Bei Hippokrates findet sich für heftige Darmerkrankungen mit Durchfall und Erbrechen die Bezeichnung „Cholera". Der Begriff kann sich sowohl von Galle (Chole) ableiten, die erbrochen wird, als auch – in Anspielung auf den raschen Ab- und Ausfluß der „Körpersäfte" und die krankheitstypischen gurgelnden Darmgeräusche – von Dachrinne (Choledra).[5] Im Gegensatz zu der „cholera nostras", einer bei Erwachsenen im Spätsommer vereinzelt auftretenden Darmerkrankung, und der häufigeren „cholera infantum" bei Kleinkindern wurde die neue Epidemie nach ihrer Herkunft „cholera asiatica" genannt. Nachdem der Name Cholera zunächst ein bestimmtes schweres Krankheitsbild – Brechdurchfall – bezeichnet hatte, das unterschiedliche Ursachen haben konnte, wurde er im 19. Jahrhundert auf epidemische Brechdurchfälle eingeengt.[6] Heutzutage weiß man, daß die wässrigen Durchfälle durch ein Stäbchenbakterium hervorgerufen werden, das eine Entzündung im oberen Dünndarm verursacht. Die Folgen sind extreme Flüssigkeits- und Salzverluste, die bei dem Erkrankten zu Krämpfen und Koma und in 40 bis 70 Prozent der Fälle zum Tod führen. Das Bakterium ist nur im menschlichen Organismus aktiv und breitet sich über das Trinkwasser aus. Die Zeit zwischen Ansteckung und Ausbruch der Krankheit liegt zwischen wenigen Stunden und fünf Tagen.

Obwohl das Herannahen der Cholera über Jahre zu verfolgen war, wirkte ihr erstmaliges epidemisches Auftreten wie ein Schock. Innerhalb von acht Wochen erkrankten in Berlin 1.863 Menschen, von denen 1.174 starben. Die Seuche zog sich bis Anfang Januar 1832 hin und forderte insgesamt 1.426 Tote.[7] Diese Zahl entsprach einem Bevölkerungsverlust von lediglich 0,8 Prozent; die Gesamtsterblichkeit lag in Cholerajahren nur unwesentlich oberhalb der Sterblichkeitskurve normaler Jahre.[8] Daß die Seuche dennoch so gefährlich wirkte, lag an ihrem schnellen Verlauf und an der extrem hohen Zahl der Todesfälle unter den Erkrankten. Zudem waren von ihr nicht nur Kleinkinder und ältere Menschen betroffen, die ohnehin höheren Risiken ausgesetzt waren, sondern auch die „mitten im Leben Stehenden".[9]

Die zeitgenössischen medizinischen Erörterungen zeigen die noch recht begrenzten Möglichkeiten der Diagnose und Therapie. Die Krankheitszeichen wurden detailliert beschrieben und als Anhaltspunkte zur Einordnung in das bekannte Spektrum der Krankheiten benutzt; wodurch sie im einzelnen hervorgerufen wurden, blieb jedoch unklar. Dementsprechend konnten die Ärzte nur versuchen, den Verlauf der Krankheit zu mildern. Wie selten dies gelang, zeigen die Statistiken.

Nicht nur die Krankheit, sondern auch die Art ihrer Übertragung gab Rätsel auf. Da sie sich entlang von Handels- und Reiserouten ausbreitete, lag die Gewißheit nahe, daß Ansteckung eine Rolle spielte. Die „zunächst die Krankheit bewirkende Ursache" schien sich in einem „Contagium" zu verbergen, das auf geheimnisvolle Weise lebendig – vegetabilisch oder animalisch – sein mußte[10], mit den damaligen naturwissenschaftlichen Instrumentarien aber nicht nachzuweisen war.

Nach traditioneller Vorstellung war für die Ausbreitung von Krankheiten ein „Miasma" verantwortlich, ein aus den Ausdünstungen des Bodens entstehender Stoff in der Atmosphäre, in dem sich Krankheitskeime regenerieren konnten. Entsprechend dieser Theorie gab es Orte, die durch Klima, erdatmosphärische Einflüsse und Bodenbeschaffenheit für gewisse Krankheiten prädisponiert zu sein schienen. Die Tatsache, daß die Cholera auch dort auftrat, wo kein Kontakt zu infizierten Orten oder Personen bestand, sprach aus damaliger Sicht ebenso für ein Miasma wie die Erfahrung, daß sich die Krankheit über Sperrgürtel hinweg ausbreitete. Entsprechend wurden Contagium wie Miasma in unterschiedlichen Erklärungsansätzen miteinander verbunden.

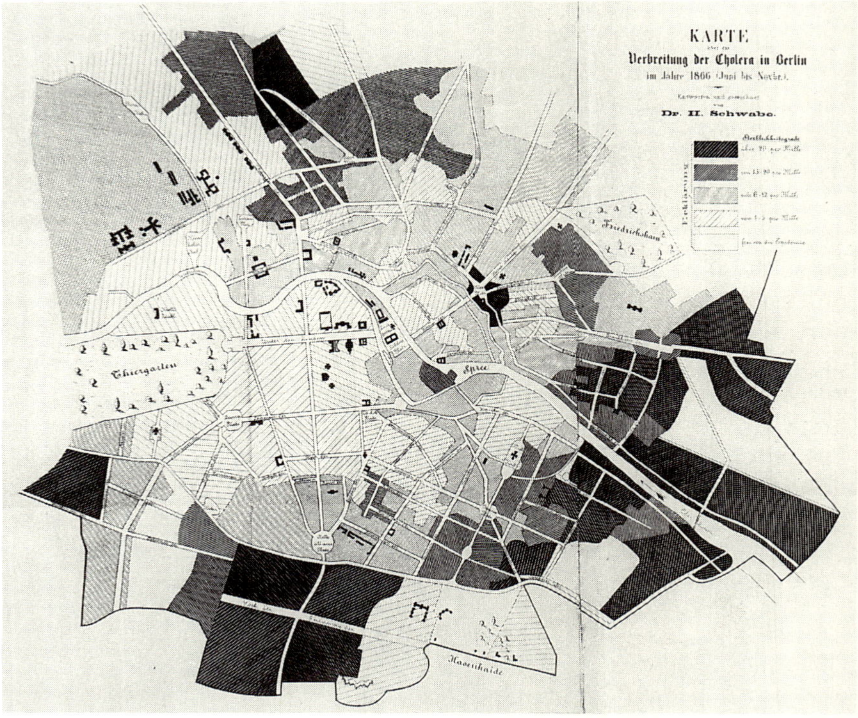

718 Verbreitung der Cholera in Berlin, Juni-November 1866
Gezeichnet von H. Schwabe, Lithographie und Druck von Wilhelm Gronau, Berlin
Berliner Stadt und Gemeinde-Kalender und Städtisches Jahrbuch für 1867 (Beilage)

719 Kolorierter Plan über die Ausbreitung der Cholera in Berlin 1866
E.H. Müller: Die Cholera in Berlin im Jahre 1866. Amtlicher Bericht, erstattet im Auftrage der Königlichen Sanitäts-Kommisssion. Berlin 1867 (Beilage)
51,5 x 70,5 cm
720 Cholera-Meldungen für Berlin, Juni/Juli 1866
Berliner Klinische Wochenschrift Nr.29, 16.7.1866
Berlin, Freie Universität, Institut für Geschichte der Medizin

Das Miasma schien besonders in den großen Städten wie Berlin zu wirken, wo die Unrat- und Abwasserbeseitigung ungeklärt war und viele Menschen an Cholera starben. Anläßlich der Epidemien von 1854 und 1856 untersuchte der Hygieniker Max von Pettenkofer in bayrischen Städten Lage und Umgebung der Häuser, in denen die Bewohner an Cholera erkrankt waren. Seine Ergebnisse trugen dazu bei, die Hygiene als Wissenschaft der Gesundheitsvorsorge neben der Medizin zu etablieren. Die Argumentation blieb jedoch der traditionellen Miasmentheorie verhaftet, indem von den drei Faktoren Wasser, Boden und Luft nur die letzten beiden als für die Ausbreitung der Krankheit entscheidend angesehen wurde. Selbst das Anlegen von Entwässerungsgräben wurde als Maßnahme zur „besseren Durchlüftbarkeit des Bodens“ aufgefaßt. Der von Dr. Canstatt 1831 geäußerte Satz: „Die Luft wird krank, und in ihr der Mensch“[11] hatte auch Mitte des Jahrhunderts nichts an Überzeugungskraft eingebüßt.

In Berlin konzentrierten sich die Gegenmaßnahmen gegen die Cholera zunächst darauf, die Ansteckungsgefahr zu vermindern. 1831 wurden Reisende außerhalb der Stadt unter Quarantäne gestellt, der Zuzug fremder Arbeitskräfte verboten; jeder Krankheitsfall mußte angezeigt werden, worauf die entsprechenden Häuser isoliert wurden. Zur Absonderung der Kranken richtete die Stadt für die Zivilbevölkerung fünf Cholera-Heilanstalten ein, in denen Arme unentgeltlich Aufnahme fanden. Aus Angst vor der „Kontagiosität“ der Leichen wurden 1831 drei Cholera-Friedhöfe eröffnet, auf denen man die Bestattungen vorzugsweise nachts vornahm, um der Bevölkerung den ständigen Anblick der ein- und ausfahrenden Leichenwagen zu ersparen.[12] Die Ausführung sanitätspolizeilicher Anordnungen wurde von einem eigens eingeführten „Gesundheitskomité“ überwacht, Zuwiderhandlungen sollten mit ein- bis mehrjähriger Haft bestraft werden.[13]

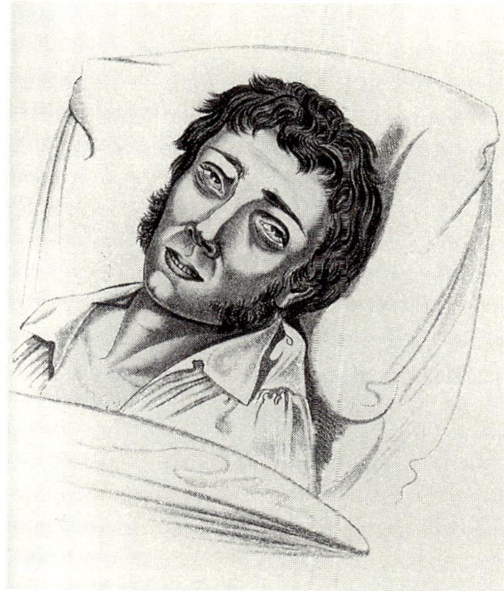

721 Physiognomie eines Cholera-Kranken
Lithographie nach einem aquarellierten Krankenbildnis von Carl Sandhaas (1801-1859)
K.H. Baumgärtner: Krankenphysiognomien. Stuttgart 1839, 2.Auflage 1842

Adolph Diesterweg, der auf Betreiben des Ministers Freiherr von Altenstein den Ruf als Direktor des neu eingerichteten Stadtschullehrerseminars in Berlin erhalten hatte, verschob aufgrund der Cholera seinen Umzug.[14] Als er am 5. Juni 1832 in Berlin eintraf, stand jedoch bereits der nächste Ausbruch der Epidemie bevor. Per königlicher Instruktion wurden die Ärzte in Preußen angewiesen, Listen über die Krankheitsfälle, „mutmaßliche Veranlassung zur Erkrankung“, angewandte Therapie und deren Erfolge anzulegen. An dieser Epidemie starben nur 411 Personen.[15] Die Familie Diesterweg, die Quartier im Seminargebäude in der Oranienburger Straße bezogen hatte, blieb von ihr verschont. Fünf Jahre später forderte die Cholera über 2.000 Tote. Die Risiken waren für die ärmere Bevölkerung besonders hoch.

722 Porträt eines Cholera-Praeservativ-Mannes
Karikatur, aquarellierte Zeichnung, unsigniert, Mitte 19.Jh.
27,0 x 19,5 cm
723 Porträt einer Cholera-Praeservativ-Frau
Karikatur, aquarellierte Zeichnung, unsigniert, Mitte 19.Jh.
27,0 x 19,5 cm
Kirchen, Privatbesitz

724 Etui mit Schröpfeisen, sechs Schröpfköpfen und Schröpflampe, Ende 19.Jh.
14,5 x 14,5 x 9,0 cm
725 Lanzette mit doppelseitig geschärfter Klinge, Mitte 19.Jh.
Horn, Stahl
726 Schlauchstethoskop, um 1860
Holz, Kautschuk, Seide
L. 48 cm

727 Perkussionshammer, um 1860
Holz, gedrechselt
14,5 x 4,5 cm
728 Etui mit Bleistift und Fieberthermometer, um 1880
Gold, Glas
L. 7,5 cm, Dm. 1,5 cm
Ingolstadt, Deutsches Medizinhistorisches Museum
729 Klistierspritze
Maschinengedrehtes Messingblech, 19.Jh.
L. 24 cm, Dm. 4 cm
Berlin, Freie Universität, Institut für Geschichte der Medizin

Allein in den sogenannten Familienhäusern vor dem Hamburger und Oranienburger Tor – auf dem Acker errichtete Vorläufer der späteren Mietskasernen ohne sanitäre Anlagen, in denen arme Arbeiterfamilien auf engstem Raum zusammenlebten – starben 105 Menschen. Aber auch eine gutbürgerliche Lebensweise bot nur begrenzten Schutz gegen die Seuche. Die Angst vor ihr war unvermindert groß; Anzeigepflicht, Quarantäne und Desinfektion wurden beibehalten, die harten Haftstrafen bei Nichtbeachtung sanitätspolizeilicher Forderungen aber in Geldstrafen von 2 bis zu 10 Talern gemildert, da der Erfolg aller Maßnahmen ohnehin gering war.[16]

Als 1848 von Osten eine neue Cholerawelle drohte und am 27. Juli Berlin erfaßte, traf sie mitten in die Revolutionswirren, in denen ein Versammlungsverbot nicht durchzusetzen war. Bedingt durch die politische Situation wurde den diätetischen und vorbeugenden Maßnahmen weniger Beachtung geschenkt, ohne daß die Zahl der Kranken das Maß früherer Epidemien überstieg.[17] In den fünfziger Jahren flaute die Epidemie zwar ab, wurde aber immer wieder in die Stadt eingeschleppt und forderte 1855 sogar 1.385 Menschenleben. In der Folgezeit gab es in Berlin vereinzelte Erkrankungen, aber keine Epidemie, während sie in Mecklenburg 1859 heftig auftrat.

Die ersten Cholerafälle kamen 1866 nicht unerwartet. Seit 1863 breitete sich von Indien die dritte weltumgreifende Seuche aus. Diesmal kam sie nicht über die Handelsstraßen durch Persien und Rußland, sondern wesentlich schneller per Dampfschiff nach Ägypten und von dort in die europäischen Mittelmeerhäfen.[18] Von den deutschen Ländern wurden 1865 überraschenderweise nur einige Landstriche im Königreich Sachsen befallen.[19] Angesichts der drohenden Ausbreitung gaben 1866 drei namhafte Professoren ein „Cholera-Regulativ“ zur Information über die Möglichkeiten einer sinnvollen Vorbeugung heraus: der Direktor der medizinischen Universitätspoliklinik in Berlin, Wilhelm Griesinger, der Professor für Hygiene in München, Max von Pettenkofer, sowie Carl August Wunderlich, Direktor der medizinischen Universitätsklinik in Leipzig. Dieses Regulativ spiegelt den Stand der Medizin nach 35 Jahren Erfahrung mit der Seuche: Generell gehe die Krankheit, so lautete die Diagnose, von einem „Keim“ aus, der in den Darmentleerungen von Menschen vorhanden sei und durch persönlichen Verkehr übertragen werde. Zu einer epidemischen Verbreitung bedürfe es aber „örtlicher und persönlicher Hülfsursachen“, die in der Bodenbeschaffenheit der Wohnplätze und der Lebensweise der Menschen gesehen werden. Da sich der Keim – „er mag als Gift, Ferment, Zelle oder was immer aufgefaßt werden“ – in alkalisch reagierenden Exkrementen gut entwickele, müsse dieser Vorgang durch Zusatz von Säure gestört werden. Als Desinfektionsmittel wurden daher in Wasser gelöstes Zinksalz, Eisenvitriol oder aus Steinkohleteer hergestellte Carbolsäure empfohlen, mit denen die Abtrittgruben gefüllt und alle Gegenstände abgewaschen werden sollten. Eisenvitriol war am billigsten, hinterließ aber rostfarbene Flecken. Carbolsäure verbreitete einen nachhaltig schlechten Geruch, Zinkvitriol war zu

teuer. Obwohl eine wirksame Desinfektion überaus aufwendig und schwierig war, wurde sie als wichtigere Maßnahme eingestuft als Quarantäne und Absperrungen, „die ein größeres Unglück wären als die Cholera selbst".[20] Unter den örtlichen Gegebenheiten wurde poröser Boden für gefährlich gehalten, ebenso ein hoher Grundwasserspiegel, der „Luft verdrängt", sowie die „Imprägnirung mit verwesenden Stoffen". Cholera-Hospitäler sollten nicht an solchen Orten errichtet werden. Die individuelle Disposition zu einer Cholera-Erkrankung war nach Auffassung der drei Experten durch diätetische Lebensführung zu beeinflussen. Empfohlen wurde eine „mässige, aber kräftige Ernährung, die den Darm nicht übermäßig reizt oder erschlafft", Zurückhaltung bei der Aufnahme von Flüssigkeiten, um Diarrhöen zu vermeiden, sowie viel frische Luft. Erkältungen sollte man durch das Tragen von Flanell-Bauchbinden vorbeugen, Ausschweifungen und Überanstrengungen galten als verderblich.[21]

Nach den ersten Cholerafällen in Berlin reagierten Polizeipräsident von Bernuth und die Sanitätskommission umgehend und beschlossen am 11. Juni 1866 folgenden Maßnahmenkatalog: Desinfektion befallener Häuser, Entwässerung ungepflasterter Straßen und Reinigung der Kanäle zur „Erhaltung der Reinheit der Luft", Lebensmittelkontrollen, Armenspeisungen, die sofortige Einrichtung von Lazaretten – da die Charité mit kranken Soldaten überbelegt war –, die Aufstellung von Tragekörben in verschiedenen Stadtteilen zum Krankentransport und die kostenlose Abgabe von Arzneien und Desinfektionsmitteln an Bedürftige.[22] Die Angst vor Ansteckung beeinträchtigte zunächst das normale Leben in der Stadt kaum.

In diesen Tagen wurde der Einmarsch preußischer Truppen nach Schlesien und Sachsen und damit der Ausbruch des preußisch-österreichischen Krieges um Schleswig-Holstein vorbereitet. Unter Kriegsbedingungen war eine Seuche noch weniger zu verhindern.
Diesterweg, der von den Kriegsvorbereitungen sehr beunruhigt war, verbrachte den 18. Juni unter Freunden und Gleichgesinnten am „Moritzhofer Kaffeetisch". Als er am Abend nach Hause kam, fand er seine Frau Sabine nach einem unglücklichem Sturz mit gebrochenem Arm und einer Brustverletzung vor. Sie wurde von ihrem Sohn, Dr. med. Julius Diesterweg, ärztlich betreut und durchlitt zunächst einen zwar langsamen, aber nicht besorgniserregenden Genesungsprozeß.[23]

Unterdessen breitete sich die Cholera weiter aus, „ohne einen bestimmten Gang sprungweise und rasch über die ganze Stadt"[24]. In allen Stadtteilen war sie „gleich bösartig, aber nach den einzelnen

730 Moschus
Viereckiges Enghalsgefäß, Glas, mit Lederverschluß
8,0 x 3,2 x 3,2 cm
731 Chinin-Tinktur
Zylindrische Glasflasche mit geschliffenem Stopfen
H. 11,6 cm, Dm. 6,1 cm
732 Tartarus Stibiatus: Brechweinstein
Becherglas mit Stopfen, Glas
H. 9,5 cm, Dm. 6,1 cm

733 Tinctura Opii simplex: Opiumtinktur
734 Strychnin-Essenz
735 Oleum Cajeputi: Kajeputöl
736 Argentum nitricum fusum: Salpetersaures Silber, „Höllenstein"
737 Solutio arsenicalis Fowleri: Arseniklösung
738 Bismuth subsalicylicum: Wismutsubsalicylat
739 Kampfer
Zehn Apotheken-Standgefäße aus Glas für Medikamente zur Cholerabehandlung: zeitgenössische Heilmittel mit vorwiegend schmerzlindernder, krampflösender, fiebersenkender, infektionshemmender und den Organismus anregender und belebender Wirkung sowie Arzneien zur Ruhigstellung von Magen und Darm.
Heidelberg, Deutsches Apotheken-Museum

740 Adolph Diesterweg
Gezeichnet von A. Hohneck, um 1865 (?)
Lithographie von Henry & Cohen, Bonn
Wuppertal, Historisches Zentrum

741 Testament Adolph und Sabine Diesterwegs
Abschrift, beglaubigt durch das Königliche Stadtgericht Berlin, 25.9.1866
34,0 x 21,5 cm
München, Privatbesitz

Revieren verschieden zahlreich. Am härtesten betroffen war das 31. Revier", südlich des Landwehrkanals zwischen Halleschem Tor und dem Kreuzberg, mit *„tiefem, stellenweise feuchtem Erdboden, wo Pflasterung und Canalisirung mangelhaft sind, Straßenkanäle offen in den Schiffahrtskanal (Landwehrkanal) münden, die Bevölkerung in guten Häusern sehr dicht wohnt, viele Senkgruben, mangelhafte Aborte, Mistgruben, Kloaken und Rinnsteine sind, Wasserleitung noch fehlt..."*[25] In der Unterstadt entlang der Spree gab es zwar seit 1856 eine von der englischen Firma Fox & Crampton eingerichtete Wasserleitung, aber keine Abwasserentsorgung.[26] *„Das Wirtschaftswasser führen aus den Höfen unter dem Hausflur in den Straßenrinnstein mündende Rinnen. In warmer Jahreszeit riechen die Rinnsteine leicht übel. Bedeckte Kanäle sind selten. In den neuen, noch nicht ganz bebauten Stadtteilen fehlt alle Entwässerung und gibt es nur Senkgruben, die den flüssigen Inhalt in den Boden entleeren."* Als besonders kritisch erwies sich die Entsorgung der Exkremente. *„Ausgemauerte, aber nicht wasserdichte, also den Boden verunreinigende Mistkuthen, über denen in den Höfen Abtrittsgebäude angelegt sind, nehmen die Exkremente auf.“*[27] Damit war selbst bei ansonsten „salubren“ und geordneten Verhältnissen die Ausbreitung der Cholera leicht möglich.

Am 25. Juni gab es auch im 34. Polizeirevier, in dem die Familie Diesterweg, Hafenplatz 2, inzwischen wohnte, den ersten Cholerafall.[28] Dieses Viertel, zwischen Friedrichstadt und Tiergarten gelegen, war erst in den vierziger Jahren mit schönen Straßen und Häusern bebaut worden; die Bewohner entstammten zum großen Teil dem gutsituierten Bürger- und Beamtentum. Aus damaliger Sicht wies der Stadtteil keine besondere Gefährdung durch die Cholera auf. Das Terrain wird allerdings als „früher sumpfig“ beschrieben, es liegt an eben jenem Kanal, in den sich Abfall und Unrat des Polizeireviers 31 ergossen.[29]

Am 26. Juni spätabends wurde Sabine Diesterweg plötzlich von heftigem Erbrechen und Krämpfen geschüttelt. Die ärztlichen Mittel, die ihr Sohn anwandte, konnten ihr nicht helfen. Gerade die Erkrankungen in der ersten Phase der Epidemie waren in ganz Berlin „sehr mörderisch“; die meisten Todesfälle erfolgten weniger als 24 Stunden nach Ausbruch der Krankheit.[30] So auch bei Frau Diesterweg, die am 27. Juni nachmittags verstarb.

Diesterweg, der in einem Brief vom 28. Juni seinem Vetter andeutete, er habe schon nach dem schweren Sturz seiner Frau dunkle Vorahnungen gehabt, verfiel in tiefe Trauer. Als seine Frau am 29. auf dem Matthäi-Friedhof in Schöneberg beigesetzt wurde – die Bestattung auf getrennten Cholera-Friedhöfen wurde nicht mehr für nötig gehalten –, war er nach der Beschreibung seiner jüngsten Tochter Maria „körperlich aufs Äußerste erschöpft und geistig deprimiert, wie er es kaum je gewesen“[31]. Die folgenden Tage verbrachte er ganz gegen seine Gewohnheit nicht am Schreibtisch. Kaum vermochte er sich vom Sofa zu erheben. Als er aber am 3. Juli die glückliche Nachricht von seiner Wiederwahl als Abgeordneter der Fortschrittspartei in den preußischen Landtag erhielt, lebte er sichtlich auf und teilte seinen Kindern mit, er werde das Mandat annehmen. Zu dieser Zeit litt Diesterweg zwar körperlich und vor allem seelisch sehr an dem Verlust seiner Frau, schien aber organisch noch gesund. Am 5. Juli nachmittags, eine Woche nach dem Tod seiner Frau, ergriff ihn ein leichtes Unwohlsein. Als Hausmittel keine Erleichterung brachten, wurde am Abend sein Sohn Julius gerufen, der stärkere Arzneien verordnete. Die Symptome wiesen auf Cholera.[32]

Aus den Berichten der Cholera-Lazarette wissen wir, wie therapiert wurde. Um den Organismus zu beleben, wurden verschiedene Reizmittel – Portwein, Madeira, Rum, Kampfer – verabreicht oder die Patienten warm gebadet. Gegen den starken Durst reichten die Ärzte Sodawasser und Eisstückchen, um den brennenden Magen zu kühlen und den Brechreiz zu beruhigen. Die einsetzenden Krämpfe und Schmerzen waren nur durch Chloroform oder Morphium zu betäuben. Mit Einspritzungen von Chinin und Strychnin – beides Gifte – wurde der Stoffwechsel gedämpft bzw. angeregt.[33] Die in den früheren Epidemien vorgenommenen Aderlässe, durch die „die Menge stokkenden Blutes vermindert“ werden sollte, die aber tatsächlich dem Kreislauf den verbliebenen Rest an Flüssigkeit entzogen, wurden in der Jahrhundertmitte nur noch vereinzelt praktiziert.[34] Nur ein Therapie-Versuch aus dem Jahre 1832 entspricht heutigen Vorstellungen: in die Vene einer Cholerakranken wurde eine Salzlösung eingespritzt, wodurch sich der Kreislauf mit Flüssigkeit auffüllte und die Frau überlebte.[35] Diese Therapie entsprach jedoch so wenig den damaligen Regeln der ärztlichen Kunst, daß auch ein relativ junger Arzt wie der 44jährige Julius Diesterweg sie nicht angewandt haben wird.

Nach einer unruhigen Nacht wurde am 6. Juli früh am Morgen

742 Taschenuhr von Dr.med. Julius Diesterweg
Nickelgehäuse, Dm. 6,8 cm
Niederaula, Privatbesitz

743 Julius Diesterweg (1821-1897)
Photographie aus dem Familienalbum
Leder, Pappe
27,0 x 17,5 cm
Niederaula, Privatbesitz

Diesterwegs langjähriger Arzt und Freund, Geheimrat Paetsch, gerufen. Der Zustand des Kranken verschlimmerte sich mittags so sehr, daß der letzte Augenblick gekommen zu sein schien. Aber erst nach 18 Stunden „grenzenloser Qualen“, am 7. Juli gegen 8 Uhr, fand die Krankheit ihr tödliches Ende. Diesterweg starb, von der Seuche gezeichnet, mit dem so typischen „Choleragesicht“: spitzer Nase, stark eingefallenen Wangen und faltiger Haut.

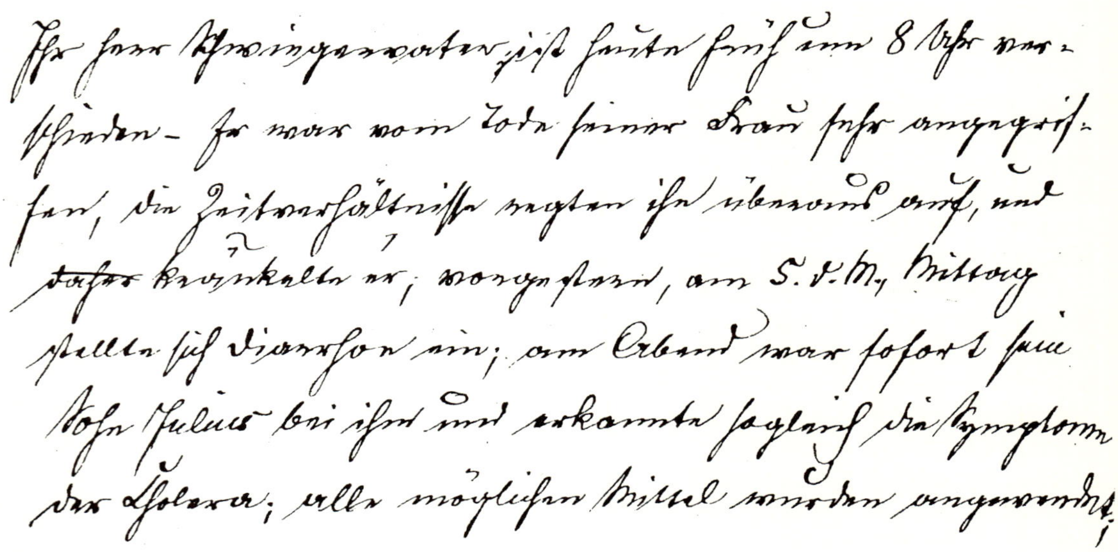
Ihr Herr Schwiegervater ist heute früh um 8 Uhr verschieden – Er war vom Tode seiner Frau sehr angegriffen, die Zeitverhältnisse regten ihn überaus auf, und daher kränkelte er; vorgestern, am 5.d.M., Mittag stellte sich Diarrhoe ein; am Abend war sofort sein Sohn Julius bei ihm und erkannte sogleich die Symptome der Cholera; alle möglichen Mittel wurden angewendet;

744 Brief des Großneffen Gustav Diesterweg mit Nachschrift von Marie Diesterweg an Heinrich Köhler über den Tod Adolph Diesterwegs, Berlin, 7.7.1866
21,5 x 14,3 cm
München, Privatbesitz
„Ihr Herr Schwiegervater ist heute früh um 8 Uhr verschieden – Er war vom Tode seiner Frau sehr angegriffen, die Zeitverhältnisse regten ihn überaus auf, und daher kränkelte er; vorgestern, am 5.d.M., Mittag stellte sich Diarrhoe ein; am Abend war sofort sein Sohn Julius bei ihm und erkannte sogleich die Symptome der Cholera; alle möglichen Mittel wurden angewendet.“

745 Totenmaske Adolph Diesterwegs
Gips, 1866
30 x 24 x 12 cm
Siegen, Siegerlandmuseum

Nur sechs Tage später fiel auch Geheimrat Paetsch der Cholera zum Opfer. In dem Maße, wie die sommerlichen Temperaturen in Berlin anstiegen, nahm auch die Zahl der Krankheitsfälle zu. Am 18. Juli war mit 251 Neuerkrankungen der Höhepunkt erreicht. Erst in der 18. Woche nach Ausbruch flaute die Epidemie ab, am 17. November wurde der letzte Cholerafall gemeldet. Insgesamt starben 5.206 Menschen.[36]

Unter dem Eindruck dieser Epidemie sah sich die Berliner Stadtverordnetenversammlung unter Führung des Arztes Rudolf Virchow veranlaßt, die durchaus nicht neuen Überlegungen zum Ausbau der Wasserversorgung und zur Einrichtung einer Kanalisation ernstlich voranzutreiben. Der von James Hobrecht ausgearbeitete Plan, die Abwässer über ein Radialsystem auf Rieselgüter abzuleiten, wurde 1874 endlich in Angriff genommen, der erste Bauabschnitt 1877 beendet.[37] Inzwischen war Berlin 1873 nochmals von der Cholera heimgesucht worden. Danach traten nur noch vereinzelte Krankheitsfälle auf – vermutlich ein Erfolg der Kanalisation.

1884 gelang es Robert Koch und seinen Mitarbeitern, den Kommabazillus als Cholera-Erreger zu identifizieren. Damit schien die Contagium-Theorie endgültig bestätigt. Pettenkofer bestritt als engagierter Hygieniker jedoch weiterhin vehement, daß der Erreger allein für das Entstehen einer Epidemie ausreichte. Zum Beweis dafür, daß Umweltfaktoren und persönliche Lebensumstände zumindest ebenso bedeutsam seien, schluckte er 1892 vor den Augen seiner entsetzten Studenten eine Cholerakultur, in der sich etwa eine Milliarde Bazillen befanden. Der Ausgang dieses Experimentes blieb zweideutig: Pettenkofer erkrankte, überlebte sein Experiment jedoch.[38] Erst als bekannt wurde, daß der Cholera-Bazillus für sein Gedeihen Wasser oder ein feuchtes Milieu im Boden benötigte, das bei mangelnder Stadthygiene im Überfluß vorhanden war, und daß er sich im menschlichen Darm nur dann ungehindert ausbreiten konnte, wenn er auf unverdaute Speisereste traf, war Pettenkofers Meinung rehabilitiert.[39]

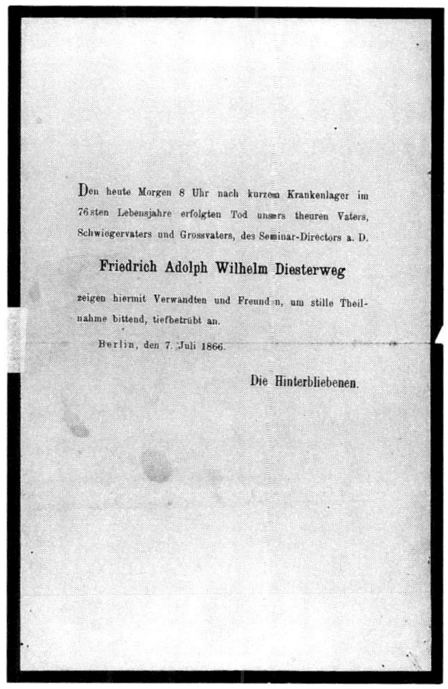

Den heute Morgen 8 Uhr nach kurzem Krankenlager im 76sten Lebensjahre erfolgten Tod unsers theuren Vaters, Schwiegervaters und Grossvaters, des Seminar-Directors a. D.

Friedrich Adolph Wilhelm Diesterweg

zeigen hiermit Verwandten und Freunden, um stille Theilnahme bittend, tiefbetrübt an.

Berlin, den 7. Juli 1866.

Die Hinterbliebenen.

746 Todesanzeige Adolph Diesterwegs
Berlin, 7.7.1866
20,2 x 13,2 cm
Niederaula, Privatbesitz

747 Dr. Hibeau
Adolph Diesterweg. Ein Nachruf.
Darmstadt, Leipzig 1866
München, Privatbesitz

1 Müller, E.H.: Die Cholera-Epidemie in Berlin im Jahre 1866. Amtlicher Bericht, erstattet im Auftrage der Königlichen Sanitäts-Commission. Berlin 1867, S. 6.
2 Hirsch, A.: Die allgemeinen acuten Infectionkrankheiten vom historisch-geographischen Standpunkte und mit besonderer Berücksichtigung der Aetiologie. 2. Aufl. Stuttgart 1881, S. 278f.
3 Hübenthal, C.P.W.: Die Darstellung und Behandlung der orientalischen Cholera von der persischen Grenze mitgeteilt. In: Hufelands Journal 1831 I, S. 88.
4 Petzold, M.: Die Cholera in Berlin unter besonderer Berücksichtigung sozialmedizinischer und städtehygienischer Gesichtspunkte. Med. Diss. FU Berlin 1974, S. 20f.
5 Sticker, G.: Abhandlungen aus der Seuchengeschichte und Seuchenlehre. Bd. II: Die Cholera. Gießen 1912, S. 1f.
6 Ebenda, S. 13ff., 76ff., 10.
7 Petzold, M.: a.a.O., S. 23, Tab. 26.
8 Imhof, A.E.: Mortalität in Berlin vom 18. bis 20. Jahrhundert. In: Berliner Statistik 8, 1977, S. 138.
9 Petzold, M.: a.a.O., S. 28.
10 Kurze Anweisung zur Erkenntnis und Heilung der Cholera. 2. Ausg. Berlin 1831, S. 11.
11 Canstatt, C.: Darstellung und kritische Beleuchtung des Wesens und der bis jetzt aufgefundenen Behandlungsweisen der ostindischen Brechruhr (Cholera). Regensburg 1831, S. 44.
12 Petzold, M.: a.a.O., S. 81-84.
13 Gesetz wegen Bestrafung derjenigen Vergehen, welche die Übertretung zur Abwehr der Cholera erlassenen Verordnungen betreffen, v. 15. Juni 1831. Vgl. Petzold, M.: a.a.O., S. 76f., 89.
14 Bloth, H.G.: Adolph Diesterweg. Sein Leben und Wirken für Pädagogik und Schule. Heidelberg 1966, S. 123.
15 Petzold, M.: a.a.O., Tab. 26.
16 Ebenda, S. 91f.
17 Schütz, W.: Vergleichende statistische Übersicht der in Berlin in den vier Epidemien 1831, 1832, 1837 und 1848 vorgekommenen Cholerafälle nach den Wohnungen der Erkrankten aus amtlichen Listen zusammengestellt und erläutert. Berlin 1849, S. 15.
18 Sticker, G.: a.a.O., S. 120.
19 Müller, E.H.: a.a.O., S. 5.
20 Griesinger, W., Pettenkofer, M.v., Wunderlich, C.A.: Cholera-Regulativ. München 1866, S. 13-16.
21 Ebenda, S. 17-22.
22 Berliner Klinische Wochenschrift v. 25.6.1866, S. 171.
23 Bloth, H.G.: a.a.O., S. 407.
24 Müller, E.H.: a.a.O., S. 12.
25 Küchenmeister, F.: Handbuch der Lehre von der Verbreitung der Cholera und von den Schutzmaßregeln gegen sie. Erlangen 1872, S. 127.
26 Hahn, H., Langenbein, F. (Hrsg.): Fünfzig Jahre Berliner Stadtentwässerung 1878-1928. Berlin 1928, S. 34.
27 Küchenmeister, F.: a.a.O., S. 126f., 114f.
28 Müller, E.H.: a.a.O., S. 12.
29 Ebenda, S. 26f.
30 Küchenmeister, F.: a.a.O., S. 137.
31 Langenberg, E.: Adolph Diesterweg. Sein Leben und seine Schriften. Th. 3: Diesterweg außer Diensten. Frankfurt a.M. 1868, S. 223.
32 Ebenda, S. 224.
33 Müller, E.H.: a.a.O., S. 137.
34 Petzold, M.: a.a.O., S. 87.
35 Zimmermann: Glücklicher Erfolg der Einspritzung einer Salzlösung in die Vene einer Cholerakranken. Erster Versuch in Deutschland. In: Hufelands Journal 1832 II, S. 101.
36 Petzold, M.: a.a.O., Tab. 26; Küchenmeister, F.: a.a.O., S. 137f.
37 Ackerknecht, E.H.: Rudolf Virchow – Arzt, Politiker, Anthropologe. Stuttgart 1957, S. 113-115.
38 Beyer, H.: Max von Pettenkofer, Arzt im Vorfeld der Krankheit. Leipzig 1980, S. 207f.
39 Sticker, G.: a.a.O., S. 101-103.

Ulrike Pilarczyk

Jubelfeiern und Lobgesänge in Wilhelminischer Zeit

Diesterweg und seine „Jünger"

Am 100. Geburtstag Friedrich Adolph Wilhelm Diesterwegs, am 29. Oktober 1890, konstatierte das *Berliner Tageblatt* in seiner Morgenausgabe, das Jahr 1890 sei ein „Diesterweg-Jahr". In der Tat hatten in seinem Verlaufe vielerorts Gedächtnisfeiern zu Ehren des 1866 verstorbenen Jubilars stattgefunden, deren genaue Zahl sich nicht mehr mit Sicherheit ermitteln läßt. Offizielle Feiern wurden – zumeist unter der Verantwortung der örtlichen Lehrervereine – in Dresden, Hamburg, Cuxhaven, Hannover, Schwerin, Cöslin, Wiesbaden, Mannheim, Braunschweig, Worms, Haldensleben, Ballenstedt, Siegen, Moers und Frankfurt durchgeführt. In Berlin fand eine Festveranstaltung schon im Rahmen des zu Pfingsten 1890 in der Hauptstadt tagenden VIII. Deutschen Lehrertages, eine zweite dann im Oktober statt. Auch im Ausland fand das Jubiläum große Beachtung. Zeitgenössischen Korrespondentenberichten zufolge feierte man Diesterwegs 100. Geburtstag sogar in der deutschen Kolonie in Süd-Australien und in Amerika, dort organisiert vom Nationalen Deutsch-Amerikanischen Lehrerbund in Cleveland (Ohio).

In der Presse wurde das Säkulum weithin beachtet. Die Lehrer wetteiferten im Verfassen von Schriften über Diesterweg. Allein im Jahr 1890 erschienen über 30 eigenständige Publikationen. Sie ergeben ein lebendiges, teils anrührendes Bild von der Wertschätzung, der sich der Altmeister der Lehrerbildung unter deutschen Schulmännern erfreute und die nun nach jenen Jahren, da sein Name nicht genannt und seine Schriften nicht gelesen werden durften, wieder offen gezeigt werden konnte. Das Andenken ihres „Meisters" zu wahren, waren ehemalige Schüler schon wenige Wochen nach dem Hinscheiden des prominenten Pädagogen angetreten. Sie trafen sich im Sommer 1866 im Gedenken an ihren hochverehrten Lehrer in Berlin. Damals entstand die Idee, an Diesterwegs Grabstätte auf dem Matthäi-Kirchhof ein Denkmal zu errichten. Ein entsprechender Spendenaufruf an die Lehrer fand ein unerwartetes Echo. Schon im Herbst verfügte das Komitee zur Errichtung des Denkmals über soviel überschüssige Geldmittel, daß man davon eine Gedenktafel an Diesterwegs letzter Wohnstätte in Berlin, Hafenplatz 2, finanzieren konnte. Man plante, den restlichen Betrag an die Pestalozzi-Stiftung in Pankow zu überweisen. Die Enthüllung des Diesterweg-Denkmals, eine Bronzebüste auf Granitsockel, gefertigt von Prof. Albert Wolff, konnte aufgrund der Kürze der zur Verfügung stehenden Zeit erst zu Diesterwegs erstem Todestag im Juli 1867 stattfinden.

Noch im Herbst 1866 waren bei dem Komitee zahlreiche Anträge von Lehrervereinen und Einzelpersonen eingegangen, die die Gründung einer Diesterweg-Stiftung vorschlugen. Diese Idee wurde aufgenommen und eine Erklärung veröffentlicht, in der eine Diesterweg-Stiftung avisiert wurde, deren Gründungsfonds sich aus den überschüssigen Geldbeträgen zur Errichtung des Denkmals speisen und die den Zweck verfolgen sollte, die Fortbildung besonders talentierter und engagierter Volksschullehrer zu fördern. Daß diese Stiftung tatsächlich im Geiste Diesterwegs Bedeutung gewann, ist wesentlich das Verdienst von Friedrich Dittes, des streitbaren Weggenossen Diesterwegs. Aus Gotha, wo er zu dieser Zeit noch als Schulrat und Seminardirektor tätig war, sandte er im November 1866 einen Brief an das Komitee, in dem er die Wirksamkeit einer Stiftung, die lediglich individuelle Hilfsleistungen anstrebte, bezweifelte. Vielmehr sollte sie den Zweck haben, *„Diesterwegs Errungenschaften und Diesterwegs Geist in der Lehrerschaft lebendig zu erhalten und fortzupflanzen, gegen-*

748 Aufruf zu einer Spendensammlung für die Errichtung eines Diesterweg-Denkmals
Berlin, 16.8.1866
Berliner Blätter für Schule und Erziehung
Jg.7, 1866
749 Die Gedächtnisfeier und das Denkmal für Adolph Diesterweg in Berlin
Illustrirte Zeitung, 27.7.1867
20,0 x 27,4 cm
Siegen, Siegerlandmuseum
750 Dankschreiben des Wiener Lehrervereins „Diesterweg" an die Stifter des Diesterweg-Denkmals in Berlin, Wien (1867)
Telegrammentwurf
Leipzig, Privatbesitz

über den Zwecken und dem Geiste der Regulative, der orthodoxen Reaktion, der politischen Dressur, des Mechanismus, der Servilität, der Gesinnungslosigkeit usw. Kurz: allen Strebungen, welche auf die Schädigung der deutschen Schule und auf die geistige und sittliche Lähmung des Lehrerstandes eingerichtet sind. Dies der Zweck der Stiftung, der wirklichen Diesterweg-Stiftung."[1]

Dittes schlug vor, die Zinsen des Fonds der Stiftung zur Förderung „einer gediegenen, in Diesterwegs Geist gehaltenen pädagogischen Literatur"[2] zu verwenden. Preisaufgaben sollten direkt an Aussagen aus Diesterwegs Schriften anschließen. Der Vorschlag wurde als überzeugend aufgegriffen, und in den Jahren 1867-1887 schrieb das Kuratorium neun Preisfragen aus, die erste wichtige Impulse zur Rezeption des Diesterweg'schen Werkes gaben. Zugleich veröffentlichte die Diesterweg-Stiftung 1873 bis 1875 eine fünfte, erweiterte und bearbeitete Ausgabe des pädagogischen Hauptwerkes von Diesterweg, des „Wegweisers zur Bildung für deutsche Lehrer". Im Jahre 1890 folgte eine sechste Auflage des ersten Teiles dieses Werkes, bereichert um weitere didaktische Schriften aus Diesterwegs Feder.

Insbesondere durch die Herausgabe „Ausgewählter Schriften" im Jahr 1877/78 und eine dreibändige Biographie Diesterwegs im Jahr 1867/68 erwarb sich sein ehemaliger Schüler und Freund Eduard Langenberg große Verdienste um die Verbreitung und Popularisierung Diesterweg'scher Ideen und Schriften. Auch „äußere" Ehrungen wurden dem Pädagogen in diesen Jahren zuteil, zumeist initiiert von noch lebenden Schülern, Freunden und Kollegen. Die Errichtung eines Denkmals auf dem Kaiserberg bei Herdecke im Jahr 1874 geschah beispielsweise auf Anregung Friedrich Harkorts[3], der Diesterweg über den Tod hinaus verbunden war. 1880 beschlossen 12 Absolventen des Moerser Lehrerseminars und Schüler Diesterwegs die Errichtung eines Denkmals in Moers, wo Diesterweg von 1820 bis 1832 als Seminardirektor gewirkt hatte.[4] 1882 fand die Büste – im übrigen eine Kopie der Berliner – gegenüber dem neuen Seminargebäude ihren Platz. Schließlich errichtete auch Diesterwegs Vaterstadt Siegen ihrem nicht vergessenen Sohne 1890 ein Denkmal.

Immer wieder erwiesen sich ehemalige Schüler des Seminardirektors als Initiatoren solcher Veranstaltungen. Von ihnen lebten 1890

751 Grabstätte Diesterwegs auf dem Matthäifriedhof, gestiftet von seinen dankbaren Schülern
Photographie, 1867
32 x 24 cm
Berlin (DDR), Schulmuseum der Akademie der Pädagogischen Wissenschaften

752 Büste Adolph Diesterwegs
Bronzeguß von Albert Wolff, 1866/67
Nachguß von Walter Kessler, 1990
62 x 39 x 24 cm
Die Bronzebüste für Diesterwegs Grabstätte auf dem Alten St.Matthäus-Kirchhof in Berlin war unmittelbar nach Diesterwegs Tod vom Berliner Bildhauer Professor Albert Wolff (1814-1892) geschaffen worden. Als diese im Dezember 1869 gestohlen wurde, stellte Wolff nach dem Modell, das er der Pankower Pestalozzistiftung vermacht hatte, eine Marmorfassung her; diese Büste verschwand während oder nach dem Zweiten Weltkrieg vom Grab.
Im Jahr 1882 war von Wolffs Büste ein weiterer Bronzeguß für Moers geschaffen worden. Von dieser Büste ließ der Senat von Berlin 1990 einen Nachguß anfertigen, mit dem die Diesterweg-Grabstätte wieder in ihren alten Zustand versetzt wurde. Ein Zweitexemplar dieses Nachgusses sowie eine entsprechende Gipsbüste (Abbildung) befinden sich im Besitz der Universität Siegen.

753 Eduard Langenberg in der Efeulaube seines Hauses in Bonn, 1890
Photographie
10,0 x 7,2 cm
Dormagen, Privatbesitz

754 E. Langenberg
Zwei Rechenaufgaben. Zum 100.Geburtstag Adolf Diesterwegs, 29.10.1890. Dem Andenken der alten Rechenmeister in den Schmieden und Hütten des Siegerlandes gewidmet.
Faltblatt
22,5 x 14,2 cm
Dormagen, Privatbesitz

755 Statuten des Mannheimer Diesterwegs-Vereins, um 1880/90
13,8 x 22,1 cm
Dormagen, Privatbesitz

immerhin noch 40. Der älteste, Wilhelm Böckmann aus Berlin, Ehrenmitglied des Kuratoriums der Diesterweg-Stiftung, war 88 Jahre. Auch die weitverzweigte Familie Diesterweg tat das ihre. Die Mehrzahl der Feiern fand unter ihrer Beteiligung statt.

Während der Feierlichkeiten und in den Festreden überwogen biographische Elemente und episodische Schilderungen. Allgemein wurde Diesterweg als ein Meister der Unterrichtsmethode und als ein Muster an Pflichtbewußtsein gewürdigt, auch von jenen, die sich von seiner religiösen Überzeugung distanzierten. Diesterwegs Eintreten für eine demokratische Volksbildung, sein Kampf gegen die „Preußischen Regulative", jene ministeriellen Verfügungen, die in den 50er und 60er Jahren zu einer drastischen Minimierung des Bildungsangebotes in der Volksschule und der Lehrerausbildung geführt hatten, traten demgegenüber jedoch vielfach in den Hintergrund der Betrachtung. Gleichwohl fanden sich Stimmen, die Diesterwegs angeblich unausgeglichenes Temperament für die Repressalien, denen er sich seit den 40er Jahren ausgesetzt sah, indirekt verantwortlich machten.[5]

Die Jubelfeiern des Jahres 1890 enthielten Festreden, Gedichte und Lieder, über deren künstlerischen Gehalt man im einzelnen sicher nicht streiten muß. Sie waren häufig mit einer Kranzniederlegung verbunden und endeten in der Regel in geselliger Runde bei einem Festmahl. Auch Festspiele gab es. So entfaltete sich beispielsweise vor den Teilnehmern der Mannheimer Diesterweg-Feier die Geschichte der Volksschule und ihrer Kämpfe von Sokrates, Pythagoras und Aristoteles bis hin zu ihrem Sieg dank Diesterweg in sechs Bildern. Den Abschluß des Spektakels „Des Pädagogen Traum" von Paul Risch krönte die Verbildlichung Diesterweg'scher Verdienste um die Volksbildung. Inmitten grüner Blattpflanzen und Lorbeerbäume erblickte man die Büste des ehrwürdigen Jubilars auf einem Sockel, umgeben von der symbolträchtigen „Germania" und „der Volksschule" in Gestalt zweier ortsansässiger Protagonistinnen. Während diese ihn mit Lorbeer bekränzten, warf sich ihm eine Dritte in der Rolle des „Genius des Lichts" zu Füßen, was wiederum den anwesenden Lehrerabordnungen ein Zeichen für die Kranzniederlegung gab.

Was den wissenschaftlichen Ertrag der Diesterweg-Feiern des Jahres 1890 anbelangt, so wurde insbesondere in den von der Diesterweg-Stiftung preisgekrönten Abhandlungen von Edwin Wilke und Wilhelm Kreitz zur Lehrerbildung, aber auch bei Max Pohlandt, Ernst Lüttge und dem Diesterweg-Schüler Ludwig Rudolph das Bemühen sichtbar, ausgehend von Diesterwegs Zielen und Forderungen, gravierende Probleme der Volksschule, der Lehrerbildung und der sozialen Stellung des Volksschullehrers sichtbar werden zu lassen.[6] Noch immer fehlten zum Beispiel ein Schulgesetz, gesetzliche Regelungen für die Ordnung der Schulverhältnisse und die rechtliche Stellung des Lehrers. Das Gehalt der meisten Lehrer reichte kaum hin, um dringende Lebensbedürfnisse zu befriedigen. Der Lehrer befand sich oft in direkter Abhängigkeit von den Gemeinden, denen die Schule eine unnütze Last war. Trotz des Schulaufsichtsgesetzes von 1872 war die geistliche Schulaufsicht vorherrschend – ganz entgegen der Diesterweg'schen Forderung, die Schulaufsicht nur noch pädagogischen Fachmännern zu übertragen. Nach wie vor verrichtete ein Großteil der Lehrer Küsterdienste, wogegen Diesterweg bereits seit 1839 öffentlich aufgetreten war.

Plastisch wird das Bild von den kritikwürdigen, elenden Zuständen in den Volksschulen allein durch die Tatsache, daß in den 80er Jahren des vorigen Jahrhunderts in Preußen fast die Hälfte aller Kinder in Klassen mit über 80 Schülern saßen, davon 80.000 in Klassen, deren Klassenfrequenz 150 Schüler überstieg. Darüber hinaus war es keine Seltenheit, wenn diese Klassen ihren Raum in vor- und nachmittäglichem Wechsel mit einer anderen teilen mußten.[7]

Es war wiederum Friedrich Dittes, der durch seine Gedächtnisrede auf dem VIII. Deutschen Lehrertag zu Pfingsten in Berlin Diesterwegs

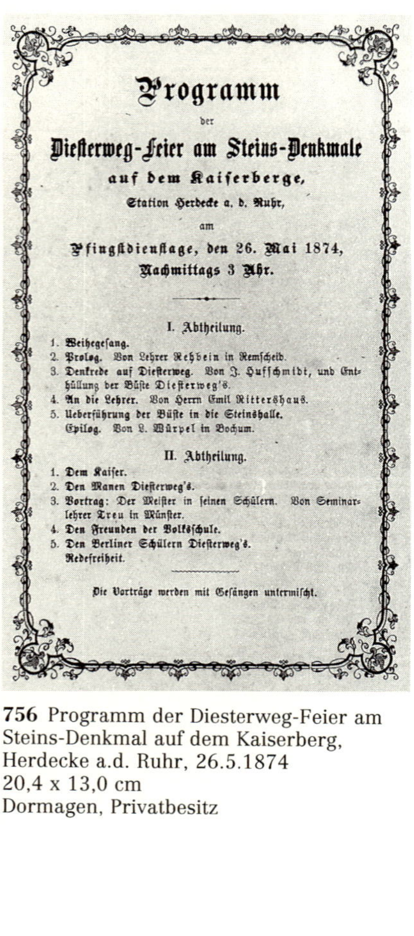

Programm
der
Diesterweg-Feier am Steins-Denkmale
auf dem Kaiserberge,
Station Herdecke a. d. Ruhr,
am
Pfingstdienstage, den 26. Mai 1874,
Nachmittags 3 Uhr.

I. Abtheilung.

1. Weihegesang.
2. Prolog. Von Lehrer Rehbein in Remscheid.
3. Denkrede auf Diesterweg. Von J. Huffschmidt, und Enthüllung der Büste Diesterweg's.
4. An die Lehrer. Von Herrn Emil Rittershaus.
5. Ueberführung der Büste in die Steinshalle.
Epilog. Von L. Würpel in Bochum.

II. Abtheilung.

1. Dem Kaiser.
2. Den Manen Diesterweg's.
3. Vortrag: Der Meister in seinen Schülern. Von Seminarlehrer Treu in Münster.
4. Den Freunden der Volksschule.
5. Den Berliner Schülern Diesterweg's.
Redefreiheit.

Die Vorträge werden mit Gesängen untermischt.

756 Programm der Diesterweg-Feier am Steins-Denkmal auf dem Kaiserberg, Herdecke a.d. Ruhr, 26.5.1874
20,4 x 13,0 cm
Dormagen, Privatbesitz

Vermächtnis in der deutschen Lehrerschaft lebendig werden ließ und damit jene Festveranstaltung zur bedeutendsten, aber auch umstrittensten öffentlichen Diesterweg-Ehrung des Jahres 1890 erhob. Der damals 61jährige Dittes, wie Diesterweg wegen seiner demokratischen Gesinnung in Deutschland aus seinen Ämtern entfernt und zu jener Zeit in Wien tätig, übte vor den etwa 4.000 Delegierten der 60.000 Mitglieder des Deutschen Lehrervereins scharfe Kritik an den herrschenden Schulverhältnissen. Er erinnerte an den humanistischen Auftrag der Volksschule zur allgemeinen Menschenbildung, der unvereinbar war mit politischen und religiösen Partikularinteressen, deren Machtanspruch auf die Schule er klar zurückwies. Mit der ganzen vitalen Kraft seiner Persönlichkeit beschwor er die deutsche Lehrerschaft, sich im Kampf um die Verwirklichung des erstrebten Ideals zu vereinen und kritisierte jene spürbaren Tendenzen der Zersplitterung der Lehrerbewegung in unbedeutende lokale und regionale Interessengruppen. Insbesondere geißelte er die Bestrebungen der Zeit, den Lehrer mundtot zu machen, ihn geistig zu knebeln und seiner bürgerlichen Rechte zu berauben.[8]

Mit seiner Einschätzung, unter diesen drückenden Verhältnissen könne ein Schulmann vom Schlage Diesterwegs „gar nicht entstehen und bestehen", sollte Dittes Recht behalten.[9] Zwar erhielt seine zündende Rede begeisterte Zustimmung, aber diese war nicht ungeteilt. Bereits am nächsten Tag distanzierte sich die Abordnung des Rheinlandes von der „politischen und religiösen" Tendenz der Rede.[10] Auch im Preußischen Abgeordnetenhaus wurde am 4. Juni Dittes' Rede Gegenstand heftiger Auseinandersetzungen. Der Tumult, der sich in den folgenden Wochen und Monaten in der vorherrschend konservativen Presse gegen Dittes und den gesamten Deutschen Lehrertag erhob, erinnerte an die Zeiten schwärzester Reaktion. Irreligiosität und Radikalismus warf man Dittes vor, „vormärzliche Tiraden", mit denen er zum Sturz der staatlichen und kirchlichen Ordnung aufgerufen habe im Verein mit seinen sozialdemokratischen Gesinnungsgenossen.[11] Und wie weiland zu Lebzeiten Diesterwegs fehlte es nicht an verzerrten Darstellungen und Verleumdungen. Dabei wurde deutlich, daß sich trotz des allgemeinen Machtgerangels nach dem Rücktritt von Reichskanzler Bismarck alle, sowohl die Konservativen und

757 Brief des Moerser Bürgermeisters an den Vorsitzenden des Komitees zur Errichtung eines Diesterweg-Denkmals in Moers, Eduard Langenberg, 10.2.1882
Leipzig, Privatbesitz

Festgruß von Ferd. Erdelen aus Essen.

Heut schlägt das Herz voll Wonn' und Lust!
Es flammt die Liebe in der Brust
Zu ihm, dem Teuern, hochgeehrt,
Der machtvoll schwang des Geistes Schwert.

Als Pädagog voll Ruhm und Glanz,
Schmückt ihn der schönste Lorbeerkranz!
Es jubeln tausend Stimmen laut:
Er hat am Wohl des Volks gebaut.

Und wie ein Stern, groß, licht und mild,
So strahlt entgegen uns sein Bild!
„Das war wohl eine Gloria,
Wenn einem der ins Auge sah."

Ein Blümlein bring' ich zu dem Kranz,
Den heut ihm windet voll und ganz
Der treuen Jünger große Schar; —
Sein Grab ist unser Herz fürwahr.

758 Die Enthüllungsfeier des Diesterweg-Denkmals in Moers am 7.Oktober 1882. Frankfurt a.M. 1882
Niederaula, Privatbesitz

759 Toast des Moerser Bürgermeisters auf die Schüler Adolph Diesterwegs, Moers, 7.10.1882
Leipzig, Privatbesitz

760 Postkarte „Gruss aus Siegen" mit Kaiser-, Krieger- und Diesterweg-Denkmal, 1900
9 x 14 cm
Siegen, Privatbesitz

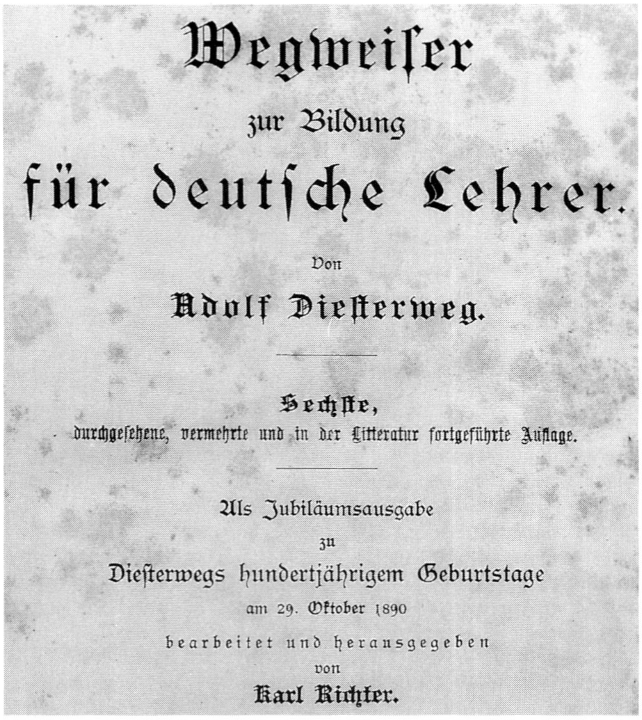

Wegweiser

zur Bildung

für deutsche Lehrer.

Von

Adolf Diesterweg.

Sechste,

durchgesehene, vermehrte und in der Litteratur fortgeführte Auflage.

Als Jubiläumsausgabe

zu

Diesterwegs hundertjährigem Geburtstage

am 29. Oktober 1890

bearbeitet und herausgegeben

von

Karl Richter.

761 Wegweiser zur Bildung für deutsche Lehrer. Von Adolf Diesterweg. Sechste, durchgesehene, vermehrte und in der Litteratur fortgeführte Auflage. Herausgegeben von Karl Richter. Als Jubiläumsausgabe zu Diesterwegs hundertjährigem Geburtstage am 29.Oktober 1890. Frankfurt a.M. 1890

762 Adolph Diesterweg
Kleinbüste, Gips, um 1890
20,0 x 16,0 x 9,5 cm
Siegen, Privatbesitz

763 Die Feier des hundertjährigen Geburtstages Adolf Diesterwegs und die Enthüllung eines Denkmals in Siegen am 20.Oktober 1890. Bielefeld o.J.
Niederaula, Privatbesitz

764 Die Enthüllung des Diesterweg-Denkmals in Siegen zu Adolph Diesterwegs 100.Geburtstag.
Sieg-Lahn-Zeitung, 31.10.1890
Kiedrich, Privatbesitz

765 A. Böhme
Adolf Diesterweg. Eine Dankesgabe zum 29.Oktober 1890. Berlin 1890
Dormagen, Privatbesitz
Die Widmung des Verfassers auf dem Deckel gilt dem „treuen Freund Diesterwegs, Herrn Eduard Langenberg, 20.10.1890".

766 L. Rudolph
Adolf Diesterweg, der Reformer des deutschen Volksschulwesens im neunzehnten Jahrhundert. Festschrift zur Feier seines hundertjährigen Geburtstages den 29.Oktober 1890. Berlin 1890

767 Aufruf des Deutschen Schulmuseums zur Diesterweg-Sammlung, August 1886
Berlin (DDR), Schulmuseum der Akademie der Pädagogischen Wissenschaften

768 Die Diesterweg-Sammlung des Deutschen Schulmuseums, Januar 1887
Literarische Beilage zur Pädagogischen Zeitung Jg.12, 1887
Berlin (DDR), Schulmuseum der Akademie der Pädagogischen Wissenschaften

Ultramontanen als auch die Nationalliberalen, in ihrer antidemokratischen Zielsetzung einig waren, in ihrem Vorgehen gegen alle Tendenzen zur Demokratisierung der Schule und der Lehrerbewegung. Nur von der Seite der Freisinnigen gab es auch positive Urteile. Die sozialdemokratische Presse zollte dem engagierten Eintreten Dittes' gegen die geistliche Bevormundung der Schule Anerkennung.[12]

Welche Auswirkungen jedoch die antisozialistische Gesetzgebung, die jahrelange Unterdrückung der Lehrerbewegung bereits innerhalb der deutschen Lehrerschaft hatte, mag ein letztes Beispiel illustrieren. Im Nachtrag der Diesterweg-Ehrungen vom Oktober 1890 in Berlin sah sich der Vorstand des Bremer Lehrervereins genötigt, eine Presseerklärung zu veröffentlichen, in der er die rote Schleife, die den Kranz für das Grab Diesterwegs schmückte, als bedauerliches Mißverständnis bezeichnete. Mit der gewählten Farbe habe man keinerlei politische Bestrebungen, schon gar keine sozialistischen, andeuten wollen.

1 Diesterwegs Gedächtnisfeier in Berlin. Frankfurt a.M. 1867, S. 29f.
2 Ebenda, S. 30.
3 Vgl. Beiträge zur Geschichte von Hagen-Haspe. Archiv der Akademie der Pädagogischen Wissenschaften der DDR: 1.1.01. F.A.W. Diesterweg, Nr. 80.
4 Vgl. Die Enthüllungsfeier des Diesterweg-Denkmals in Moers am 7. Oktober 1882. Eine Festschrift. Frankfurt a.M. 1882, S. 3.
5 Vgl. Adolf Diesterweg. Gedächtnisfeier am 29. Oktober 1890 in Berlin. Festbericht o.O., o. J., S. 17f.
6 Vgl. Kreitz, W.: Diesterweg und die Lehrerbildung. Wittenberg 1890. Lüttge, E.: Adolf Diesterweg in seiner Bedeutung für die Hebung des Volksschullehrerstandes. Leipzig 1890. Pohlandt, M.: Diesterwegs Verdienste um die Lehrerbildung. Leipzig 1890. Rudolf, L.: Adolf Diesterweg, der Refomator des deutschen Volksschulwesens im neunzehnten Jahrhundert. Berlin 1890. Wilke, E.: Diesterweg und die Lehrerbildung. Ein Beitrag zur Geschichte des deutschen Volksschullehrerstandes. Berlin 1890.
7 Vgl. Tews, J.: Ein Jahrhundert preußischer Schulgeschichte. Leipzig 1914, S. 194f.
8 Vgl. Bericht über den VIII. Deutschen Lehrertag in Berlin vom 26.-29. Mai 1890. Berlin 1890, S. 20-34.
9 Ebenda, S. 33.
10 Vgl. ebenda, S. 172.
11 Vgl. Tews, J.: Der achte deutsche Lehrertag und seine Gegner. Leipzig 1890, S. 34, 48, 51, 54, 62, 63 Anm., 64f., 69.
12 Vgl. ebenda, S. 37.

769 P. Risch
Des Pädagogen Traum. Berlin o.J. (1890)

Des

Pädagogen Traum.

Festspiel von **Paul Risch.**

Musik von **Paul Ziegler.**

Aufgeführt am

Mittwoch den 28. Mai 1890

bei der

Diesterweg-Feier

des

VIII. Deutschen Lehrertages

im Saale der Philharmonie zu Berlin.

I. Bild: Die Lehrer Griechenlands.

Pythagoras. Sokrates, Aristoteles, Chor der Jünglinge.

II. Bild: Karl der Grosse in der Schola Palatina.

Karl der Grosse, Eginhard, Alkuin, Chor der Schüler.

III. Bild: Scholares vagantes.

Landsknechte. Bettelmönche, fahrende Schüler.

IV. Bild: Die preussische Volksschule.

Friedrich Wilhelm I., Grumbkow, Dorfschullehrer, Dorfkinder.

V. Bild: Pestalozzi in Stanz.

Pestalozzi, Waisenkinder.

VI. Bild: Diesterwegs Apotheose.

Germania, Volksschule, grosser Schlusschor.

Regie: Otto Lehnig und Hugo Lindner.

Dirigent: Professor Felix Schmidt.

Orchester: Kapelle des Königl. Musikdirektors und Professors L. v. Brenner.

Autoren

Hans-Jürgen Apel, geb. 1939. Prof. Dr., Lehrstuhl für Schulpädagogik, Universität Bayreuth. Schriften zur Schulgeschichte und zur Unterrichtslehre.
Franzjörg Baumgart, geb. 1943. Studium der Geschichte, Philosophie und Pädagogik. 1973 Promotion in Neuerer Geschichte, danach Wissenschaftlicher Assistent bzw. Akademischer Rat am Institut für Pädagogik der Ruhr-Universität Bochum mit dem Arbeitsschwerpunkt Bildungsgeschichte. Zur historiographischen Einschätzung Diesterwegs: Zwischen Reform und Reaktion. Preußische Schulpolitik 1806-1859 (Darmstadt 1990).
Imbke Behnken, geb. 1941. Dr. phil., Erziehungswissenschaftlerin an der Universität-Gesamthochschule Siegen. Arbeitsschwerpunkte: Kindheits- und Jugendforschung.
Jürgen Bennack, geb. 1941. Industriekaufmann, Lehrer, 1975 (Bonn) Promotion in Erziehungswissenschaften über G.F. Dinter, 1988 (Köln) Habilitation für Allgemeine Didaktik und Schulpädagogik, Thema: Schulhygiene. Weitere Arbeiten über Medien, programmierten Unterricht und Schultheorie, Herausgeber einer Reihe historischer Schulbücher. Derzeit Oberstudienrat im Hochschuldienst an der Universität zu Köln.
Hans Christoph Berg, geb. 1936 in Rostock, aufgewachsen bei Stuttgart. Abitur in Berlin, Volksschullehrerstudium in Wuppertal und Psychologiestudium in Berlin. 1971-1976 Mitarbeiter in der Deutsch-Schwedischen Mitwirkungskommission und in einem DFG-Projekt zur Literaturdidaktik. Seit 1976 Professor für Schulpädagogik und Didaktik an der Philipps-Universität Marburg. Schwerpunktthema: Lehrkunst in Schulvielfalt.
Gerhard Betsch, geb. 1934. Dr. rer. nat., Akademischer Oberrat am Mathematischen Institut der Universität Tübingen. Veröffentlichungen zur Theorie der Fastringe, einem Teilgebiet der Algebra, und zur Geschichte der mathematischen Wissenschaften an der Universität Tübingen.
Burkhard Dietz, geb. 1954. Wissenschaftlicher Mitarbeiter an der Fakultät für Geschichtswissenschaft der Universität Bochum, Wissenschaftsjournalist und Redakteur von „Perspektiven – Zeitschrift für Wissenschaft, Kultur und Praxis“. Veröffentlichungen u.a.: Universität und Politik (1990, hrsg. mit Winfried Schulze u. Wolfhard Weber), Topographia Ducatus Montani, 2 Bde. (1988), Mit Kutsche, Dampfroß, Schwebebahn (1984, hrsg. mit Jürgen Reulecke). Herausgeber der regionalgeschichtlichen Zeitschrift „Neues Bergisches Jahrbuch“ (3 Bde.).
Klaus Gasseleder, geb. 1945. Lehrer und Wissenschaftlicher Mitarbeiter der Schulgeschichtlichen Sammlung Bremen.
Gert Geißler, geb. 1948. Dr. sc. paed., Studium der Geschichte und Germanistik in Leipzig, Wissenschaftlicher Mitarbeiter an der Akademie der Pädagogischen Wissenschaften der DDR. Veröffentlichungen zur Geschichte der Erziehung im 19. und 20. Jahrhundert und insbesondere zu Diesterweg.
Lutz Geldsetzer, geb. 1937. Prof. Dr. phil., Studium in Mainz und Paris. Seit 1967 Privatdozent und seit 1969 Professor für Philosophie an der Universität Düsseldorf, Leiter der Abteilung Wissenschaftstheorie und des Fries-Archivs am Philosophischen Institut. Mit Prof. Dr. G. König (Universität Bochum) Herausgeber von J.F. Fries: Sämtliche Schriften (Aalen 1967ff., bisher 24 Bde.) und der „Zeitschrift für allgemeine Wissenschaftstheorie / Journal for General Philosophy of Science“ (seit 1970), Herausgeber: Instrumenta Philosophica (Düsseldorf 1965ff., 16 Bde.). Schriften: Institutionenkunde für das Philosophiestudium (1971), Logik (1987), Chinesisch-deutsches Lexikon der chinesischen Philosophie (1987, mit Hong Handing).
Oskar Geppert, geb. 1946. M.A., Dr. phil., Studium der Mathematik, Physik, Musik, Pädagogik und Philosophie. Seit 1975 im Schuldienst tätig. Promotion über K.F.W. Wander an der Justus-Liebig-Universität in Gießen.
Stefan Greif, geb. 1961 in Siegen. Studium der Germanistik und Evangelischen Theologie, derzeit Wissenschaftlicher Mitarbeiter an der Universität-Gesamthochschule Paderborn.
Karl-Heinz Günther, geb. 1926. Prof. Dr. paed. habil., Studium der Geschichte und der Pädagogik an der Martin-Luther-Universität Halle-Wittenberg. Ordentliches Mitglied der Akademie der Pädagogischen Wissenschaften der DDR, Korrespondierendes Mitglied der Akademie der Wissenschaften der DDR, Vorsitzender der Kommission für deutsche Erziehungs- und Schulgeschichte. Veröffentlichungen zur Geschichte der Erziehung vor allem des 19. Jahrhunderts sowie zur Allgemeinen Pädagogik.
Hans Haering, geb. 1924. Studiendirektor i.R. in Herborn. Studium der Germanistik, Geschichte und Pädagogik 1942, 1947-51, 1959/60 in Jena und Marburg. Lehrer an Grundschulen, einer Fachschule und einem Gymnasium, zuletzt Fachleiter am Studienseminar Gießen. Veröffentlichungen besonders zur Spätzeit der Hohen Schule in Herborn.
Hilde Hegener-Spierling, geb. 1955. Gymnasiallehrerin für Kunst und Französisch, verschiedene Lehraufträge im Fach Kunst, derzeit Wissenschaftliche Mitarbeiterin an der Universität-Gesamthochschule Siegen.
Ulrich Herrmann, geb. 1939. Studium der Geschichte, Germanistik, Philosophie und Pädagogik an den Universitäten Heidelberg und Köln. Seit 1976 Professor der Allgemeinen und Historischen Pädagogik an der Universität Tübingen. Herausgeber zahlreicher Quelleneditionen, Untersuchungen und Sammelbände zur Geschichte und Theorie der Pädagogik von der Aufklärung bis zur Gegenwart.
Arno Herzig, geb. 1937 in Albendorf/Schlesien. Studium der Geschichte, Germanistik, Geographie und Volkskunde an den Universitäten Würzburg, Münster und Bochum. 1965 Promotion, 1973 Habilitation. 1964-1975 im Schuldienst, seit 1977 außerplanmäßiger Professor an der Universität Essen, seit 1979 Professor für Neuere Geschichte an der Universität Hamburg mit dem Schwerpunkt Frühe Neuzeit. Veröffentlichungen zur mittelalterlichen Ordensgeschichte, zur Geschichte der Juden in Deutschland, zur deutschen Arbeiterbewegung und zur Rolle der Unterschichten im Übergang von der feudalistischen zur kapitalistischen Gesellschaft.
Alexander Hesse, seit 1981 Wissenschaftlicher Angestellter an der Universität Siegen, Arbeitsschwerpunkte: Bildungssoziologie und Bildungsgeschichte. Promotion mit einer Studie zur Bildungspolitik in Weimarer Republik und NS-Staat.
Thomas Jahnke, geb. 1949. Privatdozent für Didaktik der Mathematik an der Universität-Gesamthochschule Siegen. Veröffentlichungen zur Geschichte der Didaktik der Mathematik. Mitautor zahlreicher Mathematikschulbücher.
Karin Keppel-Kriems, geb. 1952. Dr. phil., Studium der Mathematik und Anglistik in Marburg und London. 1986 Promotion über Goethes „Wilhelm Meister“.
Michael Klöcker, Professor für Moderne Sozialgeschichte und Didaktik der Geschichte an der Universität zu Köln. Zahlreiche Veröffentlichungen zur neueren und neuesten Geschichte. Arbeitsschwerpunkte: Bildungs-

und Religionsgeschichte, rheinische Arbeiterbewegung.
Kurt Koszyk, geb. 1929. Dr. phil., Universitätsprofessor, Universität Dortmund, Institut für Journalistik. Forschungsgebiete: Geschichte und Theorie der Massenkommunikation. Veröffentlichungen: Deutsche Presse im 19. Jahrhundert (1966), Deutsche Presse 1914-1945 (1972), Pressepolitik für Deutsche 1945-1949 (1986), Gustav Stresemann. Eine Biographie (1989).
Bernhard Krueger, geb. 1926. Dr. phil., Professor für Allgemeine Didaktik an der Universität Koblenz/Landau. Veröffentlichungen zur Schulgeschichte, besonders des 19. Jahrhunderts.
Heidemarie Kühn, geb. 1955. Dr. paed., Mitarbeiterin im Wissenschaftsbereich Geschichte der Erziehung der Sektion Pädagogik an der Humboldt-Universität zu Berlin.
Wilfried Lagler, geb. 1953. Dr. phil., Studium der Politikwissenschaft, Geschichte und Rechtswissenschaft. Seit 1981 im Höheren Bibliotheksdienst an der Universitätsbibliothek Tübingen tätig.
Franz Lerner, geb. 1903. Dr. phil., Diplomkaufmann. Professor für Sozial- und Wirtschaftsgeschichte, zuletzt Universität Marburg. Zahlreiche Veröffentlichungen, insbesondere zur Geschichte des Handwerks, der Stadt Frankfurt a.M. und Nassaus sowie zur Geldgeschichte. Lebt in Frankfurt.
Ilja Mieck, geb. 1932. Dr. phil., Professor für Neuere Geschichte an der Freien Universität Berlin, Mitglied der Historischen Kommission zu Berlin. Zahlreiche Veröffentlichungen zur Geschichte Preußens und Berlins, zur Geschichte Frankreichs und der deutsch-französischen Beziehungen sowie zur Historischen Umweltforschung.
Cornelius Neutsch, geb. 1956. Dr. phil., Hochschulassistent am Lehrstuhl für Wirtschafts- und Sozialgeschichte, Westfälische Landesgeschichte und Didaktik der Geschichte an der Universität-Gesamthochschule Siegen.
Ulla Nitsch-Stöcker, geb. 1946. Lehrerin und Wissenschaftliche Mitarbeiterin der Schulgeschichtlichen Sammlung Bremen.
Gerhardt Petrat, geb. 1925. Seit 1948 Schuldienst, seit 1956 nebenberuflich Zweitstudium der Fächer Erziehungswissenschaft, Germanistik und Kunstgeschichte in Hamburg, Promotion 1962. Seit 1964 Dozent, seit 1967 Professor an der PH Bremen. 1973 Integration in die Universität Bremen. Zahlreiche Veröffentlichungen, darunter: Soziale Herkunft und Schullaufbahn (1. Aufl. 1964, 2. Aufl. 1969), Schulunterricht (1979), Schulerziehung (1987).
Ulrike Pilarczyk, geb. 1956. Dr. paed., Lehrerstudium Germanistik/Romanistik in Leipzig. Wissenschaftliche Mitarbeiterin am Institut für Theorie und Geschichte der Pädagogik an der Akademie der Pädagogischen Wissenschaften der DDR in Berlin.
Bernd D. Plaum, geb. 1952. Studium der Mathematik und Geschichte. Promotion im Fach Geschichte, seit 1982 Wissenschaftlicher Mitarbeiter an der Universität-Gesamthochschule Siegen. Veröffentlichungen zur Regionalgeschichte.
Herbert Pogt, geb. 1948. Dr. phil., Studium der Kunstgeschichte und Philosophie in Bonn, Heidelberg und Marburg. Promotion 1977, seit 1980 Wissenschaftlicher Mitarbeiter am Historischen Zentrum Wuppertal.
Edgar Reimers, geb. 1924. Dr. phil., seit 1964 Professor für Allgemeine Pädagogik in Siegen. Veröffentlichungen zur Schultheorie und Schulgeschichte.
Jürgen Reulecke, geb. 1940. Studium der Geschichte, Germanistik und Philosophie in Münster, Bonn und Bochum. Universitätsprofessor für Neuere und Neueste Geschichte an der Universität-Gesamthochschule Siegen seit 1984, vorher Lehrstuhlvertretungen und Gastdozenturen in Bielefeld, Berlin (TU) und Oxford. Veröffentlichungen zur modernen Sozialgeschichte, insbesondere zur Geschichte von Sozialreform und Sozialpolitik, zur Urbanisierungsgeschichte sowie zur Geschichte des Reisens, der Freizeit, der Jugendbewegung und der Arbeiterbewegung. Monographien: Sozialer Frieden durch soziale Reform (Wuppertal 1983), Geschichte der Urbanisierung in Deutschland (Frankfurt 1985).
Günter Richter, geb. 1929. Dr. phil., Universitätsprofessor für Neuere Geschichte, Freie Universität Berlin. Veröffentlichungen u.a. zu Themen der Revolution 1848/49, des Deutschen Kaiserreiches und der Berlin-Geschichte.
Horst F. Rupp, geb. 1949. Studium der Theologie, Psychologie, Germanistik und Geschichte in Erlangen und Zürich, Promotion 1985. Zur Zeit Wissenschaftlicher Angestellter an der RWTH Aachen. Publikationen: Religion und ihre Didaktik bei Fr.A.W. Diesterweg (1987), Lebensweg und religiöse Erziehung. Religionspädagogik als Autobiographie. 2 Bde. (1989, hrsg. mit R. Lachmann), Fr.A.W. Diesterweg: Pädagogik und Politik (1989), Fr.A.W. Diesterweg: Pädagogik – Lehrerbildung - Bildungspolitik (1990, hrsg. mit G. Hohendorf). Herausgeber der Reihe „Forum zur Pädagogik und Didaktik der Religion" (1988ff.).
Michael Sauer, geb. 1955. Studium der Germanistik, Geschichte und Erziehungswissenschaften in Hannover, Promotion 1983. Seit 1986 Redakteur im Friedrich Verlag (Pädagogische Fachzeitschriften) in Velber bei Hannover. Veröffentlichungen zu literaturwissenschaftlichen und -didaktischen sowie zu bildungsgeschichtlichen Themen.
Claudia Schadt-Krämer, geb. 1958. Promotion 1989 (Köln). Studienreferendarin, Burbach. Veröffentlichung über die pädagogische Bildung der Volksschullehrer im 19. Jahrhundert (Hamburg 1990).
Jürgen H. Schawacht, geb. 1943. Studium der Wirtschafts- und Sozialwissenschaften an der Universität Köln, Promotion 1971. Bis 1980 Akademischer Oberrat an der Universität-Gesamthochschule Siegen, seitdem Direktor des Siegerlandmuseums in Siegen und Lehrbeauftragter. Veröffentlichungen vor allem zur Geschichte des Siegerlandes.
Inge Schlotzhauer, geb. 1958. Dr. phil., Studium der Geschichte und Germanistik in Frankfurt. Promotion 1988 über „Ideologie und Organisation des politischen Antisemitismus in Frankfurt am Main 1880-1914". Veröffentlichungen zur Geschichte der Frankfurter Juden sowie zum Antisemitismus.
Jutta Schmidt, geb. 1945. Sekundarstufe I-Lehrerin für Biologie und Physik. Promotion 1980 in Zoologie und Wissenschaftsgeschichte in Marburg. Als Wissenschaftliche Mitarbeiterin an der Universität Duisburg Untersuchungen zur Geschichte und Gestaltung biologischer Schulwandbilder. Zusammenstellung einer Bibliographie deutschsprachiger Robinson-Ausgaben seit 1900. Zur Zeit nebenamtliche Lehrkraft an einer Privatschule in Krefeld.
Stephan Schrage, geb. 1957. Studium der Biologie und Geschichte an der Universität Köln. Gymnasiallehrer, derzeit Wissenschaftlicher Mitarbeiter an der Universität-Gesamthochschule Siegen.
Gert Schubring, geb. 1944. Institut für Didaktik der Mathematik der Universität Bielefeld. Forschungen zur Geschichte der Mathematik und des mathematischen Unterrichts sowie zur vergleichenden Wissenschaftsgeschichte Deutschlands und Frankreichs im 19. Jahrhundert.
Henning Schüler, geb. 1945. Pädagoge an der Universität Siegen mit dem Arbeitsschwerpunkt Curriculum-Entwicklung und Mediendidaktik. Promotion bei Hartmut von Hentig mit einer Arbeit über Alternativen zum Schulbuch. Autor des Curriculum „Was ist der Mensch?" und der Filmdokumentationen „Reformschulen in der Bundesrepublik".
Wilfried Setzler, geb. 1943. Dr. phil., Studium der Geschichte und Germanistik, Leiter des Kulturamts der Stadt Tübingen, Lehrbeauftragter an der Universität Tübingen. Zahlreiche Veröffentlichungen zur Landes- und Geistesgeschichte.
Rolf Seubert, geb. 1941. Dr. phil., nach Werkzeugmacherlehre Studium für das Lehramt an beruflichen Schulen im Fach Maschinenbau sowie der Kultur- und Staatswissenschaften an der TH Darmstadt. Berufsschullehrer, seit 1979 Akademischer Rat im Fach Berufspädagogik an der Universität-Gesamthochschule Siegen.
Reinhard Stach, geb. 1930. Dr. phil., Professor für Allgemeine Didaktik und Schulpädagogik an der Universität Duisburg, Leiter des Archivs Schulisches Wandbild. Veröffentlichungen zur Schulgeschichte und Mediendidaktik.
Jürgen Steen, geb. 1945. Dr. phil., Studium der Geschichte, Germanistik und Vor- und Frühgeschichte in Hamburg und Frankfurt. Seit 1975 Kustos am Historischen Museum Frankfurt a.M., Ausstellungen und Publikationen zur Frankfurter Geschichte vom 16. bis 20. Jahrhundert, zuletzt „Die Synagogen brennen…! Die Zerstörung Frankfurts als jüdische Lebenswelt" (1988) und „Anne aus Frankfurt. Leben und Lebenswelt Anne Franks" (1990). Veröffentlichungen zur Kulturgeschichte des 19. Jahrhunderts, Museumsdidaktik und Theorie des historischen Museums.
Sigrid Stöckel, geb. 1956. M.A., Studium der Geschichte, Germanistik und Medizingeschichte an der FU Berlin. Arbeiten zur Berlin-Geschichte und zur Entwicklung des öffentlichen Gesundheitswesens. Wissenschaftliche Mitarbeiterin am Institut für Geschichte der Medizin, Berlin.
Heinz Stübig, geb. 1939. Prof. Dr., Forschungsstelle für Vergleichende Erziehungswissenschaft, Philipps-Universität Marburg. Studium der Germanistik, Geschichte und Erziehungswissenschaft in Marburg und Hamburg. Veröffentlichungen zur preußischen Heeresreform, zur Pestalozzi-Rezeption und zur Nationalerziehung im 19. Jahrhundert.
Dieter Tiemann, geb. 1944. Privatdozent am Historischen Institut der Universität Dortmund. Arbeitsgebiet: Neuere Geschichte und Didaktik der Geschichte. Jüngste Buchveröffentlichung: Deutsch-französische Jugendbeziehungen der Zwischenkriegszeit (Bonn 1989).
Gerhard Trommer, geb. 1941. Studium der Kunst, Pädagogik, Biologie. Privatdozent (Dr. phil., Dr. rer. hort. habil.) für das Gebiet Umweltbezogene Bildung und Öffentlichkeitsarbeit im Fachbereich Landespflege der Universität Hannover. Urheber des Naturbildungskonzeptes „Rucksackschule". Arbeiten zur Ökologiegeschichte und Wilderness-Ethik.
Heinrich Volkmann, geb. 1938. Dr. phil., Studium der Geschichte und Germanistik. Professor für Wirtschafts- und Sozialgeschichte an der Freien Universität Berlin. Publikationen zur Geschichte der Arbeitsbeziehungen und des sozialen Protests.
Volkmar Wittmütz, geb. 1940. Prof. Dr., Studium in Tübingen, Würzburg, München. 1970 Promotion in München, 1980 Habilitation in Wuppertal. Privatdozent, seit 1987 Professor in Wuppertal. Veröffentlichungen zur Regionalgeschichte, zur Geschichte der Frühen Neuzeit und zur Historischen Pädagogik.
Wolf-Heinrich von Wolzogen, geb. 1947. Diplom-Pädagoge, Studium der Erziehungswissenschaft, Psychologie und Soziologie in

Frankfurt a.M., pädagogischer Mitarbeiter im Verein „Haus der offenen Tür". Studium der Neueren Kunstgeschichte und Kulturanthropologie in Frankfurt, Volontariat am Historischen Museum Frankfurt. Seit 1986 Freier Mitarbeiter am Historischen Museum Frankfurt. (Mit Jürgen Steen) Ausstellungen „Jugend im nationalsozialistischen Frankfurt" (1983/84), „Die Synagogen brennen...!" (1988/89), „Anne aus Franfurt – Leben und Lebenswelt Anne Franks" (1990). Kursleiter an der Volkshochschule Frankfurt.
Jürgen Zinnecker, geb. 1941. Professor für Erziehungswissenschaft und Sozialpädagogik an der Universität-Gesamthochschule Siegen. Studium der Pädagogik, Soziologie und Literaturwissenschaft in Hamburg und Berlin. Untersuchungen und Veröffentlichungen zur Sozial- und Kulturgeschichte von Mädchenbildung, Kindheit und Schülerkultur. Empirische Arbeiten zur Jugend- und Sozialisationsforschung.

Leihgeber

Aachen Internationales Zeitungsmuseum der Stadt Aachen **Augsburg** Städtische Kunstsammlungen **Bad Dürkheim** Pfalzmuseum für Naturkunde – Pollichia-Museum **Berlin** Amerika-Gedenkbibliothek. Berlin Museum. Berlinische Galerie – Museum für Moderne Kunst, Photographie und Architektur, Photographische Sammlung. Freie Universität, Institut für Geschichte der Medizin. Geheimes Staatsarchiv Preußischer Kulturbesitz. Heimatmuseum Neukölln – Museum für Stadtkultur und Regionalgeschichte. Landesbildstelle. Museum für Verkehr und Technik. Staatsbibliothek Preußischer Kulturbesitz, Kartenabteilung, Handschriftenabteilung **Berlin (DDR)** Archiv der Akademie der Pädagogischen Wissenschaften der DDR. Märkisches Museum. Schulmuseum der Akademie der Pädagogischen Wissenschaften der DDR. Stadtarchiv **Bonn** Archiv der Rheinischen Friedrich-Wilhelms-Universität. Rheinisches Landesmuseum **Bremen** Schulgeschichtliche Sammlung Darmstadt Hessisches Landesmuseum **Dillenburg** Oranien-Nassauisches Museum **Dortmund** Institut für Zeitungsforschung. Museum für Kunst und Kulturgeschichte. Westfälisches Schulmuseum. Universität, Historisches Institut, Forschungsstelle Schulgeschichte **Dreieich** Dreieich-Museum **Düsseldorf** Fries-Archiv, Philosophisches Institut, Heinrich-Heine-Universität. Heimatverein Bilker Heimatfreunde e.V. Heinrich-Heine-Institut. Nordrhein-Westfälisches Hauptstaatsarchiv **Duisburg** Archiv Schulisches Wandbild, Universität-Gesamthochschule **Essen** Stadtarchiv **Frankfurt a.M.** Deutsches Postmuseum. Freies Deutsches Hochstift – Frankfurter Goethe-Museum. Historisches Museum. Musterschule – Gymnasium. Polytechnische Gesellschaft e.V. – Frankfurter Sparkasse von 1822 **Geisenheim** Forschungsanstalt Geisenheim **Hagen** Westfälisches Freilichtmuseum – Landesmuseum für Technik und Handwerk **Hanau** Staatliche Zeichenakademie **Haßloch** Heimatmuseum **Heidelberg** Deutsches Apotheken-Museum. Kurpfälzisches Museum der Stadt Heidelberg. Ruprecht-Karls-Universität, Universitätsbibliothek, Handschriftenabteilung **Herborn** Stadtmuseum **Hilchenbach-Müsen** Stahlberg-Museum des Vereins Altenberg und Stahlberg **Höxter** Museum Höxter-Corvey **Ingolstadt** Deutsches Medizinhistorisches Museum **Ludwigshafen** Stadtbibliothek, Hans-Loschky-Sammlung **Mannheim** Reiss-Museum **Moers** Grafschafter Museum. Stadtarchiv **München** Deutsches Museum **Münster** Nordrhein-Westfälisches Staatsarchiv **Nürnberg** Schulmuseum der Universität Erlangen-Nürnberg **Offenbach a.M.** Deutsches Ledermuseum – Deutsches Schuhmuseum **Rastatt** Wehrgeschichtliches Museum **Siegen** Archiv der Evangelischen Kirchengemeinde. Diesterweg-Schule. Siegerlandmuseum. Stadtarchiv **Stuttgart** Landesvermessungsamt Baden-Württemberg. Württembergisches Landesmuseum **Tübingen** Corps Franconia. Corps Rhenania. Eberhard-Karls-Universität, Universitätsarchiv. Eberhard-Karls-Universität, Universitätsbibliothek, Bildersammlung **Wien** Internationale Coronelli-Gesellschaft für Globen- und Instrumentenkunde **Wiesbaden** Museum Wiesbaden **Worms** Stadtarchiv **Würzburg** Institut für Hochschulkunde der Deutschen Gesellschaft für Hochschulkunde e.V. **Wuppertal** Historisches Zentrum – Museum für Frühindustrialisierung. Stadtarchiv. Verband der evangelischen Kirchengemeinden Wuppertal-Elberfeld.
Rainer Assmann. Wolfram Haderthauer. Ernst Henke. Hans-Helmut Koch. Elisabeth Köhl. Dr. Lotte Köhler. Heinrich Krohn. Dr. Werner Kummer. Prof.Dr. Wolf-Dieter Müller-Jahncke. Ulrich Patry. Ursula Pfäffle. Prof.Dr. Karl Riha. Prof.Dr Ernst Schade. Hans-Ulrich Scharmann. Ingeborg Schmidt. Gertrud Wüstner.
Zu danken ist daneben jenen Stadt-, Staats- und Universitätsbibliotheken, die großzügig Bücher, zum Teil historische Raritäten, zur Verfügung gestellt haben.

Photographen

Hans-Joachim Bartsch, Berlin. Becker Studios, Ingolstadt. Heide-Christin Behrnd, Dresden. V. u. D. Breitenborn, Berlin (DDR). Creative Colour, Düsseldorf. Wiebke Dorfer, Siegen. Ursula Edelmann, Frankfurt a.M. Roman Franke, München. Foto Haase, Dillenburg. Markus Hawlik, Berlin. Fotohaus Kienzle, Waiblingen. Richard Kraus, Nürnberg. Foto Lohöfener, Bielefeld. Foto-Pfannemüller, Dreieichenhain. Stephan Schopp, Siegen. Ursula Seitz-Gray, Frankfurt a.M. Studio Siegfried Skala, Rüsselsheim. Photographen der Leihgeber.